한국성경주석총서

출애굽기

정 규 남 지음

도서출판 횃불

Korea Bible Commentary Series

The Book of Exodus

Kyu Nam Jung

Torch Press

차 례

서론

II. 주석

간 행 사

선교 21세기를 맞이한 한국교회가 하나님의 축복 가운데 놀라운 성장을 이루었지만 우리 손으로 복음주의 입장에서 성경을 해석하는 주석총서를 내지 못한 안타까움을 감출 수 없었습니다. 그리하여 복음주의 신학과 신앙을 같이하는 믿음의 동역자들이 뜻을 모아 한국성경주석총서를 발간하기로 결의하고 집필자와 편집위원들을 선정해 놓았지만 강의와 연구 등에 분주한 나머지 별다른 진전 없이 여러 해를 보내고 말았습니다.

그간 편집위원도 바뀌고 한국복음주의신학회 임원진도 여러 번 교체되었으나 성경주석을 발간해야 하겠다는 결의는 변함없었습니다. 한국교회뿐 아니라 복음적인 세계교회가 함께 지향해야 할 방향을 제시할 필요를 느꼈고 올바른 성경 해석과 적용을 통해 성도들과 교회가 더욱 건실하게 성장하도록 돕기 위하여 성경주석 발간 작업을 계속해 왔습니다. 집필자는 물론 편집위원들의 노고에 감사를 드리며 이익 추구의 차원을 떠나 선교적 사명에 동참하는 뜻으로 본 주석총서의 출판을 맡아주신 기독교선교횃불재단 이형자 원장님께 깊은 감사를 드립니다.

복음주의 신학의 최근 동향을 고찰하면서 학문적 연구와 자료를 수집하고 비판하면서 복음주의 계통의 교인과 신학생 그리고 목회자들이 마음놓고 펴 들 수 있는 성경주석을 발간하게 된 데 대하여 하나님께 감사를 드립니다.

목회자들과 신학생은 물론 평신도들까지도 이해할 수 있도록 배려한 본 총서가 한국교회 강단을 기름지게 하고 개인의 삶에 부요함을 가져오는 복된 총서가 되리라 기대합니다. 귀한 성경주석총서가 계속되어 출간될 수 있도록 성도 여러분의 기도와 성원을 부탁합니다. 감사합니다.

한국복음주의신학회

편집인 서문

한국복음주의신학회는 한국교회의 복음주의신학을 발전시키는데 크게 공헌한 바 있다. 특히 한국복음주의신학회가 계획하고 진행시키고 있는 한국성경주석총서는 현재뿐만 아니라 미래의 한국교회를 위해서 나침반 역할을 할 귀한 복음주의 신학의 자료가 될 것이다.

금번에 한국성경주석총서의 한 부분으로 정규남 박사의 출애굽기 주석이 출간된 것을 진심으로 기쁘게 생각한다. 정박사는 출애굽기에 관한 여러 가지 이론들을 학문적으로 제시하고 그 중에서 가장 올바른 입장으로 독자들을 안내한다. 그리고 정박사는 본문을 주석할 때 성경의 정확무오성을 근거로 많은 자료들을 활용하여 본문의 내용을 알기 쉽게 주석하였다. 원래 한국성경주석총서는 성경본문의 원뜻을 잘 밝혀서 현대인들이 알기 쉽게 읽을 수 있도록 계획된 주석서이다. 본 주석은 앞으로 출애굽기를 더 심층적으로 연구하기를 원하는 학자들과 신학도들, 그리고 성도들에게 귀한 안내서가 될 것이다.

본서의 출판을 위해 여러 가지 역경이 있었음에도 불구하고 큰 뜻을 가지고 계속 수고해 주신 기독교 선교횃불재단의 이형자 원장님과 여러 임직원들에게 깊은 감사의 마음을 드린다. 본서가 그 원래의 계획대로 하나님의 뜻을 더 많은 사람들에게 나타내는 역할을 하며 이로 인해 한국교회가 하나님의 말씀 위에 더 든든히 서 갈 수 있게 되기를 기도한다.

신약 편집인 박형용

책머리에

출애굽기 주석 책을 쓰기 시작한지가 15년이 되었다. 처음에는 몇 년 안에 마치려고 계획했는데 이렇게 많은 세월이 흐르고 말았다. 그 동안 하나님께 기도하며 나의 모든 역량을 발휘하여 평생 후회 없는 주석 책을 쓰고 싶었다. 그러나 출애굽기 마지막 장의 집필을 마치고 원고를 출판사로 넘기려하니 부족함과 아쉬움이 생겨 며칠을 두고 원고를 읽고 또 읽곤 했다. 이제 원하기는 성경을 사랑하는 사람들이 이 주석 책을 읽으므로 하나님의 뜻을 발견하고 이해하며 실천하는 데에 조금이라도 도움을 얻기를 바란다.

나는 출애굽기 주석 책 집필 초기인 1990년 초반에 서울 충현교회 주일학교 장년 3부에서 출애굽기를 약 2년 동안 강해하였다. 그 때 성도들과 얼굴을 마주하고 공부하면서 성도들의 관심과 의문점, 그리고 취약점들을 알 수 있었고 이 때 가르치면서 깨달은 지식은 출애굽기 주석의 기초가 되었다.

출애굽기의 맛소라 히브리어 본문과 다른 사본들 그리고 고대 중요 번역본들과의 비교연구, 성경본문이 쓰여 졌던 때의 의미와 우리에게 가르쳐주는 구원의 교리와 삶의 교훈, 또한 신학적인 문제 등을 심도 있게 다루려고 노력했다. 이 주석 책을 쓰는 동안 나와 함께 공부했던 300여명 되는 충현교회 장년 3부 학생들이 생각나며 감사를 드리고 싶다. 또한 나에게 가르칠 기회를 준 그 당시 충현교회 담임목사님이셨던 이종윤 목사님과 김창인 원로 목사님께 깊은 감사를 드린다.

마지막 원고를 읽고 정리하는 일에 기쁨으로 도와준 조재성 전도사님과 각주와 색인작업에 동참해준 광신대학교 조교 김호욱, 임진평, 김동원 강도사님들 그리고 정형선 전도사님 모두에게 진심으로 고맙다는 말을 하고 싶다. 나의 기도의 동역자요 나의 힘과 기쁨이 되는 광신대학교 교수님과 직원들의 따뜻한 후원도 잊을 수 없다.

끝으로 나의 세 아들, 영철 한철 성철 그리고 두 자부, 서수진과 류지영의 부모에 대한 사랑과 신실한 믿음의 삶이 아버지의 연구생활에 큰 힘이 되었음을 말하고 싶다. 이 책은 결혼 37주년을 맞이한 나의 헌신적인 반려자인 사랑하는 아내 지자(지나)에게 바친다.

하나님 아버지, 이 주석 책을 출판케 해주시니 모든 영광을 주님께 드립니다.

2006년 4월 7일

광주 광신대학교 캠퍼스에서,

정 규 남

서 론

1. 출애굽기의 저자

누가 출애굽기를 썼는가 하는 문제는 구약 연구에 있어서 고전적인 문제이다. 그러나 여기서 다시 이 문제를 다루면서 옛날 문서 설을 넘어서 학자들이 오늘날 갖고 있는 경향과 고고학적 자료들의 증거를 분석하며 평가할 것이다. 또한 성경적인 바른 이해가 무엇인지를 새롭게 정립해 보려한다.

이런 목표를 갖고 저자는 다음 네 가지 항목으로 나누어 출애굽기의 저자에 대한 다양한 견해들을 논하며 비판할 것이다: 1. 자료들의 편집설 2. 보충설 3. 결합설 4.모세의 저작설. 특별히 마지막 4항목에서는 모세의 저작에 대한 성경적 증언들과 함께 출애굽기 6:3의 해석 문제와 관련된 출애굽기의 저자문제, 그리고 출애굽기 25-31장과 35-40장에 기록된 성막건립 이야기를 고대근동의 신전 건립 이야기들의 구조와 비교하여 모세의 저작설을 논의할 것이다.

1) 자료들의 편집설

출애굽기의 저자는 모세라고 일반적으로 교회에서 이해되고 있다. 그러나 이 견해에 동의하지 않고 여러 비판적 방법을 통해 여러 다른 자료들이 편집되어 출애굽기가 기록되었다고 하며 모세 저작설을 부인하고 있는 학자들이 많다.

(1) 차일드스 (B. S. Childs)

1974년에 출애굽기 주석책을 출판한 미국의 예일대학교 교수인 차일드스(B. S. Childs)는 다른 비평주의 학자들보다 출애굽기의 자료들을 고대 자료들로 이해하지만, 출애굽기의 모세의 저작성을 인정하지는 않는다. 예로써, 비평학자들은 출애굽기 15장의 내용을 한 저자에 의해 쓰여진 것이 아니라 여러 다른 자료들이 편집된 것으로 주장한다. 출15:21은 E자료에 속하고, 출애굽기 15:16-18은 J자료나 D편집자가 기록한 것으로 이해한다. 이에 대하여 차일드스(B. S. Childs)는 자료 분석을 위한 증거가 아주 불확실하여 최근에 많은 사람들이 전통적인 자료들로 저자들을 나누려는 시도를 그만 두었다고 말하지만[1]출애굽기 15장이 바다의 사건에 대해 시로 쓰여진 전승을 나타낸다고 하며, 이 전승은 J자료의 설명과 같이 옛날 것이라 할지라도 출애굽과 정복(conquest)의 전승들의 보다 큰 틀 안에서 전해져 온 것이라고 하여 출애굽기 내용이 어느 한 저자의 기록이 아니라 J나 다른 자

1) Brevard S. Childs, *The Book of Exodus, A Critical Theological Commentary* (Philadelphia: The Westminster Press, 1974), p. 247; 참고, Otto Eissfeldt, *The Old Testament; An Introduction*, trans. by Peter R. Ackroyd (New York : Harper And Row, Publishers, 1965; reprinted, 1972), p. 211.

료들의 전승들이 복합적으로 편집됐음을 시사하고 있다.[2)]

(2) 프레다임 (Terence E. Fretheim)

비판적인 입장을 취하는 프래다임(Terence E. Fretheim)은 1991년에 출판된 그의 출애굽기 주석에서 "내 자신의 관점은 출애굽기가 이스라엘 삶의 여러 시대로부터 전승들이 모아져 꿰매진 누비이불(quilt)이다" 고 말한다.[3)] 출애굽기가 지금은 완성된 작품이지만, 그것의 가장 초기 형태에서는 기본적인 줄거리가 이어지는 비교적 짧은 이야기였을 것으로 생각한다. 프래다임(Terence E. Fretheim)은 그때의 연대가 이스라엘의 왕정시대 전(前)일 것으로 추정한다.[4)] 이 초기 이야기가 시대들을 통해 다시 개정되었는데 그 중요 개정이 J와 E로 동일시 될 수 있는 작업들이라 한다. 이 J와 E는 앞서 언급한 초기 이야기들에 대해 아직 전체로 통합되지 않은 다른 관점들의 이야기들을 끌어와서 개정한 문서들이라고 한다. 그리고 그 초기 이야기에 대해 그 당시 있던 다른 설명의 문서들이 만들어졌는데 이 작업은 P로 동일시 될 수 있는 한 편집인에 의해 만들어졌다고 한다.[5)] P라는 제사장적 편집인은 율법과 제사의식의 자료들을 끌어와서 전체 책을 편집했다고 프레다임(Terence E. Fretheim)은 말한다.[6)]

2) 상게서, p. 245.

3) Terence E. Fretheim, *Exodus, Interpretation, A Bible Commentary for Teaching and Preaching* (Louisville, Kentucky: John Knox Press, 1991), p. 5.

4) 상게서

5) 상게서, pp. 5-6.

6) 상게서, p. 6.

2) 보충설

이 견해는 기스펜(W. H. Gispen)에 의해 주장되는데 출애굽기의 대부분을 모세가 기록했으나, 나중에 편집자에 의한 보충이 있었다고 이해한다. 기스펜(W. H. Gispen)에 의하면 출애굽기의 저자문제는 오경 전체의 저자문제와 관련 있는데, 출애굽기가 이 문제를 답하는데 아주 중요하다.[7] 왜냐하면 출애굽기가 모세의 저작성을 분명히 가리키는 절들을 가지고 있기 때문이다. 이 절들은 17:14, 24:4, 34:27인데 이들 중에 17:14에서는 아말렉과의 전쟁을 책에 기록한 것으로 나타난다. 그리고 24:4을 볼 때 모세는 언약서, 곧 20:22-23:33을 포함하는 부분의 저자로 표현된다는 것이다. 또한 34:27에서 모세는 34:11-26에서 발견된 내용을 기록하도록 여호와의 명령을 받았음을 읽을 수 있기 때문에 모세를 이 구절들의 저자로 이해할 수 있다는 것이다.

이런 자료들을 따르면 모세가 출애굽기의 역사와 율법 부분들의 저자였음을 알 수 있다고 말한다. 또한 모세가 15:1-21의 노래를 기록했다는 분명한 진술은 없다 할지라도 모세가 이 노래를 기록한 시인이었을 것으로 기스펜(W. H. Gispen)은 생각한다.[8] 이 노래(15:1-18)를 모세가 불렀다는 15:1의 언급 때문인 줄 안다.

그러나 기스펜(W. H. Gispen)은 1:1-15:21의 어떤 구절들은 후대저자나 편집자의 보완이 있었음을 가정해야 한다고 생각한다. 그러나 바로의 궁정에서 교육을 받은 위대한 선지자 모세가 출애굽기의 남

---

7) W. H. Gispen, *Bible Student's Commentary, Exodus*, trans. by Ed van der Maas (Grand Rapids: Zondervan Publishing House, 1982), pp. 2-3.

8) 상게서, p. 2.

은 부분의 자료를 마련했을 것으로 고려하는 것이 당연하다고 말한다.[9] 후대 저자는 이 모세 자료를 지금 우리가 알고 있는 형태로 정리하면서 족보나 법률조항들을 그 당시 있던 역사적 이야기에 첨가했을 것으로 생각한다.[10] 시편에 근거해서 기스펜(W. H. Gispen)은 말하기를 오경이 이미 다윗의 청년 때에 크게 지금의 형태로 알려졌었고, 앞서 가정된 후대 저자 혹은 편집자는 모세의 죽음과 다윗의 청년 시절 사이에 살았을 것이라고 한다.

기스펜(W. H. Gispen)은 모세가 출애굽기의 저자라고 생각하며, 족보나 1:1-2:10의 내용은 모세가 다른 사람들로부터 정보를 얻어 기록했을 것이라고 한다. 이 정보를 모세의 어머니와 모세의 누이 미리암으로부터 얻을 수 있고, 모세의 부모에 의해 1장에 기록된 자료를 잘 알 수 있었을 것이라 한다.[11] 문서설은 출애굽기의 저자를 완전히 다른 빛에서 보는데, 이 입장은 특히 고고학적 발굴의 빛에서 볼 때 주장될 수 없다고 기스펜은 말한다.

이런 기스펜(Gispen)의 출애굽기의 저자에 관한 견해는 현대의 비평적인 학자들의 문서설 주장과는 완전히 다르게 출애굽기가 전체로 모세가 썼지만 약간의 후대의 편집자의 가필을 가정 할 수 있고, 모세 자신이 부모나 다른 사람으로부터 정보를 얻어 출애굽기를 썼을 가능성을 말한다. 그렇지만 출애굽기의 모세 저작설을 기본적으로 인정하며, 비판적 견해를 거절한다. 오히려 출애굽기의 모세 저작설에 대한 성경증언을 따를 것을 시사한다.

---

9) 상게서

10) 상게서

11) 상게서, p. 3.

3) 결합설

이 견해는 알렌 콜(R. Alan Cole)이 주장하는 것으로서 현재의 출애굽기가 기록된 모세의 자료와 말로 전해온 모세의 자료가 결합되어 이루어진 것으로 생각한다. 콜(R. Alan Cole)은 초기 무렵에는, 출애굽기 책의 몇 절을 모세가 죽은 후에 여호수아가 기록한 것을 제하고는, 출애굽기의 저자가 모세인 것이 자명한 것으로 주장되었음을 지적한다.[12] 그러나 나중 19세기 말에는 출애굽기가 모세의 기록이 아니라 쓰여진 연대들이 다른 문서들이 편집된 모자이크와 같은 책이라는 비판적 가설이 지배적이었다는 것이다. 더 나아가 모세가 성경에서 말하는 실제 그런 역사적 인물이었음을 의심하고, 마틴 노트(Martin Noth)[13] 같은 비판학자는 모세가 잘 알려지지 않은 사막에 살던 한 족장이었고 그의 무덤을 이스라엘이 기억하고 있었는데 그가 이스라

12) R. Alan Cole, *Exodus, An Introduction and Commentary* (Leicester, England: Inter-Varsity Press, 1973), p. 13.

13) 마틴 노트(Martin Noth)는 모세가 이스라엘을 조직화하고 이스라엘에게 법을 주었던 사람으로 생각하는 것은 거의 정당화 될 수 없다고 주장한다. 오경의 이야기가 한 저자의 기록이 아니고 원래 서로 독립된 일연의 주제들이 점점 첨가된 것이므로, 모세가 이러한 대부분의 주제들에서 규칙적으로 나타난 것은 원래 진짜로 거기에 쓰여 있던 것이 아니고 나중에 조작하여 된 것이라고 노트(Martin Noth)는 생각한다. 그러면 필연적인 질문은 모세가 원래 어느 주제나 전통에 속해 있었고, 어디에서 그의 역사적 뿌리를 찾아야 하느냐 인데 이 질문에 답하기란 아주 어렵다고 노트(Martin Noth)는 말한다. 모세는 시내산 전승에 확고히 뿌리를 박고 있었던 것은 아니라고 이해한다. 왜냐하면 그 시내산 전승에서 모세는 지도자로서 일반적 역할을 한 것 이외에는 아무 것도 그에 대해서 말한 것이 없기 때문이라고 한다. 그런데 그의 성격이 오경의 다른 곳들에서는 훨씬 더 구체적으로 특별한 상황 속에서는 기록되고 있다는 것이다. 이것은 모세가 시내산에서 일어난 사건과는 역사적 연관이 없음을 나타낸 것이라고 노트(Martin Noth)는 이

엘의 전통(傳統)속에 유입되어 성경에 기록된 그런 모세로 발전된 것으로 생각한다는 것이다. 이런 비판적 학자들과는 모세의 저작설을 의미심장하게 논할 수 없음을 콜(R. Alan Cole)은 지적한다.[14] 그런데 옛날 문서설은 그것이 발전되면서 학자들이 문서들을 더 작은 단위의 문서들로 나누고 나누어서 혼란을 일으키고 실망을 가져왔으나, 아직도 많은 학자들이 J, E, D와 P를 오경의 가정되는 문서자료들을 가리키기 위한 기호로 사용하고 있다고 한다. 콜(R. Alan Cole)은 "이 기호들이 문서자료들의 발생연대들에 대한 판단 같은 것이라기보다는 자료의 타입들(types)과 구획들(blocks)을 나타낸 것으로 간주된다면 그것은 아마 공정할 것이다" 고 말한다.[15]

그러나 이 기호들이 오늘날은 현저히 다른 의미로 사용되고 있다고 한다. 현대학자들은 J를 남쪽 왕국에서 9세기에 기원된 문서로 이 이상 간주하지 않고, 오랫동안 유다에 전해져 내려오고 있던 전승들을 9세기에 기록한 것으로 간주하며, E도 똑같이 오래된 에브라임 전승들을 J보다 1세기나 좀 더 나중에 수집하여 기록한 것으로 간주한

해한다. 이러한 노트(Martin Noth)의 이해는 확실한 근거가 없는 주관적인 생각으로 성경적 지지를 받기는 어렵다고 본다. 오경의 내용 중에 출애굽 전부터 출애굽하여 모압평지까지 올 때의 모세의 역할에 대한 구체적이며 자주 언급되는 기록과 시내산에 도착해서 모세가 십계명 같은 율법을 받는 이야기나 이스라엘과 하나님 사이에 새롭게 언약을 맺을 때에 모세가 행한 역할에 관한 기록 등은 모세를 그 당시 사건들과는 관계없는 조작된 인물로 생각한다는 것은 결코 있을 수 없는 지나친 가설이라 말할 수 있다. 참고, Martin Noth, *The History of Israel*, trans. by Stanley Godman (London: Adam & Charles Black, 1958), pp. 134f.

14) Cole, *Exodus, An Introduction and Commentary*, p. 13.

15) 상게서, p. 14.

다는 것이다.[16] 그리고 J와 E도 (그들이 독립적으로 존재했다고 가정한다면) G라는 (근본 자료를 나타내는) 기호에 의해 표시되는 기본적으로 똑 같은 모세 전승을 다르게 문서화한 것에 불과하다고 현대학자들은 이해한다는 것이다. D는 초기 율법들을 좀 더 나중에 수집하여 설명한 것으로서, 많은 경우에 언약서(출 20-23장)의 율법들을 보충하여 설명하는 율법들로 여겨지며, P는 한때 문서들 중에서 가장 후대의 것이며 가장 신뢰가 덜 가는 것으로 여겨졌으나, 오늘날은 다른 어디에서도 찾아 볼 수 없는 고대 것들을 제사장적인 정확성을 가지고 써서 보존하고 있는 것으로 생각한다고 한다.[17] 바꾸어 말하면, 문서의 연대는 (만약 이런 문서가 존재했고 우리가 그것의 편집된 연대를 안다할 때도) 그 문서에 기록한 내용의 사건이 발생했던 연대만큼은 중요하지 않다는 것이 널리 인정되고 있다고 한다.

콜(R. Alan Cole)에 의하면, 오늘날 구약학계의 분위기가 많이 달라졌다. 그리하여 모세와 그의 사역의 기본적인 역사성이 (적어도 넓은 개요에서) 널리 받아들여지고 있으며, 학파가 다른 많은 학자들이 십계명의 연대를 (아마 축소된 형태에서) 모세시대에 속한 것으로 생각하고, 언약서(출 20-23)의 자료를 청동기 시대(bronze age)[18]의 것으로 인정한다는 것이다.[19] 콜(R. Alan Cole)은 우리가 원칙상 어떤 형태

---

16) 상게서

17) 상게서, pp. 14f.

18) 청동기 시대는, 키친(K. A. Kitchen)에 의하면, 주전 3000년부터 주전 1200까지이다. 이를 다시 세분하면 초기 청동기 시대(주전 3000–2000년 이전), 중기 청동기 시대(주전 2000년–1500년), 후기 청동기 시대(주전 1500년 이후–1200년)로 나눌 수 있다. 참고, K. A. Kitchen, *The Bible in Its World* (Downers Grove, Illinois: Inter-Varsity Press, 1977), pp. 135f. 모세의 시대는 이 청동기 시대에 포함된다.

의 자료 분석도 거절하고, 위의 입장에 개인적으로 만족하지 못할 수 있으나, 적어도 구약학계의 변화된 분위기를 주목하고 그것에 만족해야한다고 한다.

그런데 콜(R. Alan Cole)은 보다 구체적으로 출애굽기의 저자를 설명하기위해 모세의 자료가 문서화 된 것과 구전으로 전해온 것을 구분한다. 지금 우리에게 전해진 출애굽기는 문서로 된 모세의 자료와 구전(口傳)의 모세의 자료가 결합되어 형성된 것으로 보는 것이 가장 합당하다고 생각한다.[20] 그러므로 이 결합설은 오늘 우리에게 있는 출애굽기를 모세가 다 기록한 것으로 이해하지 않는다.

콜(R. Alan Cole)에 의하면, 현재의 출애굽기 책이 형성되기 전에 이미 쓰여졌던 자료로 생각되는 부분은 출애굽기 6:3절 이하의 여호와의 특별한 신탁들(oracles), 15장의 노래들, 17:14-16의 아말렉에 대한 저주의 말씀들, 20장의 십계명의 기록으로 보이는 24:12에 언급된 기록 부분, 적어도 21-23의 내용을 기록한 것으로 보이는 언약서(24:3, 4, 7), 그리고 언약서의 보충으로 보이는 34장의 의식의 십계명 등이다.[21]

한편 콜(R. Alan Cole)은 계속해서 말하기를, 출애굽기 책의 나머지 부분은 구전으로 보존되어 전해졌다고 생각하는 것이 타당하다고 한다. 이런 구전(口傳)으로 전해졌을 가능성을 가장 잘 보여주는 내용은 출애굽기 7-11장의 재앙 이야기와, 25-31과 35-40장에 두 번이나 언급된 성막 건축에 대한 상세한 이야기라고 한다.[22] 이 구전(口傳)으로 전

---

19) 상게서, p. 15.
20) 상게서, p. 47.
21) 상게서, pp. 47-49.

해온 전승(傳承)은 예루살렘에 있는 하나의 성전시대 전에 이스라엘의 여러 지방 성소에 있던 레위인들에 의해 아마 보존되고 축제 때에는 지방 제사장들에 의해 설명되었을 것이라 한다. 이때에 우리가 복음서들에서 볼 수 있는 것과 같은 사소한 자구(字句)상의 차이가 전체 내용의 신뢰성에 영향을 주지 않으면서 일어날 수 있었을 것이라 한다.[23] 그런데 콜(R. Alan Cole)은 어떤 단계에서 쓰여진 모세의 자료와 구전(口傳)의 모세의 자료가 현재의 출애굽기의 형태로 결합되었는지 혹은 기록되었는지 알 수 없다고 한다. 또한 미래의 어떤 다른 자료가 발견되어도 우리가 그것을 아는데 도움을 주지 못할 것이라 한다. 중요한 점은 문서의 연대가 그 문서에 기록된 자료의 사건이 일어난 연대를 알도록 도와줄 수 없으나 이 자료의 연대가 훨씬 더 고대(古代)일 수 있음을 알아야하고, 어떤 이야기가 구전으로 전승되어져도 기록된 문서와 같이 고정된 내용으로 보존될 수 있다고 한다. 그러면서 콜(R. Alan Cole)은 "하나님이 출애굽기를 현재의 형태로 형성되게 하시기 위해서 무슨 방법을 사용하셨던지 간에 출애굽기가 모세 시대의 사건들의 진짜 역사적 기록으로 우리가 믿을 수 있다" 고 말한다.[24]

4) 모세의 저작설

(1) 칼빈 (J. Calvin)

비판적 견해들과는 달리, 일찍이 칼빈은 출애굽기만이 아니라 출애굽기 이후의 레위기, 민수기, 신명기도 모세의 작품들로 이해하며

22) 상게서, p. 50.
23) 상게서
24) 상게서, p. 51.

이 4책들을 서로 비교하여 주석 책을 썼다.[25] 그러면서 "모세가 받아 쓴 것이 그 자체 아주 우수하며 백성들을 가르치기 위해 아주 적합한 것을 의심할 수 없다"고 말한다.[26]

(2) 카이저 (Walter C. Kaiser, Jr.)

카이저(Walter C. Kaiser, Jr.)는 1990년에 출판한 그의 출애굽기 주석에서 출애굽기 자체구절들의 증언과 출애굽기 밖의 다른 신 · 구약 구절들의 증언을 열거하며 성경이 모세가 출애굽기의 저자라고 주장함을 지적한다.[27]

① 출애굽기

앞서 기스펜(Gispen)이 지적한대로 출애굽기 자체의 17:14; 24:4; 34:4, 27-29이 모세가 출애굽기의 저자임을 가리킨다는 것이다.[28]

② 다른 구약 책들

출애굽기 자체의 증언과 함께 구약의 다른 책들, 곧 여호수아 1:7, 8:31-32; 왕상 2:3; 왕하 14:6, 에스라 6:18; 느헤미야 13:1; 다니엘 9:1-13 그리고 말라기 4:4이 출애굽기 자체의 모세저작설 주장을 지지해 주고 있다는 것이다.[29]

---

25) *Commentaries on the Four Last Books of Moses Arranged in the Form of A Harmony By John Calvin*, vol. I, trans. by Charles W. Bingham (Grand Rapids: Baker Book House, reprinted 1979), pp. xiv–xv.

26) 상게서, p. xiv.

27) Walter C. Kaiser, Jr., *Exodus, The Expositor's Bible Commentary*(Grand Rapids: Zondervan Publishing House, 1990), pp. 287f.

28) 상게서, pp. 287f.

29) 상게서, p. 288.

③ 신약

또한 신약저자들이 출애굽기의 모세 저작설을 지지한다는 것이다. 마가복음 12:26은 출애굽기 3:6이 모세의 책에 있는 말씀이라 하고, 누가복음 2:22-23은 출애굽기 13:2이 "모세의 법"과 "주의 율법"에 쓰여진 것이라 하며, 마가복음 7:10은 십계명의 제 5계명(출20:12)과 언약서 가운데 한 율법(출21:17)을 모세가 말했음을 지적하여 출애굽기의 모세 저작설을 지지하고 있다는 것이다. 그밖에 신약에서 요 5:46-47, 7:19; 사도행전 3:22; 롬 10:5 등이 율법의 저자가 모세임을 가리키면서 간접적으로 출애굽기의 모세의 저작설을 지지해주고 있다는 것이다.

카이저(Walter C. Kaiser, Jr.)는 많은 비판적 학자들에 의해 출애굽기가 세 중요 자료들, 곧 J(B.C. 950-850), E(B.C. 750-850), P(B.C. 500-540)에 의해 쓰여진 것으로 가정되지만, 십계명과 언약서(20:22-23:33)는 위의 세 자료들 중의 어느 것에서도 발견되지 않고 저자(들) 혹은 편집자(들)에 의해 삽입된 것이라고 주장된다는 것이다. 또한 비판적 학자들은 자료들 간의 정확한 범위를 확정하지 못하고 그들 사이에 견해가 서로 다르다는 것이다.[30)]

무엇보다 가장 중대한 일은 위의 비판적 학자들의 가설들이 출애굽기 자체의 분명한 주장들과 성경의 다른 저자들의 모세의 저작설을 지지하는 내용들에 직접 반대된다는 것이다. 그리하여 카이저(Walter C. Kaiser, Jr.)는 "성경의 영감문제는 제쳐놓고서라도 어떤 원문(세속적이든 거룩한 것)이든지 그것 자체의 말과 주장들에 의해서 이해하는 것이 가장 첫째로 할 일이다. 다른 말로 바꾸어 말해 어떤

---

30) 상게서

원문이든 그것이 잘못이 있다고 입증될 때까지는 그 원문의 주장이 옳다고 판단되어져야지 그와 반대로 되어서는 안된다"고 말한다.[31]

5) 출애굽기 6:3의 해석과 모세의 저작성

(1) 도입말

모세가 미디안 광야에서 돌아온 후 아론과 함께 바로에게 가서 이스라엘 백성을 보내어 광야에서 여호와께 절기를 지키게 해달라고 요청했다. 이 요구를 들은 바로는 이스라엘 백성을 감독했던 사람들을 불러 이스라엘 사람들이 벽돌을 말들 때 짚을 전(前)처럼 주지 말고 벽돌은 전과 같은 양으로 만들게 하며 혹독하게 일을 시키게 했다.

이스라엘 백성을 자유케 하려고 바로에게 갔던 모세는 오히려 이스라엘 백성을 어려움 당하게 하는 결과를 가져왔다. 그리하여 이스라엘 패장들로부터 원망을 듣고 모세가 낙심되었을 때, 출애굽기 6:3에서 여호와께서 모세에게 "내가 아브라함과 이삭과 야곱에게 전능의 하나님으로 나타났으나 나의 이름을 여호와로는 그들에게 알리지 아니하였고"(한글개역성경)라고 말씀하신다. 이 말씀은 여호와께서 이스라엘 자손을 애굽 사람의 노예생활로부터 건져 주시겠다는 약속의 일환으로 주신 말씀이다. 이 출애굽기 6:3의 해석을 어떻게 해석하느냐에 따라 출애굽기의 저자 문제와 창세기의 진실성의 문제가 다르게 결론 내릴 수 있다.

---

31) 상게서

(2) 비평학자들의 견해

많은 비판적 학자들은 일반적으로 출애굽기 6:3을 읽을 때 이해되는 피상적 해석을 주장하며 하나님의 이름 "여호와"가 이 때에 처음 모세에게 알려졌고 그 이전에는 "여호와"란 이름이 사람들에게 알려지지 않은 것으로 주장한다.

① 스톨커(D. M. G. Stalker)

스톨커(D. M. G. Stalker)는 출애굽기 6:3은 P자료로서 "이 P기자들은 '야훼' 이름이 이제 처음으로 계시된 것으로 생각한다. 비록 '야훼' 이름이 보다 이전 자료들 안에서 실제로 자주 사용되고 있지만" 이라고 말한다.[32]

② 리라르즈담(J. Coert Rylaarsdam)

스톨커와 비슷하게 리라르즈담(Coert Rylaarsdam)은[33] "E(역사가)가 시사한 것처럼(3:15), P기자는 열조들이 이 이름 (여호와)[34]를 알지 못했다고 분명히 말한다. 열조들이 하나님에 대해 알았던 이름은 엘 샤다이(전능의 하나님)[35]이다고 P기자는 첨가하여 말한다"고 출애굽

---

32) D. M. G. Stalker, "Exodus," in *Peake's Commentary on the Bible*, edited by Matthew Black and H. H. Rowley (Nashville: Thomas Nelson Publishers, 1962; 15th printing, 1986), p. 215.

33) J. Coert Rylaarsdam, *The Book of Exodus, Introduction and Exegesis*, in *The Interpreter's Bible*, vol. 1(New York: Abingdon Press, 1952), p. 889.

34) 괄호안의 내용은 필자가 리라르즈담(Coert Rylaarsdam)의 책에서 사용된 개념을 참고하여 이해를 돕기 위해 삽입했음. 참고, Rylaarsdam, *The Book of Exodus, Introduction and Exegesis, in The Interpreter's Bible*, vol. 1, pp. 870f.

35) 괄호안의 내용은 필자가 리라르즈담(Coert Rylaarsdam)의 책에서 사용된 개념을 참고하여 이해를 돕기 위해 삽입했음. 참고 Rylaarsdam, *The Book of Exodus, Introduction and Exegesis, in The Interpreter's Bible*, vol. 1, pp. 870f.

기 6:3을 이해한다.

③ 차일드스(Brevard S. Childs)

차일드스(Childs)도 출애굽기 6:3을 설명할 때, "여호와" 이름이 모세 때에야 계시된 것을 뜻하는 것으로 이해하며 하나님의 이름 "여호와"의 의미는 하나님의 계시의 역사를 참조할 때에 분명하게 된다고 한다. 차일드스(Childs)는 "무엇보다도 먼저, 야웨(여호와)는[36] 자신을 열조들에게 알게 하셨던 바로 그 하나님으로서 동일시하신다. 하나님이 자신을 엘 솨다이(전능의 하나님)[37]로서 계시하신 창세기 17:1절 이하에서 아브라함과 하나님 사이에 맺은 언약에서 읽을 수 있다"고 말한다.[38] 또한 차일드스(Childs)에 의하면, "열조들은 하나님을 다만 엘 솨다이(전능의 하나님)로서만 알았는데, 이제 하나님은 그 자신을 모세에게 자신의 약속을 기억하시고 자신의 약속을 성취하게 하실 야웨로서 계시하신다."[39]

이러한 비판적 입장에서 출애굽기 6:3을 해석할 때, 히브리어 원문성경 창세기에서 하나님의 이름 "여호와"가 146번 사용되고 하나님의 이름 "엘로힘"이 164번 사용되어 그 두 이름의 사용횟수가 서로 비슷한데 반해 출애굽기 이후 여호수아서에서는 불균형적으로 "여호와"는 약 1800번 사용되고 "엘로힘"은 125번 사용되는 이유를 설명할

---

36) 차일드스(Childs)는 하나님의 히브리어 이름 "יְהוָה"를 "여호와" 대신 "야훼"로 읽는다. 그러나 필자는 "야웨"가 바른 독법(讀法)이라고 확신되지 않기 때문에, 히브리어 성경에 쓰여진 모음대로 그냥 "여호와"로 읽는다.

37) "엘 솨다이"를 한글개역성경은 "전능의 하나님"으로 번역하므로 독자의 이해를 돕기 위해 괄호 안에 "전능의 하나님"을 삽입했다.

38) B. S. Childs, *The Book of Exodus, A Critical Theological Commentary*, p. 115.

39) 상게서

수 있다고 비판적 학자들은 주장한다. 곧 "여호와" 이름을 사용하여 소위 P문서기자가 역사적으로 보다 정확을 기하려 했기 때문이라고 한다.[40)]

이 설명이 옳다면 소위 P문서기자가 하나님의 이름 "여호와"와 "엘로힘"을 불균형적으로 사용하는 이유에 대한 조리 있는 답변이라 말할 수 있다. 그러나 비평학자들의 이런 해석을 받아들이기에는 너무나 중대한 반대 이론에 부딪치게 된다.

(3) 보수적인 견해

하나님이 출애굽기 6:3에서 모세에게 말씀한 "나의 이름을 여호와로는 그들에게 알리지 아니하였고"란 구절에서 중요한 내용은 '여호와를 안다' 이다. 그러므로 '여호와를 안다' 는 말이 어떤 의미로 출애굽기나 다른 구약 책에서 사용되고 있는지 살펴볼 때 출애굽기 6:3을 바르게 해석하는데 큰 도움이 된다.

알리스(Allis)는 출애굽기에서 여러번 "너희가 나를 여호와인줄 알리라"와 그와 비슷한 문장이 이스라엘 백성과 (6:7, 10:2, 16:12, 29:46, 31:13), 이집트 인들과 (7:5, 14:4, 18), 바로에게 (7:17, 8:22) 사용됨을 지적한다. 곧 '이스라엘 백성,' '이집트 인들,' 혹은 '바로' 가 나를 여호와인줄 알리라는 문장으로 쓰여 진다.[41)] 이럴 경우 '여호와를 안다' 는 것은 지적(知的)으로 처음 '여호와' 란 이름을 알게 된 것을 뜻한 것이 아니라, 어떤 사건과 계기를 통해 여호와의 속성과 특성을 알

---

40) 참고, Oswald T. Allis, *The Five Books of Moses*(Nutley, New Jersey: Presbyterian and Reformed Publishing Co., 1977), p. 27.

41) Oswald T. Allis, *The Five Books of Moses*, pp. 27f.

게 됨을 의미한다.[42] 이스라엘의 하나님이 여호와로 불러진 것을 이스라엘 사람들과 이집 사람들과 바로에게 확신시키기 위해 이집트에 내린 모든 재앙들이 필요치 않다. 그들이 알고 확신할 필요가 있었던 것은 그들이 이미 그 이름 '여호와'를 아는 그 '여호와가 누구이신가' 였다. "이것은 출애굽 후 오랜 세월이 지나서 쓰여진 에스겔서에서 그 표현이 아주 자주 후렴처럼 사용된 사실에서 확증된다"고 미국 프린스톤 신학교 구약교수였던 알리스(Allis)는 말한다.[43] 그리고 알리스(Allis)는 계속해서 말하기를, "바벨론에 있던 포로들이 그들의 하나님께서 여호와로 불러졌다는 것을 들을 필요가 있었던가? 분명히 그럴 필요가 없다. '여호와를 아는 것'은, 이집트의 노예들에게서와 마찬가지로 바벨론의 포로들에게, 여호와 그들의 하나님이 참으로 누구이신가를 아는 것을 의미했다"는 것이다.

즉, 그들은 이미 그들의 하나님이 여호와로 불러진 것을 알고 있었는데 이제 새로운 사건들을 통해 여호와 그들의 하나님이 누구이신가를 알아서 그들의 하나님을 새롭게 경외하고 그분께 복종하게 된 것을 가리킨다는 것이다.

이런 해석이 알리스(Allis)에 의하면, 출애굽기 6:3, "나는…전능의 하나님으로 나타났으나 나의 이름을 여호와로는 그들에게 알리지 아니하였고"란 구절에서는 지지되고 있다.[44] 이 구절에서 "전능의 하나님"이나 "여호와"도 하나님의 이름인데 이들을 대조하며 말씀하신다. 이 구절에서 "이름"에 강조점이 주어진다. 이 구절의 히브리어 원

42) 상게서, p. 28.
43) 상게서
44) 상게서

문성경을 보면 "전능의 하나님"이라 번역된 "엘 솨다이"(אֵל שַׁדָּי)앞에 전치사 "베"(בְּ)가 붙어서 한글 개역성경은 "전능의 하나님으로" 번역한다. 그리고 3절에서 히브리어 원문성경의 "쉐미 여호와"(שְׁמִי יְהוָה)는 전치사 "베"(בְּ)가 없으나 문맥에서 볼 때 생략된 것으로 이해되어 한글 개역성경은 "나의 이름을 여호와로는"이라 번역했고, 혹은 "나의 이름 여호와로는"이라 번역할 수 있다. 출애굽기 6:3에서 하나님의 이름 앞에 붙은 전치사 "베"(בְּ)는 6:3이 여호와의 이름을 지적(知的)으로 알고 모르는 문제를 말하려는 것이 아니라 언급된 하나님의 이름의 성격으로 혹은 그 이름의 특징으로 하나님이 알려졌느냐 그렇지 않았느냐를 말하고 있음을 보여준다.[46] 곧 "전능의 하나님의 성격으로"와 "나의 이름, 여호와의 성격으로"를 서로 대조시켜 하나님이 모세에게 말씀하시고 있다는 것이다. 구약에서 이름의 의미는 현대인에게서 보다 더 중요하게 다루어 졌다. 그리하여 아브람이 아브라함으로 바꾸어 졌고, 야곱이 이스라엘로 바꾸어 졌으며, 이런 이름의 변화를 통해 열조들의 일생에 중요한 전기(轉機)가 이루어졌다. 하나님이 모세에게 자신의 이름, 여호와를 말씀할 때, 단순히 그 이름을 언급한 것으로 끝내지 않고 출애굽기 6:3절 이후 6-7절에서 그 이름의 언급과 함께 그 이름의 특징을 설명하고 그 특징대로 하나님이 행동하실 것을 말씀하신다. 결과적으로 하나님이 아브라함과 이삭과 야고보에게 "여호와" 이름의 성격으로는 알려지지 않았다고 선포하신 것은 "여호와"이름의 구원의 성격이 그들에게 알려지지 않았거나, 혹은 분명하게 되지 않았음을 의미한 것으로 이해함이 옳다.[47]

---

46) 상게서
47) 상게서

만약 비평학자들처럼 출애굽기 6:3을 피상적으로 이해하여, 이스라엘 사람들이 "여호와"란 하나님의 이름을 모세 때에야 알게 되었다고 해석한다면, 창세기에서 열조들과 다른 사람들이 그 "여호와" 이름을 잘 알고 그 이름을 자유롭게 쓰고 있음을 보여주는 구절들(창 4:25, 15:7, 28:13, 9:26, 15:2, 18:33, 22:14, 15, 16, 24:3, 7, 12, 26, 27, 26:25, 28, 27:20, 28:13, 21, 29:32f, 35, 30:24, 31:3, 39:2, 3, 5 ; 49:18, 등)은 거짓된 허위진술들로 결론 내릴 수밖에 없을 것이다. 혹은 비평학자들처럼 모세 이전에 벌써 사람들이 "여호와" 이름을 잘 알고 있고 자유롭게 사용하고 있는 것으로 표현하는 구절들은 출애굽기 6:3의 P 문서 기자와는 다른 전승에 따라 기록하는 기자에 의해 쓰여졌음을 나타낸다고 말할 것이다.

그러나 이런 결론을 받아들이기 어려운 것은 에스라 때부터 성경의 본문을 지키고 전수시켰던 서기관 학파(주전 400년부터 주후 200년)는 하나님의 위상을 높이기 위해 극히 제한된 본문 수정을 했으나, 그들의 기본 원칙은 성경본문이 가감 없이 정확히 기록되고 전수되기 위해 성경 각 책의 절(verse)수와 단어(word)수와 글자(letter)수를 정밀히 계산하여 각 책의 끝에 기록한 것이다. 그리하여 사본을 대할 때 그 수(數)들이 맞지 않으면 그 사본의 기록에 오류가 있음을 알도록 했다.[48] 그 후 성경전수를 위해 힘썼던 맛소라 학자들(A.D. 500-950)은 앞의 서기관 학파보다는 더 엄격하여 본문에서 한 말씀이라도 빼거나 더하지 않기 위해 케티브-케레를 사용하여 고치고 싶은 단어나 추가하고 싶은 단어를 본문의 옆이나 아래 주(注)에 기록하여 본문

48) 정규남, *구약개론*(서울: 개혁주의신행협회, 1985년, 1999년 13쇄, 2003년 재판 3쇄), pp. 50f.

49) 상게서, pp. 52f.

이 손상 받지 않게 했던 것이다.[49)]

위와 같이 성경본문을 정확히 전수하려고 노력 한 것은 성경자체의 경고이기 때문이다. "이스라엘아 이제 내가 너희에게 가르치는 규례와 법도를 듣고 준행하라. 그러면 너희가 살 것이요, 너희 열조의 하나님 여호와께서 너희에게 주시는 땅에 들어가서 그것을 얻게 되리라. 내가 너희에게 명하는 말을 너희는 가감하지 말고 내가 너희에게 명하는 너희 하나님 여호와의 명령을 지키라"(신명기 4:1-2). 이 말씀을 통해 모세는 이스라엘 백성에게 그들이 살고 하나님의 약속의 땅을 얻기 위해서는 하나님의 규례와 법도를 듣는 그대로 준행하고 그것들에 가감하지 않아야 함을 가르쳐 준다. 또 모세는 다른 구절에서 이스라엘 백성에게, "내가 너희에게 명하는 이 모든 말을 너희는 지켜 행하고 그것에 가감하지 말찌니라"(신명기 12:32)고 말한다. 하나님이 모세를 통해 주신 말씀을 지키되 가감 없이 모두 다 지켜야지 이스라엘 백성이 자기들의 마음에 맞는 것은 지키고 싫은 것은 지키지 않는 일이 발생해서는 안된다는 것이다. 이렇게 하나님의 말씀을 가감 없이 준행키 위해서 먼저 수행되어야 할 것은 하나님의 말씀을 가감 없이 기록하여 보존하는 일이다.

그런데 창세기에서 146번이나 "여호와" 이름이 불러지고 자유스럽게 사용되는데 이런 사용들이 실제 역사 속에서 일어난 것이 아니고 다만 모세 때 출애굽 무렵에야 "여호와" 이름이 알려졌다고 비평학자들이 주장하며 성경의 진정성, 신뢰성, 역사성을 파괴하는 것은 성경의 말씀을 생명처럼 존중하고 아끼며, 성경본문을 가능한 정확히 기록하고 전수하려했던 서기관 학파나 맛소라 학파가 그리고 경건한 하나님의 백성이 결코 받아드릴 수 없는 가설이라고 생각된다.

비평학자들의 견해를 따라 창세기나 출애굽기의 내용을 문서설에 의해 이해하려 할 때 한 절(verse)의 내용을 서로 다른 문서에 속한 것이라 하여 서로 분리시키므로 이야기의 의미를 단절시키는 경우도 있다. 예로써, 창세기 7:16에서, "들어간 것들은 모든 것의 암수라 하나님이 그에게 명하신 대로 들어가매 여호와께서 그를 닫아 넣으시니라"고 말씀한다. 여기서 히브리어 원문성경을 보면 전반절(前半節)은 하나님을 "엘로힘"(אֱלֹהִים)이라 부르는 P문서이며[50], 후반절(後半節)은 하나님을 "여호와"(יְהוָה)로 부르는 J문서라는 것이다.[51] 그러므로 비평학자들의 견해를 따르면 원래는 이 둘이 서로 다른 문서에 속했는데 편집자에 의해 한 절(verse)의 내용으로 만들어졌다는 것이다. 이렇게 창세기나 출애굽기의 내용을 분리시키며 나누어 이야기 할 때 지금의 현존된 이야기들은 통일성을 잃고 조각나고 찢어지게 된다.

그리고 출애굽기 6:3의 "여호와" 이름과 관련하여, 이 이름이 P문서에 의하면 모세 때에 비로써 알려졌다고 비평학자들이 주장하지만, 그러나 소위 P문서에서 모세의 어머니 요게벳(וֹכֶבֶד)을 두 번(출 6:20, 민26:59)이나 언급하고 있다. 그런데 "요게벳"의 뜻은 "여호와는 영화로우시다"이다. 그러므로 모세가 낳기 이전 모세의 어머니 "요게벳" 때에 이스라엘 사람들이 "여호와"이름을 알고 있었던 것으

---

50) S. R. Driver, *An Introduction to the Literature of the Old Testament* (Edinburgh: T. & T. Clark, 1891; 9th edition and revised, 1913) p. 11 ; von Rad, *Genesis, A Commentary* (London: SCM Press LTD, 1961; revised edition, 6th impression, 1981), p. 125.

51) John Skinner, *A Critical and Exegetical Commentary on Genesis, The International Critical Commentary* (Edinburgh: T. & T. Clark, 1910; 2nd edition, latest impression, 198), p. 153; von Rad, *Genesis, A Commentary*, p. 118.

로 보인다.[52] 모세가 이스라엘을 애굽의 속박에서 구원키 위해 나타났을 때 80세였으므로 모세 어머니의 이름이 "여호와" 이름을 내포하고 있다는 것은 이스라엘 백성이 적어도 "여호와" 이름을 모세로부터 100년 전쯤은 알고 있었을 것으로 생각된다.

출애굽기 6장과 구약의 다른 구절들을 충분히 살피고 분석한 예루살렘에 있는 히브리 大學校의 유명한 카쑤토(U. Cassuto)교수는 결코 많은 비평학자들이 추론한 것처럼 출애굽기 6:3이 문서설을 지지해 주는 기둥으로 이해될 수 없음을 지적한다.[53] 만약 출애굽기 6:3이 열조들은 "여호와" 이름을 알지 못했고, 모세가 비로소 그 이름을 알게 된 것으로 이해하려면 현재 맛소라 히브리어 원문성경의 출애굽기 6:3이 다르게 쓰여 져야 할 것이라고 말한다.[54] 즉, 지금 쓰여 있는, "그러나 나는 그들에게 알려지지 않았다"(but I was not known to them)이 아니라, 만약 "여호와(יְהוָה)" 이름이 처음으로 모세 때에 알려진 것을 뜻하는 본문이었다면, "그러나 내 이름 여호와(יְהוָה)를 나는 알려지게 하지 않았다"('but My name YHWH I did not make known') 혹은 "그러나 내 이름 여호와는 그들에게 알려지지 않았다"(' but My name YHWH was not known to them')로 쓰여 있어야 한다는 것이다. 그러면서 카쑤토(U. Cassuto)교수는 하나님의 이름 "엘 솨다이"(전능의 하나님)는 "이스라엘 사람들이 자연을 다스리시고 인간에게 풍요로움을 주시는 신의 개념과 연관시키는데 익숙했었다"고

---

52) Oswald T. Allis, *The Five Books of Moses*, p. 30.

53) U. Cassuto, *A Commentary on the Book of Exodus* trans. by Israel Abrahams(Jerusalem: the Magnes Press, the Hebrew University), pp. 77f.

54) 상게서, p. 78

55) 상게서

지적하며,[55] 하나님의 이름 "여호와"는 "약속을 성취하시는" 하나님의 개념을 나타냄을 말한다.

그리하여 출애굽기 6:3을 카쑤토(U. Cassuto)교수는 다음과 같이 이해한다: "내가 아브라함과 이삭과 야곱에게 엘솨다이란 이름에 의해 표현되는 나의 성격에서 내 자신을 계시했다(고 하나님이 선언하신다). 그리고 나는 그들에게 많은 결실을 맺게 했고 그들을 번창케 했으며 그들에게 자녀들과 자녀들의 자녀들을 주었다."[56] 그러나 "… 이 호칭(여호와)[57]에 의해 표현되는 것과 같은 나의 성격에 의해서는 내가 그들에게 알려지지 않았다. 곧, 내가 그들에게 땅을 소유케 하겠다고 말했던 약속의 언질을 아직 성취하지 않았기 때문에, 나를 약속을 성취하는 하나님으로서 그들에게 인식시키지 못했다"[58]는 것을 뜻한다는 것이다.

스칸디나비아의 유명한 구약학자인 모빙클(S. Mowinckel)은 출애굽기 6:3에 의하면 여호와 이름이 처음으로 모세에게 알려지는 것처럼 표현되지만 이것은 "P의 비역사적인 신학적 이론"이라고 말한다.[59] 이런 모빙클(S. Mowinckel)의 이해는 "여호와" 이름을 모세 이전에 이미 많은 사람들이 창세기에서 사용하고 있음을 보여주고 있으므로 그런 사용들을 비역사적인 시대착오적인 사용이라고 결론 내릴 수 없기 때문인 줄 안다. 모빙클(S. Mowinckel)의 이런 출애굽기

---

56) 상게서, p. 79.

57) 괄호의 내용은 필자가 독자들의 이해를 돕기위해 삽입했음.

58) U. Cassuto, *A Commentary on the Book of Exodus*, p. 79.

59) S. Mowinckel, *Hebrew Union College Annual* 32(1961):121. 이 논문은 John Durham, *Exodus, Word Biblical Commentary*, vol. 3 (Waco, Texas: Word Books, Publisher, 1987), p. 76에서 인용함.

6:3에 대한 이해는 출애굽기 6:3을 피상적으로 이해하여 "여호와"의 이름이 모세 때에 처음 알려졌다고 주장하는 비평학자들의 견해가 잘못됐음을 간접적으로 지지해주며, 창세기에서 사용되는 "여호와" 이름이 결코 비역사적인 사용이 아니라, 실제 역사 속에서 사용된 것으로 이해할 수 있음을 나타낸다.

또한 출애굽기 6:3에서 여호와께서 "내가…나의 이름을 여호와로는 그들에게 알리지 아니하였다"고 말씀하신 것은 성경에서 상대적 진리를 강조하기 위해 절대적 표현으로 말하는 표현 방식 때문이지, 모세 때에 처음으로 "여호와"란 이름이 알려졌기 때문인 것은 아니라고 말할 수 있다.[60] 예로써 요한이 "율법은 모세로 말미암아 주신 것이요 은혜와 진리는 예수 그리스도로 말미암아 온 것이라"(요1:17)고 말씀할 때, 모세를 통해서 하나님의 은혜와 진리는 우리에게 전혀 주어지지 않았음을 가리킨 것이 아니다. 또한 예수님께서 우리에게 아무런 율법을 주지 않았음을 뜻하는 것도 아니다. 단지 율법이 모세로 통해 주어졌음을 강조하고 은혜와 진리는 누구보다도 예수 그리스도를 통해 우리에게 주어졌음을 강조키 위해서 그렇게 표현한 것이다. 예수님은 우리에게 '서로 사랑하라'는 새 계명을 주셨다. 또한 바울이 고린도전서 9:9f. 에서 "모세 율법에 곡식을 밟아 떠는 소에게 망을 씌우지 말라 기록하였으니 하나님께서 어찌 소들을 위하여 염려하심이냐 전혀 우리를 위하여 말씀하심이 아니냐...."고 말씀한다. 이 사도 바울의 말씀은 신명기 25:4의 일하는 동물의 먹을 권리를 나타내는 일차적인 의미를 무시해 버리고 이차적인 적용에 훨씬 강조를 두고 말씀한 것이다. 그러나 신명기 25:4에서 동물이 가지는 기본적인 권

60) Oswald T. Allis, *The Five Books of Moses*, p. 29.

리를 결코 무시해서 이해할 수 없듯이, 출애굽기 6:3을 "여호와" 이름이 단지 모세 때에 처음 사람들에게 알려진 것을 뜻하는 것으로 이해하는 것은 그 이전에 146번이나 "여호와" 이름을 자주 사용하며 부른 창세기의 기록을 비역사적이고 허위로 해석하는 큰 오류를 범하게 됨을 인식해야 한다.

6) 성막 건립 이야기와 모세의 저작성

출애굽기 후반부의 핵심적인 내용은 성막에 대한 이야기다. 출애굽기 25-31장은 성막을 지으라는 하나님의 명령을 기록하고 있고, 35-40장은 이 명령을 수행하는 내용을 기록하고 있다. 그런데 성막건립의 명령을 수행하는 부분(35-40장)은 성막을 지으라는 명령 부분(25-31장)을 근본적으로 말 그대로 반복하는 것에 불과하고 꼭 필요치 않은 첨가된 내용으로 생각하며 서로를 저자가 다른 것으로 이해하여 출애굽기의 저자가 모세가 아님을 나타내는 중요한 증거로 이해하는 비평학자들이 많다.[61]

포페르(J. Popper)는 1862년에 출판된 그의 책 *성막에 대한 성경의 보고*(報告)(*Der biblischer Bericht ueber die Stiftshuette*[62])에서 출애굽기 36-40장은 출애굽기 25-31장의 저자와는 다른 저자가 썼음을 나타내며, 그 저자는 사마리아 오경과 아주 비슷한 성경본문에 대한 접근

---

61) 참고, Childs, *The Book of Exodus, A Critical Theological Commentary*, pp. 529f.

62) J. Popper, *Der biblische Bericht ueber die Stiftshuette*(Leipzig, 1862), 이 책은 상게서, p. 529로부터 인용함.

을 보여주고 있다고 주장한다.[63] 포페르(J. Popper)는 출애굽기의 히브리어 원문성경보다 약간 짧은 70인역이 출애굽기 36장 이하의 본문이 확장되어간 역사의 초기단계를 나타낸다고 생각한다.[64] 이 포페르(J. Popper)의 견해를 대부분 받아들인 벨하우젠(Wellhausen)에 의하면 출애굽기에 기록된 성막의 내용은 역사적 허구에 의해 쓰여진 것이고 솔로몬 성전 이야기를 모세 시대에 투영시켜 쓰여진 것이다.[65] 이 비판적인 이론을 후대의 많은 비평학자들이 요약하여 설명하며 받아들이고 있다.[66]

벨하우젠(Wellhausen)은 성막 건립에 대한 기록이 원래는 하나님께서 모세에게 성막을 지으라고 자세히 명령한 부분 (출25-29장)과 이스라엘 백성이 그 명령한 것을 이행했다는 짧은 진술 (출39:42-43), 그리고 봉헌식에 대한 기록(레9장)이였을 것으로 추측한다.[67] 그리고 나중에 원래의 내용에 출애굽기 30-31장과 특히 금향단에 대한 내용이 첨가되고 좀 더 나중에 그 성전 건립 명령의 실행에 대한 이야기가 점차적으로 그리고 기계적으로 성막 건립 명령부분을 그냥 복사하는 식으로 첨가된 것이라 한다.

그러나 후로비츠(Victor Hurowitz)는 출애굽기를 문서설의 입장에서 많이 해석하지만 다른 고대근동의 이방신전 건립의 기록들을 출

63) 상게서, 이책은 Childs, *The Book of Exodus, A Critical Theological Commentary*, p. 530에서 인용함.

64) 상게서

65) J. Wellhausen, *Prolegomena to the History of Israel* (Edinburgh: A. & C. Black, 1885; Atlanta : Scolars Press, 1994), pp. 38ff.

66) Childs, *The Book of Exodus, A Critical Theological Commentary*, p. 531.

67) Victor(Avigdor) Hurowitz, "The Priestly Account of Building the Tabernacle," *Journal of the American Oriental Society*, vol. 105(1985):21.

애굽기의 성막이야기와 서로 비교하며 벨하우젠의 견해가 잘못되었음을 지적해준다.[68] 후로비츠(Victor Hurowitz)는 성막이야기가 성막건립 명령부분(25-31장)과 그 명령 실행부분 (35-40장)으로 나누어있고, 이 성막이야기를 다시 세분하면 다섯 단계로 나눌 수 있다고 한다.[69]

첫 단계는 24:15-31:18로서 하나님께서 모세와 만나시고, 성막건립을 자세히 설명하시며 명령하신 것이다. 둘째 단계는 34:29-35:19로서 모세가 성막건립에 대한 하나님의 명령을 이스라엘 백성에게 전하는 것이다. 셋째단계는 35:20-36:7로서 건축재료 구입과 건축기술자의 이름들이 열거되며, 넷째 단계(36:8-39:31)는[70] 성막 구조와 기구들을 다시 설명하는 내용인데, 실제로는 그것들을 실제 만드는 것을 설명한다. 그리고 다섯째 단계는 39:33-40:34, 레8-10장, 민7장으로서 만들어진 기구들을 모세에게 가져와 시내산에서 보여준 모델과 일치한지를 점검케 하고, 성막을 세우며, 기구들을 제자리에 놓고 성전 봉헌의식을 행하는 내용이다.

후로비츠(Victor Hurowitz)에 의하면, 출애굽기의 성막건립 이야기나 열왕기상의 성전건축이야기를 고대근동의 이방신전 건축이야기들과 비교해볼 때 고대 근동지방의 신전건축이야기의 표준 문학적 패턴에 일치하게 쓰여져 있다.[71] 특히, 성막건립 이야기와 가장 가까

---

68) 상게서, pp. 21-30

69) 상게서, pp. 21f.

70) 성경절수 36:8-39:31을 후로비취(Hurowitz)는 그의 논문에서는 기록하지 않았으나, 필자가 논문내용을 근거하여 독자의 이해를 돕기 위해 삽입했음.

71) Victor(Avigdor) Hurowitz, "The Priestly Account of Building the Tabernacle," pp. 25f.

운 문학적 구조가 바벨론왕 삼수이루나(Samsuiluna, 1749-1712 B.C.E.)의 신전건축에 대한 2개 국어로 쓰여진 비문에 나타난다고 한다.[72] 다음 다섯 가지 점에서 출애굽기의 성막건립 이야기와 삼수이루나(Samsuiluna)의 신전건축 기록이 일치점을 보여준다고 후로비츠(Victor Hurowitz)는 지적한다:

① 두 이야기들에서 똑같이 성막(신전)건립의 명령부분의 동사시제가 그 명령 실행 부분의 동사시제와 다르다.

② 두 이야기는 명령부분의 어떤 요소들을 실행부분에서 다시 표현할 때에 어순이 바꾸어지는 교차 배열법(chiastic)으로 표현한다.

③ 두 이야기는 명령부분에서 설명한 것들을 그 명령 실행부분에서 다시 말할 때는 동의어들로 대치하여 표현한다.

④ 가장 주목되는 것은 두 이야기에서 어떤 요소들이 명령부분에서는 언급되지 않았는데, 그 명령 실행부분에서 언급되는 것이다. 예로써, 성막이야기는 회막문에서 일하는 여자들의 놋거울로 놋대야를 만드는 요소를 명령부분에서는 언급하지 않았는데, 그 명령 실행부분에서 언급한다(출38:8). 이와 비슷하게 바벨론 왕 삼수이루나(Samsuiluna)기록은 명령부분에서 엔릴(Enlil)신이 샤마쉬(Samas)신에게 샤마쉬(Samas)신과 아야(Aya)신이 그들의 거처에 들어가라고 명령했는데, 나중 그 명령 실행부분을 보면 아다드(Adad)신도 같이 들어간 것을 언급한다. 아다드(Adad)신은 샤마쉬(Samas)신의 파트너로서 결론의 반복구에서 다시 언급된다.

⑤ 삼수이루나(Samsuiluna)는 명령부분의 말들을 문자 그대로 그 명령 실행부분의 내용에서 반복할 뿐만 아니라 그 끝에 다음 말을 첨

---

72) 상게서, p. 26.

가한다 : "나는 샤마쉬, 아다드, 그리고 아야신들에게 좋은 것을 행했다. 나는 샤마쉬와 마르둑신들의 명령을 수행했다." 이 말은 출애굽기의 성막건립 실행의 부분에서 빈번하게 다시 표현되는 반복구, 곧 '이스라엘 백성이 주께서 모세에게 명하신 대로 모든 것을 행했다'는 구절과[73] 분명히 유사하다는 것이다.[74]

후로비츠(Victor Hurowitz)는 다시 출애굽기의 성막 이야기의 문학적 구조를 바알 궁전 건립에 대한 우가릿 설화(UT51)와 비교하여 그 둘의 유사점을 지적한다.[75] 둘 다 성막(혹은 궁전)건립에 대한 명령(혹은 허락)하는 부분이 있고, 그 명령을 전달하는 요소가 있으며, 건축자료를 모으는 내용이 있고, 건축기술자들을 불러서 어떻게 지을 것을 말하는 요소가 있고, 그 건축이 시행되는 부분이 있다는 것이다.[76]

이런 비교들을 통해 후로비츠(Victor Hurowitz)는 출애굽기의 성막건립 이야기가 고대근동지방의 공통적이고 자주 사용되던 신전건립 이야기 패턴의 전형적인 예라는 것이다. 그리하여 성막건립 이야기에서 성막건립 명령의 실행 부분이 원래의 성막건립 명령부분을 독창성 없이 단지 나중에 모방한 것에 불과하다는 학자들의 견해는 수정되어야 한다고 주장한다. 성막건립명령의 실행부분이 성막건립 명령부분보다는 시간적으로 뒷부분이라 할지라도 전자(前者)가 신전건

73) 이 구절은 출애굽기 39:1, 5, 7, 21, 26, 29, 31, 42–43; 40:16, 19, 21, 23, 25, 27, 29, 32에서 언급된다.

74) Victor(Avigdor) Hurowitz, "The Priestly Account of Building the Tabernacle," p. 27.

75) 상게서, p. 28.

76) 상게서

립이야기의 전통적 패턴에 의해 요구되는 독립된 문학적 성격을 가지고 있다고 한다. 많은 신전 건립에 대한 이야기들이 있는데, 그 이야기들에서 건축된 건물은 다만 명령실행부분에만 혹은, 삼수이루나(Samsuiluna) B의 기록에서처럼, 명령부분과 명령실행부분 둘 다에 설명되어 있다는 것이다. 그런데 건축된 신전이 단지 건축명령의 부분에서만 설명되는 건립이야기는 하나도 없다고 후로비츠(Victor Hurowitz)는 지적한다.[77] 그러므로 출애굽기의 성막건립의 명령부분(출25-29장)과 그 뒤를 잇는 그 명령 실행부분(출35-40장)이 성막의 원래 이야기이지, 명령실행 부분(35-40장)이 원래에 없었던 것에 첨가된 것이 아닌 것이다. 지금 현재 출애굽기에 있는 성막건립에 대한 사건들의 순서가 신전 건축에 대한 고대 근동이야기들의 전형적인 형태를 보여주고 있음을 고려해야 한다고 한다.[78]

이러한 후로비츠(Victor Hurowitz)의 성막 이야기와 고대 근동의 신전건립 기록들의 비교에 의한 성막이야기의 신빙성에 대한 증언은 출애굽기의 성막 이야기가 한 사람의 저자가 아니고 다른 저자들에 의해 쓰여져서 나중에 첨가되어 발전된 것을 나타낸다는 비평학자들의 견해를 부인할 뿐 아니라, 오히려 한 저자에 의해 고대근동지방의 신전 기록들의 전형적인 문학양식에 일치하게 쓰여졌음을 결과적으로 지지해 준다. 그러므로 출애굽기의 성막 이야기에 있어서 성막건립 명령부분(25-31장)이 그 명령 실행부분(35-40장)에서 다시 거의 문자대로 반복된 것을 보고, 후반부(後半部)인 명령 시행부분(35-40장)은 다른 저자에 의해서 쓰여져 첨가된 것을 나타내는 확실한 증거라

77) 상게서, p. 29.

78) 상게서

고 생각하는 것은 잘못된 것임을 보여준다. 오늘날의 독자들에게는 성막이야기의 명령부분과 그 명령의 시행부분이 필요 없이 반복된 것처럼 보일 수 있으나, 오히려 모세가 출애굽기를 썼을 당시의 고대 근동의 신전 건립이야기들의 형식은 출애굽기의 역사적 진실성을 밝혀주며 모세의 저작성을 주장하는데 도움을 준다.

그리고 앞서 언급했던 대로 포퍼르(J. Popper)가 성막이야기에서 맛소라 히브리어 원문성경보다 약간 짧은 70인역 헬라어 성경은 출애굽기 36장 이하의 본문 역사에서 초기 단계를 나타내며 이 출애굽기 36장 이하의 본문이 70인역의 번역 후에 계속해서 확대되어 지금 맛소라 히브리어 원문성경에서 보여주는 본문이 되었다고 주장했으나, 구딩(D. W. Gooding)은 그의 책 성막 이야기(Account of the Tabernacle, 1959)에서 포퍼르(J. Popper)의 주장에 거의 완전히 반대되는 견해를 말한다. 그의 주장은 출애굽기 25-31장과 36-37장, 39-40장의 헬라어 성경번역자가 동일한 번역자였고, 헬라어 성경 번역자가 보고 번역한 원문 히브리어성경은 가장 권위 있는 히브리어 원문성경인 맛소라 성경과 거의 같은 것이며, 헬라어 70인역의 순서가 원래 히브리어 성경과 같았으나 나중에 헬라성경 편집자에 의해 바꾸어졌다는 것이다.[79] 이런 구딩(D. W. Gooding)의 성막이야기 본문에 대한 연구는 70인역 헬라어 성경과 이 헬라어 성경이 번역될 때 근거가 된 히브리어 원문성경이 지금 우리가 갖고 있는 맛소라 히브리어 성경과는 다른 성경인 것처럼 주장한 포페르(J. Popper)의 견해를 부인하며 히브리어 원문성경인 맛소라 성경과 원래의 70인역 헬라어

79) B. S. Childs, *The Book of Exodus, A Critical, Theological Commentary*, p. 530.

성경은 거의 같았음을 주장한다. 이런 구딩(D. W. Gooding)의 연구는 지금 현재 우리의 성경에 기록된 성막이야기가 원래 기록된 본문의 내용 그대로임을 지지하며, 출애굽기의 성막이야기의 본문이 다른 편집자들의 보충에 의해 계속 확대된 것이 아님을 가르쳐 준다. 이러한 고고학적 자료들과 성경본문의 연구는 앞서 4항목에서 카이저(Walter C. Kaiser, Jr.)의 견해를 설명하면서 제시했던 출애굽기 자체의 증언이나 구약과 신약의 증언들처럼 모세가 출애굽기의 저자임을 인정하는 것이다.

2. 출애굽기의 신학

성경의 각 책마다 그 책이 쓰여진 특별한 인물들과 그들이 살던 역사적 상황이 있다. 출애굽기는 이집트에서 430년 동안 살던 이스라엘 사람들이 한 민족을 이루어 이집트의 속박에서 벗어나 출애굽한 사건을 기록한다. 이집트를 떠난 이스라엘 민족이 가나안 땅에 들어가기 위해 숙곳을 거치고 홍해를 건너 시내광야에 이르면서 하나님의 백성으로서 훈련받으며 또한 시내광야에서 하나님을 예배하며 하나님의 자녀로 합당하게 살기 위해 필요한 율법들을 받는 것과 하나님을 예배하기 위한 성막 건립을 마친 이야기로 출애굽기는 끝을 맺는다.

이런 특별한 상황에서 출애굽기가 가장 중요하게 가르치며 토의하는 신학적 주제(主題)는 1) 자연과 역사의 주인이신 여호와; 2) 여호와의 구원 계획; 3) 출애굽기에서 해방의 의미와 교훈; 4) 하나님의 고유 이름; 5) 예배의 대상과 요소이다.

1) 자연과 역사의 주인이신 여호와

출애굽기를 통해 가장 분명하게 제시된 신학적 가르침은 여호와가 자연계와 역사의 주인 이시다는 것이다. 그 당시 세계에서 가장 강대국 가운데 하나였던 이집트 왕국의 바로 왕도 여호와 하나님께 굴복하고 "내가 범죄 하였노라. 여호와는 의로우시고 나와 나의 백성은 악하도다" 고 고백한다(출9:27). 그 후 메뚜기 재앙, 흑암의 재앙, 그리고 장자 죽음의 재앙이 있은 후에 결국 바로는 여호와께서 택한 백성인 이스라엘을 이집트에서 떠나도록 허락하며 "가서 여호와를 섬기며 너희의 말대로 너희의 양도 소도 몰아가고 나를 위하여 축복하라" 고 말한다(출12:31-32)

출애굽기는 여호와 하나님께서 자연을 다스리시며 그의 주권에 의해 완전히 통제하시고 있음을 분명히 보여주신다. 이스라엘 백성이 홍해를 건너야할 절박한 시간에 하나님께서는 큰 동풍을 밤새도록 불게 하여 바다 물이 물러가게 하고 바다가 마른땅이 된 후, 그 마른 바다 가운데로 이스라엘 백성을 지나가게 하셨다(출14:21-22). 이스라엘 백성이 홍해를 건넌 후 계속하여 광야를 지나 갈 때 여호와께서 저녁에는 메추라기를 보내 고기를 먹게 했으며(출16:13), 아침에는 만나를 내려 먹게 했고(출16:13-36), 물이 없을 때는 바위를 쳐서 물이 나와 생수를 마시게 하셨다(출17:1-7). 이렇게 출애굽기는 여호와께서 자연계를 통치하시며 주관하심을 보여준다.

또한 여호와께서는 이스라엘 백성을 뒤 쫓아와 죽이려는 이집트 왕과 그의 군대를 홍해 가운데 수장되게 하셨으며(출14:23-31), 르비딤에서 이스라엘과 싸우며 하나님의 백성을 대적하는 아말렉을 여호수아의 군대가 쳐서 승리하게 하셨을 뿐만 아니라, 앞으로도 아말렉을 도말하여 천하에서 기억되지 않게 하실 것이라 하셨다(출17:8-16). 여호와께서는 "나는 은혜 줄 자에게 은혜를 주고 긍휼히 여길 자에게 긍휼을 베푸느니라"(출33:19) 하시며, 가나안에 살던 아모리 사람과 가나안 사람과 헷 사람과 브리스 사람과 히위 사람과 여부스 사람을 그 땅에서 쫓아내시고 이스라엘 백성을 그곳에 살게 하실 것을 말씀하신다(출34:10-12). 이렇게 여호와 하나님은 자신의 뜻에 따라 어떤 나라를 세우기도 하시고 어떤 나라를 멸하기도 하시면서 인간 역사를 지배하심을 보여주신다.

2) 여호와의 구원계획

말텐스(Elmer A. Martens)는 출애굽기에 네 가지 여호와의 구원계획이 있음을 지적한다. 그러나 나는 다음 세 가지로 축소하여 설명하려 한다.

첫째, 출애굽기 6:6에서 여호와는 하나님 백성을 "건져주실 것"을 말씀 하신다: "내가 애굽 사람의 무거운 짐 밑에서 너희를 빼어 내며 그 고역에서 너희를 건지며 편 팔과 큰 재앙으로 너희를 구속" 할 것이라 한다. 이 구절은 세 가지 동사를 이용해 여호와의 "구원"을 묘사한다. 즉, 여호와는 그의 백성을 빼어내며, 건지며, 구속하실 것이다. 이 세 동사를 통해, 여호와는 이스라엘을 이집트의 속박에서 해방시켜 구원해 주실 것을 말씀하신다. 본문 6절은 여호와는 구체적으로 "애굽 사람의 무거운 짐 밑에서" 그리고 "그 고역에서" 구원해 주실

---

80) 엘머 에이 말텐스, *새로운 구약신학, 하나님의 구원계획*, 김의원 역(서울:아가페문화사, 1992, 4판). pp. 24-25.

것이라 한다.[80)]

둘째, 출애굽기 6:7에서 여호와는 이스라엘 백성을 여호와 자신의 백성 삼아 주시고, 여호와 자신은 '이스라엘 백성의 하나님' 이 되실 계획을 말씀하신다. 이 계획은 이미 여호와께서 아브라함을 불러, "내가 내 언약을 나와 너와 네 대대 후손의 사이에 세워서 영원한 언약을 삼고 너와 네 후손의 하나님이 되리라"(창17:7)는 약속에서 예견되었고 이 약속은 바로 그 다음절인 창세기 17:8에서 반복되어 강조되었다. 이 약속의 성취를 위한 준비작업으로 여호와는 이스라엘 백성을 구원하실 것이고, 그 구원받은 백성을 여호와의 특별한 소유가 된 거룩한 공동체로 만드실 계획을 선포하신 것이다.[81)] 그리하여 여호와는 이스라엘 백성을 자신의 백성으로 사랑하며 지속적으로 교제하여 자신이 여호와이심을 알게 하실 것이라 하신다.[82)]

셋째, 출애굽기 6:8에서 여호와께서는 자기 백성이 풍요로운 삶을 살게 하실 계획을 말씀하신다. "내가 아브라함과 이삭과 야곱에게 주기로 맹세한 땅으로 너희를 인도하고 그 땅을 너희에게 주어 기업을 삼게 하리라." 이 본문이 말하듯 세 번째 계획은 이미 열조들에게 약속한 것이다. 여호와께서 아브라함에게, "내가 이 땅을 네 자손에게

---

81) 상게서, p. 25.

82) 여호와께서 이스라엘 백성과 지속적인 관계를 가져서, 이스라엘 백성이 자신들을 이집트의 종살이에서 건져주신 분이 여호와이심을 알게되는 이 점을 말텐스(E. A. Martens)는 여호와의 구원 계획의 셋째 번 내용으로 설명하지만 (*새로운 구약 신학, 하나님의 구원 계획*, pp. 25f) 두 번째 내용인 여호와와 이스라엘 사이에 언약이 세워지며 여호와께서 이스라엘 백성의 하나님이 되실 것이라는 말씀 안에 여호와 하나님께서 이스라엘 백성과 지속적인 관계를 가질 것을 내포하고 있는 것이므로 굳이 셋째 항목으로 여호와와 이스라엘 사이의 지속적인 관계를 내세울 필요가 없다고 본다.

주리라"(창12:7)하시며, 다시 "내가 너와 네 후손에게 너의 우거하는 이 땅 곧 가나안 일경으로 주어 영원한 기업이 되게 하고 나는 그들의 하나님이 되리라"(창17:8)고 말씀하신다. 이 기업으로 주실 땅은 "아름답고 광대한 땅이며 젖과 꿀이 흐르는 땅"으로 (출3:8, 33:3) 하나님의 백성이 풍요로운 삶을 살도록 해주실 것임을 보여준다.

모세는 자기가 바로와 첫 대면을 한 후 바로가 이스라엘 백성을 우대하기는커녕 전보다 더욱 가혹히 대하자, 여호와께, "어찌하여 나를 보내셨나이까?" 물으며(출5:22) 고통스런 자신의 마음을 표현한다. 이 물음에 여호와께서는 모세에게 결코 그를 바로에게 보낸 것이 무의미 하거나 무계획적인 것이 아니고, 하나님 아버지께서 철저한 구원의 계획에 따라 모세를 보낼 것임을 밝혀주고 있다.

여호와께서 이 세 가지 구원의 계획을 말씀하실 때마다 하나님의 이름 "여호와"를 언급함으로써 구원의 계획의 성취가 이스라엘 백성의 강대한 힘이나 백성의 많은 수(數)나 어떤 자연적인 돌발사건에 의해서 되는 것이 아니라, 오직 여호와께 달려있음을 증거하고 있다.[83] 곧, 여호와께서 이스라엘 백성을 인도하고 지휘하고 감독하시며 그 구원계획을 완성시켜 가신다는 것이다.

3) 출애굽기에서 해방의 의미와 교훈

(1) 도입말

출애굽기에서 보여준 이스라엘 백성의 해방은 오랜 세월을 통해 억압받은 사람을 위한 해방의 모범적 예(paradigm)로서 간주되었다.

---

83) 엘머 에이 말텐스, *새로운 구약신학, 하나님의 계획*, p 27.

여호와 하나님은 이 세상에서 가난하며 고통 받고 천대와 멸시를 받으며 억압 받는 사람들의 옹호자이시다.

그리하여 미국(美國)에서 차별대우를 받는다고 생각하는 흑인들의 노래는 출애굽 주제들을 많이 인용하고, 흑인신학도 출애굽기 주제들을 많이 다룬다. 1968년 4월4일, 미국에서 흑인 민권운동을 하다가 암살당한 마틴 루터 킹(Martin Luther King, Jr)은 억압받은 흑인들을 구출하여 약속의 땅으로 이끈 모세로 기술되기도 한다. 남미와 다른 나라들의 해방신학자들도 그들의 신학의 근거들 중의 하나로 구약의 출애굽사건을 생각한다.

해방신학자들은 사회정의를 강조하며, 독재자의 정부와 사회 부조리를 척결하여 억압당하며 고통 받는 사람들을 해방시키려한다. 여호와 하나님도 사회 정의를 강조하시며, 독재자나 폭군에게 유린당하는 의로운 백성들의 해방을 원하시는 하나님이심을 출애굽기나 구약의 다른 예언서들이 보여준다(참고, 출22:21, 23:6,9, 사1:17 ; 렘22:3 등)

그러나 출애굽기에서 보여주는 "출애굽" 사건이 오늘날 해방신학자들이 주장하는 "해방" 이나 "자유" 와 같은 것인가? 이 질문에 대한 답을 출애굽기의 본문을 검토하며 살펴보아야 한다.

(2) 출애굽의 내용

① 이스라엘 백성은 출애굽 때 자기들이 해방되기 위해 군사적인 행동이나 폭력적 혁명을 일으킨 것이 아니었다. 오히려 이스라엘 백성의 지도자인 모세와 아론은 하나님께서 이집트에 10가지 재앙을 내리시려 하실 때 마다 바로를 만나 설득하며, 바로 왕이 하나님의 뜻을 거역하면 하나님께서 재앙을 내릴 수밖에 없다는 하나님의 메시지를 전달하였다(출7:8-12:36). 이 역할도 여호와 하나님께서 명령하

여 행했을 뿐이다. 또한 모세나 이스라엘 백성이 폭력을 행하거나 바로의 정권을 탈취하려는 결코 집단적 행동을 하지 않았다.[84)]

출애굽 사건이 일어나기 100여 년 전, 곧 모세가 태어나기 전에, 이스라엘 사람들의 산파인 십보라와 부아가 바로 왕의 명령을 어기고 이스라엘의 남자 아이들이 태어날 때에 살려주었고(출1:15-17), 모세의 어머니가 바로 왕의 명령을 어기고 사내아이인 모세가 태어나도 죽이지 않고 살려두어서 바로 왕의 딸의 양자가 되게 했다(출2:1-10). 이런 태도는 일종의 시민 불복종의 태도였다고 말할 수 있다. 그리고 나중에 모세는 이스라엘 백성의 지도자로서 그들을 이집트의 속박에서 해방시키려 면서 바로 왕에게 이스라엘 백성이 광야로 사흘 길을 가서 여호와 하나님께 제사를 드리고 돌아올 것처럼 말하면서 가도록 허락해 달라고 속이고(출5:1-3), 모세는 바로 왕을 대면하면서 당당하고 거침없으며, 무례하게 대함으로써 (예로써, 출 10:28-29), 왕을 모독하는 악을 행했다고 말 할 수 있다.[85)]

그러나 이러한 모세와 이스라엘 백성의 행위들은 결코 정치적 데모나 군사적 혁명과는 질적으로 다르다. 정치적인 항거나 정권쟁탈 차원의 행위들이 아니라 자기들의 생명을 구원하고, 하나님을 믿는 신앙에서 발로된 행위들로서 다른 사람에게 어떤 화를 초래하거나 다른 사람의 재산을 약탈하는 행위가 아니었다. 더구나 모세가 바로 왕을 속인 것을 자기 개인적인 뜻에 따라 한 것이 아니라, 하나님의 백성인 이스라엘을 400년이 넘게 착취하는 바로 왕과 이집트를 벌하시려는 하나님의 계획에 따라 행한 것이었다.

---

84) 참고, Terence E. Fretheim, *Exodus Interpretation, A Bible Commentary for Teaching and Preaching*, pp. 18–19.

85) 상게서, p. 19.

② 이스라엘 백성의 "출애굽 사건"은 단순한 정치적 사건이 아니었다. 그런데, 해방신학자들은 "구원"을 거의 정치적으로 정의하고 인간의 죄로부터의 구원을 무시하는 경향이 있다.[86] 해방신학자들은 사회(社會)제도나 질서의 개선을 통해 좋은 삶의 조건들을 갖추는 데에 강조점을 둔다. 그러면서 이스라엘의 "출애굽"도 사회와 정치적인 측면에서 이해하려고 한다.

그러나 출애굽은 하나님께서 이스라엘 백성을 애굽의 속박에서 해방시키려는 정치적 자유뿐만 아니라, 오히려 이스라엘 백성이 하나님을 섬기고 하나님의 뜻을 좇아 사는 백성이 되어 그들의 종교, 정치, 사회, 개인의 모든 영역에 변화를 갖게 하시는 사건이었다.[87]

여호와께서 모세를 통해 이스라엘 백성에게 말씀하시기를 "나의 애굽 사람에게 어떻게 행하였음과 내가 어떻게 독수리 날개로 너희를 업어 내게로 인도하였음을 너희가 보았느니라. 세계가 다 내게 속하였나니 너희가 내 말을 잘 듣고 내 언약을 지키면 너희는 열국 중에서 내 소유가 되겠고, 너희가 내게 대하여 제사장 나라가 되며 거룩한 백성이 되리라"고 하셨다(출19:4-6).

이 구절들을 통해 여호와 하나님은 이스라엘 백성을 출애굽 시켜 하나님의 특별한 사랑을 받는 하나님의 소유가 되는 백성 되고, 하나님 앞에서 제사장 나라가 되어 이방 나라들과 하나님 사이에서 중개 역할을 하며 이방나라들에게 하나님의 명령과 뜻을 가르쳐 주며 하나님의 백성 되도록 인도해 주는 나라가 되게 하실 것을 말씀하신 것

86) Herbert Wolf, *An Introduction to the Old Testament Pentateuch*(Chicago:Moody Press, 1991), p. 131.

87) Terence E. Fretheim, *Exodus Interpretation, A Bible Commentary for Teaching and Preaching*, p. 18.

이다. 그런데 이렇게 하나님의 소유가 되고 제사장 나라가 되기 위해서는 하나님의 말씀을 잘 듣고 하나님의 언약을 지켜야 한다고 말씀하신다. 또한 하나님은 출애굽 후에 시내광야에서 이스라엘 백성에게 십계명과 다른 율법들을 주시면서 그것들을 지켜 개인이 복을 받고 이스라엘 나라가 복 받기를 원하셨다.

그러므로 "출애굽"은 이스라엘 백성에게 결코 단순히 정치적인 해방과 자유만을 얻게 한 것이 아니고, 그 보다 훨씬 풍성한 영적 복을 받게 한 것이다. 이스라엘 개개인도 삶의 외적인 조건만을 새롭고 좋게 변화 받게 한 것이 아니고, 내적인 변화를 받아 여호와 하나님만 참 하나님으로 섬기면서 삶의 방법이나 목적이 새로워지는 전인적(全人的)인 변화를 받아 살게 한 것이다.

③ 출애굽은 이스라엘 백성을 모든 억제나 절제로부터 해방시켜 자유하게 함을 뜻한 것이 아니다. 이스라엘 백성이 출애굽 후 자유인이 된 것을 만끽하고 즐거워하며, 모든 것으로부터 자유하게 되었다고 선언한 것이 아니란 것이다. 오히려 이집트에서 나온 지 얼마 되지 않아 이스라엘 백성 중에는 그곳에서 즐겼던 음식을 회상하며 그리워하는 사람들이 있었다(출16:2-3). 그리고 나중에 시내광야를 떠나 가나안 땅을 향해 가는 도중에도 이스라엘 자손은 이집트에서 먹던 생선, 외, 수박, 부추, 파, 마늘을 생각하며 이집트에서 나온 것을 후회했다(민11:4-5,20). 또한 이스라엘 백성이 바란 광야에 도착하여 12 스파이들을 가나안 땅에 보내어 정탐케 한 후 가나안 땅에 아낙자손의 거인들이 살고 있어 쉽게 그곳에 들어갈 수 없고 오히려 죽을 수 있다는 보고를 받고 밤새도록 통곡하며 이스라엘의 많은 불신앙의 사람들은 새로운 지도자를 세워 이집트로 돌아가려고 했다(민13:31-33;민14:1-5).

이런 불평들은 이스라엘 백성이 출애굽을 통해 자유를 얻어 기쁘고 행복한 삶만을 즐긴 것이 아니라, 새로운 환경 속에서 그들이 부딪히는 많은 역경을 헤쳐 나아가야 했으며, 그들을 새롭게 규제하고 억누르는 이스라엘 공동체의 법과 제도를 지켜야 했다.

특별히, 출애굽한 이스라엘 백성은 하나님의 소유가 되어 하나님을 섬기고 살아야하는 선택받은 백성이 되었다(참고, 출19:4-6). 그리하여 바로의 속박에서 풀려난 이스라엘 백성은 자신들의 마음대로 살아도 되는 백성이 된 것이 아니다. 이스라엘 백성은 바로를 섬기는 노예의 신분에서 여호와를 섬기는 노예의 신분이 되었다. 그들은 여호와를 섬기고 그분의 말씀을 순종하며 살아야하는 하나님의 백성이 된 것이다.[88] 이렇게 여호와만을 하나님으로 섬기고 그의 말씀에 순종하며 사는 것이 인간(人間)이 가장 행복한 삶을 사는 길임을 출애굽기는 말하고 있다(참고, 출23:20-27,34:10-17등).

④ 출애굽이 가르쳐주는 교훈

㉠ 여호와 하나님은 우리가 이집트에서 나그네로 부당하게 압박받으며 살았던 이스라엘 백성을 기억하며, 가난하고 힘없는 자나 나그네나 타국인들을 압제하지 말고, 사랑하며 친절을 베풀라고 말씀하신다:[89]

> "너는 이방 나그네를 압제하지 말며 그들을 학대하지 말라. 너희도 애굽 땅에서 나그네 이었음이라. 너는 과부나 고아를 해롭게 하지 말라. 네가 만일 그들을 해롭게 하므로 그들이 내게 부르짖으면 내가 반드시 그 부르짖음을 들을 찌라. 나의 노가 맹렬하므로 내가 칼로 너희를 죽이리니 너희 아내는 과부가 되고 너희 자녀는 고아가 되리라"(출22:21-24).

이 말씀들 중에 "이방 나그네"에 대한 말씀은 출애굽기 23:9에서

---

88) 상게서, p. 20.

89) Herbert Wolf, *An Introduction to the Old Testament Pentateuch*, p. 131.

다시 반복되며, 레위기 19:3에서는 타국인을 "너희 중에서 낳은 자 같이 여기며 자기같이 사랑하라" 고 강조하여 말씀한다. 그리고 신명기 10:18-19, 렘7:6, 슥7:10에서도 거듭거듭 강조하여 출애굽기에서 보여준 이집트 사람들처럼 나그네를 억압하며 천시하는 행위를 결코 하나님의 사람들은 하지 않아야 할 것을 보여준다.

ⓛ 이집트인들의 간역 자들이 이스라엘 백성을 종으로 노동을 시키며 잔인하고 혹독하였는데(출5:16), 하나님의 사람들은 종들과 고용인들을 바르게 대우해야 함을 가르쳐주신다.[90] 현대 사회에서도 고용주는 언제나 자기가 고용하는 사람들을 자기 자신처럼 사랑하며 존중하는 마음으로 대우해야 하며(레19:18; 슥7:10; 마22:39; 눅10:27), 고용인은 사도 바울이 말한 것처럼 "눈가림만 하여 사람을 기쁘게 하는 자처럼 하지 말고 그리스도의 종들처럼 마음으로 하나님의 뜻을 행하여 단 마음으로 섬기기를 주께 하듯 하고 사람들에게 하듯 하지 말아야 한다." (엡 6:6-7)

ⓒ 가난으로 고통 받고 억압받아 신음하는 사람들이 있으면 하나님의 자녀들은 그들을 거기에서 해방되도록 적극 노력하는 것이 하나님의 뜻임을 알아야 한다. 하나님은 학대받은 자들을 도와야한다고 말씀하신다.(사1:17) 가난한 자를 조롱하는 자는 그를 지으신 주를 멸시하는 자라하시며(잠17:5), "궁핍한 사람을 불쌍히 여기는 자는 주를 존경 하느니라" 고 말씀한다(잠14:31). 더 나아가 잠언 저자는 우리에게 가난한 사람을 불쌍히 여기는 자는 자기 재산을 저축하는 것과 같다고 한다(잠28:8).

---

90) 상게서

4) 하나님의 고유 이름

성경에서 하나님의 명칭과 이미지(image)에 대해서 여러 가지로 말씀한다. 출애굽기에서는 하나님을 '주'(Lord)(출4:10,13; 5:22; 15:17; 34:9) "용사"(출15:3), "힘"(출15:2), "구원"(출15:2)이시라 하며, 다스리시는 왕으로 표현하기도 하고(출15:18), 하늘과 땅의 지배자로도 묘사한다(출15:13).

이러한 하나님의 명칭과 이미지들(images)에 대한 표현보다는 더욱 구체적인 하나님의 고유 이름이 출애굽기에서 모세를 통해 계시된다. 성경에서 하나님께 하나님의 고유 이름에 대해서 묻고 답하는 곳은 유일하게 출애굽기이다. 하나님께서 모세를 불러 바로 왕에게 가서 이스라엘 백성을 이집트에서 인도하여 내라고 말씀했을 때(출3:10), 모세는 "내가 누구관대 바로에게 가며 이스라엘 자손을 애굽에서 인도하여 내리이까?" 말하면서 거절한다(출3:11). 그러면서 모세가 하나님께, "내가 이스라엘 자손에게 가서 이르기를 너희 조상의 하나님이 나를 너희에게 보내셨다하면 그들이 내게 묻기를 그의 이름이 무엇이냐 하리니 내가 무엇이라고 그들에게 대답하리이까?"(출3:13)라고 물었다. 이 물음에 대해 하나님은 출애굽기 3:14-15에서 대답하시면서 하나님의 이름을 알려주신다. 여기서 알려주신 이름과 여호와(יהוה) 사이의 관계에 대하여 학자들 사이에서 논란이 많다. 그러나 하나님께서 출애굽기 3:14-15에서 계시하신 이름의 의미는 하나님께서 말씀하신 내용들과 하나님께서 행하신 일들로부터 더욱 분명히 파악될 수 있다. 하나님의 고유 이름은 하나님 자신이 계시해주시지 않으면, 아무도 알 수 없다. 하나님만이 자신의 이름을 알려주시고 설명하실 수 있으니, 하나님의 이름이 계시된 출3:14-15을 통해 하나님의 이름은 무엇이고 그분은 어떤 분 이신가를 바르고 정확하게 이해하는 것이 아주 중요하다.

(1) "나는 스스로 있는 자"

하나님께서는 모세가 이스라엘 백성이 모세 자신을 보내신 하나님의 "이름이 무엇이냐 하리니 내가 무엇이라고 그들에게 말하리이까?" 물을 때(출3:13), 하나님께서는 제일 먼저 "나는 스스로 있는 자"(אֶהְיֶה אֲשֶׁר אֶהְיֶה)라고 답변하신다(출3:14). 여기 "나는 스스로 있는 자"라고 번역된 히브리어 문장 "에흐예 아쉐르 에흐예"(אֶהְיֶה אֲשֶׁר אֶהְיֶה)의 중요 동사 "에흐예"(אֶהְיֶה)는 "있다(הָיָה)" 동사의 1인칭, 칼(qal), 미완료형, 통성(common gender)이다. 이 단어는 지속적이고 아직 끝남이 없이 계속 존재함을 뜻한다. 그러므로 위의 히브리어 문장이 보여주듯이 관계 대명사 "아쉐르(אֲשֶׁר)"가 두 개의 "에흐예"(אֶהְיֶה) 동사 사이에 있어서, 이 히브리어 문장을 직역하면, "나는 존재하고 있는 존재하고 있는 자다(I am being that I am being), 혹은 "나는 계속 존재하고 있는 자다(I am the Is-ing One)" 이다. 즉, 하나님께서 항상 존재하는 자 임을 나타낸다.[91]

차일드스(B. S. Childs)는 위의 히브리어 문장이 "나는 스스로 있고, 자기 충족적이고 무한한 존재" 임을 뜻하고 있다고 말한다.[92] 이 히브리어 문장의 강조점은 첫 단어인 "에흐예"(אֶהְיֶה, 나는 있다)에 있는데, 이것이 14절 후 반절에서 다시 나타난다. 하나님께서 모세에게 말씀하시는 의도는 하나님이 존재하시는 하나님이심을 나타내려는 것

---

91) John I. Durham, *Exodus, Word Biblical Commentary*, vol. 3, p. 39.

92) B. S. Childs, *The Book of Exodus, A Critical Theological Commentary*, p.76.

이며 이것이 하나님의 계획에 따라 분명하게 차차 밝혀진다고 차일드스(B. S. Childs)는 지적한다.[93]

카이저(Kaiser, Jr.)는 히브리어 문장 "에흐예 아쉐르 에흐예"(אֶהְיֶה אֲשֶׁר אֶהְיֶה)가 서양 사람에게는 하나님께서 고의적으로 자신의 이름을 나타내지 않으려 하신 것으로 이해될 수 있으나, 실제로는 그렇지 않음을 히브리어에서 같은 원형과 같은 의미를 갖는 단어들이 반복하여 사용되는 예(idem per idem)를 보여주면서 설명한다. 즉, 히브리어의 병행 표현의 문장들, "주여 보낼 만한 자를 보내소서"(출4:13), "…너희가 구울 것은 굽고, 삶을 것은 삶고,…"(출16:23), "…나는 은혜 줄 자에게 은혜를 주고, 긍휼히 여길 자에게 긍휼을 베푸느니라"(33:19), "…네 권속과 함께 거할만한 곳으로 가서 거하라"(왕하8:1)등의 표현들이 보여주듯이 한 문장에서 같은 동사 원형에서 나온 같은 의미의 단어들이 두 번 사용되면서 총체적, 집약적, 혹은 강조적인 의미를 주고 있다는 것이다.[94] 이와 같이 3:14절 상반절에서 "에흐예"(אֶהְיֶה) 단어가 두 번 반복되는 문장으로 하나님께서는 자신을 소개하시고 3:14절 하반절에서 다시 그 단어를 사용하시면서 하나님 자신은 "존재하시고", "그가 보낸 종이 활동하는 현장에 임재하시며 역동적으로 역사하실 것"을 뜻한다고 카이저(Kaiser, Jr)는 말한다.[95]

지금까지 토의된 것을 정리하면 "에흐예 아쉐르 에흐예"(אֶהְיֶה אֲשֶׁר אֶהְיֶה)는 하나님께서 자신의 이름을 나타내는 것을 피하려하신 것이 아니요, 보다 적극적으로 하나님의 본질이 존재임을 강조해 주

---

93 상게서

94) Kaiser, Jr., *Exodus, The Expositor's Bible Commentary*, p. 321.

95) 상게서

는 이름이란 것이다.[96] 이 이름에 의해 세상에 많은 신들이 있으나 스스로 존재하시는 하나님은 모세를 불러서 이스라엘을 구원시키게 하시는 하나님이심을 암시한다. 다른 신들은 존재하는 것 같으나 실제로는 존재하지 않고, 사람들이 만들어서 존재하는 것처럼 부르고 있는 것에 불과함을 시사하고 있다고 생각된다.

(2) "스스로 있는 자가 나를 보내셨다"

이 구절은 출3:14절의 하반절에 언급되고 있는 하나님께서 모세에게 주신 말씀이다. 이 구절은 하나님께서 앞서 출3:14의 상반절에서 말한 "에흐예"(אֶהְיֶה)가 하나님께서 자신의 본질이 존재임을 단순히 나타내는 단어라기보다는,[97] 하나님 자신의 이름으로 말씀하신 것임을 드러낸다. 그리하여 하나님께서 모세에게 "에흐예"(אֶהְיֶה)가 너 모세를 백성에게 보내셨다고 말하라고 하신다. 여기서 하나님은 "에흐예"(אֶהְיֶה)를 하나님 자신과 동일시하여 모세에게 보낸 하나님의 이름임을 밝혀준다.

이렇게 "에흐예(אֶהְיֶה)"가 하나님의 이름을 나타내는데 이 이름의 문자적 의미는 앞서 말했듯이 "나는 존재 한다" 혹은 "나는 존재할 것이다"이다. 이 의미를 갖는 하나님의 이름 "에흐예(אֶהְיֶה)"는 이스라엘 백성에게 큰 위로와 소망을 갖게 하는 이름이다.

이스라엘 백성이 이집트 나라에서 노예로 살면서 온갖 고통과 학대를 받고 있는데 하나님께서 그들을 해방시키기 위해 모세를 보내셨다(참고, 출3:10,13). 그 하나님이 참으로 존재하시는 하나님으로

---

96) 참고, Gispen, *Bible Student's Commentary, Exodus*, trans. by Ed Van den Maas (Grand Rapids : Zondervan Publishing House, 1982), p. 55.

97) Durham, *Word Biblical Commentary*, vol. 3, *Exodus*, p. 38.

서, 이스라엘 백성들을 지켜보시며 구원하려 하시고, 과거에 그들의 조상들과도 언약을 맺었으며, 미래에도 계셔서, 이스라엘 백성을 특별한 관심 가운데 보호하고 지켜주실 것이니 위로가 넘치고 소망을 주는 이름이다.[98] 하나님은 15절에서 모세를 이스라엘 백성에게 보내신 하나님이신 "에흐예"(אֶהְיֶה)"가 아브라함의 하나님, 이삭의 하나님, 야곱의 하나님이실 뿐만 아니라, 여호와이심을 명백하게 해주신다.

(3) "에흐예"(אֶהְיֶה)와 "여호와"(יְהוָה)와의 관계

앞서 살펴 본대로 "에흐예"(אֶהְיֶה)는 히브리어 "있다"(הָיָה)동사의 칼(Qal)형, 미완료, 1인칭, 남성, 단수이다. 그러므로 "나는 있을 것이다" 혹은 문맥에서 "나는 있다"로 번역될 수 있다. 그런데 "여호와(יְהוָה)"는 히브리어 "있다"(הָוָה-הָיָה)[99] 동사와 연관이 있는 것으로 간주된다.[100] 하나님은 출3:14-15에서 처음으로 "있다"(הָיָה) 동사의 3인칭 형 "이흐예"(יִהְיֶה)의 4자음이 여호와 이름의 4자음(יהוה)과 서로 상관이 있음을 보여준다. 하나님은 출3:14에서 자신의 이름을 "있다"(הָיָה) 동사"의 1인칭 "에흐예"(אֶהְיֶה)로 표현했다. 이제 15절에서는 하나님께서 "있다"(הָיָה)동사의 3인칭 형 "이흐예"(יִהְיֶה)와 똑같은 자음의 이름 "예호와"(יְהוָֹה)가 자신의 이름이고 이미 아브라함, 이삭, 야

98) Gispen, *Bible Student's Commentary*, Exodus, p. 55.

99) הָיָה와 הָוָה는 서로 같은 의미를 가진다. 참고, *Gesenius' Hebrew Grammar, ed.*, A. E. Cowley(Oxford: at the Clarendon Press, 1970), section 75s.

100) Cassuto, *A Commentary on the Book of Exodus, p. 38;* Gispen, *Bible Student's Commentary, Exodus*, p. 55; Kaiser, Jr., *Exodus, The Expositor's Bible Commentary*, p. 324.

곱의 하나님이셨다고 말씀하신다. 이렇게 하나님의 고유 이름 "여호와"를 이스라엘 백성에게 이집트의 속박에서 그들을 구원해 주실 하나님의 이름이 "에흐예"(אֶהְיֶה)라는 설명에서 같이 언급됨으로서, "여호와"도 "있다"(הָיָה)동사의 3인칭형 "이흐예"(יִהְיֶה)에서 파생된 것을 보여준다.

그리하여 카이저(Kaiser, Jr.)는 "야웨 이름의 가장 가능한 어원과 의미는 '있다' 동사의 원형인[101] הָוָה-הָיָה의 미완료 형으로 그 의미는 '그가 있다/ 있을 것이다'"라고 말한다.[102] 카쑤토(Cassuto)도 이름 YHWH[103]는 이스라엘 하나님의 이름으로 불러지는데 이 이름은 미래시제, 3인칭 형이고, 우리 본문에서 "이흐예"(יִהְיֶה)는 [문자적으로 '그는 있을 것이다' 이지만 '그는 있다'] 의미로 해석되고 있다"고 말한다.[104]

출3:14-15을 보면, 하나님은 현재의 사건에서 활동하는 자기의 이름을 말씀할 때는 1인칭 동사형 "에흐예"(אֶהְיֶה)를 이름으로 말씀하시고, 한편 15절에서처럼 과거에 아브라함, 이삭, 야곱의 하나님으로 존재하셨던 그 하나님을 나타낼 때는 3인칭 동사형 "이흐예"(יִהְיֶה)를 이름으로 사용하고 있는 것을 보여준다. 주전 950년경의 맛소라 학자 이전에는 히브리어 성경에 모음이 붙여있지 않았고 '여호와' 이름의 모음도 원래의 모음이 아니고 "아도나이"(אֲדֹנָי)의 모음을 부친 것을 감안하면, 여호와 이름의 자음 "יהוה"와 존재하다의 3인칭 형 "יהיה"

---

101) 줄친 부분은 인용한 내용을 잘 이해하도록 필자가 삽입한 것이다.

102) Kaiser, Jr. *Exodus, The Expositor's Bible Commentary*, p.324.

103) 여호와 이름의 히브리어 자음의 영어음가이다.

104) Cassuto, *A Commentary on the Book of Exodus*, p.38.

105) 상게서, p.79.

는 서로 같다.[105] 여기 "יהוה" 와 "יהיה" 의 각 동사형인 "הוה" 와 "היה" 는 서로 같은 뜻을 나타내며 상호 교환적으로 사용할 수 있기 때문이다. 그러므로 기스펜(Gispen)은 출3:15에서 '여호와' 이름이 히브리어 "있다"(הָיָה)동사와 연결되어 있다고 하며 '여호와' 이름은 '3인칭, 남성, 단수 형' 이라고 말한다. 앞서 지적한대로 "여호와" 이름은 존재하시는 하나님의 본질을 나타낸다. 이 하나님은 과거에 이스라엘의 조상들과 언약을 맺었고 지금도 그들을 구원하시는 하나님이시다.

특별히 하나님의 고유 이름인 '여호와' 는 출애굽기와 다른 구약 책들에서 사용되는 예들을 보면, 약속을 성취시키시는 하나님이심을[106] 나타내는 특징적인 이름이며, 하나님의 구속의 사역을[107] 나타내는 이름으로도 사용된다.

5) 예배의 대상과 요소

출애굽기에서 가장 중요한 질문 중에 하나는 '사람이 누구를 예배할 것인가?' 이다. 곧, '예배의 대상이 누구인가?' 이다. 이와 함께 출애굽기는 '합당한 예배는 무엇이며' , 또한 '예배의 방법과 예배자의 삶의 태도는 어떠해야 하는가?' 를 가르쳐준다.

(1) 예배의 대상

하나님께서 이스라엘 백성을 출애굽 시킨 목적 중의 하나는 이스

---

106) 상게서

107) Oswald T. Allis, *The Five Books of Moses*, p. 28.

라엘 백성이 하나님을 섬기게 하려는 것이었다(출3:12, 18). 모세와 아론이 처음 바로에게 가서 이스라엘 백성을 이집트에서 내보내라고 요구할 때, 그들이 광야에가 이스라엘 하나님 여호와께 제사를 드리며(출5:3), 절기를 지키려한다고 말한다(출5:1). 그러나 여호와는 자신의 말을 듣지 않는 바로에게 모세를 보내어 피의 재앙이 이집트에 임할 것을 선포하게 하신다. 이 피의 재앙을 내리는 이유는 이스라엘 백성을 광야에 내 보내 하나님을 섬기게 하지 않기 때문이라고 밝힌다(출7:16).

이렇게 이스라엘백성이 바로나 이집트의 신이 아니라, 여호와 하나님을 섬기고 그를 예배하기 위해 이집트를 떠나야 한다는 목적을 여러 번 반복하여 출애굽기는 설명한다(출8:1, 31; 9:1,13;10:3등). 그런데 보다 분명히 십계명은 우리 인간의 예배 대상은 여호와 하나님 한 분뿐임을 선언한다. 제1계명에서 여호와 하나님은 "나 외에는 다른 신들을 네게 있게 말찌니라" 고 말씀하신다(출20:3). "제2계명에서는 아무 형상이든지 만들지 말며 , 그것들에게 절하지 말고 섬기지 말라" 하신다(출20:4-5). 여호와께서는 이 명령을 거역한 자의 죄는 아비로부터 아들에게로 삼사 대까지 벌하시겠다고 말씀하신다(출20:5). 이렇게 여호와 하나님만 섬기고 하나님께만 예배드리게 하는 이유는 여호와 하나님 외에 다른 신은 참 신이 아니고, 거짓된 것이요 가짜요 헛된 신이기 때문이다. 이것에 대해 신약에서 바울 사도는 "우상은 세상에 아무것도 아니며 또한 하나님은 한 분밖에 없는 줄 아노라. 비록 하늘에나 땅에나 신이라 칭하는 자가 있어 많은 신과 많은 주가 있으나 우리에게는 한 하나님 곧 아버지가 계시니 만물이 그에게서 났고, 우리도 그들 위하며 또한 한 주 예수 그리스도께서 계시니 만물이 그로 말미암고 우리도 그로 말미암았느니라" 고 말한다(고전8:4-6 ; 참고, 고전10:19이하).

(2) 어떤 형상도 만들어 예배하는 것을 금함.

하나님께서는 다른 형상만이 아니라, 하나님 자신의 형상도 만들어 절하며 예배드리는 것을 금하신다. 이스라엘이 광야 생활(生活)에서 하나님의 어떤 형상을 만들어 숭배하며 그 형상을 이스라엘 백성의 하나님으로 결코 섬긴 적이 없다. 단지 법궤가 이스라엘 가운데 있으며 그 법궤가 하나님의 임재를 나타내었다. 앞서 살핀 대로 하나님은 이스라엘 백성에게 어떤 새긴 우상이나, 아무 형상도 만들지 못하게 하셨다(출20:4). 그것들에게 절하거나 섬기지 말라고 하셨다(출20:5).

그러나 이 명령이 하나님을 경배하는 일과 관련해서 어떤 물체를 만드는 것도 금한 것은 아니다. 하나님은 모세에게 속죄소 위에 날개를 가진 그룹을 만들도록 하셨으며(출25:18-22), 진설병을 차려놓을 상을 만들어 성소에 두게 하셨고(출25:23-30), 등대를 정금으로 만들어 성소에 두게 하셨다(출25:31-39).[108] 하나님께서 우상 숭배를 금지시키신 것은 사람이 만든 것을 하나님의 위치에 놓고 그것을 예배하기 때문이다.

여호와 하나님의 형상을 만들어 섬기는 문제와 관련하여 화란의 신학자 오브빙크(H. Obbink)는 제 2계명에서 금하신 형상이 하나님의 형상이 아니라, 이방 신들의 형상들이었다는 견해를 주장했다.[109] 오브빙크(H. Obbink)의 가장 강한 논거(論據)는 하나님의 질투에 근거된다. 곧, 여호와께서 어떻게 자기 자신의 형상 앞에서 질투할 수

108) 참고, 정규남, *구약개론*, pp. 119f.

109) H. W. Obbink, "Jahwebilder", *ZAW* 46(1929):264ff. 이 책은 Childs, *The Book of Exodus, A Critical Theological Commentary*, p.406로부터 인용됨.

있겠느냐고 묻는다. 여호와의 질투는 거짓 신들의 예배를 보고 일어난 것이라고 한다.[110)]

그러나 이 주장은 성경의 다른 여러 구절들을 살펴볼 때 결코 받아들일 수 없다. 그 이유는 첫째, 아무도 여호와의 형상을 본 사람이 없으며(출33:20 ; 참고, 요1:18), 둘째는 여호와를 경배하는 것은 처음부터 형상 없이 숭배하는 것이었기 때문이다. 이스라엘은 광야40년의 생활에서 법궤를 하나님의 형상 없이 안내해 주는 상징으로 이해했다. 가나안 정복 후에도 어떤 여호와의 형상 없이 법궤가 하나님의 임재를 상징했으며, 만일 이스라엘 백성이 어떤 형상을 만들어 숭배할 때, 그들은 하나님의 저주와 파멸의 형벌을 받았다. 모세가 시내 산에서 빨리 내려오지 않게 되자 백성들은 아론에게 우리를 인도한 신을 만들라고 한다. 아론은 백성으로부터 금을 모아 금송아지를 만들었고 백성은 "이스라엘아 이는 너희를 애굽 땅에서 인도하여낸 너희 신이로다" (출32:4)고 말하며 그 금송아지 앞에 단을 쌓고 번제와 화목제를 드렸다(출32:5-6). 이를 지켜보신 하나님은 이스라엘 백성이 부패하여 하나님의 말씀을 떠나 자기들 스스로 송아지를 부어 만들어 그것이 이집트에서 자신들을 이끌어낸 여호와 신인 것처럼 숭배한다고 말씀하시며 그들에게 진노하시고 진멸하시겠다고 말씀하신다(출32:7-10).

이 구절들은 사람이 하나님을 위해 어떤 형상이라도 만들어 섬기시는 것을 허락지 않으시고, 더 나아가 그런 형상을 만든 자들을 멸하려하신다는 것이다. 이스라엘의 왕정시대에도 이스라엘 백성이 광야에서 불 뱀에게 물린 자들이 쳐다볼 때 살게 해 준 모세의 구리 뱀을 우상처럼 섬길 때 히스기야 왕이 그것을 부셔 버렸다(왕하 18:4).

110) Childs, 상게서.

여기에서 여호와 하나님은 자신의 형상이나 지신과 관련된 어떤 형상을 만들어 그것에 절하거나 숭배하는 것을 금하신 것이다.[111] 이런 하나님의 뜻을 어긴 자는 하나님의 진노의 대상이 되었다.

(3) 예배자의 태도

앞서 살펴본 대로 여호와 하나님은 사람들이 마음대로 하나님을 섬기고 예배하는 것을 원치 않으시고, 하나님을 섬기는 법을 가르쳐 주시며 그 법에 따라 하나님을 경배하고 예배케 하셨다. 하나님이 계시하신 예배 법을 떠나 사람이 자기 원하는 대로 예배드릴 때, 그것은 하나님의 진로의 대상인 것이다.

하나님께서는 출애굽기 25-31장에서 하나님께 예배드리는 장소인 성막을 짓토록 명령하시면서 천막들과 기구들과 향품 등을 어떻게 만들 것인가를 정확히 지시해 주신다. 이 지시에 따라 만들되, 혹시 분명치 않은 것이 있으면 참고하도록 그들 가운데 어떤 모형들을 시내 산에서 미리 보여 주셨다.

그리고 하나님께서는 일주일 중에 한 날, 곧 안식일을 거룩하게 지키라고 명령하셨다(출20:8). 엿새 동안은 힘써 일하고 제 칠일인 안식일에는 아무 일도 하지 않으므로, 이스라엘 백성이 하나님의 백성되는 표징을 보여 주라고 하신다(출16:23-30, 31:12-17). 이 안식일에 하나님께서는 자기의 백성을 쉬게 하여 사람이 일의 노예가 아님을 나타내며, 안식일을 지킴으로 하나님께서 예비하신 복을 받게 하셨다(출20:11; 참고, 이사야 58:13-14).

또한 하나님을 예배하는 자는 하나님께서 원하시는 윤리적인 삶을

111) 정규남, *구약개론*, pp. 120f.

살 것을 명령하셨다. 그리하여 하나님은 부모를 공경하라고 말씀하신다(제5계명). 이 계명을 인간관계에 대한 계명 중에 제일 먼저 말씀하셔서 사회관계에서 제일 중요한 계명임을 시사한다.

부모를 공경하는 것은 하나님께서 부모에게 주신 권위를 인정하는 것이다.[112]

하나님은 살인하지 말라고 하신다(제6계명). 이 명령은 법정의 사형 제도를 금하신 것이 아니라, 하나님의 형상으로 지음 받은 사람을 존귀하게 여기도록 폭력으로 의도적으로 행한 악의가 있는 살인을 금하신 것이다.(참고, 창9:6)[113]

하나님은 간음하지 말라하신다(제7계명). 간음을 금하신 것은 결혼과 가정을 순결하게 지키며 보호해주는 방파제이다.[114] 간음한 자를 사형에 처하라는 중벌을 내린 것은(신22:22), 창조 때부터 만들어진 일남일녀의 결혼제도를 신성하게 보존시키려는 하나님의 뜻에 기인한 것이다.

하나님은 도적질하지 말라 하신다(제8계명). 이 계명은 사람들이 함께 사는 사회의 질서를 유지하기 위해 기본이 되는 계명이다.[115] 사람을 훔친 자는 반드시 죽이고(출21:16), 소나 나귀나 양을 도적질 한 자는 갑절로 배상하게 했으며(출22:4), 돈이나 물건을 훔친 자도 갑절로 배상하게 하라고 하나님은 말씀하신다(출22:7).

하나님은 우리의 이웃에 대하여 거짓 증거 하지 말라고 하신다(제9계명). 이 계명은 혀로 범할 수 있는 죄를 금하는 것으로, 다른 사람

---

112) 정규남, *구약개론*, p. 125.
113) 상게서, p. 127.
114) Childs, *The Book of Exodus, A Critical Theological Commentary*, p. 422.
115) 정규남, *구약개론*, p. 129.

을 해치기 위하여 법정에서 거짓 증언을 하거나, 사회생활에서 다른 사람을 중상 모략하지 말라는 계명이다(출23:1-5). 거짓 증언한 자는 벌을 면치 못할 것이요 거짓말을 내는 자도 망할 것이라고 잠언 저자는 말한다(잠19:9).

하나님은 우리 이웃의 집, 곧 이웃의 아내, 남종, 여종, 소, 나귀 등을 탐내지 말라 하신다(제10계명). 탐심은 앞서 언급한 명령들을 범하게 하는 근본 뿌리이다. 이 탐심을 물리치기 위해서, 사도 바울은 우리에게 자족하는 마음을 가져서 먹을 것과 입을 것이 있은 즉 족한 줄로 알라고 권면 한다(딤전 6:6,8).

(4) 예배의 요소

① 제사예배

구약의 예배의 특징은 제사 예배이다. 구약의 제사들과 이와 관련된 규례들은 레위기에서 비교적 자세히 설명된다. 그러나 출애굽기에서도 이스라엘의 중요한 제사들이 하나님께 드려졌다.

출애굽기 40장에 있는 성막 봉헌식에서는 성막을 세워 모두 기구들과 그릇들을 성막 안에 들여 놓으며 지성소에 있는 등잔에 불을 켜고(25절), 금향단에 향을 사르며(27절), 성막의 문 앞에 있는 제단위에 번제와 소제를 드렸다(29절). 이러한 제물로 드리는 예배와 함께, 구약의 중요 제사들 가운데 출애굽기에서 번제는 16번 언급되고, 소제는 2번, 화목제는 4번, 속죄제는 3번 언급되며 드려지고 있다.

② 말씀과 백성의 응답, 혹은 기도나 제사가 함께 드려진 예배

이스라엘 백성이 여호와 하나님과 언약을 맺는 의식을 보면 여호와의 말씀을 읽는 요소가 있고, 그 말씀을 지켜 행하겠다는 백성의 응답의 요소가 있으며, 단을 쌓고 번제와 화목제를 드리는 요소가 있고,

제물의 피를 양푼에 담아 단에 뿌리며 백성에게도 뿌리는 요소가 있다(출24:1-8). 그리고 출애굽기 18:10-12을 보면 모세의 장인 이드로가 여호와께서 이스라엘 백성에게 베푸신 구원의 역사를 감사하며, "… 여호와는 모든 신보다 크시므로 이스라엘에게 교만히 행하는 그들을 이기셨도다" 고 찬송의 기도를 하며 번제물과 희생을 하나님께 드리는 예배를 드렸다.

③ 기도나 찬송만 드림

출애굽기에서는 신약의 예배의 중요 요소인 기도나 찬송이 하나님께 드려진 것이 자주 언급된다. 출애굽기 2장을 보면 이스라엘 사람들이 이집트에서 노예로 일하면서 너무 고통스러워 하나님께 탄식하여 부르짖는 기도를 한다. 이에 하나님께서 그들의 소리를 들으셨다고 한다(23-25절). 3장에서는 하나님께서 그들의 부르짖는 기도소리를 들으시고 이집트인들의 손에서 그들을 건져내어 가나안 땅으로 인도하실 뜻을 모세에게 밝히시며 모세가 그들을 이집트에서 구원하는 지도자로 일할 것을 명령하신다(7-10절). 이 하나님의 부르심 후에는 모세가 하나님과 대화하는 기도의 사람으로 평생을 살며 이스라엘 백성의 지도자로 일한다.

성경에서, 모세는 하나님께 제일 처음 40일 밤낮을 기도 한 사람이다(출24:18). 이때 모세는 하나님으로부터 십계명의 두 돌판을 받아오기 위해 서였다. 그러나 모세가 산에서 늦게 내려오자 이스라엘 백성이 금송아지 우상을 만들어 경배하므로, 모세가 크게 노하여 두 돌판을 던져 깨뜨렸다(출32:19). 그 후 모세는 또 다시 이스라엘 백성을 다스릴 언약의 말씀, 곧 십계명을 받아오면서 시내 산에서 40일 밤낮을 떡도 먹지 않고 물도 마시지 않으며 하나님께 기도하였다(출34:28). 이렇게 기도하고 내려오는 모세의 얼굴에는 광채가 나서 아론과 이스라엘 백성이 그에게 가까이 하기를 두려워했다(출34:28). 이스라엘 백성도 출애굽 하여 홍해를 건너기전, 바로와 그의 군대가 뒤쫓아 오며 그들을 죽이려 할 때 하나님께 부르짖어 기도했다(출14:10)

또한 이스라엘 백성은 제사 없이 여호와 하나님께 찬송을 드렸다. 이스라엘 백성은 여호와께서 홍해 물을 양쪽으로 갈라지게 하고 물을 벽으로 만든 후 바다가 마른 땅이 되게 하시며, 그 마른 땅위로 이스라엘 백성을 통과하게 하신 것을 체험했다. 그리고 이들을 뒤쫓던 바로의 군대들에게는 물이 다시 흘러 그들을 덮쳐 죽게 하시는 엄청난 구원의 사건을 본 후, 모세와 이스라엘 백성이 여호와 하나님을 찬양하는 장엄한 찬송의 이야기가 출애굽기 15:1-18에 기록되어 있다. 그 다음 15:20-21에서는 모세의 누이 미리암이 손에 작은 북을 잡으매 모든 여인도 미리암을 따라 나오며 작은 북을 잡고 춤을 추었고, 이때 미리암은 그들에게 화답하여 "…그는 높고 영화로우심이요 말과 그 탄자를 바다에 던지셨음이로다"고 여호와 하나님께 찬송을 드린 것을 말한다.(15:20-21).

앞서 살펴본 것처럼, 출애굽기는 예배의 대상과 방법, 그리고 예배자의 삶의 태도에 대해 율법들의 제정과 함께 잘 가르쳐 주며, 예배의 요소는 제사 예배만이 아니라, 하나님의 말씀의 봉독과 함께 백성의 응답 그리고 제사가 함께 드려지기도 하고, 기도나 찬송만이 드려지는 다양한 형태의 예배 요소들이 행해졌음을 보여준다.

6) 결론

지금까지 토론한 출애굽기의 다섯 주제(主題)들은 출애굽기의 핵심적인 가르침의 내용이다. 출애굽기는 성경 가운데 여호와께서 자연과 역사의 주인이신 것을 가장 극명하게 가르쳐 주는 책 가운데 하나이며, 이스라엘 백성을 이집트에서 구출하시면서 보여주신 여호와의 구원계획은 오늘날의 하나님 백성에게도 자신들을 하나님께서 철저한 구원의 계획에 따라 이끌어 주심을 확신케 한다.

그리고 출애굽기의 해방의 의미와 교훈은 오늘날의 해방신학자들이 출애굽기의 구원을 거의 정치적으로 정의하고 인간의 죄로부터의 구원을 도외시하는 경향이 있는데, 출애굽기에서 보여주는 해방은 단순히 정치적인 해방과 자유만을 얻게 한 것이 아니고, 훨씬 더 풍성한 영적인 복을 얻게 한 것임을 가르쳐 준다. 또한 하나님의 고유 이름은 출애굽기에서만 하나님께서 계시해 주시는 하나님의 이름 "나는 스스로 있는 자"의 의미와 이 이름과 "여호와" 이름과의 관계 등을 알게 하며 하나님의 본질과 성품을 더 깊이 알게 해준다. 마지막으로 논의한 예배의 대상과 요소는 십계명에서 가장 강조해 주는 인간이 누구에게 예배를 드리고 어떻게 드려야 하는가를 분명히 제시하고, 구약의 제사 예배와 함께 풍성한 영적 예배의 요소인 기도와 찬송, 그리고 예배 자가 가져야 할 삶의 태도를 살펴봄으로서 하나님께서 기뻐하시는 예배와 삶이 무엇인가를 깨닫게 해 준다.

3. 하나님의 이름 "יהוה"의 발음과 의미

1) 서론

한글 개역성경에서 하나님의 이름을 "여호와"라 부른다. 그러나 "여호와"란 이름이 원래의 발음이 아니고, 유대인 맛소라 학자들이 구약의 자음으로 된 히브리 성경에 모음을 붙일 때, 하나님의 이름의 네 자음(יהוה)에 원래의 모음대신 붙여준 대체모음으로 생긴 발음이다.[116] 주후 500년과 950년 사이에 갈리리 호수 옆에 있는 디베랴를 중심으로 활동했던 맛소라 학자들은 하나님의 신성한 이름을 감히 발음할 수 없어, 주(主)를 뜻하는 "아도나이"(אֲדֹנָי)의 모음을 하나님의 이름 "יהוה" 에 그것의 본래 모음대신에 붙였다.[117]

그런데 문제는, 이렇게 하나님의 이름의 신성함 때문에 그 이름을 부르지도 않고, 그 이름에 본래 모음을 붙이지 않았기 때문에, 오늘날 네 자음(יהוה)의 본래 모음이 알려지지 않고 있다는 것이다. 구약의 많은 학자들이 네 자음(יהוה)의 본래 발음은 "야웨 '(Yahweh) 였을 것으로 추측하지만 통일된 견해는 아니다.

한편 하나님의 이름의 네 자음(יהוה)의 의미에 대해서도 학자들간에 많은 논란이 있다. 네 자음(יהוה)이 명사인지 혹은 동사인지에 따라 그 의미가 다르다. 또한 만약 동사이다 면, 어떤 동사 폼(form)인지에 따라 의미가 다르다. 그리하여 하나님의 성호의 네 자음(יהוה)의 발음과 의미에 대하여 성경과 성경외의 자료들을 분석하며, 특히 모세가 하나님께 하나님의 이름을 묻고, 하나님께서 답을 해주시는 출애굽기 3:13-15을 주석하면서 토의하려 한다.

2) 하나님의 이름 "יהוה" 의 발음

(1) 성경 밖의 자료

---

116) R. 레어드 Harris, "성호의 발음에 관한 연구," 구약신학 논문집 (7), 윤영탁 역편(수원: 합동신학교 출판부, 1994), p. 16.

117) 상게서; R. K. Harrison, *Introduction to the Old Testament*(Grand Rapids: Wm. B. Eerdmans Publishing Co., 1969), pp. 579f.

① 모압 자료–The Moabite Stone

모압의 기념 비문은 The Mesha Stone이라고도 불린다. 이 기념 비문은 1868년 선교사 F. A. Klein이 사해(the Dead Sea)에서 동쪽으로 약 13마일 떨어진 디반(Diban)에서 발견했다. 모압의 기념 비문은 모압 왕 메사(Mesha)가 이스라엘과 싸워 승리한 것을 기념하며 자기의 신 케모스(Chemosh)가 자기를 위해 싸우며 전쟁을 지휘하고 도왔음을 말하고 있다. 이 메사(Mesha)왕은 열왕기하 3장에서 언급되는데, 여기 메사(Mesha) 왕의 승리 이야기는 열왕기하 3:5이 시사하고 있지 않나 생각되지만 확실치 않다. 그러나 3장 후반부를 보면, 나중에 모압 군대가 이스라엘의 연합군대와 싸우다가 거의 파멸에 이르게 되자 메사(Mesha) 왕은 자기 위를 이어 왕이 될 맏아들을 취하여 번제로 태우므로, 이를 본 이스라엘 연합군대가 크게 통분하며 메사(Mesha)왕의 남은 군대를 멸하지 않고 그냥 물러갔다(왕하 3:27). 학자들은 이 모압의 기념 비문은 주전 약 830년경에 만들어 진 것으로 생각한다.[118)]

모압의 기념 비문의 15-19줄에서 메사(Mesha)왕은, "내가 밤에 가서 새벽부터 정오까지 그것(Nebo)에[119)] 대항해 싸웠다. 그리하여 그 도시를 취하고 모든 사람을 죽였다. …그리고 내가 거기서 יהוה의 기

---

118) "The Moabite Stone," trans, by W. F. Albright, in *Ancient Near Eastern Texts Relating to the Old Testament*, edited by James Pritchard (Princeton:Princeton University, 1969), pp. 320f.; D. Winton Thomas, trans. and ed., *Documents From Old Testament Times*(New York: Harper & Row, Publishers, Harper Torchbook edition, 1961), pp. 195–199.

119) 괄호 안에 내용은 독자의 이해를 돕기 위해 문맥을 보고 필자가 넣은 것임.

구들을 취하여 그 것들을 케모스 앞에 끌어왔다" 고 말한다. 이 모압의 기념 비문에 하나님의 이름 "יהוה"가 쓰여 있지만, 거기에 모음이 붙어 있지 않다. 그리하여 하나님의 이름 "יהוה"의 원래의 모음이 무엇이었는지를 알려주지 못한다. 그러나 우리가 알고 있는 한, 모압의 기념 비문이 하나님의 이름 "יהוה"가 쓰여 있는 가장 오래된 자료이다.

② 엘레판틴 파피러스(The Elephantine Papyri)

엘레판틴(Elephantine)은 이집트의 아쑤안(Assuan) 맞은편의 나일강에 있는 섬이다. 이 섬이 주전 5세기 경에 유대인 군사 거류지(Jewish military colony)였는데, 이 곳에서 많은 파피루스 문서들이 발견되었다. 이 파피루스 문서들의 첫 번째 수집물이 1906년에 출판되었고, 두 번째 수집물의 일부는 1908년에 출판되었으며 나머지는 1911년에 출판되었다. 세계 2차대전 후에도 다른 파피루스들의 수집물이 출판되어 알려지고 있다. 이 파피루스 문서들 가운데 많은 문서들은 날짜가 적혀있는데 주전 495년부터 주전 5세기 말까지로 되어 있다.[120]

이 파피루스 문서들은 아람어로 쓰여져 있다. 이 문서들을 통해 알 수 있는 것은 주전 5세기에 엘레판틴(Elephantine)에는 야호(Yaho)의 성전이 있었다. 야호(Yaho)는 엘레판틴(Elephantine) 파피루스들에서 자음으로만 기록되어있고 모음이 없으므로, 세 자음(יהו)에 번역자들이 모음을 붙여 야호(Yaho)라 발음한 것이다. 학자들간에 세 자음(יהו)의 모음이 무엇인지에 대해 일치된 의견이 없어 야후(Yahu)라고

---

120) D. Winton Thomas, trans. and ed., *Documents From Old Testament Times*, pp. 256f.

불러지기도 한다.[121]

하나님의 이름 "יהוה"는 야호(Yaho)의 확장된 폼(form)이라는 견해가 있다. 이 견해가 엘레판틴(Elephantine) 파피루스들의 출판이후 많은 호응을 받았다. 그러나 올브라이트(F. W. Albright)는 이 견해가 히브리어 음운론(Hebrew phonology)의 관점에서 볼 때 지지될 수 없다고 말한다. 오히려, 정반대로 야호(Yaho)가 하나님의 이름 יהוה로부터 축소된 단축형(jussive)으로 생각된다고 한다.[122]

엘레판틴(Elephantine)에 야호(Yaho)의 성전이 있고 야호(Yaho)를 하늘의 주(the Lord of Heaven)로 섬겨졌으나, 그곳에 있던 유대인들이 야호(Yaho) 하나님께 드린 예배는 순수한 것으로 볼 수 없다. 이는 그들이 야호(Yaho) 하나님과 나란히 이슘-벧엘(Ishum-bethel)신과 아나트-벧엘(Anath-bethel)신등을 섬겼기 때문이다.[123]

고대 근동지역의 성경외의 여러 문서와 자료들을 모아 편찬한 책 *Ancient Near Eastern Texts Relating to the Old Testament*에 출판된 8개 주제의 엘레판틴(Elephantine) 파피루스들을 보면, 야호(Yaho)가 8번이나 언급된다.[124] 그 8번 가운데 한 번은 야호(Yaho)가 "하늘의

---

121) 긴스버그(Ginsberg)나 티르리(Thierry)는 야호(Yaho)로 읽고, 토마스(Winton Thomas)는 야후(Yahu)라 읽는다. 참고, H. L. Ginsberg, "Letters of the Jews in Elephantine," in *Ancient Near Eastern Texts Relating to the Old Testament*, edited by James Pritchard, pp. 491f.; G. J. Thierry, "The Pronounciation of the Tetragrammaton," *Oudtestamentische Studien*, v, pp. 31, 34; D. Winton Thomas, trans. and ed., *Documents From Old Testament Times*, pp. 256f.

122) F. W. Albright, "Contribution to Biblical Archaeology and Philology," *JBL*, 43(1924):370f.

123) D. Winton Thomas, trans. and ed., *Documents From Old Testament Times*, p. 257.

주"(the Lord of Heaven)로 불러지고, 다른 한 번은 "하늘의 하나님"(the God of Heaven)으로 불러진다.[125)]

이 8개 주제의 엘레판틴(Elephantine) 파피루스 문서들 가운데, "야호(Yaho)의 성전재건의 허락을 위한 탄원서" 편지의 25-29줄의 일부를 보면, "…만약 당신이 그렇게 하여 성전이 다시 지어진다면, 우리가 곧, 우리와 우리의 아내들과 우리의 자녀들과 여기에 있는 유대인들, 그들 모두가 당신을 위해 항상 기도할 것입니다. 당신은 천 달란트의 은과 금…가치가 있는 번제와 다른 제사들을 그에게 드리는 사람보다 더 하늘의 하나님이신 야호(Yaho)앞에서 공적을 쌓게 될 것입니다."[126)]

이렇게 엘레판틴(Elephantine)의 유대인들이 총독에게 하나님의 성전을 다시 건축하도록 허락하고 도와 줄 것을 호소하는 글들은 야호(Yaho) 하나님에 대한 그들의 신앙심을 잘 나타낸다. 그러나 이들 역시 구약의 하나님 יהוה의 축소형으로 보이는 יהו에 모음을 붙이지 않아 하나님 이름의 네 자음(יהוה)의 모음을 정확히 파악하는데 큰 도움을 주지 못한다.

③ 쿰란 사본들

주전 2세기 경에 기록된 쿰란 사본들은 하나님 이름 "יהוה"에 대한 깊은 경외심을 나타낸다. 쿰란 사본들의 필사(筆寫)자들은 하나님의 이름 "יהוה"를 보통 글자로 기록하지 않고 사각형 문자 모양으로 기

---

124) H. L. Ginsberg, "Letters of the Jews in Elephantine," in *Ancient Near Eastern Texts Relating to the Old Testament*, edited by James Pritchard(Princeton: Princeton University, 1969), pp. 491f.

125) 상게서

126) 상게서, p. 492.

록하였다.

㉠ 이사야 사본(IQ Is^{a})

이 사본은 제 1 쿰란 동굴에서 발견된 것으로 이사야 66장 전권이 포함되어 있다. 현재까지 발견된 쿰란 사본들 중에서 가장 중요한 사본이며 저작연대는 주전 150-100년경으로 이해된다.[127] 여기에서 하나님의 이름 "יהוה" 의 네 글자들은 사각형 문자 모양으로 기록되어 있다. 그러나 여전히 "יהוה" 의 네 글자들에 모음이 붙여있지 않았다.

㉡ 제 11쿰란 동굴 시편 사본(11Q Psalms)

제 11쿰란 동굴에서 발견된 시편의 두루마리들(scrolls)에서도 앞서 살펴본 이사야 사본(1Q Isa)에서처럼 하나님의 이름 "יהוה" 의 네 글자들이 사각형 문자 모양으로 기록되어 있다. 여기 쓰여진 글자는 그 당시 주전 2세기경에 사용되든 글자가 아니고 고대 히브리어 혹은 페니키아 글자이다. 이 고대 히브리어 글자는 바벨론 포로때 까지 유대인들이 일반적으로 사용했는데, 나중에 스퀘어(square) 히브리어 혹은 아람어 글자로 대치되었다.[128] 하나님의 이름 "יהוה" 을 기록하면서 그 당시 사용하든 글자가 아니라 옛날 글자를 사용한 것은 그 당시 유대인들이 사용한 것을 그대로 반영한 것으로 생각된다. 해리스(Harris)는 "분명히 그 필사(筆寫)자들은 그 옛 성호를 신성시 하는 감정을 가졌던 것이 틀림없다" 고 말한다.[129] 그러나 이 시편의 본문들도 모음이 없이 기록되어 하나님의 이름 "יהוה" 가 어떻게 불러졌는지는 알 수 없다.

---

127) 정규남, *구약개론*, p. 42.

128) Geza Vermes, *The Dead Sea Scrolls*(London: SCM Press LTD, 2nd edition, 1982), p. 37.

129) R. 레어드 해리스, "성호(聖號)의 발음에 관한 연구," p. 11.

그런데 쿰란 사본의 몇몇 부분에서는 하나님의 이름 "יהוה" 의 4자음이 기록되어 있지 않고 그냥 4개의 점만 찍혀 있다. 그 이유는 아마 필사(筆寫)자들이 하나님의 이름 "יהוה"를 기록할 때는 새로운 붓을 사용하는 등의 관습이 있었는데, 편의상 그 성호를 잠시 점으로 표시하여 놓고 나중에 다시 그곳으로 되돌아가서, 하루 필사하면서 남겨둔 공간을 채워 넣으려 했을 것이다. 이렇게 하여 붓과 시간과 수고를 아낄 수 있었을 것이다. 그러나 그 필사(筆寫) 자들이 불완전하여 점들을 찍어 놓은 곳들을 문자들로 채워야 함을 잊고 말았을 것으로 생각된다.[130)]

지금까지 살펴 본 바와 같이, 쿰란 사본들에 기록된 하나님의 이름 "יהוה"가 어떻게 불러졌는지는 그 하나님의 이름의 자음들에 모음이 붙어 있지 않아 알 수 없다. 그렇지만 그 4자음들이 특별하게 사각형 문자 모양으로 기록되었고, 하나님의 이름 "יהוה"를 신성시하여 그 당시에 사용된 글자가 아니라 고대 히브리어 문자들을 사용했다는 것은 주전 2세기경의 유대인들이 하나님의 이름 "יהוה" 에 대하여 가졌던 감정과 경배의 태도를 잘 보여준다.

④ 초기 기독교 교부들의 자료들

㉠ 클레멘트(Clement of Alexandria, 200 A.D.)

클레멘트(Clement)는 A.D. 190년에 그의 스승 판태누스(Pantaenus)를 계승해 알렉산드리아에 있는 교리학교의 교장을 역임한 신학자로 그의 주요 저서는 "Protrepticus," "Paedagogus," 그리고 "Stromaties" 등이다. 그는 A.D. 215년에 그의 작품 중에 어떤 것이 정통교리에 위배된다고 하여 크레멘트(Clement) 8세에 의해 처형되었

---

130) 상게서, p. 12.

다.[131)]

Clement는 그의 작품 Stromaties에서 보다 긴 발음 'Ιαουε와 'Ιαυαι발음뿐만 아니라, 짧은 'Ιαο 발음도 전해주고 있다. 긴 형태의 발음들은 'Ιαβε와 'Ιαβαι에 아주 일치하는 발음들이다.[132)]

㉡ 에피파니우스(Epiphanius, 4세기 A.D.)

에피파니우스(Epiphanius)는 팔레스틴 태생으로 수도원 운동을 열성적으로 지지했으며, A.D. 335년에는 자신이 유대의 에루테로포리스(Eleutheropolis) 가까이에 수도원을 세웠다. 나중에 A.D. 367년에는 사이프러스의 감독들에 의해 사라미스(Salamis) 감독으로서 대주교로 선출되었다.[133)] 그는 여러 이름들, 곧 'Ιαω , 'Ια, 그리고 'Ιαβε를 언급한다. 이 이름들 가운데 'Ιαβε를 "존재하셨고 존재하는 그분, 영원한 존재자" 로 Epiphanius는 설명한다. 그리고 에피파니우스(Epiphanius)는 "그가 모세에게 말씀하시기를, '너는 그들에게 가서 존재하시는-그분이 나를 보내셨다' 고 말하라" 했음을 지적한다. 이 지적하는 내용은, 티르리(G. H. Thierry)에 의하면, 출애굽기 3:14을 설명하지 않고, 분명히 출애굽기 3:15의 하나님의 이름 "יהוה" 와 연관하여 설명하며, 특히 "יהוה" 의 첫 자음 요드(י)를 3인칭을 가리킨 것으로 해석한 것이다.[134)]

㉢ 제롬(Jerome, 342-420 A.D.)

---

131) F. L. Cross, ed., *The Oxford Dictionary of the Christian Church*(Oxford: Oxford University Press, 1958; reprinted 1978), p. 303.

132) G. H. Thierry, "The Pronounciation of the Tetragrammaton," *Oudtestamentische Studien*, v, p. 33.

133) F. L. Cross, ed., *The Oxford Dictionary of the Christian Church*, p. 464.

134) G. H. Thierry, "The Pronounciation of the Tetragrammaton," p. 33.

제롬(Jerome)은 스트리도(Strido)에 태어나 로마에서 공부했고, 나중에 시리아 광야에 있는 칼시스(Chalcis)에서 은둔자로 4~5년을 보내며 히브리어를 배웠다. A.D. 382-385년에는 로마에 돌아와 있으면서 교황 다마서스(Damasus)의 비서로 활동했고 교황 다마서스(Damasus)가 죽은후에, A.D. 386년에는 베들레헴에 와서 그곳에 새롭게 세워진 수도원을 감독하며 연구에 몰두하면서 성경을 원어에서 라틴어로 15년(390-405년) 동안 번역하여 벌게이트(The Vulgate) 라틴 성경을 갖게 한 것이다.[135] 그는 또한 많은 성경 주석 책들을 썼는데, 그 가운데 시편 8편 주석을 보면, "히브리어 언어에서 하나님의 이름은 네 글자 יהוה를 갖고 있다. 그것은 하나님의 고유 이름이고 야호(Yaho)로서 발음될 수 있다"고 말한다.[136] 여기서 제롬은 이름 "יהוה"가 야호(Yaho)라고 발음될 수 있음을 분명히 말하고 있어서 큰 관심을 갖게 한다. 그러나 야호(Yaho)가 "יהוה"의 완전한 발음인지 혹은 단축된 발음인지를 단언적으로 말할 수 없다.

㉣ 테오도레트(Theodoret, 5세기 A.D.)

데오도레트(Theodoret)는 안디옥 출신으로 수도원들에서 교육받았고, A.D. 423년시리아의 실허스(Cyrrhus) 감독으로 임명되었다. 그는 네스토리우스 견해를 지지하고, 한편 알렉산드리아의 시릴(Cyril)을 공격하다가 그의 감독직에서 쫓겨났다. 그러나 그는 A.D. 451년 칼케돈 회의(the council of Chacedon)에 소한되어 네스토리우스를 마지못해 저주하고 그의 관구(管區)에서 평화롭게 여생을 보냈다. 그는 많은 구약 주석책들을 썼고 수도승들의 전기(傳記)들의 수집물과

135) F. L. Cross, ed., *The Oxford Dictionary of the Christian Church*, p. 731.

136) G. J. Thierry, "The Pronounciation of the Tetragrammaton," p. 34.

교회사의 책도 썼다.[137)]

데오도레트(Theodoret)는 그의 Exodum의 Quaestio 15에서 하나님의 이름 "יהוה" 에 대해 언급하며, 그 이름이 히브리 사람들에 의해 발음되지 않았음을 지적한다. 그러면서 데오도레트(Theodoret)는 계속해서 말하기를, 히브리 사람들은 그 이름을 발음하는 대신, "야"(*'Ια*)라 말하고, 한편 사마리아 사람들은 "יהוה" 를 "야베"(*'Ιαβє*)로 발음했다고 한다. 이 당시에는 오늘날의 v가 b로 발음된 것으로 이해되고 있다.[138)]

⑤ 사마리아 자료들

사마리라 사람들이 주후 1689년 루돌프(Ludolf)에게 보낸 세 번째 서신을 보면, 그 당시의 사람들은 아직 하나님 "יהוה" 의 발음을 알고 있었던 것으로 보인다. 그들이 하나님 이름 "יהוה" 를 의식서에서 계속해서 사용하고 있음은 그것을 사용하는 것을 두려워하지 않았기 때문인 것으로 생각된다. 그러나 하나님 이름 "יהוה" 는 항상 "shema" (들으라)나 엘로힘(하나님)으로 발음되었다.[139)]

1820년 사마리아 사람들이 드 사시(de Sacy)에게 보낸 편지에 아주 우연히 그 단어 "יהוה" 가 아랍어 글자로 쓰여지고 발음되었는데, 그 발음은 "야와(Yahwa) 혹은 야웨(Yahwe)" 라고 몽고메리(James A. Montgomery)가 말한다.[140)] 카우취(Kautzsch)는 하나님 이름 "יהוה" 가 사마리아인 찬송들에서 불러지는 운(韻)이 "יהוה" 의 발음은 "야웨" (Yahwe)임을 증명한다고 주장한다. 이에 대하여, 몽고메리(James A.

137) F. L. Cross, ed., *The Oxford Dictionary of the Christian Church*, p. 1360.
138) G. J. Thierry, "The Pronounciation of the Tetragrammaton," p. 33.
139) James A. Montgomery, "Notes from the Samaritan," *JBL*, 25(1906):49.
140) 상게서, pp. 49f.

Montgomery)는 카우취(Kautzsch)가 인용한 두 구절들, 곧 Heidenheim, *Bibliotheca Samaritana*, ii. pp. 25, 54 에서는 카우취(Kautzsch)가 주장한대로 "יהוה"가 "에"(히브리어의 segol)로 끝나는 단어들과 운(韻)이 맞게 되어있다. 그러나 같은 예배의식서의 모든 나머지 경우(pp, 48, 85 두 번, 112, 198-199)에서는, "יהוה"가 "아"로 끝나는 단어들과 운(韻)이 맞게 되어 있다는 것이다.[141] 그리하여 몽고메리(James A. Montgomery)는 사마리아인 예배 의식서에 나타난 운(韻)이 일정하지 않아 어떤 결정적인 견해를 주장하기는 어렵지만, 보다 많은 예(例)들이 "야웨"(Yahwe) 보다는 "야와"(Yahwa) 발음을 지지한다고 주장한다.[142]

(2) 70인역과 신약의 증거

① 70인역

70인역은 주전 250년에서 150년경에 구약성경을 히브리어 본문에서 헬라어로 번역한 고대 번역성경이다. 이 번역은 어느 한 사람에 의해서가 아니라, 여러 번역자들에 의해 오랜 시일에 걸쳐 번역된 것으로 알려진다.[143]

70인역의 헬라어는 이집트의 파피루스나 다른 자료들이 보여준 정규 표준 헬라어가 아니며, 많은 구절들은 번역이 아니라 음역(transliteration)된 경우가 많다.[144] 그런데 하나님의 이름 "יהוה"는 음역된 것이 아직 발견되지 않고, 헬라어 "퀴리오스"(κυριος), 곧 주

---

141) 상게서, p. 50.

142) 상게서

143) 정규남, *구약개론*, pp. 59f.

144) 상게서, p. 59.

(Lord)라는 단어로 번역되었다. 이 헬라어 단어가 바로 신약 성경에서도 채택되고 있다.[145] 그러므로 70인역은 하나님의 이름 "יהוה"의 발음을 파악하는 데에 별 도움을 주지 못한다.

② 신약

헬라어 70인 역처럼, 신약도 하나님의 이름 "יהוה"를 직접 음역한 곳이 없고, "퀴리오스"(*κυριος*), 곧 주(Lord)로 번역한다.

예로서, 이사야 40:3의 "여호와의 길을 예비하라"는 구절을 인용하는 마태복음(3:3), 마가복음(1:3)과 누가복음(3:4)에서는 "יהוה" 대신 "퀴리오스"(*κυριος*)를 사용하여, "주의 길을 예비하라"(*ἑτοιμάσσατε τὴν ὁδὸν κυρίου*)고 번역하고, 이사야 40:3을 풀어서 인용하는 요한복음(1:23)에서도 "주의 길을 곧게 하라"고 하여 "יהוה"를 "퀴리오스"(*κυριος*)로 번역함을 알 수 있다.

마태복음에서 "하늘나라"(kingdom of heaven)는 다른 공관복음서들에서 나타나는 "하나님의 나라"(kingdom of God)라는 어구보다 훨씬 자주 약 36회 정도 사용된다. "하나님의 나라"라는 어구는 마태복음에 쓰여지기 이전에 다른 유대-헬라 저작들의 어느 문헌에도 사용된 것처럼 보이지 않는다. 마태복음에서는 "하나님의 나라"라는 개념과 동일한 개념이 사용되어야 할 문맥들에서도 "하늘나라"라는 표현을 종종 사용하고 있다(마 19:23).[146] 이 두 표현들 사이에 어떤 차이점들을 찾아내려고 학자들이 시도했으나, 실제로는 그렇게 하기가 어렵다. 단지 표현하는 언어의 차이 밖에는 다른 차이가 없다는 것이

---

145) R. 레어드 Harris, "성호(聖號)의 발음에 관한 연구," p. 15.

146) 상게서, p. 13.

147) George Eldon Ladd, *Crucial Questions About the Kingdom of God*(Grand Rapids: Wm. B. Eerdmans Publishing Co., 1952; 7th printing 1977), pp. 122, 130.

대다수 학자들의 견해이다.[147]

래드(G.E. Ladd)는 그의 책, 『*하나님의 나라에 관한 중요한 질문들*』(Crucial Questions about the Kingdom of God)에서 마태복음이 "하늘나라"(kingdom of heaven)라는 어구를 자주 사용하는 것은 유대인들이 하나님에 대한 경외심으로 인해 하나님의 이름을 사용하기를 꺼려했기 때문이라고 한다.[148] 그리하여 "여호와의 나라"(the kingdom of Jehovah)라는 어구 대신에 "하늘나라"(kingdom of heaven)라는 표현이 사용되었음을 시사해 준다.[149] 우리가 아는 대로, 마태복음은 유대인 독자들을 겨냥하여 쓰여진 책이므로, 그 독자들이 선호하는 어구를 사용하므로 그 책의 메시지를 그들이 더 잘 받아드리게 했을 것으로 보인다.[150]

마가복음에서 그리스도의 재판 기록이 있는 14장을 읽으면, 대제사장은 예수님에게, "…네가 찬송 받을 자의 아들 그리스도냐"(61절)고 물었다. 이렇게 하나님을 "찬송 받을 자"로 표현하여 묻는 것에 대해, 해리스(R. Laird Harris)는 지적하기를, "그는(대제사장은) "여호와의 아들"이라는 말로 묻지 않으려 하였던 것이다"고 말한다.[151] 이 마가복음의 병행구절인 마태복음 26:63 에서는 찬송 받을 자의 상응어구인 "하나님의 아들"(the Son of God)이란 표현을 사용하였다.

이렇게 신약의 구절들은 하나님의 이름 "יהוה"를 직접 부르지 않고, 우회적으로 "하늘"이란 말로 표현하고, 혹은 "주(Lord)"나 "찬송 받을 자"나 "하나님"이란 말로 대치하여 부르므로 "יהוה"가 어떻게

---

148) 상게서, p. 122.
149) 상게서
150) 상게서, p. 123.
151) 상게서, p. 12.

불러졌는지를 파악하는데 별로 도움을 주지 못한다.

(3) 출애굽기 3:13-15

성경에서 하나님의 이름이 물어지고 대답되는 유일한 구절이 출애굽기 3:13-15이다. 모세는 하나님의 보냄을 받아 이스라엘 백성에게 가려하면서, 백성이 자기를 보내신 하나님의 이름이 무엇이냐 물으면 어떻게 대답할 것인가를 하나님께 물었다(13절). 이에 하나님은 모세에게 말씀하시기를, "나는 스스로 있는 자"다고 하시며, "스스로 있는 자가 나를 너희에게 보내셨다"고 말하라고 하신다(14절). 또한 하나님은 모세에게 말씀하시기를 "…나를 너희에게 보내신 이는 너희 조상의 하나님 곧 아브라함의 하나님, 이삭의 하나님, 야곱의 하나님 יהוה라 하라"고 하시며, 더 나아가 말씀하시기를, "이는 나의 영원한 이름이요 대대로 기억할 나의 표호니라"고 하신다(15절).

많은 학자들은 이 구절들을 통해 하나님의 이름 "יהוה"의 가장 가능한 어원과 의미를 파악할 수 있는 것으로 생각한다.[152] 출애굽기 3:13-15에서, 하나님이 "나는 스스로 있는 자"다고 말씀하시고, "스스로 있는 자가 나를 너희에게 보내셨다"고 말하라 하실 때, 핵심 히브리어 단어는 "에흐예"(אֶהְיֶה)이다. 이 단어는 "있다"(הָיָה) 동사의 칼(qal) 형의 미완료, 1인칭, 통성(common gender)이다. 미완료형 동사

152) Walter C. Kaiser, Jr., *Exodus, The Expositor's Bible Commentary*, p. 324; U. Cassuto, *A Commentary on the Book of Exodus*, p. 38; John I Durham, *Exodus, Word Biblical Commentary*, vol. 3, pp. 38–39; Gispen, *Bible Student's Commentary, Exodus*, p. 55; C. F. Keil and F. Delitzsch, *Biblical Commentary on the Old Testament*, vol. 1, *The Pentateuch*(Grand Rapids: Wm. B. Eerdmans Publishing Co., n.d.), p. 442.

는 지속적이고 아직 끝남이 없이 계속 되는 것을 뜻함으로 "에흐예" (אֶהְיֶה)는 계속 있는 것, 곧 계속 존재함을 뜻한다. "에흐예" (אֶהְיֶה) 단어는 13-15절에서 3번이나 사용되면서, 하나님은 자신이 계속 존재하는 자이심을 강조해 주신다. 그런데, 하나님의 이름 "יהוה"는 바로 "에흐예" (אֶהְיֶה) 동사의 3인칭 남성 동사의 자음과 일치한다. 왜냐하면 "הָיָה" (있다) 동사의 옛날 형이 "הָוָה" 이며, 또한 두 동사가 상호 교환적으로 사용되기 때문이다.[153] 이렇게 하나님의 이름 "יהוה"는 동사 "הָוָה" 의 3인칭 남성 동사의 자음과 일치하므로 하나님의 이름 "יהוה" 의 발음은 동사 "הָוָה" 의 3인칭 동사의 발음과 같았을 것이라고 많은 학자들은 주장한다.

① 하나님의 이름 "יהוה" 는 히브리어 동사 힙일형(hiphil form)

하나님의 이름 "יהוה" 가 "הָיָה" (있다)동사의 사역형 동사 힙일(hiphil)형이라는 것을 1700년 제일 처음 Le Clerc가 명백하게 제안했다.[154] 그 후 알브라이트(William Foxwell Albright)와 프리드만(D. Noel Freedman)은 하나님의 이름 "יהוה"는 원래 힙일(hiphil)형이라고 강하게 주장한다. 알브라이트(William Foxwell Albright)는 말하기를, "(주전 13세기부터 팔레스틴 남 · 동쪽 거류지역들의 이름들의 명부에서 장소 이름이나 종족의 이름으로 나타나는) 그 이름(Yahwe)은 *HWY* (הוי는 הָיָה의 옛날 고어),[155] 곧 "떨어지다. …이 되다, 존재하게

---

153) F.W. Albright, "The Name Yahweh," *JBL*,43(1924):374; 참고, *Gesenius' Hebrew Grammar*, ed., A.E. Cowley(Oxford: at the Clarendon Press, 1970), section 75s.

154) 참고, W.F. Albright, "Contrbutions to Biblical Archaelolgy and Philology," *JBL*, 43(1924) 375.

155) 참고, 상게서, p. 374.

되다"를 뜻하는 동사 어간(語幹)으로부터만 유래될 수 있다. (이것은 내가 줄곧 주장해 온 것과 같다)고 한다.[156] 그리고 알브라이트(William Foxwell Albright)는 하나님의 이름 Yahwe는 보통동사 칼(qal)형이 될 수 없고, 사역의미를 나타내는 힙일형(hiphil form)이라 생각한다. HWY동사 어간(語幹)의 칼(qal) 동사의 미완료 형은 옛날 상태를 가리키는 동사 형에서 yihwayu이며, 이것이 나중에는 yihwê가 되고, 그리고 여기에서 yihyê(יִהְיֶה)가 되었을 것이라고 한다. 한편, 보통 동사 칼(qal)형 yihwayu에 상응하는 사역 의미의 힙일 (hiphil)형은 yáhwiyu였을 것이고, 여기에서 후기의 직설법 동사 yahwê 가 되었으며, 이 yahwê 가 모음 없이 יהוה, 곧 하나님의 이름 "יהוה" 철자로 쓰여졌을 것이라고 알브라이트(William Foxwell Albright)는 말한다.[157]

알브라이트(William Foxwell Albright)의 이론을 프리드만(D. Noel Freedman)은 자기가 입수한 자료들에 가장 잘 일치하는 견해라 하며, 하나님의 이름 "יהוה"가 동사 "הָוָה"의 힙일(hiphil)형, 미완료, 3인칭, 남성, 단수이고, "יהוה"는 yahweh(יַהְוֶה)로 발음되며, yahweh(יַהְוֶה)는 "그(He)가 있게 하다, 그가 존재하게 하다, 그가 지나가게 하다, 그가 창조하다"로 번역 될 수 있다고 한다.[158] 크로스(Frank Moore Cross, Jr.)도 고대 근동의 아모리 사람들의 이름들을 어형론(語形論)적으로 분석하면서 이 자료들이 하나님이 이름 "Yahweh"는 동사 הוי의 아모리어-고대 히브리어의 사역형의 미완료 형인 것을 강하게 지지해 준

156) William Foxwell Albright, *From the Stone Age to Christianity*(Garden City, New York: Doubleday & Co., Inc., second edition, 1957), p. 15.

157) 상게서, pp. 15f.

158) David Noel Freedman, "The Name of the God of Moses," *JBL*, 79, part 2 (1960):151f.

다고 한다.[159)]

그러나 사무엘 텔린(Samuel Tellien)은 창세기 3:15절에서, 하나님의 이름 "יהוה"를 사역형으로 해석하는 것이 가능하지만, 확실하게 그런 것은 아니라고 말한다.[160)] 텔린(Tellien)은 계속해서 말하기를, Yahweh가 "יהוה"의 사역적인 의미인 "창조하신 자", 혹은 "있게 하신 분"을 의미한다고 할 때, 그 의미가 출애굽기 3:14의 계속되는 문맥에서 아주 잘 어울린다고 한다. 출애굽기 4:10 에서, 모세가 자기는 말을 잘 할 줄 모른다고 하면서, 그를 선지자로 부른 것을 네 번째로 거절할 때, 하나님 "יהוה"가 아주 날카롭게 묻는다, "누가 사람의 입을 지었느뇨? … 나 "יהוה"가 아니뇨?" 이 하나님의 물음에서 "יהוה"는 창조적인 활동을 하시는 하나님의 의미에서 사용된 것으로 보인다. 그리고 사무엘 텔린(Samuel Tellien)은 전체 성경시대의 히브리어 문헌을 통해 "יהוה"가 광범위하게 사용된 것을 볼 때, 하나님의 이름 "יהוה"를 창조적인 활동의 의미로 해석하는 것은 그 어의(語義)에 있어 지지될 수 있음을 말한다.[161)] 또한 고대 근동의(수메르어, 이집트어, 아카드어, 그리고 특별히 시내산어 비문들이 참고 되는 원시 가나안 어) 사람이나 장소 이름들의 기원과 형태들의 연구에서 많은 비슷한 것들이 보여주는 경향은 신의 이름들에서 파생된 혹은 신의 이름을 담고 있는 이름들(theophoric names)이 사역(使役)적인 창조활동의 의미를 내포하고 있었다는 것이다.

---

159) Frank Moore Cross, Jr., "Yahweh and the God of the Patriarchs," *Harvard Theological Review*, 55(1962):253.

160) Samuel Terrien, *The Elusive Presence Toward a New Biblical Theology*(New York: Harper & Row, Publishers, 1978), p. 116.

161) 상게서, p. 117.

그렇지만 텔린(Terrien)은 "הָיָה"(있다) 동사의 경우에는 이런 사역적 의미가 보이지 않는다고 말한다. 분명히 Yahwi 형태가 아모리 인들의 이름들에서 발견되지만, 이것이 능동적 의미로 사용된 것인지 혹은 사역 적인 의미로 사용된 것인지를 발견할 길이 없다고 한다.[162] 또한 사무엘 텔린(Samuel Terrin)은 말하기를, "히브리어 문헌에서 "יהוה"를 결코 창조적인 의미로 이해하지 않았다는 것이 사실이다"고 한다.[163] 예로서, 주전 8세기의 호세아 선지자가 출애굽기 3:14a 와 b의 히브리어 성경본문에서 발견되는 것과 똑같이 동사 "אֶהְיֶה"를 사용할 때, 하나님의 사자가 떨기나무 불꽃 가운데서 말씀하시는 대화체를 시사(示唆)하는 것으로 보인다. 호세아 1:9에서, 하나님 "יהוה"는 신실하지 못한 이스라엘에게, 너희는 "내 백성이 아니요"(לֹא עַמִּי) 라고 말씀하실 때, 선지자 호세아의 입을 통해 말씀하신다: "너희는 내 백성이 아니요, 나는 너희 '에흐예(אֶהְיֶה)' 가 아니다." 여기서 한글과 영어성경들은 거의 '에흐예(אֶהְיֶה)' 를 '하나님' 으로 번역하여, "너희는 내 백성이 아니요, 나는 너희 하나님이 아니다"로 읽는다.

그러나 호세아 1:9에서 "에흐예(אֶהְיֶה)"를 명사 '하나님' 으로 번역하지 않고, "에흐예(אֶהְיֶה)"가 단순동사 칼(Qal)형의 미완료, 1인칭, 단수이므로 그 문법적 폼대로 직역하면, "너희는 내 백성이 아니요(לֹא עַמִּי), 나는 너희에게 『나는 있(을 것이)다』가 아니다(לֹא־אֶהְיֶה) 이다." 이러한 호세아 1:9의 내용에서 볼 수 있는 것은 하나님의 이름 "יהוה"는 결코 사역적 의미에서 사용되고 있지 않는다는 것이다. 사무엘 텔린(Samuel Terrin)에 의하면, 성경에서 떨기나무 불꽃의 이야

162) 상게서
163) 상게서

기를 말하는 사람들이 제시하는 것은 모세에게 자신의 임재를 적극적으로 나타내셨던 하나님은 자신이외의 다른데서 파생된 힘에 연관된 것이 아니고, 아주 탁월한 절대적 존재로 표현되었다는 것이다.[164)]

사무엘 텔린(Samuel Terrin)은 출애굽기 3:13-15의 정확한 번역이 아직 확실치는 않을지라도, 토의된 내용이 보여 주기는 "헬라어 70인역의 번역에 의해 헬라 시대에 이미 반영되었던 전통적 번역이 가장 가능한 올바른 번역이 다"고 말한다.[165)] 헬라어 70인 역은 "나는 존재자 이다"(ἐγώ εἰμι ὁ Ὢν, I am the Being)고 번역한다. 그러므로 사무엘 텔린(Samuel Terrin)은 하나님의 이름 "יהוה"는 사역적 의미로 해석하는 것보다, 존재의 의미에서 이해하는 것이 더 옳은 것으로 판단한다.

래이몬드 압바(Raimond Abba)는 하나님의 이름 "יהוה"를 힙일(Hiphil)형, 곧 사역적 의미로 생각하여, "יהוה"를 "있게 하신 분" 혹은 "창조자"로 이해하면, 아주 매력적인 견해로 보이지만, 동사 "היה"가 힙일(Hiphil)형으로 쓰여진 예가 없고, 사역적인 의미를 나타내기 위해서는 히브리어 동사 피엘(Pi 'el)형으로 쓰여짐을 지적하면서 "יהוה"를 힙일(Hiphil)형으로 주장하는 것을 반대한다.[166)]

② "יהוה"가 히브리어 동사 칼(Qal)형과 연관은 있으나 발음은 다름

하나님의 이름 "יהוה"는 히브리어 "있다"(הָיָה-הָוָה) 동사의 칼(Qal)형과 연관이 있는 것으로 많은 학자들은 생각한다.[167)] 하나님은 출애

164) 상게서, pp. 117f.

165) 상게서, p. 118.

166) Raymond Abba, "The Divine Name Yahweh," *JBL*, LXXX (1961):325.

167) Cassuto, *A Commentary on the Book of Exodus*, p. 38; Gispen, *Bible Student's Commentary, Exodus*, p. 55; Kaiser, Jr., *Exodus, The Expositor's Bible Commentary*, vol. 2, p. 324.

굽기 3:14절에서 자신의 이름을 "있다"(הָיָה)동사의 칼(Qal)형 미완료, 1인칭 "에흐예"(אֶהְיֶה)로 표현한다. 그리고 15절에서 또한 하나님은 "있다"(הָיָה)동사의 칼(Qal)형 미완료, 3인칭 "이흐예"(יִהְיֶה/יִהְוֶה)와 똑같은 자음의 이름 "יהוה"가 자신의 이름이고, 이 "יהוה"가 아브라함, 이삭, 야곱의 하나님 이셨다고 말한다.

이렇게 하나님의 이름이 출애굽기 3:14절에서 "있다"(הָיָה)동사의 칼(Qal)형 미완료, 1인칭 "에흐예"(אֶהְיֶה)로 표현되고, "יהוה"가 "있다"(הָיָה)동사의 칼(Qal)형 미완료, 3인칭 "이흐예"(יִהְיֶה/יִהְוֶה)와 똑같은 자음인 것을 고려할 때, "יהוה"는 "있다"(הָיָה)동사의 칼(Qal)형 미완료, 3인칭 "이흐예"(יִהְיֶה)에서 파생됐다고 생각할 수 있다. 그러나 동사 הָיָה의 고어(古語)이며 같은 의미인 הָוָה동사의 칼형(Qal)형 미완료, 3인칭 "이흐웨"(יִהְוֶה)가 하나님의 이름 "יהוה"의 발음이라고 말한 사람은 거의 없다. 아마 중요한 이유는 기독교 초기 문헌에서, "יהוה"가 헬라어로 음역되면서 iaoue(Clement of Alexandria) 나 iabe(Theodoret; 이 당시에 v가 b로 발음되었음)로 발음되었기 때문인 것으로 보인다.[168]

③ 하나님의 이름 "יהוה"는 동사에서 파생된 것이 아니고 명사형태

레어드 해리스(R. Laird Harris)는 하나님의 이름 "יהוה"의 발음이 "있다"(הָיָה)동사와 비슷한 것처럼 들리며, 또 충분히 그렇게 볼 수 있다고 한다. 그러나 구체적인 사항들까지 그런 이해를 뒷받침한 것은 아니라 한다.[169] 해리스(R. Laird Harris)는 출애굽기 3:13-15에서 하나

168) 참고, G. T. Manley, "God, Names of," in *the New Bible Dictionary*, ed. by J. D. Douglas(Grand Rapids: Wm. B. Eerdmans Publishing Co., 1962, reprinted 1978), p. 478.

169) R. 레어드 해리스(R. Laird Harris), "성호(聖號)의 발음에 관한 연구," p. 23.

님의 이름 "יהוה"가 얼핏 보기에 히브리어 "있다"(הָיָה-הָוָה) 동사와 연관이 있는 것으로 보이지만, 실제로는 일종의 언어유희(paranomasia)라고 생각한다.[170] 이런 예가 구약성경에서 자주 찾아 볼 수 있다는 것이다. 곧, 어떤 이름이 주어지고 그에 뒤이어 얼핏 보기에는 그 이름의 어원을 설명하여주는 것처럼 보이는 구절들이 많이 있다. 예로서, 모세가 미디안 땅에서 십보라와 결혼하여 살면서 아들을 낳으매 게르솜이라 했는데, 이 이름은 모세가 "내가 타국에서 객이 되었음이라"고 말한 데서 비롯된 것으로 출애굽기 2:22에서 표현된다. 그러나 이 모세의 말을 히브리어 원문성경으로 보면, "객"이란 단어는 "게르" (גֵּר)"이고, "타국"이란 말은 "샴"(שָׁם)으로 표현되었다고 말할 수 있으나, 실제로 "샴"(שָׁם)은 '타국'을 뜻하지 않고 '거기에'를 뜻한다. 그러므로 위의 모세의 말로부터 "게르솜"이란 이름이 나온 것이 아니고, "가라쉬" (גָּרַשׁ, 몰아내다)에서 나온 이름으로 생각된다는 것이다.[171] 또 다른 예로 창세기 11:9에서 "바벨"이란 이름이 나오는데, 이 이름이 9절 하반절에서 "혼잡케하다"란 히브리어 단어 "바랄"(בָּלַל)에서 연유된 것으로 설명된다. 그러나 실제로 바벨이라는 단어는 히브리어가 아니라 바벨론어의 단어인 것이 분명하며 그 어원도 확실하다. 그 단어는 "신의 문"(the gate of god)이라는 뜻의 babilu이다.[172] 또 다른 예는 "사무엘"이름이다. 한나가 아들을 낳아 그 이름을 "사무엘"이라 했는데, 이는 한나가 여호와께 구하여 얻었기 때문인 것으로 설명된다(삼상 1:20). 그러나 이 사실에 "사무엘" 이름은 어원론적으로 아무런 관련이 없다는 것이다. "사무엘" 이름이 한나가

170) 상게서, pp. 20-22.
171) 상게서, p. 21.
172) 상게서

여호와께 구하였고 그 간구를 여호와께서 들으셨다는 것을 의미한 것이라고 생각한다. 여기서 "들으셨다" 는 말은 히브리어로 "샤마" (שָׁמַע)인데, 이 히브리어 동사에서 "사무엘" 이름이 파생되었다고 하지만, 그러나 "사무엘" 이름은 아인(ע)이란 철자를 가지고 있지 않는다. 한편 "들으셨다"는 단어는 그 철자 아인(ע)을 가지고 있으므로 "사무엘" 이름이 "들으셨다"는 히브리어 단어 "샤마"(שָׁמַע)에서 파생한 것으로 보기 어렵다는 것이다. 게다가 "사무엘" 이름은 "하나님"이라는 이름을 가지고 있지, "여호와"란 이름을 포함하고 있지 않기 때문에 그렇게 연관시키기 어렵다는 것이다.[173)]

이러한 예들의 분석과 함께, 해리스(R. Laird Harris)는 출애굽기 3:13-15에 나오는 하나님의 이름 "יהוה"는 어원론 적으로 해석할 필요가 없다고 생각한다. 해리스(R. Laird Harris)는 "יהוה"의 발음을 알기 위해 이스라엘의 이름들에 나타나는 신적 요소들의 발음을 살펴본다. 곧, 이름들의 시작에 나타나는 yaho-와, 이름들의 끝에 나타나는 -yah와 -yahu이다. 이런 요소들을 갖고있는 이름들은 여호나답(Jehonadab), 아비야(Abijah), 예레미야후(Jeremiahu, 렘 1:1, 개역성경과 역본 성경들에는 단순히 예레미야로 기록되어있다)등이다. 또한 성경에 44회 정도나 사용되는 축약된 형태인 Yah도 주목한다.

그리고 해리스(R. Laird Harris)는 신적 요소들을 갖고 있는 이름들 가운데, 그 이름들의 처음에 yeho-라는 형태가 있는데, 이는 동사의 요소와 결합된 명사로서 판독되어야한다고 말한다.[174)] 예로서, "여호와께서 주셨다"는 의미의 여호나단(Jeho-nathan)과, "여호와께서 세

173) 상게서, pp. 21f.
174) 상게서, p. 25.

우실 것" 이라는 여호야긴(Jehoiachin)이 그런 경우라고 하며, 이를 뒷받침하는 것은 단어 처음에 나오는 yeho-가 끝에 나오는 -yah나 혹은 -yahu와 서로 교체할 수 있다는 사실이다는 것이다. 그래서 여호야긴(Jehoiachin), 고니야(Coniah), 그리고 여고냐(Jechoniah)가 같은 인물의 이름들이라고 한다. 그리하여 -yah가 단축형(jussive)이라고 주장하기 어렵고, 오히려 yah-와 yeho-는 긴 이름이 단순하게 축약된 형태들이라고 간주하는 것이 타당하다고 해리스(R. Laird Harris)는 생각한다.[175)]

그러면서 해리스(R. Laird Harris)는 하나님의 이름 "יהוה" 의 완전한 형태가 어떤 명사에서 파생된 것이라면, 그 마지막 모음은 아주 자연스럽게 고대에 주격(主格)을 나타내는 어미의 모음인 -u가 될 것이라고 한다. 그리고 올브라이트(Albright)가 아모리인의 이름들(Yawi-il, Yahwi-il)로부터 추론하여 제시한대로, 하나님의 이름 "יהוה" 에서 ו(W)뒤에 i모음이 될 것으로 생각한다. 또한 신적요소를 갖고 있는 이름들이 보여준 yaho-의 축약된 형태에서 h뒤에 모음 o가 있는 것에 근거하여, 하나님의 이름 'יהוה' 는 ya ho wi hu로 발음되었을 것으로 추정한다. 그런데 ya ho wi hu가 명사 형태라면, 아마도 일반적으로 나타나는 격어미(case ending)의 탈락현상에 순응하여 야호웨(Jahoweh)가 되었을 것이라 한다.[176)]

해리스(R. Laird Harris)는 야호웨(Jahoweh)가 절대적으로 확실한 "יהוה" 의 발음이라고 단정적으로 말할 수 없으나, 지금까지 확보된 증거로 보아 야웨(Yahweh)는 부정확한 발음 표기이며, 야호웨

175) 상게서, pp. 25f.

176) 상게서, p. 26.

(Jahoweh)가 본래의 발음 표기라고 주장할 수 있다고 한다.

해리슨(R. K. Harrison)도 하나님의 이름 "יהוה"가 동사가 아니고 정규 명사라고 생각한다. 그는 "יהוה"가 히브리어 단어 "הָיָה"(있다) 혹은 보다 초기의 다른 형태의 어근 "הוה"와 어원적으로 관련 있다는 것을 의심할 수 없다고 말한다. 그러나 "יהוה"가 히브리어 어근 "הוה"의 미완료 사역형의 형태로서는 이 이상 간주될 수 없고, 어근 "הוה"에 접두 자음 'י'가 앞에 붙어있는 정규명사로서 고려되어야 한다고 해리슨(R. K. Harrison)은 주장한다.[177] 하나님의 이름 "יהוה"는 고유명사로서 Elyon, El Elyon, 그리고 Elohim과 같은 칭호와 대조되는 한 인격자(a Person)의 이름이 다고 한다.

그러나 해리슨(R. K. Harrison)은 하나님의 이름 "יהוה"를 해리스(Harris)처럼 "야호웨"(Jahoweh)로 발음하는 것이 본래의 발음표기라고 말하지는 않는다. 그렇다고 "야웨"(יַהְוֶה) 발음을 "יהוה"의 본래 발음일 것이라고 생각한 것도 아니다. 해리슨(R.K. Harrison)은 이 두 가지 발음 외에 또 다른 발음이 "יהוה"의 본래 발음이라고 주장될 수 있으나 그 모든 주장은 가설로 간주되어야 한다고 말한다.[178]

지금까지 토의된 내용에 따르면, 하나님의 이름 "יהוה"를 히브리어 사역동사 힙일(Hiphil)형으로 이해하여 "יהוה"의 본래 발음을 "야웨"(יַהְוֶה)로 주장하는 것과 "יהוה"를 명사형으로 이해하여 그것의 본래 발음을 "야호웨"(Jahoweh)로 주장하는 두가지 견해가 제시되었다. 이 둘중에 어느 것이 "יהוה"의 본래 발음이라고 단언적으로 말하

177) R. K. Harrison, *Introduction to the Old Testament*(Grand Rapids: Eerdmans Publishing Co., 1969; reprinted 1977), p. 579.

178) 상게서, p. 580.

기 어렵다. 해리스(Harris)가 제시한 "야호웨"(Jahoweh)는 어느 문헌에서 사용된 증거가 아직 없고, 제롬은 "야웨"(יַהְוֶה)가 아닌 "야호"(Yaho) 발음을 말하고, 사마리아 사람들은 "야웨"(Yahwe) 발음 보다는 "야와"(Yahwa) 발음을 더 많이 했다는 사실들은 "יהוה"의 본래 발음이 "야웨" (יַהְוֶה)이다고 확신 있게 말하기 어렵게 한다. 기독교 초기 문헌에서 "יהוה"가 "iaoue"(Clement of Alexandria)나 "iabe"(Theodoret; 이 당시에 v가 b로 발음되었음)로 음역되었기 때문에 "יהוה"의 본래 발음이 "야웨"(יַהְוֶה)일 것이라고 주장할 수 있으나, 그러나 그 주장은, 해리슨(R. K. Harrison)의 말처럼, 아직도 가설로 이해되는 것이 옳다고 생각한다.

3) 하나님의 이름 "יהוה"의 의미

앞서 "יהוה"의 발음을 논하면서 언급된 것같이 "יהוה"의 의미는 한 가지로 설명될 수 없다. 학자들의 견해는 주로 다음 세 가지로 집약하여 논할 수 있다: 1) "הוה"의 사역동사 힙일(hiphil) 형의 의미, 2) "הוה"의 보통동사 칼(qal) 형의 의미, 3) 언약적 의미.

① "הוה"의 사역동사 힙잎(hiphil) 형의 의미–"있게 하신 분," 혹은 "창조자"

이미 앞서 지적한 것처럼 "הוה"동사는"היה"동사의 고어(古語)체이다. 알브라이트(William Foxwell Albright)는 하나님의 이름 "יהוה"가 보통동사 칼(qal)형이 될 수 없고, 사역적 의미를 나타내는 힙일 형(hiphil form)이라고 말한다.[179] 프리드만(D. Noel Freedman)도

179) William Foxwell Albright, *From the Stone Age to Christianity*, pp. 15f.

"יהוה"가 동사 "הוה"의 사역동사 힙일(hiphil)형, 미완료, 3인칭, 남성, 단수로서 "그(He)가 있게 하다, 그가 존재하게 하다, 그가 지나가게 하다, 그가 창조하다"로 번역될 수 있다고 말한다.[180] "יהוה"는 고대 근동의 고급 종교들의 일반적인 개념인 창조자 하나님의 활동을 나타낸다고 한다. 하나님의 이름 "יהוה"를 통해 들어 난 것은 출애굽의 과거 사건과 가나안 정복의 미래 전망 사이에 있는 시내 산 언약의 독특한 역사적 배경에서 계시(啓示)된 조상들의 창조자 하나님의 특징들과 속성들이라고 한다. 이 특징들과 속성들은 "은혜와 자비, 인내, 대단한 친절과 깊은 애착으로서 이것들 모두를 통해 하나님은 자신이 사랑하는 백성을 구원하여 새로운 공동체를 창조하시고, 이 새로운 공동체인 이스라엘과 하나님은 뜨거운 사랑으로 특권과 의무, 약속과 위협, 심판과 자비의 독점적 관계를 맺는다" 고 말한다.[181] 프랭크 크로스(Frank Cross)도 "יהוה"가 동사 "הוה"의 사역동사 힙일(hiphil)형으로서 "있게 하다," "창조하다"로 번역될 수 있음을 주장하며, 이런 사역적 의미가 너무 추상적이거나 철학적 개념 이어서 고대 이스라엘의 신(神)에 대해 서술하는 것이 될 수 없다며 반대하는 견해를 근거 없는 것으로 일축한다.[182]

그러나 압바(Raymond Abba)나 텔린(Samuel Terrin)은 "היה-הוה" 동사가 성경에서 사역동사 힙일(hiphil) 형으로 사용된 적이 없음을 지적하며 하나님의 이름 "יהוה"를 사역적인 의미인 "있게 한 자" 혹

180) David Noel Freedman, "The Name of the God of Moses," p. 152.
181) 상게서, p. 155.
182) Frank Cross, "Yahweh and the God of the Patriarchs," p. 253, note 123.
183) Raymond Abba, "The Divine Name Yahweh," p. 325; Samuel Terrien, *The Elusive Presence*, pp. 116–118.

은 "창조자"로 이해함을 반대한다.[183] 텔린(Samuel Terrin)은 "היה" 동사가 출애굽기 3:13-15을 상기시키는 호세아 1:9과 70인역의 출애굽기 3:13-15에서 결코 사역 적인 의미가 아니라, 보통 동사 "있다"로 이해되고, 지혜서(욥 6:21, 7:21)도 사역적인 의미로 이해하지 않아, "יהוה"를 "있게한 자" 혹은 "창조자"를 의미하는 것으로 해석함을 반대한다.

② "הוה"의 보통동사 칼(qal) 형의 의미–"그가 있으시다." 혹은 "존재하신 분"

림(E. Riehm), 딜만(A. Dillmann) 그리고 욀러(De Oehler)는 하나님의 이름 "יהוה"를 "היה-הוה"(있다, 되다, 존재하다) 동사의 보통 동사 칼(qal) 형으로 이해한다. 그리하여 "יהוה"는 "존재하신 분, 곧 절대자이시고 불변하신 분," "시종일관되고 불변한 자로 존재하시고 언제나 살아 계신 분," "구속의 하나님으로서 언제나 나타나신 분"을 의미하는 것으로 해석한다.[184]

이와 비슷하게 기스펜(W. H. Gispen)도 하나님의 이름 "יהוה"는 동사 "היה"(있다)와 연관된 3인칭 남성 단수 형태로서, 그 의미는 "그가 있다," 혹은 "존재하신 분"이라고 한다.[185] 하나님의 이름 "יהוה"의 본질은 존재(being)라고 하며, "יהוה"는 출애굽기 3:13-15의 문맥에서 조상들과 맺은 언약의 하나님이심을 나타내며 위로해주는 이름이라는 것이다. 알렌 콜(R. Alan Cole)은 출애굽기 3장이 "יהוה"가 '존재'(being)와 연관되어 있음을 아주 분명히 진술하고 있으므로 이를

---

184) *The New Brown, Driver, and Briggs Hebrew and English Lexicon of the Old Testament*(Lafayette, Indiana: Associated Publishers and Authors, Inc., 1981), p. 218.

185) W. H. Gispen, *Bible Student's Commentary*, Exodus, p. 55.

아주 진지하게 고려해야 한다고 말한다. 그러나 노트(Noth)가 바르게 진술한 것 같이, "יהוה"의 존재는 철학적 의미에서의 '순수 존재'(pure being)가 아니라, 계시에 의한 '활동하시는 존재'(active being)라고 한다. 콜(Alan Cole)은, 하야트(Hyatt)처럼, "יהוה"가 '나는 존재하는 자이다'(I am He who is)고 번역될 수 있는 이름인 것을 말한다.[186] 카쑤토(U. Cassuto)는 "יהוה"가 출애굽기 3장에서 동사 "היה"(있다)의 미래시제, 3인칭으로서, 문자적으로는 "그분은 있을 것이다"이지만, 문맥에서 "그분은 있다"로 이해되고 있다고 한다.[187] 해리슨(R. K. Harrison)은 하나님의 이름 "יהוה"가 어원적으로 동사 "היה"(있다)와 연관되었음을 의심할 수 없다고 한다. 특별히, 해리슨은 말하기를, "그 이름이 인격적 표현으로 하나님의 존재 혹은 실존을 강조한다, 그래서 하나님을 다른, 인간, 존재들과 관계를 갖게 한다"고 한다.[188]

③ 언약적 의미

그리슨 알쳐(Gleason L. Archer, Jr.)는 이름 "יהוה"가 하나님의 존재를 의미하는 것으로 이해하는 것을 동의하지 않는다. 그 이유는 첫째, 동사 "היה"가 결코 단순한 존재론적 실존(ontological existence)을 표현하지 않고, 오히려 "일어나다, …되다, 새로운 조건이나 상태나 관계에 들어가다"의 개념을 표현하기 때문이라고 말한다. 둘째로 이름 "יהוה"가 하나님의 영원한 실존을 확언하는 맥락들에서 결코 사용되지 않고, 오히려 (우리가 보아온 것 같이) 언약적 맥락에서 사용되기

186) R. Alan Cole, *Exodus, An Introduction & Commentary*, p. 70.
187) U. Cassuto, *A Commentary on the Book of Exodus*, p. 38.
188) R. K. Harrison, *Introduction to the Old Testament*, p. 579.

때문이라 한다.[189] 이것이 언약의 특징적인 확증하는 표현들에 일치하다는 것이다: "내가 그들의 하나님이 될 것이다(אֶהְיֶה) 그리고 그들은 내 백성이 될 것이다(יִהְיוּ)." 또한 알쳐(Gleason L. Archer, Jr.)는 출애굽기 6:7의 "…나는 너희의 하나님이 될 것이고 너희는 내가 여호와 인 것을 알 것이다"를 인용하며, 여기에서도 그분(He)은 (그의 언약 백성의 언약 하나님) 이신 것을 보여준 것을 지적한다.

이러한 알쳐(Gleason L. Archer, Jr.)의 견해는 출애굽기 3:13-15의 문맥을 볼 때 지지될 수 있는 것으로 생각하지 않는다. 왜냐하면 출애굽기 3:13-15에서 "היה"동사가 존재론적 실존을 표현하지 않는다고 분석하기는 어렵게 보이기 때문이다. 출애굽기 3:14의 "אֶהְיֶה אֲשֶׁר אֶהְיֶה"에서 "היה"동사가 하나님의 존재를 의미하지 않고 "일어나다, ...되다. 새로운 조건이나 상태나 관계에 들어가다"를 뜻한다고 이해하기 어렵다. 일찌기 헬라어 70인역 성경도 출애굽기 3:14절의 "אֶהְיֶה אֲשֶׁר אֶהְיֶה"를 존재를 의미하는 것으로 이해하여, "나는 존재자이다"로 번역했고 짧은 "אֶהְיֶה"는 "존재 자"(The Being)로 번역했다.

카일과 델리취(Keil and Delitzsch)도 "אֶהְיֶה אֲשֶׁר אֶהְיֶה"를 존재를 의미하는 것으로 이해하여 "I am who I am"으로 번역해야 한다고 말한다. 곧 "나는 존재하는 존재자다" 혹은 한글 개역성경처럼 "나는 스스로 있는 자"로 번역할 수 있다. 카일과 델리취(Keil and Delitzsch)는 "היה"동사를 하나님과 관련해 쓸 때 "있다" 의미를 그대로 갖게 해야 한다고 강조한다. 그러나 하나님의 존재는 휴식하는 혹은 죽은 존재가 아니라, 본질적으로 살아 계시며 창조 때에 활동하시고 이 세상에

189) Gleason L. Archer, Jr., *A Survey of Old Testament Introduction*, p. 123, note 5.

서 역사 하시는 존재자임을 강조한다.[190] 덜함(John I. Durham)도 출애굽기 3:14에서 "אֶהְיֶה אֲשֶׁר אֶהְיֶה"가 하나님께서 "항상 존재하시는 분(The One Who Always Is)" 임을 의미한다고 한다. 그러면서 "אֶהְיֶה אֲשֶׁר אֶהְיֶה"는 하나님의 존재가 추상적인 개념적 존재가 아니라, 활동하시는 존재인 것을 나타낸다고 한다.[191]

4) 결론

위와 같은 논의들을 통해 결론적으로 생각할 수 있는 것은 하나님의 이름 "יהוה"가 어원론 적으로 볼 때 "היה" 동사의 보통동사 칼(Qal)형의 의미를 나타내어 "그는 있으시다" 혹은 "존재 자"를 의미한다고 이해된다. "יהוה"는 존재하실 뿐만 아니라, 역사 속에서 활동하시면서 '절대 독립 자' 이며 '절대 불변 자' 이심을 보이신다. "יהוה"는 역사에서 활동하시면서 구원의 하나님, 혹은 언약을 맺으시고 성취하시는 하나님, 혹은 그의 백성 가운데 임재 하시는 하나님으로 나타나심을 볼 수 있다.

4. 리세기에 있어서 십계명의 의미와 규범성

1) 도입말

---

190) Keil and Delitzsch, *Biblical Commentary on the Old Testament*, vol. 1, *The Pentateuch*, p. 75.

191) John I. Durham, *Exodus*, *Word Biblical Commentary*, vol.3, p.39

오늘의 세대는 권위나 전통이나 윤리 규범을 무시하고 어느 것에 속박을 받으려고 하지 않는다. 십계명도 기독교인 가운데 오늘날은 은혜시대임을 말하며 더 이상 지킬 필요가 없다고 말한다. 윌리암 바클레이(William Barclay)는 말하기를, "자유라는 명목 하에 이 세대는 제재(制裁)를 불쾌하게 여기고 어떤 종류의 명령 같은 것도 싫어한다. 이 세대는 금지하는 명령 같은 것을 가장 좋아하지 않아서 어떤 것을 하지 말라는 말을 싫어한다." 고 한다. 그는 더 지적하기를, "현대인은 실험할 무한한 자유와 무제한적인 허용을 요구한다. 이와 같은 상황에서는 자유가 아주 쉽게 방종이 될 수 있고 실험할 권리는 자신의 생명과 다른 사람들의 생명들을 파멸시키는 권리가 될 수 있다" 고 말한다.[192)]

이 세대가 "무한한 자유와 무제한적인 허용" 을 요구하는데 십계명을 지켜야 할 이유나 당위성이 있는가? 십계명의 각 계명구분이 유대교나 기독교 종파사이에 일치하지 않고 서로 다른데 그 구분이 어떻게 다른가? 예수님은 십계명을 어떻게 생각하셨는가? 바울 사도의 십계명에 관한 견해는 어떠한가? 십계명의 영원성과 많은 해석상의 차이를 어떻게 이해해야 하는가 등을 살피면서 현대인에게 십계명이 갖는 의미와 규범성을 논의하겠다.

2) 십계명의 각 계명의 구분

유대인의 전통에 따르면 하나님께서 시내 산(출애굽기 19장-민수

---

192) William Barclay, *The Ten Commandments for Today*(Grand Rapids: Wm. B. Eerdmans Publishing Co., 1973, 4th Printing ,1979), pp. 9f.

기 10:10)과 모압 지역(신명기 12-26장)에서 주신 율법은 613개 조항의 계명이라 한다.[193] 이 613개 조항의 율법들을 간추려 열 가지로 가장 핵심 되는 것을 요약해 놓은 것이 십계명이다. 그런데 구약에는 '십계명' 이라는 용어가 사용되지 않고, 단지 "열개의 말씀"(עֲשֶׂרֶת הַדְּבָרִים 출 34:28; 신 4:13, 10:4)이라고 불러진다. '십계명' 이란 용어의 기원은 주전 250년에서 150년경에 이집트의 알렉산드리아에서 히브리어 성경이 헬라어로 번역되어 칠십인역(the Septuagint)이 만들어졌는데, 이 칠십인 역에서 "열개의 말씀"(עֲשֶׂרֶת הַדְּבָרִים)이 '데카 로고이' (deca=10; logoi는 logos의 복수로서 '말씀' 을 뜻함)로 번역 되었다. 이 칠십인역의 '데카 로고이' 에서 '십계명' 이라는 뜻의 영어 '데카로그' (the Decalogue)가 생겼다.[194]

십계명이 기록되어있는 출애굽기 20:2-17과 신명기 5:6-21의 본문 자체에서는 제1계명은 무엇이고 제2계명은 무엇이며 제3계명은 무엇이라는 분명한 구분이 각 계명에 주어져 있지 않다. 그리하여 신앙공동체의 전통에 따라 계명의 구분에 약간씩 차이가 있다. 십계명의 계명구분의 차이를 다음 세 전통으로 나누어 생각할 수 있다. 1) 유대교 전통, 2) 카톨릭 교회와 루터교회의 전통, 3)개신교회(루터교회 제외)와 동방정교회 전통[195]

(1) 유대교 전통

① 출애굽기 20:2(신명기 5:6)의 말씀, "나는 너를 애굽 땅 종 되었던 집에서 인도하여 낸 너의 하나님 여호와로라."를 유대교 전통에서

193) 박준서, *십계명 새로보기*(서울: 한들출판사, 2001년, 2002년 2쇄), p. 20.
194) 상게서, p. 22.
195) 상게서.

는 제일 계명으로 본다. 그러나 카톨릭 교회와 루터교회의 전통과 개신교회(루터교회 제외)와 동방정교회 전통은 이를 십계명의 서언으로 본다.

② 개신교회(루터교회 제외)와 동방교회 전통에서 제1계명과 제2계명으로 구분한 출애굽기 20:3-6(신명기 5:7-10)을 유대교 전통에서는 제2계명으로 본다.

③ 개신교회(루터교회 제외)와 동방교회 전통에서 제10계명으로 구분한 출애굽기 20:17을 유대교 전통에서도 제10계명으로만 본다. 한편 루터교회의 전통에서는 출애굽기 20:17을 두 계명으로 나누어 전반부, "네 이웃의 집을 탐내지 말찌니라."를 제 9계명으로, 그 뒤를 이은 "네 이웃의 아내나 그의 남종이나 그의 여종이나 그의 소나 … 네 이웃의 소유를 탐내지 말찌니라."를 제 10계명으로 구분한다. 그런데 카톨릭 교회의 전통에서는 신명기의 십계명 어순을 따라 "네 이웃의 아내를 탐내지 말찌니라."를 제 9계명으로, 그 뒤를 이은 "네 이웃의 집이나 그의 남종이나 그의 여종이나 그의 소나 … 네 이웃의 소유를 탐내지 말찌니라."를 제 10계명으로 구분한다.[196]

(2) 카톨릭 교회와 루터교회 전통

① 개신교회(루터교회 제외)와 동방교회 전통에서 제1계명과 제2계명으로 구분한 출애굽기 20:3-6(신명기 5:7-10)을 한 계명, 곧 제1계

196) *한국 천주교 예비신자 교리서*(서울: 한국천주교중앙협의회, 제1판 1쇄, 1999; 5쇄, 2000), p. 229; 요하네스 그륜델, *십계명, 어제와 오늘*, 김윤주 편역(왜관: 분도출판사, 1978, 초판; 1989, 5판), pp. 5, 23, 147; W. H. Gispen, *Bible Student's Commentary, Exodus*, p. 188.

명으로만 구분한다.

② 그러므로 카톨릭 교회와 루터교회 전통은 개신교회(루터교회 제외)와 동방교회 전통의 제3계명을 제2계명으로, 제4계명을 제3계명으로, 제5계명을 제4계명으로, 제6계명을 제5계명으로, 제7계명을 제6계명으로, 제8계명을 제7계명으로, 제9계명을 제8계명으로 구분한다.

③ 앞서, 유대교 전통에서 언급한대로 개신교회(루터교회 제외)와 동방교회 전통에서 제10계명으로 구분한 출애굽기 20:17(신명기 5:21)을 카톨릭 교회와 루터교회 전통은 두 계명으로 나누어 제9계명과 제10계명으로 구분한다.

(3) 개신교회(루터교회 제외)와 동방교회 전통

① 출애굽기 20:2(신명기 5:6)의 말씀, "나는 너를 애굽 땅 종 되었던 집에서 인도하여 낸 너의 하나님 여호와로라."를 유대교 전통에서는 십계명의 제1계명으로 보지만, 카톨릭 교회와 루터교회 전통과 같이 개신교회(루터교회 제외)와 동방교회 전통도 십계명의 서언으로 구분한다.

② 출애굽기 20:3-6(신명기 5:7-10)을 한 계명, 곧 제1계명으로만 구분한 카톨릭 교회와 루터교회 전통과는 달리, 개신교회(루터교회 제외)와 동방교회 전통은 출애굽기 20:3(신명기 5:7)은 제1계명으로 출애굽기 20:4-6(신명기 5:8-10)은 제2계명으로 구분한다.

③ 출애굽기 20:17(신명기 5:21)을 카톨릭 교회와 루터교회 전통은 두 계명으로 나누어 제9계명과 제10계명으로 구분하지만, 개신교회(루터교회 제외)와 동방교회 전통은 제10계명으로만 본다.[197] 그리슨

알쳐(Gleason L. Archer, Jr.)는 카톨릭 교회와 루터교회 전통은 출애굽기 20:17과 신명기 5:21의 어휘순서에 따라 전반부를 제9계명으로 그리고 후반부는 제10계명으로 구분하는 데, 이렇게 두 계명으로 구분하는 것이 출애굽기 20:17과 신명기 5:21의 본문이 의도하는 것은 아니라고 생각한다. 왜냐하면 출애굽기 20:17의 어휘 순서가 신명기 5:21에서는 바뀌어져서 "아내"가 먼저 언급되고 그 뒤에 "집"이 언급되어 "제9계명과 제10계명이 바꾸어져야 하는 결과를 보여주기 때문이다. 출애굽기 20:17의 어휘 순서가 신명기 5:21에서 바뀌어지는 것은 이 두 본문의 어휘순서에 따라 두 계명으로 구분해야 하는 것이 아니라 한 계명으로 보는 것이 옳음을 나타낸다는 것이다.

또한 이렇게 출애굽기 20:17(신명기 5:21)을 한 계명으로 본다면 출애굽기 20:3-6(신명기 5:7-10)을 제1계명으로만 구분한 카톨릭 교회와 루터교회 전통과는 달리, 개신교회(루터교회 제외)와 동방교회 전통에서처럼 출애굽기 20:3(신명기 5:7)은 제1계명으로 출애굽기 20:4-6(신명기 5:8-10)은 제2계명으로 구분하여야 전체가 10계명이 되기 때문에 후자의 전통을 따르는 것이 더 합당한 것을 그리슨 알쳐(Gleason L. Archer, Jr.)는 지적했다.[198)]

이상과 같이 여러 신앙 공동체간에 십계명의 본문의 범위에 대해서는 의견상 차이는 없다. 그러나 십계명의 성경본문 자체에 제1계명

---

197) 박준서, *십계명 새로보기*, p. 23. 십계명의 구분에 대한 유대교 전통, 가톨릭 교회와 루터교회의 전통, 그리고 개신교회(루터교회 제외)와 동방정교회 전통을 보다 상세히 도표로 보기 원하면, 상게서, p. 24을 참조할 것. 그러나 이 도표에서 제10계명에 대한 가톨릭 교회와 루터교회의 전통에 대한 것은 W. H. Gispen에 의하면 서로 차이가 있으므로 본 논문의 윗항 유대교 전통을 참조하시기 바람.

198) Gleason L Archer, Jr., *A Survey of Old Testament Introduction* p. 236.

은 무엇이며, 제2계명은 무엇이라는 계명간의 구분이 밝혀있지 않아, 신앙 공동체들이 각각 십계명을 공부하며 가르쳐 오면서 각 계명의 구분에 대해서 서로 다른 이해가 있게 되었음을 알 수 있다. 그러나 예루살렘에 있는 히브리대학교의 교수였던 유명한 유대인 주석가 카쑤토(Cassuto)는 그의 유대인 전통과는 달리, 출애굽기 20:2은 전혀 어떤 계명을 말하지 않고, "스피커(speaker, 말하는 분)를 알려주는 선언의 내용을 담고 있는 것"이라 말하여,[199] 학자들은 자기가 속한 신앙공동체의 전통을 꼭 따르기보다는 자기의 십계명의 성경본문의 이해에 따라 달리 견해를 취하고 있음을 보여준다.

3) 십계명의 두 본문인 출애굽기 20:1-17과 신명기 5:6-21의 비교

십계명은 구약성경에 두 곳, 곧 출애굽기 20:1-17과 신명기 5:6-21에 기록되어있는데, 이 두 본문이 서로 약간 다르다. 중요 다른 부분은 첫째, 제4계명에서 안식일 명령을 지켜야 할 이유를 말씀하는 부분에서이다. 출애굽기는 하나님이 창조하시면서 6일 동안 일하시고 제7일에 쉬셨기 때문에 사람들도 제7일에 쉬어야한다고 말씀하는데 (20:11), 신명기에서는 하나님이 이스라엘 백성을 이집트 종살이에서 해방시켜 주셨으므로 일하는 동물들을 포함해서 남녀종들을 쉬게 해야 한다는 것이다(5:14-15). 그리고 다른 부분은 제10계명에서 출애굽기는 "집"을 "아내"보다 먼저 언급하는데, 신명기는 "아내"를 "집"보다 먼저 언급하는 것이다.

---

199) U. Cassuto, *A Commentary on the Book of Exodus*, p. 241.

이런 차이를 보면서, 파이퍼(Robert H. Pfeiffer)같은 학자는 신명기의 십계명 본문이 출애굽기의 십계명 본문 보다 더 오래된 본문으로서 주전 550년경에 쓰여졌을 것으로 추측한다.[200] 한편 출애굽기의 십계명 본문은 주전 500년 보다 더 오래지 않은 주전 5세기 후반에 쓰여졌을 것으로 생각한다. 파이퍼(Robert H. Pfeiffer)는 이 두 본문 다 모세가 쓴 것으로 이해하지 않으며, 특히 출애굽기 20:11은 출애굽기의 십계명 본문이 주전 500년 이전에 쓰여질 수 없음을 나타낸다고 한다. 그 이유는 출애굽기 20:11이 여호와가 엿새 동안 창조한 이야기(창세기 2:2-3)를 말하는데 이 창조한 이야기는 주전 5세기 후반에 제사장 그룹이 썼기 때문이라고 한다.[201]

그러나 이러한 비판적인 이해와는 달리 히브리대학교 교수였던 카쑤토(Cassuto)는 "고대 동양의 윤리적 가르침, 특히 이집트의 죽음의 책(주전 15세기경)의 '부정적인 참회' 와 메소포타미아의 šurpu 시리즈(같은 연대나 약간 후에 기록됨)의 참회의 구절들을 연구한 결과에 의해, 십계명의 기본 내용들 가운데 모세 시대에 표현되어 질 수 없는 내용은 하나도 없다는 견해가 우세하다." 고 말한다.[202]

그리슨 알처(Gleason L. Archer,Jr.)는 출애굽기 19-20장에 기록된 시내 광에서 처음 십계명을 받던 때와, 그 뒤 약 39년 후에, 신명기 5장에 기록된 이스라엘 백성이 가나안 땅에 들어가기 전에 모세가 설교하면서 십계명을 설명하던 때를 비교하며 말한다. 출애굽기 20장의 십계명은 하나님이 이스라엘에게 직접 말씀하신 것을 기록하는

---

200) Robert H. Pfeiffer, *Introduction to the Old Testament*(New York: Harper & Brothers Publishers, 1941), p. 229.

201) 상게서, pp. 228–230.

202) Cassuto, *A Commentary on the Book of Exodus*, pp. 235f.

것을 목적으로 하고, 한편 신명기 5장의 십계명은 모세가 이스라엘 백성에게 설교하는 가운데 말한 것임을 지적한다. 그리하여 출애굽기 20장의 십계명은 정확하고 원래의 십계명을 나타내며, 신명기 5장의 십계명은 설교자가 설명하는 내용을 (역시 하나님의 영감아래) 첨가하여 제4계명을 이스라엘 백성의 양심에 보다 강력히 요구하는 것으로 그리슨 알쳐(Gleason L. Archer)는 말한다.[203] 그러므로 하나님 자신이 시내 산에서 모세에게 십계명을 말씀하실 때와는 약간 다른 말로 모압 땅에서 모세가 설교할 때 반복해서 선포하게 한 것으로 이해 한다.

에드워드 영(Edward J. Young)은 출애굽기의 십계명이 모세가 기록한 것이 아니고, 신명기의 십계명 보다 후에 된 것이며, 출애굽기의 십계명이 신명기 스타일로 고쳐진 것이라 생각하는 것은 옳지 않다고 주장한다.[204] 그는 "출애굽기 20장이 신명기 보다 먼저 된 것 일뿐만 아니라, 모세가 기록한 것이 아니라고 할 아무런 이유가 없다" 고 말하며, "신명기의 십계명은 모세가 대중 연설에서 (전에 것을) 문자 그대로는 아니지만 다시 설명하면서 틀림없이 만들어진 것이다" 고 이해한다.[205] 이런 이해를 갖게 한 근거를, 에드워드 영(Edward J. Young)은 다음 세 가지 예를 들어 특별히 지적하며 설명한다.

(1) 신명기는 5:12, 15, 16에서 전에 사건을 언급하고 있으니, "여호와 너의 하나님이 네게 명한 대로" 란 말씀이다. 이 구절은 신명기의

---

203) Gleason L. Archer, Jr., *A Survey of Old Testament Introduction*, p. 236.

204) Edward J. Young, *An Introduction to the Old Testament*(Grand Rapids: Wm. B. Eerdmans Publishing Co., 1949; Revised edition, 1960; 8th printing, 1977), p. 68.

205) 상게서. 괄호 안에 있는 말은 독자의 이해를 돕기 위해 저자가 삽입한 것임

십계명이 원래의 본문이라면 언급될 필요가 없는 것인데, 출애굽기 에 없는 구절들이 신명기의 십계명에 부언 설명된 것은 후자(後者)가 전자(前者)보다 나중에 된 것임을 가리켜 준 것이라 한다.

(2) 신명기는 수사(修辭)적인 내용들이 부언 설명하고 있다는 것이다. 예로서, 제4계명을 말하는 14절에, "네 소나 네 나귀나 …모든" 이란 단어들이, 제5계명을 말하는 16절에, "…복을 누리리라" 란 단어가, 제10계명을 말하는 21절에, "…그의 밭" 이란 단어 등이 부언 되고 있어서 신명기의 십계명은 원래 십계명이 기록된 후에 그 원본에 약간의 설명과 함께 다시 재차 반복된 것임을 보여준다는 것이다.

(3) 신명기의 십계명은 예기할 수 있는 신명기적 특징을 담고 있는데, 예로서 14절에는 압박 받는 자에 대한 배려, 15절에는 이집트로부터 구출해 낸 사실로부터 안식일을 지키게 하는 동기설명, 21절에는 아내가 집보다 먼저 나와 있는데, 이는 일반적인 것보다 특수적인 것이 먼저 진술되게 하여 아내의 가장 귀한 가치를 강조하기 위한 아마 설교의 권고적 의도(hortatory device)를 나타낸다는 것이다.[206] 영(Edward J. Young)은 신명기가 출애굽 후 약 39년이 지난 뒤에 이스라엘 백성이 가나안 땅에 들어가기 전, 모압 평지에서 모세가 마지막 설교를 하는 특징을 나타냄을 시사하며, 출애굽기 20장은 신명기 5장이 유래된 원본이라는 것이다.

우리는 이러한 알쳐(Archer, Jr.)나 영(Young)의 성경 본문에 근거한 주장을 바른 이해라고 생각한다. 왜냐하면 출애굽기 20장은 모세가 시내 산에서 처음 하나님으로부터 받은 십계명을 백성에게 내려가서 직접 하나님의 이름으로 선포하며, 한편 신명기는 처음 십계명

206) 상게서, p. 68.

을 받은 때로부터 약 39년 후에 모세가 이스라엘 백성에게 설교 가운데 십계명을 다시 반복하면서 앞으로 예견되는 가나안 삶을 생각하며 부연(敷衍) 설명하는 내용들을 담고 있는 것으로 생각된다.

이런 출애굽기 20장과 신명기 5장의 관계가 앞서 영(Young)박사가 구체적으로 지적한 신명기 5장이 갖고 있는 여러 부연(敷衍) 설명하는 내용들에 의해 잘 뒷받침되고 있는 것으로 보인다. 우리는 성경의 증언하는 내용의 진실성이 부정될 분명한 이유를 발견하지 않았을 때는 언제나 그 증언 내용을 진실 된 것으로 받아들여야 한다. 성경 자체가 진술한 출애굽기 20장과 신명기 5장 사건들의 역사적 순서를 무시하는 비판적 학자들의 견해들은 성경을 후대에 전하면서 성경의 글자 하나라도 빠뜨리지 않기 위해 노력했던 서기관 학파들과 맛소라 학파들의 노력과 성경의 영감성을 감안할 때 수긍하기 어렵다.

4) 십계명의 각 계명의 의미

서언: "나는 너를 애굽 땅 종 되었던 집에서 인도하여 낸 너의 하나님 여호와라."(출20:2; 신5:6) 이 서언의 말씀은 어떤 명령을 담고 있지 않고, 십계명을 말씀하실 분이 누구이신 가를 밝혀준다. 곧, 십계명을 말씀하실 분은 이스라엘 백성이 이집트 땅에서 종살이할 때 그들을 구원하여 나오게 해주신 이스라엘의 하나님 여호와라고 말씀하신다.

이렇게 역사적 사실을 말함으로서 이스라엘이 여호와의 십계명에 귀 기울이고 순종해야 할 당위성을 시사한다. 십계명을 이스라엘의 헌법이라 한다면, 서언은 헌법의 전문(前文)에 해당하는 말씀으로 이해할 수 있다.[207)]

(1) 제1계명, "너는 나 외에는 다른 신들을 네게 있게 말찌니라."(출20:3; 신5:7)

구약시대에는 주위에 바알, 아세라, 몰록, 아몬 같은 많은 신들이 있어 사람들이 그들을 예배하며 섬겼다. 그러나 이스라엘은 하늘과 땅에 오직 여호와만 하나님이시라고 고백한다(신4:39, 신6:4; 수2:11; 왕상8:23; 대하20:6 등). 이스라엘 종교의 본질은 오직 여호와 하나님 한 분만을 섬기며 사랑하는 것이다(신6:4-5). 이 원칙은 이스라엘 신앙의 기반이요 제일 원칙이다. 이스라엘의 유일신 신앙은 어떤 타협도 관용도 허락하지 않는다. 이러한 이스라엘의 유일신앙은 다른 신을 섬기는 것을 금할 뿐만 아니라, 어떤 혼합종교도 용납하지 않는다.[208]

한글개역성경에 "나 외에"라 번역된 히브리 단어 "עַל־פָּנָי"의 바른 번역에 대해 학자들간에 이견(異見)이 많다. 유대인 주석가 라쉬(Rashi, 1040-1105 A.D)는 "내가 존재하는 한"(so long as I exist)으로 번역한다. 이 번역에 대해 차일드즈(B.S. Childs)는 말하기를, "처음 봤을 때는 완전히 독단적인 번역처럼 보이나 민수기 3:4같은 구절들에서 분명한 지지를 받는다고 한다."[209] 차일드즈(B.S. Childs)에 의하면, 다른 주석가들은 여호와 면전에 우상들을 세우는 것을 금했던 원래의 경우(境遇)를 보여주는 "עַל־פָּנָי"의 문자적인 의미 "내 면전에"를 계속하여 강조하고 있다. 그런데 차일드즈(B.S. Childs)는 전통적인 번역인 "나의 옆에"(beside me)는 본문의 원래의 의미에는 이질적

---

207) 박준서, *십계명 새로보기*, p. 29.

208) 상게서, pp.43f.

209) Childs, *The Book of Exodus, A Critical Theological Commenatry*, p. 402.

인 "나를 제외하고"(except me)란 어감을 주어 잘못 이해될 수 있다고 말하며, "이런 어려움들 때문에 중립적인 번역이라 할 수 있는 '내 앞에' (before me)란 말이 계속해서 가장 많이 사용되고 있다"고 말한다.[210] (참고, KJV, RSV, NASB). 이런 "עַל־פָּנָי"의 의미를 논하면서 차일드즈(B.S. Childs)는 이해하기를, 제1계명에는 여호와만이 존재한다는 여호와 유일신(神) 사상은 주장되고 있지 않는다고 한다.

그러나 앞서 지적했듯이 구약에서 자주 언급되는 유일신 사상은 제1계명도 비록 본문에서 분명히 제시되지 않는다 할지라도 기본 사상이였을 것이라고 생각된다. 이사야 선지자를 통해 하나님은 말씀하시기를, "나는 처음이요 나는 마지막이라. 나 외에 다른 신이 없느니라"고 하신다(사 44:6). 신약에서 사도 바울은 우상에 대해 말하기를, "…우리가 우상은 세상에 아무 것도 아니며 또한 하나님은 한분밖에 없는 줄 아노라"고 한다(고전 8:4). 오늘날 21세기에는 구약시대의 바알이나, 아세라나, 몰록 같은 우상들을 섬기지 않는다 할지라도, 기독교인들을 유혹하며 하나님보다 더 의지하게 하고 사랑하게 하는 것들이 있다. 아이히로트(W. Eichrodt)는 국가나 민족, 돈, 지식 등이 현대인들의 우상이 되고 있음을 언급한다.[211] 하나님은 누구나 우상을 섬길 때, 그는 하나님의 진노의 대상이 되며 반드시 망할 것이라고 한다(신 4:22-24, 30:17-18).

(2) 제2계명, "너를 위하여 새긴 우상을 만들지 말고 또 위로 하늘에 있는 것이나 아래로 땅에 있는 것이나 땅 아래 물 속에 있는 것의 아무 형상이든지 만들지 말며, 그것들에게 절하지 말며, 그것들을 섬

---

210) 상게서, pp. 402f.

211) Walther Eichrodt, "The Law and the Gospel," *Interpretation* 11(1957):35.

기지 말라. 나 여호와 너의 하나님은 질투하는 하나님인즉 나를 미워하는 자의 죄를 갚되 아비로부터 아들에게로 삼사대까지 이르게 하거니와 나를 사랑하고 내 계명을 지키는 자에게는 천대까지 은혜를 베푸느니라."(출 20:4-6)

제4계명 다음으로 긴 계명이 제2계명이다. 제2계명은 철저하게 우상숭배를 금하며, 보이는 어떤 형상도 만들어 거기 절하거나 섬기지 말라 하신다. 그렇다고 하여 하나님을 경배하는 일과 관련해서 만드는 어떤 예술적인 조각도 금하신 것은 아니다. 하나님은 오히려 속죄소 위에 날개를 가진 그룹을 만들어 성소에 두게 하셨고(출 25:18 이하), 진설병을 둘 상을 만들어 성소에 두게 하셨다(출 28: 23-30).[212] 제2계명은 다른 신을 섬기는 것을 절대 금하며 그리고 여호와를 예배할 때 어떤 형상을 사용하는 것을 금지한다.

오늘의 현대인이 여호와 하나님 한 분 외에 그 어떤 것을 예배하며 섬기는 행위는 우상숭배이다. 오직 유일하신 여호와 하나님만이 우리의 절대적인 충성과 순종, 신앙과 찬양의 대상이 되어야 한다. 반면에 상대적인 존재들인 피조물에 절대적인 가치를 부여하여 그것들을 절대화시키며 찬양하고 섬기면 그것은 우상숭배이다. 세상의 제물, 명예, 권세, 지식, 기술, 이데올로기, 혹은 그 어떤 것에 절대적인 가치를 부여하고 그것을 의지하며 숭배하고 사랑하면 그것은 분명 현대적인 의미의 우상숭배이다.[213]

(3) 제3계명, "너는 너의 하나님 여호와의 이름을 망령되이 일컫지

---

212) 정규남, *구약개론*, p.119.

213) 박준서, *십계명 새로보기*, pp. 63f.

말라. 나 여호와는 나의 이름을 망령되이 일컫는 자를 죄 없다 하지 아니 하리라."(출 20:7)

제3계명의 가장 오래되고 전통적인 해석은 "하나님의 이름으로 거짓 맹세하지 말라"는 유대인들의 해석이다. 이 계명의 해석에 있어서 가장 중요한 단어는 한글개역성경에 "망령되이"라 번역된 "샤베"(שָׁוְא)이다. 이 "샤베"(שָׁוְא)는 "아무것도 아닌 것, 가치 없는 것, 헛된 것, 거짓된 것" 등을 의미한다. 신명기 5:20, 이사야 5:18, 시편 12:3(히) 등은 한글개역성경에서 "샤베"(שָׁוְא)를 "거짓 '의 뜻으로 번역한다. 이 번역들이 보여주는 것과 같이 "샤베"(שָׁוְא)의 중요한 의미중의 하나가 "거짓" 이므로 제3계명은 "하나님의 이름을 거짓되게 사용하지 말라' 는 의미를 갖게 된다.[214] 곧, 하나님의 이름을 거짓 맹세하는데 사용하는 것을 금하신 말씀이다. 이 의미는 바로 유대인들의 전통적인 해석이다.

제3계명의 다른 중요한 의미는 하나님의 이름을 다른 사람을 저주할 때 사용하지 말라는 것이다. 구약에서 하나님의 이름을 다른 사람을 축복할 때 자주 사용하나(민 6:27, 신 10:8, 21:5, 삼하 6:18, 왕상 8:14)), 노르웨이의 구약학자 모빙켈(Sigmund Mowinckel)에 의하면, 저주하는 일에 거룩하신 하나님의 이름을 사용해서는 안 된다는 것이다.[215] 이점에 있어서 고대 근동의 다른 나라의 문서들, 곧 다른 사람을 저주한 저주문서들이 신들의 이름으로 저주하는 일이 많은 것과는 대조적이다. 아이히로트(Walther Eichrodt)는 제3계명의 또 다른 의미가 하나님의 이름을 마술하는데 사용하지 말라는 뜻임을 말한

214) 참고, 상게서, pp. 71f.
215) 참고, 상게서, p. 70.

다.[216] 마술은 하나님의 주권을 사람이 마음대로 조정하고 자기의 이기적인 목적을 위해 사용하려는 것으로 악한 헛된 수단이다. 왜냐하면 하나님은 그의 주권을 인간에 의해 조정되거나 인간의 악한 뜻을 실현하게 허락하시지 않기 때문이다.

(4) 제4계명, "안식일을 기억하여 거룩히 지켜라. 엿새 동안은 힘써 네 모든 일을 행할 것이나 제 칠일은 너의 하나님 여호와의 안식일인즉 너나 네 아들이나 네 딸이나 네 남종이나 네 여종이나 네 육축이나 네 문안에 유하는 객이라도 아무 일도 하지 말라. 이는 엿새 동안에 나 여호와가 하늘과 땅과 바다와 그 가운데 모든 것을 만들고 제 칠일에 쉬었음이라. 그러므로 나 여호와가 안식일을 복되게 하여 그 날을 거룩하게 하였느니라."(출 20:8-11)

제4계명은 지난 100년 더 넘는 동안 십계명의 다른 어느 계명보다 학자들의 주목을 받은 계명이다. 그 이유는 제4계명이 십계명에서 가장 긴 계명이며 그리고 신명기의 제4계명(5:12-15)과 비교할 때 제4계명을 지켜야할 이유와 동기에서 서로 다르게 말하고 있기 때문이다.[217]

제4계명의 이해를 위해 가장 중요한 단어는 "안식"이라 번역된 "샤바트"(שַׁבָּת)이다. 이 단어의 뜻이 아직 확실히 규명되지는 않았다. 그러나 명사 "샤바트"(שַׁבָּת)는 명사형이 원래의 형태라기보다는, "쉬다, 일을 그만두다"란 동사형에서 파생된 것이 거의 확실한 것으로 이해된다.[218] 이 안식일 "샤바트"(שַׁבָּת)를 '만월축제 '(a festival of the

216) Walther Eichrodt, "The Law and the Gospel," p. 30.

217) Childs, *The Book of Exodus, A Critical Theological Commenatry*, p. 413.

218) 상게서

full moon)의 의미를 가진 바벨론의 "샤팥투"(šapattu)에서 유래되었다는 이론이 있었으나(Meinhold et al.), 차일드즈(Childs)에 의하면, 안식일이 음력(lunar calendar)과는 독립된 것이므로 그 연관성을 주장하기 어렵다는 것이다.[219] 그리고 "샤바트"(שַׁבָּת)를 겐 사람들(Kenites)의 것을 수정한 금기(禁忌) 일(a taboo day)과 연관 시키려한 이론은(Eerdmans, Koehler, Rowley) 증거가 별로 없어서 지지 받을 수 없고, 이스라엘의 "샤바트"(שַׁבָּת)가 위의 금기(禁忌) 일과 기능에 있어서 아주 다른 것을 설명하지 못한다고 차일드즈(Childs)는 말한다.[220] 대체로 "샤바트"(שַׁבָּת)의 기원에 대한 이러한 가설들은 성경적인 안식일 "샤바트"(שַׁבָּת)를 이해하는 데에 도움을 주기보다는 더 많은 문제를 야기 시킨다고 말할 수 있다. 출애굽기 31:13에 따르면, 안식일 지키는 것이 여호와가 이스라엘을 거룩하게 하시는 것을 알게 하기위해 여호와와 이스라엘 사이의 이스라엘 대대의 표징(sign)이 되도록 여호와께서 안식일을 지키라고 명령하셨다.

안식일에는 "아무 일도 하지 말라"고 하신다. 여기서 '일'이 구체적으로 무엇인가에 대해 명확한 규명이 없다. 그리하여 유대인들은 구전(口傳)법을 통해 안식일에 하지 않아야 할 일의 목록을 점진적으로 발전시켜 39가지 종류를 말한다.[221] 미쉬나에 기록된 그 금지된 39가지 종류의 일 가운데 10가지만 말하면, 씨 뿌리는 일, 밭가는 일, 수확하는 일, 곡식단 묶는 일, 타작하는 일, 키질하는 일, 곡식 고르는 일, 맷돌질, 체질하는 일, 반죽하는 일이다. 유대인들은 안식일에 걸을 수 있는 거리도 2,000규빗(약 900m) 으로 제한하였고, 그 이상 걷

219) 상게서, pp. 413f.
220) 상게서, p. 414.
221) 박준서, *십계명 새로보기*, p. 79f.

는 것은 안식일을 범하는 것으로 규정하였다.[222)]

이러한 율법적인 규정을 만들어 지켰던 유대인들과 예수님은 안식일 준수 문제로 자주 충돌을 갖게 되었다. 예수님은 안식일에 밀 이삭을 따서 먹는 제자들을 안식일을 범했다고 비난하는 바리새인들에게, "안식일은 사람을 위하여 있는 것이요, 사람이 안식일을 위하여 있는 것이 아니니 이러므로 인자는 안식일에도 주인이니라." 고 말씀하셨다(막 2:27-28; 참고, 마 12:1-8, 눅 6:1-5). 그리고 예수님은, "안식일에 선을 행하는 것과 악을 행하는 것, 생명을 구하는 것과 죽이는 것, 어는 것이 옳으냐?" 물으시면서 손 마른 사람에게 손을 내밀라하시고 그가 손을 내밀매 그 손을 고쳐주신다(막 3:1-6, 눅 6:6-11). 또한 예수님은 안식일에 18년 동안 귀신들려 앓으며 꼬부라져 조금도 펴지 못하는 여자를 고쳐주셨고(눅 13:10-17), 38년 동안 병들어 베데스다 못가에 누워있던 여자도 고쳐주셨다(요 5:1-18). 이렇게 예수님의 안식일에 병 고치시는 것을 비난하며 문제 삼았던 유대인들에 대하여 예수님은 사람을 안식일의 노예로 만들어 버리는 잘못된 행동들임을 보여주며, 안식일은 하나님이 사람을 위해 만들어 주신 제도임을 천명하셨다. 그러므로 안식일에 사람이나 동물의 생명을 구하고 병자를 고치는 것과 같은 선행(善行)은 안식일의 근본정신에 위배되지 않으므로 예수님은 안식일에 병 고치기를 고집하셨다. 여기서 예수님은 "안식일에 아무 일도 하지 말라"는 의미를 보다 정확히 규명해주고 있다 곧, 안식일에 아무 일도 안하는 것이 아니라, 다른 사람을 위해 선을 행하는 적극적인 날이기도 한 것을 가르쳐 주신다. 이런 안식일의 적극적인 면은 여호와께서 이스라엘 백성에게 명절들을 안

222) 상게서, pp. 86f.

식일로 지키며 그 날들에 아무 노동도 못하게 하시지만 하나님께 제사는 드리는 일은 하라고 말씀하시는 데서 볼 수 있다(레 23:23-25, 33-36). 또한 나중에 이사야 선지자는 안식일에 사람이 자기의 즐거워하는 것을[223] 위해 일하지 않고, 하나님이 기뻐하고 원하시는 일을 해야 함을 강조한다(사 58:13-14).

앞서 우리는 예수님이 안식일 지키는 문제에서 유대인들의 바리세인적 율법주의를 반대 하신 것을 지적했으나, 예수님이 결코 안식일 자체를 폐기한 것은 아님을 분명히 알아야 한다. 예수님은 안식일 정신을 완전하고 바르게 만들어서 안식일이 사람을 위해 만들어 졌음을 확실히 가르쳐 주셨다. 안식일은 일을 하지 않는 소극적인 날만이 아니라, 예배하며 선을 행하는 적극적인 날임을 지적하셨다. 안식일 성수는 오늘 21세기의 하나님의 백성도 지켜야 할 하나님의 명령이다.[224] 그리하여 안식일 계명을 다시 이스라엘에게 말씀하는 신명기 5:12-15에서는 두 번이나(vv. 12, 15) 하나님 여호와께서 지키라고 명령하셨음을 강조하고 안식일 지키는 것은 하나님과 그의 백성사이의 영원한 표징(sign)이라고 하나님은 말씀하신다(출 31:16f.).

(5) 제5계명, "네 부모를 공경하라. 그리하면 너의 하나님 나 여호와가 네게 준 땅에서 네 생명이 길리라."(출 20:12)

---

223) 여기서 "즐거움"이라 말한 히브리어 원문 성경의 단어를 개역성경에서는 "오락"이라 번역하는데, 히브리어 원문에 있는대로 "헤페츠"(חֵפֶץ)가 가진 소유격 어미를 살려, 13절에서는 복수로, "네 즐거워하는 것들," 그리고 14절에서는 단수로 "네 즐거워하는 것"으로 번역하는 것이 본문이해를 더 쉽게하고 바르게 한다.

224) 참고, 박준서, *십계명 새로보기*, pp. 98f.; 좀 더 오늘날도 안식일을 지켜야 할 이유와, 안식일과 주일의 관계를 위해 다음 책을 보시기 바랍니다. 정규남, *구약 개론*, pp. 123-125.

제5계명은 인간 상호 관계에 대한 계명들 가운데 제일 먼저 언급되어 이웃과의 관계에서 제일 중요한 계명임을 나타낸다. 부모님이 없이는 내가 이 땅에 존재 할 수 없고, 내가 부모님과 바른 관계를 갖지 않고 이 땅에서 잘되고 행복할 수 없기 때문이다.

제5계명을 이해하는데 가장 중요한 개념은 한글개역성경에서 "공경하라"고 번역된 "כַּבֵּד"(캅베드)란 단어이다. 이 히브리어 피엘폼(piel form) 동사는 "무겁게 하다, 존경하다, 영예롭게 하다" 등의 뜻이 있다.[225] 대부분의 영어성경은 '존경하다' (honor)로 번역한다.[226] 이 '존경' 이란 '높여 공경함' 을 뜻한다.[227] 그러므로 '존경하다' 는 한글개역성경의 번역인 "공경하다"와 거의 같은 의미의 단어이다. 차일드즈(B. S. Childs)는 '부모를 존경하다' 에서 '존경하다' 는 '복종하다' 보다는 훨씬 넓은 의미의 단어로서 존귀하게 여기고(참고, 잠 4:8), 경의를 표하며, 영예롭게 하고 높이다"란 뜻이 있으며, 더 나아가 '보살피다, 애정을 보이다' (참고, 시 91:15)란 함축된 뜻을 갖고 있다고 말한다. 이 '존경하다' 는 하나님께 대하여 우리가 마땅히 취해야 할 태도를 표현할 때 자주 사용하는 단어로서 '경배하다' 와 비슷한 단어란 것이다(시 86:9). 바클레이(William Barclay)는 '존경하는 것' 은 ① 감사하고, ② 복종하며, ③ 생계를 부양하는 것임을 지적한다.[228] 제5계명은 부모님이 살아 계시는 동안만 지킬 수 있는 시한부 계명이므로 부모님이 살아 계실 때 애써 지켜야 한다. 부모님을 존경하는 사람을 하나님은 이 땅에서 오래 살며 번영을 누리며 살게 해주

---

225) , p. 457.

226) NASB, NIV, ESV, the Holy Scriptures.

227) 이희승 감수, *민중 포켓국어사전*(서울:민중서관, 1964; 1968, 15판), p. 1161.

228) William Barclay, *The Ten Commandments for Today*, pp. 60f.

실 것을 약속해 주셨다.

(6) 제6계명, "살인하지 말지니라."(출 20:13)

제6계명이 금하는 살인은 전쟁이나 사형 제도를 부인하는 것은 아니다. 제6계명은 폭력으로 의도적으로 행한 악의가 있는 살인을 금하신 것이다. 제6계명에서 쓰여진 "살인하다"(רָצַח)란 동사는 전쟁과 관련해서는 한번도 사용되지 않는다. 이것은 전쟁 중에 사람을 살상하는 것은 제6계명에서 금하는 살인의 범주에 속하지 않음을 나타낸다.[229)]

사형제도는 노아의 언약 때에 다른 사람을 죽인 사람을 죽이라는 사형명령(창 9:6)이후, 구약시대에 제도화되어 행해졌다(참고, 출 21:12-14; 레 24:17; 민 35:30-31; 신 19:11-13등.). 그리고 우상 숭배하는 자들, 곧 다른 신에게 제사지낸 사람을 죽이고(출 22:20), 몰렉 신에게 자기 자식을 주는 자도 죽이며(레 20:2), 형제나 자녀나 아내나 친구라도 다른 신을 섬기자 말하면 그도 용서 없이 죽이라고 명령하신다.(신 13:6-11)[230)]

제6계명은 미움이나 악한의도 등에 의해 계획을 세워 고의적으로 폭력으로 다른 사람을 죽이지 말라고 명령하신 것이다. 인간은 하나님의 형상으로 지음을 받은 고귀한 존재이기 때문에 사람을 폭력으로 고의적으로 악하게 죽인 자는 그도 역시 죽임을 받아야 한다고 한다(참고, 창 9:6).[231)] 요한일서에서는 살인의 직접적인 동기가 되는 형

229) 박준서, *십계명 새로보기*, p. 119.

230) 구약에서 사형에 처할 죄에 대한 두 가지 경우를 위해, 박준서, *십계명 새로보기*, pp. 120-121.

231) 참고, 정규남, *구약개론*, pp. 127f.

제를 '미워하는 것' 도 "살인" 이라고 지적한다.(3:15)

(7) 제7계명, "간음하지 말지니라."(출 20:14)

제7계명은 사람들에게 성(性)의 순결성을 강조하며, 결혼과 가정의 파탄을 막아주는 방파제이다. 특별히 하나님의 백성은 성(性)에 있어서 순결해야 함을 강조하신다. 그리하여 하나님은, "남자가 유부녀와 통간함을 보거든 그 통간한 남자와 그 여자를 둘 다 죽여 이스라엘 중에 악을 제할 찌니라."(신 22:22)고 말씀하시며, 이와 비슷하게 "누구든지 남의 아내와 간음하는 자 곧 그 이웃의 아내와 간음하는 자는 그 간부와 음부를 반드시 죽일 찌니라."(레 20:10)고 말씀하신다.

사도 바울은 하나님을 믿는 사람은 색욕을 좇지 말고 거룩하고 존귀한 삶을 살아야 한다고 말한다: 그 이유는,

① 하나님이 간음죄를 보복하시기 때문이다.

② 하나님이 우리를 부르신 것은 성화 속에 거룩한 삶을 살도록 부르셨기 때문이다.

③ 우리가 간음할 때 그것은 단순히 사람을 저버리는 것이 아니라 우리 속에 역사 하시는 하나님을 저버리는 것이기 때문이다.(살전 4:6-8) 또한 사도 바울은 결혼한 부부 중에 한쪽이 간음할 때, 그것은 상대 배우자(配偶者)를 해치는 것이라 한다. 곧 상대 배우자(配偶者)를 속여 그 배우자(配偶者)의 권리를 빼앗는 것이다. 남편은 아내의 정절을 요구할 권리를 가지고 있고, 아내는 남편의 정절을 요구할 권리를 가지고 있기 때문이다.(살전 4:6)

예수님은 제7계명을 범하는 내면적 원인을 들추어내며, "여자를 보고 음욕을 품는 자마다 마음에 이미 간음하였느니라" 고 말씀하신다.(마 5:28) 우리는 이러한 예수님의 강한 경고의 말씀을 듣고 지킬

수 없다고 자포자기 하는 것이 아니라, 하나님에게 우리를 유혹에 빠지지 않게 인도해 주시기를 순간마다 기도하며 우리를 쳐서 예수님의 말씀을 복종토록 해야 한다.

(8) 제8계명, "도적질하지 말지니라."(출 20:15)

어느 사회에서나 이웃의 재산을 보호하기 위해 도적질은 범죄로 규정 되여 금지되고 있다. 이 계명을 지키지 않고는 사회의 질서가 유지되지 않기 때문이다. 그런데 이스라엘 사회에도 다른 사회에서처럼 도적질이 편만해 있었던 범죄였던 것으로 보인다.[232] 이는 오경이나 예언자들이 한결같이 도적질을 금하며 책망하고 있다는 점이 이를 입증해 주는 것으로 보이기 때문이다(출 22:1-4, 레 19:11, 신 5:19, 사 1:23, 렘 7:9, 겔 33:14, 15, 호 4:2 등).

도적질은 ① 물건이나 동물을 훔친 경우와 ② 사람을 훔친 경우를 구분하여 그 배상과 벌을 규정하고 있다. 물질이나 동물을 도적질하였을 때는 배상의 법을 적용하였다. 이 배상의 법을 적용할 때, 도둑이 훔친 짐승을 가지고 있을 경우에는 그 짐승의 주인에게 도둑은 갑절로 배상하게 했다(출 22:4). 도둑이 물건을 훔쳤을 경우에 그 도둑이 잡히면, 그 도둑은 그 원 주인에게 갑절로 배상하게 했다(출 22:7). 그런데 도둑이 짐승을 훔쳐 죽여 없애거나 팔았을 경우에는 소는 5배, 양은 4배로 배상하게 했다.(출 22:1)

사람을 훔친 것은 한글개역성경에서 '사람을 후린 것'으로 번역한다. 히브리어 원문에서는 '도적질하다,' '훔치다', '후리다' 는 다 똑같은 단어 '가나브' (גָּנַב)이다. 사람을 훔친 자는 사람을 강제로 혹은

---

232) 박준서, *십계명 새로보기*, p. 139.

꾀어서 유괴한 죄를 범한 사람이다. 이런 유괴범은 짐승을 훔친 경우와는 달리 반드시 사형 당해야 됨을 구약성경은 명령하신다(출 21:16; 신 24:7).

바클레이(William Barclay)는 오늘날에 구약에서처럼 물질적 도적만이 아니라, 다음 네 가지의 비물질적 도적도 있는 것을 지적 한다:

① 시간의 도적이다. 고용인들이 정한 시간보다 늦게 시작하거나 빨리 퇴근하는 경우 등.

② 순진함(innocence)의 도적이다. 순진하거나 젊고 경험이 없는 사람을 유혹하여 죄를 범하게 하는 것이다.

③ 다른 사람의 이름이나 명성을 도적질하는 것이다. 다른 사람에 대한 추문이나 욕된 일을 그것의 진위여부를 확인도 않고 계속해서 남들에게 말하는 것이다.

④ 지나친 이기적인 소유는 도적이다. 곧, 사람이 자기가 가진 소유물을 다른 사람을 생각하지 않고 자신의 쾌락과 만족만을 채우기 위해서 사용하는 것은 도적이라는 것이다.[233]

(9) 제9계명, "네 이웃에 대하여 거짓 증거하지 말지니라."(출 20:16)

제9계명은 이웃의 명예와 진실을 보호하려는 계명으로서 일차적으로 법정에서 거짓 증언을 금하는 계명이다.[234] 제9계명을 히브리어 원문성경에 따라 직역하면, "네 이웃에 대하여 거짓 증인으로서 증언하지 말라" 이다. 여기에서 "거짓 증인" 으로 번역된 히브리어 문구

233) William Barclay, *The Ten Commandments for Today*, pp. 188ff.

234) Childs, *The Book of Exodus, A Critical Theological Commenatry*, p. 424.

"에드 샤케르"(עֵד שָׁקֶר)는 이스라엘의 구체적인 재판절차, 곧 전체 고대근동지역에서 흔히 있던 재판절차에서 생긴 문구이다. 어떤 사람이 장로들의 재판정에서 다른 사람에 반대하는 증언을 하면서 진실한 증인도 될 수 있고(잠 14:25) 혹은 거짓 증인도 될 수 있었다(신 19:18).[235] 이때 이웃에 반대하여 거짓 증인을 하므로 이웃을 해롭게 하며 억울한 누명을 쓰게 하는 행동 등을 해서는 안 된다는 것이다.

제9계명은 일반적으로 넓게 적용되어 생활 속에서 거짓말하거나 속이는 것을 금하는 말씀으로 이해되며 강조되고 있다. 호세아 선지자는 북쪽 이스라엘 땅에, "오직 저주와 사위와 살인과 투절과 간음뿐이요 강포와 피가 피를 뒤대임이라"고 말씀한다(4:2). 여기서 "사위"란 말은 "거짓을 꾸미어 속임"을 뜻한다. 이 거짓을 금하는 넓은 뜻의 제9계명이 다른 십계명의 명령들, 곧 제6계명인 살인금지명령과 제7계명인 간음금지명령과 함께 북쪽 이스라엘 백성 가운데서 철저히 지켜지지 않고 있음이 언급되고 있다. 시편 저자는 이스라엘 사람들이 "거짓을 사랑"한다고 책망하며(52:3), 예레미야 선지자는 유다 사람들에게, "그들은 각기 이웃을 속이며 진실을 말하지 아니하며 그 혀로 거짓말하기를 가르치며" 악을 행하는 백성임을 지적한다.(렘 9:5) 더 나아가 예레미야 선지자는 "그들의 혀는 죽이는 살이라 거짓을 말하며 입으로는 그 이웃에게 평화를 말하나 중심에는 해를 도모하는 도다." 라고 말한다.(렘 9:8) 이 말씀들은 제9계명의 "거짓"(שָׁקֶר)이란 단어를 사용하여 하나님의 백성이 일상생활 속에서 거짓말을 행하며 악을 행하는 것을 지적하며 하나님께서 벌하실 것을 말한다.[(참고, 시 52:5(히), 렘9:4(히)]

235) 상게서

이렇게 제9계명이 넓은 뜻으로 구약에서 사용되며 일상생활에서 거짓말하거나, 남을 중상 모략하거나, 허위 사실을 조작하는 등의 범죄가 이 계명과 관련되었다. 구약에 의하면, 9계명을 범한 자를 엄히 벌하여 이 죄를 짓지 않게 하기 위해 "재판장은 자세히 사실하여 그 증인이 위증인이라 그 형제를 거짓으로 무함한 것이 판명되거든 그가 그 형제에게 행하려고 꾀한대로 그에게 행하여 너희 중에서 악을 제하라" 고 말씀한다(신19:18-19).

제9계명의 본문인 출애굽기 2:16과 신명기 5:20을 비교해 볼 때, 한글개역성경의 번역에서는 같이 번역되었으나, "거짓 증거" 란 문구의 "거짓" 이 출애굽기에서는 "쉐케르" (שֶׁקֶר)란 단어가 사용되었고, 신명기에서는 "샤베" (שָׁוְא)란 단어가 사용되어 있다. 이 두 히브리어 단어가 '거짓' 의 의미를 가졌으나, 더 나아가 출애굽기의 "쉐케르" (שֶׁקֶר)는 '허위, 기만, 사기' 등을 뜻하고, 신명기의 "샤베" (שָׁוְא)는 "쉐케르" (שֶׁקֶר)보다 더 넓은 의미를 가져 '무가치한 것, 쓸데없는 것, 자만한 것, 어리석음, 헛된 것' 등의 의미를 가졌다. 그러므로 신명기 5:20의 본문은 출애굽기 20:16의 제9계명을 보다 넓게 적용하여 '거짓 증거' 뿐만 아니라, '어떤 회피적이거나 쓸데없는 증거' 도 포함하고 있는 것으로 이해 될 수 있다.[236] 크로펜스타인(Klopfenstein)은 제시하기를, 제9계명의 출애굽기 본문은 증인이 반대되는 배신적인 말을 하는 그 이웃에 대한 관계를 더 가리키는 것이고, 한편 신명기 본문은 증인 자신의 악한 성격을 더 나타내고 있다고 한다.[237]

---

236) John I Durham, *Exodus, Word Biblical Commentary*, vol. 3, p. 296.

237) Klopfenstein, M. A., *Die Luege nach dem Alten Testament*(Zuerich: Gotthelf-Verlag, 1964), p. 21. 이 책은 상게서의 같은 페이지로부터 인용함.

(10) 제10계명, "네 이웃의 집을 탐내지 말찌니라 네 이웃의 아내나 그의 남종이나 그의 여종이나 그의 소나 그의 나귀나 무릇 네 이웃의 소유를 탐내지 말찌니라."(출 20:17)

제10계명의 이해를 위해 가장 중요한 단어는 한글개역성경에서 "탐내다"로 번역된 히브리어 '하마드'(חָמַד)란 단어이다. '하마드'(חָמַד)는 '탐내다, 욕구하다, 바라다, 갈망하다.' 등을 뜻한다. 그런데 '하마드'(חָמַד)의 의미가 '탐내는 것'과 마찬가지로 그 '탐내는 것'에 의하여 일어나는 '행동'도 포함하고 있는지는 학자들간에 많은 논란이 있다. 헤르만(Herrmann)과 닐젠(Nielsen)은 구약의 여러 성경구절들(출34:24, 신7:25, 수7:21, 미2:2 등)에 근거하여 '하마드'(חָמַד)가 '탐내는 것'과 그 '탐내는 것' 때문에 뒤따라 일어나는 음모와 행동들을 의미한다는 견해를 갖는다.[238] 한편 스티베(Stoebe)와 모란(Moran)은 보다 마음의 '탐내는 것'을 의미하는 것으로 주장한다. 이들의 의견은 마음의 탐내는 것들을 금지하는 많은 예(例)들을 고대근동지역에서 볼 수 있는 것과, 또한 이 의견이 '하마드'(חָמַד)와 그 파생어들이 사용되는 구약의 용례들에 훨씬 잘 맞는다는 근거 때문이

238) J. Herrmann, "Das zehnte Gebot," *Beitraege zur Religionsgeschichte und Archaeologie Palsestinas*(Leipzig: Deichert, 1927), pp. 69-72. E. Niellsen, *The Ten Commandments in New Perspective*, SBT 2nd ser., 7(London: SCM Press, 1968), pp.101-5. 이 책들은 다음 책에서 인용됨. John I Durham, *Exodus, Word Biblical Commentary*, vol. 3, p. 297.

239) H. J. Stoebe, "Das achte Gebot(Ex 20:16), *Wort und Dienst* 3(Bethel: Verlagshandlung der Anstalt Bethel, 1952), pp.108-15. W. L. Moran, "The Conclusion of the Decalogue (Ex 20:17 = Dt 5:21)," *CBQ* 29 (1967); 543-48. 이 논문들은 다음 책에서 인용됨. John I Durham, *Exodus, Word Biblical Commentary*, vol. 3, p. 297.

라고 한다.[239]

이러한 서로 상반되는 견해들에 대하여, 차일드즈(Childs)는 보다 균형 잡힌 견해를 제시 한다: 곧, 헤르만(Herrmann)처럼 '하마드' (חָמַד)가 갖는 내적인 감정적인 뜻을 경시해서는 안되지만, 그러나 '하마드' (חָמַד)가 아마 감정적인 뜻에 더하여 그 감정에 뒤따라 생기는 행동의 요소를 내포하고 있는 것으로 차일드즈(Childs)는 이해한다. 제10계명은 원래 '욕구' (desire)가 그 욕구로 인해 그 갖고 싶어하는 물건이나 사람을 갖기 위해 만든 음모들도 포함한 '욕구 '(desire)를 가리킨 것이라고 차일드즈(Childs)는 지적한다.[240] 신명기 5:21의 제10계명 본문에서, 출애굽기 20:17의 제10계명 본문과는 달리 두 번째 "탐내다" 란 단어가 '하마드' (חָמַד)가 아니라, '히트아브베' (הִתְאַוֶּה)이다. 이 두 단어가 서로 비슷한 뜻을 가졌으며 서로 교대로 사용된다. 그러나 차일드즈(Childs)에 의하면, 신명기의 '히트아브베' (הִתְאַוֶּה)는 원래의 제10계명에 이미 포함되었던 금지명령의 마음의 면을 더 분명하게 나타내 준다.

제10계명은 앞선 다섯 계명들의 요약이라 말 할 수 있는데, 그 이유는 탐심을 가질 때 앞선 다섯 계명들을 범할 수 있기 때문이다. 사람이 부자가 되고 싶은 탐심 때문에 부모를 봉양하지 않으며, 탐심 때문에 남을 죽이고 돈을 탈취하며, 이웃의 물건을 탐내어 도둑질한다. 친구의 아내를 탐하여 간음하며, 부당한 돈을 받기 위해 위증을 행한다. 그러므로 성경은 돈을 사랑함이 일만 악의 뿌리가 된다고 가르친다.(딤전 6:10)

특별히 사도 바울은 탐심을 '우상숭배' 라고 말한다: "그러므로 땅

---

240) Childs, *The Book of Exodus, A Critical Theological Commenatry*, p. 427.

에 있는 지체를 죽이라. 곧 음란과 부정과 사욕과 악한 정욕과 탐심이니 탐심은 우상숭배니라. 이것들을 인하여 하나님의 진노가 임하느니라."(골 3:5-6) 사도 바울은 또 에베소서에서도 탐심은 '우상숭배'인 것을 지적한다.(엡5:5) '탐심'이 마음에 하나님의 말씀보다 더 중요한 자리를 차지하고 있으면서 그 마음을 지배하여 행동까지 하게 만들기 때문이다. 김홍전 박사는 말하기를, "속에 있는 탐심이라는 것이 비록 겉으로 보기에는 아무 행동을 안 했더라도 그것은 우상 숭배의 범죄입니다."고 한다.[241]

5) 십계명의 영원성

십계명의 해석은 시대마다 차이가 있는 경우가 많다. 그 이유는 십계명을 적용하는데 있어서 각 시대마다 다른 사고패턴과 언어적인 차이가 있기 때문이다.

종교개혁자들이 제5계명의 "부모를 공경하라."는 말씀에서 국가에 대한 복종의 근거를 이끌어 냈으나, 이 해석은 오늘의 현대인에게는 쉽게 수긍하기 어려운 논리적 비약이 있다고 말할 수 있다. 그리고 청교도시대에 제7계명의 "간음하지 말라."는 말씀에서 사람들이 옷을 입는데 점잖고 정숙한 옷을 입어야 할 것을 강조했는데 이런 연역(演繹)은 제7계명에서 결코 자명한 것이라고 말할 수 없는 연역이라 현대인은 생각할 수 있다. 또한 제6계명의 "살인하지 말지니라."는 말씀은 중세나 종교개혁시대에 교파가 다르거나 교리적인 차이가 있을 때 너무 쉽게 무시되며 사형시키는 경우들이 있었다고 오늘의 현

---

241) 김홍전, *십계명 강해*(서울:성약출판사, 1996, 초판 3쇄, 2000년), pp. 232f.

대인은 말할 수 있다.

그러나 이렇게 십계명의 해석과 적용에 있어서 그 시대의 정신과 문화의 차이로 인해 다른 것을 보고 십계명의 불변한 가치와 진리성을 의심해서는 안 된다. 왜냐하면 십계명이 시대마다 새롭게 해석되고 적용되지만 십계명이 쓰여졌을 때의 본래의 의미와 가르침은 성경해석 학자들이 쓰여진 그 때의 역사적 배경과 상황을 주의 깊게 연구하여 해석할 때 파악될 수 있고 그들의 정경 적 가치와 진리성은 불변하기 때문이다. 십계명의 해석의 역사나 성경학자들의 지속적인 십계명에 대한 연구논문들을 통해 십계명의 본래의 의미와 가르침을 토론하고 이해하는 것은 결코 불가능한 것이 아니라고 생각된다.

Ⅱ. 주 석

[출애굽기 1장]

[1절-7절]

이집트에 온 야곱과 그의 가족

1. [1]야곱과 함께 각기 권속을 데리고 애굽에 이른 이스라엘 아들들의 이름은 이러하니, 2. 르우벤과 시므온과 레위와[2] 유다와, 3. 잇사갈과 스불론과[3] 베냐민과, 4. 단과 납달리와 갓과 아셀이요. 5. 이미 애굽에 있는 요셉까지 야곱의 혈속이 모두 칠십인 이었더라. 6. 요셉과 그의 모든 형제와 그 시대 사람은 다 죽었고, 7. 이스라엘 자손은 생육이 중다하고 번식하고 창성하고 심히 강대하여 온 땅에 가득하게 되었더라.

1. 본문 원전 설명

1절: [1] 히브리어 맛소라 원문 성경에 따르면 1:1이 히브리어 글자 바우("ו"), 즉 접속사 "그리고"로 시작되어 있는데 한글 개역 성경은 이를 번역하지 않았다. 그러나 "그리고"는 출애굽기가 창세기에 계속된 책임을 나타내는 중요한 증거로 이해 될 수 있다.

2절: [2]"시므온과 레위와." 히브리어 맛소라 사본에서는 "시므온"과 "레위" 앞에 접속사 "그리고"(바우, "ו")가 없으나 사마리아 오경과 페쉬타에는 있다.

3절: [3]"잇사갈과 스불론." 히브리어 맛소라 사본에서는 "잇사갈"과 "스불론" 앞에 접속사 "그리고"(바우, "ו")가 없으나 사마리아 오경과 페쉬타 에는 있다.

2. 본문 내용 개요

이집트에 온 야곱 식구의 이름들과 하나님께서 야곱에게 주신 약속, 곧 '이집트에서 큰 민족을 만들어 주시겠다는 약속의 성취'(창 46:3)를 보여준다.

3. 주석

출애굽기가 히브리어 원문 성경에서는 1:1을 히브리어 글자 바우("ו"), 곧 접속사 "그리고"로 시작하여 창세기에서 계속된 책임을 나타낸다. 그러면서 야곱과 함께 이집트에 온 야곱의 아들들의 이름들이 열거되며 야곱의 자손들 70명이 이집트에 왔음을 말한다. 여기서 특이한 것은 야곱의 아들들이 출생한 연대의 나이 순서대로 기록되지 않고, 그들의 어머니들인 레아, 라헬, (레아의 하녀)실바, (라헬의 하녀)빌하의 아들들의 순서대로 기록되어 있다. 레아의 아들들은 르우벤과 시므온과 레위와 유다와 잇사갈과 스불론이고, 라헬의 아들들은 요셉과 베냐민이다. 그런데 4절에서는 베냐민만 기록되어 있고 요셉은 따로 5절에서 언급된다. 그 이유는 요셉은 이미 이집트에 와 있기 때문이다. 빌하의 아들들은 단과 납달리이고, 실바의 아들들은 갓과 아셀이다.

이러한 어머니들에 의한 야곱의 아들들의 기록은 단순히 그들의 어머니가 같은 형제들임을 나타내는 것 이상이다. 하나님께서는 그들이 이집트를 떠나 광야 생활하면서 주로 어머니가 같은 형제 지파들끼리 진(陣)을 치고, 형제 지파들끼리 행군하게 하여(민 2장, 민 10:11-28) 보다 결속력을 가지고 적들과 싸우고 광야 생활을 하게 하시려는 하나님의 숨은 뜻을 보여 주고 있는 것으로 생각된다.

5절에 의하면, 이미 이집트에 있는 요셉까지 포함하여 이집트에 온 야곱의 자손들이 모두 70명이다. 이 숫자는 창세기 46:8-27에서 이름들이 열거되며 설명된 바에 의하면, 야곱과 요셉과 요셉의 두 아들 그리고 야곱의 자부들 외에 이집트에 온 다른 자녀들을 합한 수(數)이다. 그런데 헬라어 70인역의 출애굽기 1:5과 창세기 46:8-27에서는 요셉과 함께 이집트에 온 야곱의 집 사람들의 수(數)가 75명이라고 되어 있다.

이 헬라어 70인역과 같이 쿰란사본 가운데 4QEx[a]도 이집트에 온 야곱의 자손들이 75명이라고 한다. 이 숫자 75인은 헬라어 70인역의 창세기 46:26-27을 읽어볼 때, 히브리어 맛소라 사본과는 달리 야곱의 66명의 자손들에 요셉의 두 아들인 므낫세와 에브라임 외에 요셉의 다른 7아들들을 나중에 추가로 셈하고 거기에 야곱과 요셉을 셈에 넣지 않은 계산임을 알 수 있다. 이러한 헬라어 70인역의 75명의 숫자는 히브리어 맛소라 사본의 70명의 계산과는 달리 요셉의 두 아들인 므낫세와 에브라임 외에 다른 7아들들을 첨가하여 셈한 "2차적인 계산"(a secondary calculation)인 것으로 보인다.[242] 달리말해, 히브리어 맛소라 사본의 70명의 수가 원래의 숫자이고 헬라어 70인역의 75명의 숫자는 히브리어 원문성경을 헬라어 70인역으로 번역하는 역자들이 요셉의 나중에 태어난 아들들을 더 첨가하여 계산한 후에 만들어진 본문이라고 생각된다. 라틴 번역인 벌게이트(the Vulgate) 성경도 히브리어 맛소라 사본의 70명의 수를 그대로 따르며, 요셉푸스(Josephus)도 히브리어 맛소라 사본의 70명의 수를 따르고 있어서[243] 히브리어 맛소라 사본의 70명의 숫자가 원래의 성경본문의 숫자였음을 더 지지해 주고 있다.

6절은 야곱과 그의 자녀들 70명이 이집트에 온지 오랜 세월이 지나서 그들이 다 죽었다고 한다. 이스라엘 백성이 출애굽 할 때에 모세의 나이 80세이고(출 7:7) 야곱의 자손들이 이집트에 거주한지 430년이 마치는 날이라 했으니(출 12:41), 6절의 이야기는 모세가 태어나기 이전의 형편을 말하고 있으므로 야곱의 자손들이 이집트에 거한지 아마 250여년이 지난 후였을 것으로 추산된다. 7절에 의하면, 그때 이스라엘 백성은 "생육이 중다하고 번식하고 창성하여" 아주 매우 강한

---

242) 참고, John I Durham, *Exodus, Word Biblical Commentary*, vol. 3, p. 1, note 5.a.

243) 참고, F. F. Bruce, *Commentary on the Book of Acts*(Grand Rapids: WM. B. Eerdmans,1977). p. 148, note 38. 신약의 사도행전 7:14에서 스데반이 "요셉이 보내어 그 부친 야곱과 온 친족 일흔 다섯 사람을 청하였더니"라고 말한다. 여기 "친족"이란 말(*συγγένειαν*)은 호주의 직계 가족 이외에 친연이 있는 자들도 가리키는 말이므로 요셉의 아들들인 므낫세와 에브라임 외에 다른 아들들을 추가로 계산에 넣어 75명의 친족이 요셉의 초청을 받아 이집트에 왔다고 말할 수 있다. 참고, 박윤선, *성경주석, 창세기, 출애굽기*(서울:영음사, 1980), p. 393.

백성이 되어 "온 땅에 가득하게 되었다"고 한다. 본문 7절은 창세기 1:21-22에 나온 네 단어 "생육이 중다하고," "번식하고," "창성하고," "충만하다."란 단어들을 그대로 쓰며 하나님께서 창조 때에 물고기와 하늘의 새들을 축복하며 번성케 하셨듯이 이집트에 있던 이스라엘 백성을 번성케 하셨음을 보여준다. 이렇게 이스라엘 백성이 아주 강한 백성이 되었다는 것은 하나님께서 이스라엘에게 말씀하셨던 그 약속의 성취이다: 이스라엘은 요셉의 초청을 받고 모든 소유를 이끌고 이집트로 내려가려 할 때 불안하고 염려하는 마음이 생겼다. 그러할 때 밤에 하나님이 이상 중에 이스라엘에게 나타나서서 "야곱아 야곱아" 부르시면서 "나는 하나님이라. 네 아비의 하나님이니 애굽으로 내려가기를 두려워 말라 내가 거기서 너로 큰 민족을 이루게 하리라.…."고 말씀하시면서(창 46:1-4) 용기와 담대함을 갖고 이집트로 내려가게 하셨는데 드디어 그 약속을 성취시켜서 아주 큰 민족이 되게 하신 것이다.

7절 끝에서, 이스라엘 자손들은 "온 땅에 가득하게 되었다."고 하는데, 여기서 "온 땅"은 이스라엘 자손들이 살던 고센 땅을 가리킨다고 이해할 수 있고 혹은 과장법적인 표현으로 이집트 전역을 가리킨다고도 말할 수 있다. 그러나 이스라엘 백성은 고센 지방을 중심해서 살았지 이집트 전역으로 퍼져서 살았다는 기록이 없고(창 47:4-12), 오히려 출애굽 때 하나님께서 재앙을 내리면서 이집트 사람들이 사는 곳과 이스라엘 백성이 사는 곳을 구별하여 재앙을 내렸는데 그때 이스라엘 백성은 고센 땅에 살았다고 분명히 말하고 있다(출 8:22). 또한 이스라엘 백성이 이집트를 떠날 때도 고센 지방인 라암셋(רַעְמְסֵס)에서 출발했다는 기록은 이스라엘 백성이 주로 고센 땅에 살았음을 시사하므로 7절에서 "온 땅에 가득하게 되었다"는 구절에서

"온 땅"은 고센 땅을 가리키는 것으로 이해함이 옳은 것으로 생각된다. 가르디너(Gardiner)는 라암셋이 오늘날의 산 엘-하갈(San el-Hagar)인 타니스(Tanis)지역에서 발견되었다고 하며 또 다른 학자는 타니스(Tanis)에서 남쪽으로 15마일 떨어진 오늘날의 칸티르(Qantir)지역에서 발견 되었다고 말한다.[244)]

4. 설교 및 교훈자료

7절: 하나님의 약속 성취

하나님께서는 야곱이 이집트에 내려갈 때 그와 함께 가시며 그를 큰 민족이 되게 하시겠다고 약속하셨다(창 46:2-4). 그런데 7절이 말한 대로 이스라엘 백성은 심히 강대하여 온 땅에 가득한 큰 민족이 되었다. 하나님께서는 그의 약속을 1년에도 10년에도 50년에도 이루어지게 하시지 않았다. 하나님께서는 야곱과 그의 아들들과 손자들이 다 죽고 오랜 세월이 지나서 약 200여년이 지난 후에 그 약속을 이루어 주셨다. 우리는 하나님의 약속이 이루어지지 않을 때 너무 조급히 서두르지 말고 하나님의 때를 기다리는 지혜를 가지기를 바란다. 또한 하나님께서 야곱에게 하신 약속을 약 250년 후에 성취한 것을 보면서 하나님은 미쁘신 하나님이신 것을 다시금 우리에게 가르쳐 주신다. 하나님은 빈 말씀을 하시거나 식언치 않으신 신실하시고 은혜가 충만하신 하나님이심을 우리에게 각인 시켜 주신다.

244) *The Interpreter's Dictionary of the Bible*, vol.4, edited by G.A. Buttrick(Nashville: Abingdon, 1962), p. 9.

[8절-14절]

바로의 제1 탄압 정책:이스라엘 백성에게 혹독한 노동을 시킴

8. 요셉을 알지 못하는 새 왕이 일어나서 애굽을 다스리더니, 9. 그가 그
신민에게 이르되 이 백성 이스라엘 자손이 우리보다 많고 강하도다, 10.
자 우리가 그들에게[1] 대하여 지혜롭게 하자 두렵건대 그들이 더 많게 되
면 전쟁이 일어날 때에 우리 대적과 합하여 우리와 싸우고 이 땅에서 갈
까 하노라 하고, 11. 감독들을 그들 위에 세우고 그들에게 무거운 짐을
지워 괴롭게 하여 그들로 바로를 위하여 국고성 비돔과 라암셋을 건축하
게 하니라, 12. 그러나 학대를 받을수록 더욱 번식하고 창성하니 애굽 사
람이 이스라엘 자손을 인하여 근심하여, 13. 이스라엘 자손의 역사를 엄
하게 하여, 14. 고역으로 그들의 생활을 괴롭게 하니 곧 흙 이기기와 벽
돌 굽기와 농사의 여러 가지 일이라 그 시키는 역사가 다 엄하였더라.

1. 본문의 원전 설명

10절: [1] 10-12절에서 히브리어 원문 성경을 보면 이스라엘 백성을 가리키는 대명사들이 복수로 표현되어있지 않고 집합단수로, 즉 "그들"이 아니라 "그"로 되었으나 독자의 이해를 돕기 위해 복수로 번역했다.

2. 본문 내용 개요

바로가 이스라엘 백성의 수(數)를 감소시키고 그들을 소진(消盡)시키기 위해 엄한 중노동의 탄압정책을 시행한다.

3. 주석

8절: "요셉을 알지 못하는 새 왕이 일어나서 애굽을 다스리더니"에서 "알지 못하는"(לֹא־יָדַע) 것은 지적(知的)으로 알지 못한다는 뜻이 아니라, 인정하지 않고 수긍하려 하지 않는 것을 뜻한다고 말할 수 있다. 이스라엘의 백성이 많고 강하므로 그들이 어떻게 해서 이집트에 살게 되었는가에 대한 이야기를 들었고 요셉과 그의 선한 통치를 들었을 것이다. 그러나 그것을 인정하지 않고 무시하려는 모세 때의 바로의 모습을 8절에서 말하고 있다. 이러한 "알다"(יָדַע)의 비슷한 의미가 삼상 2:12에서 보여 진다. 엘리의 두 아들인 홉니와 비느하스가 비록 하나님을 섬기는 제사장이었지만 "여호와를 알지 아니 하더라"고 말한다. 이는 그들이 하나님을 하나님으로 인정치 않고, 하나님의 말씀을 거역하며, 하나님의 제사를 멸시했기 때문이다.

그리고 "새 왕"은 단순히 이전 왕이 죽고 새 왕이 일어났다는 뜻이 아니라, 이집트에 새 왕조(a new dynasty)가 시작되어 이전 왕조의 정책이나 통치방법과는 달리 새롭게 다스리는 새로운 왕이 일어났음을 뜻한 것으로 이해된다.[245)]

10절 이하를 보면 바로가 감독들을 세워서 이스라엘 백성을 학대하고 그들에게 고역을 시키며 국고성인 비돔과 라암셋을 건축하게 하여 이스라엘의 인구를 감소시키는 정책을 폈다. 이는 바로가 이스라엘 백성의 수가 많아져서 위협을 느꼈기 때문이다. 그러나 바로가 학대하고 고역을 시키면 시킬수록 이스라엘 백성은 더욱 수가 많아지고 번창하니 이집트 사람들이 고민하게 되었다. 그리하여 이집트

---

245) John I. Durham, *Exodus, Word Biblical Commentary*, vol. 3, p. 7.

사람들이 더욱 그들을 억압하고 괴롭히며 흙 이기와 벽돌 굽기와 농사일을 혹독하게 시켜 이스라엘 백성의 인구를 절대적으로 감소시키려는 정책을 시행한 것이다.

[15절-21절]

바로의 제2 탄압정책: 산파들에게 태어난 남자아이는 죽이라함

15. 애굽왕이 히브리 산파 십브라라 하는 자와 부아라 하는 자에게 일러,
16. 가로되 너희는 히브리 여인을 위하여 조산할 때에 살펴서[1] 남자여든
죽이고 여자여든 그는 살게 두라. 17. 그러나 산파들이 하나님을 두려워
하여 애굽왕의 명을 어기고 남자를 살린지라. 18. 애굽왕이 산파를 불러
서 그들에게 이르되 너희가 어찌 이같이 하여 남자를 살렸느냐. 19. 산파
가 바로에게 대답하되 히브리 여인은 애굽 여인과 같지 아니하고 건장하
여 산파가 그들에게 이르기 전에 해산하였더이다 하매, 20. 하나님이 그
산파들에게 은혜를 베푸시니라 백성은 생육이 번성 하고 심히 강대하며,
21. 산파는 하나님을 경외하였으므로 하나님이 그들의 집을 왕성케 하신
지라.

1. 본문의 원전 설명

16절 [1] "살펴서" 라고 번역된 맛소라 히브리어 원문성경의 구절은 "עוּאִיתֶן עַל־הָאָבְנָיִם" 이다. 이 구절을 직역하면 "그리고 너희들이 돌들 위에 있음을 볼 때" 이다. 여기서 "돌들" 이 무엇을 뜻하는지 확실치 않으나 산모가 아이를 낳기 위해 그 위에 누운(혹은 무릎을 꿇고 있는) 출산 대(birthstool)를 가리킨 것으로 이해된다.[246)]

---

246) Childs, *The Book of Eoxdus, A Critical Theological Commentary*, P.6; 참고, NASB, NIV.

2. 본문 내용 개요

산파들이 바로의 명령을 어기고 하나님을 두려워하여 이스라엘의 갓 난 남자 아이들을 살려주고 하나님의 은혜와 복을 받음

3. 주석

이집트 왕 바로는 히브리 두 산파인 십브라와 브아를 시켜 이스라엘 백성들이 낳은 남자아이를 다 죽이라고 했다. 그러나 두 산파는 아이들을 죽이지 않았다. 바로가 불러서 산파들에게 죽이지 않은 이유를 물을 때 19절에서 그들이 답하기를 "히브리 여인은 애굽 여인과 같지 아니하고 건장하여 산파가 그들에게 이르기 전에 해산 하였더이다"라고 하였다. 이 답은 거짓말이면서도 진실이 포함 되어 있다. 옛날 우리 한국의 어머니들도 병원에 가거나 산파 없이 할머니나 이웃의 도움으로 아이를 잘 낳았기 때문이다. 또 지금도 구미(口美)등지에서 자연 분만으로 아이를 낳는 것이 아이나 산모에게 좋다고 하여 자연 분만을 배우고 그것을 권장한다.

17절에 의하면 산파들이 이스라엘의 갓 난 남자 아이들을 살려준 것은 1)산파들이 인간 왕보다 그들이 믿는 그(ה) 하나님을 더 숭상했기 때문이고, 2)산파들이 철저한 믿음의 용감한 여종들로서 자기 생명을 걸고 하나님의 뜻대로 살기 원했기 때문이다.

하나님은 필사의 각오로 하나님께 충성하는 산파들을 다음과 같이 크게 축복하셨다:

1) 산파들의 생명을 보존시켜 주시고, 2)그들에게 은혜를 베풀어,

히브리어 성경 원문에 보면, 그들의 집을 세워 주셨다(עָשָׂה)고 한다. 곧 왕성하며 크게 번창케 해 주셨다는 것이다.

이것은 하나님께서 산파들의 거짓말을 복 주셨다는 뜻인가? 하나님은 절대로 거짓말 한 것을 복주시지 않는다. 하나님께서는 산파들이 자기 동족의 아이들에 대한 선하고 자비로운 마음과 하나님께 대한 굳센 믿음 때문에 그들의 거짓을 용서하고 오히려 복 주신 것이다. 좋은 것을 위해 하나님께서 악을 용서하신 것이다. 하나님께서는 바로가 하나님을 섬기지 않을 뿐만 아니라, 하나님의 백성을 억압하고 죽이는 악한 정책을 행하는 가혹한 방법으로 하나님의 백성을 멸망케 하려 하지만 하나님께서는 그의 백성을 가나안 땅으로 인도하시려는 계획을 한 치의 오차도 없이 추진해 가신다. 아무리 인간이 하나님의 계획을 무너뜨리려 해도 결코 할 수 없고, 하나님께서 자신의 계획을 이루어져 가게 하심을 보여준다.

4. 설교 및 교훈 자료

15절-17절은 인간이 하나님의 계획을 파괴하려고 어떤 방법을 동원해도 결국은 하나님께서 자기의 뜻을 성취하신다는 것이다. 20절-21절은 하나님께서는 자기를 사랑하는 자를 결코 외면하시지 않는다는 것이다. 산파들이 하나님을 두려워하여 이스라엘 사람들의 집을 세워 줄 때, 하나님은 산파들의 집을 세워 왕성케 해주셨다.

[22절]

바로의 제3 탄압정책: 이집트인들에게 이스라엘의 태어난 남자아이를 죽이라함

22. 그러므로 바로가 그 모든 신민에게 명하여 가로되 남자가 나거든[1] 너

희는 그를 하수에 던지고 여자 여든 살리라 하였더라.

1. 본문의 원전 설명

22절 [1]"남자가 나거든". 이 구절은 맛소라 히브리어 원문을 보면 보다 강조적으로 표현되었다: "남자가 나거든 누구나"(כָּל־הַבֵּן הַיִּלּוֹד). 헬라어 번역인 70인역이나, 사마리아오경, 옹켈로스 탈굼 등은 위의 맛소라 사본의 문구에 "히브인들에게" 란 단어가 첨가되었으나, 이 단어 없이 문맥에서 충분히 "히브리인들에게" 를 의미함을 알 수 있으므로 이 단어는 불필요한 설명적 후대 첨가물로 보인다.

2. 본문 내용

바로가 이스라엘의 백성의 수를 줄이기 위해 마지막 극단의 조취로 그의 이집트 백성들에게 이스라엘의 남자가 나면 죽이라고 명령함.

3. 주석

바로는 그의 이집트 백성들에게 이스라엘 사람들이 사내아이를 낳으면 죽이라고 명령한 것이다. 그러나 이 셋째 정책도 실현되지 않고 하나님의 보호 속에서 이스라엘 백성은 점점 더 번성해 갔던 것이다. 이것이 이집트에 이주해간 야곱의 70인 식구가 출애굽 당시에는 남자로 20세 이상 싸울 수 있는 사람이 60만 이상이나 되었고(출 28:26) 이집트 사람들이 이스라엘 백성에게 많은 동정심을 가져서 선물까지

준 사실에서 증명된다(출 12:36).

4. 설교 및 교훈 자료

7절-22절: 이스라엘 백성의 기적적인 창성함

이스라엘 백성은 홍해를 건너 출애굽 했을 때만 이적을 체험했던 것이 아니다. 그들은 그 이전 이스라엘 백성이 이집트에서 살 때도 매일 매일 하나님의 기적적인 보살핌에 의해 그들의 수가 더욱 번성하고 창성했다. 그러므로 이스라엘 백성이 홍해를 건널 때만 기적을 체험한 것으로 이해하는 것은 잘못된 것이다. 이스라엘 백성이 이집트에 살 때에도 기적 속에 살았다. 그리하여 이집트에 이주해간 야곱의 70인 식구가 출애굽 때에는 장정 60만에 여자와 노인과 아이들을 통합해 전체가 약 200만이 넘는 인구로 증가한 것은 하나님의 기적적인 은혜 때문인 것을 알 수 있다.

[출애굽기 2장]

[1절-10절]

모세의 출생과 교육

1. 레위 족속중[1] 한 사람이 가서 레위 여자에게 장가 들었더니, 2. 그 여자가 잉태하여 아들을 낳아 그 준수함을 보고 그를 석달을 숨겼더니, 3. 더 숨길 수 없이 되매 그를 위하여 갈 상자를 가져다가 역청과 나무 진을 칠하고 아이를 거기 담아 하숫가 갈대 사이에 두고, 4. 그 누이가 어떻게 되는 것을 알려고 멀리 섰더니, 5. 바로의 딸이 목욕하러 하수로 내려오고 시녀들은 하숫가에 거닐 때에 그가 갈대 사이에 상자를 보고 시녀를 보내어 가져다가, 6. 열고 그 아이를 보니 아이가 우는지라 그가 불쌍히 여겨 가로되 이는 히브리 사람의 아이로다. 7. 그 누이가 바로의 딸에게 이르되 내가 가서 히브리 여인 중에서 유모를 불러다가 당신을 위하여 이 아이를 젖 먹이게 하리이까. 8. 바로의 딸이 그에게 이르되 가라 그 소녀가 가서 아이의 어미를 불러오니, 9. 바로의 딸이 그에게 이르되 이 아이를 데려다가 나를 위하여 젖을 먹이라 내가 그 삯을 주리라 여인이 아이를 데려다가 젖을 먹이더니, 10. 그 아이가 자라매 바로의 딸에게로 데려가니 그의 아들이 되니라 그가 그 이름을 모세라[2] 하여 가로되 이는 내가 그를 물에서 건져내었음이라 하였더라.

1. 본문의 원전 설명

1절:[1] "레위 족속 중." 히브리어 맛소라 원문 성경을 보면 2:1이 "그리고"(바우 "ו")로 시작한다. 이 접속사는 2장의 내용이 1장에서 연속된 것임을 분명히 보여주어 모세는 이집트 바로의 극한 폭정과 살인 정책 행해질 때 태어났음을 잘 인식케 한다.

10절: [2] 모세란 이름은 바로의 딸이 지어 주었기 때문에 이집트 이름인 것 같다. 이집트인은 물을 모(Mo)라 부르고, 물로부터 구원받은 자들은 우세스(uses)라 부른다.

2. 본문 내용 개요

모세가 태어나자 석달은 숨겨 키워졌으나 그를 더 숨길 수 없어 갈대상자에 담아서 나일 강가에 놓여졌는데, 강에 목욕하려온 바로의 딸이 그를 건져내어 자기의 아들로 삼고 그 아이의 이름을 모세라 함

3. 주석

1절-2절에서 모세의 어머니나 아버지의 이름은 언급되지 않는다. 출애굽기 6:20을 보면 모세의 어머니와 아버지는 요게벳과 아므람이다. 그리고 요셉의 형은 아론이며(출 4:14), 누나는 미리암이다(출 15:20). 요게벳과 아므람은 바로 왕이 히브리 사람의 아들이 태어나면 죽이라고 명령했지만 그 명령을 듣지 않고 모세가 태어나자 그가 준수함을 보고 석 달을 숨겨서 키웠다. 이러한 왕의 명령을 무서워하지 않고 모세를 숨겨서 살린 모세의 어머니의 행동을 믿음의 행동이라고 히브리서 저자는 칭찬한다(히브리서 11:23). 사도 바울이 권세 있는 자들에게 굴복하라고 했으나(롬13:1-2), 하나님의 뜻에 어긋나는 왕의 명령, 곧 자식을 죽이라는 바로의 명령을 거절하고 자식에 대한 부모의 사랑을 이행하는 것을 바른 행동으로 칭찬한다.

5절은 공주가 나일 강에서 목욕하려 내려왔다고 한다. 이집트 왕국의 공주가 가난한 천민의 처녀들처럼 강에서 목욕한다는 것이 공주

의 격에 어울리지 않고, 더욱이 야외에서 여자가 옷을 벗고 목욕하는 것은 마호멧교 같은 데서는 금지된 일이다. 그러나 나일 강을 신처럼 숭배하는 고대 이집트인들은 그곳에서 목욕함으로서 신의 축복을 받는 것으로 생각했다. 따라서 공주의 행동은 아주 자연스럽고 종교적인 신앙의 행동이었다. 또한 고대 이집트의 귀족들은 하녀들을 데리고 목욕하는 것이 습관이었다고 한다. 그리고 마호멧교의 창시자인 마호멧은 AD 570년 경에 태어나 632년에 사망했으므로 고대 이집트에서는 마호멧교가 없었으므로 마호멧교의 관습이 문제되지는 않는다.

10절을 보면, 모세는 어느 정도 자란 후 바로의 딸에게 데려와져서 그녀의 아들로서 자랐음을 말한다. 그러므로 모세는 바로의 딸의 아들로서 그 당시 세계의 최대강국이고 문화의 중심이었던 이집트에서 궁중 최고의 학문을 배우고 훈련을 받았다. 사도행전에서 스데반은 "모세가 애굽 사람들의 학술을 다 배워 그 말과 행사가 능하더라."(행 7:22)고 말한다.

이러한 이집트에서의 교육과 훈련을 통해서 모세는 그가 부름 받은 이스라엘의 지도자로서의 세상적인 자격을 갖추기에 충분했다. 그러나 이스라엘을 구원할 지도자가 되기에 합당한 영적인 배움과 훈련을 위해 호렙산에서 40년의 혹독한 교육을 받아야 했다.

[11절-15절]

미디안으로 도망간 모세

11. 모세가 장성한 후에 한번은 자기 형제들에게 나가서 그 고역함을 보더니 어떤 애굽 사람이 어떤 히브리 사람 곧 자기 형제를 치는 것을 본지라. 12. 좌우로 살펴 사람이 없음을 보고 그 애굽 사람을 쳐죽여 모래에 감추니라. 13. 이튿날 다시 나가니 두 히브리 사람이 서로 싸우는지라 그

그른 자에게 이르되 네가 어찌하여 동포를 치느냐 하매, 14. 그가 가로되 누가 너로 우리의 주재와[1] 법관을 삼았느냐 네가 애굽 사람을 죽임같이 나도 죽이려느냐 모세가 두려워하여 가로되 일이 탄로되었도다. 15. 바로가 이 일을 듣고 모세를 죽이고자 하여 찾은지라 모세가 바로의 낯을 피하여 미디안 땅에 머물며 하루는 우물[2] 곁에 앉았더라.

1. 본문의 원전 설명

14절: [1]"주재"는 '주장하여 맡은 사람'을 뜻하는데 맛소라 히브리어 원문 성경에 보면 이 문구는 "이쉬 사르"(אִישׁ שַׂר)이다. "사르"(שַׂר)는 "수령, 두목, 지배자, 주권자, 왕자" 등을 뜻하고 "이쉬"는 단순히 "사람"을 뜻하므로 두 단어의 뜻은 직역하면 "지배자 사람"이지만, 그냥 "지배자"로 번역하는 것이 짧고 충분히 의미가 통해 좋다.

15절: [2]히브리 원문 성경에 보면 '우물'이라는 단어 앞에 정관사가 붙어 있다. 그러므로 그 우물은 ① 하나밖에 없었던 것을 가리키거나, 혹은 ② 우물 중에서 가장 중요한 우물을 가리키는 것으로 생각할 수 있다. 옛날에는 이런 우물이 사람을 쉽게 만날 수 있던 장소였던 것 같다.

2. 본문 내용 개요

모세가 하루는 자기 형제들을 보려 나갔다가 자기 형제인 히브리 사람을 치는 이집트 사람을 쳐 죽인 후, 그 일이 탄로 나서 바로의 낯을 피하여 미디안으로 도망감.

3. 주석

11절을 보면, 모세가 히브리 사람을 때리는 이집트 사람을 죽인 그 다음날 다시 히브리인들끼리 서로 싸우는 것을 보고 그들을 서로 화해시키려고 했다. 이 일은 이스라엘 사람들이 중노동을 할 때 일어났던 사건으로서 이 때 모세의 나이는 40세였다(행 7:23). 모세가 이집트 사람을 죽였던 것은 그의 동족 히브리 사람에 대한 사랑 때문이었다. 11절에서 히브리 사람을 가리켜 '자기 형제(自己 兄弟)' 라고 부르는 표현이나, 14절에서 모세가 히브리 사람을 "동포" 라고 부르는 말들에서 모세의 동족에 대한 사랑과 관심을 잘 보여준다.

또한 모세가 이집트 사람을 죽인 행동을 볼 때 의심할 여지없이 모세는 불같이 급한 성품을 가지고 있었던 것 같다. 그러나 한편 모세가 그의 동족을 강력한 힘으로 보호하는 것은 자기 동족 이스라엘 사람들이 그를 통해 하나님께서 구원 사역을 행하신다는 것을 깨닫게 하기 위한 것이었다고 생각된다. 그러므로 스데반은 "저(모세)는 그 형제들이 하나님께서 자기의 손을 빌어 구원하여 주시는 것을 깨달으리라고 생각하였으나 저희가 깨닫지 못했더라" 고 말한다(사도행전 7:25).

이 때의 모세의 심정을 히브리서의 저자는 " 믿음으로 모세는 장성하여 바로의 공주의 아들이라 칭함을 거절하고, 도리어 하나님의 백성과 함께 고난 받기를 잠시 죄악의 낙을 누리는 것보다 더 좋아하고, 그리스도를 위하여 받는 능욕을 애굽의 모든 보화보다 더 큰 재물로 여겼으니 이는 상 주심을 바라봄이라" 고 말한다(히 11:24-26).

믿음으로 모세는 이집트의 궁전 생활보다 하나님 백성과의 노예생활이 더 복된 것임을 확신했다. 모세는 하나님을 믿음으로 그를 위해 능욕 받고, 고통 받을 때 하나님의 상급이 크다는 것을 믿었다.

그러나 이집트 사람을 죽일 때 모세는 아직 위대한 이스라엘의 구원자의 일을 하기에는 충분하지 않았다. 아직도 자기의 지식과 힘을 의지하는 모세였다. 자기 힘과 지식과 열정으로 이스라엘을 구원할 수 있는 것으로 생각했던 때가 이집트 사람을 죽인 때였다.

15절에서 언급된 미디안 땅은 정확히 어디인지 명확하지 않다. 미디안은 아브라함의 후처 그두라가 낳은 아들이었다(창 25:4). 미디안들은 유목민들로서 시대에 따라 다른 그리고 먼 지역들에서 생활했다. 이들의 주요 거처들은 아카바 만의 동쪽이었던 것으로 보이나. 어떤 때는 북쪽으로 더 나아가 모압 지역에서도 살았다(참고, 창 36:35; 민 22:4, 7). 그런데 출애굽기 3:1을 보면 모세가 도망간 미디안 땅은 시내 반도 서쪽에 위치해있던 곳이다. 이 지역의 중심 우물 가까이에 모세는 임시로 거처하고 있었던 것으로 보인다.

4. 설교 및 교훈 자료

11절-13절: 자기 힘을 의지한 모세

모세는 이집트의 학문을 다 배웠을 찌라도 신앙은 아직도 미숙했다. 모세는 자기의 힘과 지식을 신뢰했다. 이러한 자세는 하나님의 종의 자세로서는 적합하지 않은 것이다. 하나님의 일을 할 때는 이러한 태도를 버려야 한다. 하나님의 종은 자기의 힘이나 지식이나 권세를 의지하는 것이 아니라, 오직 하나님을 의지하며 그분의 도움을 간구해야한다.

[16절-22절]

모세의 결혼과 자녀 출생

16. 미디안 제사장에게 일곱 딸이 있더니 그들이 와서 물을 길어 구유에
채우고 그 아비의[1] 양무리에게 먹이려 하는데, 17. 목자들이 와서 그들을
쫓는지라 모세가 일어나 그들을 도와 그 양무리에게 먹이니라. 18. 그들
이 그 아비 르우엘에게 이를 때에 아비가 가로되 너희가 오늘은 어찌하
여 이같이 속히 돌아오느냐. 19. 그들이 가로되 한 애굽 사람이 우리를
목자들의 손에서 건져내고 우리를 위하여 물을 길어 양무리에게 먹였나
이다. 20. 아비가 딸들에게 이르되 그 사람이 어디 있느냐 너희가 어찌하
여 그 사람을 버리고 왔느냐 그를 청하여 음식으로 대접하라 하였더라.
21. 모세가 그와 동거하기를 기뻐하매 그가 그 딸 십보라를 모세에게 주
었더니, 22. 그가 아들을 낳으매 모세가 그 이름을 게르솜이라 하여 가로
되 내가 타국에서 객이 되었음이라 하였더라.

1. 본문의 원전 설명

16절: 1 "그 아비의." 맛소라 히브리어 원어성경에 따르면 아비의 이름이 밝혀있지 않다. 그러나 70인역의 헬라어 성경에 보면 아비의 이름 "이드로"가 삽입되어 있다. 원래의 원문에는 없었으나 70인역의 번역자가 독자들이 아비의 이름을 분명히 알 수 있도록 넣은 것으로 이해된다.

2. 본문 내용 개요

모세가 미디안 제사장 르우엘을 만나고 그의 딸 십보라와 결혼하고 첫아들 게르솜을 얻은 이야기이다.

3. 주석

18절은 모세가 미디안 땅에 가서 만난 미디안 제사장의 이름이 르우엘 이라고 한다. 그러나 출애굽기 3:1에서는 미디안 제사장이며 모세의 장인이 이드로라고 불려진다. 그리고 사사기 4:11에서도 호밥이 모세의 장인(חֹתֵן)이라고 되어 있다. 그런데 민수기 10:29에서는 "호밥" 이 르우엘의 아들이라고 말한다. 위와 같이 모세의 장인의 이름이 둘이며, "호밥" 이 모세의 장인이라고 또한 처남이라고 불러지고 있기 때문에 성경을 읽는 독자들에게 혼란을 준다. 그러나 성경에서는 자주 "이드로"가 미디안의 제사장으로서 모세의 장인이라고 불려지고(출 3:1, 4:18, 18:1, 2, 5, 6, 9, 10, 12), 가끔 "르우엘" 도 미디안 제사장으로서 모세의 장인이라고 언급된다(출 2:18, 10:29). 한편 민수기 10:29에서 "호밥" 이 모세의 장인 "르우엘" 의 아들이라고 기록되어 있기 때문에, 호밥은 모세의 장인인 르우엘의 아들이고 모세의 처남인 것으로 보인다. 그럴 경우 사사기 4:11에서 호밥이 모세의 장인이라고 되어있는 것은 장인이라는 히브리어 단어 "호텐" (חֹתֵן)이 "친척, 사위, 남편" 뜻하는 "하탄" (חָתָן, 참고, 출 4:25, 26)으로 읽혀져야 하는데 잘 못 모음이 부쳐졌던 것으로 생각된다. "호텐" (חֹתֵן)이나 "하탄" (חָתָן)은 두 단어 공히 같은 자음들이나 모음을 달리 부쳐서 그 의미가 다르다. 원래의 히브리어 성경은 모음이 없고 자음만으로 기록되었다가 나중에 맛소라 학자들이 모음을 부쳤던 것을 고려할 때, 사사기 4:11에서 호밥은 모세의 장인(호텐, חֹתֵן)이 아니라, 모세의 친척(하탄, חָתָן)이라고 표기되어야하는데 잘못 표기 되었던 것이 분명하다. 카일과 델리취(Keil and Delitzsch)에 의하면, "르우엘" 은 모세의 장인의 개인 이름이고, "이드로" 는 르우엘의 직함이거나 다른 이름으로써 씨족 가운데서 그의 지위를 나타내는 이름이다.

21절-22절을 보면, 르우엘은 모세를 환영했고 그에게 딸 십보라를 주어 아내로 삼게 했다. 그러나 모세의 미디안 삶은 나그네의 삶이었고, 추방된 유배자의 하루하루였다. 그러므로 이런 그의 느낌을 첫아들이 태어났을 때 그에게 지어준 이름에서 살펴볼 수 있다. 그의 아들의 이름은 게르솜이다. 그 뜻은 추방이란 의미로서 גרש(쫓아내다)에서 나온 명사 גֵּרְשֹׁם이다. 또한 모세는 그 이름의 뜻을 설명하기를 "내가 타국에서 객이 되었음이라" 고 말한다(22절). 이집트에 있는 그의 가족으로부터 멀리 떨어져 낯선 땅에서 살도록 추방된 나그네였음을 뼈저리게 느꼈던 모세의 깊은 마음이 아들의 이름을 통해서 나타나고 있다.

이러한 처절한 삶이 그를 자신을 의지하지 않고 하나님만 절대적으로 의지하고 신뢰케 만들었다. 그의 둘째 아들의 이름은 이런 모세의 심정을 더욱 심화시킨 것으로 보여 진다. 둘째 아들의 이름은 엘리에셀(출 18:4)로서 '하나님은 도우심' 이란 말이다. 둘째 아들의 이름은 2장에 언급되지 않고 나중에 18장에서 언급된다. 너무 자신을 신뢰하고 자기의 지식을 신뢰하는 모세에게 넓은 광야, 사막과 같은 거친 들판 속에서 바람, 모래, 바위, 뜨거운 태양만을 주로 대할 수 있게 하여 자신의 무능력, 쓸모없음을 철저히 깨닫게 하는 신앙적인 성숙기를 갖도록 해주셨다. 광야에서 자신의 무능력과 쓸모없음을 발견한 모세는 나중에 하나님이 그를 이스라엘을 구원하도록 바로에게 보내려 하실 때 "내가 누구관대 바로에게 가며 이스라엘 자손을 애굽에서 인도하여 내리이까" 하면서 자기의 쓸모없음과 무능력을 나타낸다(출 3:11). 이전 40대의 나이 때에 히브리 사람을 때리는 이집트 사람을 죽이고 자기 자신을 이스라엘 백성의 구원자로서 나타내고 인정받기를 원했던 모세와는 너무 대조적이다. 그러나 모세는 그의 광야의 생활을 통해서 절망에 빠진 것은 아니다. 자기 신뢰에서, 절대적으로 하나님을 신뢰하는 사람으로 바꾸어 진 것이다.

4. 설교 및 교훈 자료

22절: 추방된 나그네 모세의 고독

미디안으로 추방된 모세는 나그네로서 바람과, 모래와, 바위와, 뜨거운 태양만을 주로 대하는 고독한 광야에서 자신의 부족, 무능력, 쓸모없는 존재임을 철저히 깨달았다. 그래서 자기 자신이 하나님을 의지해야만 하는 존재라는 것을 철저히 깨닫고, 하나님의 도우심을 온전히 의지하는 성숙한 신앙의 사람이 되었다. 우리에게 고통이나 아픔이나 엄청난 재앙의 때가 있을 때 괴로워하지 말고 하나님의 긍휼의 손길을 빌자. 분명히 하나님께서는 그러한 시간을 통해서 우리를 하나님을 더욱 의지하는 성숙한 신앙의 사람으로 만들어 주시며 더 큰 복으로 채워 주실 것이다.

[23절-25절]

이스라엘 백성의 탄식의 기도

23. 여러 해 후에 애굽 왕은 죽었고 이스라엘 자손은 고역으로 인하여 탄식하며 부르짖으니 그 고역으로 인하여 부르짖는 소리가 하나님께 상달한지라. 24. 하나님이 그 고통 소리를 들으시고 아브라함과 이삭과 야곱에게 세운 그 언약을 기억 하사, 25. 이스라엘 자손을 권념하셨더라[1].

1. 본문의 원전 설명

25절: 1 "이스라엘 자손을 권념 하셨더라". 이 구절은 한문 "권념(眷念)" 이 "돌아보아 생각함" 을 뜻하므로 히브리어 원문성경의 25절을 압축했는데, 원문대로 번역하면 "이스라엘 자손을 보시고 숙고 하셨더라" 이다.

2. 본문 내용 개요

모세를 죽이려 했던 바로 왕이 죽고 이스라엘 백성이 혹독한 힘든 일들 때문에 탄식하며 부르짖으므로 하나님께서 그 소리를 들으시고 이스라엘을 들아 보시게 됨.

3. 주석

23절-25절은 3장의 서론적인 역할을 한다. "여러 해"는 이스라엘 백성이 심한 억압을 받는 날들 이였으며, 모세가 도피하여 자식들을 낳은 세월들의 오랜 기간이다. 여기에서 언급된 죽은 왕은 2:15에서 모세를 죽이려 했던 그 왕으로 이해된다. 출애굽기 7:7을 보면 이스라엘 백성이 억압을 받고 고역을 한 것은 적어도 80년 이상이었다. 왜냐하면 모세가 태어나기 전부터 이스라엘 백성들은 고역과 중노동을 했는데 모세가 이스라엘 백성을 구원키 위해 바로 앞에 설 때가 80세였기 때문이다.

23절에서 이집트 왕이 죽은 사실을 언급하고 이스라엘이 하나님께 부르짖는 사실을 연관시켜 언급한 것을 볼 때 아마 억압했던 바로 왕이 죽자 이스라엘 백성들이 자기들의 노예 상태가 개선될 기회라 생각하여 더욱 하나님께 기도했던 것을 시사하고 있다고 생각된다. 하나님께서 이스라엘의 부르짖는 기도를 들으시고 이스라엘의 조상 아브라함과 이삭과 야곱과 맺은 언약을 기억 하사 이스라엘 자손을 돌아보시고 관심을 가지셨다. 개역성경의 "권념하셨다"는 말은 '돌보아 생각한다.'는 말이다. 히브리 원문에 보면 야다(יָדַע)란 말이다. 곧, 하나님이 이스라엘을 알아주신다는 말이다. 하나님께서 그들의 처지를 알아주시고 이해하시며 응답해 주신다는 포괄적인 행동을 가리켜 준다.

4. 설교 및 교훈 자료

23절: 이집트 왕이 죽자 탄식하며 부르짖는 이스라엘 백성

이스라엘 백성은 그들을 억압했던 왕이 죽었을 때가 자기들의 비참한 처지를 개선할 때라고 생각했다. 그래서 하나님께 탄식과 울부짖음으로 간구하여 하나님의 응답을 얻으려 노력했다. 이스라엘 백성은 역사의 흐름을 보고 기회를 포착하려 했던 것이다. 우리들도 우리의 주위의 변화에 예민하게 주시하며 우리의 죄된 처지에서 하나님을 더욱 충성되게 섬길 수 있는 길로 나아가게 되길 바란다. 이제 세계의 모든 분단국가들은 다 통일을 이루었고 오직 대한민국 한 곳만 분단된 국가로 남아 있다. 하나님께 우리의 양분된 가련한 처지를 불쌍히 여겨주시라고 울부짖으며 더욱 열심히 기도하도록 하자! 하나님께서 우리를 돌아보시고 관심을 가져 주실 것이다.

[출애굽기 3장]

[1절-6절]

호렙 산에 나타나신 하나님

1 모세가 그 장인 미디안 제사장 이드로의 양무리를 치더니 그 무리를
광야 서편으로 인도하여 하나님의[1] 산 호렙에 이르매. 2. 여호와의 사자
가 떨기나무 불꽃 가운데서 그에게 나타나시니라 그가 보니 떨기나무에
불이 붙었으나 사라지지 아니하는지라. 3. 이에 가로되 내가 돌이켜 가서
이 큰 광경을 보리라 떨기나무가 어찌하여 타지 아니 하는고 하는 동시
에, 4. 여호와께서[2] 그가 보려고 돌이켜 오는 것을 보신지라 하나님이[3] 떨
기나무 가운데서 그를 불러 가라사대 모세야 모세야 하시매 그가 가로되
내가 여기 있나이다. 5. 하나님이 가라사대 이리로 가까이 하지 말라 너
의 선 곳은 거룩한 땅이니 네 발에서 신을 벗으라. 6. 또 이르시되 나는
네 조상의 하나님이니 아브라함의 하나님 이삭의 하나님 야곱의 하나님
이니라 모세가 하나님 뵈옵기를 두려워하여 얼굴을 가리우매,

1. 본문의 원전 설명

1절: [1]"하나님의." 이 단어가 헬라어 70인역 에서는 생략되어 있다.

4절: [2]"여호와께서." 이 "여호와" 란 단어 대신 사마리아 오경은 "하나님"(אלהים)이란 단어로 표현한다.

4절: [3]"하나님이." 이 "하나님" 이란 단어 대신 헬라어 70인역은 "주님"(*κύριος*), 곧 "여호와" 를 뜻하는 단어로 표현한다.

2. 본문 내용 개요

모세가 그의 장인 이드로의 양을 치다가 호렙 산에서 떨기나무 불

꽂 가운데 나타나신 하나님께서 그를 부르시매 "내가 여기 있나이다." 대답하며 하나님을 만남.

3. 주석

1절에 의하면, 모세가 장인 이드로의 양을 치다가 목초 지역을 찾아 가다보니 광야 서편까지 왔다고 한다. "광야 서편"이란 문구는 히브리 성경 원문대로 번역한다면 "광야의 뒤편"이다. 그 뒤편이 곧, "광야 서편"이므로 영어 "개정표준번역"(RSV)과" 신미국표준번역 "(NASB)도 "광야 서편"이라 번역한다. 그런데 호렙 산은 이드로의 집에서 오려면 광야를 지나서 가야 하는 먼 거리이므로 영어 "신국제번역"(NIV)은 "광야 먼 쪽"이라 번역하기도 한다.

로젠뮬러(Rosenmller)는 "이곳이 시내 반도에서 가장 높은 땅인데, 거기에 비옥한 계곡이 있어 과일 나무도 자란다. 이 지역에는 물이 풍부해 낮은 지역에 물이 마르면 베두인(사막에서 목축업을 하는 부족)이 모여드는 곳이다."[247]고 말한다. "하나님의 산 호렙"이란 문구는 호렙 산이 하나님의 산이라고 불러지고 있음을 보여준다. 이렇게 불러지는 이유는 이곳에서 장차 모세가 하나님의 율법을 받을 곳이기 때문에 여기에서 미리 하나님의 산이라고 부르고 있는 것으로 보인다. 모세 이전에 벌써 호렙 산이 성산(聖山)으로 알려져 있었던 것은 아니다(Holzinger).[248]

---

247) C. F. Keil and F. Delitzsch, *Biblical Commentary on the Old Testament*, vol. 1, *The Pentateuch*, p. 437로부터 인용.

248) 참고, 박윤선, *성경주석, 출애굽기*, p. 29.

2절에서 "떨기나무에 불이 붙었으나 사라지지 아니하는" 사건을 말한다. 여기서 '떨기나무'는 히브리어로 "세네"(סְנֶה)이다. 이 "세네"(סְנֶה)는 '가시가 많은 덤불' 혹은 '나무딸기 덤불'을 의미한다.[249) 이 "세네"(סְנֶה)라는 덤불나무가 시내산에 많이 있어, 이 단어 "세네"(סְנֶה)에서 시내산 이란 단어가 나왔다는 견해가 있다.

이 가시가 많은 덤불인 떨기나무는 볼품없고 천대 받으며 별로 쓸모없는 나무로서 세상에서 멸시받고 모욕을 당하는 이스라엘 백성을 나타낸다고 추론한다. 떨기나무에 붙은 "불"은 태워 없애는 것으로써 순화(純化)시키기 위해 고통을 주며 파멸케 하는 형벌을 상징하거나 혹은 하나님의 진노에 의해 순화시키고 형벌을 가하는 정의를 상징하는 것으로 이해한다. 하나님은 자주 불로 징벌하신다(단 7:9,10, 겔 1:13,14,27,28, 계 1:14,15). 따라서 불이 타는 가시덤불은 이집트의 용광로, 고통의 불 속에서 타고 있는 이스라엘 백성을 나타낸다. 고 말할 수 있다(신 4:20, "여호와께서 너희를 택하시고 너희를 쇠풀무 곧 애굽에서 인도하여 내사 자기 기업의 백성을 삼으신 것이 오늘과 같아도").

그러나 불이 가시덤불에 붙었으나 그 가시덤불이 불에 타져서 없어지지 않는다. 이는 여호와께서 그의 백성을 이집트에서 온갖 수난과 고통을 받게 하시지만, 망하지 않을 것을 나타낸다. 이것은 다음 시편저자의 말과 같다: "여호와께서 나를 심히 경책하셨어도 죽음에는 붙이지 아니하셨다."(시 118:18)

2절에서는 여호와의 사자가 떨기나무 불꽃 가운데 나타났다고 했

---

249) 참고, *The New Brown, Driver, and Briggs Hebrew and English Lexicon of the Old Testament*, p. 702.

는데, 4절을 보면 그 떨기나무 가운데서 말씀하시는 분은 하나님이시다. "하나님께서 떨기나무 가운데서 그를 불러 가라사대 모세야 모세야 하시매 그가 가로되 내가 여기 있나이다." 고 대답했다. 여기서 여호와의 사자와 하나님이 동일시되고 있는데, 여호와의 사자는 콜(R. Alan Cole)에 의하면, 창세기 18:1과 19:1의 조상들의 이야기들에서처럼 "하나님 자신의 임재에 대한 경외의 이름" 이며[250] 또한 더 나아가 신약과 비교해서 말한다면, 박윤선 박사의 말대로 "신약시대에 화육하실 그리스도 자신의 계시이다." 고 말할 수 있다.[251]

이 떨기나무 사건은 모세에게 그의 삶이 완전히 변화될 수 있는 영적으로 중대한 사건이었다. 우리들도 신앙생활을 할 때 이런 순간을 맛보기를 원한다. 하나님을 더 깊이 믿을 수 있는 영적인 심오한 체험을 원한다. 모세는 지금 이러한 체험을 하고 있는 것이다. 이집트의 왕실 사람이요 학자였던 모세가 인간적으로 보면 실패하여 아직까지 하나님의 큰 능력을 맛보지 못하고 목자가 되어 누추한 옷을 입고 온몸이 먼지에 더러워져 있는 것이다. 하나님께서는 세상 적으로 아무것도 아니요 죽은 자와 같다고 생각하고 있었을 모세에게 찾아오신 것이다. 여기에서 하나님은 그의 자녀들을 잊지 않으시고 최적기에 찾아오셔서 가장 좋은 것을 주시는 분이심을 보여준다.

5절에서 하나님께서 모세에게 "이리로 가까이 하지 말라." 고 말씀하신 것은 모세가 지금까지 세상의 죄악으로 더럽혀져 하나님께 가까이 할 수 없는 죄인이며, 아직 하나님의 임재나 속성을 잘 알지 못해 하나님을 가까이서 섬기거나 교제할 수 있는 준비가 되어 있지 않

---

250) Cole, *Exodus, An Introduction and Commentary*, p. 64.

251) 박윤선, *성경주석, 출애굽기*, p. 29.

았기 때문이다. 하나님의 뜻을 잘 모르고 혹은 그 뜻을 어기며 하나님을 섬긴다고 할 때 오히려 하나님의 진노를 받고 죽임을 당한다. 아론의 두 아들 나답과 아비후가 여호와가 명하시지 않은 다른 불을 자기 향로에 담아 여호와께 분향하다가 죽임을 당했고(레10:1-2), 다윗이 법궤를 아비나답의 집으로부터 다윗 성으로 옮겨가기 위해 새 수레에 싣고 오다가 소들이 뛰므로 웃사가 그 궤를 붙들었더니 하나님이 그를 그곳에서 치사 그가 궤 곁에서 죽었다(삼하 6:1-11). 하나님께서는 어떤 사람이 하나님의 법에 어긋나게 일하거나 하나님을 수종들 때 그것을 용서치 않으시고 징벌하신 경우가 많다. 하나님께서는 그의 종들이 하나님 자신의 말씀을 엄격히 지켜 행하시기를 원하신다.

모세에게 "네 발에서 신을 벗으라." 고 말씀하신다. 이렇게 신을 벗는 것은 동양에서 먼지로부터 거룩한 곳을 보호하기 위한 실제적인 목적이 있을 뿐만 아니라, 거기에 더하여 경배의 표시였다. 그리하여 모슬렘들은 그들의 사원(mosque)에 들어갈 때 꼭 신발을 벗고 들어간다. 그리스 신전에서도 제사장들이나 여자 사제들이 봉사할 때 맨발로 했다. 아랍 사람들과 사마리아 사람들도 거룩한 곳에 들어 갈 때에 발의 신발을 벗는다.

그런데 불이 타는 떨기나무가 있는 곳은 하나님께서 임재 하셨기 때문에 거룩하다. 신을 벗는 것은 그 장소에 대한 존경심을 나타낼 뿐만 아니라, 그곳에 임재하신 하나님께 경외심을 나타내도록 하기 위해서였다.

6절에서 하나님은 처음으로 모세의 조상의 하나님이라고 밝히신다. 6절에서 "조상" 이라고 번역한 히브리어 원문의 성경 단어는 "아브" (אָב)이다. 이 단어는 직역하며 "아버지" 이다. 모세는 하나님을 이미 부모님으로부터 들어 알고 믿었던 것으로 보인다. 왜냐하면 하나님께서 모세에게 "나는 네 아버지의 하나님이다"라고 했을 때 6절 하반 절에 보면 모세가 아무런 질문이나 저항 없이 하나님을 경외하는 모습을 보여주고 있기 때문이다.

가끔 어떤 학자들은 모세가 여호와 신앙을 그의 장인의 겐족(the Kenite)에게 배운 것이라고 말하지만 본문 6절에 의해서 이 견해를 지지할 수 없다.[252] 또한 본문 6절에는 아브라함과 이삭과 야곱이 모세의 조상들이라고 분명히 언급되어 있음에도 불구하고 어떤 학자들은 아브라함이 실제 인물이 아니라 포로시기에 창안된 인물이라고 주장한다. 또 아브라함이 북쪽 지파들의 족장이며, 야곱은 남쪽 지파들의 족장이었다고 생각하는 사람들도 있다.[253] 그러나 본문의 6절과 창세기 21:3절의 기록(아브라함이 아들 이삭을 얻은 기록)과, 창세기 25:26절 기록(이삭이 그의 아들 야곱을 얻은 기록)을 볼 때 이러한 학자들의 견해는 받아들일 수 없다.

4. 설교 및 교훈 자료

5절: 하나님 앞에서 신발을 벗은 모세

우리는 하나님께 예배드리러 올 때 이 마음을 품어야 한다. 모세가 발에서 신발을 벗은 것은 하나님께 대한 경외심과 존경심을 보여주는 내용이다. 그리고 모세가 신에 있는 더러운 것이 거룩한 곳에 묻거나 떨어지지 않도록 주의했듯이, 내가 세상에서 배운 더러운 죄가 하나님의 전에 떨어지지 않도록 주의하자. 교회에서 싸우는 자 혹은 당

252) 참고, N. Wyatt, "The Development of the Tradition in Exodus 3," *ZAW*, 91(1979): 442.

253) 상게서, 441.

을 짓는 자 혹은 시기하는 자는 세상에서 묻은 더러운 것을 교회에 묻혀 놓는 행동을 하는 것이라고 말 할 수 있다.

[7절-10절]

모세의 소명과 임무

7. 여호와께서 가라사대 내가 애굽에 있는 내 백성의 고통을 정녕히 보고[1] 그들이 그 간역자로 인하여 부르짖음을 듣고 그 우고를 알고, 8. 내가 내려와서 그들을 애굽인의 손에서 건져내고 그들을 그 땅에서 인도하여 아름답고 광대한 땅 젖과 꿀이 흐르는 땅 곧 가나안족속, 헷 족속, 아모리 족속, 브리스 족속,[2] 히위 족속, 여부스 족속의 지방에 이르려 하노라. 9. 이제 이스라엘 자손의 부르짖음이 내게 달하고 애굽 사람이 그들을 괴롭게 하는 학대도 내가 보았으니, 10. 이제 내가 너를 바로에게 보내어 너로 내 백성 이스라엘 자손을 애굽에서 인도하여 내게 하리라.

1. 본문의 원전 설명

7절: 1 히브리어 원문에 보면 "정녕히 보고"라 번역된 "라오 라이티"(רָאֹה רָאִיתִי)는 절대 부정사 "라오"가 본동사 "라이티"를 수식하여 뜻을 강조해주고 있다. 그러므로 "확실히 보고"로도 번역할 수도 있다.

8절: 2 "브리스 족속." 이 "브리스 족속" 다음에, 사마리아 오경과 헬라어 70인역은 "기르가스 족속"을 삽입하고 있다.

2. 본문 내용 개요

여호와께서 이스라엘 백성의 부르짖음을 듣고 모세를 바로에게 보내 그들을 건져내어 젖과 꿀이 흐르는 땅, 가나안으로 인도하시겠다 함.

3. 주석

7절-10절은 하나님께서 모세를 부르신 이유와 목적을 말씀해 주고 있다.

이유는 1) 하나님께서 이집트에 있는 이스라엘 백성의 고통을 보셨고,(7절, 9절)

2) 하나님께서 이스라엘 백성이 간역자(看役者)를 인하여 부르짖음을 듣고 그 우고(憂苦)를 아시시 때문이다.(7절)

목적은 1) 하나님께서 이스라엘 백성을 이집트인들의 손에서 건져내시어,(8절)

2) 하나님께서 이스라엘 백성을 가나안 족속, 헷 족속, 아모리 족속, 브리스 족속, 히위 족속, 여부스 족속의 땅으로 인도하려 하신 것이다.(8절)

그리하여 이 목적을 시행키 위해 하나님께서 모세를 바로에게 보내서 이스라엘 백성을 구원하게 하시려 한다.(10절)

7절에서 언급된 "간역자들"은 히브리어로 "노그심"(נֹגְשִׂים)으로서 문자적인 의미는 "억압자, (세금 따위를)엄하게 거두어들이는 자, 강요하는 자, 운전자"등 이다. 여기 7절에서 "노그심"(נֹגְשִׂים)은 이스라엘 백성을 혹독하게 일시키는 이집트인 감독자들을 가리킨다. 이 단어는 출애굽기 5:10, 13, 14 등 에서 다시 언급된다.

8절은 하나님께서 이스라엘 백성에게 주시려 하는 땅이 "아름답고 광대한 땅, 젖과 꿀이 흐르는 땅"이라고 표현한다. 오늘 날에는 이스라엘 땅에서 이러한 아름다움을 볼 수 없어 옛날에는 그렇게 아름다웠으나 지금은 황폐화되었는지 혹은 아름다움이란 말이 어떤 상징적인 뜻으로 사용되었는지 여러 가지 해석이 있다. 그러나 "젖과 꿀이 흐르는 땅"이란 양과 염소들이 우유를 만들고, 포도나무가 열매들로 달콤한 음료들을 만들어 주며, 벌들이 양질의 꿀을 공급해주는 땅이며 또한 이것들을 넘치게 공급해주는 땅을 뜻한 것으로 이해 할 수 있다.[254)]

"광대한 땅"은 8절에 언급된 다음 여섯 족속들이 점령하고 있는 넓은 땅을 한 백성 이스라엘에게 주시려고 했음을 설명한 말이다:

1) 가나안 족속 - 이 이름은 혈통에 관계없이 가나안 땅에 거주하는 모든 족속을 총괄적으로 지칭하는 말로 자주 사용되기도 한다. 그러나 여기 8절에서는 함의 아들 가나안의 후손으로서(창 10:6) 팔레스틴의 해변 가에 살고 있던 족속을 가리킨 것으로 이해된다(민 13:29,수 5:1).[255)]

2) 헷 족속 - 모세 때에 강한 족속으로 그들의 일부 그룹은 팔레스틴의 산지에 살고 있었다(민 13:29). 이들은 소아시아 지역의 옛날 헷 왕국(the Old Hittite Empire)으로부터 이민해 온 사람들로 보인다.[256)]

3) 아모리 족속 - 팔레스틴의 산지에 살았고(민 13:29) 그리고 요단 동쪽에도 살았다. 이스라엘 백성이 가나안 땅에 들어오기 전 요단 동

---

254) Kaiser Jr., *Exodus, The Expositor's Bible Commentary*, p. 316.

255) Marten H. Woudstra, *The Book of Joshua* (Grand Rapids: Wm. Eerdmans Publishing Co., 1981), p. 84.

256) 참고, Gispen, *Bible Student's Commentary, Exodus, p. 53; Kaiser Jr., Exodus, The Expositor's Bible Commentary*, p. 318.

쪽을 점령할 때 아모리 족속의 왕이었던 시혼이 모압 족속의 땅을 점령해 살고 있었으며 그들의 수도는 헤스본이었다(민 21:21-32). 그리고 바산 왕 옥 역시 아모리 왕이었다(민 21:33-35).[257]

4) 브리스 족속 -이 족속에 대해서는 우리가 잘 알지 못한다. "브리스"(פְּרִזִּי)의 문자적인 뜻은 '촌락들의 거주자들' 을 의미하는 것으로 이해된다.[258] 이 문자적인 의미에 의해 브리스 족속은 다른 목축업을 하는 족속들과 구별되게 농사짓는 족속을 기리키는 것으로 이해하는 학자들이 있으나, 이는 받아들일 수 없고 성경에서 여러 족속들 중의 한 족속으로 분명히 자주 언급되므로 한 특정한 족속을 가리킨 것으로 이해된다.[259] 그들이 언급되는 성경구절들을 볼 때 브리스 족속은 벧엘 지역(창 13:7) 근처와 세겜 지역(창 34:30)에 살았고 그리고 가나안 정복 때 유다 지파가 차지했던 지역에 거주하며 살았던 족속이다(삿 1:4-5).

5) 히위 족속 - 히위 족속(the Hivite)이란 이름은 호리 족속(the Horite)이란 이름의 또 다른 이름으로 생각된다. 왜냐하면 창세기 36:2에서 "시브온"을 히위 족속중의 한 사람이라 불렀는데, 그러나 창세기 36:20에서는 그의 아버지를 "호리족속"의 사람이라 부르고 있기 때문이다. 히위 족속은 세겜(창 34:2), 기브온, 그비라, 브에롯, 그리고 기랏여아림에 살았고(수 9:3-21) 또한 헤르몬 산 아래에도 살았다(수 11:3).[260]

---

257) Gispen, 상게서, p. 54.

258) 상게서; Kaiser Jr., *Exodus, The Expositor's Bible Commentary*, pp. 317f.

259) W. White, Jr., "Perizzite per' zit," *The Zondervan Pictorial Encyclopedia of the Bible*, vol 4, p. 704.

260) Gispen, *Bible Student's Commentary, Exodus*, p. 54.

6) 여부스 족속 - 예루살렘의 거주자들이다. 그들은 산지에 살았고(민 13:29), 나중에 다윗에 의해 정복되었다(삼하 5:6-8). 다윗 왕이 하나님의 뜻에 어긋나는 이스라엘 백성의 인구를 조사한 후 회개의 제사를 드렸던 곳이 아라우나의 타작마당인데, 이 아라우나가 여부스 사람이다.(삼하 24:18-25).

4. 설교 및 교훈 자료

7-10절: 모세의 소명

모세뿐 아니라 우리 모두도 하나님으로부터 부름을 받아 그의 자녀들이 되었다(요 6:44.37). 베드로 후서 1:10은 "그러므로 형제들아 더욱 힘써 너희 부르심과 택하심을 굳게 하라 너희가 이것을 행한즉 언제든지 실족치 아니하리라." 고 말씀하시며 디모데 후서 1:9절은 "하나님이 우리를 구원 하사 거룩하신 부르심으로 부르심은 우리의 행위대로하심이 아니요 오직 자기 뜻과 영원한 때 전부터 그리스도 예수 안에서 우리에게 주신 은혜대로 하심이라." 고 말씀한다. 우리의 행위로는 마땅히 죽을 자인데 우리를 불쌍히 여기셔서 은혜로 자녀 삼아주신 하나님께 신실하고 겸손하게 최선을 다하여 충성하며 섬겨야 할 것이다.

[11절-12절]

모세의 응답과 하나님의 약속

11. 모세가 하나님께 고하되 내가[1] 누구 관대 바로에게 가며 이스라엘 자손을 애굽에서 인도하여 내리이까. 12. 하나님이 가라사대[2] 내가 정녕 너와 함께 있으리라 네가 백성을 애굽에서 인도하여 낸 후에 너희가 이산

에서 하나님을 섬기리니 이것이 내가 너를 보낸 증거니라.

1. 본문의 원전 설명

11절: [1] “내”가 히브리어 원문에서는 강조 적으로 표현되어 있어서 “정말 내”가로 번역하면 원문의 뜻이 더 반영된다. 그러면 11절은 “모세가 하나님께 고하되 정말 내가 누구관대....”이다.

12절: [2] “하나님이 가라사대.” 이 문구는 히브리어 원문에서는 3인칭 단수 동사로서 “그가 가라사대”이다. 이 문구 뒤에 헬라어 70인역은 “하나님께서 모세에게 말씀하시기를”(ὅ θϵὸς μωυαϵῖ λέγων)이란 단어들이 삽입되어 있다.

2. 본문 내용 개요

모세는 이스라엘을 이끌어 낼 수 없는 자기의 무가치함을 말하지만, 하나님께서 그와 함께 하실 것을 말씀하며 이끌어 낼 것을 믿도록 증거를 제시함.

3. 주석

11절에서 모세는 “내가 누구관대 바로에게 갑니까?”라고 말한다. 이 모세는 옛날 젊었을 때 모세와는 판연히 다르다. 모세는 옛날 스스로 자기를 해방 자와 재판관으로 백성 앞에 나서서 이스라엘 사람을 치는 이집트인을 죽이기도 했다. 그러나 이제 그는 미디안 광야에서 수십 년 동안 겸손을 배웠고 낮아 질대로 낮아졌다. 그 결과 모세는 자신의 힘을 완전히 불신하게 되었다. 바로 딸의 아들이 목자가 되었고 그 자신이 이제는 너무 무능하고 약해 바로 앞에 갈 수 없다고 생각했다.

이런 모세에게, 하나님께서, 12절에 보면, "내가 정녕 너와 함께 있으리라."(אֶהְיֶה עִמָּךְ)고 약속해 주셨다. 자기의 부족과 무가치 함을 의식해서 하나님께서 주신 사명을 할 수 없다는 모세에게 이제는 너의 힘을 의지하는 것이 아니라 나를 믿고 나를 의지해서 하라고 하시는 뜻에서 하나님께서는 "내가 정녕 너와 함께 있으리라."고 말씀하셨다. 자기 힘을 의지하여 행하라는 것이 아니라 그와 동행하시는 하나님을 의지하여 행하라는 뜻이다.

하나님께서는 이 약속을 지킬 것이며 이 약속을 한 분이 하나님이심을 알 수 있는 징표(증거)를 제시했다. 그것은 『모세가 이스라엘 백성을 이집트에서 인도하여 낸 후에 이 호렙 산에서 그들이 하나님을 섬기게 될 사실』이란 것이다. 모세가 그의 사명을 성공리에 완수하게 된 보증이 되는 이 징표(증거/sign)는 실제 믿음을 요구하는 것이다. 모세로 하여금 용기와 신뢰를 갖고 그의 임무를 수행하도록 고무시켜 주는 징표이다.

그런데 이 하나님의 징표에 대해, 학자들 중에는 징표가 될 수 없다고 보며, 그 하나님의 약속의 말씀은 전체 이야기의 결론이라고 생각하며, 본문의 진의를 의심하는 사람들이 있다.[262] 그들은 하나님이 모세를 보낸 증거는 3:20에 언급된 것처럼 여호와가 그의 손을 들어 이집트 중에 여러 가지 이적으로 그 나라를 치신 것이라고 주장한다. 그들은 이러한 자신들의 견해를 뒷받침 해주는 것이 "여호와의 표징

---

261) N. Wyatt, "The Development of the Tradition in Exodus 3," *ZAW*, vol. 91, 1979, p. 3.

이 그의 전능한 행위들이다"라고 말씀하고 있는 출애굽기 10:1-2의 말씀이라고 설명한다.[262)]

그러나 이 견해에는 동의할 수가 없다. 왜냐하면 3:12에서 말한 "증거"는 모세 개인에게 하나님이 주신 증거를 가리키며, 10:1-2의 증거는 바로와 그의 신하들과 이스라엘 백성의 후손들에게 온 천하에 하나님과 같은 자가 없음을 보여주게 될 "표징"이기 때문이다(참조, 출 9:14-16). 그러므로 서로 다른 이 두 가지의 "증거"[혹은 "표징," 히브리어 원문단어는 "오트"(אוֹת)]를 같은 것이라고 주장하는 것은 논리적 모순이다.

4. 설교 및 교훈 자료

11-12절: 미디안 학교에서 변화된 모세의 모습

모세는 미디안 광야에서 철저하게 겸손해져서 낮아 질대로 낮아졌다. 모세는 더 이상 자기를 신뢰하지 않는다. 자기의 무능력과 무가치함을 깨달았다. 우리가 하나님 앞에서 자기를 내세우고 자기를 의지할 때 하나님의 충실한 종이 될 수 없다. 우리는 모세처럼 온전히 하나님을 의지하는 철저한 신앙을 배워야 하겠다. 이러한 신앙인이 되지 않고는 하나님께서 귀하게 쓰실 종이 결코 될 수 없다. 하나님을 철저히 의지하지 않는 사람은 인간이 할 수 있는 그런 범상한 일 이외에는 할 수 없을 것이다.

「13절-15절」

---

262) 상게서

하나님의 이름과 그 특성

13. 모세가 하나님께 고하되 내가 이스라엘 자손에게 가서 이르기를 너희 조상의 하나님이 나를 너희에게 보내셨다 하면 그들이 내게 묻기를 그의 이름이 무엇이냐 하리니 내가 무엇이라고 그들에게 말하리이까. 14. 하나님이 모세에게 이르시되 나는 스스로 있는 자니라 또 이르시되 너는 이스라엘 자손에게 이같이 이르기를 스스로 있는 자가 나를 너희에게 보내셨다 하라. 15. 하나님이 또 모세에게 이르시되 너는 이스라엘 자손에게 이같이 이르기를 나를 너희에게 보내신 이는 너희 조상의 하나님 곧 아브라함의 하나님, 이삭의 하나님, 야곱의 하나님 여호와라 하라 이는 나의 영원한 이름이요 대대로 기억할 나의 표호니라.

1. 본문 내용 개요

모세가 하나님께 이스라엘 자손들이 당신을 보낸 하나님의 이름을 물의면 무엇이라고 답할 것인가를 물을 때, 하나님께서 너희들의 조상의 하나님이신 "스스로 있는 자"가 보내셨다고 말하라함.

2. 주석

모세는 앞서 11절에서 자기 자신이 하나님께서 주신 임무에 적합하지 못한 존재임을 말했는데 이제 13절에서는 자기 임무를 수행하는데 거침돌이 될 것을 이스라엘 입장에서 예상하여 하나님께 질문한다. "조상의 하나님"이 모세 자기를 보냈다고 말하여도 그 하나님이 어떤 특성의 하나님인지 모르는 이스라엘 백성이 그의 메시지를 믿지 않고 "그의 이름이 무엇이냐"고 물으면 어떻게 할 것이냐고 말한다.

모세는 여기서 단순히 이스라엘 사람들에게 알려지지 않은 하나님의 이름만을 묻는 것이 아니라, 이미 알려진 이름의 내적 의미를 묻는 것이라고 말할 수 있다. 이집트인들은 호루스(Horus), 셋(Seth), 이시스(Isis), 오시리스(Osiris, 지하의 신), 레(Re, 태양 신) 등을 믿고 우리를 학대하며 고역을 시키는데 그들이 '너를 보낸 하나님' 그는 누구냐고 물을 것이라는 것이다. 이 물음은 아마도 우리 조상이 믿었던 하나님이 우리를 이렇게 노예로 살도록 내버려두었는데 그가 도대체 어떠한 신이냐는 물임이라고 추측할 수 있다.

14절에서 하나님께서는 답변하시기를, "나는 스스로 있는 자니라." 고 말씀하신다. 이 답변은 이스라엘의 조상인 아브라함과 언약을 맺으며 아브라함의 씨를 그의 백성 삼으셨던 때의 하나님의 이름 '여호와(יהוה)' 의 뜻을 설명하는 것으로 생각된다(참고, 창 15:7). 여호와는 스스로 있는 자라는 것이다. 이 말씀은 절대자 하나님, 곧 스스로 존재하는 자, 아무 것에도 메이지 않고 자존하시는 하나님이 신 것을 뜻한다.[263] 이집트나 다른 나라에 있는 인간이 만든 가짜 신이나 돌이나 나무로 만든 신들과는 근본적으로 다른 스스로 존재하시는 절대적 신의 이름을 말씀한다. 그러므로 우상인 가짜 신인 이집트의 신과는 비교가 될 수 없는 능력의 하나님으로서 이스라엘을 구원할 수 있는 신임을 간접적으로 시사하고 있다.

3. 설교 및 교훈 자료

263) 여호와(יהוה)의 발음과 의미에 대한 자세한 논의를 위해, 이 책의 서론, 3. 하나님의 이름 "יהוה"의 발음과 의미를 참고할 것.

14절: "스스로 있는 자"이신 하나님

우리가 믿는 하나님은 절대자, 스스로 있는 자, 자기 마음대로 할 수 있는 자이다. 세상에 있는 인간이 만들어 낸, 깎아서, 쪼아서 만든 신이 아니다. 이 절대자 하나님을 찬양하고 끝까지 신뢰하는 신앙인이 되어야 하겠다. 신명기 32:17은 이스라엘 백성이 그들을 인도하신 하나님께 제사하지 않고, 하나님이 아닌 마귀에게 곧 우상에게 제사를 드리며 경배했음을 하나님께서는 책망하신다. 사도 바울은 "우상은 세상에 아무 것도 아니며 또한 하나님은 한 분 밖에 없는 줄 아노라."고 분명히 말한다(고전 8:4).

[16절-20절]

이집트에서 시작할 모세의 일들

16. 너는 가서 이스라엘[1] 장로들을 모으고 그들에게 이르기를 여호와 너희 조상의 하나님 곧 아브라함과 이삭과 야곱의 하나님이 내게 나타나 이르시되 내가 실로 너희를 권고하여 너희가 애굽에서 당한 일을 보았노라. 17. 내가 말하였거니와 내가 너희를 애굽의 고난 중에서 인도하여 내어 젖과 꿀이 흐르는 땅 곧 가나안 족속 헷 족속 아모리 족속 브리스 족속 히위 족속 여부스 족속의 땅으로 올라가게 하리라 하셨다 하면, 18. 그들이 네 말을 들으리니 너는 그들의 장로들과 함께 애굽 왕에게 이르기를 히브리 사람의 하나님 여호와께서 우리에게 임하셨은즉[2] 우리가 우리 하나님 여호와께 희생을 드리려 하오니 사흘 길쯤 광야로 가기를 허락 하소서 하라. 19. 내가 아노니 강한 손으로 치기 전에는 애굽 왕이 너희의 가기를 허락지 아니하다가, 20. 내가 내 손을 들어 애굽 중에 여러 가지 이적으로 그 나라를 친 후에야 그가 너희를 보내리라

1. 본문의 원전 설명

16절: [1]"이스라엘." 이 단어 앞에, 사마리아 오경은 "아들들"(בְּנֵי)이란 단어가 삽입되어 있어, "이스라엘 아들들의"로 표현되어 있다.

18절: [2]"임하셨은즉." 이 단어대신, 사마리아 오경과 헬라어 70인역과 벌게이트 역은 "부르셨은즉"(נקרא)로 읽는다.

2. 본문 내용 개요

모세에게 가서 이스라엘 장로들에게 하나님이 나타나셔 젖과 꿀이 흐르는 가나안 땅으로 올라가게 하시겠다고 약속하셨음을 말하고, 또한 바로에게 가서 사흘 길쯤 광야로 가서 하나님께 제사를 드리게 해 주라고 요구하라고 함.

3. 주석

16절 이하를 보면, 하나님께서 모세에게 말씀하도록 하신 계획은 이스라엘 백성이 사흘 길쯤 가서 희생을 하나님께 드리고 나서 돌아오려는 것이 아니고, 약 속의 땅 가나안으로 올라가려고 했다. 그러나 이집트 왕에게는 사흘 길쯤 광야로 가서 희생을 드린 후 다시 돌아올 것처럼 말하고 있다. 이것은 하나님께서 거짓말을 하도록 시킨 것이 아닌가 물을 수 있다. 그러나 여기에서 하나님은 절대로 거짓말을 시킨 것이 아니다. 거짓말은 상대방이 권세가 있거나 부자이거나 폭력배여서 무서워 자기 뜻대로 무슨 일을 할 수 없는 인간이 하는 것이다. 하나님은 전능하시고 자기의 뜻대로 모든 것을 할 수 있는 분이시기 때문에 거짓말을 할 필요가 없다. 그런데 왜 하나님은 모세에게 그렇게 바로에게 가서 이야기하도록 했을까? 다음 두 가지 이유를 생각할 수 있다.

1) 하나님은 처음에 보통 사람이 허락해 줄 수 있는 정도로 적은 것을 요구하여도 거절하는 바로의 마음을 표출시켜 그가 얼마나 강퍅한 가를 보여주기 위한 것이다.

2) 한편 전지전능하신 하나님이 바로처럼 강퍅한 사람을 다루시는 한 방법이라고도 생각할 수 있다. 하나님이 모든 계획을 말할 때 전혀 이해하지 못할 것이기 때문에 바로에게 조그마한 것을 요구해서 점점 하나님의 모든 뜻을 알려주시는 방법이다(참고, 출 6:10, 8:27, 10:26, 12:31-32)

[21절-22절]

이집트 사람들의 호의를 받을 이스라엘 사람들

21. 내가 애굽 사람으로 이 백성에게 은혜를 입히게 할지라 너희가 갈 때에 빈손으로 가지 아니하리니, 22. 여인마다 그 이웃 사람과 및 자기 집에 우거하는 자에게 은 패물과 금 패물과 의복을 구하여 너희 자녀를 꾸미라 너희가 애굽 사람의 물품을 취하리라.[1]

1. 본문의 원전 설명

22절: [1] "너희가 애굽 사람의 물품을 취하리라." 여기서 '취하리라'(נִצַּלְתֶּם)는 말은 히브리어로 נָצַל의 피엘 형이다. 그 뜻은 "강탈하다(rob), 약탈하다, 구원하다(deliver)" 등이다. 여기에서 이스라엘 백성이 이집트 사람들의 물건을 직접 강제적으로 약탈하는 것은 아니지만 결과적으로 약탈하는 것과 같이 취하게 되었음을 뜻하는 것으로 보인다.

2. 본문 내용 개요

이집트를 떠날 때 빈손으로 가지 않고 많은 물품을 가지고 간다고 하심

3. 주석

21절-22절을 보면, 이집트 사람과 이스라엘 사람이 서로 떨어져 살지 않고 인접하여 살기도 하고 한 집에서 사는 자들도 있었음을 보여준다. 그리고 22절에서 "구하여"(שָׁאַל)라는 말이 '빌린다' 는 뜻으로 혹은 도둑처럼 이집트 사람들을 강제로 빼앗는 것을 뜻하는 것으로 해석을 하려는 사람이 있다. 그러나 21절에서 말한 대로 하나님이 이집트 사람들에게 이스라엘 사람들이 은혜를 입어 그들이 요구한 것을 들어주게 한다고 되어 있으므로 이스라엘 사람들이 귀중품들을 요구할 때 기쁨으로 주었음을 시사한다. 또한 이집트 사람들이 겉으로는 은혜를 베풀어 준 것으로 보이지만 사실은 하나님께서 그들의 마음을 강권하여 그렇게 은혜를 베풀도록 하신 것이기 때문에 영적 승리자가 가지는 전리품처럼 생각할 수 있다.

3. 설교 및 교훈 자료

21절-22절: 하나님께서 이집트 사람들의 보석과 의복을 취하게 하심

하나님은 사랑하는 이스라엘 백성이 출애굽 할 때에 이집트인들의 은혜를 받아 금은 패물과 의복을 가지고 떠나게 하셨다. 이러한 사실

을 통해서 우리가 알 수 있는 것은 하나님께서는 그의 자녀들에게 필요한 물질을 어떤 방법을 통해서도 공급해 주시는 분이시라는 것이다. 그러므로 하나님의 자녀 된 우리는 무엇이든지 필요할 때 아버지 되신 하나님께 간구하여 공급받는 복된 삶을 살기를 바란다.

[출애굽기 4장]

[1절-9절]

백성이 모세를 믿도록 하려는 뱀, 문둥병, 피의 표적

1. 모세가 대답하여 가로되 그러나 그들이 나를 믿지 아니하며 내 말을 듣지 아니하고 이르기를 여호와께서[1] 네게 나타나지 아니하셨다 하리이다. 2. 여호와께서 그에게 이르시되 네 손에 있는 것이 무엇이냐 그가 가로되 지팡이니 이다. 3. 여호와께서 가라사대 그것을 땅에 던지라 곧 땅에 던지니 그것이 뱀이 된지라 모세가 뱀 앞에서 피하매, 4. 여호와께서 모세에게 이르시되 네 손을 내밀어 그 꼬리를 잡으라 그가 손을 내밀어 잡으니 그 손에서 지팡이가 된지라. 5. 또 가라사대 이는 그들로 그 조상의 하나님 곧 아브라함의 하나님 이삭의 하나님 야곱의 하나님 여호와가[2] 네게 나타난 줄을 믿게 함이니라 하시고, 6. 여호와께서 또 가라사대 네 손을 품에 넣으라 하시매 손을 품에 넣었다가 내어보니 그 손에 문둥병이 발하여 눈 같이 흰지라.[3] 7. 가라사대 네 손을 다시 품에 넣으라 하시매 그가 다시 손을 품에 넣었다가 내어보니 손이 여상하더라. 8. 여호와께서 가라사대 그들이 너를 믿지 아니하며 그 처음 이적의 표징을 받지 아니하여도 둘째 이적의 표징은 믿으리라. 9. 그들이 이 두 이적을 믿지 아니하며 네 말을 듣지 아니하거든 너는 하수를 조금 취하여다가 육지에 부으라 네가 취한 하수가 육지에서 피가 되리라.

1. 본문의 원전 설명

1절: [1]"여호와께서." 이 단어 "여호와께서" 대신, 헬라어 70인 역은 "하나님께서"로 표현한다.

5절: [2]"여호와가." 이 단어 "여호와"가 헬라어 70인 역에는 없다.

6절: [3] "눈 같이 흰지라." 히브리어 원문성경에 따르면 "눈과 같더라" 이지, "희다" 란 단어가 없다. 그러나 번역 때 "희다" 란 단어를 첨가하여 눈의 흰 색깔을 강조해준다. 그러므로 히브리어 원문 성경은 "희다" 란 단어를 언급하지 않고 있으므로, 헐스(Hulse)는 본문이 손을 눈의 흰 색깔과 비교한 것이 아니고, 피부병과 관련된 피부의 벗겨지는 것과 비교하는 것이라고 말한다.[264)]

2. 본문 내용 개요

하나님이 모세를 이스라엘 백성에게 보내면서 그들이 모세를 믿지 않을 때 뱀, 문둥병, 피 세 가지 표적을 행하여 믿게 하라고 하심.

3. 주석

1절에 의하면, 모세는 이스라엘 백성이 그를 믿지 않을 것을 염려한다. 이스라엘 백성이 430년 동안 이집트에 거하는 동안 거의 하나님이 어느 누구에게 나타났다는 말이 없다. 그런데 갑자기 모세가 나타나서 여호와께서 내게 나타나셨다고 하면 의아해 생각하고 믿지 않으려 할 것이라는 모세의 추측은 어느 정도 타당성이 있다. 그러나 실제는 그렇지 않았다.

2-4절은 모세의 손에 있는 지팡이를 땅에 던져 뱀이 되게 하는 표적을 말씀한다. 뱀은 창세기 3:15에서 여자의 후손의 원수로 표현된

---

264) E. V. Hulse, "The Nature of Biblical 'Leperosy' and the Use of Alternative Medical Terms in Modern Translations of the Bible," *Palestine Exploration Quarterly*, vol. 107(1975): 92f., 103; 이 자료는 Durham, *Exodus*, *Word Biblical Commentary*, vol. 3, p. 43.

다. 여기에서 뱀은 이집트를 지배하는 악의 권세를 나타낸다고 볼 수 있다. 이 악의 세력을 모세가 하나님의 말씀을 순종할 때 통제할 수 있음을 가르쳐 준다. 모세가 뱀이 무서워 피했으나 하나님이 그 꼬리를 잡으라했다. 말씀대로 꼬리를 붙잡으니 지팡이가 되었다. 비록 이집트의 권세 자가 무서우나 하나님 말씀대로 그들을 상대할 때 능히 이길 수 있음을 상징적으로 가르쳐 준다고 말할 수 있다.

이 기적을 행하는 것은 이스라엘 백성들이 아브라함의 하나님, 이삭의 하나님, 야곱의 하나님이 모세에게 나타난 줄을 믿게 하기 위해서였다. 즉 여호와가 모세를 이스라엘의 지도자가 되도록 불러 주셨을 뿐만 아니라, 뱀처럼 교활한 이집트의 세력을 이길 수 있는 능력을 주셨음을 믿도록 하려는 것이다.

6-7절은 모세의 손이 문둥병으로 하얗게 되었다가 다시 정상적으로 회복되는 표적이다. 여기서 문둥병은 이스라엘이 이집트에서 받는 치욕적인 대우와 종의 상태를 상징할 뿐만 아니라, 데오도레트(Theodoret)가 말했던 것같이 이집트의 경건치 않은 것, 혹은 이스라엘이 빠져 있는 이집트의 부정한 것과 부도덕(impurity)을 상징한 것으로 말할 수 있다.[265] 그런데 하나님은 이스라엘 백성을 문둥병으로부터 깨끗하게 하실 수 있는 능력을 가지고 있으시다. 하나님은 그의 종 모세에게 이 능력을 주실 것이다. 하나님이 명령하시므로 모세는 문둥병이 걸린 손을 다시 그의 품에 넣었다가 내어 보니 깨끗해졌다. 이 표적에 의해 하나님은 그의 종 모세에게 문둥병에 걸린 이스라엘 백성을 구원해 주시고 치료케 해줄 것을 상징적으로 보여주신 것으

265) 참고, Keil and Delitzsch, *Biblical Commentary on the Old Testament*, vol. 1, the Pentateuch, p. 449.

로 이해 할 수 있다.

9절은 강물을 피로 변하게 하는 표적을 말한다. 앞서 언급한 두 표적을 행해도 이스라엘 백성이 모세를 믿지 않으면 모세가 이집트의 권세와 신들을 이길 능력을 가졌음을 실제적인 예를 통해 보여주도록 했다. 곧, 모세가 나일 강 물을 취해다가 육지에 부으면 그것이 피가 될 것이다. 이집트인들에게 나일 강은 모든 좋은 것과 번영의 원천(source)으로써 신적인 영광을 받았다. 그런데 모세가 생명을 주는 나일 강물을 피로 변하게 하면 모세가 바로와 그의 신을 멸망케 할 힘을 가졌음을 보여주는 것이다. 이스라엘 사람들은 이 표적으로부터 모세가 바로와 그의 신을 이길 힘이 있음을 알 수 있었고, 바로와 이집트인들은 나중에 형벌을 받으면서 그러한 여호와의 능력을 체험했다. 이와 같이 모세는 하나님의 말씀만 받은 것이 아니라 하나님의 능력도 받았다.

[10절-17절]

말에 능치 못하다고 하나님의 부르심을 거절하는 모세

10. 모세가 여호와께[1] 고하되 주여 나는 본래 말에 능치 못한 자라 주께서 주의 종에게 명하신 후에도 그러하니 나는 입이 뻣뻣하고 혀가 둔한 자니이다. 11. 여호와께서 그에게 이르시되 누가 사람의 입을 지었느뇨 누가 벙어리나 귀머거리나 눈 밝은 자나 소경이 되게 하였느뇨 나 여호와가[2] 아니뇨. 12. 이제 가라 내가 네 입과 함께 있어서 할 말을 가르치리라. 13. 모세가 가로되 주여 보낼만한 자를 보내소서.[3] 14. 여호와께서 모세를 향하여 노를 발하시고 가라사대 레위 사람 네 형 아론이 있지 아니하뇨 그의 말 잘함을 내가 아노라 그가 너를 만나러 나오나니 그가 너를 볼 때에 마음에 기뻐할 것이라. 15. 너는 그에게 말하고 그 입에 말을 주라 내가 네 입과 그의 입에 함께 있어서 너의 행할 일을 가르치리라. 16. 그가 너를 대신하여 백성에게 말할 것이니 그는 네 입을 대신할 것이요

너는 그에게 하나님 같이 되리라. 17. 너는 이 지팡이를 손에 잡고 이것으로 이적을 행할지니라.

1. 본문의 원전 설명

10절: 1 "여호와께." 이 단어가 라틴 번역인 벌게이트 역에서는 생략되었다.

11절: 2 "나 여호와가." 이 문구가 헬라어 70인역B 에서는 "나 하나님이"로 표현되었다.

13절: 3 "주여 보낼만한 자를 보내소서"가 히브리어 원문성경에 따라 직역하면 "주여, 제발 보내소서. 손에 의해 당신이 보내소서"이다. "손에 의해 보내소서"란 구절은 "일을 위해 보내시려고 정해진 사람에게 당신의 손을 펴서 지시 하소서"를 뜻한 것으로 이해하는 사람이 있다.[266] 그리고 카일과 델리취(Keil and Delitsch)는 히브리어 원문성경의 4:13의 끝의 두 단어 "베야드"(בְּיַד)와 "티쉬라흐"(תִּשְׁלָח)사이에 관계대명사 "아쉐르"(אֲשֶׁר)가 생략되어 있다고 생각하여 "주여, 제발 당신이 보내시려는 자에 의해 (메시지)를 보내소서"를 의미하는 것으로 설명한다.[267]

2. 본문 내용 개요

266) *Commentaries on the Four Last Books of Moses Arranged in the Form of a Harmony by John Calvin*, vol. 1, p. 94.

267) Keil and Delitsch, *Biblical Commentary on the Old Testament*, vol. 1, *The Pentateuch*, p. 460.

모세가 말에 능치 못하다고 하며 이스라엘의 지도자 되기를 거절하므로 하나님이 그의 입과 그의 대언자인 아론의 입에 함께하여 할 일을 가르쳐 주실 것이라 하심.

3. 주석

10절에서 모세는 자기가 처음부터 말에 능치 못하고, 하나님께서 자기에게 말씀하신 후에도 말 잘하는 은사를 받지 못했다고 한다. 이에 하나님은 12절에서 모세에게 그가 이스라엘을 구원하는데 필요한 능력을 주실 것을 말씀하신다. 이제 모세의 어려운 문제들은 모두 해결되고 하나님의 보장에 의해 다 없어졌다. 그러나 아직도 하나님의 부름에 응할 수 없는 모세의 마음속에 버티고 있는 또 다른 이유가 있었다. 즉 그는 자신의 부족함만 계속 의식하고 하나님께서 능력 주실 것을 깊이 생각하지 못하는 것이다. 그리하여 모세는 자기가 하나님의 사명에 합당치 않다고 생각하며 자기 대신에 다른 사람을 보내 달라고 말한다.

14-15절을 보면, 모세의 고집스런 반대에 대해서 이제 하나님이 노를 발하신다. 그러나 모세의 반대가 육신의 약함 때문인 것을 보고 하나님은 그에게 자비를 베풀고 그를 도우신다. 모세에게 그의 형 아론을 언급하며 그가 모세의 대변자가 되도록 할 것이라 한다. 곧 16절에서 더 설명하듯이 아론은 모세의 말을 백성에게 대신 말해주는 모세의 입의 역할을 할 것이라 한다. 출애굽기 7:1은 "네 형 아론은 네 대언 자가 되리니"라고 말한다. 아론이 모세에게 갖는 관계는 선지자가 하나님께 갖는 관계와 같음을 의미한다. 선지자는 하나님이 말하도록 영감 시킨 말만 한다. 모세가 아론을 영감 시켜주는 하나님이 될 것이다.

4. 설교 및 교훈 자료

10-11절: 말을 잘 못해도 복음 전할 수 있다.

모세처럼 나의 언변 없음을 핑계하며 복음 전하는 일을 소홀히 하지 말자. 입을 만드신 자가 하나님이심을 다시 한번 마음에 각인 시키자. 하나님은 우리에게 할 말은 가르쳐 주시겠다고 약속해 주셨다(출 4:12). 마태복음 10-18절에서는 "주님 때문에 총독들과 임금 앞에 끌려갈 때 염려하지 말라, 내가 너의 할말을 줄 것이다"라고 말씀하고 있다(막 13:11, 눅 12:11, 21:15).

[18절-19절]

이집트에 돌아오기 위한 모세의 준비

18. 모세가 장인 이드로[1]에게로 돌아가서 그에게 이르되 내가 애굽에 있는 내 형제들에게로 돌아가서 그들이 생존하였는지 보려 하오니 나로 가게 하소서 이드로가 그에게 평안히 가라 하니라. 19. 여호와께서 미디안에서 모세에게 이르시되 애굽으로 돌아가라 네 생명을 찾던 자가 다 죽었느니라.

1. 본문의 원전 설명

18절: 1 "이드로"는 히브리어 원문 성경에 따르면 "예테르"(יֶתֶר)로 불러진다. 그러나 같은 18절 마지막 절에서는 흔히 읽혀지는 것처럼 "이드로"(יִתְרוֹ)로 모음이 붙어있다. "예테르"란 18절에서만 사용된 이름인데 아마 "이드로"가 다르게 불러졌던 이름인 것으로 보인다.

2. 본문 내용 개요

모세가 장인 이드로에게 이집트로 돌아가겠다고 양해를 구함.

3. 주석

18절은 하나님께서 모세에게 나타나신 후 드디어 모세가 이드로에게 그 형제들의 생존 여부를 알아보기 위해 이집트로 돌아가겠다고 말한다. 여기서 모세는 그가 이집트에 돌아가려는 진짜 이유를 말하지 않는다. 아마 이드로가 하나님의 명령과 그의 임무를 이해할 마음을 갖고 있지 못했기 때문인 것으로 보인다.

모세는 자기 장인의 수하에 있는 사람이기 때문에 이집트에 돌아가기 위해 장인의 양해를 얻는다. 이 행위는 어른을 존경해야하는 인륜의 예의범절에 바른 행동이다. 하나님의 사람은 지극히 높으신 하나님을 절대 순종해야 하며, 인간관계의 윤리도 무시해서는 안 된다.[268)]

이드로는 모세의 요청을 듣고 이집트로 돌아가도록 허락해 준다. 그러나 그 때 모세가 아직 출발하지 않고 돌아가려고 준비하고 있었음을 본다. 이 때 여호와께서 모세에게 나타나셔서 "애굽으로 돌아가라. 네 생명을 찾던 자가 다 죽었느니라" 고 말씀하신다.

---

268) 박윤선, *성경주석, 출애굽기*, p. 46.

4. 설교 및 교훈 자료

18-19절: 장인 이드로의 허락을 구한 모세

이것은 성도들이 사회생활을 할 때 꼭 기억해야 될 일이다. 하나님의 말씀을 절대로 순종해야 하며 또한 인간관계의 윤리도 무시해서는 안 된다. 자식으로서의 효도, 아내로서의 도리, 남편으로서의 책임, 제자로서의 스승에 대한 존경과 감사의 마음, 선배에 대한 존경의 태도 등을 가져야 한다.

[20절-23절]

이집트를 향해 출발한 모세에게 하나님이 지시하신 내용

20. 모세가 그 아내와 아들들을 나귀에 태우고 애굽으로 돌아가는데 하나님의 지팡이를 손에 잡았더라. 21. 여호와께서 모세에게 이르시되 네가 애굽으로 돌아가거든 내가 네 손에 준 이적을 바로 앞에서 다 행하라[1] 그러나 내가 그의 마음을 강퍅케 한즉 그가 백성을 놓지 아니하리니. 22. 너는 바로에게 이르기를 여호와의 말씀에 이스라엘은 내 아들 내 장자라. 23. 내가 네게 이르기를 내 아들[2]을 놓아서 나를 섬기게 하라 하여도 네가 놓기를 거절하니 내가 네 아들 네 장자를 죽이리라 하셨다 하라 하시니라.

1. 본문의 원전 설명

21절: [1] "행하라"는 히브리어 원문 성경에 따라 직역하면 "행할 것을 고려하라"이다.

23절: [2] 히브리어 원문성경의 "내 아들"은 70인 역에서는 "내 백성"(*τον λαον μου*)이라 되어있다. 둘 다 20-23절의 문맥에서 '이스라엘 백성'을 가르친다. 그러나 어느 것이 성경 원래의 문구였는지 단언할 수 없으나, 23절의 바로 전절인 22절에서 "이스라엘"을 "내 아들"이라고 부르고 있기 때문에, 23절에서도 "내 백성"보다는 "내 아들"이라 부른 것이 적절하므로 "내 아들"이 원래의 문구였을 것으로 생각된다.

2. 본문 내용 개요

하나님이 이집트로 돌아가는 모세에게 하나님이 그의 손에 준 이적을 바로 앞에서 행하고, 바로가 하나님의 아들인 이스라엘 백성을 보내기를 거절하므로 바로의 아들 중 장자를 죽일 것을 그에게 말하라고 하심.

3. 주석

20절에서 "아들들" 이란 단어는 모세가 한 아들만 낳은 것(출애굽기 2:22절)이 아니고 다른 아들도 낳았음을 가르쳐 준다. 다른 아들의 이름은 출애굽기 18:4절에 보면 '엘리에셀' 이다. 이 이름의 뜻은 "나의 하나님은 도움이시다" 이다.

21절에서처럼, 하나님이 바로의 마음을 강퍅케 했다는 말과 이와 비슷한 표현이 출애굽기에 10번 언급된다(출 4:21, 14:4,17, 7:13, 10:1, 9:12, 10:20,27, 11:10, 14:8). 또한 바로의 마음이 강퍅하여 혹은 바로가 그의 마음을 강퍅케 하여 여호와의 말씀을 듣지 않았다는 등의 비슷한 말이 10번 언급된다(출 7:13,22, 8:15, 9:35, 7:14, 9:7,34, 13:15, 8:19,32).

이러한 두 가지 표현 중에, 하나님이 바로의 마음을 강퍅케 하셨다는 말은 바로의 선한 마음을 하나님이 강퍅하게 만드신 것이 아니고 바로가 그의 교만과 죄로 인해 그의 마음을 강퍅하게 한 것을 그대로 버려두신 것을 뜻하는 것으로 보인다. 여기서 특별히 여호와가 강퍅케 한 것을 처음 모세에게 말한 것은 모세의 약한 믿음을 강하게 하고, 1) 하나님의 전능 성을 의심하지 않도록 하며 2) 모세가 부딪힐 바로의 완강한 거절을 대담히 대처하도록 하기 위해서이다. 바로의 완강한 거절이 하나님의 절대 통치하에 있으며 결코 하나님께서 이스라엘을 구원하시려는 목적을 수포로 만들지 못할 것이고 오히려 바로의 완고함이 하나님의 전능하심을 알려주는 좋은 결과를 줄 것을 보여준다(참고, 출 9:16, 10:2, 14:4).

22절을 보면, 이스라엘 백성은 하나님의 장자라 불려지는데, 이는 특별히 하나님께서 이스라엘을 선택하셔서 베푸신 은혜이다. 이것이 시작되기는 아브라함의 선택 때부터이다(창 12:1-3). 여기서 이스라엘을 다만 한 아들이라 하지 않고 첫 아들, 장자라고 부른 것은 다른 아들들보다 특권을 가진 것을 뜻한다. 여호와는 이스라엘을 지상의 모든 나라보다 뛰어나게 하시려 했다(신 28:1). 23절에서는 하나님께서 바로가 여호와의 장자들이 그들의 하나님을 섬기도록 떠나게 허락하지 않으면 바로의 장자를 죽일 것이라고 말한다(출 12:29). 모세는 이렇게 이스라엘 백성이 하나님의 장자라는 하나님의 말씀을 들었을 때 그의 믿음이 더욱 강해졌을 것이다. 여호와께서 그의 장자를 버리지 않고 이집트의 속박에서 구원해 줄 것이란 확신이 생겼을 것이다.

4. 설교 및 교훈 자료

21절: 바로의 강퍅한 마음을 내버려두신 하나님

하나님께서는 택한 자의 마음이 강퍅하여 하나님의 말씀을 거역하면 깨우쳐서 하나님께 순종하도록 해주신다. 그러나 택하지 않은 자는 바로처럼 그의 강퍅함을 행하도록 버려두신다. 우리 모두 바로처럼 죄 많고 강퍅한 자들이었으나 내버려두지 않으시고 믿고 구원받게 해주셔서 기쁨과 소망 중에 살게 해 주심을 감사드리자.

[24절-26절]

피 남편

24. 여호와께서[1] 길의 숙소에서 모세를[2] 만나사 그를 죽이려 하시는지라. 25. 십보라가 차돌을 취하여 그 아들의 양피를 베어 모세의 발[3] 앞에 던지며 가로되 당신은 참으로 내게 피 남편이로다 하니, 26. 여호와께서 모세를 놓으시니라[4] 그 때에 십보라가 피 남편이라 함은 할례를 인함이었더라.

1. 본문의 원전 설명

24절: 1 헬라어 역본인 70인역에는 "여호와" 대신 "주의 천사"로 되어 있다. 그러나 다른 헬라어 번역본이며 문자적 번역으로 알려진 아퀼라(Aquila) 역본에서는 "하나님"으로 되어 있어 원전 히브리어 맛소라 성경과 한글 개역 성경의 "여호와"가 오히려 70인 역의 "주의 천사"보다 원래 뜻에 가까운 것으로 보인다. 아마 "주의 천사"는 원래의 "여호와"에 대한 해석적 번역으로 이해된다.

24절: 2 히브리 원문 성경에는 "그(him)"를 만났다고 되어 있지, 한글 개역성경처럼 "모세"를 만났다고 이름이 밝혀져 있지 않다.

25절: [3] 한글개역성경에는 "모세의 발"로 번역되어 있으나, 히브리어 원문 성경에는 단순히 "그의 발"로 되어 있다. 번역자가 본문의 문맥을 "그"가 "모세"를 가리키는 것으로 이해하여 그렇게 번역한 것이다.

26절: [4] 한글개역성경에 "모세를 놓으시니라"로 번역되었으나 히브리어 원문 성경에서는 단순히 "그를 놓으시니라"로 되어 있다.

2. 본문 내용 개요

모세가 공적으로 하나님의 종으로서의 사명을 수행하기 전 먼저 그의 가정에서 소홀히 했던 아들의 할례에 관한 하나님의 명령을 십보라에 의해 실천하는 것을 보여줌.

3. 주석

24절을 보면, 모세가 이집트에 돌아가는 도중에 여호와께서 모세를 만나 죽이려 하셨다. 어떻게 죽이려 했는지는 분명치 않다. 병에 걸리게 해서 혹은 달리 어떻게 했는지 분명치 않다. 이렇게 여호와께서 모세를 죽이려고 한 이유는 모세가 그의 아들을 할례 시키지 않았기 때문으로 나타난다. 왜냐하면 십보라가 차돌을 취하여 그의 아들의 양피를 베어 할례를 시켰을 때 여호와께서 모세를 죽이지 않고 놓아주셨기 때문이다. 여기서 우리가 생각할 수 있는 것은 모세나 다른 하나님의 종은 하나님께서 주신 사명을 성공리에 이행하려 한다면 먼저 그 자신이 가정에서 충성된 하나님의 종이 되어야 한다는 것이다.

25절에 의하면 히브리 원문 성경에 "베나"(בְּנָהּ, 그 여자의 아들)의 양피를 잘랐다 하여, 아들이 단수로 표현되었다. 이것은 모세의 두 아들 중 하나를 가리키는 것으로 이해되기 때문에 이미 큰 아들은 할례를 받은 것으로 추측된다. 창세기 17장을 보면 아브라함에게 여호와는 계약 백성의 징표로 모든 그의 자손들을 할례 받게 했다. 어느 누가 할례를 소홀히 생각하며 받지 않으려 할 때 백성 중에 끊어질 것이라고 했다(창 17:14). 창세기 17장에서는 할례를 소홀히 하여 받지 않으면 그 본인이 벌 받을 것을 말했으나 본문의 경우는 할례 받지 않은 아이 보다도 그의 아버지인 모세가 죽음을 당할 뻔 했다. 이 본문의 가르침은 철없는 아이들의 경우에 부모가 하나님의 계명을 실행하기를 소홀히 하여 아이가 하나님의 계명을 어겼다면 그 부모에게도 벌이 떨어진다는 것을 가르쳐 준다.

본문의 맥락을 볼 때 모세가 할례 행하는 것을 소홀히 한 것으로 추측되는데 그 이유가 무엇인지 밝혀져 있지 않다. 아마 십보라가 미디안 여자였기 때문에 할례 시키는 것을 반대하여 모세가 실행하지 못했는지 모른다. 어쨌거나 할례를 시키지 않는 것은 그를 죽일 정도의 죄임을 보여준다. 하나님은 이스라엘과 새롭게 언약을 세우기 위해서 모세를 보내는데 그 언약의 징표를 모세가 소홀히 해서는 안 된다. 하나님은 모세를 죽이시려고 함으로써 그의 죄를 철저히 깨닫도록 해주셨다.

그리고 25절에서 십보라는 모세를 "피 남편" 이라고 부른다. "피 남편" 은 히브리 원문성경에 하탄-다밈(חתן דמים)으로서 오히려 "피 신랑" 이란 번역이 원문에 더 가깝다. 십보라가 모세를 이렇게 부른 것은 십보라가 그녀의 아들의 피를 흘림으로 새롭게 모세를 신랑으로 얻었기 때문이다. 십보라는 모세의 생명을 아들의 피로 샀다. 십보라는 모세가 죽음으로부터 건짐을 받았기 때문에 그와 새로이 결혼한

것과 같았다. 사실 모세는 십보라에게 피의 남편이었다.[269]

이 할례의 사건 이후 모세는 그의 가족을 이집트로 데려가지 않고 장인에게 돌려보냈을 것으로 생각된다. 왜냐하면 모세의 가족이 모세와 함께 이집트에 도착했다거나 거기에서 행한 것에 대한 언급이 전혀 없고 나중에 이스라엘이 이집트를 떠나 시내 광야에 도착한 후 모세의 가족이 모세에게 왔음을 출애굽기 18:2에서 언급하고 있기 때문이다.

4. 설교 및 교훈 자료

24절: 아들에게 할례를 행하지 않아 죽임 당할 뻔했던 모세

1)철없는 자식이 하나님의 말씀을 따르도록 인도해 주지 않고 오히려 방관하거나 소홀히 할 때 벌이 부모에게, 특별히 가정의 가장인 아버지에게 임하는 것이다. 신앙의 가정에서 부모, 특히 아버지의 책임이 얼마나 중요한가를 본문을 통해 배울 수 있다.

2) 하나님의 백성의 지도자는 그의 가정에서부터 하나님의 명령을 잘 지켜야 됨을 가르쳐 준다. 만약 그렇지 않을 때 그는 하나님, 그의 가족, 그리고 다른 사람으로부터 인정받기 어렵고 성공적인 지도자가 되기 어렵기 때문이다.

특주(excursus) I

할례와 출애굽기 4:23-26의 해석

성경에서 제일먼저 할례에 대해 언급한 것은 창세기 17:9-27이다.

---

269) 참고, Keil and Delitzsch, *Biblical commentary on the Old Testament*, vol. 1, *The Pentateuch*, p.460

하나님은 아브라함과 그의 후손이 할례를 받아 하나님의 언약 백성의 표징이 되게 하라고 하신다. 그러나 할례는 고대 셈족 대부분과 이집트인이 행했고 마호멧 이전의 아랍인들이 행했으며, 오늘날 일반적으로 이슬람교도들에 의해 행해진다. 그리고 미주와 호주 그리고 아프리카의 많은 종족들에서도 할례의 풍습이 발견된다.

그러나 바벨론인들, 앗시리아인들, 그리고 팔레스타인 사람들은 할례를 행하지 않았다. 또한 인도-게르만족과 몽고 사람들에게도 할례가 알려지지 않았다(Hyatt, "Circumcision," IDB p. 629).

1) 고대 근동지역에서의 할례의 기원

할례는 이집트로부터 이스라엘과 페니키아 사람들에게 전해진 것으로 주장하는 학자들이 있다(Eduard Meyer, *Geschichte des Altertums*$^{3-7}$ II, 1, p. 559; Herodotus II, p.104; 참고 Hyatt, "Circumcision," p. 629). 가장 오래된 할례에 대한 이집트 자료는 왕조 이전의 후기 게르지언(Gerzean, 주전 3,250년경)때의 팔레트(palette)이다. 이 팔레트(palette)는 나일 강의 힘을 상징한다고 생각되는 독수리들과 한 마리 사자에 의해 뜯어 먹히는 턱수염을 가진 할례 받은 포로들을 보여준다. 이 포로들은 이집트인들이 아니고, 오히려 거만한 사자의 모습으로 변장한 왕의 적들로서 왕이 멸망시키려는 자들이다. 그러므로 이 팔레트(palette)는 이집트인이 할례 받은 것을 나타내는 것이 아니라, 이방인이 할례 받은 것을 보여준다.

다음 이집트 자료 중 할례를 언급하고 있는 것으로 거명되는 기록은 피라미드 텍스트(Pyramid Texts 660C; writings of the sixth dynasty, 2,350-

270) J. Sasson, "Circumcision in the Ancient Near East," *JBL*, vol. LXXXV(1966): 473.

2,200 B. C.)이다. 그러나 이 기록의 할례 해석이 논란이 되고 있다.[270)]

그런데 이집트인의 할례의식을 분명히 언급하고 있는 가장 오래된 기록은 나가-에드-데르(Naga-ed-Der) 비문이다. 이 비문은 첫 중간사 시대(the first intermediate period, 주전 2,200-2,050)에 쓰여 진 것으로 이해된다. 이 비문은 한 족장의 다음과 같은 공식 발표로 시작 한다: "내가 120명의 사람들과 함께 할례를 받을 때...." (*ANET* p. 236). 이 족장의 말은 창세기 17:23에서 아브라함이 그가 할례를 받은 날 자기 집의 모든 남자들도 할례 받게 했음을 상기케 한다. 이집트에서는 피라미드 시대부터 피안키(Piankhi, 주전 720년경 이집트를 침략해 다스린 에디오피아 왕의 시대까지 단지 일곱 본문들이 할례의식을 언급하고 있다.[271)]

이들 이집트인들의 할례의식에 대한 기록들을 살펴본 사쏜(Sasson)은 할례의식이 남쪽 이집트에서 북쪽 이스라엘이나 시리아로 전래된 것이 아니라 그 의식이 시행된 연대나 할례 방법들을 고려할 때 그 반대라고 주장한다. 사쏜(Sasson)은 북부 시리아 사람들이 이집트인들 보다 먼저 주전 3,000년이 조금 지나 할례를 행했음을 다음 자료들에 의해 보여준다고 한다.

북부 시리아 지역의 아무크('Amuq) 계곡에서 주전 2,800년경의 청동상(bronze figurines) 여섯 개가 발견되었다. 이들 중 셋은 여자 조각상(像)이고 다른 셋은 남자 조각상(像)이다. 우리의 주제와 관련되는 것은 남자 조각상 셋이다. 이들은 크기가 다양하며 턱수염이 나고 투구를 썼으며 손에 창과 지휘봉을 꽉 쥐고 있고 할례를 받은 모습이다. 이 세 조각상(像)들에 각각 A B C 이름이 붙여졌다. 이 용사(勇士)

---

271) 상게서.

들의 할례모습을 빌링스 병원(Billings Hospital) 비뇨기과 의사인 버뮤렌(C. W. Vermuelen) 박사가 검토하여 보고하였다:

A의 경우 음경의 귀두(corona)가 완전히 노출되어 있기 때문에 의심할 여지없이 할례 되었고, C의 경우에도 마찬가지로 할례 되었다. 그 귀두가 해부학적으로 놀랍게도 정확하다. 견본 B는 아마 불완전한 할례를 나타낸다. 이 견본들에서 남근(男根)은 매달린 상태이다. 만약 이 모습이 실제로 발기가 된 것을 나타낸다면 B는 할례 되지 않은 것일 수 있고, 그러나 A 와 C의 경우에는 할례된 것이 여전히 확실하다 (Braidwood and Braidwood, *Excavation*, p. 303).[272]

이러한 버뮤렌(Vermuelen) 박사의 보고에 의하면 위의 세 조각상(像) 가운데 적어도 A와 C는 분명히 할례가 되어있다. 그리고 B도 할례가 되었지만 불완전하게 되었을 가능성을 보여준다는 것이다. 이 조각상(像)들의 할례 된 모습은 주전 2,800년경 아무크('Amuq) 지역의 많은 남자들이 할례 받았음을 증거 해 준다. 사쏜(Sasson)은 아무크('Amuq) 지역에 주전 3,200년경에 이주해온 어떤 그룹의 사람들에 의해 할례가 전래되어 행해지기 시작했던 것으로 추측한다.[273]

그리고 아무크('Amuq) 지역의 발달된 문화와 의식이 유프라테스 강의 서쪽 지역에 전수되어 행해졌을 가능성이 있으며 그러한 문화적 토양 속에 히브리 사람들의 조상인 아브라함이 자라나서 할례의식을 알고 있었을 것으로 본다. 그러나 메소포타미아에서 문화적으로 좀더 발달된 더 먼 남동쪽 지역에서는 할례의식을 받아들이지 않

272) 상게서, p.476.
273) 상게서.

았다.

위의 조각상(像)들의 연대인 주전 2,800년경은 이집트에서는 게르진 시대(the Gerzean period)가 끝나고 초기 왕조의 군주들이 통일 왕국을 형성해가고 있던 시대였다. 이 시대는 앞서 언급했던 할례 받은 시리아 사람들이 이집트의 화신(化身)인 사자와 독수리에 의해 먹힘 당한 것으로 그려진 시대이다. 이때는 주로 아시아의 해안지역으로부터 여러 아시아 요소들이 이집트의 미술 공예에 영향을 주고 있던 시대이다. 또한 거의 확실히 시리아 기원의 신(神)인 셋(Seth)이 이집트의 델타지역에서 숭배되므로 셋(Seth)의 숭배가 호루스(Horus) 신(神)의 숭배와 심각한 대립 상태였다. 이런 분위기에서 침투한 자들의 의식들이 지배 계급에 의해 받아지고 행해진 것은 불가피 한 것으로 보인다고 사쏜(Sasson)은 생각한다.[274)]

또한 표피(foreshin)의 이집트 단어 qrn.t 는 의심 없이 셈어(Semitic) ǵrlt, 히브리어 'orlāh를 소리나는 대로 번역한 것이다. 이 사실은 할례의 개념이 북쪽에서 남쪽으로 전해졌지 그 반대가 아니란 증거라고 한다.[275)]

2) 고대 이스라엘에서 할례의 시작

그리스의 역사가 헤로도투스(Herodotus, 484?-425? B. C.)는 유대인들과 다른 백성들이 할례의식을 이집트 사람들로부터 전수 받은 것으로 말한다(Herodotus, II, 104). 그러나 이스라엘 사람들의 할례모양이 이집트인들의 할례모양보다는 시리아 사람들의 할례모양과 비슷한

274) 상게서.
275) 상게서.

것을 볼 때 유대인들은 시리아 사람들의 영향을 받은 것으로 보인다.

왜냐하면 이집트인들의 할례는 표피의 등을 절개하여 음경의 귀두가 자유롭게 했다. 이집트인들의 할례모양을 사카라(Saqqara)지역에 있는 이집트 옛 왕국(the old kingdom) 시대의 양각 세공품들(reliefs)이 잘 보여준다. 그러나 히브리인들의 할례는 앞서 시리아의 청동상(像)의 할례모양처럼 표피를 절단해서 음경의 귀두가 드러나도록 했다.[276] 이런 히브리인들의 할례와 이집트인들의 할례의 차이점과 그리고 시리아에서 할례를 이집트에서 보다 더 먼저 시행했던 것을 고려할 때 히브리인들은 할례에 있어서 이집트인들보다는 시리아인 들의 영향을 더 많이 받았을 것을 생각된다.[277]

이스라엘에 있어서 할례의 기원과 관련하여 살펴볼 수 있는 성경본문은 세 곳이다: (1) 창세기 17:9-27; (2) 출애굽기 4:24-26; (3) 여호수아 5:2-9이다. 이 본문들의 내용을 보면 창세기 17장은 하나님께서 아브라함에게 할례를 행하도록 명령하신 내용이다. 출애굽기 4장은 하나님이 모세에게 이스라엘 백성을 노예로부터 해방시키는 사명을 부과한 후 모세가 이집트로 가는 도중 하나님이 모세를 죽이려 하시므로 십보라가 그의 아들을 할례 시킨 이야기이다. 여호수아 5장은 여호수아가 이끄는 이스라엘 백성들이 요단강을 건너 가나안땅에 첫발을 내디딘 후 길갈에서 하나님이 할례 받지 않은 이스라엘 백성에

---

276) 상게서, p. 474.

277) 덜함(John I. Durham)은 모세가 여호와의 부름을 받고 미디안을 떠나 이집트로 가는 도중 여호와로부터 죽임을 당할 위험에 부딪힌 것은 모세가 할례를 받지 안했던지 혹은 히브리 사람들과는 다른 이집트인들처럼 불완전한 할례를 받았기 때문일 것이라 한다. John I. Durham, *Exodus, Word Biblical Commentary*, vol 3, p. 58.

게 할례를 시키라고 명령하여 할례를 시킨 내용이다.

성경에 기록되어 있는 지금의 내용들을 볼 때 출 4:24-26은 할례의식의 첫 시작을 보여주는 것이 아니라, 이미 하나님의 명령에 따라 시행되고 있던 할례를 시행하지 않아서 여호와가 진노하심을 보여준다. 여호와가 모세를 죽이려하자 재빨리 십보라가 자기 아들을 할례시켰고 이 할례 후 모세가 죽임 당하지 않고 살게 되었기 때문이다. Bear 와 Auerbach는 출 4:24-26이 할례의 기원을 보여주는 것으로 이해하지만 이런 해석은 지금 현재의 출애굽기 본문의 문맥에서는 이끌어 낼 수 없는 결론이다.[278] 여호수아 5:2-9도 그 문맥에서 여호수아가 처음 할례의식을 시작한 것이 아니라, 이미 할례를 받았어야할 이스라엘 백성들이 광야에서 태어났고 여행중이서 할례를 받지 못하였기 때문에(5절, 7절) 그들에게 할례를 행했음을 분명히 밝혀주고 있다. 그러나 여호수아 5:2에 대한 70인 역이 히브리어의 맛소라 본문과는 달리 "다시 두 번째로"(שֵׁנִית ··· שׁוּב)란 단어들이 없는 상이한 본문을 지니고 있음에 주목하여 할례의 기원을 여호수아 시대라고 이해하는 비판 학자들이 있으나,[279] 그러나 70인 역의 5:3절 이하의 내용을 고려할 때 결코 여호수아 때에 이스라엘 백성들이 할례의식을 처음 시작했다고 말할 수 없다.

구약성경에서 처음으로 할례의식을 밝히는 유일한 성경구절은 창

---

278) 참고, G. Bear, *Exodus*, *HAT*(Tuebingen: Verlag J. C. B. Mohr, 1939), p. 39; E. Auerbach, *Moses*(Detroit: Wayne State University Press, 1975), p. 49. J. P. Hyatt는 일부 학자들이 출 4:24-26을 미디안족의 영향으로 할례가 모세 시대에 기원됐음을 나타낸다고 이해하지만 그러나 할례가 고대에 널리 행해졌음을 비추어 볼 때 지지할 수 없다고 한다. J. P. Hyatt, "Circumcision," *IDB*, p. 629.

279) Cf. J. P. Hyatt, "Circumcision," p. 629.

17:9-27이다.[280] 이스라엘 백성의 조상인 아브라함을 많은 사람들 가운데 택하여 하나님과 언약을 맺으면서 그 언약의 징표로 할례를 행하라고 한다:

> "10)너희 중 남자는 다 할례를 받으라. 이것이 나와 너희와 너희 후손 사이에 지킬 내 언약이니라. 11)너희는 양피를 베어라. 이것이 나와 너희 사이의 언약의 징표이니라. 12)대대로 남자는 집에서 난자와 혹 너희 자손이 아니요 이방 사람에게서 돈으로 산 자를 무론 하고 난지 팔일 만에 할례를 받을 것이라"(창 17:10-12).

이 하나님의 명령을 받고 아브라함은 그 자신과 13살 된 이스마엘과 그의 집의 모든 남자를 데려다가 할례 받게 했다(창 17:23-27). 그런데 일부 학자들은 이 창세기 17장의 본문이 아브라함 때 쓰여진 것이 아니요 후기 제사법전(the late priestly code, 주전 5세기)의 일부로 생각하여[281] 할례의식의 기원의 기록으로 인정하지 않으려 한다.[282] 그러나 할례를 철기시대(주전 11세기) 이전에 초기 부싯돌을 사용하여 시행했다는 것과 앞서 살펴본 것처럼 북부 시리아 아무크(' Amuq) 지역에서 이미 주전 3,200년경부터 할례를 행했음을 볼 때 아브라함 때에 충분히 할례를 행했을 것으로 짐작된다. 또 이를 뒷받침하는 것은 야곱의 아들들이 하몰과 그의 아들 세겜에게 이야기한 대화에서도 아브라함의 후손들인 야곱의 자녀들이 할례 받았다는 것을 가르쳐 주고 있기 때문이다(창 34:14-31).

---

280) J. A. Motyer, "Circumcision," *The New Bible Dictionary*, p. 233.

281) Von Rad, *Genesis*, revised edition(London: SCM Press LTD, 1972, fifth impression, 1981), p. 197; C. Westermann, *Genesis 12-36, A Commentary*, trans by John J. Scullion S. J. (Minneapolis: Augsburg Pulishing House, 1985), pp. 264ff.

282)J. P. Hyatt, "Circumcision," p. 629.

3) 이스라엘의 역사에서 할례의 의미와 중요성

구약에서 제일처음 하나님이 아브라함에게 그와 그의 후손들이 할례 받도록 명령했음을 앞서 지적했다. 이때 하나님이 아브라함에게 주신 명령은 순전히 외적인 할례의식에 관한 것이었다. 그러나 거기에 윤리적이고 영적인 중요성이 내포되어 있음이 이스라엘 백성의 역사의 발전과 더불어 밝혀진다.

(1) 할례는 하나님의 언약 백성의 일원임을 나타내는 징표이다.

만약 남자가 할례를 받지 않았을 경우 하나님의 언약을 위반한 자로서 백성 중에서 끊어질 것이라 한다(창 17:14). 그리하여 야곱의 자녀들도 다 할례를 받았고, 그들과 같이 가족적인 교제를 나누기를 위하는 자들에게도 할례 받도록 강요했다(창 34:14-24). 하나님은 모세에게도 이스라엘 자손들에게 남자아이가 낳으면 8일째 할례를 받게 하도록 법으로 만들게 했다(레 12:1-3). 또한 할례는 꼭 받아야지 받지 않을 때 하나님이 죽이시려 하심을 할례 때문에 모세가 하나님의 죽음의 위협을 받은 사건에서 증거 된다(출 4:24-26).

(2) 할례는 유월절 의식에 참여하는 전제조건이다.

원래 아브라함 때에는 하나님이 할례의식을 유월절과 연관시켜서 특별히 말씀하지 않으셨다. 단지 하나님과 아브라함 그리고 그의 후손 사이에 지킬 언약으로서 할례를 행하라 하셨다(창 17:10).

그러나 하나님이 출애굽 때에 모세에게 유월절 규례를 말씀하실 때 아브라함의 후손이나 타국이든지 할례 받은 자만이 유월절 축제에 참여하여 식사하도록 허용할 것을 말씀한다(출 12:43-51). 그리하여 할례가 유월절 잔치에 참여하는 기본 조건이 됨을 분명히 한다. 그 후 이스라엘 백성이 광야 40년의 생활을 보내고 요단강을 건너 가나안 땅의 길갈에 진을 쳤다. 이때 하나님이 여호수아에게 아직 할례 받지 않은 이스라엘 백성들을 할례시키라고 하시고 유월절 축제를 거행케 한다(여호수아 5:2-12). 이후 이스라엘 백성들은 남자아이들은 난지 8일 만에 할례 시켜 하나님의 언약 백성인 것과 함께 이스라엘 민족의 일원임을 나타냈다. 예수님도 이스라엘의 할례 규례를 따라 난지 8일이 되어 할례를 받고 이스라엘 행사에 참여한 것을 볼 수 있다(눅 2:21-22).

(3) 할례는 윤리적이고 영적인 요구를 내포하고 있다[283)]

할례는 남자의 양피를 잘라내는 외적인 의식이 전부가 아니다. 그 의식이 전제하는 하나님의 계약 백성으로서 하나님을 믿고, 그의 명령을 좇아 살아야 함을 가르쳐 준다. 만약 할례 받은 자가 하나님을 경외하지 않고 하나님을 거역할 때 그런 할례 자는 하나님의 진노의 대상이며 벌을 받게 된다(렘 4:4, 9:25). 그렇기 때문에 모세는 외적인 할례를 받았으나 여호와를 경외하지 않고 여호와의 가르침대로 살지 않는 이스라엘을 향하여 마음의 할례를 행하라고 말씀하신다(신 10:16). "마음의 할례"는 마음을 다하며 성품을 다하여 하나님 여호와를 사랑하는 것임을 가르쳐 준다(신 30:6). 그리고 이스라엘 백성이 마음의 할례를 받지 못하고 하나님께로부터 형벌을 받았을 때는 하나님의 형벌을 순히 받고 회개하고 돌아와야 할 것을 말씀한다(레 26:41ff). 나중 예레미야 선지자는 할례 받지 못한 이방인과 함께 마음에 할례를 받지 못한 이스라엘을 벌하실 것이라 예언하신다(렘 9:25-26). 마음에 할례 받지 못한 이스라엘의 아이들로부터 어른들까지 그리고 선지자로부터 제사장까지 파멸 당할 것이라 한다(렘 6:9-15).

---

283) G. Vos, *Biblical Theology Old and New Testaments* (Grand Rapids: Eerdmans, 1948), pp. 103f.

(4) 할례는 양피를 잘라 없애므로 남자를 깨끗케 하고 자손 번식을 더 촉진시킴.

할례 의식의 이 중요성은 분명하게 구약에서 명시되지 않는다. 그러나 이점은 근동의 많은 종족들이 남자 아이들의 결혼 적령기에 할례를 시켜 성인됨을 축하하고 성년의 책임과 의무를 행하게 하는데서 잘 증명된다.[284] 아브라함의 자손이건 다른 종족의 사람이건 하나님의 언약백성 으로서의 복을 받기를 원하는 남자들이 할례를 받도록 하며 하나님이 약속한 자손들의 번창과 큰 민족을 이루는 수단을 만들어 주셨다. 또한 부부간의 사랑을 더 잘 나눌 수 있게 해주신 것이다.

(5) 할례는 신약시대에서 더 이상 받을 필요가 없다.

신약시대에는 성령의 사역을 통해 예수 그리스도를 믿음으로 하나님의 언약 백성이 되며 구원의 백성이 된다(행 10:44-48; 롬 4:3, 9-12). 이 사실이 처음 분명히 제시 된 것은 베드로가 로마 군대의 백부장인 고넬료의 가정에 가서 예수 그리스도의 복음과 그의 구원 사역을 설교했을 때 듣는 모든 사람이 성령을 받아 방언을 말하며 하나님을 높인 사건이다(행 10:33-48). 고넬료의 집에 모인 그의 친척이나 친구들이 분명히 할례 받지 않은 이방사람이었는데도 불구하고 그들이 복음의 말씀을 들으므로 성령을 받고 하나님을 높이는 믿음의 사람이 된 현상은 말씀을 전한 베드로와 그를 동행했던 할례 받은 유대인들을 놀라게 했다(행 10:44-48).

이 사건 후 나중에 할례문제로 예루살렘 공회가 모였을 때 바리새

---

284) C. Westermann, *Genesis 12-36*, p. 17; O. P. Robertson, *The Christ of the Covenants* (Phillisburg, New Jersey: Presbyterian and Reformed Publishing Co., fourth printing, 1984), pp. 150ff.

파 중에 믿는 어떤 사람들이 이방인에게도 할례를 주고 모세의 율법을 지키라고 명해야 한다고 주장했다. 그러나 베드로는 그자신이 할례받지 않은 이방인들에게 복음을 전해 그들이 성령을 받고 믿으며 마음의 깨끗함을 받은 사례를 말하며 이방인들에게 할례를 강요해서는 안 된다고 주장했다(행 15:6-11). 그 후 야고보가 베드로의 주장을 아모스 9:11-12 과 이사야 43:7을 인용하며 옳다고 인정하며 이방인 신자들에게 우상의 더러운 것과 음행과 목매어 죽인 것과 피를 멀리하라는 것 외에 할례문제 같은 것으로 괴롭게 해서는 안 된다고 말했다(행 15:13-21).

그리하여 나중 사도 바울은 그의 서신에서, "그리스도 예수 안에서는 할례나 무 할례가 효력이 없되 사랑으로서 역사하는 믿음뿐이니라"고 말씀한다(갈 5:6; 참고, 갈 6:15, 고전 7:19, 골 3:11). 사도 바울은 더 나아가 분명히 지적하기를 외적으로 육체에 받는 할례가 중요한 것이 아니라 속마음으로 할례를 받고 하나님을 믿으며 그의 계명들을 순종하는 것임을 가르쳐 주다.

4) 출애굽기 4:24-26과 할례의 중요성

출애굽기 4:24-26은 구약에서 할례의 중요성을 가장 잘 보여주며 할례가 이스라엘 백성의 필수적 의식 이였음을 증거 해 주는 구절이다. 이 구절의 배경은 모세가 이스라엘을 해방시킬 민족의 지도자로 하나님의 부름을 받은 사건이다.

여호와가 호렙 산에서 모세를 불러 이집트에 가서 억압받는 이스라엘 자손을 구원하여 내라고 하셨다(출 3:7-10). 그러나 모세는 "내가 누구관데 바로에게 가며 이스라엘 자손을 애굽에서 인도하여 내리이까"하면서 이집트에 가기를 거절했다(출 3:11). 이에 여호와는 두 번째로 "내가 너와 함께 있으리라" 고 확신시키며 가도록 요청했다(출 3:12). 그러나 모세는 여전히 이스라엘 백성들이 그를 믿지 않을 것이며 그의 말을 듣지 아니할 것이라 하며 가기를 거절한다(출 4:1). 이에 세 번째로 모세가 든 지팡이를 뱀으로 변하게 하신 이적과 모세의 손을 그의 품에 넣었다 꺼내었을 때 문둥병이 들게 했다가 다시 손을 품에 넣었다 내었을 때 깨끗이 낫게 하는 이적을 보여 주시며 그에게 이집트에 돌아가서 이스라엘 백성을 구원하기를 요구한다(출 4:2-9). 그러나 모세는 이제 자기의 입이 뻣뻣하고 혀가 둔해 말을 잘 못하므로 하나님의 부르심에 응할 수 없다고 한다(출 4:10). 그러자 네 번째로 여호와는 자기 자신이 사람의 입을 만든 창조자임을 확신시키며 그의 입과 함께 할 테니 가라고 하신다(출 4:11-12).

그러나 모세는 다시 여호와의 부름을 거절하며, "주여 보낼만한 자를 보내소서" 라고 말한다(출 4:13). 이때 여호와께서 노하시며 말 잘하는 형 아론이 모세의 입이 되어 백성에게 대신 말해줄 것이며 여호와 자신이 모세의 입과 아론의 입에 함께 있어서 모세의 할 일을 가르쳐 줄 것이라 하며 그의 부름을 수행하라고 한다(출 4:14-17). 그리하여 모세는 장인 이드로에게 작별 인사를 하고 그의 아내 십보라와 아들들을 데리고 애굽으로 돌아가는 길에 여호와가 모세를 죽이려는 사건이 일어났다:

> "24)여호와께서 길의 숙소에서 모세를 만나 사 그를 죽이려 하시는지라. 25십보라가 차돌을 취하여 그 아들의 양피를 베어 모세의 발 앞에 던지며 가로되 '당신은 참으로 내게 피 남편이로다' 하니, 26)여호와께서 모세를 놓으시니라. 그때에 십보라가 피 남편이라 함은 할례를 인함이었더라" (출 4:24-26).

위의 세절들은 출애굽기의 내용 중에서 가장 해석하기 어려운 절(verses)들중 하나로 잘 알려져 있다.[285] 그러나 위 본문은 할례가 이스라엘 백성에게 엄청나게 중요한 의식이었음을 설명해 주고 있다. 그 의식을 시행하지 않은 실수로 모세가 그의 생명까지도 위협받고 있음을 보여준다.[286]

(1) 본문이 쓰여진 목적

출애굽기 4:24-26의 본문이 앞뒤의 구절들과 연결이 분명치 않아 본문이 쓰여진 목적이 무엇인지에 의견들이 일치되지 않는다. 약 세 가지 다른 견해들을 지적할 수 있다.

① 원인론적 목적(an etiological purpose)

a. 벨하우젠(Julius Wellhausen)

벨하우젠에 의하면 원래는 할례가 결혼 전에 젊은이들에게 행해졌는데 출애굽기 4:25절 이하가 어떻게 해서 유아 할례가 생겼는지를 설명하기 위해 쓰여 진 것으로 이해한다.[287] 유아 할례는 결혼 전의 청년들에게 행한 원래의 할례를 변형시킨 대체물이란 것이다. 그리고 창 17장에서 출생 후 8일 만에 할례를 행하라는 법은 제사장법전이 앞서 출애굽 4장에서 언급된 여호와 기자의 이야기를 제도화한 것으로 이해한다.

---

285) C. Houtman, "Exodus 4:24-26 and Its Interpretation," *Journal of Northwest Semitic Languages*, vol.xi (1983): 81; P. T. Reis, "The Bridegroom of Blood: A New Reading," *Judaism* 40(1991): 324; W. H. Propp, "That Bloody Bridegroom (Exodus IV 24-6)", *Vetus Testamentum*, XLIII(1993): 495; R. B. Allen, "The 'Bloody Bridegroom' in Exodus 4:24-26," *Bibliotheca Sacra*, 153(1996): 259: S. D. Kunin, "The Bridegroom of Blood; A Structuralist Analysis," *JSOT* 70(1996): 3.

286) Childs, *The Books of Exodus, A Critical Theological Commentary*, pp. 101, 104

287) Julius Wellhausen, *Prolegomena to the History of Israel*, reprint of the edition of 1885 (Atlanta, Georgia: Scholars Press, 1994), p. 340.

벨하우젠은 모세가 결혼 전에 할례 받지 않았다고 생각한다. 그리하여 여호와가 진노하여 그를 죽이려 하므로 십보라가 모세 대신 그의 아들을 할례 시키고 그의 양피를 모세의 발에 닿으며 "당신은 나의 피 남편이라" 했다는 것이다. 이때 모세는 그의 아들이 대신 할례 받으므로 그도 상징적으로 피 남편이 되며 여호와의 진노를 피하여 죽임을 면했다는 것이다.[288]

이런 벨하우젠의 견해는 본문을 유아의 할례의 기원에 대한 설명으로 이해하려는 가설 위에서 세워진 것이다. 그러나 본문 자체나 다른 자료들이 이를 지지하도록 증명해 주지 못한다.[289] 그리고 벨하우젠은 출애굽기 4장의 유아 할례의 내용이 창세기 17장의 할례 법보다 앞선 것으로 이해하지만 현재의 출애굽기 4장의 문맥은 분명히 유아 할례의 관습을 십보라가 잘 알고 있는 것으로 제시되어 모세 이전에 유아 할례법이 이스라엘 백성들에게 널리 알려져 있었음을 인정하게 한다.

b. 그레스만(H. Gressmann)

그레스만은 본문 출애굽기 4:24-26이 원래 미디안 족에게서 기원된 사가(saga)로서 결혼 전에 청년들을 할례 시킨 관습의 기원을 설명해 주고 있다고 이해한다.[290] 그레스만은 본문의 25절에는 원래 "그 여자의 아들"이 없었는데 나중에 유아의 할례가 일반화 되었을 때 "그 여자의 남편"이란 문구 대신에 삽입되었다고 한다. 그리하여 원래의 본문에는 십보라가 그의 남편의 표피를 잘라 할례를 시키고, 그

---

288) 상게서.

289) 참고, Childs, *The Book of Eoxdus, A Critical Theological Commentary*, p. 97.

290) Ibid,; C. Houtman, "Exodus 4:24-26 and Its Interpretation," pp. 94f.

양피를 여호와[291]의 생식기에 던지면서 "피의 남편"이라 부른 것으로 설명한다. 그렇게 해서 모세가 여호와의 진노를 피하게 했다는 것이다.[292]

이러한 그레스만의 이해는 벨하우젠보다 상상력과 가설이 훨씬 더 심한 것이다. 그리고 가설의 내용들은 어떤 본문이나 다른 자료에 의해 뒷받침 되지 않는다. 또한 본문의 히브리어 원문의 내용을 수정하여 자기 이론을 뒷받침하지만 그것을 정당화할 근거가 없다.[293]

② 할례의 중요성을 강조하려는 목적(emphasizing purpose on importance of circumcision)

본문이 직접 표현은 않지만 본문의 문맥은 할례가 모세 때에 벌써 이스라엘 자손들이 모두 받아야 할 필수사항 이였음을 강조해주는 역할을 한다.[294] 비록 모세가 이스라엘 백성을 떠나 미디안 족들과 같이 살았으나 그가 할례를 소홀히 해서는 안 된다는 것을 보여준다. 본문 25절에서 "그의 아들"이라고 단수로 되어 있는 것을 볼 때 모세의 두 아들 중에 큰아들은 이미 할례를 받았고 둘째 아들이 아직 할례를 받지 안했던 것으로 생각할 수 있다. 왜 할례를 받지 안했는지 분명히 알 수 없으나 어떤 이는 십보라가 반대해서[295] 혹은 낳은 지 며칠 되

---

291) 원래의 사가의 내용에는 "여호와"가 아니고 "귀신"(demon)이었는데 후에 "여호와"로 대치되었다고 한다. 참고, John I. Durham, *Exodus, Word Biblical Commentary*, p. 57.

292) 참고, C. Houtman, "Exodus 4:24-26 and Its Interpretation," p. 94.

293)Childs, *The Book of Eoxdus, A Critical Theological Commentary*, p. 97.

294) 상게서, p. 104.

295) Keil and Delitzsch, *Biblical Commentary on the Old Testament*, vol. 1, *The Pentateuch*, p. 460; Kaiser, Jr. *Exodus, the Expositor's Bible Commentary*(Grand Rapids: Zondervan Publishing House, 1990), pp. 332f.; Ronald B. Allen, "The 'Bloody Bridegroom' in Exodus 4:24-26," pp. 266ff.

지 않았는데 곧 이집트로 돌아가야 했기 때문이라고 추측들을 한다.[296)]

어떻든 본문은 할례를 이스라엘 백성 가운데 소홀히 하여 행하지 않을 때 죽음을 당할 수 있는 중대한 의식임을 가르쳐 주는 역할을 하고 있다. 그리하여 차일드스(B. S. Childs)는 본문이 할례의 엄청난 중요성을 극적으로 표현해 주고 있다고 말한다.[297)]

③ 교육적 목적(pedagogic purpose)

모세는 이스라엘 민족을 이집트의 종살이에서 해방시키는 데는 그가 무엇보다 먼저 자신의 집에서 하나님의 충성된 종임을 보여 주어야만 한다. 이점을 모세가 배우도록 본문의 사건이 일어났다는 것이다.[298)] 모세는 하나님의 부름을 받아 자신이 따르기로 결단했으나 아직 하나님 앞에서 정리되지 않은 가정의 문제를 깨끗이 정리해야만 했다. 다른 이스라엘 모든 백성을 하나님의 언약 백성으로 이끌어 가기 전에 모세와 자신의 가정이 먼저 하나님의 언약 백성의 징표인 할례를 시행하여 민족의 지도자인 그의 사명을 성공적으로 수행토록 했다는 것이다.

하나님의 종들은 그 자신과 그의 가족이 하나님 앞에서 바로 서 있고 다른 성도들의 본이 되어야 그의 사명을 잘 수행할 수 있음을 가

---

296) Ronald B. Allen, "The 'Bloody Bridegroom' in Exodus 4:24-26," p. 267, footnote 28; C. Houtman, "Exodus 4:24-26 and Its Interpretation," pp. 88f.

297) Childs, *The Book of Exodus, A Critical Theological Commentary*, p. 104.

298) Keil and Delitzsch, *Biblical Commenatry on the Old Testament*, vol. 1, *the Pentateuch*, p. 459.

르쳐주기 위해 본문이 기록되어진 것이다. 그렇지 못한 모세를 죽이려고 위협하면서까지 하나님은 그의 가정이 죄를 해결 받도록 한 것이다.

위의 살펴본 것 같이 본문이 쓰여진 목적은 원인론적 목적이 아닌 것은 분명하다. 본문이 유아 할례의 기원이나 결혼 전의 청년 할례의 기원을 설명하고 있는 것으로 해석하는 것은 본문보다 다른 요소들에 의한 해석이며, 본문 자체는 이미 이스라엘 백성과 미디안 여자였던 십보라도 유아 할례를 잘 알고 있었던 것으로 제시된다. 그레스만이 할례가 결혼 밤에 귀신을 멀리하기 위해 시행되었으며 이런 할례의 기원을 본문에 찾아볼 수 있는 것처럼 언급했는데 결코 현재 출애굽기 4:24-26에서는 제시되지 않는다.[299)]

그러나 본문의 쓰여진 제일 목적은 교육적 의도에서 쓰여진 것으로 생각된다. 하나님의 부름 받은 종이라도 자기 자신을 살펴 자기의 죄를 철저히 회개하고 가정에서부터 하나님의 충성스런 종인 것을 보여줄 때 그가 성공적으로 그의 사명을 완수할 수 있다는 것을 가르쳐 준다. 바로 이 사실을 모세가 본문의 할례사건을 통해 배우게 했다. 그리고 본문은 할례 의식이 모세 때에 사람의 생명을 좌우할 수 있는 중요한 의식이었음을 가르쳐 주고 있다. 그렇지만 출애굽기 4장은 모세가 부름을 받아 그리고 그것을 성공리에 수행하는 것에 초점이 맞추어있기 때문에 할례의식 자체의 강조됨이 출애굽기 4:24-26의 주목적으로 이해되지 않는다. 그러나 2차적으로 할례의 엄청난 중요성이 극적으로 크게 부각 되어있다.

---

299) John I. Durharm, *Exodus, Word Biblical Commentary*, p. 57.

5) 모세가 할례를 받았는가?

출애굽기 4:24-26을 읽는 많은 사람들은 하나님이 모세를 죽이려 했던 이유가 그의 아들을 할례' 시키지 안했기 때문이라고 한다. 그러나 이 견해에 강하게 도전하는 다른 이견은 모세가 할례를 받지 않았기 때문이라고 한다. 여기에서 대리 할례(a vicarious circumcision)란 의견이 제시된다.

(1) 대리 할례(a vicarious cirumcision) 견해

① 벨하우젠(Julius Wellhausen)

결혼 전에 모세는 할례를 받지 않아 피 신랑(a blood - bridegroom)이 아니었기 때문 여호와가 그에게 진노했다고 한다. 그리하여 십보라가 그 여자의 아들을 할례 시키고 그의 양피를 모세의 발에 닿게 하면서 당신은 나의 피 신랑이라고 말했다는 것이다. 이 행동에 의해 모세는 상징적으로 할례 받은 것이 되고 "피 신랑"이 되었다는 것이다. 여기에서 모세의 아들이 받은 할례는 모세 대신 받은 할례(vicarious circumcision)이다.[300] 그러므로 벨하우젠은 모세가 죽음의 위협을 받게된 직접적인 이유가 그의 아들이 할례 받지 안했기 때문이 아니라 모세 자신이 할례 받지 안했기 때문인 것으로 해석한다.

② 디 그루(J. De Groot)

그는 십보라가 차돌로 할례 받은 아들의 양피를 모세의 생식기에 닿으므로 모세를 상징적으로 할례 시켰다고 주장한다. 모세가 할례를 받아야 할 필요성은 그가 유월절을 지키기 위해서였다고 디 그루(De Groot)는 가정한다(cf. 출애굽기 12:44, 48 그리고 여호수아

---

300) Julius Wellhausen, *Prolegomena to the History of Israel*, p. 340.

5:2ff.)[301] 이와 관련하여 디 그루(De Groot)는 유월절 이야기에서 피의 사용이 언급됨을 지적한다(출 12:7, 13-23). 여기에서 디 그루(De Groot)에 의하면 출애굽기 4:24-26은 유월절의 도입 말에 속한다. 디 그루(De Groot)는 피가 구원의 방편으로서 중요한 요소로 다루어졌고 할례가 유월절을 지키기 위한 선결조건 이었음을 지적한 것으로 이해한다.[302]

③ 덜함(John I. Durham)

그는 하나님이 모세를 죽이려한 이유가 출애굽기 4:26 하반 절에 있는 편집자의 설명이 분명히 보여 주는데 모세가 이전에 할례를 받지 않았기 때문이라는 것이다.[303] 덜함은 만약 모세가 할례를 받았다면 필자가 앞서 '고대 이스라엘에서 할례의 시작' 에서 설명했던 것처럼 이집트인의 할례같이 부분적인 할례를 받아, 히브리인들처럼 표피를 절단해서 음경의 귀두가 드러나게 하는 할례를 받지 못한 상태였을 것으로 생각한다.[304] 십보라는 그러나 모세를 할례 시키지 않고 대신 그 여자의 아들을 할례를 시켰다는 것이다. 그 이유는 모세가 중단할 수 없는 중대한 여행을 하고 있어서 만약 그가 할례를 받을 경우 일시적으로 그 여행을 중단할 수밖에 없었기 때문이란 것이다. 그러나 아들은 꼭 이집트로 가야할 이유도 없으므로 그 아들이 할례를 받을 경우 문제가 훨씬 쉽기 때문이었다는 것이다.[305]

할례의 효과를 옮기기 위해 십보라는 그 여자 아들의 절단된 양피

---

301) 참고, C. Houtman, "Exodus 4:24–26 and Its Interpretation," pp. 95f.

302) 상게서, 96.

303) Durham, *Exodus, Word Biblical Commentary*, vol. 3, p. 58.

304) 상게서; 참고, Sasson, "Circumcision in the Ancient Near East," p. 474.

305) Durham, *Exodus, Word Biblical Commentary*, vol. 3, p. 58.

를 모세의 생식기에 대면서 "당신은 나의 피 신랑"이라고 말했다는 것이다. 여기에서 모세는 자기 아들의 대리 할례를 통해 그 자신이 할례 받은 것으로 간주되었다는 것이다. 그리하여 그가 하나님의 진노를 벗어나 중대한 사명을 무사히 시행해 갈 수 있었다고 한다.[306]

이러한 대리 할례 의견처럼 모세가 결혼 전에 할례 받았다는 분명한 기록이 없으므로 모세가 위급한 상황에 처한 이유가 그 자신이 할례를 받지 안했기 때문으로 추론해 볼 수 있다. 그렇지만 창세기에 여러 번 출생한 사건들을 이야기하면서도 할례의 직접 명령을 받아 할례를 행한 아브라함과 그의 아들 이삭의 출생이후에는 한번도 할례 받은 여부를 말하지 않는 것을 볼 때 모세가 할례 받았다는 기록이 없다 하여 모세가 결혼 전에 할례 받지 않았다고 말할 수 없다. 오히려 출애굽기 2:6에서 바로의 딸이 나일강의 갈대사이에 있던 상자를 열어 보고 그 안에 있던 갓난아이 모세를 보고 당장에 "히브리 사람의 아이로다" 말한 것은 그가 이집트인들과는 달리 할례를 받았기 때문인 것으로 추측된다. 그리고 신약에서 대리 세례란 것이 없듯이 대리 할례가 인정되었다는 성경적 증거 자료가 없다. "대리 할례"란 문구는 하나의 신학적 모순어법(a theological oxymoron)이라고 알렌(R. B. Allen)은 강하게 비판한다.[307] 또한 출애굽기 4:24-26의 문맥에서 여호와가 모세를 죽이려 하자 재빨리 십보라가 그의 남편의 위기 상황이 그들의 아이를 할례 시키지 않은 것과 연결시킨 것은 하나님의 진노가 모세가 할례 받지 않음 때문이 아니라, 그들의 아들이 할례 받지 않음과 관련된 것을 증거해 준다.[308] 그러므로 이러한 본문의 증언

306) 상게서, p. 59.

307) R. B. Allen, "The 'Bloody Bridegroom' in Exodus 4:24-26," p. 263.

308) Kaiser, Jr., *Exodus, the Expositor's Bible Commentary*, p. 332.

과 그 외 다른 성경적 자료들과는 달리 결혼 전에 모세가 할례 받지 않았다고 주장하는 것은 무리이다.

(2) 할례의 희생적 효과(a sacrificial efficacy)의 견해

이 견해를 주장하는 학자들은 대부분 앞서 살펴본 대리 할례 견해와는 달리 모세가 할례를 결혼 전에 받은 것으로 이해한다. 그러나 모세가 여호와의 공격을 받은 이유가 그의 아들을 할례 시키지 않았기 때문이라고 본문을 해석하는 사람들 중에 할례가 속죄의 효과를 가지고 있다고 이해하는 고대번역성경과 학자들이 있다.

① 거짓 요나단 탈굼(TgPsJ)

주후 7세기경에 번역된 아람어 오경 성경인 거짓 요나단 탈굼에 의하면 모세는 그의 아들 게르솜을 장인 이드로의 반대로 할례를 시키지 못했다. 한편 모세의 둘째 아들 엘리에셀(출 18:4)은 모세가 그의 장인 사이의 의견 일치로 할례를 받았다. 그리하여 거짓 요나단 탈굼에 의하면 출 4:25에서 "그의 아들"이 바로 게르솜인 것이 분명히 언급되며 "그의 발"은[309] 모세의 발이 아닌 모세를 죽이려 했던 "천사의 발"이라고 되어있다. 또한 십보라는 게르솜의 할례 받은 양피를 천사의 발에 놓으면서 다음과 같이 말한다: "남편은 할례 시키기를 원했습니다. 그러나 그의 장인이 그를 막았습니다. 이 할례의 피가 이제 나

309) 한글개역성경은 의역하여 "모세의 발"로 번역했으나, 히브리어 원문 맛소라 성경에는 "그의 발"(לְרַגְלָיו)로 되어있다. 그리하여 히브리어 원문 상으로는 누구의 발인지 이름이 밝혀있지 않다.

310) *Targum Pseudo-Jonathan: Exodus*, tran. by Michael Maher (Edinburgh: T & T Clark LTD, 1994), p. 172; C. Houtman, "Exodus 4:24-26 and Its Interpretation," p. 88.

의 남편의 죄를 용서하게 하소서"[310] 26절에서도 거짓 요나단 탈굼은 히브리어 본문의 문자적 번역을 한 것이 아니라 말을 풀어 의역하여 번역한다. 죽이려는 천사가 모세를 죽이려는 것을 그만두고 떠난 후 십보라가 감사하여 말하기를: "이 할례의 피가 얼마나 소중한가. 이 피가 파멸시키는 천사의 손으로부터 나의 남편을 구원해주었다."[311]고 한다.

위의 번역은 분명히 할례가 단순히 언약 백성의 징표로만 행해진 것이 아니라 그 자체 죄를 용서하는 희생제사와 같은 효과를 갖고 있는 것으로 거짓 요나단 탈굼의 번역자는 이해했다. 이런 이해가 주후 1세기경에 만들어진 옹켈로스 탈굴(Tg Onkelos)에서도 나타난다. 옹켈로스 탈굼은 모세의 아들이 이드로의 반대 때문에 할례 받지 못했다는 사실은 언급하지 않으나 거짓 요나단 탈굼처럼 25절에서 십보라가 여호와의 천사에게 말하며, 모세가 할례의 피로 속죄함을 받았고 할례의 피 때문에 죽지 않게 되었다고 말한다.[312]

② 칠십인역(The LXX)

헬라어 성경인 70인역도 히브리어 원문성경을 의역한 경우들이 많다. 그러나 탈굼보다는 전반적으로 본문에 더 충실히 번역되었다. 우리가 토의하는 출애굽기 4:24-26을 보면 여호와의 천사가 길의 숙소에서 모세를 만나 그를 죽이려하므로 십보라가 돌을 들어 그 여자의 아들의 표피를 잘랐다. "그리고 그 여자가 그의 발에 엎드리며 말했

---

311) *Targum Pseudo-Jonathan: Exodus*, p. 173; C. Houtman, 상게서.

312) *The Targum Onkelos to Exodus*, trans by Bernard Grossfeld (Wilmington, Delaware: Michael Glazier, Inc., 1948), pp. 11f. 그런데 네오피티 1세의 탈굼은 거짓 요나단과 거의 비슷하게 모세가 아들을 장인 이드로의 반대 때문에 할례 시키지 못한 것과 모세 아들의 할례의 속죄 효과를 분명히 나타낸다. *Targum Neofiti 1 : Exodus*, tran. Martin McNamara, M. S. C. (Edingurgh: T & T Clark LTD., 1994), pp. 24-25.

다, '여기 나의 아들의 할례의 피가 있습니다'."(25절 b). 이 구절의 내용은 십보라가 여호와의 천사에게 간절히 탄원하는 그런 모습을 보여준다. 그리하여 여호와의 천사의 발에 엎드리어 그의 아들의 피를 보시고 용서해 줄 것을 간청한 것으로 나타난다. 그 결과 할례의 피가 죄 용서를 가져왔고 모세의 생명을 구원한 것으로 이해한다.[313] 그러나 70인역의 내용에는 할례의 피가 죄를 용서하게 해달라는 분명한 표현은 없다.

③ 프로프(William H. Propp)

프로프(Propp)에 의하면 모세는 사람을 쳐죽인 살인죄를 범한 죄인이다(출 2:12). 이 모세에게 여호와는 두 가지 양립할 수 없는 계획들을 가지고 있었다는 것이다. 하나는 모세를 이집트에 보내서 이스라엘을 해방시키는 것이고 다른 하나는 그의 옛날 죄에 대해 벌하는 것이다.[314] 모세가 살인죄의 문제를 해결하지 않고 그의 이집트 집에 돌아간다면 그는 죽임을 당해야만 한다.

그런데 십보라가 한 방법을 발견했는데 그것은 그의 아들을 할례시켜 모세의 죄가 용서 받도록한 것이라고 프로프(Propp)는 말한다.[315] 십보라는 그의 아들의 피를 흘림에 의해 피의 속죄 의식을 즉석에서 거행했다는 것이다. 그리하여 모세는 죄책으로부터 깨끗해지고 그의 임무를 수행하도록 집으로 돌아갈 수 있었다는 것이다. 아들의 죽음을 초래하지 않은 피 흘림의 속죄 효능이 아들로부터 아버지에게 옮겨졌다고 한다. 아들의 피가 그의 아버지의 피를 대신한 것과

313) C. Houtman, "Exodus 4:24-26 and Its Interpretation, " p. 90.

314) William H. Propp, "That Bloody Bridegroom(Exodus IV 24-6)," *Vetus Testamentum*, XLIII(1993): 505.

315) 상게서.

같다는 것이다. 위에 토의되는 것처럼 프로프는 모세의 죄가 그의 아들을 할례 시키지 않는 것으로 보기보다는, 그 자신이 범한 살인죄 때문인 것으로 이해한다. 그는 레위기 12:1-5에서 갓난 남자아이의 할례가 그의 어머니의 출산으로 인한 의식적 불결을 제거해줌을 시사한다고 한다. 그리고 여호와 기자는 할례가 피의 오염을 제거할 수 있음을 나타낸 것으로 이해된다고 한다. 또한 페니키아 신화에 의하면, "아주 무서운 재앙이 발생했을 때 [신(神)] 크로노스가 그의 외아들을 그의 아버지 큐라노스[" 하늘 "]에게 제물로 바친다. 그리고 그 자신이 할례 받고 다른 그와 함께 있던 동료들도 할례 받도록 강요했다."[316] 바로 이 신화의 이야기에서 할례는 재앙에 대한 화해의 응답으로 보인다는 것이다. 그래서 출애굽기에서도 신의 보복을 피하기 위한 속죄의식으로서 행해진 것으로 생각된다는 것이다.[317]

그러나 이러한 할례의 속죄의 효과에 대한 견해는 구약의 어디에서도 분명히 제시되지 않는다. 프로프(Propp)가 언급한 레위기 12:1-5도 결코 그 문맥에서 남자아이의 할례가 어머니의 출산을 인한 의식적 불결을 제거해 주는 수단으로서 제시한 것이 아니다. 여호와의 할례명령에 따라 난지 8일 만에 남자아이에게 할례를 행하여 하나님의 언약 백성의 징표를 갖도록 하려는 것으로 이해된다. 만약 그렇지 않고 산모의 의식적 불결과 관련된 할례라면, 보다 빨리 할례를 시켜 산모를 의식적으로 정결케 했을 것이다.

그리고 레위기 12:1-5에서 산모가 남자아이를 낳을 때 7일 동안 부

---

316) H. W. Attridge and R. A. Oden, *Philo of Byblos: The Phoenician History*(Washington, D. C., 1981), p. 57; 이 책은 Propp, "That Bloody Bridegroom(Exodus IV 24-6)"의 p. 506에서 재인용됨.

317) Propp, 상게서.

정하고 여자아이를 낳을 때는 14일 동안 부정할 것이라 한다. 그리고 남자아이를 제 8일에 할례를 시켜도 산모의 산혈이 완전히 깨끗해 진 것이 아니라, 33일을 지나야 깨끗해진다고 한다. 한편 여자아이를 낳은 산모는 66일이 지나야 산혈이 깨끗해진다고 한다. 그러므로 레위기 본문에 따르면 남자아이의 할례가 산모의 부정을 깨끗케 하는 효과를 가졌음을 시사하기보다는 다른 이유 때문에 산모의 부정의 기간이 남자아이를 낳았을 때와 여자아이를 낳았을 때에 차이가 있는 것으로 생각된다. 학자들에 의하면 그 이유가 분명하지 않지만 여자아이를 임신했을 때에 산모에게 더 큰 어려움과 위험들이 있기 때문,[318] 혹은 여자아이를 낳았을 때에 출생 후의 유출이 더 오래 지속되기 때문,[319] 혹은 여자의 값이 남자의 값보다 대략 절반인 것(레 27:2-7) 같은 남녀간의 상대적인 신분의 이해가 여기에 반영되었기 때문이라 한다.[320] 그러나 결코 갓 난 남자아이의 할례의 속죄효과 때문에 남자 아이를 낳은 산모가 여자아이를 낳은 산모보다 의식적 부정의 기간이 짧은 것이라고 이해하기는 어렵다.

그리고 페니키아의 신화에서 크로노스(Kronos)가 할례 받은 것이 속죄의식의 하나로 이해해야 할지는 분명치 않다. 그는 이미 외아들을 속죄의 제물로 바쳤기 때문 그가 할례 받은 것은 헌신의 결단 같은 다른 의미에서 행해진 것으로 이해된다.

---

318) A. Noordtzij, *Bible Student's Commentary, Leviticus*, translated by Raymond Togtman (Grand Rapids: Zondervan Publishing House, 1982), p. 131.

319) A. Dillmann, *Exodus and Leviticus*(Leipzig: Hirzel, 1880), p. 506. 이 책은 다음 책에서 재인용 된 것임: Gordon J. Wenham, *The Books of Leviticus* (Grand Rapids: Eerdmans Publishing Co., 1979), p.188.

320) Gordon J. Wenham, 상게서.

(3) 할례소홀 죄의 견해(a sin of omission of circumcision)

앞서 살펴본 할례의 희생적 효과 견해처럼 할례 소홀 죄의 견해는 모세 자신은 결혼 전에 할례 받은 것으로 이해한다. 그러나 모세가 그의 아들에게 할례를 시행해야 되는데 하지 않았기 때문에 여호와가 모세를 죽이려 했다는 것이다. 이것은 할례가 어떤 희생 제사의 속죄의 효과를 가졌기 때문이 아니라 이스라엘의 할례기원을 논할 때 설명했던 것처럼 할례가 이스라엘의 언약의 징표인데 혹은 이스라엘 백성 가운데 엄청나게 중요한 의식이었는데 모세가 그의 아들에게 할례를 시키지 않아 여호와에게 불순종의 죄를 범한 것이다.

① 카일과 델리취(Keil and Delitzsch)

카일과 델리취는 모세가 여호와의 공격을 받은 것이 여호와가 아브라함에 주신 할례명령의 불순종과 관계있는 것으로 본다. 언약의 징표인 할례를 받지 않는 자는 백성 중에서 끊어질 것이라 했다(창세기 17:14). 곧 할례 받지 않은 자가 죽임 당할 것을 가르쳐 준 것이다. 그런데 언약의 징표인 할례를 받지 않는 자가 어린아이일 경우에는 죽음의 벌이 부모에게 떨어지는데 누구보다 먼저 하나님의 명령을 시행하는데 소홀히 했던 아버지에게 떨어진다는 것이다.[321)]

카일과 델리취(Keil and Delitzsch)에 의하면, 모세 자신이 그의 아들에게 할례 행하기를 싫어했던 것이 아니라 미디안 여인이었던 그의 아내 십보라가 싫어하므로 행하지 않은 것으로 추측된다. 이것은 모세가 여호와의 공격을 받자 십보라가 아들의 할례를 곧장 시행한 행동과 십보라가 그의 아들의 양피를 그(모세)의 발에 던졌다는 표현

321) Keil and Delitzsch, *Biblical Commentary on the Old Testament*, vol. 1, *the Pentateuch*, pp. 459f.

이 십보라가 할례 행하기를 싫어해서 안했음을 충분히 추론케 한다고 한다.[322] 모세가 아들을 할례 시키지 않은 것은 비록 그가 이스라엘 백성을 구원하는 사명을 수행하기 위해 선택되었다 할지라도 하나님이 간과하고 지나칠 수 없는 사형의 범죄였다는 것이다. 하나님은 모세에게 그의 죄를 깨닫게 하고 하나님의 명령들을 지킬 것을 하나님이 요구하셨음을 심각하게 가르쳐 주기 위해 그를 죽이겠다고 위협했다는 것이다.[323] 그러나 하나님은 모세를 죽이지 않았다. 왜냐하면 그가 범죄 한 것은 육체의 연약함 때문에 그의 아내의 뜻에 양보하여 일어난 것이었기 때문이라고 한다. 모세가 그의 미디안 장인의 집에 살았던 위치 때문에 그렇게 한 것으로 설명되고 변명될 수 있었다는 것이다.[324] 카일과 델리취(Keil and Delitzsch)는 출 4:25에서 아들이 단수로 되여 있는 것을 볼 때 첫 아들 게르솜은 할례를 이미 받았고, 둘째 아들 엘리에셀(출 18:3-4)이 할례를 받지 않아 모세가 죽음의 위협을 받은 것으로 이해한다.[325]

② 카이저(Walter C. Kaiser, Jr.)

카이저는 기본적으로 카일(Keil)과 델리취(Delitzsch)와 같다. 카이저는 본문 출애굽기 4:24-26의 해석을 위해 창세기 17:10-14에 있는 모든 남자는 난지 8일에 할례를 받아야 하며, 만약 받지 않을 경우 하나님의 백성으로부터 끊어진다는 할례 법을 전제로 한다. 본문 출애굽기 4:24-26의 문맥을 볼 때 모세는 십보라가 할례의식을 반대하고 싫

---

322) 상게서, p. 460; 참고, Kaiser, Jr., *Exodus, the Expositor's Bible Commentary*, p. 332.

323) 상게서.

324) 상게서.

325) 상게서, p. 459.

어해서 그 아들을 할례 시키지 않은 것 같으며, 그 아들을 할례 시키기를 거절한 이유로 모세가 죽음의 위협을 받고 있다는 것이다.[326] 그러므로 카이저는 십보라가 그의 아들을 할례 시킨 것이 할례의 속죄 효과나 다른 이유 때문이 아니라 하나님의 언약의 징표인 할례를 시행하지 않은 잘못 때문인 것을 알고 곧장 뉘우치며 할례를 시킨 것으로 이해한다.[327]

이와 같이 하나의 적은 소홀함 때문에, 즉 아내의 소원을 존중하여서 혹은 아마 가정의 화평을 유지하기 위해서 취해진 할례의 소홀함으로, 모세는 하나님을 섬길 기회를 거의 놓칠 뻔했고 80년 동안의 준비와 훈련을 휴지조각으로 만들어 버릴 뻔 했다고 한다.[328]

③ 차일드스(Brevard S. Childs)

본문 4:24-26을 분석하면서 차일드스(Childs)는 편집자의 의도에 깊은 관심을 보인다. 그는 현재의 출애굽기 4:24-26의 본문은 모세가 공격받은 것이 그가 아들을 할례 시키지 않았기 때문인 것을 적어도 시사하고 있다고 말한다. 그렇지 않다면 왜 아들의 할례가 모세의 생명을 살아남게 할 수 있었겠는가 라고 반문한다.[329]

십보라의 세 가지 행동 즉 a 아들의 양피를 자른 일, b 양피를 그의 발에 닿게 한 일, c "당신은 참으로 나의 피 남편" 이라고 말한 일. 이들 중에 능력을 가진 것은 피 자체도 아니고, 발들 위에 만든 싸인도 아니며 그가 한 말도 아니라고 차일드스는 지적한다. 오히려 모든 이 요소들은 이스라엘에게 잘 알려졌던 할례의식 전체의 일부분이라고 한다.[330]

---

326) Kaiser, Jr. *Exodus, the Expositor's Bible Commentary*, p. 333.
327) 상게서, p. 332.
328) 상게서, p. 333.
329) Child, *The Book of Exodus, A Critical Theological Commentary*, p. 101.

차일드스에 의하면, 비판학 이전(pre-critical)시대의 전통적 해석이 편집자의 관점을 크게 반영한 것이다. 본문은 놀랍게도 할례가 이미 이런 옛날에 이스라엘 안에 중요한 위치를 차지하고 있었음을 인식시켜 준다고 한다.[331] 차일드스는 모세가 아들의 할례를 시키지 않은 소홀함의 죄를 범했으나 십보라가 그것을 바로 고치므로 죽임을 면케 되었음을 본문이 분명히 시사하고 있다고 이해한다. 그러면서 그는 현재의 출애굽기 4:24-26의 본문이 할례의 엄청난 중요성을 극적으로 표현해 주고 있다고 말한다.[332]

지금까지 "모세가 할례를 받았는가?"라는 질문 아래 대리 할례(a vacarious circumcision)의 견해, 할례의 희생적 효과(a sacrificial efficacy)의 견해, 그리고 할례소홀의 죄(a sin of omission of circumcision)의 견해를 살펴보았다.

대리 할례(a vacarious circumcision)의 견해는 모세가 결혼 전 할례받지 않은 것을 전제로 하며 그의 아들이 대신 할례 받은 것이라 하는데 이 견해는 지지될 수 없다고 지적했다. 그 이유는 출애굽기 2:6에서 바로의 딸이 갈대 상자 안에 있는 갓난 아이 모세를 보고 곧장 "히브리 사람의 아이"라고 말한 것은 그가 히브리 인의 할례를 받았음을 시사하고 신약에서 대리 세례란 것이 없듯이 대리 할례란 있을 수 없는 신학적 모순어법(a theological oxymoron)이기 때문이다. 그리고 출애굽기 4:24-26의 문맥에서 볼 때 여호와가 모세를 죽이려하자 십보라가 재빨리 그의 아들의 양피를 잘라 할례 시킨 것은 여호와가 공격한 이유가 모세가 할례 받지 않은 것이 문제가 아니라, 그들의 아들

---

330) 상게서.

331) 상게서.

332) 상게서, p. 104.

을 할례 시키지 않은 것과 관련됨을 충분히 시사하고 있다는 것이다. 그러므로 대리 할례의 견해는 받아드릴 수 없음을 지적했다.

할례의 희생적 효과(a sacrificial efficacy of circumcision) 견해는 모세가 결혼 전에 할례를 받았음을 이 견해를 지지하는 많은 사람이 인정하지만, 모세가 여호와의 공격으로부터 구원받은 것이 그 아들의 할례의 속죄 효과인 것으로 해석한다. 그러나 앞서 지적한대로 창세기 17장의 아브라함에게 할례를 시행하도록 명령하는 구절이나 성경 어디에도 할례의 속죄 효과를 제시하고 있지 않다. 레위기 12:1-5도 결코 할례의 속죄 효과를 시사한다고 이해할 수 없음을 앞서 지적했다. 그리고 페니키아 신화에서 나오는 크로노스(Kronos)가 할례 받은 것이 속죄의 효과를 나타낸 다기보다는 헌신의 결단 같은 의미를 나타낸다고 지적했다. 왜냐하면 크로노스(Kronos)는 이미 큐라노스(Quranos)에게 그의 외아들을 속죄의 제물로 바쳤기 때문이다.

그러므로 차일드스(Childs)나 카이저(Kaiser, Jr.)가 주장하듯 출 4:24-26의 본문을 볼 때 모세가 여호와의 공격을 받은 것은 할례 소홀죄의 견해가 주장하듯 모세가 그의 아들을 할례 시키지 안했기 때문인 것으로 해석하는 것이 가장 타당한 주장으로 보인다. 그렇지 않고는 여호와의 공격이 있자 곧 십보라가 그의 아들을 할례 시켰을 것으로 이해될 수 없기 때문이다. 또한 십보라가 그의 아들을 할례 시킨 후의 결과를 볼 때 이 해석이 옳은 것을 볼 수 있다. 왜냐하면 모세를 죽이려고 위협했던 여호와께서 십보라가 그의 아들을 할례 시켜 그 아들의 양피를 그의 발 앞에 던졌을 때 여호와는 그를 놓아 주셨기 때문이다. 이는 모세가 할례 받지 않은 것이 문제가 아니라 그의 아들을 할례 시키지 않았던 '할례 소홀의 죄' 가 문제인 것을 분명히 시사해 준다.

그리고 할례의 희생제사적 효과를 출애굽기 4장의 본문이나 다른 구약에서 찾아볼 수 없으므로 카일과 델리취(Keil and Delitzsch) 그리고 카이저(Kaiser, Jr)가 지적하듯 할례는 하나님의 언약 백성의 징표로서 이스라엘 백성이 시행해야 하는데 그 명령을 불순종할 때 죽임당하는 벌을 받을 정도로 이스라엘 백성 가운데 중요한 의식이었음을 본문이 가르쳐 주고 있다. 또한 모세 같은 하나님의 중대한 사명을 맡은 종들은 먼저 자신들이 하나님의 명령을 철저히 지켜야 함을 본문이 가르쳐준다.

6) "당신은 참으로 내게 피 남편이로다"의 의미

이 구절은 십보라가 그의 아들의 양피를 베어 그의 발 앞에 던지면서 말한 구절이다. 이 구절의 의미에 대해 수많은 논문들이 쓰여지고 있지만 아직 학자들의 일치된 견해가 없다. 한글개역성경에서 "남편"이라 번역된 히브리어는 "하탄"(חָתָן)으로서 "남편"이란 뜻이 아니라 "신랑, 사위, 친척"의 뜻을 갖고있다. 그러므로 히브리어 원문대로 번역하면 "당신은 참으로 내게 피 신랑이로다"이다(참고, RSV, NASB, NIV). 이 구절에 대한 다음 5가지 견해를 대표적으로 살펴보겠다.

(1) 카일과 델리취(Keil and Delitzsch)

카일과 데리취는 출 4:25에서 "당신은 참으로 내게 피 신랑이로다"란 구절에서 "당신"은 모세를 가리킨 것으로 이해한다.[333] 이 문장

333) 히브리어 원문에서는 4:24-26절에서 모세의 이름이 언급되지 않고 대명사들만 쓰여져 있어 인칭대명사 "당신"은 "아들" 혹은 "모세" 혹은 "여호와"를 가리킨다는 여러 견해들이 나온다. 참고, C. Houtman, "Exodus 4:24-26 and Its Interpretation," pp. 89ff.

앞의 문장인 "그의 발 앞에 던지며" 에서도 "그"가 모세임이 앞뒤 문맥을 보아서 합당하므로 여기 문제의 구절에서 "당신" 이 모세를 가리킨 것으로 이해하는 것이 보다 단순한 이해이라는 것이다.[334]

십보라가 모세를 "당신은 참으로 내게 피 신랑이로다"라 말한 것은 그 아들의 피 흘림에 의해 마치 새롭게 그를 남편으로 사고 얻은 것과 같기 때문이라고 한다.[335] 모세가 죽음의 공격으로부터 십보라에 의해 구조되었다. 십보라는 그 아들의 피에 의해 남편 모세의 생명을 샀다는 것이다.

(2) 벨하우젠(Julius Wellhausen) 과 디그루(J. De Groot)

앞서 "대리할례 견해"를 토의하면서 지적한 것처럼 본문 출애굽기 4:24-26에서 보여준 하나님이 모세를 죽이려는 사건은 모세가 할례를 받지 안했기 때문이라고 벨하우젠은 이해한다.[336] 그런데 벨하우젠은 출애굽기 4:25에 언급한 십보라가 그녀의 남편대신 그의 아들의 양피를 할례 시켜서 모세의 발에[337] 그 아들의 양피를 닿게 하여 모세를 상징적으로 피의 신랑으로 만들었다는 것이다. 그 결과 십보

334) Keil and Delitzsch, *Biblical Commentary on the Old Testament*, vol. 1, *The Pentatecuh*, p. 46.

335) 상게서.

336) 참고, C. Houtman, "Exodus 4:24-26 and Its Interpretation," p. 93.

337) 벨하우젠은 히브리어 "라그라임"(רַגְלַיִם)을 모세의 발보다는 모세의 외음부(genitals) 가리킨 것으로 이해한다. 참고, C. Houtman, "Exodus 4:24-26 and Its Interpretation," p. 93. 그러나 카이저(Kaiser, Jr.)가 옳게 지적한 것처럼 발에 대해 이런 완곡어법적인 해석은 여기서 필요치 않다. 왜냐하면 여기 할례의식은 결혼적령기의 의식이 아니고, 언약백성의 징표로 행한 유아 할례의식이기 때문이다. 참고, Kaiser, Jr., *Exodus, the Expositor's Bible Commentary*, p. 333.

라는 모세를 여호와의 진노로부터 건짐 받게 했다는 것이다. 여호와께서 모세에 대해 진노하신 것은 모세가 피 신랑이 아니기 때문이란 것이다. 달리말해서 모세가 결혼 전에 할례를 받지 않았기 때문이란 것이다.[338] 이러한 벨하우젠의 이해에 의하면 모세를 "피 신랑"이라고 부른 것은 그가 피로 할례 받은 자임을 뜻하는 것이다.[339] 이렇게 "피 신랑"이 되어 모세가 할례 받은 것으로 간주되었다고 해석한다.

디 그루(De Groot)도 벨하우젠(Wellhausen) 과 비슷하게 출 4:25의 "하탄"(חָתָן)을 "할례 받은"(circumised)이란 추정된 의미로 이해한다. 그러므로 십보라가 모세에게 말한 "당신은 참으로 내게 피 신랑이로다"라 구절을 "당신은 참으로 내게 피로 할례 받은 사람이로다"를 뜻하는 것으로 이해한다.[340] 여기서 피로 할례 받은 모세는 차돌로 할례 받은 십보라의 아들과 구별되고 있다. 디 그루에 의하면 모세는 유월절을 지킬 수 있기 위해 반드시 할례를 받아야만 했다고 이해한다. 유월절 제사에서 피의 의식이 구원의 수단으로서 중대한 일부분이었고, 유월절 제사를 거행하기 위한 선결 조건이 또한 할례였음을 지적한다.[341]

그러나 차일드스(B. S. Childs)는 "하탄"(חָתָן)을 "할례 받은"(circumcised) 뜻으로 이해한 것은 아랍어에 근거하여 추정하지만 언어학적으로 정당성이 지지될 수 없다고 말한다. 그러면서 "피의 신랑"이란 특수한 하나의 전문 용어일 것으로 추측한다.[342]

---

338) Juius Wellhausen, *Prolegomena to the History of Israel*, p. 340.
339) Wellhausen, 상게서; C. Houtman, "Exodus 4:24-26 and Its Interpretation," p. 93.
340) 참고, C. Houtman, 상게서, p. 96.
341) 상게서.

(3) 차일드스(B. S. Childs)

출애굽기 4:25에서 십보라가 그 아들의 양피를 그의 발에 데며[343] 말했다 하는데, 여기에서 "그의 발"이라 할 때 "그"가 누구인지를 본문이 이름을 분명히 밝혀주지 않는다.[344] 그런데 차일드스는 "그"가 할례 받은 아들을 가리킨 것으로 이해한다. 십보라가 아들의 양피를 베어 할례를 시킨 다음 그 양피를 그 아들의 발에 닿게 하며 피를 묻혀서 할례가 행해졌음을 분명히 증거 해주는 것이라 한다.[345]

그리고 십보라가 그의 아들을 할례 시키며 그 양피를 아들의 발에 닿게 하면서 "당신은 참으로 내게 피 신랑이로다"고 말했는데 이 구절이 무슨 뜻을 가졌는지 지금 현재의 본문의 상태로는 알 수 없다고 생각한다. "피 신랑"이란 문구를 아랍어에 근거해 "피 할례 받은 자"(the blood-circumcised)로 번역하고 그 의미를 이해하려는 것은 언어학적으로 옳지 않다고 주장한다.[346] 아랍어의 어근 hatna는 바로 "할례를 베풀다"만을 뜻하지 않고, 그 동사의 본질적인 의미의 일부가 '신랑을 할례 시키는 행동'을 뜻하기 때문이란 것이다.[347]

그러면서 차일드스에 의하면, "피 신랑" 문구가 옛날에는 하나의

342) Childs, *The Book of Eoxdus, A Critical Theological Commentary*, p. 103.

343) 한글개역성경에서는 "던지다"로 번역했다. 이 단어로 번역된 히브리어 원문성경의 단어는 נָגַע 동사의 히필형 וַתַּגַּע 이다. 그 뜻은 "닿게 하다, 도착케하다, 닿다, 이르다, 다가오다"를 의미하므로 차일드스는 "닿다"로 번역한 것이다.

344) 한글개역성경은 "모세의 발"로 의역해서 번역하지만 히브리 원문성경에서는 다만 "그의 발"로 되어있다.

345) Childs, *The Book of Eoxdus, A Critical Theological Commentary*, p. 103.

346) 상게서, pp. 98, 103.

347) 상게서, p. 98.

전문적인 용어로 그 의미가 잘 이해되었을 것이라 한다. 그러나 지금 현대의 출애굽기 본문에서는 분명치 않다고 한다. 아마 고의로 그 뜻을 저자가 명확하게 하지 않았을 것으로 생각할 수도 있다고 추측한다. 출 4:26의 "그 때에 그 여자가 할례와 관련하여 '피 신랑' 이라 말했다"[348]는 구절도 "피 신랑" 이란 문구의 의미를 설명하려는 시도를 보이지 않고 단지 그 문구를 할례의식에 관련시키고 있다는 것이다. 차일드스는 "피 신랑" 이란 문구가 본문의 저자가 이스라엘 가운데 친숙했던 관습이었다고 간주하는 할례의식의 일부였다고 생각하지만, 그 문구의 뜻은 분명히 알 수 없다는 것이다.

이러한 차일드스의 견해는 "피 신랑" 이란 말이 문맥상 분명치 않으므로 그런 결론을 내릴 수 있겠으나 그러나 두 번이나 본문에서 그 문구가 사용된 것을 보아 그 의미가 중요하고, 또한 그 것이 뜻하는 분명한 메시지가 있기 때문인 줄 안다.

(4) 덜함(John I. Durham)

앞서 지적했듯이 덜함은 대리 할례(a vicarious circumcision)를 주장한다. 덜함에 의하면 십보라가 그 아들의 양피를 잘라 할례시킨 후 그 잘린 양피를 모세의 외음부(the genitals)에 닿게 하여 할례의 효과를 모세에게 옮겨지게 했다. 이때 십보라가 말한 "당신은 참으로 내게 피 신랑이로다" 란 구절은 옛날에 할례가 결혼 전에 행한 의식이었던 것을생각나게 하는 옛날 상투적 문구라고 말한다.[349] 이 구절은 결혼전의 할례를 받은 청년에게 그가 결혼 적령기에 있음을 선포한 의

348) 이 번역은 히브리어 원문의 직역으로서 한글개역성경의 의역과 약간 다르다.

349) Durham, *Exodus, Word Biblical Commentary*, vol. 3, p. 58.

식문구라는 것이다.[350] 이 할례의 "피 신랑"은 신부의 신랑이 될 준비가 되어있는 것을 나타낸다고 한다.

그러나 덜함 견해의 약점은 십보라가 단순히 그 당시 결혼전 할례의식에서 할례 받은 청년에게 그가 신랑 될 준비가 되었다는 것을 선포하는 말을 했다면 이 상투적인 문구가 이미 결혼을 하여 아들이 둘이나 되는 모세에게는 합당치 않는 말이다.[351] 또한 덜함이 가정한 것처럼 만약 모세가 결혼 전에 할례를 받지 안했고 그리고 미디안 지역에서 십보라가 그 상투적인 문구를 알 정도로 할례가 결혼을 위해 필수적인 것이었다면 십보라의 아버지요 제사장이었던 이드로는 모세를 분명히 할례 시켰을 것으로 생각된다.

(5) 알렌(Ronald B. Allen)

알렌은 출 4:25과 26의 "하탄-다밈"(חֲתַן־דָּמִים)을 "피의 신랑"(a bridegroom of blood)으로 번역하지 않고 "피의 신부-아버지"(a bloody bride-father)로 번역한다. 그리하여 25절 하 반절을 "당신은 참으로 내게 피 신부-아버지이다"로 번역한다. 그리고 십보라가 위 구절을 모세에게 말한 것이 아니라, 여호와에게 말했다고 한다.[352]

알렌에 의하면, 모세가 첫아들 게르솜을 창세기 17:9-14의 분명한 가르침에 따라 낳은 지 8일에 할례 시켰을 것이라고 한다. 그러나 십보라가 둘째 아들이 태어났을 때는 할례 시키는 것을 강하게 반대했을 것으로 추측한다. 미디안 지방에도 할례관습이 있었으나 그것은 결혼적령기에 행한 의식이었기 때문이다. 갓난아이를 할례 시키는

350) 상게서, p. 59.

351) Ronald B. Allen, "The 'Bloody Bridegroom' in Exodus 4:24-26," p. 263f.

352) 상게서, p. 265 and footnote 25.

것은 십보라가 예기치 못한 것이었거나 몹시 싫어하여 반대했을 것으로 생각한다.[353] 그러나 십보라는 하나님이 모세를 죽이려하자 그가 전에 반대했던 할례를 행하였으나 하나님을 향해 분노하여 그 아들의 양피를 하나님의 발에 닿게 했다고 한다. 그 이유는 하나님이 미디안 지역의 모든 사람들의 전통과는 달리 갓난아이를 할례 시킬 것을 요구했고, 그리고 첫아들이 낳은 지 얼마 안 되어 그 여자의 남편인 모세에게 그 아이를 할례 시키게 했으며, 또한 그의 어린 아들이 할례를 받든지 혹은 그의 남편이 죽든지를 택할 것을 요구하신 분이 하나님이었기 때문이란 것이다.

여기서 십보라가 그 양피로 닿게 한 하나님의 발은 이 땅에 육신의 몸으로 태어나시기 전의 그리스도의 발로 알렌은 이해한다.[354] 그리고 십보라가 분하여 하나님의 발에 양피를 갖다대면서 "당신은 참으로 내게 피의 신부-아버지이다"고 말한 것은 세 가지 이유에 의한 것이라고 추론 한다: 첫째, 하나님이 이 행동(할례)을 그 아들에게 행해지도록 요구하신 분이기 때문, 둘째 십보라는 하나님이 피의 양피를 아주 좋아하셨으므로 하나님이 역시 그것을 가지실 것이라고 추측했기 때문, 셋째 하나님은 십보라에게 결혼 바로 전에 할례를 요구하는 미디안 지역의 할례 시키는 자들 같이 되셨기 때문이란 것이다.[355] 알렌은 이것이 그 여자가 말한 모호한 구절의 뜻이라고 한다. 이 구절에서 십보라는 그 여자의 아들에게 행한 강제 할례에 의해 하나님을 그 여자의 "피 친척" (blood relatve)이라 불렀다는 것이다.[356]

---

353) 상게서, pp. 267f.
354) 상게서, p. 269.
355) 상게서, p. 268.
356) 상게서, p. 269.

이러한 알렌(Allen)의 견해는 출 4:24-26의 문맥을 깊이 분석하며 미디안 사람들의 관습과 비교하여 사려 깊은 제안을 하고 있다. 그러나 알렌에 의하면 십보라가 그 아들을 할례 시키고 분노하면서 아들의 양피를 하나님의 발에 닿게 하며 말했다 하는데 이런 이해는 남편 모세가 죽음의 위협을 받는 무서움의 순간에 그를 죽이려고 하시는 하나님을 향해 십보라가 분노했다는 것은 미디안 제사장의 딸로서 취할 수 없는 태도라고 생각된다. 오히려 떨며 완전히 순종하는 태도를 취했을 것으로 생각된다.

그리고 알렌은 십보라가 하나님이 그 할례 받은 아들의 양피를 좋아 하셨으므로 그것을 가지실 것이라고 생각하여 하나님의 발에 양피를 닿게 했다고 하는데 이는 십보라의 미디안 족들의 할례의식에서도 할례 행하는 자가 그 양피를 가진 것으로 증명되지도 않고 상식적으로 이해될 수 없는 해석이다. 오히려 하나님이 요구하시는 할례를 행했음으로 분명히 보여 주려는 의도에서 모세의 발에 닿게 한 것으로 해석하는 것이 설득력이 있다.

또한 이미 알렌도 가정했듯이 모세가 큰아들을 할례 시켰다면 십보라에게 미디안 문화권의 결혼 전 할례와는 달리 왜 갓난 아이를 할례 시켜야 되는지를 설명했을 것이다. 이를 모세가 하나님의 공격을 받아 위기에 처하게 되자 곧장 그 아들을 할례 시킨 십보라의 행동을 통해 충분히 짐작할 수 있다. 이 가정이 옳다면 십보라는 하나님이 갓난아이의 할례를 요구하시는 것은 미디안 문화의 결혼 전 할례와 달리 하나님의 백성의 징표로 요구함을 알았을 텐데 마치 결혼 전 할례 시키는 자에게 말하듯 하나님을 "피의 신부-아버지"라고 불렀을 것으로 생각할 수 없다. 마지막으로 알렌은 "하탄-다밈"(□ymiD;A|t'j})을 "피 신랑"이 아니라

"피의 신부-아버지 '(bloody bride-father)라 번역하는데 이는 히브리 모음 법에 생소한 것으로 이렇게 번역할 근거가 약하다.

이상과 같이 출 4:25에서 언급된 "당신은 참으로 내게 피 신랑이로다"는 구절의 뜻은 이 구절의 핵심 개념인 "피 신랑"이 26절에서 다시 반복되어 사용된 것을 볼 때 그 뜻이 모호한 개념을 저자가 두 번이나 반복했을 것으로 생각되지 않고 저자가 가르쳐 주려는 중요한 메시지가 있다고 생각한다. 비록 오늘 현대의 독자들은 이 구절의 뜻을 잘 알 수 없으나 저자가 기록한 당시에는 그 의미가 충분히 이해되었을 것으로 생각된다.

카일과 델리취(Keil and Delitzsch)가 설명한대로 십보라가 그 아들의 양피를 잘라 할례를 시켜 자기의 남편 모세를 하나님의 공격으로부터 구원하여 살게 하면서 그 양피를 모세의 발에 대면서 아들을 할례 시킨 것을 분명히 보여주었고, 그때 모세를 향해 당신 아들의 피의 할례를 통해 당신이 내게 새롭게 신랑이 되었다는 의미에서 피-신랑이란 호칭을 부친 것으로 생각된다. 십보라는 모세의 생명을 아들의 피로 샀다. 십보라는 모세가 죽음으로부터 돌아와 새로이 결혼한 것과 같았다. 그리하여 사실 모세는 십보라에게 피-남편이라고 말할 수 있었던 것으로 이해된다.

7) 결론

우리는 지금까지 할례의 기원과 출애굽기 4:24-26의 해석의 문제점들을 살펴보았다. 할례의 기원은 주전 3,200년경에 북쪽 시리아 아무크('Amuq)지역 같은데서 행해지던 습관이 이집트나 고대 히브리인들에게 알려졌을 것이라고 지적했다. 이스라엘 사람들에 있어서 할례의식의 기원은 학자들에 따라 창세기 17:9-27, 출애굽기 4:24-26, 그리고 여호수아 5:2-9에서 각기 찾으려 하지만 그러나 할례의식을 밝히는 유일한 성경구절은 창 17:9-27이라고 필자는 논의하였다.

창세기 17장에서 여호와께서 아브라함에게 할례 법을 주셨는데 그 할례의식이 이미 모세 때에 이스라엘 백성이 필수적으로 실행해야 할 중요한 의식이었음을 출애굽기 4:24-26이 극적으로 잘 묘사하고 있는 것으로 이해된다. 여기 논문에서 출애굽기 4:24-26이 쓰여진 목적, 모세가 할례를 받았는가에 대한 문제, 출애굽기 4:24-26에서 두 번이나 사용되는 "피-신랑"의 개념의 뜻을 논하며 할례의식이 이스라엘 백성가운데서 가졌던 엄청난 중요성과 모세 같은 하나님의 종은 철저히 자기 죄를 회개하고 가정에서부터 하나님의 충성스런 종이 되어야함을 강조했다.

[27절-31절]

모세와 아론의 만남과 모세를 영접한 이스라엘 백성

27. 여호와께서 아론에게 이르시되 광야에 가서 모세를 맞으라 하시매 그가 가서 하나님의 산에서 모세를 만나 그에게 입맞추니, 28. 모세가 여호와께서 자기에게 부탁하여 보내신 모든 말씀과 여호와께서 자기에게 명하신 모든 이적을 아론에게 고하니라. 29. 모세와 아론이 가서 이스라엘 자손의 모든 장로를 모으고, 30. 아론이 여호와께서 모세에게 명하신 모든 말씀을 전하고 백성 앞에서 이적을 행하니, 31. 백성이 믿으며 여호와께서 이스라엘 자손을 돌아보시고 그 고난을 감찰하셨다 함을 듣고[1] 머리 숙여 경배하였더라.

1. 본문의 원전 설명

1) 31절: [1] 히브리어 원문성경은 "듣고"로 되어있는데 헬라어 70인

역성경은 "기뻐하고"(*καὶ ἐχάρη*)로 되어있다. 히브리어로 "듣는다"는 말은 "샤마"(שָׁמַע)이고 "기뻐하다"는 "사마흐"(שָׂמַח)이다. 이 두 단어의 첫 자음 "שׁ"(신)과 "שׂ"(쉰)은 원래 같은 자음이고 둘째 자음은 서로 같고, 셋째 자음만 서로 다른 것을 고려할 때 성경의 필경사가 복사할 때 혼돈할 수 있었을 것으로 추측할 수 있다. 두 단어 다 문맥상 뜻이 잘 통하므로 어떤 것이 원래의 성경원문의 단어이었는지 단언적으로 말할 수 없으나 히브리어 원문성경의 단어 "샤마"(שָׁמַע)는 문맥상 "듣는다"란 의미보다는 "깨닫다" 혹은 "알다"란 의미로 이해하는 것이 더 합당한 것으로 생각 된다.[357)]

2. 본문 내용 개요

모세가 그를 맞으러 나온 아론을 하나님의 산에서 만난 후 이스라엘 백성에게 가서 여호와께서 명하신 말씀을 전하고 이적을 행하므로 백성이 듣고 하나님께 경배함.

3. 주석

모세와 아론이 여호와께서 그의 백성 이스라엘을 이집트로부터 구원하시려 한다는 하나님의 뜻을 이스라엘 장로들에게 전했을 때 모세가 염려했던 것과는 달리 그들이 감사하며 기쁨으로 경청했다. 이렇게 백성이 모세의 말씀을 듣고 믿으며 여호와께 경배한 것을 볼 때 열조에게 하나님이 주신 약속이 아직도 백성들의 마음속에 살아 있

357) Durham, *Exodus*, *Word Biblical Commentary*, vol. 3, p. 53.

음을 보여준다. 이스라엘 백성이 비록 믿음이 적어 계속되는 시험을 견디어 내지는 못했다 할지라도(5장), 이스라엘의 첫 반응은 하나님의 부르심을 따르기를 원하고 있다는 것을 증언해 준다.

4. 설교 및 교훈 자료

30-31절에서 모세는 그가 이스라엘 백성에게 말해도 그를 믿지 않을 것이라고 무척 염려 했다(출 4:1절 이하). 30-31절을 통해 우리가 얻을 수 있는 교훈은 복음을 전하려할 때 미리 염려하여 내가 전해도 받아들이지 않고 망신만 당할 것이라고 생각하며 전하는 것을 꺼려하는 것은 지나친 인간적인 염려임을 보여준다. 하나님은 우리의 생각밖에 복음의 선포가 성령의 역사를 통해 열매 맺게 하심을 알고 기회 있는 대로 담대히 전해야한다.

[출애굽기 5장]

[1절–5절]

처음으로 바로를 대면하는 모세

1. 그 후에 모세와 아론이 가서 바로에게 이르되 이스라엘 하나님 여호와
의 말씀에 내 백성을 보내라 그들이 광야에서 내 앞에 절기를 지킬 것이
니라 하셨나이다. 2. 바로가 가로되 여호와가 누구관대[1] 내가 그 말을 듣
고 이스라엘을 보내겠느냐 나는 여호와를 알지 못하니 이스라엘도 보내
지 아니 하리라. 3. 그들이 가로되 히브리인의 하나님이 우리에게 나타
나셨은 즉 우리가 사흘 길쯤 광야에 가서 우리 하나님 여호와께 희생을
드리려하오니 가기를 허락 하소서 여호와께서 온역이나 칼로 우리를 치
실까 두려워하나이다. 4. 애굽 왕이 그들에게 이르되 모세와 아론아 너희
가 어찌하여 백성으로 역사를 쉬게 하느냐 가서 너희의 역사나 하라. 5.
또 가로되[2] 이제 나라에 이 백성이[3] 많거늘 너희가 그들로 역사를 쉬게
하는 도다 하고.

1. 본문의 원전 설명

2절: 1 "여호와가 누구관대." 한글개역성경은 히브리 원문성경과 일치되게 "여호와가 누구 관대"로 번역했으나 헬라어 70인역 성경에는 "그가 누구 관대"로 되어 있다. 그러나 벌게이트 라틴 번역에는 히브리어 원문 성경에 더 일치되게 번역되어 있다.

5절: 2 히브리어 원문 성경에는 "헨"[הֵן, 보라(look)]이란 강조적인 감탄사가 있는데 한글개역성경에는 생략되어 있다.

5절: 3 "또 가로되 이제 나라에 이 백성이 많거늘 너희가 그들로 역사를 쉬게 하는 도다 하고"에서 "나라에 이 백성"은 히브리 원문에

"עַם הָאָרֶץ" 이다. 이 문구를 직역하면 "그 땅의 백성" 이다. 이들은 노동자 계층으로써 이집트인들의 지배 계급과 구별되는 보통 사람들이다. 그 땅의 노동자들이 많은데 그들이 쉬면 바로는 그가 많은 손실을 볼 것이라고 생각한다. 그리하여 그 땅의 백성이 많다는 것을 강조하여 말하고 있다. 히브리 원문에는 서술 어인 'רַבִּים' 이 먼저 쓰여 있고 주어 '그 땅의 백성' 이 그 다음에 쓰여 있어서 그 땅의 백성이 많음을 강조해 주고 있다고 말 할 수 있다.

2. 본문 내용 개요

모세가 여호와 하나님의 종으로 처음 바로를 대면하면서 두려움 없이 당당하게 하나님의 백성 이스라엘을 보내어 여호와께 희생을 드리도록 허락하라고 함.

3. 주석

출애굽기 5-14장의 재앙과 홍해 이야기를 분석하는 비평 학자들에 의하면 출애굽기 5장은 뒤에 나오는 재앙 이야기들의 서론이 되는 장으로 중요하게 취급된다.[358] 그들은 5장에서 다음의 장들(chapters)의 재앙 이야기들에서 사용한 중요한 주제와 개념들이 발견된다고 주장한다. 즉 5장에 보면 뒤에 나오는 재앙이야기에서 볼 수 있는 '모세에게 주어진 여호와의 메시지,' 와 선지자적인 상투적인 문구인 "여호와

358) Denis J. McCarthy, D. S. J. "Plagues and Sea of Reeds: Exodus 5-14," *JBL*, vol. 85(1966): 140-141.

께서 이같이 말씀하시기를(5:1)," 그리고 '여호와를 섬기도록 허락해 달라는 요구' 등이 나타난다는 것이다.[359] 그러나 양식사 비판은 출애굽기 11:1-12:42을 그 앞장인 5:1-6:1, 7:8-10:27과는 다른 전승의 문학적 자료로 분석하며 주제와 개념들에서도 다르며, 문학적으로도 차이를 나타낸다고 주장한다.[360]

그러나 이러한 문학적인 비판은 학자들 간에 통일된 의견이 없고 또한 현재의 출애굽기 5-14장의 내용을 읽을 때 위의 자료들이 출애굽의 절정인 홍해를 건너는 사건으로 발전해가면서 조화를 이루고 있기 때문에 서로 상충되는 문학적 전승이라고 보기 어렵다.

1절을 보면, 모세와 아론이 처음으로 바로에게 가서 이스라엘의 하나님 여호와의 이름으로 요청하기를 이스라엘 백성을 보내서 그들의 하나님께 광야에서 예배하며 축제를 지내도록 허락하라고 한다. 모든 나라들이 자기들의 신들이 있고 신들을 경배하는 축제들을 드리고 또한 그들 고유의 예배 양식이 있는 것을 고려할 때, 이스라엘 백성의 요구는 자연스럽고 결코 무리한 요구라고 볼 수 없다. 바로의 마음에 이스라엘의 하나님을 무서워하는 마음이 조금이라도 있었으면 허락했을 것이라고 생각된다.

약 40년 동안 떠나있었던 바로 궁에 들어가서 바로를 대면하는 모세를 상상해보라. 자기와 같이 뛰어놀던 소꿉친구가 바로왕이 되었는지 모른다. 모세가 옛날에는 바로 같이 이집트의 신들을 믿었으나 이제는 여호와를 믿으며 그의 메신저로서 궁에 들어갔다. 정들었던 정원이며, 나무며, 방들이며, 기둥들이었을 것이다. 그러나 본문에는

359) 상게서, pp. 142-158.

360) 상게서.

모세가 그것들을 보고 싶은 감회에 젖는 모습은 전혀 표현 되어있지 않다.

바로가 이스라엘 백성을 보내라는 여호와의 명령을 들었을 때, 2절에서 바로가 여호와가 누구관대 내가 그 말을 듣느냐고 거절한다. 이는 바로에게 이스라엘의 하나님이 누구인지 아직 알려지지 않았기 때문이라고 말할 수 있다. 그러나 그의 무지 때문에 그의 대답이 옳은 것이라고 정당화 될 수 없다. 아마도 바로는 이스라엘 백성이 종살이 하는 불쌍한 백성이기 때문에 그들이 믿는 하나님도 힘없고, 나약한 신이라고 생각했는지 모른다. 그의 "나는 여호와를 알지 못 한다"는 단언적인 표현은 단순히 모른 다는 것보다, 경멸하는 의미가 포함 되어있다.

바로는 안하무인(眼下無人)격인 태도를 나타낸다. 바로가 조금이라도 겸손한 사람이었다면 히브리인의 하나님이 어떤 분인가 물었을 것이다. 그러나 일언지하에 하나님의 요구를 거절하고 하나님을 모른다고 말하는 도도한 태도를 보여준다. 우리가 복음을 전할 때도 우리가 전한 구세주 예수님을 부인하고, 자기는 그런 신이 필요 없다고 하면서 하나님에 대해서 더 이상 묻지도 않고, 구원의 요청을 거절하는 사람들이 있다.

3절은 모세와 아론이 바로에게 말한 대답이다. 이 대답은 모세가 하나님을 만났을 때 바로가 이스라엘 백성이 가는 것을 거절할 때 재앙을 내리시겠다는 말씀을 생각하면서 행한 대답인 것이다(참고, 출 3:19-20, "내가 아노니 강한 손으로 치기 전에는 애굽 왕이 너희의 가기를 허락지 아니하다가, 내가 내 손을 들어 애굽 중에 여러가지 이적으로 그 나라를 친후에야 그가 너희를 보내리라").

특별히 모세와 아론의 대답에서 '온역(봄철의 돌림병, 전염성 열

병)과 칼' 이 언급된 것은 갑작스런 죽음이 이런 것들을 통해서 일어나고 신에게 경배를 소홀히 하면 이런 것으로 벌을 내린다고 믿고 있었던 것으로 보인다.

4-5절에서 바로는 모세와 아론의 요구가 이스라엘 백성에게 휴일을 갖게 하거나 그들의 일을 쉬도록 하는 핑계라고 응답한다. 그리하여 바로는 모세와 아론에게 돌아가서 그들의 일이나 하라고 말한다.

언제나 중생하지 못하고 사탄의 권세 아래 있는 자는 하나님께 희생 드리며 경배하는 일의 중요성을 깨닫지 못하고 하나님을 경배하는 일을 통해 발생하는 물질적 손해만 계산하고 예배를 반대하거나 방해한다. 가끔 하나님을 믿는 사람들 중에도 예배드리는 것을 시간낭비인 것처럼 착각하는 사람이 있다. 그리하여 하나님께 예배드리는 일을 게을리 한다. 하나님을 경배하며 예배할 때 우리의 영혼이 새 힘을 얻고 하나님의 크신 복을 받는다. 시편저자는 "주를 두려워하는 자를 위하여 쌓아두신 은혜 곧 인생 앞에서 주께 피하는 자를 위하여 베푸신 은혜가 어찌 그리 큰 지요" 라고 말한다(시 31:19).

[6절-9절]

모세와의 대면 후 이스라엘에게 더욱 중노동을 시키는 바로

6. 바로가 당일에 백성의 간역자들과 패장들에게 명하여 가로되, 7. 너희는 백성에게 다시는 벽돌 소용의 짚을 전과 같이[1] 주지 말고 그들로 가서 스스로 줍게 하라. 8. 또 그들의 전에 만든 벽돌 수효대로 그들로 만들게 하고 감하지 말라 그들이 게으르므로 소리질러 이르기를 우리가 가서 우리 하나님께 희생을 드리자 하나니, 9. 그 사람들의 고역을 무겁게 함으로 수고롭게 하여 그들로 거짓말을 듣지 않게 하라.

1. 본문의 원전 설명

7절: [1] "전과 같이"는 히브리어 원문성경에서 "키트몰 쉴숌"(כִּתְמוֹל שִׁלְשֹׁם)으로서 직역하면 "어제와 어제 전날 같이"이다. 그러나 관용구적으로 "전과 같이"(as perviously)를 의미한다.

2. 본문 내용 개요

바로가 이스라엘 백성이 모세의 말을 듣지 않게 하려고 감독자들에게 명령하여 이스라엘 백성에게 주었던 짚을 주지 말고 전과 같은 숫자의 벽돌을 만들게 하라고 함.

3. 주석

바로는 하나님을 두려워하거나 어떤 신들을 무서워하지 않는 것 같다. 이집트의 사회에서 왕을 신처럼 숭배했던 관습을 볼 때 충분히 그럴 수 있었다고 생각한다. 그리하여 그는 모세와 아론의 요구에 전혀 귀를 기울이지 않고, 오히려 그들의 요구가 일하기 싫어서 핑계를 대는 것으로 이해하며 거절한다. 또한 그들이 해방되고 싶은 욕망 때문에 그런 요구를 한 것으로 바로는 판단하고 더 압박을 가하고 일을 혹독하게 시켜서 그런 핑계나 욕망을 없애고 종들로 계속 붙잡아 두어 이집트인들을 영화롭게 할 대 도시건설에 노예로서 쓰려고 했다.

바로는 간역자들과 패장을 불러서 특별명령을 내린다. 여기서 "간역자들"은 이집트인들로서(출 3:7) 감독자들이었고 이들 아래 "패장들"이 있었는데 이들은 히브리 사람들 중에서 뽑힌 자로서(출 5:14)

동료 이스라엘 백성이 만든 벽돌의 수량을 기록한 것이 그들의 주 임무였던 것으로 보인다. 왜냐하면 그들의 이름이 문자적으로 "기록자"를 뜻하기 때문이다. 그렇지만 그들이 출 5:14를 보면 동료 이스라엘 백성이 일을 잘하도록 독려하는 책무도 갖고 있었음을 알 수 있다.

6절을 보면, 바로는 모세의 요청을 들은 바로 그날 서둘러 혹독한 억압정책을 내린다. 피조물인 그가 감히 창조자인 하나님을 대적할 수 있는 것처럼 하나님의 명령에 분노하는 바로의 어리석음을 볼 수 있다.

7-8절에서 바로는 간역자들과 패장에게 명령하기를 벽돌 만드는 이스라엘 사람들에게 짚을 주지 말고 그들로 가서 스스로 주워서 벽돌을 만들게 하라고 했다. 그러나 매일 만드는 수효는 전과 같아야지 감하지 않도록 하라고 말한다.

8절 말씀에 따르면 바로가 모세와 아론이 이스라엘 사람들을 보내서 하나님께 제사 드리게 해달라고 요청한 것이 게을러서 일하지 않고 놀려는 핑계로 생각했음을 보여준다. 바로가 이스라엘 백성이 게으르다고 말한 것은 그들에게 이미 힘에 겨운 노동을 시키고 있는데도 불구하고 더 많은 일을 시키기 위해서 만들어낸 일종의 구실이다. 이런 행동이 보통 폭군들의 수단이다. 무엇인가 진지한 모세의 모습에 위협을 느끼고 그가 정말 하나님을 만났고 그 하나님이 그들에게 그것을 요구했다는 모세의 말에 불안하여 그렇게 행동했는지도 모른다. 어쨌든 바로는 모세의 요청을 들어주기는커녕 오히려 그의 계획을 실천하는데 이용하려는 악한 구실을 만든다.

7-8절은 이집트에서는 흙 속에 짚을 넣어 잘 섞어 이겨서 햇볕에 돌처럼 말려서 벽돌을 만들었음을 보여준다. 이와 같이 고대 이집트의 기념건물과 많은 피라미드의 벽돌들은 불에 구워서 만든 것이 아

니고 햇볕에 말린 것이었다(Hero. ii .136).

9절에서 바로가 "거짓말"이라 한 것은 이스라엘의 하나님이 모세에게 나타나서 이스라엘 백성에게 제사의 축제를 드리라고 요구했다는 모세의 말이 거짓말이란 것이다. 여호와 하나님을 알지 못하는 바로는 결코 하나님이 모세에게 그런 말을 하셨을 것이라고 믿을 수 없었기 때문입니다. 하나님과 개인적인 만남이 없는 사람은 하나님과 만난 사람들의 체험적인 이야기들을 사실로 받아드리기 어렵다.

4. 설교 및 교훈 자료

1) 6절: 모세와 아론의 명령을 거절하고 이스라엘 백성을 더욱 괴롭히는 바로

우리가 영적인 싸움을 싸울 때에 보통 그 일을 시작할 때는 시작하기 전보다 더 곤경과 환난이 온다. 그러나 그것이 사탄의 마지막 발버둥이라고 생각하면서 하나님께 더욱 매달려야한다. 거기서 포기하면 우리는 패배자요 전보다 더욱 궁지에 몰리게 된다. 하나님을 끝까지 의지할 때 우리는 반드시 승리한다.

2) 7-8절: 모세와 아론의 요청을 거절하고 악한 구실을 만들어낸 바로

어떤 계획을 세워 하나님의 일을 할 때 그 일이 쉽게 성사되지 않고 많은 어려움을 당할 때 가있다. 그러나 그 일의 마지막까지 보지 않고 그 일의 목적이 실패했다고 생각해서는 안 된다. 하나님의 일은 우리 눈앞의 단편적인 결과로 그 일의 성공여부를 판단해서는 안 되고 그 일의 최후까지 지켜 보아야하기 때문이다.

[10절-14절]

바로의 악한 명령을 엄격히 시행하는 감독들

10. 간역자들과 패장들이 나아가 백성에게 일러 가로되 바로의 말씀에 내가 너희에게 짚을 주지 아니하리니, 11. 너희는 짚을 얻을 곳으로 가서 주우라 너희 일은 조금도 감하지 아니하리라 하셨느니라. 12. 백성이 애굽 온 땅에 흩어져 곡초 그루터기를 거두어다가 짚을 대신하니, 13. 간역자들이 그들을 독촉하여 가로되 너희는 짚이 있을 때와 같이 당일 일을 당일에 마치라 하며, 14. 바로의 간역자들이 자기들의 세운바 이스라엘 자손의 패장들을 때리며 가로되 너희가 어찌하여 어제와 오늘에 만드는 벽돌의 수효를 전과 같이 채우지 아니하였느냐 하니라[1].

1. 본문의 원전 설명

14절: [1] "너희가 어찌하여 어제와 오늘에 만드는 벽돌의 수효를 전과 같이 채우지 아니하였느냐" 이 구절은 히브리어 원문성경에 따라 직역하면 "너희가 어찌하여 어제와 오늘 벽돌 만드는 데에 전과 같이 너희의 책무를 할 수 없었느냐"이다. 히브리어 원문성경에 따르면 이스라엘 백성에게 그들이 매일 만들어야 하는 책임량의 벽돌이 정해져 있었음을 보다 분명히 밝혀준다.

2. 본문 내용 개요

이스라엘 백성에게 짚을 주지 않고 주워 다가 벽돌의 수효를 전과 같이 만들게 하였으나 채우지 못하므로 이집트의 간역자들이 이스라엘 패장들을 구타함.

3. 주석

10-13절은 이스라엘 백성이 얼마나 비참하게 고통을 당하며 견디기 힘든 노동조건을 갖고 있었는지를 보여준다. 벽돌을 만들기 위해 한 장소에 머물러 있어야 했지만 짚이 주어지지 않아 이집트의 이곳 저곳에 쫓아다니며 짚을 구하려했다. 그러나 이집트 전역을 뒤져도 짚이 없으므로 겨우 벼의 그루터기를 거두어 와서 벽돌을 만들었다. 이러한 어려운 상황에서 이스라엘 백성이 짚이 공급될 때와 같은 수량의 벽돌을 만든다는 것은 불가능 했다.

14절을 보면, 이스라엘 사람들이 그들에게 할당된 벽돌 굽는 일을 매일 채우지 못하기 때문에 이스라엘 사람들 중에서 뽑힌 패장들이 이집트인의 간역자들에게 매를 맞는다. 간역자들은 패장들을 때리면서 할당된 벽돌을 만들라고 말한다.

[15절-21절]

바로의 부당함을 호소하는 이스라엘의 패장들

15. 이스라엘 자손의 패장들이 가서 바로에게 호소하여 가로되 왕은 어찌하여 종들에게 이같이 하시나이까. 16. 종들에게 짚을 주지 아니하고 그들이 우리더러 벽돌을 만들라 하나이다 종들이 매를 맞으오니 이는 왕의 백성의 허물이니이다[1]. 17. 바로가 가로되 너희가 게으르다 게으르다 그러므로 너희가 이르기를 우리가 가서 여호와께 희생을 드리자 하는도다. 18. 이제 가서 일하라 짚은 너희에게 주지 않을지라도 너희가 벽돌을 여수히 바칠지니라. 19. 이스라엘 자손의 패장들이 너희의 매일 만드는 벽돌을 조금도 감하지 못하리라 함을 듣고 화가 몸에 미친 줄 알고, 20. 그들이 바로를 떠나 나올 때에 모세와 아론이 길에 선 것을 만나, 21. 그들에게 이르되 너희가 우리로 바로의 눈과 그 신하의 눈에 미운 물건이 되게 하고 그들의 손에 칼을 주어 우리를 죽이게 하는도다 여호와는 너희를 감찰하시고 판단하시기를 원하노라.

1. 본문의 원전설명

16절: 1 "이는 왕의 백성의 허물이니이다." 이 구절의 히브리어 원문성경을 보면 번역이 쉽지 않다. "וְחָטָאת עַמֶּךָ" 이 구절 가운데 히브리어 단어 "וְחָטָאת"는 명사형이기 보다는 동사형이다. 이 동사형은 Qal 완료형, 2인칭, 여성, 단수이다. 이 동사의 주어가 누구인지 문맥상 분명하지 않다. 영어의 번역들(KJV, RSV, NIV)은 "חָטָאת"를 주어로 번역하는데, 고대 헬라어 번역인 70인역과 시리아역은 "חָטָאת"를 동사로 보며 이 동사의 주어는 바로로 이해하고 "당신의 백성"(עַמֶּךָ)을 동사의 목적어로 생각한다. 그리하여 70인역은 "그러므로 당신은 당신의 백성을 해칠 것입니다"(thou wilt therefore injure thy people)로 번역한다.[361] 70인역 번역에 의하면 바로가 짚을 주지 못하게 하므로 필요한 벽돌을 충분히 만들지 못하게 되어 바로의 백성이 해를 받게 됨을 뜻한다.[362] 그러나 토의중인 히브리어 단어 "חָטָאת"가 2인칭 여성 단수형 동사이므로 그 주어가 바로(Pharaoh)나 백성(עַם)이 될 수 없다. 왜냐하면 둘 다 남성이며 "당신의 백성"은 3인칭이기 때문이다. 그러므로 70인역을 받아들이기 어렵다. 오히려 "חָטָאת"를 명사형의 잘못된 모음 표기로 이해하여 영어 번역들(KJV, RSV, NIV)이나 한글 개역 성경처럼 "잘못은 당신백성에게 있습니다"로 번역하는 것이 더 타당하다고 생각된다. 이 때 "당신의 백성"은 이스라엘 백성이나 패장이 아니라, 간역자로 벽돌 만드는 것을 감독하는 이집트인들을

---

361) *The Septuagint Version, the Old Testament and Apocrypha with an English Translation*(Grand Rapids: Zondervan Publishing House, 2nd printing, 1975), p. 75.

362) Durham, Exodus, *Word Biblical Commentary*, vol. 3, p. 67.

가리킨다.

2. 본문 내용 개요

이스라엘 패장들이 짚을 주지 않고 벽돌을 만들게 하는 바로의 부당함을 지적했으나 바로는 잘못을 고치려하지 않고, 이스라엘 백성이 게을러서 그런 불평을 한다고 함.

3. 주석

16절에서 "왕의 백성"은 이스라엘 백성을 가리킨 것이 아니라, 벽돌 만드는 것을 감독하는 간역자들인 이집트의 백성을 가리킨다. 그러므로 간역자들이 짚을 주지 않고 벽돌을 전과 같은 수량의 벽돌을 만들라하고, 수량을 못 채운다고 이스라엘 백성에게 형벌을 가하는 것은 잘못한 것이라는 뜻이다. 그리하여 바로에게 간접적으로 그의 잘못을 지적하고 고치도록 호소하는 것이다.

그러나 17절을 보면 바로는 이스라엘 백성들의 요구를 그들이 게으르기 때문에 생각해낸 요구라고 두 번이나 강조하면서 그의 악한 뜻을 추진해 나가려는 모습을 보여준다.

19-21절은 이스라엘 패장들이 바로가 자기들의 간청을 완강히 거절함을 보고 자기들이 어려움에 처한 것을 깨닫고 바로 앞에서 나왔을 때 길에 서있던 모세와 아론을 만났다. 이 때 패장들은 모세와 아론에게 자기들이 바로와 그의 신하들에게 미움 받게 되고 죽임을 받게 되었다고 하면서 여호와께 모세와 아론을 심판해 달라고 말한다. 이러한 패장들의 말은 불신과 어리석은 사람의 심성을 보여준다. 그

들이 하나님의 말씀을 신뢰하지 않고 그들을 구원하실 수 있는 하나님의 권능도 믿지 않으면서, 오히려 여호와를 믿고 그의 계획을 수행하는 모세와 아론을 심판해 달라고 한다. 하나님의 심판을 받을 사람은 모세와 아론이 아니라, 인간 바로를 무서워하면서 하나님의 능력과 신실함을 깨닫지 못하는 이스라엘 패장들이다.

21절의 "… 너희가 우리를 바로의 눈과 그 신하의 눈에 미운 물건이 되게 하고…."라는 구절을 히브리어 원문성경에 따라 직역하면, "… 너희가 우리의 향기를 바로의 눈과 그의 신하들의 눈에 혐오 받게 하고…."이다. 여기에서 "향기"의 히브리어 "레아흐"(רֵיחַ)는 "향기, 좋은 냄새" 등을 뜻하는데 문맥에서 "명성"이나 "좋은 평판"을 가리키는 것으로 보인다. 이스라엘 백성이 전에는 일을 잘한다는 평판을 받았는데 모세와 아론의 요구가 있은 후 게으른 백성으로 미움 받게 되고 나쁜 평판을 받게 되었음을 가리킨다.

4. 설교 및 교훈 자료

21절: 하나님께 모세와 아론을 심판해 달라고 말하는 이스라엘 패장들

우리가 믿음의 삶을 살 때 적들이 우리를 욕하고 반대하는 것은 그렇게 큰 상처를 주지 않는다. 이는 그들이 하나님을 모르고 살기 때문이다. 그러나 동료가 우리를 욕하고 비난할 때 그것은 적이 우리를 욕하는 것보다 우리 가슴에 더 깊은 상처를 남긴다. 이럴 때 우리는 우리 자신의 역량을 의심하고 낙담하며 자포자기하기 쉽다. 우리는 우리의 동료가 하나님의 큰일을 이루기 위해 좋은 일을 하다가 실패하거나, 혹은 그 일을 통해 우리에게 상처를 줄 때라도 그를 비난하고 욕할 것이 아니라 격려하고 도와줄 수 있는 동역자가 되어야하겠다. 하나님은 믿음으로 그의 말씀을 실천하는 자와 함께 하시기 때문이다(참고, 고전 8:12).

[22절-23절]

모세의 기도

22. 모세가 여호와께 돌아와서 고하되 주여 어찌하여 이 백성으로 학대를 당케 하셨나이까 어찌하여 나를 보내셨나이까. 23. 내가 바로에게 와서 주의 이름으로 말함으로부터 그가 이 백성을 더 학대하며 주께서도 주의 백성을 구원치 아니하시나이다.

1. 본문 내용 개요

모세는 더욱 학대당하는 백성들의 질고로 인하여 여호와께 간절히 기도함.

2. 본문의 주석

모세는 기도 속에 그가 바로에게 가서 여호와의 메시지를 전한 후, '왜 이스라엘 백성에게 더욱 학대가 심해지기만하고, 이스라엘 백성은 아직도 구원 받지 못합니까? 라고 질문한다. 이 질문은 불평의 말이나 분노의 말 이라기보다는 그와 이스라엘 백성이 기대했던 구원이 아니라 바로의 학대가 더 가혹해지는 것을 보고 가슴 아파하고 고통스러워하며 하나님께 질문하는 것이다 하나님께서 하시는 일을 이해할 수 없을 때, 하나님의 도움이 필요할 때 호소하기 위해서, 그리고 하나님의 성품과 하나님의 뜻에 맞지 않는다고 생각하는 것을 제기하기 위해서 하나님께 질문하고 기도한다.

"어찌하여(לָמָּה)." 이 의문 부사는 모세의 찢어질 듯한 고통의 심정을 표현해 주는데, 22절에 두 번이나 표현되었다. 모세는 하나님의 뜻을 거역하고 악을 행하는 바로 왕 때문에 이런 고통을 당하고 있다. 여호와는 이미 모세가 바로 앞에 오기 전 바로가 그의 마음을 강퍅케 하여 그의 아들을 죽이기 전에는 바로가 이스라엘 백성을 보내지 않을 것을 예언 해 주셨는데(출 4:21-23), 23절에 보면 모세는 하나님께서 미리 말해주신 것을 까마득하게 잊어버리고 바로가 백성을 더 학대함을 보고 당황하고 고통스러워한다. 오늘날 우리들도 성경말씀을 통해 하나님께서 세상 되어질 역사를 거듭거듭 말씀해 주셨는데 그것을 잊어버리고 장래 일을 완전히 모르는 것처럼 불안해하고 염려할 때가 있다. 하나님의 자녀들에게는 모든 것이 협력하여 선을 이루고, 주님 심판주로 오실 때 우리의 행위대로 보응하실 것이다.

3. 설교 및 교훈 자료

22-23절: 모세의 탄원(歎願)

사람들이 절망의 늪에 빠져있을 때 어떤 태도를 취하는가? 본문에서 모세는 하나님으로부터 부여받은 사명이 커다란 장애에 부딪혀 자신의 힘으로는 어찌할 수 없는 지경에 이르렀을 때 모든 동작을 멈추고 하나님께 조용히 머리를 조아렸다. 본문의 모세의 탄원의 내용을 살펴보면,

1) 이스라엘 백성에 대한 연민에 가득 찬 탄원이다.

2) 자신의 무력함을 고백하는 탄원이다.

3) 하나님께서 개입하시기를 간절히 바라는 탄원이다.

[출애굽기 6장]

[1절-9절]

이집트에서의 구원과 가나안 땅의 기업에 대한 약속

1. 여호와께서 모세에게 이르시되 이제 내가 바로에게 하는 일을 네가 보
리라 강한 손을 더하므로 바로가 그들을 보내리라 강한 손 을 더하므로
바로가 그들을 그 땅에서 쫓아 내리라. 2. 하나님이 모세에게 말씀하여
가라사대 나는 여호와로라. 3. 내가 아브라함과 이삭과 야곱에게 전능의
하나님으로 나타났으나 나의 이름을 여호와로는 그들에게 알리지 아니
하였고, 4. [1]가나안 땅 곧 그들의 우거하는 땅을 주기로 그들과 언약하였
더니[2], 5. 이제 애굽 사람이 종을 삼은 이스라엘 자손의 신음을 듣고[3] 나
의 언약을 기억하노라. 6. 그러므로 이스라엘 자손에게 말하기를 나는 여
호와라 내가 애굽 사람의 무거운 짐 밑에서 너희를 빼어 내며 그 고역에
서 너희를 건지며 편 팔과 큰 재앙으로 너희를 구속하여, 7. 너희로 내 백
성을 삼고 나는 너희 하나님이 되리니 나는 애굽 사람의 무거운 짐 밑에
서 너희를 빼어낸 너희 하나님 여호와인줄 너희가 알지라. 8. 내가 아브
라함과 이삭과 야곱에게 주기로 맹세한 땅으로 너희를 인도하고 그 땅을
너희에게 주어 기업을 삼게 하리라 나는 여호와로라 하셨다 하라. 9. 모
세가 이와 같이 이스라엘 자손에게 전하나 그들이 마음의 상함과 역사의
혹독함을 인하여 모세를 듣지 아니하였더라.

1. 본문의 원전 설명

4절: [1] 히브리어 원문 성경은 "베감"(וְגַם)으로 시작한다. "베감"은 접속사 "바우"(ו)와 "감"(גַּם)의 합성어로써 "그리고 또한, 그리고 더욱이, 그리고 더 나아가" 등을 뜻한다. 한글 개역성경에는 이 단어가 번역되어 있지 않다. 그러므로 히브리어 원문 성경을 따를 때 4절은 "또한 가나안 땅 곧 그들의 우거하는 땅을…"로 시작한다.

4절: [2] 한글개역성경은 "그들과 언약하였더니"로 번역하여 "언약하다"라는 동사적 표현을 사용하고 있으나 히브리어 원문 성경에 의하면 "언약"은 "나의 언약"으로 명사로 되어 있다. 그리고 동사는 "쿰"(קוּם)동사의 히필형(הֲקִמֹתִי-세웠다)이 사용되었다. 그러므로 히브리어 원문 성경을 따르면 "…그들과 나의 언약을 세웠다"이다. 이 히브리어 원문 성경의 표현은 이스라엘의 조상들과 맺은 언약이 하나님께서 주도적으로 맺으신 하나님 자신의 언약이었음을 시사한다.

5절: [3] 히브리어 원문 성경은 "베감"(וְגַם)으로 시작한다. 그러나 한글 개역성경에는 이 단어가 번역되어 있지 않다. 그러므로 히브리어 원문 성경을 따를 때 5절은 "또 이제 애굽 사람이 종을 삼은…."가 된다. 그리고 히브리어 원문 성경은 5절에서 "듣는다"라는 동사가 1인칭 단수 동사로서 주어 "나"를 포함하고 있지만 다시 "아니"(אֲנִי)라는 1인칭 대명사를 사용하여 "하나님 자신이 들었음"을 더 강조해 주고 있다.

2. 본문 내용 개요

여호와께서 이스라엘을 이집트에서 구원하여 가나안 땅으로 인도하실 것을 모세에게 약속하시며 이를 모세를 통하여 이스라엘 백성들에게 전하셨지만 그들이 믿지 않음.

3. 주석

6장 1절은 5:22-23에서 모세가 묻는 물음에 대한 하나님의 답변이다. 하나님은 모세에게 이스라엘 백성을 강한 손으로 건져내 주시겠다고 약속하신다. 여호와께서 바로가 이스라엘을 가도록 그리고 나아가 바로가 이스라엘을 그 땅으로부터 쫓아내도록 강한 손으로 강요할 것을 말씀하신다. 5장 이후에 일어난 이스라엘의 출애굽과 광야에서의 생활을 볼 때 이스라엘 백성은 이집트로부터 기적적으로 구원받고 광야를 통해 나오고 그런 가운데 하나님의 전능하심과 자비를 체험했다. 그러나 그들은 수차 하나님의 인도를 거역하고 하나님께서 주신 만나로 만족치 않고 생선, 외, 수박, 부추, 파, 마늘을 먹기를 갈망했다(민 11:5). 이러한 마음의 상태로 보아 이스라엘 사람들은 견디기 어려운 혹독한 압박과 고역으로 단련되지 않았다면 이집트를 떠나 여호와를 섬기는 삶을 살기를 원하지 않았을 것이 분명하다.

앞에서 설명된(5장) 모세와 아론이 바로를 첫 대면하여 나눈 대화는 하나님의 목적에 대한 바로의 태도를 보여주고 하나님의 큰 심판이 꼭 필요함을 보여주려는 것이었다. 그래서 6:1에서 여호와가 특별히 말씀하기를 "이제 내가 바로에게 하는 일을 네가 보리라 강한 손을 더하므로 바로가 그들을 보내리라 강한 손 을 더하므로 바로가 그들을 그 땅에서 쫓아내리라"고 한 것이다. 이 말씀에서 '이제' 라는 때를 가리키는 부사에 주의할 필요가 있다. 지금까지 바로의 강팍한 마음이 충분히 보여 졌다. 바로는 큰 심판 없이는 그의 마음을 바꾸려 하지 않으니, 이제 하나님이 강한 손을 들어서 역사 하시겠다는 말씀이다.

3절을 문자대로 피상적으로 이해한다면 하나님께서 이전에는 '여호와' 라는 이름을 알려주지 않으셨는데 이제 그 이름을 알려주려고 한 것처럼 이해된다. 그러나 이것은 잘못된 이해이다. 왜냐하면 창세기부터 출애굽기 6장에 이르기까지의 기록들을 볼 때 열조들과 이스라엘 백성이 '여호와' 라는 이름을 알고 있었던 것을 보여주기 때문이다. 예를 들면 창세기 4:26에 "셋도 아들을 낳고 그 이름을 에노스라 하였으매 그때에 비로소 사람들이 여호와의 이름을 불렀더라" 고 되어 있다.

창세기 15:7에도 "또 그에게 이르시되 나는 이 땅을 네게 주어 업을 삼게 하려고 너를 갈대아 우르에서 이끌어 낸 여호와 로라." 고 되어 있는데, 이것은 하나님께서 아브라함과 언약을 맺으려고 하시면서 '여호와' 라는 이름을 언급하신 말씀이다. 또한 야곱에게도 '여호와' 라는 이름을 계시해 주셨다(창 23:13). 그리고 노아가 그의 예언 가운데 '여호와' 라는 이름을 언급하고(창 9:26), 아브라함이 '여호와' 의 이름을 언급하며(창 15:2, 18:31, 22:14, 24:3), 아브라함의 종이 언급하고(창 24:12), 이삭이 언급하며(창 26:25), 에서가 언급하고(창 27:20), 야곱이 언급하며(창 28:21), 레아와(창 29:32f), 라헬이 언급하고 있으므로(창 30:24) 모세 이전의 열조들이 '여호와' 의 이름을 알고 있었음을 보여준다. 또한 모세의 어머니의 이름 '요게벳' (יוֹכֶבֶד/ 출 6:20)은 '여호와는 영광이시다' 라는 뜻이므로[363] 이미 모세의 어머니 때에도 여호와의 이름을 이스라엘 사람들이 알고 있었음을 가리켜 준다.

그러므로 "나의 이름을 여호와로는 그들에게 알리지 아니하였고" 라는 말은 하나님이 모세 이전에는 여호와의 성격으로 나타나지 않았다는 뜻으로 이해해야 한다. '여호와' 는 누구에게도 속박되지 않는 절대자로서 그의 약속을 성취하시는 하나님의 성격을 나타내시는 분이시다.[364] 또한 '여호와' 란 이름은 '구속의 하나님' (Redeemer)이라는 뜻을 가졌다고 알리스는 말한다(참고, 창 49:18).[365] 이제 하나님이

---

363) 참고, J. Philip Hyatt, *Exodus, New Century Bible Commentary*(Grand Rapids: Eerdmans, Reprinted, 1983), p. 95.

364) U. Cassuto, *A Commentary on the Book of Exodus*, pp. 78–79.

365) Oswald T. Allis, *The Five Books of Moses*, p. 28.

출애굽 사건을 통해서 전에는 분명히 보여주지 않은 '여호와' 란 이름의 성격으로 자신의 역사를 보여주실 것을 말씀한다. 그리하여 하나님은 절대자로서 그의 약속을 이루시며 구원해 주시는 하나님이신 것을 보여주신다는 것이다. 하나님은 이스라엘 백성에게 '여호와' 란 이름을 머리로만 아는 것이 아니라 체험적으로 절대자요 약속을 성취시키시는 구원의 하나님이심을 알게 하려고 하신다.

그리고 본문 3절에서 하나님은 열조들에게 "전능의 하나님" 으로 나타나셨다고 했는데 이 "전능의 하나님" 은 그 이름이 사용되는 문맥을 볼 때에 풍요와 다산의 복을 주시는 하나님의 특성을 나타낼 때 주로 사용된다(창 17:1-2, 35:11, 48:3-4, 49:25; 참고, 룻 1:20-21). 그러므로 출애굽 사건 이전에는 하나님이 약속을 성취시키며 구원하는 특성의 여호와 하나님으로서 보다는 개인이나 족속을 택하여 번성케 하고 풍요롭게 해주는 특성의 하나님이신 "전능의 하나님" 으로 나타나셨음을 가르쳐준다.

4-5절에서는 하나님이 열조들에게 가나안 땅을 기업으로 주시겠다는 약속은 여러 번 하셨는데(창 15:18, 17:7,8, 26:3, 35:11,12), 이제 그 약속했던 언약을 기억하고 실천하려하심을 여호와께서 가르쳐주신다. 여기에서 여호와의 은혜와 신실함이 새롭게 부각된다.

여호와께서는 6-8절을 통해 '여호와' 의 성격, 곧 '약속을 성취하거나 구원하시는' 성격을 분명히 보여주실 일을 다음 세 가지로 묘사하시고 있다.

1) 이집트의 속박에서 이스라엘을 구원하신다(6절에서 세 동사가 강조하여 이를 설명한다. (1) 빼어 내며, (2) 건지며, (3) 구속하여).

2) 이스라엘 민족을 하나님의 백성으로 삼으시고 하나님은 이스라엘의 하나님이 될 것이다(7절).

3) 약속의 땅을 이스라엘 백성에게 기업으로 삼게 할 것이다. 이 세 가지 역사를 말씀하실 때마다 '여호와' 란 이름을 언급하는데(6, 7, 8절) 이것은 하나님이 약속을 성취하시는 구속자요 절대자임을 분명히 알게 하기 위한 것이고, 또한 그러한 하나님이시기 때문에 이러한 큰 역사를 성취할 것을 강조하시기 위해서이다.

6절의 "… 편 팔과 큰 재앙으로 너희를 구속하여"에서 "편 팔"은 하나님이 약한 자를 심판하시기 위해서 치실 때 그의 손을 올려서 펴신 것을 가르쳐 준다. 이 표현이 '강한 손(1절)' 이라는 말과 함께 강조되어 사용된다(신 4:34, 5:15, 7:19). '큰 재앙' 은 히브리어 원문 성경에서는 복수, 곧 '큰 재앙들로' (בִשְׁפָטִים גְּדֹלִים) 되어 하나님이 강퍅한 바로의 마음을 바꾸시기 위해서 내리신 10가지 재앙을 가리킨다.

9절을 보면, 모세가 하나님의 신실한 약속의 말씀을 이스라엘 백성들에게 알려 주었으나 그들이 모세의 말을 받아들이지 않고 거절했다. 백성들이 더 이상 모세를 믿지 않고 거짓말쟁이 혹은 사기꾼으로 생각던 것으로 보인다. 이스라엘 백성은 자기들이 당하는 고생이 이제 하나님의 약속이 이루기 바로 전의 마지막 고통인줄 모르고, 모세를 배척하고 하나님을 믿지 않으려한다. 이스라엘 백성이 그들의 마음이 "상함 '으로 모세의 말을 듣지 안했다고 하는데, 여기서 "상함" 이란 단어는 히브리어 동사 "카차르"(קָצַר)에서 파생된 명사 "코체르"(קֹצֶר)이다. "카차르"(קָצַר)는 '짧게 하다,' '참을 수 없다' 등의 뜻이 있다. 이 동의 명사형 "코체르"(קֹצֶר)는 '참을 수 없음' 을 뜻하거나 '호흡을 가쁘게 하는 것' 을 뜻한다. 곧 호흡을 가쁘게 하는 것 같은 압박감, 고뇌, 괴로움을 의미한다. 일을 너무 혹독하게 하여 이스라엘 백성들이 가졌던 마음의 깊은 상처를 가리킨다.

4. 설교 및 교훈 자료

1) 2절: "나는 여호와로라."

"여호와"라는 하나님 이름의 특성은 '구원'을 나타낸다. 그러므로 "나는 여호와이다."라는 말씀은 "나는 구원하는 하나님이시다."라는 뜻을 내포하는 말씀이다. 이 말은 우리에게 복음이요 큰 힘과 소망이 되는 말씀이다. 우리가 믿는 하나님이 여호와이신 것을 분명히 믿자!

2) 9절: 이스라엘의 불신

이스라엘은 모세가 전해 주는 여호와 하나님의 약속의 말씀을 믿지 않았다. 그 이유는 그들이 처음 기대한 대로 하나님의 구원이 빨리 이루어지지 않고 더 많은 고통을 받았기 때문이다. 그러나 믿음의 사람은 오늘 나의 기도가 응답되지 않았다고 해서 너무 성급히 하나님을 원망하지 말고 하나님의 때를 기다리며 주님을 더욱 의지해야 한다. 하나님께 이스라엘을 마침내 출애굽 하여 구원해 주신 것처럼 우리의 기도도 그의 선하신 뜻을 따라 이루어 주실 것이기 때문이다(참고, 약 1:6-8).

[10절-13절]

바로에게 가라는 여호와의 명령을 거절하는 모세

10. 여호와께서 모세에게 일러 가라사대, 11. 들어가서 애굽왕 바로에게 말하여 이스라엘 자손을 그 땅에서 내어 보내게 하라. 12. 모세가 여호와 앞에 고하여 가로되 이스라엘 자손도 나를 듣지 아니하였거든 바로가 어찌 들으리이까 나는 입이 둔한 자니이다!. 13. 여호와께서 모세와 아론에게 말씀 하사 그들로 이스라엘 자손과 애굽왕 바로에게 명을 전하고 이스라엘 자손을 애굽 땅에서 인도하여 내게 하시니라.

1. 본문의 원전 설명

12절: [1] "나는 입이 둔한 자니이다." 이 구절은 히브리어 원문성경 대로 직역하면, "나는 할례 받지 못한 입술의 사람입니다" 이다.

2. 본문 내용 개요

여호와는 모세가 바로에게 가서 이스라엘 자손을 내 보내달라고 요청하게 하지만 모세는 자기의 입술 둔함을 내세우며 거절함.

3. 주석

이스라엘 백성이 자기 말을 듣지 않기 때문에 모세가 실망하여 바로에게 이스라엘 백성을 이집트 땅에서 내어 보내라는 명령을 전하라는 사명을 거절한다. 모세의 거절 이유 중의 하나는 그는 입술이 둔하다는 것이었다(12절). '둔하다' 는 말은 원문에서 '아랄' (עָרֵל)로써 '할례 받지 않은' 이라는 형용사이다. 곧 말을 잘하지 못하도록 살가죽으로 입술이 두껍게 쌓여 있는 것을 뜻한다. 이미 앞서 출애굽기 4:10에서 모세는 자기가 말에 능치 못하고 입이 뻣뻣하고 둔한 자라고 하여 그의 사명을 거절했으나 하나님은 자신이 입을 지으신 자이심을 주지시키며 아론으로 하여금 모세를 도움으로써 그의 사명을 행하도록 하였다. 그러나 모세는 이 사실을 다시 잊어버린 듯 실망과 낙담에 빠져 자기의 사명을 거절하고 있다. 모세의 거절에 대한 하나님의 답은 뒤의 출7:1-5에서 볼 수 있다.

4. 설교 및 교훈 자료

10-13절: 바로에게 가라는 여호와의 명령을 사양하는 모세

1) 주의 복음을 전할 때 한번 실패했다고 그것으로 하나님을 원망하고 끝내서는 안 된다. 하나님의 뜻이라고 생각할 때는 다시 가서 전하고 또 다시 전해서 믿게 해야 한다.

2) 사람을 구원하는 것이 말의 유창함이나 사람의 꾀로 되는 것이 아니고 하나님의 능력과 지혜로 되어지는 것을 알아야 한다. 성령께서 복음을 듣는 자의 마음을 감동시키실 때 그가 복음을 받아드리고 구원을 받는다.

[14절-27절]

모세와 아론의 족보

14. 그 조상을 따라 집의 어른은 이러 하니라 이스라엘의 장자 르우벤의
아들 하녹과 발루와 헤스론과 갈미니 이들은 르우벤의 족장이요, 15. 시
므온의 아들 여무엘과 야민과 오핫과 야긴과 소할과 가나안 여인의 소생
사울이니 이들은 시므온의 족장이요, 16. 레위의 아들들의 이름은 그 연
치대로 이러하니 게르손과 고핫과 므라리요 레위의 수는 일백 삼십 칠세
이었으며, 17. 게르손의 아들들은 그 가족대로 립니와 시므이요, 18. 고핫
의 아들들은 아므람과 이스할과 헤브론과 웃시엘이요 고핫의 수는 일백
삼십 삼세이었으며, 19. 므라리의 아들은 마흘리와 무시니 이들은 그 연
치대로 레위의 족장이요, 20. 아므람이 그 아비의 누이[1] 요게벳을 아내로
취하였고 그가 아론과 모세를 낳았으며 아므람의 수는 일백 삼십칠 세이
었으며, 21. 이스할의 아들은 고라와 네벡과 시그리요, 22. 웃시엘의 아들
은 미사엘과 엘사반과 시드리요, 23. 아론이 암미나답의 딸 나손의 누이
엘리세바를 아내로 취하였고 그가 나답과 아비후와 엘르아살과 이다말
을 낳았으며, 24. 고라의 아들은 앗실과 엘가나와 아비아삽이니 이들은
고라 사람의 족장이요, 25. 아론의 아들 엘르아살이 부디엘의 딸 중에서
아내를 취하였고 그가 비느하스를 낳았으니 이들은 레위 사람의 조상을
따라 가족의 어른들이라. 26. 이스라엘 자손을 그 군대대로 애굽 땅에서

인도하라 하신 여호와의 명을 받은 자는 이 아론과 모세요, 27. 애굽 왕 바로에게 이스라엘 자손을 애굽에서 내어 보내라 말한 자도 이 모세와 아론이었더라.

1. 본문의 원전 설명

20절: 1 "그 아비의 누이." 히브리어 원문성경에서는 한글 개역 성경 같이 "도다토" (דֹּדָתוֹ)로서 '그 아비의 누이' 로 기록되었으나 헬라어 성경인 70인역에서는 "그의 아비의 형제의 딸"(*θυνατερα του αδελφου του πατρος αυτου*)로 번역 되여 있다. 그런데 민수기 26:59에서는 히브리어 원문성경이나 헬라어 70인역에서 똑 같이 '요게벳' 이 "레위의 딸"로 설명된다. 여기에서 "레위"는 아버지의 이름으로 언급되는 것이 아니라 레위족의 딸을 뜻하기 위해 언급된 것으로 보인다(Gispen, *Bible Student's Commentary, Exodus*, p. 77)

위에서 보여주듯이, '요게벳' 의 인적사항에 대해 히브리어 원문성경과 70인역이 서로 다르게 말한다. 이 두 내용 중에 어느 것이 옳다고 단언적으로 말할 수 없으나, 구약 성경은 아버지의 누이와 결혼한 것을 금하고 있으므로(레위기 18:12, 20:19), 헬라어 번역자들이 원래의 본문을 수정하여 번역한 것이 아닌가 추측된다. 그러나 레위기의 법들은 모세 때에 주어진 것이고 모세의 아버지 아므람 때에는 없었으므로 아므람이 그의 아비의 누이와 결혼할 수 있었을 것으로 생각된다(Gispen, *Bible Student's Commentary, Exodus*, p. 77)

2. 본문 내용 개요

레위의 가족 관계를 분명히 보여주기 위해서 야곱의 첫아들 르우벤의 아들들과 시므온의 아들들의 이름을 말하고(창 46:9,10), 그 후 레위의 아들들의 이름이 소개됨.

3. 주석

16절은 레위의 세 아들들인 게르손과 고핫과 므라리를 그 연치('나이'의 경칭)대로 언급한다. 이 아들들은 레위가 그의 아버지 야곱과 함께 이집트로 이주하기 전에 가나안 땅에서 낳은 아들들이다(창 46:8-11). 레위는 이 땅에 137세까지 살았다고 말한다. 이렇게 레위의 수명이 137세였음을 밝히는 것은 하나님이 모세의 가족에게 축복하여서 그의 조상을 오래 살게 했음을 나타내기 위해서이다. 이런 취지에서 18절에서는 모세의 직계 조상인 고핫의 아들들은 아므람과 이스할과 헤브론과 웃시엘이요, 고핫은 133세까지 살았음을 말하고, 20절에서는 모세의 아버지 아므람이 137세까지 살았음을 밝히고 있다.

그런데 20절에서 모세의 아버지로 언급된 아므람은 18절에서 언급된 고핫의 아들 아므람이 아니라고 학자들은 생각 한다.[366] 이러한 주장과 함께 모세와 아므람의 관계에 대해 보다 자세히 살펴보자.

앞서 본대로 출애굽기 6장은 모세의 족보를 설명한다. 이 족보에서 "아므람은 그 아비의 누이 요게벳을 아내로 취하였고 그가 아론과 모세를 낳았으며"라고(20절) 말한다. 이 구절에 의하면 아므람과 요게

---

366) Keil and Delitzsch, *Biblical Commentary on the Old Testament*, vol. 1, the *Pentateuch*, p. 470; George Rawlinson, *Exodus, the Pulpit Commentary*, vol. 1, edited by H. Spence and J. Exell(Grend Rapids: Eerdmans, 8th printing, 1975), pp. 155f.

벳은 모세와 아론의 부모님이다. 이와 같이 민수기 26:59에서도 요게벳이 아므람에게서 아론과 모세와 미리암을 낳았다고 말하고 있다.

문제는 출애굽기 6장에서 말하는 모세의 조상들의 수명(壽命)의 총계와 이스라엘 백성이 이집트에 체류한 430년(출 12:40-41)의 햇수가 서로 맞지 않는데 있다. 레위는 137년을 살았고(출 6:16), 레위의 아들인 고핫은 133세를 살았으며(출 6:18), 고핫의 아들인 아므람은 137세를 살았다(출 6:20). 그런데 고핫은 이스라엘 백성이 이집트로 이주해 오기 전에 이미 태어나서 야곱과 함께 이집트로 이주해 온 사람들의 명단에 들어 있으므로 (창 46:11), 고핫과 그의 아들 아므람 그리고 아므람의 아들 모세의 나이를 합하면 고핫의 가문이 이집트에 체류한 대략의 기간이 계산된다. 곧 고핫이 살았던 133년 + 아므람이 살았던 137년 + 출애굽 때의 모세의 나이 80세 = 350년이 된다. 그런데 이 350년은 출애굽기 12:40-41에서 이스라엘 백성이 이집트에 체류했다는 430년이라는 수자(數字)와 일치하지 않고 상당한 차이가 있는 것이다. 이 문제를 해결하기위해 대략 다음 세 가지 견해들이 제시된다.

1) 모세는 아므람의 아들이다는 견해

이 견해는 출애굽기 6:18절의 아므람과 6:20절의 아므람이 서로 다른 아므람 이다는 전제하에 모세의 아버지는 출애굽기 6:20의 아므람이라고 주장한다. 이 견해는 카일과 델리취(Keil and Delitzsch)와 랑게(J.P. Lange)와 기스펜(W. Gispen) 등이 따르고 있다. 이들이 18절의 아므람과 20절의 아므람이 동일 인물이 아니고 서로 다른 인물이라고 한 것은 앞서 지적했던 것처럼 고핫과 아므람의 수명과 모세의 출애굽 할 때의 나이 80세를 합했을 때에, 그들의 이집트 체류기간은

430년이 훨씬 못되기 때문이다. 그리하여 모세가 아므람의 아들 이다.고 주장한 사람들은 18절의 아므람과 20절의 아므람 사이에 족보의 긴 명단이 빠졌을 것이라고 말한다.[367]

성경에 보면 가끔 족보를 열거하면서 몇 대(generation)를 뛰어 넘어 열거한다. 예로서 마태복음 1장의 예수님의 족보에서 마태복음의 저자가 14대(generation)의 짝을 세 번 맞추기 위해 요람과 웃시야(아사랴와 동일인, 왕하 15:13-18)사이에 아하시야, 요아스, 아마샤 세 대(generation)가 빠져있다(대상 3:11-12; 참고, 정규남, *구약개론*, p. 84). 그리고 역대상 6:7과 에스라 7:2을 비교하면 역대상 6장이 므라욧과 아마랴 사이에 아사랴를 빼고 족보를 설명하고 있음을 볼 수있다(참고, 정규남, *구약개론*, p. 84). 기스펜(W. Gispen)은 모세의 족보에서 4대(generation)만에 이스라엘 백성이 출애굽 한 것으로 기록한 것은 창세기 15:16에서 아브라함의 자손이 이방나라에서 종살이 하다가 4대만에 돌아 올 것이라고 말한 것과 조화를 이루기 위해서 두 아므람 사이에 있는 대(generation)수를 빼면서 4대(generation)만을 기록한 것으로 이해한다.[368]

2) 모세는 아므람의 아들이 아니고, 후손이다는 견해

이 견해에 의하면, 출애굽기 6장에서 모세가 아므람의 아들로 간주되나, 여기서 "아들"이라는 단어는 "후손"의 의미로 이해되어야 한

---

367) Keil and Delitzsch, 상게서, pp. 469f.; J. P. Lange, *Exodus*(Grand Rapids: Zondervan, 1960), p. 18: W. Gispen, *Bible Student's Commentary, Exodus*(Grand Rapids: Zondervan, 1982), pp. 76f.

368) Gispen, 상게서, p. 77.

다.[369] 이 견해는 해리슨(R. K. Harrison)과 새일하머(John H. Sailhamer) 등이 주장한다. 해리슨(R. K. Harrison)은 말하기를, "모세가 그들(아므람과 요게벳)의 (아들이 아니고) 후손이다는 것은, 비록 그들의 사이가 상당히 동떨어졌지만, 모세의 부모들의 이름들이 모세가 갓 태어났을 때의 이야기(출 2:1)에서 언급되고 있지 않는 것과, 또한 아므람과 그의 세 형제들이 출애굽하는 그 해에 수많은 후손들을 가졌다.(민 3:27f.)는 사실에 의해 암시되고 있는 것으로 보인다." 고 한다.[370] 새일하머(John H. Sailhamer)도 출애굽기 2:1에서 모세의 어머니의 이름이 언급되지 않고 그냥 레위족의 딸로서 불러진 것은 아므람과 요게벳이 모세의 부모가 아니고 오히려 보다 이전의 조상들인 것을 나타낸다는 것이다. 또한 민수기 3:28에서 모세 때에 수백 명의 아므람의 자손들이 있다는 내용은 모세의 출생을 기록한 출애굽기 6장의 내용이 단축되었음 시사한다는 것이다.[371]

해리슨(R. K. Harrison)은 모세의 동시대 사람인 브사렐이 야곱으로부터 (유다, 베레스, 헤스론, 갈렙, 훌, 우리를 거친) 7대손이며(대상 2:3-20), 모세보다 젊은 사람인 여호수아는 야곱으로부터 (요셉, 에브라임, 브리아, 레바,[372] 레셉, 델라, 다한, 라단, 암미훗, 엘리사마, 눈을 거친) 12대손인 것(대상 7:20-27)을 지적하면서 모세도 야곱으로부

369) R, K. Harrison, *Introduction to the Old Testament*(Grand Rapids: Wm. B. Eerdmans, 1969), p. 168.

370) 상게서. 인용한 구절들에서 괄호안에 있는 것은 독자들의 이해를 돕기위해 저자가 삽입한 것임.

371) John H. Sailhamer, *The Pentateuch as Narrative*(Grand Rapids: Zondervan Publishing House, 1992), p. 252.

372) 히브리어 본문이 불분명하여, 어떤 영어성경들(NIV, ESV)들은 레바를 레셉의 아버지로 번역하지만, 우리 개역성경은 레바를 레셉의 형제로 번역한다.

터 (레위, 고핫, 아므람을 거친) 4대손(출 6:16-20)이 아니라 야곱과 모세 사이에 생략된 세대가 있을 것을 시사해 준다는 것이다.[373)]

3) 모세 조상들의 수명의 수(數)들은 상징적인 수(數)라는 견해

이 견해는 출애굽기 6:16-20에서 언급된 모세 조상들의 수명의 수(數)들만이 아니라, 출애굽기 12:40-41에서 언급된 이스라엘 백성의 이집트 체류기간의 430년의 수(數)도 상징적인 수(數)라고 생각한다. 이 견해를 주장하는 학자는 히브리 대학교 교수 였던 카쑤토(Cassuto) 교수이다. 그는 야곱과 함께 이집트로 내려왔던 고핫의 수명(133년)과 아므람의 수명(137년)과 출애굽 때의 모세의 나이 80세를 더하면 350년이 될 뿐, 결코 출애굽기 12:40-41의 430년이나 창세기 15:13의 대략 수(數)인 400년과 일치를 이루지 못하다는 것이다.[374)] 카쑤토(Cassuto)는 율법서에 기록된 대부분의 수(數)들이 60을 기본으로 하는 수(數)체계에 의해 만들어진 상징적인 수라고 이해한다. 이 수(數)들에 더 많은 수(數)를 나타내기를 원할 때는 7이나 7의 배수에 의해 추가된다고 한다. 이스라엘 백성이 이집트에 체류한 기간이 430년이라 했는데, 이 수(數)는 360(6×60)과 다른 70을 추가하여 아주 오랜 기간을 나타낸다고 한다.[375)] 또한 모세의 족보에서 4대(generation)의 처음 난자들, 곧 레위(137세)와 고핫(133세)과 아므람(137세)의 수명들과 아론의 나이 83세를 더하면 총계가 490이 된다. 이 수(數)에서 레위와 고핫이 이집트에 오기 전 가나안에 살았던 기간을 고려하여 한 단위의 시간, 곧 60을 빼면 정확하게 430년이란 수(數)가 나온다는

---

373) R. K. Harrison, *Introduction to the Old Testament*, pp. 168f.

374) U. Cassuto, *A Commentary on the Book of Exodus*, p. 85.

375) Cassuto, *A Commentary on the Book of Exodus*, p. 86.

것이다.[376]

하인이쉬(Heinisch)도 카쑤토(Cassuto)처럼 모세의 4조상들의 수명(壽命)들의 수(數)가 인위적이고 상징적인 수(數)라고 생각한다. 그러나 이 수(數)들이 카쑤토(Cassuto)가 이해했던 수자(數字) 60을 기본으로 하는 수(數)들이 아니고, 수자(數字) 7의 변형된 상징적인 수(數)들이라고 한다.[377]

이러한 상징적인 이해는 우리에게 확신을 줄 수 있는 분명한 근거와 예(例)들이 있어야 하는데 그렇지 못한 것으로 보인다. 차일드스(B. S. Childs)는 카쑤토(Cassuto)가 수자(數字)들을 서로 조화시켜서 말하고 있는데 이것들은 요술을 부리는 것 같아 우리에게 확신을 주지 못한다고 생각한다.[378]

그리고 앞서 첫째로 설명했던 "모세는 아므람의 아들이다."는 견해와 두 번째로 설명한 "모세는 아므람의 아들이 아니고 후손이다."는 견해는 둘 다 가능성이 있는 주장이라고 생각된다. 그런데 우리가 다루는 출애굽기 6:16-20이외에 아므람과 요게벳이 모세의 부모라고 말하는 구절들, 곧 민수기 26:58-59, 역대상 6:2-3, 23:12-13들은 두 다른 아므람이 있었던 것을 암시하지 않고 '고핫은 아므람을 낳았다.'고 말하고, 곧 이어 '아므람이 모세를 낳았음'을 말하고 있다. 위 구절들 가운데 출애굽기 6:16-20에서처럼 첫 번째 언급되는 아므람과 두 번째 언급되는 아므람 사이에 고핫의 수명이 언급되고 므라리의 아들들이 언급되는 것과 같은, 곧 첫 번째 언급되는 아므람과 두 번째

---

376) 상게서, p. 87.

377) 참고, Childs, *The Book of Exodus, A Critical, Theological Commentary*, p. 117.

378) 상게서

언급되는 아므람이 서로 다른 아므람이라고 이해하게 할 수 있는 다른 내용들이 없다. 이런 성경진술들의 정황을 볼 때, 서로 다른 두 사람의 아므람이 있었다고 생각되기 보다는, 출애굽기 6:16-20에서 아므람이 두 번 언급되는 것은 단순히 모세의 족보를 좀 더 설명하기 위해서 그런 것이지, 두 사람의 아므람이 모세의 윗 조상가운데에 있었기 때문이라고 이해하는 것은 별로 타당성이 없다.

그러나 출애굽기 6:16-20에서 언급된 모세 조상들의 수명(壽命)들을 합산할 때, 출애굽기 12:40-41에서 언급된 430년의 수(數)와 일치되지 않고 훨씬 적기 때문에 모세의 족보는 단축된, 곧 그 족보 안에 몇 대(generation)가 빠진 족보라고 생각된다. 이 이해가 옳다면, 모세는 아므람이 아들이든지 혹은 자손이 될 수 있다. 만약 '모세가 아므람의 아들이다.' 는 구절에서 "아들" 의 히브리어 단어 "아브"(אָב)가 이 단어의 일차적인 의미대로 "아들" 로 이해하면, 아므람과 고핫 사이에 몇 대(generation)가 빠졌다고 가정할 수 있다. 그렇지 않고 만약 '모세는 아므람의 아들이 아니고 후대 자손이다.' 고 이해한다면, 히브리어의 "아버지" 란 단어 "아브"(אָב)는 역대상 6:7에서처럼 "자손" 을 의미하는 것이다. 이 때는 모세와 아므람 사이에 몇 대(generation)가 빠져있다고 가정할 수 있다.

그런데 구약의 여러 구절들(출 6:16-29, 민 26:58-59, 역대상 6:2-3, 역대상 23:12-13)에서, '아므람의 아들들이 아론과 모세이다' 고 거듭해서 강조 적으로 말하고 있는 것은 이스라엘 백성을 이집트에서 해방시켜 이스라엘 민족의 국부(國父)가 된 모세의 아버지가 누구인가를 알려주시려는 하나님의 뜻이 있었던 것으로 추측된다. 만약 이 추측이 옳다면, 아므람을 모세의 아버지로 이해하는 것이 맞을 것이다. 이럴 경우 모세의 족보에서 아므람과 고핫 사이에 몇 대(generation)

가 빠진 것으로 이해함이 옳을 것이다.

모세의 족보를 보면서 우리가 알 수 있는 것은 인간적으로 볼 때 외적으로 우월한 조건이 하나님의 선택을 좌우하지 않는다는 것이다. 모세는 가장 강한 유다 자손에게서 태어나지 않고, 레위 자손에서 태어났다. 또한 큰 아들이 아니고, 둘째 아들이었다. 하나님은 인간을 선택할 때 외적인 우수한 자격 때문이 아니라, 그분의 선하신 뜻에 의해서 선택하신다. 하나님의 일을 하는데 있어서 자연적인 그리고 인간적인 이점들이 문제시 되지 않는다는 것을 다시 한번 깨닫게 한다.

아므람과 요게벳은 행복한 부모님이다. 그들의 큰 아들 아론은 이스라엘 백성의 영적인 지도자인 제사장의 시초가 되었고, 둘째 아들 모세는 이스라엘 민족의 창시자인 국부(國父)이다. 특히 요게벳은 죽음을 무릅쓰고 악한 바로의 명령을 따르지 않고 아기 모세를 길렀던 믿음의 어머니이다. 아마도 깊은 신앙심과 함께 기도의 어머니였던 것으로 짐작할 수 있다. 곧 그녀는 죽음을 두려워하지 않는 담대한 신앙인이었으며, 불의나 불법에 굴하지 않고 하나님의 뜻을 따르는 강인한 의지의 여인이었다.

23절-25절에서는 아론의 결혼과 그의 자녀들에 대해 언급한 것은 이스라엘의 제사장의 족보를 알려주기 위해서이다. 25절에서 엘르아살과 그의 부인과 그의 아들 비느하스를 언급한 것도 엘르아살을 통해 제사장의 계열이 이어지기 때문이다. 나답과 아비후는 여호와가 명하지 않은 다른 불을 담아 여호와 앞에 분향하다가 죽임을 당했다(민 3:4, 참고, 출 30:9, 레 10:1-2).

[28절-30절]

바로를 만나라는 여호와의 명령을 거절하는 모세

28. 여호와께서 애굽 땅에서 모세에게 말씀하시던 날에, 29. 여호와께서 모세에게 일러 가라사대 나는 여호와라 내가 네게 이르는 바를 너는 애굽왕 바로에게 다 고하라. 30. 모세가 여호와 앞에서 고하되 나는 입이 둔한 자이오니[1] 바로가 어찌 나를 들으리이까.

1. 본문의 원전 설명

30절: 1 "나는 입이 둔한 자이오니." 이 구절은 이미 앞서 6:12에서 언급한대로 히브리어 원문성경에 따라 직역하면 "나는 할례 받지 못한 입술의 사람입니다" 이다.

2. 본문 내용 개요

여호와께서 모세를 바로에게 가서 여호와의 말씀을 전하라고 하지만 모세는 자기의 말 잘하지 못함을 핑계하며 거절함.

3. 주석

6:14-25에서 설명된 이스라엘의 장자 르우벤과 차남 시므온의 아들들과 레위, 곧 아론과 모세의 직계 조상들과 아론의 자녀들의 이름들이 설명된 후, 6:12절에서 끊어졌던 내용이 여기 28절에서 다시 설명된다. "여호와께서 애굽 땅에서 모세에게 말씀하시던 날에 여호와께서 모세에게 명령 하신다" 바로에게 가서 여호와가 말한 모든 것을 말하라고 하신다. 그러나 30절에서 다시 모세는 자기 입이 할례 받지 못한 둔한 입이라 하면서 거절한다. 이러한 모세의 거절은 그의 불신

앙을 나타내며 또한 하나님의 약속을 기억하지 못함을 보여준다.[379] 이미 하나님께서는 이집트의 왕 바로가 완고하고 강퍅하여 끈질기게 하나님의 말씀을 듣지 않다가, 마침내 굴복하고 이스라엘 백성을 이집트를 떠나도록 허락 할 것을 예고해 주셨고(출 3:19-20), 하나님께서는 모세의 입이 둔하기 때문에 그의 형 아론을 세워 모세의 대언자 역할을 하게 할 것이라고 약속해 주셨다(출 4:10, 15-16). 이 약속들을 모세가 명확히 기억했더라면, 아마 모세는 바로에게 가라는 하나님의 명령을 거역하지 안했을 것이다. 모세의 불신앙은 그의 건망증과 불확실한 미래에 대한 두려움 때문이었을 것이다.

379) 박윤선, *성경주석, 출애굽기*, p. 59.

[출애굽기 7장]

[1절-7절]

바로에게 이스라엘의 출애굽을 허락 하도록 요청케 하신 하나님

1. 여호와께서 모세에게 이르시되 볼지어다 내가 너로 바로에게 신이 되
게 하였은즉 네 형 아론은 네 대언자가 되리니, 2. 내가 네게 명한 바를
너는 네 형 아론에게[1] 말하고 그는 바로에게 말하여 그로 이스라엘 자손
을 그 땅에서 보내게 할지니라. 3. 내가 바로의 마음을 강퍅케 하고 나의
표징과 나의 이적을 애굽 땅에 많이 행하리라마는, 4. 바로가 너희를 듣
지 아니할 터인즉 내가 내 손을 애굽에 더하여 여러 큰 재앙을 내리고 내
군대 내 백성 이스라엘 자손을 그 땅 에서 인도하여 낼지라. 5. 내가 내
손을 애굽 위에 펴서 이스라엘 자손을 그 땅에서 인도하여 낼 때에야 애
굽 사람이[2] 나를 여호와인 줄 알리라 하시매, 6. 모세와 아론이 여호와께
서 자기들에게 명하신대로 곧 그대로 행하였더라. 7. 그들이 바로에게 말
할 때에 모세는 팔십 세이었고 아론은 팔십 삼세이었더라.

1. 본문의 원전 설명

2절: 1 "네 형 아론에게." 이 구절은 히브리어 원문성경에는 없으나 문맥상 이해를 돕기 위해 한글 개역 성경의 번역자가 삽입했다.

5절: 2 "애굽 사람." 이 단어는 히브리어 원문성경의 "미츠라임"(מצרים)을 번역한 것이다. 그러나 이 단어가 헬라어 70인역과 사마리아 오경에서는 "모든 애굽 사람"(כל מצרים)으로 되어있다. 그런데 5절 안에 다시 "모든"이란 수식어 없이 "애굽 사람"(מצרים이 언급되므로 히브리어 원문성경대로 "모든"이란 수식어 없이 읽는 것이 더 일관성이 있는 것으로 보이며 문맥에서 동사가 복수이므로 "애굽 사람"(מצרים)은 집합명사로 쓰여있는 것으로 보인다.[380)]

2. 본문 내용 개요

하나님이 모세에게 바로를 만나 이스라엘을 출애굽토록 요청하라 하시지만 바로가 쉽게 듣지 않을 것이므로 큰 재앙을 내린 후 그들이 떠나게 될 것을 예고해주신다.

3. 주석

1절의 "너로 바로에게 신이 되게" 하셨다는 말씀은 모세가 바로에게 신의 권위와 능력을 가지고서 나아가기 때문에 더 이상 바로를 무서워할 필요가 없고 아무리 그가 저항해도 종국에는 모세 앞에 머리 숙일 것을 나타내신 말씀이다. 2절에서 "네 형 아론은 네 대언자가 되리니"라는 말은 아론이 모세를 대신하여 백성에게 선포하고(참고, 4:16), 모세의 말을 또한 바로에게 말할 사람이라는 뜻이다. 이것은 2절에서 더욱 잘 설명된다. "내가 네게 명한 바를 너는 네 형 아론에게 말하고 그는 바로에게 말하여 그로 이스라엘 자손을 그 땅에서 보내게 할지니라." 모세는 아론에게 하나님의 뜻을 계시한 자로서의 신이었고, 또한 모세는 바로에게는 하나님의 뜻을 시행하는 자로서의 신이었다.

4절, "내가 내 손을 애굽에 더하여…."라고 말씀한 구절에서 더한다"는 말은 히브리어 원문에 **'나탄'**('נָתַן) 동사(주다, 놓다, 갖다 대다, 허락하다)이다. 이렇게 ' 하나님께서 애굽에 손을 갖다 대다 '는 말은 이집트를 치시겠다는 뜻이다. 우리말에 "그 사람 손 좀 봐줘야겠다"

380) Durham, *Exodus, Word Biblical Commentary*, vol. 3, p. 85.

는 말이 이와 비슷한 뜻을 나타낸다. 하나님께서는 이스라엘 백성을 "내 군대 내 백성 이스라엘 자손"이라 부르신다. 우리가 알아야할 것은 이집트를 떠나 가나안 땅으로 들어가던 이스라엘 백성은 지파들을 따라 군대로 조직되어 행군했다. 그러므로 출애굽 당시의 이스라엘 백성을 군대라고 자주 부른다(출 6:26, 12:51, 민 1-2장). 구약의 이스라엘 백성은 실제로 하나님을 믿지 않는 백성들과 싸운다. 그러나 신약의 믿는 자들은 영적인 예수님의 군사이다. 사탄과 그를 좇는 무리들과 싸운다.

6절은 모세와 아론이 하나님께서 그들에게 부여하신 사명을 정확하게 잘 수행했음을 말하며, 그들이 수행한 일들은 8절 이하에서 설명된다.

7절에서는 모세와 아론이 바로에게 말할 때에 모세는 80세였고, 아론은 83세였다고 언급된다. 이렇게 성경에서 주인공들의 나이가 언급될 때는 어떤 중대한 사건이 그들에게 일어날 때 언급된다(참고, 창 16:16, 17:24-25). 여기 7절 이후에서는 모세와 아론이 바로와 대결하여 10가지 재앙을 내리게 하는 결정적인 사건들이 일어날 것이기 때문이다.[381)]

4. 설교 및 교훈 자료

4절: 하나님의 군대로써 이스라엘 백성

신약에서도 우리 믿는 사람은 예수님의 군사들이라고 불린다(딤후 2:3-4, 엡 6:10-20). 군사는,

---

381) 참고, Cassuto, *A Commentary on the Book of Exodus*, pp. 90f.

1) 군사로 불러주신 그 분께 절대복종하며 그 분을 즐겁게 해 드려야한다.

2) 그리고 자기 생활에 얽매여서는 안 되며, 하나님 위주의 삶을 살아야한다.

3) 군사에게는 고난이 있으나, 그 고난의 대가는 영원한 천국에서 상급이 클 것이다(마 16:27, 고후 5:10).

4) 예수님의 군사로써 우리가 할 일은 우리의 적인 사탄과 싸우는 것이다(딤전 1:18).

[8절-13절][382)]

모세와 아론이 이적을 행하여 자기들이 하나님의 사자임을 증명함

---

382) 양식사 비평 학자들은 8-13절에 언급된 지팡이가 뱀으로 변화된 이적이 첫 번째 이적이라고 주장한다. 따라서 이들은 마지막 10번째 재앙은 장자의 죽음 재앙이 아니고 흑암 재앙이라고 주장한다. 그리고 7:8-10:27의 구절들은 11:1-12:42의 구절들과는 다른 어휘들을 사용하며, 7:8-10:27의 구절들은 이스라엘과 이집트 사람들의 관계를 이집트 사람들이 이스라엘 사람들을 억압하는 나쁜 관계로 표현하는데 반하여 11장에서는 호의적인 관계로 표현하고 있으며, 11장은 불분명하고 무질서하며, 4절 혹은 6절에서 7절 사이에 갑작스런 비약이 있어 앞의 7:8-10:27과 문학적인 특징이 다르다고 주장한다(McCarthy, S. J., "Plagues and Sea of Reeds: Exodus 5-14," *JBL*, 85(1966), pp. 138, 143-44.).
이러한 비판적인 견해는 문학적 분석에 상당한 근거를 두고 있지만 받아들이기 어려운 주장이다. 그 이유는 첫째 7:8-13에 언급된 지팡이가 뱀으로 변화된 이적은 모세와 아론이 하나님이 보내신 종임을 재확인시켜 주기 위한 이적이지 바로와 이집트 사람들에게 재앙으로 내려진 이적이 아니었기 때문에 이것을 첫 번째 이적으로 볼 수 없다. 첫 번째 재앙은 전통적인 견해에서처럼 7:14 이후에 언급된 물을 피로 변하게 한 것이다. 이것은 이미 출애굽기 4:1에서 이적으로서 하나님이 행하라고 하신 것이다. 그리고 출애굽기 7:8-10:27과 11:1-12:42에서 발생하는 문학적 어휘와 표현의 차이는 서로의 상황의 변화와 재앙의 강도의 차이로 인한 결과라고 생각된다.

8. 여호와께서 모세와 아론에게 일러 가라사대, 9. 바로가 너희에게 이르기를 너희는 이적을 보이라[1] 하거든 너는 아론에게 명하기를 너의 지팡이를 가져 바로 앞에 던지라 하라 그 것이 뱀이 되리라. 10. 모세와 아론이 바로에게 가서 여호와의 명하신대로 행하여 아론이 바로와 그 신하 앞에 지팡이를 던졌더니 뱀이 된지라. 11. 바로도 박사와 박수를 부르매 그 애굽 술객들도 그 술법으로 그와 같이 행하되, 12. 각 사람이 지팡이를 던지매 뱀이 되었으나 아론의 지팡이가 그들의 지팡이를 삼키니라. 13. 그러나 바로의 마음이 강퍅하여 그들을 듣지 아니하니 여호와의 말씀과 같더라.

1. 본문의 원전 설명

9절: [1] “보이라.” 이 단어는 원문 히브리어 성경을 보면 “테누”(תְּנוּ)이다. “나탄”(נָתַן)동사의 Qal 명령형 복수이다. “나탄”(נָתַן)동사는 “주다, 세우다, 만들다”등을 뜻한다. 그러므로 히브리어 원문대로 직역하면 “… 너희는 이적을 주라….”이다.

2. 본문 내용 개요

여호와의 명령에 따라 모세와 아론이 바로 앞에 지팡이를 던져 뱀이 되게 하지만, 다른 애굽의 술객들도 그 이적을 행하므로 바로의 마음이 강퍅해져서 그들을 듣지 않음.

3. 주석

9-12절에서 “뱀”이 세 번 언급된다. ‘뱀’은 히브리어 원문에서 ‘나하쉬’(נָחָשׁ)가 아니고 ‘탄닌’(תַּנִּין, LXX-*δράκων*, dragon)이다. 이 “탄닌”은

일반적으로 악어 같은 큰 파충류 동물을 가리킨다(창 1:21, 신 32:33, 욥 7:12). 그리하여 카수토(Cassuto)는 "탄닌"을 "악어"로 설명한다. 이 악어는 이집트의 나일강 환경에 잘 어울리는 동물이라 한다.[383)]

11-12절에 기록된 것처럼 이집트의 박사와 술객들이 지팡이를 던져 뱀을 만들었다는 사실은 마귀 사탄을 따르는 자들도 이적을 행할 수 있음을 가르쳐준다. 그러므로 어떤 사람이 이적을 행한다고 해서 그가 하나님의 종이라고 결코 생각해서는 안 된다. 이적 행하는 사람의 가르침과 행위가 성경에 기록된 하나님의 말씀과 일치되는가를 살펴보고 난 후 판단해야 한다(참고, 신 13:1-5, 요2:7). 데살로니가 후서 2:8-10절은 "말세에 이런 악한 자의 능력과 표적과 거짓 기적과 불의한 것을 조심하라"고 말씀한다. 바로는 어리석게도 마술사를 더 믿는데 이런 멸망의 사람이 되지 않아야 한다. 마태복음 24:24절에서 예수님은 "거짓 그리스도들과 거짓 선지자들이… 할 수만 있으면 택하신 자들도 미혹케 하리라"고 경고하고 있다.

12절의 "아론의 지팡이가 그들의 지팡이를 삼키니라"는 구절은 귀신의 능력보다 여호와 하나님의 능력이 최고의 절대적인 능력이심을 보여준다. 귀신의 능력을 통제하시는 여호와이심을 보여준다. 모든 사탄의 세력들이 여기 마술사들의 지팡이처럼 종국에는 다 삼키운 바 될 것이며 더 이상 존재하지 못할 것이다.

13절에서 바로는 그의 마술사들이 지팡이를 뱀으로 만든 것만을 생각했지 그 뱀들을 아론의 지팡이 뱀들이 삼켜버린 것은 생각하지 못한다. 하나님의 능력에 의해 사탄의 세력들이 소멸되는 것을 깨닫지 못한 것이다. 우리는 현실의 전체를 보는 눈이 있어야지, 국부적인

383) Cassuto, *A Commentary on the Book of Exodus*, p. 94

사건에서 사탄이나 악한 자들이 승리한 것을 보고 그들을 두려워하고 추종하는 자가 되어서는 안 된다.

[14절-25절]

첫번째 재앙-나일강 물을 피로 변하게 함

14. 여호와께서 모세에게 이르시되 바로의 마음이 완강하여 백성 보내기
를 거절하는도다. 15. 아침에 너는 바로에게로 가라 그가 물로 나오리니[1]
너는 하숫가에 서서 그를 맞으며 그 뱀 되었던 지팡이를 손에 잡고, 16.
그에게 이르기를 히브리 사람의 하나님 여호와께서 나를 왕에게 보내어
이르시되 내 백성을 보내라 그들이 광야에서 나를 섬길 것이니라[2] 하였
으나 이제까지 네가 듣지 아니하도다[3]. 17. 여호와가 이같이 이르노니 네
가 이로 인하여 나를 여호와인줄 알리라 하셨느니라 볼지어다 내가 내
손의 지팡이로 하수를 치면 그것이 피로 변하고, 18. 하수의 고기가 죽고
그 물에서는 악취가 나리니 애굽 사람들이 그 물 마시기를 싫어하리라
하라. 19. 여호와께서 또 모세에게 이르시되 아론에게 명하기를 네 지팡
이 를 잡고 네 팔을 애굽의 물들과 하수들과 운하와 못과 모든 호수위에
펴라 하라 그것들이 피가 되리니 애굽 온 땅에와 나무 그릇에와 돌 그릇
에 모두 피가 있으리라. 20. 모세와 아론이 여호와의 명하신대로 행하여
바로와 그 신하의 목전에서 지팡이를 들어 하수를 치니 그 물이 다 피로
변하고, 21. 하수의 고기가 죽고 그 물에서는 악취가 나니 애굽 사람들이
하수물을 마시지 못하며 애굽 온 땅에는 피가 있으나. 22. 애굽 술객들도
자기 술법으로 그와 같이 행하므로 바로의 마음이 강퍅하여 그들을 듣지
아니하니 여호와의 말씀과 같더라. 23. 바로가 돌이켜 궁으로 들어가고
그 일에도 관념하지 아니하였고, 24. 애굽 사람들은 하수 물을 마실 수
없으므로 하숫가를 두루 파서 마실 물을 구하였더라. 25. 여호와께서 하
수를 치신 후 칠일이 지나니라.[4]

1. 본문의 원전 설명

15절: 1 "그가 물로 나오리니." 이 구절 바로 앞에 히브리어 원문성경을 보면 "힌네"(הִנֵּה)가 있다. "힌네"는 "보라"를 뜻하는데 그 다음 언급되는 사건의 중요성을 강조하기 위해 사용된다.

16절: [2] "그들이 ...나를 섬길 것이니라." 이 구절의 히브리어 원문성경의 단어는 "베야아브두니"(וַיַּעַבְדֻנִי)이다. 이 동사형의 어근은 "아바드"(עָבַד)이다. 보통 "섬기다, 봉사하다, 일하다" 등을 뜻한다. 또한 "예배하다"를 뜻하기도 한다. 그리하여 영성성경(NIV)에서 "예배하다"로 번역하기도 한다.

16절: [3] "이제까지 네가 듣지 아니하도다." 이 구절 앞에 히브리어 원문성경을 보면 "베힌네"(וְהִנֵּה)가 있다. 이 단어 뜻은 "보라, 혹은 보소서"이다. 바로(Pharaoh)가 지금까지 여호와의 명령을 듣지 않음을 강조키 위해 그 앞에 "힌네"가 있다.

25절: [4] "칠일이 지나니라." 이 구절을 히브리어 원문성경에 따라 직역하면 "칠일이 만료되니라"이다. 히브리어 원문의 동사 "바이임마레"(וַיִּמָּלֵא)는 닢알 수동태 동사로서 "이행되다, 완료되다, 만료되다" 등을 의미한 것으로서 25절의 문맥에서 칠일이 다 지났음을 강조하고 있다.

2. 본문 내용개요

모세가 바로를 나일강가에서 만나 물들을 피로 변하게 하는 이적을 행하되 애굽의 술객들도 같은 이적을 행하므로 바로의 마음이 강퍅해져서 여호와의 명령을 듣지 않음.

3. 주석

15절에서 바로가 아침에 나일 강으로 나온 것은 단순히 맑은 공기를 마시며 산보하기 위해서나, 혹은 나일 강에서 목욕하기 위해서, 혹은 나일강물이 얼마나 불었는지를 보기위해서 나온 것이 아니다. 의

심할 여지없이 바로는 그들의 위대한 신으로 섬겼던 나일 강을 경배하기 위해서 나온 것이다.[384] 우리나라도 여전히 이런 풍속을 볼 수 있다. 제주도에서는 어부들이 바다를 신으로 섬기면서 선상제(船上祭)를 드리면서 고기가 잘 잡히게 해달라고 한다. 바로가 이렇게 나일 강을 경배할 때에 피로 변한 나일 강을 보게 함으로써 히브리 사람의 하나님은 그들이 섬기는 나일 강을 쳐서 피로 변하게 할 수 있는 능력의 참 하나님이심을 깨닫도록 한 것이다. 나일 강이 피가 되면 아무런 생명력도 없고, 마실 수도 없으며, 고기도 살 수없고, 곡물도 자라게 할 수 없는 무용지물이 되어버리는 것이다.

18절을 보면, 나일강물이 피로 변한다는 것은 나일 강이 매년 6월부터 10월이나 12월을 통해 모여든 작은 미립자들 때문에 붉은 빛을 띠는데 그런 단순한 색깔의 변화를 뜻한 것이 아니다.[385] 왜냐하면 어떤 화학적인 변화가 물속에서 일어난 것으로 보이기 때문이다. 즉 고기가 죽고, 물에서 고약한 냄새가 나며, 물이 썩은 것 같고, 마실 수 없게 되었기 때문이다. "고기가 죽었다"는 것은 물속에 있는 생명을 보존하는 요소가 제거되었다는 것을 뜻한다.

19절에서도 여호와의 명령에 따라 피 재앙이 계속된다. 물이 피로 변한 이적은 개울들과 나일 강 지류들, '강들' 혹은 나일 강의 운하들, '못' 혹은 나일 강 곁에 있는 물이 고인 큰 호수 등에서 일어났다. 그리고 나무로 만든 그릇이나 돌로 만든 그릇에[386] 있는 물들도 피로 변했다. '돌 그릇'은 조그마한 그릇 이라기보다는 크게 돌을 쌓거

---

384) Keil and Delitzsch, *Biblical Commentary on the Old Testament*, vol. 1, *The Pentateuch*, p. 478

385) Gispen, *Bible Student's Commentary, Exodus*, p. 84

나, 쪼아서 만든 물 저장 탱크를 말한다고 볼 수 있다. 물이 귀한 곳이기 때문에 빗물이나 강물을 받아서 보관하던 곳이다. 그러므로 이집트 온 땅에 있는 물이 거의 피로 변한 것을 가르쳐준다.

22절에는 이집트의 마술사들도 모세와 아론처럼 그들의 술법에 따라 물이 피가 되게 했음을 말한다. 그러면 이들은 어디에서 물을 구해서 피로 변화시킬 수 있었는가? 성경은 이에 대해서 말하지 않는다. 쿠르츠(Kurtz)는 이집트의 마술사들이 샘물을 가져와서 그물을 피로 변화시켰을 것이라고 한다. 그러나 카일(Keil)과 델리취(Delitzsch)는 7:24에 마실 물이 없어 하숫가를 두루 파서 마실 물을 구했다는 말은, 샘물이 없었다는 것을 가리킨다고 생각하여 쿠르츠(Kurtz)의 견해에 반대한다. 그러나 하숫가를 파서 마실 물을 구하였다는 것은(24절) 샘물이 나올 수 있을 가능성을 시사하고 있으며, 그러나 그 샘물로는 마실 물이 충분치 않기 때문에 하숫가를 두루 파서 마실 물을 구했다고 이해할 수 있다. 기스펜(Gispen)은 생각하기를 나일 강에서 길러온 물이 아직 남아있어서 그것을 피로 만들었을 것이라고 추측한다(p. 86).

23절은 하나님의 능력과 백성의 고통을 생각하기를 거절하고 하나님께 대항하려는 바로의 오만한 모습을 보여준다. 25절에서 나일 강이 피로변한 상태가 7일이 완료되도록 계속되었다고 말하고 있다. 여기서 하나님의 오래 참으심과 자비를 볼 수 있다. 나일 강이 피로변해

---

386) 참고, Cassuto, A Commentary on the Book of Exodus, p. 99. 여기서 카쑤토(Cassuto)는 출애굽 당시 이집트에 나무나 돌그릇이 흔하지 않을 때이고 나무나 돌은 성경에서 보통 나무나 돌로 만든 우상을 뜻하므로 여기서는 우상을 뜻할 수 있다고 생각한다. 즉 이집트의 제사장들이 매일 아침 우상들을 물로 씻는데 피의 재앙이 일어난 그날 아침 그 우상에게 부어진 물들이 피로 변했음을 언급하여 이집트의 신들에게 일어난 조롱거리의 예를 말한 것으로 추측할 수 있다고 한다.

이집트인들의 생명줄(마시고 농사짓는 주원천이 되는 나일 강)이 끊어졌지만 마음을 강퍅하게 하고 하나님의 명령을 순종하지 않는 바로를 멸하지 않고 참으시는 하나님을 볼 수 있다. 그를 7일 동안 재앙 가운데 두셨으나 회개하고 하나님의 말씀에 순종하기를 원하시어 다시 재앙을 거두어 주시는 하나님의 자비를 볼 수 있다. 우리가 아직 죄 가운데 있을 때 어떤 재앙이 임했다고 가정해보자. 그 재앙이 회개할 기회라고 생각해야지 ① 죄를 지어도 괜찮다고 생각하거나, ② 하나님의 존재를 의심하거나, ③ 하나님의 심판이 없는 것으로 생각하는 어리석음에 빠지지 말아야한다. 회개하지 않을 때 자기로 인해서 가정과 자기 자신이 멸망을 받을 것이다. 죄인이 지도자일 때는 그의 수하에 있는 자들도 함께 고통을 받을 것이다(참고, 잠언 29:1, "자주 책망을 받으면서도 목이 곧은 사람은 갑자기 패망을 당하고 피하지 못하리라").

4. 설교 및 교훈자료

25절: 회개를 기다리시는 하나님

25절에서 하나님이 7일이 다 차도록 피 재앙이 계속되게 하면서 바로의 회개를 기다리지는 것은 죄인들에게 회개할 기회를 주시는 하나님이심을 보여주신다.

하나님은 죄인이 회개하도록 오래참고 계시는 자비하신 분이시다. 상습적으로 지은 죄가 있다면 벌 받기 전에 빨리 회개하도록 하자. 회개하기를 기다리시면서 참고 계시지만 그래도 회개하지 않을 때 더 큰 재앙으로 치시고 끝까지 회개하지 않을 때 죽이시고 영원한 지옥에 가게하실 것이다.

[출애굽기 8장]

※ 히브리어 원문성경의 7:26-29은 우리말 한글성경이나 영어성경에서는 8:1-4이다. 따라서 히브리어 원문 성경 8:1은 한글 성경 8:5이다.

[1절–7절]

두 번째 재앙 - 개구리

1 여호와께서 모세에게 이르시되 너는 바로에게 가서 그에게 이르기를 여호와의 말씀에 내 백성을 보내라 그들이 나를 섬길 것이니라. 2. 네가 만일 보내기를 거절하면[1] 내가 개구리로 너의 온 지경을 칠지라. 3. 개구리가 하수에서 무수히 생기고 올라와서 네 궁에와 네 침실에와 네 침상 위에와 네 신하의 집에와[2] 네 백성에게와 네 화덕에와 네 떡반죽 그릇에 들어갈지며, 4. 개구리가 네게와 네 백성에게와 네 모든 신하에게 오르리라 하셨다 하라. 5. 여호와께서 모세에게 이르시되 아론에게 명하기를 네 지팡이를 잡고 네 팔을 강들과 운하들과 못 위에 펴서 개구리로 애굽 땅에 올라오게 하라 할지니라. 6. 아론이 팔을 애굽 물들 위에 펴매 개구리가 올라와서[3] 애굽 땅에 덮이니, 7. 술객들도 자기 술법대로 이와 같이 하여 개구리로 애굽 땅에 올라오게 하였더라.

1. 본문의 원전 설명

2절: [1] "보내기를 거절하면." 이 구절 다음에 히브리어 원문성경을 보면 "힌네"(הִנֵּה, 보라)가 있어 "힌네"(הִנֵּה) 다음에 언급되는 내용의 중요함을 강조해 준다.

3절: [2] "네 신하의 집에와." 이 구절이 히브리어 원문성경에 쓰여진 대로 정확히 번역하면 "네 신하들의 집에와" 이다. 여기에서 "신하들"이 복수이므로 "집"도 복수로 표현되어야 하지만 히브리어 원문성경에서는 단순히 "집" 으로 표현되어 있다. 그러나 사마리아 오경과 헬라어 70인역은 복수 "집들" 로 기록되어 있다. 아마도 히브리어 원문성경에서 그냥 단수 "집" 으로 표현한 것은 단수 집합명사로 사용되었기 때문인 것으로 이해된다.

6절: 3 "개구리가 올라와서." 이 구절을 히브리어 원문성경을 보면 "וַתַּעַל הַצְפַרְדֵּעַ" 이다. 이 히브리어 구절에서 동사가 여성형 동사이므로 "개구리" 는 여성명사로 취급되었음을 알 수 있다. 그런데 앞서 출 8:2-3에서 "개구리" (צְפַרְדֵּעַ)가 남성복수의 어미(צְפַרְדְּעִים)를 취하고 있다. 그러므로 "עִיר" (도시)가 여성명사인데 남성복수 어미를 취하여 "עָרִים" 이 된 것처럼 "צְפַרְדֵּעַ" (개구리)도 복수일 때는 여성명사이지만 남성복수어미를 취하는 명사임을 알 수 있다.

2. 본문 내용 개요

모세가 아론에게 그의 지팡이를 펴서 이집트의 온 지경에 개구리가 올라오게 하지만 이집트의 술객들도 자기들의 술법에 따라 이집트 땅에 개구리가 올라오게 한다. 이 개구리 재앙은 두 번째 재앙이다.

3. 주석

2절의 '칠지라' 는 히브리어로 '나가프' (נָגַף)이다. '나가프' (נָגַף)는 때리다, 치다, 밀다, 벌하다 등의 뜻이 있다. 그러므로 '치다' 라는 말은 '벌하다' 라는 의미이다. 여기에서 언급된 개구리는 이집트에서 나일강물이 줄어졌을 때 곧 많이 나타나는 "라나 모사이카" (rana Mosaica)나 "니로티카" (Nilotica)로 불리는 작은 개구리이다.[387] 하나님은 이 작은 개구리들을 이적적인 형벌의 도구로 사용한 것이다. 그러나 앞으로 닥칠 형벌에 비하면 작은 형벌이다.

3절에서 개구리가 하수에서 올라와 기어 다닐 곳이 ① 네 궁, ② 네 침실(네가 자는 방), ③ 침대, ④ 네 신하의 집, ⑤ 네 백성, ⑥ 네 화덕(큰 화로, 한데에서 솥을 걸고 쓰도록 쇠나 흙으로 만든 물건, ⑦ 네 떡 반죽 그릇 등이다. 거의 가지 않는 곳이 없이 모든 곳에 기어 다닐 것을 시사하고 있다.

중세 때에 여기서 말한 "개구리"가 '악어'를 의미한다는 해석을 했으나 잘못된 해석이다. 왜냐하면 악어가 화덕이나 떡 반죽 그릇에 들어갈 적은 동물이 아니기 때문이나, 그리고 8:4에 보면 사람들에게도 오르리라 했는데 악어일 경우에는 사람들에게 오르기 어렵다. 또한 8:14에 보면 "무더기로 쌓아진다"고 했는데 악어는 그렇게 쉽게 무더기로 쌓아지지도 않기 때문이다.[388]

5절은 개구리가 올라오는 곳이 단순히 나일 강에서만 올라오는 것이 아니고 '강들,' '운하들,' '못' 위에서라고 말한다. 즉 사방에서 올라오므로 어느 한곳만 막아서는 개구리들을 올라오지 못하게 할 수 없는 절망적인 상태가 될 것을 보여준다.

[8절-15절]

개구리 재앙을 면하기 위한 바로의 거짓 약속

8. 바로가 모세와 아론을 불러 이르되 여호와께 구하여[1] 개구리를 나와 내 백성에게서 떠나게 하라 내가 이 백성을 보내리니 그들이 여호와께 희생을 드릴 것이니라. 9. 모세가 바로에게 이르되 내가 왕과 왕의 신하

---

387) Keil and Delitzsch, *Biblical Commentary on the Old Testament*, vol. 1, The Pentateuch, p. 481.

388) Cassuto, *A Commentary on the Book of Exodus*, p. 101.

와 왕의 백성을 위하여 어느 때에 구하여 이 개구리를 왕과 왕궁에서 끊어서 하수 에만 있게 하오리이까 내게 보이소서. 10. 그가 가로되 내일이니라 모세가 가로되 왕의 말씀대로 하여 왕으로 우리 하나님 여호와와 같은 이가 없는 줄을 알게 하리니, 11. 개구리가 왕과 왕궁과 왕의 신하와 왕의 백성을 떠나서 하수에만 있으리이다 하고, 12. 모세와 아론이 바로를 떠나 나가서 바로에게 내리신 개구리에 대하여 모세가 여호와께 간구하매, 13. 여호와께서 모세의 말대로 하시니 개구리가 집에서,마당에서, 밭에서 나와서 죽은지라. 14. 사람들이 모아 무더기로 쌓으니 땅에서 악취가 나더라. 15. 그러나 바로가 숨을 통할 수 있음을 볼 때에[2] 그 마음을 완강케 하여 그들을 듣지 아니하였으니 여호와의 말씀과 같더라.

1. 본문의 원전 설명

8절: [1] "여호와께 구하여." 헬라어 70인역을 보면 "여호와께" 란 단어와 "구하여" 란 동사 사이에 "나를 위하여" (*περι εμου*)가 첨가되어 있다. 이 70인역의 추가된 문구는 문맥상 꼭 필요한 문구가 아니지만 70인역의 번역자가 뜻을 보다 명확히 하기 위해 첨가한 것으로 보인다.

15절: [2] "숨을 통할 수 있음을 볼 때에." 이 문구는 히브리어 원문성경을 의역한 것이다. 히브리어 원문성경에 따라 직역하면 "제거(relief)되었음을 볼 때에" 이다. 그러므로 히브리어 원문의 뜻은 한글 개역성경의 번역처럼 숨을 통할 수 있음을 뜻하기보다 개구리들이 제거되었음을 뜻하고 있다.

2. 본문 내용 개요

바로가 모세와 아론에게 여호와께 기도하여 개구리들을 떠나게 해

주면 이스라엘 백성이 여호와께 희생 제사를 드리도록 떠나게 할 것을 약속했으나 개구리들이 제거되자 바로는 그의 마음을 바꾸고 약속을 지키지 않는다.

3. 주석

7절과 8절에서 이집트의 마술사들도 개구리를 이집트 땅에 올라올 수 있게는 하였으나 그들이 강으로 물러가게는 할 수 없었다. 그렇기 때문에 모세를 불러 개구리를 물러가게 해달라고 한다. 8절에서 바로가 모세와 아론을 불러서 하나님께 구하여 개구리들을 떠나게 해달라고 요구한 것을 볼 때 그는 그때서야 ① 모세와 아론이 하나님께서 보내신 사자임을 인식했고, ② 여호와의 권능을 인정한 것 같다. 그러나 그는 아직 하나님을 믿지 않았고 그의 말씀을 순종하지 못하는 상태에 있었다. 그는 두 마음을 품고 있다. 즉 이집트의 신도 인정하고, 또한 여호와의 말씀을 들을 것처럼 이스라엘 사람을 보내서 하나님께 제사를 드리게 한다고 하지만 조금 지나면 마음이 변한다.

9절(히브리어 성경 5절)은 번역하기 어려운 구절이다. 히브리어 원문을 이해가 잘되도록 다시 번역하면 다음과 같다:

모세가 바로에게 말하기를, "내가 당신과 당신의 종들과 당신의 백성을 위하여 개구리들이 강에만 남아있고 당신과 당신의 집들로부터는 끊어지도록 언제 간구할 것인가를 말하여 나 이상의 영광을 받으시오." 이 구절에서 모세는 바로에게 정중하게 그와 그의 신하들과 애굽 백성들을 위해 중보의 기도를 해 주겠다고 말씀한다. 여기서 모세는 바로에게 언제 그가 중보의 기도를 할 것인가 때를 모세 자신에게 명령하여 영광을 얻으라고 한다. 이 모세의 정중한 말씀 속에는 그의 기도가 개구리들을 왕과 왕궁 등에서 떠나 나일 강에만 있게 할 것이라는 절대 확신의 믿음이 표현되고 있다. 그리고 모세는 바로에게 그의 말을 듣고 하나님을 의지해야 영광을 얻을 수 있지 그렇지 않을 때는 개구리 떼 같은 재앙으로 멸망 받을 것임을 은밀히 경고하고 있다. 또한 모세는 하나님의 영광이 드러나도록 자기를 바로(Pharaoh) 아래에 놓으며 바로에게 명령하는 영광을 갖도록 하는 겸손을 보인다.[389)]

9절의 의미에 대하여 주석가들은 위에서 설명한 것처럼 ① 모세가 개구리들이 떠나도록 기도할 때를 정하는 명예가 바로에게 주어졌음을 뜻하는 것으로 해석하기도 하고, ② 바로가 개구리들이 죽고 평안을 되찾을 것이므로 자랑하게 될 것을 가리는 것으로 해석하기도 한다.

그런데 칼빈은 위와 같은 해석은 부분적인 의미만을 설명하는 것이요 9절의 전체의미를 설명하지 못한다고 말한다. 칼빈에 의하면 9절은 바로가 뽐냈던 왜곡된 자랑과 하나님의 자비 속에 추구해야만 하는 신앙적인 자랑 사이에 대조가 시사되고 있다고 말한다. 칼빈은 9절에 의해 모세가 다음과 같이 말하는 것과 같다고 한다: "지금까지 당신은 당신의 힘을 의지했고 그리고 후에 마술에 매혹되어 부당하게 당신 자신을 높였습니다. 이제 오히려 당신은 하나님께 당신을 위해 기도할 중보자인 은인(恩人)을 가졌으므로 명예롭게 여기십시오."[390)]

이러한 칼빈의 이해는 9절의 말씀에 대한 깊은 심리적 분석이다.

---

389) Keil and Delitzsch, *Biblical Commentary on the Old Testament*, vol. 1, *The Pentateuch*, p. 482.

390) *Commentaries on the Four Last Books of Moses Arranged in the Form of a Harmony by John Calvin*, vol. 1, pp. 161ff.

이와 함께 앞서 지적한 9절의 표현 이면에 있는 모세의 기도의 결과에 대한 확신과 그의 겸손도 파악되어야 한다.

10절에 따르면 바로는 모세의 말을 듣자 재빨리 '내일' 개구리가 떠나기를 원한다고 대답한다. 바로는 모세가 그 많은 개구리를 제거하는 기적을 준비할 시간을 될 수 있는 대로 적게 주고,[391] 빨리 개구리의 재앙으로부터 해방되고 싶어서 제일 빠른 시일인 "내일"이라고 대답한 것으로 보인다. 한편 카일과 델리취(Keil and Delitzsch)는 바로(Pharaoh)가 여기서 '내일' 이라고 대답한 것은 이처럼 엄청나게 많은 개구리가 그렇게 단시일 내에 없어질 수는 없을 것이라고 생각했을 것이기 때문이라고 말 한다.[392]

15절은 바로의 변덕스러움을 잘 나타낸다. 즉 바로는 앞서 8절에서 개구리 때문에 견딜 수 없어 이스라엘 백성들을 보내서 여호와께 제사를 드리게 할 테니 여호와께 구하여 개구리를 떠나게 해달라고 모세와 아론에게 간구했다. 그러나 개구리가 제거된 것을 보고 그는 다시 마음을 강퍅하게 했다. 그리하여 그의 약속을 파기하고 모세의 요구를 들어주지 않았다. 바로는 여기서 위기에 처해 급할 때는 하나님 말씀대로 행할 것처럼 말하고 나서, 하나님이 한숨을 돌리게 해주니까 다시 자기 마음대로 행하는 인간의 악한 모습을 보여주고 있다.

4. 설교 및 교훈 자료

15절: 개구리 재앙에서 하나님과의 약속을 파기한 바로 왕

391) Gispen, *Bible Student's Commentary, Exodus*, p. 89.

392) Keil and Delitzsch, *Biblical Commentary on the Old Testament*, vol. 1, *The Pentateuch*, p. 482.

우리들 주위에 아들을 낳으면 하나님께 바치겠다고 서원기도해서 아들을 얻은 후 하나님의 종 되도록 교육시키지 않은 부모들이 있다. 그러나 아들이 세상일 하다가 아무 일도 잘 되지 않으면 그때서야 신학교에 보내는 경우를 종종 보게 된다. 바로 왕과 같은 어리석음이 아닌가 생각한다. 하나님과의 약속을 철저히 지키는 성도가 되어야하겠다.

[16절-19절]

세 번째 재앙- 땅의 티끌로 이를 만드신 재앙

16. 여호와께서 모세에게 이르시되 아론에게 명하기를 네 지팡이를 들어 땅의 티끌을 치라 하라 그것이 애굽 온 땅에서 이가 되리라. 17. 그들이 그대로 행할쌔[1] 아론이 지팡이를 잡고 손을 들어 땅의 티끌을 치매 애굽 온 땅의 티끌이 다 이가 되어 사람과 생축에게 오르니, 18. 술객들이 자기 술법으로 이같이 행하여 이를 내려 하였으나 못 하였고 이는 사람과 생축에게 있은지라. 19. 술객이 바로에게 고하되 이는 하나님의 권능[2]이니이다 하나 바로의 마음이 강퍅케 되어 그들을 듣지 아니하였으니 여호와의 말씀과 같더라.

1. 본문의 원전 설명

17절: 1 "그들이 그대로 행할쌔." 이 구절이 히브리어 원문성경에는 있는데 헬라어 70인역에는 없다. 이 구절이 없어도 전체 문맥의 뜻이 통하지만, 히브리어 원문성경은 모세와 아론이 여호와의 명령대로 철저히 시행하였음을 강조하기 위해 구체적인 행동을 언급하기 전에 서론적으로 언급하고 있다.

19절: 2 "권능"의 히브리어 원문성경의 단어는 "에쯔바"(אֶצְבַּע)로서 "손가락"을 뜻한다. 이 "손가락"은 수사학의 제유법(提喩法)의 하나로 하나님의 손의 "권능"을 가리키기 때문 영어번역판과 한글성경에서 흔히 "권능"이라 번역 한다.[393]

2. 본문 내용 개요

아론이 지팡이로 땅의 티끌을 치므로 세 번째 재앙인 이가 만들어져 사람과 생축에게 오르니 애굽의 술객들도 이를 만들려 했으나 못하고 이를 만드는 것이 하나님의 권능이라 인정함.

3. 주석.

16절의 "이"라 번역된 "키님"(כִּנִּים)을 카일과 델리취(Keil and Delitzsch), 그리고 기스펜(Gispen)은 이가 아니라 조그마한 모기 종류의 각다귀(gnats)라고 생각한다. 물리게 되면 따끔거리고 아프게 하는 벌레이다(Keil and Delitzsch, *Biblical Commentary on the Old Testament*, vol.1, *the Pentateuch*, p. 483, Gispen, p. 90.). 그러나 칼빈과 루터는 '이'라고 생각한다. 이 세 번째 재앙은 아론이 땅의 먼지를 지팡이로 쳤을 때 생겼다. 이집트 전역을 통하여 먼지가 이가 되었다.

18-19절을 보면, 이집트의 술객들이 자기들의 술법을 가지고 셋째 재앙인 이를 만들어 보려했으나, 만들지 못했다. 하나님은 동물 중에 가장 작고 미천한 '이'도 만들 수 없는 이집트의 술객들 자신들의 무능력을 실감케 하신다. 특별히 다음 19절에서 이집트의 술객들이 하는 말을 보면 이 목적이 분명히 나타난다. "이는 하나님의 권능이니

---

393) Childs, *The Book of Exodus, A Critical, Theological Commentary*, p. 129.

이다." (19절)

이집트의 술객들은 이를 만들 수 없음으로 이를 만든 것이 하나님의 권능임을 고백함으로 자기들의 무능력을 인정하지만, 그러나 하나님께 경배하거나 영광을 돌리지 않는다. 이때 술객들이 "하나님의 권능이니 이다"고 말한 것은 이스라엘의 하나님이신 여호와의 권능을 인정하고 찬양하는 것이라기보다는 자기들이 왜 이를 만들 수 없는지를 설명하여 자기들의 수치심과 무능력을 감추려한 방편인 것이다. 그리하여 모세와 아론이 능력과 지식에서 자기들보다 우월한 것이 아니라고 생각하게 하려한 것으로 보인다. 이러한 이집트 술객들의 의도가 "하나님의 권능"에 의해서 이가 만들어 졌다고 말하는데서 나타난다. 만약 이스라엘의 하나님이신 여호와를 찬양하기 원했다면 이스라엘의 하나님의 이름인 "여호와"를 언급했을 텐데 그렇지 않고 단순히 "하나님"을 언급해 어떤 신의 능력의 나타남이라고만 시사하고 있기 때문이다.[394]

4. 설교 및 교훈 자료

19절: 불경건한 술객들

술객들은 하나님의 권능을 말하지만 그를 경배하려는 것이 아니라 자기들의 수치와 무능력을 감추려는 의도에서 하나님의 권능을 말하는 불경건한 자들이었다. 하나님의 권능은 그것을 찾고 그 권능의 인도함을 받는 자들에게는 위대한 도움이 되는 능력임을 알아야한다.

394) Keil and Delitzsch, *Biblical Commentary on the Old Testament*, vol. 1, *The Pentateuch*, pp. 483f.; Cassuto, *A Commentary on the Book of Exodus*, p. 106.

그러나 하나님의 권능을 무시하고 배척한 자들에게는 오히려 재앙을 일으키는 형벌의 권능이 될 것이다. 하나님의 능력의 도움을 받기 위해서는 하나님께 간구해야 한다. 자기 혼자의 힘으로 사는 불쌍하고 어리석은 자가 되지 말자. 자기 혼자만의 힘으로 살 때 우리는 외롭고 지치며 실패하게 된다. 하나님의 권능과 성령의 도움을 받자.

[20절-24절]

네 번째 재앙 - 파리 떼

20. 여호와께서 모세에게 이르시되 아침에 일찌기 일어나 바로 앞에 서라 그가 물로 나오리니 그에게 이르기를 여호와의 말씀에 내 백성을 보내라 그들이 나를 섬길 것이니라[1]. 21. 네가 만일 내 백성을 보내지 아니하면 내가 너와 네 신하와 네 백성과 네 집들에 파리떼를 보내리니 애굽 사람의 집집에 파리 떼가 가득할 것이며 그들의 거하는 땅에도 그러하리라. 22. 그 날에 내가 내 백성의 거하는 고센 땅을 구별하여 그곳에는 파리떼가 없게 하리니 이로 말미암아 나는 세상 중의 여호와인 줄 을 네가 알게 될 것이라. 23. 내가 내 백성과 네 백성 사이에 구별을[2] 두리니 내일 이 표징이 있으리라 하셨다 하라 하시고, 24. 여호와께서 그와 같이 하시니 무수한 파리떼가 바로의 궁에와 그신하의 집에와 애굽 전국에 이르니 파리떼로 인하여 땅이 해를 받더라.

1. 본문의 원전 설명

20절: [1] "섬길 것이니라." 이 단어에, 헬라어 70인역에 따르면, 장소의 부사 "광야에서"란 수식어가 첨가되어 있다. 아마 출 7:16에 근거하여 첨가된 것으로 보인다.

23절: [2] "구별을 두리니." 여기에서 "구별"이라 번역된 히브리어 원문성경의 대응어는 "페두트"(פְּדֻת)이다. 이 히브리어 단어는 "구원"(redemption)을 뜻한다. 그러나 이 뜻이 문맥에 잘 맞지 않고 헬라어

70인역이 "*διαστολη*"(구별, 차이)라 번역하여 지금 현재 히브리어 원문성경의 "페두트"(פְּדֻת)는 히브리어 "페루트"(פְּלֻת)의 오기(誤記)였을 것으로 추측된다.[395] 그리하여 우리 한글 개역 성경은 "구별"이라 번역하고 영어성경들은 distinction(NIV) 혹은 division(KJV, NASB, RSV)이라 번역한다.

2. 본문 내용 개요

넷째 재앙부터는 재앙이 다만 이집트 사람들이 사는 곳에만 임하여 재앙을 내리시는 신이 이집트 사람들이 믿는 신들 중의 하나가 아니라 바로 히브리 사람들이 믿는 여호와 하나님이심을 알게 하신다.

3. 주석

20절을 보면, 넷째 재앙은 첫째 재앙과 같이 ① 아침 일찍이 ② 나일 강에서 모세가 바로를 만나서 이스라엘 백성을 보내 달라고 요구한 후 일어난다. 그러므로 첫째 재앙처럼 미리 경고하고 넷째 재앙을 행하려 한다. 쿡(Cook)은 바로가 아침 일찍 나일 강에 나가는 궁

---

395) Childs, *The Book of Exodus, A Critical, Theological Commentary*, p. 129; Durham, *Exodus, Word Biblical Commentary*, vol. 3, pp. 111f. ; *BHS* 원문 대조 비평란.

396) F. C. Cook, *The Holy Bible: An Explanatory and Critical Commentary: Genesis–Exodus*, vol. 1, part 1(New York: Charles Scribner's Sons, 1899), p. 281; 이 책은 다음 책에서 재인용됨, Kaiser, Jr., *Exodus, the Expositor's Bible Commentary*, p. 355.

중행렬은 10월 말이나 11월 초쯤 발생하는 나일강물의 첫 부풀러 오름 후 120일 동안 벌어진 축제를 시작하려는 것이었다고 추측 한다.[396]

21절에서 모세는 바로가 그의 요구를 거절할 때 파리 떼를 보낼 것이라 한다. 여기서 파리는(עָרֹב) 개파리(dogfly)로 70인역에서 번역되지만 히브리 원문단어의 뜻은 '혼합물' 이란 의미를 가진다. 그리하여 심마커스(Symmachus) 헬라어 번역판은 '모든 종류의 파리의 혼합물' 로 부른다. 필로(Pilo)나 많은 여행가들은 이 파리(עָרֹב)가 아주 지독히 사람을 괴롭히며 눈까풀 끝 같은 곳에 달라붙어 물면 아주 고통스럽고 아프다고 한다.[397]

이런 파리 떼를, 만약 바로가 이스라엘 백성을 보내지 않으면 ① 바로와, ② 바로의 신하와, ③ 바로의 백성과, ④ 바로의 집들에 보내겠다고 한다. 또한 21절 마지막에 보면 그들이 사는 집이 없는 땅에도 파리 떼를 보내겠다고 한다.

23절의 "표징"은 히브리어 "오트"(אֹת)를 번역한 말로써 '이적' 을 뜻한다. 그냥 우리말 "표징"은 '어떤 것과 다른 것을 드러내 보이는 뚜렷한 점' 을 의미하는데 여기서 히브리어 "오트"는 그런 뜻보다 '이적' 즉 '신의 힘으로 된 불가사의한 일' 을 가리킨다.

24절의 '해를 받더라' 는 말은 히브리어 원문성경에 보면 더 강한 말로 쓰여 있다. 즉 "샤하트"(שָׁחַת)의 니팔형이다. 그 뜻은 '썩어지다,' '못쓰게 되다,' '부패되다' 이다. 그러므로 파리가 사람과 짐승을 쏘아서 붓게 하고 이상한 모습이 되게 하며 식물이나 나무들에 알을

397) Keil and Delitzsch, *Biblical Commentary on the Old Testament*, vol. 1, *The Pentateuch*, p. 484.

까고 갉아먹어 썩게 한 것을 말한다. 그리하여 바로(Pharaoh)가 놀라 25절에 보면 모세와 아론을 불러 "이 땅에서 너희 하나님께 희생을 드리라" 고 말한다.

[25절-32절]

바로의 협상과 약속의 파기

25. 바로가 모세와 아론을 불러 이르되 너희는 가서 이 땅에서 너희 하나님께 희생을 드리라. 26. 모세가 가로되 그리함은 불가하니이다 우리가 우리 하나님 여호와께 희생을 드리는 것은 애굽 사람의 미워하는 바이온즉 우리가 만일 애굽 사람의 목전에서 희생을 드리면 그들이 그것을 미워하여 우리를 돌로 치지 아니하리이까[1]. 27. 우리가 사흘길쯤 광야로 들어가서 우리 하나님 여호와께 희생을 드리되 우리에게 명하시는대로 하려하나이다. 28. 바로가 가로되 내가 너희를 보내리니 너희가 너희 하나님 여호와께 광야에서 희생을 드릴 것이나 너무 멀리는 가지 말라 그런즉 너희는 나를 위하여 기도하라. 29. 모세가 가로되 내가 왕을 떠나가서 여호와께 기도하리니 내일이면 파리떼가 바로와 바로의 신하와 바로의 백성을 떠나려니와 바로는 이 백성을 보내어 여호와께 희생을 드리는 일에 다시 거짓 을 행치 마소서 하고, 30. 모세가 바로를 떠나 나와서 여호와께 기도하니, 31. 여호와께서 모세의 말대로 하사 파리를 바로와 그 신하와 그 백성에게 몰수히 떠나게 하시니라. 32. 그러나 바로가 이 때에도 마음을 완강케 하여 백성을 보내지 아니하였더라.

1. 본문의 원전 설명

26절: 1 "우리를 돌로 치지 아니하리이까." 우리 한글 개역 성경처럼 히브리어 원문성경에는 부정사 "로"(לֹא, not, …아니다)가 있으나, 헬라어 70인역과 라틴어 벌게이트역에는 부정사 "로"가 없이 "우리를 돌로 칠 것입니다" 로 되어 있다. 뇌췌르(Notscher)는 26절에서

"로"(לא)는 부정사로 사용되지 않고 강조하는 단어로서 위의 구절이 "우리를 분명히 돌로 칠 것입니다"를 의미한 것으로 이해 한다.[398] 이에 대해 차일드스(Childs)는 가능한 번역이지만 꼭 그렇게 번역하도록 강요될 수는 없다고 생각 한다.[399]

2. 본문 내용 개요

바로가 파리 떼에 지쳐 이스라엘 백성에게 광야에 가서 제사를 드리도록 허락하고 자기를 위해 기도해 달라고 한다. 그 후 모세의 기도로 파리 떼가 떠나자 다시 바로는 약속을 파기하고 이스라엘 백성을 보내지 않는다.

3. 주석

26-27절에 의하면, 모세와 아론은 바로가 이집트 땅에서 제사를 여호와께 드리라는 말에 동의하지 않는다. 그 이유는 두 가지이다.

(1) 그 땅에서 제사를 지내는 것이 이집트 사람의 미워하는 것이 되어 제사 드리는 이스라엘 사람들을 이집트 사람들이 돌로 치려할 것이기 때문이다(26절).

(2) 우리의 하나님이 명하시는 대로 우리가 제사를 드려야 하기 때문이라고 한다. 즉 하나님이 명하신대로 광야에 가서 제사 지내야한

---

398) F. Notscher, "Zum emphatischen Lamed", *VT* 3(1953): 375; 이 논문은 다음 책에서 재인용 된 것임, Childs, *The Book of Exodus, A Critical, Theological Commentary*, p. 129.

399) Childs, 상게서, p. 129.

다는 것이다.

카일과 델리취(Keil and Delitzsch)는 이집트 백성이 여호와께 드릴 희생 제사를 미워하는 이유가 제사 드리는 제물이 이집트 사람들이 불결하다고 생각하는 제물을 드리기 때문이라고 보지 않는다. 단지 제사를 드리는 의식이 이집트 사람의 아주 엄격한(제물들의 정결에 관한 법등) 제사법과 절차를 따르지 않기 때문이라 한다. 그러므로 이렇게 이집트 사람의 제사의식에 따르지 않으면 이집트 사람은 이스라엘이 드리는 제사를 그들의 종교나 신들을 모욕하는 것으로 간주하여 그들을 돌로 치며 죽이려 할 것이라고 한다.

28-29절에서 바로는 모세의 이의를 받아들여 광야에 가서 희생 제사를 드리도록 허락한다. 그러나 너무 멀리 가지 말라고 한다. 또한 바로 자기를 위해 기도하라고 한 말은 이제 바로 자신도 분명히 하나님의 능력을 알고 위대한 하나님이신 것을 인정함을 보여준다. 그러나 바로는 하나님을 믿지 않고 의지하지도 않는다.

29절은 바로의 변덕을 보여주는데, 모세가 바로에게 다시는 거짓말을 하지 말라는 당부에도 불구하고 파리 떼가 다 몰수히 떠나므로 마음이 변해 이스라엘 백성을 보내지 아니한다(31-32절).

4. 설교 및 교훈 자료

28-29절: 바로가 모세와의 협상 때에 한 말

바로가 모세와 협상하며 요구한 "너무 멀리 가지 말라"는 말은 사탄이 우리를 유혹하는 말이다. '세상에서 너무 멀리 가지 말라, 다른 사람처럼 살지 뭐 그렇게 유별나게 예수를 믿는다고 그러느냐. 술도 먹고, 담배도 피우고, 권모술수를 하면서 살 것이지 그렇게 깨끗이 살려고 하느냐' 고 유혹한다. 그러나 모세처럼 '하나님이 명하신 대로' 살아야함을 말하고 그렇게 살도록 노력해야한다. 세상과 타협 하지 말고 하나님을 완전히 따르자. 그렇게 살기 어렵지만 성령님께 그렇게 살 수 있도록 기도하며 하나님께 온전한 순종을 하자.

[출애굽기 9장]

[1절-7절]

다섯 번째 재앙- 악질

1. 여호와께서 모세에게 이르시되 바로에게 들어가서 그에게 이르라 히브리 사람의 하나님 여호와께서 말씀하시기를 내 백성을 보내라 그들이 나를 섬길 것이니라. 2. 네가 만일 그들 보내기를 거절하고 억지로 잡아두면, 3. 여호와의 손이 들에 있는 네 생축 곧 말과 나귀와 약대와 우양에게 더하리니[1] 심한 악질이 있을 것이며, 4. 여호와가 이스라엘의 생축과 애굽의 생축을 구별하리니 이스라엘 자손에 속한 것은 하나도 죽지 아니하리라 하셨다 하라 하시고, 5. 여호와께서 기한을 정하여 가라사대 여호와가 내일 이 땅에서 이일을 행하리라 하시더니, 6. 이튿날에 여호와께서 이 일을 행하시니 애굽의 모든 생축은 죽었으나 이스라엘 자손의 생축은 하나도 죽지 아니한지라. 7. 바로가 보내어 본즉 이스라엘의[2] 생축은 하나도 죽지 아니 하였더라 그러나 바로의 마음이 완강하여 백성을 보내지 아니하니라.

1. 본문의 원전 설명

3절: 1 "더하리니." 이 동사는 히브리어 원문성경에서 "호야"(הֹוָיָה)로서 구약에서 단지 한번 여기서 사용되는 칼(Qal) 동사 분사형이다. 이 동사 분사형의 원형동사는 "하야"(הָיָה)로서 그 뜻은 "있다" 이다. 옥덴(Ogden)은 이 3절에서 실제로 미완료형(the imperfect)이나 명사절이 ("있다" 란)동사 없이 쓰여지기를 기대할 수 있으나 동사 분사형이 사용된 것은 특히 7장부터 10장의 이야기에서 동사 분사형이 일관되게 사용되고 있는 문학적 패턴(7:17, 27; 9:3; 10:4)을 따르려는데 기인된 것으로 생각 한다.[400)]

7절: 2 "이스라엘의." 이 단어는 헬라어 70인역, 사마리아 오경, 그리고 탈굼에서 "아들들"이란 단어가 첨가되어 "이스라엘 아들들의"로 되어있다.

2. 본문 내용 개요

여호와께서 다섯째 재앙인 심한 악질을 바로에게 미리 경고하여 이스라엘 생축은 제하고 이집트의 생축에게만 내려 다 죽게 한다. 그러나 바로는 완강하여 이스라엘 백성을 보내지 않는다.

3. 주석

2절을 히브리 성경으로 보면 '억지로 잡아두면' 이란 말에 '아직(עוֹד)' 이라는 말이 있다. 따라서 이 부사는 '여호와가 이스라엘을 보내라는 뜻을 아주 강하게 선포한 후에도 아직 그들을 붙잡아 두려하면' 이라는 뜻이다.

4절을 보면 이 다섯번째 재앙에서도 이스라엘과 이집트 사람을 구별하여 이스라엘 생축은 단 한 마리도 죽지 않게 하실 것이라고 한다. 이 당시 이집트 사람들은 "소"를 신으로 섬겼을 때이다. 이 영향에 의해 출애굽기 32장에서 이스라엘 백성이 "금송아지"를 만들어 섬겼던 것으로 생각된다. 그리고 양(ram)도 태양신의 화신(化身)이라고 이집

400) Childs, *The Book of Exodus, A Critical, Theological Commentary*, p. 129; Durham, *Exodus, Word Biblical Commentary*, vol. 3, p. 116; Kaiser Jr., *Exodus, The Expositor's Bible Commentary*, p. 358.

트 사람들이 숭배했는데[401] 이런 이집트의 신들을 죽여 여호와 하나님의 절대권능을 보여줄 것을 미리 바로에게 경고하여 알게 한다.

5절에서 여호와가 "내일"이라고 기한을 정하는 것은 그 일이 이루어질 때 사람들이 하나님의 절대 권능을 믿도록 하기 위해서이다. 그리고 재앙을 선포한 즉시 재앙을 내리지 않고 내일로 연기하여 행한 것은 바로나 이집트 사람들이 그 경고의 말씀을 듣고 하나님의 말씀을 신뢰하여 피하도록 했음을 지적할 수 있다. 아마 이집트 사람들 중에는 하나님의 말씀을 듣고 그들의 생축을 들에서 집으로 데려와 살아남게 했을 것으로 보인다(참고, 출 9:19). 그러나 바로는 그의 마음을 강퍅케 하여 피하도록 조치하지 않는다.[402]

6절의 '모든'이라는 형용사를 문자 그대로 이해하여 이집트의 생축이 다 죽었다고 이해할 필요는 없다. 그 이유는 첫째 3절에 보면 하나님께서는 들에 있는 생축을 죽이시겠다고 하셨으므로 집안의 생축들은 죽지 않았을 것으로 생각할 수 있다. 그리고 둘째로 9절과 19절에 보면 아직 생축들이 남아있는 것을 볼 수 있기 때문이며, 셋째로 여기서의 '모든'이라는 뜻은 남아 있는 생축들의 수가 다섯 번째 재앙 전에 있었던 생축의 수와 비교해 볼 때 아무것도 아닌 것과 같아 적다는 의미이다. 이러한 의미로써 '모든'이라는 단어가 그 당시에 잘 사용되고 있었다.

7절에 따르면, 바로는 사람을 직접 보내어 이스라엘의 생축의 형편을 살펴보게 했다. 그는 다만 이집트의 생축만 죽은 것을 발견하게 되었으나 여전히 그의 마음을 강퍅하게 하였다. 그리고 이스라엘 백성

---

401) Gispen, *Bible Student's Commentary, Exodus*, p. 96.

402) Kaiser, Jr., *Exodus, The Expositor's Bible Commentary*, p. 357.

을 보내지 않았다. 하나님의 형벌의 무서운 결과를 보았으나 회개하지 않고 마음을 더욱 강퍅하게 하는 바로는 그가 얼마나 어리석은 가를 나타낸다. 하나님께로부터 버림받은 자의 특징을 바로처럼 하나님의 형벌의 분명한 표징들이 있어도 고의적으로 무시하고 자기의 악을 버리려 하지 않는다.

4. 설교 및 교훈 자료

6절: 생축들이 죽임을 당한 재앙

사람들의 잘못으로 생축이 죽임을 당했다. 인간은 만물의 영장으로서 피조물의 대표자이다. 그러므로 피조물의 대표자인 인간이 잘못할 때 다른 피조물도 심판을 받고 죽임을 당한다. 창세기 3:17-18에 보면 사람의 잘못 때문에 땅이 저주를 받았고, 창세기 6:7에 보면 사람이 범죄 하므로 사람만이 아니라 육축, 기는 것, 공중의 새를 멸망시키시겠다고 하나님은 말씀하신다.

[8절-12절]

여섯 번째 재앙-독종

8.여호와께서 모세와 아론에게 이르시되 너희는 풀무의 재 두 움큼을 가지고 모세가 바로의 목전에서 하늘을 향하여 날리라. 9. 그 재가 애굽 온 땅의 티끌이 되어 애굽 온 땅의 사람과 짐승에게 붙어서 독종이[1] 발하리라. 10. 그들이 풀무의 재를 가지고 바로 앞에 서서 모세가 하늘을 향하여 날리니 사람과 짐승에게 붙어 독종이 발하고, 11. 술객도 독종으로 인하여 모세 앞에 서지 못하니 독종이 술객들로부터 애굽 모든 사람에게 발하였음이라. 12. 그러나 여호와께서 바로의 마음을 강퍅케 하셨으므로 그들을 듣지 아니하였으니 여호와께서 모세에게[2] 말씀하심과 같더라.

1. 본문의 원전 설명

9절: [1] 독종(몹시 악성인 부스럼)은 히브리어 "쉐힌"(שְׁחִין)의 번역이다. "쉐힌"(שְׁחִין)은 "샤한"(שָׁחַן)의 파생어로 염증(inflammation)을 뜻한다. 따라서 종기(abscess) 혹은 부스럼, 헌데(boil)가 생긴 것을 말한다.

12절: [2] "모세에게." 이 단어가 히브리어 원문에는 있으나 헬라어 70인역에는 없다. 아마 70인역자가 문맥에서 "모세에게"를 빼도 뜻이 분명히 이해되므로 생략한 것으로 생각된다.

2. 본문 내용 개요

모세가 여섯째 재앙인 독종을 풀무의 재를 가지고 만들어 이집트의 술객과 이집트의 모든 사람에게 발하게 하므로 술객들이 독종 때문에 모세 앞에 서지 못하였으나 바로는 여전히 마음을 강퍅하게 한다.

3. 주석

8절의 '풀무'는 화덕이나 오븐이 아니라, 쇠를 달구어서 녹이기 위해서 불을 피우려고 바람을 일으키는 기구이다. 여기서 풀무는 히브리어로 "키브샨"(כִּבְשָׁן)으로써 노(爐) 혹은 가마(furnace, kiln)이다. 여호와는 모세에게 석회 굽는 가마의 재를 하늘로 날려서 독종을 만들게 한다. 초기의 바로들이 그들 통치의 힘과 영광을 영원하게 하기 위해 만들었던 피라미드나 찬란한 도시들이 가마로부터 석회를 구워서 만들었다.

여호와는 교만한 바로에게 이집트의 큰 건물의 작업장들로부터 파멸을 가져올 권능을 가지고 있었음을 증명했다. 왜냐하면 그런 건물들을 건축하기 위해 바로가 이스라엘 사람들의 노동력을 착취했고 그들을 아주 힘든 고역으로 풀무 불처럼 그들의 진액이 태워지게 했기 때문이다(신 4:20). 이제 하나님은 석회 굽는 가마의 재, 이스라엘 사람들의 고통의 용광로의 뜨거운 열의 찌기를 공중에 날려 이집트 전역에 있는 사람과 짐승에게 독종을 나게 한 재료로 만들 수 있음을 증명했다. 이 종기들은 처음으로 사람의 생명을 공격했고 위험하게 했던 재앙이었다. 이러한 관점에서 독종의 재앙은 바로가 계속적인 완강한 고집으로 가져오게 될 죽음의 첫 전조(前兆)였다.

11-12절에서 이집트의 마술사들은 바로를 이 재앙으로부터 술수를 써서 보호해주지 못했다. 오히려 그들 자신이 독종이 나서 바로 앞에 서지 못했다. 바로는 이 여섯째 재앙을 깊이 마음에 새기지 않고 마음을 계속 강퍅하게 하며 이스라엘 백성이 떠나도록 허락하지 않았다.

[13절–21절]

일곱 번째 재앙-우박 재앙의 예고

13. 여호와께서 모세에게 이르시되 아침에 일찌기 일어나 바로 앞에 서서 그에게 이르기를 히브리 사람의 하나님 여호와의 말씀에 내백성을 보내라 그들이 나를 섬길 것이니라. 14 내가 이번에는 모든 재앙을[1] 네 마음과 네 신하와 네 백성에게 내려 너로 온 천하에 나와 같은 자가 없음을 알게 하리라. 15. 내가 손을 펴서 온역으로 너와 네 백성을 쳤더면 네가 세상에서 끊어졌을 것이나. 16. 네가 너를 세웠음은[2] 나의 능력을 네게 보이고 내 이름이 온 천하에 전파되게 하려하였음이니라. 17. 네가 여전히 내 백성 앞에 자고하고 그들을 보내지 아니하느냐. 18. 내일 이맘때면

내가 중한 우박을 내리리니 애굽 개국 이래로 그 같은 것이 있지 않던 것이리라. 19. 이제 보내어 네 생축과 네 들에 있는 것을 다 모으라 사람이나 짐승이나 무릇 들에 있어서 집에 돌아오지 않은 자에게는 우박이그 위에 내리리니 그것들이 죽으리라 하셨다 하라 하시니라. 20. 바로의 신하 중에 여호와의 말씀을 두려워하는 자들은 그 종들과 생축을 집으로 피하여 들였으나. 21. 여호와의 말씀을 마음에 두지 아니하는 자는 그 종들과 생축을 들에 그대로 두었더라.

1. 본문의 원전 설명

14절: 1 "모든 재앙을." 이 문구는 히브리어 원문성경대로 번역하면 "모든 나의 재앙들을" 이다.

16절: 2 "내가 너를 세웠음은." 이 문구는 히브리어 원문성경대로 직역하면, "그러나 이것을 위하여 내가 너를 세웠으니" 이다. 히브리어 원문성경의 본문이 한글 개역 성경의 번역보다 훨씬 강조하여 바로를 죽이지 않고 계속 왕위에 세운 목적을 표현하고 있다.[403)]

2. 본문 내용 개요

일곱째 재앙인 우박을 내리기 전 미리 바로에게 경고하며 여호와께서 그를 온역으로 죽이지 않고 살려둔 이유는 여호와의 능력을 바로에게 보여 온 천하에 여호와의 이름이 전파되게 하려함이라 한다.

3. 주석

---

403) 참고, Durham, *Exodus, Word Biblical Commentary*, vol. 3, p. 125; KJV, RSV, NASB.

14절의 '모든 재앙' 은 앞서 본문의 원전 설명에서 언급한대로 히브리 원문에서는 '나의 모든 재앙들' 이다. '나의 모든 재앙들' 이라는 복수로 보아 이 말은 일곱째 재앙인 우박재앙만 가리킨 것이 아니라, 모든 다른 재앙들, 즉 여호와와 같은 자가 온 천하에 없음을 왕에게 알게 해줄 재앙들을 가리킨다. 보다 구체적으로 말해 일곱째 재앙부터 시작해 앞으로 있게 될 장자 죽임까지의 4재앙들을 가리킨다.[404] 바로가 앞서 5:2에 보면 여호와가 누구인지 모른다고 했는데 이 재앙들을 통해 여호와가 이집트의 신들과는 비교될 수 없는 능력의 하나님이심을 알게 할 것이라 한다.

15절과 16절에서 여호와께서는 바로를 당장 멸망시키지 않고 여러 재앙을 내린 이유를 두 가지로 설명한다. (1) 바로로 하여금 하나님의 능력을 체험하여 여호와께 영광을 돌리기 위해서(출 9:27, 10:16,17, 12:31), (2) 여호와의 이름이 온 땅에 전파되게 하기 위하여서이다. 실제로 하나님이 출애굽 시키기 위해 행하신 이적들에 의해 이 목적이 성취되어 여호와의 이름과 권능이 모든 인근 나라들에게 곧 알려지게 되었다: "열방이 듣고 떨며 블레셋 거민이 두려움에 잡히며, 에돔 방백이 놀라고 모압 영웅이 떨림에 잡히며 가나안 거민이 다 낙담하나이다(출 15:14-15)."

17절에 쓰인 '자고(自高)하고' 는 스스로 높인다는 말이다. 히브리 원문 성경에서 'מִסְתּוֹלֵל' 이다. 이 히트파엘 동사의 뜻은 '스스로 쌓아 올리다' 이다. 즉 둑, 댐, 성벽 등을 쌓아 올린다는 뜻이다. 자기가 스스로 다른 사람보다 나은 것처럼, 댐이나, 성벽처럼 우뚝 높이 보이게 하려는 태도이다. 여기 17절에서 바로는 하나님의 능력과 권능을

404) Cassuto, *A Commentary on the Book of Exodus*, p. 115.

보았으면서도 여전히 이스라엘 백성들과는 달리 성벽처럼 높게 보이려고 하나님의 뜻에 대적하며 교만을 행한다.

18절에 나타난 "이집트 개국이래로"는 '이집트가 세워진 때로부터 지금까지' 를 뜻한다. 이집트의 시작은 고대근동의 역사에서 볼 때 주전 약 3,100년경이다. 한편 이집트의 유명한 피라밋은 주전 2,600년경에 세워진 것이다. 그리고 일곱째 재앙인 우박을 내릴 때를 미리 정하여 알려주는 것은 그 재앙이 우연히 발생한 것이 아니고 하나님의 형벌로서 주어졌음을 분명히 알게 하기 위해서이다.

19절과 20절에서는 들에 있는 사람들과 생축들이 보호되고 죽임을 받지 않도록 집으로 모아드리도록 한다. 이 말씀을 통하여 하나님의 자비를 볼 수 있다. 하나님을 두려워하고 그 말씀을 듣는 자들이 죽지 않도록 하신다. 바로의 신하들 중에 여호와를 두려워하는 사람들은 여호와의 경고의 말씀을 듣고 그들의 종들과 생축들을 집으로 피하게 하여 살아나도록 하였다.

4. 설교 및 교훈 자료

1) 14절: 재앙의 목적은 세상을 다스리시는 분이 여호와임을 알게 하려는 것 이었다. 출애굽기 9:14은 하나님께서 재앙을 내리시는 이유가 '바로로 하여금 온 천하에 하나님과 같은 자가 없음을 알게 하기 위함' 이라고 밝히고 있다. 즉

① 하나님의 절대적인 능력,

② 하나님께서 온 세상의 주인이시라는 것을 명시하려고 한 것이다.

우리도 오늘 이것을 분명히 재인식하도록 하자. 그러할 때 우리가

의지할 자가 누구이시며 섬길 자가 누구이신 지를 바로 알고 예배드리므로 우리의 삶이 부요해질 것이다.

2) 20절: 바로의 신하들 중에서 여호와의 말씀에 귀 기울인 자들

모세가 전한 하나님의 말씀을 바로가 듣지 않았으나, 그 말씀이 완전히 효력을 잃은 것은 아니다. 우리가 누구에게 복음을 전할 때, 그 상대방이 전혀 반응이 없으므로 복음이 무기력한 것 같으나, 우리가 알지 못하게 내가 전한 복음이 어떤 형태로든 능력을 발하고 열매를 맺고 있다. 바로 이러한 역사 때문에 나중 이스라엘 사람들이 이집트를 떠날 때 많은 선물을 이집트 사람들로부터 받은 것으로 생각된다.

[22절-26절]

예고된 우박 재앙이 내림

22. 여호와께서 모세에게 이르시되 너는 하늘을 향하여 손을 들어 애굽 전국에 우박이 애굽땅의 사람과 짐승과 밭의 모든 채소에 내리게 하라. 23. 모세가 하늘을 향하여 지팡이를 들매 여호와께서 뇌성[1]과 우박을 보내시고 불을 내려 땅에 달리게 하시니라 여호와께서 우박을 애굽 땅에 내리시매[2], 24. 우박의 내림과 불덩이가 우박에 섞여 내림이 심히 맹렬하니 애굽 전국에 그 개국 이래로 그같은 것이 없던 것이라. 25. 우박이 애굽 온 땅에서 사람과 짐승을 무론하고 무릇 밭에 있는 것을 쳤으며 우박이 또 밭의 모든 채소를 치고 들의 모든 나무를 꺾었으되, 26. 이스라엘 자손의 거한 고센 땅에는 우박이 없었더라.

1. 본문의 원전 설명

23절: 1 "뇌성." 이 단어의 히브리어 원문성경의 대응어는 "콜"(קוֹל)로서 "목소리, 소리, 음성"을 뜻한다. 그러므로 "뇌성" 단어가 쓰여진 문장을 문자적으로 직역하면 "여호와께서 음성과 우박을 보

내시고" 이다. 고대 근동의 우가릭(Ugaritic) 문헌이나 아마르나(the El-Amarna) 서신에서도 "뇌성"을 "신의 음성"으로 표현하고 있고 구약성경의 다른 곳에서도(삼하 22:14, 시 18:13) 이런 우회적 표현을 자주 볼 수 있다.[405] 그러나 문맥에서 "콜"의 문자적인 의미인 "음성"이나 "소리"의 뜻이 적합할 때는 구태여 "뇌성"으로 번역하지 않고 그냥 "소리"로 한글 개역 성경은 번역한다(시 46:6, 68:33).

23절: 2 "내리시매." 이 단어는 히브리어 원문성경의 "와이얌테르"(וַיַּמְטֵר)의 번역이다. 이 동사는 "마타르"(מָטַר) 동사의 사역형으로서 "비오듯 내리게 했다"이다. 그러므로 23절의 마지막 문장을 다시 번역하면, "…여호와께서 우박을 애굽 땅에 비오듯 내리게 했다"이다.

2. 본문 내용 개요

일곱째 재앙인 우박이 예언된 대로 이집트의 온 땅에 내렸는데 우박뿐만 아니라 불덩이가 함께 내려 사람, 짐승, 밭의 모든 채소를 치고 모든 나무를 꺾었으나 이스라엘 자손이 사는 고센 땅에는 우박이 내리지 않았다.

3. 주석

23-24절은 일곱째 재앙의 내용을 설명하고 있다. 그것은 단순히 우박만이 크게 내린 것이 아니라, ① 뇌성이 치고, ② 우박이 비처럼 내

405) Cassuto, *A Commentary on the Book of Exodus*, p. 118; Kaiser Jr., *Exodus, The Expositor's Bible Commentary*, p. 363.

리며, ③ 불덩이(아마 번갯불덩이)가 우박과 함께 쏟아졌다. 23절에 보면 불이 동물이 땅위를 걷듯이 지나갔다고 한다. 여기서 말한 불은 번갯불로서 번갯불이 불(火)의 공들(balls)처럼 땅위에 떨어져 지나감을 가리킨다.[406)]

25절은 우박 재앙의 결과를 말해주고 있는데, 재앙의 결과 밭에 있는 ① 사람, ② 짐승, ③ 모든 채소와, ④ 모든 나무들을 치고 꺾어 버렸다. 여기에서 "모든"은 히브리어 원문성경에서 "콜"(כָּל)로서 24-25절에서 4번 사용된다. 그런데 "모든"의 의미는 문자적으로 하나도 빠짐없이 모두를 뜻하지 않고 과장법적으로 사용되었다.[407)] 이런 용법이 앞서 6절에서 언급되었고, 또한 10:5을 볼 때 이 해석이 옳음을 알 수 있다. 왜냐하면 우박 재앙 때 모든 채소나 나무가 완전히 제거되지 않았음을 시사하기 때문이다.

26절을 보면, 고센 땅에는 우박이 없었다고 말한다. 이렇게 고센 땅에 우박이 내리지 않은 것은 우박 재앙의 초자연적인 특성을 나타내면서 동시에 그 재앙이 히브리인의 하나님이신 여호와가 내리셨음을 분명히 나타낸다. 이러한 고센 땅의 이스라엘 자손들이 즐기는 평온과 안전함은 이 땅에서 하나님 여호와를 의지하는 자들이 영원히 얻게 될 새 하늘과 새 땅에서 얻을 완전한 평온과 안전을 예표 한다. 세상에 살 때 하나님 여호와를 의지하며 주 예수님의 말씀을 따르는 자에게 가끔 불안과 갈등과 위험이 있을 수 있으나 그것들은 잠시요, 궁극적이며 영원한 평온과 승리가 필연적으로 주어진다.

---

406) Keil and Delitzsch, *Biblical Commentary on the Old Testament*, vol. 1, *the Pentateuch*, p. 491; Kaiser Jr., *Exodus, The Expositor's Bible Commentary*, pp. 362f.;

407) Keil and Delitzsch, 위와 같은 책, p. 491; Kaiser, Jr. 위와 같은 책, p.362.

[27절-35절]

바로의 죄의 고백과 다시 깨뜨린 약속

27. 바로가 사람을 보내어 모세와 아론을 불러 그들에게 이르되 이번은
내가 범죄하였노라 여호와는 의로우시고 나와 나의 백성은 악하도다.
28. 여호와께 구하여 이 뇌성[1]과 우박을 그만 그치게 하라 내가 너희를
보내리니 너희가 다시는 머물지 아니하리라. 29. 모세가 그에게 이르되
내가 성에서 나가자 곧 내 손을 여호와를 향하여 펴리니 그리하면 뇌성
이 그치고 우박이 다시 있지 않을지라 세상이 여호와께 속한 줄을 왕이
알리이다. 30. 그러나 왕과 왕의 신하들이 여호와 하나님을 아직도 두려
워 아니할 줄을 내가 아나이다. 31. 때에 보리는 이삭이 나왔고 삼은 꽃
이 피었으므로 삼과 보리가 상하였으나, 32. 그러나 밀과 나맥은 자라지
아니한고로[2] 상하지 아니하였더라. 33. 모세가 바로를 떠나 성에서 나가
서 여호와를 향하여 손을 펴매 뇌성과 우박이 그치고 비가 땅에 내리지
아니하니라. 34. 바로가 비와 우박과 뇌성의 그친 것을 볼 때에 다시 범
죄하여 마음을 완강케 하니 그와 그 신하가 일반이라. 35. 바로의 마음이
강퍅하여 이스라엘 자손을 보내지 아니하였으니 여호와께서 모세에게
말씀하심과 같더라.

1. 본문의 원전 설명

28절: [1] "이 뇌성." 이 단어의 히브리어 원문성경의 대응어는 "콜로트 엘로힘"(קֹלֹת אֱלֹהִים) 으로서 문자적인 번역은 "하나님의 소리" 이다. 앞서 23절의 본문 원전 설명에서 "뇌성" 이 구약에서 그리고 다른 고대 근동 문헌에서 '신의 소리' 로 표현됨을 지적했다.

32절: [2] "자라지 아니한고로." 이 문구는 히브리어 원문성경에서는 한 단어 "아피로트"(אֲפִילֹת)로 표현되었다. 이 단어는 형용사로서 "감추어 있는" , 혹은 "숨어있는" 등을 의미한다. 그러므로 밀이나 나맥의 순이 아직 땅위로 완전히 올라오지 않고 땅속에 감추어져 있음을 가리킨다.

2. 본문 내용 개요

일곱 번째 재앙인 우박이 너무 혹독하므로 바로는 자기의 잘못을 고백하며 여호와께 우박 재앙을 그치게 기도해 달라 하고 이스라엘 백성을 보내줄 것을 약속하지만, 기도하여 우박 재앙을 멈추게 하자 바로는 다시 약속을 깨뜨림.

3. 주석

27절에서 바로가 하나님은 의로우시며 "내가 범죄 하였노라" 고 말한 것을 볼 때, 일곱 번째 재앙은 여섯 번째 재앙보다 바로에게 더 무서운 위협적인 것이었음을 알 수 있다. 그러나 바로가 "이번은" 이라고 말하는 제한된 자기의 잘못 인정은 아직도 마음 속 깊이 순수한 죄의 고백을 하는 것이 아니라 뇌성과 불과 우박에 의해 나타난 하나님의 무서운 능력을 보고 놀라서 하는 고백이라는 것을 보여 준다.[408] 그가 참된 회개를 했다면 이번 일곱 번째 재앙 때뿐만 아니라 여태까지의 그의 강팍함과 패역한 태도를 고백했을 것이다.

28절은 바로가 앞서 8:28에서처럼, 모세가 여호와께 기도하여 우박의 재앙을 그치게 하면 이스라엘 백성 보낼 것을 약속한다. 그러나 모세는 이런 바로의 약속이 거짓된 것을 알고 있었다. 그가 아직 참된 회개도 하지 않았고(27절), 여호와를 경외하지도 않기 때문이다

408) Keil and Delitzsch, *Biblical Commentary on the Old Testament.* vol. 1, *The Pentateuch*, p. 492.

(30절).

29절의 "내 손을 여호와를 향하여 펴리니." 이 구절은 기도의 자세를 표현한 것으로서 모세가 하나님께 기도할 것을 가리킨다. 이스라엘 사람들은 하나님께 간구하고 호소하면서 손을 펴고 기도한다. 이사야서를 보면 악한 자들이 하나님에게 손을 펴서 기도할지라도 하나님은 눈을 감아 버리고 그들의 기도를 들어주시지 않겠다고 하신다(1:15).

모세는 29절 후반절에서 바로가 요구한대로 우박과 뇌성이 멈추게 할 것이라 한다. 그가 그렇게 멈추게 하는 것은 바로가 세상이 여호와께 속한 줄을 알도록 하기 위해서라고 말한다. 이 목적을 분명히 밝히기 위해서 'לְמַעַן' (…하기 위해서)이라는 전치사를 쓴다. 그런데 이 의미가 한글 개역 성경에는 분명히 나타나지 않았다.

31-32절에서 이삭이 나온 보리와 꽃이 핀 삼은 우박으로 꺾어졌으나 아직 순들이 땅속에서 완전히 올라오지 않은 밀과 나맥은 상처를 받지 않았다고 한다. 보리는 값이 싼 빵을 만드는데 사용되었는데 이 보리 빵은 가난한 사람이나 노예들이 주로 먹었다. 보리는 8월에 심어 다음해 6월에 수확했다. 삼은 이집트에서 옷을 만드는 중요한 식물이다. 삼은 1월초에 심으면 3주 후쯤 꽃이 피므로 우박 재앙이 2월초나 중순쯤 떨어졌다면 보리나 삼은 치명적인 상처를 입었을 것이다.[409]

밀은 이집트에서 가장 좋은 빵을 만드는 재료였고, 나맥은 히브리어 원문으로 "쿠스세메트"(כֻּסֶּמֶת)로서 영어로 스펠트(spelt) 밀을 가리킨다. 이 스펠트 밀도 이집트나 가나안 지역에서 빵을 만드는 재료

---

409) Cassuto, *A Commentary on the Book of Exodus*, pp. 121f.; Kaiser Jr., *Exodus, The Expositor's Bible Commentary*, pp. 362f.

였다. 밀과 스펠트 밀은 보리처럼 8월에 심지만 그 수확이 보리보다 1개월 정도 늦게 3월말쯤 되므로 2월초나 중순경에 우박이 떨어졌으면 아직 순들이 완전히 땅위로 올라오지 않아 별 상처가 없고 조금씩 올라온 순들이라도 가볍게 다쳐 곧 소생할 수 있었을 것으로 생각 된다.[410)]

33-35절에 의하면 일곱 번째 재앙인 우박도 바로의 마음을 바꾸지 못했다. 33절에서 모세가 여호와를 향해 손을 펴매 뇌성과 우박이 그치고 비도 내리지 않았다고 한다. 즉 모세는 손을 펴서 여호와께 기도했다. 이 중보기도 후 재앙이 멈추자마자 바로와 그의 종은 다시 그들의 마음을 강퍅하게 하며 하나님의 명령을 거역했다. 바로는 지금까지 세 번이나 그의 약속을 파기했다. ① 둘째 개구리 재앙 후(출 8:8-15), ②넷째 파리 재앙 후(출 8:28-32), ③ 일곱 번째 우박 재앙 후(출 9:28-35). 이렇게 자기가 약속을 거리낌 없이 파기하는 것이 죄인들이 행하는 공통된 모습중의 하나이다. 하나님의 자녀들은 이러한 행동을 결코 본받아서는 안 된다.

4. 설교 및 교훈 자료

33-35절: 모세의 중보의 기도로 재앙을 멈추신 하나님의 자비

하나님께서는 바로가 아직 순순히 회개하지 않은 것을 아시면서도 모세의 중보기도를 들어서 그 재앙을 멈추어 주셨다. 여기서 우리는 하나님의 자비를 다시금 체험한다. 회개하기를 기다리시면서 참고 그들에게 자비를 보여주신다.

---

410) Cassuto, 상게서, pp. 121f.; Kaiser Jr., 상게서, pp. 362f.

우리들은 바로에게서 머리로는 하나님을 알고 고백하지만 마음으로는 하나님을 믿지 않는 어리석은 모습을 보게 된다. 하나님을 믿는 우리가 바로와 같이 어리석은 행동을 해서는 안 된다고 말하면서 혹시 우리 자신이 그와 같이 행동하는 일은 없는가? 우리들이 지금 바로같이 잘못을 하고 있다면, 그 잘못된 습관과 버릇을 내어놓고 기도하는 가운데 성령의 힘으로 그것들을 바로잡을 수 있기를 바란다.

[출애굽기 10장]

[1절-6절]

여덟 번째 재앙- 메뚜기

1. 여호와께서 모세에게 이르시되 바로에게로 들어가라 내가 그의 마음과 그 신하들의 마음을 완강케 함은 나의 표징을 그들 중에[1] 보이기 위함이며, 2. 너로 내가 애굽에서 행한 일들 곧 내가 그 가운데서 행한 표징[2]을 네 아들과 네 자손의 귀에 전하게 하려 함이라 너희가 나를 여호와인 줄 알리라. 3. 모세와 아론이 바로에게 들어가서 그에게 이르되 히브리 사람의 하나님 여호와께서 말씀하시기를 네가 어느 때까지 내 앞에 겸비치 아니하겠느냐 내 백성을 보내라 그들이 나를 섬길 것이라. 4. 네가 만일 내 백성 보내기를 거절하면 내일 내가 메뚜기로 네 경내에 들어가게 하리니. 5. 메뚜기가[3] 지면을 덮어서 사람이 땅을 볼 수 없을 것이라 메뚜기가 네게 남은 그것 곧 우박을 면하고 남은 것을 먹으며 들에 너를 위하여 자라는 모든 나무를 먹을 것이며, 6. 또 네 집들과 네 모든 신하의 집들과 모든 애굽 사람의 집들에 가득하리니 이는 네 아비와 네 조상이 세상에 있어 옴으로 오늘까지 보지 못하였던 것이리라 하셨다 하고 돌이켜 바로에게서 나오니.

1. 본문의 원전 설명

1절: [1] "그들 중에." 이 단어는 히브리어 원문성경에서는 단수로 "그 중에"(בְּקִרְבּוֹ)인데 70인역, 시리아역, 탐굼 옹켈로스역 등은 복수로 되어 있다.

2절: [2] "표징." 이 단어는 히브리어 원문에서는 1인칭 어미를 가졌고 복수이다. 즉, "나의 표징들"이다. 이 1인칭의 어미는 표징들이 하나님 자신이 행하는 표징들임을 강조해 주고 있다.

5절: [3] "메뚜기가." 이 단어는 히브리어 원문성경에는 없지만 문맥에서 그 뜻을 분명하게 하기 위해 삽입된 것이다. 히브리어 원문성경에는 대명사 "그것"(it)으로 되어 있다.

2. 본문 내용 개요

여호와께서 바로와 그의 신하들의 마음을 완강하게 하는 목적을 말하며 바로가 여전히 이스라엘 백성들 보내기를 거절하면 오늘까지 보지 못했던 메뚜기 재앙이 이집트 사람들 위에 임할 것을 예언한다.

3. 주석

1절의 " … 내가 그의 마음과 그 신하들의 마음을 완강케 함은…." 이라는 말씀은 하나님께서 바로나 그의 신하들의 마음이 선한데 완강하게 만들었다는 뜻이 아니라, 그들이 하나님의 말씀을 거역하고 마음을 완강하게 하므로 그렇게 되도록 내어 버려두셨다는 뜻이다. 이것은 이미 앞서 지적하였다. 하나님은 결코 선한 자를 악한 자로 만들지 않는다.

2절에서 다시 한번 하나님께서 많은 이적들을 행하신 이유를 말씀한다. 그것은 표징을 자손의 귀에 전하여 그들이 표징을 행한 분이 여호와인줄 알게 하기 위함이다. 앞서 9:16절에서 하나님이 많은 이적을 행하심은 ① 하나님의 능력을 보이고, ② 하나님의 이름이 온 천하에 전파되도록 하기 위함이라고 했다. 그런데 여기서 다시 한 번 하나님께서 많은 이적들을 행하신 이유를 말씀하고 있다. 곧 교육적인 목적에서 자손들에게 하나님의 능력의 이적들을 말하여 하나님이 여호와이신 것을 알게 하기 위해서이다. 그리고 하나님은 그의 약속을 성취시키는 구원의 하나님이심을 깨닫도록 하신 것이다.

하나님께서는 기적을 언제나 행하시는 것이 아니다. 그는 이적을 한번 행하심으로써 여러 시대에 걸쳐 유익을 주기 원하셨다. 그러므로 위의 성경에 기록된 기적이 '나'를 위한 것이라고 생각해야한다. 우리는 다른 기적들보다도 성경에 기록된 기적을 인하여 하나님의 살아계심을 깨달아야한다.[411] 그리고 2절에서 모세가 "너"로 불려지는 것은 이스라엘의 대표자로서 그렇게 불려지며, 모세 이외의 다른 이스라엘 사람들도 여호와의 놀라운 이적들을 후손들에게 말하여 여호와가 능력의 하나님이심을 전파하도록 여호와께서 이적들을 행하신 것이다.

3절에서 모세는 바로직전의 재앙인 우박이 내렸을 때 "내가 범죄하였노라, 여호와는 의로우시고 나와 나의 백성은 악하도다(9:27)"고 자백했다. 그러나 그가 그때 범죄 했던 교만한 죄, 즉 하나님의 뜻보다 자기의 생각을 끝까지 완강히 고집하는 교만 죄를 지금도 여전히 행하고 있다. 우리가 하나님의 말씀을 순종하지 않는 것은 곧 교만 죄임을 알아야한다. 우리가 부지불식간에 하나님의 뜻을 범할 때가 있을 때 하나님 앞에서 겸비(자기 몸을 겸손하게 낮춤)한 자세를 갖추도록 노력하자.

4절은 지금 바로의 겸비치 않은 일이 무엇인가를 가르쳐준다. 곧, 그가 겸비치 않은 구체적인 행동은 이스라엘 백성을 보내지 않고 그들이 하나님을 섬기도록 하지 않은 일이다.

5-6절은 여덟 번째의 재앙이 무엇이 될 것 인가를 보여준다.

1) 메뚜기가 땅위를 덮어서 사람들이 땅을 볼 수 없을 것이다.

---

411) 박윤선, *성경주석, 출애굽기*, pp. 76f.

2) 메뚜기가 우박재앙을 면하고 남아있는 것을 먹으며

3) 들에 있는 바로와 그의 백성들을 위해서 자라는 모든 나무를 갉아 먹을 것이다.

4) 메뚜기 떼가 바로의 집과 그의 신하의 집들과 이집트 사람들의 집들에 가득할 것이다.

여기서 강조 되고 있는 재앙은 크게 세 가지이다.

첫째는 메뚜기 떼들이 모든 푸른 것을 다 먹어버릴 것이라는 것.

둘째는 그 재앙의 무서운 특징이 되는 것으로써 온 땅을 실제로 보이지 않도록 메뚜기 떼들이 덮어버릴 것이라는 것이다. 이렇게 엄청난 수의 메뚜기 떼를 보았을 때 인간들은 무서워 소름이 끼쳤을 것이라고 생각된다.

셋째로 이집트의 모든 백성들 집에 메뚜기 떼가 가득 찰 것이라는 것이다. 이 메뚜기 떼들은 이집트 사람들의 조상들이 이 땅에 존재한 이후 한 번도 보지 못했던 엄청난 재앙임을 가리켜준다.

4. 설교 및 교훈 자료

1절: 바로와 그 신하들의 완악한 마음

인간의 나쁜 습성 가운데 하나는 하나님의 권능과 은혜를 인정하려 하지 않는다는 것이다. 그러므로 우리는 사람들로 하여금 하나님의 권능과 은혜를 인정하고 기억하도록 가르치고 권고하여 하나님의 권능과 사랑을 계속적으로 자각하며 감사하도록 도와야 한다.

[7절-11절]

바로가 모세와 아론과의 협상에서 실패함

7. 바로의 신하들이 그에게 고하되 어느 때까지 이 사람이 우리의 함정이 되리이까 그 사람들을 보내어 그 하나님 여호와를 섬기게하소서 왕은 아직도 애굽이 망한 줄을 알지 못하시나이까 하고, 8. 모세와 아론을 바로에게로 다시 데려오니 바로가 그들에게 이르되 가서 너희 하나님 여호와를 섬기라 갈 자는 누구 누구뇨. 9. 모세가 가로되 우리가 여호와 앞에 절기를 지킬 것인즉 우리가 남녀 노소와 우양을 데리고 가겠나이다.[1] 10. 바로가 그들에게 이르되 내가 너희와 너희 어린 것들을 보내면 여호와를 너희와 함께하게 함과 일반이니라 삼갈지어다 너희 경영이 악하니라. 11. 그는 불가하니 너희 남정만 가서 여호와를 섬기라 이것이 너희의 구하는 바니라 이에 그들이 바로 앞에서 쫓겨나니라[2].

1. 본문의 원전 설명

9절: 1 "우리가 남녀노소와 우양을 데리고 가겠나이다"는 히브리어 원문을 따라 보다 명확히 번역하면 "우리가 우리의 젊은이들과 우리의 늙은이들과 함께 갈 것이며 우리의 아들들과 우리의 딸들과 우리의 양들과 우리의 가축들과 함께 갈 것입니다."

11절: 2 "그들이 바로 앞에서 쫓겨나니라." 이 구절은 히브리어 원문성경에 따라 직역하면 "그가 그들을 바로 앞에서 쫓아 내니라" 이다. 이 문장의 주어 "그"를 사마리아 오경, 70인역, 수리아역은 복수 "그들"로 읽는다. 문맥상 복수 주어가 합당한 것으로 보인다. 왜냐하면 문맥에서 단수로 주어가 될 때 "그"가 누구인지 확실치 않고 복수 "그들"로 읽을 때 바로(Pharaoh)왕 앞에 있던 그의 신하들을 가리킨 것으로 충분히 이해할 수 있기 때문이다.

2. 본문 내용 개요

바로 왕이 신하들의 권유에 따라 모세와 아론을 만나지만 이스라엘 백성의 남녀노소와 우양을 데리고 가서 여호와 앞에 절기를 지키게 해달라는 그들의 요구를 거절하고 다만 남자만 가서 여호와를 섬기라면서 그들을 왕 자기 앞에서 쫓아내 버렸다.

3. 주석

7절은 이미 6절에서 말한 대로, 이집트 사람이 이 땅에 살아온 이후로 한 번도 보지 못한 재앙일 것이라는 모세의 말에 놀란 바로의 신하들이 바로에게 건의하는 말이 기록되어있다. 이 신하들은 모세가 그들에게 '모케쉬(מוֹקֵשׁ)' 라 했는데 '모케쉬(מוֹקֵשׁ)' 는 올가미(① 새끼줄이나 노끈 따위로 고를 맺어 짐승을 잡는 장치, ② 사람이 걸려들게 꾸민 깜찍한 꾀), 덫(짐승을 꾀어 잡는 기구), 함정(① 짐승을 잡고자 파놓은 구덩이, ② 빠져 나올 수 없는 구덩이의 비유)을 가리킨다. 즉 자기들을 죽이려고 꾀를 내는 올가미나, 덫 같은 사람으로 생각한 것이다. 이것은 어리석은 인간들이 내린 판단이다. 실제로 모세가 그들에게 요구한 것은 이스라엘 백성이 누구인가를 알고 그의 요구를 듣고 순종하여 축복받기를 원한다. 지금도 우리 주위에서 예수를 믿지 않는 사람들 중에 자기 가족 중에 누군가 예수를 믿으면 그 사람이 자기 집안을 망하게 한다고 그를 핍박하고 욕하는 사람들이 있다. 그러나 실제로는 그 사람을 통해서 그 가정이 복을 받는 것이다.

"애굽이 망한 줄을 알지 못하시나이까?" 여기서 바로의 신하들은 이미 이집트의 형편을 망해있는 것으로 표현한다. 짐승들이 악질로 죽고, 독종으로 죽었으며, 그리고 우박으로 들에서 자라난 모든 채소, 나무, 짐승들이 죽었다. 이집트는 정말 황폐하여 망한 것과 같았다.

그러나 아직도 이러한 위기의 상황을 파악하지 못하고 강퍅한 바로는 자기의 자존심만을 내세운다. 그래서 나라는 더욱 고통과 파멸에 처하게 된 것이다. 이런 왕은 있어서는 안 될 사람이었다. 우리들도 우리나라에 이러한 지도자가 없기를 위해서 기도해야한다. 우리는 하나님을 알고, 믿는 자가 이 나라의 통치자가 되도록 기도해야한다. 만일 그렇게 되면 우리 민족은 큰 복을 받게 될 것이다.

9절 "… 우리가 여호와 앞에 절기를 지킬 것인즉 우리가 남녀노소와 우양을 데리고 가겠나이다." 이 구절을 통해 모세는 여호와 앞에서 축제를 거행 할 것이기 때문에 이스라엘 백성의 모든 가족과 양과 소를 다 가져갈 것이라 한다. 아직 모세는 이스라엘 백성이 이집트를 떠나 다시는 돌아오지 않을 것이라고 말하지 않았다. 그러나 이런 의도가 그의 말 가운데 충분히 표현된 것이다. 바로도 이것을 잘 이해한 것으로 보인다. 그렇지만 바로도 그것을 공공연히 드러내놓고 반문하며 따지지 않는다. 모세와 바로의 이런 대화는 일종의 외교적 흥정처럼 자기의 진짜 목적을 밝히지 않고 감추며 말한다. 그러나 서로들 상대방의 마음속에 어떤 생각을 하고 있는지 충분히 알아차리고 있다.[412] 위의 구절에서 보여준 모세의 바로에 대한 태도나 말은 세상의 왕이나 권세를 두려워하지 않은 하나님의 종의 담대함과 강직함을 나타낸다. 모세는 바로와 타협하지 않고 하나님께 예배드리는데 모든 백성과 그들의 재물까지 다 가져가서 하나님께서 원하시는 것을 드려야함을 강조해 주고 있다.

10절의 바로의 말 "… 내가 너희와 너희 어린 것들을 보내면 여호와를 너희와 함께하게 함과 일반 이니라…." 이 구절을 히브리어 원

412) Cassuto, *A Commentary on the Book of Exodus*, p. 125.

문성경에 따라 다시 직역하면, "… 내가 너희와 너희 어린 것들을 보내면, 이와 같이 여호와께서 너희와 함께하기를 빈다…." 이다.[413)]

바로의 이 말은 조소적으로 표현한 것으로서 그의 실제 의도와는 정반대로 표현한 말이다.[414)] 바로가 진짜 여호와께서 그들과 함께 하시며 도와주기를 원하는 것이 아니다. 바로 이런 의도가 11절에서 분명히 나타난다. "그런 일은 불가하다" 고 바로는 말한다.

이러한 바로의 태도는 모세나 아론만이 아니라 하나님을 멸시하는 태도이다. 바로는 이런 경멸의 말을 한 후에 모세와 아론에게 이르기를 그들의 생각이 악하다고 말한다. 왜냐하면 그들이 바로를 섬기는 백성을 이끌고 나가 출애굽 시키려하기 때문이다.

11절에서 쓰여진 "그는 불가하니". 이 구절을 문맥의 흐름에 맞게 다시 번역하면 "그렇게 될 수 없다" 이다. 즉, 바로는 모세와 아론이 원하는대로 허락할 수 없다는 것이다. 단지 남자들만 가서 여호와께 예배드리라고 한다. 그리고 여자들과 아이들과 우양들은 그들과 같이 갈 수 없다고 바로는 말하며 그들을 내어 좇았다.

여기서 남자만 가서 여호와께 예배하라는 바로의 말은 자기에게 화를 자초하는 어리석은 말이다. 왜냐하면 바로는 이 말 때문에 더 큰 재앙을 받게 될 것이고, 이집트 사람들도 헤로도투스(Herodotus, 2.60)에 의하면 종교적 제사를 열 때 여인들이 남자들과 동반해서 참여했음을 가르쳐주기 때문이다.

---

413) 참고, NASB 번역

414) 참고, Keil and Delitzsch, *Biblical Commentary on the Old Testament*, vol. 1, *the Pentateuch*, p. 495; Gispen, *Bible Student's Commentary, Exodus*, p. 106.

[12절-15절]

예고된 메뚜기 재앙이 내림

12. 여호와께서 모세에게 이르시되 네 손을 애굽 땅 위에 들어 메뚜기로
애굽 땅에 올라와서 우박에 상하지 아니한 밭의 모든 채소 를 먹게 하라.
13. 모세가 애굽 땅 위에[1] 그 지팡이를 들매 여호와께서 동풍을 일으켜
온 낮과 온 밤에 불게 하시니 아침에 미쳐 동풍이 메뚜기를 불어 들인지
라. 14. 메뚜기가 애굽 온 땅에 이르러 그 사방에 내리매 그 해가 심하니
이런 메뚜기는 전에도 없었고 후에도 없을러라. 15. 메뚜기가 온 지면에
덮여 날으매 땅이 어둡게 되었고 메뚜기가 우박에 상하지 아니한 밭의
채소와 나무 열매를 다 먹었으므로 애굽 전경에 나무나 밭의 채소나 푸
른 것은 남지 아니하였더라.

1. 본문의 원전 설명

13절: [1] "애굽 땅 위에." 이문구가 헬라어 70인역에서는 "하늘을 향해"로 되어있다. 이 두 문구가 다 문맥에서 잘 어울리지만, 다른 번역들이 히브리어 원어 성경에 일치되게 번역하고 있으므로 히브리어 원문성경이 원래의 본문인 것으로 판단된다.

2. 본문 내용 개요

여덟 번째 재앙인 메뚜기 재앙이 이집트의 온 땅에 이르러 우박재앙으로부터 남은 밭의 채소와 나무 열매를 다 먹어 이집트 전역에 푸른 것은 남지 않았다.

3. 주석

13절은 여호와께서 모세에게 명령하여 손을 들어 이집트 땅에 메뚜기들이 몰려오게 했다. 모세가 그의 지팡이를 이집트 땅위에 들었을 때 곧 메뚜기가 온 것이 아니라, 온 낮과 밤 동안 동풍이 불어서 메뚜기 떼를 물고 온 것이다. 그리하여 메뚜기 떼가 도착한 것은 막상 그 다음 날 아침이었다. 하나님이 동풍을 온 낮과 밤 동안 불게 하여서 메뚜기 떼를 데려왔다고 하는데 이것은 아주 먼 곳에서 메뚜기 떼를 데려왔다는 것을 의미한다. 그러므로 여호와는 이집트 땅만 지배하시는 하나님이 아니라 이집트에서 멀리 떨어진 땅도 통치하시는 온 우주의 하나님이심을 보여준다.

14절에서 메뚜기 재앙은 이집트 지역 특유의 재앙이지만[415] 출애굽 때의 재앙은 보통 때와는 비교가 되지 않는 엄청난 재앙이었음을 말한다. 카이저(Walter C. Kaiser, Jr.)에 의하면 메뚜기들은 9월에 알을 낳고 겨울동안 알을 부화한 후 2월이나 3월에는 이동할 준비가 완료된다고 한다.[416] 하나님께서 이 메뚜기들이 동풍의 뜨거운 바람에 의해 이집트에 몰려오게 하신 것이다.

15절은 메뚜기재앙의 상황을 다음 세 가지로 요약해 설명해준다: ① 메뚜기가 온 지면에 덮여 날으매 땅이 어두웠고, ② 메뚜기가 우박에 상하지 않은 밭의 채소와 나무열매를 다 먹었으며, ③ 이집트의 전역에 나무와 밭의 채소와 푸른 것은 남지 아니하였다.

[16절-20절]

바로를 위한 모세의 중보기도

16. 바로가 모세와 아론을 급히 불러서 이르되 내가 너희 하나님 여호와

---

415) 참고, Cassuto, *A Commentary on the Book of Exodus*, p. 127.

416) Kaiser Jr., *Exodus, The Expositor's Bible Commentary*, p. 366.

와 너희에게 득죄하였으니, 17. 청컨대 나의 죄를 이번만 용서하고 너희 하나님 여호와께 구하여 이 죽음만을 내게서 떠나게 하라. 18. 그가 바로에게서 나가서 여호와께[1] 구하매, 19. 여호와께서 돌이켜 강렬한 서풍이[2] 불게 하사 메뚜기를 홍해에 몰아넣으시니 애굽 온 지경에 메뚜기가 하나도 남지 아니하니라. 20. 그러나 여호와께서 바로의 마음을 강퍅케 하셨으므로 이스라엘 자손을 보내지 아니하였더라.

1. 본문의 원전 설명

18절: [1] "여호와." 이 단어가 헬라어 70인역에서는 "하나님" (θεου)으로 되어있다.

19절: [2] "서풍" (西風). 이 단어는 히브리어 원문 성경에 따라 직역하면 "바다 바람" 이다. 지중해 바다가 있는 곳이 이스라엘 땅의 서쪽이므로 한글 개역성경에는 의역하여 서풍이라 번역했다. 그러나 모세가 있는 이집트 나라의 서쪽은 바다가 아니고 리비아와 사막의 땅들을 의미함으로 여기서는 히브리어 원문대로 "바다 바람" 으로 번역하는 것이 옳다.

2. 본문 내용 개요

바로가 자기의 죄를 용서하고 하나님께 기도하여 죽음을 면하게 해주실 것을 간구하매 모세가 하나님께 구하므로 하나님께서 서풍(바다 바람)을 불게 하여 메뚜기 떼를 홍해에 몰아넣어 죽게 함.

3. 주석

16-17절에 의하면, 바로는 이 엄청난 메뚜기 떼의 재앙을 보고 몹

시 놀라고 무서워했던 것으로 보인다. 그리하여 황급히 모세와 아론을 불러왔다. 16-17절에서 바로의 죄고백은 전보다는 좀 더 진지해진 것으로 보인다. 출애굽기 9:27에서는 '이번은 내가 범죄 하였노라' 고 말을 하면서 자기의 죄를 충분히 인정하지 않는 태도였다. 그러나 여기 16-17절에서는 그런 말이 없다. 바로는 그의 죄를 이번만 용서해 달라고 하면서 재앙을 없애도록 중보의 기도를 해달라고 요청한다. 그러나 바로는 아직도 그의 고백 속에서 이스라엘 백성을 보내겠다는 말을 하고 있지 않다. 바로가 흥미롭게도 메뚜기 재앙을 17절에서 '죽음' 이라 부른다. 그 이유는 이 재앙이 죽음과 파괴를 전 이집트에 가져왔음을 알기 때문이다.

18절 "그가 바로에게서 나가서 여호와께 구하매". 모세는 바로의 중보기도 요청에 더 이상 말하지 않았다. 아마 모세는 바로에게 대답할 가치가 없었다고 생각한 것 같다. 칼빈은 모세가 하나님께 기도하기위해 바로 앞을 떠난 것은 "바로가 하나님의 거룩한 이름이 그의 앞에서 불러질만한 가치가 없었기 때문이다"고 말한다.[417]

19절에서 하나님은 모세의 기도를 들으시고 서풍, 즉 지중해로부터의 바람이 불게 하여 메뚜기를 홍해에 몰아넣으시고 이집트 전 지역에 메뚜기가 하나도 남지 않게 하셨다. 이렇게 한 마리의 메뚜기도 남지 않게 하셨다는 것은 하나님의 기적적인 능력을 강조해 주고 있다. 또한 모세의 기도를 즉시 들어주신 여호와 하나님은 강퍅한 하나님과는 대조적으로 오래 참으시는 자비의 하나님이심을 보여준다.

20절 "그러나 여호와께서 바로의 마음을 강퍅케 하셨으므로 이스

---

417) *Commentaries on the Four Last Books of Moses Arranged in the Form of A Harmony by John Calvin*, vol. 1, p. 204.

라엘 자손을 보내지 아니하였더라". 바로는 메뚜기들이 없어지자 그가 약속했던 말을 지키지 않았다. 그는 다시 마음을 강퍅하게 하고 이스라엘 자손을 보내지 않았다. 여기서 바로는 그 자신이 고집불통의 사람임을 다시 증명한 것이다. 이런 사람의 종말에는 하나님의 무서운 진노의 채찍이 기다리고 있다.

4.설교 및 교훈 자료

20절: 바로의 강퍅함

바로의 마음이 또 바뀌어 진 것을 볼 때, 회개의 진위를 가려내는 것은 우리의 느낌이나, 회개하는 사람의 확신의 말이나, 외적으로 진지한 맹세를 하는 태도에 의해서 알 수 있는 것이 아니라 회개의 고백이 있은 후 생활 속에서 나온 열매에 의해서 알 수 있다. 그러므로 세례요한은 죄를 자복하고 세례에 합당한 열매를 맺으라고 말한다(마 3:8).

[21절-23절]

아홉 번째 재앙- 흑암 재앙

21. 여호와께서 모세에게 이르시되 하늘을 향하여 네 손을 들어서 애굽 땅위에 흑암이 있게 하라 곧 더듬을 만한 흑암이리라. 22. 모세가 하늘을 향하여 손을 들매 캄캄한 흑암이 삼일 동안 애굽 온 땅에 있어서, 23. 그 동안은 사람 사람이 서로 볼 수 없으며 자기 처소에서[1] 일어나는 자가 없으되 이스라엘 자손의 거하는 곳에는 광명이 있었더라.

1. 본문의 원전 설명

23절: 1 "자기처소에서." 이 문구는 히브리어 원문성경대로 직역하면 "그것 밑에서" 이다. 이 히브리어 원문의 뜻은 '흑암의 영향아래서' 이다.

2. 본문 내용 개요

아홉 번째 재앙인 흑암이 삼일동안 이집트 사람들이 사는 온 땅에 있어서 사람들이 서로 볼 수 없고 자기 처소에서 일어나 활동하기가 어려웠다.

3. 주석

22절의 "캄캄한 흑암" 이 일어난 원인이 설명되지 않았는데, 카일과 델리취(Keil and Delitzsch)는 추측하기를 이집트에서 춘분(봄에 낮과 밤의 길이가 같은 날)을 전후하여 2,3일 동안 바람이 갑자기 불어 먼지와 모래를 일으켜 하늘을 덮어 캄캄하게 되는 일이 있는데 아마 그러한 재앙이었을 것이라고 생각한다. 이때 강풍을 피하기 위해 사람이나 동물이 집에 있고, 도시나 시골 사람들이 방안에 가만히 앉아 있고 그것이 지날 때까지 밖에 나오지 않는다고 한다.[418] 그러나 본문에 보면 카일과 델리취(Keil and Delitzsch)가 이해한 것처럼 먼지나 모래로 생긴 흑암이 아니라 초자연적인 하나님의 역사에 의해 생긴 재앙으로 보인다. 계시록에서도 이와 같은 재앙을 하나님께서 천사를 보내 적그리스도의 나라에 임하게 할 것을 말씀 한다: "또 다섯째

418) Keil and Delitzsch, *Biblical Commentary on the Old Testament*, vol. 1, *the Pentateuch*, pp. 497f.

가 그 대접을 짐승의 보좌에 쏟으니 그 나라가 곧 어두워지며 … (계 16:10)."

23절 "그동안은 사람이 서로 볼 수 없으며 자기 처소에서 일어나는 자가 없으되…". 이 구절을 반드시 문자적으로 이해할 필요는 없다. 왜냐하면 바로도 움직여 모세를 불러 이야기했기 때문이다. 아마 등불을 켜서 거동할 수 있었으나 등불 없이는 아무것도 볼 수 없었음을 강조해서 표현 한 것으로 생각된다.

24절의 "이스라엘 자손이 거하는 곳에는 광명이 있었더라."는 말씀은 이집트 사람들이 사는 곳에는 깊은 흑암이 있고 이스라엘 사람들이 사는 곳에는 광명이 있었음을 말한다. 이것은 하나님의 진노를 받는 곳과 은혜를 받는 곳의 서로 다는 상태를 보여 준다. 실제 삶에 있어서도 우리 성도의 마음에 늘 광명이 넘치기를 기원한다. 세상의 믿지 않는 자에게는 칠흑같은 어두움이 있을지라도 말이다. 왜냐하면 빛 되신 하나님이 우리와 함께하시며 그리고 우리의 인도자가 되시기 때문이다.

4. 설교 및 교훈 자료

21-23절:흑암의 재앙.

과거 이집트 사람뿐만이 아니라, 오늘 우리에게도 이러한 암흑이 있다. 실제 삶에 있어서 하나님의 뜻대로 살지 않고, 하나님의 명령과 규례를 지켜 행하지 않는 자에게 신명기 28:29말씀은 다음과 같이 말씀한다. "소경이 어두운데서 더듬는 것과 같이 네가 백주에도 더듬고 네 길이 형통치 못하며, 항상 압제와 노략을 당할 뿐이니 너를 구원할 자가 없을 것이라(신 28:29)" 고 한다. 하나님의 말씀을 거역하며 사는 자의 삶은 암흑 가운데 사는 것과 같을 것임을 가르쳐 준다. 이런 악한 자들이 바쁘게 열심히 사는 것 같으나 실제에 있어서 무슨 행동을 어떻게 해야 할지, 어디로 가야 할지, 혹은 바른 길이 무엇인지 알지 못하고 앞이 캄캄하고 답답한 삶을 사는 것임을 뜻한다.

[24절-29절]

바로의 조건적인 제안과 이를 거절한 모세

24. 바로가 모세를[1] 불러서 이르되 너희는 가서 여호와를 섬기되 너희 양과 소는 머물러두고 너희 어린 것은 너희와 함께 갈지니라. 25. 모세가 가로되 왕이라도[2] 우리 하나님 여호와께 드릴 희생과 번제물을 우리에게 주어야 하겠고, 26. 우리의 생축도 우리와 함께 가고 한 마리도 남길 수 없으니 이는 우리가 그 중에서 취하여 우리 하나님 여호와를 섬길 것임이며 또 우리가 거기 이르기까지는 어떤 것으로 여호와를 섬길는지 알지 못함이니이다 하나, 27. 여호와께서 바로의 마음을 강퍅케 하셨으므로 그들을 보내기를 즐겨 아니하고, 28. 모세에게 이르되 너는 나를 떠나가고 스스로 삼가 다시 내 얼굴을 보지 말라 내 얼굴을 보는 날에는 죽으리라. 29. 모세가 가로되 왕의 말씀이 옳으니이다 내가 다시는 왕의 얼굴을 보지 아니하리이다.

1. 본문의 원전 설명

24절: [1] "모세를." 헬라어 70인역과 라틴어 벌게이트역은 "모세"에 "아론"을 더붙여 "모세와 아론을"로 되어있다.

25절: [2] "왕이라도." 히브리어 원문 성경에 따르면 "왕이라도"가 아니라 그냥 "당신도"이다.

2. 본문 내용 개요

바로는 모세에게 양과 소를 남겨둔다면 이스라엘 백성들이 떠날 수 있다는 조건을 제시한다. 그러나 모세는 이 제안을 거절하고 다시는 바로를 보지 않겠다고 한다.

3. 주석

24절에서 바로는 칠흑 같은 흑암을 보고서 모세를 불러서 이제는 어른과 아이들, 즉 사람들은 다 가도록 허락하지만 양과 소는 데려갈 수 없다고 한다. 이 허락은 앞서 10:11절에서 남자들만 가게 했던 것보다는 한 걸음 나은 제안이지만 아직도 하나님의 말씀에 완전히 복종치 않는 바로의 고집불통과 완악함을 보여준다.

25-26절은 앞서 24절에서 바로가 이스라엘의 자녀들을 가라고 말하면서 마치 크게 양보나 하는 듯이 말한 것에 대해, 모세는 25-26절에서 이스라엘 자녀들이 가는 것은 바로가 양보하거나 홍정하거나 협상 할 일도 아님을 시사한다. 모세는 바로가 이스라엘의 가축들을 떠나보내지 않고 유보하는 것을 묵인 하지 않을 뿐만 아니라, 더 나아가 바로 자신도 여호와께 바칠 희생과 번제물을 주어야 한다고 강하게 말한다. 이는 바로 자신도 하나님께 예배해야하는 존재임을 대담하게 지적해주는 말이다. 그러나 바로는 이러한 모세의 대답을 무례한 것으로 생각하고 모세를 내쫓았다.

29절 "…내가 다시는 왕의 얼굴을 보지 아니 하리이다". 바로 왕이 다시는 자기 얼굴을 보지 말라고 내쫓을 때 모세도 왕의 말대로 다시는 당신 얼굴을 보지 아니하리라고 하면서 나온다. 모세도 다시는 바로를 볼 필요가 없는 것으로 생각한 것 같다.

하나님께서는 지금까지 참고 참으셔서 아홉 번을 참으셨다. 하나님이 바로에게 무엇을 더해야 그가 겸비하며 하나님께 순종할까. 권고, 경고, 기적, 가벼운 재앙, 지독히 무서운 재앙을 다 행했다. 무엇을 하나님께서 더해야 그가 겸비해질 수 있다고 말할 수 있을까. 하나님은 참으실 만큼 참으셨고, 회개시키려고 많은 일들을 하셨다. 그러나 회개하고 하나님의 뜻에 순종하지 않는 그에게는 멸망밖에 다른 것이 있을 수 없다.

[출애굽기 11장]

[1절-3절]

마지막 재앙, 곧 열 번째 재앙을 예고함

1. 여호와께서 모세에게 이르시기를 내가 이제 한 가지 재앙을 바로와 애굽에 내린 후에야 그가 너희를 여기서 보낼지라 그가 너희를 보낼 때에는 여기서 정녕 다 쫓아 내리니, 2. 백성에게 말하여 남녀로 각기 이웃들에게 은금 패물[1]을 구하게 하라 하시더니, 3. 여호와께서 그 백성으로 애굽 사람의 은혜를 받게 하셨고[2] 또 그 사람 모세는 애굽 국에서 바로의 신하와 백성에게 심히 크게 되었더라.

1. 본문의 원전 설명

2절: [1] "은금 패물." 이 문구에 헬라어 70인역과 사마리아 오경은 "의복"이란 단어를 첨가하여 "은금 패물과 의복"이라 한다(참고, 출 3:22, 12:35).

3절: [2] "… 은혜를 받게 하셨고." 이 구절 다음에 헬라어 70인역과 사마리아 오경은 "그리하여 그들이 요구되는 것을 주었으며"란 구절이 첨가되고 있다. 이 첨가는 출 12:36과 일치함을 보여준다.

2. 본문 내용 개요

여호와가 모세에게 마지막 재앙인 열 번째 재앙을 내린 후에야 출애굽하게 될 것을 말씀하시며 이스라엘 백성은 이웃들에게 은금 패물을 달라고 하여 광야 여행을 준비하라고 하심.

3. 본문의 위치

출 11:4-8절은 카일과 델리취(Keil and Delitzsch)에 의하면 출 10:24-27에 기록된 모세와 바로의 마지막 면담 전에 주어진 여호와의 말씀이라고 생각한다. 이것이 출 11:4-8에서 분명히 나타난다고 한다. 즉 모세가 바로 앞을 떠나가기 전에 여호와께서 행하실 마지막 재앙을 바로에게 말했다는 내용이 이 사실을 가르쳐준다는 것이다.[419]

그러나 이것이(11:1-3) 11장에 기록된 것은 모세가 10:29에서 바로에게 "… 내가 다시는 왕의 얼굴을 보지 아니 하리이다" 고 말한 것을 확인시키기 위해서 여기에 기록되었다는 것이 카일과 델리취(Keil and Delitzsch)의 생각이다.

4. 주석

2절 " … 각기 이웃들에게 은금 패물을 구하게 하라 하시더니". 이스라엘은 과거에 이집트 사람들의 노예로서 정당한 보수 없이 일해왔다. 이스라엘 사람들이 받은 고난과 핍박과 착취는 돈으로 계산 할 수 없는 것이며 무엇으로 보상할 수 없는 것이다. 그렇지만 이제 이집트를 떠나는 그들에게 지나간 수백 년 동안 일했던 것에 대한 적은 보상으로서 이집트인들에게 은이나 금을 요구하도록 하신 것이다.

3절에서 모세가 바로의 신하들과 백성들에게 크게 보였다고 한다.

---

419) Keil and Delitzsch, *Biblical Commentary on the Old Testament*, vol. 1, *The Pentateuch*, , p. 499.

그것은,

① 하나님의 약속의 성취라고 할 수 있다. 하나님이 모세를 부르실 때 "내가 너를 바로에게 신이 되게 했다(출 7:1)고 했는데 그것이 백성들로부터 인정된 것이다.

② 모세는 큰 자의 영광을 구하지 않았으나 그가 하나님 앞에서 하나님의 뜻을 이루기위해서 최선을 다할 때 얻은 상급이다.

③ 사도 바울의 말씀처럼 선, 곧 하나님의 뜻을 따라 봉사할 때 우리에게 영광과 권위와 평강이 주어짐을 보여준다(롬 2:10).

[4절-8절]

마지막 재앙인 이집트의 모든 처음 난 것의 죽음을 경고함

4. 모세가 바로에게 이르되 여호와께서 이같이 말씀하시기를 밤중에 내가 애굽 가운데로 들어가리니, 5. 애굽 가운데 처음 난 것은 위에 앉은 바로의 장자로부터 맷돌 뒤에 있는 여종의 장자까지와 모든 생축의 처음 난 것이 죽을지라. 6. 애굽 전국에 전무후무한 큰 곡성이 있으리라. 7. 그러나 이스라엘 자손에게는 사람에게나 짐승에게나 개도 그 혀를 움직이지 않으리니 여호와가 애굽 사람과 이스라엘 사이에 구별하는 줄을[1] 너희가 알리라 하셨나니, 8. 왕의 이 모든 신하가 내게 내려와서 내게 절하며 이르기를 너와 너를 좇는 온 백성은 나가라 한 후에야 내가 나가리라 하고 심히 노하여 바로에게서 나오니라.

1. 본문의 원전 설명

7절: 1 "구별하는 줄을." 이 문구가 사마리아 오경에 의하면 "놀라운 일을 행하는 줄을"로 읽혀진다. 이 사마리아 오경의 문구를 따르면 7절은, "… 여호와가 애굽 사람과 이스라엘 사이에 놀라운 일을 행하는 줄을 알리라 하셨나이다" 이다. 그러나 문맥상 사마리아 오경을 따라야 할 이유가 없다. 70인 역과 벌게이트 역이 맛소라 사본과 같은

것을 볼 때, 아마 사마리아 오경의 기록자가 "יפלה"을 "יפלא"로, 즉 마지막 자음을 잘못 기록한 것 같다.

2. 본문 내용 개요

모세가 바로에게 마지막 재앙인 이집트의 모든 처음 난 것, 즉 사람으로부터 모든 생축의 처음 난 것이 죽게 될 것을 경고하고 심히 노하여 바로에게서 나온다.

3. 주석

카일과 델리취(Keil and Delitzsch)는 4-8절의 모세의 말은 출 10:29에 있는 모세의 바로에 대한 대답의 연속이라고 본다.[420)]

본문 4절은 여호와께서 밤중에 이집트 가운데로 들어 가실 것을 말씀한다. 그러나 어느날 밤중에 들어가실 것인가를 분명하게 말씀하고 있지 않다. 바움가르텐(Baumgarten)은 모세가 흑암의 재앙 후에 바로로부터 부름 받은 그 다음날에 여호와가 이집트 가운데로 지나가실 것을 뜻한 것으로 이해하지만, 카일과 델리취(Keil and Delitzsch)는 유월절에 대한 하나님의 지시를 바로와의 마지막 면담 후에 받았기 때문에 모세는 유월절 식사를 하는 날보다 적어도 4일전에 하나님의 지시를 백성들에게 전달했고 그 후 이집트를 출발했다고 생각한다(참고, 출 12:3).[421)]

---

420) Keil and Delitzsch, *Biblical Commentary on the Old Testament, vol. 2, the Pentateuch*, p. 499.

421) 상게서, pp. 499f.

"내가 애굽 가운데 들어가리니" 이 말은 하나님이 직접 인간 세상에 개입하여서 벌을 내리실 것을 가르쳐주는 말씀이다. 즉 바로에게 행할 마지막 재앙은 하나님이 친히 행하실 것을 뜻한다. 한편 다른 재앙들은 모세와 아론에 의해서 일어나게 하셨다.

"애굽 가운데로" 하나님의 심판이 이집트 왕국의 중심부인 바로 왕의 보좌로부터 전 지역에서 행해질 것을 가르쳐준다.

5절에서는 가장 귀한 왕의 장자와 가장 천한 자(참고, 출 12:29/ 감옥에 갇힌 죄수들)의 장자가 죽을 것이라고 말한다. 단지 처음 난 것만을 죽인 것은 하나님이 이집트의 모든 사람과 동물을 같이 멸망시키기를 원하지 않았고, 그러나 여호와께서 그들을 멸할 힘이 있으심을 단순히 보여주기 위해서였다. '처음 난 자' 란 전체 사람을 대표할 뿐만 아니라 그 전체의 힘과 소망이 되는 인물이라고 할 수 있다.

7절 "그러나 이스라엘 자손에게는 사람에게나 짐승에게나 개도 그 혀를 움직이지 않으리니 …." 개도 이스라엘 사람들에게 으르렁거리거나 물으려고 혀를 놀리지 않을 것이라고 한다. 이 구절에서 강조된 것은 이스라엘 사람이나 동물은 아무런 상처를 받지 않을 것이라는 것이다. 이러한 완전한 보호와는 달리 이집트 사람은 죽게 될 것이다. 바로 이러한 분명한 구분에 의해 이스라엘 백성은 여호와가 그들을 이집트 사람들과는 구별되게 사랑해 주심을 실감할 것이다. 그리고 7절은 개의 혀까지도 통제하시며 치밀하게 세상을 다스리시는 하나님의 절대 주권을 보여주신다.

8절에 의하면, 모세는 다시는 바로에게 찾아와 사정할 일이 없을 것을 천명한다. 오히려 바로의 신하들이 모세에게 와서 간청할 것이라 한다. 우리는 여기서 모세의 분노를 볼 수 있다. 그러나 우리 믿는 사람들은 죄에 대한 분노를 할 수는 있으나, 그 분노로 죄를 지어서는 안 된다(엡 4:26).

예수님의 노하심과 비교해보라(막 3:5, 계 6:16). 또한 분노 할 수는 있으나 그 분노를 하루 이상 갖지 말라고 사도 바울은 가르쳐 준다(엡 4:26). 하루 이상 분노하면 그것은 우리를 죄짓게 할뿐만 아니라 정신적 스트레스로 우리를 피곤하게 하며 더 나아가 병에 걸려 죽게 한다.

[9절-10절]

첫 번째 재앙부터 아홉 번째 재앙까지 회상

9. 여호와께서 모세에게 이르시기를 바로가 너희를 듣지 아니할찌라 그러므로 내가 애굽 땅에서 나의 기사를 더하리라[1] 하셨고, 10. 모세와 아론이 이 모든 기사를 바로 앞에서 행하였으나 여호와께서 바로의 마음을 강퍅케 하셨으므로 그가 이스라엘 자손을 그 나라에서 보내지 아니하였더라.

1. 본문의 원전 설명

9절: [1] "더하리라." 이 동사는 히브리어 원문성경에서 "레보트"(רְבוֹת)로서 "라바"(רָבָה)동사의 부정형이다. 이 단어는 "더하리라"란 뜻 보다는 정확하게 표현해 "많게 하리라"를 뜻한다.

2. 본문 내용 개요

제1 재앙부터 제2재앙까지의 결론으로써 바로가 모세의 간청과 이적들에도 불구하고 그의 마음을 강퍅케하여 이스라엘의 떠남을 허락지 않음을 말한다.

3. 주석

여기서는 출애굽기 7:8부터 시작했던 모세와 바로와의 협상이 종결되려고 한다. 하나님이 그의 메신저들을 바로에게 보내기 전에(출 7:3), 모세에게 예언 했던 것이 이제 이루어졌다. 이 구절들은 지금까지 일어난 재앙들에 대한 결론적인 말로써

① 지금까지의 일들이 여호와께서 말씀하신대로 되어졌음을 지적하며, ② 하나님의 말씀을 거역하는 바로도 하나님의 절대적인 주권 아래 있음을 잘 보여준다.

9절은 바로의 강퍅한 마음이 하나님의 말씀에 순종치 않고 거역하므로 하나님은 그의 자신의 영광을 위해 많은 이적 기사를 행하여 그의 계획을 실천해 가실 것을 말씀하셨던 일을 상기시키신다. 또한 10절에서 하나님 자신이 모세의 일들이 형통하지 않도록 조정하시고 있음을 나타낸다. 왜냐하면 하나님이 바로의 마음을 강퍅케 하여 이스라엘 자손의 출애굽을 허락하지 않게 하셨기 때문이다. 출애굽의 모든 진행이 하나님의 철저한 통제 아래서 진행 되어 가고 있음을 보여줌으로서 하나님께서 역사의 주인 되심과 절대 능력자임을 나타낸다.

지금까지 모세가 여호와의 대변자로 이집트에서 이적과 재앙들을 내리면서 바로 왕에게 이스라엘을 내보내 여호와를 섬기게 하라고 하였다. 그러나 바로는 모세가 전한 하나님의 말씀을 거역했고 또한 이스라엘을 보내겠다고 약속했다가도 그것을 깨뜨렸다.

그러므로 이제는, 앞서 4절에서 말씀하신 대로, 여호와 하나님 자신이 이집트 가운데로 들어가셔서 이스라엘을 구원해 내실 것이다.

4. 설교 및 교훈 자료

9절: 바로의 강퍅함 때문에 주어진 하나님의 많은 이적들

여기서 다시 한번 출 8:27의 깊은 뜻을 이해하게 된다. 하나님은 바로의 강퍅한 마음 때문에 온 세상에 하나님의 크신 능력을 보여주신다. 그리하여 하나님의 절대권능을 증거하며 주안에서 모든 것이 합력하여 선을 이루고 있음을 가르쳐 준다.

[출애굽기 12장]

[1절-2절]

종교적 달력의 시작

1. 여호와께서 애굽 땅에서 모세와 아론에게 일러 가라사대, 2. 이 달로 너희에게 달의[1] 시작 곧 해의[2] 첫 달이 되게 하고,

1. 본문의 원전 설명

2절: 1 "달의." 이 문구는 히브리어 원문성경대로 정확히 번역하면 "달들의"로 복수로 되어있다.

2절: 2 "해의." 이 문구는 히브리어 원문성경에 따르면 "해의 달들의"로 되어 있으나 번역상 "달들의"라는 문구는 필요 없기 때문에 생략되었다.

2. 본문 내용 개요

이스라엘이 출애굽한 아빕월(Abib)을 매 해의 첫 달로 할 것을 여호와가 지시하심

3. 주석

1-2절을 통해 이스라엘이 여호와의 백성으로서 창조된 것이 유월절 제정과 함께 시작됨을 보여준다. 이것의 증거가 유월절이 새로운 시대를 시작하고 있는데서 나타난다. 이달 즉 아빕월(Abib; 이 달을

포로 후에는 Nisan 월이라 부름)을 이스라엘 월력의 첫 달로 하라고 하나님이 지정해 주신다. 이는 출애굽이 바로 이스라엘 나라의 출발을 의미하기 때문이다. 이후 이스라엘 사람들은 새로운 종교적 신년의 시작을 가지게 되었다. 이 아빕월(Abib)은 지금의 3월 중순에서 4월 중순에 해당하는 기간이다.

4. 설교 및 교훈 자료

2절: 종교적 달력의 시작

이스라엘이 독립된 나라가 되고 하나님의 구원받은 백성의 새로운 특권을 받으면서 새로운 교회 달력을 선물로 받았다. 그들의 세속 달력은 그대로 존속했으나[Tishri달(현재의 9월 중순에서 10월 중순사이)이 세속달력의 첫 달로 시작했으나] 아빕월(Abib)을 새로운 종교 달력의 첫 달로 시작하라고 하신 것이다.

[3절-14절]

유월절의 준비

3. 너희는 이스라엘 회중에게 고하여 이르라 이 달 열흘에 너희 매인이 어린 양을 취할지니 각 가족대로 그 식구를 위하여 어린 양을 취하되, 4. 그 어린 양에 대하여 식구가 너무 적으면 그 집의 이웃과 함께 수를 따라서 하나를 취하며 각 사람의 식량을 따라서 너희 어린 양을 계산할 것이며, 5. 너희 어린 양은 흠 없고 일년 된 수컷으로 하되 양이나 염소 중에서 취하고, 6. 이달 십사일까지 간직하였다가 해질 때에[1] 이스라엘 회중이 그 양을 잡고, 7. 양을 먹을 집 문 좌우 설주와 인방에 바르고, 8. 그 밤에 그 고기를 불에 구워 무교병과 쓴 나물과 아울러 먹되, 9. 날로나 물에 삶아서나 먹지 말고 그 머리와 정강이와 내장을 다 불에 구워 먹고, 10. 아침까지 남겨 두지 말며[2] 아침까지 남은 것은 곧 소화하라. 11. 너희는 그것을 이렇게 먹을지니 허리에 띠를 띠고 발에 신을 신고 손에 지팡이

> 를 잡고 급히 먹으라 이것이 여호와의 유월절이니라. 12. 내가 그 밤에 애굽 땅에 두루 다니며 사람과 짐승을 무론하고 애굽 나라 가운데 처음 난 것을 다 치고 애굽의 모든 신에게 벌을 내리리라 나는 여호와로라. 13. 내가 애굽 땅을 칠 때에 그 피가 너희의 거하는 집에 있어서 너희를 위하여 표적이 될지라 내가 피를 볼때에 너희를 넘어가리니 재앙이 너희에게 내려 멸하지 아니하리라. 14. 너희는 이 날을 기념하여 여호와의 절기를 삼아 영원한 규례로 대대에 지킬지니라.

1. 본문의 원전 설명

6절: 1 "해질 때에." 이 문구는 히브리어 원문성경대로 번역하면 "두 저녁들 사이에" 이다. 그러나 문자적 번역의 의미가 실제에 있어서 "해질 때에"를 의미한다고 판단되어 개역성경이나 영어 성경들(NASB, NIV)이 "해질 때에" (at twilight)로 번역한다. 좀 더 자세한 이 문구의 의미를 다음 주석부분을 참고하라.

10절: 2 "… 남겨두지 말며." 이 구절 후에 70인역 헬라어 성경에 의하면, "너는 그것의 뼈를 꺽지 말라" (καὶ ὀστοῦν οὐ συντρίψετε ἀπ' αὐτοῦ)가 첨가되어 있다.

2. 본문 내용 개요

아빕월 14일에 유월절 의식을 행하도록 이스라엘 백성에게 명령하고 유월절에 잡은 양의 피로 문설주와 인방에 발라 여호와께서 이집트 사람들을 칠 때에 그 피를 보고 이스라엘 백성을 치지 않고 넘어가 구원 받도록 하실 것을 말씀함.

3. 주석

3절을 히브리어 원문성경에 따라 직역하면, "… 이 달 열흘에 그들이 각자 어린양을 취할찌니 아버지의 식구대로 그 식구를 위하여 어린양을 취하되" 이다. 여기에서 이 "달" 은 앞 절에서 언급한대로 아빕(Abib)월이다. 이 달 10일에 어린양 한 마리를 아버지의 식구를 위해 준비하라고 한다. 이렇게 준비할 사람은 아버지를 대이어 아버지 집의 식구들을 통솔하는 가장(家長)에게 주시는 명령이다. 그러므로 가족 단위로 하여 어린양(שֶׂה)을 한 마리씩 준비케 한 것이다.

4절은 각 사람의 먹는 양에 따라서 어린양을 몇 사람이나 먹을 수 있는지 계산하여 가족들이 합해져야함을 가리킨다. 식구가 적을 때는 결과적으로 두 가족들이 합하여 유월절 잔치를 하게 될 것이다. 나중에 관습에 따라 10사람이 한 어린양을 위한 수로써 정해졌다. 그리하여 아람어 번역 성경인 요나단 탈굼(Jonathan Targum)은 이 구절에 10이라는 숫자를 삽입했다.[422)]

5절에서는 유월절에 쓰이는 제물의 조건을 설명하고 있는데 그 조건을 보면,

① 흠이 없는 것(תָּמִים, 상하거나 몸에 결함이 없는),

② 숫 컷(번제처럼; 레 1:3,11),

③ 일년 된 것이었다.

이상의 조건을 보면 유월절에 가정에서 잡는 양은 가족들이 하나님께 드리는 제사제물의 성격을 가졌고, 그리하여 주의 깊게 선택해

---

422) Keil and Delitzsch, *Biblical Commentary on the Old Testament, vol. 2, the Pentateuch*, p. 11.

서 가장 좋은 것을 드리도록 하신 것을 알 수 있다. 가족들이 양들 중에 아무 것이나 잡도록 하지 않고 하나님께 성막에서 드리는 제사제물과 비슷한 조건의 양이나 염소를 고르도록 했다.

6절은 양을 언제 어떻게 잡는지를 설명한다. 유월절 양은 아빕월 14일에 이스라엘 백성들이 한 곳에 모여서 잡는 것이 아니고, 해질 때에 각각의 집에서 잡도록 했다. 여기에서 '해질 때'는 히브리 원문에 보면 '두 저녁들 사이에(בֵּין הָעַרְבָּיִם)' 라고 되어있다(참고, 민 9:3,5,11). 이 문구가 의미하는 정확한 시간에 대해서는 다음 세 가지의 견해가 있다.

① 이븐 에즈라(Ibn Ezra)는 카라이트(Caraites)파 사람들이나 사마리아 사람과 같은 견해를 가지는데 이 견해에 의하면 첫 저녁은 해가 지평선 아래로 넘어갔을 때를 가리키고, 둘재 저녁은 완전히 캄캄해진 때를 가리킨다.[423]

② 또 다른 견해는 킴치(Kimchi)와 라쉬(Rashi) 그리고 힛지히(Hitzig)의 견해로써 일몰(the moment of sunset)의 순간을 두 저녁 사이의 경계로서 간주하는 것이다.[424]

③ 랍비식에 의하면, 첫째 저녁은 해가지기 시작할 때, 즉 오후 3시부터 5시까지이고, 둘째 저녁은 해가진 때이다. 그래서 '두 저녁 사이는' 오후 3시부터 6시까지이다.[425]

현대 주석가들은 이븐 에즈라(Ibn Ezra)가 주장하는 견해를 더 선호하고 있다. 그러나 이 견해가 킴치(Kimchi)나 라쉬(Rashi)가 말한 것과 실제에 있어서는 거의 차이가 없다. 유월절을 14일 저녁에 행하기

---

423) 상게서, p. 12.

424) 상게서.

425) 상게서.

때문에 14일 해지기전에 잡아서 먹는 축제 이어야한다. 만약 해진 후에 양을 잡으면 그것은 15일이 된다. 이는 유대인들은 해질 때부터 하루가 시작되어 다음날 해질 때까지이기 때문이다(from the evening sunset to sunset).[426]

7절에 의하면, 이스라엘 백성들은 유월절에 잡은 양의 피를 문의 좌우 설주와 인방에 발랐다. 문설주는 문의 양쪽에 세워 문짝을 끼워 달게 된 기둥을 말하며, 인방은 기둥과 기둥 사이에 문짝들의 위아래로 가로지른 나무(상인방, 하인방이 있다)를 뜻한다. 여호와는 문설주와 인방에 바른 피를 보고 이집트의 모든 처음 난 것을 죽일 때 피를 바른 집에 들어가지 않고 그 집의 처음난 자를 살려둘 것이다. 이것은 여호와의 약속이다. 이 주님의 약속을 믿고 그대로 피를 문의 좌우 설주와 인방에 바른 집의 사람은 죽음을 면할 것이다. 만약 이 약속을 믿지 않고 바르지 않으면 죽는다.

이 약속의 보다 완전한 것이 예수 그리스도의 속죄의 피다. 그리스도의 대속의 죽음을 믿고 그를 영접한다면 구원받고 영생을 얻으나 그 약속을 믿지 않고 받아들이지 않는 자는 옛날 출애굽 때 양의 피를 문설주와 인방에 바르지 않은 사람처럼 죽을 것이다.

8-9절에서의 "그 밤은" 아빕(Abib)월 15일 밤이다.[427] 그 밤에 유월절 양을 불에 완전히 구워 먹으라고 하신다. 출애굽기 12:46에 보면 유월절 양을 잡을 때 뼈도 꺾지 말라고 한다. 원형대로 유지하여 통째로 꼬챙이에 끼워서 구워먹으라는 뜻으로 이해된다. 이는 오늘날처

---

426) 상게서.

427) Cassuto, *A Commentary on the Book of Exodus*, p. 139; Kaiser Jr., *The Exodus, the Expoisitor's Bible Commentary*, p. 372.

럼 통채로 구워먹을 수 있는 큰 오븐이 없었기 때문이다.

"무교병". 유월절에 무교병을 먹게 한 것은 누룩이 밀가루 반죽에 들어가 발효하여 부풀게 하는데 이런 과정에서 순수한 빵의 성격이 변질된다. 이렇게 발효한 것은 효모, 박테리아같은 미생물에 의해 그 순수성을 잃어버리게 데는데 이것은 성경에서 죄나 도덕적인 타락을 상징한다(눅 12:1, 고전 5:8). 그러므로 이러한 부패된 것을 제사에서 제하도록 했다.

"쓴나물". 쓴나물을 먹으라 한 것은 고기와 무교병을 먹을 때 입맛을 돋우기 위한 것이 아니다. 오히려 이스라엘이 이집트에서 생활한 쓰라린 삶을 상징하고 생각나도록 쓴나물을 먹게 한 것으로 보인다.[428] "날로나 물에 삶아서나 먹지 말고". 유월절 제물의 고기를 날로나 삶아서 먹지 말라 하신 것은 고대 이방인들의 습관에 따르면 제사고기를 날로 먹거나 물에 반쯤 삶아서 먹었는데 이런 습관을 따르지 않고 새롭게 제도를 세워 고대 이방인들의 우상숭배 요소를 없애려고 했던 것으로 보인다.[429]

11절의 "허리에 띠를 띠고"라는 표현은 옛날 이스라엘 사람들의 흘러내리는 긴 옷이 걷는데 방해가 되지 않도록 허리에 띠를 띠라는 것이다. "발에 신을 신고". 이것은 거친 사막 길을 잘 걷도록 맨발 대신에 신을 신으라는 것이다. "손에 지팡이를 잡고". 긴 여행에 피곤하고 불편해질 다리가 힘을 부축 받도록 손에 지팡이를 가지라 한다.

428) Keil and Delitzsch, *Biblical Commentary on the Old Testament, vol. 2, the Pentateuch*, p. 16; Childs, *The Book of Exodus, A Critical Theological Commentary*, 182.

429) Cassuto, *A Commentary on the Book of Exodus*, p. 139.

위의 행동들은 이스라엘 백성에게 임박한 긴 사막의 여행을 그날 밤 어느 순간에도 출발할 준비가 되어 있게 한 것으로 볼 수 있다.

"여호와의 유월절". 여기서 유월절을 "여호와의 유월절"이라 부른 것은 유월절을 여호와께서 제정 하셨을 뿐만 아니라, 유월절에 여호와께서 친히 큰 권능을 행하시어 이스라엘을 구원한 특별한 의미의 날이기 때문이다.

12-13절의 "그 밤에." 여기서 "그 밤"은 아빕월 15일 밤이다.[430] 이 밤에 여호와는 이집트를 다니며 이집트의 처음난 자를 죽이며 이집트의 모든 신들에게 벌을 내릴 것이지만 이스라엘의 처음난 자는 죽이지 않고 넘어 갈 것이다.

"애굽의 모든 신에게 벌을 내리리라."

칼빈은 마지막 재앙을 통해 이집트의 신들은 도움이 되지 못하고, 그리고 그들에 대한 예배가 헛되고 잘못된 것임이 아주 분명해지기 때문에 하나님이 거짓 신들에 대한 심판자가 될 것임을 선언했다고 말한다.[431] 그러나 카일과 델리취는 이러한 단순한 의미 뿐만 아니라 이집트의 처음 난 것과 관련시켜 위의 구절의 의미를 설명하려 한다.

즉, 출애굽기 12:29에서 사람과 짐승의 처음 난 것을 죽인 것이 하나님의 벌의 집행인 것으로 언급되고, 민수기 33:4에서는 신들에게 내린 심판을 처음 난 것들의 장사와 관련시켜 말씀하고 그 외 다른 어떤 것과 관련시켜 말씀하지 않는다. 이점을 고려할 때 이집트의 신들

430) 참고, Kaiser, Jr. *Exodus, The Expositer's Bible Commentary*, vol., 2, p. 372.

431) Keil and Delitzsch, *Biblical Commentary on the Old Testament*, vol. 2, *the Pentateuch*, p. 19로부터 재인용.

에 대한 벌을 사람과 짐승의 처음 난 것을 죽인 것과 관련되었음이 꽤 확실한 것으로 보인다는 것이다.

이집트의 처음 난 것들을 죽임으로써 이집트 사람이 신처럼 섬겼던 왕의 아들과, 또한 신처럼 섬겼던 많은 처음 난 동물들을 죽게 했으므로(황소 신인 아피스(Apis) 신, 염소 신인 넨더스(Nendes) 신 등) 실제 이집트 사람들이 섬겼던 신들을 벌한 것이 된다.[432] 이와 비슷하게 카이저(Walter Kaiser, Jr.)는 이집트의 신들에 대한 벌을 동물들을 죽인 것과 관련시켜 설명한다. 즉, 이집트의 신들이 동물들에 의해 대표되는데 열 번째 재앙에 의해 이 동물들(황소, 암소, 재칼, 사자, 양 등)이 죽임을 당하므로 이들에 의해 대표되는 신들이 직접 벌 받는 것으로 해석된다고 한다.[433]

4. 설교 및 교훈 자료

1) 7절: 문설주와 인방에 바른 피

유월절 어린양은 우리를 위해 십자가에 못 박혀 돌아가신 예수님의 그림자와 같은 것이다. 요한은 바로 예수님이 "세상 죄를 지고 가는 하나님의 어린양"이라고 했다(요 1:29). 출애굽 때 어린양의 피를 문설주와 인방에 바르면 살았던 것처럼 예수님의 대속의 공로를 믿고 그를 주님으로 고백하는 자는 영생을 얻는다. 죽지 않고 영원히 산다. 우리 모두 주님의 구원의 약속을 믿고 영원한 생명을 소유하고 그의 축복을 누리자.

432) 상게서

433) Kaiser, Jr., *Exodus, The Expositor's Bible Commentary*, vol.2, p. 372.

2) 8-9절: 주님의 잔치에 참여하는 공동체

유월절 양을 전체로 나누어짐이 없이 구워먹으라는 것은 식탁위에 나누어지지 않고 통째로 놓여지도록 하기위해서이다. 이렇게 식탁위에 놓여진 양의 일치와 통일성을 통해 잔치에 참여한 모든 사람들이 그 고기를 준비해 주신 주님과 완전한 일치와 교제에 연합되어야 할 것을 시사한다.[434)]

[15절-20절]

무교절을 지킬 것을 지시하심

15. 너희는 칠일동안 무교병을 먹을찌니[1] 그 첫날에 누룩을 너희 집에서 제하라 무릇 첫날부터 칠일까지 유교병을 먹는 자는 이스라엘에서 끊쳐지리라. 16. 너희에게 첫날에도 성회요 제 칠일에도 성회가 되리니 이 두 날 에는 아무 일도 하지 말고 각인의 식물만 너희가 갖출 것이니라. 17. 너희는 무교절을[2] 지키라 이 날에 내가 너희 군대를 애굽 땅에서 인도하여 내었음이니라 그러므로 너희가 영원한 규례를 삼아 이 날을 대대로 지킬지니라. 18. 정월에 그 달 십사일 저녁부터 이십일일 저녁까지 너희는 무교병을 먹을 것이요. 19. 칠일 동안은 누룩을 너희 집에 있지 않게 하라 무릇 유교물을 먹는 자는 타국인이든지 본국에서 난 자든지 무론하고 이스라엘 회중에서 끊쳐지리니, 20. 너희는 아무 유교물이든지 먹지 말고 너희 모든 유하는 곳에서 무교병을 먹을지니라.

1. 본문의 원전 설명

15절: [1] "먹을찌니." 이 단어 뒤에 히브리어 원문성경에 따르면 강조부사 "아크"(אַךְ)가 따른다. 이 단어는 문맥에서 "그러나"를 의미한다(참고, NASB 영어성경).

434) Keil and Delitzsch, *Biblical Commentary on the Old Testament, vol. 2, the Pentateuch*, p. 15.

17절: 2 "무교절을." 헬라어 성경인 70인역에 의하면 본문에 "무교절" 이란 단어 대신 "이 계명"(*Τὴν ἐντολὴν ταύτην*)으로 쓰여 있고, 사마리아 오경은 "그 계명"(המצוה)으로 쓰여 있다.

2. 본문 내용 개요

아빕월 14일 저녁부터 21일 저녁까지 7일 동안 무교절을 지킬 것을 명령하고 만약 이 기간동안 유교병을 먹는 자는 이스라엘 회중에서 끊어질 것이라 한다.

3. 주석

15절에서 언급된 첫 날은 15일이다. "누룩을 너희 집에서 제하라(15)." "칠일 동안은 누룩을 너희 집에 있지 않게 하라(19)." 이 말씀들에 따라 오늘 날 유대인들도 철저히 집을 청소하면서 빵 부스러기까지도 청소하여 없앤다. 16절에서 성회로 모이는 날을 말씀하신다. 칠일 가운데 첫날과 일곱째 날에 성회로 모인다. 그리고 이 두 날에는 아무 일도 하지 않는다. 즉 성회로 모여 하나님께 예배드릴 것을 가르쳐준다. 17절은 무교절을 지키라는 명령이다. 무교절을 지키는 것은 단순히 이집트의 처음 난 것을 죽이고 이스라엘의 처음 난 것을 살려준 것을 기념하는 것이 될 뿐만 아니라 이스라엘 백성들을 출애굽시켜 새로운 삶, 새로운 하나님의 계약백성 삼아주셨기 때문이다. 그러므로 이스라엘 사람들은 그들 속에 있는 이집트 사람들의 죄의 모습, 타락한 성격, 죄의 습성 곧 누룩을 다 버리고 새로운 삶, 순수한 삶을 살아야한다(참고, 고전 5:7,8). 하나님께 예배하기 위해 모여 그들이 새로운 삶을 사는 것을 보여 주어야 한다.

19절에 따르면, 유교병, 곧 누룩넣은 빵을 먹는 자는 이스라엘 자손 중에서 끊쳐 진다고 하신다. 그 이유는 유교병을 먹는 자는 하나님께서 그들을 이집트 죄의 삶에서 구원하여 여호와와 교제하는 새로운 삶을 살도록 구원해주신 하나님의 역사를 감사하지 않고 부인하는 것과 같은 행동이기 때문이다. (누룩은 누가복음 12:1에서는 바리새인의 외식을, 고린도전서 5:8에서는 괴악하고 악독한 죄를 의미한다.)

4. 설교 및 교훈 자료

19절: 유월절의 누룩

우리가 예수를 안 후에도 아직 죄의 상징인 누룩이 우리에게 있다. 우리는 그것을 없애도록 철저히 노력하자. 악한 것, 속이는 것, 교만한 것, 남을 업신여기는 것, 자기중심적인 생각, 이기적인 생각, 이 모든 누룩을 없애야만 된다. 그리하여 하나님의 약속된 축복을 마음껏 누리도록하자. 주님의 말씀을 듣고 행하는 자는 집을 반석위에 짓는 지혜로운 사람 같이 복을 받을 것이라고 마태복음 7:24절은 말씀한다. 예수님이 제자들에게 약속한 열두 권좌에 앉아 이스라엘 12지파를 심판하는 축복을 우리 모두 누릴 수 있기를 바란다(마 19:28)

[22절–29절]

모세가 이스라엘 장로들에게 유월절을 준비하여 지키게함

22. 너희는 우슬초 묶음을 취하여 그릇에 담은[1] 피에 적시어서 그 피를 문 인방과 좌우 설주에 뿌리고 아침까지 한 사람도 자기 집 문밖에 나가지 말라. 23. 여호와께서 애굽 사람을 치러 두루 다니실 때에 문 인방과

> 좌우설주의 피를 보시면 그 문을 넘으시고 멸하는 자로 너희 집에 들어가서 너희를 치지 못하게 하실 것임이니라. 24. 너희는 이 일을 규례로 삼아 너희와 너희 자손이 영원히 지킬 것이니, 25. 너희는 여호와께서 허락하신대로 너희에게 주시는 땅에 이를 때에 이 예식을[2] 지킬 것이라. 26. 이 후에 너희 자녀가 묻기를 이 예식이 무슨 뜻이냐 하거든, 27. 너희는 이르기를 이는 여호와의 유월절 제사라 여호와께서 애굽사람을 치실 때에 애굽에 있는 이스라엘 자손의 집을 넘으사 우리의 집을 구원하셨느니라 하라 하매 백성이 머리 숙여 경배하니라. 28. 이스라엘 자손이 물러가서 그대로 행하되 여호와께서 모세와 아론에게 명하신 대로 행하니라. 29. 밤중에 여호와께서 애굽 땅에서 모든 처음 난 것 곧 위에 앉은 바로의 장자로부터 옥에 갇힌 사람의 장자까지와 생축의 처음 난것을 다 치시매.

1. 본문의 원전 설명

22절: 1 "그릇에 담은." 이 문구는 히브리어 원문성경에서 "바스사프"(בַּסַּף)이다. 이 문구는 한글 개역성경에서처럼 문맥에서 "그릇에 담은"으로 번역할 수도 있고, "문지방에 있는"으로 번역할 수도 있다. 후자로 번역할 경우 문지방이 홈이 파여 있어 피를 담을 수 있는 모양으로 되어있을 것으로 생각할 수 있다. 70인역은 후자와 비슷하게 "문지방 곁에 있는"으로 번역한다.

25절: 2 "예식을." 이 단어는 히브리어 원문성경에서 "하아보다"(הָעֲבֹדָה)로 직역하면 "노동, 일, 봉사"의 의미를 갖는다. 특별히 문맥에서 '하나님을 섬기는 봉사'를 가리키고 있다.

2. 본문 내용 개요

모세는 이스라엘 장로들에게 가족대로 어린 양을 택하여 유월절

양으로 잡아 그 피를 문 인방과 양쪽 기둥에 뿌려 유월절을 지키게 하고 이 유월절 의식을 영원히 지키라고 한다.

3. 주석

22절에 언급된 우슬초는 히브리말로 "에조브"(אֵזוֹב)이다. 이 단어가 성경에 여러 번 사용되는데 정확히 이 식물이 무엇인지 알기 어렵다. 왜냐하면 그 관련 구절들이 항상 같은 종류를 가르키고 있지 않기 때문이다. 카일과 델리취(Keil and Delitzsch)에 의하면, 유월절에 사용되었던 우슬초는 우리가 부르는 히섭(hyssop)은 아닐 가능성이 많다. 그 이유는 이 히섭(hyssop)이 시리아나 아라비아에서 발견된 증거가 없기 때문이다. 그리하여 우슬초는 적은 관목같이 생긴 오리가움 마루(origaum maru)로써 시리아에 있는 마르요람 (marjoram)이라고 생각한다(Keil and Delitzsch, *Biblical Commentary on the Old Testaemnt*, vol. 2, *the Pentateuch*, p. 22). 마르요람(marjoram)은 많은 작은 가지와 작고 부드러운 잎들을 가진 관목이라고 한다(Gispen, *Bible Students' s Commentary, Exodus*, p. 123). 이 우슬초는 붓처럼 제물의 피에 적시어 피를 제단이나, 성결케 할 물건에 뿌릴 때 사용되었다.

"아침까지 한사람도 집 밖으로 나가지 말라." 이렇게 집밖으로 나가지 못하게 한 것은 심판의 밤에 피를 바른 문안을 제하고는 안전한 곳이 없기 때문이다.

26절에서는 출애굽 때에 행해진 유월절 잔치를 이스라엘이 가나안 땅에 들어가서도 계속해서 행할 것을 명령하신다. 그리고 이 예식을 행할 때 자녀가 이 예식이 무슨 뜻이냐고 물으면 출애굽 때에 하나님이 행하셨던 것을 가르쳐 알게 하라고 한다.

27절은 하나님의 유월절 제정에 대한 말씀이 있은 후 백성을 대표한 장로들이(21절) 머리를 숙이고 경배했다. 이 태도는 그들의 믿음을 보여줄 뿐만 아니라 그들이 유월절에 받을 구원을 감사한다는 뜻을 나타낸 행위이다.

28절 "이스라엘 자손이 물러가서 그대로 행하되 여호와께서 모세와 아론에게 명하신 대로 행하니라." 이것은 이스라엘 사람들이 하나님의 명령을 이해하는 것을 보여준다. 이 행동은 이스라엘 사람들의 믿음의 순종을 보여주고 이 순종을 통해 약속된 구원을 받을 것임을 예견케 해준다.

[29절-30절]

열 번째 재앙인 이집트의 모든 처음 난 것의 죽음

29. 밤중에 여호와께서 애굽 땅에서 모든 처음 난 것 곧 위에 앉은 바로의 장자로부터 옥에[1] 갇힌 사람의 장자까지와 생축의 처음 난것을 다 치시매, 30. 그 밤에 바로와 그 모든 신하와 모든 애굽 사람이 일어나고 애굽에[2] 큰 호곡이 있었으니 이는 그 나라에 사망치 아니한 집이 하나도 없었음이었더라.

1. 본문의 원전 설명

29절: [1] "옥에." 이 단어는 히브리어 원문성경의 대응단어대로 번역하면 "구덩이 집에" 이다.

30절: [2] "애굽에." 이 단어는 70인역 헬라어 성경에서는 더욱 강조되어 "애굽의 모든 땅에" 로 되어 있다.

2. 본문 내용 개요

밤중에 죽음의 재앙이 바로와 모든 이집트 사람과 그들의 생축에게 일어나서 이집트에 큰 호곡이 있음.

3. 주석

29절에 "밤중에" 라고 말하는데, 이 밤은 유월절 의식을 행한 그 밤을 가리킨다. 하나님께서 이집트 사람들의 짐승과 모든 처음 난 것을 처서 죽였음을 말한다. 그러나 실제로 어떻게 죽였는지 언급이 없다. 예로써 사무엘하 24:15에서 다윗이 인구조사를 실시한 죄 때문에 이스라엘 백성을 치실 때 온역을 3일 동안 내려 7만을 죽였다고 한다. 여기 출애굽기 12장에서는 어떻게 이집트의 처음 난 것을 죽였는지 구체적인 설명이 없으나 하나님이 직접 초자연적인 역사로 마지막 재앙을 내렸음을 가르쳐준다.

30절에 의하면, 아빕(Abib)월 15일 밤에 궁중에 사는 바로 왕의 아들로부터 감옥에 갇힌 비천한 죄수의 장자에 이르기 까지 모두 죽임을 당하므로 바로와 그의 신하들과 모든 이집트 사람들이 무서움과 놀람 속에 일어났고, 이집트 전역에 큰 슬픔의 울음소리가 가득했다. 이렇게 이집트 사람들의 모든 집에 초상이 일어났으므로 모두가 똑같은 재난을 당하여 누가 와서 도와 줄 수 도 위로해 줄 수 는 없는 참혹한 형편이 되었다.

4. 설교 및 교훈 자료

29-30절: 하나님의 경고를 무시하는 자의 마지막

바로는 하나님의 경고를 무시하고 자기 고집대로 행동함으로써 자기 백성인 이집트 사람들의 귀중한 장자들이 다 죽임을 당하게 했다. 만약 바로가 하나님의 경고를 들었을 때 이스라엘 백성이 떠나도록 허락했다면 그 자신과 이집트 백성의 장자들이 살아남아있을 뿐만 아니라 새롭게 안정을 찾아가는 계기가 되었을 것이다. 이와 같이 본문은 하나님의 경고를 무시한 인간의 종말이 무엇인가를 생생하게 보여준다. 오늘도 우리 주위에 죄를 회개하고 하나님께 돌아오라는 경고를 무시하고 불신앙을 고집하는 사람들이 있다. 그들의 완악한 불신앙은 또 다른 바로의 종말을 가져오고 말 것이다.

[31절-36절]

바로와 이집트 사람들이 이스라엘 백성을 떠나도록 재촉함

31. 밤에 바로가 모세와 아론을 불러서 이르되[1] 너희와 이스라엘 자손은 일어나 내 백성 가운데서 떠나서 너희의 말대로 가서 여호와를 섬기며, 32. 너희의 말대로 너희의 양도 소도 몰아가고 나를 위하여 축복하라하며, 33. 애굽 사람들은 말하기를 우리가 다 죽은 자가 되도다 하고 백성을 재촉하여 그 지경에서 속히 보내려 하므로, 34.백성이 발교되지 못한 반죽 담은 그릇을 옷에 싸서 어깨에 메니라, 35.이스라엘 자손이 모세의 말대로 하여 애굽 사람에게 은금 패물과 의복을 구하매, 36여호와께서 애굽 사람으로 백성에게 은혜를 입히게 하사 그들의 구하는대로 주게 하시므로 그들이 애굽 사람의 물품을 취하였더라.

1. 본문의 원전 설명

31절: [1] "이르되." 70인역은 "이르되" 다음에 목적어 "그들에게"를

첨가한다.

2. 본문 내용 개요

바로가 모세에게 이스라엘 자손을 데리고 이집트를 떠나라 말하므로 이스라엘 백성은 무교병을 갖고 이집트 사람들에게 금은과 패물을 구하여 가지고 떠남.

3. 주석

31-32절에서 바로는 장자의 죽음이 온 이집트 땅에 덮친 것을 보고 무조건적으로 이스라엘을 나가라고 허락함을 보여준다. 다시 돌아오라는 말도 없이 "내 백성 가운데서 떠나라" 고 말한다. 바로는 그의 허락과 함께 "나를 위하여 축복하라" 고 부탁한다. 단순한 기도의 요청 이라기보다는 더 강하게 자기를 위해 축복하라는 말로써 모세의 하나님의 축복이 없으면 바로나 이집트가 평화롭게 살 수 없음을 깨달은 바로의 마음을 읽을 수 있다. 지금까지 일어난 재앙이 다시는 일어나지 않고 이집트가 평안히 살 수 있도록 축복을 요구한 것이라고 볼 수 있다.

31절의 첫 문장을 문자대로 이해하면 바로가 모세와 아론을 자기 앞으로 불러서 떠나가도록 허락한 것으로 해석된다. 그러나 칼빈은 31절의 앞 뒤 문맥과 출애굽기 10:28-29을 볼 때 바로가 직접 자기 앞에 불러와 말한 것이 아니고 그의 신하들을 보내어 떠나도록 허락했을 것으로 설명한다. 칼빈은 이 해석의 옳은 것을 문맥에서 바로의 말이 끝난 후 곧 이집트 사람들이 이스라엘 백성을 재촉하여 속히 보내려 했다는 사실(33절)이 증명해 준다고 주장한다.[435] 이 견해를 기스펜(Gispen)도 가장 좋은 해석으로 받아 드린다. 그러나 카일과 델리취는 바로가 모세에게 다시는 그의 앞에 나타나지 말라고 명령했다 하여 바로가 완전히 다른 상황아래서도 그들을 부르지 안 했을 것으로 이해하는 칼빈의 해석에 이의를 제기한다.[436]

위의 두 가지 해석 중에 어느 것이 옳다고 문맥에서 단언적으로 말할 수 없고 카이저(Kaiser, Jr.)가 말한 것처럼,[437] 31절의 동사는 두 가지 해석을 다 가능케 하지만 칼빈의 해석을 따를 경우, 그 해석은 출애굽기 11:8 말씀의 놀라운 성취이다. 모세는 바로에게 말하기를, "왕의 이 모든 신하가 내려와서 내게 절하며 이르기를 너와 너를 좇는 백성은 나가라 한 후에야 내가 나가리라 …."

33절에 의하면, 이집트 사람들은 할 수만 있으면 빨리 이스라엘 사람들로부터 벗어나기를 원했다. 왜냐하면 이집트 사람들은 자기들이 다 죽은 자가 된 것처럼 느꼈기 때문이다. 우박과 메뚜기에게 거의 모든 먹을 것을 잃어버렸고 가정의 꽃이요, 희망이요, 힘의 상징이 되는 맏아들을 잃어버린 이집트 사람들의 심정을 표현한 말이다. 살아있으나 죽은 자처럼 반항도 싸움도 할 수 없고 울음과 통곡의 소리만이 울리는 죽은 자들의 모습을 보이고 있는 이집트 사람들이다. 유대인 학자 카쑤토(Cassuto)는 위의 33절에 가정 절을 삽입하여 이해한다. 즉 "우리가 계속해서 이스라엘을 노예로 일하게 하면 우리가 다 죽은

---

435) *Commentaries on the Four Last Books of Moses arranged in the Form of a Harmony by John Calvin*, vol. 1, trans. by Charles William Bingham(Grand Rapids: Baker Book House, 1979), p. 226.

436) Keil and Delitzsch, *Biblical Commentary on the Old Testament*, vol. 2, *the Pentateuch*, p. 24.

437) Kaiser, Jr., *Exodus, the Expositor's Bible Commentary*, vol.2, p. 377.

자가 되도다" 라는 것이다.[438]

34절은 카쑤토(Cassuto)에 의하면, 출애굽 때에는 유월절 저녁에 무교병을 먹으라고만 했지 계속해서 무교절을 지키라고 한 것이 아니기 때문에 시간이 있었으면 누룩을 넣어 유교병을 만들어 와서 광야에서 먹을 수 있었을 것인데 그렇지 못했음을 시사한다. 이런 뜻이 39절에서도 시사되고 있다(Cassuto, 상게서, pp,146f; Keil and Delitzsch, 상게서, pp. 25f). 이 무교병을 신명기에서는 '고난의 떡' 이라고 부른다(신 16:3).

36절을 보면, 이스라엘 백성은 이집트에서 떠날 때 단순히 그냥 쫓겨나는 신세가 아니라 전쟁에서 이긴 자들이 가져가는 전리품처럼 금은패물과 의복을 가져갔다고 한다. 이렇게 의복이나 패물을 가져가게 된 것은 강제로 한 것이 아니라 이스라엘이 요구할 때 그들의 요구를 들어주도록 이집트 사람들의 마음을 하나님이 감화시켰음을 가르쳐준다.

4. 설교 및 교훈 자료

31-36절: 여호와의 10대 재앙

본문의 장자 재앙을 마지막으로 이제 애굽에 내린 10대 재앙은 끝이 난다. 이처럼 완전수 '10' 으로 현시된 여호와의 10대 재앙은 '참 신' 과 '거짓 신' 의 존재를 선명히 드러내 주는 사건이다. 그러므로 10대 재앙은 이집트의 우상 종교에 대한 여호와의 심판이며, 열방에 유일하신 참 신의 존재를 선포한 여호와의 능력이었다. 동시에 이것은

438) Cassuto, *A Commentary on the Book of Exodus*, p. 146.

오늘날 믿는 자들에게는 구원을, 불신자들에게는 죽음을 의미하는 심판의 예표적 사건이다.

[37절-42절]

이집트를 떠난 이스라엘 백성

37. 이스라엘 자손이 라암셋에서 발행하여 숙곳에 이르니 유아 외에 보행하는 장정이 육십만 가량이요, 38. 중 다한 잡족과 양과 소와 심히 많은 생축이 그들과 함께하였으며, 39. 그들이 가지고 나온 발교되지 못한 반죽으로 무교병을 구웠으니 이는 그들이 애굽에서 쫓겨 남으로 지체할 수 없었음이며 아무 양식도 준비하지 못하였음이었더라. 40. 이스라엘 자손이 애굽에 거주한지[1] 사백 삼십년이라. 41. 사백 삼십년이 마치는 그 날에 여호와의 군대가 다 애굽 땅에서 나왔은즉, 42. 이 밤은 그들을 애굽 땅에서 인도하여 내심을 인하여 여호와 앞에 지킬 것이니 이는 여호와의 밤이라 이스라엘 자손이 다 대대로 지킬 것이니라.

1. 본문의 원전 설명

40절:[1] "이스라엘 자손이 애굽에 거주한지." 70인역 헬라어 성경의 이 구절은 "이스라엘 자손이 애굽 땅과 가나안 땅에 거주했던 그들의 체류한 것이"로 되어 있다. 이 70인역의 구절은 원래 히브리어 원문 성경과 일치되게 번역된 것이 잘못 전수되었거나, 원래의 번역자가 그릇된 선입견에 의해 잘못 번역한 것으로 생각된다. 만약 70인역 헬라어 성경의 구절이 옳다면, 아브라함의 자손들이 가난안 땅에 거한 것과 이집트 땅에 거한 것이 합하여 430년이 되는데 이는 창세기 15:13, 16에서 아브라함의 자손이 400년 동안 이방 나라에 거주할 것이라는 말씀과 일치되지 않는다. 그런데 창세기 15장의 말씀은 사도행전 7:6-7의 스데반 집사의 연설에서도 다시 언급되고 있어 히브리어 원문 성경의 본문이 원래의 바른 본문이라 생각된다.

이와는 반대로 혹자는 갈라디아서 3:15-17이 70인역의 본문을 지지하는 것으로 해석하는 경우가 있다. 그러나 거기에서 바울 사도는 430년의 기간이 하나님께서 아브라함과 그의 자손에게 약속을 말씀하신 후부터(16절) 그리고 율법이 모세 때에 이스라엘 백성에게 주어지기 전까지의 기간을 의도하고 있는 것으로 보인다. 하나님이 아브라함에게 주신 "내가 너로 큰 민족을 이루고"(창 12:3a), 혹은 "땅의 모든 족속이 너를 인하여 복을 얻을 것이니라"(창12:3c)는 열조의 약속을 직접 하나님으로부터 들은 자손은 야곱이다. 하나님이 벧엘에서 야곱에게 "…땅의 모든 족속이 너와 네 자손을 인하여 복을 얻으리라"(창 28:14). 그리고 하나님이 이집트로 내려가려는 야곱에게 브엘세바에서 "…내가 거기서 너로 큰 민족을 이루게 하리라"(창 46:3)고 말씀 하신다.

이렇게 야곱이 하나님이 열조들에게 주신 약속들을 마지막으로 듣고 그의 자녀들을 이끌고 이집트에 내려가 그곳에서 생활을 시작한 때로부터 430년이란 기간이 시작된 것으로 해석함이 옳다고 생각된다. 이는 히브리어 원문성경의 출 12:40-41이 뜻하는 내용이다.[439)]

2. 본문 내용 개요

이스라엘 자손이 이집트에 거한지 430년이 되는 날 유아 외에 보행하는 장정 약 60만의 큰 민족이 되어 라암셋을 출발하여 숙곳에 도착했음.

---

439) Kaiser Jr., *Exodus, The Expositor's Bible Commentary*, vol.2, p, 380.

3. 주석

37절은 이스라엘 백성이 이집트를 떠난 지점이 라암셋이라 한다. 거기에서 숙곳으로 갔다. "유아 외에 보행하는 장정이 육십만 가량이요." 여기서 장정은 본문 41절에서 말한 대로 여호와 군대의 군인이다. 그러므로 무기를 들 수 없는, 즉 싸울 수 없는 사람은 제외되었다. 그리고 남자로서 20세 이상 된 사람의 수가(민 1:46) 603,550이었다. 그러므로 어린아이와 여자들을 포함하면 그 때의 이스라엘 인구는 약 2백만쯤 될 것으로 생각된다.

38절의 '중다한 잡족'은 히브리어로 'עֵרֶב רַב'이다. עֵרֶב רַב는 '혼합(mixture),' '혼합된 무리(mixed company)'를 뜻한다. 출애굽 때 단순히 이스라엘 백성만이 아니라 다른 많은 무리들이 동행했음을 가르쳐준다. 그러나 나중에 광야생활을 하는 동안 이 잡종의 사람들이 불평하여 먹을 것을 탐하며 하나님을 노엽게 했다(민 11:4).

40-41절에 의하면 이스라엘이 이집트에 거한 기한이 430년이 된다고 한다. 이 기간이 너무 길다고 의심하는 사람이 있으나 옹켈로스의 탈굼역, 시리아역(페쉬타), 벌게이트역에서 모두 430년이라고 기록하고 있다. 그리고 창세기에서 하나님이 아브라함에게 그의 후손들이 400년 동안 이방에서 객이 되어 괴로움을 당할 것을 말하였기 때문에(창 15:13) 이 기간과 비슷한 430년이 맞을 것이다. 그리고 모세 때에 성막을 짓던 기술자였던 브사렐은 적어도 유다의 6대손이요(대상 2:4-5, 18-20), 여호수아는 요셉의 10대손인 것을 볼 때(대상 7:24-27), 430년이라는 세월은 결코 길다고 할 수 없다(참고, Keil and Delitzsch, 상게서, p. 30). 그리고 70인역에 의하면 이스라엘 백성이 이집트에 체류한 기간이 215년 인데 이것은 다른 역본이나 성경에 기록된 족보

들을 볼 때 인정할 수 없는 기한이다.

특주(excursus) II—출애굽은 언제 일어났는가?

출애굽기 12:40-41을 보면 이스라엘 백성은 이집트에 거주한지 430년이 마치는 날 이집트를 떠났다. 그러나 이 때가 주전(B. C.) 몇 년 쯤 되는지에 대해서는 학자들 간에 의견의 일치를 보지 못하고 있다. 주로 다음 세 가지 견해가 주장되고 있다.

1) 주전 16세기설

이 견해는 이집트의 사제(司祭)요 역사가였던 마네도(B. C. 250년경)의 주장이다. 이 주장에 의하면 이집트의 정치 역사에 있어서 이집트 사람이 아닌 힉소스(the Hyksos) 족들이 주전 1720년부터 1550년 사이에[440] 이집트를 지배한 후 축출되었는데 이스라엘 백성도 이들과 함께 1550년대에 축출되었다고 한다.[441] 바로 이 때가 출애굽의 연대라고 주장한다. 이 견해는 C. R. 콘더(Conder)등이 따르지만 성경이나 고고학적 뒷받침이 없어 지지자가 많지 않다.

2) 주전 15세기설

이 견해는 성경적인 지지를 가장 많이 받는 것으로 많은 보수 신학자들이 따르고 있다.

(1) 열왕기상 6:1에서 이스라엘 백성들이 언제 출애굽 했는가를 명시하고 있다. 솔로몬 왕이 성전을 건축하기 시작한 연대가 이스라엘 자손이 이집트 땅에서 나온 지 480년이며, 솔로몬이 왕이 된지 4년째라고 한다. 솔로몬 왕 4년째란 주전 961년경이다. 그러므로 출애굽 한

440) 참고, Merrill F. Unger, *Archaeology and the Old Testament*(Grand Rapids:Zondervan Publishing House, 1954; 16th printing 1974), p. 150.

441) 문희석 편저, *구약 성서 배경사(II)* (서울: 대한 기독교서회, 1975), p. 14.

연대는 주전 961+480=1441년경이다.

(2) 사사기 11장에서 사사 입다의 입을 통해 출애굽의 연대가 제시된다. 암몬 왕은 이스라엘 백성이 오랫동안 살고 있는 아르논 에서부터 얍복과 요단까지의 땅을 반환해 달라며 전쟁을 일으켰다. 이에 사사 입다가 암몬 왕에게 대답한 내용의 한 구절이 다음과 같다: "이스라엘이 헤스본과 그 향촌들과 아로엘과 그 향촌들과 아르논 연안에 있는 모든 성읍에 거한지 삼백년 이어늘 그 동안 너희가 어찌하여 도로 찾지 아니하였느냐."(삿 11:26).

이 답변과 함께 입다는 이스라엘 백성이 아르논에서 얍복과 요르단까지의 땅에 무조건 들어가 살고 있는 것이 아니라 이스라엘 백성이 이집트를 떠나 올라올 때 헤스본 왕 시혼이 이스라엘 백성을 자기 영내로 통과하도록 허락하지 않을 뿐만 아니라 자기 백성을 끌고 와 이스라엘 백성을 쳐서 멸망시키려 하므로 이스라엘의 하나님 여호와가 오히려 이스라엘 백성이 헤스본 왕과 그의 모든 백성을 쳐서 죽이고 쫓아내게 하신 후 아르논 에서 얍복 까지 와 광야 에서부터 요단까지의 온 땅을 차지하게 하였다고 한다(삿 11:18-22). 이렇게 하나님 여호와께서 이스라엘 백성을 쳐서 멸망시키려 하는 헤스본 왕과 그의 백성을 쳐서 쫓아내신 후 그 땅을 이스라엘 백성이 정당한 방법으로 소유하게 하셨음을 강조한다. 그렇게 하여 이스라엘 백성이 300년을 살아오는데 왜 이제 그 땅을 너희 땅이라고 하며 반환을 요구하느냐고 입다가 암몬 왕에게 항변한다.

여기서 입다가 이스라엘 백성이 이집트 에서 올라와 300년 동안 그 땅을 차지하고 있다고 말했기 때문에 입다가 다스리고 있던 때를 알면 출애굽 한 연대를 대충 알 수 있을 것이다. 입다의 연대는 주전 1100년경이다.[442] 그러므로 출애굽의 연대는 주전 1100+300=1400년경이다.

(3) 영국 리버플(Liverpool) 대학교 교수였던 고고학자 가르스탕(Garstang)은 1930년부터 1936년까지 여리고(Tell es-Sultan) 발굴을 한 후 여리고는 주전 1400년경에 여호수아 군대에 의해 멸망했다고 발표하여 주전 15세기 설을 주장했다.[443] 그가 이렇게 주장한 이유는 첫째, 이집트의 바로 아크엔아톤(Akhenaton, 주전 1375년경)의 통치이전에 여리고가 여호수아에 의해 멸망했던 것으로 보이기 때문이란 것이다. 여리고 지역에서 아크엔아톤(Akhenaton) 때의 특징적인 많은 고고학적 자료들이 하나도 발견되지 않았기 때문이다.[444] 둘째는, 아마르나 서신(the Amarna letters)안에 여리고가 언급되지 않기 때문이다.[445] 아마르나 서신은 주전 1400년경부터 1360년 사이에 이집트 왕과 팔레스틴에 있는 작은 도시국가의 왕들 사이에 쓰여 진 외교문서이다. 여기에 여리고가 언급되지 않은 것은 이미 여리고성이 여호수아 군대에 의해서 주전 1400년 전에 멸망했기 때문인 것으로 추측된다. 셋째, 이집트의 바로 아멘호텝 3세(AmenhotepIII, 1412-1375 B. C.)[446] 이후의

442) R. K. 헤리슨(Harrison)은 입다의 연대를 주전 1100년경이라고 추산한다: Harrison, *Old Testament Times*(Grand Rapids: Erdmans Publishing Co., 1970; 4th printing 1979), p. 127. 헤리슨(Harrison)과는 약간 달리 올브라이트(Albright)는 기드온의 연대를 1100년으로 잡고, 사울 왕의 연대를 주전 1020년으로 추산하기 때문에 입다의 연대는 그 어간으로 기드온보다 수십년 후라고 추산할 수 있다. Albright, *From the Stone Age to Christianity*(Garden City: Doubleday & Co., Inc., 1957), p. 406.

443) G. Archer, Jr., *A Survey of Old Testament Introduction*, Revised edition(Chicago: Moody Press, 1964; 10th printing, 1975), pp. 223f.

444) 참고, Bruce K. Waltke, "the Date of the Conquest," *WTJ* 52(1990): 191.

445) 참고, 상게서.

446) 이집트의 바로 아멘호텝 3세(Amenhotep Ⅲ)는 아멘호텝 4세라고도 불리는 아크엔 아톤(Akh-en-Aton) 바로의 전왕이다. 아크엔아톤(Akh-en-Aton)은 그의 치세 때 카르낙(Karnak)에 아몬 성전을 짓기도 하고, 수도를 테베(Thebes)에

어떤 인장 돌도 발견되지 않았기 때문이다. 그러나 중기 청동기 시대(MBA)로 부터 아멘호텝 3세의 통치 시대까지의 인장들은 많이 발견되었기 때문이다. 그리하여 여리고 성은 후기 청동기 시대에 무너졌고 그것이 이스라엘의 침공에 의한 것이라고 주장했다.[447)]

(4) 한편 이집트의 역사가 주전 15세기 설을 뒷받침 해준다. 성경에 보면 출애굽 때의 왕은 모세가 태어날 때의 왕이 아니다. 모세 출생 시의 왕은 이스라엘 백성을 억압하며 나라의 변방에 전쟁을 위한 도시를 세우던(출 1:11-22) 유명한 정복자였다. 이 바로가 죽고(출 2:23) 그의 뒤를 이은 바로 때에 이스라엘 백성이 출애굽 하였다. 그런데 이집트 역사에서 유명한 정복자요 나라의 영토를 확장시켰던 바로는 투트모세(Thutmose) 3세였다. 그가 주전 1482년부터 1450년까지 통치하고 그를 뒤이어 아멘호텝(Amenhotep) 2세가 바로가 되어 이집트를 다스렸다.

그리고 성경에 보면 출애굽 당시 바로의 아들은 장자를 죽이는 열번째 재앙 때문에 죽었고 다른 왕자가 바로의 왕위를 계승했다고 기록했다(출 12:29). 이와 같이 아멘호텝 2세를 뒤이은 투트모세 4세는 아멘호텝 2세의 장자가 아니었음을 소위 "투트모세 4세의 꿈 비문"이 가르쳐 준다. 이 비문에 의하면 투트모세 4세는 젊었을 때 유명한 기념비 아래서 잠을 자고 있었다. 이때 꿈을 꾸었는데 스핑크스가 나타나서 그가 장차 이집트의 왕이 될 것이라고 예언해 주었다. 그리고 스

서 텔-엘-아마르나(Tell-el-Amarna)로 옮긴 혁명적인 바로 이다. 참고, John A. Wilson, *The Culture of Ancient Egypt*(Chicago: The University of Chicago Press, 1951; 12th impression, 1971), pp. 214-15.

447) 참고, Bruce K. Waltke, "The Date of the Conquest," p 191.

핑크스는 투트모세 에게 감사의 표시로 자기 발아래의 모래를 치워 달라고 부탁했다는 것이다.[448)]

이 기록에 의하면 투트모세 4세는 아멘호텝 2세의 장자가 아니었음이 확실하다. 따라서 투트모세 4세는 왕위를 계승할 희망이 거의 없었다. 장자 계승권의 법이 당시 이집트에서 시행되고 있었기 때문이다. 그러나 아멘호텝의 장자가 아니라 투트모세 4세가 왕위를 계승한 것을 보면 아멘호텝 2세의 장자가 왕위에 오를 수 없었던 이유가 있었던 것이라고 추측해 볼 수 있다. 이집트의 역사는 그 이유를 밝히고 있지 않지만 아마도 출애굽기 12:29절이 기록하고 있는 것처럼 출애굽 당시 여호와 하나님이 이집트 사람들의 모든 장자를 죽일 때 죽임 당한 것으로 보인다.[449)]

또한 앞서 설명한 대로 모세를 죽이려 하고 이스라엘 백성을 억압하며 중노동을 시켰던 바로 왕이 투트모세 3세였음을 강하게 지지해 주는 또 다른 증거는 투트모세 3세의 대신이었던 레크마이어(Rekhmire)의 무덤 벽화이다. 그의 무덤은 테베(Thebes) 가까이 있는데 그의 경력을 나타내는 벽화들이 그려져 있다. 그 벽화 중의 하나가 벽돌 굽는 노예들의 모습을 보여주는데 이것이 출애굽기 1장의 히브리인들의 힘든 노예 생활을 나타내고 있는 것 같다. 이 벽화에 의하면 노예들이 나일 강의 진흙을 괭이로 깨서 물로 축축하게 하며 모래와 지푸라기를 섞어서 햇볕에 마르도록 벽돌 틀에 넣고 있다. 이 벽화에는 감독들이 노예들에게 말했던 기록이 쓰여 있는데 "매가 내 손에 있으니 게으름을 피우지 말라"고 써 있다.[450)] 이 벽화에 의하면 레크

448) Merrill F. Unger, *Archaeology and the Old Testament*, p. 142f.

449) 상게서, p. 143.

450) P. E. Newberry, *The Like of Rekhmire* (1900), p. 38; James Henry

마이어(Rekhmire)가 모셨던 바로 투트모세 3세는 이스라엘 사람들을 강제 노동 시켰던 억압자 바로 였던 것이 분명하다.

(5) 아마르나 서신(The Tell-El-Amarna Letters)에서 언급한 팔레스틴의 상황이 출애굽 연대의 15세기 설을 지지한다. 아마르나 서신은 앞서 언급한 것처럼 주전 1400년부터 1360년 사이에 주로 팔레스틴에 있는 소도시 국가들의 왕들이 이집트의 바로 왕에게 보낸 서신들을 담고 있다. 예를 들면, 예루살렘의 통치자 아브두-헤바(Abdu-Heba)가 아크나톤(Akhnaton) 바로(1387-1366 B. C.)에게 침략해 오는 하비루 족으로부터 구원받기 위해 군대를 보내 주도록 간청하는 많은 편지를 보냈다:

> 아비루가 왕의 모든 땅을 약탈합니다.
> 만약 활 쏘는 사수들이 금년에 (여기) 있다면,
> 나의 주여, 왕의 땅들이 (손상되지 않고) 남아 있을 것입니다.
> 그러나 활 쏘는 사수들이 (여기) 아무도 없다면,
> 나의 주여, 왕의 땅들을 잃게 될 것입니다.[451]

여기서 침략자로 언급되는 "아비루" 족은 "하비루족" 이라도 부를 수 있는데 "히브리" 란 단어와 어원상 같은 자음을 갖고 있는 단어이

Breasted, *Ancient Records of Egypt*, vol. Ⅱ, sect. 758t. 이 책들은 다음 책에 인용된 것을 재인용한 것임: Merrill F. Unger, *Archaeology and the Old Testament*, p. 143. 참고, Harrison, *Old Testament Times*, p. 128; 정규남, *구약 개론*, p. 98.

451) W. F. Albright, trans., "The Amarna Letters," in *Ancient Near Eastern Texts Relating to the Old Testament*, edited by James B. Pritchard(Princeton, New Jersey: Princeton University Press, 1969), p. 488(EA, No, 286, lines 56-60).

다. 이 하비루 란 이름은 고대 근동 지방에서 싸움 잘하고, 용병으로 다른 나라에 가서 싸우기도 한 사람들로 불려 지던 이름이었으므로[452] 위의 아마르나 서신에서 언급되는 하비루족이 절대적으로 히브리 사람을 가리킨다고 단언 할 수는 없다. 그러나 "하비루"란 단어가 일치되고 하비루족이 팔레스틴 도시국가들을 침공해 가던 때가 1400-1360년이므로 아마르나 서신의 하비루족은 주전 1400년경 가나안 땅을 점령한 후 계속해서 남은 가나안 땅을 점령해 가는 여호수아와 이스라엘 군대를 가리킨다고 생각된다.[453] 주전 1440년경 출애굽 하여 광야에서 40년을 보내고 주전 1400년경 가나안 땅에 들어와 가나안 현지인들과 싸우는 히브리인들이 하비루인 이라고 아마르나 서신에서 불려지고 있는 것이 거의 확실하다.

3) 주전 13세기설

성경과 고고학적 뒷받침을 주장하며 많은 구약 학자들이 이 견해를 따르고 있지만 이 견해는 성경적 자료들보다는 고고학적 자료를 더 의존한다.

(1) 출애굽기 1:11에 보면 이스라엘 백성들이 바로를 위해 국고성 비돔(Pithom)과 라암셋(Raamses)을 건축했다. 이 도시의 한 이름이 라암셋으로 되어 있는 것은 이 도시들이 바로 라암셋(Raamses) 2세 때 (약 1290-1224년 B. C.)에 건축되었기 때문이라고 주장된다.[454]

그러나 출애굽기 1:11이 13세기설을 주장할 수 있는 확실한 자료라고 인정하기는 어렵다. 그 이유는 라암셋 2세는 그의 전임자들의 업

---

452) 정규남, *구약 개론*, p. 32.

453) Merrill F. Unger, *Archaeology and the Old Testament*, pp. 145f.; 정규남, 상게서, pp. 98f.

454) Merrill F. Unger, 상게서, p. 149.

적을 자기 업적으로 돌리는 악명 높은 습관을 가지고 있었기 때문에 비돔과 라암셋은 라암셋 2세가 나중에 다시 짓고 확장한 것에 불과한 것으로 생각되기 때문이다.[455] 더구나 라암셋이 타니스(Tanis)에 위치했다고 했는데 타니스는 약 200년 동안만 라암셋의 집(Per-Re' emasese)이라고 불려졌었고 그 이전에는 조안-아바리스(Zoan-Avaris)라고 불려졌다. 그러므로 억압받던 이스라엘 사람들이 건축했던 출애굽기 1:11의 도시는 조안-아바리스였음이 분명하다.[456]

그런데 이 도시가 지금 출애굽기 1:11에서 라암셋 이라고 불려지는 것은 창세기 14:14에서 옛 이름 라이스(Laish)가 나중에 단(Dan)으로 바뀌어 진 것처럼,[457] 옛 이름 조안-아바리스가 독자들을 위해 나중에 만들어진 이름인 라암셋으로 바뀌어 기록된 것으로 이해된다.[458]

그리고 라암셋 2세 때에 쓰여진 비문들에 라암셋을 위해 고역 했던 아피루(Apiru)족이 언급된다. 학자들은 이 아피루족의 시대와 하비루족의 시대를 동일시하며 이들이 억압받던 이스라엘 백성이라고 생각한다.[459]

그러나 이미 앞에서 언급했듯이 하비루족은 이미 고대 근동 지방에서 자주 언급되는 이름으로 어떤 단일 민족의 이름이 아니다. 하비루는 싸움 잘하고 용병으로 일하거나 노예로 팔려 간 사람들을 부르

---

455) 상게서.; 참고, John A. Wilson, *The Culture of Ancient Egypt*, pp. 159, 251.

456) Merrill F. Unger, *Archaeology and the Old Testament*, p. 149.

457) 사사기 18:29에 의하면 아브라함의 증손자인 단의 자손들이 팔레스틴 북쪽으로 올라가 라이스라는 성읍을 중건하고 그 성읍을 새롭게 단이라 불렀다. 그러므로 아브라함 때에는 그 성읍이 단이 아니라 라이스로 불려졌을 것이다.

458) 상게서.

459) Harrison, *Old Testament Times*, p. 128; 참고, 정규남, *구약 개론*, p. 99.

는 통속 이름으로 이해된다.[460] 그러므로 라암셋 2세의 비문에서 언급되는 하비루족도 이스라엘 백성이 아니라, 다른 족속으로 라암셋의 군대나 공사장에서 일했던 사람들로 설명할 수 있다.

(2) 트랜스요르단(Transjordan) 지역의 고고학적 발굴의 결과가 13세기 설을 지지한다고 미국 신신나티(Cincinnati)에 있는 히브리 유니온(Hebrew Union) 대학의 교수와 학장을 지낸 글류크(Glueck)가 주장한다.[461]

아브라함 이후 에돔과 모압 땅은 주전 13세기 중엽까지 거의 사람도 살지 않는 지역이었다는 것이다.[462] 이 결론에 의하면 성경에서 언급하는 이스라엘 백성이 에돔 백성의 반대에 부딪혀 그 당을 통과하지 못하고 우회한 일과(민 20:14이하) 헤스본에 있는 암몬과의 힘든 대결(민 21장)등이 에돔 인구가 많기 시작했던 주전 13세기 이후에 일어날 수 있었으므로 출애굽은 13세기에 일어났다는 것이다. 그러나 주전 13세기 이전에 그곳에 살던 사람들은 주로 한곳에 오랫동안 머물지 않는 유목민 생활이나 단순한 농경 생활을 한 것이었지, 큰 성벽을 갖춘 발전된 도시 생활을 하지 않았던 사실을 고려할 때, 그 당시의 고고학적인 유물들이 발굴되지 않았다고 하여 주전 15세기 경에 사람들이 밀집하여 살지 않았다고 단정할 수 없다. 또한 그 고고학적 발굴은 넓은 지역에서 일부만 발굴한 것이었으며, 비교적 땅의 표면

---

460) 참고, 문희석 편저, *사회학적 구약성서 해석*(서울: 양서각, 1984), pp. 240-252. John Bright, *A History of Israel,* 2nd edition(Philadelphia: the Westminster Press, 1972), pp. 92-94.

461) 정규남, *구약개론,* p. 99.

462) Nelson Glueck, *The Other Side of Jordan*(New Haven: American Schools of Oriental Research, 1940), pp. 125ff.; Unger, *Archaeology and the Old Testament,* p. 151.

층만을 발굴한 것이었으므로 고고학적 최종 결론은 아직도 더 기다려야 하는 상태이다.[463)]

(3) 켄연(K. Kenyon)은 그의 스승 가르스탕이 발굴했던 성벽을 다시 탐사한 후 주전 15세기 설을 부정했다. 가르스탕이 이스라엘 백성에 의해 파괴됐을 것이라고 생각했던 그 성벽을 켄연(Kenyon)은 이스라엘의 침입과는 무관한 것으로 생각했으며 그 성안에 사이프러스(Cyprus)로부터 수입한, 그리고 후기 청동기의 첫 기간동안 흔했던 도자기들이 없는 것에 근거하여 그 성은 중간 청동기시대(약 1550년 B.C.)의 끝에 파괴되었으며 후기 청동기 시대 동안에는 그곳에 사람이 살지 않았다고 결론 내렸다.[464)]

이러한 켄연의 측정 연대에 대해서 카나다 토론토 대학의 고고학자인 우드(B. Wood) 교수가 반대 입장을 분명히 했다. 1978년 켄연(Kenyon)이 죽은 후 출판된 그녀의 마지막 보고서를 다시 검토한 후 우드 교수는 문제된 성벽의 연대 측정에서 그녀가 취한 방법을 거절했다.

켄연이 특별히 수입된 도자기가 없다 하여 국내의 도자기를 무시하고 마지막 파괴의 때를 측정한 것은 옳지 않다고 우드 교수는 지적했다. 그리하여 우드 교수는 남아 있는 도자기 그릇들, 궁중 인장이나 부적들, 지진 활동의 상황, 성이 무너질 때 도시 안에 많이 있던 곡물, 불에 의해 파괴된 흔적, 비틀거려 쓰러진 성벽의 유적들을 조사하고

---

463) 정규남, *구약 개론*, pp. 99f.; Unger, 상게서, pp. 151f.

464) K. Kenyon, *Digging up Jericho*(London: Ernest Benn, 1957), p. 262; Kenyon, *The Bible in Recent Archaeology*(Atlanta: John Knox, 1978), pp. 33-37. 이 책들은 다음 논문으로부터 재인용됨: Bruce K. Waltke, "The Date of the Conquest," *Westminster Theological Journal* 52(1990): 191.

약 1400 B. C.에 파괴되었다는 강한 증거를 보여준다고 주장한다.[465] 그리하여 우드 교수는 "우리가 여리고 에서 발견한 고고학적 증거를 이스라엘이 여리고를 파괴한 것으로 묘사한 성경 이야기와 비교할 때 아주 뚜렷한 일치를 발견 한다"고 결론 내린다.[466]

(4) 열왕기상 6:1은 문자 그대로의 숫자가 아니라 세대(generation)를 가리키는 대략적인 숫자라고 주장한다.[467] 열왕기상 6:1은 출애굽한지 480년 곧 솔로몬 즉위 4년에 성전 건축을 시작했다고 하는데 이 480년은 12대(generation)를 뜻한다는 것이다. 그런데 만약 한 세대가 실제로는 40년보다 짧은 25년이라면 480년이라는 열왕기상 6:1의 숫자는 문자 그대로 480년이 아니라 300년[468]을 가리키게 된다고 한다.[469] 그러면 솔로몬이 성전을 건축하던 즉위 4년이 주전 961년경이므로 출애굽 연대는 961+300=1261년경으로서 주전 13세기 중엽이다.

그러나 열왕기상 6:1을 볼 때 480년이라는 숫자를 대략적인 상징수로 읽는 것은 문맥상 받아들이기 어렵다. 왜냐하면 열왕기상 저자는 성전 건축을 시작한 연대를 정확히 말하고자 "애굽 땅에서 나온지 480년," "솔로몬이 이스라엘 왕이 된지 4년," :시브월 곧 2월"이라는 세 가지 다른 숫자를 열거하면서 설명하는데 480년이란 숫자를 상징적인 숫자로 이해하는 것은 열왕기상 저자의 의도와 배치되는 것이라 생각한다.[470]

---

465) Bruce K. Waltke, "The Date of the Conquest," p. 192.

466) 상게서.

467) 정규남, *구약 개론*, p. 100.

468) 1세대는 25년이고 480년은 12대를 가리킨다고 함으로 25×12=300년이다.

469) John Bright, *A History of Israel*, 2nd edition, p. 121.

470) 정규남, *구약 개론*, p. 100.

앞서 살펴본 것처럼 주전 15세기 설과 주전 13세기 설이 성경의 증언과 고고학적 발굴을 통해 서로의 견해를 강하고 주장하고 있다. 이 둘 중 어느 것이 옳다고 단정할 수는 없지만, 성경의 증언은 15세기 설을 더 지지하고 있음을 인정해야 한다.

5. 설교 및 교훈 자료

1) 38절: 중다한 잡종

신앙은 순수성이 중요하다. 그러기 위해서는 믿는 자끼리 결혼해야 한다. 중다한 잡족은 이집트 사람이거나 혹은 이스라엘과 함께 사는 다른 민족의 사람들이거나 혹은 이스라엘 사람들과 이집트 사람들의 혼혈된 사람들일 것이다. 이들은 자주 문제를 일으켰다. 왜냐하면 하나님 편에도 서고 세상 편에도 서기 때문이다. 여호와 하나님을 믿지 않는 사람과의 결혼은 성경에서 금하고 있다(느헤미야 13:26, 에스라 9:2, 10:2,11, 고후 6:14-18). 왜냐하면 서로의 생각과, 인생의 목적, 방법, 관습, 감정이 다르기 때문이다. 중다한 잡족은 이기적인 목적으로, 확고한 신념이 없으며 이스라엘의 하나님을 분명히 알지도 못하고 다른 사람이 믿으니 나도 한 번 따라가서 자유를 누려 보겠다는 사람들이었다.

2) 40-41절: 길고 긴 연단의 시간들

430년이라는 긴 세월 동안 하나님은 이스라엘 백성을 나그네와 노예로서 훈련시키셨다. 그들이 처음 이집트에 올 때는 다만 가나안 땅에 흉년이 들어서 왔으나 그 후 430년 동안 압박을 받고 고통을 당하면서 살았다. 하나님은 한 백성을 택하여 그의 거룩한 백성으로 삼기 위해 이런 고난과 억압을 받게 했다. 우리 개인의 삶에서도 하나님은 우리를 그의 종으로 쓰시기 위해서 이러한 연단의 시련을 주심을 알아야 한다. 사도바울은 훌륭한 주님의 제자가 되기 위해서 아라비아 사막에서 3년의 기도생활을 했음을 기억하자(갈 1:17-18). 우리에게 오는 시련이 있을 때 나를 더욱 성화시키고 하나님의 사람 만들기 위함인 것을 알고 감사하자.

[43절-51절]

보충된 유월절 규례

43. 여호와께서 모세와 아론에게 이르시되 유월절 규례가 이러 하니라 이방 사람은[1] 먹지 못할 것이나, 44. 각 사람이 돈으로 산 종은 할례를 받은 후에 먹을 것이며, 45. 거류인과 타국 품군은 먹지 못하리라. 46. 한 집에서 먹되 그 고기를 조금도 집 밖으로 내지 말고 뼈도 꺾지 말지며, 47. 이스라엘[2] 회중이 다 이것을 지킬지니라. 48. 너희와 함께 거하는 타국인이 여호와의 유월절을 지키고자 하거든 그 모든 남자는[3] 할례를 받은 후에야 가까이하여 지킬지니 곧 그는 본토인과 같이 될 것이나 할례 받지 못한 자는 먹지 못할 것 이니라. 49. 본토인에게나 너희 중에 우거한 이방인에게나 이 법이 동일하니라 하셨으므로, 50. 온 이스라엘 자손이 이와 같이 행하되 여호와께서 모세와 아론에게 명하신대로 행하였으며, 51. 그 같은 날에 여호와께서 이스라엘 자손을 그 군대대로 애굽 땅에서 인도하여 내셨더라.

1. 본문의 원전 설명

43절: 1 "이방 사람은." 이 문구가 히브리어 원문성경에서는 더 강조적 으로 "모든 이방 자손은"이라고 되어 있다.

47절: 2 "이스라엘." 이 단어에 70인역과 벌게이트역은 "자손들"이란 단어를 첨가시킨다.

48절: [3] "그 모든 남자는." 이 문구는 히브리어 원문성경을 따르면 보다 구체적으로 "그에게 속한 모든 남자는"이라 되어 있다.

2. 본문 내용 개요

이스라엘 백성이 출애굽한 후 함께한 이방사람들이 유월절에 참여하기를 원하면 반드시 할례를 받게 한 후 참여하게 하라는 말씀.

3. 주석

43절에서 하나님은 유월절에 참가하는 사람을 제한하신다. 즉 유월절은 이스라엘이 하나님의 특별한 은총과 권능에 의해 구원받고 하나님의 백성된 것을 기념하는 축제이기 때문에 이스라엘 백성이 아닌 이방사람은 참여하지 못하게 한다. 그런데 44절에 따르면, 각 사람이 돈으로 산 종은 할례를 받은 후에 유월절 잔치에 참여케 했다. 이것은 종을 돈으로 샀고 할례를 시켜서 이스라엘의 한 일원이 되게 했기 때문이다. 할례 받지 못한 종이나 다른 이방인들은 비록 이스라엘 백성과 함께 살지만 여호와께서 유일한 하나님이시라는 믿음이 없고, 유월절 어린 양의 피의 능력에 대한 확신이 없으며, 이스라엘 백성에 대한 하나님의 특별한 선택에 대한 감사도 없기 때문이다.

45절에서 거류인과 타국 품꾼은 먹지 못하리라는 것은 잠정적으로 이스라엘과 같이 살고 있는 자나 삯을 받고 일하는 사람들은 언젠가는 이스라엘과의 관계가 끝나고 떠날 사람들이기 때문에 유월절 잔치에 참여하지 못하게 한다. 이렇게 금하는 것은 이 유월절 식사 가운데 이스라엘이 여호와와의 일체감과 순수한 교제를 보존하고 축하하기 위해서였다.

48절에서 여호와께서는 다시 분명히 말씀하시길 이스라엘과 함께 거하는 타국인이 유월절 잔치에 참여하고자 하면 반드시 할례를 받은 후에야 참여하게 하라고 하신다. 이는 타국인이 할례를 받아 영적으로 여호와의 나라에 통합되지 않고는 유월절 잔치에 참여할 수 없다는 것이다. 이것은 타국인과 그의 모든 남자가 할례를 받으면서 이스라엘의 하나님이 자신의 하나님이심을 고백하면서 확신하게 되므로서(참고, 창 17:7-14) 유월절에 참여하는 의의가 있고 하나님의 복을 받게 되기 때문이다.

4. 설교 및 교훈 자료

43-51절: 유월절에 대한 규례

여호와를 따르는 자들은 하나님께서 친히 명하신 율례를 반드시 지켜야 한다. 하나님께서는 모세를 통하여 이스라엘 백성에게 유월절 의식에 대한 규례를 주셨다. 이러한 규례의 중요성을 살펴보면,

1) 모든 유월절 행사에 참여하는 남자는 할례를 받아야 한다.

2) 그 의식은 이방인과 이스라엘 백성과의 혈통적인 구분을 무시하고 여호와를 섬기는 모든 자에게 개방된다.

3) 유월절 속죄양은 흠이 없어야 하므로 반드시 뼈를 꺾지 말아야 한다.

[출애굽기 13장]

[1절-10절]

무교절의 규례

1. 여호와께서 모세에게 일러 가라사대, 2. 이스라엘 자손 중에 사람이나 짐승이나 무론하고 초태생[1]은 다 거룩히 구별하여 내게 돌리라 이는 내 것이니라 하시니라. 3. 모세가 백성에게 이르되 너희는 애굽에서[2] 곧 종 되었던 집에서 나온 그 날을 기념하여 유교병을 먹지 말라 여호와께서 그 손의 권능으로 너희를 그곳에서 인도하여 내셨음이니라. 4. 아빕월 이 날에 너희가 나왔으니, 5. 여호와께서[3] 너를 인도하여 가나안 사람과 헷 사람과 아모리 사람[4]과 히위 사람과 여부스 사람의 땅 곧 네게 주시려고 네 조상들에게 맹세하신바 젖과 꿀이 흐르는 땅에 이르게 하시거든 너는 이 달에 이 예식을 지켜, 6. 칠일 동안 무교병을 먹고 제 칠일에는 여호와께 절기를 지키라. 7. 칠일 동안에는 무교병을 먹고 유교병을 너희 곳에 있게 하지 말며 네 지경 안에서 누룩을 네게 보이지도 말게 하며, 8. 너는 그 날에 네 아들에게 뵈어 이르기를 이 예식은 내가 애굽에서 나올 때에 여호와께서 나를 위하여 행하신 일을 인함이라 하고, 9. 이것으로 네 손의 기호와 네 미간의 표를 삼고 여호와의 율법으로 네 입에 있게 하라 이는 여호와께서 능하신 손으로 너를 애굽에서 인도하여 내셨음이니, 10. 연년이 기한에 이르러 이 규례를 지킬지니라.

1. 본문의 원전 설명

2절: [1] "초태생은." 이 단어는 히브리어 원문성경대로 직역하면, "모든 자궁을 연 처음 난 자들"이다.

3절: [2] "애굽에서." 이 단어에 사마리아 오경, 70인역 그리고 수리아역은 "땅"이란 단어를 첨가해 "애굽의 땅으로부터"이다.

5절: [3] "여호와께서." 이 단어에 사마리아 오경, 70인역 그리고 요나단 탈굼은 "너의 하나님"이란 문구를 첨가하여 "여호와 너의 하나님께서"로 되어 있다.

5절: [4] "아모리 사람과." 사마리아 오경은 이 단어에 다음 두 종족의 이름이 더 첨가된다: "기르가스 족속(the Gilgaschites)"과 "브리스 족속(the Perizzites)". 헬라어 70인역 성경도 앞의 두 종족의 이름을 첨가하지만 그 순서는 바뀌어져 있다.

2. 본문 내용 개요

여호와께서 이스라엘 백성 가운데 사람이나 짐승의 처음 난 것을 거룩히 구별하여 하나님께 돌리고 출애굽한 날을 기념하여 가나안 땅에 들어갔을 때 무교절을 규례대로 지켜 행하라고 하신다.

3. 주석

1-2절에서 언급된 "초 태생", 즉 처음 난 것을 거룩히 구별하는 것은 유월절과 밀접히 관련이 있다. 이는 이스라엘의 처음 난 것이 구원받은 것은 유월절에 일어났기 때문이다. 여호와가 구원해 준 초태생을 여호와께 거룩히 구별하여 드리라고 하신다. 이스라엘 사람들은 유월절에 여호와와 교제를 행하고, 무교절의 행사를 축하하기 시작할 때, 처음 난 것을 거룩히 구별하여 그들이 하나님의 자녀 됨을 연속하여 실천한다.

이러한 이유 때문에 아마 여호와 께서는 처음 난 것을 거룩하게 하는 것을 숙곳에서 명령하셨을 것이다. 즉 출애굽 후 첫 번째 머무른 장소인 숙곳에서 7일의 무교절의 제도(출 12:15)가 언급된 것으로 보

인다.[471]

사람이나 짐승이나 무론하고 초 태생은 여호와께 거룩히 구별하여 드린다는 말은, 여호와께 봉사하도록, 여호와를 위해 일하도록 바치는 것이다. 처음 난 것이 여호와의 것이 되는 것은 여호와가 모든 것의 창조자이시라는 사실에서 기인한 것이 아니다. 그것은 하나님께서 유월절 때 이스라엘의 처음 난 것을 그를 위해 거룩하게 구별하고 그러므로 그들을 구원하여 주었다는 사실에 근거한다(민 3:13, 8:17).[472]

3절에서 모세는 백성에게 이집트에서, 곧 종 되었던 집에서 나온 그날을 기념하여 유교병을 먹지 말라고 한다. 여기서 이집트를 '종 되었던 집' 이라고 부르는데 이것은 이스라엘이 거기서 노예로 일했고 노예 백성으로 취급되었기 때문이다. 또한 성경의 다른 곳(신 4:20, 왕상 8:51, 렘 11:4)에서는 이집트를 "쇠 풀무" 라고 불러 이스라엘 백성을 하나님의 거룩한 백성 만드시기 위해 혹독한 시련으로 단련시킨 곳이 이집트 나라임을 가르쳐 준다.

"그 손의 권능(חֹזֶק יָד)" 이라는 말이 3절, 14절, 16절에 세 번이나 언급된다. 이 구절은 출애굽기 3:19의 '강한 손' 이라는 말보다 더 강한 표현이다.

5절은 이스라엘 백성이 가나안 땅에 도착할 때 까지는 무교절 축제가 거행되지 않았음을 가리켜 준다. 5절에서 언급된 다섯 족속은 이미 출애굽기 3:8에서 언급되었고 거기에서는 "아모리 족속" 다음에

---

471) Keil and Delitzsch, *Biblical Commentary on the Old Testament*, vol. 2, *the Pentateuch*, p. 33; Kaiser, Jr., *Exodus, the Expositor's Bible Commentary*, vol. 2, p. 382.

472) Keil and Delitzsch, 상게서; Kaiser, Jr., 상게서.

"브리스 족속"이 첨가되어 여섯 족속이 열거된다. 이 여섯 족속이 어떤 족속들이며 그들의 주거지가 어디인가에 대해서는 출애굽기 3:8의 주석을 참고하시기 바람. 그리고 5절에서 언급된 "젖과 꿀이 흐르는 땅"이란 이스라엘 백성이 차지할 땅이 풍요와 번영의 땅임을 나타낸다. 그 땅은 양과 염소 등이 우유를 많이 내고, 포도나 야자열매 등이 달콤한 음료를 넘치게 생산하며, 벌들이 꿀을 풍성히 만들어 내는 축복의 땅임을 가리킨다(참고, 출 3:8).

6절에서 "절기"라는 말은 히브리어로 "하그"(חַג)이다. 영어로는 feast라는 뜻으로 '축일,' '축제,' '향연' 등을 의미한다. 즉 무교절 마지막 날을 여호와께 축제일로 지키라는 말이다. 그리하여 거룩한 모임을 갖고 여호와께 예배하며 그날에 쉴 것을 말한다(출 12:16). 이것이 특별히 강조된 것은 제7일에 대해서이다. 첫째 날이 강조되지 않은 것은 첫째 날이 여호와의 축제일이라는 것이 당연한 것으로 이해되었기 때문으로 생각된다. 출애굽기 12장에서는 첫째 날과 일곱째 날이 다 강조되어 설명된다: "너희에게 첫날에도 성회요 제 칠일에도 성회가 되리니 이 두 날에는 아무 일도 하지 말고 각인의 식물만 너희가 갖출 것이니라."(출 12:16).

7절에서는 누룩 넣은 빵, 곧 유교병을 칠일 동안에는 먹지 말라고 하신다. 더 나아가 유교병을 너희 곳에 있게도 하지 말라고 하며 또한 네 지경 안에서 누룩을 보이지도 말게 하라고 명령하신다. 고린도전서 5:7-8에서 사도 바울은 구약의 이스라엘뿐만이 아니라 우리도 누룩 없는 삶을 살라고 말씀한다. '괴악하고, 악독한 누룩'이 아니라 '순전하고 진실한' 삶을 살라는 권고이다. 출애굽기 13:8절에서 쓰인 "뵈어 이르기를"이라는 문구는 '보여서 말하기를' 뜻한다. 그러나 히브리 원문 성경에 보면 "너는 그날에 네 아들에게 말하기를"(הִגַּדְתָּ, 말하다, 선포하다) 이라고 되어 있다. 장차 유월절 예식을 행하면서 출애굽을 경험하지 않은 아들에게, 왜 이 예식을 행하는지를 말해주라는 것이다.

9절에서 말한 "기호"란 히브리어 원문 성경에서는 "오트"(אוֹת)로서 "표, 기호, 표상, 부호, 표지, 기, 싸인" 등을 의미한다. 여기 9절에서는 손에 매는 "표지"(標識)) 같은 것을 뜻한다. "미간" 이란 '두 눈썹 사이' 를 가리키는데, 이 단어의 원어를 히브리어 원문성경에서 보면 "두 눈 사이에" 로 되어 있다. 그리고 "표" 란 히브리어 원문성경에서는 "지크카론"(זִכָּרוֹן)으로서 '기념물, 기념제, 유품, 추억, 회상' 등을 뜻한다. 여기서는 두 눈썹 사이에 기념이 되는 '어떤 생각나게 하는 것' 을 가리킨다. 9절은 앞 절들에서 규정한 축제를 이스라엘 백성이 손에 매는 '표지(標識)' 와 두 눈썹사이에 붙어있는 추억의 표와 같이 잊지 말고 기억해야 할 것을 가르친다. 곧 이스라엘 백성은 마땅히 무교절을 잊지 않고 깊이 명심하라는 뜻이다. 이 구절은 이스라엘 사람들이 손과 이마에 외우는 표를 갖고 다니는 습관을 가졌음을 상기시켜준다. 9절과 병행구절들인 신명기 6:8과 11:8이 '너희 손목에 매어 기호를 삼고"라 말한 것을 볼 때 9절의 말씀이 손에 표지를 쓰거나 새기는 것을 뜻하는 것이 아니라, 손목에 팔찌처럼 매는 것을 뜻하고, 그리고 두 눈 사이에 어떤 띠를 붙이는 것을 가리킨 것으로 이해된다.

9절에서 "여호와의 율법으로 네 입에 있게 하라." 는 말씀은 여호와의 율법을 계속해서 말하도록 입에 있게 하라는 의미로 이해 할 수 있다. 이는 손이나 이마에 암기하는 표를 매어서 그렇게 할 수 있기 보다는, 그 율법을 마음으로 받아 계속해서 실천함으로 할 수 있다. 이스라엘 백성은 무교절을 행하면서 무교절의 기원과 의미를 말하고 누룩 없는 빵을 먹으며 하나님의 명령과 가르침들을 이야기 할 때 무교절을 지켜야 할 의무감이 새로워지고 생생하게 되새길 수 있었다. 10절에 의하면 이 규례가 한번으로 끝나는 것이 아니라 매년 정해진 기간, 즉 아빕월 15일부터 21까지 지켜야 할 것임을 말씀하신다.

4. 설교 및 교훈 자료

1) 1-2절: 초태생을 구별하여 거룩하게 드리라.

이스라엘 백성에게 첫 자식을 바치라고 했는데 우리는 우리 모두를 산 제물로 하나님께 드리자. 바울은 우리 모두를 하나님이 기뻐하시는 산 제물로 바치라고 말씀한다(롬 12:1-2). 실제 생활에서 하나님의 말씀대로 살아 그에게 우리를 봉헌하는 삶을 살도록 하자. 바울은 일상생활에서 하나님의 말씀대로 하나님을 섬기는 것을 산제물이라고 했다. 주일성수, 헌금, 경건한 예배, 기도생활, 거짓말 안하는 것, 진실된 삶, 험담하지 않는 것 등과 같이 작은 일에서부터 정직한 생활을 보여줌으로써 우리 자신을 하나님께 산 제물로 바치도록 노력하자.

2) 9절: 이집트에서 인도해주신 여호와를 기억하라.

이스라엘 사람들이 종 되었던 집, 이집트에서 구원받은 것을 기념하고 잊지 말아야 했던 것처럼, 우리들도 예수님께서 우리를 죄에서 구원하시기 위해서 조롱받으시고, 침 뱉음을 당하고, 주먹으로 맞으며, 가시 면류관을 쓰시고, 창에 찔리시고, 십자가에 양손과 양팔이 못에 박혀 돌아가셔서 행하신 엄청난 구원 사건을 잊지 말고 기념해야할 것이다.

3) 10절: "연년이 기한에 이르러 이 규례를 지킬 지니라"

이스라엘이 가나안에 정착하여 평안을 누릴 때 특별히 하나님의 구속의 사역을 기억하며 감사할 것을 말한다. 우리들은 부요하고 성공할 때는 하나님을 잊어버리기 쉽다(신 8:12-14, 17-18). 우리들은 부요하고 성공할수록 그것을 이루게 하신 분이 하나님 이신 것을 명심하고 더욱 더 하나님을 잘 섬겨야할 것이다. 그렇지 않을 때 하나님은 우리를 크게 벌하실 것이다.

[11절-16절]

좀더 자세한 유월절 규례

11. 여호와께서[1] 너와 네 조상에게 맹세하신대로 너를 가나안 사람의 땅에 인도하시고 그 땅을 네게 주시거든, 12. 너는 무릇 초 태생과 네게 있는 생축의 초 태생을 다 구별하여 여호와께 돌리라 수컷은 여호와의 것이니라[2]. 13. 나귀의 첫 새끼는 다 어린 양으로 대속할 것이요 그렇게 아니하려면 그 목을 꺾을 것이며 너의 아들 중 모든 장자 된 자는 다 대속할지니라. 14. 장래에 네 아들이 네게 묻기를 이것이 어찜이냐 하거든 너는 그 에게 이르기를 여호와께서 그 손의 권능으로 우리를 애굽에서 곧 종이 되었던 집에서 인도하여 내실쌔, 15. 그 때에 바로가 강퍅하여 우리를 보내지 아니하매 여호와께서 애굽 나라 가운데 처음 낳은 것까지 다 죽이신 고로 초 태생의 수컷 은 다 여호와께 희생으로 드리고 우리 장자는 다 대속하나니, 16. 이것으로 네 손의 기호와 네 미간의 표를 삼으라 여호와께서 그 손의 권능으로 우리를[3] 애굽에서 인도하여 내셨음이니라 할지니라.

1. 본문의 원전 설명

11절: 1 "여호와께서." 이 단어에 사마리아 오경과 헬라어 70인역은 "너의 하나님"을 첨가하고 있다.

12절: 2 "여호와의 것이니라." 이 단어 앞에 헬라어 70인역, 탈굼 옹켈로스, 그리고 라틴어 번역인 벌게이트역은 "너를 … 구별되게 하라"는 단어를 첨가한다. 그러면 12절의 끝절이, "너는 … 수컷을 여호와께 구별되게 하라(혹은 "… 너는 수컷을 여호와께 바치라")로 번역된다.

16절: 3 "우리를." 이 단어가 사마리아 오경, 헬라어 70인역, 그리고 수리아역은 2인칭 "너를"로 읽는다.

2. 본문 내용 개요

처음 난 것을 구별하는 것에 대한 모세의 이전 설명(12:2)을 모세 자신이 좀 더 자세 히 설명하는데, 이 법을 이스라엘 백성이 가나안에 들어갔을 때 시행할 것을 말함.

3. 주석

12절에서 "초태생"이란 히브리 원문에 '페세르 레헴(פֶּטֶר רֶחֶם)' 이다. 이 문구의 뜻은 '자궁을 처음 연 것' 을 의미한다. 생축의 초태생은 소, 양, 염소 등 가축의 처음 난 것을 가리킨다. 그러나 처음 나 것 중에서도 수컷만 하나님께 바치게 하고, 처음 난 것이라도 암컷은 제외된다. 13절은 나귀의 첫 새끼에 대해 말씀한다. 나귀는 부정한 가축 중에 가장 흔한 동물인데 이 나귀의 첫 새끼를 하나님께 바치지 말고 어린 양으로 대치해 바치라고 한다. 부정한 동물은 하나님께 제물로 드릴 수 없기 때문이다. 어린 양으로 대치할 수 없는 나귀 새끼는 목을 꺾어 죽이라 한다.[473] 이렇게 대속되지 않은 부정한 동물인 나귀

473) Kaiser, Jr., *Exodus, the Expositor's Bible Commentary*, vol. 2, p. 383.

의 처음 난 것의 목을 꺾어 죽이라는 것은 부정한 자는 대속을 받지 않고는 죽임을 당한다는 것을 가르쳐 주는 것이다. 곧 죄로 인해 죽을 수밖에 없는 부정한 우리가 예수 그리스도의 보혈 공로로 구속받지 못할 때 영원히 죽임을 당한 것과 같다.

"… 너의 아들 중 모든 장자 된 자는 다 대속 할 지니라"는 말씀은 이스라엘 백성이 그들의 처음 태어난 장자를 이방 사람들이 자기 자녀들을 몰록(Moloch) 신에게 제물로 바치는 것같이 하나님께 제물로 바치라는 것이 아니다. 그 대신 사람의 장자는 다 대속하라는 것이다. "대속"이란 몸값을 치루고 구해내는 것을 가르친다. 사람의 처음 난 것의 몸값은 은 5세겔이라 한다(민 18:16). 레위 족이 이스라엘 다른 지파들의 처음 난자들을 대신하여 하나님을 직접 섬기도록 했는데 그때 레위족의 수(數)보다 다른 이스라엘 지파들의 장자들의 수(數)가 더 많으므로 더 많은 장자들의 매 명당 5세겔씩 계산하여 그 총액을 제사장들에게 지불하게 했다(민 3:40-51).[474]

14절은 앞서 말한 유월절과 무교절의 규례를 구전(口傳)으로 가정에서 후손들에게 전하라고 명령하신다. 자식이 아버지에게 이 예식이 무엇이냐? 물으면 아버지는 자식에게 출애굽 때에 일어났던 내용을 말해 주어야함을 가르쳐준다. 여기 14절과 15절에서 아버지가 말해야 할 가장 중요한 내용으로 열 재앙들 중에 이스라엘 백성을 구원해 내는 기적을 완성케 했던 열 번째 재앙을 특히 지적해 준다.

16절의 말씀은 손이나 두 눈썹 사이에 무엇을 실제로 표를 해달라는 것이 아니라, 이스라엘 사람들이 하나님의 명령을 마음에 간직하고 입으로 고백할 뿐만 아니라, 그 명령을 손으로, 혹은 행위로, 그리

474) 상게서

고 삶 자체에서 그 율법의 보관자요 지키는 자임을 보여주라는 것이다. 하나님의 명령을 손이나 눈썹사이에 있는 표처럼 기억하여 생생하도록 해야 함을 가르친다(참고, 잠 3:3 "인자와 진리로 네게서 떠나지 않게 하고, 그것을 네 목에 매며 네 마음 판에 새겨라.).

[17절-22절]

숙곳을 떠나 에담에 도착한 이스라엘 백성

17. 바로가 백성을 보낸 후에 블레셋 사람의 땅의 길은 가까울지라도 하
나님이 그들을 그 길로 인도하지 아니하셨으니 이는 하나님이 말씀하시
기를 이 백성이 전쟁을 보면 뉘우쳐 애굽으로 돌아갈까 하셨음이라. 18.
그러므로 하나님이 홍해의 광야 길로 돌려 백성을 인도하시매 이스라엘
자손이 애굽 땅에서 항오를 지어 나올 때에, 19. 모세가 요셉의 해골을
취하였으니 이는 요셉이 이스라엘 자손으로 단단히 맹세케 하여 이르기
를 하나님[1]이 필연 너희를 권고하시리니 너희는 나의 해골을 여기서 가
지고 나가라 하였음이었더라. 20. 그들이 숙곳에서 발행하여 광야 끝 에
담에 장막을 치니, 21. 여호와께서[2] 그들 앞에 행하사 낮에는 구름 기둥
으로 그들의 길을 인도하시고 밤에는 불기둥으로 그들에게 비취사 주야
로 진행하게하시니[3], 22. 낮에는 구름 기둥, 밤에는 불기둥이 백성 앞에
서 떠나지 아니하니라

1. 본문의 원전 설명

19절: [1] "하나님이." 이 단어가 헬라어 70인역에 의하면 "주"로 되어있다.

21절: [2] "여호와께서." 헬라어 70인역은 "여호와" 대신 "하나님"으로 쓴다.

21절: [3] "진행하게 하시니." 이 단어는 히브리어 원문성경의 대응단어대로 직역하면, "가게 하시니"이다.

2. 본문 내용 개요

하나님이 이스라엘 백성을 지중해 해변의 강한 군사력을 가진 블레셋 사람들의 지역이 아니라 홍해의 광야 길로 인도하여 숙곳을 출발해 에담에 장막을 치게 하였으며 구름과 불기둥으로 인도하심.

3. 주석

17절을 보면 하나님이 이스라엘 백성을 가장 빠른 길로 인도하지 않으셨음을 볼 수 있다. 이집트에서 가나안으로 가는 가장 짧은 직선 길은 블레셋 사람이 사는 가사 지방으로 가는 길이다(6-7일이 소요되는 짧은 길). 하나님은 그길로 이스라엘 백성을 인도하시지 않았다. 하나님은 그길로 이스라엘 백성을 인도해서 블레셋 사람들의 강한 저항을 받고 무서워서 그들이 이집트를 떠난 것을 후회하고 이집트로 돌아가려할 것을 염려했기 때문이다.

하나님은 블레셋 사람들이 전쟁을 잘하고 강한 사람들이어서 이스라엘이 가나안 땅에 들어가는 것을 강력히 저지할 것을 알고 계셨다. 이스라엘 사람들은 이렇게 강한 군대들과 싸울 준비가 되지 않아 강한 군대들이 그들을 죽이려할 때 그들이 무서워하고 낙망할 것은 너무나 자명했다(참고, 출 14:10). 그래서 하나님은 이스라엘 백성을 홍해 길로 돌아가도록 했다. 여기서 우리는 사도 바울의 말씀을 생각하게 된다. 하나님은 이스라엘 백성의 형편과 믿음의 정도를 알고 계심으로 그들이 감당할 수 있는 시험만 허락하신 것이다. 사람이 감당할 시험 밖에는 너희에게 당한 것이 없나니 오직 하나님은 미쁘사 너희가 감당치 못할 시험 당함을 허락지 아니하시고 시험 당할 즈음에 또 한 피할 길을 내사 너희로 능히 감당하게 하시느니라."(고전 10:13).

또한 하나님은 광야에서 그의 백성을 더욱 단련시키고 가르치기 위해서 직진이 아니라 우회를 하게하신 것이라고 볼 수 있다. 모세를 40년간 광야에서 교육시키고 단련시키셨던 것처럼 말이다. 벼락부자가 쉽게 망하는 것처럼 쉽게 가나안에 들어가면 곧 바로 이방 가나안 사람들에게 물들고 그들의 신들을 섬기고 멸망할 연약한 이스라엘을 보시고 훈련 시킬 기간을 위해서 우회 시켰다고 볼 수 있다. 하나님은 광야 길을 통해 그들을 훈련시키시면서 그들에게 율법을 주시고 그들과 언약을 맺으시면서 하나님의 백성되게 하셨다.

18절에서 언급된 "항오"는 군대를 편성한 행렬을 뜻한다. 히브리 성경에 보면 '하무쉼(חֲמֻשִׁים)' 이라고 되어있다. 이 말은 형용사 복수 형태로써 'in battle array' (BDB, p. 332)를 의미한다. 즉 전쟁을 하기 위해서 전투대열을 섰다는 것이다. 그러나 여기서 이스라엘 백성이 어떤 무기를 무장하여 행렬한 것으로는 이해되지 않는다. 도망치는 자처럼 무질서하게 가는 것이 아니라 행군의 열을 만들어 갔음을 뜻한다고 볼 수 있다(Cassuto, *A Commentary on the Book of Exodus*, pp. 156f).

19절에서 모세가 요셉의 해골을 가지고 나왔음을 말한다. 모세는 가장 복잡하고 정신이 없을 때이지만 조상들이 요셉이 죽기 전에 요셉에게 약속했던 것을 잊지 않았다. 요셉이 한 말은 창세기 50:25에 있다: "하나님이 정녕 너희를 권고하시리니 너희가 여기서 내 해골을 메고 올라 가겠다 하라 하였더라." 이 요셉의 요청은 이기적인 말이 아니라 하나님의 약속을 믿는 믿음의 말이었고 후손들에게 이집트가 그들의 유업의 땅이 아니고 그들의 유업의 땅은 장차 들어갈 가나안 땅임을 명심하고 하나님의 약속을 잊지 않고 살 것을 권고하는 말씀이다.

20절에 의하면, 이스라엘 백성은 숙곳에서 발행하여 광야 끝 에담에 장막을 쳤다. 20절에서 말한 "광야 끝"은 광야에 연접해있는 사람이 사는 마지막 지역이다. 그들이 얼마 동안 숙곳에 머물렀는지 언급이 없다. 하루나 혹은 더 오래 머물렀는지 모른다. 본문에는 숙곳에서 에담으로 가는데 얼마나 오래 걸렸는지 설명이 없다. 에담의 위치가 어디인지도 분명치 않다. 어떤 사람은 에담이 오늘 날의 텔-아부-사이펜(Tell Abu-Seifen)이라고도 한다. 그러나 카쑤토(Cassuto)는 이곳이 아니고 이집트가 끝나고 아라비아 사막이 시작한 곳이라고 생각한다.

21-22절은 여호와께서 이스라엘 앞에 행하여서 낮에는 구름 기둥으로 그들의 길을 인도하시고 밤에는 불기둥으로 그들을 인도하셨다고 한다. 이스라엘 백성은 그들이 알지 못하던 지역을 여행하고 있었다 할지라도 그들은 광야에서 길을 잃을까 두려워할 필요가 없었다. 사막에서 낙타 상인들이 여행할 때 앞에서 가는 길잡이들이 그들을 바르게 인도해 줄 어떤 신호기를 가지고 다닌 것처럼, 이스라엘 사람들은 낮에는 구름기둥, 밤에는 불기둥이 그들 앞에 갔다. 그들의 목자요, 길잡이이신 여호와께서 그들을 구름기둥과 불기둥으로 인도해 주신 것이다. 출애굽기 14:19에 보면 이스라엘 백성 앞에 간 기둥이 '하나님의 사자'로 불린다. 그러므로 이 기둥에 하나님의 천사가 임재 해 있었던 것을 알 수 있다.

4. 설교 및 교훈 자료

1) 19절: 요셉의 해골을 취한 모세

모세는 하나님에 대한 믿음을 전수해준 조상 요셉의 자손으로서 성실히 약속을 지켜 요셉의 해골을 취하여 간 것이다. 한편 하나님의 약속, 곧 큰 민족을 이루게 하며 가나안 땅을 주실 것이라는 말씀을 믿고 그 약속의 성취를 기다렸던 요셉에게 하나님은 복 주셔서 그의 해골이 약속의 땅 가나안으로 옮겨 가게 하신 것이다. 이는 하나님의 약속을 믿고 성취를 기다리는 사람에게 그의 죽음 후에도 꼭 이루어 주게 하신 하나님의 신실하심을 볼 수 있다. 요셉은 세상 번영의 극치인 이집트보다 하나님께서 택한 약속의 땅 가나안을 사모하는 아름다운 믿음을 보여 준다. 우리도 세상부귀영화 보다 하나님의 나라를 더 사모하고 천국 소망 중에 사는 믿음의 사람들이 되자.

2) 21-22절: 구름 기둥과 불기둥

이스라엘 백성에게 구름과 불기둥으로 함께하신 하나님께서 성령으로 오늘 우리들의 삶 속에서 함께 하시며 또한 영원토록 함께 하실 것이다(요 14:16-18). 매일 기도하며 하나님이 우리의 길을 인도하여 주시기를 빌자. 그러면 하나님께서는 정말 가장 선한 길로 우리를 인도하여 주실 것이다. 그런데 우리가 기도하며 진실하게 살아왔으나 눈앞에 일어난 어떤 사건이 나를 고통스럽게 하고 슬프게 한다 해도 너무 낙심하지 말고 사도 바울의 말씀을 외우며 하나님의 선한 손길을 바라보자: "우리가 알거니와 하나님을 사랑하는 자 곧 그 뜻대로 부르심을 입은 자들에게는 모든 것이 합력하여 선을 이루느니라."(롬 8:28).

특주(excursus) III—구름기둥과 불기둥의 기원

비판학자들은 구름과 불기둥의 기원에 대해 단순히 하나님께서 이스라엘을 이끌어 가시기 위해 이스라엘 백성의 행군 앞에 문자대로 구름과 불기둥을 만들어 주신 것으로 생각하지 않고 다른 기원에 대

해 추론한다.

유대인 학자 카쑤토(Cassuto)는 구름기둥이나 불기둥이 실제로 이스라엘 백성을 인도해 갔던 것으로 이해하지 않고 광야에서 대상(隊商)의 인도자들이 길을 인도하기 위해 대상(隊商)들 맨 앞에 낮에는 연기 봉화를 그리고 밤에는 불의 봉화를 들고 갔던 것을 저자가 그렇게 표현한 것이라고 생각한다.[475] 독일의 구약하자 노트(Noth)는 구름기둥과 불기둥의 기원을 출애굽기 19장에 있는 시내 산(Mt. Sinai) 신 현현(神 顯現)에서 파생된 것으로 본다. 구름기둥은 화산의 연기기둥에 대한 상상의 확장이요 불기둥은 폭발하는 화산의 불기둥에 대한 상상의 확장이란 것이다.[476]

그리고 베어린(Beyerlin)은 구름기둥과 불기둥을 순전히 자연적 현상을 통해 설명하기를 거부한다. 그는 이스라엘의 제사(祭祀)현상을 통해서 설명하려고 한다.[477] 옛날 사람들은 신(神)을 보기를 무서워했고, 구름, 암흑, 그리고 연기가 여호와를 보이지 않게 하는 제의적 보호 수단이었음을 지적한다. 이러한 현상이 시내 산의 여호와 현현의 모든 이야기에서 발견되는데 특히 레위기 16:2에서 법궤 시은좌(施恩座)위에 나타나신 여호와를 연기구름으로부터 홍해를 건널 때 있었던 구름기둥의 근원을 찾는다. 그는 이 연기구름은 여호와의 성소 안

---

475) U. Cassuto, *A Commentary on the Book of Exodus*, p. 158.; 참고, Thomas Mann, "The Pillar of Cloud in the Reed Sea Narrative," *JBL*, vol. xc(1971): 15.

476) Martin Noth, *Exodus, A Commentary*, trans. J. S. Bowden(Philadelphia: Westminster Press, 1962), p. 106; 참고, Thomas Mann, 상게서, pp. 15f.

477) Walter Beyerlin, *Origins and History of the Oldest Sinaitic Tradition*, trans. S. Rudmann(Oxford, 1965), p. 134. 참고, Thomas Mann, 상게서, pp. 17f.

에 있는 숯불로 가득 찬 향로로부터 나온 것이라고 한다(레 16:12). 바로 이 제사 때의 연기구름이 홍해구원 때의 구름기둥으로 표현된 것이라고 이해한다.[478] 이 견해를 나중에 프라스타라스(Plastaras)가 출애굽기 13:21-22의 연구에서 뒷받침하고 있다. 프라스타라스는 왕상 8:10이하, 이사야 6:24이하, 레위기 16:2, 13을 인용하면서 홍해 구원 때의 구름기둥이 제의의식 때의 분향의 구름과 같은 것이라고 주장한다.[479] 또한 토마스 만(Thomas Mann)은 우가릿 문헌에서 "아난"(עָנָן-구름)이 신의 사자들 혹은 종들로서 신적인 수행원들로 상징된다는 사실을 시편에서 구름이 여호와의 수레로 바람과 화염을 그의 사자(messengers)로 만드셨다는 시적인 표현(시 104:3-4)과 아난(עָנָן)이 신의 사자 역할을 시사하는 듯한 내용을 보여주는 출애굽기 13-14장 그리고 민수기 10:34 과 교한다.[480] 따라서 토마스 만(Thomas Mann)은 홍해 이야기에서 이스라엘을 앞서가는 구름과 불이 가나안의 신화적 배경을 나타내는 것으로서 신적인 군대 수행원들로써 일한다는 것이다. 요컨대, 구약과 우가릿 증거들을 가지고 토마스 만(Thomas Mann)은 결론 내리기를 구름기둥이 홍해구원을 보여주는 가나안 신화로부터 나온 것이라고 주장한다.[481]

이상과 같은 학자들은 자신들의 비판적인 견해들을 입증하기 위해서 여러 가지 근거들을 제시하지만 어느 것도 절대적인 근거나 신빙성을 가지는 자료들은 아니다. 카쑤토(Cassuto)는 광야의 대상(隊商)

---

478) 상게서.

479) James Plastaras, *The God of Exodus: The Theology of Exodus Narratives*(Milwaukee: Eruce Publishing Co., 1966), pp. 185ff.; 참고, Thomas Mann, 상게서,p. 18.

480) Thomas Mann, 상게서, p. 22.

481) 상게서, p. 23.

을 인도하던 사람들이 들고 가던 연기 봉화나 불 봉화를 구름기둥과 불기둥의 기원이라고 하지만 이스라엘 백성이 그런 관습을 광야에서 행했다고 본문에서나 다른 성경 구절에서 언급하거나 시사하고 있지 않다.[482] 노트(Noth)는 구름 기둥이 화산의 연기 기둥에 대한 상상의 확장이요 불기둥은 폭발하는 화산의 불기둥에 대한 상상의 확장이라고 한다. 그러나 시내 산의 어디에서 화산이 일어났다고 주장하기가 어렵다.[483] 그는 시내산 신의 현현을 분석하면서 연기, 불, 지진은 J 문서이고, 천둥 번개 구름은 E문서로 구분하여 설명하는데, 이 구분은 지나친 편의 주의적 구분 이라며 비판하는 학자들이 있다.[484] 연기 불 지진이 천둥 번개 구름과 대조되는 화산의 현상들로서 설명될 수 없고 그들은 서로 번갈아 사용되며 신의 임재나 현현과 더불어 함께 사용되고 있다(시 18:8-16).

베어린(Beyerlin)과 프라스타라스(Plastaras)는 구름 기둥과 불기둥의 기원을 여호와의 성소 안에 있는 숯불로 가득 찬 향로로부터 나오는 연기구름 이라고 생각하는데 이런 설명은 출애굽기에서 여호와 하나님의 임재 현현 강림과 관련하여 자주 언급되는 구름과 불(출 3:2-5, 19:16-19, 24:15-18, 40:38)을 전부 이스라엘의 제사 때의 연기구름에서 기원되는 가상적(假想的)인 표현이라고 주장하는 것과 같은 것이다. 이러한 해석은 성경의 역사성과 진실성을 외면한 지나친 상상력의 결과로서 출애굽기 본문에서 결코 지지될 수 없다.

토마스 만(Thomas Mann)은 우가릿 신화에서 아난(עָנָן)이 신의 수

---

482) Casutto, *A Commentary on the Book of Exodus*, p. 158; 상게서, p. 15.

483) Thomas Mann, 상게서; M. Noth, *Exodus, A Commentary*(London: SCM Press Ltd, 1962; 6th impression, 1982), p. 667.

484) Thomas Mann, 상게서, p. 16.

행원, 종, 사자를 뜻한다고 보며 이러한 역할을 암시하는 듯한 구약의 구절들을 열거하여 홍해구원의 구름기둥이 가나안 신화에서 기원되었다고 설명한다. 그러나 구약에서는 가나안 신화에서의 아난(עָנָן)의 역할과 달리 아난(עָנָן)이 결코 신이나 인격적인 존재로 표현되지 않는다. 시편 104:3-4에서 구름을 여호와의 수레로 바람과 화염을 그의 사자(messengers)로 만드셨다는 시적인 표현은 하나님이 창조한 모든 창조물이 그의 뜻을 이루고 그의 뜻에 따라 움직이며 그의 능력과 지혜를 나타내고 그이 영광을 드러낸다는 것을 가르쳐 주고 있다.[485] 시편 104편은 결코 구름이나 화염을 결코 신이나 인격적인 존재로써 나타내고 있지 않다. 구약에서 구름이나 화염은 하나님의 사역의 도구로 나타나지 가나안 신화에서처럼 신의 수행원이나 신적인 사자들로 나타나지 않으므로 구약의 구름기둥이나 불기둥을 가나안 신화에서 빌려 온 것으로 주장하는 것은 논리적 비약이다. 오히려 하나님이 창조한 물질들을 그의 구원 사역과 관련해서 사용하는 것을 구약의 저자들이 기록한 것은 다른 어느 종교나 문화나 신화의 영향을 받지 않고서도 충분히 가능한 것이다. 그리고 하나님의 임재와 현현과 관련해서 구름과 불이 수반하는 것이 구약에 기록되었고 가나안 신화에도 있는 것은 창조 이후 하나님이 나타나시거나 임재하실 때 구름이나 불 가운데로 행하심이 인류 문화 속에 전승되어 와서 가나안 신화에 왜곡되어 나타난 것으로 생각된다.

---

485) Artur Weiser, *The Psalms, A Commentary*(London: SCM Press Ltd, 1962; 6th impression, 1982), p. 667.

[출애굽기 14장]

[1절-4절]

비하히롯 앞에 장막을 친 이스라엘

1. 여호와께서 모세에게 일러 가라사대, 2. 이스라엘 자손을 명하여 돌쳐 서 바다와 믹돌 사이의 비하히롯[1] 앞 곧 바알스본 맞은편 바닷가에 장막을 치게 하라. 3.바로가 이스라엘 자손에 대하여 말하기를 그들이 그 땅에서 아득하여 광야에 갇힌 바 되었다 할지라. 4. 내가 바로의 마음을 강퍅케 한즉 바로가 그들의 뒤를 따르리니 내가 그와 그 온 군대를 인하여 영광을 얻어 애굽 사람으로 나를 여호와인 줄 알게 하리라 하시매 무리가 그대로 행하니라.

1. 본문의 원전 설명

2절: 1 "비하히롯." 이 단어가 헬라어 70인역에서는 "마을"(τῆς ἐπαύλεως)로 되어있다. 이 헬라어 단어가 BHS 히브리어 성경의 편집자들은 민 11:35의 "하세롯"(חצרות)의 헬라어 동의어가 아닌가 생각한다. "하세롯"(חצרות)의 히브리어 단어가 "마을" 혹은 "촌락"을 뜻하기 때문이다.

2. 본문 내용 개요

이스라엘 백성이 하나님의 명령에 의해 바다와 믹돌 사이의 비하히롯 앞에 장막을 쳤다.

3. 주석

2절의 "돌쳐서"는 '돌아서'(שׁוּב)를 의미한다. 하나님은 이스라엘 백성을 바로 전진해 가지 않고 이집트 영토 지역으로 뒤로 물러가서 홍해 북쪽 끝에 있는 비하히롯 앞에 장막을 치라고 명령하신다. 이스라엘 백성이 라암셋을 떠나 처음 숙곳에 진을 쳤고(출 12:37), 두 번째로 에담에 진을 쳤으며(출 13:20), 이제 세 번째로 비하히롯 앞에 진을 치라 하신다.

이렇게 이집트 쪽으로 돌아가서 비하히롯 앞에 진을 치라하시는 하나님의 명령은 일반적인 인간의 생각으로는 받아들일 수 없는 어리석은 명령이신 것이다. 왜냐하면 비하히롯으로 가면 홍해가 가로막고 있어 더 이상 나갈 수 없기 때문이다. 모세는 하나님의 명령을 거역하지 않고 4절에 보면 비하히롯 앞에 가서 진을 쳤다(출 14:9). 하나님을 절대 신뢰하며 의지하는 모세의 깊은 신앙을 볼 수 있다.

이렇게 하나님이 명령하신 것은 만약 이스라엘 백성이 넓은 광야 길로 갔을 때 이집트의 군대와 훈련된 전차 부대가 공격해 오면 잘 훈련되지 않은 이스라엘 군대가 도저히 맞서 싸울 수 없지만, 비하히롯의 지형이 전략적인 면에서 이스라엘에게 보다 유리했기 때문에 그곳으로 돌아가라고 하신 것이라고 추측하기도 한다.[486] 그러나 출애굽기 14:4, 18등을 볼 때 보다 분명한 것은 인간의 지혜나 지식으로는 감히 상상도 못할 기적적인 방법으로 이스라엘 백성이 홍해를 건너가게 하고 이집트 백성을 물 속에 빠져 죽게 하시려는 하나님의 계획이 있으셨기 때문이다.

비하히롯은 이스라엘이 에담을 떠나(출 13:20), 장막을 친 곳으로

---

486) Lewis S. Hay, "What Really Happened at the Sea of Reeds?" *JBL* LXXⅢ (1964): 401-402.

민수기 33:8에서 하히롯이라고도 불린다("비"는 이집트어에서 관사임). 그러나 그 장소가 오늘날의 어느 곳을 가르치고 있는지 확실히 모른다. 그런데 이 장소는 바다와 믹돌 사이에 있다고 한다. 이 "믹돌"은 문자적으로 '방어가 잘된 성', 즉 '요세'를 뜻하는데, 이 믹돌의 이름을 가진 도시가 여러 곳이므로 여기 본문의 믹돌이 어디인지는 확실히 알 수 없다.[487)]

그리고 비하히롯이 바알스본의 맞은편에, 즉 마주 대하여 보이는 쪽에 있었다고 본문 2절은 말한다. 이 바알스본은 아이스펠트(Eissfeldt)나 헤르만(Herrmann)에 의하면 시로보니스 호수(Lake Sirobonis) 근처에 위치한 것으로 일반적으로 주장되지만 확실치 않다.[488)]

카일과 델리취((Keil and Delitzsch)는 비하히롯이 12세기 중반에 에드리시(Edrisi)에 의해 언급되는데 에즈루드(Ajrud)라는 지역에 그 이름이 확실히 보존되어 왔다고 말한다.[489)] 현재 250피트(약76m)의 우물이 있는 요새(fort)라한다. 이 우물의 물은 아주 써서 낙타가 거의 마실 수 없다. 비하히롯은 카히라(Kahira)에서 메카(사우디아라비아의 수도)로 가는 순례의 길에 있는데 수에즈에서 북서쪽으로 4시간 거리에 있다. 카일과 델리취(Keil and Delitzsch)는 에담에서 비하히롯까지는 약 6시간 걸리는 거리로써 전체 백성이 하루에 걸어갈 수 있는 거리라고 말한다.[490)]

---

487) Durham, *Exodus, Word Biblical Commentary*, vol. 3, p. 186.

488) 상게서.

489) Keil and Delitzsch, *Biblical Commentary on the Old Testament*, vol. 2, *the Pentateuch*, p. 42.

490) 상게서. p. 43.

14:3-31은 홍해에서 일어난 사건을 설명해 준다. 이 홍해 사건, 곧 하나님께서 이스라엘 백성을 바다에서 구원하는, 홍해 사건의 이야기는 출애굽기의 핵심되는 내용 중의 하나인 것이다.[491] 3절의 "아득하여"는 히브리어로 '네부킴(נְבֻכִים)' 으로써 '브크(בּוּךְ/ perplex, confuse)' 의 니팔형, 남성, 분사, 복수이다. "네부킴"은 "어리둥절하여, 당황하여, 갈팡질팡하여"를 뜻한 것으로서, 바로가 이스라엘 백성이 비하히롯 앞에 장막을 친 것을 보고 그들이 "네부킴," 곧 길을 잃고 어리둥절하게 된 것으로 말하고 있다. 이스라엘 백성이 북쪽으로 직행하여 가나안으로 향하지 않고 남쪽으로 돌아서 비하히롯 앞 바닷가에 진을 친 것이 직접 홍해를 건너간다고 하면 잘못 들어선 길이 아니지만 홍해를 건너가지 못할 경우에는 잘못 들어선 길로써 광야에 갇힌 것과 같은 것으로 판단된다. 하나님은 바로가 이렇게 돌아선 것을 이스라엘 백성이 광야에서 갈 길을 분명히 모르고 갈팡질팡하여 범한 실수로 생각할 것이라 하신다. 그리하여 그의 강퍅한 마음에 의해 그의 군대를 이끌고 뒤쫓아 가서 그들을 다시 데려와 종으로 삼으려 할 것이라고 가르쳐 주신다. 그러나 하나님은 인간이 상상할 수 없는 계획이 있어서 이스라엘 백성에게 이 길을 택하라고 하셨다.

---

491) 코트(George W. Coat)는 홍해 사건 이야기를, 전승사적으로 분석하여 비판하기를 유월절에 관한 이야기가 있는 유월절 전승이나 장자살해 사건과는 달리, 광야 전승의 일부라고 한다. 코트는 출애굽기 7장부터 시작되는 재앙의 이야기, 유월절 이야기 그리고 본문 14:3부터 시작되는 홍해 사건의 이야기의 구조적 통일성을 완전히 부인한다. 그러나 각 주제에 따라 배경과 상황과 관련되는 주요 인물의 차이로 표현의 상이한 점이 있을 찌라도 연결되는 이야기의 통일성을 무시하며 완전히 다른 전승에서 생긴 자료들로 해석하는 것은 받아들일 수 없다. 참고, George W. Coats, "The Tradition-Historical Character of the Reed Sea Motif," *Vetus Testamentum*, xvii(1967): 264-65.

하나님은 바로를 통해서 영광을 받고 이집트 사람들에게 자기가 여호와임을 보여주려고 하셨다

4절에서는 여호와께서 바로의 마음을 강퍅케 하셨다고 하는데, 이것은 여호와께서 바로의 마음을 강퍅케 나둠으로 이스라엘 백성을 잡으려 뒤쫓아 가게된 것임을 가리킨다. 이는 이스라엘 백성이 출애굽 하기 전 바로가 재앙들에 의해 그의 생명이 위협받음에도 불구하고 하나님의 명령을 거역한 것이 여호와의 계획에 의하였던 것과 같다. 즉 하나님의 계획에 따라 바로가 그의 마음을 여전히 강퍅케 하여 다시금 이스라엘 백성을 종으로 삼으려고 뒤쫓아 갈 것임을 밝힌다.

그리고 4, 8, 17절에서 세 번이나 여호와께서 바로의 마음을 강퍅케 하셨다고 강조해서 말씀하는데 이는 바로의 선한 마음을 하나님이 강퍅하게 만드셨다는 것이 아니라, 바로가 그의 마음을 강퍅하게 하므로 그렇게 하도록 내버려 두셨음을 뜻한다. 하나님은 어떤 사람을 결코 죄를 짓도록 만드시지 않기 때문이다.

4절에서 "무리가 그대로 행하니라."는 구절은 이스라엘 백성이 여호와께서 명령한대로 뒤로 돌아서 비하히롯 앞에 진을 쳤음을 말한다. 이렇게 진을 친 것은 인간적인 생각으로는 자살행위이지만, 하나님의 명령에 절대 순종하며 하나님의 구원을 확신하는 신앙적인 결단이다.

4. 설교 및 교훈 자료

3절: 비하히롯 앞에 진을 친 이스라엘 백성

하나님께서는 이스라엘 백성을 가나안 쪽으로 전진하게 하신 것이

아니라 오히려 이집트 쪽으로 뒤로 물러가게 하셔서 비하히롯 앞에 진을 치게 하셨다. 이는 인간적인 관점에서 볼 때는 이스라엘 백성을 이집트 군인들에게 잡혀 죽게 하는 자살행위였다. 우리의 인생길에서도 어떤 때는 내 자신이 전진하지 못하고 후퇴하는 것을 체험한다. 즉 직장에서 승진은커녕 오히려 좌천되거나 강등될 때가 있다. 사업이 잘되는 것이 아니라 오히려 위축될 때가있다. 이럴 때 우리는 내 자신이 죄지은 것이 없는지 반성하고 잘못한 것이 있다면 하나님 앞에서 철저히 회개해야 할 것이다.

그러나 특별히 죄지은 것도 없는데 그런 어려움이 생겼다면 하나님의 뜻이 무엇인지 생각하고 하나님의 구원의 손길을 바라보며 긍휼을 베풀어 주시도록 간구해야 할 것이다. 하나님은 그의 자녀를 망하게 하시지 않는다. 하나님께서 뜻이 있어서 그런 어려움을 주신 줄 믿고 낙심하지 말고 하나님의 구원의 역사를 기다릴 줄 아는 지혜가 필요하다. 본문의 이스라엘 백성에게도 인간이 상상할 수 없는 기적적인 구원을 주시기 위해서 이스라엘 백성을 후퇴시켜 비하히롯 앞에 진을 치게 하셨음을 14:3에서 볼 수 있다.

[5절-9절]

출애굽 한 이스라엘을 뒤쫓아 간 바로와 그의 군대

5. 혹이 백성의 도망한 것을 애굽 왕에게 고하매 바로와 그 신하들이 백성에 대하여 마음이 변하여 가로되 우리가 어찌 이같이 하여 이스라엘을 우리를 섬김에서 놓아 보내었는고 하고, 6. 바로가 곧 그 병거를 갖추고 그 백성을 데리고 갈새, 7. 특별[1] 병거 육백 승과 애굽의 모든 병거를 발하니 장관들이[2] 다 거느렸더라. 8. 여호와께서 애굽 왕 바로의 마음을 강퍅케 하셨으므로 그가 이스라엘 자손의 뒤를 따르니 이스라엘 자손이 담대히 나갔음이라. 9. 애굽 사람들과 바로의 말들, 병거들과 그 마병과 그 군대가 그들의 뒤를 따라 바알스본 맞은편 비하히롯 곁 해변 그 장막 친

데 미치니라.

1. 본문의 원전 설명

7절: [1] "특별." 이 단어는 히브리어 원문성경의 대응어 "바후르" (בָּחוּר)를 볼 때 "뽑힌," 혹은 "선발된"으로 번역하는 것이 히브리어 원문에 더 가까운 번역이다.

7절: [2] "장관들." 이 단어의 히브리어 원문성경의 단어는 "샬리쉼" (שָׁלִשִׁם)으로서 "장관들"이란 단어보다는 "장교들,"로 번역하는 것이 원문의 의미에 더 적합하다. 이 후자의 의미를 택할 때 7절 하 반절을 다음과 같이 번역할 수 있다: " …병거마다 장교들이 거느렸더라."

2. 본문 내용 개요

바로는 이스라엘 백성이 광야에 갇힌 것으로 착각하고 병거와 군대를 거느리고 이스라엘 백성을 좇아가 그들 곁에 진을 침.

3. 주석

5절에서는 어떤 사람이 바로에게 이스라엘 백성이 도망한 것을 보고한 것을 보여준다. 앞의 1-4절에서는 하나님께서 이스라엘 백성에게 비하히롯 앞에 진을 치라 하셨고 그럴 경우에 바로가 어떤 반응을 보일 것인가를 예견케 해주셨다. 그리하여 이제 5-9절은 이집트의 바로 궁으로 눈을 돌려 실제 바로가 행한 반응을 보여준다.

바로 왕은 보고 받기를 이스라엘 백성이 잠시 떠나 그들의 하나님께 제사 드리고 돌아오려는 것이 아니고 영원히 도망한 것이라는 말이었다. 이 보고가 언제 바로에게 주어졌는지 정확히 알 수 없다. 혹자는 이스라엘이 에담에서 직선 길인 광야로 가지 않고 돌아서서 비하히롯에 장막을 쳐서 길을 잃은 것처럼 보였을 때 바로가 정보를 들었을 것으로 말하지만 그것을 뒷받침 해줄만한 근거가 본문에 없다. 그러므로 카일과 델리취(Keil and Delitzschl)는 바로가 이스라엘을 떠나보낸 것을 후회한 것은 이스라엘 백성이 광야에서 길을 잃고 방황한다는 그 정보 때문에 일어난 것이 아니고 이미 이스라엘 백성이 이집트를 나간 후였을 것이라고 생각한다. 바로와 그의 신하들은 그들의 장자의 죽음 공포가 가시자마자 이스라엘 백성의 출애굽을 도망한 것으로 간주하게 되었고 그들이 떠남으로 발생할 결과들을 생각하기 시작했다. 이 후회는 빠르면 출애굽 후 그 다음 날에 일어났을 것이라고 본다.[492] 카이저(Kaiser, Jr)도 이스라엘 백성이 이집트를 떠난 후 곧 바로와 그의 신하들이 장자 잃은 공포를 잊고 이스라엘 백성을 뒤좇기로 결정했을 것으로 이해한다.[493]

6절은 바로가 병거를 이끌고 이스라엘 백성을 추격하기 시작함을 말한다. 병거는 전쟁에 쓰는 수레로서 군사를 싣거나 군수품을 싣는데 사용한다. 6절에서 "그 병거"는 바로가 전쟁하려 나갈 때 타는 왕의 수레를 가리킨다. 그리고 "그 백성"은 바로의 백성으로서 이집트의 군대를 문맥에서 가리킨다.[494]

7절에서 "특별 병거"는 원문에 보면 "선택된"(בָּחוּר), 즉 성능이 우수하여 뽑혀진 병거들임을 뜻한다. 그리고 우리말 성경인 개역성경

---

492) Keil and Delitzsch, *Biblical Commentary on the Old Testament*, vol. 2, *the Pentateuch*, p. 44.

493) Kaiser, Jr., *Exodus, The Expositor's Bible Commentary*, p. 387.

494) 참고, Cassuto, *A Commentary on the Book of Exodus*, p. 162.

에서 "장관들"이라 번역된 히브리어 원문성경의 단어는 앞서 본문의 원전설명에서 지적한대로 "장교들"을 뜻한다. 즉, 높은 장교(שָׁלִשִׁים)들이 이집트의 병거들에 타서 전투를 수행하는 정예의 군대를 이루어 출전 했음을 가르쳐 준다. 전투 마차와 기병대는 항상 이집트 군대의 주력부대였다고 한다.

8절의 "바로의 마음을 강퍅케 하셨다"는 말씀의 의미는 앞서 4절에서 설명했다. 하나님이 바로가 선한 마음을 가졌는데 그 마음을 강퍅하게 만들어 이스라엘 백성을 좇아가 종으로 삼고 싶게 하셨다는 뜻이 아니라, 바로 자신이 마음을 악하고 고집스럽게 하여 하나님의 백성을 계속 대적하므로 그렇게 하도록 내버려두심을 가리킨다. 하나님은 누구를 범죄 하도록 시험하시지 않는다(약 1:13). 잠언 저자는 "사람이 미련하므로 자기 길을 굽게 하고 마음으로 여호와를 원망 하느니라"고 말씀한다(잠 19:3). 8절 끝에서 "…이스라엘 자손이 담대히 나갔음이라."라고 말하는데, 이 구절은, 히브리어 원문을 보면, 이스라엘 백성이 바로가 군대를 거느리고 좇아오는 것을 보고도 담대히 나갔다는 뜻이라기보다는, 여호와의 높은 손 곧, 권능을 가진 손과 함께 이스라엘 백성이 앞으로 나갔다는 의미로 이해하는 것이 바른 이해라 생각된다. 특별히 "담대히 나갔다"는 문구의 히브리어 원문성경의 문자적 번역은 "높은 손과 함께 나갔다"이다. 여기에서 "높은 손"은 이스라엘의 무장한 손을 뜻한 것이 아니라, 여호와의 높은 권능의 손과 함께 나갔음을 뜻한다.[495] 이런 의미가 민수기 33:3에서도 사용되고 있음을 볼 수 있다.

---

495) Keil and Delitzsch, *Biblical Commentary on the Old Testament*, vol. 2, *the Pentateuch*, p. 44.

4. 설교 및 교훈 자료

5-7절: 이스라엘 백성을 좇아가 잡아 오려하는 바로

바로의 이 행동은 마귀 사탄이 쉽게 그의 지배를 포기하지 않음을 보여준다. 우리가 어떤 일에 있어서 이제 좀 자유롭게 신앙 생활할 수 있을 것이라고 생각하는 때가 있다. 그러나 우리의 영적인 원수 마귀들은 우리를 유혹하여 지배하려는 시도를 쉽게 포기하지 않고 괴롭힌다는 것을 기억하자. 그러므로 우리는 항상 영적으로 깨어있고 싸울 준비가 되어있어야 하며 싸울 때 포기하지 말고 끝까지 싸워야 한다.

[10절-14절]

추격해 온 이집트 군대를 보고 낙담한 이스라엘 백성

10. 바로가 가까와 올 때에 이스라엘 자손이 눈을 들어 본즉[1] 애굽 사람들이 자기 뒤에 미친지라[2] 이스라엘 자손이 심히 두려워하여 여호와께 부르짖고, 11. 그들이 또 모세에게 이르되 애굽에 매장지가 없으므로 당신이 우리를 이끌어 내어 이 광야에서 죽게 하느뇨 어찌하여 당신이 우리를 애굽에서 이끌어 내어 이같이 우리에게 하느뇨. 12. 우리가 애굽에서 당신에게 고한 말이 이것이 아니뇨 이르기를 우리를 버려 두라 우리가 애굽 사람을 섬길 것이라 하지 아니 하더뇨 애굽 사람을 섬기는 것이 광야에서 죽는 것보다 낫겠노라. 13. 모세가 백성에게 이르되 너희는 두려워 말고 가만히 서서 여호와께서 오늘날 너희를 위하여 행하시는 구원을 보라 너희가 오늘 본 애굽 사람을 또 다시는 영원히 보지 못하리라. 14. 여호와께서 너희를 위하여 싸우시리니 너희는 가만히 있을지니라.

1. 본문의 원전 설명

10절: [1] "본즉." 이 단어는 히브리어 원문성경에는 없는 단어이다.

그러나 사마리아 오경에는 삽입되어 있다.

10절: 2 "미친지라." 이 단어는 히브리어 원문성경에는 단수로 쓰여 있다. 그러나 문맥에서 주어가 복수이므로 복수동사가 더 어울리고, 그리고 70인역, 수리아역, 옹켈로스 탈굼, 요나단 탈굼에 복수동사로 쓰여 있다.

2. 본문 내용 개요

이스라엘 백성이 뒤좇아 오는 이집트 군인들을 보고 무서워하고 아우성치므로 모세가 백성에게 두려워 말고 가만히 서서 여호와께서 행하시는 구원을 바라보라고 외침.

3. 주석

10절 "…눈을 들어 본즉 이집트 사람들이 자기 뒤에 미친지라 이스라엘 자손이 심히 두려워하여 여호와께 부르짖고," 여기서 이스라엘 자손이 심히 두려워하는 것은 앞으로는 홍해가 가로막혀 갈 수 없고 뒤에는 이집트 군인들이 뒤따라 왔음을 보았기 때문이다. 이스라엘 백성은 외적으로 무장되지 않았고, 내적인 영적으로도 준비 되어있지 않아 떨며 무서워하는 것을 본다.

여기서 언급되는 '여호와께 부르짖는 행동' 은 정말 여호와의 도움이 있을 것을 믿고 여호와께 부르짖는 것이 아니라 어찌할 줄 모르고 당황하여 부르짖는 행동으로 보인다. 전에 이집트 땅에서 그들을 구원하시기 위해서 열 가지 재앙들을 행하시는 하나님의 크고 놀라운 능력을 체험했음에도 불구하고 이스라엘 백성은 죽음의 위기 앞에서 하나님을 신뢰하며 기도하여 부르짖는 신앙적 성숙함을 아직 갖지 못한 것을 볼 수 있다. 이런 철부지 신앙을 다음 구절들이 더 분명히 보여준다.

11-12절은 백성들의 원망을 기록하고 있는데, "그들이 또 모세에게 이르되 이집트에 매장지가 없으므로 당신이 우리를 이끌어 내어 이 광야에서 죽게 하느뇨 …. 우리가 애굽에서 당신에게 고한 말이 이것이 아니뇨 … 애굽 사람을 섬기는 것이 광야에서 죽는 것보다 낫겠노라." 이스라엘 백성은 이집트의 군대를 보고 공포에 떨며 모세에게 원망했다. 이들의 원망과 시비는 12절에서 더욱 격해졌다. 그 내용은 모세가 그들을 처음 구원해 내려하자 바로가 모세의 행동을 조롱이나 하듯 이스라엘 백성에게 더욱 중노동을 시킴으로 그들이 분노하여 모세에게 했던 말을 상기시킨다(5:21). 그러나 그 때보다 더 과장해서 자기들의 절망을 표현하고 있다. 출애굽기 5:21에서는 언급하지 않았던 "애굽 사람을 섬기는 것이 광야에서 죽는 것보다 낫겠노라" 고 말한다. 출애굽기 5장에서는 불평을 했으나 그래도 모세를 마지못해 따랐다. 그러나 모세가 그들을 강제로 따르게 한 것처럼 말한다.

13절에서 모세는 이스라엘 백성이 무서움과 공포에서 벗어나도록 강한 믿음의 권고의 말을 한다: "두려워 말고 가만히 서서 … 보라." 이 모세의 말은 우리가 더 이상 우리 힘으로 할 수 없는 처지에 이르렀을 때 우리에게 권고하시는 주님의 말씀이라고 생각할 수 있다. 가만히 두려워말고 주님의 손길을 기다리면 된다는 것이다. 안절부절하거나 실망하지 말자. 왜냐하면 하나님께 의지하며 그가 행하시는 구원의 역사를 바라볼 때 하나님은 우리의 생각을 초월한 놀라운 방법으로 우리의 문제를 해결 해 주시기 때문이다.

또한 13절에서 모세는 더욱 이스라엘 백성에게 그들의 구원을 확신시켜 주기를 오늘 그들이 본 이집트 사람들을 영원히 보지 않을 것이라고 말한다. 모세는 하나님의 구원의 역사가 오늘 일어날 것을 말씀하여 구원의 임박을 외치고 있다. 하나님의 구원은 주로 우리가 죽을 것 같은 최악의 상황에 있을 때 기적적으로 임함을 알고 아무리 어려움을 당하더라도 절망하지 말고 더욱 하나님을 바라보는 믿음의 지혜와 용기가 필요하다.

14절은 여호와만 의지하는 모세의 굳센 믿음을 보여준다. "여호와께서 너희를 위하여 싸우시리니 너희는 가만히 있을지니라." 모세는 여호와의 구원을 온전히 믿었다. 어떻게 구원해 주실지 모르나 이스라엘 사람들에게 더 이상 불평하지 말고 조용히 하며 여호와를 신뢰하라고 한다. 그때 여호와는 그의 백성을 위해 싸우실 것임을 가르쳐 준다.

4. 설교 및 교훈 자료

1) 10-14절: 추격해 온 이집트 군대를 보고 낙담과 원망에 찬 이스라엘 백성

여기서 이스라엘의 행동은 세 가지로 분석해 볼 수 있다.

(1) 믿음 없는 행위

이미 하나님의 기적과 권능을 많이 보았다. 그런데 위험이 닥치자 전지전능의 하나님을 신뢰하지 않는 불신을 보인다. 적들을 보자마자 곧 자기들은 죽었다고 결론짓는 불신앙적인 행동을 보여준다.

(2) 감사할 줄 모르는 행동

노예생활에서 해방시켜 자유인이 되도록 인도해준 모세를 첫 어려운 난관에 봉착하자마자 욕한다.

(3) 비겁한 행동

모세가 그들을 계속해서 이집트에 남아있도록 허락하지 않았던 것처럼 비열하게 책임 전가식의 후회의 말을 한다(12절: "…우리를 버려두라 우리가 애굽 사람을 섬길 것이라 하지 아니 하더뇨 ….").

2) 14절: 하나님의 구원에 대한 모세의 확신

믿는 자는 어려움에 직면했을 때 두려운 공포심과 염려를 버리고 조용히 서서 하나님의 구원을 바라보는 신앙의 자세가 필요하다. 바로 그러한 자에게 하나님은 우리 인간의 상상 밖의 권능과 지혜로 구원과 자비를 베풀어 주신다.

[15절-18절]

홍해를 갈라지게하는 모세의 기적

15. [1]여호와께서 모세에게 이르시되 너는 어찌하여 내게 부르짖느뇨 이스라엘 자손을 명하여 앞으로 나가게 하고, 16. 지팡이를 들고 손을 바다 위로 내밀어 그것으로 갈라지게 하라 이스라엘 자손이 바다 가운데 육지로 행하리라. 17. 내가 애굽 사람들의 마음을 강퍅케 할 것인즉 그들이 그 뒤를 따라 들어갈 것이라 내가 바로와 그 모든 군대와 그 병거와 마병을 인하여 영광을 얻으리니, 18. 내가 바로와 그 병거와 마병으로 인하여 영광을 얻을 때에야 애굽 사람들이[2] 나를 여호와인 줄 알리라 하시더니,

1. 본문의 원전 설명

15절: [1] 수리아 역은 15절 시작에, "그때 모세가 여호와께 부르짖으니라"는 구절이 있고 그후 지금 있는 15절의 내용이 뒤따른다. 이 구절의 삽입은 15절에서 하나님이 모세에게 "너는 어찌하여 내게 부르짖느뇨"라고 묻고 있으나 앞 절들에서 모세가 부르짖었다는 기록이

없기 때문에 이 문제를 해결하기 위한 것으로 보인다. 그러나 이런 삽입이 없어도 모세는 백성의 강한 불평 후 하나님께 부르짖으며 기도했을 것으로 짐작되므로 본문에 기록되지 않는 것을 꼭 삽입할 필요는 없다.

18절 2 "애굽 사람들이." 사마리아 오경과 헬라어 70인역은 '모든'이란 단어를 붙여 "모든 애굽 사람"이라 하여 일부분의 애굽 사람들이 아니라 애굽 사람 전체가 여호와의 기적적인 구원에 의해서 여호와가 참 하나님이시고 구원의 하나님이신 것을 알게 될 것이라 한다.

2. 본문 내용 개요

모세가 지팡이를 홍해 바다 위로 내 밀어 갈라지게 한 후 그사이로 이스라엘 백성을 통과하게 하지만 그 뒤의 이집트 군대들은 물에 빠져 죽게 하여 하나님께서 영광을 얻을 것임.

3. 주석

15절에서 "너는 어찌하여 내게 부르짖느뇨"라는 질문의 말씀은 책망의 말이 아니다. 오히려 모세에게 계속 부르짖으며 기도할 필요가 없이 행동할 때임을 가르쳐주는 말이다.[496] 15절 하반절에서 하나님은 모세에게 두려워하지 말고 이스라엘 백성을 바다를 향해 앞으로 나가게 하라고 말씀하신다. 이렇게 깊은 바다를 향해 앞으로 나가

496) Cassuto, *A Commentary on the Book of Exodus*, p. 165; 참고, Keil and Delitzsch, *Biblical Commentary on the Old Testament*, vol. 2, The *Pentateuch*, p. 45.

는 것은 믿음 없이는 할 수 없는 일이다. 그러므로 앞으로 나가라는 것은 하나님을 철저히 믿고 행동 해야만 되는 결단을 요구하는 명령이다.

17절과 18절은 앞서 4절에서 말씀하신 내용을 다시 반복해서 말한 것이다. 그러나 4절과 다른 것은 4절에서는 여호와께서 바로 왕의 마음을 강퍅케 만드실 것이라 했는데, 17절에서는 이스라엘 백성을 좇는 이집트 사람들의 마음도 강퍅케 하실 것이라 말씀하신다. 그리하여 그들이 계속해서 이스라엘 백성을 추적할 것을 가르쳐 준다.

이렇게 추적하는 바로와 그의 모든 군대가 완전히 파멸되게 하여 여호와께서 영광을 얻게 될 것이라 한다. 이 승리는 여호와께 의지하고 순종할 때 여호와께서 홍해 같은 바다도 갈라 적들을 물리쳐 승리케 하시며 우리가 여호와의 참 하나님 되심을 인정하며 찬송 돌리게 될 것을 보여준다.

4. 설교 및 교훈 자료

15절: 여호와께서 모세에게 행동할 것을 지시하심

기도할 때와 행동할 때가있다. 지도자는 백성이 길을 잃고 있을 때는 바른 방향을 제시해 주어야한다. 만약 지도자가 행동으로써 백성을 인도하지 않고 기도만 하고 앉아 있다면, 기도라는 미명하에 그의 안에 불신의 태도가 숨어있기 때문인지도 모른다. 행동이 요구될 때는 행동하는 우리가 되자. 하나님은 그의 백성과 함께 하시기 때문이다. 문제가 어떤 것이든지 하나님의 말씀에 따른 바른 길이라면 두려워하지 말고 믿음으로 나아가자. 내게 능력 주시는 자 안에서 내가 모든 것을 할 수 있음을 잊지 말자.

[19절-20절]

구름기둥으로 이스라엘 백성을 보호하신 여호와

19. 이스라엘 진 앞에 행하던 하나님의 사자가 옮겨 그 뒤로 행하매 구름기둥도 앞에서 그 뒤로 옮겨, 20. 애굽 진과 이스라엘 진 사이에 이르러 서니 저편은 구름과 흑암이 있고 이편은 밤이 광명하므로[1] 밤새도록 저편이 이편에 가까이 못하였더라

1. 본문의 원전 설명

20절: [1]"저 편은 구름과 흑암이 있고 이 편은 밤이 광명하므로." 이 구절은 히브리어 원문성경을 의역한 것으로, 히브리어 원문성경대로 번역하면, "구름과 흑암이 있고, 구름의 흐릿한 빛이 그 밤을 비추고 있으므로" 이다.[497] 그리고 헬라어 70인역에 의하면 히브리어 원문성경과는 약간 달리 "어둠과 흑암이 있고 그 밤이 지나갔으며" 이다. 카쑤토(Cassuto)는 위의 히브리어 원문성경의 본문을 해석하기를, "애굽 사람들을 향하여서는 하늘이 밤새 구름으로 덮여있었다. 암흑이 그들 위에 덮여있었는데, 이는 구름의 빛이 구름 뒤에 가려 비치지 않았기 때문이다. 그러나 이스라엘의 군대 앞에는 전과같이 불기둥이 있었다.[498] 이 해석은 본문에서 추론한 설명이다.

2. 본문 내용 개요

하나님의 사자가 이스라엘 진 앞에 그리고 진 뒤로 옮기며 그들을

497) 참고, Durham, *Exodus, Word Biblical Commentary*, vol. 3, p. 189.

498) Cassuto, *A Commentary on the Book of Exodus*, p. 167.

돕고 구름과 흑암을 이용해 그들이 침략당하지 못하게 한다.

3. 주석

19절에 의하면, 여호와의 사자가 진 뒤로 옮겨서 이스라엘을 보호하심을 보여준다. 하나님의 사자가 이스라엘 진 앞서 가다가 이스라엘 진 뒤로 가서 뒤쫓아 오는 이집트 사람들을 막고 이스라엘을 붙잡지 못하게 해주었다. 이때 하나님의 사자를 동반한 구름 기둥도 함께 앞에서 진 뒤로 움직여 이스라엘 진을 이집트의 진과 구별되게 하셨다.

20절 "애굽 진과 이스라엘 진 사이에 이르러 서니…." 구름 기둥이 이집트 사람들의 진과 이스라엘 사람들의 진 사이에 와서 두 진 사이를 나눠 이스라엘 사람들의 움직임을 이집트 사람들이 볼 수 없게 하였고 그들에게 접근도 못하게 해주었다. 이 구름 기둥은 이스라엘 백성들 뒤에서 방패 벽이 되어 주었다. 같은 구름 기둥이지만 하나님의 자녀들에게는 인도의 기둥, 보호의 기둥이 되어주었고, 적들에게는 암흑의 기둥, 공포의 기둥이 되었다.

"구름과 흑암이 있고, 구름의 흐릿한 빛이 밤을 비추고 있으므로," 이 구절은 '본문의 원전설명' 에서 언급한대로 한글 개역성경의, "저 편은 구름과 흑암이 있고 이 편은 밤이 광명하므로"를 히브리어 원문성경에 따라 직역한 것이다. 이 본문을 기스펜(Gispen)은 해석하기를, "그러는 동안에 밤이 왔다. 이집트 편에는 구름과 어둠이 있었으며, 이스라엘 편에는 불기둥이 빛을 비춰주었다."[499] 이 해석은 본문

---

499) Gispen, *Bible Student's Commentary, Exodus*, p. 144.

자체에 근거된 것이 아니고, 본문에서 추측한 것이다. 히브리어 원문 성경의 뜻은 이스라엘 백성이 홍해를 건너기 전날 밤에는 보통 밤에 빛을 비추던 불기둥이 없고 구름과 흑암이 있는 암흑의 공포가 감돌았고, 빛이라고는 물체를 잘 알아볼 수 없는 구름의 흐릿한 빛만이 있었음을 가리켜주는 것 같다.[500)]

[21절-22절]

홍해를 갈라 이스라엘을 통과하게 한 모세

21. 모세가 바다 위로 손을 내어민대 여호와께서 큰 동풍으로 밤새도록 바닷물을 물러가게 하시니[1] 물이 갈라져 바다가 마른 땅이 된지라. 22. 이스라엘 자손이 바다 가운데 육지로 행하고 물은 그들의 좌우에 벽이 되니

1. 본문의 원전 설명

21절: [1]"물러가게 하시니." 이 단어는 히브리어 원문성경에 보면 הָלַךְ동사의 힙일형으로 사역(使役)의 뜻이 있다. 이 동사를 직역하면 단순히 "가게 하시니"이다. 그러나 문맥에서 볼 때 한글 개역성경의 "물러가게 하시니"는 좋은 번역이다.

2. 본문 내용 개요

여호와는 동풍을 밤새도록 불게 하여 바닷물이 물러가고 물이 나누어져 마른땅이 드러나게 하여 거기로 이스라엘 백성이 지나가게

---

500) 참고, Durham, *Exodus, Word Biblical Commentary*, vol. 3, p. 193.

했다.

3. 주석

21절을 보면, 모세가 바다 위로 손을 내밀어 여호와께서 큰 동풍으로 밤새도록 바닷물을 물러가게 하셨다. 모세가 여호와의 명령에 순종하여 바다위로 손을 내민 것은 그 명령을 받았던 그 날 밤의 시작 무렵인 것으로 보인다. 이렇게 모세가 손을 내어밀었을 때, 여호와께서 강한 동풍을 밤새 불게 하여 바닷물이 물러가 바다 바닥이 드러나고 물이 양쪽으로 나누어지게 하셨다. 22절에서는 이스라엘 백성이 바다 사이에 생긴 육지로 건너는 광경을 설명한다. 하나님이 동풍을 불어 바닷물을 물러가게 한 이후에 이스라엘 백성은 바다 가운데 드러난 마른 땅으로 들어갔다. 이때 나누어 졌던 물은 마른 땅 양쪽으로 벽을 이루고 있었다. 이렇게 이스라엘 백성이 들어서서 지나가는 바다가 홍해 어디인지 학자들 간에 논란이 많다. 가장 가능성이 많은 곳은, 카이저(Kaiser, Jr.)에 의하면, 비터 호수들(Bitter Lakes)의 남쪽 끝과 스에즈 만(灣)사이의 어디이든가 혹은 스에즈 만(灣)의 북쪽 끝의 어디였을 것으로 생각된다.[501] 그리고 바닷물이 물러가 양쪽으로 나누어지고 육지가 드러났는데 이 육지의 폭이 약 1/2마일(약 800m)쯤 되었을 것이다. 그래야 2백만의 사람들이 하루 밤의 마지막 경(更), 즉 대략 밤 2시와 6시 사이에 통과 할 수 있었을 것으로 생각되기 때문이다.[502] 유대인들은 하룻밤을 3경(更)으로 나누었고, 각 경(更)이 4

---

501) Kaiser, Jr., *Exodus, The Expositor's Bible Commentary*, vol. 2, p. 389.
502) 상게서.

시간으로 이루어 졌다.[503)]

이렇게 바닷물이 갈라져 거기에 드러난 육지로 이스라엘 백성을 통과하게 했다는 하나님의 기적적인 구원을 격하시켜 단순한 자연적인 사건들로 설명하려는 학자들이 있다. 벨리코브스키(Immanuel Velikovsky)는 물의 특이한 움직이는 모습을 천체의 요란한 변동 때문이었다고 설명했고[504)] 피디안 아담스(W. J. Phythian Adams)는 먼 곳의 화산활동이 물의 이상한 현상을 일으켰다는 이론을 제시한다.[505)]

이러한 비판적인 설명들은 추론들로써 타당성을 입증할 수없다. 성경에서 말씀한 그대로 동풍이 불어서 바닷물을 물러가게 하여 이스라엘 백성이 지나가게 했고 물이 다시 돌아와서 이집트의 사람들을 빠져 죽게 하신 하나님의 기적의 역사임을 믿는 것이 가장 바른 홍해사건에 대한 이해일 것이다.[506)] 이는 하나님이 온 우주를 창조하셨을 뿐 아니라 지금도 섭리하고 계시며 그의 백성들을 구원하시는 역사를 계속하고 있기 때문이다.

또한 홍해 물이 갈라진 역사를 단순히 스에즈 바다에 일어난 썰물(ebb) 현상에 의한 것으로 설명할 수 없다. 썰물 현상이 동풍에 의해서 더욱 크게 일어났다고 설명할 수 없는 것이 썰물 때에 동풍이 불어서 그렇다면 물이 한편으로 몰아져야 될 텐데 양편으로 물이 갈라졌

---

503) Gispen, *Bible Student's Commentary*, Exodus, p. 144.

504) Immanuel Velikovsky, *Words in Collision*(Macmillan, 1950). 이 책은 다음 논문에서 재인용됨: Lewis S. Hay, "What Really Happened at the Sea of Reeds?" *JBL*, vol. LXX(1964): 397.

505) W. J. Phythian Adams, *The Call of Israel: An Introduction to the Study of Divine Election*, pp. 166ff. 이 책은 다음 논문에서 재인용됨. Lewis S. Hay, 상게서.

506) 참고, John Bright, *A History of Israel*, 2nd edition, p. 120.)

다고 하는 것은 전적으로 하나님의 기적에 의한 것임을 가르쳐준다. 하나님의 전지전능하신 능력에 의해 동풍을 불어 밤새도록 물이 양쪽으로 물러가게 하고 아침에 그것이 다 이루어졌다.

[23절-28절]

바다 속에 수몰(水沒)된 바로와 그의 군대

23. 애굽 사람들과 바로의 말들, 병거들과 그 마병들이 다 그 뒤를 좇아 바다 가운데로 들어오는지라. 24. 새벽에 여호와께서 불 구름 기둥 가운데서 애굽 군대를 보시고 그 군대를 어지럽게 하시며, 25. 그 병거 바퀴를 벗겨서[1] 달리기에 극난하게 하시니 애굽 사람들이 가로되 이스라엘 앞에서 우리가 도망하자 여호와가 그들을 위하여 싸워 애굽 사람들을 치는 도다. 26. 여호와께서 모세에게 이르시되 네 손을 바다 위로 내어 밀어 물이 애굽 사람들과 그 병거들과 마병들 위에 다시 흐르게 하라 하시니. 27. 모세가 곧 손을 바다 위로 내어 밀매 새벽에 미쳐 바다의 그 세력이 회복된지라 애굽 사람들이 물을 거스려 도망하나[2] 여호와께서 애굽 사람들을 바다 가운데 엎으시니, 28. 물이 다시 흘러 병거들과 기병들을 덮되 그들의 뒤를 좇아 바다에 들어간 바로의 군대를 다 덮고 하나도 남기지 아니하였더라.

1. 본문의 원전 설명

25절: [1]"벗겨서." 이 단어는 히브리어 원문성경의 "סור"를 번역한 것이다. 사마리아 오경과 수리아 역은 "סור" 대신 "אסר"로 읽고, 70인역도 "אסר"와 같은 의미의 "*συνέδησεν*"으로 읽는다. 이 단어는 "묶다, 매다, 가두다, 수렁에 빠뜨리다' 를 뜻한다.[507] 이 뜻으로 해석

507) 참고, *The New Brown, Driver, and Briggs Hebrew and English Lexicon of the Old Testament*, p. 63; *Durham, Exodus Word Biblical Commentary*, vol. 3, p. 195.

하면, 하나님이 이집트 병거의 바퀴를 묶어두어 혹은 수렁에 빠뜨려 꼼작 못하게 했음을 가리킨다.

27절: [2]"도망하나." 히브리어 원문성경의 "도망하다"란 동사 "נוס" 대신, 사마리아 오경은 "נסע"로 읽어 "계속 나아가다"를 뜻한다.

2. 본문 내용 개요

이집트 군대가 마병들과 병거들을 거느리고 이스라엘 백성을 쫓아 바다 가운데로 들어갔으나 새벽에 여호와께서 이집트 군대를 어지럽게 하고 병거들의 바퀴를 돌지 못하게 하여 쫓지 못하게 하신 후 바닷물을 원 상태로 회복시켜 그들 모두가 바다 속에 빠져 죽게 하셨다.

3. 주석

23절에는 이스라엘 백성을 추격한 이집트 사람들과 바로의 말들, 병거들과 그 마병들이 다 그 뒤를 쫓아갔다고 한다. 이집트 사람들은 이스라엘 백성을 붙잡아 와서 다시 노예로 삼겠다는 고집불통의 악한 마음이 앞서 깊이, 생각하지 않고 바다 가운데로 들어갔다. 강하게 훈련된 정예의 군대라 할지라도 그들의 병거들을 이끌고 얼마 전까지만 해도 바닷물로 덮여있던 지면(地面)으로 뛰어든 것은 무모한 행동이었다. 이는 무거운 병거들의 바퀴들이 물이 말랐을지라도 아직도 채 굳어지지 않은 바다 바닥에 빠져 달리기가 어렵기 때문이다. 그들의 어리석은 판단이 이집트 군대와 그들의 병거들 뿐 만 아니라 그들의 왕인 바로가 탄 말까지도 바다 가운데로 뛰어 들었다는 기록에서 더 크게 부각된다. 이들의 어리석은 사고와 행동은 여호와 하나님

께서 이집트 사람들의 완악한 고집에 대한 심판으로 그들의 판단을 흐리게 했기 때문인 줄 안다.[508]

24절의 "불 구름 기둥"은 히브리어 원문성경에 따라 번역하면 "불과 구름 기둥"이다. 카쑤토(Cassuto)는 이 "불과 구름 기둥"은 앞서 13:21, 22절 등에서 언급된 이스라엘 백성 앞에서 인도했던 구름 기둥이나 불기둥이 아니라고 한다. 그 이유는 "불과 구름 기둥" 앞에 정관사가 없기 때문이라고 한다.[509] 그러나 이런 구분은 본문에서 분명치 않다. 카쑤토(Cassuto)에 의하면, "불과 구름 기둥"은 하늘이 구름으로 덮이고 번개에 의해 환하게 된 천체 현상을 시사하는 것이다. 카일과 델리취(Keil and Delitzsch)는 여호와께서 (불 과 구름 기둥 가운데서) 보신다는 것은 이집트 사람들을 향한 구름 기둥으로부터 갑자기 불이 튀어 나온 현상을 가리킨 것으로 생각한다.[510] 그리고 카이저(Kaiser, Jr.)는 "불기둥이 어둠 속에서 갑자기 번쩍이는 불빛으로 하늘을 환하게 하여서 병거들이 서로들 부딪히고 기울여지게 했다. 그러는 사이 뇌성, 번개, 비, 그리고 지진의 굉장한 모습이 터져 나와 가장 용감하고 가장 오만한 이집트 병거의 군인들을 공포에 사로잡히게 했다"고 말한다.[511]

25절에서 하나님께서는 이집트 병거들의 바퀴들이 바다 개펄에 빠져 잘 달리지 못하는데 말들은 억지로 계속 달리려고 하여 결국 바퀴들이 뛰쳐나오게 했음을 가르쳐 준다. 그리하여 바퀴가 빠진 이집트

---

508) 상게서, p. 196.

509) Cassuto, *A Commentary on the Book of Exodus*, p. 169.

510) Keil and Delitzsch, *Biblical Commentary on the Old Testament*, vol. 2, *The Pentateuch*, p. 48.

511) Kaiser, Jr., *Exodus, The Expositor's Bible Commentary*, vol.2, p. 390.

병거들이 달리기가 아주 어려웠다고 한다. 이집트 군인들은 얼마 전에 이스라엘 사람들이 별 어려움 없이 건너갔던 길을 자신들은 거의 나아갈 수가 없고 갇힌 것같이 된 것을 보고, 여호와께서 이스라엘 백성을 보호하고 자신들을 죽이려 함을 깨달았다. 그리하여 후퇴하여 피하려 했으나 이미 때는 늦었다. 26절은 여호와께서 모세에게 다시 한번 손을 바다 위로 내밀어 그가 앞서 갈라지게 했던 물을 다시 원상 복구시켜 바닷물이 바다 속에 있는 이집트 사람들과 그 병거들과 마병들 위에 흐르게 하여 그들을 수장(水葬)시키게 하셨음을 보여준다. 27절에서 말한 모세가 손을 바다위로 내어 민 때인 "새벽"은 이집트의 4월 초순의 아침 6시경이다. 아침이 밝아오는 시간에 하나님은 그의 백성을 죽이고 노예로 삼기위해 혈안이 되어있는 이집트 군인들을 양쪽에서 밀려드는 홍해 물에 모두 빠지게 하셨다. "바다의 그 세력이 회복되었다"는 말은 '바다가 이전에 계속하여 흐르던 대로 원상복구 되었다'는 뜻이다. 모세가 그의 손을 바다 위로 내밀 때 바닷물을 갈라놓았던 강한 동풍이 불기를 그치면서 갈라졌던 바다 물이 함께 모였음을 가리킨다.

28절, "물이…바다에 들어간 바로의 군대를 다 덮고 하나도 남기지 아니하였더라." 이스라엘 백성 뒤를 좇아 바다 속에 들어간 이집트의 군인들 중 한 사람도 살아남지 못하고 바다 물에 덮여 죽게 하셨음을 의미한다. 그런데 여기서 바로 자신이 바다 속에 들어갔다는 분명한 언급이 없고, 그도 같이 죽었다는 기록이 없어 그는 살아남게 되었을 것으로 추측한다. 그런데 시편 136:15에서, "바로와 그 군대를 홍해에 엎드러뜨리신 이에게 감사하라"고 하며 여호와께서 바로도 그의 군대와 같이 죽게 하신 것으로 이해되지만 "엎드러뜨리다"는 말이 꼭 '죽이다'는 것을 의미하지 않으므로 바로가 홍해에 빠져 죽지 않았을 것으로 이해한다.[512] 그리고 아멘호텝(Amenhotep) 2세의 미이라가 1898년에 발견되어 이를 뒷받침 해 주는 것으로 설명하나[513] 아멘호텝(Amenhotep) 2세가 주전 1439 - 1406년에[514] 다스렸던 바로인 것을 고려할 때 출애굽한 이스라엘 백성을 쫓아간 바로는 아멘호텝(Amenhotep) 2세가 아니라 투트모세(Thutmose) 3세(1490 -1436 B.C.)인 것으로 생각된다. 왜냐하면 출애굽 연대는 주전 1440년 경으로 추산되기 때문이다.[515] 그러므로 주전 1436년에 죽은 투트모스(Thutmose) 3세와 주전 1440년은 약 4년의 차이가 있으나, 고대 이스라엘 연대계산에서 4~5년의 오차가 생길 수 있음을 일반적으로 인정하기 때문이다.

그리고 앞서 "엎드러뜨리다"란 단어가 꼭 죽음을 가리킨 것이 아니라 하여 바로가 살았을 것으로 추측하지만 시편 136:15절에서 "엎드러뜨리다"로 번역된 히브리어 단어 "니에르"(נִעֵר)가 앞서 다루었던 출 14:27에 사용되면서 그 다음 절(28절)과의 문맥에서 죽게 한 것을 뜻하고 있으므로 시편 136:16에서도 죽음을 가리킨 것으로 생각된다.

4. 설교 및 교훈 자료

1) 27-28절: 이집트 군대를 섬멸하신 하나님의 능력

사나운 매가 공포에 떠는 비둘기를 덮치듯 이스라엘 백성을 후미에서 잡아 채려했던 이집트 군대는 모두 바다 속에 빠져죽은 것이다.

---

512) Kaiser Jr., *Exodus, The Expositor's Bible Commentary*, vol.2, p. 390.

513) Gispen, *Bible Student's Commentary, Exodus*, p. 145.

514) 참고, J. Wilson, *The Culture of Ancient Egypt* (Chicago: The University of Chicago Press, 1951, 12th Impression 1971), p. 320.

515) 참고, 정규남, *구약개론*, p. 97.

이것은 이집트 사람들이 이스라엘의 갓 난 사내아이들을 죽여 피 흘리게 했던 대가로 자기들의 장성한 군인들을 죽게 한 것으로 갑절의 피해를 본 것이라 말 할 수 있다. 그들은 갓난아이들을 죽였는데 그들은 자신들의 장성한 군인들이 죽임 당하는 대가를 치려야 했기 때문이다. 여호와 하나님은 그의 의로운 백성의 피를 그렇게도 귀하게 생각하심을 보여준다.[516)]

2) 하나님의 종 모세를 욕하고 교만과 무례한 행동으로 대하던 바로가 홍해 바다 속에 빠져 죽은 것은 하나님의 종을 욕하고 무례하게 대할 때 그의 신분이 무엇이든 그의 파멸을 초래함을 보여준다. 하나님은 "모든 교만한 자를 발견하여 낮추며 악인을 그 처소에서 밟으시는" 하나님이심을 보여 주시는데(욥 40:12) 바로의 모습이 그 교만한 자들의 대표적인 예이다.[517)]

[29절-31절]

홍해를 건넌 이스라엘 백성이 여호와를 경외하고 모세를 믿음

29. 그러나 이스라엘 자손은 바다 가운데 육지로 행하였고 물이 좌우에 벽이 되었었더라. 30. 그 날에 여호와께서 이같이 이스라엘을 애굽 사람의 손에서 구원하시매 이스라엘이 바닷가의 애굽 사람의 시체를 보았더라. 31 이스라엘이 여호와께서 애굽 사람들에게 베푸신 큰일을 보았으므로 백성이 여호와를 경외하며 여호와와 그 종 모세를 믿었더라.

1. 본문의 원전 설명

516) *Matthew Henry's Commentary on the Whole Bible*, vol. 1, *Genesis to Deuteronomy*, New Modern Edition(U.S.A.:Hendrickson Publishers, Inc., 1991; 3rd Printing, 1994), pp. 263ff.

517) 상게서, pp. 232f.

31절: 1 "여호와와". 헬라어 70인역은 "여호와" 대신 "하나님"(τῷ θεῷ)이라 읽는다. 그리하여 31절의 끝이 "… 하나님과 그 종 모세를 믿었더라"로 되어 있다.

2. 본문 내용 개요

이스라엘 백성은 무사히 홍해를 건넌 후, 이집트 군인들이 모두 물에 빠져 시체로 바다에 떠있는 것을 보고 여호와를 두려워하며 여호와와 모세를 믿게 되었음.

3. 주석

29절에서 물이 좌우에 벽이 되었었더라고 한다. 이 절은 앞의 22절의 반복처럼 보인다. 그러나 22절은 이스라엘 백성이 바다 속에 드러난 마른 땅으로 들어간 것을 나타내면서 언급된다. 이 의미가 22절의 동사 "보"(בּוֹא, 들어가다)란 뜻에서 잘 나타난다. 이제 29절은 이스라엘 백성이 바다 속에 있는 마른 땅을 다 통과한 것을 나타내면서 언급되고 있다. 그리하여 29절에서는 동사 "하라크"(הָלַךְ, 걷다, 끝까지 걷다, 전부 통과하다)가 사용되어 있다. 29절은 이스라엘 백성이 바다 속에 있는 마른 땅을 다 통과할 때 까지 물들이 양쪽으로 벽처럼 되어 합쳐지지 않고 나누어 있었다는 것이다. 그리하여 이스라엘 백성은 아무 어려움 없이 홍해 바다를 통과 할 수 있었음을 말하고 있다.

30-31절은 14장 전체의 결론이다. 그것은 여호와가 이스라엘 백성을 이집트 사람의 권세로부터 구원해 주셨다는 것이다. 이스라엘 백

성은 그들을 죽이고 노예로 삼기위해 무섭게 뒤쫓아 왔던 이집트 군인들이 다 죽어 시체가 되어 바다위에 떠있는 것을 보았다. 앞서 13-14절에서 모세가 약속했던 여호와의 구원이 실제로 성취된 것이다. 그들을 구원한 것은 조수(潮水)나 폭풍이나 잘못된 전략이나 전략적인 실수나 불운이나 행운이 아니라, 바로 여호와 하나님이시다.[518] 누구의 증거나 설명이 필요 없이, 이스라엘 백성은 직접 여호와께서 그들을 구원하심을 본 것이다. 이런 직접적인 구원의 체험은 이스라엘 백성이 여호와 하나님을 새롭게 인식하게 했다.

31절에 의하면, 이스라엘 백성이 여호와의 놀라운 구원의 능력을 바라보고 여호와를 두려워하며 더욱 신뢰하게 되었다. 홍해를 무사히 건너가게 하신 능력의 하나님께서 장차 또 자기들을 구원 해주실 것을 믿게 되었다. 이런 믿음이 하나님께 있었을 뿐만 아니라, 하나님의 구원의 약속을 선포해 그것을 이루어지는 것을 보게 한 하나님의 종 모세도 믿었다. 조세푸스에 의하면, 새벽이 지난 "다음날 모세는 바다물의 흐름에 의해 히브리인들의 켐프로 밀려온 이집트 군인들의 무기들을 모았다. 바람의 힘이 그것을 도왔다. 모세는 하나님의 섭리에 의해 이 일이 발생하여 히브리인들이 무기가 부족하지 않도록 한 것으로 추측했다."[519] 이 기록의 역사적 고증은 확실치 않으나 충분히 가능한 무기 획득이었을 것으로 생각된다. 하나님께서 이집트 사람들에게 비하히롯에 진을 친 이스라엘 사람들을 죽이려고 좇아오게 나두신 것은 완악한 이집트 사람들을 벌하여 죽이실 뿐만 아니라, 이

---

518) Durham, *Exodus, Word Biblical Commentary*, vol. 3, p. 197.

519) Flavius Josephus, *The Antiquities of the Jews in Josephus Complete Works*, trans. by William Whiston(Grand Rapids: Kregel Publications, 1960, reprinted, 1983), p. 65.

스라엘 사람들이 광야 여행 시 필요한 무기들도 얻게 하시려는 부차적인 목적도 있었을 것으로 생각할 수 있다.

[출애굽기 15장]

출애굽기 15:1-18은 모세의 노래로 유명하다. 그러나 이 노래는 많은 비판적 학자들에 의해 모세가 기록하지 않고 출애굽기 15:21의 미리암의 노래에 근거하여 다윗 때에 혹은 이스라엘 백성이 포로 되기 전에 혹은 포로 후기에 쓰여 진 것이라고 추측된다.[520] 그러나 이러한 추측은 확실한 증거가 없으며 성경의 신적 권위를 파괴하는 생각이다. 본문 15:1의 증언대로 모세와 그 당시 홍해에서 구원받은 이스라엘 백성이 지어서 부른 노래로 이해하는 것이 옳다. 지금 우리에게 전수되어온 모세의 저작설을 부정할 결정적인 증거도 이론도 없다. 단지 많은 가설(假說)들만 무성할 뿐이다.

이 노래는 세 부분으로 나누어지는데 각 부분마다 여호와를 찬양하는 것으로 시작해 이집트 군대의 파멸을 말하면서 끝을 맺는다: ① 1절 하 반절 - 5절 ② 6절-10절, ③ 11절-18절. 첫 두 부분에서는 하나님의 전지전능이 주된 제목이고, 셋째 부분에서는 출애굽의 놀라운 사건이 이스라엘을 여호와의 왕국으로 약 속의 땅에 세우는 결과를 가져올 것이라고 예언된다.

---

520) Marc Rozelaar, "The Song of the Sea(Exodus xv, 16–18)," *Vetus Testamentum*, vol. 11(1952): 222, 226; Robert H. Pfeiffer, *Introduction to the Old Testament*(New York: Harper & Brothers Publishers, 1941), p. 281.

[1절-5절]

이집트 군대를 홍해에 빠뜨려 죽이신 여호와를 찬송함

1. 이 때에 모세와 이스라엘 자손이 이 노래로 여호와께[1] 노래하니 일렀으되 내가 여호와를 찬송하리니 그는 높고 영화로우심이요 말과 그 탄자를 바다에 던지셨음이로다. 2. 여호와는[2] 나의 힘이요 노래시며 나의 구원이시로다 그는 나의 하나님이시니 내가 그를 찬송할 것이요 내 아비의 하나님이시니 내가 그를 높이리로다. 3. 여호와는 용사시니[3] 여호와는 그의 이름이시로다. 4. 그가 바로의 병거와 그 군대를 바다에 던지시니 그 택한 장관이 홍해에 잠겼고, 5. 큰 물이 그들을 덮으니 그들이 돌처럼 깊음에 내렸도다.

1. 본문의 원전 설명

1절: [1] "여호와께." 헬라어 70인역은 "여호와께" 대신 "하나님께"로 읽는다."

2절: [2] "여호와는." "여호와"란 단어는 70인역에는 없다.

3절: [3] "용사시니." 사마리아 오경은 "גבור"(영웅, 용사)로 히브리어 맛소라 성경과 단어는 다르지만 의미는 같다. 그런데 헬라어 성경 70인역은 "용사시니" 대신 "전쟁을 분쇄하시니"(*συντριβων πολέμους*, crushing wars)로 읽는다.

2. 본문 내용 개요

모세가 이집트 군대를 바다 가운데 던져서 돌처럼 깊게 빠져 죽게 하시는 이스라엘 백성의 힘이요 노래시며 구원되신 여호와를 찬양한다.

3. 주석

모세의 노래의 서론인 1절 상 반절은 그의 노래가 여호와께 영광을 돌리는 여호와에 대한 찬송임을 말한다. 이방 나라들의 승리의 노래를 보면 승리의 영광이 왕에게 돌려지는데, 15장의 모세의 노래는 모세 자신에게 한마디 찬양이나 영광이 돌려지지 않는다. 오직 여호와 하나님께만 찬송과 영광이 돌려진다.

믿음의 사람들은 구약에서나 신약에서 그들의 승리나 성공이 자신들의 힘이나 능력에 의한 것이 아니라, 그들을 지키시고 보호하시는 여호와 하나님에 의한 것임을 확신하기 때문이다. 그리하여 궁극적이고 참된 찬양의 대상은 하나님이심을 안다.

모세의 노래(1-18절)의 제1연(1절 하 반절-5절)의 시작인 1절 하 반절은 모세와 이스라엘 백성이 여호와를 찬송하는 이유를 직접 말한다. 여호와께서 이집트 군대의 말과 그 말에 탄자를 바다에 던져 이스라엘을 해치지 못하게 하셨고 여호와 자신이 크게 존귀케 되셨기 때문에 여호와를 찬양한다는 것이다..

2절에서 '나의' 혹은 '내'라는 말이 여섯 번이나 나온다. 이것은 하나님의 사랑과 구원을 자신이 직접 체험한데서 나온 표현이다. 또한 "내 아버지의 하나님"이라는 말은 역사적 계시를 존중하는 표현이다. 하나님은 언약의 신으로서 조상시대에 살아계셔서 약속하신 것과같이 지금도 살아계셔서 약속대로 구원을 이루어 주신다는 뜻이다. 하나님은 변함이 없으신다(약 1:17). 예수 그리스도는 어제나 오늘이나 영원토록 동일하시다(히 13:8). 더 나아가서 모세가 "내 아버지의 하나님"이라고 했을 때 하나님은 자기 조상에게 약속하신 것을 성취한 하나님이시라는 뜻을 내포하고 있는 것으로 보인다(참고, 창 15:14, 46:3). 모세는 2절에서 그의 힘이 여호와로부터 나왔고, 그의 노래도 여호와께서 노래 부를 수 있는 모든 여건을 만들어 주셨기 때문이며, 그의 구원도 여호와로부터 주어진 것이라고 찬양한다.

3절 "여호와는 용사시니 여호와는 그의 이름이시로다." 모세는 출 14:14에서 여호와께서 이스라엘 백성을 위해 싸우리라 했다. 이제 이스라엘 백성은 여호와가 모든 적들을 기적적인 힘과 능력으로 물리치신 참 용사이심을 보았다. "여호와"란 이름은 ' 구원의 하나님이시며 약속을 성취 시키는 하나님 ' 이심을 나타내는데[521] 바로 그 이름의 뜻에 맞는 하나님이심을 모세는 외친다. 왜냐하면 여호와는 이스라엘 백성이 이집트 군대의 손에 붙잡혀 죽임을 당할 위험의 때에 구원해 주셨고, 그의 종 모세를 통해 약속하신대로 이스라엘을 위해 싸워서 이스라엘을 승리케 하셨기 때문이다.

4절 "그가 바로의 병거와 그 군대를 바다에 던지시니 그 택한 장관이 홍해에 잠겼고," 여기에서 "장관"이라 번역된 히브리어 원문성경의 단어 "샤리쉬"(שָׁלִישׁ)는 앞서 출 14:7의 본문의 원전 설명과 주석에서 밝힌 대로 "장교"로 번역하는 것이 더 적합한 번역이다. 여호와께서 바로의 전투 마차들과 군대들을 무서운 힘으로 휘몰아쳐 오는 홍해 물속에 던져지게 하시므로 전투 마차들에 탔던 선발된 우수한 장교들이 홍해 속에 깊이 빠졌다. 5절 "큰물이 그들을 덮으니 그들이 돌처럼 깊음에 내렸도다." 이 말씀은 바로의 군대가 하나님의 권능으로 갈라졌다가 다시 합하며 휘몰아치는 홍해 물살에 빠져 들어가 바다 속 깊이 들어가므로 큰물이 그들을 덮었다고 한다. 돌이 물속에서 속히 침륜되는 것처럼 그들도 그렇게 되었음을 가르쳐 준다.

[6절-10절]

---

521) Cassuto, *A Commentary on the Book of Exodus*, pp. 37f., 174.

여호와가 이집트 군대를 멸망시킨 보다 구체적인 모습

6. 여호와여 주의 오른손이 권능으로 영광을 나타내시니 이다 여호와여 주의 오른손이 원수를 부수시니 이다. 7. 주께서 주의 큰 위엄으로 주를 거스리는 자를 엎으시니 이다 주께서 진노를 발하시니 그 진노가 그들을 초개같이 사르니 이다. 8. 주의 콧김에 물이 쌓이되 파도가 언덕같이 일어서고 큰 물이 바다 가운데 엉기니 이다. 9. 대적의 말이 내가 쫓아 미쳐 탈취 물을 나누리라, 내가 그들로 인하여 내 마음을 채우리라, 내가 내 칼을 빼리니[1] 내 손이 그들을 멸하리라 하였으나, 10. 주께서 주의 바람을 일으키시매 바다가 그들을 덮으니 그들이 흉용한 물에 납같이 잠겼나이다

1. 본문의 원전 설명

9절: 1 "내가 내 칼을 빼리니." 이 구절은 히브리어 원문성경대로 직역하면, "내가 내 칼을 비우리니" 이다. 이 직역의 뜻은 일반적으로 칼집을 비워 칼을 뺄 것을 뜻한 것으로 이해한다.[522] 그런데 덜함(Durham)은 위의 일반적인 뜻보다는 '칼을 앞에 있는 적들을 향해 용감히 사용하여 깨끗하게 하는 것' 을 뜻한 것으로 이해한다.[523] 이렇게 깨끗하게 한다는 것은 70인역이 이 구절을, "내가 내 칼로 멸하리니" 로 번역한 것과 같은 본문이해로 생각한다. 그러나 히브리어 본문의 동사 "ריק"가 덜함(Durham)이 해석한 것처럼 '…깨끗하게 하다' 란 의미를 가졌는지 아직 확실치 않아 받아들이기 어렵다. 여기서 여호와는 이집트 사람들의 군대들을 멸하심으로 참 용사의 하나님임을 증명하셨을 뿐만 아니라, 자기들이 하나님의 백성을 파멸할 것이

---

522) *Lexicon in Veteris Testamenti Libros*(Ludwig Koehler); *The New Brown, Driver, and Briggs Hebrew and English Lexicon of the Old Testament*.

523) Durham, *Exodus*, *Word Biblical Commentary*, vol. 3, p. 201.

라고 생각했던 이집트 사람들을 오히려 파멸하심으로 진노와 능력의 하나님이심을 증명하셨다.

2. 본문 내용 개요

여호와의 권능과 위엄을 찬송하며 여호와의 진노가 원수를 초개같이 사르고 바람을 일으켜 바다 물속에 대적들을 납같이 잠기게 하심을 찬양함.

3. 주석

6절 "여호와여 주의 오른손이 권능으로 영광을 나타내시니 이다. 여호와여 주의 오른손이 원수를 부수시니 이다." 이 6절은 제2연(6절-10절)의 시작 절이다. 6절에서 모세는 두 번이나 반복하여 "주의 오른손" 을 언급하면서 여호와의 전능하심을 나타낸다. 제2연은 제1연(1절-5절)에서보다 적들의 멸망의 모습을 상세히 설명한다. 7절에서는 여호와께서 주를 거스리는 자들을 초개같이 사르신다고 하는데, 이 "초개" 는 지푸라기나 쓸모없는 것을 뜻한다. "진노" 는 본문의 맥락에서 진노의 불길을 의미한다. 우리들을 향해 원수들이 아무리 무섭게 달려들고 소란을 피우더라도 하나님의 능력의 오른 손이 그들을 칠 때 그들은 아무것도 아니고 초개같이 즉, 지푸라기같이 사라지는 존재들임을 보여준다.

8절 "주의 콧김에 물이 쌓이되 파도가 언덕같이 일어서고 큰물이 바다 가운데 엉기니이다." 이 구절에 대한 재 번역을 알 울터스(Al Wolters)는 주장한다. 이에 대한 토론은 15장 끝의 특주에서 다루도록 하겠다. 현재 한글개역성경 번역에 의하면 하나님이 기적을 베풀어 물을 산더미처럼 쌓이게 하고 파도가 언덕이나 둑같이 일어서게 하셨고 바닷물을 단단하게 응결시켜서 그 사이로 이스라엘 백성을 지나가게 하셨다는 것이다.

여기서 "주의 콧김"은 하나님께서 물이 물러가고 나누어지게 하도록 동풍을 불게 하신 것을 가리킨 것으로 보인다(참고, 출 14:23).[524] "물이 쌓이되"란 표현은 물을 과장되게 산더미나 퇴적더미처럼 설명하고 있다. "엉기니 이다"란 말은 여기서 '한데 뭉치어지다'를 의미한다. 바다 물이 무슨 풀처럼 응결되었음을 가리킨다.

9절에는 하나님의 구원 사역을 대적하는 원수가 하는 말을 한 단어나 두 단어로 된 여섯 개의 짧은 문장으로 바로 자신의 입을 통해 묘사되어 있다. 여기서 이스라엘의 대적은 바다 속의 길로 쫓아가 강탈할 욕심으로 가득 차 있다. 대적은 그 탈취 물로 그의 마음이 만족하게 될 것이라 한다. 여기서 "마음"은 탐욕을 만들어 내는 것으로 이해된다. 대적들은 이스라엘의 귀중품을 탈취할 뿐만 아니라, 그들을 칼로 죽일 잔인한 마음으로 가득 차 있었음을 보여준다.

10절 "주께서 주의 바람을 일으키시매 … 이 흉용한 물에 납 같이 잠겼나이다." 여기 10절의 "주의 바람"이 8절에서는 "주의 콧김"이라 묘사 되었다. 이 두 표현 다 주님께서 진노하사 이집트 군대를 멸하시기 위해 친히 불어오게 하신 "동풍"을 가리킨다. 그리고 앞서 5절에서는 이집트 군대가 "돌"처럼 물속 깊이 잠겼다고 했는데, 여기 10절에서는 "납"같이 잠겼다고 한다. 여기에서 모세는 세상의 어떤 강한

---

524) 참고, Cassuto, *A Commentary on the Book of Exodus*, p. 175; Gispen, *Bible Student's Commentary, Exodus*, p. 148.

군대도 하나님께서 치실 때 깊은 바다에 흔적도 없이 물속으로 사라지게 됨을 강조해 주고 있다.

4. 설교 및 교훈 자료

1-10절: 하나님의 구원 역사에 대한 모세의 찬양

이 시(詩) 전체를 통해서 여호와가 존귀와 영광을 받으신다. 모든 것이 여호와를 찬양한다. 모세는 그 자신의 어떤 주장이나 칭찬을 기뻐하지 않는다. 백성도 그의 주위에 모여들지 않고 그를 구세주로 환호하지 않는다. 이 노래에서 아무것도 모세에 대해서 말하고 있지 않다. 그러나 하나님께서는 그의 종의 명예와 상급을 잘 처리해 주시는 분이시다(민 12:3: "이 사람 모세는 온유함이 지면의 모든 사람보다 승하더라").

하나님은 이스라엘 백성이 고통 받을 때, 궁핍할 때, 도움이 필요할 때 찾아오셨다. 이스라엘이 약할 때 하나님은 그들에게 필요한 힘을 주셨다. 이스라엘이 슬픔에 처해 있을 때 하나님은 그들의 마음에 기쁨을 주셨다. 이스라엘이 위험에 처할 때 하나님은 능력의 구원을 베풀어주셨다. 바로 이 하나님이 오늘도 우리를 도우시며 지키시고 계신다. 그분께 우리의 최상의 경배와 찬송을 드리자. 우리는 마지막 구원의 때까지 기다리지 말고 감사의 제목이 있을 때마다 마음속 깊이에서 우러나오는 찬송과 감사를 하나님께 드려야 한다. 우리가 하나님께 예배드릴 때도 찬송 가사의 뜻을 생각하며 속마음에서 우러나오는 찬송을 드려야 한다. 그렇지 않는 형식적인 입술만의 찬양은 하나님께서 결코 받지 않으신다. 하나님께 드리는 진실된 찬양과 경배를 조롱하거나 금하는 자에게는 저주가 있다(삼하 6:16-23, 미갈이

다윗을 비웃는 경우를 참조하실 것).

[11절-18절]

출애굽 사건과 장래에 있을 여호와의 구원사건을 노래함.

11. 여호와여 신 중에 주와 같은 자 누구니이까 주와 같이 거룩함에 영광스러우며 찬송할 만한 위엄이 있으며 기이한 일을 행하는 자 누구니이까. 12. 주께서 오른손을 드신즉 땅이 그들을 삼켰나이다. 13. 주께서 그 구속하신 백성을 은혜로 인도하시되 주의 힘으로 그들을 주의 성결한 처소에 들어가게 하시나이다. 14. 열방이 듣고 떨며 블레셋 거민이 두려움에 잡히며, 15. 에돔 방백이 놀라고 모압 영웅이 떨림에 잡히며 가나안 거민이 다 낙담하나이다. 16. 놀람과 두려움이 그들에게 미치매[1] 주의 팔이 큼을 인하여 그들이 돌같이 고요 하였사오되 여호와여 주의 백성이 통과하기까지 곧 주의 사신 백성이 통과하기 까지였나이다. 17. 주께서 백성을 인도하사 그들을 주의 기업의 산에 심으시리이다 여호와여 이는 주의 처소를 삼으시려고 예비하신 것이라 주여[2] 이것이 주의 손으로 세우신 성소로소이다. 18. 여호와의 다스리심이 영원 무궁하시 도다[3] 하였더라.

1. 본문의 원전 설명

16절: [1] "미치매." 이 단어는 히브리어 원문성경의 단어대로 번역하면 "떨어지매" 이다.

17절: [2] "주여." 사마리아 오경과 카이로 게니자(Geniza)에 따르면 "주여" 대신 "여호와여" 로 되어있다.

18절: [3] "여호와의 다스리심이 영원 무궁하시 도다." 이 구절은 히브리어 원문성경을 직역하면 "여호와는 영원히 그리고 지속적으로 다스리시도다" 이다.

2. 본문 내용 개요

하나님의 영광스러운 홍해 사건을 보고 이스라엘의 적들이 놀랄 것이며, 여호와는 그 백성을 그분의 거룩한 거처로 데려오고 그분의 유업의 산위에 심을 것이다.

3. 주석

11절에서 이스라엘 백성은 여호와 하나님의 독점적인 유일성이 출애굽 사건에서 보여준 그의 거룩함과 그의 영광스럽고 찬송할만한 위엄에서 분명히 나타났고 강력하게 증명되었다고 외친다. 그 어떤 신(神)도, 곧 여호와께서 멸망시킨 이집트 사람들의 신(神)들 중에 어떤 신(神)도, 다른 이방인들의 신(神)들 중에 어떤 신(神)도 여호와가 행하신 기적의 일을 할 수 없다고 한다. 12절 "주께서 오른손을 드신즉 땅이 그들을 삼켰나이다."라고 말한다. 모세는 하나님의 영광의 놀라운 기적을 생각하며, 그것은 땅이(그것의 일부가 홍해로 생각됨) 이집트 사람들을 삼켜버린 것과 같은 큰 이적능력 이었다. 여호와께서 단지 그의 손을 드시므로 권능이 나타나 이집트 사람들을 홍해가 삼켜버렸다.

13-18절은 여호와가 이스라엘 백성을 출애굽 시키고 홍해를 건너게 하신 후 앞으로 계속해서 그들에게 베풀어줄 은혜의 사건들을 예언적으로 말하고 있다. 그러나 이 사건들이 마치 이미 일어난 과거의 사건들처럼 묘사되고 13-15절이 과거시제로 본문에 기록되어 있다. 이런 표현을 예언적 과거라 말한다.

13절: "주께서…주의 힘으로 그들을 주의 성결한 처소에 들어가게 하시나이다." 여호와가 이스라엘 백성을 이집트로부터 구원해 주시고 홍해를 통과케 하신 것이 이스라엘 백성이 약속의 땅에 들어갈 보증이다. 주님은 인간이 생각 할 수 없는 큰 권능의 능력으로 이스라엘 백성을 주의 성결한 처소에 들어가게 해 주실 것이라 한다. 여기서 "주의 성결한 처소"는 시편 78:54-55 등에 근거하여 '가나안 땅'을 가리킨 것으로 이해한다.[525] 이 땅은 여호와께서 거하시는 거룩한 곳으로 여호와께서 택하신 땅으로 이미 야곱에게 계시해 주셨다(창 28;16ff.).

이미 앞서 13절을 주석할 때 언급한 것처럼, 14-16절은 이방 백성이 하나님께서 이스라엘 백성을 인도하여 홍해를 건너가게 한 것에 대하여 장차 어떤 반응을 보일 것인가를 기록한다. 그러므로 미래에 일어날 일이다. 그렇지만 이미 일어난 것처럼 여기에서 과거시제로 표현된다. 위의 구절들에서 언급된 나라들은 이스라엘 백성이 앞으로 가나안에 들어가면서 그 나라들을 통과해 가던지 그들의 영토 옆을 지나가게 될 나라들이다. 이 나라들의 지도자들 혹은 백성들이 이스라엘이 바로와 그의 군대를 홍해에 수장(水葬)시키고 홍해를 건넜다는 이야기를 듣고 떨고 두려워하며 놀라고 낙담할 것이라 한다. 그리고 그들이 돌같이 조용할 것이라 한다. 이러한 상태가 이스라엘 백성이 그들을 통과할 때까지 지속될 것이라고 말한다.

또한 비판적인 학자들은 이스라엘 백성이 홍해를 건넜을 때 아직 마주치치도 않은 이웃 백성들이 무서워 떤다고 말한 이 구절들은 현

---

525) Keil and Delitzsch, *Biblical Commentary on the Old Testament*, vol 2, *The Pentateuch*, p. 54; Gispen, *Bible Student's Commentary, Exodus*, p. 150; Childs, *The Book of Exodus, A Critical Theological Commentary*, p. 252.

526) Robert Pfeiffer, *Introduction to the Old Testament*, p. 281.

재의 출애굽기 15:1-18이 모세 때가 아닌 주전 5세기경에 쓰여 진 것임을 나타낸다고 주장하지만[526] 이는 구약의 예언적 과거용법과 그리고 성경의 신적 영감 설을 충분히 고려하지 않은 잘못된 결론이다.

14-16절의 이스라엘 백성의 노래는 홍해 사건 후에 진전되는 에돔과 모압과 암몬 그리고 가나안 정복의 사건들을 볼 때 실제로는 노래에서 기원했던 것과는 달리 이웃 이방 백성들이 그들을 통과하려는 이스라엘 백성에게 강하게 도전하고 대항해 싸웠음을 성경의 다른 기록을 통해서 알 수 있다(민 20:18ff.; 신 2:3, 8; 민 22:2ff.). 이는 15장의 모세의 노래가 이방 백성들과 이스라엘 백성의 싸움이 일어난 몇 세기 후에 기록된 것이 아니라 그 사건들이 일어나기 전에 기록되었음을 증명한다. 만약 그 사건들이 일어난 후에 기록되었다면 이방 백성들이 무서워 떨며 놀라고 낙담하며 돌같이 조용히 있을 것으로 표현하지 않았을 것이기 때문이다.

마지막으로 모세와 이스라엘 백성이 노래하며 외쳤듯이 이방 백성들이 조용하게 꼼짝하지 않고 돌처럼 있지 않았다는 것은 이방인들이 어리석고 교만하여 하나님과 그의 택한 백성을 무서워하지 않았기 때문이다. 이방인들의 어리석음과 교만은 그들을 결국 파멸케 했고, 하나님과 그의 백성에게는 전쟁의 승리를 주었고 더 큰 나라로 발전케 했다.

17절에서는 미래의 사건들이 소망하는 내용이 아니라, 단순한 예언으로써 표현된다. 히브리어 원문 성경에서 시제가 예언적 과거로 표현되지 않고, 미래형으로 쓰여 있다. 그리고 "주의 기업의 산"은 가

527) Keil and Delitzsch, *Biblical Commentary on the Old Testament*, vol. 2, *the Pentateuch*, p. 55; Durham, *Exodus, Word Biblical Commentary*, vol. 3, p. 209.

나안 지역의 언덕땅을(신 3:25) 가리키기 보다는 여호와가 성소를 위해 준비했던 시온 산(시 78:54), 곧 이삭의 제사를 통해 하나님의 거처로 선택된 산을 가리킨 것으로 보인다.[527] 이스라엘을 이 산에 "심는다"는 말은 이스라엘 백성을 약속의 땅으로 인도하는 것을 뜻하지 않고, 하나님의 백성을 하나님의 집에(시 92:14), 미래의 성소에 심는다는 것을 뜻한다. 그곳에서 여호와는 자신의 백성과의 교제를 완성해 가실 것이다. 한편 이 백성은 거기에서 그들의 제사에 의해서 '하나님의 소유의 백성' 임을 보여주고 하나님을 그들의 왕으로서 섬길 것이다. 이것이 이집트로부터 이스라엘을 구원하여 가려는 목표이다. 이 노래에서 모세의 예언적 통찰이 그 자신과 그의 백성을 눈을 들어 그 목표를 바라보게 한다.[528]

18절 "여호와의 다스리심이 영원 무궁하시도다 하였더라." 이 절은 15:1-18절 노래의 마지막 외침이다. 모세와 이스라엘 백성은 바로와 그의 군대의 무서운 손길에서 건짐 받고 이제 앞으로 전개될 여호와의 우주적 통치와 영원한 다스리심을 바라보고 기뻐한다.[529] 이런 하나님의 통치와 비교할 때 이집트의 바로의 통치는 잠시 잠간이요 아주 국부(局部)적이다. 오경에서 여호와의 왕권(kingship)을 언급한 다른 성경구절은 민 23:21과 신 33:5이다.

4. 설교 및 교훈 자료

1) 17절: 주의 백성을 주의 기업의 산에 심으시는 주님.

---

528) Keil and Delitzsch, 상게서, pp. 55이하.

529) Kaiser, *Exodus, The Expositor's Bible Commentary*, vol. 2, p. 396.

여호와께서 이스라엘을 주님이 예비하신 처소, 곧 주의 성소를 지으실 시온 산에 세우실 것이라 한다. 이렇게 이스라엘을 홍해를 건너가게 하시고 시온 산에 인도해 주실 하나님은 그의 택한 백성도 천국에 들어갈 때까지 인도해 주실 것이다. 이스라엘 백성은 보잘 것 없고 하나님을 수십 번 거역했을 뿐만 아니라, 이들을 건져주는데 바로와 이집트 군대의 엄청난 저항이 있었지만 하나님은 이스라엘 백성과 함께하시며 자비와 긍휼을 베풀어 주셨다. 이런 자비와 긍휼의 하나님께서 오늘도 믿는 성도들과 함께 하심을 알고 우리가 연약하여 넘어지며 범죄 할 때 낙심하거나 자포자기하지 말고 더욱 주님을 바라보며 그의 자비를 구하자. 사도 바울의 고백처럼, 우리 속에 착한 일을 시작하신 이가 그리스도 예수의 날까지 이루실 줄을 우리가 확신하자(빌 1:6).

2) 18절: 찬미의 제사

신약의 그리스도인이 드리는 제사는 구약의 동물로 드리는 제사가 아니라 찬미의 제사이다(히 13:15). 모세와 이스라엘 백성은 바로의 위엄과 통치가 초토화 되고 그의 군대가 홍해 물속에 수장(水葬)되었지만 여호와의 통치는 전 우주적이고 영원한 것을 바라보고 여호와 하나님께 찬송을 드린다. 이런 찬송은 "소 곧 뿔과 굽이 있는 황소를 드림보다 여호와를 더욱 기쁘시게 함이 될 것이라" 한다(시 69:31). 우리 성도는 하나님의 영광과 위대하심과 능력과 도우심을 바라보며 그를 높이고 찬양하기를 인색하거나 게으르지 말자. 주께서 기뻐하시는 찬양을 우리의 힘이 허락하는 한 더욱 크게 부르는 성도가 되기를 바란다.

[19절-21절]

미리암의 노래

19. 바로의 말과 병거와 마병이 함께 바다에 들어가매 여호와께서 바닷물로 그들 위에 돌이켜 흐르게 하셨으나 이스라엘 자손은 바다 가운데서 육지로 행한지라. 20.아론의 누이 선지자 미리암이 손에 소고를 잡으매 모든 여인도 그를 따라 나오며 소고를 잡고 춤추니, 21.미리암이 그들에게 화답하여 가로되 너희는 여호와를 찬송하라 그는 높고 영화로우심이요 말과 그 탄자를 바다에 던지셨음 이로다 하였더라.

1. 본문 내용 개요

바로의 군대가 바다 속에 수장된 것에 반해, 이스라엘 백성이 홍해를 무사히 건넌 후 미리암과 모든 여인들이 소고를 잡고 춤추며 여호와를 찬송함.

2. 주석

19절에서 모세는 미리암의 아름다운 노래가 불려진 이유를 설명한다. 그리고 바로는 군대의 지휘관으로서 말 위에 탄자로 묘사되며, 여호와에 의해서 멸망된 군대의 머리로 언급된다. 20절은 아론의 누이 미리암이 선지자(히브리어 원문에는 성(性)이 분명히 밝혀져 여선지자)로 불린 것은 그가 성령에 의해서 감화되어 주께서 그에게 영감을 주신 것을 노래했기 때문이다(참고, 민 12:2, 6). 미리암이 모세의 누이라기보다 아론의 누이로 불려진 것은 아론이 모세보다 나이가 많다는 사실 때문일 수도 있다. 이는 또한 모세가 가지는 유일한 높은 지위를 나타낸다.[530] "미리암" 이름은 출애굽기에서 여기 20절과 다

530) Gispen, *Bible Student's Commentary, Exodus*, p. 152.

음 21절에서 단지 두 번 언급된다. "소고'는 작은 북으로서 종이나 쇠붙이를 달고 있어 북이 쳐질 때 딸랑 딸랑 소리를 낸다. 이집트의 소고는 보통 손잡이들을 갖고 있다.[531] 미리암이 소고를 잡고 노래하려 하므로 이스라엘 군중 가운데 있던 모든 여인들도 미리암을 따라 나와서 소고를 잡고 춤추기 시작했다.

21절 "미리암이 그들에게 화답하여 가로되 너희는 여호와를 찬송하라 그는 높고 영화로우심이요 말과 그 탄자를 바다에 던지셨음 이로다 하였더라." 이 구절에서 학자들이 해석상 다르게 번역하려는 단어가 있다. 그것은 "던지셨음 이로다"이다. 이 단어의 히브리어 원문 성경의 단어는 "라마(רָמָה)"로써 던지다, "화살을 쏘다, 속이다"등의 뜻이 있다. 한글 개역성경이나 대부분의 영어성경(RSV, NASB, NIV)도 "던지다"로 번역하고 있다.

그러나 헤이(Lewis S. Hay)는 "화살을 쏘다"로 번역할 것을 제안한다.[532] 그 이유는 동사 라마(רָמָה)가 '속이다'를 의미하는 히브리어 문법의 피엘(piel) 형으로 쓰여지는 경우를 제외하고는 본문에서와 함께 다른 두 곳에서(렘 4:29, 시 78:9)만 사용되는데 그 두 곳에서 모두 칼(Qal) 동사의 분사형으로 사용되며 "활쏘는 사람들"(shooters) 혹은 "사수들"(射手, bowmen)을 뜻한다. 그러므로 출애굽기 15:21도 칼(Qal) 동사형으로써 다른 칼(Qal) 동사형이 의미하는 것처럼 "던지다"라는 뜻보다는 "화살을 쏘다"라는 뜻으로 해석해야 한다는 것이다.[533]

그리하여 헤이(Hay)는 다음과 같이 15:21의 미리암의 노래를 번역

531) 상게서.
532) Lewis S. Hay, "What Really Happened at the Sea of Reeds?" p. 401.
533) 상게서.

한다: "여호와께 노래하라. 이는 그가 영광스럽게 승리하셨기 때문이다. 그가 말과 그 탄자를 바다(가운데)에서 쏘셨기 때문이다." 이 번역에 의하면 여호와가 이집트의 군사들을 밀려오는 홍해 물에 던져서 죽게 하신 것이 아니요, 이스라엘의 활 쏘는 사수들이 활을 쏘아 죽인 것으로 해석된다.[534)]

헤이(Hay)가 제안한 것같이 "라마(רָמָה)"를 "활을 쏘다"로 번역하여 이스라엘 사수들이 이집트의 군사들을 죽인 것으로 해석할 수 있으나 이 번역을 지지해 줄 수 있는 이스라엘 전투 기록이나 다른 성경 자료들이 충분하지 않기 때문에 동풍을 이용한 하나님의 기적적인 구원보다는 이스라엘의 전투에 의한 승리로 이해하는 것은 받아들일 수 없다. 그러므로 한글개역성경과 다른 많은 영어 번역 성경들의 번역처럼 미리암의 노래를 번역하여 이해하는 것이 오히려 다른 성경의 기록들과 일치하는 것으로 보인다. 왜냐하면 시편 89:9-10에서 출애굽 때의 홍해 사건을 말하면서 여호와의 바다를 다스릴 수 있는 초자연적인 힘과 능력을 찬송하고 있으나, 결코 이스라엘 백성이 홍해 사건 때에 전투에서 싸워 승리로 이끌었다는 암시나 언급을 하지 않는다.

21절에서 미리암은 이스라엘 백성에게 여호와를 찬양하라고 권면한다. 여호와가 무섭던 이집트의 군대들을 물속에 장사시키고 바닷물을 그들 위에 유유히 흐르게 하시기 때문이다. 여호와의 힘과 능력이 너무 크고 위대하시며 영광스럽게 승리하셨기 때문이다. 미리암의 노래는 간접적으로 하나님을 대적하고 그의 백성을 억압하는 자의 최후가 어떤 가를 보여준다. 자연과 온 우주를 통치하시는 하나님

---

534) 상게서, pp. 401f.

을 대적할 때 홍해에 수장된 이집트의 군대처럼 파멸 당할 것임을 교훈해준다. 그 당시 세계에서 가장 강한 나라 중에 하나인 이집트와 그 군대도 여호와 앞에 패하고 죽임을 당했다.

[22절-27절]

엘림에 도착한 이스라엘

22.모세가 홍해에서 이스라엘을 인도하매 그들이 나와서 수르 광야로 들
어가서[1] 거기서 사흘 길을 행하였으나 물을 얻지 못하고, 23.마라에 이르
렀더니 그 곳 물이 써서 마시지 못하겠으므로 그 이름을 마라라 하였더
라.[2] 24.백성이 모세를 대하여 원망하여 가로되 우리가 무엇을 마실까 하
매, 25.모세가[3] 여호와께 부르짖었더니 여호와께서 그에게 한 나무를 지
시하시니 그가 물에 던지매 물이 달아 졌더라 거기서 여호와께서 그들을
위하여 법도와 율례를 정하시고 그들을 시험 하실새, 26.가라사대 너희
가 너희 하나님 나 여호와의 말을 청종하고 나의 보기에 의를 행하며 내
계명에 귀를 기울이며 내 모든 규례를 지키면 내가 애굽 사람에게 내린
모든 질병의 하나도 너희에게 내리지 아니하리니 나는 너희를 치료하는
여호와임이니라. 27.그들이 엘림에 이르니 거기[4] 물 샘 열둘과 종려 칠십
주가 있는지라 거기서 그들이 그 물 곁에 장막을 치니라.

1. 본문의 원전 설명

22절: [1] "그들이 나와서 수르 광야로 들어가서." 이 구절이 헬라어 70인역에 의하면, "그가 그들을 수르 광야로 데려와서"이다. 이 70인역의 본문에 따르면 주어가 모세이지, 히브리어 원문에서처럼 이스라엘 백성이 아니다.

23절: [2] "그 이름을 마라라 하였더라." 70인역에 따르면 마라의 장소 이름을 모세가 지어준 것으로 표현 한다; "그러므로 그가 그 장소의 이름을 쓴맛(*πικρια*)이라 불렀다."

25절: [3] "모세가." 히브리어 원문 성경에는 "모세"가 직접 언급되지 않고, 대명사로 "그가"로 되어 있다. 한편 70인역, 벌게이트역, 그리고 수리아역은 "모세 '이름을 직접 언급한다.

27절: [4] "거기." 사마리아 오경은 "거기"라는 단어대신 "엘림에는"라는 지역 이름을 언급한다.

2. 본문 내용 개요

이스라엘 백성이 마라에 도착하였으나 물이 써서 마실 수 없을 때, 하나님의 지시에 따라 한 나무를 물에 던지므로 물이 달게 되었으며 그곳에서 법도와 율례를 정하고 여호와의 말씀을 청종하라고 가르친 후에 엘림에 도착함.

3. 주석

이 단원 22-27절은 이스라엘 백성의 광야 여행을 기록하기 시작한다.

22절의 "수르 광야"(Shur שׁוּר)의 수르는 벽(wall)을 의미하는데, 이 광야는 이집트와 팔레스타인을 나누는 지역으로서 이집트의 북동쪽 경계지역으로부터 시내 광야의 북 서쪽지역까지 뻗어있으며 남쪽으로 시내 산들까지 펼쳐진 지역이다.[535] 이 지역이 수르 광야로 불러지

535) Keil and Delitzsch, *Biblical Commentary on the Old Testament*, vol. 2, *the Pentateuch*, p. 52; Kaiser, Jr., *Exodus, The Expositor's Bible Commentary*, vol.2, 398.

536) Gispen, *Bible Student's Commentary, Exodus*, p. 153.

는 것은 아마 이집트를 아시아의 베두인 종족들(Bedouins)의 침략으로부터 보호해 주기 때문인 것으로 보인다.[536] 수르 광야는 에담 광야로 불리기도 한다(민 33:8).

23-24절을 보면, 이스라엘 백성이 마라에 이르렀는데 그 곳 물이 써서 먹지 못하므로 모세를 원망한다. "마라"는 '쓰다(bitter)' 를 뜻한다. 마라 오아시스는 그 이름을 그곳의 물이 쓰거나 짜기 때문에 그렇게 불린 것이다. 이곳은 오늘날의 아인 하와라(Ain Hawara) 오아시스이다.[537] 지금도 그곳 물은 쓰다. 이스라엘 백성은 두 번째로 마라에서 주님을 향해 불평하는 장면을 보여준다(참고, 14:10-12). 사흘 동안 물을 구하지 못하다가 물을 발견했는데 그 물이 쓰므로 하나님께 불평했다. 사흘 동안 갈증에 고통 받다가 겨우 물을 구했는데 써서 마실 수 없고 마시면 오히려 갈증을 더해주었다. 이러한 고통과 시련은 우리에게 하나님께 나아가게 해주는 도구이며, 우리가 기대했던 즐거움의 대상이 실망과 아픔을 주는 경우가 있다는 교훈을 준다. 이스라엘 백성은 이럴 때 주님을 더욱 의지해야하는데 오히려 모세를 원망하며 불신앙의 태도를 보여준다. 깊은 생각과 신앙으로 살지 않고, 눈앞에 보이는 현실만 바라보는 이스라엘 백성이다. 이들은 며칠 전 홍해를 건너게 했던 여호와의 기적적인 능력은 까마득하게 잊어버린 듯한 철부지 어린애 같은 행동을 보여준다. 어려움을 당할 때 불평하기 전에 주님을 찾아 간구하여 문제를 해결하는 우리가 되어야겠다.

25절에서 쓴물이 달게 된 기적은 이제부터 하나님의 법도와 율례를 순종할 때 하나님의 보호와 은혜의 기적이 일어날 것을 가르쳐 준

537) 상게서, p. 154.

다. 모세가 여호와의 지시대로 한 나무를 쓴 물에 던졌을 때 그물이 달게 되었다. 하나님은 이스라엘 백성이 모세가 좋다고 생각하여 인도하는 대로 광야로 사흘 길을 가도록 했다. 그러나 사흘 길을 갔으나 마실 수 있는 물을 얻지 못하고 목말라 큰 고통을 겪었다. 이때 모세가 하나님께 부르짖으므로 하나님의 지시를 받아 마실 수 있는 물을 얻게 된 것이다. 마라에서 하나님의 도움으로 갈증에서 허덕이던 그들이 물을 마시고 살 수 있게 된 경험은 하나님의 도움과 인도가 있어야 어려움과 고통이 끝이지 않는 세상에서 그들이 살아 갈 수 있음을 배우게 해주었다.[538] 그리고 이스라엘 백성이 사흘 동안 먹을 물이 없어 고통을 당한 것은 하나님이 그들을 시험하시는 것이었다. 이 의도를 25절 끝에서 "그들을 시험 하실새" 란 문구가 잘 보여준다. 하나님은 이스라엘 백성이 고통과 절망 가운데서 하나님을 의지하며 그에게 간구하는 믿음이 있는지 없는지를 시험하는 것이었다. 그들은 자신들이 믿음 없음을 명백히 드러냈다. 이런 믿음 없는 그들에게 하나님을 믿고 의지해야 살 수 있음을 마라 사건을 통해 하나님은 이스라엘 백성과 우리에게 가르쳐 주신다.

스에즈 운하의 건설자인 페르디난드(Ferdinand de Lessups)는 아랍 족장들로부터 물을 맛있게 만들기 위해 가시덤불 나무를 물에 넣는다고 들었고, 다른 사람들은 나쁜 물맛을 없애기 위해 어떤 향기 나는 나무들을 사용한다고 말한다. 그러나 본문은 여호와의 능력이 그 던져진 나무를 통해 역사하여 쓴물을 단물로 변화시켰음을 가르쳐준다. 이 기적에서 나무는 엘리사가 여리고 샘물이 좋지 않아 토산이 익

538) 참고, Cassuto, *A Commentary on the Book of Exodus*, p. 184.

539) Kaiser Jr., *Exodus, The Expositor's Bible Commentary*, vol.2, p. 399.

지 못하고 떨어지므로 여호와의 이름으로 고치면서 물 근원에 뿌린 소금의 역할과 같다(왕하 2:19-22).[539]

"그들을 위하여 법도와 율례를 정하시고," 여기에서 "법도와 율례"는 여호와가 마라에서 이스라엘 백성에게 주신 '행동 법규' 이다.[540] 다음 26절에서 그 내용이 설명된다. 여호와는 그들에게 여호와의 목소리를 청종하고 그의 계명을 애써 지켜야함을 가르친다.

앞서 언급했듯이 26절은 25절에 언급된 '법도와 율례의 내용' 이다. 이스라엘은 국가로서 그리고 개인으로서 하나님의 말씀을 듣도록 요구한다. 그들은 그들의 눈에 옳은 것을 행하는 것보다 하나님의 계명들과 법도를 복종해야한다. 그러나 26절의 주절(主節)은 하나님의 약속이다. 즉, 이스라엘이 여기에 언급된 법도를 지켜서 그 조건을 성취하면 하나님은 이집트 사람들에게 내린 모든 질병을 하나도 이스라엘 백성에게 내리지 않을 것이라고 약속하신다. 왜냐하면 하나님은 이스라엘을 고치시는 의사이시기 때문이다. 마라의 기적은 하나님이 병과 질병을 주시기보다는 오히려 고쳐주실 것이라는 사실을 잘 나타내고 있다(참고, 23:25, 신 7:15; 시 103:3, 107:20).[541]

27절에 의하면 이스라엘 백성은 물 샘 열둘과 종려나무 칠십 주가 있는 엘림에 도착한다. 엘림은 마라에서 멀지 않은 광야 가란델(Gharandel)에 위치한다. 마라로부터 엘림은 낙타로 두 시간이 약간 덜 걸린다. 엘림 오아시스는 시내 반도의 서쪽에 있는 계곡이며 위성

540) 참고, Gispen, *Bible Student's Commentary, Exodus*, p. 154.

541) 상게서

542) Keil and Delitzsch, *Biblical Commentary on the Old Testament*, vol. 2, *The Pentateuch*, p. 60; Gispen, *Bible Student's Commentary, Exodus*, p. 155.

류와 아카시아와 종려나무가 많고 물이 풍성해 시내 광야와 스에즈 사이에서는 제일 좋은 휴식처들 중에 하나이다.[542]

"물 샘 열둘과 종려 칠십 주가 있는지라." 엘림에 물 샘 열둘이 있었다는 것은 이스라엘의 12지파의 각 지파가 한 우물씩 차지하게 한 것이며, 종려나무 칠십 주는 이스라엘 70인 장로 각자의 천막이 한 종려나무 곁에 쳐서 그늘을 얻게 한 것으로 이해 한다.[543] 그러나 이스라엘 백성의 지도자로 70인 장로들보다 더 중요한 지도자로 역할을 감당했던 모세, 아론, 나답, 아비후 등이 있었음을 고려할 때(출24:9), 종려나무 70주를 장로들을 위한 것이었다고 말 할 수 없다. 오히려 이스라엘 백성 전체가 수많은 종려나무들 밑에서 휴식하며 새 힘을 얻게 한 것으로 이해하는 것이 더 합당한 해석으로 보인다. 카쑤토(Cassuto)나 기스펜(Gispen)은 위의 열둘이나 칠십의 수를 상징적인 수로 이해한다. 특히 기스펜(Gispen)은 위의 수(數)들이 하나님이 이스라엘 백성에게 주신 풍성한 축복을 나타내는 상징적인 수라고 말한다.[544]

4. 설교 및 교훈 자료

1) 23절: 수르광야에서 물이 없어 고생한 이스라엘

이스라엘이 홍해를 건넌 후 소고 치며 춤추고 노래할 때는 앞으로 가나안 땅에 들어갈 때까지 노래하고 춤추는 일밖에 없을 것이라고 생각했을지 모른다. 그들은 시험이 이제 다 끝났다고 생각했는지도

543) 참고, Keil and Delitzsch, *Biblical Commentary on the Old Testament*, vol. 2, *The Pentateuch*, p. 60.

544) Gispen, *Bible Student's Commentary, Exodus*, p.155.

모른다. 그러나 그들은 광야 수르에 들어서서 사흘 동안 물이 없어 허덕이며 갈증에 목이 타는 큰 시련을 당했다. 우리들은 천국에 들어갈 때까지 늘 시련이 닥쳐옴을 깨닫고 잘 이겨내도록 하자. 하나님께서 우리에게 시련과 고통을 주시는 이유는 우리가 하나님께 가까이 가며 의지하고 기도하게 하려는 것이며, 그리고 우리의 신앙을 성장시켜 하나님의 능력을 더욱 체험하며 하나님을 찬양케 하시기 위함인 것을 깨달아야 한다.

2) 24절: 불평은 조급함 때문

하나님은 이스라엘 백성을 시험하기위해 수르 광야에 가서 사흘 동안 물을 찾지 못하고 갈증으로 고통 받게 하셨다. 하나님은 이스라엘 백성이 하나님의 도움을 받지 못하면 살 수 없음을 깊이 체험적으로 가르쳐 주기 위해 갈증의 괴로움을 당하게 하셨으나 이를 깨달으려고 기도하거나 묵상하지 않고 조급하게 원망부터 한다. 어려움을 당할 때 우리 믿음의 사람들은 원망하기 전에 하나님의 뜻을 찾고 하나님께 건져주시기를 기도하는 신앙의 성숙함을 보여 주어야 한다. 사도 바울은 말세에 사람들의 특징 중의 하나가 "조급함" 이라고 말한다(딤후 3:4). 잠언 저자는 "마음이 조급한 자는 어리석음을 나타내느니라" 고 말씀한다(잠 14:29).

3) 25절: 하나님께 부르짖는 모세

모세가 크게 잘못을 한 듯 원망하며 불평하는 백성을 향해 모세는 그들과 맞서서 싸우지 않고 괴로운 마음을 하나님께 가져가 부르짖었다. 백성을 이끌어가는 지도자로서 모세는 자신의 지혜나 다른 인

545) *Matthew Henry's Commentary on the Whole Bible*, vol. 1, *Genesis to Deuteronomy*, p.267.

간의 힘에 의존하지 않고, 끊임없이 하나님을 의지하는 신앙을 가졌다. 모세같이 목사들이나 정치지도자들은 그들의 책임 때문에 괴로워질 때에 하나님께 기도함으로써 하나님께 의지할 수 있다는 것은 위로 중에 큰 위로이다.[545] 하나님께 의지하며 기도하는 지도자는 하나님의 은혜 안에 강한 능력의 지도자가 된다.

4) 27절: 마라를 출발하여 엘림에 도착한 이스라엘

우리에게 고통이 있을 때 너무 조급하게 생각하지말자. 마라에서 엘림이 두 시간도 안 되는 거리였듯이 오늘 우리의 고통은 곧 기쁨으로 변할 것이다. 하나님께 기도하며 그의 구원을 바라볼 때 곧 슬픔의 삶이 기쁨의 삶이 될 것을 믿자.

특주(excursus) Ⅳ— 출애굽기 15:8의 번역과 해석

8절에 대한 변역과 해석이 알 월터스(Al Wolters)는 3-12절의 문맥을 살펴보면서 한글개역성경과는 다르게 번역되고 해석되어져야 함을 주장한다.[546] 출애굽기 14장을 보면 두 가지 종류의 기적을 볼 수 있는데 첫째 기적은 이스라엘 사람들을 구출하는 기적이고, 두 번째 기적은 이집트 사람들을 멸망시키는 기적 이다. 그런데 15:3-12은 이집트인들을 멸망시키는 두 번째 종류의 기적을 말씀하는 것으로 이해되며, 단지 8절은 이스라엘 백성을 구출하는 첫 번째 종류의 기적을 말씀하는 것으로 번역되고 해석되는데 이는 잘못된 것으로 보인다는 것이다.

그러므로 알 월터스(Al Wolters)는 8절의 다음 네 단어를 개역성경

546) Al Wolters, "Not Rescue but Destruction: Rereading Exodus 15:8," *CBQ* 52(1990): 226.

이나 많은 영어성경들의 번역과는 다르게 번역할 것을 제안 한다:

1) 네에레무(נֶעֶרְמוּ)

이 동사는 히브리어 문법에 의하면 니팔 동사이다. 이 동사는 개역성경과 모든 영어성경에서 "쌓이다"라는 뜻으로 번역된다. 이 의미를 알 월터스(Al Wolters)는 기본적으로 옳다고 인정하지만, 그러나 물이 쌓아져서 견고한 정지된 물 벽처럼 되었다고 이해하는 것은 잘못이라고 지적한다.[547] 수리아 역본에서(the Peshitta) 사용된 히브리어 네에레무(נֶעֶרְמוּ)의 동계어 에트파알(ethpaal) 동사(여기서는 't 'rmv)가 "쌓이는 것, 높이 솟는 것, 바다처럼 부풀어 오르는 것, 폭풍우"를 뜻하는 것을 볼 때 네에레무(נֶעֶרְמוּ)가 표현하려는 것은 쌓인 물의 양상이다.[548] 다시 말하면 성난 폭풍 가운데서 물이 움직이며 높이 쌓여 있는 것을 가리킨다는 것이다.

2) 니츠체부(נִצְּבוּ)

이 동사는 일반적으로 히브리어 나바츠(נָצַב)의 니팔형 완료동사로 이해하며, "일어서다"로 번역된다. 그러나 알 월터스(Al Wolters)는 차바(צָבָה)동사의 니팔 완료형 동사로 읽을 것을 제안한다.[549] 이 차바(צָבָה)동사는 구약성경에서 형용사로 사용되기도 하고(민 5:21), 칼(Qal) 형(민 5:27)과 히필 형(민 5:22) 동사로 사용되기도 한다. 그 뜻은 "부풀다, 부풀어 오르다, 팽창하다"이다. 이 동사의 뜻에 의해서 무섭게 부풀어 오른 거대한 바다를 묘사하고 있다는 것이다.[550] 이 해석은 앞서 네에레무(נֶעֶרְמוּ)를 유동하며 "높이 쌓여 있는 것"을 뜻한다고

---

547) 상게서, p. 227.
548) 상게서, p. 227.
549) 상게서, p. 228.
550) 상게서, pp. 228f.

해석한 것과 잘 맞는다고 한다.

3) 네드(נֵד)

한글 개역성경은 이 명사를 "언덕"이라고 번역했다. 영어성경들은 "산더미(heap; KJV, NASB, RSV)," "벽(wall; NIV)," "둑(bank; NEB)등으로 번역한다. 그러나 알 월터스(Al Wolters)는 이러한 번역들이 잘못된 것이라고 지적한다. 그는 이 명사의 바른 의미를 찾기 위해서 아랍어, 아람어, 사마리아어, 아카드어 등의 가능한 동계 단어들의 의미를 살피고, 이 단어의 의미를 논하는 다른 문헌들의 내용을 검토하며, 이 단어가 사용되는 구약의 여섯 본문에 대한[551] 중요 번역본들의 관련 단어들을 조사한 후 히브리어 네드(נֵד)는 노드(נֹד)로 읽고 그 의미는 언덕이나 벽이나 산더미들이 아니라 "포도주 가죽부대"로 번역해야 한다고 주장한다.

학자들은 네드(נֵד)의 어원을 "높은 언덕"이나 "흙더미"를 뜻하는 아랍어 나뜨(nadd)라고 제시하며[552], 프랑크 크로스(F. Cross)는 네드(נֵד)의 의미에 대한 유일한 어원적 증거라고 한다.[553] 그러나 알 월터스(Al Wolters)는 이 하나의 어원적 증거가 네드(נֵד)의 의미를 결정짓기에는 너무나 미약하다고 지적하며, 일반적으로 학자들이 도외시한 요나단 탈굼과 수리아 역(the Peshitta)에서 네드(נֵד)의 변역으로 사용된 네드(נֵד)의 동계어인 노다(nôdā)와 아카드어 나두(nādu)의 뜻인

551) 출 15:8; 수 3:13, 16; 시 33:7, 78:13; 사 17:11

552) *The New Brown, Driver, and Briggs Hebrew and English Lexicon of the Old Testament*, p. 622.

553) F. Cross, Jr., "Song of the Sea and Canaanite Myth," *Canaanite Myth and Hebrew Epic* (Cambridge: Harvard University Press, 1973), p. 128.

554) Al Wolters, "Not Rescue but Destruction: Rereading Exodus 15:8," pp. 231f.

"가죽병(leather bottle)이 "언덕" 이나 "둑" 보다 바른 번역이라고 주장한다.[554)]

이 주장이 네드(נֵד)가 사용된 구약 6개의 본문에 대한 고대 중요 역

	"벽/ 더미/ 둑"	"가죽부대"	기타
출애굽기 15:8	70인역: teichos 옹켈로스: šwr	거짓 요나단 탈굼: zq ʿ 수리아 역: zq ʿ	벌게이트: 번역안함
여호수아 3:13	아퀼라역: sōros 데오도숀역: sōros 벌게이트역: moles	탈굼: rwgb ʿ 심마커스역: askōma 수리아역: zq ʿ	70인역: 번역안함
여호수아 3:16	70인역: pēgma 벌게이트역: mons	탈굼: rwgb ʿ 심마커스역: askōma 수리아역: zq ʿ	
시편 33:7	아퀼라역: chyma 퀸타 희랍어 역: sōros	70인역: askos 탈굼: zyq ʿ 심마커스역: askos 수리아역: zq ʿ 벌게이트역: uter	
시편 78:13		70인역: askos 탈굼: zyq ʿ 수리아역: zq ʿ 벌게이트역: uter	
이사야 17:11			70인역, 탈굼, 수리아역, 벌게이트 각각 다름

555) 상게서, p. 233.

본 성경들의 번역을 비교할 때 지지됨을 알 월터스(Al Wolters)는 지적한다. 다음은 그가 제시한 고대 번역본들의 비교표이다.[555]

위의 비교표를 볼 때 번역의 일관성이 없고 본문의 내용이 분명치 않은 이사야 17:11을 제하고 26개의 번역본들 가운데 17개가 맛소라 히브리어 원문 성경의 네드(נֵד)를 노드(נֹד)로 읽어 "가죽부대"로 번역하였음을 보여준다.[556] 나머지 9개의 경우는 네드(נֵד)를 벽, 더미, 둑으로 번역하고 있다. 그리고 시편 33:7에서는 거의 모든 중요한 고대 번역본(70인역, 탈굼, 수리아역, 심마커스, 벌게이트역)이 맛소라 히브리어 원문 성경의 네드(נֵד)를 노드(נֹד)로 읽어 "가죽부대"로 번역하고 있음을 볼 수 있다. 그리하여 영어 성경들(RSV, NIV)도 네드(נֵד)를 노드(נֹד)로 읽어 "병(bottle, jar)"으로 번역한다. 또한 시편 78:13에서 가장 중요한 네 개의 고대 번역본(70인역, 수리아역, 탈굼, 벌게이트역)이 **네드**(נֵד)를 **노드**(נֹד)로 읽어 "가죽부대"로 번역했음을 위의 도표가 보여준다.

알 월터스(Al Wolters)는 더 나아가 출애굽기 15:8의 문맥에서 네드(נֵד)를 노드(נֹד)로 읽어 "가죽부대"로 번역했을 때 잘 어울린다는 것을 지적한다.[557] "포도주 부대"의 의미가 바로 앞의 "부풀어 오르다(נצבו)"라는 동사와 함께 폭풍우로 바닷물이 "포도주 부대"처럼 부풀어 오른 것을 저자가 묘사하고 있다는 것이다. 흐늘흐늘한 가죽이 포도주나 물로 채워질 때 여러 배로 늘어나기 때문에 포도주 부대는 생생한 비유적인 표현에 적합하다고 한다.[558]

그리하여 알 월터스(Al Wolters)는 출애굽기 15:8에서 히브리어 네

556) 상게서, p. 234.
557) 상게서.
558) 상게서.

드(נֵד)는 노드(נֹד)로 읽혀져야 3-12절의 문맥 흐름과 조화를 이루어 그 밖의 다른 구절에서 사용되는 네드(נֵד)에 대한 대다수의 고대 번역본들의 번역과 일치되고, 저자의 생생한 시적인 표현을 잘 나타낸다는 것이다.[559]

이 주장에 대해 "가죽부대/ 가죽병"을 의미하는 히브리어 단어는 노드(נֹאד)임을 주장하고 철자에 있어 노드(נֹד)와 다름을 지적할 수 있으나 후기 히브리어에서 단어 가운데 알레프(א) 없는 노드(נֹד)가 정식으로 사용되고 있으며, 앞서 살펴 본 것처럼 아람어와 아카드어의 동계(同系) 단어들에서도 알레프(א) 없이 사용되고 있다. 또한 히브리어와 다른 자매 언어들에서 음절 끝에 있는 알레프(א)가 없어지는 것은 자주 일어나는 현상이므로 크게 문제 될 것이 없다는 것이다.[560]

4) 카페우(קָפְאוּ)

한글 개역성경에서 이 히브리 단어는 "엉기다"로 번역되었다. 영어성경들도 이와 비슷한 뜻의 "congeal"이라는 동사로 번역한다 (KJV, RSV, NASB, NIV). 이 단어는 물이 단단하게 응축되어 그 사이로 이스라엘 백성이 무사히 홍해를 건너 갈 수 있었음을 의미한다. 그러나 알 월터스(Al Wolters)는 카파(קָפָא) 동사가 후기 히브리어와 동계 언어들에서 "엉기다, 굳어지다, 응고하다"의 뜻만이 아니라, 많은 다른 의미도 가지고 있음을 지적한다.[561] 히브리어와 아람어에 국한시켜 카파(קָפָא)를 살펴볼 때 이 동사의 여러 어간들이 "치솟아 오르다," "떠오르다," "뜬 찌끼를 형성하다," "더껑이를 걷어 내다"의 의미를 나타낸다는 것이다. 카파(קָפָא)의 어근에 대해서 크로스는, "미

559) 상게서, p. 235.
560) 상게서.
561) 상게서, p. 236.

쉬나의 히브리어나 탈무드의 아람어에서 그 기본적인 의미는 액체에서 고체들이 '가라 앉는다' 이다. 여기에서 '표면으로 떠오르다,' '뜬 찌기, 거품, 혹은 포말을 형성하다,' '엉겨 굳어지다' 를 의미 한다" 고 설명한다.[562]

크로스(Cross)가 말한 것처럼, 카파(קָפָא) 동사의 "솟아오르다" 라는 의미가 다음 바벨론 탈무드(b. Sukk, 532)의 구절에서 증거 된다: "다윗이 지옥을 파헤쳤을 때 깊음이 솟아올라(qp' thwm ') 세상을 가라앉게 하겠다고 위협했다."[563] 이런 카페우(קָפְאוּ)의 "솟아오르다" 란 의미의 사용을 주목하면서 알 월터스(Al Wolters)는 출애굽기 15:8에서 카페우(קָפְאוּ)를 "솟아오르다" 라는 뜻으로 번역할 때 그 문맥에 보다 적합하다고 한다.

이상에서 살펴본 네 가지 단어의 번역에 대한 토의와 함께 알 월터스(Al Wolters)는 출 15:8을 하나님이 이스라엘을 구출하는 기적을 설명하는 내용이 아니라 이집트 사람들을 멸망시키는 기적을 설명하는 내용으로 해석할 것을 주장하며, 15:8을 다음과 같이 번역할 것을 제안 한다:

> 그리고 당신의 진노의 바람으로 물이 쌓이고(נֶעֶרְמוּ),
> 파도들이 포도주의 가죽부대처럼(נֵד) 부풀어올랐으며(נִצְּבוּ,)
> 깊음(the deeps)이 바다 가운데서부터 솟아올랐다(קָפְאוּ).[564]

이상과 같은 알 월터스(Al Wolters)의 주장은 출애굽기 15:3-12의 문맥을 고려할 때 좋은 제안이며, 특별히 본문의 자음을 삭제하거나 바꾸지 않고 어원과 동계어들의 의미를 광범위하고 깊게 검토하여

562) 상게서, p. 237.
563) 상게서.
564) 상게서, p. 238.

본문 이해에 새로운 도움을 준다.

그러나 차일드스(B. S. Childs)는 두 사람 크로스(Cross)와 알 월터스(Al Wolters)의 제안을 다 반대한다. 크로스와 프리드만이 카페우(קָפְאוּ)를 "거품이 일다"로 번역할 것을 제안한 것에 대해 언어적 증거에 의한 것이라기보다는 논리적인 추론에 의한 것이라 하여 반대한다.[565] 그리고 차일드스(Childs)는 알 월터스(Al Wolters)의 제안에도 똑같이 반대하며 구약과 성경 밖의 다른 자료에 근거하여 "엉기다," "두껍게 하다," "굳다" 등이 카페우(קָפְאוּ)의 뜻이 분명하다고 주장한다.[566] 이와 같은 반대 이론과 맛소라 학자들이 히브리어 본문에서 네드(נֵד)로 읽은 전통적 이해와 이를 따르는 헬라어 70인역의 번역을 고려할 때 알 월터스(Al Wolters)의 제안이 상당히 설득력이 있지만 좀더 연구해야 할 것이다. 그렇지만 알 월터스(Al Wolters)는 출애굽기 15:8을 하나님이 이집트 사람들을 멸망시키는 기적을 나타 낸 것으로 해석할 수 있는 가능성을 충분히 보여준다.

565) Childs, *The Book of Exodus, A Critical Theological Commentary*, p. 243.

566) 상게서, 참고, Al Wolters, "Not Rescue but Destruction: Rereading Exodus 15:8," p. 236.

[출애굽기 16장]

[1절-3절]

신 광야에서 먹을 것이 없어서 원망한 이스라엘

1. 이스라엘 자손의 온 회중이 엘림에서 떠나 엘림과 시내 산 사이 신 광야에 이르니 애굽에서 나온 후 제 이월 십오일이라. 2. 이스라엘 온 회중이 그 광야에서 모세와 아론을 원망하여, 3. 그들에게 이르되 우리가 애굽 땅에서 고기 가마 곁에 앉았던 때와 떡을 배불리 먹던 때에 여호와의 손에 죽었더면 좋았을 것을 너희가[1] 이 광야로 우리를 인도하여 내어 이 온 회중으로 주려 죽게 하는도다.

1. 본문의 원전 설명

3절: [1] "좋았을 것을 너희가." 이 구절은 히브리어 원문 성경을 볼 때 "너희가" 앞에 "כִּי"(왜냐하면)이라는 접속사가 있어 다음과 같이 번역하면 히브리어 원문성경에 더 가깝고 의미파악에 훨씬 좋다; "좋았을 것이다. 왜냐하면 너희가 …."

2. 본문 내용 개요

엘림을 떠나 신 광야에 도착하였으나 이스라엘 백성이 먹을 것이 없어 굶주리며 옛날 이집트에서의 풍성했던 음식을 생각하며 모세와 아론에게 원망함.

3. 주석

1절은 이스라엘 백성이 엘림을 떠나 신 광야에 이르렀음을 말한다. 민수기 33:10-11절을 보면, 엘림에서 신 광야에 오기 전 홍해 가에 진을 쳤다. 아마 그곳에서는 특기할 만한 일이 발생되지 않았기 때문에 아무것도 기록되지 않은 것으로 보인다. 이 곳은 확실치 않으나 ① 연안 광야 엘 마르카(el Markha)가 있는 지역이나, 혹은 ② 세라비트 엘-카딤(Serabit el-Khadim)과 엣-티(et-Tih) 고원 사이에 초생달 모양의 땅 지형을 이루는 내륙의 뎁벤트 엘-람레 중에 하나 일 것으로 생각된다.[567] 이 두 곳 중에 후자가 대부분의 학자들에 의해 오늘날 선호된다. 이 곳에 이스라엘 백성은 그들이 출애굽한 후 꼭 1개월째 되는 둘째 달 십오일에 도착했다. "신 광야"의 "신"은 "시내 산"의 "시내"와 관련이 있으며, 아마 '찔레검불'(bramble-bush)을 뜻한다. 이 의미에 대한 다른 견해는 "신"이 시내 반도에서 숭배되던 달 신(the moon god)인 '신'(sin)에서 파생된 것이라 한다.[568]

2절에 의하면 이스라엘 백성은 모세와 아론을 원망한다. 이스라엘이 이집트를 떠난 지 30일이 되었을 때 이집트에서 가져왔던 식량을 거의 다 먹어버렸고 잡아먹을 가축도 없으며, 물건을 구입할 수 있는 상점도 없었다. 그리하여 백성들이 분노하여 모세와 아론을 원망했다. 본문에 "온 회중"이라 했기 때문에 회중 모두가 불평에 가담한 것으로 보인다. 그들 중에 하나님께 의지하며 기도로 해결하려 했던 사람은 없었던 것으로 보인다. 그들의 불평은 하나님의 자비와 능력에 대한 불신앙이며 배은망덕한 태도이다.

3절을 보면, 이스라엘 백성은 광야에서 서서히 굶어 죽는 것보다,

---

567) Kaiser, Jr., *Exodus, The Expositor's Bible Commentary*, vol. 2, p. 401.
568) Gispen, *Bible Student's Commentary, Exodus*, p. 155.

비록 종살이를 할 찌라도 이집트 땅에서 고기를 먹고 그곳에서 죽었으면 더 좋았을 것이라고 말한다. 이스라엘 백성은 자기들의 구원을 과소평가하며, 더 나아가 이집트 사람들이 당한 재앙의 때에 자기들도 여호와의 손에 죽었으면 더 좋았을 것이라고 말한다. 며칠 전 마라의 쓴 물을 단 물로 변화시켜 주신 기적을 체험했고 하나님이 자기들의 길을 인도하고 있음을 알지만 여호와께서 사랑하는 자들에게 주신 훈련을 참지 못하고 하나님의 대적들의 멸망에 동참하는 것이 더 나았을 것이라 한다. 그리고 모세가 그들을 이집트에서 구출하여 광야로 인도해 낸 것이 굶어 죽게 할 계획이었다고 억지 비난을 한다. 얼마나 하나님의 사랑과 구원을 모독하고 멸시하는 말인가. 그러나 하나님은 이들에게 유황불을 내려 멸하시지 않고 자비스럽게도 원망을 들어 주시며 다음 절에서 하늘 양식을 비같이 내려주시겠다고 약속하신다.[569)]

4. 설교 및 교훈 자료

2-3절: 교회의 지도자들에게 주신 교훈

이스라엘 백성은 홍해를 건넌 후 처음에는 마실 물이 없어서 모세를 원망했고, 이제 둘째로 먹을 음식이 없어 원망한다(2-3절). 이스라엘 백성은 모세가 그들을 굶어 죽게 하려고 이집트로부터 데려 나왔다고 억지를 부리며 중상모략 한다. 그러나 모세가 행한 모든 일은 하나님의 지시에 의해서 행한 것으로 그들의 해방과 구원을 위해서 자기를 희생하며 행한 것이었다. 그렇지만 모세의 최대의 호의가 곡해

569) *Matthew Henry's Commentary on the Whole Bible*, vol. 1, *Genesis to Deuteronomy*, p.268.

되어 악으로 여겨지며 원망과 비난을 받고 있는 것이다. 이런 억울하고 고통스런 일이 모세뿐만 아니라 오늘의 교회 지도자들에게도 있음을 알고 이럴 때 사람을 원망하거나 변명하려 하기 보다는 모세처럼 하나님께 나아가 원통함을 아뢰고 해결해 주시기를 간구해야 한다.

[4절-12절]

떡과 고기를 주시겠다고 약속하신 하나님

4. 때에 여호와께서 모세에게 이르시되 보라 내가 너희를 위하여 하늘에서 양식을 비 같이 내리리니 백성이 나가서 일용할 것을 날마다 거둘 것이라 이같이 하여 그들이 나의 율법을 준행하나 아니하나 내가 시험하리라. 5. 제 육일에는 그들이 그 거둔 것을 예비할지니 날마다 거두던 것의 갑절이 되리라. 6. 모세와 아론이 온 이스라엘 자손에게[1]이르되 저녁이 되면 너희가 여호와께서 너희를 애굽 땅에서 인도하여 내셨음을 알 것이요, 7. 아침에는 너희가 여호와의 영광을 보리니 이는 여호와께서 너희가 자기를 향하여 원망함을 들으셨음이라 우리가 누구관대 너희가 우리를 대하여 원망하느냐. 8. 모세가 또 가로되 여호와께서 저녁에는 너희에게 고기를 주어 먹이시고 아침에는 떡으로 배불리시리니 이는 여호와께서 자기를[2] 향하여 너희의 원망하는 그 말을 들으셨음이니라 우리가 누구냐 너희의 원망은 우리를 향하여 함이 아니요 여호와를[3] 향하여 함이로다. 9. 모세가 또 아론에게 이르되 이스라엘 자손의 온 회중에게 명하기를 여호와께[4] 가까이 나아오라 여호와께서 너희의 원망함을 들으셨느니라 하라. 10. 아론이 이스라엘 자손의 온 회중에게 말하매 그들이 광야를 바라보니 여호와의 영광이 구름 속에 나타나더라. 11. 여호와께서 모세에게 일러 가라사대, 12. 내가 이스라엘 자손의 원망함을 들었노라 그들에게 고하여 이르기를 너희가 해 질 때에는 고기를 먹고 아침에는 떡으로 배부르리니 나는 여호와 너희의 하나님인 줄 알리라 하라 하시니라.

1. 본문의 원전 설명

6절: [1] "온 이스라엘 자손에게." 이 문구에 70인역에 따르면 "회중"

이라는 단어가 첨가되어있다. 그리하여 "이스라엘 자손 온 회중에게"로 표현된다.

8절: 2 "자기를." 70인역에는 "자기를" 대신 "우리를"로 되어 있다.

8절: 3 "여호와를." 70인역에 따르면 "여호와를"이 아니라 "하나님을"이다.

9절: 4 "여호와께." 70인역은 "여호와께"가 아니라 "하나님께"로 읽는다.

2. 본문 내용 개요

하나님께서 이스라엘 백성에게 매일 저녁에는 고기를, 아침에는 떡을 주실 것이므로 하루 양식만큼만 거두어들이라고 하시며, 제 육일에는 다른 날보다 배를 거두어 제 칠일을 위해 예비하라 하심.

3. 주석

4절을 보면, 이스라엘 사람들의 불평에 대한 여호와의 응답은 실제로 그때에 먹을 것이 부족했었음을 나타낸다. 하나님은 떡을 하늘에서 비같이 내릴 것을 약속하신다. 위의 개역성경에서 "양식"이라 번역된 히브리어 원문성경의 단어는 "레헴"(לֶחֶם)으로 "떡 혹은 빵"을 의미하므로 보다 넓은 의미의 "먹거리", 즉 떡과 고기와 채소 등을 다 포함하는 "양식"이란 번역은 정확치 않다. 개역성경의 번역자는 4-12절의 문맥을 보아 "양식"이라 번역한 것으로 이해되나 문맥상 특별한 이유가 없는 한 히브리어 원문성경대로 이해하는 것이 옳다. 하나님은 떡을 하늘에서 비같이 내려 주지만 하루 먹을 양만 거두라고 하신다. 그리고 4절 하반 절에서 백성이 하나님의 율법을 잘 시행하는지 아니 하는지 시험 할 것이라 말씀하시지만 그 시험이 어떤 시험인지 구체적으로 언급하지 않으며 다음 5절에서 설명된다.

5절 "제 육일에는 그들이 그 거둔 것을 예비할지니 날마다 거두던 것의 갑절이 되리라." 제 육일에는 다른 날보다 두 배의 양을 준비할 것을 가르쳐준다. 여호와가 제 육일에 장막으로 가져온 음식을 기적을 베풀어 두 배로 만들어 주신다는 뜻이 아니라, 날마다 거두어들인 것보다 두 배의 양을 거두어들이라는 것이다. 이것을 다음 22절에서 분명히 보여 주신다. 십계명을 주시기 전에 하나님은 이미 제 칠일을 구별하여 지키도록 하셨다. 왜냐하면 창세기 2:2-3에서 세우신 창조 때의 명령에서 제 칠일을 구별하여 거룩히 하셨기 때문이다. 제 육일에 백성은 두 배로 거두어 드려 제 칠일을 위해 준비케 하심을 알 수 있다. 백성이 거두어들인 것은 그대로 먹을 수 없고 맷돌에 갈거나 절구에 찧거나 가마에 삶아서 먹었던 것으로 보인다[570].

6-7절에서 하나님은 이스라엘 백성에게 저녁과 아침에 어떤 기적적인 사건을 베풀어 하나님의 사랑과 보호를 알게 하고 그의 능력과 영광을 체험하게하실 것을 말한다. 7절에서 백성의 지도자인 모세와 아론을 이스라엘 백성들이 원망한 것은 실제 인도자이신 여호와를 원망한 것이라고 가르쳐준다. 왜냐하면 모세와 아론은 다만 하나님의 뜻을 실행했을 뿐이기 때문이다. 따라서 여호와가 그의 영광을 백성에게 나타내어 자신이 그들의 원망을 들었음을 증명할 것이다. 즉

570) (민 11:8; 참고, 출 16:23). Kaiser, Jr., *Exodus, The Expositor's Bible Commentary*, vol.2, p. 402

다음 8절에서 저녁에 고기를, 아침에는 떡을 주어 주께서 그들의 불평을 들으셨음을 나타내고 여호와의 영광을 보여줄 것임을 가르쳐준다.

8절에서 모세는 처음으로 여호와의 고기에 대한 약속을 말한다. 여호와께서는 고기와 떡을 그의 백성에게 주시려는 것이 그가 주기를 기뻐 하셨기 때문이라기보다는 백성이 그에게 불평함을 들었기 때문이다. 하나님은 그의 대변자들인 모세와 아론에 대한 도전을 받아들였다. 그들에 대한 도전은 궁극적으로 하나님 자신에 대한 도전이기 때문이다.[571] 이와 비슷한 예로서, 하나님은 이스라엘 백성이 사무엘을 버리고 그들에게 왕을 구할 때, "그들이 너를 버림이 아니요 나를 버려 자기들의 왕이 되지 못하게 함이니라"고 말씀하신다(삼상 8:7b). 이 원리가 하나님의 백성이 그들의 지도자와의 관계에서 기억하고 조심해야 할 하나님의 섭리임을 알아야만 한다.

9-10절에서 백성을 여호와께 가까이 나아오라는 말씀은 이스라엘 회중의 진영(陣營)앞에 있는 구름기둥 앞으로 나아오라는 말씀이다.[572] 광야 여행 중에 이 구름기둥은 여호와의 임재를 나타냈다(출 14;24; 민 14:14). 이스라엘 백성이 시내 광야에 도착하여(출 19:1) 성막건립 후에 백성을 여호와 앞에 나아오라는 말씀은 성막 앞에 나아오라는 말씀으로 이해되지만 아직 성막이 건립되지 않았기 때문이다. 여호와 앞에 나아오라는 것은 이스라엘 백성이 불평한 것을 여호와께서 들으시고 응답하시기 위함인 것을 시사한다. 아론의 말씀을 듣고 이스라엘 백성은 구름기둥이 서있는 광야를 바라보

571) Gispen, *Bible Student's Commentary, Exodus*, p. 159.

572) Kaiser, Jr., *Exodus, The Expositor's Bible Commentary*, vol. 2, *p. 402; Cassuto, A Commentary on the Book of Exodus*, p. 194.

았다. 그때 여호와의 영광이 구름 속에 나타났다. 이 여호와의 영광은 구름기둥 자체가 아니고 구름기둥과는 구별되게 구름 속에 있는 불의 모양으로 보이며, 이것은 나중 시내 산 사건에서 분명히 말씀한다(출 24:15-18).

11-12절에서 여호와께서는 모세에게 이스라엘 백성이 아침에는 떡으로, 저녁에는 고기로 배부르게 될 것이라고 말씀하신다. 이스라엘 백성은 여호와께서 그들에게 베푸신 과거의 이적과 기사를 다 잊어버렸고 여호와께서 그들과 함께하시는 증표인 구름기둥이 그들을 인도하고 있지만 아무런 의미가 없는 듯 원망하며 불신을 여실히 나타냈다. 하나님은 불신하는 이스라엘 백성에게 새로운 이적, 즉 떡과 고기를 주심으로써 그의 능력과 권능을 확증시켜 주시겠다고 하신다. 그 결과로 이스라엘 백성이 모세를 통해 그들에게 말씀하시는 분이 여호와 그들의 하나님이심을 알게 될 것이라고 한다. 곧 이스라엘과 지금 함께하시는 하나님이 열조들에게 약속하신 것을 성취시키시고 정하신 것을 시행하시는 하나님이심을 알게 된다는 것이다.

4. 설교 및 교훈 자료

1) 4절: 용서의 하나님

먹을 것이 없다고 원망하는 이스라엘에게 먹을 것을 주시겠다고 약속하신 하나님은 용서의 하나님이시다. 일흔 번씩 일곱 번이라도 용서해 주라고 말씀하신 하나님이심을 기억하자. 우리가 연약해서 범죄 했을 때 낙심하지 말고 용서를 구함으로 기쁨과 감사를 맛보도록하자. 반역하고 원망하는 이스라엘을 용서해주시는 하나님의 사랑을 우리는 항상 기억하며 범죄하고 실수했을 때 머뭇거리지 말고 주님께 곧장 나아가야 한다.

2) 6-7절: 이스라엘에게 떡과 고기를 주신 하나님

하나님께서 떡과 고기를 주신 것은 백성들의 기도 때문이 아니다. 그리고 그들이 어떤 가치가 있었기 때문도 아니다. 그것은 하나님께서 이스라엘의 열조들과 맺은 언약을 기억하셨기 때문이다. 우리 하나님은 미쁘신 하나님이시며 약속하신 것을 식언치 않으시는 하나님이시다. 이 하나님을 기억하고 굶주림 같은 고통과 죽음 같은 엄청난 고난이 엄습할 때 우리 혼자 해결하려 하지 말고 하나님께 나아가 구원함을 얻는 믿음의 성도가 되자. 주님을 믿는 자는 하나님의 자녀라 했고(요1:12), 영생을 얻었으며(요 3:15-16, 5:24), 예수님의 손에서 빼앗겨지지 않으며(요 10:28), 고아와 같이 홀로 있게 하시지 않으며, 성령님을 통해 도움 받고, 보호받을 것을 여호와께서는 약속해 주셨기 때문이다(요 14:16-18).

3) 12절: 원망은 죄다

주님의 일을 할 때 원망하지 말자. 그 원망은 곧 하나님을 향한 원망이기 때문이다. 지금 우리가 있는 자리에서 또 언제 어디서라도 우리의 원망을 들으시는 무소부재의 하나님이심을 기억하자. 원망은 하나님의 섭리와 통치의 선하심을 부정하거나 믿지 않는데서 나오는 행위이기 때문에 죄이다.

[13절-21절]

메추라기와 만나가 내림

13. 저녁에는 메추라기가 와서 진에 덮이고 아침에는 이슬이 진 사면에
있더니, 14. 그 이슬이 마른 후에 광야 지면에 작고 둥글며 서리같이 세
미한 것이 있는지라. 15. 이스라엘 자손이 보고 그것이 무엇인지 알지 못
하여 서로 이르되 이것이 무엇이냐 하니 모세가 그들에게 이르되 이는

여호와께서 너희에게 주어 먹게 하신 양식이라. 16. 여호와께서 이같이 명하시기를 너희 각 사람의 식량대로 이것을 거둘지니 곧 너희 인수대로 매명에 한 오멜[1]씩 취하되 각 사람이 그 장막에 있는 자들을 위하여 취할지니라 하셨느니라. 17. 이스라엘 자손이 그같이 하였더니 그 거둔 것이 많기도 하고 적기도 하나, 18. 오멜로 되어 본즉 많이 거둔 자도 남음이 없고 적게 거둔 자도 부족함이 없이 각기 식량대로 거두었더라. 19. 모세가 그들에게 이르기를 아무든지 아침까지 그것을 남겨 두지 말라 하였으나, 20. 그들이 모세의 말을 청종치 아니하고 더러는 아침까지 두었더니 벌레가 생기고 냄새가 난지라 모세가 그들에게 노하니라. 21. 무리가 아침마다 각기 식량대로 거두었고 해가 뜨겁게 쪼이면 그것이 스러졌더라.

1. 본문의 원전 설명

16절: [1] "오멜." 이 히브리 단어 "오멜"(עֹמֶר)은 '적은 마시는 컵이나 주발' 을 뜻하기도 하는데 여기서는 용량(容量)을 측정하는 단위로 사용된다. 이 단어가 이렇게 용량(容量)을 측정하는 단위로 사용되는 것은 구약에서 단지 여기 16:16, 18, 32, 33, 36이다. 한 오멜은 1/10 에바로서 약 2.2리터이다(참고, 출 16:36).

2. 본문 내용 개요

아침에 이슬이 마른 후 땅에 작고 둥글며 서리같이 얇은 빵이 내려왔고, 모세는 그것을 각 사람을 위해 하루에 한 오멜씩 거두어들여 먹되 그것을 아침까지 두지 말라 했으나 아침까지 둔 것은 벌레가 생기고 냄새가 나므로 모세가 노함.

3. 주석

13절 “저녁에는 메추라기가 와서 진에 덮이고 아침에는 이슬이 진 사면에 있더니.” 13절에서의 저녁은 12절에서 말한 “해질 때에” 이다. 히브리어로는 ‘두 저녁 사이에’ 라고 되어 있다. 그 저녁에 메추라기가 와서 이스라엘 진의 땅을 덮었다고 한다. 메추라기는 철새로서 큰 떼를 지어 가을에는 추운 북쪽에서 따뜻한 남쪽으로 그리고 봄에는 남쪽에서 북쪽으로 날아가서 사는 새들이다. 하루 종일 바다 위를 날아가다가 땅에 이르렀을 때 지치고 피곤하여 쉬게 되는데 이때는 메추라기를 잡기가 쉽다.[573] 본문에는 메추라기에 정관사가 붙어 있어 그 당시 일반적으로 알려져 있는 새였던 것으로 생각된다. 본문의 메추라기는 봄철에 남쪽에서 북쪽으로 날아가던 새들이었다고 생각된다. 이러한 하나님의 이적의 손길로 더 많은 떼를 이루어 이스라엘의 진에 와서 덮이게 된 것이다. 또 어떤 이들은 이 “새”(הַשְּׂלָו)가 아랍에 있는 카타(Kata)라는 새가 아닐까 생각한다. 이 새는 아라비아, 팔레스틴, 그리고 시리아 지역에 아주 많은 일종의 들꿩 같은 새이다. 이들은 빽빽이 집단으로 무리를 지어 다니므로 아람 소년들이 막대기로 때려 한 번에 두세 마리를 잡을 수 있을 정도라고 한다(Burckhardt, Syr,p. 681).[574]

14절을 보면, 아침 이슬이 증발된 후 땅에 전에 보지 못했던 서리 같이 세미한 작은 것들이, 즉 비늘 같기도 하고, 흰서리같이 얇은 것이 땅위에 있었다. 이것은 이스라엘이 광야에서 먹을 양식으로 하늘에서 내려온 하나님의 선물이다. 광야에서 곡식을 심어 추수 할 수없기 때문에 하나님께서 비상한 때에 비상한 방법으로 이스라엘 백성

573) Cassuto, *A Commentary on the Book of Exodus*, p. 194.

574) Keil and Delitzsch, *Biblical Commentary on the Old Testament*, vol. 2, *the Pentateuch*, pp. 66f.

에게 먹을 것을 공급해 주신 것이다.

15절에서 이스라엘 백성은 전에 결코 보지 못했던 것을 보고 그들이 서로, "이것이 무엇이냐?"고 묻고 있다. 바로 이 물음, "이것이 무엇이냐?"는 히브리어로 "만후"(מָן הוּא)이다. "만"(מָן)은 "마"(מָה, 무엇)대신 일반적으로 사용된 단어이며 아람어와 에디오피아어에서 볼 수 있다.[575]

그러므로 이 어법은 초기 셈어로 간주된다. "만나"[혹은 "만"(מָן); 히브리어 원어성경의 출애굽기 16:31에서 "만"(מָן)이라 불러지지만 대부분의 영어 성경들과 한글 개역성경이 번역하는 만나(Manna)]라는 이름은 이스라엘 자손이 말한 히브리어 물음 "만후"로부터 유래되었다고 카일(Keil)과 델리취(Delitzsch) 그리고 차일드스(Childs)는 생각한다.[576]

루터(Luther)는 유대인 주석가 킴치(Kimchi)를 따라 '히브리어에서 만(Mann)은 현금(ready money), 선물(present), 증여(gift)를 뜻한다고 말한다.[577] 한편 게세니우스(Gesenius)와 다른 사람들은 단어 만(Mann)의 기원을 "마나"(מָנָה, 나누다, 분배하다)' 라고 생각하여, "만후"(מָן הוּא)를 "분배된 것, 선물, 혹은 예물"로 번역한다.[578]

그러나 카일과 델리취(Keil and Delitzsch)는 이 견해가 근거하는 아랍어 단어가 초기 아랍어가 아니며 그리고 이 견해는 앞 뒤 문맥에 맞지 않는다며 거절한다.[579] 카일과 델리취(Keil and Delitzsch)는 묻

575) 상게서, p. 67.

576) 상게서; Childs, *The Book of Exodus, A Critical, Theological Commentary*, p. 289.

577) 참고, 상게서

578) 참고, 상게서

기를, "백성이 하늘에서 내려온 것이 무엇인지 알지 못하여, 모세가 그것은 여호와께서 너희의 음식이 되도록 주신 떡이라고 말했어야 하는 상황인데 어떻게 백성이 '그것은 분배 된다' 라고 말할 수 있었겠는가?" 라고 한다.

16절에서 여호와께서는 각자 그의 장막에 있는 사람들의 수에 따라 한 사람당 한 오멜(עֹמֶר)씩의 양을 취하라고 하신다. 앞서 설명한 대로 한 오멜은 1/10에바로서 약 2.2리터이다. 어떤 사람은 오멜이 계량 기구를 가리키지 않고 이스라엘 백성이 광야에서 샘들로부터 물을 퍼 올리기 위해 가지고 다녔던 컵이나 주발을 가리킨다고 생각하나[580] 이를 지지할 근거는 없다.

17-18절을 보면, 이 때에 이스라엘 백성은 여호와의 말씀을 잘 순종한 것으로 보이지 않는다. 왜냐하면 여호와께서 한 사람이 한 오멜씩 거두라고 말씀했는데 백성 가운데 더 많이 거둔 자도 있고 덜 거둔 자도 있었기 때문이다. 다음 19-20절에서도 모세가 거둔 것을 아침까지 남겨두지 말라하는 명령을 어기고 아침까지 남겨두는 불순종의 사람들이 있었다. 그러나 사람은 불순종하지만 하나님은 기적적으로 그의 원래의 뜻대로 되어지게 만드신다.

"많이 거둔 자도 남음이 없고 적게 거둔 자도 부족함이 없었다" 는 말의 뜻에 대한 해석은 여러 가지 견해가 있다. 먼저 랍비들은 일반적으로 다음과 같이 생각한다. "그들이 적게 거두었든지 많이 거두었든지 그들의 천막 안에서 재보니 그들 가정의 수에 필요한 만큼의 오멜을 모았지, 많지도 않고 적지도 않았다" 는 것이다. 다음으로 칼빈과

579) 상게서
580) Gispen, *Bible Student's Commentary, Exodus*, p. 160.

다른 주석가들은 다음과 같이 해석 한다: "왜냐하면 그들은 각자 개인의 비축 양을 모으지 않고, 모두 도와서 쌓아올린 공동 더미로부터 그들은 자기들에게 지시한 양을 가져갔다"고 한다.[581] 전자는 각자 그의 가족의 수에 필요한 만큼의 양만 거두었지 그 이상도 그 이하도 모을 수 없었다는 뜻으로 기적이 나타난 것으로 이해한 것이다. 그리고 후자는 전체의 모은 양이 전체 백성에게 필요했던 만큼 정확히 일치되었다는 사실에서 기적이 일어났다는 의미이다. 두 경우 모두가 하나님의 놀라운 감독을 말하고 있다.

본문의 내용이 자세하지 않아 백성이 어떻게 거두어 드리고 어떻게 거둔 것을 처리했는지 분명치 않으나 본문은 랍비들의 해석을 더 지지하는 것 같다. 그러나 사도 바울이 고린도후서 8:15에서 여기 출애굽기 본문을 성도들이 서로 가진 것을 나누어 가져야 할 본 보기로 인용한 것을 볼 때, 칼빈이 해석한 것처럼 백성이 서로 모든 것을 한 군데로 축적해 놓은 후 그 축적된 것으로부터 자기들의 규정된 양을 가져가므로 많이 거둔 자는 그 남은 것으로 적게 거둔 자를 도와주어 부족하지 않게 한 것으로 이해된다.

19-21절은 모세의 지시를 어기고 아침까지 남겨두는 사람들이 있었음을 말하고 있다. 모세의 지시를 따르지 않고 거둔 것을 아침까지 남겨둔 사람들은 그것에 구더기가 생기고 썩어 냄새가 난 것을 발견했다. 이것은 그들의 불신에 대한 형벌이었다.[582] 이스라엘 백성은 매일 새롭게 하나님을 신뢰하고 하나님이 먹을 것을 공급해 주실 것을 믿고 따를 때, 그들에게 복이 오고 그들의 신앙이 강하게 될 수 있었

---

581) *Commentaries on the Four Last Books of Moses Arranged in the Form of a Harmony by Calvin*, vol.1(Grand Rapids: Eerdmans Publishing Co., n.d.), p. 278.

다. 그러나 하나님과 그의 약속을 신뢰하지 않고 하나님의 뜻과는 다르게 스스로 자기의 양식을 준비하려 할 때 그것은 오히려 형벌을 초래하고 더 나아가 파멸을 가져올 수 있음을 보여준다.

21절에 의하면 하나님이 주신 양식은 아침 이슬과 같이 내려와서 해가 밝게(뜨겁게) 비추면 녹아 없어졌다. 하나님께서는 값없이 은혜의 선물을 주시지만 무한정으로 주시지 않고, 그것을 주시는 때가 있으시다. 그 때가 지나면 하늘 양식을 전혀 발견하지 못할 것이다. 신령한 은혜도 마찬가지다. 사도 바울은 "보라 지금은 은혜 받을만한 때요 보라 지금은 구원의 날 이로다"(고후 6:2) 라고 했다. 이 은혜 받을 때를 놓치지 말고 은혜 받기를 사모하고 열심히 노력하자. 후에는 이런 은혜를 받지 못하게 될 것이다.

4. 설교 및 교훈 자료

1) 15절: 하늘 양식

모세는 아침 이슬 후에 남아있는 하얀 비늘 같은 것을 보고 "여호와께서 너희에게 주어 먹게 하신 양식이라" 했다. 이 하늘 양식과 비교하여 예수님은 자신이 "하늘에서 내린 참 떡"이라고 하신다(요 6:35). 광야에서 하늘 양식은 매일의 지상에서의 삶을 위한 양식이었지만, 예수님은 참 떡, 곧 생명의 떡으로서 이 세상에서의 삶뿐만 아니라 영원한 삶을 주시는 하늘의 양식이다. 요한은 '그리스도를 먹는 것'은 곧 '그리스도를 믿는 것'임을 가르쳐 준다(요 6:40-51). 생명의 떡이신 예수님을 믿어 모든 사람이 이 세상뿐만 아니라 영원히 살도

---

582) Gispen, *Bible Student's Commentary, Exodus*. p. 161.

록 열심히 전도하고 선교하는 우리가 되자.

2) 20절: 썩어버린 하늘 양식

우리는 세상에 살 때 탐심을 버려야 한다. 그리고 하나님을 신뢰하지 않는 내일에 대한 인간의 걱정은 아무런 보탬이 되지 않음을 20절의 썩어버린 양식이 가르쳐 준다. 사람은 욕심 부리지 말고 하루하루 먹을 것이 있으면 만족하게 살아야 한다. 과도히 아끼고 탐심을 가질 때 기쁨과 만족이 없다. 그런 인생은 불행하다. 참 행복 자는 광야의 이스라엘 백성처럼 이른 아침 하나님을 찾아 일용한 양식을 해결함 받고 주님 예수 그리스도의 은혜 아래 사는 자이다.

[22절-30절]

안식일을 위해 만나를 거두어 드리는 법

22. 제 육 일에는 각 사람이 갑절의 식물 곧 하나에 두 오멜씩 거둔지라
회중의 모든 두목이 와서 모세에게 고하매. 23. 모세가[1] 그들에게 이르되
여호와께서 이같이 말씀하셨느니라 내일은 휴식이니 여호와께 거룩한
안식일이라 너희가 구울 것은 굽고 삶을 것은 삶고 그 나머지는 다 너희
를 위하여 아침까지 간수하라. 24. 그들이 모세의 명대로 아침까지 간수
하였으나 냄새도 나지 아니하고 벌레도 생기지 아니한지라. 25. 모세가
가로되 오늘은 그것을 먹으라 오늘은 여호와께 안식일인즉 오늘은 너희
가 그것을 들에서 얻지 못하리라. 26. 육일 동안은 너희가 그것을 거두되
제 칠일은 안식일인즉 그 날에는 없으리라 하였으나, 27. 제 칠일에 백성
중 더러가 거두러 나갔다가 얻지 못하니라. 28. 여호와께서 모세에게 이
르시되 어느 때까지 너희가 내 계명과 내 율법을 지키지 아니하려느냐.
29. 볼지어다 여호와가 너희에게 안식일을[2] 줌으로 제 육 일에는 이틀 양
식을 너희에게 주는 것이니 너희는 각기 처소에 있고 제 칠일에는[3] 아무
도 그 처소에서 나오지 말지니라. 30. 그러므로 백성이 제 칠 일에 안식
하니라.

1. 본문의 원전 설명

23절: [1] “모세가.” 히브리어 원문성경은 주어가 “모세”로 분명히 밝혀 있지 않고, 대명사 “그(he)”라고만 되어있다. 여기서 70인 역(B사본만 제하고), 수리아 역, 벌게이트 역, 거짓 요나단 탈굼 역은 “모세”로 읽으나, 70인 역(B)은 “주”(κύριος)로 읽는다.

29절: [2] “너희에게 안식일을.” 70인역은 이 구절에 “이 날”(τὴν ἡμέραν ταύτην)을 첨가 한다; “너희에게 이 날을 안식일로 줌으로….”

29절: [3] “‘제 칠일에는.” 사마리아 오경, 70인역(F), 에디오피아역은 “제 칠일” 대신 “안식일”로 읽는다.

2. 본문 내용 개요

하루 양식을 위해 매일 한 오멜씩만 거두게 했으나, 제 육일에는 제 칠일 안식일의 양식을 위해 두 오멜씩 거두게 하시고 제 칠일에는 백성이 안식하게 하심.

3. 주석

22절은 제 육일에 각 사람이 갑절의 식물을, 곧 한 사람이 두 오멜씩 거둔 것을 보고 모든 두목이 이것을 모세에게 말했다. 이 구절을 볼 때 모세가 아직 제 육일에는 각 사람에게 두 오멜씩 거두라고 말하지 않았는데 백성이 제 육일에 보통 날보다 더 많은 만나가 내려와 있는 것을 보고 보통보다 더 많이 거두어들일 기회로 판단하지 않았을까 생각된다.[583] 한편 16:5을 고려할 때, 모세가 이미 백성들에게 제 육일에 다른 날보다 갑절로 거두라고 말했기 때문에 백성이 제 육일에 갑절로 거두었을 가능성이 있다. 그렇다면 백성이 제 육일에 갑절로 거둔 것은 옳은 일이었고, 회중의 두목들이 모세에게 와서 불평한 것은 잘못한 것이다.[584] 또한 다른 가능성은 백성이 스스로 판단하여 제 육일에 만나를 갑절로 거두거나, 회중의 두목들이 잘 모르고 백성이 제 육일에 갑절로 거둔 것을 불평한 것이 아니라, 본문 22-30절의 문맥을 보아 모세가 회중의 두목들에게 그들이 잘못한 것으로 책망했다거나, 그들이 백성의 행동에 불평한 것으로 이해되지 않고, 백성이나 회중의 두목들이 모두 제 육일에는 제 칠일을 위해 보통 때보다는 갑절로 거두어야 함을 알고 있었다. 그러나 갑절로 거두어들인 것을 어떻게 처리할 것을 구체적으로 잘 모르기 때문에 회중의 두목들이 모세에게 백성이 갑절로 거두어 드린 것을 보고하여서 처리 방법에 대한 지시를 받으려 한 것으로 이해된다. 그렇기 때문에 모세는 회중의 두목들의 보고를 받았을 때 그들을 책망하지 않고, 갑절로 거두어들인 만나를 어떻게 처리 할 것인가를 다만 말하고 있다.

23절에서 볼 수 있는 것은 이스라엘 백성이 안식일 준수에 대해서 잘 알지 못하고 있었다는 사실이다. 나중에 십계명을 받을 때 비로소 분명히 안식일 준수를 알게 되었고 이를 지켰다. 그런데 한 가지 이해해야 할 것은 메소포타미아 지역에서는 이미 모세이전에 안식일이라는 것이 있었기 때문에,[585] 비록 그것이 이스라엘의 안식일과는 다르다 할지라도 이스라엘이 안식일에 대해서 전혀 무지했다고 볼 수는 없다. 그러나 그들은 여호와와의 관계에서 자기들이 준수해야하는 구체적인 내용들을 아직 배우지 못했다고 말할 수 있다. 많은 학자들

583) Cassuto, *A Commentary on the Book of Exodus*, p. 197.
584) Gispen, *Bible Student's Commentary, Exodus*, p. 162.

은 이스라엘의 안식일 명령을 바벨론의 샤팟투(šapattu)와 비교하나 아직 아무도 이스라엘 사람들이 안식일 개념을 바벨론으로부터 빌려 왔다고 입증하지 못했다. 이는 그 둘이 서로 일치하다고 주장할 근거가 빈약하기 때문이다. 반대로 출 16:5, 29을 보면 육일동안 거두어 드리고 하루는 쉬는 패턴은 하나님이 명령하여 행한 것이다.[586)]

24절은 제 칠일이 되어 전날 거두어 가지고 있는 만나가 어떻게 되었는지 설명한다. 앞서 23절을 보면, 제 육일에 거둔 만나를 굽기도 하고 삶기도 하여 먹기 좋게 요리를 했다. 그러나 이런 요리가 되지 않고 남아있던 만나를 이스라엘 백성은 다음 날인 제 칠일까지 가지고 있었으나 썩거나 냄새가 나지 않았다. 이것은 하나님께서 만나 보관을 위해 특별히 간섭하셨음을 나타낸다. 왜냐하면 20절을 보면 다른 날에는 전날 거두어들인 만나를 다음 날 아침까지 두었을 때 벌레가 생기고 썩어 냄새가 났기 때문이다. 하나님의 명령대로 제 칠일인 안식일에 쉬기 위해 제 육일에 안식일의 음식을 준비했을 때 하나님은 제 칠일에 그 준비한 음식을 썩지 않게 잘 보존시켜 주셨다. 하나님은 전날에 준비한 안식일 음식에 특별한 간섭과 복을 주심을 확증해준다. 오늘 날의 주일은 구약의 안식일과 같다. 주일을 거룩히 지키고 쉬기 위해 전 날에 준비하는 일에 하나님은 복주시고 간섭하셔서 주일에 일하지 않아도 충분히 살 수 있도록 해 주실 것이다.

25-27절에서 모세는 백성에게 제 칠일에는 제 육일에 거둔 만나를 먹으라 하며 제 칠일에 만나를 거두러 들에 나가도 없을 것을 분명히 말했으나, 백성 가운데 어떤 사람들은 모세의 말을 믿지 않고 만나를

---

585) Cassuto, *A Commentary on the Book of Exodus*, pp. 190f.

586) Kaiser, Jr., *Exodus, The Expositor's Bible Commentary*, vol. 2, p. 403.

거두러 들에 나갔다. 그러나 그들은 만나가 없어 빈손으로 돌아왔다. 여기서 보여준 이스라엘 백성의 불순종은 20절에서 보여준 불순종보다 더 나쁜 불신앙을 나타낸다. 그러므로 이 불신앙에 대한 모세의 책망은 본문에 없으나, 여호와의 책망이 다음 28절에 나타난다.[587] 여기 이스라엘의 불순종의 결과가 보여 주는 것은 하나님이 하지 말라는 일을 할 때 결과는 헛되고 무익하다는 것이다. 더 나아가 하나님의 책망과 형벌이 있다는 것이다. 하나님의 말씀을 내 고집이나 판단으로 거역하고 달리하는 어리석음을 범치 않도록 날마다 나를 쳐서 주님께 복종하는 믿음의 사람이 되어야 할 것이다.

28절 "여호와께서 모세에게 이르시되 어느 때까지 너희가 내 계명과 내 율법을 지키지 아니하려느냐." 여호와께서 거룩하게 하여 쉬도록 한 제 칠일에도 만나를 거두려 나가므로 그 날의 거룩성을 더럽히고 다른 날들과 같이 일을 한 사람들의 행동을 하나님은 그의 교훈과 명령을 거절하는 것으로 간주하신다. 하나님은 모세를 통해 제 칠일, 즉 안식일의 규례를 어긴 백성을 강도 높게 책망한다. "어느 때까지"란 구절은 이스라엘 백성이 그칠 줄 모르고 범죄를 계속하므로 하나님께서 견디기가 고통스러움을 나타낸다. 여기서 하나님께서 백성에 대한 책망을 잘못하지도 않은 모세에게 말씀하시는 것은 모세가 백성의 지도자요 대표임을 나타낼 뿐만 아니라, 그들을 징벌해야 할 모세의 책무를 일깨우기 위한 것이다.[588]

---

587) 참고, Cassuto, *A Commentary on the Book of Exodus*, p. 198.

29절에서 모세는 분명히 밝혀 주기를 안식일은 여호와께서 친히 쉬도록 세우신 날이란 것이다. 그리고 제 육일에 갑절의 양식을 주신 이유가 안식일에 쉬도록 하기위해서 라고 한다. 그러므로 백성은 여호와께서 안식일에 일하지 말라 하셨기 때문에 먹을 양식이 부족할 것이라고 염려하지 말라는 것이다. 여호와께서 그들의 필요한 양식을 미리 주실 것이기 때문이다.[589] 백성은 이 명령을 받아들여 제 칠일에 쉬며 안식일로 지켰다고 한다.

4. 설교 및 교훈 자료

1) 22절: 안식일에 만나를 주시지 않는 하나님

안식일에는 만나를 거두어들일 수 없다. 하나님이 만나를 주시지 않기 때문이다. 그러나 하나님의 명령을 어기고 안식일에도 들에 나갔을 때 그들은 아무것도 얻지 못했다. 오늘날도 안식일 곧 주일에 돈을 벌기위해서 일하는 사람들은 이 사실을 알아야한다. 돈을 버는 것 같으나 실제로는 하나님께서 복을 주시지 않기 때문에 벌지 못하는 것과 마찬가지이다. 하나님의 명령을 어기고 가져온 만나는 벌레가 생기고 냄새가나서 먹지 못하게 된 것처럼 주일날 일해서 번 돈은 이상하게도 자기 것이 되지 않게 됨을 기억하자.

2) 23절: 안식일에도 먹을 것을 주신 하나님

하나님께서는 주님의 날에 일하지 않아도 먹을 것을 주신다고 하신 말씀을 기억하고 주일에는 예배하며 안식하는 날이 되도록 하자.

---

588) 참고, *Commentaries on the Four Last Books of Moses Arranged in the Form of a Harmony by John Calvin*, vol. 1, pp. 282f.

589) Cassuto, *A Commentary on the Book of Exodus*, p. 199.

주일에도 일하는 것은 하나님께서 안식일인 주일에 일하지 않아도 충분히 먹을 수 있도록 갑절의 양식을 제 육일에 주실 것 이라는 약속을 불신하는 것이다.

3) 26-27절: 안식일에도 양식을 거두러 들에 나간 사람들

하나님께서 기적적으로 먹을 것을 공급해주시고 있는데 그것을 눈으로 확인하면서도 하나님의 가르침대로 행하지 않고 양식을 얻으려 했던 이스라엘의 모습은 이해하기 어렵다. 왜 그들은 그래야만 했을까? 본성적으로 하나님을 거역하려는 인간의 타락한 심성 때문이라고 말할 수 있다. 그런데 이런 본성을 우리 모두가 가지고 있다. 우리가 내 자신을 쳐서 하나님의 말씀에 항상 복종하려는 자기 성찰이 없을 때 나의 판단이나 욕망을 좇아가는 어리석은 자가 될 것이다.

[31절-36절]

만나를 오멜에 채워 보관하도록 함

31. 이스라엘 족속이[1] 그 이름을 만나라 하였으며 깟씨 같고도 희고 맛은 꿀 섞은 과자 같았더라. 32. 모세가 가로되 여호와께서[2] 이같이 명하시기를 이것을 오멜에 채워서 너의 대대 후손을 위하여 간수하라 이는 내가 너희를 애굽 땅에서 인도하여 낼 때에 광야에서 너희에게 먹인 양식을 그들에게 보이기 위함이니라 하셨다 하고, 33. 또 아론에게 이르되 항아리를[3] 가져다가 그 속에 만나 한 오멜을 담아 여호와 앞에[4] 두어 너희 대대로 간수하라. 34. 아론이 여호와께서 모세에게 명하신 대로 그것을 증거판 앞에 두어 간수하게 하였고, 35. 이스라엘 자손이 사람 사는 땅에 이르기까지 사십 년 동안 만나를 먹되 곧 가나안 지경에 이르기까지 그들이 만나를 먹었더라. 36. 오멜은 에바 십분의 일이더라

1. 본문의 원전 설명

31절: [1] "족속." 이 단어의 히브리어 원문성경의 단어는 "베트"

(בֵּית)이다. 그러나 헬라어 70인 역과 수리아 역은 "베트"(בֵּית)가 아니라 "베네"(בְּנֵי, 자손들)로 읽는다.

32절: [2] "여호와께서." 여기서 70인 역은 "쿠리오스"(κύριος, 주님)으로 읽는다.

33절: [3] "항아리를." 헬라어 70인 역과 거짓 요나단 탈굼은 "항아리"에 "금"(gold)이란 수식어를 첨가해 "금 항아리"로 읽는다.

33절: [4] "여호와 앞에." 여기서 70인 역은 "하나님 앞에"로 읽는다.

2. 본문 내용 개요

이스라엘 백성은 하늘에서 내린 양식을 만나라 불렀고 하나님의 말씀에 따라 만나 한 오멜을 항아리에 담아 증거판 앞에 보관하여 이스라엘 대대로 기념이 되게 하라 함.

3. 주석

31절은 이스라엘 백성이 그 이름을 만나라고 부른다. 만나를 출애굽기 16:35에서 이스라엘 백성이 사십년 동안 먹되 곧 가나안 지경에 이르기까지 먹었다고 한다. 여호수아 5:11, 12에 보면 이스라엘 사람들이 요단강을 건너가 여리고 평지에서 유월절을 지키고 유월절 이튿날에 그 땅의 소산을 먹었다. 그 땅의 소산을 먹은 그 다음 날에 만나가 그쳤고 이스라엘 백성은 다시는 만나를 얻지 못하였다. 만나의 모양은 깟씨 같다고 한다. "깟씨"라 번역된 히브리어 단어는 "가드"(גַּד)이다. 이는 영어로 '커리엔덜'(coriander)이다. 우리 한국어로는 '고수' 식물을 뜻한다. 이 식물은 미나리과의 일년초 식물로서 주로 절에서 재배되고 그 높이는 30-60cm 이며 열매는 향료 및 약용으로 쓴다. 카쑤토(Cassuto)에 의하면 '커리엔덜' (coriander)의 씨앗은 모양이 둥글고 크기는 완두콩의 두 배 정도라 한다.[590] 카이저(Kaiser, Jr.)는 '커리엔덜' (coriander)의 색깔이 하얗거나 노란빛 회색이라 한다.[591] 그런데 이것이 성경에서 "가드"(גַּד)라 불리는 식물의 씨앗과 비슷하다는 것이다. 민수기에서는 만나가 진주같이 생겼다고 말한다(민 11:7). 그리고 그것의 맛은 꿀 섞은 과자 같다고 한다(본문 31절).

성경에서 말한 만나가 시내산 반도에서 오늘 날에도 얻을 수 있는 타마리스크(tamarisk) 만나와 비슷한 것을 보여준다. 타마리스크 만나는 더운 밤에 타마리스크 종(種)인 타파(Tarfah) 나무의 줄기들에서 배어나온 것으로 작은 방울처럼 생겼다. 이 만나들은 나무 아래 있는 마른 잎들이나 가지들 위에 떨어지는데 해가 뜨기 전에 모아져야한다. 햇볕이 뜨거워지면 녹아 버리기 때문이다. 타마리스크 만나는 유월과 칠월 그리고 어떤 때는 오월에도 얻을 수 있으며, 시내(Sinai) 반도와 그 주위에서 가장 많이 거둘 수 있다. 비가 많은 계절에는 육주 동안 길게 많은 만나들이 떨어지지만, 다른 여러 기간 동안에는 전혀 만나가 떨어지지 않는다. 이 만나는 고무 모양이고 달아서 꿀과 같은 맛을 가졌다.[592]

성경의 만나와 타미리스크 만나는 서로 비슷한 것들이 있다. 이스라엘 백성이 처음 만나를 받은 지역이 오늘 날 타마리스크 만나를 얻을 수 있는 지역과 같다. 만나를 얻은 때도 같다. 출애굽기 16:1에 보

---

590) Cassuto, *A Commentary on the Book of Exodus*, p. 199.

591) Kaiser, Jr., *Exodus, The Expositor's Bible Commentary*, vol.2, p. 403.

592) Keil and Delitzsch, *Biblical Commentary on the Old Testament*, vol. 2, *The Pentateuch*, pp. 69f.

면 출애굽 후 제 2월 15일에 이스라엘 백성이 만나를 얻었는데, 이 날은 오늘 날 달력으로 오월 중순경이므로 타마리스크 만나를 얻을 수 있는 때와 같다. 색깔과 모양과·외모가 비슷하다. 색깔은 칙칙한 노란색이라고 표현되나 그것이 돌 위에 떨어지면 하얀 색이라고 말할 수 있다고 한다. 더구나 만나가 땅에 떨어져 있을 때 아침에 거두어 드려야지 햇볕이 더워지면 녹아버린다. 그리고 그 둘이 꿀맛을 가진 점에서 같다. 그러나 그 둘이 갖는 차이점은 이스라엘 백성이 거두어 드린 만나는 하늘 양식의 기적적인 성격을 분명하게 가르쳐준다. 이스라엘 백성은 하늘의 만나를 40년 동안, 광야생활의 모든 지역에서, 그 기간의 모든 계절에, 그리고 그 많은 수의 백성을 충분히 먹일 수 있을 만큼 얻었다. 35절에 보면 이스라엘 백성은 사람 사는 땅에 이르기까지, 곧 가나안 지경에 이르기까지 만나를 먹었고, 여호수아 5:11-12에 보면 이스라엘 백성이 요단강을 건너가서 유월절을 지키고 유월절 이튿날에 그 땅의 소산을 먹은 다음 날에 만나가 끝이 났다. 이런 진술은 주로 시내 반도와 그 인근 지역에만 내리고 5월과 6월과 7 월, 즉 일년 중에 한 때에만 내리며, 하늘로부터가 아니라 나무에서 내리는 타마리스크 만나와 하늘의 만나는 결코 동일시 될 수 없음을 보여준다.[593)]

32-33절을 보면, 이스라엘 백성이 광야에서 먹은 만나는 오늘 날도 얻을 수 있는 타마리스크 만나 같은 자연적인 만나가 아니었음을 다시금 확인 시켜준다. 자연적인 만나는 이스라엘 자손의 대대로 기념물로서 보존할 수 없을 것이기 때문이다. 더군다나 이스라엘 백성이 광야에서 먹은 만나는 그들의 자손 대대로`썩지 않고 보존할 수 있을

593) 상게서, p. 70.

것이라는 것은 그 만나가 기적적인 만나임을 입증해준다.[594)]

34절의 "증거 판 앞"에는 히브리어 원문성경에 의하면, "증거 앞에"이다. 이 위치는 십계명의 돌판 앞을 의미하는 것으로 보인다. 그리고 히브리서 9:4에 보면 그것을 보관할 장소가 법궤 안이었다. 그리고 그것을 담은 항아리는 금 항아리였다. 그런데 법궤는 이스라엘 백성이 시내 광야에 도착한 후에 만들어 졌기 때문에, 여기 여호와께서 만나를 오멜에 채워서 보관 하라는 명령은 여기 신 광야에서 주었고 그 명령대로 만나를 오멜에 채워 십계명의 돌판 앞에 둔 것은 모세가 십계명의 두 돌판을 만들어 법궤에 보관한 후라고 생각된다.

35절은 이스라엘 백성이 광야 40년 동안 만나를 먹었음을 지적하므로, 여기 내용은 이스라엘 백성의 광야생활이 끝날 즈음에 모세가 기록했음을 시사해 준다. 35절에서 이스라엘 백성이 가나안 땅에 이르기 까지, 40년 동안 광야에서 만나를 먹었다고 하는데, 여호수아 5:11-12은 좀 더 자세히 설명하기를, 그들이 약속의 땅에 들어가 유월절을 지키고 그 다음 날에 만나가 그쳤다고 한다. 36절은 오멜의 크기가 에바 1/10, 곧 약 3.5 리터임을 말하고 있다.

4. 설교 및 교훈 자료

33-34절: 증거판 앞에 보전된 만나 한 오멜

1) 하나님의 은혜와 사랑의 징표

증거 판은 하나님의 율법이 기록된 판이다. 하나님의 율법은 준엄한 것이지만 만나가 있어 하나님의 무한한 은혜와 사랑을 나타낸다.

---

594) Gispen, *Bible Student's Commentary, Exodus*, p.163.

이스라엘 백성이 광야에서 범한 죄들을 생각하면 백번 벌을 받는 것이 마땅하지만, 하나님은 그들을 멸하시지 않고 참고 인내하시며 그들에게 만나를 40년 동안 공급해주신 은혜와 사랑의 하나님이셨다.

2) 하나님의 무한하신 능력과 풍성함의 징표

이스라엘 백성은 광야에서 장정이 60만이 넘었으니 남녀노소 합하면 200만이 넘었을 것이다. 이런 엄청난 수의 백성을 40년 동안 먹이신 하나님의 권능과 풍성함이 우리를 지키시고 보호하시니 우리는 물질 없음을 걱정하지 말고 하나님 말씀대로 살 때 우리의 필요한 것을 채워 주실 것을 확신하고 더욱 하나님의 말씀을 따라 담대하게 살자.

[출애굽기 17장]

[1절-3절]

르비딤에서 마실 물이 없어 모세와 다투는 이스라엘

1. 이스라엘 자손의 온 회중이 여호와의 명령대로 신 광야에서 떠나 그 노정대로 행하여 르비딤에 장막을 쳤으나 백성이 마실 물이 없는지라. 2. 백성이 모세와 다투어 가로되 우리에게 물을 주어 마시게 하라 모세가 그들에게 이르되 너희가 어찌하여 나와 다투느냐 너희가 어찌하여 여호와를 시험하느냐. 3. 거기서 백성이 물에 갈하매 그들이 모세를 대하여 원망하여 가로되 당신이 어찌하여 우리를 애굽에서 인도하여 내어서 우리와 우리 자녀와 우리 생축으로 목말라 죽게 하느냐.

1. 본문의 원전 설명

2절: [1] "주어." 이 말은 "주라"(give)는 명령형 동사다. 히브리어 원문성경에 따르면 명령형, 남성, 복수형 "테누"(תְּנוּ)이다. 그러나 사마리아 오경, 헬라어 70인 역, 수리아 역, 벌게이트 역과 거짓 요나단 탈굼 에서는 단수 형으로 되어있다.

3절: [2] "우리와 우리 자녀와 우리 생축으로." 이 문구에 있는 일인칭 복수 대명사들은 헬라어 70인 역, 수리아 역, 벌게이트 역과, 거짓 요나단 탈굼 역에서 쓰여 지고, 히브리어 원문성경에서는 일인칭 단수 대명사들 "나와 내 자녀와 네 생축으로" 표현하고 있다.

2. 본문 내용 개요

이스라엘 백성이 신 광야를 떠나 르비딤에 도착하였으나 물이 없어 모세를 원망하고 다투며 자기들과 자기들의 자녀들과 생축들을 목말라 죽게 한다고 외침.

3. 주석

1절에 의하면, 이스라엘 백성이 신 광야를 떠나 호렙의 르비딤에 도착했다. 민수기 33:12-14에 보면 신 광야에서 르비딤에 도착하기 전에 이미 두 곳에서 진을 치고 머물렀던 것을 볼 수 있다. 즉 "신 광야에서 발행하여 돕가에 진 쳤고 돕가에서 발행하여 알루스에 진 쳤고 알루스에서 발행하여 르비딤에 진 쳤는데 거기는 백성의 마실 물이 없었더라"고 말한다. 르비딤의 위치는 출애굽기 17:6에 보면 호렙산 반석이 있었던 것을 볼 때 호렙산에 있었던 곳이라고 생각된다. 또 출애굽기 19:2에 보면 시내 광야는 르비딤에서 하루 만에 도착할 수 있었던 위치에 있었던 것으로 보인다.

2절에서 이스라엘 백성이 르비딤에서 마실 물을 발견하지 못하고 모세와 다투었다고 한다. 다투었다는 것은 단순히 불평한 것 이상으로 말로 논쟁한 것을 가리킨다. 백성은 모세에게 자기들을 죽게 하려느냐고 항의하며 싸웠다. 이들의 불평과 다툼을 모세는 '하나님을 시험하는 것', 즉 하나님이 그들을 도우시기 위해 임재하시는 것을 믿지 않는 의심하는 행위라고 말한다(참고 7절). 이 행위를 통해서 백성은 그들이 곤고하고 어려울 때마다 큰 권능으로 기적적으로 개입하셔서 도와주신 여호와께 감사하지 않을 뿐만 아니라, 얼마 전의 만나와 메추라기 교훈도 곧 잊었다. 백성이 여호와의 인도하심과 모세의 사명을 의심하고 있음을 명백히 보여준다. 곧 그들의 태도는 노골적인 반역으로 터져 나올 듯이 위협적이었다.

3절은 2절에서 모세가 "너희가 어찌하여 여호와를 시험하느냐?"는 질문에 대한 답변이다. 그들은 그들의 불평이 하나님께 한 것이 아니고 모세에게 한 것임을 지적해 주려는 듯이 직접 모세에게 다시 불평조로 묻는다. 3절의 불평의 내용을 보면 그들은 이집트에서 나온 것을 후회하고 있다. 그러나 이것은 자가모순(自家矛盾)이다. 그들이 이집트에서 억압받을 때에는 거기서 구출시켜 주시라고 기도했기 때문이다(출 2:23, 3:7,9).[595] 3절에서 "백성이 물에 갈하매"란 표현은 백성의 갈증이 아주 심한 것을 나타낸다. 백성은 이 갈증 때문에 자신들과 자녀들과 가축들이 다 죽을 것으로 생각한 것으로 보인다. 그러나 이런 그들의 생각은 불신앙에서 비롯된 것이다. 얼마 전에도 쓴 물을 달게 해주시며, 위기 때마다 늘 건져주시는 하나님을 믿지 못하고 하나님께 기도하지 않으며 물이 없어 죽게 될 것으로만 생각한다.

4. 설교 및 교훈 자료

1) 1–3절: 르비딤에서 이스라엘 백성의 불신앙

마라에서 마실 물이 써서 마실 수 없으므로 이스라엘 백성이 하나님을 원망하므로(출 15:26), 하나님은 그들에게 "나는 너희를 치료하는 여호와임 이라"고 말씀해 주셨다. 우리는 이 말씀을 항상 기억하면서 어려운 문제를 만날 때마다 하나님의 도우심을 간구하는 신앙을 갖도록 하자.

2) 2절: "우리에게 물을 주어 마시게 하라."

이스라엘 백성은 모세에게 불가능한 것을 요구하고 있다. 그들은

595) 박윤선, *성경주석, 출애굽기*, p. 130.

모세가 물을 줄 수 없음을 잘 안다. 아마 그들은 모세에게 기적을 행하라고 요구한 것으로 보인다. 백성이 기적을 원한다면 모세에게 요청할 것이 아니라 하나님께 요청했어야 한다. 이스라엘은 아주 난폭하게 다투며 곧 돌을 던질 듯이 위협하며(4절) 요구하고 있다. 우리는 믿음의 형제끼리 서로 이야기할 때 예의를 갖추어야함을 알아야한다. 상대방의 마음을 아프게 하거나, 싸우는 듯한 억양이나, 자존심을 상하게 하거나, 조롱하는 식의 말투를 사용해서는 안 된다. 예의 지켜 말해야할 것이다. 이스라엘 백성이 모세에게 싸우며 조롱하는 태도를 보이며 항의할 때 그들은 불신앙 가운데 있었다. 그들은 지금까지 그들과 함께 하시며 그들의 필요를 공급해주시는 하나님의 임재를 믿지 않고 있다. 7절에 의하면 하나님이 그들과 함께 하시는지 그렇지 않은지 잘 모르겠다고 말하고 있다. 하나님께서 그들에게 물을 공급해 주실 것이라는 믿음이 없다.

하나님의 종을 불신하는 것은 그를 통해 역사하시는 하나님을 불신하는 것이다. 모세에게 무례히 행하여 돌로 칠 것 같은 폭력을 사용한 자들은 결국 죽임을 당했다: “그러나 저희의 다수를 하나님이 기뻐하지 아니하신 고로 저희가 광야에서 멸망을 받았느니라(고전 10:5)”. 모세는 이스라엘 백성에게 신명기 6:16-19절에서 다음과 같이 말 한다:

“너희가 맛사에서 시험한 것 같이 너희의 하나님 여호와를 시험하지 말고. 너희의 하나님 여호와께서 너희에게 명하신 명령과 증거 하신 것과 규례를 삼가 지키며 여호와의 보시기에 정직하고 선량한 일을 행하라 그리하면 네가 복을 얻고 여호와께서 네 열조에게 맹세하사 네 대적을 몰수히 네 앞에서 쫓아내리라 하신 아름다운 땅을 들어가서 얻으리니 여호와의 말씀과 같으리라. 여호와의 보시기에 정직하고 선량한 일을 행하라 그리하면 네가 복을 얻고 여호와께서 네 열조에게 맹세하사 네 대적을 몰수히 네 앞에서 쫓아내리라 하신 아름다운 땅을 들어가서 얻으리니 여호와의 말씀과 같으리라".

[4절-7절]

모세로 반석을 쳐서 물이 나오게 하신 하나님

4. 모세가 여호와께 부르짖어 가로되 내가 이 백성에게 어떻게 하리이까 그들이 얼마 아니면 내게 돌질 하겠나이다. 5. 여호와께서 모세에게 이르시되 백성 앞을 지나가서 이스라엘 장로들을[1] 데리고 하수를 치던 네 지팡이를 손에 잡고 가라. 6. 내가 거기서 호렙 산 반석 위에 너를 대하여 서리니 너는 반석을 치라 그것에서 물이 나리니 백성이 마시리라 모세가 이스라엘 장로들의[2] 목전에서 그대로 행하니라. 7. 그가 그 곳 이름을 맛사라 또는 므리바라 불렀으니 이는 이스라엘 자손이 다투었음이요 또는 그들이 여호와를 시험하여 이르기를 여호와께서 우리 중에 계신가 아닌가 하였음이더라.

1. 본문의 원전 설명

5절: [1] "이스라엘 장로들을." 이 구절을 히브리어 원문성경대로 보다 정확히 번역하면, "이스라엘 장로들 중에 몇 사람을" 이다.

6절: [2] "이스라엘 장로들의." 이 구절에 헬라어 70인 역은 "자손" (τῶν υἱῶν)이란 단어를 첨가하여 "이스라엘 자손의 장로들의" 라 표현한다.

2. 본문 내용 개요

모세가 갈증 때문에 생긴 백성의 불평을 보고 하나님께 기도할 때 하나님께서 모세의 지팡이로 그 반석을 쳐서 물이 나오게 하심.

3. 주석

4절을 보면, 모세는 백성이 불평하며 돌로 칠 듯이 분노하는 것을 보고 당황하고 무서워한다. 그는 백성을 위해 최선을 다했고 하나님께서는 그들이 위기에 처할 때마다 그들과 함께 하시며 그들의 문제들을 해결해 주셨다. 마라에서 물이 써서 백성이 마실 수 없을 때는 하나님은 모세에게 한 나뭇가지를 물에 던져 물을 달게 하여 마시게 해주었다(출 15:22-25). 양식이 없을 때는 만나를 하늘에서 내리게 하여 먹게 해 주셨다. 그러나 백성은 르비딤에 도착하여 물이 없어 마실 수 없게 되자 마치 모세가 그들을 구원하기 위해서가 아니라 그들을 무참히 죽이기 위해 데려 온 것처럼 모세에게 돌을 던질 태세이다. 모세는 이런 오해를 받을 때에 기도 외에 달리 해결할 길이 없음을 보여준다. 그는 하나님께 어린아이처럼, "내가 이 백성에게 어떻게 하리이까?" 하며 하나님의 인도를 간구한다.

5-6절에서 여호와는 모세에게 백성 앞으로 당당히 무서워하지 말고 걸어가라 하셨다. 불의한 자들이 하나님의 종들을 괴롭히고 해를 가하려 할 때 그들을 무서워 도망가거나 숨을 필요가 없다. 살아계신 전지전능의 하나님이 그의 신실한 종들과 함께 하시기 때문이다. 그리고 하나님께서 모세에게 이스라엘 장로들 중에 몇 사람을 데리고 가라 하신 것은 그들이 모세가 이제 행할 이적의 증인들로서 활약하도록 하기위해서다.

모세는 하나님의 명령에 따라 호렙 산 바위 앞으로가서 손에 든 지팡이로 하나님 앞에서 바위를 쳐서 물이 나오게 했다. 장로들은 모세가 행한 그 기적을 직접 본 증인들로서 백성에게 증거 한 것이다. 여기서 '모세 앞에 서계시는 여호와의 모습' 은 '하나님의 은혜로운 도움' 을 뜻한다. '…앞에 서 있다' 라는 말은 가끔 주인 앞에서 그의 시키는 일을 하려고 하는 종의 모습을 가리킨다.[596] 이와 같이 여호와는 그의 백성을 권능으로 도우시기 위해서 모세를 준비시키신 것이다. 하나님의 은혜로우신 임재가 마르고 딱딱한 바위로부터 물이 흘러나오게 한 것이다. 여호와께서 모세 앞에 서신다는 말씀은 여호와가 보이지는 않지만 실제로 임재 하셔서 계시는 것을 가리키는 의인화(擬人化)의 표현이라 말할 수 있고[597] 혹은 하나님의 임재의 상징인 구름기둥이 모세 앞에 서있음을 가리킬 수 있다.[598]

7절을 보면, 모세가 그 곳의 이름을 맛사 또는 므리바로 불렀다. 지팡이로 바위를 쳐서 물을 내게 한 곳을 두 가지로 부르는데 하나는 "맛사" 요, 다른 하나는 "므리바" 이다. 맛사(מַסָּה)는 시험(test)을 뜻한다. 이스라엘 백성이 르비딤에서 하나님을 시험했기 때문에 그렇게 불려졌다. 므리바(מְרִיבָה)는 싸움이나 다툼을 뜻한다. 이스라엘 백성이 모세와 다투었기 때문에 그렇게 부른 것이다. 이스라엘 백성은 홍해를 육지처럼 만들어 건너가게 하는 여호와의 권능을 체험했고 지금도 하나님이 주시는 만나를 먹고 있으면서도 그들은 르비딤에 와서 마실 물이 없을 때 "여호와께서 우리 중에 계신가 아닌가?" 하고 물으면서 '하나님이 계시고 권능이 있으시면 이 사막에서 물을 내어 마시게 하십시오' 하는 태도로 하나님을 시험하며 모세와 격렬하게 다투었던 것으로 보인다.

---

596) Keil and Delitzsch, *Biblical Commentary on the Old Testament*, vol. 2, *The Pentateuch*, p. 77.

597) Gispen, *Bible Student's Commentary, Exodus*, p. 166.

598) 참고, Cassuto, *A Commentary on the Book of Exodus*, p. 406.

4. 설교 및 교훈 자료

1) 6절: 반석에서 물이 나옴

고린도전서 10:2-4을 보면, "모세에게 속하여 다 구름과 바다에서 세례를 받고 다 같은 신령한 식물을 먹으며 다 같은 신령한 음료를 마셨으니 이는 저희를 따르는 신령한 반석으로부터 마셨으매 그 반석은 곧 그리스도시라." 여기서 바울은 반석이 예수 그리스도를 상징함을 말씀한다. 반석을 치는 것은 예수님께서 십자가에 못 박혀 죽으실 것을 상징한다고 말할 수 있다. 하나님을 시험하며 모세를 향해 돌을 던질 듯이 분노하는 이스라엘 백성에게 하나님은 바위를 쳐서 물이 나오게 하여 다 마시게 하셨다. 아마 2백만 가량의 이스라엘 백성을 마시게 하기 위해서는 물을 강같이 흘러나오게 했을 것이다. 하나님을 원망하며 시험하고 욕되게 하는 이스라엘을 죽이시지 않고 그들에게 물을 강같이 주신 하나님의 사랑이 얼마나 크고 위대한가. 이 놀라운 은혜에 우리 죄인은 그저 감사하다고 말할 수밖에 없다.

예수님은 누구든지 목마르거든 내게로 와서 마시라 하신다(요 7:37). 그리고 "내가 주는 물을 먹는 자는 영원히 목마르지 아니하리니…."라고(요4:14) 말씀하신다. 인생에 갈증을 느끼고 고통스러우며 불만에 찬 사람은 반석 되신 주님 예수 앞에 나와 영원히 목마르지 않을 생수를 마시기 바란다. 이스라엘처럼 원망하고 분노하며 하나님을 시험하지 말자. 놀라운 은혜의 주님께 나아오자. 주님께 오는 길은 주님을 불러 어린아이처럼 나의 문제를 하나하나 아뢰며 해결해 주시라고 간구한 후, 주님께서 그렇게 해 주실 것을 믿고 온전히 의지하며 그의 말씀대로 사는 것이다.

2) 7절: 맛사 혹은 므리바

호렙 산 반석에서 물이 나오게 하시고 그곳 이름을 맛사 또는 므리바라 불렀다. 맛사는 "시험"을 의미하고 "므리바"는 다툼"을 의미하는데 이런 이름들을 짓게 된 이유는 이스라엘 백성이 하나님을 시험하고 모세와 다투었기 때문이다. 또한 이렇게 이름들을 짓는 이유는 하나님을 다시는 시험하거나 서로 다투지 못하게 하시려는 교육적인 효과를 갖기 위해서이다. 우리가 연약한 믿음 때문에 하나님을 불신하고 다투게 될 감정이 일어나도 맛사나 므리바 이름들을 상기하면서 하나님을 시험하지 말고 또한 다투지 말고 옛날 모세 때뿐만 아니라 오늘도 은혜로우시고 변함없으시는 하나님께 간구하여 해결함을 얻자.

[8절–13절]

르비딤에서 이스라엘이 아말렉과 싸움

8. 때에 아말렉이 이르러 이스라엘과 르비딤에서 싸우니라. 9. 모세가 여호수아에게 이르되 우리를[1] 위하여 사람들을 택하여 나가서 아말렉과 싸우라 내일 내가 하나님의 지팡이를 손에 잡고 산꼭대기에 서리라. 10. 여호수아가 모세의 말대로 행하여 아말렉과 싸우고 모세와 아론과 훌은 산꼭대기에 올라가서, 11. 모세가 손을[2] 들면 이스라엘이 이기고 손을 내리면 아말렉이 이기더니, 12. 모세의 팔이 피곤하매 그들이 돌을 가져다가 모세의 아래에 놓아 그로 그 위에 앉게 하고 아론과 훌이 하나는 이편에서, 하나는 저편에서 모세의 손을 붙들어 올렸더니 그 손이 해가 지도록 내려오지 아니한지라. 13. 여호수아가 칼날로 아말렉과 그 백성을 쳐서 파하니라.[3]

1. 본문의 원전 설명

9절: [1] "우리를." 헬라어 70인 역과 수리아 역은 일인칭 복수 "우리를" 대신 2인칭 단수 "너를" 로 읽는다.

11절: 2 "손을." 여기서 사마리아 오경은 복수 "손들을" 로 되어 있다.

13절: 3 "쳐서 파하니라." 이 문구는 사마리아 오경의 본문과 더 가까운 번역이다. 히브리어 원문성경에 의하면 단지 "무력하게 만들었다" (וַיַּחֲלֹשׁ)이다.

2. 본문 내용 개요

이스라엘이 르비딤에서 아말렉과 전쟁할 때 여호수아가 이끈 군대가 모세와 아론과 훌이 산꼭대기에서 모세의 지팡이를 든 손을 붙들어 올려 하나님께 기도하므로 승리함

3. 주석

8절은 "때에" 아말렉이 와서 르비딤에서 이스라엘과 싸웠다고 한다. "때에"는 이스라엘이 물이 없어서 아우성치다가 하나님의 은혜로 물을 공급받았을 때를 가리킨다. 바로 그 때에 아말렉 사람이 이스라엘의 뒤를 공격해 왔다(신 25:17-19). 이스라엘 백성이 피곤해 지쳐있을 때 아말렉이 쳐들어 온 것이다. 아말렉 사람들은 에서의 아들 엘리바스가 그의 첩 딤나에게서 낳은 자손들이다(창 36:12). 이들은 모세 때에 아주 큰 세력으로 팽창되어 있었다. 아말렉 사람들은 시내 산 주위로 풀을 찾아 왔음이 분명하다. 오늘 날에도 베두인 아랍 사람들은 여름이 시작할 때에 낮은 저 지대를 떠나서 아라비아 반도의 산악 지역으로 모여드는데 그 이유는 저지대가 더워서 풀이 말라 없고, 산악

지역에는 비교적 날씨가 선선해서 풀이 오래도록 남아있기 때문이다.[599] 이들이 이스라엘 백성을 뒤에서 쳐온 것은 단순히 그들을 약탈하기 위함이 아니었다. 또한 그 땅과 목초지대를 약탈하여 소유하기 위함도 아니었다. 이들이 쳐들어 온 것은 하나님의 백성인 이스라엘과 싸워서 그들을 없애버리기 위해서였다.

9절에 의하면, 모세가 여호수아에게 아말렉과 싸우자고 한다. 모세는 이집트에서, 그리고 여행 중에 지팡이를 뻗쳐서 모든 기적을 행했다.[600] 그러나 아말렉과의 싸움에서는 여호수아에게 전쟁할 사람들을 뽑아서 칼로 싸우게 했다. 여기서 처음으로 '여호수아' 라는 이름이 언급되는데 그 이름의 뜻은 '여호와는 도움이시다' 이다. 여호수아는 에브라임 지파의 대표였다(민 13:8, 16; 신 32:44). 그의 원래 이름은 호세아(הוֹשֵׁעַ) 였는데 모세가 그를 '여호수아' 라고 불렀다(민 13:16). 그리고 모세는 그가 아말렉의 침공에 대비해서 전투하는 곳을 내려다 볼 수 있는 산꼭대기에 올라가서 지팡이를 잡고 서 있겠다고 했다. 지금까지 하나님의 기적을 행하는데 사용된 지팡이를 높이 들어서 이스라엘 백성이 하나님의 권능의 기적들을 회상하며 용기를 얻게 하고, 주께서 이스라엘 백성을 위해 그의 기적을 새롭게 하시도록 기도하기 위해서였다.

10-11절에서 모세는 아론과 훌이 함께 산꼭대기에 올라가 하나님의 지팡이를 손에 들고 영적 기도의 무기를 통해 싸움에서 이기도록 했다. 여기서 모세를 도와 기도에 참여한 훌은 갈렙의 아들로서(대상 2:19) 이스라엘 백성 가운데 모세와 아론 다음가는 중요한 위치를 차지

599) Keil and Delitzsch, *Biblical Commentary on the Old Testament*, vol. 2, *The Pentateuch*, pp. 77f.

600) 참고, 상게서, p. 78.

한 인물로서 묘사된다(출 24:14; "장로들에게 이르되 너희는 여기서 우리가 너희에게로 돌아오기까지 기다리라 아론과 훌이 너희와 함께 하리니 무릇 일이 있는 자는 그들에게로 나아갈지니라 하고"). 그리고 훌은 성막 건축의 책임 기술자인 브사렐의 할아버지가 된다(출 31:2, 35:30, 38:22). 유대교 전통에 의하면 훌은 미리암의 남편이었다.[601]

모세가 아론과 훌을 데리고 산꼭대기에 같이 올라간 것은 여호수아와 군대에게 명령을 전달할 부관으로서 데려간 것이 아니다. 모세를 돕도록 하기위해서 데려간 것이다. 즉 모세가 하나님의 막대기를 손으로 드는 일을 돕기 위해서 데려간 것이다. 곧 모세의 기도를 돕는 협력자가 되도록 하기 위해서였다. 정말 모세는 기도의 팔이 피곤하여 계속 손을 들고 기도 할 수 없었다. 이때 아론과 훌은 모세의 팔을 붙들어주어 계속 기도하게 하므로 이스라엘이 아말렉을 이기게 했다(12-13절). 모세는 하나님의 종이지만 혼자서는 난국을 타개하기 어려웠고 그의 협력자가 필요했다. 여기서 하나님의 나라의 일을 함께 협력하여 성공하는 좋은 본을 보여준다.[602]

12절을 보면, 모세의 팔이 피곤하여 내려오자 아론과 훌이 그 손을 붙들어 올렸다. 이렇게 하나님의 지팡이를 잡은 모세의 손이 내려오지 않도록 붙든 것은 그 손을 들어올리는 자세가 곧 기도이기 때문이다. 탈굼의 학자들, 랍비들, 종교 개혁자들 그리고 거의 모든 주석가들이 모세의 손을 들어 올리는 태도를 기도의 싸인(sign) 혹은 태도로 간주한다. 아론과 훌이 모세의 양 옆에 서서 모세가 그의 손을 들어 올리게 했는데, 곧 모세가 두 손으로 지팡이를 잡고, 그것을 아론과

---

601) 상게서, pp. 78f.

602) 참고, 이용걸, *출애굽기 강해*(상), pp. 262f.

훌이 함께 들어 올렸다.

그러나 쿠르츠(Kurtz) 같은 사람은 모세가 손을 들어 올린 태도를 전쟁을 지휘하는 대장의 자세로 간주하고, 손을 들어 올리는 것은 승리의 깃발로서, 싸우는 군인들이 지팡이를 볼 수 있도록 들어 올린 것이라고 한다. 그러나 이 의미는 구약에서 손을 들어 올리는 것이 기도의 자세로 표현되는 예들에 맞지 않다(예, 사 1:15, 왕상 8:22, 출 9:33, 겔 9:5). 또한 모세가 지팡이를 들어서 하늘을 향하지, 그것을 전투장을 향해 뻗지 않은 것은 그가 어떤 전쟁의 지휘관으로서 지휘봉을 휘두르는 그런 태도가 아니라 그의 지팡이를 손으로 붙잡고 하늘을 향하는 것은 기도하는 태도라고 말 할 수 있다. 모세가 그의 막대기를 들고 있는 동안 그는 하나님으로부터 그의 기도 때문에 승리의 힘이 이스라엘 백성에게 임하게 했다. 그러나 그가 팔에 힘이 없어 지팡이를 내릴 때 하나님의 힘이 임하지 않았다. 그리하여 그때에는 아말렉이 전투에서 우세했다. 그러므로 지팡이가 하늘위로 향해 뻗쳐질 때 그것은 싸우고 있던 이스라엘에게 어떤 신호(sign)를 주는 것이 아니라, 오히려 하나님에게 신호(sign)가 되었다. 그리하여 하나님께서 이스라엘이 승리하도록 그들에게 능력을 주었다.

특별히 모세가 전투에 직접 참여하지 않고 산에 올라가 손을 높이 들고 하나님께 기도하는 것은 지금 이스라엘이 싸울 전투는 칼로만 이길 수 있는 것이 아니라, 단지 하나님의 능력에 의해 얻을 수 있는 전쟁의 중요성 때문이라고 카일과 델리취(Keil and Delitzsch)는 생각한다.[603] 이스라엘이 홍해를 건넌 후 이방세계가 이제 아말렉 사람을

603) Keil and Delitzsch, *Biblical Commentary on the Old Testament*, vol. 2, *The Pentateuch*, p. 81.

통해 하나님의 선택된 백성인 이스라엘 백성과 처음 싸움을 시작한 것이다. 하나님을 대항하는 이방세계의 대표인 아말렉이 이집트의 종살이로부터 해방되어 가나안으로 가는 하나님의 백성들을 방해하려고 대적한 것이다. 그래서 이스라엘 백성이 이 원수들과 싸웠던 싸움이 장차 이스라엘의 미래 역사와 관련되어 전형적(典型的)인 의미를 갖는다.[604] 이 적들은 칼로써만 정복될 수 없고, 기도에 의해 하늘로부터 오는 하나님의 능력에 의해 정복될 수 있다. 지금 모세가 소유한 방편은 그가 가진 지팡이이다. 이 지팡이를 통해서 하나님의 이적적인 기사를 행하였다. 대부분의 경우에 하나님의 명령을 받아 그것을 사용했다. 그러나 아말렉과의 싸움에서는 하나님께서 어떤 기적적인 도움을 약속하시지 않았다. 그리하여 그는 하나님께 기도하는 자세로 지팡이를 손으로 잡고 높이 하늘을 향해 들었다. 하나님의 도움을 얻어 그 전투에서 승리하기 위해서였다.

13절은 여호수아가 칼날로 아말렉과 그 백성을 쳐서 파했다고 한다. 앞서 본문의 원전 설명에서 언급했듯이, 히브리어 원문성경을 보면 "쳐서 파하니라"고 표현하지 않고 "무력하게 만들었다"이다. 이 히브리어 성경본문에 따르면 이스라엘 군대가 아말렉 군대를 완전히 전멸시킨 것은 아니다. 그들과 싸워 승리하여 그들을 아주 약한 세력으로 만든 것으로 이해된다. 여기 13절만 읽으면 여호수아가 칼날로 그의 전쟁을 승리 한 것으로 오해할 수 있다. 실제 전쟁에서 승리 할 수 있었던 것은 모세의 기도를 통해 받은 여호와의 능력 때문이었다. 여호수아와 그의 군대의 칼날은 여호와께서 그들에게 힘을 주시고 적들을 이기에 해주심으로 할 수 있었던 것이다.

---

604) 상게서.

4. 설교 및 교훈 자료

1) 8절: 아말렉의 공격

하나님의 백성을 무자비하게 예고도 없이 뒤에서 죽이는 자들을 (신 25:18) 하나님께서는 내버려 두시지 않으시고 대대로 진멸할 것을 말씀하셨다(출17:16). 이스라엘이 지쳐있을 때 아말렉이 전혀 예고도 없이 뒤에서 공격해온 것처럼 오늘도 우리의 신앙의 적들이 항상 우리의 취약점을 공격해 온다는 사실을 명심해야한다. 그러므로 우리는 늘 깨어서 있어야하며 우리에게 어떠한 약점도 발생하지 않도록 해야 할 것이다.

2) 10-11절: 아말렉과의 싸움에서 하나님을 향해 지팡이를 든 모세

모세는 어려움에 직면했을 때 주께 나아가 간구했다. 절망 가운데 낙심한 것이 아니라 하나님의 도우심과 인도하심이 절실히 필요하므로 하나님께 기도했다. 모세는 또한 하나님께 기도하면서도, 여호수아를 통해 원수들과 싸우게 하여 인간이 할 수 있는 노력을 다하고 있음을 보여준다. 우리들 또한 이러한 믿음의 자세를 가져야한다. 직접 전투하러 나간 여호수아와 군대가 있고, 다른 한편으로는 하나님께 기도하러 나아간 모세와 아론이 있다. 기도와 인간의 노력이 병행되어야 한다. 아말렉과의 전쟁에 있어서 이기고 진 것이 싸움에 있기보다 기도에 있었다. 모세가 손을 들면 이스라엘이 이기고 손을 내리면 아말렉이 이겼다(출 17:11). 이 땅에서 어떤 일의 성취를 위해서 기도가 얼마나 중요한가를 보여준다.

3) 12절: 모세의 기도를 도와준 아론과 훌

승리하는 기도를 위해서 도움이 되는 것은 ① 과거의 구원의 은혜

를 기억하는 것, ② 합심하여 한 마음으로 기도하는 것, ③ 상대방이 약할 때 그를 도와 함께 기도하는 것 등이다. 아론과 훌은 피곤한 모세의 손을 받쳐주어 하나님을 향해 들도록 해주었다. 모세는 혼자서 기도 할 수 없었다. 그의 팔이 피곤해 계속해서 손을 들고 기도 할 수 없었다. 이에 아론과 훌은 모세가 기도할 수 있도록 도와줌으로써 협력의 아름다움을 보여준다. 모세는 하나님과 같이 직접 대화하고 가르침을 받고 인도를 받은 하나님의 가장 총애를 받은 사람 중에 한 사람이었지만 혼자서는 원수의 침략을 무찌르고 승리 할 수 없었다. 하물며 오늘 날 목회자나 지도자들은 얼마나 더 협력이 필요하겠는가.

[14절-16절]

아말렉을 이긴 사실을 기록하여 기념되게 하심

14. 여호와께서 모세에게 이르시되 이것을 책에 기록하여 기념하게 하고 여호수아의 귀에 외워 들리라 내가 아말렉을 도말하여 천하에서 기억함이 없게 하리라. 15. 모세가 단을 쌓고[1] 그 이름을 여호와 닛시라 하고. 16. 가로되 여호와께서 맹세하시기를[2]여호와가 아말렉으로 더불어 대대로 싸우리라 하셨다 하였더라.

1. 본문의 원전 설명

15절: 1 "모세가 단을 쌓고." 이 문구에 70인 역에 따르면 "주께 "(*κυρίῳ*)란 단어가 첨가되어, "모세가 주께 단을 쌓고"이다.

16절: 2 "여호와께서 맹세하기를." 이 구절은 히브리어 원문 성경의 난해로 번역과 해석이 몹시 어렵다. 자세한 토의는 16절의 주석 란을 참고하실 것.

2. 본문 내용 개요

여호와는 아말렉과 싸워 이긴 전쟁의 승리를 책에 기록하여 기념되게 하라 하시며, 아말렉을 진멸하여 천하에서 기억되지 못하게 할 것이라 말씀하심.

3. 주석

14절에서 여호와께서 아말렉과의 전쟁에 친히 임재 하여 이스라엘을 이기게 하셨음을 기록하여 여호수아에게 읽어 주라고 하신다. 이는 차세대 지도자인 여호수아가 전쟁승리의 비결을 결코 잊지 않고 확고한 신앙과 담대함을 갖도록 하기 위해서다. 그리고 하나님께서 아말렉을 기억도 되지 않게 세상에서 없애 버리시겠다는 약속은 하나님께서 이스라엘의 원수들을 대적하여 이스라엘을 도우실 것에 대한 확신을 여호수아가 갖도록 하게 하기위해서이다. 신명기 25:19에 보면 이스라엘 백성이 가나안 땅에서 주위의 모든 적들로부터 안식을 얻을 때 아말렉을 멸하라고 명령하셨다. 오경에서 모세가 하나님의 명령을 받아 무었을 기록하거나 기록한 것을 시사한 곳이 다섯 군데이다: ① 여기 14절과, ② 출 24:4, ③ 출 34:27, ④ 민 33:2, ⑤ 신 31:9, 24. 이러한 모세의 기록에 대한 성경적 증언에 대해 자유주의 신학자들은 의심하며 모세 때에는 문자가 아직 발명되지 않는 것으로 주장했다.[605] 그러나 지금은 고고학적 증거에 의해 모세시대보다 약 2000년 앞서 문자가 고대 근동지방에서 사용되었음을 알 수 있다. 주

605) Kaiser, Jr., *Exodus, The Expositor's Bible Commentary,* vol.2, p. 409.

전 3500년경에 수메르 사람들이 설형문자를 사용했다.[606]

15-16절에서 하나님의 도우심을 찬양하기위해 모세는 제단을 쌓고 그 단을 여호와 닛시 라고 불렀다. 여호와 닛시란 이름을 가진 제단은 아말렉과의 전투에서 하나님이 베푸신 승리의 도움을 상징하고 기억하는 것이다. "여호와 닛시" 란 '여호와는 나의 기(旗)' 라는 말이다. 모세의 손에 있는 하나님의 지팡이가 기(旗)를 상징하며, 여호와의 능력에 대한 증거를 상징했다.[607] 기(旗)는 이스라엘 사람들에게 힘과 용기를 준 원천이었다.[608] 여호와를 깃발로 하고 싸우는 전쟁은 여호와를 위하여 싸운다는 뜻이다.[609] 여호와를 위해 싸운 전쟁은 결코 패하지 않는다.

16절의 "여호와께서 맹세하시기를" 이라는 문구는 히브리 원문성경에서, "키-야드 알-케스 야" (כִּי־יָד עַל־כֵּס יָהּ)이다. 이 구절의 해석은 아주 어렵다. 그 이유는 "케스" (כֵּס)라는 단어의 철자가 특이하기 때문이다. 이 단어를 사마리아 오경, 수리아 역, 벌게이트 역, 옹켈로스 탈굼, 거짓 요나단 탈굼은 "키스세" (כִּסֵּא, 보좌, 왕좌)로 읽어 본문에서 '여호와의 보좌' 를 가리키는 것으로 이해한다. 이와는 달리 카쑤토(Cassuto)는 "케스" (כֵּס)를 히브리어 동사 "카사스 '(כָּסַס, 계산하다, 생각하다)에서 나온 명사로 "계획" 을 뜻한 것으로 이해한다.[610]

첫째, "케스" (כֵּס)를 "키스세" (כִּסֵּא)의 약자로 읽어 위의 구절을

606) 정규남, *구약개론*, p. 33.

607) Kaiser, Jr., *Exodus, The Expositor's Bible Commentary*, vol.2, p. 409; Cassuto, *A Commentary on the Book of Exodus*, p. 206.

608) Cassuto, *A Commentary on the Book of Exodus*, p. 206.

609) 박윤선, *성경주석, 출애굽기*, p. 135.

610)Cassuto, *A Commentary on the Book of Exodus*, p. 207.

"손이 여호와의 보좌위에 있다"로 읽으면, 이 문구는 '기도,' '맹세,' 혹은 '서원' 하는 태도를 가리킨다고 이해한다.[611]

둘째로, 카쑤토(Cassuto)는 "케스"(כֵּס)를 앞서 지적한대로 "계획"(plan)을 뜻한 것으로 이해하여 위의 구절을 다음과 같이 이해한다. "참으로, 이 제단(altar)이 아말렉의 기억을 지워버리려는 주의 계획에 대하여 손[monument, 기념물] 즉, 기념의 기둥이 될 것이다." 이 목적을 위해 여호와는 아말렉의 기억이 하늘 아래서 지워질 때까지 대대로 아말렉과 싸우실 것이라고 카쑤토는 말한다.[612]

셋째, 크러리커스(Clericus) 같은 사람은 "케스 야"(כֵּס יָהּ)를 첫째 해석에서처럼 "여호와의 보좌"로 이해한다. 그리고 여기서 "여호와의 보좌"는 이스라엘을 가리킨다고 생각한다. 그리하여 "키-야드 알-케스 야"(כִּי־יָד עַל־כֵּס יָהּ) 구절을 '아말렉 사람들이 이스라엘 위에 손을 얹은 것'을 가리킨 것으로 생각한다.[613] 이 해석에 의하면 아말렉 사람들이 이스라엘을 적대하여 힘을 행사하였음을 뜻한다.

위의 세 견해를 볼 때 16절에서 "케스"(כֵּס)는 "키스세"(כִּסֵּא, 보좌, 왕좌)의 약자로 읽는 것이 가장 타당성이 있는 것 같다. 왜냐하면 앞서 언급했듯이 사마리아 오경과 다른 중요한 번역 성경들이 그렇게 읽었으며, 본문을 수정할 필요가 없으며, 그리고 문맥에서도 그 의미가 잘 어울리기 때문이다.[614] "케스"(כֵּס)를 "키스세"(כִּסֵּא)로 읽을 때 16절의 번역은, "그가 말하기를, '손이 여호와의 보좌를 적대하여 들

---

611) Kaiser Jr., *Exodus, The Expositor's Bible Commentary*, vol.2, p. 409.

612) 상게서.

613) Keil and Delitzsch, *Biblical Commentary on the Old Testament*, vol. 2, *The Pentateuch*, p. 82.

614) Durham, *Exodus, Word Biblical Commentary*, vol. 3, p. 237; Kaiser, Jr., *Exodus, The Expositor's Bible Commentary*, vol. 2, p. 409.

어졌기 때문에, 여호와가 아말렉으로 더불어 대대로 싸울 것이다.' "
이 번역은 14절과도 잘 어울린다.[615] 이 번역이 의미하는 것은 '아말렉이 여호와를 대적하여 손을 들어 이스라엘을 쳤기 때문에 여호와께서 그들과 더불어 대대로 싸울 것이라' 는 뜻이다.

615) 참고, Kaiser, Jr., 상게서.

[출애굽기 18장]

[1절-12절]

모세의 가족상봉(相逢)

1. 모세의 장인 미디안 제사장 이드로가 하나님이[1] 모세에게와 자기 백성 이스라엘에게 하신 일 곧 여호와께서 이스라엘을 애굽에서 인도하여 내신 모든 일을 들으니라. 2. 모세의 장인 이드로가 모세가 돌려 보내었던 그의 아내 십보라와, 3. 그 두 아들을 데렸으니 그 하나의 이름은 게르솜이라 이는 모세가 이르기를 내가 이방에서 객이 되었다 함이요, 4. 하나의 이름은 엘리에셀이라 이는 내 아버지의 하나님이 나를 도우사 바로의 칼에서 구원하셨다 함이더라. 5. 모세의 장인 이드로가 모세의 아들들과[2] 그 아내로 더불어 광야에 들어와 모세에게 이르니 곧 모세가 하나님의 산에 진 친 곳이라. 6. 그가 모세에게 전언하되 그대의 장인 나 이드로가 그대의 아내와 그와 함께한 그 두 아들로 더불어 그대에게 왔노라. 7. 모세가 나가서 그 장인을 맞아 절하고[3] 그에게 입 맞추고 그들이 서로 문안하고 함께 장막에 들어가서, 8. 모세가 여호와께서 이스라엘을 위하여 바로와 애굽 사람에게 행하신 모든 일과 길에서 그들의 당한 모든 고난과 여호와께서 그들을 구원하신 일을 다 그 장인에게 고하매, 9. 이드로가 여호와께서 이스라엘에게 모든 은혜를 베푸사 애굽 사람의 손에서 구원하심을 기뻐하여, 10. 가로되 여호와를 찬송하리로다 너희를 애굽 사람의 손에서와 바로의 손에서 건져내시고 백성을 애굽 사람의 손 밑에서 건지셨도다. 11. 이제 내가 알았도다 여호와는 모든 신보다 크시므로 이스라엘에게 교만히 행하는 그들을 이기셨도다 하고, 12. 모세의 장인 이드로가 번제물과 희생을 하나님께 가져오매 아론과 이스라엘 모든 장로가 와서 모세의 장인과 함께 하나님 앞에서 떡을 먹으니라.

1. 본문의 원전 설명

1절: [1] "하나님이." 이 단어는 헬라어 70인역과 카이로 게니자

(Geniza) 사본에 의하면 "여호와가"로 되어 있다.

5절: [2] "모세의 아들들." 이 문구는 히브리어 원문성경대로 따르면, "그의 아들들"이다. 그러나 문맥에서 분명히 모세의 아들들을 가리킨다.

7절: [3] "모세가 … 그 장인을 맞아 절하고." 이 구절이 사마리아 오경에 의하면 이드로가 모세에게 절한 것으로 표현되어있다.

2. 본문 내용 개요

모세의 장인 이드로가 모세에게 모세의 아내와 두 아들을 데리고 와서 하나님이 이스라엘에게 베풀어 주신 모든 구원의 역사를 듣고 기뻐 찬송하며 하나님께 제사를 드림.

3. 주석

1절에서 아말렉이 멸망당한 후 모세의 장인인 미디안 제사장 이드로가 언급된다. 그동안 이드로는 모세와 이스라엘의 정황을 전해 들으며 그들에게 깊은 관심을 갖고 있었던 것으로 보인다. 이렇게 이드로가 들었던 이스라엘 백성이 이집트에서 10가지 재앙을 행하여 출애굽한 사건과 이집트의 군대를 바다에 빠뜨려 죽게 하고 홍해를 건넌 사건 등은 미디안 사람들과 가나안 땅 주위의 다른 족속들 그리고 가나안 사람들에게 전해졌을 것이다. 이 소식을 들은 다른 이방족속들이 이스라엘의 하나님 여호와를 두려워하고 이스라엘 백성을 경계했을 것이다(참고, 출 15:14-15).

2-4절에서는 모세와 이스라엘 백성이 미디안 지역에 가까이 왔음

을 듣고, 이드로는 모세의 아내와 그의 두 아들을 데리고 모세를 만나러 떠났다. 출애굽기 4장 20절을 보면 모세는 이집트에 돌아갈 때 그의 가족을 데리고 갔는데 언제 십보라와 그의 두 아들이 다시 이드로가 사는 미디안 지역으로 돌려보내졌는지 성경에서 언급하고 있지 않다. 많은 주석가들은 십보라가 그의 아들의 양피를 벤 할례사건 때문에 화가 나서 그의 오던 길을 되돌아가 아버지와 같이 살았다고 생각하지만 칼빈은 그렇게 생각하지 않는다.

칼빈은 모세가 그의 가족도 다른 이스라엘 백성과 같이 이집트 사람들의 억압도 받고 고통을 겪으며 출애굽하게 한 후 광야에 왔을 때 그의 가족들이 이드로를 방문토록 허락했을 것이라고 생각한다. 만약 그렇지 않고 모세가 그의 가족은 안전하게 다른 곳에 있게 하고 그만 혼자 나가 싸웠다면 그는 거짓 지도자나 지나친 겁쟁이로 마땅히 의심받았을 것이라고 생각한다.[616] 아말렉 백성은 이스라엘이 독립된 한 민족으로 형성된 후 제일 먼저 여호와의 백성 이스라엘과 대적했으나, 미디안 제사장 이드로는 이방인이지만 여호와를 모세와 아론처럼 믿고 그를 찬양하고 있다. 모세의 첫째 아들 '게르솜'은 '객'이라는 뜻이다(출 2:22). 모세가 십보라를 얻어 결혼했으나 아직도 추방된 자의 고독과 고통 속에서 사는 그의 심정을 보여준다. 모세의 둘째 아들 '엘리에셀'은 '하나님은 도우심'이라는 뜻이다. 고독과 추방과 낯선 자의 고통 속에서 하나님을 의지하는 모세의 심정을 보여준다.

5절에 언급된 하나님의 산은 호렙산이다. 출애굽기 3:1을 보면 호

---

616) *Commentaries on the Four Last Books of Moses Arranged in the Form of a Harmony by John Calvin*, vol. 1, p. 297.

렙산을 하나님의 산이라고 부른다. 호렙산 가운데 모세가 진을 친 곳은 17장을 보면 르비딤(17:1)이다. 로빈슨에 의하면 르비딤은 쉐이크(Sheikh) 계곡이 있는 광야로서 이 광야는 '불모지의 광야' 이며 거칠고 황량한 곳이다.[617] 카일과 델리취(Keil and Delitzsch)는 추측하기를 모세가 그의 아내와 아들들을 이드로 에게 보낼 때에 이스라엘 백성이 호렙산에 도착하면 자기에게 그들이 돌아오도록 약속을 했을 것으로 본다. 왜냐하면 하나님이 처음 모세를 호렙산에서 부르실 때 모세에게 예언하시기를 "내가 너와 함께 있으리라 네가 백성을 이집트에서 인도하여 낸 후에 너희가 이 산에서 하나님을 섬기리니 이것이 내가 너를 보낸 증거니라(출 3:12)" 고 했기 때문이다.[618]

6-7절에서 이드로는 메신저(심부름꾼)를 보내서 모세에게 그들의 도착을 알렸다. 이에 대하여 7절은 모세가 이드로의 신분에 맞게 그의 장막에서 밖으로 나와 영접하며 절하고 입 맞추고 서로 문안한 후 자기 장막에 모셔 드린 것을 보여준다. 모세는 자기를 살인자라고 하며 죽이려 했던 이집트로 가서 이스라엘을 구원해 내는 자기의 임무를 성공리에 수행하고 장인 이드로를 재회한 것이다. 여호와께서 모세를 도우셔서 그의 장인을 재회하게하신 것을 볼 때 불가능을 가능하게 하여 약속을 성취시키시는 하나님을 볼 수 있다. 살인자로 지목되었던 모세, 한낱 사막의 목자였던 그가 어떻게 대 제국의 왕 바로와 대결하여 이기고 200만 자기 민족을 이끌고 나올 수 있었겠는가. 이것은 기적이다. 이제 모세는 하나님께서 자기를 불러 이스라엘의 지도자로 삼아 주신 장소에 돌아와 장인과 자기의 가족을 만난 것이다.

---

617) Keil and Delitzsch, *Biblical Commentary on the Old Testament*, vol. 2, *The Pentateuch*, p. 83.

618) 상게서, pp. 83f.

기쁨, 승리, 환희, 감사의 순간이다.

8절에서 모세는 장인 이드로를 장막에 모셔 들인 후 출애굽과 관련된 대표적인 사건들과 출애굽 후 그들이 길에서 겪은 모든 고통들을 이야기하며 그들이 어떻게 구원 받았는지를 설명했다. 아마 이집트 사람들이 쫓아온 사건, 홍해가 갈라진 사건, 물이 부족했던 것, 먹을 양식의 부족, 아말렉과의 전쟁 등을 이야기 했을 것으로 생각된다.

9-12절에 의하면, 이드로는 모세의 이야기들을 듣고 기뻐하며 여호와를 찬양했다. 여호와께서 스스로 이스라엘을 구원하시면서 전지전능하심을 보여주셔서 모든 신보다 크신 하나님이심을 알게 하셨다는 것이다(10-11). 그러면서 이드로는 그의 찬송하는 마음을 번제물과 희생제물을 제공함으로써 분명히 나타냈다.

12절에 보면 이드로가 하나님께 번제물과 희생제물을 가져왔다. 여기에서 어떤 학자들은 이드로가 하나님께 드리는 제사를 직접 집행한 것으로 이해하는데 이는 맞지 않는 해석이다. 왜냐하면 "가져왔다"는 히브리어 단어 "바이이크카"(וַיִּקַּח)는 구약에서 제물을 제공한 것을 뜻한 것으로 사용되었지, 제물을 제단에 바치는 제사를 집행하는 의미로는 사용되지 않기 때문이다. 그러므로 이드로는 제사를 집행한 것이 아니라, 모세와 아론과 함께 예배에 참여하고 교제한 것으로 이해된다.[619] 이드로가 전에 하나님에 대한 확실한 믿음이 있었는지 확실치 않다. 오히려 11절에서, "이제 내가 알았도다. 여호와는 모든 신보다 크시므로 이스라엘에게 교만히 행하는 그들을 이기셨도다"라고 이드로가 고백한 것을 볼 때, 이드로가 전에는 여호와께 대한 확실한 신앙이 없었으나 여호와께서 이스라엘을 구원해 낸 사건

619) Kaiser, Jr., *Exodus, The Expositor's Bible Commentary*, vol.2, p. 412.

들을 보고 믿게 되었다고 생각된다. 아마 처음 하나님께 신실하며 참된 제사에 참여하고 있는 것으로 이해된다.

기스펜(Gispen)은 12절에서 "하나님 앞에서"란 제물이 드려진 제단이나 장소를 가리킨 것이 아니고, '불과 구름 기둥 가까이'를 뜻한다고 생각한다.[620] 12절에서 언급된 "떡"은 칼빈에 의하면, 의심할 여지없이 "만나"를 가리킨다. 한편 카일과 델리취(Keil and Delitzsch)는 "떡"을 제사 음식(a sacrificial meal)을 가리킨 것으로 이해한다.[621] 이 두 가지 이해 가운데 어느 것이 옳다고 단언적으로 말할 수 없으나, 12절의 문맥에서 볼 때, 단순히 떡 곧 만나만이 아니라, 만나를 포함한 제사 드린 음식을 이드로, 아론, 그리고 이스라엘 장로들이 먹은 것을 가리킨 것으로 이해되므로 카일과 델리취의 견해가 더 타당한 것으로 생각된다.

4. 설교 및 교훈 자료

8-10절: 가족의 대화(對話)와 행복(幸福)

모세는 그의 장인과 아내와 아들들을 만나 그동안 그에게 이집트에서 일어난 일과, 길에서 겪은 고난, 그리고 여호와의 구원 등을 자세히 이야기 해줄 때, 가정에 찬송이 넘치고 기쁨이 충만하며 하나님께 예배하게 되었다.[622] 요즈음 우리의 시대가 정보통신의 시대라 하여 세계 도처에서 일어난 일에 대해서는 TV나 라디오나 컴퓨터 등을

620) Gispen, *Bible Student's Commentary,* Exodus, p 175.

621) Keil and Delitzsch, *Biblical Commentary on the Old Testament,* vol. 2, *The Pentateuch,* pp. 85f.

622) 참고, 이용걸, *출애굽기 강해*(상), pp. 271f.

통해서 짧은 시간 안에 소상히 알고 있으나, 막상 보고 듣고 알아야 할 아내나 자식이나 다른 가족의 일에 대해서는 모르고 지난다. 이렇게 하여 가족에 금이 가고 오해가 생기며 가정파괴 같은 큼직한 일이 일어나게 된다.

가정의 화목을 위해 가장 중요한 일중에 하나는 가족간의 대화이다. 서로에게 일어난 일들을 이야기하며 의사소통을 할 때 서로의 생각과 감정을 파악하게 되며 이해하여 필요 없이 오해를 하지 않게 되고 오히려 위로하며 돕게 된다. 한 사람의 계획이나 사건 파악은 여러 사람의 생각과 분석보다 결코 나을 수 없다. 그러므로 가족간의 대화를 통한 계획이나 판단은 훨씬 더 정확하고 타당성을 갖게 될 것이다. 그리고 우리는 가족간에 대화를 할 때도 사도 바울의 말씀처럼, "말을 항상 은혜 가운데서 소금으로 고르게 함같이" 해야 한다(골 4:6). 곧, 소금이 음식의 맛을 내어 사람을 기쁘게 하고 즐겁게 하듯이 말이 상대방을 이해하고, 격려하며, 덕을 세우고, 은혜를 끼칠 수 있는 말을 해야 한다.

[13절-18절]

모세가 혼자 백성의 소송문제를 재판함.

13. 이튿날에 모세가 백성을 재판하느라고 앉았고 백성은 아침부터 저녁까지 모세의 곁에 섰는지라. 14. 모세의 장인이 모세가 백성에게 행하는 모든 일을 보고 가로되 그대가 이 백성에게 행하는 이 일이 어찜이뇨 어찌하여 그대는 홀로 앉았고 백성은 아침부터 저녁까지 그대의 곁에 섰느뇨. 15. 모세가 그 장인에게 대답하되 백성이 하나님께 물으려고 내게로 옴이라. 16. 그들이 일[1]이 있으면 내게로 오나니 내가 그 양편을 판단하여 하나님의 율례와 법도를 알게 하나이다. 17. 모세의 장인이 그에게 이르되 그대의 하는 것이 선하지 못하도다. 18. 그대와 그대와 함께한 이 백성이 필연 기력이 쇠하리니 이 일이 그대에게 너무 중함이라 그대가 혼자 할 수 없으리라.

1. 본문의 원전 설명

16절: 1 "일." 이 단어는 히브리어 "다바르"(דָּבָר)를 번역한 것으로 문맥을 보아 "일"로 번역하기보다는, "사건," 혹은 "문제"로 번역한 것이 더 적합하다. 왜냐하면 13절부터의 문맥에서 보통 일을 가리키지 않고 소송문제나 분쟁문제를 가리키고 있기 때문이다.

2. 본문 내용 개요

모세가 혼자 백성의 다툼이나 소송문제를 다루므로 너무 힘들고 시간이 많이 걸리는 것을 보고 이드로가 돕는자들과 함께 하도록 강권함.

3. 주석

13절의 '이튿날'은 이드로가 도착한 그 다음날을 가리킨다. "모세가 백성을 재판하느라고 앉았고." 이 말은 모세가 매일 쉬지 않고 아침부터 저녁까지 앉아 있었다는 말이 아니다. 아마 이드로가 도착한 그다음 날이 백성의 다툼이나 소송사건을 모세가 재판해주기로 정해 놓는 날로 이해된다. 그리고 재판을 할 때 아침부터 저녁까지 계속 앉아 있었음을 뜻한 것이 아니라, 휴식시간이 있으되 매우 짧았음을 가리켜준다.

"백성은 아침부터 저녁까지 모세의 곁에 섰는지라." 이 말은 약간 과장된 표현이다. 앞의 표현과 같이 이해되어야 한다. 백성이 모세 곁에서 아무 휴식도 없이 계속 서서 있었다고는 볼 수 없다. 휴식시간이 있었으나 아주 짧은 시간이었음을 시사한다.

14절에서 이드로는 모세가 백성을 상담하고 재판하는 일을 보았다. 그는 모세가 백성에게 행한 방식이 지혜롭지 못함을 파악한 것이다. 그리하여 "어찌하여 그대는 홀로 앉았고" 하며 묻는 것이다. 이 말은 어찌하여 모세가 보조자 없이 혼자 앉아 그 수많은 백성의 분쟁을 판결하고 어려움들을 해결해 주고 있느냐는 것이다. 이때 이스라엘 백성의 장로들이 아직 어떤 중요한 역할을 하지 않았고, 그리고 일반 백성은 모세의 직접적인 지도와 판결에 만족하고 있었던 것이다. 그러나 모세의 재판을 받기위해 백성이 아침부터 저녁까지 기다리고 있는 것을 특별히 언급하며 모세에게 왜 이렇게 운용하는지를 묻고 있다.

15절의 내용은 백성이 모세를 자기들의 뜻을 하나님께 전달하고 또한 하나님의 대답을 알려주는 선지자적 중개자로 간주하며 모세를 찾아 왔음을 가르쳐준다. 그리고 16절은 이런 선지자적 중개자의 역할을 어떻게 했는지를 설명해준다. 백성이 모세를 찾아올 때 분쟁이나 다툼만을 재판받기위해서가 아니라, 또한 백성은 모세에게 와서 하나님의 율례와 법도를 배운 것이다. 이스라엘 백성이 하나님의 언약 백성이 되어 아직 하나님의 법도를 잘 모르기 때문에 모세는 그들에게 그들이 걸어가야 하며 행해야하는 율례와 법도를 가르쳤다. 여기서 모세는 재판장의 역할을 했을 뿐만 아니라, 하나님의 뜻을 선포하는 설교자의 역할도 행하였다.[623]

---

623) Childs, *The Book of Exodus, A Critical Theological Commentary,* p. 330; 참고, Durham, *Exodus, Word Biblical Commentary,* vol. 3, p. 250.

16절에서 "하나님의 율례"란 히브리어 원문성경에서 "후크케 하에로힘"(חֻקֵּי הָאֱלֹהִים) 이다. 그리고 "그의 법도"란 히브리어 원어성경에서 "토로타브"(תּוֹרֹתָיו)이다. 이 두 단어는 법정(法定) 전문단어이지만 16절의 상반절과 같은 민사소송에서 판결을 가리키는 뜻으로는 보통 사용되지 않는다. 오히려 율례로 번역된 히브리어 "후크킴"(חֻקִּים)은 제사 의식에서 중심요소가 되는 제사장의 선포의 말을 뜻하거나(레 10:11f.), 신명기의 설교에서 하나님의 뜻을 요약한 것을 가리킨다(신 7:11, 8:11 등).[624]

17-18절에서 이드로는 모세가 하는 재판과 가르침의 운용방식이 모세뿐만이 아니라, 백성도 기진맥진하게하고 녹초가 되게 하는 절차임을 지적한다. 이렇게 할 때 얼마 못가서 모세가 지쳐서 더 이상 이 임무를 계속할 수 없을 것이라 한다. 그리고 지금 모세가 하는 일은 결코 한 사람이 감당 할 수 있는 일이 아님을 말한다.

18절에서 "기력이 쇠하다(נָבֵל)"는 말은 나팔(נָפַל)과 비슷한 내용의 말이다. 즉 약해지고 병들게 된 것을 뜻한다. "너무 중하다"는 말은 '너무 힘에 겹다', 혹은 '벅차다' 라는 뜻이다.

[19절-27절]

모세에게 도울 지도자를 뽑으라고 권고한 이드로

19. 이제 내 말을 들으라 내가 그대에게 방침을 가르치리니 하나님이 그대와 함께 계실지로다 그대는 백성을 위하여 하나님 앞에 있어서 소송[1]을 하나님께 베풀며, 20. 그들에게 율례[2]와 법도[3]를 가르쳐서 마땅히 갈 길과 할 일을 그들에게 보이고, 21. 그대는 또 온 백성 가운데서 재덕이 겸전한 자 곧 하나님을 두려워하며 진실무망하며 불의한 이를 미워하는 자를 빼서 백성 위에 세워 천부장과 백부장과 오십부장과 십부장을 삼

---

624) Childs, 상게서.

아. 22. 그들로 때를 따라 백성을 재판하게 하라 무릇 큰 일이면 그대에게 베풀 것이고 무릇 작은 일이면 그들이 스스로 재판할 것이니 그리하면 그들이 그대와 함께 담당할 것인즉 일이 그대에게 쉬우리라. 23. 그대가 만일 이 일을 하고 하나님께서도 그대에게 인가하시면 그대가 이 일을 감당하고 이 모든 백성도 자기 곳으로 평안히 가리라. 24. 이에 모세가 자기 장인의 말을 듣고 그 모든 말대로 하여, 25. 이스라엘 무리 중에서 재덕이 겸전한 자를 빼서 그들로 백성의 두목 곧 천부장과 백부장과 오십부장과 십부장을 삼으매, 26. 그들이 때를 따라 백성을 재판하되 어려운 일은 모세에게 베풀고 쉬운 일은 자단하더라. 27 모세가 그 장인을 보내니 그가 자기 고향으로 돌아가니라.

1. 본문의 원전 설명

19절: [1] "소송." 이 단어를 헬라어 70인 역과 수리아 역과 거짓 요나단 탈굼은 "그들의 소송"으로 표현하여 백성이 가져온 소송임을 강조한다.

20절: [2] "율례." 이 단어가 헬라어 70인역에 의하면 보다 분명히 "하나님의 율례"로 읽는다.

20절: [3] "법도." 이 단어도 헬라어 70인역에 의하면 누구의 법도인지를 강조하기위해 "그의 법도"라 읽는다.

2. 본문 내용 개요

이드로는 모세에게 하나님께 물어 모세 자신을 도와서 백성을 재판하고 이끌어갈 하나님을 두려워하며 진실하고 불의한 이를 미워하는 지도자들을 뽑도록 권고함.

3. 주석

19절에서 이드로는 모세가 하나님 앞에서 백성의 대표가 되어서 그들의 분쟁들을 하나님께 가져와야 한다고 말한다. "방침을 가르치리니"란 히브리어 원문성경의 동사 야아츠(יָעַץ)를 번역한 것이다. 이 단어의 뜻은 "조언하다, 상담하다, 지시하다" 등이다. 여기 19절에서는 "조언하다"를 의미한다.

"소송"은 히브리 원문성경의 "하드데바림"(הַדְּבָרִים)의 번역이다. 이 단어는 "소송"이란 뜻보다는, 보다 일반적인 "일, 사건, 문제" 등을 뜻한다. 그러므로 백성이 모세 앞에 가져온 것이 법적인 소송만이 아니라, 생활 속에 일어난 다른 문제들도 자기들이 어떻게 해결할지를 모를 때 가져온 것을 가리킨 것으로 이해된다. 그리고 "하나님께 베풀며"란 하나님 앞에 백성의 문제를 반찬을 차려 놓은 것처럼 벌려 놓는 것을 가리킨다. 위의 문구를 히브리어 원문성경대로 번역하면 "하나님께 가져오며"이다.

20절에서 이드로는 모세에게 백성이 어떤 길을 걸으며 어떤 일을 하며 살 것인가를 가르치라고 한다. 즉, 모세가 백성을 종교적으로 도덕적으로 지도하고 인도해야함을 말한 것이다.

21-22절은 계속해서 이드로의 충고를 기록하는데, 재판에서의 대부분의 일을 다른 사람들에게 위임하라고 말한다. 모세 대신 재판을 행할 사람을 뽑되 '재덕이 겸전한 자'를 뽑으라고 한다. '재덕이 겸전한 자'란 히브리어로 "안쉐-하일"(אַנְשֵׁי-חַיִל)이다. 이 말은 '가치 있는 사람' 혹은 '능력 있는 사람' 혹은 '덕 있는 사람'을 뜻할 수 있다. 이 '능력 있는 사람'에 대해 본문은 설명하기를,

첫째, '하나님을 두려워한 자'라고 한다. 하나님을 두려워하지 않

는 자는 하나님과의 관계뿐만이 아니라 사물과의 관계도 올바르게 가질 수없기 때문에 능력 있는 자는 우선적으로 하나님을 두려워하는 자라고 설명한 것이다. 우리도 하나님을 두려워하는 지혜를 가지고 모든 문제에서 바른 통찰력, 판단력, 처리능력을 가질 수 있기 바란다. 하나님을 두려워하는 사람은 정직할 것이다. 진리 편에 설 것이다. 게으르지 않을 것이다. 범죄 하지 않을 것이다. 하나님의 명령을 열심히 수행할 것이다.

둘째, 능력 있는 사람은 '진실 무망한' 사람이라고 한다. 히브리어로 '진실 무망한' 사람은 "안쉐-에메트"(אַנְשֵׁי־אֱמֶת)이다. 이는 '진리의 사람' 이라는 뜻이다. '진리의 사람 '은 진리를 추구하는 사람으로서 참된 재판을 하는 것이 재판관에게 있어서 가장 소중함을 아는 사람이라는 뜻이다. 사실이나 진리를 알기 원하는 자는 하나님의 말씀과 사물에 대한 풍부한 이해와 지식을 배워 알아서 무엇이 참된 것이고 무엇이 거짓된 것인지를 분별할 줄 알아야한다. 지식이 없거나 무지할 때 속기 쉽다. 하나님의 말씀에 대한 지식이 풍부해야 한다.

셋째, 능력 있는 사람은 '불의한 이를 미워하는 자' 이다. 이는 소극적 의미로는 뇌물을 받지 않는 것을 뜻할 뿐만 아니라, 적극적인 의미로는 뇌물과 모든 종류의 부당한 이득을 미워하는 것을 가리킨다.

이러한 자격을 갖춘 자들을 모세 대신 뽑아 백성의 문제들을 재판하도록 한 것이 천부장, 백부장, 오십부장, 십부장 제도이다. 22절은 이러한 재판관들이 작은 일들을 판결하도록 하고 큰 문제만 모세에게 가져오도록 하라고 말한다.

23절 "그대가 만일 이 일을 하고 하나님께서도 그대에게 인가하시면 …." 이 구절의 뜻은 모세가 자기의 장인 이드로의 조언대로 모세를 도울 지도자들을 뽑아 세우고 그 일을 하나님께서 인가하여 행하도록 명령하시면 모세가 자기 일을 잘 감당할 수 있을 것이라 한다. 그리고 백성이 많이 와서 오랫동안 기다리며 지친 일이 없이 신속히 자기들의 소송문제를 해결하고 돌아 갈 수 있을 것이라 한다.

24-26절의 구절들은 모세가 장인 이드로의 조언을 받아들여 재판하는 일을 천부장, 백부장, 오십부장, 십부장들에게 위임했고, 단지 어려운 소송문제만 모세 자기에게 가져와서 재판받도록 했다. 25-26절은 앞서 21-22절의 핵심내용을 거의 다시 반복하고 있다.

27절은 모세와 그의 장인 이드로의 만남이 끝나고 이드로는 자기의 땅, 미디안으로 돌아간다. 모세의 아내 십보라와 그의 아들들은 본문의 6절 이후에 언급이 없으나, 이드로를 따라가지 않고, 모세와 함께 머물렀을 것으로 추측된다.

4. 설교 및 교훈 자료

19-23절: 지도자를 돕는 동역자

1) 형제들과 동역하는 지혜

주의 일을 할 때 서로서로 일을 분담해서 하도록 하자. 일의 능률이나 속도, 발전을 위해서 절대로 혼자하려는 실수를 범하지 말자. 서로 협력함으로써 효과적으로 주님의 일을 감당하기를 바란다. 어떤 일을 할 때 자기 자신만이 최적격자라고 생각하여 혼자 모든 일을 하려는 것은 바른 생각이 아니다. 비록 어떤 부분에서는 자기보다 능력이 부족하더라도 상대방이 자기가 갖지 않은 특별한 은사를 가졌음을 생각하고 그것을 발견하여 함께 향유하는 지혜와 겸손이 있어야 한다. 하나님은 사람을 지으실 때 모든 사람을 결코 똑같이 짓지 않으시고 각기 다른 모양 다른 재능을 갖고 태어나게 하셨기 때문이다.

교회나 다른 하나님의 기관의 발전은 전적으로 하나님의 손에 달려 있다. 우리 인간의 지혜나 지식이나 봉사에 달려있는 것이 아니다. 바울 사도는, "그런즉 심는 이나 물주는 이는 아무 것도 아니로되 오직 자라나게 하시는 하나님뿐이니라" (고전 3:7)고 말씀한다. 우리 각자가 노력할지라도 일의 성취는 전적으로 하나님의 역사에 달려있다는 말씀이다. 우리는 모두 하나님의 동역자일 뿐이다. 우리는 하나님의 일에 부름 받았을 때 다른 사람의 자격을 논해서는 안 된다. 하나님께서 우리를 불러 그의 일에 동참케 하신 것이 바로 자격이다. 다만 하나님의 일을 하는 자는 그 일을 위해 최선을 다하면 되는 것이다.

2) 이드로의 훌륭한 조언 방법

(1)이드로는 자기의 조언을 관철시키려 하지 않고 하나님이 허락하시면 할 수 있다는 신본주의의 제의를 한다.

(2)상대방의 찬성 없는 일방적인 강요식의 조언을 하지 않는다. 이드로는 모세에게, "그대가 만일 이 일을 하고 하나님께서도 그대에게 인가하시면 …." 이라고 말한다.

[출애굽기 19장]

[1절-2절]

시내광야에 도착한 이스라엘

1. 이스라엘 자손이 애굽 땅에서 나올 때부터 제 삼월[1] 곧 그 때에 그들이 시내 광야에 이르니라. 2. 그들이 르비딤을 떠나 시내 광야에 이르러 그 광야에 장막을 치되 산 앞에 장막을 치니라.[2]

1. 본문의 원전 설명

1절: 1 "나올 때부터 제 삼월." 이 문구를 히브리어 원문성경에 따라 보다 분명하게 번역하면, "나온 후 셋째 달에" 이다.

2절: 2 "산 앞에 장막을 치니라." 한글 개역성경의 2절을 보면, 주어는 절의 시작 때 "그들이"라고만 표현되었다. 그러나 히브리어 원문성경을 보면, 2절의 셋째 절 앞에도 "이스라엘" 이라는 주어가 분명히 기록되어 이스라엘 백성이 시내 광야에 도착하여 장막을 친 것을 강조해 주고 있다: "이스라엘이 산 앞에 장막을 치니라."

2. 본문 내용 개요

이스라엘 자손이 출애굽한 후 셋째 달에 시내 광야에 도착하여 산 앞에 장막을 침.

3. 주석

1-2절, 이스라엘이 이집트를 떠난 후 셋째 달에 르비딤을 떠나 시내광야에 도착했다. 그달 며칠에 도착했는지는 정확히 밝혀주지 않는다. 시내광야는 시내산 앞에 있는 광야로 이해된다. 바로 그 광야에 이스라엘이 진을 쳤다. 이 산의 봉우리에 여호와가 내려 오셨고 모세는 그곳에 율법을 받으러 올라갔다. 이 산은 이스라엘 백성이 그곳에 머무르고 있는 동안 시내산이라 불린다(출 19:18,20,23;24:16, 34:2,4,29,32; 레 7:38,25:1,26:46,27:34; 민 3:1, 민 28:6; 신 33:2). 그리고 그들이 장막을 친 광야는 시내광야로 불린다. 결코 호렙 광야라고 불려지지 않는다(레 7:38; 민 1:1,19, 3:14, 9:1, 10:12, 26:64, 33:15).

그러나 출애굽기 33:6에서 이 장소가 '호렙산' 으로 불려진다. 그리고 신명기에서 대체로 간단히 호렙이라고 불린다(신 1:2,6,19,4:10,15, 5:2, 9:8, 18:16, 28:69). 그런데 저자가 율법이 주어진 정확한 지리적 장소를 말하려할 때는 '시내' 라는 이름이 사용된다는 사실은 '호렙' 이 시내라는 개념보다 일반적이고 포괄적인 개념이라는 결론에 이르게 한다. 달리말해 호렙은 산맥으로서 시내산은 그 산맥에 있는 한 산이다. 이러한 구분은 헹스텐버그(Hengstenberg)가 제일 처음으로 세웠는데(in his Dissertations, vol. 2, p. 325) 지금은 일반적으로 받아들여지고 있다.[625]

4. 설교 및 교훈 자료

1-2절: 시내광야에 도착한 이스라엘

625) 참고, Keil and Delitzsch, *Biblical Commentary on the Old Testament*, vol. 2, *The Pentateuch*, pp. 89f.

시내광야는 이스라엘 백성이 하나님의 율법을 듣고 받을 수 있는 최적의 자연적인 노천극장이다. 그곳은 그들이 하나님의 법을 받는데 방해가 되는 모든 것들을 격리시켜줌으로써 하나님의 말씀에 집중할 수 있는 곳이었다. 벌거벗은 황량한 모습, 사막의 고독이 감도는 곳으로써 율법을 배우기에는 아주 좋은 장소이다. 사도 바울은 기도하기위해 이러한 장소를 택하여 아라비아로 갔다(갈 1:17). 이스라엘 사람들은 하나님의 뜻을 알아야만 했고, 앞으로 겪을 시련과 고난을 대처할 영적인 준비를 해야만 했다. 그리하여 하나님은 그들을 시내광야로 인도하신 것이다. 우리들도 인생의 중요한 때가 있을 때 이러한 장소를 택하여 하나님을 만나는 것이 지혜있는 일이다.

[3절-6절]

하나님의 말씀을 순종하면 이스라엘이 제사장 나라가 될 것임

3. 모세가 하나님 앞에[1] 올라가니 여호와께서[2] 산에서[3] 그를 불러 가라사대 너는 이같이 야곱 족속에게 이르고 이스라엘 자손에게 고하라. 4. 나의 애굽 사람에게 어떻게 행하였음과 내가 어떻게 독수리 날개로 너희를 업어 내게로 인도하였음을 너희가 보았느니라. 5. 세계가 다 내게 속하였나니 너희가 내 말을 잘 듣고 내 언약을 지키면 너희는 열국 중에서 내 소유가[4] 되겠고, 6. 너희가 내게 대하여 제사장 나라가 되며 거룩한 백성이 되리라 너는 이 말을 이스라엘 자손에게 고할지니라

1. 본문의 원전 설명

3절: 1 "하나님 앞에." 이 문구가 헬라어70인역에 의하면 "하나님의 산으로" 되어있다.

3절: 2 "여호와께서." 이 단어는 헬라어 70인역과 수리아역에 의하면 "하나님께서" 로 되어 있다.

3절: [3] "산에서." 이 단어는 헬라어 70인역[b] 사본에 "하늘로부터"로 되어 있다.

5절: [4] "내 소유가." 이 문구는 헬라어 70인역에서 "내 특별한 백성이"다.

2. 본문 내용 개요

여호와께서 모세를 불러 이스라엘 백성이 여호와의 말씀을 잘 듣고 그의 언약을 지키면 그의 소유가 되고 제사장 나라와 거룩한 백성이 될 것임을 백성에게 알리게 하심.

3. 주석

3절에 보면 여호와께서 모세를 부르시자 모세가 하나님 앞에 올라간다. 출애굽기 3:12절에 의하면 모세는 이스라엘 백성이 호렙산에서 하나님을 섬기게 될 것을 그가 부름 받을 때 이미 알고 있었다. 그러므로 이스라엘 백성이 그 산 앞에 장막을 치자마자 하나님이 부르시기도 전에 모세는 하나님께, 즉 그 산 위로 올라갔다. 여기서 그 산은 옛날 떨기나무 가운데서 모세를 부르셨던 곳이었는지도 모른다(출 3:1-5).

"여호와께서 산에서 그를 불러 가라사대…." 여호와께서 모세에게 그 산에서 말씀하셨다. 모세는 아마 낮은 봉우리에 올라갔었고 여호와는 시내산 가장 높은 꼭대기에서 말씀하신 것으로 이해할 수 있다.[626]

---

626) 상게서, pp. 95f.

4절에서 먼저 하나님은 자신이 이집트 사람에게 행하셨던 것을 말씀하신다. "내가 어떻게 독수리 날개로 너희를 업어 내게로 인도하였음을 너희가 보았느니라." 그리고 여호와는 그가 이스라엘 백성을 이집트에서 구출해내면서 행한 모든 기적적인 보호와 인도를 독수리 날개로 업어서 온 것으로 표현한다. 여기서 '독수리 날개'란 상징적인 표현으로 하나님의 강한 사랑의 보호를 나태내주는 말이다. 독수리는 그의 새끼를 아주 세심하게 보호한다. 둥지로부터 새끼를 날게 할 때 어미 독수리는 새끼 독수리 밑에 날면서 바위에 부딪히거나 상하지 않도록 날쌔게 물어 올리곤 한다.[627]

5절은 하나님께서 이스라엘을 이집트에서 이끌어 내어 자유로운 큰 민족을 이루게 하는 사랑을 보여주신 것은 이제 이스라엘과 하나님 사이에 언약을 맺게 하기 위해서라고 말씀하신다. 이스라엘 백성이 여호와의 말씀을 잘 듣고 이제 그들과 세우려는 언약을 지키면 그들이 모든 백성 가운데서 하나님의 값비싼 소유물이 될 것이라고 한다.

"내 소유가 되겠고"에서 소유라는 말은 원문에서 "세굴라"(סְגֻלָּה) 이다. 이 히브리어 단어는 일반적인 소유물을 뜻하지 않고 값비싼 소유물을 뜻한다. 값비싼 소유물(סְגֻלָּה)은 따로 잘 지켜지고 보관해 놓은 귀중한 소유물을 가리킨다. 즉 은과 금의 보물과 같다.[628] 여호와는 이스라엘을 땅의 모든 민족들 가운데서 그의 값비싼 소유로 택하셨다. 하나님은 그가 온 우주의 소유자이시기 때문에 그렇게 하실 권리가 있으시다. 하나님은 모든 민족들의 창조자이고 보호자이시며

627) 상게서, p. 96.
628) 상게서

통치자이시다. 여기서 하나님은 단순히 이스라엘만의 하나님이 아니시고 온 세상의 하나님이심을 보여준다.

6절 "너희가 내게 대하여 제사장 나라가 되며 거룩한 백성이 되리라 …." 제사장은 하나님과 사람 사이의 중개자이다. 여기서 이스라엘 나라가 제사장 나라가 된다는 것은 이스라엘 나라가 하나님과 다른 나라들 사이에서 중개 역할을 하여 다른 나라들이 하나님을 알고 믿어 구원받도록 하나님의 지식을 지상의 모든 나라들에게 전달해주는 매개체가 되게 할 것을 뜻한다. "거룩한 백성"은 이스라엘 백성이 제사장 나라가 되어 하나님을 섬기는 일을 하도록 온전히 구별된 백성이 되게 할 것임을 가리킨다. 이 제안의 말씀은 양면적인 언약을 보게 하는데 즉 이스라엘 백성이 특별한 훈련을 받는 대신 모든 나라들 가운데 빼어난 지위를 갖으며 하나님의 사랑과 보호를 받게 될 것을 뜻한다.

4. 설교 및 교훈 자료

1) 5절: 은혜와 율법의 관계

하나님은 이집트에서 10가지 재앙을 내려 이스라엘을 해방시키셨고, 홍해를 갈라 육지가 되게 하여 건너게 해주셨다. 광야에서 먹을 것과 마실 것을 공급해 주심으로써 자비와 은혜를 보여주셨다. 여호와의 이스라엘에 대한 구원역사에서 여호와는 이스라엘에 대한 그의 사랑과 은혜를 먼저 보여주셨다. 그 후 여호와는 이스라엘에게 그의 율법을 행하도록 요구했다. 율법은 이스라엘이 그들의 보호자요 사랑의 구원자이신 하나님의 뜻에 맞게 살도록 요구하는 것이었다.

그러므로 사도 바울은 로마서 3:31에서 "그런즉 우리가 믿음으로 말미암아 율법을 폐하느뇨 그럴 수 없느니라. 도리어 율법을 굳게 세우느니라" 고 했다. 여기서 우리는 은혜가 율법보다 앞서고 우위에 서지만 은혜가 율법을 동반하고, 율법을 보존한다고 말할 수 있다.

(1)하나님께서 이스라엘에게 율법을 행하도록 요구하시기전 먼저 이스라엘을 택하신 사건과, 그들을 자유하게 하신 사실, (2)이스라엘 백성이 율법을 범해도 징벌하지 않으시고 용서받도록 속죄제와 속건제 제도를 만들어 놓으신 사실, (3)이스라엘 백성이 죄를 범하여 매 맞고 망해도 새롭게 불러서 하나님을 섬기며 살도록 하신 것(포로에서의 귀환) 등을 통해서 이스라엘이 하나님의 은혜에 의해서 구원받았음을 알 수 있다.

2) 5-6절: 다른 민족과의 관계에서 이스라엘 백성의 위치

"세계가 내 것이다" (출 19:5)라는 말 속에서 하나님이 이스라엘 백성만을 돌보는 것이 아니라 모든 사람들을 돌보심을 보여준다. 그러므로 이스라엘이 여러 민족들 중에서도 하나님으로부터 택함을 받았다는 것은 가장 귀한 소유가 되었음을 가르쳐주는 것이다. 성경은 신약의 믿는 자는 구약시대의 이스라엘 백성이 받았던 복을 받은 자들임을 가르쳐준다. "오직 너희는 택하신 족속이요 왕 같은 제사장들이요, 거룩한 나라요, 그의 소유된 백성이니 이는 너희를 어두운 데서 불러내어 그의 기이한 빛에 들어가게 하신 자의 아름다운 덕을 선전하게하려 하심이라" (벧전 2:9).

[7절-15절]

여호와의 시내산 강림을 맞이하려 준비하는 이스라엘 백성

7. 모세가 와서 백성의 장로들을 불러 여호와께서 자기에게 명하신 그 모든 말씀을 그 앞에 진술하니, 8. 백성이 일제히 응답하여 가로되 여호와[1]의 명하신 대로 우리가 다 행하리이다 모세가 백성의 말로 여호와[1]께 회

보하매, 9. 여호와께서 모세에게 이르시되 내가 빽빽한 구름 가운데서 네게 임함은 내가 너와 말하는 것을 백성으로 듣게 하며 또한 너를 영영히 믿게 하려 함이니라 모세가 백성의 말로 여호와께 고하였으므로, 10. 여호와께서 모세에게 이르시되 너는 백성에게로 가서[2] 오늘과 내일 그들을 성결케 하며 그들로 옷을 빨고, 11. 예비하여 제 삼 일을 기다리게 하라 이는 제 삼 일에 나 여호와가 온 백성의 목전에 시내 산에 강림할 것임이니, 12. 너는 백성을 위하여[3] 사면으로 지경을 정하고 이르기를 너희는 삼가 산에 오르거나 그 지경을 범하지 말지니 산을 범하는 자는 정녕 죽임을 당할 것이라. 13. 손을 그에게 댐이 없이 그런 자는 돌에 맞아 죽임을 당하거나 살에 쐬어 죽임을 당하리니 짐승이나 사람을 무론하고 살지 못하리라 나팔을 길게 불거든 산 앞에 이를 것이니라 하라. 14. 모세가 산에서 내려 백성에게 이르러 백성으로 성결케 하니 그들이 자기 옷을 빨더라. 15. 모세가 백성에게 이르되 예비하여 제 삼 일을 기다리고 여인을 가까이 말라 하니라.

1. 본문의 원전 설명

8절: [1] "여호와." 헬라어 70인역 의하면 "여호와" 대신 "하나님"으로 되어있다.

10절: [2] "가서." 헬라어 70인역에 의하면 단순히 "가서"로 되어 있지 않고, 더 내용을 첨가하여 "가서 주의 깊게 가르쳐"라고 되어있다.

12절: [3] "백성을 위하여." 이 문구에 사마리아 오경은 "산"(mountain)을 첨가하여 "백성을 위하여 산 사면으로" 되어있다.

2. 본문 내용 개요

이스라엘 백성이 시내산에 강림하실 여호와를 맞이하기 위해 옷을 빨고 성결케 하므로 여호와께서는 다시 여인을 가까이 하지 말고 제 삼일을 기다리라고 하심.

3. 주석

7-8절에서 모세가 백성에게 그들의 장로들을 통해 여호와 하나님의 유례없는 약속을 말할 때, 백성은 여호와가 그들에게 말했던 모든 것을 행하겠다고 만장일치로 일제히["야흐다브"(יַחְדָּו)] 응답했다. 백성은 여호와와 언약 맺을 준비가 되어 있었다. 그리하여 모세는 백성의 답변을 여호와께 말씀드렸다. 이제 여호와가 이스라엘과 언약을 맺고 그들에게 율법을 주는데 방해될 아무것도 없었다. 이스라엘 백성은 하나님의 귀중한 소유(19:5)가 되기를 원했다.

"여호와께 회보하매." 아마 모세는 여호와께 백성의 답변을 보고하러 다음날 아침 일찍 시내 산으로 올라갔을 것으로 생각된다. 그리하여 외부와 차단된 거룩한 시간과 장소에서 모세는 하나님께 백성의 긍정적인 답변을 고하며 거기에 대한 하나님의 추가적인 지시를 받았을 것이다.[629)]

9절에서 여호와께서는 백성의 약함을 아셨고, 거룩한 하나님이신 그가 부정한 백성과는 직접 교통할 수 없음으로 모세의 중재로 그들과 언약을 세우려고 한다. 이 일을 위해 중재자인 모세가 특별 신임장을 받을 필요가 있었다. 그리하여 여호와께서 백성이 보고 듣는데서 모세에게 말하여, 하나님이 언약의 기본법을 전체 백성 앞에서 엄숙히 선포함으로써 모세는 하나님이 선택하신 백성을 대표하는 중재자임을 알려주신 것이다. 바로 이 광경을 본 백성이 모세를 하나님과 자

---

629) Cassuto, *A Commentary on the Book of Exodus*, p. 228

기들 사이의 중개자임을 믿고 순종하게하신 것이다. 이것은 모세가 출애굽 때부터 행한(하나님과 그들 사이에) 중재자의 역할이 하나님의 택하여 하는 일임을 영원히 믿게 하기 위해서였다.[630]

카쑤토(Cassuto)는 본문의 "모세가 백성의 말로 여호와께 고했다." 라는 표현은 하나님이 9절 상반절에서 말씀하신 것을 모세가 백성들에게 전달했을 때 그들이 보여준 반응을 간결하게 표현한 것으로 이해된다. 즉, 독자의 시선을 다른 데에 쏠리지 않게 하기위하여 불 필요한 것을 제하고 간결히 표현한 것이라고 생각한다.[631]

한편 기스펜(Gispen)은 8절에서 모세가 백성의 반응을 여호와께 말하지 못하고 9절의 여호와의 말씀이 끝난 후에 말하게 된 것을 의미한 것으로 이해한다.[632]

칼빈은 9절 끝에 있는 "모세가 백성의 말로 여호와께 고했다"는 내용이 8절의 말씀을 다시 반복하여 말한 것으로 이해한다. 왜냐하면 모세가 보고할 백성의 반응이 그 사이에 일어나지 않았기 때문이라는 것이다.[633]

이와는 달리, 덜함(Durham)은 9절 끝에 있는 "모세가 백성의 말로 여호와께 고했다."라는 구절이 그 이야기의 처음 판에 첨가된 내용으로 이해함이 가장 잘 이해한 것으로 생각한다. 이 첨가된 내용은 백성의 "불평하는 이야기" 에 반대되는 점을 보충하고 모세의 중개 역할을

630) Keil and Delitzsch, *Biblical Commentary on the Old Testament*, vol. 2, *The Pentateuch*, p. 101.

631) Cassuto, *A Commentary on the Book of Exodus*, pp. 228f.

632) Gispen, *Bible Student's Commentary, Exodus*, p. 181.

633) *Commentaries on the Four Last Books of Moses arranged on the Form of a Harmony by John Calvin*, vol. 1, p. 322.

크게 부각시키기 위해 덧붙여졌다고 본다.[634]

이런 견해들에 대해 어떤 단언적인 평가를 할 수는 없으나, 덜함(Durham)처럼 원래 써졌던 내용에 나중에 첨가된 것으로 보기는 어렵다. 오히려 칼빈 처럼 8절 끝의 내용이 9절 끝에서 다시 반복된 것으로 보이며, 아마 모세의 중개 역할을 강조하기 위해서 다시 기록된 것으로 생각된다.

10-15절에서 여호와께서는 이스라엘 백성에게 나타나셔서 말씀하실 때 그들이 잘 들을 수 있도록 백성을 준비시키셨다. 그 준비의 내용을 10-15절에서 세 가지로 명령하신다.

1) 10-11절: 성결을 요구하며 옷을 빨라 하심

여기서 첫째, 여호와는 백성이 그를 만나기 위해 자신들을 성결하게 해야 한다고 말씀한다(10절). 성결케 하는 구체적인 방법은 옷을 빠는 것이었다. 여기서는 백성이 왕을 만나러 가면서 더러운 옷을 입는 것은 온당치 않은 것과 같다. 그러나 그보다 더, 이렇게 외적으로 옷을 깨끗하게 하여 입을 것을 요구한 것은 영혼의 내적인 깨끗함이 요구됨을 상징적으로 가르쳐주는 것이다.[635] 11절에서 "제 삼일" 이 언급되는데 이 "삼일" 은 문자대로 내일 다음 날을 가리킨다. 그런데 바우어(Bauer)같은 사람은 성경과 성경 외에서 "삼일" 을 언급하는 기록들을 살펴볼 때 꼭 정확히 문자적 삼일을 가리키기 보다는 일반적으로 확정되지 않은 짧은 기간을 가리킨다고 말하지만[636] 여기서는 하나님께서 백성과 만날 정확한 날이 밝혀져야 하기 때문에 문자적 삼일을 뜻한 것으로 생각된다.

634) Durham, *Exodus, Word Biblical Commentary*, vol. 3, p. 264.

635) Cassuto, *A Commentary on the Book of Exodus*, p. 229.

636) 참고, Durham, *Exodus, Word Biblical Commentary*, vol. 3, p. 264.

2) 12-14절: 하나님의 거룩한 곳을 범치 말도록 지경(地境)을 정하게 하심

둘째로 여호와는 백성이 자신을 만나기 위해 사면으로 지경(地境)을 정하라고 하신다(12절). 곧 일반 백성이 접근하지 못할 특수지역을 정하라고 하신다. 이것은 하나님의 성결의 엄격성을 인식하도록 하는 것이며 부정한 백성이 호기심을 가지고 하나님을 탐색하려고 성별된 지역에 출입하는 것은 거룩하신 하나님과 죄인들을 구별하지 못하고 하나님과 죄인을 같은 차원에서 취급하는 오만이요 망동임을 가르쳐 주는 것이다. 그것은 죽임을 당할 큰 죄이다.[637] 신약에서 히브리서 저자는 하나님을 섬기는데 "경건함과 두려움으로 하나님을 기쁘시게 섬길지니 우리 하나님은 소멸하는 불이심 이니라"고 말한다(12:28-29). 13절은 사람들이 여호와께서 현현하신 거룩한 호렙산의 지경으로 올라오지도, 만지지도 못하게 할 뿐만 아니라 그 산을 만진 자는 죽일 것인데 죽일 때 산을 만진 그를 만지지 말고 멀리서 돌이나 화살로 쏘아 죽이라고한다. 이는 아마 그를 잡으려고 금지된 산을 밟을 위험을 없애기 위함인 것 같다. 14절은 모세가 산에서 내려와 여호와의 명령대로 백성이 옷을 빨게 했음을 말한다.

3) 15절: 여인을 가까이 말라 하심

셋째로 여호와는 이스라엘 백성이 자신을 만나기 위해 여인을 가까이 하지 말라고 하신다. 이 성결 내용은 앞서 여호와가 모세에게 말씀할 때 언급되지 않았는데 여기서 모세가 백성에게 말할 때 언급된 것은 모세 스스로가 만들어서 한 이야기가 아니고 여호와의 지시하신 내용을 자세히 전달하는 과정에서 언급되어진 것으로 보인다. 이

637) 박윤선, *성경주석, 출애굽기*, p.143.

처럼 부부관계를 갖지 못하게 한 것은 (1) 부부관계 그 자체가 죄이기 때문이 아니라, 다만 하나님을 만나는 특별한 행사를 앞두고 하나님보다 쾌락을 더 사랑하는 죄(딤후 3:4)에 빠지지 않게 하려는 것이다.[638] 여기서 "부부의 동침을 금한 것은 신약 시대에 기도하기 위하여 부부가 분방함과 마찬가지이다.(고전 7:5)"고 박윤선 박사는 말한다.[639] 그리고 (2)이스라엘 백성들이 외적으로 깨끗할 뿐만이 아니라 내적으로도 하나님과 만날 일에 정신을 집중시키도록 하기 위함인 것으로 생각된다.[640]

4. 설교 및 교훈 자료

10-15절: 여호와를 만나기 위한 이스라엘의 준비

하나님을 만나기 위해서는 자기 자신을 준비하는 것이 바른 태도임을 가르쳐준다. 첫째, 옷을 빨아 깨끗하게 하라는 것은 외관상의 청결을 요구하는 것일 뿐 아니라 마음의 죄를 깨끗이 하는 것이 필요함을 상징한다. 죄를 회개하여 깨끗이 씻은 후 주님을 만나는 것이 바른 태도이다.

둘째로 사면의 지경을 정하게 한 것은 하나님을 경외하는 태도를 가르쳐준다. 즉 창조자와 창조물을 구분하고 그의 거룩함과 절대주권이 모욕되거나 경홀히 취급되어서는 안 됨을 가르쳐준다.

셋째로 여인을 가까이 말라한 것은 주님을 만나기 전에 마음으로 준비하고 주님께 나아가야 할 것을 가르쳐준다. 즉 세상 쾌락에 정신

638) 상게서

639) 상게서.

640) Gispen, *Bible Student's Commentary, Exodus,* p. 182.

을 팔다가 하나님께 나아가지 않도록 해야 하며, 하나님을 대면하는 큰일을 앞두고 하나님 보다 쾌락을 사랑하는 죄를 지어서는 안 됨을 가르쳐준다. 그러므로 토요일은 주일에 하나님을 만나기 위해 거룩히 준비하는 날로 삼아야할 것이다.

[16절-25절]

여호와의 강림과 모세와의 대화

16. 제 삼일 아침에 우뢰와 번개와 빽빽한 구름이 산 위에 있고 나팔 소리가 심히 크니 진중 모든 백성이 다 떨더라. 17. 모세가 하나님을 맞으려고 백성을 거느리고 진에서 나오매 그들이 산기슭에 섰더니, 18. 시내 산에 연기가 자욱하니 여호와께서[1] 불 가운데서 거기 강림하심이라 그 연기가 옹기점 연기같이 떠오르고 온 산이 크게 진동하며,[2] 19. 나팔 소리가 점점 커질 때에 모세가 말한즉 하나님이 음성으로 대답하시더라. 20. 여호와께서 시내 산 곧 그 산꼭대기에 강림하시고 그리로 모세를 부르시니 모세가 올라가매, 21. 여호와께서[3] 모세에게 이르시되 내려가서 백성을 신칙하라 백성이 돌파하고 나 여호와께로 와서 보려고 하다가 많이 죽을까 하노라. 22. 또 여호와께[4] 가까이 하는 제사장들로 그 몸을 성결히 하게 하라 나 여호와가 그들을 돌격할까 하노라. 23. 모세가 여호와께[5] 고하되 주께서 우리에게 명하여 이르시기를 산 사면에 지경을 세워 산을 거룩하게 하라 하셨사온즉 백성이 시내 산에 오르지 못하리이다. 24. 여호와께서 그에게 이르시되 가라 너는 내려가서 아론과 함께 올라오고 제사장들과 백성에게는 돌파하고 나 여호와[6]에게로 올라오지 못하게 하라 내가 그들을 돌격할까 하노라. 25 모세가 백성에게 내려가서 그들에게 고하니라.

1. 본문의 원전 설명

18절: [1] "여호와께서." 이 단어가 70인역에 의하면 "하나님께서 '로 되어있다.

18절: [2] "온 산이 크게 진동하며." 이 문구대신 헬라어 70인역은

"온 백성이 완전히 놀랐다" 로 기록되어 있다.

21절: 3 "여호와께서." 헬라어70인역은 "여호와께서"가 아니라, "하나님께서" 로 표현한다.

22절: 4 "여호와께." 이 단어에 헬라어 70인역은 "하나님" 이란 단어를 첨가하여 "여호와 하나님께" 로 표현되어있다.

23절: 5 "여호와께." 이 단어를 헬라어 70인역은 "하나님께" 로 표현한다.

24절: 6 "여호와." 이 단어 대신 헬라어 70인역은 "하나님" 으로 되어있다.

2. 본문 내용 개요

여호와께서는 연기가 자욱한 불 가운데서 시내산 꼭대기에 강림하셨다. 이때 온 산이 진동했는데 여호와께서는 모세에게 제사장들이 몸을 성결케 하며, 백성은 산으로 못 올라오게 명령함.

3. 주석

16절은 여호와께서 강림하실 것이라고 약속하신 제 삼일에 일어난 엄청난 자연 현상들을 보여준다. 무서운 우뢰 소리와 번쩍이는 번개와 함께 구름이 하늘을 가득 덮고 있었다. 이런 현상은 우주의 주인이신 여호와께서 가까이 오시고 있음을 미리 알려주고 있는 것이다. 이와 비슷한 광경을 엘리야에게 하나님이 나타나실 때에 볼 수 있다(왕상 19:11-13). 여호와는 바람 가운데도 안계셨고, 지진 가운데도 안계셨으며, 불 가운데도 안 계셨다. 이 때 일어난 바람이나 지진이나 불

은 여호와가 임재하실 것을 알리는 현상일 뿐이었다.[641]

16절은 "나팔 소리가" 심히 크게 울렸다고 한다. 이는 분명 여호와의 도착을 알리는 신호이다. 그런데 이 나팔 소리를 실제 나팔 소리로 이해하지 않고 카쑤토(Cassuto)는 강한 바람이 산들 사이에 있는 골짜기들을 통해 강하게 불 때 만들어 내는 소리가 나팔 소리처럼 들렸을 것이라고 한다.[642] 그러나 본문의 13절에서 "나팔을 길게 불 것"을 분명히 말하고 그리고 16, 19절에서 정확히 "나팔 소리"라는 단어를 사용하고 있는 것을 볼 때 누가 부는 나팔인지는 밝혀있지 않으나 강림하는 여호와의 도착을 알리는 신호로 나팔이 실제 불려졌던 것으로 생각된다.[643] 16절에서 여호와의 강림을 알리는 자연 현상들이 일어났음으로, 이제 17절에서는 여호와의 임재 장면에 대한 설명이 있을 것으로 기대되나 그 설명은 없고 모세가 백성을 여호와를 만나도록 진영(陣營)으로부터 데리고 나왔다. 그리고 백성은 그들이 가도록 허락된 산기슭까지만 가서 거기에서 여호와를 기다렸다.

18절은 자연의 무서운 현상들이 조용해지지 않고, 점점 더 격동하는 것으로 보인다. 그리하여 산까지 크게 떨며 진동하는 것으로 표현된다. 산은 연기로 덮여있고 그리고 연기가 산으로부터 솟아 올라왔다. 이것은 화산 때문이 아니라, 여호와께서 불 가운데서 강림하시기 때문이었다.[644]

19절은 여호와의 강림이 가까이 되면 될수록 점점 더 나팔 소리가 커진 현상을 묘사한 것으로 이해된다.[645] 그리고 여호와께서 임재하

---

641) 참고, Cassuto, *A Commentary on the Book of Exodus*, p. 231.
642) 상게서.
643) 참고, Durham, *Exodus*, *Word Biblical Commentary*, vol. 3, p. 271.
644) Gispen, *Bible Student's Commentary, Exodus*, p. 183.

자 모세는 여호와께 말한다. 이에 여호와는 사람의 음성으로 대답한다. 그러나 여호와는 자신을 보여 주시지 않는다. 하나님은 영(靈)이시므로 그 자신을 어떤 형상과 동일시하시지 않는다. 그러므로 하나님은 그의 형상에 대한 말씀은 전혀 하시지 않는다. 신명기 4:12에서도 여호와 하나님은 화염 중에서 음성으로 말씀하시지만 형상은 보지 못하였음을 지적한다. 신구약에 나타난 신인(神人) 교제는 주로 하나님의 말씀을 통하여 되어진다.[646] 이미 18절에서 여호와께서 시내산에 강림하셨다고 언급했으나, 그때는 시내산에 일어난 놀라운 자연현상들의 원인을 말하기위해 종속절에서 부차적(副次的)으로 언급된 것이었다.

그러나 이제 20절에서는 중요 독립절에서 여호와의 강림의 주제로 되돌아가 좀 더 상세히 말해준다.[647] 첫째는 여호와께서 시내 산꼭대기에 강림하셨다고 한다. 거기에 여호와의 현현(顯現)의 광경이 있었음을 가르쳐 준다. 둘째로, 산꼭대기에서 여호와께서 모세를 불러 거기로 올라오라고 했다고 한다. 그리하여 모세가 산꼭대기로 올라갔다. 그러나 본문은 모세가 여호와께서 계시는 산꼭대기까지 올라갔다고 진술하지 않는다. 아무리 모세라 할지라도 인간이 여호와의 임재의 장소에 가서 여호와를 본다는 것은 불가능하기 때문이다.[648] 모세는 여호와로부터 떨어져서 감히 여호와의 영광을 바라보지 못하고 여호와와 대화했을 것으로 생각된다. 여호와는 다른 경우에 모세에게, "네가 내 얼굴을 보지 못하리니 나를 보고 살 자가 없음이니라" 고

645) Durham, *Exodus, Word Biblical Commentary*, vol. 3, p. 271.

646) 박윤선, *성경주석, 출애굽기*, pp. 143f.

647) Cassuto, *A Commentary on the Book of Exodus*, p. 233.

648) 참고, 상게서

말씀하신다(출 33:20).

21절의 "신칙(申飭)하라"는 말씀은 '단단히 타일러 경계하라'는 말씀이다. 이 단어의 히브리어 원문성경의 대응 단어는 "하에드"(הָעֵד)로 "우드"(עוּד)동사의 사역형 부정사로 "증언하다, 주장하다, 경고하다, 엄숙히 권고하다"를 의미한다. 여기서는 "경고하다 혹은 엄숙히 권고하다"를 뜻한 것으로 보인다. 21절의 말씀은 모세가 시내산 꼭대기 가까이 왔을 때 여호와께서 모세에게 명령하신 것이다. 그런데 명령하신 내용이 12-13절에서 이미 말씀하신 것이므로 다시 말씀할 필요가 없는 것으로 보인다. 그러나 여기서 다시 언급된 것은 첫째, 12절에서 말씀했던 거처럼 여호와께서 머무르신 곳과 인간이 있는 곳이 서로 구분되어야지 그것이 무시되고 인간이 하나님의 영역을 마음대로 침범하는 일이 결코 있어서는 안 된다는 사실을 강조하기 위해서다.[649] 둘째, 여호와께서 십계명을 주시려는 중요한 때에 다시 한번 경고하는 것이 필요했던 것으로 보인다. 아마 백성 가운데 여호와를 직접 보고 싶어 하는 호기심이 생겼기 때문인 것으로 생각된다. 모세는 이런 하나님의 뜻에 반해 백성에게 충분히 경고 되었으므로 다시 경고할 필요가 없는 것으로 생각한다.

그러나 24절에 보면 여호와께서 모세에게 다시 내려가서 말하라고 하신다. 셋째, 인간의 지나친 호기심은 하나님을 노엽게 하심을 가르쳐 준다. 즉 사람이 산 밑에 그려진 경계선을 넘어서 하나님을 보려는 호기심으로 산에 올라오는 행위는 하나님께서 허락지 않은 것으로 죽임을 당하는 중벌을 받을 것이다. 여기서 하나님은 사람이 어떤 호기심의 질문을 가질 때 온당한 질문을 가져야 함을 가르쳐 준다. 하나

649) 상게서

님께서 스스로 계시하여 가르쳐 주신 것을 겸손히 배우고 하나님의 인도를 따라야지, 지나치게 갈망하는 호기심으로 하나님이 원치 않으신 것까지 알려고 하지 않아야 한다는 것이다.[650]

22절의 "돌격한다 '는 말은 ' 돌진하여 공격하다 '를 뜻한다. 히브리어 원문성경의 단어는 "파라츠"(פָּרַץ)로서 "돌파하다, 분쇄하다, 뚫고 나가다" 등을 의미한다. 22절에서는 '분쇄하다' 를 뜻하여 여호와께서 제사장들이 자신들을 하나님 섬기기에 합당하도록 깨끗하게 몸을 갖추지 않을 때 '죽일 것' 을 가르쳐 준다.

그리고 위에서 언급된 "제사장들" 은 레위족의 제사장들이 아니다. 아론의 아들들이 제사장으로 정식 취임한 것은 레 8장 이하를 볼 때 나중에 일어났기 때문이다. 그리하여 카일과 델리취(Keil and Delitzsch)는 여기서 "제사장" 은 아론의 아들들이 아니고 이스라엘의 처음난 자도 아니며 자연적인 권리와 학습에 따라 제사장 직무를 지금까지 해온 사람들을 가리킨다고 생각한다.[651] 칼빈도 이스라엘 백성이 다른 이방 백성들처럼 이미 제사장들을 가지고 있었다고 추측하며, 이스라엘의 처음 난 사람들이 제사장으로 활동했을 것으로 생각지 않는다.[652] 한편 카쑤토(Cassuto)와 카이저(Kaiser, Jr.)는 22절에서 언급되는 "제사장들" 은 이스라엘 가족의 '처음 난 사람들' 을 가리킬 수 있다고 생각한다. 이 '처음 난 사람들' 은 출 13:2을 보면 하나님

---

650) *Commentary on the Four Last Books of Moses Arranged in the Form of a Harmony by John Calvin*, vol. 1, p. 329.

651) Keil and Delitzsch, *Biblical Commentary on the Old Testament*, vol. 2, *The Pentateuch*, p. 103.

652) *Commentaries on the Four Last Books of Moses Arranged in the Form of a Harmony by John Calvin*, vol. 1, p. 330.

께 바쳐진 선택된 사람들이기 때문이다. 또한 박윤선 박사는 여기 "제사장들"은 아론의 자손들을 가리킨 것으로 추측한다. 그들이 아직 제사장 직에 법적으로 정식 취임은 하지 않았으나 제사장 일에 종사하였을 것이라고 생각한다.[653] 이러한 세 가지 다른 이해들을 볼 때 각기 타당한 이유가 있으나, 출애굽 후부터 지금 시내 산에 도착할 때까지 이스라엘 백성의 조직과 운영을 통해 모세와 아론이외에 제사장으로 활동한 사람이나 경우를 언급한 곳은 한 곳도 없다.

그러나 여호와께 바쳐진 사람들이 있었음을 분명히 언급하는데 그들이 이스라엘 각 가족의 '처음 난자들'이다(출 13:2, 12, 13, 15). 이렇게 하나님께 바쳐졌다는 것은 하나님을 섬기도록 바쳐졌음을 시사하므로 이들 '처음 난자들'이 나중 레위족이 하나님을 섬기도록 선택되기 전에 하나님 앞에서 수종들고 받드는 제사장으로 활동했을 가능성이 가장 높다. 이와 같은 맥락에서 출 24:5에서 번제와 화목제를 여호와께 드리는 청년들도 레위족이 하나님을 섬기도록 임명되기 전에 제사장으로 활동한 '처음 난자들'이라고 생각된다. 만약 이 청년들이 아론의 아들들이었다면 그들의 정체(正體)가 다른 곳(출 24:1, 28:1, 4, 40, 41, 43 등)에서처럼 밝혀졌을 것이다.

23절은 앞서 21절에서 여호와께서 모세에게 명령하신 것에 대한 답변이다. 이 답변에서 모세는 여호와께서 이미 명령하셔서(12절) 그 명령에 따라 백성에게 산에 오르지 말도록 경고했고 산 주위에 경계를 그어 놓았기 때문에 백성이 올라오지 않을 것이라 한다. 여기 모세의 답변은 백성에게 다시 산에 올라오지 말라고 경고 할 필요가 없다는 것이다. 모세는 여호와께서 상황을 잘 모르시고 그에게 다시 경고

---

653) 박윤선, *성경주석, 출애굽기*, p. 144.

하라고 말씀하고 있는 것처럼 답변한다. 이러한 모세의 태도는 바른 태도가 아니다. 우리 인간은 어떤 상황이나 어떤 인간에 대해 완전히 알지 못하므로 하나님의 판단과 권고를 항상 순종하고 따르는 것이 올바른 태도이다.

24-25절에서 여호와는 모세의 답변을 단호히 거절하고 모세에게 산 밑으로 내려가서 제사장들과 백성에게 정해진 구획을 넘어 산으로 올라오지 못하도록 경고하고 다시 올라오라고 말씀하신다. 그런데 올라 올 때 아론과 함께 올라오라고 하신다. 이에 모세가 하나님의 명령대로 내려가 백성에게 경고했다. 그리고 여기 본문에는 모세와 아론이 다시 산에 올라온 것에 대하여는 언급이 없으나 그들이 다시 올라왔었고 20장에서 언급된 십계명을 받을 준비가 되었을 것이다.

4. 설교 및 교훈 자료

16-20절: 시내산 꼭대기에 임재하신 하나님

시내산에 강림하신 하나님의 모습은 장차 우리 주님 재림 하실 때의 모습이 어떠할 것인가를 상상해 보게 한다. 여기 시내 산 강림처럼 우뢰, 번개, 빽빽한 구름, 산의 큰 진동, 심히 큰 나팔소리와 함께 심판주로 오실지 모른다. 사도 바울은 "주께서 호령과 천사장의 소리와 하나님의 나팔"과 함께 오실 것이라 말씀한다(살전 4:16). 이런 두렵고 떨리는 엄청난 자연의 대 광경 속에 주님 오실 것이지만 우리가 날마다 하나님의 말씀대로 거룩하게 살 때 우리에게는 주님 예수님의 부드러운 칭찬의 말씀과 상급이 주어 질 것이다.

[출애굽기 20장]

[1절-17절]

십계명

1. 하나님이[1] 이 모든 말씀으로 일러 가라사대, 2. 나는 너를 애굽 땅, 종 되었던 집에서 인도하여 낸 너의 하나님 여호와로라. 3. 너는 나 외에는[2] 다른 신들을 네게 있게 말지니라. 4. 너를 위하여 새긴 우상을 만들지 말고 또 위로 하늘에 있는 것이나 아래로 땅에 있는 것이나 땅 아래 물 속에 있는 것의 아무 형상이든지 만들지 말며, 5. 그것들에게 절하지 말며 그것들을 섬기지 말라 나 여호와 너의 하나님은 질투하는 하나님인즉 나를 미워하는 자의 죄를 갚되 아비로부터 아들에게로 삼 사대까지 이르게 하거니와, 6. 나를 사랑하고 내 계명을 지키는 자에게는 천대까지 은혜를 베푸느니라. 7. 너는 너의 하나님 여호와의 이름을 망령되이 일컫지 말라 나 여호와는 나의 이름을 망령되이 일컫는 자를 죄 없다 하지 아니하리라. 8. 안식일을 기억하여[3] 거룩히 지키라. 9. 엿새 동안은 힘써 네 모든 일을 행할 것이나, 10. 제 칠 일은 너의 하나님 여호와의 안식일인즉 너나 네 아들이나 네 딸이나 네 남종이나 네 여종이나 네 육축이나 네 문 안에 유하는 객이라도 아무 일도 하지 말라. 11. 이는 엿새 동안에 나 여호와가 하늘과 땅과 바다와 그 가운데 모든 것을 만들고 제 칠일에 쉬었음이라 그러므로 나 여호와가 안식일을[4] 복되게 하여 그 날을 거룩하게 하였느니라. 12. 네 부모를 공경하라 그리하면 너의 하나님 나 여호와가 네게 준 땅에서 네 생명이 길리라. 13. 살인하지 말지니라. 14. 간음하지 말지니라. 15. 도적질하지 말지니라. 16. 네 이웃에 대하여 거짓 증거하지 말지니라. 17. 네 이웃의 집을[5] 탐내지 말지니라 네 이웃의 아내나 그의 남종[6]이나 그의 여종이나 그의 소나 그의 나귀나[7] 무릇 네 이웃의 소유를 탐내지 말지니라

1. 본문의 원전 설명

1절: [1] "하나님." 이 단어대신 헬라어 70인 역은 "쿠리오스"

(*κυριος*), 즉 "여호와"로 되어 있다.

3절: [2] "나 외에는." 여기서 히브리어 원문성경에 따르면 '내 앞에서' 이다. 한글 개역성경의 "나 외에는" 70인 역, 수리아 역, 탈굼 옹켈로스를 따른 번역이다,

8절: [3] "기억하여." 이 단어는 사마리아 오경에 따르면 "지켜서"(שמור)이다.

11절: [4] "안식일." 이 단어를 헬라어 70인 역, 수리아 역, 나쉬 사본은 "제 칠일 '로 읽는다.

17절: [5] "집." 헬라어 70인 역은 "집"보다 먼저 "아내"(*γυναικα*)를 탐내지 않아야 할 것으로 표현한다.

17절: [6] "그의 남종." 사마리아 오경과 헬라어 70인 역은 "그의 남종" 앞에 "그의 밭"을 언급한다.

17절: [7] "그의 나귀나." 이 단어 후에 헬라어 70인 역에는 "그의 가축 중에 아무 것도"가 삽입되어 있다.

2. 본문 내용 개요

모세 율법의 핵심인 십계명으로서 하나님이 시내산 꼭대기에 강림하셔서(출 19:20), 모세에게 계시하신 것으로 어떻게 하나님을 섬기며 이웃을 섬길 것인가를 가르치고 있음.

3. 주석

십계명은 하나님이 모세를 통해 이스라엘 백성과 맺은 언약으로서 모세 언약을 대표하기도하며 또한 모세 언약과 동일시되는(신 9:9,

11, 15) 구약 율법의 핵심이다. 십계명은 전반부와 후반부로 나눌 수 있다. 전반부는 1계명부터 4계명까지로서 하나님과 관련된 율법이다. 하나님을 어떻게 섬기며 사랑할 것인가를 가르쳐 준다. 후반부는 5계명부터 10계명까지로서 이웃과 관련된 율법들로써 이웃을 어떻게 대하며 사랑할 것인가를 가르쳐 준다. 십계명은 2가지 형태로써 무조건적인 명령과 절대적인 선언의 형태(…할지니라, …말찌니라)로 되어 있어서 절대적 법률임을 보여준다. 대조적으로 이스라엘 백성에게 결의론적인 "…하면 …할찌니라" 의 형태가 있는데 이러한 율법 형태는 이스라엘 마을과 도시에 있는 지역 재판정에서 유사한 사례들이 발생했을 때 판결할 수 있도록 기준을 제시하는 법률 조항들이다.

위의 두 가지 종류의 율법들의 내용을 비교해 보면 십계명 같은 절대선언 형태의 법률은 보다 넓은 영역에 관련된 법이다. 민법과 형법, 종교와 도덕에 관련된 법이다. 그 법률안에 종교적 깊이와 하나님의 뜻과 권위에 근거함이 나타난다. 그러나 결의론적 법률들은 주로 그 내용이 개인과 공동체의 정의와 질서, 그리고 권리의 영역에 제한된 것들이다.[654]

또한 십계명과 다른 율법들과의 차이점을 다음과 같이 지적할 수 있다.

① 십계명만이 시내산에서 하나님의 목소리로 선포된 계명이다.

② 십계명은 무섭고 떨리는 장엄한 상황 속에서(우뢰와 번개와 나팔소리와 산의 연기 가운데, 출 20:18) 선포되었다.

③ 십계명만이 돌비에 새겨졌다.

---

654) 참고, Walther Eichrodt, "The Law and the Gospel," trans. Charles F. McRae.

④ 십계명만이 하나님의 손으로 쓰여 졌다(출 31:18). 다른 율법들은 모세에게 은밀히 개인적으로 주어졌고 모세가 그것을 백성에게 전했다.

1절 "하나님이 이 모든 말씀으로 일러 가라사대." 십계명의 공포는 모세가 하나님의 지시에 따라 산에 올라가기 전에(출 19:24) 있었던 것으로 보인다. 여기서 "이 모든 말씀"은 2-17절에 있는 말씀이다. 이 십계명의 말씀은 신명기 5:6-8에서 다시 반복된다. 그 내용에 있어서 약간의 차이가 있으나 크게 의미를 바꿀 정도는 아니다. 이 십계명이 두 돌비에 써졌었는데 어떻게 쓰여 졌는지는 성경에 분명한 언급이 없어 학자들 간에 의견 차이가 있다.

먼저 첫번째 견해는 요세푸스(Ant. iii,5.5)와 필로(quis rer. divin. hoer. §35, de Decal. §12, etc)의 견해이다. 이들은 첫 돌비에는 ① 다른 신들, ② 우상, ③ 하나님의 이름, ④ 안식일, ⑤ 부모공경에 대한 다섯 계명이 있었으며, 나머지 두 번째 돌비에는 ① 살인, ② 간음, ③ 도적질, ④ 거짓증거, ⑤ 탐심에 대한 계명이 있었다고 생각한다. 이 견해는 1세기부터 4세기까지 교부들에 의해서 거의 전적으로 지지되었고 오늘날 동로마 교회와 개혁주의교회들이 지지하는 견해이다 (Keil and Delitzsch, *Biblical Commentary on the Old Testament*, vol. 2, *The Pentateuch*, p. 109).

두 번째 견해는 어거스틴이 주장했고, 서방 교회 즉 로마 카톨릭 교회가 지지한 견해이다. 루터와 루터란 교회도 이 견해를 따랐다. 첫 돌비에는 ① 다른 신들, ② 하나님의 이름, ③ 안식일에 대한 3계명이 있었다고 생각한다. 이것들은 하나님에 대한 의무를 말하는 계명들이다. 둘째 돌비에는 ① 부모공경, ② 살인, ③ 간음, ④ 도적질, ⑤ 거짓증거, ⑥ 이웃집에 대한 탐심, ⑦ 이웃의 아내, 종, 소, 다른 소유물에 대한 탐욕에 대한 계명들이 있었다고 생각한다. 이 견해는 요세푸스와 필로의 첫번째 견해가 다른 신들과 우상에 대한 계명을 1계명과 2계명으로 구분했던 것과는 달리 하나의 계명으로 본다. 그 이유는 4-5절의 우상들에 대한 계명이 3절의 다른 신들에 대한 계명을 보다 충분히 설명하는 것으로 이해하기 때문이다(Keil and Delitzsch, *Biblical Commentary on the Old Testament*, vol. 2, *The Pentateuch,* p. 109). 반면에 이 견해는 첫 견해가 제10계명으로 이해했던 탐심에 대한 계명을 둘로 나누어 9계명과 10계명으로 생각한다. "탐내지 말지니라(thou shalt not covet)"는 말이 두 번 언급되기 때문에 두 계명으로 이해한 것이다. 그런데 어거스틴은 "네 이웃의 아내를 탐내지 말찌니라"를 신명기에 수록된 십계명의 순서에 따라서 제 9계명으로 간주한다(Keil and Delitzsch, 상게서, p. 110). 대부분은 출애굽기의 10계명의 순서를 따라서 "집을 탐내지 말라" 뒤에 "네 이웃의 아내를 탐내지 말찌니라"고 말한다. "나는 너희 하나님 여호와 로라"는 문구가 제1계명이라는 탈무드와 랍비의 이해와 어거스틴에 의한 신명기 본문에 따른 이해 가운데 어느 것이 옳다고 주장할 만한 근거는 없다. 그러나 "나는 여호와 로라"는 문구는 십계명의 독립된 한 계명을 가지고 있지 않고 단지 뒤에 언급되는 계명들의 선언으로 이해된다.

그리고 출애굽기에 기록된 십계명과 신명기에 기록된 십계명은 본문에 있어서 약간의 차이가 있는데 신명기 본문이 원래의 것이라고는 주장할 수 없다. 이 두 본문 중에 어느 것이 원래의 것인지는 논리적인 토론이나 다수의 지지에 의해서 결정할 수 없다. 단지 성경 본문에 의해서 결정되어야 한다. 성경본문을 연구할 때 첫째 견해(필로, 동방교회, 개혁교회)가 어거스틴, 카톨릭, 루터의 견해보다 내용과 폼에 있어서 바른 이해라고 생각한다.

2절에서 여호와는 이스라엘 사람들을 종 되었던 집, 곧 이집트에서 인도하여 내심으로써 자기가 그들의 하나님이심을 증명했다. 이스라엘이 독립된 나라가 될 수 있도록 하신 하나님의 영광스러운 역사가 하나님의 무한한 사랑의 증표가 된다. 즉 2절은 하나님께서 이스라엘 백성에게 율법을 지켜 행하라고 요구하시기전 그가 먼저 사랑했음을 보여준다. 다음 3-17절에 십계명이 기록되어 있다.

3절: 제1계명, "너는 나 외에는 다른 신들을 네게 있게 말찌니라." 이 계명은 여호와 하나님만 우리가 모시고 섬겨야 함을 가르쳐준다. 그 이유는 성경 전체에서 볼 때, ① 이방 사람들이 섬기는 신들은 아무것도 아닌, 헛된 것이고, 가짜이다. ② 소위 사탄이라는 것도 하나님과 같은 신이 아니라 창조된 천사가 타락한 것으로써 일시적으로 하나님으로부터 권세를 받고 활동하고 있다(유다 6절). ③ 우상은 세상에 아무것도 아니며, 또한 하나님은 우리가 믿는 여호와 한분밖에 없기 때문이다(고전 8:4).

4절-6절: 제2계명, "너를 위하여 새긴 우상을 만들지 말고, …." 제2계명은 전체 십계명에서 제4계명 다음으로 긴 것이다. 이 계명의 의미는 다음과 같다.

첫째, 하나님은 우상숭배를 금하며 보이는 어떤 형상도 만들어 거기에 절하거나 섬기지 말라고 하신다. 그러나 이것은 하나님을 섬기는 일과 관련된 어떤 조각도 금하신 것은 아니다(예, 속죄소 위에 날개를 가진 그룹, 출 25:18이하; 진설병을 둘 상을 만듬, 출 25:23이하).

둘째, 여호와 하나님의 형상이라 하여 어떤 상을 만들어 섬기는 것도 금지한다. 화란의 신학자 오브빙크(H. Th. Obbink)는 하나님의 형상을 만들어 섬기는 것이 잘못된 것이 아니라고 주장한다. 그러나 이 주장은 성경자체내의 가르침에 위배된 것이다. 출애굽기 33:20과 요한복음 1:18에 의하면 한사람도 하나님의 얼굴을 본 자가 없어 하나님의 형상을 만들 수 없기 때문이다. 그리고 이스라엘 백성이 하나님의 형상으로 생각하여 만든 것들이 정죄 당했음을 성경이 분명히 보여주기 때문이다(금송아지, 출 32:41; 모세가 만든 구리 뱀, 민 21:8, 왕하 18:4).

7절: 제3계명, "너는 너의 하나님의 이름을 망령되이 일컫지 말라 …." 우리 한국어 단어 "망령" 이란 정신력이 약해져서 정상적인 활동을 하지 못함을 가르친다. 이 말은 히브리어 샤웨(שָׁוְא)를 번역한 단어로써 이 단어는 '텅빈 것, 근거 없는 것' 을 뜻한다. 그리고 더 나아가 '헛된 것, 위선적인 것, 하찮은 것' 을 뜻한다. 그러므로 3계명은 하나님의 이름을 공허하게, 위선적으로, 헛되게, 혹은 하찮게 불러서는 안 된다는 말이다. 예를 들어서 약속을 하고 서약을 할 때 헛되이 하나님의 이름을 사용해서는 안 된다. 지키지 않는 약속, 또는 거짓 서약을 하면서 하나님의 이름을 사용하는 것은 하나님의 이름을 위선적으로 부르는 것이다. 또한 예수님의 이름을 욕으로 사용하는 것도 범죄이다. '지저스(Jesus)' 라고 하면 미국에서는 ' 제기랄 ' 혹은 ' 더럽네 '와 같은 욕이다. 또한 제 3계명은 하나님의 이름을 주술적(呪術的)으로 사용하는 것을 금한 것이다.[655] 무당이 신을 불러 마음대로 조정하는 듯한 그런 태도는 하나님에 대한 존경심을 없애고 하나님의 절대 주권을 인간이 통제하여 이기적인 목적으로 사용할 수 있다는 착각을 하게 한다.

8절-11절: 제4계명, "안식일을 기억하여 거룩히 지키라 …." 출애굽기 20:9-10을 보면 안식일을 거룩히 지키는 방법을 말씀한다. 첫째, 안

---

655) Walther Eichrodt, "The Law and the Gospel," p. 30.

식일 전(前) 엿새 동안 힘써 일하고, 둘째 제7일은 안식하라고 한다. 제7일은 여호와께 속한 안식일로서 그날에는 아무 노동도 하지 말라고 한다. 안식일 명령과 안식일을 복 주었다는 것은 우주의 질서와 인간의 신체 구조에 어떤 영향을 준 것을 말한다. 불란서 혁명 후에 주일(主日)을 없애고 계속 일했을 때 오히려 노동율의 저하라는 부작용이 생겼었다. 해글러(Haegler) 박사의 연구 결과에 의하면 사람이 낮에 일하면서 소모된 산소의 분량을 밤에 쉬는 것만으로는 다 회복하지 못하므로 일주일에 하루 쉬므로 엿새 동안 부족했던 산소를 회복할 수 있음을 발견했다. 그리고 주일(主日)을 존중하지 않는 프랑스 파리의 사람들은 세계의 어느 나라보다도 자살률이 높다고 한다.[656) 안식일을 존귀하게 여기고 하나님의 말씀을 지키면 ① 여호와 안에서 큰 즐거움을 얻고, ② 땅의 높은 곳에 올리워 지고, ③ 조상 야곱의 기업을 받게 될 것이다(사 58:13-14).

12절: 제5계명, "네 부모를 공경하라, 그리하면 …네게 준 땅에서 네 생명이 길리라."

부모님을 공경하는 것은 부모님에게 감사하며 존경하는 마음을 가지고, 순종하며, 부모님의 생계를 돕는 것을 가리킨다. 이 계명은 시한부 계명이다. 우리가 언제나 지킬 수 있는 것이 아니라 부모님이 살아 계시는 동안에만 지킬 수 있는 것이다. 제5계명은 고대 근동 지방의 여성의 열등한 지위에 비추어 볼 때 아버지와 같은 어머니의 위치를 강조해주고 있다.[657) 한글개역성경은 "네 부모"라고 번역했으나 히브리어 원문 성경에서는 "네 아버지와 네 어머니"라고 하여 아버지

---

656) 박윤선, *성경주석, 출애굽기*, pp. 151f.
657) 상게서, p. 37.

와 어머니를 똑같이 공경할 것을 강조하고 있다.

13절: 제6계명, "살인하지 말지니라." 이 계명은 사형제도 자체를 부인하는 것이 아니라, 폭력을 사용하며, 악의를 가지고, 의도적으로 행하는 살인을 금지한 것이다. 이 계명은 생명의 소중함을 가르쳐 주며 모든 위험에서 생명을 보호할 것이며 생명을 천하게 경멸하는 태도는 하나님의 뜻에 위배됨을 가르쳐 준다.[658]

14절: 제7계명, "간음하지 말지니라(참고, 살전 4:3-8)." 데살로니가전서 4:3-8에서 바울사도는 성도에게 거룩하고 존귀한 삶을 살라고 말씀하고 있다. 간음은 형제를 해치는 것이라 한다. 즉, 부부사이에는 상대방에게 정조를 지킬 것을 요구할 권리가 있는데 만약 상대방이 간음을 행하면 그 배우자의 권리를 유린하는 해를 끼치는 것이라 한다. 그러면서 간음한 자를 하나님께서 벌로 갚아주실 것이라 한다. 간음한 자는 단순히 자기 배우자를 배반하는 것이 아니라, 그 속에 성령을 보내신 하나님을 저버린 행위로서 심각한 죄의 행위임을 지적한다. 제7계명은 이웃에 대한 충동적인 성행위를 금하며, 이웃의 결혼생활을 지켜 주는 법이다.[659] 하나님이 정하신 한계를 기꺼이 받아들이고 건전한 가족 관계를 가짐으로 원만하고 행복한 가정생활을 누릴 수 있도록 해주는 법이다.

15절: 제8계명, "도적질하지 말라." 8계명은 남의 물건을 훔치거나 빼앗지 말라는 명령이다. 외적으로 보이는 물건을 훔치거나 빼앗지 않더라도 도적의 행위로 지적할 수 있는 행동들이 있다:

① 직장의 근무시간을 어기고 지각하거나 마음대로 이탈하는 자,

---

658) 상게서, p. 38.

659) 상게서

그리고 예배 시간이나 다른 사람과의 약속 시간을 어기는 자는 시간의 도적이다.

② 양심의 도적: 다른 사람의 양심을 혼란하게 하거나 마비시켜서 죄를 짓게 하는 것이다. 다른 사람의 판단을 흐리게 하여 실족하게 하는 죄를 범한 것이다.

③ 다른 사람의 이름이나 명성을 훼손시키는 것.

④ 자기 재산을 철저히 자기 자신만을 위하여 쓰려고 하는 자는 하나님의 뜻을 어기는 도적이다(마 19:16의 부자 청년; 고후 9:8-9).

제8계명은 재산을 보호하는 것 이상이다. 제8계명은 형제의 필요를 악용하여 부당한 이익을 취하려 하거나 약한 자의 것을 착취하는 것을 경고한다. [660]시장에서 비 양심적으로 독점적인 전매를 하거나 시장을 지배하기 위해서 조합 같은 것을 결성하여 폭리를 취하는 것도 간접적인 방법으로 남의 것을 도적질하는 것이다.

16절: 제9계명, "네 이웃에 대하여 거짓 증거 하지 말라." 사람이 거짓말 하는 경우들을 살펴보면 다음 여섯 가지를 열거 할 수 있다.

① 남을 해치려는 악독한 거짓말

② 두려움 때문에 하는 거짓말

③ 부주의해서 하는 거짓말

④ 자랑 때문에 하는 거짓말

⑤ 자기 이익을 위하여 하는 거짓말

⑥ 침묵의 거짓말 등이 있다.

히브리어 원문성경에 따라 제9계명을 문자적으로 번역하면, "네 이웃에 대하여 거짓 증인으로서 증거 하지 말라"이다. 원문의 내용대

---

660) 상게서

로 라면 제9계명은 일차적으로 법정에서 거짓 증거 하지 말라는 의미로 해석된다.[661] 이 해석에 근거해서 구약은 어느 곳에서도 일반적인 거짓말을 금하는 언급을 하고 있지 않다고 주장하는 사람들이 있으나 이 견해는 옳지 않다. 레위기 19:11, 잠언 6:17은 분명히 거짓말을 하나님이 금하신 것으로 가르쳐 주고 있기 때문이다. 그러므로 하나님은 사람들에게 법정에서 뿐만이 아니라 사회에서도 진리를 바르게 세우는 정직한 증인이 되어야 함을 가르쳐 준다.[662]

여기서 거짓말은 단순히 사실과 다른 것을 말하는 것 이상을 의미하고 있다. 즉, 거짓말 한다는 것은 보다 심각한 상황을 뜻하고 있다. 거짓말은 가치도 없고, 무익하며, 남에게 명백히 해를 끼치는 것이다.[663] 거짓말이 얼마나 해로운가를 설명해주는 모파상의 이야기가 있다. 모파상은 "한 도막의 끈" 이라는 글에서 거짓말로 인한 노르망디 한 노인의 죽음에 대해서 언급한다. 노르망디 노인은 장에 가는 길에서 한 도막의 끈을 발견하고 조심스럽게 그것을 집었다. 그 때 그의 적(敵)이 우연히 노인을 보게 된다. 그래서 노인은 한 도막의 끈을 줍는 것처럼 보이지 않게 하기 위해서 다른 무엇을 찾는 척했다. 그날 저녁 장에서 지갑을 도난당했다는 포고(布告)가 있었다. 그 후 시장은 농부가 그 지갑을 주었다는 제보를 듣고 노인을 호출했다. 노인은 지갑을 주은 것이 아니고 한 도막의 끈을 주었다고 말했으나, 사람들은 농부의 말을 믿지 않았다. 나중 지갑을 찾게 되었으나 농부의 말은 여전히 믿어지지 않았다. 결국 노인은 "끈 조각" 이라는 말을 남긴 채 죽

---

661) M. E. Andrew, "Falsehood and Truth." *Interpretation*, vol. xvii(1963): 427.

662) Walther Eichrodt, "The Law and the Gospel," p. 38.

663)M. E. Andrew, 상게서, pp. 430f.

었다.

이 이야기에서 농부의 죽음의 원인은 무엇인가? 한 도막의 끈인가? 죽음의 원인은 사람들의 위증이었다. 농부가 지갑을 주었다고 한 그의 적(敵)의 거짓말이 노르망디 노인을 죽게 한 것이다.[664]

17절: 제10계명, "네 이웃의 집을 탐내지 말지니라. …." 제10계명에서 "탐내지 말라"로 번역된 히브리어 동사 "로 타흐모드(לֹא תַחְמֹד)"의 정확한 의미에 대해서 학자들 사이에 논란이 있다. 많은 학자들은 이 동사가 "이웃에 속한 어떤 것을 가지기 위해서 어떤 행동을 하지 말라"는 뜻을 내포하고 있다고 생각한다.[665] 그러나 십계명 전체의 맥락에서 볼 때 10계명의 "탐내지 말라"는 동사가 행동의 금지를 뜻하고 있다면 그 앞의 계명들, 즉 "간음하지 말라(7계명)," "도적질 하지 말라(8계명)"의 불필요한 반복이 될 것이다. 그러므로 "탐내지 말라"는 히브리어 동사 하마드(חָמַד)의 일반적인 의미처럼 "마음으로 가지고 싶어 하거나 몹시 동경하지 말라는 것"이다. 사람들은 간음이나 도적질을 금하고 있음을 알고 있다. 그러나 거기서 더 나아가 제10계명은 마음으로도 다른 사람의 아내나 제물을 탐하지 말라는 것이다.[666] 이때 마음속에서 탐하는 것은 제일차적인 단계로써 제2차적인 단계인 간음, 도적, 살인에까지도 발전되어 갈 수 있다. 마음속의 탐심은 행동으로 나타날 뿐만 아니라, 마음의 평강을 깨뜨리고 불안하게 만들기 때문에 금한 것이다. 잠언 저자는 여호와가 악한 계교를 꾀하는 마음을 싫어하신다고 하면서(잠 6:18, 15:26) 하나님은 우리의 외적 행동뿐만 아니라 우리의 마음까지도 감찰하시며 하나님

664) 상게서, pp. 436f에서 재인용.

665) Cassuto, *A Commentary on the Book of Exodus*, p. 248,

666) 상게서

의 뜻에 어긋난 죄 된 생각을 미워하심을 가르쳐 준다.

제10계명에서 탐내지 말아야 할 일곱 가지 대상을 지적하는데 첫 번째는 "집" 이다. 이 "집" 은 이웃의 소유 전체를 나타낸다. 두 번째부터는 집에 있는 것들을 구체적으로 열거 한다: ① 아내, ② 남종, ③ 여종, ④ 소, ⑤ 나귀, ⑥ 그 외에 그가 소유한 모든 것을 탐하지 말라고 한다.[667)]

4. 설교 및 교훈 자료

1) 하나님은 오직 한분

십계명의 제1계명뿐만 아니라 성경의 가르침은 하나님은 우리가 믿는 여호와 하나님 한분 뿐 임을 강조한다. 솔로몬은 성전 봉헌 때 이스라엘 백성에게, "세상 만민에게 여호와께서만 하나님이시고 그 외에는 없는 줄을 알게 하시기를 원하노라" 고 말하며, 바른 신관(神觀)에 대한 여호와 자신의 가르침을 간구한다(왕상 8:60). 사도 바울은 "우상은 세상에 아무 것도 아니며 또한 하나님은 한분 밖에 없는 줄 아노라" 고 말하며(고전 8:4), 다시 "오직 하나님은 하나이시니라" (갈 3:20)고 강조하고, 또다시 "하나님은 한 분이시요" (딤전 2:5) 라고 역설한다.

2) 하나님은 질투하시는 하나님

하나님은 제2계명에서 자신을 질투하는 하나님이라 하신다. 출애굽기 34:14에서 다시 "너는 다른 신에게 절하지 말라 여호와는 질투라 이름 하는 질투의 하나님임이니라." 고 말씀하신다. 신명기 4:24에

667) 상게서

서, "네 하나님 여호와는 소멸하는 불이시요 질투하는 하나님 이시니라" 고 강조하신다. 또한 이런 질투하시는 하나님이심을 다른 여러 성경구절에서 역설하신다(신 6:15,' 수 24:19, 나 1:2, 스 1:14, 등).

[18절-21절]

모세에게 중재자가 되어 줄 것을 요청한 이스라엘

18. 뭇 백성이 우뢰와 번개와 나팔 소리와 산의 연기를 본지라 그들이[1] 볼 때에 떨며 멀리 서서, 19. 모세에게 이르되 당신이 우리에게 말씀하소서 우리가 들으리이다 하나님이 우리에게 말씀하시지 말게 하소서 우리가 죽을까 하나이다. 20. 모세가 백성에게 이르되 두려워 말라 하나님이 강림하심은 너희를 시험하고 너희로 경외하여 범죄치 않게 하려 하심이니라. 21. 백성은 멀리 섰고 모세는 하나님의 계신 암흑으로 가까이 가니라

1. 본문의 원전 설명

18절: 1 "그들이." 한글 개역성경에는 "그들이" 라고 대명사로 번역되었으나, 히브리어 원문성경에는 "백성이" 로 쓰여 져서 같은 주어 "백성이" 18절에서 두 번 반복되어 강조되고 있다. 사마리아 오경과 헬라어 70인역에서는 18절의 시작에서 "모든 백성이" 라 쓰여 진 것과 같이 두 번째에도 그냥 "백성이" 가 아니라, "모든 백성이" 로 되어있다.

2. 본문 내용 개요

하나님께서 시내산에 우뢰와 번개와 나팔소리와 함께 임재하신 것을 보고 백성이 무서워 하나님이 아니라 모세가 자기들에게 말해주라 하므로 모세가 백성에게 두려워 말라고 하며 하나님이 계신 암흑으로 가까이 감.

3. 주석

18절에서 보여주는 경외로운 현상은 이미 출애굽기 19:16-19에서 하나님의 임재를 알리는 현상으로 묘사되었다. 19장에서 객관적으로 묘사되었던 것이 여기 20장에서는 백성이 그 현상에 대해 가지는 주관적인 반응을 나타내며 새롭게 묘사된다.[668] "본지라"는 단순히 보는 것만을 의미한 것이 아니다. 보고 듣고 하는 모든 감각으로 지각하는 것을 뜻한다.[669] 백성은 무서운 자연 현상을 보고 겁을 먹고 공포 속에 산 밑에서 도망가 멀리 떨어져 서 있었다.[670]

19절의 "…당신이 우리에게 말씀하소서…." 라는 구절을 히브리어 원문 성경에서 보면, 명령형으로 되어있고 그 명령형에 "당신"이란 인칭 대명사가 첨가되어 아주 강조적으로 표현 되어 있다. 이 강조된 표현은 얼마나 여호와의 말씀이 무섭고 두려웠으면 여호와께서 그만 말씀하시고, 제발 모세 당신이 대신 말씀해 주소서라고 백성이 말했는지를 짐작케 한다. 여호와의 말씀이 너무 무섭고 두려워 여호와께서 계속 말씀하시면 백성은 자신들이 죽게 될 것 같은 공포심을 느낀 것이다.

20절에서 백성이 죽을까 두려워하므로 모세는 그들에게 제일 먼저 "두려워 말라"고 격려하여 안심시키고 잘못된 두려움을 쫓아버린다. 그리고 말하기를 여호와가 강림하신 것은 그들을 시험하기 위함이라고 한다. 이 시험은 이스라엘 백성이 하나님과의 관계에서 갖는 마음

---

668) 상게서, p. 252.

669) 상게서

670) *Childs, The Book of Exodus, A Critical Theological Commentary*, p. 371.

의 상태를 시험하는 것을 가리킨다. 즉 이스라엘 백성이 하나님께 바른 경외심을 가지고 있었는지 그렇지 않았는지를 시험하기 위한 것이었다. 이 시험과 함께 하나님은 그의 영광의 아주 무서운 모습을 보여줌으로서 백성이 하나님의 인도와 명령을 불신하고 불복종하며 거역하는 죄를 범하지 않고 하나님께 대한 참된 경외심을 갖게 되기를 바란 것이다.[671]

21절을 보면, 백성은 아직 놀라서 모세에게 어떤 대답도 하지 않았다. 그들은 산 밑에서 멀리 떨어져 있는 곳에 그대로 서있고, 모세는 하나님이 계시는 짙은 검은 구름 속으로 주님의 다른 계명을 받기 위해서 갔다(참고, 출 24:18).

[22절-26절]

하나님께 예배드리는 법

22. 여호와께서 모세에게 이르시되 너는 이스라엘 자손에게 이같이 이르라 내가 하늘에서부터 너희에게 말하는 것을 너희가 친히 보았으니, 23. 너희는 나를 비겨서[1] 은으로 신상이나 금으로 신상을 너희를 위하여 만들지 말고, 24. 내게 토단을 쌓고 그 위에 너의 양과 소로 너의 번제와 화목제를 드리라 내가 무릇 내 이름을 기념하게 하는 곳에서[2] 네게 강림하여 복을 주리라. 25. 네가 내게 돌로 단을 쌓거든 다듬은 돌로 쌓지 말라 네가 정으로 그것을 쪼면 부정하게 함이니라. 26. 너는 층계로 내 단에 오르지 말라 네 하체가 그 위에서 드러날까 함이니라

1. 본문의 원전 설명

23절: [1] "나를 비겨서." 이 문구는 히브리어로 "이트티"(אִתִּי)이다.

---

671) Keil and Delitzsch, *Biblical Commentary on the Old Testament*, vol. 2, *the Pentateuch*, p. 126.

"나를 비겨서' 란 '나를 견주어서' 를 뜻한다, 이 뜻은 히브리어 "이트티"(אִתִּי)에 꼭 부합한 번역이 못된다. 영어 NASB 번역은 "나 외에"(besides me)로 번역하고, 이와 비슷하게 NIV는 "나 곁에"(alongside me)로 번역한다.

24절: 2 "곳에서." 히브리어 원문 맛소라 성경에 따라 직역하면, "모든 곳에서" 이다.

2. 본문 내용 개요

여호와 외에 다른 신상을 만들지 말고, 정으로 깎은 돌단 아닌 토단을 쌓아 그 위에 제물을 여호와께 드리라함

3. 주석

22절은 여호와께서 얼굴과 얼굴을 대하여 말하는 것이 아니라, 산꼭대기로부터 말씀한다. 그런데 여기서 이스라엘 백성은 하나님의 목소리는 들었지만, 그의 모습을 보지는 못했다. 이스라엘이 하나님의 모습을 보지 않은 것처럼 그들도 그 모습을 만들어서는 안 된다. 그들이 하나님의 모습을 알지 못하기 때문이다.

23절 "너희는 나를 비겨서 은으로 신상이나 금으로 신상을 너희를 위하여 만들지 말고," 이 말은 은이나 금 이외의 재료로 여호와의 신상을 만들면 괜찮다는 뜻이 아니다. 이미 십계명의 제2계명에서 아무 형상도 만들지 말라고 했다(20:4). 특별히 은과 금만 언급한 것은 귀한 금속으로써 이방사람들이 그들의 신상을 그것들로 만들어 섬기기 때문에 그들을 본 따서 그렇게 만들지 말라는 것이다. 가장 아름다운

정교한 장식으로 하나님의 형상을 만들지라도 그것은 옳지 않다. 하나님은 영이시므로 그 형상을 인간이 볼 수 없다.

24-25절에서는 제단을 말씀하시는데, 제단을 다듬지 않은 돌이나 흙으로 만든 것만 허락하신 이유는 무엇일까? 본문에서 설명이 없으나 아마 흙은 하나님께서 창조하신 그대로의 것이고 인간에 의해서 변형되지 않은 순결하고 단순한 성격의 재료이기 때문인 것 같다. 인간의 치장이나 장식이 아닌 가장 정숙한 혹은 수수한 제단을 요구하심을 뜻한다고 볼 수 있다.[672] 하나님은 그의 제단을 사람들의 장식이나 기교에 의한 치장들로 만들지 않은 자연 그대로의 돌, 곧 다듬지 않은 돌로 만들도록 한다. 오히려 인간이 손으로 다듬은 것은 하나님이 주신 원래의 모습을 잃어버린 것으로 하나님은 그것을 부정하다고 하신다.

여기에서 하나님은 예배의 원리를 보여 주신다. 우리가 하나님께 예배드릴 때 세상에서 때 묻고 더러우며 타락된 마음이 아니라 창조 때의 순결하고 단순하며 깨끗한 마음으로 예배할 것을 상징적으로 지시한다. 제단 앞에 나아온 사람들이 세상의 더러운 인간의 마음이 아니라 창조 때의 순전한 마음으로 나아와서 하나님께 찬양하고 예배할 것을 가르친다.

24절에서, "내가 무릇 내 이름을 기념하게 하는 곳에서 네게 강림하여 복을 주리라"고 여호와는 말씀하신다. 이 구절은 앞서 본문 원전 설명에서 지적한대로 히브리어 맛소라 성경에 따르면 "…내 이름을 기념하게 하는 모든 곳에서…."로 표현되어 여호와께서 어느 한

672) Keil and Delitzsch, *Biblical Commentary on the Old Testament*, vol. 2, *the Pentateuch*, p. 127.

곳이 아니라 그가 자기 이름을 계시하여 기념하게 하시는 모든 곳에서 단을 쌓고 여호와께 예배드리게 하심을 보여준다. 그런데 비평적 신학자들은 이 구절이 하나님께서 선택한 한 성소에서만 하나님께 제단을 쌓고 예배드릴 수 있다는 신명기의 율법(예로서, 신 12:5, 11, 14, 18, 21)과는 다르게 여러 곳에서 예배드리는 것을 허락한다며 나중에 랍비들에 의해 삽입된 것이라고 생각한다. 그러나 이런 이해를 받아들일 수 없는 한 가지 이유는 출애굽기 24절의 내용이 후대에 삽입된 내용이라기보다는 20장의 맥락에 잘 어울리는 원래의 내용으로 생각되기 때문이다. 본문의 문맥을 보면, 시내산의 하나님의 계시의 이야기가 끝난 직후에 24절의 이야기가 시작된다. 이제 이스라엘 백성은 시내산을 출발해 광야 행진을 다시 계속해야 하는데 그렇게 되면 하나님으로부터 멀리 떠나가게 되는 것이 아닐까 하고 생각 할 수 있다. 여호와는 이러한 생각을 없애기 위해 자신이 오로지 이 산이나 혹은 어느 한 곳에만 연관된 하나님이 아니심을 여기서 말씀하신다. 여호와께서 자기 이름을 기억하게 하여 그가 영광 받게 하실 모든 곳에 오셔서 복 주실 것이라 한다.[673] 이 약속의 말씀은 시내산을 떠나는 이스라엘 백성에게 큰 힘과 용기를 주는 말씀이었을 것이다.

출애굽기 20:24장의 내용이 신명기 말씀과 반대되는 삽입된 내용이 아닌 다른 이유는 신명기서에서 찾아 볼 수 있다. 왜냐하면 신명기서도 이스라엘에게 제단을 예루살렘이 아니라 에발산에도 쌓으라고 출애굽기 24장에 있는 그런 말들로 명령하기 때문이다(신 27:4-8).[674]

26절에서는 층계로 단을 오르지 말라고 하신다. 이스라엘 사람들

673) Cassuto, *A Commentary on the Book of Exodus*, p. 256.

674) Kaiser Jr., *Exodus, The Expositor's Bible Commentary*, vol.2, p. 428.

은 팬츠를 입지 않고, 다만 속옷과 겉옷 그리고 가끔 셔츠를 입기 때문에 하체가 적나라하게 들어날 수 있다.[675] 만약 층계를 오르내리다가 그 옷이 바람에 날려서 하체가 드러나면 다른 사람에게 성적인 충동을 줄 수 있다. 그렇게 되면 제단의 거룩함을 훼손시키게 될 것이다. 그러므로 여호와는 층계로 제단에 오르 내리지 말라고 하신다. 여기 26절의 말씀은 하나님의 제단에 오르내리는 자는 다른 사람이 인간의 정욕에 유혹받게 해서도 안 될 뿐만 아니라, 그 자신도 정욕에 이끌리지 않는 깨끗한 사람이 되어야함을 간접적으로 시사해준다.[676] 또한 여기서 하나님이 요구하신 것은 수메르 제사장들이 제단에서 옷을 벗고 의식을 행하고, 이집트의 제사장들이 짧은 세마포 에봇만 입고 의식을 행한 것과는 달리, 이스라엘 제사장들은 하체를 충분히 가리는 옷을 입고 정숙히 예배드릴 것을 가르쳐준다. 예배 때에 우리가 어떻게 옷을 입어야 하는지를 구체적 실례를 들어 언급해 주신다.

675) Gispen, *Bible Student's Commentary, Exodus*, p. 204.
676) 박윤선, *성경주석, 출애굽기*, p. 156.

[출애굽기 21장]

[1절-11절]

종의 권리

1. 네가 백성 앞에 세울 율례는 이러하니라. 2. 네가 히브리 종을 사면 그가 육 년 동안 섬길 것이요[1] 제 칠 년에는 값없이 나가 자유할 것이며, 3. 그가 단신으로 왔으면 단신으로 나갈 것이요 장가들었으면 그 아내도 그와 함께 나가려니와, 4. 상전이 그에게 아내를 줌으로 그 아내가 남녀간 낳았으면 그 아내와 그 자식들은 상전에게[2] 속할 것이요 그는 단신으로 나갈 것이로되, 5. 종이 진정으로 말하기를 내가 상전과 내 처자를 사랑하니 나가서 자유하지 않겠노라 하면, 6. 상전이 그를 데리고 재판장에게로[3] 갈 것이요 또 그를 문이나 문설주 앞으로 데리고 가서 그것에다가 송곳으로 그 귀를 뚫을 것이라 그가 영영히 그 상전을 섬기리라. 7. 사람이 그 딸을 여종으로 팔았으면 그는 남종같이 나오지 못할지며. 8. 만일 상전이 그를 기뻐 아니하여 상관치 아니하면[4] 그를 속신케 할 것이나 그 여자를 속임이 되었으니 타국인에게 팔지 못할 것이요, 9. 만일 그를 자기 아들에게 주기로 하였으면 그를 딸같이 대접할 것이요, 10. 만일 상전이 달리 장가들지라도 그의 의복과 음식과 동침하는 것은 끊지 못할 것이요, 11. 이 세 가지를 시행하지 아니하면 그는 속전을 내지 않고 거저 나가게 할 것이니라.

1. 본문의 원전 설명

2절: [1] "섬길 것이요." 이 동사는 사마리아 오경, 헬라어 70인 역, 그리고 벌게이트 역에 의하면 목적어를 가지고 있다. 곧, "너를 섬길 것이요"로 되어 있다.

4절: [2] "상전에게." 히브리어 맛소라 성경 원문에 의하면 "그녀의 상전에게"로 되어있고, 사마리아 오경, 헬라어 70인 역, 그리고 벌게이트 역은 "그의 상전에게"로 읽는다. 본문의 맥락에서 "그녀의 상전"이나 "그의 상전"은 같은 사람인 종 부부(夫婦)의 주인을 가리키므로 의미상 차이는 없다.

6절: [3] "재판장에게로." 이 문구의 히브리어 맛소라 성경원문의 대응(對應)어를 직역하면, "하나님에게로"이다. 한편 "재판장에게로"란 문구가 헬라어 70인 역에서는 "하나님의 판결 장소로" 되어 있다.

8절: [4] "상관치 아니하면." 이 문구는 히브리어 원문성경의 "로"(לא)를 히브리어 맛소라 성경의 케레(qere), 헬라어 70인역 그리고 라틴어 벌게이트역에 따라 "로"(לוֹ)로 읽어 "그 자신을 위해 정했던"으로 읽는 것이 본문의 문맥에 훨씬 적합한 것으로 보인다. 그렇게 하면 8절은 다음과 같다: "만약 주인이 그 자신을 위해 정했던 그 여자가 자기의 눈에 좋게 보이지 않으면 그 여자를 속신케 하라 …."

2. 본문 내용 개요

남종과 여종을 샀을 경우에 그들이 주인을 섬기는 기간과 주인과의 관계와 대우(待遇) 문제를 설명함.

3. 주석

앞서 20장은 하나님을 섬기는 법을 말씀했는데 이제 21장은 이스라엘 공동체가 살아가는데 서로들 지켜야 할 시민법(civil rights)을 설명한다.

1절에서 '율례'라고 번역된 히브리어는 미쉬파팀(מִשְׁפָּטִים)이다. 이 단어는 이스라엘의 재판관들이 백성의 분쟁문제를 해결해 가야할 판결(判決)례들을 가리키고 있다. 카이저(Kaiser, Jr.)는 율례, 즉 미쉬파팀(מִשְׁפָּטִים)이 21:2-22:17의 법들을 지칭하는 것으로 이해한다.[677] 이 율례들은 주로 세속적인 문제를 다루지만 십계명의 명백한 어떤 계명에 근거한 것이다. 카이저(Kaiser, Jr.)는 이들 재판 판례와 정치적 규례들이 모세가 하나님이 계셨던 캄캄한 암흑에 가까이 갔을 때(출 20:21) 하나님께서 주셨던 것으로서 십계명과 나란히 이해되어져야 한다고 말한다.[678]

2절부터 개인의 권리를 언급하면서 첫째로 종(עֶבֶר)의 권리를 말하고 있다(참고, 신 15:12-18). 히브리 종은 6년 봉사한 후 어떤 돈을 지불함 없이도 자유인이 될 수 있다. 신명기 15:12에 보면 히브리 여자 종도 남자 종과 마찬가지로 6년을 봉사한 후 자유인이 될 수 있다. '히브리' 라는 말이 '종' 을 수식하기 때문에 2절에 기록된 법은 히브리 종에게만 적용된다. 이스라엘 사람이 종이 되는 경우는 가난한 부모가 아이를 팔았을 때, 도적질하다가 발각되어 그 도적질한 것을 갚아야하는데 갚을 것이 없어 도적이 자기 몸을 팔았을 때, 가난하여 자기 몸을 팔았을 때이다(레 25:39, 참고 출 22:1ff.). "값없이" 란 말은 히브리말로 "힌남"(חִנָּם)이다. 이 말은 '무료의, 무상의, 공짜의, 이유 없이, 까닭 없이, 헛되게' 등을 의미한다. 즉 히브리 종은 6년 봉사한 후에 7년째에는 아무런 조건 없이 자유롭게 될 것을 뜻한다. 그런데 이 법을 좀 더 자세히 설명하는 신명기 15장을 보면 종의 주인은 종을 빈손으로 가지 말게 하며, 양무리 중에서나 타작마당에서나 포도주 틀에서 풍족히 주어 보내라고 한다. 여호와께서 주인에게 복을 준대로

677) Kaiser, Jr., *Exodus, The Expositor's Bible Commentary*, vol.2, p. 429.
678) 상게서, pp. 429f.

주인도 종에게 넉넉히 주라고한다(13-14절). 이는 이스라엘 사람들이 이집트에서 종살이 하다가 해방될 때 많은 귀중품을 선물로 이집트 사람들로부터 받은 것을 회상하여 주어진 명령으로 보인다.

옛날에는 노예제도가 세계적으로 보편화 되어있었다. 노예의 수가 자유인보다 더 많았었다. 아테네에는 인구의 4/5가 노예였다고 한다.[679] 노예가 되는 것은 돈에 팔리거나, 전쟁에 패했을 때, 날 때부터 종으로 태어난 경우, 범죄에 대한 형벌의 경우, 강제로 붙잡혀 노예가 되는 경우가 있었다. 모세의 율법은 노예제도를 정당화 시켜주는 것이 아니라, 당시의 사회에 존재하던 노예제도는 보다 더 나쁜 제도를 피하기 위한 대안으로서 노예들의 권리를 위한 것이었다. 모세의 율법은 그 기본 정신에 있어서 원칙적으로는 노예제도를 반대하는 것이다. 그리하여 어떤 히브리인이 어떤 이유 때문에 자유를 잃었다 할지라도 그가 주인을 섬긴 7년째에는 자유를 보장하라는 것이었다. 이외에도 종이 주인에게 맞아서 치아(齒牙)가부러졌을 때에도 종을 자유하게 해주라고 규정하고 있다. 또한 사람을 도적질하거나 판자를 죽이도록 하는 법은 노예제도를 찬성하는 것으로 생각되기 어렵다(출 21:16). 또한 어떤 종이 주인을 피해 도망 왔을 때 그 종을 주인 에게 돌려보내지 말고 자기 성읍에 거하게 하라고 한다(신 23:15-16).[680]

3-5절을 보면, 종이 6년을 봉사한 후 7년째에 해방될 때 세 가지 경

679) H. Spence and Joseph S. Exell, eds., *The Pulpit Commentary. Exodus*, vol. 2, *Exposition and Homiletics* by George Rawlinson (Grand Rapids: Eerdmans, reprinted 1980), p. 171.

680) H. Spence and Joseph S. Exell, eds., *The Pulpit Commentary. Exodus*, vol. 2, Homilies by J. Orr(Grand Rapids: Eerdmans, reprinted 1980), p. 175f.

우가 있을 수 있다. ① 종이 결혼하지 않은 독신일 때 그 종 혼자 자유롭게 해방된다. ② 종이 결혼한 경우라면, 즉 종으로 들어올 때 결혼한 상태였을 경우 그의 아내도 남편과 같이 해방 된다. ③ 종이 주인을 섬기는 도중에 주인이 그에게 아내를 주었고 아내가 아이를 낳았을 경우에 종 혼자만 해방된다. 이때 아내와 아이들은 주인에게 속한 것으로 간주된다. 만약에 종이 자기의 아내와 자식들과 떨어지기 싫어할 경우에는 재판장에게 가서 자기 의사를 밝히고 문이나 문설주 앞에 가서 귀를 뚫고 영원히 주인의 종이 되었다. 종은 재판장 앞에서 그의 주인과 그의 가족에게 충성의 서약을 하면서 영원히 7년 종살이 후 해방되는 권리를 포기한다고 말하였을 것이다.[681]

6절에서 주인은 자기가 결혼을 시켜준 종이 봉사한지 7년이 되어 자유롭게 나갈 수 있으나 아내와 자식들과 헤어져서 살기를 싫어하고 주인을 영원히 섬길 뜻을 밝히면 그를 재판장에게 데리고 가서 그것을 알려서 공인을 받도록 했다. 그런데 개역성경에 '재판장' 이라고 번역된 것은 히브리어로 하나님(הָאֱלֹהִים)이다. 여기 "하나님" 에게로 데려간다는 뜻이 무엇을 의미한지는,

첫째 하나님의 이름으로 행해지는 재판장에게 데려간 것을 뜻한 것으로 이해하여 하나님을 재판장으로 번역한 것이다. 따라서 헬라어 번역인 70인역은 하나님이라고 번역하지 않고 'τὸ κριτήριον τοῦ θεοῦ (하나님의 재판자리)라고 번역한다(참고, 신 19:16-19). 이렇게 하나님보다 재판장에게 데려가는 것으로 번역하면, 성소보다는 도시의 재판이 행해지던 성문(the city gate)으로 데려가는 것을 뜻한 것으로 이해된다.[682]

681) 참고, Durham, *Exodus, Word Biblical Commentary*, vol. 3, p. 321.

둘째로 골던(Gordon)같은 학자는 70인역의 번역을 불필요하고 부정확한 번역으로 생각하며, "하나님" 에게로 데려 간다 에서 "하나님" 은 '성소' (sanctuary)를 가리킨 것으로 이해한다.[683] 차일드즈(Childs)도 '하나님에게로 데려간다' 는 표현은 '재판을 위해 가장 가까운 성소로 데려감을 의미하는 전형적인 문구' (출 22:8f.) 라고 주장한다.[684]

위의 두 가지 이해 중에 어느 것이 옳다고 단언적으로 말할 수 없고, '하나님에게로 데려 간다' 는 말은 '재판의 법정' 이나 '증인들이 출두하는 법정의 재판장들' 을 가리키는 것으로 보인다.[685] 이렇게 종을 하나님께로 데려가서 그의 자유인이 되는 권리를 포기하는 의식을 행하게 하는 것은 주인이 자기 종의 뜻을 무시하고 종 된지 7년이 되었는데도 종을 해방하지 않고 영원히 종살이 시키는 피해를 없애기 위해서 재판 법정으로 주인이 종을 데리고 가서 종의 의사를 분명히 밝히도록 한 것이다.

"또 그를 문이나 문설주 앞으로 데리고 가서 그것에다가 송곳으로 그 귀를 뚫을 것이라." 문이나 문설주로 데려간 것은 거기에 어떤 마술적인 힘이 붙어있기 때문이 아니라, 귀에 구멍을 뚫기 쉽게 하기 위해서였다.[686]

7절-11절에서 여 종일 경우에 6년 동안 주인을 섬겼을 경우라도 7년째에 해방되지 못한다는 말이다. 여자 종에게는 다음의 세 가지 경우가 발생한다.

---

682) 참고, Gispen, *Bible Student's Commentary, Exodus,* p. 207.

683) Durham, *Exodus, Word Biblical Commentary,* vol. 3, p. 321.

684) Childs, *The Book of Exodus, A Critical Theological Commentary,* p. 469.

685) Kaiser, Jr., *Exodus, The Expositor's Bible Commentary,* vol.2, p. 431.

686) Cassuto, *A Commentary on the Book of Exodus,* p. 267.

① 여종이 주인을 기쁘게 하지 않은 경우: 이때는 주인이 여종으로 하여금 속전을 내고 놓임을 받도록 했다(8절). 또는 주인이 다른 이스라엘 사람에게 그 여종을 팔도록 했다. 그러나 타국인에게 파는 것은 금했다. 여기서 타국인은 히브리어 성경원문에 보면 "암 노크리"(עַם נָכְרִי)로서 '낯선 사람, 알지 못한 사람, 타국인' 등을 뜻한다. 그러므로 여종이 알지 못한 낯선 사람에게 팔지 말라는 뜻으로 이해 할 수도 있으나, 아마 이스라엘 사람이 아닌 다른 종족의 사람에게 팔지 말라는 것을 뜻하는 것으로 이해된다.[687]

8절을 히브리어 원문성경에 보다 가깝게 번역하면 "만약 주인이 그 자신을 위해 정했던 여자가 좋지 않게 보이면 그 여자를 속전을 치루고 구원받게 할 것이나 그 여자는 부당한 취급을 받았으므로 상전은 그 여자를 타국인에게 팔 권한이 없다" 이다. 여기서 "그를 위해 정했던" 이란 문구는 주인이 자기와 결혼하도록 택했던" 여자였음을 뜻하고 있다. 그러나 주인이 나중에 그 여자가 자기 마음에 들지 않아 자기 아내, 즉 자기 첩으로 맞이하려 했던 마음을 바꾸었을 때는 그 여자를 속신케 하라고 한다. 이 말씀은 다른 이스라엘 사람이 그 여자를 첩으로 사도록 허락하라는 뜻이다. 그 여자의 아버지가 돈을 지불하고 그 여자를 구해주도록 하라는 뜻은 아닐 것이다. 왜냐하면 그 여자의 아버지가 돈이 없어 자기 딸을 판 것으로 본문의 문맥에서 이해되기 때문이다.[688]

② 상전이 그 여자를 자기 아들의 아내로 주기로 했을 경우. 이때는 그 여종을 딸처럼 대우하라고 한다(9절). 그러나 상전이 아들에게

---

687) Durham, *Exodus, Word Biblical Commentary,* vol. 3, pp. 321f.

688) Keil and Delitzsch, *Biblical Commentary on the Old Testament,* vol. 2, *The Pentateuch,* p. 131.

다른 아내를 얻게 했을 경우(아들이 더 이상 그녀를 만족스럽게 생각하지 않거나, 아버지가 아들에게 그 여자 외에 다른 여자를 얻게 했을 때)는 그 여자의 음식, 의복, 동침하는 것을 끊지 못하게 했다. 아버지는 아들이 그 여자를 부당하게 대우하지 못하도록 해야 함을 가르쳐 준다.[689]

③ 마지막 세 번째 경우는 주인이 여종에게 음식, 의복, 동침하는 것을 시행하지 않는 경우로써, 이때 그 여자는 아무 조건 없이 나가도록 했다. "속전을 내지 않고 거저 나가게 할 것이니라." 이 말은 주인이 그 여자를 아내로 삼겠다는 원래의 약속을 지키지 않았고 딸처럼 대우도 하지 않았기 때문에 그 여자는 아무런 돈도 지불할 필요 없이 자유의 몸으로 나가라는 뜻이다. 주인이 자기의 약속을 깬 것은 일종의 계약 파기로 간주된 것이다.[690]

4. 설교 및 교훈 자료

5절-6절: 하나님의 종 된 사람

고대 이스라엘에서는 귀를 뚫고 귀걸이를 단 것은 남의 종임을 가리키는 부끄러운 일이었다. 그 종은 주인이 시키는 대로 해야 하는, 자유가 없이 매여 사는 인생이었다. 그런데 요즈음에는 고대 이스라엘 때와는 달리 멋이나 아름다움을 위해 귀를 뚫고 귀걸이를 하고 다니는 사람이 많이 있다. 귀걸이가 사람을 한층 돋보이고 매력 있게 해주기 때문이다. 귀를 뚫고 귀걸이를 하고 다니는 성도 여러분! 이왕

---

689) 상게서

690) Kaiser Jr., *Exodus, The Expositor's Bible Commentary,* vol. 2, p. 430.

뚫은 귀를 우리 주님을 위한 헌신의 표로 삼을 수 있기 바란다. 히브리 종이 귀를 뚫고 주인을 영원히 섬길 것을 고백했듯이 여러분도 뚫어진 귀와 함께 주님께 대한 사랑을 고백하며 더욱 진실 되게 주님을 섬기시기를 바란다.[691]

[12절-17절]

사형에 처할 죄목

“12. 사람을 쳐죽인 자는 반드시 죽일 것이나, 13. 만일 사람이 계획함이 아니라 나 하나님이 사람을 그 손에 붙임이면 내가 위하여 한 곳을 정하리니 그 사람이 그리로 도망할 것이며, 14. 사람이 그 이웃을 짐짓 모살하였으면[1] 너는 그를 내 단에서라도 잡아내려 죽일 찌니라. 15. 자기 아비나 어미를 치는 자는 반드시 죽일찌니라. 16. 사람을 후린 자가 그 사람을 팔았든지 자기 수하에 두었든지 그를 반드시 죽일찌니라. 17. 그 아비나 어미를 저주하는 자는 반드시 죽일찌니라

1. 본문의 원전 설명

14절: [1] “사람이 그 이웃을 짐짓 모살하였으면.” 이 구절은 맛소라 히브리어 원문성경에 따라 보다 충실히 번역하면, “사람이 그 이웃에 대하여 주제넘게 행하여 교묘히 죽였다면” 이다.

2. 본문 내용 개요

사람을 계획적으로 죽이거나, 사람을 유괴하거나, 부모를 때리거나 혹은 저주한 자를 죽이라하심.

691) 참고, 이용걸, *출애굽기 강해(하)* (서울: 성광문화사, 1994), p. 16.

3. 주석

12절 "사람을 쳐죽인 자는 반드시 죽일 것이나," 여기서는 사람을 때려서 곧 죽게 한 경우를 가리킨다. 이때 가해자는 반드시 죽임을 당해야 한다고 한다. 그러나 모든 경우 똑같이 그런 것은 아님을 다음 13절은 말씀한다.

13절에서는 고의적으로 사람을 죽일 의도나 계획이 없었으나 아주 우연히 사람을 죽인 경우 그것은 하나님의 섭리에 의한 것이라고 한다. 이렇게 우발적으로 살인을 한 사람을 위해서는 도피성을 정하여 보복하려는 사람으로부터 피하게 하라고 하신다. 이런 도피성이 본문 13절에서 하나인 것처럼 표현되었으나 나중에 이스라엘 백성에게 요단 동편에 세 성읍(베셀, 길르앗 라못, 바산 골란; 참고, 신 4:43)과 요단 서편, 가나안 땅에 세 성읍(갈리리 게데스, 세겜, 헤브론; 참고, 수 20:7)을 주어 모두 여섯 성읍이었다.

14절에서는 고의적인 살인이나, 계획을 세워 교묘한 방법으로 살인을 했을 경우에는 여호와의 제단에서라도 끄집어내어 죽이라고 한다. 히브리 사람들과 많은 다른 나라들은 공통적으로 생명의 위협을 느끼는 사람들이 하나님이 거하시는 제단으로 피할 경우 보호받을 수 있다고 생각했다. 그러나 이 말씀을 보면 반드시 죽어야할 범죄자를 피난케 해주는 곳으로 여호와의 제단이 오용되지 못하게 했음을 알 수 있다. 이렇게 인간 생명의 존엄성을 강조하여 사람을 의도적으로 죽인 자는 사형에 처할 것을 말씀하지만, 한편 앞서 13절에서는 전혀 의도하지 않은 우발적인 살인의 경우에는 범죄자로 취급하지 않고 오히려 피해자의 가족들의 분노로부터 보호해주라고 하며, 그 일이 하나님의 섭리라고 이해한다.

15-17절을 보면, 부모를 때린 자나(15) 그리고 부모를 저주한자는 살인자와 같이 취급하여 죽이라고 하신다. 여기서 부모를 때린다 할 때 죽도록 때리는 것을 뜻하지 않는다. 만일 부모를 죽이기 위해서 의도적으로 때린 경우를 의미한다면 죽도록 이라는 말이 첨가되어야했을 것이다. 부모를 저주하는 것은 부모를 때리는 행위와 같이 취급한다. 부모를 저주하는 것은 부모를 때리는 경우와 같은 마음상태에서 행해지는 것이기 때문이다. 부모를 때리는 것이나 부모를 저주하는 것은 그 행위로 말미암아 하나님의 권위를 대변하는 부모의 인격 속에서 하나님의 위엄과 권위가 완전히 무시되고 파괴되었기 때문이다.

16절에서 사람을 후린 자를 말할 때 "후리다"의 의미는 '휘둘러서 몰다, 모난 곳을 깎아버리다, 급작스럽게 차서 빼앗다' 등이다. '후리다' 는 단어의 히브리어 원문성경의 대응어는 '가나브' (גָּנַב)로서 '도적질하다' 를 뜻한다. 그러므로 사람을 후린 자란 사람을 갑작스럽게 빼앗아 도적질해 가는 자를 가리킨다. 이런 행위는 인간을 물건처럼 취급하는 인간의 존엄성을 파괴시키는 죄요, 하나님의 형상을 모독하는 죄이다. 이 법 조항은 노예 매매 제도를 반대하는 것을 분명히 보여준다. 옛날에 흑인들을 강제로 잡아다가 노예로 팔았던 것은 도적질보다 더 악한 행위였다. 잠언 기자는 "그 부모를 저주하는 자는 그 등불이 유암(그윽하고 어둠침침함)중에 꺼짐을 당하리라(20:20)" 고 했다.

4. 설교 및 교훈 자료

13절: 도피성

구약의 도피성은 예수 그리스도의 그림자와 같다. 구약의 도피성은 이스라엘 백성이 사는 지역의 중앙에 있게 하여 어디서나 쉽게 갈 수 있게 했으며, 그 길은 항상 잘 닦아 두게 하여 도피성으로 빨리 피할 수 있게 한 것이다(참고, 신 19:1-10). 예수 그리스도는 죄인 가운데서 십자가를 지고 죄인과 함께 먹고 그들의 친구가 되셨으며, 그의 짐은 가볍다고 말씀하여 누구든지 쉽게 예수님께 올 수 있게 하셨다. 죄로 인해 죽은 인생들인 우리 모두가 우리의 도피성 되시는 예수님께 나와서 생명을 얻고 그를 통해 영생을 얻기를 바란다.[692]

[18절-21절]

싸움에서 혹은 매로 때려 일어난 피해에 대한 보상.

18. 사람이 서로 싸우다가 하나가 돌이나 주먹으로 그 적수를 쳤으나 그가 죽지 않고 자리에 누웠다가, 19. 지팡이를 짚고 기동하면 그를 친 자가 형벌은 면하되 기간 손해를 배상하고 그로 전치되게 할지니라. 20. 사람이 매로[1] 그 남종이나 여종을 쳐서 당장에 죽으면 반드시 형벌을 받으려니와, 21. 그가 일 일이나 이 일을 연명하면 형벌을[2] 면하리니 그는 상전의 금전임이니라.

1. 본문의 원전 설명

20절: 1 "매로." 이 단어는 사마리아 오경에는 생략되어 있다.

21절: 2 "형벌을." 이 단어가 사마리아 오경에 의하면 "사형에 처해짐을"(יומת)로 대치되어 있다.

2. 본문 내용 개요

사람들이 서로 싸우다가 때려서 혹은 주인이 종을 매로 쳐서 일어

692) 상게서, p. 20.

난 피해에 대한 보상 및 형벌에 대한 설명.

3. 주석

18절-19절은 사람들이 서로 싸워 돌이나 주먹으로 때렸을 때 얻어 맞은 사람이 죽지는 않았으나 누워있게 되었다면, 혹은 얼마동안 지팡이를 짚고 다니게 되었다면, 때린 자는 형벌을 받지 않으나 치료 기간의 손해를 배상하고 치료비를 지불하라고 한다. 이 법의 의미는 맞은 사람이 침대에서 죽었다면 때린 자는 12절 말씀을 따라 죽임을 당하고, 맞은 사람이 일어나 밖에 나가서 걸어 다닌 후에 죽었다면 사형의 형벌이 가해자에게 주어지지 않았음을 뜻한다. 아마 맞은 사람이 너무 일찍 침대에서 일어나 밖에 나갔기 때문이다.[693] 여기서 맞은 사람이 "지팡이를 짚고 기동하면"은 맞은 사람이 밖에서 걸어 다니며 일할 수 있도록 충분히 낫은 것을 가리킨 것으로 보인다.[694] "…기간 손해를 배상하고"는 맞은 사람이 받은 상처로 인하여 일할 수 없었던 기간 동안의 잃은 소득과 치료비를 배상하라는 의미 이다.

20절-21절에서는 종을 때린 경우에는 다른 보통 사람을 때린 경우와는 다르다. 주인은 종을 매로 때릴 권리를 항상 가졌다(잠 10:13). 이 권리는 주인이 그가 소유한 종에 대한 아버지다운 권위 안에 포함되어 있었다. 그러므로 법은 이 권위를 남용하는 것을 금한다. 그리하여 주인이 그의 남종이나 여종을 때려 죽으면 형벌을 받는다. 이 때

---

693) Keil and Delitzsch, *Biblical Commentary on the Old Testament,* vol 2, *the Pentateuch,* p. 133; Gispen, *Bible Student's Commentary, Exodus,* p. 212.

694) Kaiser, Jr., *Exodus, The Expositor's Bible Commentary,* vol. 2, p. 433; Cassuto, *A Commentary on the Book of Exodus,* p. 272.

주인에게 어떤 형벌이 가해질 것인가는 분명히 밝혀지지 않았다. 모든 유대인 주석가들은 칼로 죽임을 당하는 사형은 분명히 아니라고 한다. 의심 없이 관계당국이 상황을 참작하여 적당한 형벌을 가했을 것이다. 그런데 카쑤토(Cassuto)는 종을 때려 그 자리에서 죽게 한 주인은 죽임을 당했다고 해석한다.[695] 그러나 맞은 종이 하루나 이틀 연명하면 때린 주인은 형벌을 면하리라고 했다. 이는 종은 주인의 금전이기 때문이라는 것이다. 종이 맞았으나 당장 죽지 않고 하루나 이틀 살아 있었다는 것은 주인이 진정 그 종을 죽일 마음이 없었음을 보여준다. 또한 종은 주인의 소유로 간주되었기 때문에 종이 죽는 것으로 주인은 이미 큰 손실을 본 것이다.

[22절-25절]

보복의 법

"22. 사람이 서로 싸우다가 아이 밴 여인을 다쳐 낙태케 하였으나[1] 다른 해가 없으면 그 남편의 청구대로 반드시 벌금을 내되[2] 재판장의 판결을 좇아 낼 것이니라. 23. 그러나 다른 해가 있으면 갚되 생명은 생명으로, 24. 눈은 눈으로, 이는 이로, 손은 손으로, 발은 발로, 25. 데운 것은 데움으로, 상하게 한 것은 상함으로, 때린 것은 때림으로 갚을지니라."

1. 본문의 원전 설명

22절: 1 "낙태케 하였으나." 이 문구는 히브리어 원문성경에 "베야체우 예라데하"(וְיָצְאוּ יְלָדֶיהָ)이다. 이 문구를 직역하면 "그 여자의 아이들이 나오게 하였으나" 이다. 이 문구는 그 여자의 태로부터 미숙아가 충격에 의해 태어나게 된 것을 가리킨다.

695) Cassuto, *A Commentary on the Book of Exodus*, p. 273.

22절: 2 "반드시 벌금을 내되." 이 문구는 히브리어 원문성경에 보면 수동태로 표현되어 있다; "그가 반드시 벌금을 내도록 해야 한다" 이다. 여기서 주어 "그"는 여인을 다쳐 낙태 하게한 사람, 곧 가해자를 가리킴을 문맥에서 이해 할 수 있다.

2. 본문 내용 개요

사람들이 싸우다가 아이 밴 여인을 다쳐 미숙아를 낳게 했을 때와 신체에 다른 해가 있을 때에 벌할 내용을 설명한다.

3. 주석

22절의 '낙태케 하다' 는 말은 앞서 본문의 원전 설명에서 언급한 대로 히브리어 원문성경에서 "베야체우 예라데하" (וְיָצְאוּ יְלָדֶיהָ)로 표현되어있다. 이 히브리어 문구의 직역은 "그 여자의 아이들이 나왔다" 이다. 본문의 문맥을 보면 태아의 아이들이 달수를 다 채우고 태어난 갓이 아니고, 산모가 다쳐 조산된 것이므로 한글 개역성경은 낙태된 것으로 번역한다. 그런데 '낙태' 란 일반적으로 태아가 달이차기 전에 '죽어나옴' 을 뜻하지만 히브리어 맛소라 원문성경의 22절을 볼 때 태아가 죽어 나온 것으로 표현되어 있지 않고 오히려 해(害)가 없는 것을 말하므로 태아가 죽지 않은 것으로 이해된다.[696] 그러므로 한

---

696) 한글 개역성경은 22절에서, "…낙태케하였으나 다른 해가 없으면"이라 번역하였지만, 히브리어 원문성경에 따라 보다 정확히 번역하면, "…조산케하였으나 해가 없으면"이다. 이 원문에 의하면 태아가 조산했으나 해가없이 살아있는 것으로 이해해야 한다.

글 개역성경은 "낙태케 하였으나" 보다 "조산케 하였으나"로 번역하는 것이 더 좋다. 이런 히브리어 원문 성경의 22-23절의 문맥을 보면, 산모나 태아의 상해(傷害) 정도에 따라 벌금이나 벌이 달라짐을 말한다.[697] 그런데 헬라어 번역 성경인 70인역에 의하면 낙태된 태아의 성숙단계에 의해서 벌금이나 벌이 달라짐을 말한다. 이 본문에 대한 두 가지 다른 표현에 대해 어느 것이 옳다고 단언적으로 말하기는 어렵지만 탈굼 옹케로스, 벌게이트, 요세푸스, 랍비 문서등이 히브리어 맛소라 원문성경의 내용을 지지하고 있어,[698] 헬라어 번역인 70인역의 내용은 히브리어 원문의 애매한 뜻을 나름대로 해석하여 번역한 것이라고 생각된다.

"재판장의 판결을 좇아낼 것이니라." 이 구절은 히브리어 구절 "베나탄 비페리림(וְנָתַן בִּפְלִלִים)"을 번역한 것이다. 그러나 위의 히브리어 구절 자체는 그 뜻이 분명하지 않다. 문자적으로 번역하면, "그리고 그는 재판관들에 따라 지불할 것이니라"이다. 여기서 "그"는 산모에게 상해를 가한 사람을 가리킨다. 그리고 재판관들은 산모나 태아에게 가한 상해를 판단하여 벌금을 산정하도록 뽑혀진 사람들을 가리킨다. 가해자와 피해자 사이에 감정적인 계속된 분쟁을 없애고 나

697) 유대 랍비들과 탈무드의 전통에 의하면 22-23절에서 발생한 해(害)를 산모에게 일어난 해로 국한하여 이해하려는 견해가 있으나, 본문의 맥락에서 산모와 태아 둘다의 해(害)에 관련된 것으로 이해해야 한다. 유대랍비들의 견해에 대하여 다음 논문을 참고하라. Stanley Isser, "Two Traditions: The Law of Exodus 21:22-23 Revised," *CBQ* 52(1990): 31-36. 산모와 태아 둘다의 해(害)에 관한 것으로 해석하는 견해를 위해, Keil and Delitzsch, *Biblical Commentary on the Old Testament,* vol. 2, *The Pentateuch*, pp. 134.; Cassuto, *A Commentary on the Book of Exodus,* p. 275; Kaiser, Jr., *Exodus, the Expositor's Bible Commentary,* vol. 2, p. 434.

698) 참고, Stanley Isser, 상게서.

라가 감독권을 행사하기 위해 활동한 재판장들이다.

23절의 "생명은 생명으로." 이 구절은 가해자가 태아를 죽게 태어나게 했거나, 산모를 다쳐 죽게 했으면 그도 사형에 처해져야함을 가리키고 있는지 혹은 금전적 보상을 의미하는지 논란이 많다. 필로(Philo)는 위의 구절이 사형을 뜻한다고 생각한다.[699] 그리고 메킬타(Mekilta)도 사형을 암시하는 것으로 이해한다.[700] 그러나 랍비 유다(R. Judah)와 시므온(R. Simon)은 위 구절이 금전적 보상을 의미한다고 생각한다.[701] 탈무드는 본문 23절에서 죽이라는 단어가 사용되지 않고 "나탄(נָתַן)" 동사가 사용되어 "갚다, 주다" 등을 의미하므로 금전적 보상으로 갚을 것을 가리킨 것으로 해석하며, 그리고 본문의 22절 이하의 문맥에서 가해자가 고의적으로 살해한 것이 아니고, 우발적으로 일어난 살해로 보이므로 가해자를 직접 사형에 처할 것으로 해석할 수 없다는 것이다.[702]

이와 비슷하게 카이저(W. C. Kaiser, Jr.)도 구약에서 고의적이거나 계획적인 살인 이외의 경우에는 살인자를 사형시키지 않고 살해된 생명의 가치에 상응하는 속전을 피해자의 가족에게 지불하는 것을 허락했으므로(출 21:13; 민 35:31) 본문 23절의 살해자도 금전적인 보상의 속전을 지불하게 한 것으로 해석한다. 왜냐하면 23절의 살해자는 고의적이 아니고 우발적으로 죽이게 되었기 때문이다.[703]

"생명은 생명으로, 눈은 눈으로, ... 때린 것은 때린 것으로 갚을 찌

---

699) 상게서, p. 44.
700) 상게서, p. 33.
701) 상게서, pp. 33-34.
702) 상게서, p. 34.
703) Kaiser, Jr., *Exodus, the Expositor's Bible Commentary*, vol. 2, p. 434.

니라" (23-25) 이 보복의 법은 해(害)받은 것에 상응한 보상을 받아야지 그것을 초과하거나 덜 받지 않게 하기 위해서 판에 박힌 문구식으로 기록되어있다. 아무도 해 받은 기회로 지나친 배상을 요구해 큰 돈을 벌려고 해서는 안 됨을 가르쳐준다.[704]

4. 설교 및 교훈 자료

1) 22-25절 의 율법정신은 신약에서 사랑과 용서의 법으로 승화 되었다. 예수님은 말씀하시기를, "눈은 눈으로, 이는 이로 갚으라 하였다는 것을 너희가 들었으나, 나는 너희에게 이르노니, 악한 자를 대적지 말라. 누구든지 네 오른편 뺨을 치거든 왼편도 돌려대며, 또 너를 송사하여 속옷을 가지고자 하는 자에게 겉옷까지도 가지게 하며 또 누구든지 너로 억지로 오리를 가게 하거든 그 사람과 십리를 동행하고, 네게 구하는 자에게 주며 네게 꾸고자 하는 자에게 거절하지 말라 … 나는 너희에게 이르노니 너희 원수를 사랑하며 너희를 핍박하는 자를 위하여 기도하라 … 너희가 너희를 사랑하는 자를 사랑하면 무슨 상이 있으리요 세리도 이같이 아니하느냐 (마 5:38-46)."

이러한 예수님의 가르침과 같이 베드로도 우리에게, "…형제를 사랑하며 불쌍히 여기며 겸손하며 악을 악으로 욕을 욕으로 갚지 말고 도리어 복을 빌라. 이를 위하여 너희가 부르심을 입었으니 이는 복을 유업으로 받게 하려 하심이라" (벧전 3:8-9)고 말씀한다.

2) 22-25절의 형벌의 말씀은 사람이 실수한 것도 무서운 책임과 보상이 따른다는 것을 가르쳐 준다. 그리고 22-25절의 형벌은 보복자체

---

704) 상게서.

에 목적이 있는 것이 아니라, 약자를 보호하시기 위한 하나님의 사랑에 기인한 것임을 보요 준다. 이런 약자를 보호하시려는 의도가 다음 26절에서 사람이 종의 눈을 때려 상하게 했을 때는 그 종을 자유인으로 놓아 주라는 말씀에서 분명히 나타난다.

[26절-32절]

치아가 상했을 때의 보상과 소가 사람을 받았을 때의 형벌

26. 사람이 그 남종의 한 눈이나 여종의 한 눈을 쳐서 상하게 하면 그 눈 대신에 그를 놓을 것이며, 27. 그 남종의 한 이나 여종의 한 이를 쳐서 빠뜨리면 그 이 대신에 그를 놓을지니라. 28. 소가[1] 남자나 여자를 받아서 죽이면 그 소는 반드시 돌에 맞아 죽을 것이요 그 고기는 먹지 말 것이며 임자는 형벌을 면하려니와, 29. 소는 본래 받는 버릇이 있고 그 임자는 그로 인하여 경고를 받았으되 단속하지 아니하므로[2] 남녀간에 받아 죽이면 그 소는 돌로 쳐죽일 것이고 임자도 죽일 것이며, 30. 만일 그에게 속죄금을 명하면 무릇 그 명한 것을 생명의 속으로 낼 것이요, 31. 아들을 받든지 딸을 받든지 이 율례대로 그 임자에게 행할 것이며, 32. 소가 만일 남종이나 여종을 받으면 소 임자가 은 삼십 세겔을 그 상전에게 줄 것이요 소는 돌에 맞아 죽을지니라

1. 본문의 원전 설명

28절: [1] "소가." 이 단어에 사마리아 오경은 "혹은 어떤 동물이" (או כל בהמה)란 문구를 첨가하고 있다.

29절: [2] "단속하지 아니하므로." 이 문구 대신 헬라어 70인역은 "죽이지 아니하므로"(μὴ ἀφανίσῃ)로 되어 있다.

2. 본문 내용 개요

주인이 종을 쳐서 혹은 가축이 사람을 받아서 상처를 주거나 죽게 했을 경우 받을 형벌과 보상금에 관한 법.

3. 주석

26절과 27절은 종을 보호하기 위한 법이다. 그리하여 여기서 보상법은 종이 아니라 주인에게 요구하는 보상을 보여준다. 주인이 종의 눈을 상하게 했으면 그 눈 대신에 그를 놓아주어야 한다. 주인이 남종이나 여종을 쳐서 이가 빠졌을 경우도 그들을 놓아주어야 한다. 이런 구약의 법에 비교되게 고대 함무라비 법에서는 주인이 종의 눈이나 이를 상하게 했을 경우 단지 벌금만 물게 했다.[705]

28절-32절은 소가 사람에게 피해를 가했을 때의 보상법이다. 소가 사람에게 해를 끼친 경우 소의 임자는 그 생명을 보호받는다. 소가 사람을 죽이면 그 소를 돌로 쳐서 죽이고 고기는 먹지 않으며, 그 주인은 형벌을 면한다. 소의 고기를 먹지 못하게 한 이유는 소가 사람을 죽여 부정하게 되었기 때문이다(참고, 민 35:33f.).[706] 또한 박윤선 박사는 "그 고기에 어떤 독이 있을까 두려워함이 아니고 사람의 생명을 존엄시하는 까닭이다. 다시 말하면 이 법은 사람을 죽인 소를 극히 미워하고 배척하는 의미에서 취해져야할 행동을 장려하는 것이다. 하나님께서는 이렇게 사람의 생명을 존엄하게 여기신다."고 말한다.[707]

29절은 소가 사람을 받는 버릇이 있어서 주인이 경고를 받았으나 단속을 못해 사람을 받아 살인을 하면 소는 돌로 쳐 죽일 것이고, 소

---

705) Gispen, *Bible Student's Commentary, Exodus*, p. 213.

706) 상게서, p. 214.

707) 박윤선, *성경주석, 출애굽기*, p. 161.

의 주인도 죽임을 당해야 함을 말씀한다. 30절은 소의 임자를 죽이는 대신에 배상금을 물리는 경우를 말한다. 죽임 당한 사람의 생명에 대한 속죄가 될 수 있을 만큼의 거액을 물리게 한 것이다. 31절은 소가 아들이나 딸을 받은 경우에 위의 법과 같이 처리할 것을 말한다. 32절은 종이 소에 받혀 죽은 경우를 말한다. 이 경우에 소는 돌에 맞아죽고, 소의 주인은 종의 주인에게 은 30세겔을 주라고 한다.

4. 설교 및 교훈 자료

1) 28절: 사람을 받아 죽인 소에 대한 법

사람을 받아 죽인 소를 돌로 쳐서 죽이게 한 것은 하나님의 형상으로 지음 받은 인간의 존엄성을 보여준다.

2) 29절: 사람을 죽인 소의 주인이 받는 형벌

이것은 우리가 취하는 행동에 대한 책임을 우리 스스로가 져야함을 가르쳐준다. 즉, 적극적으로 행한 일 뿐만이 아니라 소홀히 하거나 부주의해서 발생한 일에 대해서도 책임을 져야함을 가르쳐준다. 우리가 하나님 앞에 설 때 하나님은 우리가 행한 행동들에 대해서 책임을 물으실 것이다. 그러나 우리는 하나님의 은혜로써 구원 받는 것을 알자 하나님의 자비를 구하며 책임질 수 있는 바른 행동을 하는 삶을 살도록 하자.

또한 우리는 이 구절을 통해서 고의로 남을 해롭게 해서도 안 되며, 부주의로 인해서 남을 해롭게 해서도 안 된다는 사실을 알아야한다. 어떤 경우에라도 남을 해롭게 하는 것은 거기에 합당한 보상을 하

---

708) 상게서, p. 162.

는 것이 하나님의 뜻이다.[708)]

33절-36절]

소홀과 부주의의 죄

33. 사람이 구덩이를 열어 두거나 구덩이를 파고 덮지 아니함으로 소나 나귀가[1] 거기 빠지면, 34. 그 구덩이 주인이 잘 조처하여 짐승의 임자에게 돈을 줄 것이요 죽은 것은 그의 차지가 될지니라. 35. 이 사람의 소가 저 사람의 소[2]를 받아 죽이면 산 소를 팔아 그 값을 반분하고 죽은 것도 반분하려니와, 36. 그 소가 본래 받는 버릇이 있는 줄을 알고도 그 임자가 단속하지 아니하였으면[3] 그는 소로 소를 갚을 것이요 죽은 것은 그의 차지가 될지니라

1 . 본문의 원전 설명

33절: 1 "나귀가." 이 단어에 사마리아 오경은 "혹은 어떤 동물이" (או כל בהמה)란 문구를 첨가하고 있다. 그리하여 "…나귀나 어떤 동물이…" 로 읽어진다.

35절: 2 "소." 이 단어에 사마리아 오경은 "혹은 어떤 동물이" (או כל בהמה)란 문구를 첨가하고 있다. 그리하여 "…소나 어떤 동물을…" 로 읽는다.

36절: 3 "단속하지." 이 단어 대신 헬라어 70인역은 "죽이지" (φανίσῃ)란 말로 읽는다.

2. 본문 내용 개요

사람이 열어 놓은 혹은 새로 판 구덩이에 소나 나귀가 빠졌을 경우

보상하는 것에 관해 그리고 한 소가 다른 소를 받았을 경우 받은 소의 주인이 보상하는 것에 관한 법.

3. 주석

33-34절은 사람이 파놓은 구덩이에 소나 나귀가 빠졌을 때의 배상법이다.

구덩이를 열어두어 소나 나귀가 거기에 빠져 죽었을 때는 구덩이의 주인이 동물의 주인에게 죽은 동물 값을 보상하여 돈을 지불하고 죽은 짐승은 구덩이의 주인이 차지한다. 이때 구덩이의 주인은 죽은 동물의 고기를 먹지 않았고, 단지 그 죽은 동물의 가죽이 비쌌기 때문에 그것을 팔아 자기의 손해를 조금이라도 보상받으려 했을 것으로 보인다. 이스라엘 백성은 하나님의 거룩한 백성이기 때문에 이미 죽어있던 동물의 고기는 먹지 말라 하셨다(참고, 신 14:21).

35절은 이 사람의 소가 저 사람의 소를 받아 죽인 경우 그들은 살아있는 소를 팔아 그 값을 서로 반분하여 나누고, 죽은 소도 두 사람이 반분하여 나누어 가지라 한다. 이 법은 고대 근동지역의 에쉬눈나(Eshnunna) 법의 53항과 유사함을 보여 준다: "소가 다른 소를 받아 죽였으면, 두 소의 주인은 살아있는 소의 값을 반분하여 나누고 죽은 소의 값도 반분하여 나누라.[709] 이렇게 가끔 모세의 법과 에쉬눈나(Eshnunna)의 법이나 다른 법들과 유사한 것은 하나님께서 다른 이방사람들에게도 주신 일반은총에 의해 같은 법과 정의 의식 때문이 아닌가 생각된다.

709) Cassuto, *A Commentary on the Book of Exodus*, p. 280.

36절을 보면, 소가 원래 받는 버릇이 있는 줄 알면서도 단속하지 못해 다른 소를 받아 죽였다면 그는 자기의 살아있는 소로 죽은 소를 대신하여 죽은 소의 주인에게 갚고, 죽은 것은 그의 차지가 된다. 이렇게 받는 버릇이 있는 소의 주인이 의도적으로 행한 것이 아니라 할지라도 자기소를 단속 못하여 다른 소를 받아 죽게 했을 때는 자기의 살아있는 소를 죽은 소의 주인에게 주도록 하는 완전한 보상을 하도록 한다.

[출애굽기 22장]

[1절-4절]

도둑에 관한 법

1. 사람이 소나 양을 도적질하여 잡거나 팔면 그는 소 하나에 소 다섯으로 갚고 양 하나에 양 넷으로 갚을지니라. 2. 도적이 뚫고 들어옴을 보고 그를 쳐죽이면[1] 피 흘린 죄가 없으나, 3. 해돋은 후이면 피 흘린 죄가 있으리라 도적은 반드시 배상할 것이나 배상할 것이 없으면 그 몸을 팔아 그 도적질한 것을 배상할 것이요, 4. 도적질한 것이 살아 그 손에 있으면[2] 소나 나귀나 양을 무론하고 갑절을 배상할지니라

1. 본문의 원전 설명

2절: [1] "도적이 뚫고 들어옴을 보고 그를 쳐 죽이면." 이 구절은 히브리어 원문성경에서는 수동태로 되어 있다: "도적이 뚫고 들어오다가 발견되어 쳐 죽임을 당하면" 이다.

4절: [2] "그 손에 있으면." 이 문구는 히브리어 원문성경을 직역한 것으로 좀더 풀어 번역하면, "그가 소유하고 있으면" 이다.

2. 본문 내용 개요

도적과 도적질 한 것에 대한 배상에 관해 법을 설명한다.

3. 주석

개역성경이나 영어성경의 22:1은 히브리 성경에서는 21:37이다. 개

역성경 22:1절에서는 사람이 소나 양을 도적질하여 잡거나 팔면 그는 소 하나에 소 다섯으로 갚고 양 하나에 양 넷으로 갚으라고 하신다. 소나 양을 도적질해서 잡아 죽였거나 팔았을 경우 어떻게 변상할 것인가를 가르쳐준다. 소의 경우에는 다섯 배로 변상하고 양일 경우에는 네 배로 변상하라고 한다.

카일과 델리취에 의하면, 이렇게 소와 작은 동물, 곧 양이나 염소를 변상하는데 차이를 두는 것은 그 가축이 주인에게 갖는 가치에 의해서 설명될 수 있다. 가축이 주인에게 갖는 가치에 의해 도적이 큰 도적인지 적은 도적인지를 결정했으며 그 변상 액수도 결정했다.[710)]

한편 카쑤토(Cassuto)는 더욱 설명을 가하여 도적맞은 소와 양의 경우에 변상 액수에 있어서 차이가 있는 것은 "양을 기르는 것이 소를 기르는 것보다 시간이 덜 걸리기 때문이다"라고 말한다.[711)] 또한 카쑤토(Cassuto)에 의하면, 여기에 특별히 도적에 대한 법을 기록한 것은 함무라비 법전에서 보여주는 법에 반대하기 위해서였다고 말한다.

함무라비 법에 의하면 도적이 도적질한 것을 갚을 능력이 없을 때, 그리고 그 도적이 집을 뚫고 들어와 도적질한 경우에는 사형에 처했다(code of Hammurabi §8, §21). 그러나 인간 생명의 존엄성의 원리에 따라 모세의 율법은 도적이 변상할 능력이 없을 때 그를 죽이지 못하게 하고 종으로 팔리도록 했다. 도적이 뚫고 들어올 경우에도 언제나 함부로 죽이지 못하게 하고, 단지 밤에 뚫고 들어온 도적을 죽인 경우에만 무죄로 취급했고, 해가 돋은 후에 뚫고 들어온 경우에는 유

710) Keil and Delitzsch, *Biblical Commentary on the Old Tesament*, vol., 2, *The Pentateuch*, pp. 136f.

711) Cassuto, *A Commentary on the Book of Exodus*, p. 282.

죄라고 했다(2-3절).[712]

2절은 3절과 비교해 볼 때 도적이 밤에 뚫고 들어온 경우를 가리킨다. 밤에 뚫고 들어온 도적은 낮에 들어온 도적과 달리 쳐 죽여도 피 흘린 죄가 없다고 하는 이유를 다음과 같이 설명할 수 있다. 밤에 들어온 도적의 경우에는 그의 힘이 어느 정도인지 혹은 사람을 해칠 의도를 가지고 있는지를 알 수 없기 때문에 죽여도 괜찮다는 것이다.[713] 카수토(Cassuto)도 "밤에 집을 뚫고 들어오다 잡힌 도적은 자기를 구하기 위하여 주인을 죽이려 할 것으로 생각하는 것은 바른 추정이기 때문에, 주인이 도적을 죽이는 것은 단지 자기 방어적인 행동이다"고 설명한다.[714] 그러나 해가 떠오른 후에, 날이 훤히 밝을 때에 도둑이 잡혔다면 주인이 위험하지 않아 자신을 보호하기위해 죽일 필요가 없다고 당연히 생각될 수 있기 때문에, 주인이 해가 돋은 후에 뚫고 들어온 도둑을 쳐 죽이면 그가 살인자로 간주된다는 것이다. 이렇게 2-3절은 한편으로 주인의 생명을 보호하기 위해 밤에 집을 뚫고 들어온 도적을 주인이 발견하여 쳐 죽여도 살인죄를 범한 것이 아니라 하고, 다른 한편으로 도적의 생명을 보호하기 위해 주인이 낮에 도적을 죽이면 주인은 살인죄를 범한 것이라고 지적해 준다.

3절은 왜 노예제도가 발생했는지를 보여준다. 곧, 도적이 붙잡히면 반드시 배상해야 한다. 그러나 도적이 그 도적질한 것을 배상해야하는데 배상할 재산이나 다른 방도가 없다면 자기 자신을 팔아서 종으로 일함으로써 갚아야 한다. 그리하여 모든 사람이 하나님 앞에서 동

712) 상게서, pp. 281f.

713) Keil and Delitzsch, *Biblical Commentary on the Old Testament*, vol. 2, *The Pentateuch*, p. 137.

714) Cassuto, *A Commentary on the Book of Exodus*, p. 282.

등하나 사람이 범죄함으로써 자신의 동등한 지위를 잃고 노예로 전락하게 됨을 가르쳐 준다.

4절은 도적질한 짐승이 무엇이 되었든지 간에 그것이 아직 도적의 손에 있을 경우 주인에게 갑절로 배상하라고 한다. 이 말은 도적이 그가 도적질 한 것과 그것과 같은 다른 하나를 더 주인에게 지불해야 한다는 것이다. 이렇게 갑절로 배상하게 하는 것은 도적질을 근본적으로 막게 하려는 목적 때문이다. 도적이 잡힐 경우 갑절로 배상해야 됨을 다시 다음 7절에서 언급하여 강조 하고 있다.

4. 설교 및 교훈 자료

1-4절: 도적과 신앙은 공존할 수 없다.

도적은 하나님의 살아 계심과 그의 세상에 대한 통치를 부인하는 행동이다. 하나님이 그의 도적질을 빤히 보고 계심을 믿고 그런 행동을 벌하시는 것이 하나님의 통치 원리임을 알면서도 도적질 한다면 그는 정신병자이거나 양심이 마비된 영적 환자일 것이다. 스위스에 가면 전차를 탈 때 전차표를 기계에서 사서 탄다. 외국 관광객이 전차표를 기계에서 사서 탔는데 아무리 가도 전차표를 달라는 데가 없고, 차안이고 밖이고 차표를 조사하는 승무원도 없는데 사람들이 모두 한결같이 정직하게 표를 사서 타고 내리는 것을 보고 부러워했다고 한다.[715] 바로 이런 스위스 인들의 생활 태도가 기독교 신앙인이 가져야 할 모습이다. 바로 이런 태도는 종교개혁 때 칼빈이 가르쳤던 하나님의 말씀이 지금도 살아있는 결과일 것이다.

---

715) 이용걸, *출애굽기 강해 (하)*, p. 45.

[5절-6절]

부주의로 발생한 사고에 대한 변상

5. 사람이 밭에서나 포도원에서 먹이다가 그 짐승을 놓아서 남의 밭에서 먹게 하면 자기 밭의 제일 좋은 것과 자기 포도원의 제일 좋은 것으로 배상할지니라. 6. 불이 나서 가시나무에 미쳐[1] 낟가리나 거두지 못한 곡식이나 전원을 태우면 불 놓은 자가 반드시 배상할지니라

1. 본문의 원전 설명

6절: [1] "가시나무에 미쳐." 여기에서 "미치다"란 동사는 히브리어 원문성경에서 "마체아"(מָצְאָה)로서 "발견하다, …에 마주치다, …에 달하다" 등을 뜻한다. 여기 본문에서는 불이 나서 가시나무에 까지 이른 것을 가리킨다.

2. 본문 내용 개요

짐승이나 불로 다른 사람의 밭이나 포도원이나 곡식을 피해 보게 했을 경우 배상하는 규례를 설명해 준다.

3. 주석

5절은 사람들이 일반적으로 자기의 짐승을 잘 지켜보고 돌봄으로 다른 사람의 밭이나 포도원의 식물을 먹지 못하도록 한다. 그런데 어떤 사람이 부주의해서 자기 짐승이 풀려 다른 사람의 밭의 곡식을 먹게 했거나 포도원에 가서 포도를 먹거나 짓밟아서 다른 사람에게 큰 피해를 주었을 때, 가해자는 피해자에게 피해 입힌 것에 상응하게 자

기 밭의 가장 좋은 곡식이나 자기 포도원의 가장 좋은 포도로 배상하라고 한다.

6절의 '낱가리' 는 낱알이 붙어있는 채로 있는 곡식을 쌓아놓은 더미를 가리킨다. 이 단어의 히브리어는 가디쉬(גָּדִישׁ)로써 이 단어는 퇴적, 쌓아올린 것, 무더기, 더미, 낱가리를 뜻하며, 사사기 15:5, 욥기 5:26에서는 곡식 단을 쌓은 더미를 가리킨다. '거두지 못한 곡식' 은 히브리어로 카마(קָמָה)이다. 이 단어는 아직 베어들이지 않고 들에 서 있는 곡식을 뜻한다. 어떤 사람이 모닥불이나 다른 용도의 불을 피우다가 잘못하여 가시나무에 번지고 더 나아가 다른 사람의 밭에 있는 낱가리나 아직 거두지 않은 곡식을 태워 버렸거나 혹은 밭을 태워서 얼마동안 그 밭의 땅을 쓸모없게 만들었을 경우에 가해자는 피해자에게 전부 완전히 배상해야 한다는 것이다.

4. 설교 및 교훈 자료

5-6절: 부주의로 발생한 사고에 대한 변상

우리는 이웃의 물건을 도적질하는 행동은 비난하고 책망하지만, 이웃의 소유물을 부주의로 손해를 입히게 한 것에 대해서는 가볍게 생각하는 경향이 있다. 그러나 우리가 이웃을 사랑한다면 어떤 식으로든 이웃에게 손해를 끼쳐서는 안 된다. 소를 놓아 이웃의 밭에서 뜯어먹게 한다던지, 토끼를 놓아 이웃의 곡식을 상하게 한다던지, 닭이나 오리를 놓아 이웃의 곡물이나 정원을 상하게 하는 것은 결코 가볍게 취급될 수 없는 일이다. 태만이나 부주의로 혹은 소홀함으로 이웃에게 손해를 끼쳤을 경우에라도 변상하라고 한다.

[7절-13절]

보관 업무에 관련된 사고와 배상에 대한 법

7. 사람이 돈이나 물품을 이웃에게 맡겨 지키게 하였다가 그 이웃의 집에서 봉적하였는데 그 도적이 잡히면 갑절을 배상할 것이요, 8. 도적이 잡히지 아니하면 그 집 주인이 재판장 앞에[1]가서 자기가 그 이웃의 물품에 손 댄 여부의 조사를 받을 것이며, 9. 어떠한 과실에든지 소에든지 나귀에든지 양에든지 의복에든지 또는 아무 잃은 물건에든지 그것에 대하여 혹이 이르기를 이것이 그것이라 하면 두 편이 재판장[2] 앞에 나아갈 것이요 재판장이 죄 있다고 하는 자가 그 상대편에게 갑절을 배상할지니라. 10. 사람이 나귀나 소나 양이나 다른 짐승을 이웃에게 맡겨 지키게 하였다가 죽거나 상하거나 몰려 가도 본 사람이 없으면, 11. 두 사람 사이에 맡은 자가 이웃의 것에 손을 대지 아니하였다고 여호와로 맹세할 것이요 그 임자는 그대로 믿을 것이며 그 사람은 배상하지 아니하려니와, 12. 만일 자기에게서 봉적하였으면 그 임자에게 배상할 것이며, 13. 만일 찢겼으면 그것을 가져다가 증거3할 것이요 그 찢긴 것에 대하여 배상하지 않을지니라

1. 본문의 원전 설명

8절: 1 "재판장 앞에." 이 문구는 히브리어 원문 성경에서는 "하나님 앞에"로 되어 있으나 번역자가 고대 이스라엘 나라에서 재판장은 하나님의 이름으로 하나님의 권위를 가지고 재판했으므로 히브리어 원문 성경이 "재판장 앞에"를 "하나님 앞에"로 표현한 것으로 이해하여 그렇게 번역한 것이다.

9절: 2 "재판장." 이 단어는 히브리어 맛소라 원문성경에서는 "하나님"으로 되어 있고, 사마리아 오경에서는 "여호와"로 되어 있다. 이렇게 다른 본문의 단어들이 쓰여진 것은 히브리어 원문성경의 "하나님"을 사마리아 오경은 단순히 하나님의 다른 이름인 "여호와"로 바꾸어

기록한 것이며, 한글 개역성경은 앞서 설명한대로 재판장이 하나님의 이름으로 하나님의 권위를 가지고 재판했으므로 히브리어 원문성경이 "재판장"이란 단어대신 "하나님"이라 표현했을 것으로 이해했기 때문이다. 이러한 이해가 지지된 것은 9절에서 두 번째로 사용되는 "하나님"이란 히브리어 단어 "엘로힘"(אֱלֹהִים)이 장엄하시고 위대한 존재를 가리키는 복수형의 단수인 하나님을 가리키지 않고, 그냥 복수명사 하나님들, 곧 재판장들을 가리키므로 동사도 복수형태를 취하게 하는데서 살펴 볼 수 있다.

2. 본문 내용 개요

물건이나 가축을 이웃에게 맡겨 사고가 생겼을 때와 잃어버린 물건 혹은 가축이 발견되었을 때 처리하고 배상해야 할 규례를 말씀하신다.

3. 주석

7절에서 언급된 "돈"은 주조된 "돈"으로는 볼 수 없다. 왜냐하면 주조된 돈은 주전 7세기 까지는 만들어지지 않았기 때문이다.[716] 아마 돈으로 사용되었던 어떤 물질이나 은을 가리킨 것으로 이해된다. 봉적이란 말은 도적을 만남'을 뜻한다. '물품'은 히브리어로 케림(כֵּלִים)을 뜻하는데 도구나 가구 뿐 만이 아니라, 옷이나 장식품도 뜻한다(신 22:5, 사 61:10). 갑절로 배상하라는 것은 앞서 4절에서 말한

---

716) Kaiser, Jr., *Exodus, The Expositor's Bible Commentary*, vol.2, p. 437.

것과 일치되는 변상 비율이다.

8절은 맡겨놓은 물건을 잃어 버렸을 때에는 먼저 도적을 찾아보아야 한다. 그러나 도적이 발견되지 않을 경우에는 물건을 맡은 사람이 도적의 의심을 받게 되므로 그가 하나님 앞에 와서 그가 결백한지 혹은 그렇지 않은지를 검증 받아야 한다. 헬라어 70인역 성경은 여기서 하나님 앞에서 결백의 맹세를 한다는 생각을 첨가시킨다. 물건을 보관 맡은 사람이 하나님 앞에서 맹세하려 하느냐 혹은 하지 않느냐가 그의 결백 여부를 결정짓는 것으로 생각한다.

덜함(Durham)은 히브리어 맛소라 원문성경이 뜻하는 것은 위의 70인역의 의도와는 다르다고 한다. 히브리어 원문성경에서 "그 집 주인이 하나님 앞에 가서 …"라고 말하는 데 이렇게 하나님 앞에 간 목적은 그 지방 예배처나 성소에 가서 도적맞은 사건에 대한 하나님의 말씀(oracle)을 듣기 위해서라고 한다. 아마 우림과 둠밈같은 제비 뽑는 방법 등이 하나님의 뜻을 찾는 방법으로 사용되었을 것이라고 한다.[717)]

그러나 카일과 델리취(Keil and Delitzsch)는, 덜함(Durham)과는 약간 달리, 하나님의 뜻을 묻기 위해 성소에 갔다기보다는, 재판장에 간 것으로 이해한다. 이런 주장은 이미 출 21:6에서 분명히 제시 되어졌다. 카일과 델리취(Keil and Delitzsch)는 법정에서 물품 보관을 맡았던 사람이 맡겨진 물품을 부당하게 자기 것으로 취했다고 의심하는 것에 대해 맹세하여 결백을 입증했을 것으로 해석한다. 이렇게 물품을 보관 맡았던 사람의 결백이 입증되면 그는 잃어버린 것에 대해 변상하지 않았으며, 그 잃은 물건의 주인이 그 손해를 입었을 것으로

---

717) Durham, *Exodus, Word Biblical Commentary*, vol. 3, p. 326.

보인다.[718]

9절의 "어떠한 과실에든지" 라는 것은 ' 어떤 과실 혹은 허물에든지' 라는 뜻이다. 과실로 번역된 히브리어는 "페샤아"(פֶּשַׁע)이다. 이 히브리어 단어는" 죄(transgression), 죄책, 죄의 형벌, 죄를 위한 제물"등을 뜻한다. 문맥에서 이 단어는 어떤 사람이 보관된 재물이나 분실된 재물을 발견하여 은밀히 부정직하게 자기 소유로 취한 것을 가리킨다.[719] 재판장은 히브리어 원어성경에서 "엘로힘"(אֱלֹהִים), 곧 "하나님" 으로 표현이 되어있다. 물건을 맡겼는데 잃어버렸거나 혹은 물건 주인이 갖고 있다가 그 물건을 잃었을 경우 어떤 사람이 그 물건을 가지고 있음으로 분쟁이 발생하면 두 사람 모두를 재판장 앞에서 판결 받게 했다. 그리하여 죄 있다고 판결 받은 자가 상대편에게 갑절로 배상하라고 한다.

10절에 쓰인 '몰려가다' 는 '억지로 쫓기어가다' 를 의미한다. 이것의 히브리어는 니쉬바(נִשְׁבָּה)로서 '니팔' 수동형이다. 즉 "포로로 잡혀가다" 혹은 "강제로 사로 잡혀가다"를 뜻한다. 보관 맡은 자 외에 아무도 보지 않았는데 맡은 동물이 죽거나 상하거나 약탈자들에게 빼앗겼다면 여호와 앞에 가서 자기가 손을 대지 않았다고 맹세하면 보관을 맡긴 주인도 그 말을 믿을 것이며, 보관 맡은 자는 배상하지 않아도 된다.

12절은 보관 맡은 자는 자기가 맡은 것이 도적맞지 않도록 지킬 의무가 있는데 그것을 지키지 못하고 도적을 맞았을 때는 그 주인에게 배상하라고 한다. 13절이 말한 경우는 맡겨진 동물을 지키다가 맹수

718) Keil and Delitzsch, *Biblical Commentary on the Old Testament*, vol. 2, *The Pentateuch*, pp. 138f.

719) 상게서, p. 139.

가 와서 물어가려고 하여 맹수와 싸웠으나 맡겨진 동물을 빼앗겼을 경우이다. 이때는 보관 맡은 자가 최선을 다했음이 입증되므로 배상하지 말라고 한다.

4. 설교 및 교훈 자료

7절: 보관업무 맡은 자의 정직과 성실함에 대한 강조

다른 사람의 물건을 보관하는 책임을 맡은 자는 정성껏 그 물건을 지켜야한다. 물건 맡은 자가 그것을 어떤 경우에라도 자기 마음대로 사용하거나 취해서는 안 된다. 한국교회사의 큰 부흥운동은 1907년 평양 장대현 교회에서 시작되었다. 그때 그 교회 담임 목사님인 길선주 목사님이 은혜를 받고 "내가 친구의 재산을 처리하여 주면서 100원을 도적질 하였습니다. 오늘 밤에 찾아가서 갚아 주겠습니다" 고 회개하였다. 그때 온 교인이 회개하였고, 집회가 두 주간 연속하면서이 회개의 불길이 한국교회를 오순절 운동으로 이어 가게 하였다.[720] 이 회개 운동은 나중에 학교에도 번졌다. 평양의 숭덕학교에서 김찬성 교사가 기도회를 인도하는데 300명의 학생이 죄를 깨닫고 통회했으며, 숭실 전문학교 학생들도 회개의 영을 받았다.[721]

[14절-15절]

다른 사람의 물건을 빌려 온 자의 윤리

14. 만일 이웃에게 빌어온 것이 그 임자가 함께 있지 아니할 때에 상하거나 죽으면! 반드시 배상하려니와, 15. 그 임자가 그것과 함께 하였으면 배상하지 않을지며 세 낸 것도 세를 위하여 왔은즉 배상하지 않을지니라.

720) 이용걸, *출애굽기 강해(하)*, pp. 50f.

721) 김영재, *한국 교회사* (서울: 개혁주의신행협회, 1992), p. 115.

1. 본문의 원전 설명

14절: [1] "죽으면." 이 단어에 헬라어 70인역은 "사로잡혀가게 되면"이 첨가되어 있다. 그러면 본문은 다음과 같이 된다. "… 상하거나 죽거나 사로잡혀가게 되면 …."

2. 본문 내용 개요

이웃으로부터 물건을 빌려 왔는데 사고나 죽음이 발생했을 때 빌려 온자가 빌려 준 자에게 행해야할 규례

3. 주석

다른 사람의 물건을 빌린 자는 그 물건에 가능한 한 아무런 손상도 입히지 않도록 해야 한다. 그러나 어떤 사람은 빌려온 물건을 터무니없이 오랫동안 갖고 있거나, 손상을 입히지 않으려고 애쓰기 보다는 오히려 자기 것이 아니라고 함부로 쓰는 사람이 있다. 이러한 태도는 버려야한다. 그리고 빌려온 물건에 손상을 입혔을 경우에는 변상을 해야 한다. 어떤 사람은 돈을 빌려 쓰고서도 갚지 않는 사람이 있다. 이런 사람은 정직하지 못한 사람으로서 천국시민으로 합당치 못한 자이다. 시편 저자는 말하기를, "악인은 꾸고 갚지 아니하나 의인은 은혜를 베풀고 주는도다(시 37:21)" 라고 했다..

[16절-17절]

처녀와 동침했을 경우 취할 규례

16. 사람이 정혼하지 아니한 처녀를 꾀어 동침하였으면 빙폐를 드려 아내로 삼을 것이요, 17. 만일 그 아비가 그로 그에게 주기를 거절하면 그는 처녀에게 빙폐하는 일례로 돈을 낼지니라

1. 주석

16-17절은 약혼하지 않은 처녀를 꾀어 동침했을 경우에 대한 말씀이다. 이런 경우에 처녀를 유혹한 사람은 그 처녀의 아버지에게 결혼 값을 지불하고 결혼하게 한 것이다. 이런 결혼 값은 젊은 처녀를 다른 가정으로 보내므로 손실을 입게 되는 가정에 대해 보상하는 방법이었다.[722] 만약 처녀의 아버지가 죽었을 경우에는 결혼 값이 처녀 자신에게 돌아갔을 것이라 한다.[723] 그러나 처녀의 아버지가 자기 딸을 욕보인 사람이 자기 딸에게 합당한 신랑감이 아니라고 딸 주기를 거절할 때도 그는 처녀의 아버지에게 벌금으로서 그 결혼 값과 같은 액수의 금액을 지불해야 한다. 한글 개역성경에서 "빙폐"라 한 것은 결혼할 신랑이 신부의 아버지에게 공경하는 뜻으로 보내는 예물, 곧 지참금을 가리킨다. 여기서 "빙폐"라 번역된 히브리어 "모하르"(מֹהַר)는 이곳을 포함해 성경에서 세 번 사용된다(창 34:12, 삼상 18:25). 이 지참금의 액수는 처녀 아버지의 요구에 따라 달라질 수 있고(창34:12), 가족의 사회적 신분에 따라 달라질 수 있다.(삼상 18:23).

신명기에 보면 어떤 남자가 약혼하지 아니한 처녀와 통간하여 발견되었을 경우에는 그 여자와 결혼해야하며 그 처녀의 아버지에게

722) Durham, *Exodus, Word Biblical Commentary*, vol. 3, p. 327.

723) de Vaux, *Ancient Israel*, vol. 1(New York: McGraw-Hill Book Co., 1965; first McGraw-Hill paperback edition). pp. 26f.; 참고, 상게서.

은 50세겔의 결혼 값을 주라고 한다(신 22:29). 여기서 50세겔은 벌금을 포함한 지참금이었기 때문에 보통의 결혼 값보다는 약간 많았을 것으로 생각된다.[724)]

2. 설교 및 교훈 자료

오늘날은 성적으로 복잡하고 개방된 사회이다. 그러나 위의 16-17절의 말씀은 이성문제 있어서 깨끗하고 자기의 행동에 책임을 져야 함을 가르쳐 준다. 남자가 정혼하지 않은 처녀와 동침하면 처녀의 아버지가 반대하지 않는 한 그 여자와 결혼해야하고 평생 동안 그녀를 버리지 않아야 한다(신 22:29). 그리고 그는 처녀와 결혼을 하든, 안하든 그 처녀의 아버지에게 50세겔을 내야 한다. 하나님은 음행하는 자들과 간음하는 자들을 심판 하실 것이라고 히브리서 저자는 경고한다(히 13:4). 요셉은 간음죄를 하나님께 큰 악을 행하는 죄라하며 그를 유혹하는 보디발의 아내 앞에서 도망했다(창 39:9ff.). 다윗은 우리아의 아내 밧세바와 간음한 후, “대저 나는 내 죄과를 아오니 내 죄가 항상 내 앞에 있나이다” 고 자복하며 회개한다(시 51:3).

[18절-20절]

우상숭배 자와 짐승과 행음한 자에 대한 형벌

18. 너는 무당을 살려 두지 말지니라. 19. 짐승과 행음하는 자는 반드시 죽일지니라. 20. 여호와 외에 다른 신에게[1] 희생을 드리는 자는 멸할지니라

1. 본문의 원전 설명

---

724) 참고, 상게서, p. 26.

20절: 1 "다른 신에게." 이 문구는 히브리어 원문성경에 보면 "다른"이란 단어가 없다. 그러면 히브리어 원문성경의 "엘로힘"(אֱלֹהִים) 이 장엄하신 하나님을 가리키는 복수형의 단수명사가 아니라, 문맥을 볼 때, 여러 신들을 가리키는 복수명사로 이해해야 한다. 이런 문맥의 뜻을 분명하게 해주기 위해 사마리아 오경은 한글 개역성경처럼 "다른"이란 수식어를 본문에 삽입하고 있다.

2. 주석

18절은 무당을 살려두지 말라고 하신다. 무당은 히브리어로 메카쉬쉐파(מְכַשֵּׁפָה)이다. 이 단어는 마술을 행하는 사람, 즉 마술사를 뜻한다. 이 마술사(혹은 마법사)는 하나님의 힘을 의지하는 것보다 다른 신의 힘을 의지하여 장래 일을 예언하거나 기적의 일을 가끔 행하는 우상숭배자 이므로 죽이라고 한다.

19절에서 짐승과 행음하는 자는 반드시 죽이라고 하신다. 짐승과 행음하는 것은 가나안 땅에 살던 토착인들 가운데 행한 악습이었고 고대 이집트 사람들도 동물과 행음하는 자들이 있었다.[725] 이렇게 동물과 행음하는 것은 하나님의 창조 원리에 어긋난 행위로서 창조의 질서를 파괴한 것이다. 하나님께서 창조하신 후 사람들에게 남자와 여자가 한 몸을 이루는 성관계를 갖게 하시고, 한편 땅에 움직이는 모든 생물을 다스리라 하셨는데 이런 인간의 특권과 존엄성을 포기하고 짐승과 교합하는 행위는 하나님의 창조명령을 거역하는 것이다. 그런데 동물과의 행음은 단순한 인간의 왜곡된 성행위에서 나올 뿐

---

725) Gispen, *Bible Student's Commentary, Exodus*, p. 222.

만이 아니라, 마술과 관련이 있는 일종의 우상숭배에서 나오기도 한다. 예를 들면, 우가릿 시에서 바알 신이 지하 세계의 왕인 모트(Mot)의 계획에 의해 죽게 되었는데 그 죽음으로부터 마술적으로 구원받기 위해서 암소와 성관계를 가졌다고 한다. 그리고 길가메쉬 서사시(epic)에 보면 여신인 이쉬타르(Ištar)가 여러 동물들과 성관계를 가졌다고 묘사된다.[726] 이렇게 신적 능력이 있는 것으로 믿어졌던 동물과 행음하는 자는 우상숭배에서 나온 행음이므로 그런 행음하는 자를 반드시 죽이게 했다.

4. 설교 및 교훈 자료

18절: 우상숭배에 대한 형벌

점을 치거나 무당을 불러 굿을 하는 것은 하나님이 아닌 다른 신의 능력을, 즉 우상의 능력을 구하는 죄임을 알고 그런 유혹에 빠지지 말아야한다. 예수님을 믿는다고 하면서도 부적을 사서 품속에 넣고 다니거나, 사주를 본다거나, 돼지머리를 갖다놓고 고사를 지낸다면 그것은 하나님의 주권을 인정하지 않는 불신앙의 행위이다. 이런 불신앙적인 행동은 자기를 더럽히며, 하나님의 크신 진노를 촉발하는 죄임을 알아야한다(레 19:31; 20:27).

[21절-27절]

가난한 자와 외롭고 힘없는 자에 대한 배려

21. 너는 이방 나그네를 압제하지 말며 그들을 학대하지 말라 너희도 애굽 땅에서 나그네이었었음이니라. 22. 너는 과부나 고아를 해롭게 하지

726) Cassuto, *A Commentary on the Book of Exodus*, p. 290.

> 말라. 23. 네가 만일 그들을[1] 해롭게 하므로 그들이 내게 부르짖으면 내가 반드시 그 부르짖음을 들을지라. 24. 나의 노가 맹렬하므로 내가 칼로 너희를 죽이리니 너희 아내는 과부가 되고 너희 자녀는 고아가 되리라. 25. 네가 만일 너와 함께한 나의 백성[2] 중 가난한 자에게 돈을 꾸이거든 너는 그에게 채주같이 하지 말며 변리를 받지 말 것이며, 26. 네가 만일 이웃의 옷을 전당 잡거든 해가 지기 전에 그에게 돌려 보내라. 27. 그 몸을 가릴 것이 이뿐이라 이는 그 살의 옷인즉 그가 무엇을 입고 자겠느냐 그가 내게 부르짖으면 내가 들으리니 나는 자비한 자임이니라

1. 본문의 원전 설명

23절: [1] "그들을." 여기 복수 대명사를 맛소라 히브리어 원문성경은 단수 대명사, "그를"로 표현하고 있다. 그러나 헬라어 70인역, 페쉬타역, 벌게이트역 등은 앞절에 두 개의 선행 단어들이 있기 때문에 복수대명사 "그들을" 취한다.

25절: [2] "나의 백성." 이 단어대신 헬라어 70인역은 "형제"(τῷ ἀδελφῷ)로 읽는다.

2. 본문 내용 개요

이방 나그네와 고아와 과부를 학대하거나 해롭게 하지 말고, 특히 이스라엘의 가난한 자에게 돈을 꾸어주었을 때는 이자를 받지 말라고 하신다.

3. 주석

21-24절에서 외롭고 힘없는 자는 두 종류로 언급된다. 곧, ① 이방

나그네, ② 고아와 과부이다. 이방 나그네는 특별히 이스라엘 사람들이 이집트 땅에서 나그네 되었을 때를 생각하며 그들을 관대히 대해주며 억압하거나 괴롭히지 말라고 한다. 또한 고아나 과부가 힘이 없다하여 그들의 마땅한 권리를 빼앗거나 불이익을 당하지 않도록 하라는 것이다. 이방 나그네는 타 지역 사람이며 외로운 사람이다. 법적 권리를 보장받을 수 없는 사람이다. 하나님은 이런 사람을 도와주라고 하신다. 신약에서 히브리서 저자는 "형제 사랑하기를 계속하고, 손님 대접하기를 잊지 말라. 이로써 부지중에 천사들을 대접한 이들이 있었느니라"(히 13:1-2)고 말씀한다. 이 구절은 구약에서 아브라함이 나그네 세 사람을 보고 그들을 영접하여 쉬어가게 하고 버터와 우유와 고기와 떡을 주어 정성껏 대접했는데, 나중에 알고 보니 그들은 인간 나그네들이 아니고 천사들 이였으며 그 세 천사들 가운데 한분은 주님이셨다. 이러한 사랑에 넘친 나그네 대접 후 아브라함은 그의 아내 사라가 아들을 낳게 된다는 축복을 받게 되었다(창 18:1-15).

25절-27절은 가난한 자에게 돈을 꾸어준 경우에는 이자를 요구하여 괴롭히지 말라는 말씀이다. 또한 가난한 자가 돈을 꾸면서 그의 겉옷을 저당 잡히고 꾸어 갔으면 그것을 해지기 전에 돌려주어 추운 밤에 덮고 잘 수 있게 하라고 한다. 이스라엘 지역이 낮에는 덮지만 밤에는 춥다. 특별히 겨울철인 11-12월은 더욱 춥다. 그리고 옛날 이스라엘 사람들의 겉옷은 사각형 모양의 큰 베 조각 이었다. 그것을 낮에는 걸치고 다니고 밤에는 덮고 잤다. 그러나 너희가 가난한 자들을 학대하고 착취하므로 그들이 견딜 수 없어 하나님께 억울함을 호소할 때 하나님은 그들의 기도를 들어 너희를 징벌하실 것이라 한다. 왜냐하면 하나님은 힘없는 자를 보호하시고 사랑하시는 자비의 하나님이시기 때문이라 한다. 여기서 하나님은 "자비한 자 임이니라"는 말씀은 언약 공동체의 힘없고 무방비 상태의 구성원들과 관계를 갖는데 있어서 부자나 권력자들이 따라야 할 "지침원리"로 이해 할 수 있다.[727]7

4. 설교 및 교훈 자료

1) 21-27절: 가난하고 외롭고 힘없는 자의 보호자이신 하나님

하나님은 가난하고 외롭고 힘없는 자의 친구요 보호자요 후원자이시다. 하나님은 가난한 자, 과부, 고아에게 한 행동을 하나님 자신에게 한 행동처럼 간주하고 보응할 것을 가르쳐준다. 세상법이 고아나 과부나 가난한 자의 편에 서지 않을 지라도 하나님이 그들 편에 서서 그들의 호소를 듣고 그들의 학대자나 억압자를 벌할 것이라 하신다(참고, 마 25:31-46).

2) 25-27절: 가난한 자에게 돈을 빌려준 경우

하나님께서 택한 이스라엘 사람들은 서로 형제이기 때문에 가난한 자에게 돈을 빌려주게 될 때에 그를 도와주는 마음과 너그럽고 인정이 넘치는 마음이 있어야한다. 돈이 없는 이웃을 무시하고 가혹히 다루거나 그에게 이자를 받아 돈을 벌려고 해서 그가 너무 고통스러워 하나님께 호소하면 하나님께서 가혹히 다룬 자를 벌하실 것이라고 한다. 그러므로 성경에서 가르쳐주는 것은 부자는 가난한 자에게 돈을 꾸어줄 때 도와주는 심정으로 꾸어주어야지 변리를 받아 부자 되려는 심정으로 해서는 안 됨을 가르쳐준다. 이러한 법을 하나님의 자녀들이 서로 지킬 때 사회는 사랑과 인정이 넘치는 평화로운 세계가

727) Durham, *Exodus, Word Biblical Commentary*, vol. 3, p. 329.

될 것이다.

[28절-31절]

하나님과 백성의 지도자를 존경할 것.

28. 너는 재판장을[1] 욕하지 말며 백성의 유사를 저주하지 말지니라. 29. 너는 너의 추수한 것과 너의 짜낸 즙을 드리기에 더디게 말지며 너의 처음 난 아들들을 내게 줄지며, 30. 너의 소와 양[2]도 그 일례로 하되 칠 일 동안 어미와 함께 있게 하다가 팔 일 만에 내게 줄지니라. 31. 너희는 내게 거룩한 사람이 될지니 들에서 짐승에게 찢긴 것의 고기를 먹지 말고 개에게[3] 던질지니라

1. 본문의 원전 설명

28절: 1 "재판장." 이 단어는 히브리어 원문성경에서는 "하나님"으로 되어있다. 그러나 한글 개역성경의 번역자가 문맥에서 하나님의 권위에 의해 하나님의 이름으로 재판하는 재판장을 가리키는 것으로 이해하여 "재판장 '이라 번역한 것이다.

30절: 2 "소와 양." 이 문구에 헬라어 70인 역은 "그리고 너의 짐 나르는 짐승"(καὶ τὸ ὑποζύγιόν)이란 문구를 첨가하고 있다.

31절: 3 "개에게." 이 단어 대신 사마리아 오경에 따르면 שלך동사의 분사 독립형(השלך)이 쓰여 있어 본동사 "던지다"란 동사의 의미를 강조하고 있다.

2. 본문 내용 개요

하나님과 통치자에 대해 욕하지 말고 추수한 것, 짜낸 즙, 처음난 아들을 하나님께 바치라 하며 들에서 짐승에게 찢긴 것의 고기를 먹

지 말라하신다.

3. 주석

28절의 재판장은 앞서 본문원전 설명에서 언급한대로 히브리어 원문성경에서는 엘로힘(אֱלֹהִים)이다. 히브리 원문의 출애굽기 22:8, 9에서 문맥상 재판장을 가리킬 때 두 번이나 하나님(אֱלֹהִים)이라고 표현했다고 이해하기 때문에, 여기 28절에서도 개역성경은 재판장이라고 의역하고 있다. 그러나 카일과 델리취(Keil and Delitzsch)는 28절에서 "엘로힘"(אֱלֹהִים)은 요셉푸스(Josephus)나 필로(Philo)가 생각한 것처럼 다른 민족들의 신들을 뜻한 것도 아니고, 옹켈로스(Onkelos)가 생각한 지배자들을 뜻한 것도 아니며, 단순히 하나님을 뜻한 것이라고 주장한다.[728] 카쑤토(Cassuto)역시 28절에서 "엘로힘"((אֱלֹהִים)은 하나님을 뜻하는 것으로 해석한다.[729] 중요한 영어성경들인 RSV, NASB, NIV 도 하나님(God)으로 번역하고 있다. 출애굽기 22장 28절 이하에서, 즉 29-30절에서 하나님께 드리기 위해서 추수한 것과 처음난 자식이나 짐승을 언급한 것을 보아 28절에서도 재판장보다 하나님을 뜻하고 있는 것으로 생각된다.

"하나님을 욕하지 말라"에서 "욕하다"로 번역된 히브리어 원문성경의 단어는 "테칼렐"(תְקַלֵּל)이다. 이 단어는 "욕하다" 외에 "저주하다, 모독하다, 불손한 언사를 쓰다" 등이다. 카쑤토(Cassuto)에 의하면, "테칼렐"(תְקַלֵּל)은 단순히 말로 하나님을 경시하고 명예를 더럽

---

728) Keil and Delitzsch, *Biblical Commentary on the Old Testament*, vol. 2, *The Pentateuch*, p. 143.

729) Cassuto, *A Commentary on the Book of Exodus*, p. 293.

히지 말라는 뜻이 아니라, 하나님의 영광을 가리는 모든 말이나 행동을 하지 말라는 뜻이다.[730] 카일과 델리취(Keil and Delitzsch)는 하나님을 멸시하는 것은 여호와를 공개적으로 훼방하는 말을 하는 것뿐만 아니라, 28장에서 하나님이 명령하는, 곧 가난한 자들을 학대하지 말며 그들이 받아야 할 것을 주라는 하나님의 명령을 무시하는 것도 하나님을 멸시하는 것임을 지적한다.[731]

29절도 28절같이 하나님을 경배하며 섬기는 것과 관련된 말씀이다. 여기서 "너의 추수한 것"은 히브리어 원문성경대로 번역하면 "너의 풍성함"(your fullness)"이다. 이는 땅이 생산한 풍성한 곡물을 가리킨다. "너의 짜낸 즙"은 히브리어 원문성경대로 번역하면 "너의 즙"이다. 즙의 히브리어 "데마"(דֶּמַע)는 "흐르는 눈물이나, 뚝뚝 떨어지는 즙"을 뜻한다. 그러므로 여기 29절에서 "너의 즙"은 포도주나 기름같이 손이나 기계로 짜서 만들어 낸 액체를 가리킨다. 이렇게 땅이 생산해준 산물들을 아까워하거나 게을러서 하나님께 바치기를 더디게 하지 말라고 하신다. 이 명령은 많은 사람들이 하나님께 바치기를 마지못해하는 일반적인 습성을 알고 하시는 것으로 보인다.

29절 하반절에서 이스라엘 자손들 중에 처음 난 아들들을 하나님께 바쳐야 됨을 말씀하신다. 그러나 처음 난 아들들은 속전의 돈을 제사장에게 지불하여 혹은 처음난 아들 한 사람을 위해 레위족 한 사람이 대신 하나님을 섬김으로 하나님께 바쳐지지 않을 수 있었다(출 13:13; 민 3:40-51).[732]

---

730) 상게서

731) Keil and Delitzsch, *Biblical Commentary on the Old Testament*, vol. 2, *The Pentateuch*, p. 143.

732) Kaiser Jr., *Exodus, The Expositor's Bible Commentary*, vol.2, p. 440.

30절은 소와 양의 처음 난 것도 하나님께 드리되 7일 동안 어미와 함께 있게 한 후 팔일 만에 하나님께 드리라고 하신다. 완전한 일주일을 어미와 있게 하여 조금 자란 후에 하나님께 드리게 한 것이다. 단지 7일도 못된 새끼는 너무 적어 다루기 힘들기 때문인 것으로 보인다. 또한 로우린손(Rawlinson)은 칠일 동안 처음 난 새끼를 어미와 함께 있게 한 목적은 어미가 새끼에게 칠 일 동안 젖을 먹게 하여 자연적인 위안을 그 어미가 갖게 하려는 것이라고 설명한다.[733]

31절 "너희는 내게 거룩한 사람이 될지니 들에서 짐승에게 찢긴 것의 고기를 먹지 말고 개에게 던질지니라." 이스라엘 백성은 세상의 많은 백성 중에 구별되어 하나님께 바쳐진 거룩한 백성이므로 고귀한 삶을 살기를 요구하신다. 그런데 다른 짐승에게 찢겨 죽은 짐승은 하나님의 거룩한 백성이 먹어서는 안 되는 부정한 고기임을 가르쳐준다. 카이져(Kaiser Jr.)는 그 고기가 부정한 이유를 다음 두 가지로 제시 한다: (1) 그 찢어 죽인 동물들이 부정하고, (2) 그 찢겨 죽은 동물도 그 피가 그 동물의 근육조직들에 남아있어서 그 동물을 부정하게 만들기 때문이란 것이다. 그리하여 백성이 그 고기를 먹는 대신 그 고기를 개에게 던져주라고 하신다.

4. 설교 및 교훈 자료

29절: 하나님께 드릴 제물

하나님께 드려야 할 것을 인색하게 또는 무성의 하게 드리지 말 것

733) H. Spence and Joseph S. Exell, eds., *The Pulpit Commentary. Exodus,* vol. 2, *Exposition and Homiletics* by George Rawlinson, p. 192.

을 가르쳐준다. 그리고 하나님께 바칠 때 더디게 드리지 말라고 하신다. 이는 사탄이 유혹하여 바치는 일을 중단케 하거나 적게 바치게 하지 않도록 하려는 것이다. 우리는 하나님께서 물질보다 바치는 마음을 보심을 명심해야한다. 말라기 선지자는 3:10에서 온전한 십일조를 바친 자에게 여호와께서 하늘 문을 열고 복을 쌓을 곳이 없도록 부어주실 것을 약속하셨음을 가르쳐준다.

[출애굽기 23장]

[1절-9절]

타인의 권리를 침해하지 말라

1. 너는 허망한 풍설을 전파하지 말며 악인과 연합하여 무함하는 증인이
되지 말며, 2. 다수를 따라 악을 행하지 말며 송사에 다수를 따라 부정당
한 증거를 하지 말며, 3. 가난한 자의 송사라고 편벽되이 두호하지 말지
니라. 4. 네가 만일 네 원수의 길 잃은 소나 나귀를 만나거든 반드시 그
사람에게로 돌릴지며, 5. 네가 만일 너를 미워하는 자의 나귀가 짐을 싣
고 엎드러짐을 보거든 삼가 버려 두지 말고 그를 도와 그 짐을 부리울지
니라. 6. 너는 가난한 자의 송사라고 공평치 않게 하지 말며, 7. 거짓 일을
멀리하며 무죄한 자와 의로운 자를 죽이지 말라 나는[1] 악인을[2] 의롭다 하
지 아니하겠노라. 8. 너는 뇌물을 받지 말라 뇌물은 밝은 자의 눈을[3] 어둡
게 하고 의로운 자의 말을 굽게 하느니라. 9. 너는 이방 나그네를 압제하
지 말라 너희가 애굽 땅에서 나그네 되었었은즉 나그네의 정경을 아느니
라

1. 본문의 원전 설명

7절: [1] "나는." 여기 일인칭 "나는" 대신 헬라어 70인역 성경은 "그리고 너는" 으로 되어있다.

7절: [2] "악인을." 이 단어 후에 헬라어 70인역은 "뇌물 때문에" 가 첨가되어 있다. 그러므로 헬라어 70인역에 의하면 7절 하반 절이 "… 그리고 너는 악인을 뇌물 때문에 의롭다 하지 말라" 이다.

8절: [3] "밝은 자의 눈을." 이 구절에서 히브리어 원문성경을 보면, "눈" 이란 단어는 번역상 첨가된 것이고 히브리어 원문성경을 문자대로 번역하면 "시력이 좋은 사람들을" 이다. 그러나 문맥상 뜻을 보다

분명히 하기위해 사마리아 오경, 헬라어 70인역, 벌게이트 역은 "눈" 이란 단어를 첨가하고 있다.

2. 본문 내용 개요

법정에서 약한 자 가난한 자의 의를 굽히는 증거를 하지 말라고 하며 그 반대로 가난한 사람이라고 그를 불의하게 두둔하지 말고 원수에게 선을 행하며 이방 나그네를 압제하지 말고 뇌물을 받지 말라고 하신다.

3. 주석

1절에서 "허망한 풍설"은 근거 없는 헛된 말로써 다른 사람을 해롭게 하는 소문을 뜻한다. "악인과 연합하여"란 악한 자 편에서 돈이나 폭력이나 권력으로 법정에서 거짓 증인이 되어 주기를 청하거나, 법원이 우리에게 법정에서 어떤 사건에 대해 증인이 되어 주기를 요청하면 악한 편, 즉 거짓 주장을 하는 사람 편에 서서 그를 돕는 증인이 되어 선한 사람을 패하게 하지 말라는 것이다. 잠언 저자는 "거짓 증인은 벌을 면치 못할 것이요 거짓말을 내는 자도 피치 못하리라"고 말한다(19:5, 9). 더 나아가 "거짓 증언은 패망한다"고 말한다(21:28).

"무함"(誣陷)이란 없는 사실을 꾸며서 남을 못된 구렁에 빠지게 함을 뜻한다. 남에게 해를 주는 거짓 소문을 퍼트리는 것은 남의 명성을 도적질하는 것이다. 남의 추문이나 욕된 사건을 그 내용의 사실 여부를 확인하지 않고 계속 퍼트려서 그 사람의 명예와 인생을 망치게 한 사람은 장차 하나님의 심판을 면치 못할 것이다. 옛 속담에 돌이 킬 수 없는 것 3가지가 있다. ① 쏘아버린 화살, ② 놓쳐버린 기회, ③ 이미 해버린 말이다. 세익스피어의 4대 비극 중의 하나인 오델로에 이런 말이 있다. "나의 좋은 명성을 훔쳐간 사람은 그것으로 자신을 부요하게 만들지 못하지만 그의 행위는 나를 참으로 가련하게 만든다".[734]

2절은 많은 사람이 그들의 견해나 행동에 있어서 잘못된 방향으로 나갈 때 그들을 좇지 말라는 것이다. 그들이 다수의 사람들이라 할지라도 그들과 같이 하지 말고 바른 쪽에 서도록 가르친다. 특별히 법정에서 증언을 할 때 다수의 사람들이 잘못된 증언을 한다고 하여 그들을 따라서 거짓 증언하지 말고 바른 증언을 하라고 한다. 믿는 사람이 이렇게 행하려면 용기와 인내가 필요하다. 우리 인간의 힘을 의지하지 말고 성령님께 의지하며 많은 불의한 세력들 앞에서 어떻게 말할 것인가를 알려 주시길 기도하며 담대히 법정에서 비록 소수일 찌라도 의로운 자들이 승리하도록 도와주어야한다. 예수님은 우리가 사람들 앞에서 말하려 할 때 염려하지 말라 하신다. "사람들이 너희를 끌어다가 넘겨줄 때에 무슨 말을 할까 미리 염려치 말고 무엇이든지 그 시에 너희에게 주시는 그 말을 하라. 말하는 이는 너희가 아니요 성령이시니라"(막 13:11).

3절은 재판을 할 때 공정성을 잃고 부자 편에 서서는 안 된다는 것을 말한다. 또한 가난한 자를 동정해서 재판의 공정성을 잃어서도 안 된다. 언제, 어디서나 정의를 좇아 행동해야만 한다. 레위기 19:15은 "너희는 재판할 때에 불의를 행치 말며, 가난한 자의 편을 들지 말며, 세력 있는 자라고 두호하지 말고 공의로 사람을 재판할" 것을 강하게

---

734) 참고, William Barclay, *The Ten Commandments for Today*, p. 190.

말씀한다.

4절과 5절은 개인적인 적개심이나 미움이 악한 행동을 유발하지 않도록 가르쳐준다. 이스라엘 사람은 그의 원수의 짐승이 길을 잃고 헤매는 것을 볼 때 그 짐승을 주인에게 데려다 주라고 한다. 또한 미워하는 자의 나귀가 짐을 싣고 엎드려진 것을 보았을 때 그 나귀를 도와서 짐을 부리고 일어나도록 해주라고 한다. 잠언 저자는, "네 원수가 넘어질 때에 즐거워하지 말며 그가 엎드려질 때에 마음에 기뻐하지 말라, 여호와께서 이것을 보시고 기뻐 아니하사 그 진노를 그에게서 옮기실까 두려워하라"(24:17-18).)고 말씀한다. 위의 말씀은 우리의 친구나 사랑한 자의 짐승에게 하는 것처럼, 원수나 미워하는 자의 짐승에게도 하라고 한다.

5절에서 "버려두지말고"란 원수나 미워하는 자의 짐승이 짐에 억누름을 당하는 것을 보고 스스로 문제를 해결하라는 식으로 그냥 놔두고 가지 말라는 것이다. 이러한 곤경에 있는 원수를 버려두고 가버리는 태도는 결코 하나님의 뜻에 맞지 않는 하나님의 심판의 대상임을 가르쳐준다.

6절의 "가난한 자"는 히브리어 원문 성경에서 "에브욘"(אֶבְיֹן)이다. 이 히브리어의 어원을 분석하며 카쑤토(Cassuto)는 "에브욘"(אֶבְיֹן)이 보통 "가난한자"를 가리키지만 여기서는 "가난한 자"를 뜻하지 않고, "에브욘"(אֶבְיֹן)의 동사원형 "אבה)"가 의미하는 "거절하다, 싫어하다"에서 연유된 "원수" 혹은 "반대자"를 뜻하는 것으로 해석한다. 본문에서 이 해석을 지지하는 것은 이미 3절에서 "가난한 자"에 대해서 언급했기 때문에 6절에서 다시 "가난한 자"에 대해 언급할 필요가 없다는 것이다. 그리고 "에브욘"(אֶבְיֹן)이 본문에서 인칭어미 "너"(your)를 갖고 있는데 "너의 가난한 자"라 번역하는 것보다 "너의 원수"라 번역할 때 바로 앞의 4절과 5절의 두 훈계들과 연계성을 나타내며 본문에 더 적합하다고 한다.[735] 그러나 덜함(Durham)은 1-3절에서는 "증인"에게 한 말이고, 한편 6-8절은 재판관에게 한 말이므로 3절과 6절에서 "가난한 자"를 어떻게 증인이(3절) 그리고 재판관이(6절) 대해야 하는가를 말해도 필요 없는 반복이라고 생각되지 않음을 시사한다.[736]

7절의 명령은 재판장에게 주신 말씀인 것으로 보인다. 앞서 1절에서는 증인에게 비슷한 명령을 말씀했다. '거짓일'은 '거짓 고소'를 뜻한다고 볼 수 있다.[737] 거짓일, 곧 거짓 고소를 멀리하여 죄 없는 자 혹은 의로운 자를 사형선고 받게 하지 말라고 한다.

"나는 악인을 의롭다 하지 아니하겠노라" 여기서 "나"는 여호와이시다. "악인"은 문맥을 보아 "무죄한 자"나 "의로운 자"를 죄 있다고 선고하여 죽게 한 재판관을 가리킨다. 여호와는 이런 악을 행한 재판관을 결코 의롭다하지 않으시고 벌하실 것을 가르쳐 주신다.[738]

8절은 뇌물을 받지 말라는 명령이다. 이것은 재판장에게 주시는 명령이다. 재판장은 뇌물을 받지 말라고 한다. 뇌물은 하나님의 뜻을 찾는 지혜자의 눈도 어둡게 하고 의인의 말을 굽게 한다(신 16:19). 어떤 사람이 자신은 신앙 양심이 살아있고 판단이 정확하여 어떤 뇌물도 자기에게 영향을 주지 않을 것이라고 말한다면 그 사람은 사람을 만드셔서 인간을 가장 잘 아시는 창조자 하나님의 인간에 대한 평가를

735) Cassuto, *A Commentary on the Book of Exodus*, p. 298.
736) Durham, *Exodus, Word Biblical Commentary*, vol. 3, p. 331.
737) 상게서; Gispen, *Bible Student's Commentary, Exodus*, p. 228.
738) Durham, 상게서; Gispen, 상게서, p. 229; *Cassuto, A Commentary on the Book of Exodus*, p. 299.

다시 한번 귀담아 듣는 겸손이 꼭 필요하다. 하나님은 사람이 뇌물을 받으면 판단이 흐려지고 뇌물을 주는 사람을 위해 판단을 그릇되게 할 수 밖에 없다는 것이다. 뇌물을 받으면, 일관성 있게 의로웠고 장래에도 의롭게 남아 있기를 바란다 할지라도 결국은 뇌물 때문에 판결의 공정성을 잃게 된다는 것을 가르쳐준다. 그리하여 잠언 저자는 뇌물 받는 자는 악한 자가 받음을 지적한다. 그러면서 말하기를, "악인은 사람의 품에서 뇌물을 받고 재판을 굽게하느니라" 고 한다(잠 17:23).

9절은 이방 나그네를 압제하지 말라는 명령이다. 앞서 출애굽기 22:21에서(히브리 원어성경 20절)도 비슷하게 명령했던 말씀이다. 거기에서는 사회적 책임을 강조한 맥락에서 말씀했다. 그러나 여기에서는 재판과 관련하여 특별히 법정에서 나그네를 압제하지 말라고 한다.[739] "나그네의 정경을 아느니라"는 말씀은 문맥에서 이스라엘 사람들이 이방 나그네를 압제하지 말아야할 이유를 가르쳐준다. 왜냐하면 이스라엘 사람들이 나그네의 삶을 이집트에서 살면서 나그네의 서러움을 누구보다 잘 알고 있기 때문이다.

한글 개역성경에서 "정경"(情景)이란 단어는 '가엾은 처지에 있는 딱한 경상' 을 뜻한다. "정경"(情景)은 히브리어 원문성경의 "네페쉬" (נֶפֶשׁ)를 번역한 것이다. 이 히브리어 단어는 "영혼, 생명, 욕망, 감정, 정서" 등을 의미한다. 여기 9절에서는 "감정" 을 뜻한다(참고, NASB, NIV).

---

739) Keil and Delitzsch, *Biblical Commentary on the Old Testament*, vol. 2, *The Pentateuch*, p. 145; Gispen, *Bible Student's Commentary, Exodus*, p. 229.

4. 설교 및 교훈 자료

1) 2절: 다수를 따라 법정에서 악을 행하지 말라

다수의 의견을 따름으로 재판의 공정성을 잃은 대표적인 자는 예수님을 죽게 한 빌라도 같은 사람이다. 인기를 얻기 위해서, 또는 생명의 위협을 느끼기 때문에, 또는 돈, 명예, 권세를 얻으려고 다수를 따라갈 수 있으나 천국시민은 결코 이러한 세상적인 이득에 연연하지 말고 하나님을 기쁘게 해드리고 영원한 상급을 받기에 합당한 삶을 살아야 한다.

2) 4-5절: 원수에 대한 사랑

신약에서는 원수를 사랑하라.(마 5:44) 혹은 원수가 주리거든 먹이고 목마르거든 마시우라.(롬 12:20) 혹은 원수를 위해 기도하라.(마 5:44)고 말씀한다. 예수님은 원수를 위해 기도하고 사랑하는 본을 십자가에서 죽으실 때 더욱 분명히 보여주셨다(눅 23:34, "이에 예수께서 가라사대 아버지여 저희를 사하여 주옵소서 자기의 하는 것을 알지 못하니이다 하시더라"). 우리가 원수나, 그의 가족이나, 그의 짐승을 미워할 때 우리의 연약하고 죄성이 가득한 인간성을 하나님께 고백하여 그 미움을 없애므로 하나님 말씀대로 살려고 노력하자. 그러한 생활이 처음에는 어려워도 계속 노력하여 훈련할 때 우리의 마음속에 미움이 없어지며 우리가 거룩해져 갈 것이다.

3) 8절: 뇌물을 받지 말라

우리 한국사회가 특별히 뇌물이 성행하는 약점을 갖고 있다. 그리하여 뇌물 때문에 감옥에 가는 공무원들의 이름이 자주 신문에 실리는 것을 본다. 그런데 미국 필라델피아 어느 교회에서 건축 기공예배를 드릴 때 호르샴 타운십(Horsham Township)의 책임자가 와서 축사를 했다. 그래서 그 교회에서 감사하여 50불을 사례로 드리니 극구 사양을 했다. 그러자 "당신만 드리는 것이 아니고 오늘 오셔서 수고해 주신 분들에게 다 성의로 교회에서 드리는 것입니다"라고 말해도 절대로 받지 않았다. 그래도 강요하다시피 주니까 헌금으로 드리고 갔다고 한다.[740] 뇌물을 멀리하는 미국 공무원의 감동적인 모습을 우리가 배워야 겠다.

[10절-13절]

안식년과 안식일을 지킬 것을 명령함

10. 너는 육 년 동안은 너의 땅에 파종하여 그 소산을 거두고, 11. 제 칠 년에는 갈지 말고 묵여 두어서 네 백성의 가난한 자로 먹게 하라 그 남은 것은 들짐승이 먹으리라 너의 포도원과 감람원도 그리할지니라. 12. 너는 육 일 동안에 네 일을 하고 제 칠 일에는 쉬라 네 소와 나귀가 쉴 것이며 네 계집종의 자식과[1] 나그네가 숨을 돌리리라. 13. 내가 네게 이른 모든 일을 삼가 지키고 다른 신들의 이름은 부르지도 말며 네 입에서 들리게도 말지니라.

1. 본문의 원전 설명

12절: [1] "네 소와 나귀가 쉴 것이며 네 계집종의 자식과 …." 이 구절을 사마리아 오경은 단어들의 순서와 내용을 다음과 같이 약간 다르게 읽는다: "네 자신과 같이 네 남종과 네 여종, 그리고 네 동물과 함께 …."

2. 본문 내용 개요

740) 이용걸, *출애굽기 강해 (하)*, p. 91.

육년 동안은 농사짓고 칠년 째 되는 해는 안식년으로 땅이나 감람원이나 포도원을 쉬게 하라고 한다. 그리고 육일동안 일하고 칠 일째는 안식일로서 소, 나귀, 여종의 자식, 나그네가 쉬며 새 힘을 얻게 하라고 한다.

3. 주석

11절-12절은 이스라엘 백성이 서로 지켜야 할 법률을 말씀하고 있다. 이 법은 땅을 6년 동안 파종하여 농사를 지어 수확을 거두지만 제7년에는 씨를 심지도 말고 거기에서 수확을 거두지도 말고 그대로 놔두라고 한다. 그리고 땅에서 저절로 맺힌 소산은 주인이 거두지 말고 그대로 두어서 땅이 없어 자기 소산을 거두어 드릴 수 없는 가난한 자들이 먹도록 하라고 하신다. 이 법을 밭이나, 포도원, 감람원에도 다 적용하라고 말씀한다. 그리고 가난한 사람이 거두고 남은 것은 들짐승이 먹도록 놔두라고 하신다. 하나님의 창조물인 들짐승도 하나님의 관대하심을 맛보도록 하신다. 이렇게 제7년에 밭, 포도원, 감람원에 생긴 소산들은 주인 없는 소산처럼 가난한 자로 먹게 하고 들짐승도 먹게 하신 것이다.

12절에서는 안식하는 날인 제 칠일의 안식일에 대하여 다시 강조하여 말씀하여 주신다. 6일 동안 일하고 제 7일에는 소와 나귀도 쉬게 하고, 여종의 자식과 나그네들도 쉬게 하여 생기가 넘칠 것이라고 한다.

13절의 상반 절은 앞서 언급한 이스라엘 백성이 서로 지켜야할 법들을 명령하고 하반 절은 이제 이스라엘 백성이 상호간에 지킬 법이 아니라, 하나님과의 관계에서 지켜야할 법을 말씀한다. 무엇보다도 먼저 "다른 신들의 이름은 부르지도 말며 네 입에서 들리게도 말찌니라"고 한다. 즉 예배나 맹세를 할 때나 또는 일반 대화에서도 부르지 말라고 한다. 그리고 입에서도 들리게 하지 말라는 것은 우상의 이름을 어떤 일로나 언급하여 생각에 영향을 주는 것조차 금하려는 것이다.

4. 설교 및 교훈 자료

10-13절: 안식년과 안식일 법

농사를 지을 때 계속 밭이나 논에 씨를 뿌려 추수하지 않고 때때로 논밭을 기경하지 않고 놔둘 필요가 있다. 이스라엘이 430년 동안 살았던 이집트는 자연적인 여건을 생각할 때 독특한 나라로써 나일강의 범람으로 늘 충적토가 생겼기 때문에 계속 땅을 기경해도 추수가 잘 되었다. 그러나 이스라엘이 점령할 가나안 땅은 그렇지 못했기 때문에 6년 기경하고 1년을 쉬게 해야만 했다. 하나님은 가나안에 적합한 방법을 명령하여 젖과 꿀이 흐르는 땅을 계속 유지하도록 하신 것이다.[741] 안식년 제도를 준수할 때 이스라엘은 다음 세 가지 이득을 얻을 수 있었다.

첫째, 땅의 소유자가 복을 받는다. 땅을 과도히 기경하여 피폐하게 만들지 않기 때문에 이득을 얻고, 기경하지 않으므로 그의 미래에 대해서 보다 깊이 생각하여 준비할 수 있고, 곡물을 잘 저장할 수 있으며, 쉼을 통해 새로운 활력소를 얻을 수 있다.

---

741) H. Spence and Joseph S. Exell, eds., *The Pulpit Commentary. Exodus*, vol. 2, *Exposition and Homiletics* by George Rawlinson, pp. 204f.

둘째로, 가난한 자들이 이익을 얻는다. 7년째에 저절로 자란 곡물은 소유주가 없는 것처럼 누구나 먼저 필요한 자가 갖도록 하여 가난한 자들이 필요한 곡물을 부담 없이 수확할 수 있게 했다. 자연의 풍요로움이 제공하는 곡식들을 가난한 자들이 취하게 한 것이다.

셋째로, 들짐승들이 먹을 음식을 얻을 수 있게 하는 은혜를 받게 했다. 하나님이 들짐승들도 돌보심을 가르쳐 주신다. 7년째에 절로 자란 곡물로 들짐승이 먹을 것을 풍성하게 해주신 것이다.

열심히 일하지 않는 사람은 큰 일 후의 안식이 얼마나 소중한지 잘 모를 것이다. 아침부터 저녁까지 열심히 일하는 사람들, 노동자, 화가, 학생, 사무원, 장사하는 사람들, 가르치는 사람들, 누구나 열심히 일할 때 그 일의 단조로움과 고된 노동 때문에 제7일에는 쉬어야 한다. 안식일의 휴식이 그들을 생기가 넘치게 해주는 재충전의 시간임을 알아야 한다. 일주일에 한번씩 쉬게 하는 주의 날은 우리 인간이 일의 노예가 아님을 가르쳐 준다. 주의 날에 쉬게 하는 것은 우리의 몸이 새 힘을 얻고 더 효과적으로 일의 능률을 올려 하나님의 복을 받게 하려는 것이다.

어느 영어 선생님이 쉬지 않고 계속 가르쳤다. 돈을 절약하기 위해서 하루 세 끼 라면만 먹었다. 라면만 먹고 낮에는 학교에서 가르치고 밤에는 이 그룹 저 그룹을 만들어서 지도하고 그래서 버는 돈을 저축하였다. 그런데 일은 많이 하고 먹는 것은 부실하고 쉬지 않으니 그만 영양실조로 일찍 죽고 말았다. 동료 교사들이 장례를 치루고 자취방에 가서 유품을 정리하는데, 침대 밑에서 저금통장이 10개가 나왔는데 그 액수를 다 합해보니 7억이나 되었다고 한다.[742] 죽은 영어 선생

742) 이용걸, *출애굽기강해(하)*, p. 97.

님은 7억 벌기 위해 주일 같은 쉬는 날도 없이 일하고 먹는 것도 제대로 먹지 못하며 일의 노예처럼 일만 하다가 벌어 놓은 돈 써보지도 못하고 세상을 떠났다. 얼마나 한스런 삶인가? 어리석은 인생의 모습이다. 하나님의 형상을 따라 지음 받은 우리 인간이 쉴 때는 쉬며 하나님의 명령에 따라 규모 있게 살아야 할 것이다.

[14절-19절]

무교절, 맥추절, 수장절을 지키는 규례

14. 너는 매년 삼 차 내게 절기를 지킬지니라. 15. 너는 무교병의 절기를 지키라. 내가 네게 명한 대로 아빕월의 정한 때에 칠 일 동안 무교병을 먹을지니 이는 그 달에 네가 애굽에서 나왔음이라 빈 손으로 내게 보이지 말지니라. 16. 맥추절을 지키라. 이는 네가 수고하여 밭에 뿌린 것의 첫 열매를 거둠이니라 수장절을 지키라. 이는 네가 수고하여 이룬 것을 연종에 밭에서부터 거두어 저장함이니라. 17. 너의 모든 남자는 매년 세 번씩 주[1] 여호와께 보일지니라. 18. 너는 내 희생의 피를 유교병과 함께 드리지 말며 내 절기 희생의 기름을 아침까지 남겨 두지 말지니라. 19. 너의 토지에서 처음 익은 열매의 첫 것을 가져다가 너의 하나님 여호와의 전에 드릴지니라 너는 염소 새끼를 그 어미의 젖으로 삶지 말지니라.[2]

1. 본문의 원전 설명

17절: [1] "주." 이 단어 대신 사마리아 오경은 "법궤 '(ark)로 읽고, 헬라어 70인 역은 히브리어 성경의 "주 여호와"를 "주 너의 하나님" (*κυριου του θεοῦ σου*)으로 읽는다.

19절: [2] "삶지 말지니라." 이 문구는 19절의 끝이다. 그런데 이 끝에 사마리아 오경은 다음 구절을 첨가 한다: "כי עשׂה זאת כזבח שׂכח ועברה היא לאלהי יעקב " (왜냐하면 그것은 망각(忘却)의 제사가 되어 야곱의 하나님에게 지나가버릴 것이기 때문이다.)

2. 본문 내용 개요

매년 3차, 곧 무교절과 맥추절과 수장절을 지키고 처음 익은 열매의 첫 것을 하나님께 드리라 한다.

3. 주석

14절에서 매년 세 번의 절기를 지키라고 명령한다. 이 구절은 이스라엘의 주요 절기들에 대해서 상세하게 설명하고 있지 않다. 단지 일년에 세 가지 중요 절기를 지키라고 명령한다. 절기를 지키는 구체적인 방법은 14-19절에서 설명한다.

15절은 하나님 앞에 절기를 지키러 오면서 빈손으로 오지 말고, 제물을 가지고 오라고 한다. 이렇게 제물을 가지고 오게 하는 것은 하나님이 주신 복에 대한 감사를 표시하게 하기 위한 것이다. 신명기 16:16-17, "너희 중 모든 남자는 일년 삼차 곧 무교절과 칠칠절과 초막절에 네 하나님 여호와의 택하신 곳에서 여호와께 보이되 공수로 여호와께 보이지 말고, 각 사람이 네 하나님 여호와의 주신 복을 따라 그 힘대로 물건을 드릴찌니라." 이 구절들을 통해 볼 수 있는 것은 모든 절기 때에 하나님께 올 때 공수로 오지 못하게 하고 제물을 가져오라고 한 것이 하나님의 뜻임을 알 수 있다. 그리하여 위의 15절에서 세 가지 절기 중 처음 언급되는 무교절 때에 '빈손으로 주께 오지 말라' 고 한다. 고대 근동 지역에서는 누구나 왕을 알현할 때 선물을 가져오도록 했는데 여기서 하나님은 이스라엘 백성의 왕으로서 왕 되신 하나님을 뵈올 때 선물을 가져오라고 하신다. 이 하나님께 바친 선물은 하나님이 주신 축복의 일부로써, 바치는 자가 자기 가진 모든 것이 하나님의 축복에 의한 것임을 인정하는 것이다.

16절은 맥추절을 지키라는 명령이다. '맥추절' 은 원문에 '첫 열매의 추수절' 로 되어 있다. 즉 첫 열매를 거두어 하나님께 드리면서 감사하는 축제일이다. '수장절' 은 히브리 원문에 하그 하아시프(חַג הָאָסִף)로써 연말에 농사지은 것을 수확해서 지키는 명절이다. 추수를 다 마치고 농사의 해가 다 끝나 하나님께 감사하며 드리는 축제일이다. 레위기 23:34에 보면 히브리 달력 7월 15일이 초막절이며 이때에 칠일을 초막절로 지키라고 했다. 그리고 16절 끝에서 '연종' 은 한 해의 마지막이 아니라 한해의 농사짓는 일의 마지막이라는 뜻이다.

17절 "너의 모든 남자는 매년 세 번씩 주 여호와께 보일지니라." 이 명령은 일년에 세 번씩 행하는 대 축제기간에 성전에 가는 순례의 길에 참여할 것을 말하며, 남자에게만 준 명령이다. 아마 민수기 1:3에 보면 20세 이상의 남자만 인구조사에서 계수된 것처럼 20세 이상의 남자에게 준 명령으로 생각된다. 이때에 여자나 아이들도 함께 순례의 길에 참여하기도 했다.

18절-19절을 보면, 이스라엘 백성이 주님 앞에 보일 때 복을 받기 위해서 바르게 축제를 거행해야 한다. 여기 18-19절에서 바르게 축제를 거행하기위해 세 가지 규칙을 지킬 것을 말씀한다.

첫째, "너는 내 희생의 피를 유교병과 함께 드리지 말라."(18절) 이 말씀은 하나님께 제물을 드릴 때 누룩 넣은 빵과 함께 드리지 말라는 말씀이며, 또한 집에도 누룩 넣은 빵을 두지 말 것을 명령하시는 말씀으로 이해된다. 그 이유는 누룩이 집에서 완전히 제거될 때 그 제물을 하나님께서 기쁘게 받으실 것을 말씀하시고 있기 때문이다(출 12: 15, 19, 20).

둘째, "내 절기 희생의 기름을 아침까지 남겨 두지 말찌니라."(18절) '내 절기 희생의 기름' 은 축제 제물의 기름을 뜻하지 않고 유월절 제물을 뜻한다고 카일과 델리취(Keil and Delitzsch)는 생각한다.[743] 이는 여기 18절과 병행구절로 이해되는 출애굽기 34:25에서 유월절 제물로 분명히 언급하고 있기 때문이다. 그리고 속죄 제물이나 모든 제물들의 경우에 제단 위에 태워질 양의 기름을 가리키는 것으로는 볼 수 없다. 그 이유는 제단 위에서 태울 기름은 피를 뿌린 후 곧 태우기 때문에 아침까지 남겨 놓으라고 명령할 필요가 없기 때문이다.[744] 그러므로 "희생의 기름"은 유월절 양의 고기를 가리킨다. 날이 새기 전에 밤에 그 고기를 다 먹어야 하고 남아 있는 것은 태워버려야 한다. 카쑤토(Cassuro)는 이렇게 아침까지 고기를 남겨두지 말라고 하신 이유는 축제의 식사가 아침까지 계속되어 일어날 수 있는 소란하고 음탕한 행위를 막기 위한 것이라 추측한다.[745]

셋째, "너의 토지에서 처음 익은 열매의 첫 것을 가져다가 너의 하나님 여호와의 전에 드릴찌니라."(19절) 농사를 지어 수고하여 얻은 첫 열매를 하나님의 집으로 가져올 것을 말씀한다(민 18:12,13; 신 26:2-11).

"너는 염소 새끼를 그 어미의 젖으로 삶지 말찌니라"(19절) 탈굼에서는 이 말씀을 우유로 요리된 고기를 먹지 말라는 뜻으로 이해하고, 마틴 루터와 다른 사람들은 염소 새끼가 어미 염소의 젖을 먹고 자라

---

743) Keil and Delitzsch, *Biblical Commentary on the Old Testament*, vol. 2, *The Pentateuch*, p. 149; 참고, Kaiser Jr., *Exodus, The Expositor's Bible Commentary*, p. 445.

744) Keil and Delitzsch, *Biblical Commentary on the Old Testament*, vol. 2, *The Pentateuch*, p. 150.

745) Cassuto, *A Commentary on the Book of Exodus*, p. 305.

기 전에 새기 염소를 요리한 것을 금하는 구절로 이해한다. 그러나 카일과 델리취(Keil and Delitzsch)는 본문을 볼 때 어미의 젖으로 요리한 염소 새끼를 말하고 있기 때문에 위의 구절은 어미의 젖으로 새끼 염소를 삶아 요리하는 것은 하나님의 세우신 어미와 그 새끼 사이의 사랑의 관계를 파괴하고 멸시하는 행동이기 때문에 그러한 요리를 먹지 말라 하신 것으로 생각한다.[746] 이븐 에즈라(Ibn Ezra)와 아바르바넬(Abarbanel)에 의하면 이스라엘 사람들이 위와 같은 요리를 해먹었고 오늘날도 아랍 사람들은 새콤한 우유에 양을 요리하는 습관이 있다고 한다.[747] 카쑤토(Cassuto)에 의하면 염소 새끼를 우유에 삶고 양을 버터에 삶는 요리가 우가릿 문헌에서 발견되며 오늘 날도 베두인들 가운데서 작은 소를 우유에 삶는 습관이 있다고 한다.[748]

4. 설교 및 교훈 자료

16절 : 맥추절과 수장절

맥추절과 수장절은 특별히 농사를 지어 수확한 후 하나님께 감사를 드리는 축제일들이다. 농사의 열매는 95%가 자연의 혜택이고 5%가 농부의 수고라고 한다. 하나님께서 태양과 비와 바람을 주시지 않으면 수확을 거둘 수가 없기 때문이다.[749] 이런 맥락에서 1789년 미국의 초대 대통령 조지 워싱톤이 다음과 같은 추수감사절 선언문의 일부를 발표한 것으로 생각한다. "우리는 전능하신 하나님의 섭리를 인

---

746) Keil and Delitzsch, *Biblical Commentary on the Old Testament*, vol. 2, *The Pentateuch*, p. 151.

747) 참고, 상게서

748) Cassuto, *A Commentary on the Book of Exodus*, p. 305.

749) 이용걸, *출애굽기 (하)*, p. 105.

식하고 그 뜻을 순종하며 그의 은혜에 감사하는 것은 모든 인간의 의무이다."[750] 사도 바울은 고린도후서 9:10에서 하나님이 심는 자에게 먹을 양식을 주시며 또한 심을 것을 주사 풍성하게 하신다고 말한다. 우리는 하나님께서 감사하는 자를 찾고 계심을 알아야 한다. 문둥병자 10명을 예수님께서 고쳐 주셨는데 사마리아 사람 한 사람만 하나님께 영광을 돌리며 예수님께 와서 감사하다고 인사하였을 때 주님은 열 사람이 다 깨끗함을 받지 아니하였느냐 그 아홉은 어디 있느냐고 물으셨다(눅 17: 11-19). 이 감사하는 사람에게 예수님은, "일어나 가라 네 믿음이 너를 구원 하였느니라" 말씀하시며 놀라운 구원의 복을 주셨다.

[20절-33절]

하나님의 사자에게 순종하고 우상을 섬기지 말라

20. 내가 사자를[1] 네 앞서 보내어 길에서 너를 보호하여 너로 내가 예비한 곳에[2] 이르게 하리니, 21. 너희는 삼가 그 목소리를 청종하고 그를 노엽게 하지 말라[3] 그가 너희 허물을 사하지 아니할 것은 내 이름이 그에게 있음이니라. 22. 네가 그[4] 목소리를 잘 청종하고 나의 모든 말대로 행하면 내가 네 원수에게 원수가 되고 네 대적에게 대적이 될지라. 23. 나의 사자가 네 앞서 가서 너를 아모리 사람과 헷 사람과 브리스 사람과 가나안 사람과[5] 히위 사람과 여부스 사람에게로 인도하고 나는 그들을 끊으리니, 24. 너는 그들의 신을 숭배하지 말며 섬기지 말며 그들의 소위를 본받지 말고 그것들을 다 훼파하며 그 주상을 타파하고, 25. 너의 하나님 여호와를 섬기라 그리하면 여호와가[6] 너희의 양식과[7] 물에 복을 내리고 너희 중에[8] 병을 제하리니, 26. 네 나라에 낙태하는 자가 없고 잉태치 못하는 자가 없을 것이라 내가 너의 날 수를 채우리라. 27. 내가 내 위엄을 네 앞서 보내어 너의 이를 곳의 모든 백성을 파하고 너의 모든 원수로 너를 등지게 할 것이며, 28. 내가 왕벌을 네 앞에 보내리니 그 벌이 히위 족

750) 상게서. p. 106.

속과[9] 가나안 족속과 헷 족속을 네 앞에서 쫓아내리라. 29. 그러나 그 땅이 황무하게 되어 들짐승이 번성하여 너희를 해할까 하여 일 년 안에는 그들을 네 앞에서 쫓아내지 아니하고, 30. 네가 번성하여 그 땅을 기업으로 얻을 때까지 내가 그들을 네 앞에서 조금씩 쫓아내리라. 31. 내가 너의 지경을 홍해에서부터 블레셋 바다까지, 광야에서부터 하수까지 정하고 그 땅의 거민을 네 손에 붙이리니 네가 그들을 네 앞에서 쫓아낼지라. 32. 너는 그들과 그들의 신과 언약하지 말라. 33. 그들이 네 땅에 머무르지 못할 것은 그들이 너로 내게 범죄케 할까 두려움이라 네가 그 신을 섬기면 그것이[10] 너의 올무가 되리라

1. 본문의 원전 설명

20절: [1] "사자를." 이 단어가 사마리아 오경과 벌게이트 역에 따르면 "나의 사자를"로 소유격이 첨가되어 있다.

20절: [2] "곳에." 이 단어 대신 헬라어 70인 역은 "땅에"로 읽는다.

21절: [3] "노엽게 하지 말라." 이 문구를 헬라어 70인 역은 "불순종하지 말라"로 읽는다.

22절: [4] "그." 이 대명사 대신 사마리아 오경과 헬라어 70인역은 일인칭 소유 대명사 "나의"로 읽는다.

23절: [5] "가나안 사람과." 헬라어 70인 역은 "가나안 사람과" 다음에 "기르가스 사람과"를 추가한다.

25절: [6] "여호와가." 여기서 "여호와" 대신 헬라어 70인 역과 벌게이트 역은 일인칭 대명사 "내가"로 읽는다.

25절: [7] "양식과." 이 단어 후에 헬라어 70인 역은 "너희의 포도주"를 첨가한다.

25절: [8] "너희 중에." 이 문구 대신 헬라어 70인 역은 "너희로부터"로 읽는다.

28절: 9 "히위 족속과." 이 문구 앞에 헬라어 70인 역은 "아모리 족속"을 첨가한다.

33절: 10 "그것이." 여기서 사마리아 오경은 "그것이" 대신 "그들이"로 읽는다.

2. 본문 내용 개요

하나님께서 이스라엘을 가나안으로 인도하실 것을 약속하시며, 이스라엘로 하여금 여호와께 순종하고, 그 땅의 우상을 섬기지 말라고 명령하심.

3. 주석

20절-21절에서 하나님께서는 사자를, 즉 천사를 이스라엘 백성 앞서 보내어 해되는 것과 적들로부터 보호하여 목적지에 잘 도착하게 해주실 것이라 한다. 이 천사를 통해 이스라엘 백성을 인도하시는 분은 여호와 그 자신이시기 때문에 그 천사에게 불복종하는 것은 곧 여호와께 불복종하는 것임을 문맥에서 뜻한다. 기스펜(Gispen)은 여호와께서 "내 이름이 그에게 있음이니라"고 말씀하신 것은 여호와께서 그 자신을 계시하시면서 실제로 그 천사로 자신을 계시하신 것임을 뜻한다.[751] 이런 의미를 이미 카일과 델리취(Keil and Delitzsch)가 지적했고[752] 카쑤토(Cassuto)도 앞 문장이 "내가 내 자신을 그(천사)를

751) Gispen, *Bible Student's Commentary, Exodus*, p. 233.

752) Keil and Delitzsch, *Biblical Commentary on the Old Testament*, vol. 2, *The Pentateuch*, p. 152.

통해 너에게 계시했고 나와 그(천사)가 같음"을 뜻한다고 말한다.[753] 그래서 하나님은 이스라엘 백성에게 천사에게 절대적으로 복종하라고 말씀하신다. 만약 불복종할 때는 그 죄를 사하지 않으시겠다고 하신다.

22절에서 하나님은 이스라엘 백성이 천사의 말을 청종하여 그 말대로 행하면 이스라엘 백성을 미워하고 죽이려는 이스라엘 원수들의 원수가 되고 이스라엘을 적대한 자들의 반대자가 되어 이스라엘을 돕고 지켜 줄 것을 약속하신다. 23절에 의하면, 하나님의 사자는 이스라엘 백성들을 가나안 땅으로 인도하여 오시고 그곳의 백성들을 멸하실 것을 말씀한다. 이스라엘이 오기 전 그곳에 살던 여섯 족속들이 23절에 지적되지만, 창세기 15:20-21에서는 10족속들이 언급된다. 여기 23절에 언급된 여섯 종족들은 다음과 같다:

① 아모리 사람:이들은 산이나 고지대에 사는 족속이 아니다. 이는 '아모리'란 이름이 '정상 혹은 꼭대기'를 뜻하는 '아미르'(אָמִיר)에서 나왔음이 확실하지 않기 때문이다. 오히려 아모리 족속은 가나안 사람들의 일부로서 모세 때에 유다의 산악지대와 요단 서쪽에 널리 펼쳐져 살던 족속이다. 창세기 15:16과 48:22에서는 가나안 사람들 모두를 '아모리 족속'이라 부르기도 한다.[754]

② 헷 사람:이들은 함의 아들 가나안의 후손이다(창 10:15). 헷 사람들은 아브라함 때로부터 이스라엘 백성이 가나안 땅에 정착한 이후까지 가나안 땅에 살고 있었다. 창세기 23장을 보면 그들은 헤브론 지

---

753) Cassuto, *A Commentary on the Book of Exodus*, p. 306. 가로안에 있는 단어들은 보다 분명하게 내용을 이해하기위해 필자가 첨가했다.

754) Keil and Delitzsch, *Biblical Commentary on the Old Testament*, vol. 1, *The Pentateuch*, p. 169.

역에 살았다.

③ 브리스 사람:이들은 주로 팔레스틴 땅의 중앙 언덕들에 살던 족속들로 생각된다.[755] '브리스' 란 단어는 대부분의 주석가들이 종족과 연유된 이름이 아니고 '마을 사람들' 을 뜻하는 단어로 이해한다. 이들은 벧엘 가까이도 살았고(창 13:7), 세겜 가까이도 살았으며(창 34:30), 유대 언덕들에도 살았다(사사기 1:4절 이하).[756]

④ 가나안 사람:이들은 함의 아들인 가나안의 열 한 자손들(창 10:15-18)의 후손들을 가리킨 것으로 이해 할 수 있으나, 여기서는 그런 것이 아님을 알 수 있다. 왜냐하면 여기 23절에서 가나안의 네 아들, 곧 아모리, 히위, 헷, 여부스의 사람들의 이름이 가나안 사람과 달리 언급되고 있기 때문이다. 23절에서 언급된 가나안 사람은 유대 언덕지역으로부터 멀리 서쪽에, 해안 지역 쪽으로 살았던 사람들을 가리킨다(민 13:29, 수 5:1).[757]

⑤ 히위 사람:이들은 널리 분포되어 살았을 가능성이 있지만, 주로 레바논 산악지역 근처의 팔레스틴 북쪽에 살았던 족속이다.[758] 사사기 저자는 히위 사람들이 바알 헤르몬산에서부터 하맛 어구까지 레바논 산에 거한 족속이다(삿3:3).

⑥ 여부스 사람:이들은 예루살렘과 그 인근 지역을 지배하든 족속으로(수 15:8, 18:16) 출애굽하여 팔레스틴 지역을 점령하는 이스라엘

755) P. C. Craigie, *The Book of Deuteronomy, NIC on the OT* (Grand Rapids: Eerdmans, 1976), p. 178.

756) J. P. U. Lilley, "Perizzites," in *The New Bible Dictionary*, p. 968.

757) Craigie, *The Book of Deuteronomy*, p. 178.

758) 상게서

759) 상게서

사람들을 가장 강력히 저항했던 사람들이다.[759] 여호수아가 죽은 후 이스라엘 자손이 영토를 계속 확장해 가면서 예루살렘을 쳐서 취하고 그 성을 불살랐으나(삿 1:8), 그 성에 거하던 여부스 사람들은 완전히 멸망당하지 않고 다시 이스라엘 자손과 대항하며 살았다(삿 1;21). 그러나 다윗이 예루살렘 성을 정복하고 그 성을 다윗 성이라 부르고 다윗 왕국의 수도로 삼았다(삼하 5:6-9).

24절에서 하나님은 이방 신들을 섬기지 말라고 한다. 이와 같은 하나님의 보호와 약속의 땅의 선물을 받을 때 이스라엘 백성은 앞서 언급된 사람들의 우상을 숭배하지 말고, 그들의 행동이나 관습을 본받지 말고 우상의 조각품들을 파괴하라고 하신다. 게제르(Gezer) 지역 같은데서 발굴되는 우상 숭배시 사용되었던 돌들은 이스라엘 백성의 하나님의 명령을 수행했던 결과일 것으로 추측할 수 있다. 그러나 이스라엘 백성은 나중 하나님의 명령을 무시하고 오히려 이방신을 쫓고 섬기므로 하나님의 크신 벌을 받았다.[760]

25-26절에서 하나님은 이스라엘 백성이 우상들을 섬기지 않고 그들의 상들을 파괴할 때 양식, 건강, 자손, 장수의 복을 주실 것이라고 약속한다. "양식과 물(25)"은 생명을 유지하는데 불가피한 요소들이므로 언급된 것이다. 그런데 여기서 보통 사람들이 잘 알아듣도록 물질적인 복만 말씀하지만, 그러나 하나님의 백성은 삶을 통해 체험하는 것은 하나님이 물질적 복만 주시는 것이 아니라 영혼의 복이 더 큰 것임을 알 수 있다. 그리하여 하박국 선지자는, "비록 무화과나무가 무성치 못하며 포도나무에 열매가 없으며 감람나무에 소출이 없으며 밭에 식물이 없으며 우리에 양이 없으며 외양간에 소가 없을찌라도

---

760) Gispen, *Bible Student's Commentary, Exodus*, p. 234.

나는 여호와를 인하여 즐거워하며 나의 구원의 하나님을 위하여 기뻐하리로다. 주 여호와는 나의 힘이시라. 나의 발을 사슴과 같게 하사 나로 나의 높은 곳에 다니게 하시리로다" 라고 외친다(합 3:17-19).

27절의 '위엄' 으로 번역된 히브리말은 에마(אֵמָה)이다. 이 단어는 위엄보다는 공포, 두려움, 겁을 뜻한다. 그러므로 여기서 하나님은 이스라엘의 적들에게 두려움을 주어서 사기를 잃게 하거나 전쟁을 포기하게 할 것을 가리킨다. 이러한 공포나 두려움은 여호와가 이스라엘 백성이 승리하도록 생기게 하여 이스라엘 적들이 겁에 질려 등을 뒤로 돌리고 도망칠 것이므로 이스라엘 백성은 그들을 뒤 쫓아가 목덜미를 잡아채게 될 것을 보여준다.

28절에서 여호와가 왕벌을 앞서 보내시겠다고 말씀하신다. 여기서 왕벌은 신명기 7:20절과 여호수아 24:12절에서도 언급된다. 그러나 이 왕벌은 문자대로 왕벌을 뜻한 것으로 이해되지 않는다. 왜냐하면 실제 여호수아서에서 가나안 사람들이 왕벌에 의해서 정복되고 파멸되었다는 말이 여호수아 24:12절 외에는 한 군데도 없다. 이 구절에서도, 카일과 델리취(Keil and Delitzsch)에 의하면, 여호수아가 하나님께서 왕벌을 보내 아모리 사람의 두 왕들을 내쫓았다고 말함으로서, 이스라엘 백성이 하나님의 기적적인 개입에 의해 두 명의 아모리 왕을 물리치고 패배시켰음을 뜻하고 있어서 "왕벌" 이란 단어가 상징적으로 사용되고 있음을 의심 없이 보여주고 있다고 한다.[761] 카쑤토(Cassuto)는 왕벌이 앞서 27절에 언급한 "공포" 와 비슷한 의미의 '엄청난 두려움"을 뜻한 것이라 한다. 이것이 분명한 것은 오늘날에도

761) Keil and Delitzsch, *Biblical Commentary on the Old Testament*, vol. 2, *The Pentateuch*, pp. 153–154.

아랍사람들이 집단 도망을 일으킨 공포를 '왕벌' 을 뜻하는 단어로 부르고 있는데서 알 수 있다는 것이다.[762]

30-31절을 보면 여호와께서 그 땅의 거민들을 한번에 몰아내지 않고 조금씩 쫓아내시겠다고 한다. 그 이유는 이스라엘 백성이 팔레스틴 땅을 점령할 수 있도록 수가 많고 강하게 될 때까지 원수들을 조금씩 쫓아 낼 것이라 한다. 그리고 이스라엘 백성의 국경은 홍해로부터 블레셋 바다인 지중해까지, 곧 이 쪽 바다부터 저 쪽 바다까지 펼쳐질 것을 말씀한다. 또한 남쪽으로는 남쪽 광야로부터 북쪽에는 하수까지 될 것이라 한다. 여기 북쪽의 하수를 카쑤토(Cassuto)는 유프라테스 강으로 생각하는데,[763] 한편 카이저(Kaiser, Jr.)는 유프라테스 강보다는 아라비아 어로 같은 이름을 갖고 있으며 레바논 산악지역의 북쪽 골짜기에 있는 강을 가리키는 것으로 생각한다. 이 강은 오늘 날 레바논과 시리아 사이의 경계가 되고 있으며 아랍 이름이 ***Nahr el Kebir*** 로서 "큰강"(The Great River)을 뜻하며 이 이름이 창 15:18, 신 1:7, 수 1:4 에서 언급된다. 이 지역은 다윗과 솔로몬의 통일 이스라엘 왕국시대의 영토 경계에 잘 맞는 것이라 한다.[764]

31절에서 팔레스틴 땅의 이방 거주자들을 내쫓을 것이라는 말씀은 이스라엘에게 약속으로 주어졌을 뿐만 아니라, 그들에게 명령으로 주어졌다. 이것은 하나님이 그 약속을 성취시키기 위해 이스라엘 백성의 영적 상태나 노력에 관계없이 하나님 자신의 주권적 역사에 의해 성취시키는 것이 아니라, 이스라엘 백성 자신들도 노력하고 하나님께 순종해야 성취될 약속임을 가르쳐 준다. 이 점을 다음 구절들이

---

762) Cassuto, *A Commentary on the Book of Exodus*, p. 308.

763) 상게서, pp. 308-309.

764) Kaiser, Jr., *Exodus, The Expositor's Bible Commentary*, vol.2, p. 447.

분명히 보여준다.

32절에서 언약을 맺지 말라는 말씀은, 카쑤토가 말한 것처럼, 서로 상호 동등한 관계에서 맺는 언약을 뜻한 것으로 보이지 않는다. 히브리어 원문성경에서 언약 맺을 상대로 "그들과 그들의 신"을 표현할 때 "에트"(אֶת, …와 함께, 더불어) 전치사가 아니고 "레"(לְ, …를 위하여) 전치사를 쓰고 있기 때문이다. 이 전치사와 함께 문맥에서 의도되는 것은 정복자가 정복당한 자들을 위해 베푸는 사면(赦免)의 언약을 뜻하는 것으로 이해된다.[765] 이런 사면의 언약을 금한 것은 사면을 통해 정복당한 백성과 교제하고 그들과 친하게 지나므로 얼마가지 않아 그들이 섬기는 신들도 섬기는 죄를 범하게 될 것이기 때문이다.

그러므로 33절에서 하나님은 이스라엘 백성에게 그들이 점령하게 될 땅의 사람들을 그 땅에 계속 거주하게 허락하지 말라고 하신다. 이스라엘 백성은 이 하나님의 경고를 주의 깊게 들어야한다. 왜냐하면 이스라엘 백성이 하나님의 경고를 무시하고 그 땅의 백성을 남겨두어 그들의 신들을 섬기게 된다면 그 죄는 이스라엘 백성을 파멸케 하고 멸망시키는 올무가 될 것이기 때문이다.

4. 설교 및 교훈 자료

1) 22절: 이스라엘의 대적들과 싸워 주시는 하나님의 천사

하나님의 천사가 이스라엘을 위하여 싸워 주실 것을 말씀한다. 이것은 신약에서 예수님이 우리를 위하여 싸워 주실 것의 예표이다(롬 8:31). 요한복음 14:1-3, 11-18은 예수께서 우리의 거처를 준비하시고

765) Cassuto, *A Commentary on the Book of Exodus*, p. 309.

그곳으로 인도하실 것을 말씀하며, 성령이 우리 안에 거하시며 우리를 인도, 보호하실 것을 말씀한다.

2) 24절: 우상숭배를 금하신 명령

우상숭배는 높은 성벽을 가진 도시나, 많은 군사로도 막을 수 없는 가장 무서운 위험물임을 말씀한다. 이 죄에 빠지지 않도록 우리는 기도하고 힘써야 한다. 하나님만을 최우선적으로 섬길 때 우리는 우리의 본향으로 인도될 것이다.

3) 25-26절; 하나님만을 섬기는 자에게 주신 세 가지 복

첫째는 물질적 복이다. 특별히 25절에서는 양식과 물의 복을 주실 것이라 한다. 물이 귀한 팔레스틴 지역에서 물은 가장 귀한 것 중에 하나이다. 이 물을 넉넉히 주기 위해서는 비를 때를 따라 흡족히 내려야 한다. 이렇게 비를 하나님께서 적당하게 내리게 하시며 햇빛과 모든 필요한 조건을 구비하여 양식이 풍족하게 풍년의 복을 주실 것을 암시 하신다. 여호와 하나님은 그의 말씀을 순종하면, "성읍에서도 복을 받고 들에서도 복을 받을 것이며 네 몸의 소생과 네 토지의 소산과 네 짐승의 새끼와 우양의 새끼가 복을 받을 것" 이라고 말씀하신다(신 28:3-4). 여호와께서는 "하늘의 아름다운 보고를 열으사 네 땅에 때를 따라 비를 내리시고 네 손으로 하는 모든 일에 복을 주시리니 네가 많은 민족에게 꾸어줄찌라도 너는 꾸지 아니할 것" 이라고 약속하신다(신 28:12).

둘째는 건강의 복이다. 다른 우상을 섬기지 않고 오직 여호와 하나님만 섬길 때, 하나님이 약속해 주신 두 번째 복이 건강하게 해주시겠다는 복이다. 온 세상을 얻고도 건강을 잃으면 아무 소용없다. 이사야 선지자는 예수님이 우리의 질고, 곧 병으로 인한 고통을 아시며(사 53:3), 예수님이 우리의 질고를 짊어졌다고 말씀한다(사 53:4). 이런

예수님이 이 땅에 계실 때 그에게 나아오는 모든 병자를 다 고쳐 주셨다고 한다(마 8:16). 우리의 모든 병을 완전히 고쳐 주실 분은 예수님 밖에는 없다. 그리하여 우리가 병 고침을 받기 위해 기도할 때 만병의 치료자 되시는 우리 하나님은 고쳐 주실 것이다. 야고보서에서, "믿음의 기도는 병든 자를 구원하리니 주께서 저를 일으키시리라"고 말씀한다(약 5:15).

셋째는 백성을 번창 하게 하며 장수하는 복이다. 하나님이 아담과 노아에게 주신 복이 생육하고 번성하는 복이었다(창 1:28, 9:1). 하나님은 자기를 경외하는 자에게 아내와 자녀의 복을 주실 것이라 한다(시 128:3-4). 여호와는 그가 사랑하는 자에게 자식을 기업으로 그리고 상급으로 주신다(시 127:2-3). 하나님을 참으로 사랑하며 섬기는 자에게 "날 수"를 넘치게 해주는 장수의 복을 줄 것이라 한다. 잠언 저자는 여호와의 법을 잊어버리지 않고 마음으로 여호와의 명령을 지키면 장수하는 복을 주신다고 한다(잠 3:1-2, 4:10). 이런 장수의 복이 하나님을 사랑하며 그만을 섬기는 자에게 주신 복이라 한다.

[출애굽기 24장]

[1절-2절]

모세와 백성의 대표들을 시내 산에 올라오게 부르심

1. 또 모세에게 이르시되 너는 아론과 나답과 아비후와 이스라엘 장로 칠십인과 함께 여호와에게로 올라와 멀리서 경배하고, 2. 너 모세만 여호와에게[1] 가까이 나아오고 그들은 가까이 나아오지 말며 백성은 너와 함께 올라오지 말지니라.

1. 본문의 원전 설명

1) 2절: [1] "여호와에게." 여기에서 헬라어 70인역은 "여호와에게" 대신 "하나님에게"로 읽는다.

2. 본문 내용 개요

하나님이 모세에게 아론과 나답 아비후 그리고 70인 장로와 함께 시내산에 올라오되, 그들은 멀리서 경배하고, 모세만 하나님께 가까이 오라고 말씀하심.

3. 주석

1절에서 하나님께서는 모세에게 아론과 나답과 아비후와 이스라엘 장로 칠십 인과 함께 여호와에게로 올라와 멀리서 경배하라고 말씀하신다. 출애굽기 20:21절에 보면 백성은 멀리서 섰고 모세는 하나님이 계신 곳으로 갔다고 했는데 거기서 하나님의 계명들을 받아 백성에게 전하여 가르친 후 지금 24장 1절의 명령이 주어진 것으로 보인다. 하나님은 아론, 나답, 아비후, 그리고 이스라엘 장로 70인이 같이 하나님이 계신 시내산으로 올라와서 그들은 하나님으로부터 떨어져 멀리서 하나님께 경배하라고 하신다.

여기에서 언급된 나답과 아비후는 아론의 첫 두 아들들로서 민수기 3:4에 보면 다른 불을 여호와 앞에 드리다가 죽었다. 그리고 이스라엘 70인 장로는 나중 민수기 11:16에 언급된 공식적인 70인 장로가 아니고, 여기 1절에서 말한 70인 장로는 12지파를 대표하기 위해 뽑혀진 자들로서 아마 야곱의 70인 자손들을 대표하고 있다고 말할 수 있다.[766]

2절은 모세만 여호와께 가까이 오게 하셨음을 말한다. 다만 모세만이 여호와께 가까이 갈 수 있다. 한편 아론, 나답, 아비후 그리고 이스라엘 70인 장로들은 산에 올라오되 멀리 있게 했다. 다른 일반 백성은 산에 올라오지도 말고 산 밑에 그대로 있게 했다. 여기에서 세 종류의 하나님께 대한 접근 위치를 가르쳐 준다.

1) 모세는 산에서 여호와에게 가까이 오게 하고,

2) 아론, 나답, 아비후 그리고 이스라엘의 70인 장로들은 산에 오르되 여호와로부터 떨어져 있게 했고,

3) 일반 백성은 산 밑에 있었다.[767]

이 모습은 예수님이 겟세마네 동산에서 잡히시기 전 마지막 기도하실 때의 형편과 비슷하다:

---

766) Kaiser Jr. *Exodus, The Expositor's Bible Commentary*, vol.2, p. 448.

767) Gispen, *Bible Student's Commentary, Exodus*, p. 237.

1) 예수님은 동산 깊숙이 들어가 혼자 기도하시며 계셨고,

2) 세 제자인 베드로, 요한, 야고보는 동산 깊숙이 있었으나 예수님으로부터 좀 떨어져서 있었으며,

3) 다른 일반 제자들은 동산 입구 부근에 있었다(마 26:36-39).

박윤선 박사는 이 사실을 고려하면서 말하기를, "하나님께서 사람들과 교통하심에 있어서, 그들의 성결의 정도를 따라 혹 멀리 하기도 하시며, 혹 가까이 하기도 하신다. 하나님의 이와 같은 처사는 인간을 차별 대우 하심이 아니고, 그의 불가시적인 성결의 심판 율에서 된 일이다. 이것을 보면 신자가 신앙생활을 충성되게 할수록 영적 지위가 올라가는 것도 사실이다" 고 했다.[768]

사도 바울은 디모데전서 3:13에서, "집사의 직분을 잘 한 자들은 아름다운 지위와 그리스도 예수 안에 있는 믿음에 큰 담력을 얻느니라" 고 말씀한다.

4. 설교 및 교훈 자료

1절-2절: 특권 받은 자의 삶

1) 산에 올라가는 특권을 받은 이스라엘 대표들 가운데 출애굽기 32장에 보면 아론은 금송아지를 만들어 백성이 그를 섬기도록 하는 범죄를 범한다.

2) 나답과 아비후는 제사장들로서 여호와가 명하시지 않는 다른 불을 담아 여호와 앞에서 분향하다가 죽임을 당한다(레 10: 1-2). 하나님 앞에서 특권을 누린 자는 늘 겸손하게 말씀에 충실히 살아야 한다.

---

768) 박윤선, *출애굽기*, *성경주석*, p. 176.

특권을 받았기 때문에 마음대로, 자기 뜻대로 살아도 된다는 것이 아니다. 오히려 다른 일반 사람의 삶보다 하나님의 뜻에 맞는 성결한 삶을 요구하신다. 우리는 특별히 목사님들을 위해서 기도하자. 넘어지지 않고 더욱 충성된 삶을 살아 하나님의 능력 있는 종들이 되도록 말이다. 야고보서는 선생이 범죄할 때 더 큰 벌을 받는다고 말씀하여 선생 같은 교회의 지도자들은 더 성결한 삶을 살아야 할 것을 강조해 준다(약 3:1).

[3절-11절]

여호와께서 이스라엘과 언약을 맺음

3. 모세가 와서 여호와의[1] 모든 말씀과 그 모든 율례를 백성에게 고하매 그들이 한소리로 응답하여 가로되 여호와의 명하신 모든 말씀을 우리가 준행하리이다. 4. 모세가 여호와의 모든 말씀을 기록하고 이른 아침에 일어나 산 아래 단을 쌓고 이스라엘 십이 지파대로 열두 기둥을[2] 세우고, 5. 이스라엘 자손의 청년들을 보내어 번제와 소로 화목제를 여호와께 드리게 하고, 6. 모세가 피를 취하여 반은 여러 양푼에 담고 반은 단에 뿌리고, 7. 언약서를 가져 백성에게 낭독하여 들리매 그들이 가로되 여호와의 모든 말씀을 우리가 준행 하리이다. 8. 모세가 그 피를 취하여 백성에게 뿌려 가로되 이는 여호와께서 이 모든 말씀에 대하여 너희와 세우신 언약의 피니라. 9. 모세와 아론과 나답과 아비후와 이스라엘 장로 칠십인이 올라가서, 10. 이스라엘 하나님을[3] 보니 그 발아래에는 청옥을 편듯하고 하늘 같이 청명하더라. 11. 하나님이 이스라엘의 존귀한 자들에게 손을 대지 아니하셨고 그들은 하나님을 보고[4] 먹고 마셨더라.

1. 본문의 원전 설명

3절: 1 "여호와의." 여기서 헬라어 70인역은 "하나님의"로 읽는다.
4절: 2 "기둥을." 사마리아 오경과 헬라어 70인역은 "기둥" 대신

"돌들"로 읽는다.

10절: [3] "이스라엘 하나님을." 이 문구대신 헬라어 70인역은 "이스라엘 하나님이 서계신 장소를"로 읽는다.

11절: [4] "하나님이 이스라엘의 … 하나님을 보고." 이 구절 대신 헬라어 70인역은 "이스라엘의 택함 받은 자들 가운데 한 사람도 빠지지 않고, 그들이 하나님이 계신 곳에 나와서"로 읽는다.

2. 본문 내용 개요

이스라엘 백성이 여호와의 말씀을 준행하겠다고 말하며 여호와께 제사를 드리고 여호와와 이스라엘 백성 사이에 언약을 맺어 그 말씀 준행의 약속을 공식화함.

3. 주석

3절에서 "여호와의 모든 말씀과 그 모든 율례"란 십계명을 주신 후 여호와께서 모세에게 주신 출애굽기 20:22-26과 출애굽기 21장-23장의 여호와의 명령을 가리킨 것으로 보인다. 십계명은 이미 여호와께서 직접 백성에게 말씀하셨기 때문에 다시 모세가 십계명을 백성에게 말할 필요가 없었을 것이다. 이스라엘 백성이 응답한 말씀, 곧 "여호와의 명하신 모든 말씀을 우리가 준행 하리이다"는 대답은 이스라엘이 하나님과 언약을 맺으려는 의지의 표현이다. 또한 이스라엘이 하나님의 요구하신 것을 행하겠다는 응답이다.

4절을 보면, 모세가 언약을 맺으면서 언약의 책에 여호와의 모든 말씀을 기록했다고 한다. 공식적인 기록으로 하나님의 말씀들을 보존키 위함이다. 또한 이 구절은 출애굽기의 저자가 누구인지를 보여주는 단편적인 내용이다. 모세가 출애굽기의 내용을 기록하지 않았다고 생각하며 문서설을 주장하는 자들은 모세의 가르침이 구전으로 내려오던 것이라고 주장한다. 이러한 주장을 하는 자들이 많이 있으나, 여기 24장 4절은 모세 자신이 기록했음을 가르쳐 준다. 모세는 여호와의 말씀을 기록한 그 다음날 아침 일찍 산 아래에 제단을 쌓았다. 이 제단은 하나님이 이스라엘 백성에게 복주시기 위해 오실 장소를 나타내며 하나님의 임재를 상징한다(참고, 출 20:24). 그 제단을 세운 후, 모세는 이스라엘 열두 지파의 수대로 열 두 기둥을 세웠다. 이 열두 기둥은 이스라엘 열두 지파를 상징하며 계약을 맺는 때에 이스라엘 12지파가 참석하여 계약을 맺었음을 나타낸다.

5절에서 "청년"은 탈굼 옹케로스(Onkelos)사 시사하듯 레위 제사장들이 있기 이전 제사장의 역할을 했다고 생각되는 이스라엘의 처음 난 청년들이 아니다.[769] 그리고 어거스틴이 주장하는 것같이 아론의 자식들도 아니다.[770] 그러나 이 젊은이들에게 모세가 명령하여 여호와에게 번제와 화목제를 드리게 한 것을 볼 때 모세가 제사장의 일을 할 때 그를 돕던 수행원들이었다고 말할 수 있다.[771] 모세는 이 젊은이들에게 제물의 가죽과 더러운 먹통 같은 것을 제하고는 하나님께 다 태워 바치는 번제와, 그리고 제물의 기름과 콩팥들만 태워 하나님께 드리고 제물의 나머지는 제사장과 제물 드리는 자가 나누어 먹

769) Keil and Delitzsch, *Biblical Commentary on the Old Testament*, vol. 2, *The Pentateuch*, p. 157.

770) 참고, 상게서

771) 참고, Ronald S. Handel, "Sacrifice as a Cultural System: The Ritual Symbolism of Exodus 24:3-8," *ZAW* 101(1989): 379f.

는 화목제를 드리게 했다(참고, 레위기 1장과 3장과 7장, 신 12:11-12).

6절의 "양푼"은 음식을 담거나 데우는데 쓰는 놋그릇을 가리킨다. 여기에서 제물들의 피를 둘로 나누었음을 가르쳐 준다. 반은 여러 양푼에 담고, 다른 반은 제단에 뿌렸다. 여러 양푼에 담은 피는 8절에서 언급된 대로 백성에게 뿌릴 것이다. 카쑤토(Cassuto)는 여호와를 상징하는 제단에 피를 뿌리고 그리고 백성에게 피를 뿌리는 것은 여호와와 백성 사이에 연합됨을 의미하고 그 두 사이에 서로 언약 맺는 행위를 하고 있음을 상징한다고 말한다.[772] 로버트슨(Robertson)은 백성에게 피를 뿌린 것은 백성을 깨끗이 하는 것을 상징할 뿐만 아니라, 그들이 죽음을 각오하고 그 언약을 지키도록 전념해야 할 것을 뜻한다고 말한다.[773] 즉 철저히 언약의 내용을 지킬 것을 상징하는 의식의 요소이다.

7절의 "언약서"는 출애굽기 21-23장을 가리키는 것이라고 일반적으로 오늘날 많은 학자들이 해석하지만 카쑤토(Cassuto)는 그 해석에 여러 가지 문제가 있음을 지적 한다. 첫째는 모세가 백성에게 이미 말한 것(출 24:3)을 여기 7절에서 다시 읽는 것은 불필요한 반복이란 것이다. 둘째로, 여기 7절에서 모세가 낭독한 것이 모세가 3절에서 말했던 것이라는 분명한 언급이 없기 때문이라고 한다. 셋째, 그 언약서가 언약의 모든 말씀을 기록한 것이었다면 그 언약서가 법규들(ordinances) 뿐만 아니라 언약의 기본내용, 곧 19:5-6에 진술된 제안들, 그리고 십계명에 있는 기본 원리들을 필수적으로 포함하고 있어야만 할 것이기 때문이라 한다.[774]

---

772) Cassuto, *A Commentary on the Book of Exodus*, p. 312.

773) Robertson, *The Christ of the Covenants*, p. 135.

774) Cassuto, *A Commentary on the Book of Exodus*, p. 312.

그리하여 카쑤토(Cassuto)는 여기에서 언급된 언약서는 다음 두 가지 중에 하나로 설명될 수 있다고 한다. 하나는 그 언약서가 "언약을 맺는 것에 대한 증거와 기억이 될 종류의 짧은 문서, 곧 백성이 주의 말씀을 듣고 그의 언약을 지키겠다는 것과 (출19:5), 그리고 그 대가로 주께서 그들을 선택하여 모든 백성들 가운데 그의 특별한 소유가 되는 백성, 제사장 왕국과, 거룩한 백성을 삼겠다는 내용이 기록된 선언문서" (출19:5-6)를 가리키는 것이라고 생각한다. 다른 하나는 "그것이(언약서가) 자세하고 명확한 문서로 모든 것, 곧 19장의 내용과, 십계명과, 20:22-23:33까지의 하나님의 전체 말씀을 포함한 문서를 가리킨다"는 것이다. 그런데 이 두 가지 이해 가운데 첫 번째가 더 가능성이 있는 이해라고 카쑤토(Cassuto)는 생각한다.[775]

그러나 카쑤토(Cassuto)와는 달리, 카일과 델리취(Keil and Delitzsch)는 언약서가 "여호와의 모든 말씀"을,[776] 차일드즈(Childs)는 "시내산 율법의 전체 문서"를,[777] 그리고 카이저(Kaiser, Jr.)는 "보다 완전히, 여기서, 19장의 내용, 20장의 십계명, 20:22부터 23:33의 판례법(the case laws)"을[778] 포함한 것이 더 가능성 있는 이해로 말한다. 이 책의 저자도 여기 기록된 언약서가 단순히 언약체결 때만 사용되는 것이 아니고, 더 나아가 언약의 내용을 계속 보존하고 기억하게 하는 목적도 있었다고 생각할 때, 카이저(Kaiser, Jr)가 이해한대로 보다 완전한 내용이 기록되었을 것으로 생각된다.

---

775) 상게서, p. 313.

776) Keil and Delitzsch, *Biblical Commentary on the Old Testament*, vol. 2, *the Pentateuch*, p.156.

777) Childs, *The Book of Exodus, A Critical Theological Commentary*, p. 506.

778) Kaiser, Jr., *Exodus, The Expositor's Bible Commentary*, vol.2, p. 449.

8절에서 모세는 그 피를 이스라엘 백성에게 뿌리며 언약의 피라고 한다. 즉 앞서 6절에서 언급한 양푼들에 담은 피를 백성에게 뿌리면서 그 피가 언약의 피라고 한다. 이스라엘 백성과 하나님이 같이 계약을 맺도록 하는 피임을 가르쳐 준다. 이스라엘 사람들에게 그 피를 뿌려 깨끗함을 받고 하나님의 언약 백성이 되도록 해 준 것이다. 이렇게 백성에게 피를 뿌릴 때, 또한 하나님은 그들에게 하나님과 체결한 언약이 피로 엄숙하게 되어졌음을 깨닫게 한다.[779]

9절을 보면, 모세와 아론, 나답, 아비후, 그리고 70인 장로들이 산에 올라가는 특권을 받았다. 언약의 피로 깨끗함을 받아 하나님의 언약의 백성이 된 이스라엘의 대표자들이다. 특히 여기에 아론의 두 아들이 뽑혀진 것은 앞으로 하나님과 이스라엘 사이에서 중개자 역할을 할 제사장이 될 것이기 때문이다.

10절에서 하나님은 "이스라엘 하나님" 이라 불린다. 이스라엘과 언약을 맺었기 때문에 진실로 이스라엘의 하나님이다. 계약 백성 된 이스라엘의 대표되는 모세와 아론, 나답, 아비후 그리고 70인 장로들이 하나님을 볼 수 있는 특권(特權)을 받았다. 그러나 여기에서 하나님이 어떤 모습으로 있었다고 묘사되지 않는다. 아마 인간의 눈에 보여 질 수 있는 신적인 현상을 가리킨다고 말할 수 있을 것이다. 우리는 출애굽기 33:20-23절에 기록된 것 이상의 하나님의 모습을 본 것으로 생각할 수 없을 것이다.

"또 가라사대 네가 내 얼굴을 보지 못하리니 나를 보고 살자가 없음이니라. 여호와께서 가라사대 보라 내 곁에 한 곳이 있으니 너는 그 반석 위에 섰으라. 내 영광이 지날 때에 내가 너를 반석 틈에 두고 내

---

779) Durham, *Exodus, Word Biblical Commentary*, vol. 3, p. 343

가 지나도록 내 손으로 너를 덮었다가 손을 거두리니 네가 내 등을 볼 것이요 얼굴은 보지 못하리라"(출 33장 20-23절).

그런데 하나님의 발아래는 "청옥을 편듯하고"라고 개역성경에 번역했는데, 히브리어 원문성경을 보다 직역해보면, "청옥의 길 같은 것이 있는데"이다. 여기 "청옥의 길"은 히브리어 원문성경에서 "리브나트 하스사피르"(לִבְנַת הַסַּפִּיר)로서 그냥 "청옥" 혹은 "사파이어 보석"이라 번역할 수 있다. 이 "사파이어 보석"은 기스펜(Gispen)에 의하면, 청금석(靑金石)으로 이해해야 한다고 한다. 이 "청금석"은 이집트에서 발견되는 금으로 얼룩덜룩한 불투명의 파란 보석이라 한다. 얼룩덜룩한 것들은 황철강인데 그 돌을 문질러 광을 낼 때 금빛노란 색깔을 낸다.[780] 볼만(J. Bolman)은 진짜 사파이어, 곧 수정 같은 투명한 파란종류의 광옥은 주전 1400년경의 이집트에서는 알려지지 않았다고 주장한다.[781] 청금석(靑金石)은 이집트 사람들이 왕실 장식품들을 만들 때에 사용했다고 한다.

11절에서 하나님이 이스라엘의 존귀한 자들에게 손을 대지 아니하셨고, 그들은 하나님을 보고 먹고 마셨다고 한다. 이스라엘의 존귀한 자들, 곧 모세, 아론, 나답, 아비후 그리고 70인 장로들이 하나님의 신적 현상들을 볼 가치 있는 자들이기 때문에 그들을 죽이지 않으시고 오히려 산에 차린 화목제물을 먹고 마시는 특권을 누렸다. 장차 하나님 앞에서 먹을 영원한 천국 잔치를 미리 조금 맛보는 것이며 장차 천국에서 하나님을 보고 즐길 축복을 약간 체험케 하는 것과 같다(참고,

780) Gispen, *Bible Student's Commentary, Exodus*, p. 239.

781) J. Bolman, *De edelsteenen uit den Bijbel gezien in het licht der hedendaagsche edelsteenkunde* (Amsterdam, 1938), 이 책은 Gispen, *Bible Student's Commentary, Exodus*, p. 239에서 인용함.

계시록 19정 7-9절). 카쑤토(Cassuto)는 여기의 잔치가 모세와 아론 그리고 다른 대표들이 장막에 돌아와서 베푼 거룩한 잔치가 아닌가 생각하지만 본문에서는 그런 이해를 허락지 않는다.[782)]

로린손(George Rawlinson)은 "구약은 이(출 24:11)와 같은 그런 놀라운 식사를 다룬 곳을 어디에서도 언급하고 있지 않다"고 말한다.[783)] 1) 그들 앞에 하늘이 열려있고, 2) 하나님의 놀라운 영광의 광경(맹렬한 불같은)을 보며, 3) 청옥같이 빛나는 도로가 하나님의 발아래 깔려있는 것을 보고, 4) 빛나며 현기증이 날정도로 찬란한 광경 속에, 5)그들의 영혼에 하나님의 은혜와 사랑이 가득 찬 가운데 음식과 고기를 먹고 또 음료를 마시는 시내산 잔치이다.

4. 설교 및 교훈 자료

3-11절: 시내산에서 맺은 언약

1) 모세는 시내산에서 하나님이 이스라엘 백성과 언약을 장엄하고 엄숙하게 맺은 내용들을 기록하여 우리에게 전하고 있다. 우리는 이러한 성경내용을 읽을 때 주의 깊게 읽고, 그 말씀들 속에서 보여준 하나님의 뜻을 우리의 삶 속에서 계속하여 실천하도록 노력해야 할 것이다.

2) 번제는 죄의 용서를 받는 목적도 있으나 헌신과 복종을 약속하면서 드린 제사이다. 즉, 하나님께 헌신하여 그의 말씀에 복종을 약속

782) Cassuto, *A Commentary on the Book of Exodus*, p. 315.

783) H. Spence and Joseph S. Exell, eds., *The Pulpit Commentary. Exodus*, vol. 2, *Exposition and Homiletics* by George Rawlinson, p. 234.

하면서 번제를 드리는 것이다.

3) 화목제는 감사, 자원, 서원하면서 드린 제사인데 여기에서는 하나님께서 특별한 은혜를 베풀어 이스라엘 백성 자신들을 하나님의 언약백성으로 삼아 주신 것을 감사하며 드린 것이다. 우리도 나의 기도를 통해 번제의 목적과 화목제의 목적을 성취하자. 곧 하나님께 헌신과 복종을 다짐하고, 하나님께서 우리를 천에 하나, 만에 하나 뽑아 그의 백성 삼아주신 것을 감사하면서 찬송하자.

4) 하나님께 약속할 때 깊은 생각 후에 약속을 하며, 대답할 때 분명히 지킬 일을 "예"라고 하고, 그 후에는 철저히 자기 말에 책임을 지고 이행해야 한다. 그렇지 않을 때 하나님께서는 그 허물을 용서하지 않는다(출 23:21). 또한 이렇게 약속한 것을 행하려 할 때 우리가 알아야 할 것은 내 자신을 신뢰해서는 안 된다. 이는 내가 나의 원하는 것을 행치 않고 내가 싫어하는 것을 행하는 죄악 된 본성이 나에게 있기 때문이며(롬 7:15), 그리고 만물보다 거짓되고 심히 부패한 것이 우리 인간의 마음이기 때문이다(렘 17:9). 그러므로 오직 하나님께 기도하며 그의 뜻대로 살수 있도록 성령님께 의지하고 열심히 노력하자.

[12절-18절]

시내산에서 하나님과 교제하는 모세

12. 여호와께서 모세에게 이르시되 너는 산에 올라 내게로 와서 거기 있으라. 너로 그들을 가르치려고 내가 율법과 계명을 친히 기록한 돌판[1]을 네게 주리라. 13. 모세가 그 종자 여호수아와 함께 일어나 하나님의 산으로 올라가며,[2] 14. 장로들에게 이르되 너희는 여기서 우리가 너희에게로 돌아오기까지 기다리라 아론과 훌이 너희와 함께하리니 무릇 일이 있는 자는 그들에게로 나아갈지니라 하고, 15. 모세가[3] 산에 오르매 구름이 산을 가리며, 16. 여호와의[4] 영광이 시내산 위에 머무르고 구름이 육일 동

안 산을 가리더니 제 칠일에 여호와께서 구름 가운데 모세를 부르시니라. 17. 산 위의 여호와의 영광이 이스라엘 자손의 눈에 맹렬한 불 같이 보였고, 18. 모세는 구름 속으로 들어가서 산 위에 올랐으며 사십일 사십야를 산에 있으니라

1. 본문의 원전 설명

12절: 1 "율법과 계명을 친히 기록한 돌판." 이 문구는 히브리어 원문 맛소라 성경을 보면, 단순히 "돌판과 율법과 계명" 이라고 기록되어 있다.

13절: 2 "하나님의 산으로 올라가며." 이 구절의 주어는 맛소라 히브리어 원문성경에 의하면 모세임이 분명하여 모세 이름이 쓰여 있다. 그런데 헬라어 70인역은 모세 이름이 없고 "올라간다" 동사가 복수형으로 되어 있어서 주어가 모세와 여호수아 두 사람임을 보여준다.

15절: 3 "모세가." 여기서 헬라어 70인역에 의하면 "모세와 여호수아가" 로 되어있다.

16절: 4 "여호와의." 여기서 헬라어 70인역은 "여호와의" 가 아니라 "하나님의" 로 읽는다.

2. 본문 내용 개요

여호와께서 모세가 백성을 가르치도록 십계명 돌판들을 주시기 위해 산에 올라오라 하시므로 모세가 여호수아를 데리고 산꼭대기로 가다가 나중에는 모세 홀로 구름 속으로 들어가 여호와께 가까이 가서 40일 40야를 산에 있음.

3. 주석

12절에 따르면, 산 위에 베풀어졌던 거룩한 언약의 식사가 끝난 후 모세와 백성의 다른 대표자들이 장막에 돌아왔었던 것으로 보인다.[784] 그러나 이 사실이 분명히 본문에서는 언급하고 있지 않다. 산에서 내려와 있던 모세에게 여호와께서 산에 다시 올라와서 거기 있으라 한다. 여호와께서 모세에게 백성을 가르치도록 율법과 계명을 하나님이 친히 쓰신 돌판들을 주시겠다고 하신다(출 34장 28절). 하나님께서는 십계명의 두 돌판 뿐만 아니라, 출 25-31장에 기록된 성막 건축 등에 관한 법도 주시려 한 것으로 생각된다.

13절-14절에서 모세는 하나님의 명령에 따라 산에 올라가면서 그를 도울 여호수아를 데리고 간다. 아마 하나님께서 모세를 산꼭대기로 올라오도록 부르실 때까지 거처할 곳에서 여호수아가 그를 돕게 하려는 것으로 보인다(참고, 16절). 그리고 장로들에게 말하여 모세가 없는 동안 문제가 생겼을 때는 아론과 훌에게 가서 문제를 처리 받도록 했다. 아론과 훌을 모세는 그가 없는 동안 백성의 지도자로 임명하고 있다. 모세는 전능하신 하나님을 만나려고 산으로 올라가면서 산 아래 백성의 일들이 잘되어 가도록 방침을 세웠다. 여기서 우리가 볼 수 있는 것은 전능하신 하나님을 믿는 신앙의 사람은 사람이 할 수 있는 일을 초월해서 할 때도 있지만 사람의 일을 소홀히 하거나 무시하지 않으며, 훌륭한 지도자는 좋은 수종자, 후계자를 데리고 있음을 보

784) Keil and Delitzsch, *Biblical Commentary on the Old Testament*, vol. 2, *the Pentateuch*, p. 160.

여준다.[785]

15-17절은 모세가 산에 오를 때 구름이 산을 가리웠고, 여호와의 영광이 시내산위에 머물렀다고 한다. 이 여호와의 영광은 17절에 보면 산 아래에 있는 이스라엘 사람들에게는 맹렬한 불같이 보였다. 여호와의 영광은 "찬란함" 또는 광채로서 그의 임재를 증거 해주는 것이다.[786] 그리고 구름이 6일 동안 산을 가리더니 제 7일에 여호와가 구름 가운데서 불렀다고 한다. 그러므로 모세는 6일 동안 기다려야만 했다. 그 후 7일째에 하나님께서 구름 가운데서 부르셨다. 앞선 16절에서 "여호와의 영광이 산위에" 머물렀다 하지만, 그러나 하나님의 영원한 거처는 하늘이다. 하나님은 하늘에 계시지만, 땅에 있는 그의 백성 안에 잠시 머물러 계신다. 그는 이스라엘 백성에게 나타나실 때 주로 구름과 불을 통해 나타내셔서 그는 가까이 계시면서 또한 초월자이심을 보여주신다.[787]

18절은 모세가 구름 속으로 들어가 40주야를 산에 있었다고 한다. 모세는 그가 산 위에서 기다리던 6일을 포함해 40일 40야를 먹지도 않고 마시지도 않으면서 하나님의 법과 율례를 받으면서 지냈다(신명기 9장 9절). "40" 이란 숫자는 신앙의 삶에서 중요한 숫자로 나타난다. 모세가 다시 십계명을 받기 위해서 또 40일 40야를 금식했고(출 34:28, 신 9:18), 엘리야는 하나님의 천사로부터 떡을 먹고 힘을 얻어 40일 40야를 여행하여 하나님의 산 호렙에 도착했다(왕상 19:8). 예수

---

785) 박윤선, *성경주석, 출애굽기*, p. 178.

786) Angel Manuel Rodriguez, "Sanctuary Theology in the Book of Exodus," *Andrews University Seminary Studies*, Summer 1986, vol. 24, no. 2, pp. 135f.

787) 상게서.

님도 40일을 금식하신 후에 시험을 받으셨고(막 4:2, 눅 4:2), 그리고 이스라엘 백성은 40년 동안 광야에서 살았다(신 8:2). 이 모든 경우를 볼 때 40이란 수는 시험의 기간과 믿음의 시련의 기간이었으며, 또한 하나님이 주신 기적적인 도움을 통해 믿음을 준비하는 기간을 가르친다.

4. 설교 및 교훈 자료

15-18절: 하나님과의 교제의 장소

우리에게는 모세가 하나님과 깊이 교제할 수 있었던 시내산은 없다. 그러나 우리에겐 교회가 있고 기도원이 있다. 공중 예배만이 아니라, 개인적인 기도나, 묵상 등을 통해 모세처럼 하나님께 더 가까이 나아가고 깊이 사귈 때 우리가 능력 있는 삶을 살 수 있을 것이다. 우리 집에서도 우리는 쉽게 내가 하나님과 깊이 교제하고 그를 찬양하고 경배할 수 있는 곳을 마련 할 수 있을 것이다. 주님과 깊이 사귈 수 있는 나의 "시내산"을 마련하자. 그리하여 모세의 축복을 우리도 맛보면서 살자. "수고하고 무거운 짐진 자들아 다 내게로 오라 내가 너희를 쉬게 하리라"(마 11:28)고 하셨다. 모세는 시내산에서,

1) 형제, 이웃, 사회를 떠나서 조용히 자기와 하나님과 사귀었다.

2) 세상 문제는 다 접어놓고 세상일로 방해되지 않는 하나님을 만나는 시간을 만들었다.

3) 모세는 하나님의 은혜를 체험할 수 있는 좀 오랜 지속적인 시간인 40일 40야를 가졌다. 우리도 그렇게 긴 시간을 가질 수 없다 할지라도, 큰 문제를 위해서는 지속적인 기도시간이 필요할 것이다.

[출애굽기 25장]

[1절-9절]

모세에게 백성의 예물로 성막을 건축하라 하심

1. 여호와께서 모세에게 일러 가라사대, 2.이스라엘 자손에게 명하여 내
게 예물을 가져오라 하고 무릇 즐거운 마음으로 내는 자에게서 내게 드
리는 것을 너희는 받을지니라. 3.너희가 그들에게서 받을 예물은 이러하
니 금과 은과 놋과, 4.청색 자색 홍색실과 가는 베실과 염소털과, 5.붉은
물 들인 수양의 가죽과 해달의 가죽과 조각목과, 6.등유와 관유에 드는
향품과 분향할 향을 만들 향품과, 7.호마노며 에봇과 흉패에 물릴 보석이
니라. 8.내가 그들 중에 거할[1] 성소를 그들을[2] 시켜 나를 위하여 짓되, 9.
무릇 내가 네게[3] 보이는 대로[4] 장막의 식양과 그 기구의 식양을 따라 지
을지니라.[5]

1. 본문의 원전 설명

8절: 1 "그들 중에 거할." 이 문구가 헬라어 70인역에 의하면, "너희 가운데 나타날" 로 되어있다.

8절: 2 "그들을." 헬라어 70인역은 "그들을" 대신 "너를" 로 읽는다.

9절: 3 "네게." 이 단어 후에 헬라어 70인역에 따르면, "산에서" 란 문구가 첨가되어 있다.

9절: 4 "보이는 대로." 이 문구 후에 헬라어 70인역에 의하면, "너는 나를 위해 지으라" 가 첨가되어 있다. 사실 이 첨가된 구절은 헬라어 70인역에서는 9절 처음에 기록되어 있다.

9절: 5 "지을지니라." 이 동사의 주어는 히브리어 맛소라 원문성경에서는 복수 "너희" 로 '모세와 이스라엘 백성' 이 주어이지만, 헬라어

70인역에서는 단수 "너" 로 '모세' 만 주어로 표현되었다.

2. 본문 내용 개요

여호와는 모세에게 백성이 기쁨으로 드리는 15가지의 예물들을 받아 여호와께서 거할 장막을 짓게 함

3. 주석

1-2절의 "예물" 은 원문에서 "테루마(תְּרוּמָה)" 이다. "테루마(תְּרוּמָה)" 는 구약에서 "거제"로 번역되어(한글개역성경 레7:32; 신 12:17) 하나님께 '들어올린 제물' 을 뜻하기도 하지만, 2절에서는 그런 뜻이 아니라 히브리어 "테루마(תְּרוּמָה)" 가 동사 "룸(רוּם)" (높다, 높게 되다, 존귀케 되다 등)에서 나온 명사로서 그냥 "예물" 은 뜻한다. 곧, 사람이 하나님께 바치기 위해 그의 소유물에서 구별하여 드린 선물을 뜻한다.[788] 그리고 예물은 억지로 바치게 하는 것이 아니라, 원하는 자로부터 그가 부자이든 가난한 자이든 그가 많이 드리든 적게 드리든, 자원하는 자로부터 예물을 받아서 성막을 지으라 하신다.

3-7절은 이스라엘 백성으로부터 받을 예물의 이름들을 소개한다.

3절은 ①금, ②은, ③놋; 4절은 ④ 청색실: 히브리어 원문의 "테케레트(תְּכֵלֶת)" 를 한글 개역성경은 청색으로 번역했다. 그러나 카일과 델리취(Keil and Delitzsch)는 "테케레트(תְּכֵלֶת)" 가 밝은 청색이 아니

788) Gispen, *Bible Student's Commentary, Exodus*, p. 242; Kaiser, Jr., *Exodus, the Expositor's Bible Commentary*, vol. 2, p. 452.

라 검은 청색빛깔을 띤 자주 색을 가리킨다고 한다.[789] 카쑤토(Cassuto)는 청색보다는 보라 빛 색깔에 가까운 제비꽃 색깔로 이해한다.[790] 이렇게 "테케레트(תְּכֵלֶת)" 의 색깔에 대해 여러 가지 의견이 제시되는 것은 "테케레트(תְּכֵלֶת)" 가 무슨 색인지 정확히 단정 할 수 없기 때문이다. 많은 주석가와 영어 성경들은 제일 많이 "테케레트(תְּכֵלֶת)" 를 청색으로 이해한다(참고, 출28:31절 주석); ⑤ 자색실: 히브리어 원문성경의 아르가만(אַרְגָּמָן)을 자색실로 개역성경이 번역했는데, 카일과 델리취(Keil and Delitzsch)는 좀 더 설명을 부가해서 아르가만(אַרְגָּמָן)을 검 붉은색(dark red colour)의 자주 빛 색의 실을 가리킨 것으로 이해한다; ⑥ 홍색실: 카일과 델리취(Keil and Delitzsch)는 새 빨간색으로 개똥벌레 류의 유충(幼蟲)의 알이나 죽은 몸으로 만든 색소라고 한다.[791] 페니키아 사람들이 이 색소를 많이 만들었다고 한다[792] ⑦ 가는 베실: 이는 히브리어 원문성경에 "쉐쉬(שֵׁשׁ)" 인데 카일과 델리취(Keil and Delitzsch)는 이를 가는 하얀 무명실로 생각하고,[793] 카쑤토(Cassuto)와 기스펜(Gispen)은 가는 린넨 실을 가리킨 것으로 생각한다;[794] ⑧ 염소털: 기스펜(Gispen)은 천막 만들 때 쓰는

---

789) Keil and Delitzsch, *Biblical Commentary on the Old Testament*, vol. 2, *The Pentateuch*, p. 163.

790) Cassuto, *A Commentary on the Book of Exodus*, p. 325.

791) Keil and Delitzsch, *Biblical Commentary on the Old Testament*, vol. 2, *The Pentateuch*, p. 163.

792) Gispen, *Bible Student's Commentary, Exodus*, p. 243.

793) Keil and Delitzsch, *Biblical Commentary on the Old Testament*, vol. 2, *The Pentateuch*, p. 163.

794) Cassuto, *A Commentary on the Book of Exodus*, p. 325; Gispen, *Bible Student's Commentary, Exodus*, p. 243.

795) Gispen, 상게서, p. 243.

검은 염소털로 생각한다.[795]

5절은 ⑨ 붉은 물들인 수양의 가죽; ⑩ 해달의 가죽: 이는 히브리어 원문에서 "테하쉼"(תְּחָשִׁים)으로서 그 뜻이 분명치 않으나 이 단어는 이집트 기원으로 좋은 가죽을 가리킨 것으로 이해되기도 한다. 기스펜(Gispen)은 이 단어의 가장 가능성이 있는 뜻은 '아시아나 동 아프리카의 해우(海牛)라고 생각한다.[796] ⑪ 조각목: 이 단어는 히브리어 원문성경에서 "아쩨 쉿트팀"(עֲצֵי שִׁטִּים)으로서 아카시아 나무종(種)을 가리킨다. 이 아카시아 나무는 이집트와 아라비아 반도에서 자라며, 크기가 호두나무나 혹은 그 보다 크게 자란다.[797]

6절은 ⑫ 등유: 이는 등을 켜기 위한 기름을 가리킨다. 감람유가 요리하는데 그리고 불을 켜는데도 사용되었다; ⑬ 관유에 드는 향품: 이것은 붓는 기름을 만드는 데에 쓰는 향품을 말한다. ⑭ 분향할 향을 만들 향품.

7절은 ⑮ 호마노: 히브리어 원문성경에서 "아브네 쇼함"(אַבְנֵי שֹׁהַם)으로서 카일과 델리취(Keil and Delitzsch)는 녹주석(beryls)을 가리킨 것으로 이해하고,[798] 카쑤토(Cassuto)는 보통 줄마노(onyx)로 번역된다고 하지만,[799] 카이저(Kaiser, Jr)는 이 보석이 무엇인지 명확히 확인 할 수 없다고 하며, 이집트인들은 녹옥수(chrysoprase)로 알았다고 한다;[800] ⑯ 에봇과 흉배에 물릴 보석들: 이 보석들은 출애굽기 28:6-25에서 설명된다.

---

796) Gispen, *Bible Student's Commentary, Exodus*, p. 244.

797) Keil and Delitzsch, *Biblical Commentary on the Old Testament*, vol. 2, *The Pentateuch*, p. 164.

798) 상게서

799) Cassuto, *A Commentary on the Book of Exodus*, p. 326.

800) Kaiser, Jr., *Exodus, the Expositor's Bible Commentary*, vol.2, p. 453.

8-9절에서 하나님께서는 그가 모세에게 보여준 대로 모세가 장막의 모형과 기구의 모형을 만들라고 하신다. 앞서 3-7절에 언급된 16개의 자원해서 드린 예물을 가지고 이스라엘 백성이 그들 가운데 여호와께서 거할 성소(מִקְדָּשׁ)를 지으라고 했다. 성소를 지을 때 되는 대로 지을 것이 아니라 여호와께서 시내 산에서 모세에게 보여준 성막의 모형(תַּבְנִית)대로 짓고 그리고 성막에 속한 다른 모든 기구도 모세에게 보여준 모형대로 지으라고 했다.

4. 설교 및 교훈 자료

1) 1-2절: 즐거운 마음으로 드리는 헌금

하나님은 그의 백성에게 좋은 것을 드리고, 그리고 억지로가 아니라 기쁜 마음으로 헌금할 것을 강조한다. 예) ① 레 1:2-3 정성껏 공을 들여 기른 "생축 중에서", 그리고 "흠 없는 수컷으로." ② 레 2:1 "고운 가루로." ③ 말 1:8 "만군의 여호와가 이르노라 너희가 눈 먼 희생으로 드리는 것이 어찌 악하지 아니하며 저는 것, 병든 것으로 드리는 것이 어찌 악하지 아니 하냐 이제 그것을 너희 총독에게 드려보라 그가 너를 기뻐하겠느냐 너를 가납하겠느냐?" ④ 고후 9:7 "각각 그 마음에 정한대로 할 것이요 인색함으로나 억지로 하지 말지니 하나님은 즐겨 내는 자를 사랑하느니라."

2) 8-9절: 시내산에서 본 성막모형

지상에 세운 성막은 시내산에서 본 성막의 모형이라는 것을 가르쳐 준다. 그리하여 모세가 시내 산에서 본대로 성막과 거기에 딸린 기구들을 만들라고 한다. 사도 요한은 계시록에서 말하기를 "이에 하늘에 있는 하나님의 성전이 열리니 성전 안에 하나님의 언약궤가 보이며 또 번개와 음성들과 뇌성과 지진과 큰 우박이 있더라"(계 11:19). 또한 다시 요한은 말하기를 "또 이 일 후에 내가 보니 하늘에 증거 장막의 성전이 열리며"(15:5)라고 했다.

[10절-22절]

법궤를 지을 것에 대한 지침

10. 그들은[1] 조각목으로 궤를 짓되 장이 이 규빗 반, 광이 일 규빗 반, 고가 일 규빗 반이 되게 하고, 11. 너는 정금으로 그것을 싸되 그 안팎을 싸고 윗가로 돌아가며 금 테를 두르고, 12. 금고리 넷을 부어 만들어 그 네 발에 달되 이편에 두 고리요 저 편에 두 고리며, 13. 조각목으로 채를 만들고 금으로 싸고, 14. 그 채를 궤 양편 고리에 꿰어서 궤를 메게 하며, 15. 채를 궤의 고리에 꿴대로 두고 빼어내지 말지며, 16. 내가 네게 줄 증거판을 궤 속에 둘지며, 17. 정금으로 속죄소를 만들되 장이 이 규빗 반, 광이 일 규빗 반이 되게 하고, 18. 금으로 그룹 둘을 속죄소 두 끝에 쳐서 만들되, 19. 한 그룹은 이 끝에, 한 그룹은 저 끝에 곧 속죄소 두 끝에 속죄소와 한 덩이로 연하게 할지며, 20. 그룹들은 그 날개를 높이 펴서 그 날개로 속죄소를 덮으며 그 얼굴을 서로 대하여 속죄소를 향하게 하고, 21. 속죄소를 궤위에 얹고 내가 네게 줄[2] 증거판을 궤 속에 넣으라. 22. 거기서 내가 너와 만나고[3] 속죄소 위 곧 증거궤 위에 있는 두 그룹 사이에서 내가 이스라엘 자손을 위하여 네게 명할 모든 일을 네게 이르리라.

1. 본문의 원전 설명

10절: [1] "그들은." 헬라어 70인역과 사마리아 오경은 여기서 "그들" 대신, "너"로 쓰여 있어 모세를 가리킴을 알 수 있다.

21절: [2] "내가 네게 줄." 이 문구가 사마리아 오경에는 없다.

22절: [3] "내가 너와 만나고." 여기서 헬라어 70인역은 히브리어 원문성경의 단어 "יעד"(수동태로, '만나다, meet')가 아니라 "ידע"('알다, know')로 읽어 "내가 나 자신을 너에게 알게 하고"로 쓰여 있다.

2. 본문 내용 개요

여호와께서 법궤와 속죄소를 만들라하시고 속죄소 두 끝에 쳐서 만든 두 그룹 사이에서 이스라엘 자손을 위해 명할 모든 일을 모세에게 말씀할 것이라 하심.

3. 주석

10-11절은 법궤의 재료와 규격을 말씀하신다. 법궤를 조각목 곧 아카시아 나무(혹은 히브리어 원문대로는 "쉿팀"[801] 나무)로 짓게 하고, 세로 2규빗 반, 가로 1규빗 반, 높이 1규빗 반으로 짓게 했다. 1규빗은 팔꿈치로부터 손가락 끝까지의 길이를 나타내는데, 나라나 시대마다 언제나 그 길이가 같은 것은 아니다. 이집트의 긴 규빗의 길이는 약 52cm이고,[802] 바벨론의 긴 규빗의 길이는 약 50cm이며, 히브리 규빗의 길이는 약 45cm이다.[803]

11절에서 법궤를 정금으로 싸라고 했는데 이는 법궤가 존귀와 아름다움을 갖게 하기 위함이다. 카쑤토(Cassuto)에 의하면 법궤를 정금으로 싸는 방법은 이집트의 고고학적 발굴들을 통해 볼 때 아마 얇은 금판(金版)을 법궤 나무에 작은 못으로 박아서 부치는 방법이었을 것

---

801) 쉬팀나무는 아카시아 나무와 같은 종류의 나무이지만 그 잎이 아카시아 나무의 잎보다 훨씬 적다. 그리하여 한국의 아카시아 나무라고 번역하는 것은 정확한 번역이라 할 수 없다.

802) Gispen, *Bible Student's Commentary, Exodus*, p. 246.

803) D. J. Wiseman and D. H. Weaton, "Weights and Measures," *The New Bible Dictionary*, ed. by J. D. Douglas(Grand Rapids: Eerdmans, 1962), pp. 131f.

804) Cassuto, *A Commentary on the Book of Exodus*, p. 329.

이다.[804] 이와 다른 방법은 종이 같이 얇은 금박(金箔)을 법궤 나무위에 풀로 붙이는 방법인데 이 방법은 사용되지 않았을 것으로 생각된다. 이렇게 금박(金箔)을 풀로 붙일 때 법궤 안에 넣을 돌판 같은 무거운 물체에 부딪혀 쉽게 떨어질 수 있기 때문이다.

12-13절은 금고리 넷을 부어 만들어 네발에 달라고 말씀한다. 법궤 밑에 달린 네 발은 법궤 자체를 직접 땅에 닿지 않게 하고 존귀하게 다루었음을 보여준다.

13절에서 말한 "채"는 법궤 양옆으로 댄 긴 나무로서 법궤를 운반할 때 쓰도록 하려는 것이다. 이 채를 금으로 싸라고 한다. 그리하여 법궤뿐만 아니라 그 법궤를 운반할 때 쓰는 채도 귀하게 만들게 하신다. 이렇게 하나님은 하나님의 말씀을 위해 수종을 드는 사람뿐만 아니라, 물체도 귀하게 생각하신다.

14-15절에서 하나님은 채를 법궤의 양편에 있는 고리에 꿰어서 법궤를 운반할 때 뿐만 아니라, 운반하지 않을 때도 나두어, 언제나 운반해야 할 경우 곧 움직이게 준비되게 했다. 16절에서 하나님은 법궤 속에 증거판을 넣으라 하신다. 증거판은 하나님께서 백성에게 선포한 십계명이 쓰여진 두 돌판으로서 나중에 모세에게 주어진 것이다. 그런데 이 두 돌판이 하나님과 이스라엘 백성이 언약 맺은 것을 증거하기 때문에 증거판이라 불리고 있다.[805]

17절에서 "속죄소"로 번역된 히브리어 단어는 "카프포렛"(כַּפֹּרֶת)이다. "카프포렛"(כַּפֹּרֶת)은 덮개를 뜻하기도 하지만, 이 단어의 동사 "카파르"(כָּפַר)가 피엘형으로 "속죄하다"를 뜻하고 있고, 역대상 28:11에서 지성소를 "카프포렛(כַּפֹּרֶת)의 집"이라 부르고 있는데 이

---

805) 상게서, p. 330.

단어가 "덮개의 집"을 뜻한다고 볼 수 없고 "속죄의 집"을 의미한다고 생각된다.[806] 그 이유는 "덮개의 집"이란 속죄소를 대신해서 불려질 수 있는 그런 중요한 의미를 전혀 갖지 못하기 때문이다. 그리고 레위기 16장에서 속죄일의 의식을 보면 속죄제 염소를 잡아 피를 "카프포렛"(כַּפֹּרֶת)위에, "카프포렛"(כַּפֹּרֶת) 앞에 뿌려 백성의 죄를 용서받게 한 것을 볼 때(15절), "카프포렛"(כַּפֹּרֶת)은 단순히 "뚜껑"이나 "덮개"의 역할을 하지 않고, 하나님이 그것을 통해 속죄를 베푸는 것을 볼 수 있다(참조, 출 25:22). 그리하여 영어성경 킹 제임스 버전(King James Version)은 이곳이 하나님께서 은혜를 베푸시는 곳이므로 "시은좌"(a mercy seat)로 번역했다. 이렇게 "시은좌"라고도 불리워지는 "속죄소"는 순금으로 만들고 그 길이나 너비가 법궤와 똑 같이 길이가 2규빗 반, 너비가 1규빗 반이 되게 만들라 하셨다.

18-20절에서는 그룹을 금으로 만들라 했는데 그것이 어떻게 생겼는지 자세한 설명이 없다. 카일과 델리취(Keil and Delitzsch)는 에스겔이 말한 그룹은 각각 네 얼굴, 사람과 사자와 황소와 독수리 모습의 연합된 얼굴을 가졌는데(1장, 10장), 속죄소 위에 만들어진 그룹은 솔로몬의 성전 안의 지성소에 있던 그룹처럼 한 얼굴을 가졌었을 것이며, 날개를 가진 것을 제하고는 사람과 비슷한 모습이었을 것으로 이해된다. 그리고 앉아 있거나 무릎 꿇고 있지 않고 서 있는 모습이었을 것으로 이해한다.[807] 백성이 그룹들을 만들 때, 한 그룹은 속죄소의 한 쪽 끝에서 속죄소의 금을 쳐서 만들어 속죄소와 이음매 없이 하나

---

806) Keil and Delitzsch, *Biblical Commentary on the Old Testament*, vol. 2, *The Pentateuch*, p. 168.

807) 상게서, pp. 169f.

되게 하고, 다른 한 그룹은 속죄소의 다른 쪽 끝에서 그 속죄소의 금을 쳐서 만들어 속죄소와 이음매 없이 하나 되게 함으로서 속죄소와 두 그룹이 하나로 연결된 물체가 되게 한 것이었다.[808] 이 두 그룹은 그들의 날개들을 펴서 속죄소를 덮게 하여 속죄소와 그 아래에 있는 법궤를 보호하고 지키는 모습을 보여준다.

21절에서 하나님은 모세에게 속죄소를 궤위에 놓으라 하시며, 증거판을 그 법궤 안에 넣으라 하신다. 22절에서는 하나님이 법궤 위가 되는 속죄소 위에서 모세를 만나실 것이라고 약속해 주신다. 이 약속의 말씀대로 속죄소와 함께 법궤는 이스라엘 백성 가운데 있는 하나님의 보좌가 되었고, 율법의 보관소가 되었으며, 나중에 하나님의 발등상이 라고 불러지기도 했다(대상 28:2, 시 99:5, 132:7, 애 2:1). 즉 하나님이 임재 하는 곳이 되었다. 이 속죄소와 함께 법궤 위에 여호와께서 와서 모세와 만나고 그에게 지시하신 것이다.

4. 설교 및 교훈 자료

17절: 속죄소가 순금으로 만들어진 이유

이 속죄소가 순금으로 만들어진 것은 하나님께서 우리에게 자비를 베푸시고 우리의 죄를 용서해 주시는 것은 순금처럼 가장 귀하고 중요하신 하나님의 사역 중에 하나이기 때문이라고 말할 수 있다. 이 순금처럼 우리의 죄 용서 받음을 중요하게 생각하시는 하나님께, 우리가 범죄 하였을 때마다, 나아가 우리의 죄를 고백하고 용서함 받아 하

808) Kaiser, Jr., *Exodus, the Expositor's Bible Commentary*, vol.2, p. 455; Keil and Delitzsch, 상게서, p. 168.

나님의 크신 사랑과 복을 받으며 사는 우리가 되어야 한다.

[23절-30절]

떡 상을 만드는 것에 대한 지침

23. 너는 조각목으로[1] 상을 만들되 장이 이 규빗, 광이 일 규빗, 고가 일 규빗 반이 되게 하고, 24. 정금으로 싸고[2] 주위에 금테를 두르고, 25. 그 사면에 손바닥 넓이 만한 턱을 만들고 그 턱 주위에 금으로 테를 만들고, 26. 그것을 위하여 금고리 넷을 만들어 네 발위 네 모퉁이에 달되, 27. 턱 곁에 달라. 이는 상 멜 채를 꿸 곳이며, 28. 또 조각목으로 그 채를 만들고 금으로 싸라 상을 이것으로 멜 것이니라. 29. 너는 대접과 숟가락과 병과 붓는 잔을 만들되 정금으로 만들지며, 30. 상 위에 진설병을[3] 두어 항상 내 앞에 있게 할지니라.

1. 본문의 원전 설명

23절: [1] "조각목으로." 이 문구가 헬라어 70인역에서는 "순금으로" 되어있다.

24절: [2] "정금으로 싸고." 이 문구는 앞 절과 논리적으로 일치되도록 헬라어 70인역에서는 생략되었다.

30절: [3] "진설병." 진설병은 성소의 떡 상에 차려놓은 떡을 가리킨다. 이 "진설병"은 히브리어 원문성경에서 "레헴 파님" (לֶחֶם פָּנִים)으로서 직역하면 "얼굴의 빵" 혹은 "얼굴의 떡" 이다. 그런데 성경에서 "얼굴"(פָּנִים)이 하나님께서 친히 임재하신 것을 자주 가리키므로,[809] 여기서도 영어성경들(NASB, RSV, NIV)처럼 "임재의 빵" 혹은 "임재의 떡"이라 번역할 수도 있다.

---

809) 참고, 정규남, *구약신학의 맥* (서울: 도서출판 두란노, 1996; 6쇄발행, 2001), p. 116.

2. 본문 내용 개요

떡 상과 거기에 부속된 대접, 숟가락, 병과, 붓는 잔을 어떻게 만드는가를 가르침.

3. 주석

23-24절은 떡 상의 재료와 규격을 말씀하시는데, 떡 상은 아카시아 나무와 비슷한 싯딤나무로 만들되 길이가 2규빗, 넓이가 1규빗, 높이가 1규빗 반이 되게 하고, 그것을 금으로 싸며, 주위에 금테를 두르라고 했다. 여기서 금테를 정확히 떡 상의 주위 어디에 두르라고 설명되지 않았으나, 아마 떡상 표면의 사방 끝 가까이에 금테를 만들어 두르게 하라는 것으로 이해된다.

25-27절에서 "턱"이란 떡 상 사면에 부친 테두리를 말하는데 그것의 넓이를 손바닥 넓이만큼 만들라고 하신다. 이 턱은 떡 상의 일 규빗 반 높이의 다리들에 접합되어 그 다리의 위로부터 아래로 절반정도까지 내려와서 다리들을 견고하게 했을 것으로 보인다.[810] 요세푸스(Josephus)는 떡 상 다리들의 위로부터 절반은 사각 모양이고, 아래로 절반은 둥근 모양으로 만들어졌을 것으로 생각한다, 그리고 그 턱 주위에, 떡 상 표면의 사방 끝 가까이에 만들었던 테와 비슷한 테를 만들라고 하신다.

---

810) Cassuto, *A Commentary on the Book of Exodus*, p. 338; Gispen, *Bible Student's Commentary, Exodus*, pp. 248f.

26절의 “그것” 은 떡 상“을 가리킨 것이다. 이 떡 상을 위해 금고리 네 개를 만들어서 네 발위, 턱 곁에 달아서 떡 상을 멜 채를 꿰게 하라고 하신다. 28절에서 떡 상을 운반하기위해 채를 조각목, 곧 싯딤나무로 만들어 금으로 싸라했는데 이 채는 두 개로서, 법궤의 채들의 경우와는 달리 떡 상의 고리들에 늘 꿰어있지 않고 운반할 때만 꿰어 떡 상을 멨을 것으로 생각된다.

29절에서 “숟가락” 이라 번역된 히브리어 단어는 “카프포타브” (כַּפֹּתָיו)로서 “카프” (כַּף)의 복수 단어에 삼인칭 소유격 어미가 붙어있다. 여기서 삼인칭 어미는 ‘떡 상’ 을 가리킨다. 그리하여 “카프” (כַּף)가 떡 상에서 사용될 기구임을 뜻한다. 그런데 “카프” (כַּף)는 ‘손바닥’ 을 뜻하는 것으로 “숟가락” 으로 번역하기 보다는 조금 움푹 들어간 ‘작은 접시’ 를 뜻하는 것으로 이해하는 것이 더 옳다고 생각한다. 그리하여 영어성경들(RSV, NIV)도 접시(dish)로 번역한다.

30절의 진설병(陳設餠)” 은 상위에 차려진 떡을 가리키는데 원문 히브리어 “레헴 파님” (לֶחֶם פָּנִים)은, 앞서 본문원전 설명에서 언급했듯이, 문자대로 번역할 때 “얼굴의 빵” 혹은 “얼굴의 떡” 이다. 이렇게 “얼굴의 떡” 이라 불리는 것은 매 안식일에 이 떡들을 만들어 상징적으로 여호와 얼굴 앞에 차려놓기 때문이다. 이 진설병은 매 안식일 마다 새로운 떡으로 갈고, 전에 것은 제사장이 먹었다(레 24:8). 이 떡은 하나님께 먹을 것을 드리기 위함이 아니라, 이스라엘 백성에게 하나님이 그들의 먹을 것을 공급해 주심을 생각케 하려는 것이다.[811]

811) Gispen, 상게서, p. 249.

4. 설교 및 교훈 자료

23-30절: 떡 상과 진설병

레위기 24:5-6을 보면 떡 상 위에 차려놓은 떡, 곧 진설병은 12개이다. 이 12개의 떡을 한 줄에 여섯씩 두 줄로 차려놓으라고 하신다. 이 12개의 떡은 이스라엘의 12지파를 상징한다. 떡은 생명을 살게 해주는 영양을 공급해주는 것이다. 여호와 앞에 12개의 떡이 있는 것은 이스라엘의 12지파의 생명이 하나님께서 사랑으로 필요한 것을 공급해 주심으로 살 수 있음을 인정하고 그렇게 필요한 것을 공급해 주심을 감사하는 표시이다. 또 이렇게 떡 상을 차려놓은 것은 이스라엘이 생명을 유지하기 위해서는 하나님의 자비의 공급이 필요함을 이스라엘 백성에게 알게 할뿐만 아니라, 또한 그들이 성소에 있는 떡 상을 생각할 때 하나님께서 주신 은혜의 공급들을 감사하는 것을 잊지 않도록 하기 위해서 떡 상을 차려놓았다(참고, 살전 5:18).

[31절 -40절]

등대 만드는 것에 대한 지침

31. 너는 정금으로 등대를 쳐서 만들되 그 밑판과 줄기와[1] 잔과 꽃받침과 꽃을 한 덩이로 연하게 하고, 32. 가지 여섯을 등대 곁에서 나오게 하되 그 세 가지는 이편으로 나오고 그 세 가지는 저편으로 나오게 하며, 33. 이편 가지에 살구 꽃 형상의 잔 셋과 꽃받침과 꽃이 있게 하고 저편 가지에도 살구꽃 형상의 잔 셋과 꽃받침과 꽃이 있게 하여 등대에서 나온 여섯가지를 같게 할지며, 34. 등대 줄기에는 살구꽃 형상의 잔 넷과 꽃받침과 꽃이 있게 하고, 35. 등대에서 나온 여섯 가지를 위하여 꽃받침이 있게 하되 두 가지 아래 한 꽃받침이 있어 줄기와 연하게 하며 또 두 가지 아래 한 꽃받침이 있어 줄기와 연하게 하며 또 가지아래 한 꽃 받침이 있어 줄기와 연하게 하고, 36. 그 꽃받침과 가지를 줄기와 연하게 하여 전부를 정금으로 쳐 만들고, 37. 등잔 일곱을 만들어 그 위에 두어 앞을 비

추게 하며, 38. 그 불집게와 불똥 그릇도 정금으로 만들지니, 39. 등대와 이 모든 기구를 정금 한 달란트로 만들되, 40. 너는 삼가 이 산에서 네게 보인 식양대로 할지니라.

1. 본문의 원전 설명

31절: 1 "너는 정금으로 등대를 쳐서 만들되 그 밑판과 줄기와." 이 구절은 31절의 문법과 문장구조에서 볼 때, "너는 순금으로 등대를 만들고, 그 등대와 그것의 밑판과 줄기는 쳐서 만들어지게 하고"로 번역함이 더 좋은 번역으로 생각된다. 왜냐하면 31절의 시작에서 "등대"란 단어가 두 번이나 나오며, 두 번째 동사 "테아세"(תֵּעָשֶׂה)는 수동태 니팔형 동사이기 때문이다.

2. 본문 내용 개요

등대와 그것의 밑판, 줄기, 잔, 꽃받침, 꽃을 만드는 것과, 등대에 속한 기구인 불집게 와 불똥 그릇을 만드는 방법을 말씀함.

3. 주석

31절의 말씀은 등대를 순금으로 만들며, 그 등대의 밑판, 줄기, 잔(컵), 꽃받침, 꽃도 순금을 쳐서 하나로 연결되게 만들어야지, 그들을 따로 따로 만든 후 나중에 연결시키는 식으로 만들지 말라는 말씀이다. 이 등대는 성소 안에서 제사장이 잘 일할 수 있도록 빛을 비추어 주기 위해서이다. 오늘날 하나님의 사람들이 세상에서 하나님을 잘 섬기며 바른 삶을 살기위해 빛을 비추어 주는 것은 하나님의 말씀이다. 그리하여 시편 저자는. "주의 말씀은 내 발의 등이요, 내 길의 빛이니이다"(시 119:105)고 말씀한다. 사도 베드로는, "또 우리에게 더 확실한 예언이 있어 어두운데 비취는 등불과 같으니 날이 새어 샛별이 너희 마음에 떠오르기까지 너희가 이것을 주의하는 것이 가하니라"(벧후 1:19) 고 말씀한다.

32절은 등대 옆으로 여섯 가지가 나오게 하되, 그 등대의 세 가지는 이편으로 나오고 그 등대의 세 가지는 저편으로 나오게 하라고 한다. 그리하여 한 군데 기름을 부으면 다른 곳에도 기름이 들어가도록 한 것으로 생각된다. 한 등대가 원 줄기로부터 여섯 가지가 이음새 없이 연결되어 있어서 "연합"의 교훈을 보여준다. 등대의 여섯 가지가 서로 연합하여 더 밝게 해주는 것처럼, 우리 성도는 그리스도의 몸인 교회의 여러 지체들이므로(고전 12: 12-27) 서로 잘 연합하여 영적으로 캄캄한 세상을 밝게 비추어주는 빛이 되어야 한다. 그렇지 않고 우리 성도가 서로 싸우고 질투하며 분열할 때 어두운 세상에 빛을 비추기는커녕 오히려 매운 연기나 독한 냄새를 내 품게 될 것이다.

33-34절에 의하면, 꽃받침과 꽃을 가진, 살구꽃 모양의 잔 셋이 한 가지에 있게 하고, 그리고 꽃받침과 꽃을 가진 살구꽃 모양의 잔 셋이 다른 가지에 있게 하여, 등대에서 나온 여섯 가지가 모두 같도록 하라고 한다. 줄기, 곧 등대의 기둥에는 네 개의 살구꽃 형상의 잔과 꽃받침과 꽃이 있다. 그 중에 제일 높은 잔은 다른 가지들의 제일 높은 잔과 같은 높이에 있으며, 다른 두 개의 잔은 다른 옆가지의 두 개의 잔의 높이와 같게 만들어지고, 넷째 잔은 등대 아래 발치부분이 퍼지는 부분과 아래로부터 첫 가지가 갈라져간 지점 사이에 만들어졌을 것으로 카쑤토(Cassuto)는 생각한다.[812]

35절은 등대에서 여섯 가지가 나왔는데, 그 등대의 기둥 줄기 양쪽으로 한 가지씩 뻗어 나왔다. 그 뻗어 나온 곳마다 곧 세 곳에 불룩하게 꽃받침 같은 마디 혹은 둥근 장식을 만들라고 한다. 39-40절에서 등대와 모든 기구를 정금 한 달란트로 만들라고 한다. 금 한 달란트는 34kg이거나[813] 약 75 파운드이다.[814] 혹시 설명이 잘 이해되지 않더라도 원형을 보았기 때문에 본 그대로 하라고 한다.

4. 설교 및 교훈 자료

31절: 순금 등대로 점화하는 이유

순금으로 등대를 만들어 저녁부터 아침까지 불을 켜게 하는(출 27:20-21) 직접적인 이유는 성소를 밝게 하려는 것이고, 상징적인 뜻은 이스라엘을 이방백성들에게 빛이 되도록 부르셨음을 나타낸다. 이와 같이 신약의 믿는 자들에게도, "너희는 세상의 빛이라 산 위에 있는 동네가 숨기우지 못할 것이요…이같이 너희 빛을 사람 앞에 비취게 하여 저희로 너희 착한 행실을 보고 하늘에 계신 너희 아버지께 영광을 돌리게 하라" (마 5:14, 16; 참고, 빌 2:15)고 했다. 그리고 빛을 발하게 하는 기름(올리브유, 출 27:20)은 성령을 상징한다. 성소의 등대가 기름을 받아서 계속해서 빛을 발하듯이 우리는 약하고, 악해서 빛을 발할 수 없으니 늘 성령의 힘을 공급받아 빛을 발하며 살아야 한다.

---

812) Cassuto, *A Commentary on the Book of Exodus*, p. 343.

813) Gispen, *Bible Student's Commentary*, Exodus, p. 250.

814) Kaiser, Jr., *Exodus, The Expositor's Bible Commentary*, vol.2, p. 458.

[출애굽기 26장]

[1-6절]

성막내부 휘장 만드는 법

1. 너는 성막을 만들되 앙장 열 폭을 가늘게 꼰 베실과 청색 자색 홍색실로 그룹을 공교히 수놓아 만들지니, 2. 매 폭의 장은 이십 팔 규빗, 광은 사 규빗으로 각 폭의 장단을 같게 하고, 3. 그 앙장 다섯 폭을 서로 연하며 다른 다섯 폭도 서로 연하고, 4. 그 앙장의 연락할 말폭 가에 청색 고를 만들며 다른 연락할 말폭가에도 그와 같이 하고, 5. 앙장 말폭 가에[1] 고 오십을 달며 다른 앙장 말폭 가에도 고 오십을 달고 그 고들을 서로 대하게 하고, 6. 금 갈고리 오십을 만들고 그 갈고리로 앙장을 연합하여 한 성막을 이룰지며,

1. 본문의 원전 설명

5절: [1] "말폭 가에." 이 문구는 히브리어 원문성경에 보면 단순히 "폭 가에 '로 되어 있으나, 문맥에서 보면 앙장의 끝에 있는 폭을 가리키므로 "말폭 가에" 로 번역되었다.

2. 본문 내용 개요

성막을 덮는 휘장들의 재료와 길이, 그리고 그 휘장들을 어떻게 연결시킬 것인가를 설명함.

3. 주석

1절에서 성막을 덮는 천막을 어떻게 만들 것인가를 설명한다. 개역

성경에서 말하는 앙장(仰帳)은 천장이나 상여 위에 치는 휘장을 말한다. 성막의 내부 휘장은 열 폭을 만들되 그 휘장을 가늘게 꼰 베실과 청색, 자색, 홍색실로 만들고 휘장을 만들 때에 천사 그룹들을 잘 수 놓아서 만들라고 한다. "가늘게 꼰 베실"은 앞서 24:4에서는 "베실"로만 표현되었는데 이 "베실"은 카일과 델리취(Keil and Delitzsch)에 의하면 '하얀 무명실'을 가리키며, 카쑤토(Cassuto)와 기스펜(Gispen)에 의하면 '가는 린넨 실'을 가리킨다. "청색"은 카일과 델리취(Keil and Delitzsch)에 의하면 밝은 청색이 아니라 '검은 청색빛깔'을 띤 자주 색을 가리킨다. 카쑤토(Cassuto)도 청색보다는 보라빛 색깔에 가까운 제비꽃 색깔로 이해한다. "자색"은 카일과 델리취(Keil and Delitzsch)에 의하면 검 붉은색(dark red colour)의 자주빛 실을 가리킨다. 또한 카일과 델리취(Keil and Delitzsch)는 "홍색실"이 새 빨간색으로 개똥벌레류의 유충(幼蟲)의 알이나 죽은 몸으로 만든 색소라고 한다. 위에서 말한 여러 색깔들의 실로 내부 휘장을 만들 때 이 색깔들이 단순히 줄무늬나 격자무늬의 휘장을 만드는 것이 아니라 위의 실 모두를 서로 섞어 짜서 만든 것으로 카일과 델리취(Keil and Delitzsch)는 이해한다.[815)]

2-3절은 휘장의 규격을 말씀한다. 각 휘장의 장, 곧 세로는 28 규빗(12.6m)이며, 광, 곧 가로는 4 규빗(1.8m)으로 만들게 하고 각 휘장 다섯 폭은 서로 연결되게 하라고 한다. 아마 꿰매어서 서로를 연결하게 하라고 한 것으로 이해된다. 그리하여 10폭의 휘장을 다섯 폭씩, 다섯 폭씩 꿰매어 연결되게 만들라고 한다.

---

815) Keil and Delitzsch, *Biblical Commentary on the Old Testament*, vol. 2, *the Pentateuch*, p. 175.

4절에서 "호베레트"(חֹבֶרֶת)라는 단어는 "연결한 것" 혹은 "연결된 것" 둘 다를 뜻한다.[816] 그러므로 4절에서는 "연결된 다섯 휘장들의 맨 끝에 있는 휘장 끝에 청색의 고리를 만들며, 다른 연결된 다섯 휘장들의 맨 끝에 있는 휘장 끝에도 그와 같이 고리를 만들라고 한다.

5절의 "마흐베레트"(מַחְבֶּרֶת)는 앞서 4절에서 설명한 "호베레트"(חֹבֶרֶת)와 같은 의미의 단어로서 이미 4절에서 두 번째 연결된 다섯 휘장들을 언급할 때 히브리어 성경에서 사용되었다. 그러므로 "마흐베레트"(מַחְבֶּרֶת)도 "연결된 것"을 뜻한다.[817] 4절에서처럼 5절은 다시 연결된 다섯 휘장들의 마지막에 있는 휘장 끝에 고리를 달라고 말하여 고리를 다는 것에 강조를 해주며, 단지 5절에서는 고리 50을 달라고 첨가하여 말씀하고 있다. 이 다음 10절에서는 고리를 만드는 것과 몇 개의 고리를 만들 것인가를 합하여 말씀하고 있다.

5절에서는 고리 50을 만들라고 하셨는데, 이제 6절에서는 금 갈고리 50개를 만들어 두 세트 휘장들의 끝에 서로 마주보게 놓여있는 두 고리들을 꿰어 연결시키므로 한 성막이 되도록 하라고 하신다. 이렇게 금 갈고리 50개를 만들게 한 것은 서로 마주보고 있는 50쌍의 고리들을 서로 연결시키려고 한 것이다.

4. 설교 및 교훈 자료

1-6절: 성막구조와 교회

성막구조를 보면 안에는 청색, 자색, 홍색실과 가늘게 꼰 베실들로

---

816) 참고, *The New Brown, Driver, and Briggs Hebrew and English Lexicon of the Old Testament*, p. 289.

817) 참고, 상게서

짠 휘장과 거기에 그룹들을 정교하게 수놓았고, 성막 안의 구조물을 이룬 판자들은 모두 금이 입혀졌다. 휘장폭들을 꿰매어 이은 휘장세트들이 청색으로 된 고리들과 금 갈고리로 든든히 서로 연결되어, 금 갈고리들은 밑에서 볼 때 별처럼 반짝였다. 정말 아름답고 은은하며 빛나고 거룩하며 신비스런 성막이다. 그러나 밖에서 볼 때는 성막이 해달의 가죽과 붉은 물들인 수양의 가죽으로 만들어진(14절) 별로 화려하지 않은 시커멓고 붉은 색깔의 천막일 뿐이다. 바로 이 성막은 신약의 교회와 같다. 교회는 교회 밖의 사람들이 볼 때 인간들이 모여서 하나님께 예배를 드리며 도덕적인 삶을 요구하고 절제 있는 생활과 십일조를 바칠 것을 가르치며, 사랑을 강조하면서도 싸움이 잦은 곳이라고 비방 받고 무시당한다. 그러나 교회 안에 있는 신실한 교인이 볼 때는,

1) 교회는 하나님을 믿는 사람들이 모인 공동체로서, 그들은 그리스도의 대속의 피로 하나님의 자녀 되고,

2) 구원받는 백성이 되어 서로 사랑하고 도우면서 하늘 아버지 되신 하나님의 뜻을 따라 살며,

3) 또한 교인들은 교회를 통해서 자신들에게 주는 그리스도의 평강과 기쁨과 능력을 받으면서 교회의 아름다움, 거룩, 신비를 체험하며 산다고 말할 수 있다.

가짜 교회와 거기에 모인 거짓 교인들은 하나님의 뜻을 신실하게 따르는 참 교회의 표지를 보여주지 못하고 믿는 자들의 평강과 기쁨과 능력을 맛보지 못할 것이나, 참 교회는 정말 위에서 말한 교회의 아름다움을 교인들이 실감나게 체험할 수 있게 한다. 하나님을 믿는 교인은 누구나 성막 내부의 아름다움처럼 우리 교회가 그런 아름다움을 주고, 우리 자신이 그것을 느끼며, 또 남에게도 느끼게 할 수 있

는 하나님의 사람이 되어야 한다. 또한 우리 성도는 외부 치장이나 겉모양의 화려함 보다, 속을 아름답고, 거룩한 사람으로 가꾸어가야 한다. 외식자들은 속이 부패하고 겉은 회칠한 무덤 같으나, 믿음의 사람은 겉과 속이 같거나 겉보다 속이 훨씬 아름답고 거룩함을 나타낼 것이다.

[7절-14절]

성막을 덮는 막과 두 개의 덮개를 만드는 법

7. 그 성막을 덮는 막 곧 앙장을 염소털로 만들되 열 한폭을 만들지며, 8. 각 폭의 장은 삼십 규빗, 광은 사 규빗으로 열 한폭의 장단을 같게 하고, 9. 그 앙장 다섯 폭을 서로 연하며 또 여섯 폭을 서로 연하고 그 여섯째 폭 절반은 성막 전면에 접어 드리우고, 10. 앙장을 연락할 말폭 가에 고 오십을 달며 다른 연락할 말폭 가에도 고 오십을 달고, 11. 놋 갈고리 오십을 만들고 그 갈고리로 그 고를 꿰어 연합하여 한막이 되게 하고, 12. 그 막 곧 앙장의 나머지 그 반폭은 성막 뒤에 드리우고, 13. 막 곧 앙장의 길이의 남은 것은 이편에 한 규빗, 저편에 한 규빗 씩 성막 좌우 양편에 덮어 드리우고, 14. 붉은 물 들인 수양의 가죽으로 막의 덮개를 만들고 해달의 가죽으로 그 웃덮개를 만들지니라.[1]

1. 본문의 원전 설명

14절: [1] "해달의 가죽으로 그 웃 덮개를 만들지니라." 여기 말한 웃 덮개가 실제로 성막을 덮는데 쓰여진 것인지에 대해 다른 가능성을 카쑤토(Cassuto)는 제시한다. 곧, 성막 덮개용이 아니라, 이스라엘 군대가 이동할 때 휘장들을 덮어 상하지 않고 안전히 운반되게 하는데 사용되었을 가능성을 말한다.[818] 그러나 히브리어 원문성경의 의미

919) Cassuto, *A Commentary on the Book of Exodus*, p. 354.

에 대하여 다음 14절의 주석 란에서 좀더 자세히 설명한다.

2. 본문 내용 개요

성막을 덮는 막을 염소 털로 만들라 하고 그 염소 털의 막위에 붉은 물들인 수양의 가죽으로 덮개를 만들고, 또한 그 수양의 가죽 덮개 위에 해달 가죽의 웃덮개를 만들라 하심.

3. 주석

7절에서는 성막 외부 휘장을 만들 재료와 규격을 말씀한다. 성막의 외부 휘장은 염소 털로 만들게 했고, 그 외부 휘장들의 폭은 성막 내부 휘장보다 한 폭 더 많게 만들도록 했다. 8절은 각 휘장 폭의 길이를 말씀하시는데, 각 휘장 폭의 길이는 세로가 30규빗(13.5m)이다. 그러므로 내부 휘장 폭의 길이(12.6m)보다 2규빗(90cm) 길게 만들게 했다. 가로는 내부 휘장 폭의 길이와 같이 4 규빗(1.8m)으로 만들라 한 것이다.

9절에서 그 휘장 다섯 폭을 서로 꿰매어 연결하게 하고, 또 여섯 폭을 꿰매어 서로 연결하게 하라고 한다. 그리고 그 여섯째 폭의 절반을 접하여 성막 전면에 놓으라 한다.

10절은 연결된 것의 맨 끝에 있는 휘장 폭의 끝에 고리 50을 만들며, 다른 연결된 것의 맨 끝 휘장 폭의 끝에도 고리를 오십을 만들라고 한다. 그리고 11절은 놋 갈고리 50을 만들어서 두 세트의 휘장들의 맨 끝에 있는 휘장 폭의 고리들을 꿰어 연합시키므로 한 막이 되게 하라고 한다.

12절, "그 막 곧 앙장의 나머지 그 반폭은 성막 뒤에 드리우고" 앞선 9절을 보면 6폭이 연결된 세트의 여섯째 폭의 절반을 접하여 성막 전면에 놓게 했다. 그러므로 이제 성막 뒤, 서편의 남은 반 폭도 그 서편의 땅위에 나오게 한 것이다. 왜냐하면 10폭의 휘장의 길이 곧 40규빗만 있으면 위에 30규빗, 서편 10규빗으로 꼭 맞는데 1폭 곧 4 규빗을 더 만들어 성막 전면에 반폭이 접어져서 나오게 하고, 이제 남은 반폭을 성막의 뒤에 나오게 한 것이다.

13절에서 성막 덮은 막의 장(길이)이 30규빗이다(8절). 그리고 성막 내부 휘장의 장(길이)은 28규빗이다(2절). 그러므로 성막 덮은 막을 내부 휘장 위에 드리울 때 2 규빗이 남는데, 이 남은 2 규빗을 양 옆으로 한 규빗씩 드리우게 하라고 한다.[819]

14절에서 붉은 물들인 수양의 가죽으로 막의 덮개를 만들고 해달의 가죽으로 그 웃 덮개를 만들라고 말씀하신다. 앞서 7절에서 언급된 성막을 덮는 염소 털의 막(幕)위에 다른 두 개의 덮개가 더 있음을 말한다. 첫째, 붉게 물들인 수양의 가죽의 덮개이다. 오늘날 베두인들도 가끔 그들의 천막 위를 가죽으로 덮고 있다. 그리고 이방인들 가운데 거룩한 성막으로 구분시키기 위해 멀리서도 보이는 붉은 색을 사용하는 것은 상례라고 카쑤토(Cassuto)는 말한다.[820] 성경에서는 이 수양의 가죽의 크기를 말하지 않는데 랍비 전통에 따르면 장이 30규빗, 광이 10규빗 이라고 한다. 이 크기의 덮개가 성막의 위에 덮어져서 그리고 옆으로 약간씩 드리워져서 낮은 위치에서도 잘 보일 수 있게 했다. 다른 덮개는 해달의 가죽으로 만든 것이라고 한다. 이 해달

---

819) 상게서, p. 353.
820) 상게서

의 가죽 덮개는 수양의 가죽 덮개 위에 덮을 것으로 본문은 표현한다.

그런데 카쑤토(Cassuto)는 앞서 본문의 원전 설명에서 언급했듯이 이 해달의 가죽은 덮개로 사용된 것이 아니고, 성막을 이동할 때 휘장들을 덮어 안전하게 운반될 수 있게 해주는 보호 덮개로 사용되었을 가능성을 말한다. 이는 민수기 4장을 보면 이스라엘 백성이 행진할 때 지성소의 증거 궤를 다치지 않고 잘 운반하기 위해 칸 막는 장(帳)을 걷어 그 증거 궤를 덮고 그 위에 해달의 가죽으로 덮고 다시 그 위에 순청 색 보자기를 덮은 후에 그 채를 꿰어 운반했다(5-6절). 그리고 진설병의 상을 옮길 때도 해달의 가죽을 덮개로 사용했고(민 4:8), 또한 성소 안에 있는 등대와 그 모든 기구를 옮길 때도 덮개로 사용했기 때문이다(민 4:10). 그리고 출애굽기 40:19에서 성막의 기구들을 다 만들어 성막을 세울 때 막(幕)위에 덮는 덮개를 언급할 때 복수가 아니라 단수로 덮개 하나를 언급한 것을 볼 때 해달의 가죽은 덮개로 사용되지 않았을 가능성이 있다는 것이다.[821)]

그러나 본문 출 26:14절의 히브리어 원문성경에서는 분명히 염소 털의 막(幕)위에 놓을 붉은 물들인 수양의 가죽 덮개를 만들고 그리고 그 위에 놓을 웃덮개로 해달의 가죽 덮개를 만들라고 차례로 말씀한다.[822)] 이렇게 염소 털의 막(幕)위에 다시 두 개의 장막의 덮개로 견고케 한 것은 하나님의 보호하심이 완전한 것을 나타낸다고 말할 수 있다.

[15절-30절]

성막의 남편, 북편, 서편에 쉿팀 나무판자들을 세우게 하심

15. 너는 조각목으로 성막을 위하여 널판을 만들어 세우되, 16. 각 판의

---

821) 상게서, p. 354.

822) 참고, Durham, *Exodus, Word Biblical Commentary*, vol. 3, p. 371.

장은 십 규빗,광은 일 규빗 반으로 하고, 17. 각 판에 두 촉씩 내어 서로 연하게 하되 너는 성막 널판을 다 그와 같이 하라. 18. 너는 성막을 위하여 널판을 만들되 남편을 위하여[1] 널판 스물을 만들고, 19. 스무 널판 아래 은받침 마흔을 만들지니 이 널판 아래에도 그 두촉을 위하여 두 받침을 만들고 저 널판 아래에도 그 두 촉을 위하여 두 받침을 만들지며, 20. 성막 다른 편 곧 그 북편을 위하여도[2] 널판 스물로 하고, 21. 은받침 마흔을 이 널판 아래에도 두 받침,저 널판 아래에도 두 받침으로 하며, 22. 성막 뒤 곧 그 서편을 위하여는 널판 여섯을 만들고, 23. 성막 뒤 두 모퉁이 편을 위하여는 널판 둘을 만들되, 24. 아래에서부터 위까지 각기 두겹 두께로 하여 윗고리에 이르게 하고 두 모퉁이 편을 다 그리하며[3], 25. 그 여덟 널판에는 은받침이 열 여섯이니 이 판 아래에도 두 받침이요[4] 저 판 아래에도 두 받침이니라[5]. 26. 너는 조각목으로 띠를 만들지니 성막 이편 널판을 위하여 다섯이요, 27. 성막 저편 널판을 위하여 다섯이요 성막 뒤 곧 서편 널판을 위하여 다섯이며, 28. 널판 가운데 있는 중간 띠는 이 끝에서 저 끝에 미치게 하고, 29. 그 널판들을 금으로 싸고 그 널판들의 띠를 꿸 금고리를 만들고 그 띠를 금으로 싸라. 30. 너는 산에서 보인 식양대로 성막을 세울지니라.

1. 본문의 원전 설명

18절: 1 "남편을 위하여." 이 구절이 헬라어 70인역 성경에서는 "북편을 위하여"라 되어 있어 히브리어 원문성경의 20절의 "북편을 위하여" 와 서로 바꾸어 방향을 말하고 있다.

20절: 2 "그 북편을 위하여도." 이 구절이 헬라어 70인역 성경에서는 "그 남편을 위하여도"로 되어 있다.

24절: 3 "두 모퉁이 편을 다 그리하며." 이 구절이 헬라어 70인역 성경을 보면, "두 모퉁이 편을 그렇게 만들어, 그들이 똑 같게 하라"고 되어 있다.

25절: 4 "이 판 아래에도 두 받침이요." 이 구절이 사마리아 오경을 보면, "한 판 아래에 두 받침씩 이니라" 로 되어 있다.

25절: [5] "저 판 아래에도 두 받침이니라." 이 구절이 사마리아 오경에는 없고, 앞서 25절의 본문의 원전 설명 [4]의 내용으로 간결하게 표현되어 있다.

2. 본문 내용 개요

성막을 만들 때 성막의 남쪽 편에 20개의 판자와 북쪽 편에 20개의 판자를 세우고 성막 뒤쪽, 곧 서편에도 8개의 판자를 세워라 하시며, 이 판자들을 든든히 하기 위하여 띠를 만들고 고리를 만들어 서로 꿰게 하였고, 이 판자들과 띠들을 금으로 싸라고 하신다.

3. 주석

15-16절에서 성막(מִשְׁכָּן)을 위해 조각목, 곧 "쉿팀 나무" (아카시아 나무의 일종)로 판자를 만들되 각 판자의 길이는 10 규빗(4.5m), 폭은 1규빗 반(약 68cm)으로 하라고 하신다. 그러나 여기에서 판자의 두께에 대해서는 언급이 없다.

17절의 "촉" 은 긴 물건의 끝에 박힌 뾰족한 물건의 총칭이다. 여기에서 "촉" 이라 번역된 히브리 본문은 "야드(יָד)" 이다. 즉 각 판자 밑에 두 개의 뾰족한 촉을 만들어 밑받침의 구멍에 끼우게 하여 각 판자가 단단히 고정되게 하려는 것이다. 열고 닫는 문에는 돌쩌기가 하나 있어 문이 열려지게 하지만, 여기 판자는 열려지게 하는 것이 아니라 고정시키는 것이므로, 각 판자 밑에 두 개의 촉을 달라고 하신다.

18-19절에서는 성막의 남쪽 편을 위해 판자 20개를 만드는데, 스무

판자 아래에 은 받침 40개를 만들게 했다. 이는 각 판자 밑에 있는 촉들을 그 받침들에 끼우기 위해서이다. 19절은 다음 번역이 좀 더 쉽게 본문을 이해하게 한다: "스무 널판 아래 은 받침 마흔을 만들지니 한 널판 아래에 달린 두 개의 촉을 위해 두 받침을 만들고, 저 널판 아래에 달린 두 개의 촉을 위해서도 두 받침을 만들찌며" 이다.

20-21절은 장막 북쪽 편을 위해서 남쪽 편처럼 널판 20개를 만들고 매 널판에 달린 두 개의 촉을 위해 40개의 은 받침을 만들라고 하신다. 곧, 은 받침 40개를 만들어 매 널판 아래에 달린 두 개의 촉들 밑에 각각 은 받침 하나씩을 받쳐 끼게 하라는 것이다.

22-25절에서는 성막 뒷 편 널판에 대해 말씀하신다. 곧, 성막의 뒷 편인 서쪽에 널판을 어떻게 세울 것인 가를 설명한다. 그러나 그 설명에 대한 이해가 일치되지 않고 다양하다. 22절에 따르면 서편을 위해서는 널판 여섯을 만들고, 서편의 양쪽 두 모퉁이를 위하여는 23절에서 널판 둘을 만들라고 한다. 그리고 이 양쪽 모퉁이의 두 널판을 어떻게 만들 것인가를 24절이 설명하는데 그 이해가 쉽지 않다. 그리하여 24절의 내용을 보다 명확히 이해하도록 24절을 히브리어 원문에 충실하게 다시 번역하면 다음과 같다: "널판들이 아래에서부터 두 겹이 되게 하라. 그들이 위의 첫 고리까지 똑같이 두 겹이 되게 하라. 이와 같이 그들 널판들이 만들어지고, 양쪽 모퉁이들이 만들어지게 하라." 이 구절을 잘 이해하기 위해 성막의 서편 길이와 거기에 세우는 널판들의 길이와 너비를 다른 구절들의 기록들을 통해 살펴보면, 성막의 서쪽 길이는 전체가 10 규빗이다. 그런데 이 서편에 널판 여섯을 만들어 세우게 하므로, 그 여섯의 합계 너비의 길이는 9 규빗이다. 이는 널판 하나의 너비가 1.5 규빗이기 때문이다(출26:16). 그러면 성막의 서쪽의 양쪽 모퉁이에 각각 1/2 규빗만 남아 있다.

이 성막의 서쪽의 길이에 대한 해석에 있어서, 탈무드 때부터 오늘날까지, 많은 주석가들은 성막 안쪽의 서편 길이가 10 규빗이요, 바깥쪽의 길이는 12 규빗이며, 각 널판의 두께는 1 규빗 이었을 것으로 생각한다.[823] 서쪽에 6 널판과 양쪽 모퉁이에 2 널판이 있어 합계 8널판이고, 각 널판은 너비가 1.5 규빗이므 로 성막의 서쪽의 널판은 12 규빗이 된다는 것이다. 그런데 이 때에 서쪽의 양 모퉁이의 각 1 규빗은 성막의 남쪽과 북쪽의 널판 두께, 곧 각 각 1 규빗에 의해 겹쳐져서 성막 안의 서쪽 길이는 10 규빗 이라는 것이다.[824]

그러나 이 해석에 따르면, 널판의 두께가 너무 두꺼워 그 널판의 무게가 약 1000kg이 되므로 운반이 불가능하고, 성막의 각 널판의 받침을 은 1달란트로 만든다고 했는데(출38:27), 이 1달란트로 만든 받침이 1000kg의 널판을 바치기 어렵다고 카쑤토(Cassuto)는 말한다.[825] 또한 길이가 10 규빗, 너비가 1.5 규빗, 두께가 1 규빗되는 나무는 널판(board)이 아니라, 들보(beam)같은 목재로 불러져야 할 것이라며 위의 해석을 받아 드릴 수 없다고 한다. 그러면서 카쑤토(Cassuto)는 성경에서 널판의 길이와 너비는 언급하지만 그것의 두께는 언급하지 않는 것은 그 두께가 얇고 거의 무시될 정도였기 때문일 것이라고 생각한다.

한편 기스펜(Gispen)은 모퉁이의 2 널판이 성막의 서쪽에 세워지는 다른 6 널판들과 같은 길이와 너비의 널판들로서, 그 서쪽의 모퉁이에 다른 널판들에 마주 붙여서 세우게 했다고 생각한다. 그리고 이 양쪽 모퉁이의 2 널판은 각 각 1/2규빗씩만 마주붙이면 성막의 서쪽

823) Cassuto, *A Commentary on the Book of Exodus*, p. 357.

824) 상게서

825) 상게서

이 10 규빗이 되므로, 양쪽 모퉁이의 2 널판의 너비에서 남쪽과 북쪽의 널판들에 겹쳐있는 부분을 뺀 양쪽 각 각의 남은 1규빗은 밖으로 뻗쳐졌을 것이라고 한다. 이 밖으로 뻗쳐진 부분은 양쪽 모퉁이의 2 널판의 아래에서부터 위의 첫 고리까지는 잘라져서 가로지르는 띠, 곧 빗장이 양쪽 끝까지 쭉 뻗치게 했고, 모퉁이 2 널판의 꼭대기 뻗어나온 부분은 남겨두어 휘장의 귀퉁이들이 땅에 닿지 않게 했을 것이라 한다.[826]

26-30절에서는 성막의 널판을 위해 조각나무, 곧 "쉿팀 나무"(아카시아 나무 일종)로 띠를 만들게 하신다. 널판들이 서로들 나누어지거나 흔들어지지 않고 단단하게 되도록 남쪽과 북쪽과 서쪽을 위해 각 5개씩 빗장을 "쉿팀 나무"로 만들게 했다. 28절에 보면 "널판들 가운데 있는 중간띠는 이 끝에서 저 끝에 미치게 하고"라고 말한다. 즉, 5개의 빗장 가운데 있는 빗장은 이 끝에서 저 끝에 미치게 하여 널판들을 단단히 꽉 서있게 하려 한 것이다.

29절을 보면 널판들을 금으로 싸게 하고 그 널판들의 빗장도 금으로 싸고 그 빗장들을 꽉 붙들어 멜 고리도 금으로 만들라고 하신다. 즉, 눈에 보이는 것은 다 금으로 싸거나 금으로 만들게 했다.

30절에서는 앞서 지시한 내용이 불충분할 수 있음을 시사한다. 그럴 경우에는 산에서 모세에게 보인 성막의 환상에 따라 성막을 세워 완성하라고 하나님은 말씀하신다.

826) Gispen, *Bible Student's Commentary, Exodus,* p. 257.

4. 설교 및 교훈 자료

15-30절: 성막의 구조 속에 나타난 하나님의 일의 견고함

이 성막의 구조를 보면 하나님께서 하시는 일이 얼마나 철저하고 견고한지를 알 수 있다. 하나님께서는 각 널판에 두 촉을 내어 그것들을 은 받침에 끼게 하여 성막을 요동치 않고 견고하게 하셨다. 이 견고하고 요동치 않은 성막처럼, 우리가 하나님을 믿는 자녀로 견고하며 흔들리지 않기 위해서는 예수님의 말씀을 지켜 행해야 한다. 예수님은 자신의 말씀을 듣고 행하는 자는, "집을 짓되 깊이 파고 주초를 반석 위에 놓은 사람과 같으니 큰 물이 나서 탁류가 그 집에 부딪히되 잘 지은 연고로" 결코 요동치 않고 굳게 선 것과 같으며, 예수님의 말씀을 듣고 행치 않는 자는, "주초 없이 흙 위에 집 지은 사람과 같으니 탁류가 부딪히매 집이 곧 무너져 파괴됨이" 심한 것과 같다고 말씀하셨다(눅 6:47-49). 예수님의 이 말씀을 지나가는 한 철학자의 말로 생각하며, 그 말씀대로 지켜도 되고 안 지켜도 되는 것처럼 생각하지 말고, 꼭 지켜 행하도록 하자. 예수님께서 뇌물을 주지 말라 했으나 뇌물을 주다가 감옥 가서 패가망신하는 것을 우리는 주위에서 자주 보게 된다. 예수님은 이혼하지 말라 하시지만 이혼하고 자기 가정을 파탄에 빠뜨리고 패인 되는 사람을 자주 보게 된다.

[31절-33절]

성소와 지성소를 구별할 휘장과 성막 입구의 문장을 만드는 법

31. 너는 청색 자색 홍색실과 가늘게 꼰 베실로 짜서 장을 만들고 그 위에 그룹들을 공교히 수놓아서, 32. 금 갈고리로 네 기둥 위에 드리우되 그 네 기둥을 조각목으로 만들고 금으로 싸서 네 은받침 위에 둘 지며, 33. 그 장을 갈고리 아래 드리운 후에 증거궤를 그 장안에 들여 놓으라

> 그 장이 너희를 위하여 성소와 지성소를 구별하리라. 34. 너는 지성소에 있는 증거궤 위에 속죄소를[1] 두고, 35. 그 장 바깥 북편에 상을 놓고 남편에 등대를 놓아 상과 대하게 할지며, 36. 청색 자색 홍색실과 가늘게 꼰 베실로 수 놓아 짜서 성막 문을 위하여 장을 만들고, 37. 그 문장을 위하여 기둥 다섯을 조각목으로 만들어 금으로[2] 싸고 그 갈고리도 금으로 만들지며 또 그 기둥을 위하여 받침 다섯을 놋으로 부어 만들지니라.

1. 본문의 원전 설명

34절: [1] "속죄소를." 헬라어 70인역은 "속죄소" 대신 "장(帳)"을 언급한다.

37절: [2] "금으로." 사마리아 오경은 단순히 "금으로"가 아니라 "순금으로" 언급한다.

2. 본문 내용 개요

성소와 지성소를 나눌 커텐을 청색 자색 홍색 실과 가늘게 꼰 베실로 짜고 거기에 그룹을 수놓아 만들어 기둥 넷에 거는 것과, 같은 실들로 성소 입구의 문으로 사용될 커텐을 거기에 그룹은 수놓지 않고 만들어 기둥 다섯에 거는 것을 가르쳐 준다.

3. 주석

31-35절에서 커텐 휘장에 대해 설명하신다. 커텐 휘장은 청색, 자색, 홍색실과 가늘게 꼰 베실로 섞어 짜서 만들어 거기에 천사 그룹들의 모양을 공교히 수놓아서 만들게 했다. 이 휘장의 자료는 성막의 내

부 휘장의 자료와 같다.

32절에 보면 그 휘장을 조각목, 곧 "쉿팀 나무"(아카시아 나무의 일종)로 만들어서 금으로 싼 네 기둥 위에 드리우게 했다. 그 기둥마다 그 위에 금 갈고리가 있어서 그 휘장을 거기에 끼어 드리우게 한 것으로 보인다. 그 기둥들은 각기 은 받침 위에 세워졌다. 35절에 보면 성소의 북쪽에 떡 상을 놓고, 남쪽에는 등대를 떡 상과 마주 대하여 놓으라 하신다.

36-37절에서 언급하는 "문장(門帳)"은 문(門)이나 창(窓)등에 치는 커텐 휘장이다. 이 휘장을 만드는 재료는 31절에 언급한 성막 내부 휘장과 꼭 같다. 그러나 거기에 그룹들의 모양을 수놓아서 만들라고는 말씀하지 않으신다. 이 문장(門帳)은 "쉿팀 나무"(아카시아 나무의 일종)로 만들어 금으로 싼 기둥 다섯 위에 금으로 만든 갈고리를 이용해 달라고 하신다.

4. 설교 및 교훈 자료

34-37절: 성소 안의 기구와 우리의 사명

성소에는 우리의, 즉 믿는 자들의 임무와 사명을 상징하는 기물이 있다. 촛대(등대)는 우리가 세상의 빛이 되어야 함을 가르친다. 무엇이 옳은 길인지 모르고 어둠 속을 헤매는 인생들에게 그들이 살아야 할 바른길을 밝히 비추어 주는 등불이다. 또 진설병은 우리의 먹을 것이 하나님이 주신 것임을 알고 하나님께 감사해야 할 임무가 있다. 자기 자신의 힘으로 자기가 성공하고 재물을 늘리고 번영한다고 생각함은 잘못이다. 하나님께서 우리의 필요한 것을 공급해 주시는데 이를 깨닫지 못한 자들에게, "곡식과 새 포도주와 기름은 내가 저에게 준 것이요 저희가 바알을 위하여 쓴 은과 금도 내가 저에게 준 것이어늘 저가 알지 못하도다"고 하나님께서 한탄하신다(호2:8).

성소의 문이 휘장으로 된 것은 우리에게 신령한 뜻을 전해준다. 그것은 하나님께서 친히 그의 집을 보호하시므로 철문으로 막을 필요가 없다. 그 이유는 하나님이 친히 불성곽이 되셔서 그것을 보호하시기 때문이다. "… 예루살렘에 사람이 거하리니 그 가운데 사람과 육축이 많으므로 그것이 성곽 없는 촌락과 같으리라. 여호와의 말씀에 내가 그 사면에서 불 성곽이 되며 그 가운데서 영광이 되리라"(슥 2:4-5).

[출애굽기 27장]

[1절-8절]

놋 제단을 만드는 법

1.너는 조각목으로 장이 오 규빗 광이 오 규빗의 단을 만들되 네모 반듯하게 하며 고는 삼 규빗으로 하고, 2. 그 네 모퉁이 위에 뿔을 만들되 그 뿔이 그것에 연하게 하고 그 단을[1] 놋으로 쌀지며, 3. 재를 담는 통과[2] 부삽과 대야와 고기 갈고리와 불 옮기는 그릇을 만들되 단의 그릇을 다 놋으로 만들지며, 4. 단을 위하여 놋으로 그물을 만들고[3] 그 위 네 모퉁이에 놋고리 넷을 만들고, 5. 그물은[4] 단 사면 가장자리 아래 곧 단 절반에 오르게 할지며, 6. 또 그 단을 위하여 채를 만들되 조각목으로 만들고 놋으로 쌀지며, 7. 단 양편 고리에 그 채를 꿰어 단을 메게 할찌며, 8. 단은 널판으로 비게 만들되 산에서 네게 보인대로 그들이 만들찌니라.

1. 본문의 원전 설명

2절: [1] “그 단을.” 이 구절이 헬라어 70인역을 보면,” *αυτά* (them)으로 되어있어, 2절의 서두에서 복수 단어인 “뿔들”을 가리킨 것으로 보인다.

3절: [2] “재를 담는 통과.” 이 구절이 헬라어 70인역에서는 “*στεφάνην τῶθυσιατηρίῳ*”(단의 가장자리에 테)로 되어있다.

4절: [3] “그물을 만들고.” 이 구절을 히브리어 성경대로 보다 정확히 번역하면, “그물 모양의 격자(格子)를 만들고”이다.

5절: [4] “그 물은.” 이 단어가 헬라어 70인역에서 “*αὐτοὺς*”, 곧 3인칭 복수 대명사로 되어있어 “그 고리들”을 가리킨다.

2. 본문 내용 개요

제단을 조각목, 곧 "쉿팀 나무"(아카시아 나무의 일종)로 만들어 놋으로 싸며 거기에 달린 기구들, 곧 재를 담는 통과 부삽과 대야와 고기 갈고리와 불 옮기는 그릇들을 놋으로 만들라 하심.

3. 주석

27장에서는 지성소와 성소밖에 있는 기구들을 만드는 것에 대해 말씀하신다.

1절의 "너는 조각목으로 장이 오 규빗 광이 오 규빗의 단을 만들되 네모 반듯하게 하며 고는 삼 규빗으로 하고"란 제단을 만들 때 길이는 오 규빗(2.25m), 폭도 오 규빗(2.25m), 그리고 높이는 삼 규빗(1.35m)으로 만들고, 재료는 조각목 곧 "쉬팀 나무"(아카시아 나무의 일종)로 만들라고 한다.

2절은 제단을 놋으로 싸라고 말씀하신다. 제단은 여러 가지 제사의 제물들을 태울 곳이다. 그 제단을 놋으로 싸라고 한다. 다음 3절 이하에 보면 제단에 딸린 다른 기구들도 놋으로 만들게 하셨다. 이 놋은 심판의 위엄을 나타낸다고 박윤선 박사는 말씀한다.[827] 이것이 죄를 심판하실 주님의 발도 풀무에 단련한 빛난 주석(놋)같다(계1:15)는 말씀에서 보여진다. 그리고 제단은 인간의 죄를 위해 대신 죽는 제물을 그 위에서 태우므로 하나님의 심판의 엄위하심을 상기시켜준다.[828]

---

827) 박윤선, *성경주석, 출애굽기*, p. 198.

828) 상게서, p. 198.

제단의 네 모퉁이에 뿔을 만들도록 했다. 그 뿔을 만들 때, 제단과는 따로 만들어서 나중에 부치는 것이 아니라 제단에 붙어 있게 만들어서 네 모퉁이 마다 하나씩 있게 하라고 한 다. 구약에서 죽을 죄인도 도망하여 제단 뿔을 잡으면 살려주게 했다. 솔로몬의 왕권을 탐냈던 아도니아가 제단 뿔을 잡고 있으면서 사람을 통해 자기를 살려주기를 솔로몬 왕에게 요구할 때 솔로몬이 그를 살려 주었다(왕상 1:50-53). 박윤선 박사는 이 뿔이 "하나님의 보호와 사랑의 권세를 비유 한다" 고 말씀한다.[829] 이 의미가 시편 저자(18:2)가 "여호와를 나의 구원의 뿔" 이라고 찬송하는데서 증거 된다. 여기서 뿔은 보호와 도움과 구원이 되는 하나님의 힘과 권세를 상징함을 보여주고 있다.[830] 3절에서 통은 재물을 태운 재를 담기 위한 것으로 입 주둥이가 넓은 것이고, 부삽은 재를 치우고 옮기는 제구이며, 대야는 제물의 피를 모아 뿌리는데 사용하고 다른 목적을 위해서도 쓰는 큰 그릇이다. 고기 갈고리는 긴 손잡이와 큰 갈고리를 가진 제구로서 제단 불 위에 제물의 고기를 펼쳐놓고, 그 고기들을 뒤집는데 쓰는 제구이다. 불 옮기는 그릇은 제단으로부터 불을 옮기는데 쓰는 제구이다.

4-5절은 단을 위해 놋으로 그물을 만들고 그 위 네 모퉁이에 놋 고리 넷을 만들게 했다. 놋 고리들은 운반할 채를 꿰도록 한 것이다. 그물은 단 사면 가장자리 아래 곧 단 절반쯤 오르게 해서 고정시키라고 한다. 단 옆들은 완전히 막아 진 것이 아니라 터져 있어서 그 틈들로 놋 그물을 단 절반쯤 오르게 할 수 있었던 것으로 보인다. 그리하여 제단 밑에 구멍들이 있지만 놋 그물 때문에 단단히 서 있도록 한 것이

829) 상게서
830) 상게서

라 생각된다. 카쑤토(Cassuto)는 여기에서 조각목, 곧 "쉿팀 나무"(아카시아 나무의 일종)로 만든 5규빗 정사각형의 판자에 놋을 입힌 철판이 아니고, 5규빗 정사각형의 나무틀로서 그 윗면은 비게 하여, 그 빈 곳에 돌이나 흙으로 채워져 그 위에서 불이 피워졌을 것이라고 추측한다. 어떤 주석가들은 나무판자를 놋쇠로 입힌 판자 위에서 불을 피웠을 때 그 놋을 입힌 판자가 단 하루도 못가서 쓸 수 없게 됐을 것으로 생각하지만 그것은 잘못된 이해라고 한다. 왜냐하면 불이 나무 위에 입힌 놋쇠 위에 피워 진 것이 아니고 그 틀 가운데 있는 돌이나 흙 위에 피워져서 제단의 틀이 타 없어지지 않기 때문이라고 카쑤토(Cassuto)는 설명한다.[841] 카쑤토(Cassuto)의 설명을 지지해 주는 내용이 8절에서 "단은 널판으로 비게 만들라"는 기록에서 볼 수 있다(참고. 출 20:24-25).

계속하여 8절에서 추가하여 언급하는 것은 앞서 26:30(25:9, 40)에서 가르친대로 어떻게 만들라고 지침 한 것에 부족한 것이 있으면 산에서 여호와께서 모세에게 보인대로 만들라고 하신다.

4. 설교 및 교훈 자료

1-8절: 놋제단의 위치가 주는 교훈

성막에 들어섰을 때 처음 마주치는 놋 제단은 우리에게 가르쳐 주는 것이 있다. 곧 우리의 죄를 회개하여 용서받지 않고는 하나님의 보좌 앞에 나아갈 수 없다는 것을 놋 제단의 위치가 가르쳐 준다. 성막의 구조를 볼 때, 놋 제단을 지나서 하나님의 보좌인 법궤와 속죄소가

831) Cassuto, *A Commentary on the Book of Exodus*, p. 362.

있다. 우리가 속죄 제사를 드려 죄를 용서받지 않고는 결코 하나님을 만나거나 하나님께 경배 할 수 없음을 보여준다. 신약의 교인들인 우리에게는 이 이상 놋 제단이 없으나, 우리가 하나님 앞에 나아가기 위해서는 그리스도와 십자가의 보혈로 용서함 받아야 한다는 것을 알아야 한다.

[9절-19절]

성막 뜰을 만드는 법

9. 너는 성막의 뜰을 만들지니 남을 향하여 뜰 남편에 광이 백 규빗의 세마포장을 쳐서 그 한 편을 당하게 할지니, 10. 그 기둥이 스물이며 그 받침 스물은 놋으로 하고 그 기둥의 갈고리와 가름대는 은으로 할지며, 11. 그 북편에도 광이 백 규빗[1]의 포장을 치되 그 기둥이 스물이며 그기둥의 받침 스물은 놋으로 하고 그 기둥의 갈고리와 가름대는 은으로 할지며, 12. 뜰의 옆 곧 서편에 광 오십 규빗의 포장을 치되 그 기둥이 열이요 받침이 열이며, 13. 동을 향하여 뜰 동편의 광도 오십 규빗이 될지며, 14. 문 이편을 위하여 포장이[2] 십 오 규빗이며 그 기둥이 셋이요 받침이 셋이요. 15. 문 저편을 위하여도 포장이 십오 규빗이며 그 기둥이 셋이요 받 침이 셋이며, 16. 뜰 문을 위하여는 청색 자색 홍색실과 가늘게 꼰 베실로 수놓아 짠 이십 규빗의 장이 있게 할지니 그 기둥이 넷이요 받침이 넷 이며, 17. 뜰 사면 모든 기둥의 가름대와 갈고리는 은이요 그 받침은 놋이며, 18. 뜰의 장은 백 규빗이요 광은 오십 규빗[3]이요 세마포장의 고는 오 규빗이요 그 받침은 놋이며, 19. [4]성막에서 쓰는 모든 기구와 그 말뚝과 뜰의 포장 말뚝을 다 놋으로 할지니라.[5]

1. 본문의 원전 설명

11절: 1 "백 규빗." 히브리어 맛소라 사본에는 "백 규빗"이라 되어 있지 않고, "규빗"은 생략되고 "길이"(אֹרֶךְ, long)라는 단어가 있다. 히브리어 맛소라 사본대로 직역하여 11절의 시작을 읽으면, "그 북편에도 광이 백 길이(long)의 포장을 치되 ….” 여기서 사마리아 오경은 “길이”라는 단어대신 “규빗”이란 단어를 갖고 있고, 헬라어 70인역은 “규빗 길이”(πηχῶν μῆκος)라는 문구를 갖고 있다.

14절: [2] “포장.” 여기서 헬라어 70인 역은 “포장의 높이”라고 되어 있는데, 이것은 본문의 문맥에 맞지 않는다. 지금 히브리어 본문에 좀 더 설명을 해서 번역한다면 “포장의 길이”라고 하든지 그러치 않으면 히브리어 맛소라 사본 그대로 그냥 “포장”이라 번역해야 문맥에 맞다.

18절: [3] “오십 규빗.” 히브리어 맛소라 사본에는 “오십 규빗”으로 되어 있지 않고, 오십에 오십(חֲמִשִּׁים בַּחֲמִשִּׁים)으로 되어 있다. 그런데 사마리아 오경에 두 번째 “오십”대신 “규빗”이란 단어가 있다. 여기서 한글 개역성경 처럼 “오십”을 “규빗”으로 바꾸어 “오십 규빗”이라 읽을 때 본문의 내용이 분명하다. 실제로 ‘규빗’이란 단어는 꼭 쓰여 있지 않아도 본문에 내포되어 있다.

19절: [4] 히브리어 맛소라 사본에는 19절에 동사가 없다. 그런데 사마리아 오경은 19절 시작에, “너는 모든…만들어라”(עשׂית את כל)는 동사로 시작한다.

19절: [5] 19절의 끝에 사마리아 오경은 다음 구절을 첨가 한다: “너는 청색 자색 홍색 실로 예복을 만들어 그들과 함께 거룩한 곳에서 섬길 때에 사용하게 하라.”

2. 본문 내용 개요

성막의 뜰과 입구 문을 만들고 문 좌측과 우측을 만드는 방법을 지시하심

3. 주석

9절, "너는 성막의 뜰을 만들지니 남을 향하여 뜰 남편에 광이 백 규빗의 세마포 장을 쳐서 그 한 편을 당하게 할지니." 성막의 뜰을 만들 때 남쪽에는 광(길이가)이 백 규빗(약 45m)의 린넨으로 짠 포장(布帳)을 쳐서 뜰을 만들고 포장의 높이는 18절에 보면 오 규빗(약 2.25m)이 되게 하라고 하신다.

10절은 기둥에 대해 설명하신다. 기둥 스물을 100 규빗(약 45m) 길이의 뜰에 세우데, 매 5 규빗(약 2.25m) 길이 마다 기둥을 세우게 한 것을 알 수 있다. 그 기둥은,

1) "쉿팀 나무" (아카시아 나무의 일종)로 만들고,

2)받침은 놋으로 20개 만들고, 그 기둥에 린넨으로 짠 포장 천막을 꿰어 기둥에 단단히 부쳐두게 할 은 갈고리를 만들라고 한다. 그리고 "가름대"는 우리 한국말로 '가로 길게 덧된 물건' 을 뜻한다. 그런데 "가름대"로 번역된 히브리어 단어는 "하슈크(חָשׁוּק)" 이다. "하슈크(חָשׁוּק)" 는 "가는 조각, 띠, 혹은 고리" 를 뜻한다. 여기 10절에서 "하슈크(חָשׁוּק)" 는 뜰의 기둥에 붙여질 '가로로 길게 된 은으로 만든 가름대' 가 아니라, '고리' 나 둥근테 '를 가리킨 것으로 많은 학자들은 이해한다.

기스펜(Gispen)은 "하슈크(חָשׁוּק)" 가 "연결시키는 막대를 뜻할 수 있다" 고 생각하지만, 또한 띠나 고리를 뜻할 수 있다고 말한다. 만약 고리를 뜻하면 그 고리에 포장의 갈고리를 끼는 고리일 것이라고 말한다.[832] 카쑤토는 "하슈크(חָשׁוּק)" 가 기둥을 감은 여러개의 둥근테

832) Gispen, *Bible Student's Commentary, Exodus*, p. 260.

(ring)로서 기둥 위에 하나가 있고 기둥 밑에 하나가 있으며 기둥 중간에 하나나 더 있어서 기둥을 장식하는 효과도 있으며 거기에 노끈으로 포장 천막을 단단히 멜 수 있었을 것이라 한다.[833)]

11절은 북편에도 남편에서와 같이 길이 백 규빗 포장과, 기둥 스물, 받침 스물, 기둥의 갈고리와 둥근테(개역 성경에서는 '가름대')는 은으로 만들라고 한다. 12절에서 "뜰의 옆 곧 서편에 광, 곧 길이가 오십 규빗(약 22.5m)이 될찌며"는 개역성경의 번역이 분명치 않다. "뜰의 옆 곧 서편에" 보다는 "서편의 뜰에"로 번역하는 것이 문맥상 바른 번역이다.

13-15절에서 동방, 곧 성막의 입구가 있는 곳의 길이는 서편처럼 50규빗(약 22.5m,)이다. 문 이편을 위해 포장의 길이가 15 규빗이고 문 저편을 위해서도 15 규빗이며, 각 편의 기둥은 셋이고 그 받침도 셋이라고 한다.

16절은 성막 뜰 문에 대해 말씀한다. 성막 뜰 문은 청색, 자색, 홍색 실, 그리고 가는 베실로 수놓아 짠 20 규빗(약 9m)의 휘장으로 하라고 한다. 그리고 그 휘장의 기둥은 넷이요 받침도 넷을 만들라고 한다.

17-19절에 뜰 사면의 모든 기둥의 가름대(혹은 고리)와 갈고리는 은으로 만들라고 한다. 그 받침은 놋으로 만들며 뜰의 길이는 백 규빗(45m), 폭은 50규빗(22.5m)이요 세마포(린넨 포장)의 높이는 오 규빗(2.25m)이다. 그리고 성막에 쓰는 모든 기구와 그 말뚝과 뜰의 포장 말뚝을 다 놋으로 만들라고 한다. 성막의 뜰은 성경에 보면 백성이 모여 기도하는 장소였다.[834)] 그리하여 눅 1장 9절-10절에 보면 사가랴가

833) Cassuto, *A Commentary on the Book of Exodus*, p. 365.
834) 박윤선, *성경주석 출애굽기*, pp. 201f.

성소에서 분향할 동안 "모든 백성은 그 분향하는 시간에 밖에서 기도"(10절)하였다고 한다. 여기에서 "밖에서"란 성전의 뜰, 곧 성막의 뜰과 동일시되는 곳이다. 그러므로 성막의 뜰을 기도하는 장소, 곧 하나님께 간구하며 하나님의 능력의 은총을 받을 수 있는 곳이기 때문에 시편 84편 기자는 "주의 궁정에서 한날이 다른 곳에서 천 날보다 나은즉 악인의 장막에 거함보다 내 하나님 문지기로 있는 것이 좋사오니"(10절)라고 노래하였다. 하나님은 "온 땅을 두루 감찰하사 전심으로 자기에게 향한 자를 위하여 능력을 베푸신다"고 했다(대하 16:9). 또 하나님은 우리의 기도가 하나님을 기쁘시게 하는 향이라고 말씀하신다(계 5;8). 성막의 뜰을 바라보면서 우리의 기도를 들으시기를 원하는 여호와 하나님을 기억하자. 시편 84편 기자처럼 주의 궁정에 거하기를 사모하며 열심히 기도하여, 전심으로 하나님을 찾는 자에게 능력 베풀기를 원하시는 하나님으로부터 능력을 받을 수 있기 바란다.

4. 설교 및 교훈 자료

9–19절: 성막의 뜰과 둘러친 포장의 의의

1) 성막의 뜰은 기도하는 장소였음을 박윤선 박사는 강조한다.[835)]누가복음에 보면, 제사장이 성소에 들어가 분향할 동안에, 모든 백성은 성막의 뜰에서 기도했다(1:9-10). 열왕기 상에서 솔로몬이 기도 가운데 말하는 성전에서의 기도는 바로 성전 뜰에서 드리는 기도다(왕상 8:32). 왜냐하면 성소 안에는 제사장만 들어 갈 수 있고, 일반 사람

835) 상게서

은 성전 뜰에서 하나님께 제물을 바치며 기도하기 때문이다. 이사야서에서 하나님의 집이 만민이 기도하는 집이라 하는 것은, 곧 성전 뜰에서 사람들이 기도하는 것을 가리킨다(사 56:7). 하나님은 우리의 기도를 원하시며 기도하는 자를 찾으신다. 역대하 기자는 하나님께서 온 땅을 두루 감찰하시며 자기에게 기도하는 자를 찾으시며 능력 주시기를 원하신다고 말씀하신다(대하 16:9).

예수님은 우리가 항상 기도하고 낙망치 말아야 될 것을 강조하시며, "하나님께서 그 밤낮 부르짖는 택하신 자들의 원한" 을 풀어주심을 말씀하신다(눅 18:1, 7-8). 사도 바울은 우리에게 쉬지 말고 기도하라고 말씀한다. 이것이 하나님께서 우리를 향하신 뜻이라고 한다(살전 5:17-18). 믿음의 선배들은 열심히 잘 기도하기 위해 기도하는 자리도 중요하게 생각했다. 아셀 지파 바누엘의 딸 안나는 성전을 떠나지 않고 주야에 금식하며 기도했으며(눅 2:36), 그레고리 나지안젠(Gregory Nazianzen)의 어머니 노나(Nona)는 강대(講臺)를 붙잡고 기도하던 모습으로 죽었고, 리빙스톤(Livingstone)은 꿇어 앉아 기도하던 모습으로 운명하였다.[836)]

2) 성막의 뜰에 둘러친 포장은 거룩한 것과 속된 것을 구별하며 속된 죄인이 성막에 가까이 오지 못하게 하려고 만든 것이다. 하나님은 모세에게 외인이 성막에 가까이 오지 못하도록 레위인이 지키도록 해야 함을 말씀 하신다(민 1:51, 참고, 민 3:10, 38). 그러므로 에스겔은 "그 담(성전뜰의 벽)은 거룩한 것과 속된 것을 구별하는 것이더라" 고 말한다(겔 42:20). 이렇게 거룩한 것과 속된 것을 구별시켜 거룩한 것이 세속화 되지 않도록 하시려는 하나님의 뜻을 받들어 교회와 우리

836) 상게서, pp. 201-202.

개인이 세속화되어서는 안 되고 속된 것을 따르지 않도록 우리의 마음에 성막 뜰의 포장을 든든히 쳐야 한다.

세속화된 것은 박윤선 박사는 다음과 같은 것이라고 지적한다.[837)]

1) 기독교 신자들이 편리주의로 행하는 것이다. 즉 하나님의 말씀을 지키되 편리할 때는 지키고, 불편하거나 자기에게 손해 될 때는 지키지 않는 것은세 속화된 것이다.

2) 쾌락 사랑하기를 하나님보다 더 사랑하는 것은 세속화된 것이다. 죄악이 아닌 쾌락은 기독교 신자들도 어느 정도 취할 수 있으나 언제나 경계하여 하나님보다 그것을 더 사랑하는 죄를 범치 않아야 한다. 취미 생활 혹은 운동 등을 예로 들 수 있다.

3) 신령한 은혜 생활보다 세상의 활동을 더 중요하게 생각하여 그것을 더 힘쓰는 것도 세속화의 증거이다. 예를 들면 우리가 기도하는 것보다 사람들 만나는 일로 더 기울어지는 것과 같은 것이며, 진실한 교회보다 평안한 가정이나 나라를 더 사모함과 같은 것이다. 하나님은 죄속함을 받지 않는 일반 세상 사람이 성막으로 들어올 때는 죽이라 했다(민 1;51, 2;10). 성령이 계시는 우리 마음에 속된 것이 들어 올 때는 죽여 없애 버려야 한다.

[20절-21절]

성소의 등대에 불을 켜는 규례

20. 너는 또 이스라엘 자손에게 명하여 감람으로 찧어낸 순결한 기름을 등불을 위하여 네게로 가져오게 하고 끊이지 말고 등불을 켜 되, 21. 아론과 그 아들들로 회막안 증거궤 앞 휘장 밖에서 저녁부터 아침까지 항상 여호와 앞에 그 등불을 간검하게 하라. 이는 이스라엘 자손의 대대로[1] 영원한 규례니라

837) 상게서, pp. 202-203.

1. 본문의 원전 설명

21절: 1 "이스라엘 자손의 대대로." 이 구절이 사마리아 오경과 헬라어 70인역과 페쉬타에서는 "이스라엘 자손, 너희 대대로" 로 읽혀진다.

2. 본문 내용 개요

회막 안 증거 궤 앞, 성소에 등불을 켜서 끊이지 않게 하고, 그 등불에 사용할 기름은 감람으로 찧어낸 순결한 기름으로 하라고 한다.

3. 주석

20절의 "감람으로 찧어낸 순결한 기름" 은 무엇인가? 이스라엘 백성은 성소의 등대를 위해 기름을 가져오는데 그 기름은 감람유 곧, 보다 정확히 말해 올리브 기름으로서, 순결한 기름, 즉 잎이나, 가지나, 먼지가 들어가지 않는 올리브나무 열매를 가지고 만든 기름을 말한다. 그리고 기름 짜는 기계로 짠 올리브유가 아니라, 올리브나무 열매를 조심히 찧어낸 기름으로 하라고 한다[카일과 델리취(Keil and Delitzsch), p. 191, 카쑤토(Cassuto), p. 369].

2절에서 말한 "끊이지 말고 등불을 켜되" 란 표현은 두 가지 해석이 가능하다. 즉 밤과 낮 계속해서 켜라는 뜻과 저녁부터 아침까지 즉 밤에는 언제나 켜라는 뜻이다. 그러나 상식적으로 생각해 낮에는 등불이 필요 없기 때문에 후자의 뜻이 더 맞는 해석일 것이다. 또한 21절에서 등불을 검사(간검)할 아론의 아들들이 "저녁부터 아침까지 항상 여호와 앞에 그 등불을 간검하게 하라"는 명령에서 후자의 뜻을 지지한 것으로 보인다[참고, 카쑤토(Cassuto), p. 370].

21절에서 성소가 처음으로 회막으로 불러진다. 회막은 '만나는 천막'을 뜻한다. 거기서 여호와께서 모세를 만나고 말씀하실 것이다(출 25:22). 또한 여호와께서 회막과 그 단을 거룩하게 하시며, 거기서 이스라엘 자손을 만나실 것이다(출 29:42-44). 이 성소는 만나는 장소이기 때문에 밤 동안 불이 켜있게 하라고 하신다. 아론과 그의 아들들이 저녁부터 아침까지 밤 동안 등불을 켜 있게 하고 이 등불을 소제하고 관리하게 하라고 하신다(참고, 출 30:7-8).

4. 설교 및 교훈 자료

20-21절: 성소 등대가 주는 교훈

구약의 성도들이 영적으로 세상의 빛이 되라고 불렀음을 가르쳐 주기 위해 등대를 만들었다고 주석가들은 말한다. 믿는 우리도 세상의 빛이 되어야 한다(마 5:14).

여기 20-21절에 말하는대로 항상 하나님 앞에서 어두움을 향해 빛을 발하자. 늘 내 자신을 되돌아보며 빛을 발할 수 있는지, 잘못 된 것은 없는지 반성하여 빛을 발하도록 해야 한다. 늘 나의 등불을 점검하여 영적 기름 되신 성령을 충만히 받아 항상 어두움 속에서 밝혀주는 빛이 되자.

[출애굽기 28장]

[1절-5절]

아론과 그의 아들들의 예복을 만들게 하심

1. 너는 이스라엘 자손 중 네 형 아론과 그 아들들 곧 나답과 아비후와 엘르아살과 이다말을 그와 함께 네게로 나아오게 하여 나를 섬기는 제사장 직분을 행하게 하되, 2. 네 형 아론을 위하여 거룩한 옷을 지어서 영화롭고 아름답게 할 지니, 3. 너는 무릇 마음에 지혜 있는자 곧 내가 지혜로운 영으로 채운 자들에게 말하여 아론의 옷을 지어 그를 거룩하게하여[1] 내게 제사장직분을 행하게 하라. 4. 그들의 지을옷은 이러하니 곧 흉패와 에봇과 겉옷과 반포 속옷과 관과 띠라 그들이 네 형 아론과 그 아들들을 위하여 거룩한 옷을지어 아론으로 내게 제사장 직분을 행하게 할찌며, 5. 그들의 쓸 것은 금실과 청색 자색 홍색실과 가늘게 꼰 베실이니라.

1. 본문의 원전 설명

3절: [1] "그를 거룩하게 하여." 이 문구대신, 헬라어 70인역은 "성전을 위해"(εἰς τὸ ἅγιον)라 읽는다.

2. 본문 내용 개요

하나님께서 아론과 그의 네 명의 아들에게 제사장 직분을 행하게 하고, 그들에게 금실과 청색 자색 홍색실과 가늘게 꼰 베실로 거룩한 옷을 지어 입히라 하신다.

3. 주석

1절에서 여호와께서는 모세에게 아론과 아론의 아들들을 구별시켜 제사장 직분을 행하게 하라고 하신다.

"너는 이스라엘 자손 중 네 형 아론과 그 아들들 곧 나답과 아비후와 엘르아살과 이다말을 그와 함께 네게로 나아오게 하여 나를 섬기는 제사장 직분을 행하게 하되." 이 구절을 볼 때 모세는 언약의 중개자로 이스라엘 백성으로부터 구별됨을 알 수 있다. 그러므로 여호와는 모세에게 명령하여 모세의 형 아론과 아론의 네 아들들 나답, 아비후, 엘르아살, 이다말을 백성으로부터 구별시켜 제사장으로 세워 여호와와 이스라엘 백성 사이에서 영원한 중개자들이 되게 하라고 하셨다.

카일과 델리취(Keil and Delitzsch)에 의하면 '제사장'의 히브리어 단어 "코헨(כֹּהֵן)"은 그 본래의 의미가 아랍어에서 찾게 되는데 "어떤 사람을 위해 중개자로서 혹은 어떤 사람의 전권대사로서 행동하는 것"을 뜻한다(p. 192). 여기에서 코헨(כֹּהֵן)은 여호와의 제사장의 활동과 관련해서 사용되었다. 히브리 사람들은 이 단어를 주로 거의 여호와의 제사장들에게 적용하여 사용한다. 그러나 구약에서 몇 군데 왕과 백성사이에서 중개자 역할을 하는 관직에 대해서도 사용되었던 것으로 보인다. 예로서, 삼하 8장 18절에서 다윗의 아들들은 "코하님(כֹּהֲנִים)"이라 되어있다. 이때 "코하님(כֹּהֲנִים)"은 여호와와 백성사이의 중개자인 제사장들과 다른 직책인 것으로 보이므로 한글 개역성경은 "대신"이라 번역했다. 왜냐하면 삼하 8장 17에서 이미 하나님과 백성 사이의 중개자인 제사장들의 이름들이 명기되었기 때문이다. 또한 이와 비슷한 예를 사무엘 하 20:26의 "야일 사람 이라는 다윗의 대신이 되니라"의 경우와, 열왕기 상 4:5의 "나단의 아들 사붓은 대신이니"의 경우에서 볼 수 있다. 이 두 경우에 "대신"이라 번역된 히브리어 단어는 "코헨(כֹּהֵן)" 이다.

2절은 아론을 영화롭고 아름답게 하시겠다고 하신다. 하나님은 아론의 제사장 직책에 맞게 그에게 거룩한 옷을 지어 입히므로 그의 대제사장의 직분이 영화롭게 되고 여호와께 드리는 예배를 아름답게 하셨다.[838] 그리고 대제사장의 거룩한 옷은 그의 부정함을 덮어지게 하여 하나님 앞에서 그의 직분을 잘 감당케 했다. 이것은 부정한 자가 거룩하신 주님 앞에 나아가기 위해서는 거룩한 옷을 반드시 입어야 됨을 가르친다. 신약에서는 우리가 예수 그리스도를 믿음으로 우리가 거룩한 옷을 입게 된다.

3절에서 제사장의 옷은 하나님께서 마음에 지혜의 영을 주어서 제사장의 직분에 맞게 옷을 짓을 수 있는 지혜의 사람들에게 만들도록 했다. 여기 지혜의 사람들은 하나님께서 옷을 짓는 기술에 있어서 잘 짓는 성령님의 은사를 받은 사람들이다. 구약에서 제사장의 외적인 옷이 제사장의 지위를 나타내며 영적인 권위를 갖게 했는데, 신약에서는 오히려 하나님의 능력을 나타내는 영적인 권위를 강조한다.

4절은 제사장의 예복에 달린 6가지 각종 옷과 패와 모자 등을 언급하고 있다.

1) 흉패: 가슴에 다는 패,

2) 에봇: 어깨를 덮는 작은 옷,

3) 겉옷: 흉패와 에봇안에 입는 두루마기와 같은 옷,

4) 반포 속옷: 원문에 "케토넷 타쉬베츠"(כְּתֹנֶת תַּשְׁבֵּץ)로서 영어로 보통 "tunic of chequer work"로 번역되는데 "체크 무늬로 짠 옷"을 의미한다. "반포(斑布)"란 말도 반물 빛(검은 빛을 띤 짙은 남색)의 실

838) 참고, Kaiser, Jr., *Exodus, The Expositor's Bible Commentary*, vol.2, p. 465.

과 흰실을 섞어 짠 옷감을 뜻한다. 그런데 4절에서 "케토넷 타쉬베츠"(כְּתֹנֶת תַּשְׁבֵּץ)는 우리 한국어의 반포(斑布)와 똑 같은 색갈의 옷감으로 만들어진 속옷을 뜻한 것 같지는 않다. "케토넷 타쉬베츠"(תַּשְׁבֵּץ כְּתֹנֶת)는 다만 한가지 색이 아니라, 체크 무늬로 만들어진 속옷으로서 살에 가장 가까이 입는 내의(內衣)로 이해된다.[839] 주전 1세기의 유대인 역사가 프라비우스 조세푸스(F. Josephus)에 의하면 이 속옷은 아래로는 발까지 닿고, 소매가 있어 팔에 꽉 묶어져 있다고 한다.[840]

5) 관: 머리에 쓴 모자,

6) 띠: 허리를 둘러메는 끈.

5절에서 아론과 그의 아들들을 위한 제사장의 예복 옷을 말씀하신다. 그들의 예복은 5가지 실, 곧 금실과, 청색, 자색, 홍색실과 하얀 색을 가진 것으로 이해되는 가늘게 꼰 베실로 만들게 했다. 각종 옷과 패와 모자들을 만드는 자세한 지침은 6절 이하에서 설명된다.

4. 설교 및 교훈 자료

1-5절: 제사장의 옷을 아름답게 만드는 이유

28장을 보면 제사장에게 다섯 가지 색깔의 실, 금실과 청색 자색 홍색실과, 가늘게 꼰 하얀 베실로 에봇을 만들어 입히고, 호마노가 붙은 견대를 달게 하고, 12보석이 붙은 흉패를 가슴에 부치게 하고, 금패가 있는 머리관을 쓰게 하여 아름답고 영광스러운 옷을 입게 하는

839) Gispen, *Bible Student's Commentary, Exodus*, p. 273.

840) 참고, Flavius Josephus, *Antiquities of the Jews*, in *Josephus, Complete Works*, trans. by William Whiston (Grand Rapids: Kregel Publications, 1960, reprinted 1981), book 3, chapter 7, 2.

데 그 이유가 무엇인가?

1) 제사장이 맡은 직책이 영광스러운 직책이며 거룩하고 아름다운 직책이기 때문이다.

2) 또 다른 이유는 대제사장이 이 옷들을 항상 입은 것은 아니지만 매일 몇 시간이라도 입게 되어 사람들이 그의 영광스러움과 아름다움을 바라보게 된다. 바로 이 대제사장의 옷이 보여주는 영광스러움과 아름다움이 하나님께서 대제사장뿐만 아니라 하나님의 백성의 성품과 삶 속에서도 형성되기를 원하시기기 때문이다. 대제사장의 아름답고 찬란한 옷에 대해 듣고 읽을 때 나의 인품과 삶이 그렇게 되기를 소원하시는 하나님의 마음을 깊이 생각해야 한다.[841)]

[6절-14절]

에봇 만드는 법

6. 그들이 금실과 청색 자색 홍색실과 가늘게 꼰 베실로 공교히 짜서 에봇을 짓되, 7. 그것에 견대 둘을 달아 그 두 끝을 연하게 하고, 8. 에봇 위에 매는 띠는 에봇 짜는 법으로 금실과 청색 자색 홍색실과 가늘게 꼰 베실로 에봇에 공교히 붙여 짤지며, 9. 호마노 두개를[1] 취하여 그 위에 이스라엘 아들들의 이름을 새기되, 10. 그들의 연치대로 여섯 이름을 한 보석에 나머지 여섯 이름은 다른 보석에, 11. 보석을 새기는 자가 인에 새김 같이 너는 이스라엘 아들들의 이름을 그 두 보석에 새겨 금테에 물리고, 12. 그 두 보석을 에봇 두 견대에 붙여 이스라엘 아들들의[2] 기념 보석을 삼되 아론이 여호와 앞에서 그들의 이름을 그 두 어깨에 메어서 기념이 되게 할지며, 13. 너는 금으로 테를 만들고, 14. 정금으로 노끈처럼 두 사슬을 땋고 그 땋은 사슬을 그 테에 달지니라.

841) H. Spence and Joseph S. Exell, eds., *The Pulpit Commentary. Exodus*, vol. 2, *Exposition and Homiletics* by D. Young, (Grand Rapids: Wm. B. Eerdmans Publishing Co., reprinted 1980), p. 282.

1. 본문의 원전 설명

9절: 1 "두개를." 이 "두개"란 단어에 헬라어 70인역은 돌(stones)이란 단어를 첨가한다. 그리하여 "두개 돌들"로 되어 있다.

12절: 2 "이스라엘 아들들의." 이 문구에 헬라어 70인역은 "이름들"이란 단어를 첨가하여 "이스라엘 아들들의 이름들의"로 되어 있다.

2. 본문 내용 개요

에봇과 견대 둘을 만드는 법과 견대에 달 호마노 보석 둘을 만들어서 그 보석위에 이스라엘 12 아들들의 이름을 새기는 방법을 지시함.

3. 주석

6절, "그들이 금실과 청색 자색 홍색실과 가늘게 꼰 베실로 공교히 짜서 에봇을 짓되." 에봇을 만드는 실들은 성소내부 휘장을 짜서 만드는 실들과 거의 비슷한데 금실이 더 첨가되어 있고, 한편 성소내부 휘장은 그룹 천사 모양을 수놓아 만들라 했으나, 여기 에봇을 만드는 데에는 그룹 천사를 수놓아 만들라는 말은 없다.

7-8절에서는 에봇에 견대 곧, "어깨받이" 둘을 만들어 붙이라고 한다. 이 "어깨받이"는 에봇의 두 끝에 부쳐 연결시키라고 한다. 이 말의 뜻을 분명히 알 수는 없으나 카일과 델리취(Keil and Delitzsch)는 에봇 자체가 두 조각으로 되어 있다고 생각한다. 이 견해는 유대 랍비들의 생각과 같은 것으로서, 한 조각은 가슴 위로 늘어지고, 다른 하나는 몸의 등뒤로 늘어져 엉덩이 부근에 닿는다고 한다.[842)] 이 에봇은

소매가 없고 옆이 붙어있지 않으며 두 에봇 조각이 띠에 의해 매여져 서(8절) 양 어깨 위에 걸쳐있고 그 양쪽 어깨의 띠 위에 어깨받이 두 개가 양 어깨에 하나씩부터 있는 것으로 이해된다. 그리고 한 어깨받이 위에는 이스라엘의 여섯 아들의 이름들이 새겨져있는 호마노 보석이 부쳐지고, 다른 어깨받이 위에는 이스라엘의 나머지 다른 여섯 아들의 이름들이 새겨진 다른 호마노 보석이 붙여진 것으로 이해된다.[843]

9절의 호마노는 히브리원문성경에 "아브네 쇼함(אַבְנֵי־שֹׁהַם)" 이다. "쇼함(שֹׁהַם)" 은 "줄마노" (Onyx), "녹옥수(Chrysoprase)" , "녹주석(beryl)" 등으로 번역된다. 한글개역 성경에 번역된 "호마노" 는 곧 "줄마노" 로서 "겹겹으로 여러 빛깔의 줄이진 마노 보석" 을 가리킨다. 두 개의 호마노 보석위에 이스라엘 12아들들의 이름을 새기라 하신다.

10절에서 이스라엘 12아들들의 나이 순(順) 대로 여섯 큰 형제들의 이름을 한 보석에 새기고 여섯 작은 형제들의 이름을 다른 보석에 새기게 한다. 조세푸스(Josephus Flavius)에 따르면 여섯 큰 형제들의 이름들이 오른 쪽 어깨 위의 호마노 위에, 그리고 여섯 작은 형제들 이름들이 왼쪽 어깨 위의 호마노 위에 새겨졌다고 설명한다.[844]

11절의 "그 두 보석에 새겨 금테에 물리고," 는 이스라엘 12아들들의 이름들이 새겨진 두 보석을 금테로 둘러싸라고 한다. 그리하여 금 장식으로 테두리를 하는 브로치처럼 모양을 하여 에봇의 두 견대에

842) Keil and Delitzsch, *Biblical Commentary on the Old Testament*, vol. 2, *the Pentateuch*, p. 194.

843) 참고, Kaiser, Jr. *Exodus, The Expositor's Bible Commentary*, vol.2, p. 466.

844) 참고, Keil and Delitzsch, *Biblical Commentary on the Old Testament*, vol. 2, *The Pentateuch*, p. 194.

꽉 붙이려는 것이다. 12절에 "그들의 이름을 두 어깨에 메어서 기념이 되게 할찌며"라는 말은, 카일과 델리취(Keil and Delitzsch)에 의하면, 아론이 에봇을 입고 여호와 앞에 나타날 때 여호와가 이스라엘의 아들들을 기억하기 위해서라고 이해한다.[845] 한편 덜함(Durham)은 여호와뿐만이 아니라 아론도 이스라엘 아들들의 이름을 어깨에 메고 하나님 앞에서 일할 때 그 아들들을 기억하게 하는 것일 수 있다고 말한다.[846] 위의 두 견해 중에 어느 것이 옳다고 단언적으로 말할 수는 없을지라도 제사장이 하나님 앞에 나갈 때는 이스라엘 아들들을 대표해서 나가므로 그들을 기억할 뿐만 아니라, 그들의 문제를 간구하려 나아간다. 그러므로 제사장이 어깨에 이스라엘 아들들의 이름을 매고 갈 때는 우선적으로 하나님께서 그들의 이름을 기억하시기 위해서라 말할 수 있다.

13-14절은 두 호마노 보석을 어떻게 에봇의 두 견대, 어깨받이에 붙일 것인가를 설명한다. 곧 금테를 만들어 호마노 보석을 싸게 하고, 순금을 꼬아서 강한 금사슬을 만들어 금테에 만들어진 구멍에 끼어 금테를 두른 호마노 보석 둘이 두 견대에 꽉 붙어있게 만들게 지시한 것으로 이해된다.[847]

4. 설교 및 교훈 자료

6-14절: 제사장의 에봇과 그 위에 있는 어깨받이

제사장은 에봇을 입고 제사장의 임무를 수행했다. 그 에봇의 어깨

845) 상게서, p. 195.

846) Durham, *Exodus, Word Biblical Commentary*, vol, 3, p. 386.

847) 참고, Cassuto, *A Commentary on the Book of Exodus*, p. 375.

에는 어깨받이들이 있고 그 어깨받이들에는 이스라엘의 12 아들들의 이름을 새긴 호마노 둘이 붙어있다. 이는 제사장이 이스라엘 백성을 대표하며 그들의 문제와 짐을 지고 여호와 앞에 나아가서 기도함을 나타낸다. 신약에서는 우리 주님이 우리 성도들의 대제사장 되시며 우리의 문제와 짐을 져주신다. 이미 시편 저자도 "날마다 우리 짐을 지시는 주 우리의 구원이신 하나님을 찬송할찌로다"(시 68:19)고 말했으며, 신약에서 히브리서 저자는 승천하신 예수님이 우리의 대제사장이라고 하면서, "우리에게 있는 대제사장은 우리 연약함을 체휼하지 아니하는 자가 아니요 모든 일에 우리와 한결 같이 시험을 받은 자로되 죄는 없으시니라. 그러므로 우리가 긍휼하심을 받고 때를 따라 돕는 은혜를 얻기 위하여 은혜의 보좌 앞에 담대히 나아갈 것이니라"(히 4:15-16)고 가르쳐 주신다. 우리가 괴롭고 답답하며 죄로 인해 고통당할 때에 우리의 문제를 해결해주시는 우리의 대제사장이신 예수님 앞에 나아가 간구하며 부르짖어 문제 해결함을 얻는 우리 모두가 되자.

[15절-30절]

흉패 만드는 법

15. 너는 판결 흉패를 에봇 짜는 법으로 금실과 청색 자색 홍색실과 가늘게 꼰 베실로 공교히 짜서 만들되, 16. 장광이 한뼘씩 두 겹으로 네모 반듯하게 하고, 17. 그것에 네 줄로 보석을 물리되 첫 줄은 홍보석 황옥 녹주옥이요, 18. 둘째 줄은 석류석 남보석 홍마노요, 19. 세째 줄은 호박 백마노 자수정이요, 20. 네째줄은 녹보석 호마노 벽옥으로 다 금테에[1] 물릴지니, 21. 이 보석들은 이스라엘 아들들의 이름대로 열 둘이라 매 보석에 열두 지파의 한 이름씩 인을 새기는 법으로 새기고, 22. 정금으로 노끈처럼 땋은 사슬을 흉패 위에 붙이고, 23. 또 금고리 둘을 만들어 흉패 위 곧 흉패 두 끝에 그 두 고리를 달고, 24. 땋은 두 금사슬로 흉패 두 끝 두 고리에 꿰어 매고, 25. 두 땋은 사슬의 다른 두 끝을 에봇 앞 두 견대의 금테에 매고, 26. 또 금고리 둘을 만들어 흉패 아래 양편 가 안쪽 곧 에봇에 닿

은 곳에 달고, 27. 또 금고리 둘을 만들어 에봇 앞 두 견대 아래 매는 자리 가까운 편 곧 공교히 짠 띠 윗편에 달고, 28. 청색 끈으로 흉패 고리와 에봇 고리에 꿰어 흉패로 공교히 짠 에봇 띠 위에 붙여 떠나지 않게 하라. 29. 아론이 성소에 들어갈 때에는 이스라엘 아들들의 이름을 기록한 이 판결흉패를 가슴에 붙여 여호와 앞에 영원한 기념을 삼을 것 이니라. 30. 너는 우림과 둠밈을 판결 흉패 안에 넣어[2] 아론으로 여호와 앞에 들어 갈 때에 그 가슴 위에 있게 하라 아론이 여호와 앞에서 이스라엘 자손의 판결을 항상 그 가슴 위에 둘지니라.

1. 본문의 원전 설명

20절: 1 "금테에." 이 단어에 사마리아 오경은 설명하는 단어를 첨가한다: "מִשְׁבְּצוֹת"에 "מוּסַבֹּת"가 추가되어 "금으로 세공한 둥근 테에"라고 번역할 수 있다.

30절: 2 "너는 우림과 둠밈을 판결 흉패 안에 넣어." 이 구절 앞에 사마리아 오경에 의하면 "너는 우림과 둠밈을 만들어"란 구절이 있다.

2. 본문 내용 개요

흉패를 에봇 짜는 방법으로 같은 실들로 만들어 가슴에 붙이고 우림과 둠밈을 만들어 흉패 안에 넣어 아론이 여호와 앞에 들어 갈 때에 그 흉패를 가슴에 있게 하라 하심.

3. 주석

15절 "흉패"의 히브리 단어 "호쉔("חֹשֶׁן")"은 그 어원이 분명치 않고 짐작으로 추측하여 흉패라 부른다. 독일의 구약학자 노트(Noth)는 청동기 시대의 비브로스(Byblos) 도시로부터 아주 유사한 정사각형의 금으로 된 판을 소개했다. 이 금으로 된 판은 보석으로 장식되었고 금 사슬에 달려있는 것으로 지역 왕이 가슴에 달았던 장식품 이었던 것이 분명하며, 이 금 흉패는 이스라엘의 제사장의 흉패가 금이 아니라 실로 짜서 만들어지고, 판판한 주머니처럼 만들어 진 것을 제하고는 서로 아주 비슷하다고 한다.[848] 여기 15절에서 "판결 흉패"로 부른 이유는 대제사장이 이스라엘 백성의 사건들을 그 흉패 안에 넣어둔 "우림과 둠밈"(30절)에 의하여 판결하기 때문이다.[849]

16절은 흉패를 장광이 한 뼘씩 두 겹으로 네모반듯하게 만들라고 하신다. 흉패를 가로와 세로를 똑같이 한 뼘씩, 곧 반 규빗(22.5cm) 길이로 만들어 네모반듯하고, 두 겹이 되게 만들었다. 이 흉패는 적은 주머니와 같은 모습이다.

17-20절에서 대제사장의 흉패에 12 보석을 4줄로 달라고 한다. 그러므로 1줄에 3개의 보석이 달리게 하는 것이며, 매 보석에는 이스라엘 12 지파의 한 이름씩 도장을 새기듯이 새기라고 한다. 그리하여 흉패에 이스라엘 12 지파의 이름들이 새겨진 12 보석을 4줄로 달게 한 것이다. 흉패에 달릴 12 보석들 가운데 9 보석들은 에스겔서 28:13에서 언급된 에덴 동산, 곧 하나님의 동산에 있는 보석들 가운데서 발견되는 귀한 보석들이다.

첫 줄의 보석은 홍보석, 황옥, 녹주옥이다. 홍보석은 붉은 빛의 보석이요 황옥은 노란 빛의 보석으로 아마 토패즈(topaz) 보석일 것이라고 카일과 델리취(Keil and Delitzsch)와 카쑤토(Cassuto)는 생각한

848) 참고, R. Alan Cole, *Exodus, An Introduction and Commentary*, p. 200.
849) 참고, 박윤선, *성경주석, 출애굽기*, p. 205.

다.[850] 녹주옥은 녹색 빛의 보석인데 카쑤토(Cassuto)는 청록색 보석인 공작석(孔雀石, malachite)으로 이해한다.[851]

둘째 줄의 보석들은 석류석, 남보석, 홍마노이다. 석류석은 불(fire) 같은 색깔의 보석으로 루비를 가리키는 것이라고 카일과 델리취(Keil and Delitzsch)는 생각한다.[852] 남보석은 하늘색 푸른 빛의 보석으로 사파이어를 뜻하며,[853] 홍마노는 분명치 않으나, 이븐 에즈라(Ezra)에 따르면, 다이아몬드 이다.[854] 영어의 대부분 성경들, 곧 ESV KJV NASB RSV도 다이아몬드로 이해한다.

셋째 줄의 보석은 호박, 백마노, 자수정이다. 호박은, 브라운(Braun)과 다른 사람들에 의하면, 풍신자석(風信子石, hyachinth) 보석인데 주로 오렌지 색깔의 투명한 보석이지만, 때때로 불그스레한 갈색이 되기도 하고, 어떤 때는 갈색을 띤 혹은 옅은 빨간 색이 되며, 또한 어떤 때는 피스타치오(남유럽과 소아시아산의 작은 나무)의 초록색이 된다.[855] 백마노는 여러 가지 색깔로 번쩍이는 보석이다. 카일과 델리취(Keil and Delitzsch)에 의하면, 백마노는 석영(石英), 옥수(玉髓), 홍옥수(紅玉髓), 부싯돌, 벽옥(碧玉)등으로 이루어진 혼합 보석이다.[856] 자수정은 주로 보라 빛 보석으로 영어로는 애미티스트

---

850) Cassuto, *A Commentary on the Book of Exodus*, p. 376.

851) Keil and Delitzsch, *Biblical Commentary on the Old Testament*, vol. 2, *The Pentateuch*, p. 196; Cassuto, 상게서, p. 376.

852) Keil and Delitzsch, 상게서.

853) Keil and Delitzsch, 상게서; Cassuto, *A Commentary on the Book of Exodus*, p. 376.

854) 참고, Keil and Delitzsch, 상게서, p. 196.

855) 상게서

856) 상게서

(amethyst)라 부른다.

넷째 줄의 보석은 녹보석, 호마노, 벽옥이다. 녹보석은 한글 개역 성경이 히브리어 단어 "타르쉬스"(תַּרְשִׁישׁ)를 번역한 것이다. 이 히브리어 단어를 카일과 델리취(Keil and Delitzsch)는 영어의 "chrysolite" (감람석 혹은 크리솔라이트)를 뜻하는 것으로 이해한다.[857] 히브리어 단어 "타르쉬스"(תַּרְשִׁישׁ)는 카일과 델리취(Keil and Delitzsch)에 의하면 반짝 반짝 빛을 내는 금빛갈의 귀감람석(貴橄欖石)보석이다. 그러나 오늘날의 연한 초록색이며 이중 굴절을 하는 귀감람석(貴橄欖石)은 아닌 것으로 생각한다.[858] 그런데 카일과 델리취(Keil and Delitzsch)와는 달리 많은 영어성경들(ESV, KJV, NASB, RSV)은 한글 개역 성경에서 "녹보석"으로 번역한 히브리어 단어 "타르쉬스"(תַּרְשִׁישׁ)를 beryl로 번역하여 "녹주석"(綠柱石)을 뜻하고 있다. 이 "녹주석"은 녹색의 투명하고 광택이 나는 보석이다. 호마노는 히브리어 "쇼함"(שֹׁהַם)을 번역한 것이다. 이 히브리어를 대부분의 영어 성경들(ESV, KJV, NASB, NIV, RSV)은 "onyx"로 번역하여 줄마노 보석으로 가리킨 것으로 이해한다. 줄마노 보석은 호마노 보석으로도 불리며 여러 가지 빛깔이 겹겹으로 줄이진 아름다운 보석이다. 벽옥은 불투명한 보석으로 주로 흐릿한 붉은색인데, 때때로 노랑, 빨강, 갈색, 혹은 다른 색깔을 갖기도 한다.[859] 위의 12 보석들을 위해 금테를 만들어 거기에 물리게 하므로 12 보석들이 보다 견고히 흉패에 붙어 있게 할 뿐만 아니라, 보석들을 아름답게 장식해 주기도 했다.

22-24절에서 말씀한 순금의 노끈은 이미 14절에서 언급된 것이다.

---

857) 상게서

858) 상게서

859) 상게서

다시 여기서 언급된 것은 그들이 흉패를 위해 만들어졌음을 알려 주기 위해서이다. 금고리 둘을 만들어 흉패 윗 양쪽 끝에 달고, 땋은 두 금사슬로 흉패 위쪽 두 끝에 있는 각 고리에 금사슬 하나씩을 꿰어 매라고 한다.

25-26절은 그 땋은 금 사슬들의 다른 두 끝은 에봇 앞 두 견대의 금테에 매라고 한다. 여기서 "에봇 앞 두 견대의 금테"는 앞서 13-14절에서 언급된 금테이다. 다시 금고리 둘을 만들어 흉패 아래 양편 가 안쪽 곧 에봇에 닿는 곳에 달라고 한다.

27절에서 "매는 자리 가까운 편"은 두 견대가 에봇의 띠와 연결하는 부분을 가리킨다[참고, 카쑤토(Cassuto), p. 378]. "공교히 짠 띠"는 앞서 28:8에서 언급된 에봇 위에 매는 띠로서 금실과 청색, 자색, 홍색 실과, 가늘게 꼰 하얀 베실로 짠 띠이다. 그리고 푸른 끈으로 흉패의 아래 고리들을 에봇 견대의 고리들에 묶어 연결시켜서 흉패가 에봇에 잘 붙어있게 하라 하신다. 여기서 금사슬이 아니라 푸른 끈이 사용되는 것은 흉패의 전체 무게를 달고 있어야 할 흉패의 윗 고리들을 연결시키는 것이 아니라, 흉패가 에봇에 잘 붙어 있게만 하기 위해 흉패의 아래 고리들을 연결시키는데 사용되기 때문이다. 앞서 24-25절에서 본 것처럼 흉패의 윗 고리들을 연결시킬 때는 금사슬로 연결하여 흉패의 전체 무게를 견디게 했다.[860)]

29절은 아론이 성소에 들어갈 때에는 이스라엘 아들들의 이름을 기록한 이 판결 흉패를 가슴에 붙여 여호와 앞에 영원한 기념을 삼을 것 이라고 하신다. 제사장 아론이 성소에 들어가 하나님 앞에 나아갈 때에 흉패를 가슴에 차므로 그 흉패에 달려있는 12 보석들이 이스라

---

860) Cassuto, *A Commentary on the Book of Exodus*, p. 378.

엘 12 아들들의 이름을 그 위에 새기고 있고, 제사장 아론은 그의 어깨에 12 아들들의 이름이 새겨진 두 개의 호마노가 붙은 견대 둘을 달고 있어서(9-12절), 제사장이 이스라엘 백성을 대표하고 그들을 돌보아야 할 책임을 가리켜주며 이스라엘 12 아들들을 위해 간구하고 하나님의 뜻을 전달하는 중개자 역할도 감당해야함을 가르쳐 준다.

30절에서 우림과 둠밈을 판결 흉패 안에 넣고 여호와께 들어가라고 말씀하신다. 판결 흉패가 사용되는 목적이 거기에 붙어있는 열두 보석 위에 12 이스라엘 아들들의 이름을 새겨서 그것을 가슴에 부치고 대 제사장이 하나님 앞에 나아가므로 하나님께서 그들을 기억하시어 사랑과 자비를 베푸시게 하는 것이고(29절), 둘째는 판결 흉패의 사용 목적이 30절에 기록된 대로 우림과 둠밈을 넣는 주머니로 사용하는 것이다. 우림과 둠밈은 여호와 앞에서 이스라엘 백성에게 판결을 가져오는 것들이기 때문에 그것을 담고 있는 흉패를 판결 흉패라 한다. 우림(אוּרִים)은 "빛", "조명" 등을 뜻하고 둠밈(תֻּמִּים)은 "완전", "신성함" 등을 뜻한다. 그러나 둠밈과 우림이 실제에 있어서 무엇이었는지 확실히 알 수 없다. 그러나 이 "우림과 둠밈"이 사용된 것으로 언급되거나 추측되는 성경 구절들을 볼 때(민 27:21; 삿 1:1-2; 20:18, 23, 27-28; 삼상 14:37ff., 삼상 23:2ff., 삼상 30:7-8),

1) 에봇의 흉패 주머니 안에 있는 우림과 둠밈을 사용해 제사장이 여호와의 뜻을 묻는 일이 온 백성의 우두머리인 사람에게만 허락되었고(예: 여호수아, 사울, 다윗), 그리고 공적인 문제에 대해서만 물었다.

2) 인간들이 아마 알 수 없는 문제들에 관련하여 물었다. 즉, 개인 양심에 달린 문제나 장래에 일어날 일 등이다.

3) 질문은 두 대답중 하나만이 답할 수 있도록 아주 명확히 만들어

져야만 했다: 예 혹은 아니오; 첫째 문제 혹은 둘째 문제.

4) 두 가지나 그 이상의 물음은 동시에 묻을 수 없었다. 답은 한 질문에만 주어졌다(이점에 대하여 특히 삼상 23: 10-12을 참조할 것).

5) 대답은 우림과 둠밈이 사용되는 문맥에서 "뽑다"는 말이 사용된 것을 볼 때 제비(lot)에 의해 주어졌음을 알 수 있다. 예, 삼상 14:42 "뽑으라"(הַפִּילוּ).[861] 이렇게 제비를 뽑아 하나님의 뜻을 묻는 것은 제비 뽑히는 것이 우연히 된 것이 아니고, 하나님께서 그 제비에 의해 하나님의 뜻을 알게 해 주신다는 믿음에 근거한 것이다. 우림과 둠밈이 어떤 모양이었는지에 대해 성경의 본문들은 언급을 하지 않으나, 아마 두 제비(lots)였을 것으로 짐작 된다. 제비 하나는 긍정적인 답을 위해, 다른 제비는 부정적인 답을 위해 표시되었을 것이다.[862]

앗수르나 바벨론 같은 메소포타미아 지역에서는 자기들이 믿는 신의 뜻을 알기 위해 점을 치거나 마술을 행했다. 어떤 중요한 일을 감행하려한 사람은 점이나 마술을 행하는 제사장에게 가서 물어보지 않고는 하지 않았다. 이들이 점을 치는 수단은 여러 가지였다: 간(肝)의 색깔 같은 것을 살펴서(겔 21:21f.), 혹은 화살을 흔들어서(겔 21:21f.), 혹은 하늘의 징조들을 보고, 혹은 새들이 날아가는 것을 살펴보는 등이었다.[863] 그러나 성경에서는 이런 점을 치거나 마술을 행하는 것을 절대 금한다. 우상에게 묻는 점이나 마술이 아니라, 하나님께 묻는 우림과 둠밈의 제비뽑기를 통해 하나님의 뜻을 묻게 했다.

---

861) 참고, 상게서, pp. 379f.

862) 참고, 상게서, p. 380.

863) 상게서, p. 381.

4. 설교 및 교훈 자료

1) 흉패의 교훈

구약의 제사장은 흉패를 가슴에 달고 거기에 달린 12 보석에 새겨진 이스라엘 12 지파를 대표하고 그들의 문제를 안고 하나님 앞에 나아가고 그들에게 하나님의 은혜와 사랑이 넘치기를 간구했다. 신약 교회의 목사도 자기가 섬기는 교회의 성도들을 가슴으로 품어야 하고 사랑해야 함을 가르쳐준다. 이스라엘 제사장은 12 보석과 우림과 둠밈을 갖고 있는 흉패가 무거워 순금 노끈으로 어깨에 멘 것처럼 신약의 목사도 성도들의 영적 짐이 너무 무거워 힘들고 괴로울 수 가 있다. 그러나 성도의 영적인 짐을 목사의 어깨에 잘 짊어지고 감당할 수 있도록 주님께 기도하며 성도들을 가슴으로 잘 품는 목사님들이 되도록 날마다 노력해야 한다.[864)]

신약은 만인 제사장 시대이다. 성도들 모두가 다른 성도들을 가슴에 안고 사랑해야 한다. 다른 사람의 짊을 서로 어깨에 메고 나누어지기를 힘써야 한다. 그러할 때 교회는 사랑이 넘치고 하나님의 사랑을 믿지 않는 자들에게 증거 해 주는 공동체가 될 것이다.

2) 30절: 우림과 둠밈과 하나님의 뜻을 아는 법

구약의 성도들은 대 제사장의 흉패에 있는 우림과 둠밈에 의해 하나님의 뜻을 알았지만, 오늘날 우리는 하나님께서 그의 뜻을 계시하신 성경 말씀에 의해 하나님의 뜻을 알 수 있고, 또한 구체적인 사건들에 있어서 성경을 통해 하나님의 뜻을 분명히 알 수 없는 때에는 성령님께 간절히 간구할 때 성령께서 우리에게 하나님의 뜻을 알

---

864) 이 용걸, *출애굽기 강해* (하), p. 242.

도록 조명하시며 인도해 주신다. 그러므로 예수님은 그가 죽기 전에 말씀하시기를, "보혜사 곧 아버지께서 내 이름으로 보내실 성령 그가 너희에게 모든 것을 가르치시고 내가 너희에게 말한 모든 것을 생각나게 하시리라"(요 14:26). "그러하나 진리의 성령이 오시면 그가 너희를 모든 진리 가운데로 인도하시리니 그가 자의로 말하지 않고 오직 듣는 것을 말하시며 장래 일을 너희에게 알리시리라. 그가 내 영광을 나타내리니 내 것을 가지고 너희에게 알리겠음이니라"(요 16:13-14).

[31절-35절]

겉옷을 만드는 법

31. 너는 에봇 받침 겉옷을 전부 청색으로 하되, 32. 두 어깨 사이에 머리 들어갈 구멍을 내고 그 주위에 갑옷 깃 같이 깃을 짜서 찢어지지 않게 하고, 33. 그 옷 가장자리로 돌아가며 청색 자색 홍색실로[1] 석류를 수놓고 금방울을 간격하여 달되, 34. 그 옷 가장자리로 돌아가며 한 금방울 한 석류 한 금방울 한 석류가 있게 하라. 35. 아론이 입고 여호와를 섬기러 성소에 들어갈 때와 성소에서 나갈 때에 그 소리가 들릴 것이라. 그리하면 그가 죽지 아니하리라.

1. 본문의 원전 설명

33절: [1] "…홍색실로." 이 단어에 사마리아 오경과 헬라어 70인역은 "가늘게 꼰 베실로 짜서"(שֵׁשׁ מָשְׁזָר)가 첨가되어 있다. 그러므로 33절이, "그 옷 가장자리로 돌아가며 청색 자색 홍색실과 가늘게 꼰 베실로 짜서 만들며 …"로 된다.

2. 본문 내용 개요

에봇 받침 겉옷을 전부 청색으로 만들고, 그 옷 가장 자리로 돌아가며 석류를 수 놓고 금방울을 간격으로 달아서, 제사장이 입고 성소에 들어가고 나올 때에 금방울 소리가 들리게 하라고 함.

3. 주석

31절의 "받침 겉옷"은 에봇 속에 입어 에봇을 받쳐주는 겉옷을 뜻한다. 이 에봇 받침옷을 전부 청색으로 만들라고 한다. 여기서 청색으로 번역된 히브리어 "테케레트"(תְּכֵלֶת)는 앞서 25:4절부터 계속 청색으로 번역하고 있으나, 히브리어 사전인 렉시콘(lexicon)들에서는 보라색(violet)으로 번역하기도 한다.[865] 그러나 대부분 영어성경들에서는 청색으로 번역한다(참고, ESV, KJV, NASB, RSV, The Holy Scriptures by the Jewish Publication Society of America). 이렇게 "테케레트"(תְּכֵלֶת)의 색깔이 일치되지 않게 말하는 것은, 이미 25:4의 주석에서 지적했듯이, "테케레트"(תְּכֵלֶת)의 정확한 색이 무엇인지 확실치 않기 때문이다. "테케레트"(תְּכֵלֶת)는 하늘의 푸른색, 짙은 어두운 푸른색, 푸른-자주색, 혹은 보라색으로 이해한다.[866]

32절에서는 두 어깨 사이에 머리 들어갈 구멍을 내고 그 주위에 갑

---

865) Ludwig Koehler und Walter Baumgartner, *Lexicon in Veteris Testamenti Libros*(Leiden: E. J. Brill, 1958), p. 1028; *The New Brown, Driver, and Briggs Hebrew and English Lexicon of the Old Testament*, p. 1067.

866) Gispen, *Bible Student's Commentary, Exodus*,, p. 243.

옷 깃 같이 깃을 짜서 찢어지지 않게 하였다. 겉옷을 입도록 두 어깨 사이에 구멍을 만들고 그 구멍 주위를 옷단을 대는 것보다 갑옷처럼 짜서 단단히 하여 찢어지지 않게 하라는 것이다.

33-35절에서 에봇 받침 겉옷의 밑 가장자리에 청색, 자색, 홍색실로 석류를 수놓고 거기에 금방울을 달아 아론이 입고 걸을 때에 소리가 나도록 하라고 한다. 석류는 팔레스틴에서 생산되는 중요한 열매 중에 하나이다. 석류는 색깔이 검은 빨간 색으로, 크기는 오렌지 정도이며, 그 열매 안에는 보통 하얀 씨들이 가득 차 있고 이 씨의 맛은 시지만 상큼한 기분을 준다.

카일과 델리취(Keil and Delitzsch)는 에봇 받침 겉옷의 밑 가장자리에 석류와 금방울을 하나씩 교대로 달게 했는데 그 이유는 석류는 하나님의 말씀으로 상징하고 금방울은 말씀의 울려 퍼짐을 상징한다고 말한다. 이렇게 말한 근거는 민수기 15:38, 39에서 여호와 하나님이 모세에게 이스라엘 자손 대대로 그들의 옷단 귀에 술을 만들고 청색 끈을 그 귀에 달아서 그들이 그 술을 보고 여호와의 모든 계명을 기억하여 실행하도록 하게 하셨는데, 여기 에봇 받침 겉옷의 밑 가장자리, 곧 겉옷의 끝단에 석류를 달게 한 것도 하나님의 말씀과 관련있다고 생각한 것이다. 잠언 25:11에 보면 "경우에 합당한 말"이 "금사과"와 동일시되는데, 에봇 받침 겉옷의 밑 가장자리에 달린 석류도 하나님의 말씀을 상징한다고 카일과 델리취(Keil and Delitzsch)는 생각한다. 이는 석류가 가진 특징들, 곧 기쁨을 주는 냄새, 달콤하고 상쾌한 즙, 풍성한 맛좋은 속 알들은, 하나님의 말씀이 영적인 양식으로서 영혼에 생기를 주고 마음을 새롭게 해주는 것과 유사하기 때문이라고 한다(비교, 시19:8-11, 119:25, 43, 50; 또한 신8:3; 잠9:8). 석류와 함께 교대로 겉옷의 단 끝에 달려있는 금방울들은 하나님의 말씀의

울려 퍼짐이나 말씀의 계시와 선포를 상징하고 있다고 한다.[867]

이러한 카일과 델리취(Keil and Delitzsch)의 견해에 대해 기스펜은 그 견해를 지지한다는 성경구절들을 살펴볼 때 그 견해를 지지하고 있는 것 같지 않다고 말한다. 기스펜에 의하면 오히려 금방울은, 출애굽기 28:43을 생각할 때, 대제사장에게 자기가 입어야 할 예복을 입었는지를 확인하게 해주는 역할을 한다. 그리고 에봇 받침 겉옷은 대제사장과 여호와께 대제사장 직책의 영예와 존귀와 거룩함을 생각나게 해주는 옷이다. 또한 석류는 대제사장에게 자기가 지켜야 할 계명들을(참고, 민 15:37-41) 생각나게 해준다.[868] 이러한 기스펜의 이해가 카일과 델리취(Keil and Delitzsch)의 견해보다 본문과 관련되는 다른 성경구절들을 볼 때 더 타당하다고 생각된다. 왜냐하면 민수기 15:38, 39 에서 옷단에 다는 술은 하나님의 말씀을 기억나게 하는 역할을 하고, 잠언 25:11에서는 시의적절한 말이 얼마나 귀한가를 비유하면서 "금사과" 같다고 했는데, 주로 이 두 구절에 근거해서 카일과 델리취(Keil and Delitzsch)가 에봇 받침 겉옷의 가장자리에 달린 석류가 하나님의 말씀을 상징한다고 말하는 것은 좀 지나친 해석이라 생각되기 때문이다.

한편 카쑤토(Cassuto)는 에봇 받침 겉옷에 금방울을 달아 성소에 들어갈 때 소리가 나게 하는 것은 왕궁에 갑자기 들어가는 행위는 온당치 않고 미리 알리고 들어가는 예의가 요구되고 제사장이 성소에 불손하게 들어가지 않도록 주의해야 하기 때문이라고 한다. 제사장이 성소에서 나올 때도 마찬가지로 떠나기 전 스스로 엎드려 경의를

867) Keil and Delitzsch, *Biblical Commentary on the Old Testament*, vol. 2, *The Pentateuch*, pp. 202f.

868) Gispen, *Bible Student's Commentary, Exodus*, p. 271.

표할 때 울리는 방울소리는 성소를 떠나는 일종의 작별 행동이 되었다고 한다.[869)]

[36절-39절]

대제사장의 머리 관과 순금 패를 만드는 법

36.너는 또 정금으로 패를 만들어 인을 새기는 법으로 그 위에 새기되 「여호와께 성결」이라 하고, 37.그 패를 청색 끈으로 관 위에 매되 곧 전면에 있게 하라. 38.이 패가 아론의 이마에 있어서 그로 이스라엘 자손의 거룩하게 드리는 성물의 죄건을 담당하게 하라 그 패가 아론의 이마에 늘 있으므로 그 성물을 여호와께서 받으시게 되리라. 39.너는 가는 베실로 반포 속옷을 짜고 가는 베실로 관을 만들고 띠를 수놓아 만들찌니라.

1. 본문 내용 개요

대제사장의 머리에 쓰는 관을 가는 베실로 만들고, 거기에 맬 「여호와께 성결」이라 새겨진 순금 패를 만드는 법을 말씀함.

2. 주석

36-37절에서 정금, 곧 순금으로 패를 만들라 했는데, 여기서 "패"로 번역된 히브리어 단어는 "치츠"(צִיץ)이다. 이 단어는 "꽃" 혹은 "빛나는 물체"를 뜻한다. "치츠"(צִיץ)의 동사의 의미는, 시편 132:18에서, 왕관(면류관)의 빛나는 것을 가리키는데 사용된다. 그리고 출애굽기 39:30에서 이 "치츠"(צִיץ)를 "거룩한 왕관"이라 부른다. 그러므로 대제사장의 "순금 패"는 일종의 왕관이라고도 말할 수 있다. 그러

869) Cassuto, *A Commentary on the Book of Exodus*, p. 383.

나 이 왕관은 머리 전체를 싸는 왕관과는 다르다. 대제사장의 순금 패 왕관은 다만 머리의 이마에 매어지기 때문이다.[870] 이 왕관, 곧 「여호와께 성결」이라 새긴 순금패를, 머리에 쓴 관(冠)의 전면에 청색 끈으로 매라고 한다. 이 「여호와께 성결」은 「여호와께 거룩」을 뜻한다. 이 「여호와께 거룩」이라 새긴 패는 그 패를 관(冠)의 전면에 달고 있는 제사장이 여호와께 바쳐진 거룩한 자임을 나타낸다.[871] 그리고 이 패는 하나님이 거룩하시니 하나님의 제사장들도 거룩해야 한다는 것을 지적해 준다. 대제사장은 모든 더러운 것으로부터 격리되어야만 하고 하나님께 바쳐지며 하나님의 영광을 위해 헌신해야한다. 또한 하나님의 집에서 수종을 드는 모든 사람은 「여호와께 성결」을 그들의 이마에 각인(刻印)시켜야만 한다. 곧, 그들이 하나님께 거룩해야 하고, 하나님을 전심으로 섬겨야 하며, 그들이 하는 모든 일에서 하나님의 영광이 드러나도록 해야만 하는 것을 가르쳐준다.[872]

이런 「여호와께 거룩」이라 새긴 패가 가르쳐주는 교훈과 함께, 이 패를 이마에 다는 대제사장은 이스라엘 백성의 죄를 대신 담당하는 중재와 대속적 역할을 하는 특권을 하나님으로부터 부여받았다. 신약의 예수 그리스도께서 하나님과 사람 사이에 가지셨던 중재와 대속적 구속사역의 일면을 대제사장이 가졌음을 알 수 있다. 대제사장의 중재와 대속적 사역을 다음 38절이 분명히 말하고 있다.

38절에서 아론이 "죄건(罪愆)을 담당한다"는 말은 곧, 아론이 '죄

870) 상게서, pp. 353f.

871) 참고, Gispen, *Bible Stduent's Commentary, Exodus*, p. 272.

872) 참고, *Matthew Henry's Commentary on the Whole Bible*, vol. 1, *Genesis to Deuteronomy*, p. 310.

를 담당한다' 는 말이다. 이 죄는 이스라엘 자손이 성막을 짓도록 바친 예물들과 관련된 모든 죄를 가리킨다. 아론은 이 죄를 떠맡아 그 죄가 용서받게 한다는 것이다. 그리하여 백성의 바친 예물을 여호와 하나님께서 기쁘게 받게 하였다. 이는 대제사장인 아론이 이스라엘 전체 백성의 중재자의 위치로 높혀졌음을 뜻한다. 속죄하는, 죄를 없애는 중재가 제사장의 직무와 관련되었음을 볼 수 있다. 대제사장이 「여호와께 거룩」이라는 패가 부쳐진 관(冠)을 쓰고 있으므로 백성들이 바친 성물의 죄를 없애는 특권을 하나님으로부터 받았다.

39절에서 모세는「여호와께 거룩」이라는 패가 청색 끈으로 매여질 관(冠)을 만드는 것에 대해 가르침을 받는다. 하나님께서 관(冠)을 가는 베실로 만들라고 한다. 탈무드에 의하면 관(冠)을 만들 때 8야드(약 7.3미터)의 베실로 만들었다고 한다.[873] 그리고 하나님께서 아론의 반포 속옷을 가는 베실로 짜라고 하신다. 앞서 출 28:4에서 설명한 대로 "반포(斑布)"란 말은 반물 빛(검은 빛을 띤 짙은 남색)의 실과 흰 실을 섞어 짠 옷감을 뜻한다. 그런데 39절에서 언급된 속옷은 우리 한국어의 반포(斑布)와 똑 같은 색갈의 옷감으로 만들어진 속옷을 뜻한 것 같지는 않다. "쉬브바체타 하크케토넷"(שִׁבַּצְתָּ הַכְּתֹנֶת)는 가는 베실을 갖고 체크 무늬의 패턴(pattern)에 의해 만들어진 체크 무늬 속옷을 가리킨다.[874] 이 체크 무늬 속옷은 한 가지 색이 아니라, 체크 무늬로 만들어진 속옷으로서 살에 가장 가까이 입는 내의(內衣)로 이해된다.[875] 주전 1세기의 유대인 역사가 프라비우스 조세푸스(F. Josephus)에 의하면 이 속옷은 아래로는 발까지 닿고, 소매가 있어 팔

873) 참고, Cole, *Exodus, An Introduction and Commentary*, p. 202.
874) 참고, Cassuto, *A Commentary on the Book of Exodus*, p. 385.
875) Gispen, *Bible Student's Commentary, Exodus*, p. 273.

에 꽉 묶어져 있다고 한다.[876] 또한 하나님은 "띠를 수 놓아 만들라" 고 말씀 하신다. 여기 '띠"는 속옷을 몸에 잘 맞게 매는 허리띠를 가리킨 것으로 보인다(참고, 레 8:7). 이 허리띠는 에봇이나 흉패와 같이 ' 가는 베실과 청색 자색 홍색실' 로 수놓아 만들었다(참고, 출 39:29).

3. 설교 및 교훈 자료

36-38절: 금패에 「여호와께 성결」을 새긴 의의(意義)

대제사장의 머리 관(冠)에 붙어있는 금패에 쓴 「여호와께 성결」이란 문구는 누구든지 거룩하지 않고는 하나님께 가까이 갈 수 없음을 가르쳐 준다. 신약의 믿는 자들은 바로 예수님이 우리를 대속해 주시기 위해 단번에 죽으심으로 말미암아 우리가 거룩함을 입었다(히 10:10). 그리하여 그리스도를 믿는 자들은 하나님께 자유롭게 갈 수 있게 된 것이다.

[40절-43절]

아론의 아들들의 제사장 예복을 만드는 법

40.너는 아론의 아들들을 위하여 속옷을 만들며 그들을 위하여 띠를 만들며[1] 그들을 위하여 관을 만들어서 영화롭고 아름답게 하되, 41.너는 그것들로 네 형 아론과 그와 함께한 그 아들들에게 입히고 그들에게 기름을 부어 위임하고 거룩하게 하여 그들로 제사장 직분을 내게 행하게 할찌며, 42.또 그들을 위하여 베로 고의를 만들어 허리에서부터 넓적다리까지 이르게 하여 하체를 가리게 하라. 43.아론과 그 아들들이 회막에 들어갈 때에나 제단에 가까이 하여 거룩한 곳에서 섬길 때에 그것들을 입

---

876) 참고, Flavius Josephus, *Antiquities of the Jews*, in *Josephus, Complete Works*, trans. by William Whiston (Grand Rapids: Kregel Publications, 1960, reprinted 1981), book 3, chapter 7, 2.

어야 죄를 지어서 죽지 아니하리니 그와 그의 후손의 영원히 지킬 규례니라.

1. 본문의 원전 설명

40절: [1] "…속옷을 만들며 그들을 위하여 띠를 만들며, …." 이 구절이 헬라어 70인 역에서는 다음 두 단어들, וְעָשִׂיתָ לָהֶם이 생략되어 있다. 그러므로 위 구절이 "…속옷과 띠를 만들며, …."로 단축된다.

2. 본문 내용 개요

아론의 아들들을 위해 속옷, 띠, 관, 고의를 지어 그들이 거룩한 곳에서 하나님을 섬길 때 입어서 죄를 범하지 않고 제사장 직분을 행하게 하라 하심.

3. 주석

40절에서 아론의 아들들인 제사장들을 위해 다음 예복을 만들 것을 말씀하신다.

1) 속옷: 가는 베실로 짜서 만든 속옷이다(출 39:27). 이 속옷은 아주 수수한 옷이며 살에 가장 가까이 입는 옷이다.

2) 띠: 가는 베실과 청색 자색 홍색 실로 수를 놓아 만든 띠이다(출 39:29). 이 띠는 제사장들이 자기의 직무를 행하려 할 때 자기가 입은 예복의 허리를 띠로 매므로 옷이 거추장스럽지 않게 하여 일을 잘 수행하게 하는 것이다.

3) 관(冠): 가는 베실의 옷감으로 만든 머리에 쓰는 관이다. 대제사장의 관(冠)처럼 위엄스럽지는 않으나 수수한 관(冠)이다(출: 39:28).[877] 이렇게 속옷과 띠와 관으로 이루어진 일반 제사장들의 예복은 그들이 성소에서 하나님을 섬길 때 영화롭고 아름답게 되기 위해서라고 한다. 그들의 거룩한 예복은 그들을 영화롭게 보이게 하며, 그들의 직분의 고귀함을 나타내고, 그들이 하나님 앞에서 드리는 예배를 아름답게 만드는 것이다.

41절은 예복을 아론과 그의 아들들에게 입히라 하신다. 그들이 입을 예복은 그들이 제사장임을 나타내는 외적 표시이다. 그리고 예복을 아론과 그의 아들들에게 입힘으로서 그들에게 여호와 하나님의 이름으로 제사장 직분을 주었음을 나타낸다. 이렇게 아론과 그의 아들들에게 예복을 입히고 그 다음에는 그들에게 기름을 부어 제사장 직분을 위임하라고 하신다. 여기서 "위임하다"란 말은 히브리어로 "밀레타 에트 야담"(מִלֵּאתָ אֶת־יָדָם)이다. 이 히브리어 문장을 직역하면, "너는 그들의 손을 채우라"이다. 그런데 이 히브리어 문장이 "위임하다"를 의미하는 전문용어이다. 이 히브리어 전문용어에 일치하는 표현이 아카디아어에서도 "위임"의 의미로 쓰이고 있다. 이 표현은 원래 '기름부음을 받은 자의 손을 그에게 위임된 일을 하는데 필요한 재료와 그 일을 실행하는데 요구되는 도구로 채우는 것'을 의미한다.[878]

42절의 "고의"는 바지대신 입는 한 겹으로 된 옷을 말한다. 42절에서 "고의"로 번역된 히브리어 "미크나사임"(מִכְנְסַיִם)은 제사장의 알몸 살의 허리부터 넓적다리 까지를 가리는 내복(內服)이다. 이 내복

877) 참고, Cassuto, *A Commentary on the Book of Exodus*, p. 386.
878) 상게서, p. 386.

(內服)은 제사장들이 옷을 입고 높은 곳을 올라가거나 바람이 불어서 엉덩이나 앞의 중심부분을 들어내는 황당한 경우가 없도록 입은 옷이다.

이 내복(內服)을 "베"로 만들라 하시는데, 여기서 "베"는 히브리어 원문성경에서 "바드"(בַּד)이다. 이 "바드"(בַּד)는 베실로 짠 옷감을 말하고, "쉐쉬"(שֵׁשׁ)는 베실 재료를 가리킨 것으로 이해된다.[879] 이런 뜻에서 출애굽기 39:28에서 "바드"(בַּד)와 "쉐쉬(שֵׁשׁ) 두 단어가 함께 사용되어, "베실로 짜서 세마포(細麻布) 고의를" 만들었다고 표현한 것으로 생각된다.

43절에서는 가는 베실로 만든 고의 내복(內服)을 아론과 그의 아들들에게 입히라고 하신다. 그들이 이 내복(內服)을 입지 않고 회막에 들어가 제단에서 섬기면 죄를 범하는 것임을 가르쳐 준다. 이렇게 죄를 범한 이유는 일차적으로 고의 내복(內服)을 입으라는 하나님의 명령을 위반했기 때문이다. 카일과 델리취(Keil and Delitzsch)에 의하면, 하나님께서 구태여 고의를 입으라 하신 이유는 하나님의 성소에 벌거벗은 몸을 덮지 않고 들어가서 섬기는 것은 그 성소의 거룩함 때문에 마땅히 가져야할 존경을 위반하고 무시하는 행위가 되기 때문이다.[880] 그리하여 하나님은 제사장들이 성소의 거룩함을 훼손하거나 무시하지 않고 자기들의 직분을 감당할 수 있도록 고의 내복(內服)을 입고 성소에 들어가 여호와 하나님을 섬겨야지 그렇지 않을 때는 죽게 될 것을 경고하신 것이라 한다. 이것은 이스라엘 백성이 영원히 지켜야 할 규례라고 하나님은 말씀하신다.

---

879) 참고, Cassuto, 상게서, p. 387; Keil and Delitzsch, *Biblical Commentary on the Old Testament*, vol. 2, *The Pentateuch*, p. 205.

880) Keil and Delitzsch, 상게서.

[출애굽기 29장]

[1절-9절]

제사장 위임식의 전반부

1. 너는 그들에게 나를 섬길 제사장 직분을 위임하여 그들로 거룩하게 할 일이 이러하니 곧 젊은 수소 하나와 흠 없는 수양 둘을 취하고, 2. 무교병과 기름 섞인 무교 과자와 기름 바른[1] 무교 전병을 모두 고운 밀가루로 만들고, 3. 그것들을 한 광주리에 담고 그것을 광주리에 담은채 그 송아지와 두 양과 함께 가져오고, 4. 너는 아론과 그 아들들을 회막 문으로 데려다가 물로 씻기고, 5. 의복을 가져다가 아론에게 속옷과 에봇 받침 겉옷과 에봇을 입히고 흉패를 달고 에봇에 공교히 짠 띠를 띠우고,[2] 6. 그 머리에 관을 씌우고 그 위에 성패를 더하고, 7. 관유를 가져다가 그 머리에 부어 바르고, 8. 그 아들들을 데려다가 그들에게 속옷을 입히고, 9. 아론과 그 아들들에게[3] 띠를[4] 띠우며 관을 씌워서 제사장의 직분을 그들에게 맡겨 영원한 규례가 되게 하라. 너는 이같이 아론과 그 아들들에게 위임하여 거룩하게 할지니라.

1. 본문의 원전 설명

2절: [1] "기름 바른." 이 문구(句)가 사마리아 오경에는 없다. 사마리아 오경에서는 다만 "무교 전병" 이라고 표현되었다.

5절: [2] "…에봇 받침 겉옷과 에봇을 입히고 흉패를 달고 에봇에 공교히 짠 띠를 띠우고," 이 구절이 사마리아 오경에는, "너는 그의 주위를 띠로 매고 그에게 에봇 받침 겉옷을 입히고 그의 위에 에봇과 흉패를 걸치게 하고 그에게 에봇의 공교히 짠 띠를 두르게 하고'로 약간 변형되어 표현 되었다.

9절: [3] "아론과 그 아들들에게." 이 문구가 헬라어 70인역에는 생략되어 있다. 여기서는 아론의 이름이 다시 언급되는 것이 합당치 않게 생각된다. 왜냐하면 이미 아론에게 대제사장의 여러 가지 옷들(속옷, 에봇 받침 겉옷, 에봇)을 입히고 흉패를 달며 띠를 띠고 관을 씌우는 이야기는 이미 5-6절에서 설명되었고, 이제 8-9절에서 아론의 아들들에게 옷 입히는 이야기가 설명되기 때문이다.

9절: [4] "띠." 히브리어 맛소라 사본에는 "띠"라고 단수로 되었으나, 사마리아 오경과 헬라어 70인역은 복수 "띠들"이라고 되었다.

2. 본문 내용 개요

아론과 그의 아들들을 제사장들로 위임하기 위해 제물들을 가져오게 하고 예복을 입히며 기름을 부어 바르게 함

3. 주석

29:1-37에 아론과 그의 아들들이 제사장으로 위임 받는 예식이 기록되어 있다. 이 제사장의 위임식은 레위기 8장에서도 그 내용이 상당히 비슷하게 기록되고 있다. "위임"은 '어떤 사무의 처리를 타인에게 위탁하는 일'을 의미한다. 구약에서 의미하는 "위임"의 뜻에 대해 앞서 주석한 출애굽기 28:41을 보라.

1절에서는 여호와께서 모세에게 아론과 그의 아들들에게 제사장의 직무를 위탁하는 위임 식의 거행에 대해 첫 지시한 사항을 기록하고 있다. 이 위임식의 목적은 아론과 그의 아들들을 거룩하게 하여 제사장들로 일하게 하려 함인 것을 밝힌다. 그리고 위임식을 위해 먼저 제물들을 준비하라고 하신다:

1) 수소 하나: 속죄제를 위한 것이다(14절).

2) 흠 없는 수양 둘: 번제와 화목제를 위한 것이다(15-19절; 20-28절). 여기서 "흠없는" 것을 드리라는 것은 제물을 드릴 때 아무 것이나 드리지 말고, 정성들여 골라서 병신 되거나 상처가 없는 아주 좋은 것을 드리라는 의미이다. 우리가 하나님께 무엇을 드릴 때, 우리는 늘 내가 가진 것 중에 가장 좋은 것을 드려야 한다는 원칙을 시사한다.[881)]

2절은 위임식 제사를 위해 1절에 이어서

3) 무교병, 곧 누룩을 넣지 않은 빵을 만들고,

4) 기름 섞인 무교(누룩을 넣지 않은) 과자를 만들라고 하신다. 이 기름 섞인 무교 과자는 식용유인 올리브 기름과 섞어 만든 과자를 뜻한다.

5) 기름 바른 무교(누룩 넣지 않은) 전병을 만들라고 하신다. 기름 바른 무교 전병은 두툼하고 넓은 빈대떡 같은 것에 식용유인 올리브 기름을 바른 것이다. 이들 무교병, 무교 과자, 무교 전병은 밀가루로 만들되, 거기에 누룩을 넣지 말고 만들라고 하신다. 누룩이 밀가루 반죽에 넣어질 때 그 밀가루 반죽을 부패시켜 부풀게 한다. 이 부패케 하는 누룩을 넣지 말게 한 것은 위임식 때 하나님께 드릴 제물들을 부패되지 않은 신선한 것을 드리게 하려는 하나님의 뜻을 나타낸다고 생각된다. 이 누룩은 신약에서 "악독과 부패"를 비유한다(고전 5:8). 그러므로 사도 바울은 우리가 하나님께 묵은 누룩도 말고, 괴악하고 악독한 누룩도 말고 오직 순전함과 진실함의 누룩 없는 떡으로 드리자고 말한다.

---

881)박윤선, *성경주석, 출애굽기*, p. 208.

3-4절에서는 밀가루로 만든 소제의 제물들을 한 광주리에 담아서 그것들을 번제의 수송아지와 화목제의 두 양들과 함께 회막 문으로 가져오라고 하신다. 그리고 제사장들로 위임받을 아론과 그의 아들들을 회막 문으로 데려와서 물로 씻기라고 하신다. 이렇게 씻는 것은 죄로부터 더러워진 부정(不淨)을 제거하는 것을 상징한다(참고, 출 40:12-13, 겔 36:25).[882] 한편 씻는 것은 거룩한 성물들을 접촉하기 전에 그리고 가끔 접촉 후에도 필수적이다.[883]

5절은 모세에게 아론이 대제사장임을 나타내는 거룩한 예복을 갖다 입히라 한다. 이 대제사장의 예복이 28장에서 언급되었는데 그때 설명된 옷들 가운데 고의 내복(內服)만 여기서 언급되지 않는다: 아론에게 속옷, 에봇 받침 겉옷, 에봇을 가져와 입히고, 가슴에 흉패를 달고, 에봇을 단단히 매는 에봇 띠를 띠우게 한다.

6절을 보면, 가는 베실로 만든 관(冠)을 그의 머리에 쓰게 하고 그 관(冠)의 앞 이마 쪽에 「여호와께 성결」이라고 새겨진 금패를 매게 했다. 이 금패를 28:37에 보면 청색 끈으로 관(冠)에 매라고 하신다.

7절의 "관유"(灌油)는 출애굽기 30:22-33에 보면 몰약, 육계, 창포, 계피 올리브 기름을 섞어 특별히 만든 거룩한 기름이다. 기름을 붓는다는 것(anointing)은 하나님께서 선택하셨음을 뜻하고, 특별한 임무를 부여받았음을 나타낸다. 초기 이스라엘 왕들의 기름부음 받은 경우들을 살펴보면 기름부음 받을 때 성령의 능력도 받았다(사울의 경우, 삼상 10:1-9; 다윗의 경우, 삼상16:13).[884] 그리고 선지자 시대에도 성령을 부어주시면서 기름을 부으사 하나님의 특별한 사명을 감당케

882) Kaiser, Jr., *Exodus, The Expositor's Bible Commentary*, vol.2, pp. 469f.
883) 참고, Durham, *Exodus, Word Biblical Commentarym* vol. 3, p. 394.
884) Cole, *Exodus, An Introduction and Commentary*, p. 203,.

하셨다(사 61:1). 그런데 고린도후서 1:21에서는 성도들을 그리스도 안에서 확고한 믿음 위에 서게 하도록 기름을 부으셨음을 말하는데, 여기서 기름 부으셨다는 것은 성령 부으심을 뜻한 것으로 보인다.[885] 이와 함께 히브리서 1:9과 요한일서 2:20, 27등은 기름부음이 성령 받음과 같은 의미로 표현되므로 기름이 성령을 비유하는 것으로 이해되기도 한다.[886] 또한 박윤선 박사는 "대제사장이 기름 부음 받은 것은, 장차 오실 그리스도에게 성령이 무한히 임하실 것을 예표 한다"고 말씀한다.[887]

29장의 위임식 이야기에서는 대제사장 아론만 기름부음 받는 것을 언급한다. 그러나 아론의 아들들도 기름부음 받음을 출애굽기 28:41, 30:30, 40:15; 레 7:35-36, 10:7; 민 3:3등이 언급하고 있어서, 아론뿐만 아니라 그의 아들들도 기름부음 받았음을 알 수 있다. 그런데 레위기 21:10은 아론이 기름부음 받은 방법이 그의 아들들이 기름부음 받은 방법과 달랐음을 시사한다. 대제사장 아론은 그의 머리위에 기름이 부어지는 기름부음을 받았던 것으로 이해되고, 한편 랍비들이 내린 결론에 따르면, 제사장들인 아들들은 그들의 이마에 기름을 바르는 기름부음 받았다.[888]

8절에서 대제사장이 아닌 제사장에게 입힐 옷을 말한다. 그에게 "속옷"을 입히라 한다. 그들의 속옷은 가는 베실로 짜서 만든 반포 속

---

885) 정규남, *고린도후서 강해*(서울:도서출판 엠마오, 1994), p. 24.

886) 참고, 박윤선, *성경주석, 출애굽기*, p. 210; Gispen, *Bible Student's Commentary, Exodus*, p. 274.

887) 박윤선, 상게서.

888) Gispen, *Bible Student's Commentary, Exodus*, p. 274; 참고, Kaiser, Jr., *Exodus, The Expositor's Bible Commentary*, vol.2, p. 470.

옷 곧 바둑 판 모양으로 짠 옷이다(참고, 출 28:39, 출 39:27). 그러나 그들에게 에봇 받침의 겉옷이나, 에봇을 입히라 하지 않고 흉패를 달라고 하시지 않는다.

9절에 보면 제사장에게 "속옷"을 입히고 "띠"를 띠우고 "관"을 씌워서 제사장 직분을 행하게 했다. 이 예복을 입혀 위임 식 하는 법도를 이스라엘 백성이 계속해서 영원한 규례로 행하라고 하신다. 이렇게 예복을 입혀 제사장의 "위임" 식을 행하는 것은 아론과 그의 아들들이 일반 세상 의복과는 다르게 제사장의 직분에 합당한 옷들을 입음으로서 세상 사람들과는 구분되는 하나님께 헌신하는 자의 모습을 속마음뿐만 아니라 겉으로도 증거 되게 하셨다.

4. 설교 및 교훈 자료

1-9절: 제사장으로 위임받기 위해 물로 씻는 의미

아론과 그의 아들들은 하나님의 제사장들로 쓰임 받기 위해 물로 씻겨져야 함을 명령하신다. 즉 세상의 더러운 것에서 깨끗하게 할 것을 뜻하는데 신약의 우리도 하나님께 쓰임 받는 자가 되려면 세상의 더러운 죄 된 것에서 깨끗해져야 한다.

바울 사도는 우리에게 말하기를, "그러므로 누구든지 이런 것에서 자기를 깨끗하게 하면 귀히 쓰는 그릇이 되어 거룩하고 주인의 쓰심에 합당하며 모든 선한 일에 예비함이 되리라"고 한다(딤후 2:21). 우리 가운데 일생을 하나님의 종으로 일하기를 원하는 사람이 많다. 그렇기 위해서 우리는 영적으로 하나님 앞에서 깨끗해져야 함을 가르쳐 준다. 구약의 성막 구조에서도 입구를 들어가면 제일 먼저 놋 제단이 있다. 이는 이스라엘 백성이 하나님을 섬기며 그와 깊은 교제를 하기 위해서는 제일 먼저 놋 제단위에 속죄제를 드려 죄를 용서받아야 함을 보여준다.

[10절-28절]

위임식의 세 제사, 곧 속죄제, 번제, 화목제

10. 너는 수송아지를 회막 앞으로[1] 끌어 오고 아론과 그 아들들은 그 송아지 머리에 안수할지며, 11. 너는 회막문 여호와 앞에서 그 송아지를 잡고, 12. 그 피를 네 손가락으로 단 뿔들에 바르고 그 피 전부를[2] 단 밑에 쏟을지며, 13. 내장에 덮인 모든 기름과 간 위에 있는 꺼풀과 두 콩팥과 그 위의 기름을 취하여 단 위에 불사르고, 14. 그 수소의 고기와 가죽과 똥은 진 밖에서 불사르라 이는 속죄제니라. 15. 너는 또 수양 하나를 취하고 아론과 그 아들들은 그 수양의 머리위에 안수할지며, 16. 너는 그 수양을[3] 잡고 그 피를 취하여 단 위의 주위에 뿌리고, 17. 그 수양의 각을 뜨고 그 장부와 다리는 씻어 각 뜬 고기와 그 머리와 함께 두고, 18. 그 수양의 전부를 단 위에 불사르라 이는 여호와께 드리는 번제요 이는 향기로운 냄새니 여호와께 드리는 화제니라. 19. 너는 다른 수양을 취하고 아론과 그 아들들은 그 수양의 머리 위에 안수할지며, 20. 너는 그 수양을 잡고 그 피를 취하여 아론의 오른 귓부리와 그 아들들의 오른 귓부리에 바르고 그 오른손 엄지와 오른발 엄지에 바르고 그 피를 단 주위에 뿌리고, 21. 단 위의 피와 관유를 취하여 아론과 그 옷과 그 아들들과 그 아들들의 옷에 뿌리라. 그와 그 옷과 그 아들들과 그 아들들의 옷이 거룩하리라.[4] 22. 또 너는 그 수양의 기름과 기름진 꼬리와 그 내장에 덮인 기름과 간 위의 꺼풀과 두 콩팥과 그것들 위의 기름과 우편 넓적다리를 취하라 이는 위임식의 수양이며, 23. 또 여호와 앞에 있는 무교병 광주리에서 떡 한 덩이와 기름 바른 과자 하나와 전병 하나를 취하고, 24. 그 전부를 아론의 손과 그 아들들의 손에 주고 그것을 흔들어 여호와 앞에 요제를 삼을지며, 25. 너는 그것을 그들의 손에서 취하여 단 위에서 번제물을 더하여 불사르라 이는 여호와 앞에 향기로운 냄새니 곧 여호와께 드리는화제니라. 26. 너는 위임식 수양의 가슴을 취하여 여호와 앞에 흔들어 요제를 삼으라 이는 너의 분깃이니라. 27. 너는 그 흔든 요제물 곧 아론과 그 아들들의 위임식 수양의 가슴과 넓적다리를 거룩하게 하라. 28. 이는 이스

라엘 자손이 아론과 그 자손에게 돌릴 영원한 분깃이요 거제물이니 곧 이스라엘 자손이 화목제의 희생 중에서 취한 거제물로서 여호와께 드리는 거제물이니라.

1. 본문의 원전 설명

10절: 1 "회막 앞으로." 이 문구가 사마리아 오경에서는 "회막문 여호와 앞으로"로 표현 되었고, 한편 헬라어 70인역에서는 "증거의 성막 문 앞으로"로 되어 있다.

12절 2 "그 피 전부를." 이 문구가 헬라어 70인역은 "그 피의 남은 것을"로 표현하여, 문맥에서 보면, 히브리어 맛소라 사본보다 더 정확한 표현처럼 보인다. 왜냐하면 그 피의 일부를 이미 단 뿔에 발랐기 때문이다. 그러나 헬라어 70인역처럼 정확하게 표현하지 않고, 히브리어 맛소라 사본처럼 "그 피 전부를"이라 표현해도 본문의 바른 이해에는 영향을 주지 않는다. 그러므로 히브리어 맛소라의 본문과 헬라어 70인역의 본문 사이에 어느 것이 하나님께서 계시하여 쓰게 한 원래의 본문인지는 결론내리기 어렵다. 번역자는 번역해야 할 원문이 분명치 않다고 생각될 때, 번역을 하면서 보다 더 명확하게 번역을 하기 때문이다.

16절: 3 "그 수양을." 여기서 헬라어 70인역은 대명사를 사용해 "그것을 '로 표현한다.

21절: 4 "…아론과 그 옷과 그 아들들과 그 아들들의 옷이 거룩하리라." 이 구절이 사마리아 오경에 의하면, "거룩하리라"는 동사가 맛소라 사본의 칼(qal)형의 3인칭이 아니고 피엘(piel) 형의 2인칭으로 바꾸어지고 "아론" 이름이 대명사 "그"로 바꾸어져, "너는 그와 그 옷과 그 아들들과 그 아들들의 옷을 거룩하게 하라"로 되어 있다.

2. 본문 내용 개요

모세가 아론과 그의 아들들의 위임식 제사를 위해, 수송아지로 속죄제를, 수양 하나로 번제를, 다른 수양 하나로 위임식 화목제를 드리며, 떡 한 덩이와 기름 바른 과자 하나와 전병을 하나님께 요제로 드림.

3. 주석

10절에서 "회막"은 앞서 27:21에서 설명한대로 여호와께서 모세와 만나서 말씀하시는 장소이고(출 25:22), 여호와께서 백성과 자신 사이에 중재자인 모세에게 자신을 계시하신 장소이다. 모세가 수송아지를 회막 앞으로 끌어와서, 아론과 그 아들들이 송아지 머리에 안수하게 하는 것은 그들의 죄를 송아지 머리에 전가하는 것을 뜻하며(참고, 레 16::21; 민 27:18; 신 34:9),[889] 그리고 제물로 바쳐진 수송아지가 자기들을 대신하여 하나님께 바치는 것을 뜻한다(참고, 민 8:10). 제사장들이 자기들의 죄 때문에 자기들이 죽어야 되는데 그들 대신 동물이 죽어 제물이 되므로 제사장들의 죄가 용서된다. 그리고 "안수하는 것은 죄의 전가(轉嫁)뿐만 아니라 안수하면서 제사 드리는 자가 자기들의 죄를 고백하는 시간이기도 하다(참고, 레 16:21). 이렇게 구약에서 제사 드리는 자의 죄를 위해 대신 희생제물이 된 동물처럼 예수님은 우리의 죄를 위해 대신 희생제물이 되셨다. 예수님은 완전하지 못

---

889) Gispen, *Bible Student's Commentary, Exodus*, p. 275.

한 구약의 제물과는 달리 완전하시며 흠이 없으신 자기 자신을 우리 인간의 죄가 용서받도록 십자가 위에 제물로 바치시므로 영원한 속죄를 이루어 예수님을 믿는 자들을 거룩하게 만드셨다(히 9:11-14, 10:1-4, 9-14).

11절에서 말한 "회막 문 여호와 앞" 이란 모세가 아론과 그의 아들들을 데려와 위임식을 거행하는 회막 문 앞에 여호와께서 임재 하셔서 그들에게 제사장의 권위를 주실 것을 나타낸다. 이 권위가 없이는 제사장의 직분을 성공적으로 수행하기는 불가능하다.

12절에서 제단 뿔에 피를 바르는 것은 제단 자체를 깨끗케 하는 행동이다. 제사장의 위임식을 설명하는 레위기 8장에서 제단 뿔에 피를 바르는 것이 깨끗하게 하는 의식임을 분명히 가르쳐 준다(15절). 제단은 물체에 불과하지만 인간이 죄를 지을 때 다른 모든 피조물이 더럽게 된다. 그러므로 제단도 거기에서 봉사할 제사장들의 죄로 말미암아 더러워진 죄에서 정결케 되기 위해 피 뿌림을 받아야 한다(골 1:20; 참고, 창 3:17-18; 6:4-7). 피는 신약에서 곧 예수 그리스도의 보혈을 상징 한다.[890] "그 피 전부를 단 밑에 쏟을 찌며." 여기서 "그 피 전부"는 잡은 수송아지의 피 전부를 뜻하지 않고, 그 수송아지의 피 중에 제단의 단 뿔에 바른 것을 제한 남은 피 전부를 가리킨다. 이렇게 제단의 단 밑에 피를 쏟는 것은, 레위기 8:15절을 보면, 그 제단의 죄가 용서받고 거룩하게 되어 그 제단 위에 하나님이 기뻐하시는 제물을 드릴 수 있게 위해서이다. 이는 제단도 거기에서 봉사할 제사장들의 죄로 말미암아 범죄 한 것으로 간주 되어 용서 받아야 함을 가르쳐 준다.

13-14절에서는 "기름"을 특별히 단위에 불사르라고 한다. 기름은

---

890) 박윤선, *성경주석, 출애굽기*, p. 210.

히브리어로 "헤레브(חֵלֶב)"로서 가장 좋은 것을 의미하기도 한다. 그러므로 기름을 하나님께 불살라 드리게 한 것은 가장 좋은 것을 드리는 것으로 이해할 수 있다. 그리고 기름은 동물에게 힘을 공급하는 원천이기 때문에 동물을 활동케 하는 가장 중요한 것들 중의 하나이다(정규남, *구약개론*, p. 163).

그러므로 동물의 기름을 하나님께 태워드린다는 것은 그 동물의 가장 중요한 부분을 하나님께 드리는 것이다. 또한 제사 드리는 자가 제물을 하나님께 드릴 때, 사실 그 제물은 제물 드리는 자 자신을 대신하여 드리는 것임을 상징한다. 제사 드리는 자가 자신을 상징하는 제물의 기름을 드림으로서 제사 드리는 자는 자기의 가장 좋은 것을 하나님께 드리는 것을 의미하게 된다. 그리고 콩팥을 하나님께 불살라 드리게 했다. 콩팥은 히브리어 성경에서 "키르야"(כִּלְיָה)이다. 이 "키르야"(כִּלְיָה)를 한글 개역성경은 자주 심장(시 16:7, 73:21)이나 마음(레 12:2, 욥 19:27)으로 번역한다. 이는 구약에서 콩팥은 감정과 생각과 양심이 있는 곳으로 표현되기 때문이다. 그러므로 콩팥을 하나님께 드린다는 것은 가장 깊은 순수한 감정이나 생각을 하나님께 바치는 것을 상징한다.[891] 또한 '그 수소의 고기와 가죽과 똥'을 진밖에 불사르라고 하신다. 이 제사장의 속죄제의 고기를, 다른 일반 평민의 속죄제물과는 다르게 먹지 못하게 하신다. 이것은 레위기 4장의 제사장의 속죄제의 설명에서 좀더 자세히 설명되는데, 제사장의 죄를 전가 받은 제물의 고기는 그 죄가 중하기 때문에 먹지 못하게 하고 진밖에 가져가 태워버리도록 했다. 신약에서도 선생의 죄는 훨씬 큰 심판을 받는다고 야고보서는 가르친다(약 3:1).

---

891) 정규남, *구약신학의 맥*, p. 390.

15절-18절을 보면, 번제를 수양으로 드리라고 하신다. 앞서 29:1에서 위임식을 위해 수양 둘을 준비하라 하셨는데, 그 중에 수양 하나를 잡아 하나님께 번제로 드릴 것을 말씀하신다. 그 번제를 드릴 때 아론과 그 아들들은 그 수양의 머리 위에 안수한다. 아론과 그 아들들이 수양이 머리 위에 안수함으로서 제물로 바쳐진 수양이 자기들을 대신하여 하나님께 바치는 것을 뜻한다(참고, 민 8:10). 그런데 이 번제는 제물이 모두 불로 태워져서 하나님께 바쳐지는데, 이 전체 제물이 바쳐지는 번제물 위에 안수함으로서 아론과 그의 아들들도 자신들의 몸과 마음을 모두 온전히 하나님께 바칠 것을 상징한다고 볼 수 있다.[892] 그리고 수양의 피를 제단 위의 주위에 뿌리는 것은, 앞서 12절에서 비슷한 예(例)에 대해 설명한대로, 제단을 깨끗케 하는 상징적 행동이다. 하나님은 모세에게 수양이 번제이므로 제단 위에서 잘 타지도록 조각내고 그 내장과 다리를 씻고 그 조각낸 고기와 그 머리와 함께 그 수양의 전부를 단위에 불사르라 하신다. 이 단 위에 불살라 바쳐진 번제물이 여호와께 향기로운 냄새가 될 것이다. 여기에서 "향기로운 냄새"가 된다는 것은 여호와께서 그 제물의 고기가 타는 냄새를 좋아하셔서 향기롭다는 뜻은 아니다. 오히려 그 제물을 바치는 자의 회개와 헌신과 결단의 마음에서 그 제물을 드리기 때문에 그 제물의 타는 냄새가 여호와께서 기뻐하시는 냄새이며 여호와께 향기로운 냄새다. 그렇지 않고 제물 자체만 탈 때 그것은 여호와께서 싫어하시고 가증하게 여기는 냄새며 그런 제사를 완강히 거절하신다(참고, 사 1:11-14, 암 5:21-24, 미가 6:6-8).

892) 참고, Gispen, *Bible Student's Commentary, Exodus*, p. 276; Kaiser, Jr., *Exodus, The Expositor's Bible Commentary*, vol.2, p. 470.

구약 성경과는 달리 앗수르의 길가메쉬 서사시를 보면 6일 동안 큰 비가 쏟아지고 7일에 홍수가 멈추었다. 그리고 얼마 지나 주인공 우트나피쉬팀(Utnapishtim)이 신들에게 제사를 드릴 때 홍수동안 제사가 없어 배가 고팠던 신들이 제사 냄새를 맡고 파리 떼처럼 제사에 모여들었다고 한다. 그러나 우리가 믿는 여호와 하나님은 이방 신처럼 우리가 제사지내지 않으면 배고파하는 나약하고 천한 하나님이 아니시다. 여호와 하나님은 말씀하시길, "이는 삼림의 짐승들과 천산의 생축이 다 내 것이며 산의 새들도 나의 아는 것이며 들의 짐승도 내 것임이로다. 내가 가령 주려도 네게 이르지 않을 것은 세계와 거기 충만한 것이 내 것임이로다"로 하신다(시 50:10-13)

19절에서는 여호와께서 모세에게 위임식을 위한 두 마리 수양 가운데(29:1), 남은 한 마리 숫양을 가져와 그 숫양의 머리위에 아론과 그의 아들들이 안수하게 하라 하셨다. 이 숫양을 29:22을 보면 위임식 숫양이라 부른다. 아론과 그의 아들들이 위임식 숫양의 머리 위에 안수하면서 위임 식 제물인 숫양과 자기들을 동일시하며 자신들도 하나님께 바쳐진 헌신의 제사장들이 되도록 간구하며 하나님의 자비를 구하는 것이다.

20절에 보면, 숫양을 죽여서 그 피를 아론의 오른 귓부리와 그 아들들의 오른 귓부리에 바르고, 그들의 오른손 엄지와, 그들의 오른발 엄지에 바르라 하신다. 이렇게 위임식 숫양의 피를 제사장들의 귀를 대표하는 오른 귓부리(귓 볼의 끝), 손을 대표하는 오른손 엄지, 발을 대표하는 오른 발 엄지에 피를 발라 그들의 온 몸에 피를 바르는 것을 의미했다.[893] 이렇게 피를 바르므로 제사장들의 온 몸이 깨끗해지고

---

893) 박윤선, *성경주석, 출애굽기*, p. 211.

여호와께 바침을 나타낸다. 레위기에 보면, 한 문둥 환자가 나았으면, 그를 위해 제사장이 정결의식을 행하는데, 속건제물로 드려진 숫양의 피를 가져다가 그 정결함을 받을 자의 오른 귓부리와 오른 손 엄지가락과 오른 발 엄지가락에 바르게 했고 기름도 가져다가 오른 귓부리와 오른 손 엄지가락과 오른 발 엄지가락에 발랐다(레 14: 12-17). 이렇게 행하므로 문둥병 환자가 그 병으로부터 깨끗해 져서 하나님과 새롭게 교제하게 되었음을 나타냈다.[894] 제사장으로 위임받는 아론과 그의 아들들도 오른 귓부리와 오른 손 엄지가락과 오른 발 엄지가락에 피를 발라 깨끗해지므로 이제 하나님의 사람들이 되었고 이스라엘 가운데 하나님의 특별한 임무를 위임받은 자가 되었음을 나타낸다. 그런데 특히 귀와 손과 발이 여기서 언급된 것은 귀는 제사장이 항상 하나님의 말씀과 계명들을 들어야하고, 손은 제사장이 자신의 임무를 바르게 수행해야 하며, 발은 제사장이 성소에서 올바르게 걸어야 하기 때문이라고 카일과 델리취(Keil and Delitzsch)는 말한다.[895] 이렇게 제사장의 세 기관에 제사의 피를 발라 속죄되고 여호와께 바쳐져서 여호와를 위해 일하게 하는 것이다. 사사기에 보면, 엄지손가락과 큰 발가락을 잃은 것은 무력과 쓸모없게 됨을 나타내듯이(삿1:6), 엄지 손가락과 큰 발가락을 여호와께 바친다는 것은 제사장들이 그들의 모든 힘을 여호와께 바친 것을 뜻한다.[896]

21절에 보면, 제사장들의 성결은 제단위의 피와 붓는 기름인 관유

---

894) Gordon J. Wenham, *The Book of Leviticus* (Grand Rapids: Eerdmans, 1979), p. 143.

895) Keil and Delitzsch, *Biblical Commentary on the Old Testament*, vol. 2, *The Pentateuch*, p. 339.

896) 참고, Cole, *Exodus, An Introduction and Commentary*, p. 204.

를 가지고 아론과 그의 옷과 그 아들들과 그 아들들의 옷에 뿌림으로 완성된다. 이렇게 뿌려진 제단위의 피는, 카일과 델리취(Keil and Delitzsch)에 의하면, 영혼이 속죄에 의해 하나님과 연합되고 은혜의 능력으로 충만하게 된 것을 나타내며, 거룩한 붓는 기름의 관유는 하나님의 영(靈)인 성령을 상징한다. 따라서 붓는 기름인 관유의 기름을 뿌림을 통해 제사장들은 영과 혼(soul and spirit) 모두 신적인 삶의 보다 높은 능력들을 부여 받았음을 낸다는 것이다.[897]

22-25절에서는 제사장들로 위임받는 아론과 그의 아들들을 위해 여호와께 단위에서 태워드릴 화제의 제물들을 언급한다: (1) 위임식 수양의 다음 부위를 화제로 드리라 하신다. ① 기름, ② 기름진 꼬리, ③ 내장에 덮인 기름, ④ 간 위의 꺼풀, ⑤ 두 콩팥, ⑥ 콩팥들 위의 기름, ⑦ 우편 넓적다리. 위의 화제의 부위 가운데 기름은 동물의 힘을 공급하는 원천으로서 동물의 아주 중요한 부위인데 이를 하나님께 화제로 드리라 하시며, 기름진 꼬리는 근동지역의 사람들에게 특별히 맛있는 부분으로 간주되었는데 이것을 또 하나님께 드리라 하셨다.[898] 콩팥은 피를 걸러내는 작용을 하며, 고대 근동에서는 감정과 생각과 양심이 있는 부위로 생각되었다. 한글 개역성경은 콩팥을 '마음' (렘 12:2; 욥 19:27)이나 '심장' (시 16:7; 73:21)으로 자주 번역한다. 왜냐하면 문맥에서 문자대로 콩팥으로 번역하면 현대 독자들에게 잘 이해가 안 되고 마음이나 심장이 생각하고 감정을 느끼는 기관으로

---

897) Keil and Delitzsch, *Biblical Commentary on the Old Testament*, vol. 2, *The Pentateuch*, p. 340.

898) A. Noordtzij, *Bible Student's Commentary, Leviticus*, trans. by Raymond Togtman(Grand Rapids: Zondervan Publishing House, 1982), p. 51.

이해되고 있기 때문이다. 그러므로 콩팥을 하나님께 드리라는 것은 가장 깊은 순수한 감정이나 생각을 하나님께 바치는 것을 의미하는 것이라 할 수 있다.[899] 우편 넓적다리는 일반 화목제 때에는 당일 그 화목제를 집행한 제사장에 주어졌는데(레 7:32), 위임식 화목제에서는 하나님께 드리게 했다. 우편 뒷다리는 동물제물에서 제일 살찌고 맛있는 부분 가운데 한 부위였다. 그리하여 식탁에서 집안의 어른이나 가장 존경하는 손님 앞에 놓여졌다(참고, 삼상 9:24).[900] 23절에 보면, 무교병(누룩 넣지 않은 떡) 광주리에서, ① 떡 한 덩어리, ② 기름 바른 과자 하나, ③ 전병 하나 (얇게 구운 빈대떡 같은 부침개)를 취하여, 기름과 우편 뒷다리 위에 놓는다(참고, 레 8:26).

24절에 의하면, 이것들 전부를 아론의 손과 그 아들들의 손에 두어 여호와 앞에 흔들어 요제로 드리라 하신다. 여기 "요제"의 '요' 자는 한문으로 흔들 요(搖)자이다. 그러므로 하나님께 흔들어 바치는 제사를 가리키는데, 제물을 흔들 때 양 옆으로 흔들지 않고, 제단을 향해서 앞뒤로 흔든 제사이다. 이는 제물이 하나님께 주어졌고 그리고 나서 하나님은 다시 그 제물들을 제사장에게 되돌려 주는 사실을 나타낸다.

25절을 보면, 모세가 그 제물들을 받아 제단 위에서 "번제물을 더하여" 불살라 여호와께 바치라 하신다. 여기서 "번제물을 더하여"란 문구는 18절에서 여호와께 불살라 바쳐졌다고 언급된 그 번제물에 더하여 또 불사라 드리라는 말씀이다.[901] 이 의미가 전치사 알(עַל)이 "…에 더하여 또"란 뜻을 나타냄을 생각할 때 분명하다.

899) 정규남, *구약신학의 맥*, p. 390.

900) 참고, 상게서, p. 90.

901) Gispen, *Bible Student's Commentary, Exodus*, p. 277

그리고 그 제단 위에 태워드린 제물들은 "여호와 앞에 향기로운 냄새"가 될 것이라 하신다. 이렇게 제물을 하나님께 바쳐서 태울 때 그것이 여호와께 향기로운 냄새가 된다는 것은, 이미 앞서 18절을 주석할 때 지적했듯이, 제물의 고기가 타는 냄새를 하나님께서 좋아하시는 것을 나타낸다고 생각해서는 안 된다. 그런 이해는 성경적인 의미와는 다르다. 예로서, 이사야 1장에서 회개함이 없이 무수한 제물을 가져와 바치는 사람들에게 하나님은 "나는 수양의 번제와 살진 짐승의 기름에 배불렀고 나는 수송아지나 어린 양이나 수 염소의 피를 기뻐하지 아니하노라"(11절)고 말씀하시며, "헛된 제물을 다시 가져오지 말라"고 하신다(13절). 이러한 제물을 가져오는 "월삭과 정한 절기를" 싫어하시며 "그것이 내게 무거운 짐"이며 "내가 지기에 곤비하였느니라"고(14절) 진노하시는 말씀을 하신다(참고, 시 50:7-13). 그러므로 하나님께 제물을 바쳐서 태울 때 그것이 여호와께 향기로운 냄새가 된다는 것은 제물을 바치는 자가 회개하고 하나님께 헌신을 다짐하면서 드림으로써 그런 제물이 하나님이 기뻐하시는 향기로운 제물이 된다는 뜻이다.

26절에 의하면, 모세는 돌려받은 제물들 가운데 수양의 가슴을 제하고는 모두 제단 위에서 태워 드리고,[902] 그 남겨진 수양의 가슴을 흔들어 여호와께 요제로 드린 후에 위임식에서 제사장의 역할을 한 모세가 그 가슴 부위를 그의 몫으로 취하게 하셨다. 27절은 히브리어 본문의 한글 개역성경 번역이 정확치 못하다. 다시 번역하면 "너는 아론과 그 아들들의 위임식 수양의 부분들 가운데 그 흔든 요제물의

902) Kaiser Jr., *Exodus, The Expositor's Bible Commentary*, vol.2, p. 470; Gispen, *Bible Student's Commentary, Exodus*, p. 277.

가슴과 그 들어올린 거제물의 넓적다리를 거룩하게 하라" 이다. 이 27절의 히브리어 본문의 뜻을 보면, 넓적다리를 거제로 하나님께 드렸음을 나타낸다. 그러나 이 사실이 앞서 22-25절에서 설명되지 않았다. 아마 넓적다리는 여호와께 들어 올린 후 불에 타게 했던 것처럼 보인다. 28절은 모세가 가졌던 수양의 가슴과 여호와께 거제로 올려 드린 후 불살라 바친 넓적다리가 앞으로 이스라엘 백성이 가져온 화목제에 있어서는 아론과 그 자손에게 돌려질 것을 말씀한다.

4. 설교 및 교훈 자료

1) 10-14절: 속죄제사가 주는 교훈

위임식의 속죄제사가 가르쳐 주는 것은 사람이 하나님 여호와께 쓰임받기 위해서는 먼저 죄의 문제가 해결되어야 함을 보여준다. 제사장도 제사장의 일을 하기 위해서는 자신의 죄가 용서되어야 한다. 그리하여 하나님께 속죄 제물을 드리며 그 속죄 제물의 머리에 아론과 그의 아들들이 안수하여 그들의 죄가 그 속죄 제물로 옮겨가게 했다. 그리고 그 속죄 제물을 죽여 제물이 되게 했다. 죄의 삯은 사망이기 때문이다. 우리가 우리의 죄 값으로 우리가 죽어야 하는데, 어린양 되신 예수님이 우리의 죄를 대신 지고 십자가에 위에서 속죄 제물로 죽으셨다. 히브리서 저자는 말하기를,

"염소와 송아지의 피로 아니 하고 오직 자기 피로 영원한 속죄를 이루사 단번에 성소에 들어 가셨느니라. …영원하신 성령으로 말미암아 흠 없는 자기를 하나님께 드린 그리스도의 피가 어찌 너희 양심으로 죽은 행실에서 깨끗하게 하고 살아계신 하나님을 섬기게 못하겠느뇨" 라고 한다(히 10:12-14).

예수님은 우리의 모든 죄가 용서받도록 흠 없고 깨끗하신 자기 자신이 우리의 죄 값을 대신 치루 시기 위해 십자가위에서 죄인처럼 못 박혀 돌아 가셨다. 이런 예수님의 대속의 사랑에 감사하며, 마틴 루터는 "내가 받아야 할 벌을 주님이 받으시고 주님의 영광은 내가 받았다. 주님은 주님 아닌 죄인이 되고 나는 나 아닌 의인이 되었다" 고 말한다.[903]

2) 20-21절: 신체에 피를 바르는 의미

오른 귓부리, 오른 손 엄지, 오른 발 엄지에 제물의 피를 바르는 것은 이제 아론과 그의 아들들이 전적으로 하나님께 헌신하여 매일 하나님의 말씀을 듣고, 행동하고, 걸을 것을 뜻한다. 첫째, 오른 귓부리에 피를 바른 것은 제사장의 귀를 거룩하게 하여 하나님께 헌신 하게 하려는 것이다. 제사장은 하나님의 말씀을 잘 듣고 하나님께 충성해야 한다. 하나님의 말씀을 들으려 하지 않고 하나님의 말씀을 거역하는 사람은 하나님의 종이 될 수 없다. 예레미야 선지자는 이스라엘 사람들이 여호와의 말씀을 자기들에게 욕으로 여기고 즐겨 아니할 때, 여호와께서는 분노하시고 그들을 전쟁이나 어떤 방법으로 포로로 잡혀가며 엎드려지며 거꾸러지게 할 것이라 말씀한다(6:9-15).

오른 손 엄지에 피를 바른 것도 제사장의 손이 거룩하여 하나님께 헌신케 하려는 것이다. 오른 손은 힘을 상징한다. 이 오른 손에서 엄지가락은 대단히 중요하여, 전쟁에서 싸우고 힘을 쓰는데 절대적으로 필요하다. 이 손에서 가장 중요한 오른 손 엄지에 손 전체를 대표하여 피를 바름으로서, 제사장은 자기 손으로 하나님의 일을 충성스럽게 열심히 희생적으로 일해야 할 것을 나타낸다.

---

903) 루터의 말은 다음 책에서 간접 인용함, 이용걸, *출애굽기 강해* (하), p. 252.

오른발 엄지에 피를 바른 것도 제사장의 발이 정결하여 거룩하므로 하나님께 헌신케 하려는 것이다. 발 중에 오른 발 엄지발가락이 가장 힘이 있고 잘 걷는데 중요하다. 여기서도 오른 발 엄지에 발전체를 대표하여 피를 바름으로서 제사장의 발이 성소 안에서나 성소 뜰에서 열심히 다니며 하나님의 일을 헌신적으로 행하고 하나님이 원하시지 않는 곳에는 가지 않고 깨끗하고 거룩한 곳에 다니며 하나님께 충성할 것을 가르쳐 준다.

[29절-30절]

아론을 계승할 자들에 대한 규례

29. 아론의 성의는 아론의 후에 그 아들들에게 돌릴찌니 그들이 그것을 입고 기름 부음으로 위임을 받을 것이며. 30. 그를 이어 제사장이 되는 아들이 회막에 들어가서 성소에서 섬길 때에는 칠일 동안 그것을 입을찌니라.

1. 주석

29절에서 아론의 성의는 대제사장의 예복을 말한다. ① 속옷, ② 에봇 받침 겉옷, ③ 에봇, ④ 흉패, ⑤ 띠, ⑥ 머리의 관, ⑦ "여호와께 성결" 이라 쓰여진 성패(29:5-6; 참고, 28:36). 이 대제사장의 예복을 아론이 대제사장의 직무를 더 이상 하지 못하게 되었을 때, 아론의 직무를 승계하는 아들이 그 예복을 입고 기름부음을 받아 위임을 받으라는 것이다. 이스라엘이 이집트를 떠난 후 광야에서 아론이 죽을 때가 되자 여호와의 지시에 따라 모세는 아론과 그의 아들 엘르아살을 데리고 호르산에 올라 아론의 옷을 벗겨 그 옷을 엘르아살에게 입혔다. 그리고 아론은 호르산 꼭대기에서 죽었다(민 20:22-29).

30절에서는 아론을 이어 대제사장이 된 아들은 성소에서 섬길 때 7일 동안 성의를 입으라 했다. 즉 위임식의 기간이 7일 동안 될 것을 뜻한다. 바로 이 기간이 29장의 뒷 부분에서 계속되는 아론의 위임식 설명에서도 언급된다(출 29:35, 37).

[31절-37절]

위임식 7일 기간동안의 제물들과 속죄제의 규례

31.너는 위임식 수양을 취하여 거룩한 곳에서 그 고기를 삶고, 32.아론과 그 아들들이 회막문에서 그 수양의 고기와 광주리에 있는떡을 먹을찌라. 33.속죄물[1] 곧 그들을 위임하며 그들을 거룩하게 하는데 쓰는것은 그들은 먹되 타인은 먹지 못할찌니[2] 이는 성물이 됨이며, 34.위임식 고기나 떡이 아침까지 남았으면 그것을 불에 사를지니 이는 거룩한즉 먹지 못할찌니라. 35.너는 내가 무릇 네게 명한대로 아론과 그 아들들에게 그같이 하 여 칠일동안 위임식을 행하되, 36.매일 수송아지 하나로 속죄하기 위하여 속죄제를 드리며 또 단을 위하여 속죄하여 깨끗케 하고 그것에 기름을 부어 거룩하게 하라. 37.네가 칠일 동안 단을 위하여 속죄하여 거룩하게 하라 그리하면 지극히 거룩한 단이 되리니 무릇 단에 접촉하는 것이 거룩하리라.

1. 본문의 원전 설명

33절: 1 "속죄물." 히브리어 맛소라 성경은 "속죄물"이라 되어 있지 않고, 대명사 '그들'(them)로만 되어 있다.

33절: 2 "먹지 못할찌니." 여기서 히브리어 맛소라 성경은 한글 개역 성경처럼 "먹지 못할찌니"란 동사의 목적어가 없이 문맥에서 목적어가 이해되게 했으나, 헬라어 70인역은 "그들로부터"(ἀπ' αὐτῶν)란 부사구가 들어 있다.

2. 본문 내용 개요

위임식 수양의 고기와 광주리에 있는 떡을 처리하는 방법과 위임식 기간인 7일 동안 매일 수송아지 하나씩 속죄제를 드리게 함

3. 주석

31-32절에서 "거룩한 곳"은 기스펜(Gispen)에 의하면 성막 뜰을 가리키지만, 제사장의 위임식을 설명하는 또 다른 기록인 레위기 8장을 보면 "회막 문"이다(레 8:31). 이 회막 문에서 위임식 수양의 가슴과 넓적다리의 고기들을 삶아 요리하여, 거기에서 그 고기들과 광주리에 있는 떡을 먹으라 하신다.

33절의 "속죄물"은 "속죄 제사의 제물"의 "속죄물"이 아니다. 이미 14-17절에서 속죄제사는 수송아지로 드리게 하고 그 기름과 콩팥 등은 제단위에서 불사르고 그 가죽과 고기와 똥은 진(陳)밖에 서 불사르게 했다. 그러므로 속죄제사의 고기는 먹지 못하게 했다. 여기 33절에서 말한 "속제물"은 31절과 연결하여 이야기 되는 숫양으로 드리는 위임식의 화목제사의 제물을 뜻한 것으로 이해된다. 그리고 히브리어 맛소라 성경에서는 "속죄물"이란 단어가 사용되지 않았다. 한글 개역성경이 번역과정에서 "속죄물 '이란 단어를 사용하지만 히브리어 원문대로 번역하면, "그들은 자신들을 거룩하게 하여 자신들을 위임하는데 속죄를 받게 한 것들을 먹으라 …."이다. 이것을 히브리어 맛소라 성경의 내용으로 보면, 위임식 숫양의 화목제의 제물도, 레위기 1장에서 번제가 속죄의 기능을 가진 것을 말하듯이(레 1:4), 속죄의 기능을 가졌음을 보여준다.[904] 이 위임식 숫양의 화목제물을 33절

에서 타인은 먹지 못하게 했는데, 이 타인은 "허락받지 않은 사람"을 뜻하는데, 아마 여기서는 제사장이 아닌 사람을 가리킨 것으로 이해된다[기스펜(Gispen), p. 278].

34절에서 위임식 고기나 떡이 다음날 아침까지 남을 때 불에 사르게 한 것은 무슨 이유인가?

1) 제물이 남아 부정한 자들이 먹어(가난한 사람을 불러 먹게 하여) 제물의 거룩성을 훼손하게 하는 일이 없도록 하기 위해서이다[Keil and Delitzsch, *The Third Book of Moses* (Leviticus), p. 325]. 위임식 제물이 거룩하므로 깨끗지 않은 자들은 먹지 못하게 했다. 깨끗지 않은 자가 거룩한 성물을 먹는 것은 여호와의 성물을 더럽히는 행위이다(레 19:8).

2) 제물을 먹도록 허락되지 않은 자들이 먹게 되는 일이 없도록 하기 위해서다(Gispen, *Bible Student's Commentary, Exodus*, p. 278).

35-37절에는 대제사장의 위임식을 철저하게 하고 거룩하게 하기 위해 7일, 곧 완전수인 7 일 동안 행하게 했다. 36절에 의하면, 위임식 기간동안 매일 수송아지 한 마리를 속죄 제물로 드리라 하고, 단을 위해 속죄하는 의식을 행하여 깨끗하게 하며 기름을 부어 거룩하게 하라 하신다. 이 단을 위한 속죄제 의식은 이미 29:10-14에서 수송아지를 잡아 그 피를 모세가 그의 손가락으로 단 뿔들에 바르고 그 피를 전부 단 밑에 쏟으라고 하셨다. 이런 속죄제 이외에 단에 기름을 부어 거룩하게 하라 하신다.

37절에 따르면, 단을 위해 속죄하여 거룩하게 하는 의식은 처음 한

---

904) Keil and Delitzsche, *Biblical Commentary on the Old Testament*, vol. 2, *The Pentateuch*, p. 343.

번만 하는 것이 아니라 7일 동안 매일 행하라고 말씀한 것으로 보인다.[905] 그렇게 할 때 단은 지극히 거룩하여 단에 닿는 것은 무엇이나 거룩하게 될 것이라 한다(참고, 출 30:29; 마 23:19). 박윤선 박사는 "제단이 인격이 아니고 물체인데, 그것을 위하여 '속죄' 제를 드린다는 것은 무의미한 듯이 생각되나, 그런 것이 아니다. 인류가 범죄 하므로 만물까지 저주를 받았으니, 그것들도 예수 그리스도의 피로 구속(救贖)된다는 사상이 성경 다른 데도 있다(골 1:20)" 고 말한다.[906]

4. 설교 및 교훈 자료

31-37절: 친교의 교훈

위임식 수양의 제물을 아론과 그의 아들들이 먹는 것은 속죄제를 드리고 죄 용서를 받은 후 하나님과의 교제가 회복되고 행복한 친교를 하는 것을 상징한다. 죄 용서함 받은 자들이 하나님의 은혜를 기쁨으로 누리는 것을 보여준다. 그리고 하나님은 제사장들로 부른 그들만이 위임식 수양의 고기를 먹게 하시므로 성막 일에 헌신하는 그들의 먹을 양식도 하나님께서 온전히 책임져 주실 것을 상징적으로 보여준다.

[38절-46절]

매일 드리는 제사에 대한 규례

38.네가 단 위에 드릴 것은 이러하니라 매일 일년 된 어린 양 두 마리니, 39.한 어린 양은 아침에 드리고 한 어린 양은 저녁 때에[1] 드릴지며, 40.한 어린 양에 고운 밀가루 에바 십분 일과 찧은 기름 힌의 사분 일을 더하고 또 전제로 포도주 힌의 사분 일을 더할지며, 41.한 어린 양은 저녁때에

---

905) Gispen, *Bible Student's Commentary, Exodus*, pp. 278f.

906) 박윤선, *성경주석, 출애굽기*, p. 216.

드리되 아침과 일반으로 소제와 전제를 그것과 함께 드려 향기로운 냄새가 되게 하여 여호와께 화제를 삼을지니, 42.이는 너희가[2] 대대로 여호와 앞 회막 문에서 늘 드릴 번제라 내가 거기서 너희와 만나고 네게 말하리라. 43.내가 거기서 이스라엘 자손을 만나리니[3] 내 영광을 인하여 회막이 거룩하게 될지라. 44.내가 그 회막과 단을 거룩하게 하며 아론과 그 아들들도 거룩하게 하여 내게 제사장 직분을 행하게 하며, 45.내가 이스라엘 자손 중에 거하여 그들의 하나님이 되리니, 46.그들은 내가 그들의 하나님 여호와로서 그들 중에 거하려고 그들을 애굽 땅에서 인도하여 낸 줄을 알리라. 나는 그들의 하나님 여호와니라.

1. 본문의 원전 설명

39절: [1] "저녁때에." 이 문구가 히브리어 원문 맛소라 성경에서는 "저녁들 사이에"로 되어 있다.

42절: [2] "너희가." 이 이인칭 복수 "너희"가 헬라어 70인역에서는 이인칭 단수 "너"가로 되어 있다.

43절: [3] "내가 거기서 이스라엘 자손을 만나리니." 이 구절이 사마리아 오경에서는 "내가 거기서 이스라엘 자손에게 찾아지리니"로 되어있고, 헬라어 70인역에서는 "내가 거기서 이스라엘 자손에게 명령하리니"로 되어있다.

2. 본문 내용 개요

모세와 그를 뒤이어 아론과 그의 아들들 같은 제사장들이 매일 아침 저녁으로 단 위에 드릴 제물을 말씀하신다.

3. 주석

38-39절은 단 위에 드릴 제물에 대해서 말씀하신다. 매일 일년 된 양 두 마리를 단 위에 드리라 하신다. 한 어린양은 아침에, 다른 한 어린양은 저녁에 드린다.

39절에서 말한 "저녁때에"는 앞서 본문의 원전 설명에서 언급한대로, 히브리어 원문 맛소라 성경에 따르면, "저녁들 사이에"로 되어 있다. 이 문구는, 이미 출애굽기 12:6에서 그 의미를 자세히 논한 것처럼, 그 뜻이 무엇인지 일치된 의견은 없다. 전통적 유대인 견해에 따르면, 해가 지기 시작했을 때를 가리키는데 여기서 첫째 저녁은 정오 이후 곧 시작하고 둘째 저녁은 일몰(日沒) 곧 해가 졌을 때를 가리킨다.[907] 한편 다른 견해는 첫째 저녁은 일몰(日沒)때 이며, 둘째 저녁은 캄캄해 졌을 때를 가리킨다고 이해한다.[908]

40절에 의하면, 아침과 저녁에 드리는 양 한 마리와 같이 드릴 세 가지 제물은 다음과 같다.

1) 고운 밀가루 에바 십분의 일. 1 에바는 22 리터(litre)로서 4 갈론(gallon) 이다.

2) 찧은 기름 힌의 1/4, 1 힌(Hin)은 3.66 리터(litre)이다.

3) 제단에 부어드린 술인 전제는 포도주 힌의 1/4.

41-43절을 보면, 저녁에도 아침과 같이 어린 양 한 마리를 드리고 소제와 전제를 앞서 40절에서 말한 것처럼 드리라 하신다. 이 제물들을 하나님께 불로 태워 화제(火祭)로 드려 하나님께 "향기로운 냄새"가 되게 하라고 하신다. 이 향기로운 냄새는 제물의 타는 냄새를 하나님께서 좋아하시고 기뻐하신다는 의미가 아님을 앞서 25절 주석에서

---

907) Gispen, *Bible Student's Commentary, Exodus*, p. 117.

908) Cole, *Exodus, An Introduction and Commentary*, p. 106; Durham, *Exodus, Word Biblical Commentary*, vol. 3,, p. 154.

설명했다. 42절에서 번제를 회막 문에서 드리라 하는데, 이는 성막의 문 앞에 있는 제단위에 드리란 말씀이다.[909] 여호와는 거기서 제사장들과 이스라엘 백성을 만나 말씀하실 것이라고 하신다. 이렇게 만나 주신다는 것은 이스라엘이 하나님께 제물을 드릴 때 그들의 간구에 응답하며 복 주실 것을 의미한다.[910]

43절은 하나님께서 그들을 제물 드리는 곳에서 만나 주심으로 거룩하게 될 것이라 한다. 여기서 거룩하게 되는 것이 무엇인지 본문에서 분명치 않다. 기스펜(Gispen)과 카이저(Kaiser, Jr.)는 거룩하게 되는 것이 하나님과 이스라엘이 만나는 장소를 가리킬 수 있다. 그러나 그 장소 보다는, 이스라엘 백성이 거룩하게 되는 것으로 보는 것이 더 바른 이해로 생각된다. 그 이유는 하나님과 이스라엘의 교제가 죄 용서에 근거하여 되어지기 때문이다.[911] 44절은 앞절들(36, 37절 등)이 지시한대로 속제제물을 드리고 기름을 발라 회막과 단을 거룩하게 하고 위임식을 통해 제사장들을 거룩하게 한 후, 여호와 하나님은 그 제사장들이 제사장 직분을 하게 하실 것이라 하신다. 이런 후에 여호와는 이스라엘 자손들 가운데 거하시고 그들의 하나님이 되실 것이라 말씀하신다(45절). 이것은 여호와께서 그들을 단순히 만나 주심보다 더 큰 복이다. 여호와께서 그들 가운데 거하시므로 그들의 필요를 채워주시고, 그들을 인도하시며, 지켜주실 것을 뜻하시고 있다. 46절에서 여호와께서 분명히 밝히시기를 이스라엘 자손들을 이집트로부터 구원시킨 여호와의 목적이 그들의 하나님인 여호와가 그들 가운데 거하시기 위해서였다고 하신다. 여기에서 여호와 하나님이 이스

910) 박윤선, *성경주석, 출애굽기*, p. 216.

911) Gispen, *Bible Student's Commentary, Exodus*, p. 280; Kaiser, Jr., *Exodus, The Expositor's Bible Commentary*, vol. 2, p. 471.

라엘 자손들을 향한 특별한 사랑과 은혜를 볼 수 있다. 여호와께서 이스라엘 자손들 가운데 거하심으로 이스라엘 자손들은 여호와께서 참으로 그들의 하나님이심을 깨닫게 될 것이라 하신다.

4. 설교 및 교훈 자료

38-46절: 아침과 저녁에 드리는 제사

1) 여호와는 아침과 저녁에 하루 두 번 시간을 정하여 하나님께 제사 드리며 하나님과 교제하도록 모세에게 지시 하셨다. 아침에 드리는 번제는 간밤에 지은 죄를 회개하고, 시작하는 하루를 하나님의 영광을 위해 살겠다고 다짐하는 시간이다. 저녁에 드리는 번제는 하루 동안 지은 죄를 회개하며, 한편 하루 동안 하나님이 베풀어 주신 은혜에 감사를 드리는 시간이다.[912] 오늘을 사는 믿음의 사람들도 시간이 나면 하나님께 기도 하는 것이 아니라, 하루에 두 번씩 하나님께 기도 시간을 정하여 하나님과 교제하며 생활할 때 거룩한 성도의 삶을 사는 지혜로운 방법이 될 것이다.

2) 우리가 하나님께 쓰임 받기 위해서는 죄용서 함을 받고 깨끗한 거룩한 사람이 되어야 함을 가르쳐 준다. 여호와는 "아론과 그 아들들도 거룩하게 하여 내게 제사장 직분을 행하게" 할 것이라 말씀하신다(44절). 사도 바울은 "그러므로 누구든지 이런 것에서 자기를 깨끗하게 하면 귀히 쓰는 그릇이 되어 거룩하고 주인의 쓰심에 합당하며 모든 선한 일에 예비함이 되리라." 고 말씀한다(딤후 2:21).

---

912) 참고, 이용걸, *출애굽기 강해(하)*, p. 258f.

[출애굽기 30장]

[1절-5절]

향단을 만드는 법

1.너는 분향할 단을 만들지니 곧 조각목으로 만들되, 2.장이 일 규빗, 광이 일 규빗으로 네모 반듯하게 하고 고는 이 규빗으로 하며 그 뿔을 그것과 연하게 하고, 3.단 상면과 전후 좌우면과 뿔을 정금으로 싸고 주위에 금테를 두를지며, 4.금테 아래 양편에 금고리 둘을 만들되 곧 그 양편에 만들지니 이는[1] 단을 메는 채를 뀔 곳이며, 5.그 채를 조각목으로 만들고 금으로 싸고.

1. 본문의 원전 설명

4절: 1 "이는 …곳이며." 이문장이 히브리어 원문 맛소라 성경에서는 단수 동사로 시작되었으나, 사마리아 오경이나 헬라어 70인역에서는 복수 동사로 시작된다. 곧, "이들은 …곳 들이다".

2. 본문 내용 개요

조각목 곧 쉿딤나무(아카시아 나무의 일종)로 한 면이 일 규빗 되는 네모반듯한 분향 단을 만들게 함.

3. 주석

1-2절에서는 분향단의 규격을 말씀하신다. 분향 단은 가로와 세로가 각각 1 규빗(약 45cm)의 향단(香壇)을 조각목, 보다 정확히 히브리

어 원문대로 말하면 쉿팀나무(아카시아 나무의 일종)로 만들라고 하신다. 그리고 이 향단의 높이는 2 규빗(약 90cm)이며, 향단(香壇) 뿔을 향단과 연하여 만들라고 한다. 곧, 향단과 뿔이 서로 한 몸체가 되게 만들라는 것이다.

3절을 보면, 향단의 윗면과 앞과 뒷면 그리고 좌 우면과(네 모퉁이에 있는) 뿔을 순금으로 싸라고 한다. 그리고 정사각형인 향단(香壇) 주위를 금테로 두르라고 한다. 법궤나 떡 상의 장식과 비슷하다. 향단(香壇)을 금으로 싸고 금테를 두르게 하는 것은 향단(香壇)이 상징하는 기도를 금처럼 귀하게 혹은 금보다 더 귀하게 여기신 것을 뜻하는 것으로 이해된다.

4-5절은 분향(焚香)할 단의 주위를 금테로 두르고, 그 금테 양편에 금 고리 둘을 만들라 하신다. 그런데 분향(焚香)할 단이 정사각형이므로 어느 양편인지 확실하지 않지만, 아마 성막을 들어간 사람의 오른편과 왼편을 가리킨 것으로 생각된다. 이 오른편과 왼편에 만들어진 고리는 분향(焚香)할 단을 운반하는데 사용되는 채를 꿰어 놓는 고리이다. 여기서 분향(焚香)할 단은 운반할 수 있게 만들어진 것임을 보여준다.

30장 3절-5절에서 "금"이란 말이 네 번이나 나온다. 분향(焚香)할 단을 금테, 금고리, 금으로 씌운 향단 상면과 전후좌우 면과 뿔, 금으로 씌운 채의 구조로 만들어 귀하고 중요하게 여기는 것을 보여 준다. 이것은 향단(香壇)의 향이 성도의 기도를 상징하므로 하나님께서 기도를 귀하고 소중히 여기심을 가르쳐 준다. 계시록 5:8에 의하면, "…네 생물과 이십 사 장로들이 어린양 앞에 엎드려 각각 거문고와 향이 가득한 금 대접을 가졌으니 이 향은 성도의 기도들이라." 고 말한다.

[6절-10절]

향단의 위치와 분향하는 법

6.그 단을 증거궤 위 속죄소 맞은편[1] 곧 증거궤 앞에 있는 장 밖에 두라 그 속죄소는 내가 너와 만날 곳이며, 7.아론이 아침마다 그 위에 향기로운 향을 사르되 등불을 정리할 때에 사를지며, 8.또 저녁때 등불을 켤때에 사를지니 이향은 너희가 대대로 여호와 앞에 끊지 못할지며, 9.너희는 그 위에 다른 향을 사르지 말며 번제나 소제를 드리지 말며 전제의 술을 붓지 말며, 10.아론이 일년 일차씩 이 향단 뿔을 위하여 속죄하되 속죄제의 피로 일년 일차씩 대대로 속죄할지니라 이 단은 여호와께 지극히 거룩하니라.

1. 본문의 원전 설명

6절: 1 "증거궤 위 속죄소 맞은편." 이 문구가 사마리아 오경과 헬라어 70인역에서는 빠져있다.

2. 본문 내용 개요

향단(香壇)을 놓을 곳, 향을 피우는 때, 향을 피울 때에 주의 할 사항, 그리고 일년 일차씩 향단 뿔을 위해 속죄할 것을 말씀함.

3. 주석

6절에서 향단을 놓을 곳을 지정해 주신다. 향단은 속죄소(법궤위에 놓인 금으로 만든판) 맞은편 증거궤 앞에 있는 휘장밖에, 즉 성소에 두게 했다. 향단을 하나님의 보좌인 속죄소 가까이에 두신 것은 그만큼 성도의 기도는 하나님의 사랑을 받고 하나님께 가까이 있음을 상징적으로 나타낸다(박윤선, *성경주석, 출애굽기*, p. 220). 그리고 속죄소는 하나님께서 모세와 만날 곳이라고 말씀한다. 이는 이미 출애굽기 25:22에서 언급하신 내용이다. 하나님은 그의 성막에 계속해서 임재하시며, 그의 백성 가운데서 역사하신다. 그런데 특별히 하나님께서 모세와 만나고 그의 백성을 위해 명령하실 곳이 속죄소라고 하신다. 여기서 속죄소는 하나님께서 지상에 오셔서 사역하시는 중심 센터로 보여주신다. 한편 속죄소 아래에 있는 법궤를 하나님의 발등상이라 불리기도 한다(대상 28:2, 시 99:5, 애가 2:1).

7-8절에서는 불을 대대로 끊이지 않게 하라고 한다. 박윤선 박사는 아침과 저녁에 향을 향단에서 살라서 향불이 꺼지지 않게 한 것은 기도를 항상 계속해야 될 것을 보여 주고, 향을 사르면서 동시에 등대를 살펴서 등불을 켠 것은 하나님의 말씀 빛이 기도와 동반되어야 할 것을 보여준다고 영적인 해석을 한다. 왜냐하면 하나님의 말씀에서 이탈된 기도는 미신(迷信)으로 기울여 지기 때문이라고 말한다(박윤선, *성경주석, 출애굽기*, pp. 218f.). 한편 유대인 주석가인 카쑤토(Cassuto)는 등불 정리와 향을 사르는 일을 동시에 하게 하는 실제적 목적이 등불을 켤 때와 끌 때에 생기는 나쁜 냄새를 향을 살라서 없애기 위해서라고 한다.[913]

9-10절에서 "다른 향"이란 여호와가 명하시지 않은 향으로써, 여호와가 지시한 내용에 따라 만들어지지 않은 향을 가리킨다. 여호와께서 향단 위에 사를 향을 어떻게 만들 것인가를 30:34-36에서 설명해 주신다. 이 향단 위에 번제나, 소제를 드리지 말고 그리고 전제(drink-offering)를 붓지 말라고 하신다. 향단은 단지 향을 사르는 데에 사용

913) Cassuto, *A Commentary on the Book of Exodus*, p. 391.

되어야 할 것을 지시하신다. 그러나 한 가지 예외는 일년에 한번씩 속죄일에 향단 뿔에 속죄제물의 피를 발라 향단을 깨끗케 하는 의식을 행하게 하셨다. 특별히 향단의 뿔에 속죄제의 피를 발라 깨끗케 하는 것은 향단의 뿔이 향단을 대표하여 뿔이 깨끗해질 때 온 향단이 깨끗해지기 때문이다. 그러므로 향단의 뿔에 속죄제의 피를 발라 속죄하라고 한다. 이는 그 단이 여호와께 지극히 거룩하기 때문이라고 한다(출 30:10b). 이렇게 향단 뿔이 인격이 아니고 물체인데 속죄를 해야 한다는 것이 이해하기 어렵고 무의미한 것 같으나, 그러나 인류가 범죄함으로써 만물까지 저주를 받았으니 그것들도 예수 그리스도의 피로 구속되어야 한다는 것이 성경의 가르침이다.[914] 골로새서에서 바울은 말하기를, "그의 십자가의 피로 화평을 이루사 만물 곧 땅에 있는 것들이나 하늘에 있는 것들을 그로 말미암아 자기와 화목케 되기를 기뻐하심이라" 고 한다(골1:20).

4. 설교 및 교훈 자료

9-10절의 두 가지 교훈

1) 향단에서 향을 사르는 일 외에 그 위에서 번제나 소제를 드리지 말라는 것은, 선한 일이라고 하여 우리가 마음대로 해서는 안 되고 하나님의 지시에 따라야 함을 가르쳐 준다. 그렇지 않을 경우 하나님은 죽음과 같은 벌을 내리신다(참고, 레위기 10:1-2).

2) 향단 뿔에 일년 일차씩 속죄제의 피를 발라 속죄케 하신 것은, 사람뿐만 아니라 물체까지도 속죄를 받아 깨끗해야 함을 철저히 깨

914) 박윤선, *성경주석, 출애굽기*, p. 216.

닫게 하신다. 어떤 사람이든지 하나님께 쓰임 받기 원하는 사람은 그 자신을 거룩하게 하여 깨끗해야 함을 교훈한다.

[11절-16절]

20세 이상의 이스라엘 남자의 계수와 속전,

11.여호와께서 모세에게 일러 가라사대, 12.네가 이스라엘 자손의 수효
를 따라 조사할 때에 조사 받은 각 사람은 그 생명의 속전을 여호와께 드
릴지니[1] 이는 그 계수할 때에 그들 중에 온역이 없게 하려 함이라. 13.무
릇 계수 중에 드는 자마다 성소에 세겔대로 반 세겔을 낼지니 한 세겔은
이십 게라라 그 반세겔을 여호와께 드릴지며, 14.무릇 계수 중에 드는 자
곧 이십세 이상 된 자가 여호와께 드리되, 15.너희의 생명을 속하기 위하
여 여호와께 드릴 때에 부자라고 반 세겔에서 더 내지 말고 가난한 자라
고 덜 내지 말지며, 16. 너는 이스라엘 자손에게서 속전을[2] 취하여 회막
의 봉사에 쓰라 이것이 여호와 앞에서 이스라엘 자손의 기념이 되어서
너희의 생명을 속하리라.

1. 본문의 원전 설명

12절: 1 "네가 이스라엘 자손의 수효를 따라 조사할 때에 조사 받은 각 사람은 그 생명의 속전을 여호와께 드릴찌니," 이 한글개역성경의 번역이 히브리어 원문성경의 의미를 충분히 반영하지 못해 다시 번역하면, "네가 이스라엘 자손의 파악된 수를 따라 인구조사를 할 때에, 그들은 각자 자기 생명의 속전을 그들의 수가 세어질 때에 여호와께 드려야 한다."이다. 여기서 "그들의 수가 세어질 때에"가 헬라어 70인역에는 생략되어 있다.

16절: 2 "속전을." 이 단어 대신 헬라어 70인역에는 "헌금"으로 표현되어 있다.

2. 본문 내용 개요

이스라엘 자손의 수를 계수 하여 20세 이상인 자에게 속전을 반 세겔 씩 바치게 하여 회막 봉사에 쓰게 함

3. 주석

12-13절의 속전은 히브리어로 코페르(כֹּפֶר)이다. 이 코페르(כֹּפֶר)의 동사는 키페르(כִּפֶּר)이다. 그 뜻은 "덮어씌우다, 덮다" 이다. 그리하여 코페르(כֹּפֶר)는 선물에 의해 하나님이나 사람의 얼굴을 가리워지게 하거나(삼상 12:3), 혹은 범죄 한 것이 덮어지게 하거나(시 32:1), 혹은 씻어 없애는 것(렘 18:23)을 가리킨다.[915] 그리하여 죄인의 죄가 보이지 않거나, 가리워지거나, 없어져서 죄인이 하나님의 벌을 받지 않고 피하게 되는 것이다. 이렇게 속전은 범죄 한 죄를 용서받기 위해 하나님께 드린 돈이다. 그런데 왜 이스라엘 자손이 인구조사를 하면서 속전을 내야하는지 본문에서는 아무런 설명이 없다. 그 이유에 대해 다음 몇 가지가 제시 된다:

1) 전투에 나갈 준비가 된 군인은, 하나님 보시기에, 미리 계획된 살인을 한 것은 아니지만, 살인이 가능한 자이다. 이것이 인구조사를 받은 그가 "생명의 속전" 을 지불해야만 하는 이유이다.[916]

2) 인구조사는 그 조사에 의해 백성의 수가 많고 나라가 강성(强

915) 참고, Keil and Delitzsch, *Biblical Commentary on the Old Testament*, vol. 2, The Pentateuch, pp. 210f.

916) Gispen, *Bible Student's Commentary, Exodus*, p. 283.

盛)케 되었음을 알게 되었을 때 사람들이 교만케 될 수 있다는 사실과 관련하여 하나님께서 질투하시므로 인구조사 받은 사람이 하나님께 속전을 내야 했다는 것이다.[917)]

3) 이스라엘 백성의 장자는 원래 하나님의 것으로서 희생을 드려 대속하라 하셨다(출 13:13, 15). 그러나 나중 하나님은 이스라엘 모든 백성의 장자대신 레위 인을 하나님의 것으로 택하셨다(민 3;12). 그런데 하나님은 또한 이스라엘 백성이 "내 아들 내 장자"라 말씀하시며(출 4:22), 이스라엘 백성이 하나님의 것임을 나타내신다.

이렇게 이스라엘 백성이 하나님의 장자이며 장자는 대속하라는 말씀에 따라 여기 출30:12에서도 대속의 속전을 내게 하신 것이라고 알렌 콜(R. Alan Cole)은 말한다.[918)]

4) 카쑤토(Cassuto)는 본문 출애굽기 30:12을 메소포타미아의 인구조사 사건과 비교하여 설명한다. 메소포타미아에서는 인구조사가 『종교적 정화의식』과 묶여져서 행해 졌다고 한다. 이『종교적 정화의식』이 아주 중요한 위치를 차지하여 인구조사가 정화(purification)라는 단어 '테벱투' (tebebtu)를 따라 그 이름이 불러졌다. 이는 인구조사가 죄로, 곧 신에 대한 불신앙으로 간주되었기 때문이라고 한다. 그러므로 인구조사를 죄에서 깨끗게 하는 속죄의식과 연결시키는 것이 필수적이었다는 것이다. 이스라엘 생각도 이와 비슷하여 인구조사를 할 때 이스라엘 자손이 속전을 바쳐서 인구조사를 행하므로 범죄한 죄 때문에 받을 형벌을 면제받게 했을 것이라고 카쑤토(Cassuto)는 생각한다.[919)]

---

917) 상게서

918) Cole, *Exodus, An Introduction and Commentary*, p. 206.

919) Cassuto, *A Commentary on the Book of Exodus*, pp. 393f.

이런 이유들을 살펴볼 때, 어느 것이 실제 이유였는지 단언적으로 말 할 수 없다. 그러나 12절은 이스라엘 백성이 인구조사를 할 때 하나님께 범죄 하여 형벌을 받아 그들 중에 온역이 발생하게 됨을 시사하고 있다. 이런 온역이 생기지 않도록 인구조사를 받은 각 사람은 속전을 내라고 하신다. 인구조사와 함께 하나님께서 진노하시며 형벌을 가하신 것을 다윗 왕의 사건에서 볼 수 있다. 곧, 다윗이 군대장관 요압을 시켜 인구조사를 하게 하므로 범죄하여 하나님께서 백성 가운데 7만을 온역으로 죽게 한 사건에서 볼 수 있다(삼하 24장).

13절은 인구조사를 할 때 그 인구수에 포함된 사람은 반 세겔 씩 여호와께 드리라고 하신다. 또한 한 세겔은 20게라 이므로 반 세겔은 10게라 인 것을 밝혀준다.

14-16절에서는 인구 조사를 하는 정확한 이유가 밝혀져 있지 않다. 아마 하나님을 섬기는데 있어서 백성의 의무를 고려하며 백성의 수를 파악하려 한 것으로 생각된다.[920] 그리하여 인구조사를 하여 20세 이상 된 사람은 속전으로 반 세겔씩 여호와께 드리라 하신다. 15절에서 속전은 부자나 가난한 사람이 똑 같이 반 세겔씩 바치라고 하시는데, 이는 사람들의 영혼의 가치가 모두 동일하기 때문인 것을 가르쳐준다.[921] 16절은 바쳐진 속전이 회막의 봉사에, 곧 하나님께 제물을 바치고 하나님을 섬기는 데에 필요한 비용으로 쓰라고 하신다. 하나님께 예배드리고 섬기는 종교적인 활동이 무엇보다 중요하기 때문에 속전을 바쳐 이 활동을 뒷받침하고 있다.[922]

---

920) Kaiser, Jr., *Exodus, The Expositor's Bible Commentary*, vol.2, p. 473.

921) 박윤선, *구약주석, 출애굽기*, p. 221.

922) 상게서

4. 설교 및 교훈 자료

12절: 생명의 속전

모세도 아론도 어느 누구도 예외 없이 하나님께 속전을 바쳐야 한다는 것은 모두가 다 하나님께 죄인임을 가르쳐 주고 모두가 용서함을 받고 깨끗이 씻음을 받아야 한다는 것을 가르쳐 준다. 모든 사람은 하나님 앞에서 입을 다물고 겸손하며 회개해야 한다(참고, 롬 3:19). 우리의 죄를 위해 값을 치루어야 하는데 우리의 구원을 위한 참 속전은 예수 그리스도의 죽음이다. 예수님은 우리가 우리의 죄 때문에 치루어야 할 값을 치루어 주신 것이다. 사도 바울은 말하기를, "모든 사람이 죄를 범하였으매 하나님의 영광에 이르지 못하더니, 그리스도 예수 안에 있는 구속으로 말미암아 하나님의 은혜로 값없이 의롭다 하심을 얻은 자 되었느니라"(롬 3: 23-24)고 한다.

[17절-21절]

물두멍, 곧 놋대야 제조

17. 여호와께서 모세에게 일러 가라사대, 18. 너는 물두멍을 놋으로 만들고 그 받침도 놋으로 만들어 씻게 하되 그것을 회막과 단 사이에 두고 그 속에 물을 담으라. 19. 아론과 그 아들들이 그 두멍에서 수족을 씻되, 20. 그들이 회막에 들어갈 때에 물로 씻어 죽기를 면할 것이요 단에 가까이 가서 그 직분을 행하여 화제를 여호와 앞에 사를 때에도 그리할지니라. 21. 이와 같이 그들이 그 수족을 씻어[1] 죽기를 면할지니 이는 그와 그 자손이 대대로 영원히 지킬 규례니라.

1. 본문의 원전 설명

21절: [1] "그들이 그 수족을 씻어…." 이 구절에 헬라어 70인역은 다른 구절을 첨가하여, "그들이 회막에 들어갈 때는 언제나 물로 수족을 씻어야 한다. 그들은 물로 씻어…."라고 읽는다.

2. 본문 내용 개요

놋대야인 물두멍을 만들고 그 속에 물을 담아 회막과 단 사이에 두어서 아론과 그의 아들들이 성막에서 봉사할 때 수족을 씻으므로 죽음을 면하라 하심.

3. 주석

17-18절의 물두멍은 물을 담아 놓은 놋대야로서 하나님이 시내산 위에서 모세에게 성막의 모형을 보여주실 때, 모세가 눈으로는 보았을 것으로 생각되나(출 25:9, 40), 그 물두멍이 비로소 여기에서 구체적으로 언급된다. 아마 물두멍이 회막 안에 있는 기구가 아니고, 회막 밖인 성막 뜰에 있으며 제사예배에 직접 사용된 것이 아니고 보조 역할을 하기 때문에 여기서 처음 언급된 것으로 보인다.[923] 이 물두멍은 18절에서 놋으로 만들라고 하는데 그 모양에 대해서는 언급이 없다. 물두멍의 히브리어 단어 "키요르"(כִּיּוֹר)를 볼 때, "키요르"(כִּיּוֹר)의 어간(語幹)인 (כור)가 "둥근 것(round)"을 의미하기 때문에 둥근 모양이었을 것이라 생각된다.

18절에서 물두멍의 받침도 언급되는데 이 받침은 물두멍과 연결된 것이 아니고 별개로 만들어 진 것으로 보인다. 왜냐하면 그 받침이 물

923) 참고, Cassuto, *A Commentary on the Book of Exodus*, p. 395.

두멍과 항상 분리되어 언급되기 때문이다(출 31:9, 35:16, 39:39, 40:11; 레 8:11). 물두멍을 놓을 위치는 회막과 단 사이에 두고 그 속에 물을 담으라한다.

19-21절: 20절에서 제사장들은 회막에 들어갈 때 손과 발을 물두멍에서 씻으라 하신다. 만약 씻지 않고 불결한대로 회막에 들어갈 때 죽음의 형벌이 있을 수 있음을 경고 하신다. 그리고 제단에 제물을 드리려 갈 때에도 가기 전에 손과 발을 물두멍에서 씻어 죽지 않도록 하라고 하신다. 제사장의 손은 성막에서 일하면서 거룩한 것들을 만질 것이고, 발은 성막의 거룩한 땅을 밟을 것이다. 더러운 손과 발로 거룩한 것을 만지고 거룩한 것 위에 걷는 것은 여호와 이스라엘의 거룩한 하나님께 죽음의 형벌을 받아 마땅한 죄악이 되었다.[925] 이 율법의 말씀에 의해, 박윤선 박사는 "죄를 회개하지 않고 하나님을 섬기는 자가 얼마나 위태한 자리에 있음을 알 수 있다. 하나님께서는, 그의 긍휼의 덕에 의하여 그런 자를 참아 두시지 만, 실상 그런 자는 죽어 마땅하다"는 것을 지적한다.[926]

물두멍 시설은 간단하고 거기에서 손과 발을 씻는 것도 복잡하거나 큰 일이 아니다. 그러나 손과 발을 씻을 때 죽음을 면하는 큰 복을 받게 된다.[927] 이런 작은 일이지만 하나님의 말씀에 순종하므로 크고 많은 것을 받게 되는 성경적 진리를 배우게 된다.

4. 설교 및 교훈 자료

925) Keil and Delitzsch, *Biblical Commentary on the Old Testament*, vol. 2, *The Pentateuch*, p. 214.

926) 박윤선, *성경주석, 출애굽기*, p. 221.

927) 참고, 상게서, pp. 223f.

17-21절: 물두멍의 규례

1) 제사장들이 성막봉사를 위해서 물두멍에서 손을 씻어야 거룩하게 되어 죽임을 당하지 않고 봉사할 수 있었다. 신약의 우리는 성결키 위해서 예수 그리스도의 피로 죄에서 깨끗하게 되어야 한다(요일 1:7). 그리고 계시록에서는 예수님의 피에 의해 옷을 씻어 회개하여 흰 옷 입은 사람이 하나님의 성전에서 밤낮 하나님을 섬기며 보좌 앞에 있을 것이라고 한다(계 7:14).

2) 작은 일에도 순종하고 충실할 때 하나님은 큰 복을 주신다. 물두멍에 손과 발을 씻는 것은 단순하고 작은 일이다. 그러나 그 일을 순종해서 행하므로 죽음을 면하는 복을 받게 된 것이다. 성경에서 이런 예(例)를 많이 볼 수 있다.

(1) 이스라엘 백성 중에 불뱀에 물려 죽은 자가 많으므로, 모세가 하나님의 지시를 받아 놋뱀을 만들어 장대위에 달아 물린 자마다 그것을 보면 살게 했다. 이 치유방법이 너무 쉽고 간단하여 믿어지지 않으나 그 말대로 믿고 따를 때 뱀에게 물린 자마다 놋뱀을 쳐다본즉 살았다(민 21;4-9).

(2) 아람 나라의 군대장관인 나아만이 문둥병을 낫기 위해 엘리사를 찾았을 때, 엘리사 선지자가 요단강에 가서 그 물에 몸을 일곱 번 씻으라고 한다. 이 말을 들은 나아만 장군은 그 말을 터무니없는 엉터리 치료법으로 판단하고 요단강으로 내려가지 않으려 했다. 너무 간단하고 쉬운 치유방법이므로 나아만은 순종하려 하지 않았다. 그러나 나중에 나아만은 자신의 종들의 충고를 듣고 엘리사의 말대로 요단강에 가서 7번 씻으므로 문둥병이 나았다(왕하 5:1-14).

[22절-33절]

거룩한 관유, 곧 붓는 기름을 만들고 사용하는 법

22. 여호와께서 모세에게 또 일러 가라사대, 23. 너는 상등 향품을 취하되
액체 몰약 오백 세겔과 그 반수의 향기로운 육계 이백 오십세겔과 향기
로운 창포 이백 오십세겔과, 24. 계피 오백 세겔을 성소의 세겔대로 하고
감람 기름 한 힌을 취하여, 25. 그것으로 거룩한 관유를 만들되 향을 제
조하는 법대로 향기름을 만들지니 그것이 거룩한 관유가 될지라. 26. 너
는 그것으로 회막과 증거궤에 바르고, 27. 상과 그 모든 기구며 등대와
그 기구며[1] 분향단과, 28. 및 번제단과 그 모든 기구와 물두멍과 그 받침
에 발라, 29. 그것들을 지성물로 구별하라 무릇 이것에 접촉하는 것이 거
룩하리라. 30. 너는 아론과 그 아들들에게 기름을 발라 그들을 거룩하게
하고 그들로 내게 제사장 직분을 행하게 하고, 31. 이스라엘 자손에게 고
하여 이르기를 이것은 너희 대대로 내게[2] 거룩한 관유니, 32. 사람의 몸
에 붓지 말며 이 방법대로 이와 같은 것을 만들지 말라 이는 거룩하니 너
희는 거룩히 여기라. 33. 무릇 이와 같은 것을 만드는 자나 무릇 이것을
타인에게 붓는 자는 그 백성 중에서 끊쳐지리라 하라.

1. 본문의 원전 설명

27절: [1] "그 기구며." 이 문구가 사마리아 오경과 헬라어 70인역에서는 "그 모든 기구"로 되어있다.

31절: [2] "내게." 이 단어가 헬라어 70인역에서는 복수형 "너희에게"로 되어있다.

2. 본문 내용 개요

관유(灌油, 붓는 기름)를 만드는 법과 그 관유(灌油)를 회막의 모든 기구들과 번제단과 그 모든 기구들과 물두멍과 그 받침에 그리고 아론과 그의 아들들에게 바르라고 하심.

3. 주석

22-25절에서 거룩한 관유(灌油, 붓는 기름)를 만드는 법을 말씀하신다. 23절에서 "상등 향품"을 취하라 했는데, 히브리어 성경에서 "향품"을 뜻하는 단어는 "베셈"(בֶּשֶׂם)의 복수형 "베사밈"(בְּשָׂמִים)이다. 이 "베셈"(בֶּשֶׂם)은 '향품의 향기" 혹은 "향품 자체"를 뜻한다. 여기서는 "향품자체", 곧 '향을 내는 물품(物品)'을 의미한다. 그러므로 본문에서 말하는 "상등 향품"은 본문에서 향품이 복수명사이므로 '높은 등급의 향품들'을 의미한다. 23-25절에서 향품들 4가지와 감람(올리브) 기름이 열거 된다.

첫째는 액체 몰약 오백 세겔 이다(23절). 액체 몰약은 몰약 나무로부터 나온 나무진의 분비물이며, 나무줄기에 진주 같은 모양으로 말라있다.[928] 몰약은 그자체로 성경에서 자주 향품으로 사용됨을 보여준다(시 45:8; 잠 7:17; 아가 1;13, 3:6, 4:14, 5:5등). 23절에서 액체 몰약 500세겔을 관유(붓는 기름)를 만들기 위해 준비하라 하시는데, 여기서 세겔은 돈의 단위가 아니라 무게의 단위로서 성전 세겔은 약 10gm이다.[929]

둘째는 향기로운 육계 250세겔이다(23절). 육계는 주로 세일론(Ceylon)과 자바(Java)에서 재배되는 월계수 과(科) 나무의 산물(産物)이다.[930] 육계는 히브리어로 "킨네몬"(קִנְּמָן)이다. 이 히브리어 이름은 한글 개역성경에서 육계, 계수(아가 4:14), 혹은 계피(잠 7:17)로 번역된다. 이 "킨네몬"(קִנְּמָן)이름은, 카일과 델리취에 의하면, 육계 그 자

928) Cassuto, *A Commentary on the Book of Exodus*, pp. 396f.
929) *The New Bible Dictionary*, ed. by J. D. Douglas, pp. 1320-21.
930) 참고, 상게서, p. 233.

체와 함께 셈족민족들에게 소개된 것이며, 나중에 페니키아 사람들에 의해 그리스와 로마 사람들에게 소개되었다. 그러나 "킨네몬"(קִנָּמֹן)이란 이름이 육계의 큰 시장인 세일론으로부터 온 것으로 보기는 어렵다. "킨네몬"(קִנָּמֹן)에 상응하는 단어가 인도 방언들에서 발견되지 않기 때문이다.[931] 23절에서 "그 반수의 향기로운 육계"라고 하는데, 여기서 "그 반수"란 그 앞에서 언급된 액체 몰약 500세겔의 반수인 250세겔을 뜻하는 말이다. "킨네몬"(קִנָּמֹן)은 성경에서 향품으로 자주 언급된다(잠 7:17; 아가 4:14; 계 18:13).

셋째로 향기로운 창포 250세겔이다(23절). 창포는 우리 한국에서는 옛날에 그 잎과 뿌리를 우린 물로 단오에 몸을 씻는데 썼다. 이 향기로운 창포를 서양에서는 주로 인도에서 수입했고, 시리아나 아라비아 에서도 자란다.[932] 창포는 성경에서 자주 향기를 내는 재료로 언급되며(아가 4:14, 겔 27:19), 창포를 뜻하는 히브리어 "카네"(קָנֶה)는 가끔 창포로 번역되지 않고 한글 개역성경에서 그냥 "향품"으로 번역되기도 한다(사 43:24; 렘 6:20, 24절)이다.

넷째로 계피 오백 세겔이다(24절). 계피는 육계 종류 나무의 껍질 향품이다. 그런데 계피는 육계보다는 향기가 적고 값도 싸다고 한다.[933]

24절에 보면, 또한 위의 4가지 향품들 외에 감람(올리브) 기름 한 힌을 취하라 한다. 한 힌은 약 3.66 리터이다. 이상과 같이 언급한 양의 향들을 가루로 만들어 감람(올리브) 기름과 액체 몰약을 섞어서 관

---

931) Keil and Delitzsch, *Biblical Commentary on the Old Testament*, vol. 2, *The Pentateuch*, p. 215.

932) Gispen, *Bible Student's Commentary, Exodus*, p. 285.

933) 박윤선, *성경주석, 출애굽기*, p. 224.

유(灌油, 붓는 기름)를 만든 것으로 생각되지 않는다. 그렇게 했을 때는 반죽 같은 것이 되어 좋은 기름이 될 수 없을 것이다. 랍비들의 말들처럼 마른 향들을 물로 부드럽게 하여 삶아서 정수(엑기스)를 뽑아 그것을 감람(올리브) 기름과 액체 몰약과 섞고, 다시 이것을 끓여서 모든 물기가 증기로 없어지게 하여 만든 기름이라고 생각된다.[934)]

26-33절에서는 거룩한 관유(灌油, 붓는 기름)를 어떻게 사용할 것인가를 말한다. 관유를 회막과 거기 속한 기물 즉 법궤, 떡 상, 등대, 분향단, 번제단, 물두멍과 그 받침에 발라 그것들을 거룩한 물건으로 구별되게 하라고 하신다. 그리하여 그들이 다른 세상 물건과는 달리 하나님을 위해 사용되는 기구들이 되게 하라고 하신다. 또한 어떤 것들이 그것들을 닿으면 그들의 거룩함이 그 물건에 붙어 그것도 거룩하리라고 한다. 기름을 바른 성물을 닿는 다른 물건을 거룩케 할 힘이 있음을 가르쳐 준다. 이 거룩한 관유(灌油)를 사람의 몸에 붓지 말게 했고, 성막 이외의 다른 목적을 위해서는 관유(灌油)를 만들도록 지시한 방법대로 기름을 만들지 못하게 했다. 이것을 범하는 자는 백성 중에서 죽일 것을 말씀하신다. 왜냐하면 하나님만을 위해 사용할 성물을 일반화시켜 사용하면 그것은 하나님의 거룩함을 침범하는 죄가 되기 때문이다.[935)] 예수님도 "거룩한 것을 개에게 주지 말라" 고 하셨다(마 7:6).

4. 설교 및 교훈 자료

22-23절: 관유(灌油, 붓는 기름)의 규례

---

934) Keil and Delitzsch, *Biblical Commentary on the Old Testament*, vol. 2, *The Pentateuch*, p. 215.

935) 박윤선, *성경주석, 출애굽기*, p. 224.

기름은 성령을 상징한다(삼상 10:1, 6, 삼상 16:13, 사 61:1, 고후 1:21, 삼상 10:1, 6). 그러므로 기름을 바르는 것은 신약시대에 성령님을 받는 것을 상징한다고 말할 수 있을 것이다. 우리는 성령에 의해 거룩함을 받아야 한다. 그런데 성령은 "거슬림" 혹은 "저항을 받고" (행 7:51), "소멸" 되기도 한다(살전 5:19). 또한 성령은 근심하시기도 한다(엡 4:30). 하나님 앞에서 봉사하기 위해서는 기름을 발라 거룩하게 되어야 한다. 우리 신약시대의 성도, 교사, 목사가 하나님께 참으로 쓰임을 받고, 하나님을 위해 일하려면 성령을 거스르거나 소멸되게 해서는 안 된다. 성령을 충만히 받아야 한다.

[34절-38절]

분향할 향을 만드는 법

34.여호와께서 모세에게 이르시되 너는 소합향과 나감향과 풍자향의 향품을 취하고 그 향품을 유향에 섞되 각기 동일한 중수로 하고, 35.그것으로 향을 만들되 향 만드는 법대로 만들고 그것에 소금을 쳐서 성결하게 하고, 36.그 향 얼마를 곱게 찧어 내가 너와 만날 회막 안 증거궤 앞에 두라 이 향은 너희에게 지극히 거룩하니라. 37.네가[1] 만들 향은 여호와를 위하여 거룩한 것이니 그 방법대로 너희를 위하여 만들지 말라. 38.무릇 맡으려고 이같은 것을 만드는 자는 그 백성 중에서 끊쳐지리라.

1. 본문의 원전 설명

37절: [1] "네가." 여기서 수리아역(the Syriac version)은 단수가 아니라, 복수로 "너희들이"라고 되어있다.

2. 본문 내용 개요

성막에서 하나님께 분향할 향을 만드는 방법을 설명하고 이 방법을 따라 만든 향은 오직 하나님을 위해서 사용하라고 하심.

3. 주석

34절은 분향할 향의 재료들에 대해 말씀하는데, 향은 신약에서 기도를 뜻한다(계 5:8, 8:3, 4; 시 141:2). 분향할 향의 재료들은 다음 4 가지이다.

1) 소합향(נָטָף, 34절)은 향기로운 몰약에서 취한 액즙이나 수지(樹脂) 몰약이 아니라, 몰약과 비슷한 일종의 storax 수지(樹脂)라고 카일과 델리취(Keil and Delitzsch)는 말한다.[936] 이 수지를 구워서 향을 만들어 사용한다. 박윤선 박사에 의하면 소합향은 "하나님을 간절히 사모하는 성도의 마음에서 솟아나는 기도를 비유한다."[937]

2) 나감향(שְׁחֵלֶת, 34절): 우가릿 의식서들에서 이 이름이 나오고 아카디아 책에서는 "šahullatu"로 표현된다. 아마 이것은 식물을 가리키거나 혹은 연체 동물의 껍질을 가리킬 수 있다.[938] 이것을 태우면 강한 향기를 낸다. 기스펜(Gispen)에 의하면, 나감향 자체는 냄새가 좋지 않으나, 그것과 섞여진 다른 향의 냄새를 오래 지속케 하고 강하게 해준다고 한다.[939] 박윤선 박사는 나감 향은 "상한 심령으로 기도함

---

936) Keil and Delitzsch, *Biblical Commentary on the Old Testament*, vol. 2, *The Pentateuch*, p. 216.

937) 박윤선, *성경주석, 출애굽기*, p. 228.

938) Cassuto, *A Commentary on the Book of Exodus*, p. 399; Gispen, *Bible Student's Commentary, Exodus*, p. 287.

939) Gispen, 상게서.

을 비유한다(시 51:7)" 고 말한다.[940]

3) 풍자향(חֶלְבְּנָה, 34절)은 Ferula(미나리과의 아위속의 식물)종의 여러 식물들로부터 발산되 나온 고무나무 진 같은 것이다. 이것 자체의 냄새는, 나감 향 같이, 좋지 않으나 다른 향과 섞어서 태울 때 좋은 냄새를 풍긴다.[941] 박윤선 박사에 의하면, 풍자향은 "우리 심령에 자극을 주는 해로운 생각들을 없애버리는 하나님의 능력을 비유한다.[942]

4) 유향(לְבֹנָה, 34절)은 Boswellia종의 여러 식물로부터 나온 진액의 향인데 이 향의 색깔이 하얗기 때문에 히브리어로 하얀 것을 의미하는 "라반" (לָבָן)과 같은 어원인 "레보나" (לְבֹנָה)로 불리운다.[943] 카일과 델리취(Keil and Delitzsch)는 유향의 향기가 좋으며, 이 유향의 진액은 아라비아 페릭스(Arabia Felix)나 인도에 있는 나무로부터 얻을 수 있었던 것이라 한다.[944]

하나님은 모세에게 위의 4가지 향들을 각각 동일한 무게로 섞어서 분향 할 향을 만들라고 한다. 그러나 30:23절과는 달리 얼마만큼의 양의 향 재료들로 만들 것인 가는 말씀하지 않는다.

35-36절의 분향할 향은 34절에서 말한 4가지 향들을 고운 가루로 만들어서 서로 잘 섞어서 만든 것이다.

카쑤토(Cassuto)는 "소금을 쳐서" 라 번역된 "메물라(מְמֻלָּח)" 를 "잘

---

940) 박윤선, *성경주석, 출애굽기*, p. 228.

941) Cassuto, *A Commentary on the Book of Exodus*, p. 399; Gispen, *Bible Stduent's Commentary, Exodus*, p. 287.

942) 박윤선, *성경주석, 출애굽기*, p. 228.

943) Cassuto, *A Commentary on the Book of Exodus*, p. 400.

944) Keil and Delitzsch, *Biblical Commentary on the Old Testament*, vol. 2, *The Pentateuch*, p. 216.

섞어진"의 뜻으로 이해한다. 이 의미가 탈굼 옹켈로스와 유대인 주석가 라쉬(Rashi)로부터 지지되는 것으로 보며, 문맥에서 "메물라(מְמֻלָּח)"가 수동태 동사형인 것은 "소금을 쳐서"를 뜻하려는 것이 아니고, "잘 섞여진" 것을 의미하기 위해서라고 이해한다. 만약 "소금을 쳐서"를 의미하려 한다면, 수동태 동사 폼 "메물라(מְמֻלָּח)"로 표현할 필요가 없다는 것이다.[945)]

그러나 카일과 델리취(Keil and Delitzsch)는 카쑤토(Cassuto)의 견해와 다르다. 그 이유는 다음 35절에서 가루로 만들어 섞는 것이 "שָׁחַקְתָּ הָדֵק" 표현에서 의미되고 있기 때문이라는 것이다.[946)]

박윤선 박사는 "메물라(מְמֻלָּח)"를 "소금을 쳐서"로 이해하며, 소금의 방부제 작용과 조미료 작용을 강조한다. 1) 기도자는 세상의 부패를 막아주고, 2) 기도자는 어느 단체에 들어가든지 맛이 있게 만들어 준다는 것이다. 즉 화목을 힘쓴다는 것이다. 예수님은 화목하는 자의 기도를 하나님께서 기뻐 들으실 것을 나타내시며, "그러므로 예물을 제단에 드리다가 거기서 네 형제에게 원망 들을만한 일이 있는 줄 생각나거든 예물을 제단 앞에 두고 먼저 가서 형제와 화목하고 그 후에 와서 예물을 드리라"(마 6:23-24)고 말씀하신다.

36절을 보면 모세가 향(香)의 관리책임을 맡은 것으로 보인다. 모세는 향(香) 덩어리를 조각내서 곱게 찧어 가루로 만들어 피우기 좋게 만들어서 회막 안 증거 궤 앞에 놓으라 하신다. 그리고 이 향은 아주 거룩한 향으로 사람들이 개인적인 용무로는 사용하지 못하게 하신다.

---

945) Cassuto, *A Commentary on the Book of Exodus*, p. 400.

946) Keil and Delitzsch, *Biblical Commentary on the Old Testament*, vol. 2, *The Pentateuch*, p. 216.

37-38절 보면, 잠언에서 향(香)은 사람을 기쁘게 하는 것(잠 27:9)이라 말씀한 것처럼, 근동지역의 사람들이 향을 아주 좋아해 개인적으로 사용하기 위해 회막에서 사용할 향처럼 만들고 싶은 유혹을 받을 것을 아신 하나님께서 향의 사사로운 사용이나 제조를 금하신다. 이스라엘 백성은 회막에서 사용하기 위해 만든 향(香)은 오직 하나님께 분향할 때만 사용하는 것으로 간주해야 한다는 것이다. 이렇게 여호와를 위해 만든 향(香)을 사적으로 사용하지 말게 한 것은 향(香)이 기도를 상징하므로 성도는 이기주의로 기도하지 말 것을 비유한다고 박윤선 박사는 말한다.[947] 기도는 하나님의 영광을 위한 것이어야 하며, 정욕으로 쓰려고 기도할 때 그 구한 것을 얻지 못할 것이라 한다(약 4:3). 하나님께서 하나님 자신의 뜻대로 무엇을 구하면 들어 주신다고 요한 사도는 말한다(요일 5:14).

4. 설교 및 교훈 자료

34-38절: 향의 규례

36절에서 향단에 태우는 향은 "지극히 거룩하다" 고 하신다. 앞서 10절에서도 "지극히 거룩하다 "고 하셨다. 기도를 상징하는 향(香)을 강조하여 "지극히 거룩하다" 고 하신 것은, 1) 하나님은 기도를 그렇게 거룩하게 생각하고 중요하게 여기심을 보여준다. 2) 성막구조 에서 다른 어느 기물보다 자기의 보좌인 법궤 앞에 향을 두게 한 것은 믿는 자의 기도를 그렇게 사랑하시고 귀 기울이심을 가르쳐준다. 우리의 기도를 이렇게 중요하게 여기심을 보면서 열심히 기도하여 야

---

947) 박윤선, *성경주석, 출애굽기*, p. 229.

고보가 말한 것처럼 "의인의 간구는 역사하는 힘"이 많다고 고백할 수 있는 체험이 있어야 한다(야고보 5:16).

3) 향단을 금으로 싸게 하신 것은 기도를 금처럼, 오히려 금보다 더 귀하게 생각하신다는 것을 상징한다.

[출애굽기 31장]

[1절-11절]

성막과 그 기구와 예복을 만들 사람들

1. 여호와께서 모세에게 일러 가라사대, 2. 내가 유다 지파 훌의 손자요
우리의 아들인 브사렐을 지명하여 부르고, 3. 하나님의 신을 그에게 충만
하게 하여 지혜와 총명과 지식과 여러가지 재주로, 4. 공교한 일을 연구
하여 금과 은과 놋으로 만들게 하며, 5. 보석을 깎아 물리며[1] 나무를 새겨
서 여러가지 일을 하게 하고, 6. 내가 또 단 지파 아히사막의 아들 오홀리
압을 세워 그와 함께 하게 하며 무릇 지혜로운 마음이 있는 자에게 내가
지혜를 주어 그들로 내가 네게 명한 것을 다 만들게 할지니, 7. 곧 회막과
증거궤와 그 위의 속죄소와 회막의 모든 기구와, 8. 상과 그 기구와[2] 정금
등대와 그 모든 기구와 분향단과, 9. 번제단과 그 모든 기구와 물두멍과
그 받침과, 10. 제사직을[3] 행할 때에 입는 공교히 짠 의복 곧 제사장 아론
의 성의와 그 아들들의 옷과, 11. 관유와 성소의 향기로운 향이라 무릇
내가 네게 명한대로 그들이 만들지니라.

1. 본문의 원전 설명

5절: [1] "물리며." 이 단어가 헬라어 70인역에는 없음.

8절: [2] "그 기구와." 이 단어 앞에 사마리아 오경과 헬라어 70인역을 보면 "모두"란 단어가 첨가되어 있다.

10절: [3] "제사직을." 이 단어에 헬라어 70인역을 보면 "나를 위해"란 단어가 첨가되어 있다.

2. 본문 내용 개요

여호와께서 브사렐과 오홀리압을 임명케 하여 성막과 그 안의 모

든 기구들과 제사장들의 옷과 관유(붓는 기름)와 성소의 기름을 만들게 하심.

3. 주석

1-2절에서 여호와께서 브사렐을 지명하라고 말씀하신다. 앞서 25장부터 30장까지 성막과 예배에 필요와 기구 및 제사장들의 성복(聖服)을 어떻게 만들 것인가를 가르쳐 주신 여호와는 이제 그 일을 시행할 사람들을 지명하여 부르신다. 브사렐의 이름을 들며 그를 부를 것을 여호와는 모세에게 지시하신다. 브사렐은 유다 지파 훌의 손자요, 우리(אוּרִי)의 아들이다. 훌은 출애굽기 17장을 보면 이스라엘 백성이 아말렉 백성과 싸울 때 아론과 함께 모세의 손을 붙들어 하늘로 들어 올림으로서 하나님께 기도하여 이스라엘 백성이 승리하도록 했다. 다시 말해서 이스라엘 백성을 위해 모세를 도와 하나님께 기도했던 백성의 지도자이다. 또한 모세가 시내 산에 올라가 있는 동안 아론과 함께 훌은 백성을 다스리도록 위임받은 지도자였다. 이스라엘 전통에 따르면 훌은 미리암의 남편이라고 한다(출 24:14). 훌륭한 할아버지 밑에 지혜 있는 손자 브사렐이 있음을 알 수 있다.

3-5절에서 브사렐에게 하나님의 신을 충만케 한다는 것은 특별한 초자연적 재능과 능력을 주는 것을 뜻한다. 곧 지혜, 총명, 지식, 그리고 여러 가지 재주의 초자연적인 재능과 능력이다. 이것은 하나님의 신이 공급해주시는 은사이다. 이런 하나님의 특별한 은사로 정교한 기술을 개발하여 금, 은, 놋으로 성막 기구들을 만들게 했다. 또한 5절에 보면 나무를 깍고 잘라 거기에 새겨서 성막 기구들을 만들게 하라고 하신다. 그런데 하나님의 신의 은사로서 재능을 받는다하여 자연

적인 재능이나 습득한 기술을 배제하지는 않았다. 오히려 그것들을 전제로 하고 있다. 6절에 보면 브사렐의 조력자들과 관련하여 "지혜로운 마음이 있는 자에게 내가 지혜를 주어" 일하게 할 것을 가르쳐 준다. 곧, 지혜 없는 어리석은 자가 아닌 지혜의 마음이 있는 자를 택하여 그에게 더 지혜를 주시어 쓰실 것이라고 한다. "공교한 일을 연구하여"란 우리가 앞서 25-30장을 통해 본대로 상세히 어떻게 성막과 그 기구들을 만들 것을 여호와께서 가르쳐 주셨으나 아직도 설계나 기술이 실제 만드는 데에 있어서 필요함을 나타낸다.

6절에서 브사렐의 조력자(보조자)로서 브사렐과 함께 일할 사람이 단 지파 아히사막의 아들 오홀리압이라고 한다. 오홀리압은 그 이름이 "아버지의 텐트" 혹은 "(하나님) 아버지는 나의 텐트"란 뜻이다. 그는 조각하는 기술과 수놓는 기술과 베를 짜는 기술이 있는 자였다(참고, 출 35:35). 이들과 함께 다른 지혜로운 마음이 있는 자들이 뽑혀 조수로서 일했음을 본문 6절은 가르쳐 준다.

7-11절에서는 출 25-30장에 설명된, 앞으로 만들어야 할 성막과 기구들의 목록을 적고 있다. 1) 회막, 2) 증거궤, 3) 속죄소, 4) 떡 상과 그 기구 - 대접, 숫가락, 병, 붓는 잔(출 25:29), 5) 정금 등대와 그 모든 기구–불집게, 불똥그릇(출 25:37-38), 6) 분향단, 7) 번제단과 그 모든 기구–재를 담는 통, 부삽, 대야, 고기 갈고리 등(출 27:3), 8) 물두멍과 그 받침, 9) 아론의 성의(聖衣)와 그 아들들의 옷, 10) 관유(붓는 기름), 11) 성소의 향기로운 향, 12) 공교히 짠 의복.

개역 성경의 번역에 의하면 10절에서 "공교히 짠 의복"은 「아론의 성의와 그 아들들의 옷」을 총괄해서 말한 것으로 되어 있다. 그러나 히브리 성경에 보면 "비그데 하스세라드(בִּגְדֵי הַשְּׂרָד)"가 무엇을 가리키는지 분명치 않아 카일과 델리취(Keil and Delitzsch)는 대제사장 곧 아론의 공식 예복을 가리키고, 10절에서 계속해서 언급된 「아론의 성의」는 다른 제사장들과 공통으로 입는 성의를 가리킨다고 생각 한다.[948] 카쑤트(Cassuto)는 "비그데 하스세라드"가 제사장들이 겨울에 제사장 임무를 행할 때에 추위를 막기위해 웃옷 안에 입는 옷을 가리킨 것으로 생각한다. 그런데 이 옷은 꼭 입어야 하는 것이 아니고 선택적인 것이므로 앞서 아론의 옷들을 설명할 때 언급되지 않았던 것이라고 한다. 이 "비그데 하스세라드"는 공교히 짠 옷이거나 꼬아서 만든 옷이라고 카쑤토는 생각한다.[949]

4. 설교 및 교훈 자료

1-2절: 하나님의 일꾼

우리는 하나님께서 브사렐과 오홀리압을 지명하여 성막 일을 하도록 부름 받게 하신 것을 본다. 하나님께서 국가나 교회에서 행하실 일이 있을 때, 그 일을 위해 필요한 사람을 지명하여 불러 사용하시듯 브사렐과 오홀리압을 불러 사용하신다. 우리는 이 땅에 살 때 되는 대로 살지 말고 하나님의 쓰임을 받을 수 있도록 최선의 삶을 살아가야 한다. 때로는 고통, 병, 슬픔, 가난, 억울함이 우리에게 닥쳐올지라도 그것들이 하나님의 일에 쓰임 받도록 훈련시키는 과정이 될 수 있음을 알고 참고 견디며 감수해야 한다.

이집트에서 브사렐이 노예처럼 금 · 은 세공의 일을 할 때, 자기가 장차 하나님의 귀한 성막 건조의 책임자로 일하게 될 것이라고는 생

948) Keil and Delitzsch, *Biblical Commentary on the Old Testament*, vol. 2, *The Pentateuch*, p. 218.

949) Cassuto, *A Commentary on the Book of Exodus*, p. 403.

각지도 못했을 것이다. 그러나 노예의 고통을 참고 성실하게 지혜 있게 일하며 훈련을 쌓았을 때 하나님은 브사렐을 지명하여 성막 일을 하게 하셨다.

미국의 두 대통령 링컨과 가필드는 두 사람 다 그들의 아버지가 지은 나무토막 집에서 살았고, 가난하여 제대로 교육도 못 받았다. 그들은 학교에 가서 선생을 통해 교육받을 수 있는 여유가 없었다. 그들은 농장에서 일하고, 나무를 쪼개며, 8살이 될 때까지 살기 위해 필요한 일을 무엇이나 했다. 그러나 하나님은 그들을 불러 미국의 대통령으로 삼았다. 사람의 교육이 아닌, 그들의 성실과 정직과 지혜의 삶이 하나님의 부르심을 받게 했다. 우리의 자녀도 이렇게 키울 수 있기 바란다. 자녀가 세상교육을 받도록 열을 내는 것보다 더 중요한 것은 하나님의 부름을 받을 수 있는 지혜와 성실과 믿음의 사람이 되도록 교육시키는 것이다.

[12절-18절]

안식일 성수를 명하시며 증거 판을 주심

12. 여호와께서 모세에게 일러 가라사대, 13. 너는 이스라엘 자손에게 고
하여 이르기를 너희는 나의 안식일을 지키라 이는 나와 너희 사이에 너
희 대대의 표징이니 나는 너희를[1] 거룩하게 하는 여호와인 줄 너희로 알
게 함이라. 14. 너희는 안식일을 지킬지니 이는 너희에게 성일이 됨이라
무릇 그 날을 더럽히는 자는 죽일지며 무릇 그 날에 일하는 자는 그 백성
중에서 그 생명이 끊쳐지리라. 15. 엿새 동안은 일할 것이나[2] 제 칠일은
큰 안식일이니 여호와께 거룩한 것이라 무릇 안식일에 일하는 자를 반드
시 죽일지니라. 16. 이같이 이스라엘 자손이 안식일을[3] 지켜서 그것으로
대대로 영원한 언약을 삼을 것이니, 17. 이는 나와 이스라엘 자손 사이에
영원한 표징이며 나 여호와가 엿새 동안에 천지를 창조하고 제 칠일에
쉬어 평안하였음이니라 하라. 18. 여호와께서 시내 산 위에서 모세에게
이르시기를 마치신 때에 증거 판 둘 을 모세에게 주시니 이는 돌판 이요
하나님이 친히 쓰신 것이더라.

1. 본문의 원전 설명

13절: 1 "너희를." 게니자(Geniza) 히브리어 사본에 따르면, 여기서 "너희를"이 아니라, "그들을"이라 읽는다.

15절: 2 "엿새 동안은 일할 것이나." 이 구절이 히브리어 맛소라 성경에 따르면, 동사가 수동태로 되어 있다. 곧 "엿새 동안 일이 되어지게 할 것이나"이다. 한편 수리아 역본에서는 동사가 2인칭 복수 능동태로 "너희는 엿새 동안 일할 것이나"이다.

16절: 3 "안식일을." 이 단어가 헬라어 70인역을 보면 복수 "안식일들을"로 읽는다.

2. 본문 내용 개요

모세가 성막 건축에 관한 모든 지시를 받았을 때, 하나님은 그에게 안식일을 지키라고 강력하게 말씀하시며 하나님이 친히 쓰신 십계명 돌판 두 개를 모세에게 주심.

3. 주석

이스라엘 백성이 하나님이 지시하신 대로 할 수 있는 한 빨리 성막을 잘 지어야 할 것이지만, 안식일에는 성막 짓는 일을 멈추고 쉴 것을 가르쳐 주는 것이다.[950] 그리하여 모세가 하나님이 주신 십계명의

---

950) 참고, Cassuto, *A Commentary on the Book of Exodus*, p. 403; Gispen, *Bible Student's Commentary*, Exodus, p. 290.

두 돌판을 가지고 백성에게 내려가서 제일 처음 전한 말씀이 안식일 준수의 명령이다(35:1-3).

13절에서 안식일을 지키는 일이 이스라엘 백성의 자손대대를 통해 표시[사인(sign)]가 될텐데, 어떤 표시냐 하면 여호와께서 이스라엘 백성을 거룩하게 한 것을 알도록 하기 위한 표시가 될 것이라는 것이다. 즉 안식일은 이스라엘이 세상의 다른 백성과는 구별되게 하나님을 섬기도록 따로 선택된 백성인 것을 알게 하는 사인이라는 것이다.

14-15절에서는 안식일을 지키지 않아 그 날을 더럽힌 자는 죽이라고 하신다. 안식일에 엿새 동안 행하는 관례적 일을 하면 이스라엘 공동체에서 제거하라고 하신다. 성막 건축 때문에 안식일을 범하는 사람도 죽음에 처할 것을 시사한다.[951] 15절에서 안식일 계명의 내용이 설명된다.

1) 엿새 동안 일하라.

2) 제 칠일에는 여호와께 거룩한 큰 안식일로서 일하지 말라 하신다.

여기서 말한 "큰 안식일"은 히브리어 원문에서 "샤브바트 샤브바톤"(שַׁבַּת שַׁבָּתוֹן)으로서 15절 외에 출애굽기 35:2 과 레위기 23:3에 언급되며 그리고 비슷한 표현이 출애굽기 16:23에 언급된다. 이 문구를 한글개역성경은 여기 15절에서는 "큰 안식일"로 번역하나, 출애굽기 35:2에서는 "특별한 안식일" 그리고 레위기 23:3에서는 "쉴 안식일"로 번역하여 그 번역에 일관성이 없다. "샤브바트 샤브바톤"(שַׁבַּת שַׁבָּתוֹן) 문구는 직역하면 "휴식의 안식일"[952] 혹은 "완전한 휴식의 안식일"이다. 이 히브리어 문구는 안식을 강조하는 문구로서 제 칠일에

951) Kaiser, Jr., *Exodus, The Expositor's Bible Commentary*, vol.2, p. 476.

952) *The New Brown, Driver, and Briggs Hebrew and English Lexicon of the Old Testament*, p. 992.

는 '완전한 혹은 철저한 안식' 을 해야 함을 가르쳐 준다. 그러므로 제 칠일 안식일에 일한 사람은 반드시 죽이라고 다시 강조하여 말씀하신다. 이미 앞서 십계명의 제 4계명을 말씀하실 때(출 20:8-11), 안식일을 거룩히 지킬 것을 명령하셨는데, 다시 여기 13절 이하에서 강조하여 말씀하시는 것은 이스라엘 백성이 안식일을 거룩히 지키라는 명령을 잘 지키지 않았기 때문인 것으로 보인다. 그렇지 않다면 안식일 명령은 이스라엘 백성이 꼭 지켜야 할 중요한 계명이기 때문에 다시 말씀하고 또 말씀하시며 강조해 주신다고 말할 수 있다.

16-17절에서 안식일을 지키는 것은 여호와와 이스라엘 사이의 영원한 언약으로 불러진다. 또한 안식일을 지키는 것은 이스라엘 백성이 구별된 백성인 것을 의미하는 여호와께서 그들에게 주신 선물이다.

17절에서는 안식일은 여호와와 이스라엘 사이의 영원한 징표라고 한다. 이 안식일이 무엇에 대한 징표(sign)이냐 하면, 본문을 볼 때, 여호와가 6일 동안 천지를 창조하고 제 7일에 쉬어 안식하셨다는 창조의 사실에 대한 징표(sign)임을 시사한 것으로 보인다(참고, Cassuto, *A Commentary on the Book of Exodus*, p. 405). 이렇게 출애굽기에서 안식일(토요일)을 거룩하게 지킬 것을 아주 강조하는데, 신약교회에서는 주일을 안식일로 지키고 있다. 이렇게 안식일 날의 바꾸어 지키라는 명령이 성경에 분명하게 없어 무슨 근거에 의해 바꾸어 지키는지 궁금해 하는 성도들이 많다. 여기에 성경과 초대 교회사의 자료들을 통해 토요일을 안식일로 지키지 않고 주일을 안식일로 지키게 된 경위를 살펴보자.

1) 사도행전 20:7을 보면, 구약시대에 안식일 이였던 토요일이 아니라, 주일에 드로아에서 바울과 함께 예수님을 믿는 성도들이 모여

성찬식을 거행하며 바울의 강해 설교를 들으며 예배를 드림을 볼 수 있다. 여기에서 왜 토요일 안식일에 모이지 않고, 주일 곧 일요일에 모여 예배드렸는지는 설명되어 있지 않다.

2) 고린도 교회가 모여 헌금한 날이 구약의 안식일인 토요일이 아니라, 매주일 첫 날인 주일이었다. 바울이 고린도 교우들에게 매주일 첫 날에 헌금을 저축하라고 말한 것을 볼 때, 이미 바울이 고린도 교우들에게 편지를 보낼 때에는, 그리스도인들이 토요일 안식일이 아니라, 매 주일 첫 날인 주일에 모여 예배드리는 것을 바울도 잘 알고 있었던 것으로 생각된다(고린도전서 16:2).

3) 사도 요한이 밧모 섬에서 성령의 감동을 받아 주님의 음성을 듣고 깊은 교제를 갖는 날이 오늘날의 일요일인 주일이다(계 1:10). 이는 사도 요한도 그 당시 그리스도인들이 모이는 날인 주일에 하나님께 예배드리다가 그러한 깊은 영적 교제를 갖게 된 것으로 생각된다.

4) 주후 100년경에 쓰여진 디다케(Didache) 책을 보면, 그리스도인들이 "주의 날"에 함께 모여 떡을 떼며 예배하였다고 한다.[953] 이는 드로아 교회나 고린도 교회의 전통을 이어, 주후 100년경에도 그리스도인들은 "주의 날", 곧 주일에 모여 예배드렸음을 보여준다.

5) 주후 110년 경의 이그나티우스도 "이 이상 안식일을 위해 사는 것이 아니라 주일을 위해 사는 새로운 희망을 갖게 되었다"고 말함으로서 계속해서 그리스도인들은 주일에 예배드리는 전통을 유지했음을 보여준다.[954] 그들이 그 전통을 유지할 뿐만 아니라, 더 나아가 그 날의 예배가 그들에게 그리스도처럼 부활하여 영원한 삶을 살 것이

953) *The Didache* 14, 1.

954) Ignatius, *To the Magnesians*, 9, 1.

라는 희망을 갖게 했던 것으로 생각된다.

6) 주후 170년 경의 순교자 저스틴도 "일요일이라 부르는 날에 도시나 농촌에 사는 모든 사람이 한 장소에 모였다"고 하며 주일에 하나님께 예배드리려 모였음을 가르쳐 준다.[955)]

7) 주후 360년경에 아타나시우스는 "우리는 안식일을 지키지 않는다. 우리는 새로운 창조가 시작된 것을 기념하는 주의 날을 지킨다"고 말한다.[956)] 이는 이미 그리스도인들이 토요일 안식일이 아니라, 일요일인 주일의 안식일에 예배드리는 것이 제도화되어 있음을 보여준다.

이렇게 신약교회뿐만 아니라, 초대교회사의 그리스도인들이 유대인들과는 구별되게 토요일 안식일이 아니라, 매주일 첫날인 일요일을 하나님께 예배드리는 날로 정하여 세상일을 멈추고, 하나님께 예배드리는 날로 바치는 것은 단순히 사람들이 결정하여 된 것이 아니라, 교회를 이끌어 가시는 성령님이 그렇게 인도하신 것으로 생각된다. 그 이유는 예수님이 십자가에 못 박히실 것을 생각하시며 제자들에게 말씀하시길, "보혜사 곧 아버지께서 내 이름으로 보내실 성령 그가 너희에게 모든 것을 가르치고 내가 너희에게 말한 모든 것을 생각나게 하시리라"하셨고(요 14:26), 또한 "…진리의 성령이 오시면 그가 너희를 모든 진리 가운데로 인도하시리니 그가 자의로 말하지 않고 오직 듣는 것을 말하시며 장래 일을 너희에게 알리시리라"고 하셨기 때문이다(요 16:13).

18절은 성막과 거기에 딸린 기구와 제사장들의 옷과 관유(붓는 기

955) Justin Martyr, *First Apology*, 67.

956) Athanasius, *Concerning the Sabbath and Circumcision*. 이 책은 W. Barclay, *The Ten Commandments for Today*, p. 36으로부터 인용됨.

름) 와 향을 만드는 것을 다 가르치신 후에 여호와께서 모세에게 하나님의 율법의 핵심적인 내용인 십계명의 두 돌판을 주셨다. 두 돌판에 대해 다음 다섯 가지를 지적할 수 있다.

1) 여호와께서 모세를 시내산에 오르게 하신 주목적은 이 돌판들을 주시기 위해서였다. 이미 하나님은 모세에게 돌판을 주실 것이라 약속 하셨다(출 24:12).

2) 하나님이 스스로 두 돌판을 만드시고, 거기에 글자를 새기셨다(출 32:15).

3) 두 돌판들의 각 판의 양편에 글이 새겨져 있었다(출 32:15).

4) 십계명을 쓸 자료로 돌을 택하시고 거기에 그 내용을 새긴 것은 하나님의 이 말씀들이 영구히 지켜야 할 것임을 가리킨다.

5) 십계명의 두 돌판의 크기는 법궤의 크기(가로 2.5 규빗 × 세로 2.5 규빗 × 높이 1.5 규빗)보다는 훨씬 적었을 것이다. 왜냐하면 법궤 정도의 크기라면 너무 무거워 산에서 가지고 내려오기가 어려웠을 것이기 때문이다. 카일 과 델리취(Keil and Delitzsch)는 생각하기를 이 돌판들은 길이가 기껏해야 1.5규빗(67.5cm), 폭이 1규빗(45cm) 정도 되었을 것이라 한다(Keil and Delitzsch, *Biblical Commentary on the Old Testament*, vol. 2, *The Pentateuch* p. 220).

[출애굽기 32장]

[1절-6절]

이스라엘 백성이 금송아지를 만들어 경배함

1.백성이 모세가 산에서 내려옴이 더딤을 보고 모여 아론에게 이르러 가로되 일어나라 우리를 인도할 신을 우리를 위하여 만들라 이 모세 곧 우리를 애굽 땅에서 인도하여 낸 사람은 어찌 되었는지 알지 못함이니라. 2.아론이 그들에게 이르되 너희 아내와 자녀의 귀의 금고리를 빼어 내게로 가져오라. 3.모든 백성이 그 귀에서 금고리를 빼어 아론에게로 가져오매, 4.아론이 그들의 손에서 그 고리를 받아 부어서 각도로 새겨 송아지 형상을 만드니 그들이 말하되[1] 이스라엘아 이는 너희를 애굽 땅에서 인도하여 낸 너희 신이로다 하는지라. 5.아론이 보고[2] 그 앞에 단을 쌓고 이에 공포하여 가로되 내일은 여호와의 절일 이니라 하니, 6.이튿날에 그들이 일찌기 일어나[3] 번제를 드리며 화목제를 드리고 앉아서 먹고 마시며 일어나서 뛰놀더라.

1. 본문의 원전 설명

4절: 1 "그들이 말하되." 이 단어가 헬라어 70인역을 보면 "그가 말하되" 로 되어 있다. 그러므로 헬라어 70인역은 4절 후반 절의 말이 백성의 말이 아니라, 아론의 말로 읽는 것이다.

5절: 2 "아론이 보고." 이 구절이 페쉬타 수리아역을 따르면, "아론이 두려워하고" 로 되어 있다.

6절: 3 "그들이 일찍이 일어나." 이 구절에서 헬라어 70인역에 의하면, 주어가 복수가 아니고, 단수로서 "그가 아침에 일찍이 일어나" 로 되어 있다.

2. 본문 내용 개요

모세가 산에서 빨리 내려오지 않으므로 백성이 아론에게 자기들을 인도할 신을 만들어 달라하자 아론이 그들 귀의 금고리를 빼어 오게 하여 금송아지를 만들어 섬김.

3. 주석

1절에서 백성들은 모세가 산에서 오래도록 내려오지 않으므로 더 이상 참지 못하고 다른 지도자를 원했다. 40일 가까이 되어도 산에서 내려오지 않은 것을 볼 때 그 기간은 이스라엘 백성들에게 너무 길게 생각된 것 같다. 아마 그들은 불이 타고 있던 시내 산에서 모세가 죽어 버린 것으로 생각했는지 모른다. 그들은 아론에게 와서 지도자를 요구한 것이 아니라 자기들을 인도할 신을 구했다. 의심 없이 그들을 위해 신을 만들 수 있는 사람을 지도자로 신뢰하려 했다고 볼 수 있다. 모세가 산에서 지체한 것이 이스라엘 백성을 시험하는 기간이 되었다. 여호와와 그의 종, 모세에 대한 이스라엘 백성의 신앙이 확고한지 어떤지를 시험하는 기간이었다. 불행하게도 그들은 조급함과 육체의 욕망에 빠져서 하나님께서 가장 싫어하시는 우상을 만들어 그 앞에 제사를 드리려고 하는 것이다.

2-3절에서 아론은 백성의 유혹에 굴복했다. 아론은 백성의 불신앙적인 제안을 과감하고 단호하게 거절하지 못했고, 그들의 불신과 낙심을 강한 믿음을 갖도록 설득하지 못했다. 카일과 델리취는 여기서 아론이 인간적인 꾀를 내어 그들의 제안을 막아보려 했다고 생각한다. 즉 여자들이 아끼고 소중히 여기는 귀의 금고리를 가져오게 하면,

사치하고 남에게 예쁘게 보이고 싶어 하는 그들이 가져오지 않을 것이라고 생각하여 가져오라고 했다는 것이다(Keil and Delitzsch, *Biblical Commentary on the Old Testament*, vol. 2, *The Pentateuch*, p. 221).

그러나 박윤선 박사는 "이와 같은 해석은 우리 본문에 전혀 근거를 가지지 못 한다"고 하며 반대한다(박윤선, *성경주석, 출애굽기*, p. 237). 카쑤토(Cassuto)는 아론이 이스라엘 백성의 아내와 자녀의 귀의 금고리를 가져오라 한 것은 시간을 벌려는 애매한 답변이라고 생각한다. 그러나 아론의 지연작전은 실패했고, 이스라엘 백성은 그들의 아내와 자녀의 금고리들 뿐만 아니라, 자기들의 귀에 있는 금고리들까지 빼어 가져왔다는 것이다(Cassuto, *A Commentary on the Book of Exodus*, pp. 411f.)

4-6절에서 아론은 금송아지 형상을 만든다. 아론은 백성들이 가져온 귀의 금고리로 금송아지 형상을 만들고, 그들이 그것을 이집트 땅에서 자기들을 인도해낸 신이라 외치며 그 앞에 단을 쌓고 번제, 화목제를 드리며, 먹고 마시며 축제를 행했다. 여기서 아론이 만든 송아지는 남성적인 씩씩한 힘을 상징하는 것으로 이집트에서 숭배되었고, 동양의 다른 곳에서도 숭배되었다. 박윤선 박사는 4절에서 백성이 금고리로 만든 송아지를 보고 "이스라엘아 이는 너희를 애굽 땅에서 인도하여 낸 너희 신이로다" 할 때 그 말을 무언중에 아론이 따라간 것과 5절에서 아론이 "내일은 여호와의 절일이니라" 하면서 그 우상 앞에 제사하려는 것으로 보아 아론 자신이 금송아지 자체를 좋게 생각한 것은 아니나, 그것으로 여호와 하나님을 비교하여 섬기므로 만족을 얻으려고 하였다고 생각한다(박윤선, *성경주석, 출애굽기*, p. 237).

금송아지에 대한 이스라엘 백성이나 아론의 태도는 하나님의 뜻을 저버리는 악한 행동이다(느 9: 18). 하나님께서는 이스라엘 백성에게 "너는 나 외에 다른 신들을 네게 있게 말찌니라" (출 20:3)고 말씀하셨으며, "너희는 나를 비겨서 은으로 신상이나 금으로 신상을 너희를 위하여 만들지 말라" 고(출 20:23) 가르쳐 주셨으나, 이런 하나님의 뜻을 완전히 거역하는 행동을 이스라엘 백성과 아론은 행한 것이다.

5절에서, 아론은 금송아지 앞에 단을 쌓고, "내일은 여호와의 절일이니라" 고 공포한다. 이 공포한 내용은 히브리어 성경 원문에서 "חַג לַיהוָה מָחָר" 로서 "내일은 여호와를 위한 축제일이다" 고 직역된다. 아론은 하나님의 뜻에 위배되는 우상 금송아지를 만들어 놓고 그 앞에 단을 만들며, 더 나아가 그 우상 만든 것을 축하하기 위해 내일은 축제일로 지킬 것을 선포한다. 그러면서 아론은 그 축제일을 여호와를 위한 축제일이라고 이름을 붙인다. 이 아론의 공포는, 뉴만(Newman)에 의하면, 그 송아지 숭배를 새롭게 받아드리는 표시로서 이해하고, 한편, 하야트(Hyatt), Aberbach 와 Smolar에 의하면, 아론이 압력에 의해 과실을 범한 후에 그의 명예를 회복하려는 시도로서 받아들여진다.

4. 설교 및 교훈 자료

1) 1절: 우상 숭배의 죄

이 우상을 만들어 거기에 절하는 죄로 3,000명이 죽임을 당하게 했다(출 32:28). 우리가 하나님께 기도하여 응답이 없다고 이스라엘 백성처럼 낙심하지 말고 하나님께 계속해서 매달리는 신앙의 사람이 되자. "우리가 선을 행하되 낙심하지 말찌니 피곤하지 아니하면 때가 이르매 거두리라(갈 6:9)".

2) 4절-6절: 우상을 가증하게 여기시는 하나님

하나님의 형상이라고 하면서 그 형상을 만들어 섬기는 것도 하나님께서는 강하게 반대하신다는 것을 본문이 보여준다. 악한 음모는 시작부터 함께 하지 말고 단호히 거절하는 용기와 지혜를 가져야 한다. 그렇지 않을 때 그 음모에 빠져들기 쉽다.

[7절-10절]

금송아지 죄 때문에 백성을 멸하실 것이라 함

7. 여호와께서 모세에게 이르시되 너는 내려가라 네가 애굽 땅에서 인도하여 낸 네 백성이 부패하였도다. 8. 그들이 내가 그들에게 명한 길을 속히 떠나 자기를 위하여 송아지를 부어 만들고 그것을 숭배하며 그것에게 희생을 드리며 말하기를 이스라엘아 이는 너희를 애굽 땅에서 인도하여 낸 너희 신이라 하였도다. 9. [1]여호와께서 또 모세에게 이르시되 내가 이 백성을 보니 목이 곧은 백성이로다. 10. 그런즉 나대로 하게 하라 내가 그들에게 진노하여 그들을 진멸하고 너로 큰 나라가 되게 하리라.[2]

1. 본문의 원전 설명

9절: [1] 9절 전체가 헬라어 70인역에는 없다.

10절: [2] 사마리아 오경은 10절 끝에 신명기 9:20의 내용을 첨가한다.

2. 본문 내용 개요

여호와께서 금송아지를 만들어 숭배하며 그것에 희생제물을 바치는 이스라엘 백성을 멸하시고 모세로 큰 나라가 되게 하실 것을 말씀함.

3. 주석

7절에서 여호와는 이스라엘 백성을 "네 백성"이라 부르신다. 하나님과의 언약을 깨뜨린 백성이기 때문이다. 더 이상 "내(하나님의) 백성"이라 부를 가치가 없는 백성이 되었음을 시사해준다. 이스라엘 백성이 금송아지를 만들어 놓고 그것이 자기들을 이집트에서 인도하여 낸 신이라 하였다. 여호와 하나님은 이제 그들의 출애굽을 하나님이 친히 하신 일이란 영광을 받을 가치도 없는 백성이므로 모세에게 "네가 애굽 땅에서 인도하여 낸" 백성이라고 하신다(Cassuto, *A Commentary on the Book of Exodus*, p. 414).

8절에서는 하나님 여호와께서 그들에게 친히 우뢰와 번개와 나팔소리와 산의 연기 속에서 십계명을 말씀하신지(출 20:18-19) 6주도 되지 않아 하나님을 반역하여 송아지를 만들어 놓고 그것이 그들을 출애굽 시켰다고 하는 배은망덕한 이스라엘 백성의 모습을 보여준다.

9절에서 "목이 곧은 백성"이란 이스라엘 백성이 하나님의 계명에 그들의 목을 굽히지 않음을 말한다. 즉 하나님의 계명을 경외하고 순종하는 뜻에서 목을 굽혀야 하는데 그렇지 않는 것을 나타낸다. 이스라엘 백성의 완고한 사상에 사로잡혀 새로운 사상을 집어넣기가 불가능한 것을 보여준다. 이스라엘 백성은 우상을 섬기는 주위의 예배의식에 익숙해 있어서 여호와를 섬기는 예배법에 적응하지 못하고 있고 옛날 생각에 집착되어 그것을 하려고 한다.

10절에서 여호와께서는 모세로 다시 큰 민족을 이루겠다고 말씀하신다. 목이 곧은 이스라엘 백성을 멸하고 그 대신 열조 아브라함에게 약속한 큰 민족을 이룬 일은(창 12:2) 모세를 통해서 이루겠다고 하신다. 곧 이스라엘 백성은 수치의 멸망을 당하지만 모세는 큰 나라의 시조가 되게 하시겠다고 말씀한다. 그러나 모세는 하나님의 제안을 받아들이지 않고 이스라엘 백성의 죄를 용서해주기를 다음 구절들에서 기도한다.

4. 설교 및 교훈 자료

1) 7-9절: 감찰하시는 하나님

여기에서 우리가 언급해야 될 것은 이스라엘 백성은 그들을 사랑하여서 이집트에서 이적과 기사를 행하며 해방시켜 주시고 광야에서 먹을 것을 공급해주시는 하나님을 잊어버렸으나 하나님은 잊어버리시지 않고 그들의 행동 하나 하나를 감찰하고 계신 것을 보여주신다. 시편 저자는 말하기를(시 139:2-4) "주께서 나의 앉고 일어섬을 아시며 멀리서도 나의 생각을 통촉하시오며, 나의 길과 눕는 것을 감찰하시며 나의 모든 행위를 익히 아시오니, 여호와여 내 혀의 말을 알지 못하시는 것이 하나도 없으시니이다." 즉 하나님은 모세와 시내산 정상에서 이야기 하시지만 산 아래서 무슨 일이 일어나는지를 다 알고 계신다. 어떤 성도들은 한국에 있으면서는 신앙생활을 잘하는데 외국에 나가면 자기 마음대로 행동하고 주일성수하지 않으며 돈 벌려고 일하려 간다. 그것은 어디에나 계시고 모든 것을 통촉하시는 『하나님의 실제』를 분명히 인식하지 못하기 때문이다.

2) 10절: 참된 지도자

자기의 공직을 이용하여 자기의 개인적 이익을 앞세우고 그 공직의 일을 손해보게 하는 일은 바른 지도자상이 아니다. 공직자 가운데 뇌물을 받거나 공금을 횡령한 죄로 자기의 자리를 사임하거나, 부하가 받아야 할 치하와 영광을 자기가 대신 받아서 많은 구설수에 오르는 사람들을 본다. 이런 지도자는 자기 자신을 불행하게 하고 심지어 더 나아가 자신을 망하게 하는 것을 본다. 이스라엘의 지도자 모세에게도 하나의 시험이 왔다. 그가 새롭게 한 민족의 시조가 되고 모든 영광을 독차지 할 수 있는 절호의 기회가 온 것이다. 그런데 이 기회는 모세가 자신이 인도하고 있는 이스라엘 형제들을 사랑하는 것보다 자기 자신의 영광을 더 사랑하는지 아닌지를 시험하는 기회였다. 모세는 이 시험을 훌륭히 이겼다. 모세는 자신의 명예나 영광보다, 하나님의 영광과 자기 동족의 구원을 위해 여호와 하나님께 간절히 간구하였다.

[11절-14절]

이스라엘 백성을 위한 모세의 중보기도

11. 모세가 그 하나님 여호와께 구하여 가로되 여호와여 어찌하여 그 큰 권능과 강한 손으로[1] 애굽 땅에서 인도하여 내신 주의 백성에게 진노하시나이까. 12. 어찌하여 애굽 사람으로 이르기를 여호와가 화를 내려 그 백성을 산에서 죽이고 지면에서 진멸하려고 인도하여 내었다 하게 하려 하시나이까 주의 맹렬한 노를 그치시고 뜻을 돌이키사 주의 백성에게 이 화를 내리지 마옵소서. 13. 주의 종 아브라함과 이삭과 이스라엘[2]을 기억하소서 주께서 주를 가리켜 그들에게 맹세하여 이르시기를 내가 너희 자손을 하늘의 별처럼 많게 하고 나의 허락한 이 온 땅을 너희의 자손에게 주어 영원한 기업이 되게 하리라 하셨나이다. 14. 여호와께서 뜻을 돌이키사 말씀하신 화를 그 백성에게 내리지 아니하시니라.

1. 본문의 원전 설명

11절: [1] "강한 손으로." 이 문구가 사마리아 오경에서는 "펴신 팔로"(with an arm stretched out) 표현되어 있다.

13절: [2] "이스라엘." 이 단어가 사마리아 오경과 헬라어 70인역에서는 "야곱"이라고 되어 있다.

2. 본문 내용 개요

모세는 여호와께서 이스라엘을 멸절시키려 하시자 아브라함과 이삭과 야곱에게 자손의 번창과 가나안 땅을 약속하신 것을 상기시키며 여호와께서 그 뜻을 돌이키시게 함.

3. 주석

11절 "모세가 그 하나님 여호와께 구하여 가로되 여호와여 어찌하여 그 큰 권능과 강한 손으로 애굽 땅에서 인도하여 내신 주의 백성에게 진노하시나이까." 모세는 하나님의 무서운 진노 앞에 움츠려들지 않고 백성의 중보자로서 하나님께 간곡히 구하기 시작한다. 이스라엘 백성을 다 멸하시고 자기를 통해 새로운 이스라엘을 시작하시겠다는 하나님의 말씀을 듣고 자기에게 보여주는 하나님의 특은(特恩)에 용기를 입어 하나님께 중보의 기도를 드린 것이다. 이 기도에서 모세는 이스라엘 백성을 정당화 하려고 하지 않고 단지 하나님의 자비만을 구한다. 모세는 하나님께 이 백성을 하나님의 자비에 의해 큰 권능과 강한 손으로 이집트 땅에서 데리고 나왔음을 상기시킨다. 아무런 내 놓을 것, 자랑할 것이 없으나 하나님의 자비하심으로 택하여 자기 백성 삼으시고 이집트의 종살이에서 해방시켜 가나안 땅으로 인도하시기 위해 데리고 나오셨다는 것이다.

12절에서 모세는 이제 둘째로 하나님께 하나님 자신을 위하여 이스라엘 백성에 대한 진노를 거두어 달라고 하신다. 왜냐하면 하나님이 이스라엘 백성을 죽이시면 이집트 사람들이 하나님께 본래 이스라엘 백성을 지면에서 없애버리려고 이집트에서 데리고 나왔다고 악담을 하며 하나님의 영광을 가리게 될 것이기 때문이란 것이다.

13절에서 세 번째로 모세는 조상들 곧 아브라함, 이삭, 이스라엘과 맺은 언약을 상기시키면서 여호와의 진노를 거두어 달라고 한다. 하나님을 거역한 이 악한 백성은 독립된 별개의 백성이 아니라 하나님의 특별한 은총을 받아 언약을 맺은 아브라함, 이삭, 이스라엘의 후손인데 그들과 맹세하여 하늘의 별처럼 그들의 후손을 많게 하겠다고 하셨는데 그것을 이루시기 위해 진노를 거두어 달라고 애원한다. 즉 하나님의 약속의 신뢰성, 미쁘심을 이루시기 위해 이스라엘 백성의 죄를 용서해 달라고 한다.

14절은 여호와 하나님께서 모세의 중보의 기도를 들으시고 이스라엘 백성 모두를 진멸하시겠다는 재앙을 내리지 않으셨다. 위의 모세의 중보 기도의 내용을 보면 1) 이스라엘 백성을 선택하신 하나님의 자비, 2) 하나님의 이름의 영광, 3) 열조들과 약속의 언약에 호소했다.

[15절-20절]

금송아지 가루를 물에 뿌려 백성이 마시게 함.

15. 모세가 돌이켜 산에서 내려오는데 증거의 두 판이 그 손에 있고 그 판의 양면 이편저편에 글자가 있으니, 16. 그 판은 하나님이 만드신 것이요 글자는 하나님이 쓰셔서 판에 새기신 것이더라. 17. 여호수아가 백성

의 떠듦을 듣고 모세에게 말하되 진중에서 싸우는 소리가 나나이다. 18. 모세 가로되 이는 승전가도 아니요 패하여 부르짖는 소리도 아니라 나의 듣기에는 노래하는[1] 소리로다 하고, 19. 진에 가까이 이르러 송아지와 그 춤추는 것을 보고 대노하여 손에서 그 판들을 산 아래로 던져 깨뜨리니라. 20. 모세가 그들의 만든 송아지를 가져 불살라 부수어 가루를 만들어 물에 뿌려 이스라엘 자손에게 마시우니라.

1. 본문의 원전 설명

18절: 1 "노래하는." 이 단어는 헬라어 70인역에서 "술잔치를 시작하는 자들의"란 분사문구로 표현되어 있다.

2. 본문 내용 개요

모세가 십계명의 두 돌 판들을 던져 깨뜨리고 그 송아지를 불살라 가루를 만들어서 물에 뿌려 백성에게 마시게 함.

3. 주석

15-16절은 이미 출애굽기 31:18에 언급된 대로 모세가 증거의 두 돌판을 들고 산에서 내려옴을 말한다. 그 두 돌판은 각각 그 양면에 글자가 있었다. 그 판들은 하나님이 친히 만드신 것이요 글자는 하나님이 친히 쓰신 것이다.

17절, "여호수아가 백성의 떠듦을 듣고 모세에게 말하되 진중에서 싸우는 소리가 나나이다." 산 중턱에서 모세가 내려오기를 기다리던 여호수아는 모세가 그에게 다가왔을 때 진중에서 싸우는 소리가 난다고 했다. 아마도 여호수아는 광야의 약탈자들이 이스라엘의 진영을 공격한 것으로 생각한 것 같다.

19-20절에서 하나님께 진노를 거두어 달라고 애원하던 모세는 그가 그 백성의 범죄의 현장을 목격했을 때 끓어오르는 분노를 참지 못하고 그가 가져오던 증거의 두 돌판을 산 아래로 던져 깨뜨렸다. 이렇게 증거판을 깨뜨린 것은 그 안에 기록된 하나님과 맺은 언약을 파기한 것을 나타내는 사인(sign)이었다. 바로 언약을 체결했던 그 장소에서(출 24:4), 그 언약을 깨뜨린 것이다.

[21절–24절]

아론에게 금송아지를 만들게 된 경위를 물음

21. 모세가 아론에게 이르되 이 백성이 네게 어떻게 하였기에 네가 그들로 중죄에 빠지게 하였느냐. 22. 아론이 가로되 내 주여 노하지 마소서 이 백성의 악함을[1] 당신이 아나이다. 23. 그들이 내게 말하기를 우리를 위하여 우리를 인도할 신을 만들라 이 모세 곧 우리를 애굽 땅에서 인도하여 낸 사람은 어찌 되었는지 알 수 없노라 하기에, 24. 내가 그들에게 이르기를 금이 있는 자는 빼어내라 한즉 그들이 그것을 내게로 가져왔기로 내가 불에 던졌더니 이 송아지가 나왔나이다.

1. 본문의 원전 설명

22절: [1] "이 백성의 악함을." 사마리아 오경에 의하면, "악함"이란 단어보다 "통제할 수 없음"(פרוע)이란 단어로 표현되어 있어, "이 백성의 통제할 수 없음을"이라고 번역할 수 있다.

2. 본문 내용 개요

아론은 백성이 모세의 더디 옴으로 자기들을 인도할 신을 만들어 달라하여 그들에게 금이 있는 자는 가져오게 하여 그 금을 불에 던졌더니 이 송아지가 나왔다고 변명함.

3. 주석

22절에서 아론은 그가 약하여 백성의 요구를 따른 것이라 할지라도, 그가 가장 비난 받아야 할 사람이었다. 왜냐하면 백성의 악한 요구를 생명을 걸고 신념을 가지고 강력히 반대하지 못하고 그들의 요구를 따라 우상을 만드는 악한 일을 했기 때문이다. 아론은 그의 동생인 모세를 "내 주"(אֲדֹנִי)라고 부른다. 그 이유는, 카쑤토(Cassuto)에 의하면, 아론이 자신의 행동에 대해 모세에게 설명을 해야만 하고 자기가 취한 행동을 정당화해야 했기 때문이다. 또한 아론은 모세를 진정시키려 했기 때문이란 것이다.[957] 그러나 아론이 자기 동생을 "내 주"(אֲדֹנִי)라 부른 일차적인 이유는 모세가 비록 동생이지만 여호와께서 모세를 아론에게 "하나님같이 되게" 하셨기 때문인 줄 안다(출 4:16).

23-24절에서 아론은 금송아지 우상을 만든 것이 완전히 백성 때문인 것으로 말한다. 모세의 진노가 자기에게 향해지는 것을 두려워한 아론은 이스라엘을 악한 백성이라고 말하며 자기는 그들의 요구에 수동적으로 따라 갔을 뿐이라고 이야기 한다. 그러나 아론의 말이 어느 정도 사실일 수 있으나, 그가 백성의 요구대로 우상을 만들어 숭배

---

957) Keil and Delitzsch, *Biblical Commentary on the Old Testament*, vol. 2, *the Pentateuch*, p. 420.

하게하며 제사를 드리게 한 것은 결코 어떤 변명도 그의 행동을 정당시 할 수 없다. 또한 아론은 변명하면서 자기는 금송아지를 특별히 만들려고 의도하지 않았는데 우발적으로 생긴 것처럼 이야기 한다. 곧, 아론 자신의 의도나, 의지 없이, 금송아지가 스스로 생겨난 것처럼 말한다. 이 변명은 아주 비열한 것이어서 모세는 대답조차 하지 않는다.

4. 설교 및 교훈 자료

22절: 지도자 아론의 죄

아론의 죄는 그의 남자답지 않은 두려움과 변명에 있다. 그가 결정적인 때에 백성의 악한 요구를 거절할 용기나 결단을 갖지 못한 것이다. 아론은 아마 모세에게 다음과 같이 말하고 싶었는지 모른다: "내가 그들의 요구를 들어주지 않았다면 나는 죽었을 거야"라고 말이다. 이 말에 모세는 다음과 같이 대답했을 것이다: "일천 번 죽어도 이스라엘 백성을 죄짓게 하는 도구로 당신을 사용하게 해서는 안 된다." 이 아론의 죄를 통해 우리가 생각할 수 있는 것은 상황이나 주위의 형편에 우리의 죄를 전가시킬 수 없다는 것이다. 우리의 죄는 우리가 책임져야 한다. 아론의 두 번째 변명은 더 악한 것이다. 아론은 자기가 금송아지를 만든 것이 아니라, 금송아지가 저절로 나왔다는 것이다. 이런 종류의 변명은 비열하고 가증한 것이다. 우리는 운명이나, 주위 환경이나, 어느 다른 사람에게 나의 잘못과 죄를 전가시키지 않고, 나의 잘못을 순수하게 인정하고 용서를 구하는 신앙인이 되어야 한다. 잘못, 과실을 범했을 때 그것을 대처하는 바른 길은 솔직히 그것을 시인하는 것이다.

다윗은 밧세바와 간음하고 그것을 은폐하기 위해 그녀의 남편 우리아까지 죽이고 아무도 모르게 그 죄를 깊이 감추려 했다. 그러나 나단 선지자가 찾아와 그 죄를 추궁할 때에, 다윗은 그대로, "내가 여호와께 죄를 범하였노라." 고 하며 회개하였다(삼하 12:13). 다윗의 회개하는 내용이 기록된 사무엘 하 12장이나, 시편(詩篇) 51편 등을 보면 다윗이 누구를 원망하거나 다른 사람에게 죄를 전가시키거나 자신을 변명하지 않는다. 다윗은 그저 "내가 범죄 했습니다." 고 말하며 회개할 뿐이다. 이렇게 회개하는 다윗에게 여호와께서는 나단 선지자를 통해, "여호와께서도 당신의 죄를 사하셨나니 당신이 죽지 아니 하리이다." 고 말씀하셨다(삼하 12:13).

1970년대 미국의 Water-Gate 사건의 경우를 기억했으면 한다. 공화당의 닉슨 대통령이 민주당 사무실의 도청사실을 알고 있음을 부인하고 다른 사람들에게 그것을 전가하려 하다가 결국은 대통령 직에서 물러나야 했던 정치적 스캔들이다. 아론은 자신의 어리석은 죄와 부끄러운 변명 때문에 자신의 멸망을 초래할 뻔 했으나 여호와는 모세의 중보기도로 아론을 살려주셨음을 신명기 9:20은 증거 한다.

[25절-29절]

레위 자손들에게 범죄한 백성을 죽이게 함

25. 모세가 본즉 백성이 방자하니 이는 아론이 그들로 방자하게 하여 원
수에게 조롱거리가 되게 하였음이라. 26. 이에 모세가 진문에 서서 가로
되 누구든지 여호와의 편에 있는 자는 내게로 나아오라 하매 레위 자손
이 다 모여 그에게로 오는지라. 27. 모세가 그들에게 이르되 이스라엘의
하나님 여호와께서 이같이 말씀하시기를 너희는 각각 허리에 칼을 차고[1]
진 이 문에서 저 문까지 왕래하며 각 사람이 그 형제를, 각 사람이 그 친
구를, 각 사람이 그 이웃을 도륙하라 하셨느니라. 28. 레위 자손이 모세
의 말대로 행하매 이 날에 백성 중에 삼천명 가량이 죽인 바 된지라. 29.
모세가 이르되 각 사람이 그 아들과 그 형제를 쳤으니[2] 오늘날 여호와께

헌신하게 되었느니라 그가 오늘날 너희에게 복을 내리시리라.

1. 본문의 원전 설명

27절: [1] "칼을 차고…." 사마리아 오경, 헬라어 70인역 그리고 벌게이트 역은 '칼을 차고 …" 란 문장 뒤에 "그리고"(…וְעִ)가 삽입되어 있다.

29절: [2] "각 사람이 그 아들과 그 형제를 쳤으니." 이 구절 앞에 있는 히브리어 원문의 "키"(כִּי)란 단어가 70인역과 페쉬타 역 그리고 벌게이트 역에는 없음.

2. 본문 내용 개요

모세가 여호와의 편에 있기를 원하는 레위 자손에게 범죄 한 이스라엘 백성을 칼로 치게 하여 백성 중에 삼천 명 가량을 죽였음.

3. 주석

25절은 모세가 없는 동안 아론이 백성을 제멋대로 하도록 나두어서 두려워하거나 조심하는 태도가 없이 해동하므로 결국 그들이 장차 원수들의 조롱거리가 될 것이라는 것이다. 이러한 이스라엘을 징벌하고 바른 길로 돌아오게 해야 됨을 시사한다. 이 목적을 위해 모세는 과감한 사형의 벌을 자기들 끼리 행하게 한다.

26-28절에서 모세가 여호와의 편에 있는 자는 나오라 할 때, 레위 자손이 다 나오므로 진 이 문에서 저 문까지 왕래하여 사람을 죽이게 하여 3천명 가량을 죽였다. 이스라엘 백성의 죄가 중하여 이스라엘

백성 자기들 끼리 죽이게 하여 수천명의 사상자를 내게 했다. 그런데 실제로 이런 살인이 어떻게 행해졌는지에 대해서 칼빈에 의하면, 레위 사람들이 금송아지를 만들고 그것을 숭배하는데 앞장섰던 사람들을 알아서 그들을 다만 칼로 죽였을 것으로 생각한다. 그러나 본문은 자세한 설명 없이 이쪽 진문에서 저쪽 진문에 다니면서 사람을 죽이도록 했다고 한다. 이때의 레위족의 복종은 여호와에 대한 절대 믿음의 행위였다. 사람을 두려워하거나, 개인을 중요시하게 생각하는 것이 아니라 단지 하나님의 명령이므로 믿고 순종하여 따랐다. 백성이 반역하거나 저항하지 않는 것은 하나님이 아주 크고 놀라운 힘과 함께 그의 종으로서 보낸 모세에 대한 경외심 때문일 것이며, 또한 한편 죄를 지은 사람이 흔히 갖는 의기소침과 두려움 때문이었을 것으로 보인다.[958)]

29절에서 모세는 레위 사람이 그 아들과 그 형제를 쳤으니 오늘날 여호와께서 그들에게 복을 내리시리라고 말한다. 히브리어 원문성경의 29절에서, "미레우(מִלְאוּ)"를 칼(qal)동사의 명령형으로 이해하느냐[959)] 혹은 피엘(piel)동사의 완료형으로 이해하느냐에 따라 번역이 달라진다. 한글개역성경은 후자로 이해하여 번역된 것이고, 전자로 이해하고 번역하면, "모세가 이르되, 너희 각 사람이 그 아들과 그 형제를 쳤으니, 그가 오늘 너희에게 복을 내리시도록 오늘 너희를 여호

958) Keil and Delitzsch, *Biblical Commentary on the Old Testament*, vol. 2, *the Pentateuch*, 228f.

959) 칼(qal)동사의 명령형으로 이해하고 번역한 성경은 KJV, NASV, The Holy Scriptures(Koren Publishers Jerusalem), The Holy Scriptures(the Jewish Publication Society of America)이고, 한편 피엘(piel)동사의 완료형으로 이해하고 번역한 성경은 the LXX, Vulgate, Targum, RSV, NIV, ESV 등이다.

와께 헌신하라." 이다. 이 번역에서 "너희를 여호와께 헌신하라"는 문장의 원문을 직역하면 "여호와를 위해 너희 손을 채우라" 이다. 이 말은, 카일과 델리취(Keil and Delitzsch)에 따르면, '여호와께 제물을 바치라' 는 뜻이 아니라, '하나님께 바치기 위해 어떤 것을 마련하라' 는 뜻이다. 그리하여 "여호와를 위해 너희 손을 채우라"는 표현은 29절의 전후맥락에서 '하나님을 위해 너희 자신들을 선물로 마련하라' 혹은 '하나님의 일을 위해 너희 자신들을 헌신하라.' 는 뜻으로 이해한다.

한편 카쑤토(Cassuto)는 여기 29절을 앞의 28:41절과 연관시켜 카쑤토(Cassuto)는 "미레우"(מִלְאוּ)를 피엘(piel)동사의 완료형으로 읽고 "손을 채우다"는 말을 '위임하다' 를 의미하는 것으로 이해한다. 앞서 28:41절에서 약간 설명했듯이, 카쑤토(Cassuto)는 "손을 채우다"는 표현을 아카디아 어의 "위임"(installing)이란 단어의 의미를 통해 설명한다. "위임"(installing)은 아카디아 어 에서 원래 '어떤 일에 지명된 사람의 손을 그 맡겨진 일을 하도록 물질이나 도구들로 채운 것' 을 뜻한다는 것이다.[960]

기스펜(Gispen)도 출 28:41에서 "손을 채우다."는 표현이 '어떤 사람을 어떤 직책에 위임하는 것' 을 뜻하는 바빌론-앗수르의 전문적인 용어임을 지적한다.[961] 이런 뜻에서 "손을 채우다"는 표현을 이해할 때, 비인칭(impersonal)이나 부정(不定, indefinite)의미로 번역되어야 한다. 그리하여 "미레우 예데켐(מִלְאוּ יֶדְכֶם)"은 "너희 손이 채워졌다"로 번역된다. 이 번역은 '레위 자손이 하나님을 섬기도록 위임되

960) Cassuto, *A Commentary on the Book of Exodus*, p.386.

961) Gispen, *Bible Student's Commentary, Exodus*, p. 273.

었다.' 혹은 '레위 자손이 하나님을 섬기도록 정해졌다.' 를 의미한다. 곧, 하나님께 바치도록 된 이스라엘 백성의 첫 아들들은 금송아지 숭배의 죄에 연루되어 면직되고, 대신 형제나 아들에 대한 인간적 사랑보다 하나님께 더 깊은 존경과 사랑을 보여주었기 때문에 레위 자손들이 성전에서 봉사하도록 임명되었다는 것이다.

위의 두 번역 가운데 어느 것이 더 합당한 번역인가는 쉽게 결론 내릴 수 없다. 카일과 델리취(Keil and Delitzsch)는 "손을 채우다"는 표현을 역대 상 29:5이나 역대 하 29:31의 용법을 참조하여 그의 번역을 제시하며, 카쑤토(Cassuto)는 출 28:41의 용법을 참조하여 "미레우"(מִלְאוּ)가 칼(Qal)동사의 명령형이라면, 문맥에서 앞 절에 있어야 한다고 말하면서 피엘(piel)동사의 완료형으로 읽어야 할 것을 강조한다. 이러한 카쑤토(Cassuto)의 지적과 같이, 모세가 레위 족 에게 금송아지 우상을 만드는 죄를 범한 이스라엘을 벌하기 위해 헌신을 요구하는 명령을 했다면 앞 절인 28절에서 명령했어야 한다고 생각된다. 29절에서는 개역성경 번역처럼 "미레우"(מִלְאוּ)를 피엘(Piel) 완료형으로 읽어 이스라엘 백성을 벌한 레위 족에게 그들의 행동을 통해 하나님께 헌신하게 되었음을 지적하며 그 결과 하나님께서 그들에게 복주 실 것이라고 모세가 말했다고 이해함이 앞뒤 문맥에서 더 합당한 것으로 생각된다.

4. 설교 및 교훈 자료

27절: 하나님의 형벌

27절에 보면 하나님이 범죄 한 이스라엘 백성을 죽이도록 말씀하신다. 진(陣) 이편에서 진(陣) 저편에 오고 가면서 칼로 죽이라 하신다. 이 하나님의 명령은 하나님 이외의 다른 우상이나 하나님 자신의 형상이라면서 무엇을 만들어 놓고 그것을 섬기며 숭배하는 것이 얼마나 큰 죄이며 하나님이 싫어하시는가를 보여준다. 오늘 한국에 얼마나 이런 죄가 행해지고 있는가. 비록 지금은 은혜의 시대이어서 구약에서처럼 즉각, 즉각 벌하시지 않지만 하나님의 싫어하시는 그 깊은 심중을 이해하고, 이런 우상이 이 땅에서 제거되도록 기도하고 노력해야 되겠다.

[30절-35절]

모세의 백성을 위한 두 번째 중보기도

30. 이튿날 모세가 백성에게 이르되 너희가 큰 죄를 범하였도다 내가 이제 여호와께로[1] 올라가노니 혹 너희의 죄를 속할까 하노라 하고, 31. 여호와께로 다시 나아가 여짜오되 슬프도 소이다[2] 이 백성이 자기들을 위하여 금신을 만들었사오니 큰 죄를 범하였나이다. 32. 그러나 합의하시면 이제 그들의 죄를 사하시옵소서 그렇지 않사오면 원컨대[3] 주의 기록하신 책에서 내 이름을 지워 버려주옵소서. 33. 여호와께서 모세에게 이르시되 누구든지 내게 범죄하면 그는 내가 내 책에서 지워버리리라. 34. 이제 가서 내가 네게 말한 곳으로 백성을 인도하라 내 사자가 네 앞서 가리라 그러나 내가 보응할 날에는 그들의 죄를 보응하리라. 35. 여호와께서 백성을 치시니 이는 그들이 아론의 만든바 그 송아지를 만들었음이더라.

1. 본문의 원전 설명

30절: [1] "여호와께로." 이 단어가 헬라어 70인 역 에서는 "하나님께로"(τὸν θεόν) 표현되었다.

31절: [2] "슬프도소이다." 이 단어가 사마리아 오경에는 "한네"(הִנֵּה, 보십시오)로 표현되었다.

32절: [3] "원컨대." 이 단어가 사마리아 오경, 헬라어 70인 역, 페쉬타, 그리고 벌게이트 에서는 생략되어 있다.

2. 본문 내용 개요

모세가 여호와께 이스라엘을 용서하지 않으시려면, 자기 이름을 하나님의 기록하신 책에서 지워 버려주소서 라고 간청하므로 모세에게 백성을 자기가 말씀하신 곳으로 인도해 가라고 하심.

3. 주석

30절은 모세가 여호와의 영광을 위해 범죄 한 백성에게 보복을 한 후, 이튿날 백성의 죄를 속하려고 여호와께 중보자로서 올라갈 것을 말한다. 앞서 11-13절에서 이미 백성의 죄를 용서해 달라고 기도했으나 완전한 용서가 아니고 백성의 완전한 멸망의 형벌은 면하는 허락은 받았다. 이제 확실한 답을 얻지 못하고 다시 하나님께 간구할 것이라고 하지만 그 백성의 죄가 너무 커서 죄 용서를 받을지 확신하지 못하는 모세이다.

31-32절은 기도를 시작하는 모세를 보여준다. 먼저 모세는 백성이 바로 하나님께서 십계명에서 명령하신 계명을 어긴 큰 죄를 범했음을 자백한다(출 20:23). 히브리원문 성경은 32절에, "그러나 합의하시면 그들의 죄를 사하시옵소서."를 그냥 "이제 주께서 그들의 죄를 용서하시면" 이라고 조건절로만 기록되어있고, 그다음 귀결절 (apodosis)은 생략되어 있다. 이는 그 귀결절의 내용이 문맥에서 잘 짐작되기 때문이다. 그러나 주께서 백성의 죄를 용서하시지 않으면 모세는 자기의 이름도 하나님께서 자기의 택하신 자들의 이름을 기

록한 책에서 지워달라고 한다. 모세는 백성의 지도자로서 백성에 대한 사랑이 불타 백성의 운명보다 자기의 운명이 더 좋게 되기를 원치 않았다. 어떤 주석가들은 여기에서 모세가 백성대신 형벌을 받기를 원한다는 뜻으로 해석하지만 여기 본문에서는 그런 의도가 분명히 나타나 있지 않다. 여기서 모세는 하나님이 "기록하신 책"이 있음을 알고 있음을 보여준다. 이 같은 생명책은 시편에도 나타난다. 시편 69:29(28), "저희를 생명책에서 도말하사 의인과 함께 기록되게 마소서"(참조, 단 12:1, 말 3:16, 사 4:3, 빌 4:3, 계 3:5, 13:8 등). 이러한 모세의 기도는 신약에서 사도 바울이 자기의 동족 이스라엘 백성이 구원받기를 원하는 소망과 비교 된다: "나의 형제 곧 골육의 친척을 위하여 내 자신이 저주를 받아 그리스도에게 끊어질지라도 원하는 바로라."(롬 9:3)

33절, "여호와께서 모세에게 이르시되 누구든지 내게 범죄 하면 그는 내가 내 책에서 지워버리리라." 이 말씀은 32절에서 모세가 자기 이름을 하나님의 생명책에서 "지워 버려주옵소서"하는 요구에 대해 그렇게 할 수 없음을 말씀하신 것이다. 하나님의 책에서 모세의 이름을 지우는 것은 있을 수 없다는 것이다. 단지 범죄 한 자만의 이름이 책에서 지워지지, 죄를 짓지 않은 자의 이름은 지울 수 없다는 것이다.

34절은 모세의 간구에 대한 하나님의 반응인데, 여호와께서는 모세가 간구한대로 백성의 죄를 완전히 용서했다는 응답을 하시지 않고 다만 그들을 계속해서 약속의 땅으로 인도해 가실 것을 말씀하신다. 그리고 그들의 죄에 대한 형벌은 연기하였다가 장차 보응할 것이라고 한다.

35절에서 하나님께서는 백성의 금송아지를 만든 죄 때문에 그들을 벌하셨음을 말하고 있다. 그러나 그 일이 언제 이루어졌는지는 분명히 밝히지 않는다. 카일과 델리취(Keil and Delitzsch)는 백성의 죄가 가득 찼을 때, 곧 가데스 바네아 에서 12스파이 사건으로 하나님을 배신하여 이스라엘의 남자들이 죽임을 당했을 때 일어났다고 생각한다(민 14;26ff). 이스라엘 백성이 완전한 멸망의 형벌은 면하고, 그리고 그들이 약속의 땅 가나안에 들어가는 것은 성취될 것이지만 그들의 죄에 대한 형벌은 적당한 때에 심판할 것이라 했는데 이 심판이 가데스 바네아 에서 일어났다는 것이다.

[출애굽기 33장]

[1절-3절]

여호와 대신 사자가 백성을 인도할 것이라 함

1. 여호와께서 모세에게 이르시되 너는 네가 애굽 땅에서 인도하여낸 백
성과 함께 여기서 떠나서 내가 아브라함과 이삭과 야곱에게 맹세하기를
네 자손에게 주마 한 그 땅으로 올라가라. 2. 내가 사자를[1] 네 앞서 보내
어 가나안 사람과 아모리 사람과 헷 사람과[2] 브리스 사람과 히위 사람과
여부스 사람을 쫓아내고, 3. 너희로 젖과 꿀이 흐르는 땅에 이르게 하려
니와[3] 나는 너희와 함께 올라가지 아니하리니 너희는 목이 곧은 백성인
즉 내가 중로에서 너희를 진멸할까 염려함이니라 하시니.

1. 본문의 원전 설명

2절: [1] "내가 사자를." 여기서 헬라어 70인역은 "내가 나의 사자를"이라고 표현한다.

2절: [2] "헷 사람과." 이 단어 뒤에, 사마리아 오경은 "기르가스 사람"(the Girgashites)을 삽입하여 2절에서 일곱 족속의 사람들을 열거하고 있다. 헬라어 70인 역도 "기르가스 사람"을 언급하지만 2절의 사람들의 순서가 히브리어 맛소라 성경과 약간 달리 아모리 사람, 헷 사람, 브리스 사람, 기르가스 사람, 히위 사람, 여부스 사람, 가나안 사람의 순서이다.

3절: [3] "이르게 하려니와." 이 동사가 실제로는 히브리어 맛소라 성경에 없고 문맥에서 맞는 동사를 생각해 내어 삽입되어진 것이다.

2. 본문 내용 개요

여호와는 그자신이 이스라엘이 백성과 함께 가시지 않고, 여호와의 사자가 그들 앞서 가서 그 약속의 땅에 사는 사람들을 내쫓고 거기에 이스라엘을 살게 할 것을 말씀함.

3. 주석

33장의 시작은 32:34의 내용의 연속이다. 1-2절에서 여호와께서는 모세에게 말씀 하시기를 모세가 이스라엘 백성을 이집트에서 인도하여 내었는데 이제 가나안 땅으로 데리고 가는 일을 성취하라고 하신다. 여호와께서 아브라함, 이삭, 야곱에게 맹세하여 그들의 자손에게 주기로 약속한 땅에 거하는 여섯 족속의 이름들은 이미 하나님께서 모세를 제일 처음 불러 이스라엘 백성을 이집트에서 구출해내는 사명을 주실 때 언급된다(출 3:7-10). 이 여섯 족속에 대해 비교적 자세히 설명하는 3:8에서 언급했듯이, 여호와는 여섯 족속들이 소유하고 있는 광활(廣闊)한 땅을 이스라엘 백성에게 주실 것을 이미 약속하셨고, 다시 주실 것이라고 2-3절에서 확실히 알려주신다. 바로 이 약속의 성취를 모세가 여호와께 32:13절에서 중보의 기도를 통해 간구했다. 그러나 여호와께서는 자신이 약속하신대로 이스라엘 백성이 가나안 땅을 소유하게 할 것이지만, 자신은 그들과 함께 가지 않으시고 자신의 사자, 곧 여호와의 천사가 이스라엘 보다 앞서 가서 여섯 족속을 쫓아내어 그 땅을 이스라엘이 차지하게 할 것이라 말씀하신다.

3절에서 여호와께서는 이스라엘 백성에게 주실 땅은 "젖과 꿀이 흐르는 땅"이라고 말씀하신다. 곧 그 땅은 풍요와 번영의 땅으로 양과 염소와 소들이 우유를 많이 만들어내고, 포도나 야자열매들이 달콤한 음료를 넘치게 생산하며, 벌들이 꿀을 풍성히 만들어 내는 땅임을 가리킨다. 그런데 이 땅을 여호와께서는 자신의 사자를 통해 이스라엘이 소유하게 하시지만, 여호와 자신은 이스라엘 백성과 함께 올라가지 않을 것이라 한다. 이렇게 여호와 자신이 이스라엘 백성과 함께 가시지 않아 그들 가운데 임재하시지 않겠다는 것은 그들의 죄에 대한 여호와의 심판의 징표이다. 다른 한편 여호와께서는 이스라엘 백성에게 임할 더 큰 불행을 예방하기 위해서였다. 곧, 이스라엘 백성이 목이 곧아 하나님의 말씀을 듣지 않기 때문에 가는 도중에 여호와께서 이스라엘 백성을 멸망시킬까 염려하시기 때문이다.

여기에서 하나님 자신이 이스라엘 백성과 함께 동행 하시지 않는다는 말이 결과적으로 무슨 뜻인가? 이 말씀은 곧 하나님께서 모세에게 출 25-31장에서 자세히 설명하여 지시하신 성막도 지을 필요가 없음을 뜻한다. 성막을 짓는 것은 출 25:8과 29:42-46에서 설명하듯이, 여호와께서 거기 거하시며 이스라엘과 교제하시기 위해서 짓는 것인데 이제 여호와께서 그들과 같이 가시지 않는다는 의미는 성막을 지을 필요가 없다는 것이다.[962] 여호와께서는 이스라엘 백성이 순종하지 않고 충실하지 않으므로, 그들과 함께 거하실 성막 짓는 특권을 허락지 않은 것이다. 이스라엘 백성은 그들 가운데 있는 하나님의 임재를 볼 수 있는 영광을 잃게 된 것이다. 그러나 여호와께서 그들과 함께 가시기를 거절하신 것은 앞서 잠간 언급한대로 이스라엘의 더 큰

962) Cassuto, *A Commentary on the Book of Exodus*, p. 426; Gispen, *Bible Student's Commentary, Exodus*, p. 303.

불행을 막고 그들을 보호하시려는 여호와의 깊은 뜻에서 나온 것이다. 만약 여호와께서 그들과 함께 가시다가 그들의 악행과 반역을 보시게 되었을 때 그들을 쳐서 죽게 하실 수 있기 때문이다.

4. 설교 및 교훈 자료

1-3절: 범죄한 자를 멀리하시는 하나님

하나님께서 그 자신을 어떤 사람과 함께 하시지 않거나, 그 자신을 감추시는 것은 그 사람에게 대한 형벌이다. 타락한 아담과 하와를 에덴동산에서 쫓아내시고 이 이상 깊은 교제를 하시기를 원치 않으셨다(창 3:24). 범죄한 사울 왕으로부터 하나님은 그 자신을 감추시고 꿈으로나, 우림으로나, 선지자로 대답하지 않으셨다(삼상 28:6). 이제 범죄한 이스라엘 백성과 여호와께서는 함께 동행 하시지 않겠다고 하신다(출 33:3). 그들에 대한 벌로써 여호와께서 그들과 깊은 친숙한 교제를 하시지 않겠다는 것이다. 이럴 때는 우리의 죄를 철저히 회개하고 하나님과 바른 친숙한 관계를 회복하도록 하나님의 긍휼을 구해야 한다(단 9:17, 민 6:25, 시 80:3,7,19).

특별히 이스라엘 백성이 금송아지 우상을 만들게 된 것은 그들이 목이 곧기 때문인 것을 3절이 지적해 준다. 곧, 교만하여 하나님의 말씀을 순종하지 않고 자기의 고집대로 행동한다는 것이다. 여기서 우리가 분명히 다시 깨달아야 하는 것은 하나님은 교만한 백성과 함께 하시지 않는 다는 것이다. 우리가 나의 부족을 알고 겸손히 낮아져 하나님께 부르짖어 구하며 의지할 때 하나님이 우리와 동행하시며 우리에게 긍휼을 베푸시고 보호해주신다.

[4절-6절]

백성에게 단장품을 자신들에게서 제하라하심

4. 백성이 이 황송한 말씀을 듣고 슬퍼하여 한 사람도 그 몸을 단장하지 아니하니, 5. 여호와께서 모세에게 이르시기를 이스라엘 자손에게 이르라 너희는 목이 곧은 백성인즉 내가 순식간이라도 너희 중에 행하면 너희를 진멸하리니 너희는 단장품을 제하라 그리하면 내가 너희에게 어떻게 할 일을 알겠노라[1] 하셨음이라. 6. 이스라엘 자손이 호렙 산에서부터 그 단장품을 제하니라.

1. 본문의 원전 설명

5절: [1] "알겠노라." 이 단어가 헬라어 70인 역에서는 "너에게 보여줄 것이다."(*δείζωσοι*)로 표현 되었다.

2. 본문 내용 개요

이스라엘 백성이 슬퍼하여 몸을 단장하지 않으므로 여호와께서 모세에게 백성이 단장품을 제하게 하라 명령하심.

3. 주석

4절을 한글개역성경은 "백성이 황송한 말씀을 듣고"라고 히브리어 성경을 번역하는데, 여기서 "황송"이란 '황공(惶恐)'과 동의어로 '높은 자리에 눌리어 두려움'을 뜻한다. "황송"의 히브리어 대응어인 "הָרָע"는 '두려움'이란 뜻보다는 '슬픈, 나쁜, 불행한, 불길한' 등을 뜻한다.[963] 그러므로 백성은 여호와께서 자신들과 같이 가시지 않을 것이라는 슬픈 이야기를 듣고 마음이 아파 그들의 괴롭고 슬픈 애통의 표시로 그들의 몸에 장식품을 달지 않았다. 특별히 그들이 범죄 한 것은 이 장식용 보석 때문이었음으로 그 장식품들을 몸에 달지 않음으로 그들의 고통스러운 비참한 마음을 나타냈다. 여기서 어떤 주석가들은 이스라엘 백성이 몸에서 장식품들을 제하여 그것들을 가지고 다음 7절 이하에서 언급되는 회막을 짓는데(cf. Driver, *The Book of Exodus, CBSC*, 358) 혹은 법궤를 짓는데(Dibelius, *Die Lade Jahves*, 45-47; Davies, *Exodus, TBC*, 238; cf. Haran, "*The Exodus,*" *IDB Sup*, 262-65) 사용했다고 설명하지만 4절의 앞뒤 문맥에서 지지된 것은 없다.[964]

여호와는 5절에서 다시 한번 이스라엘 백성들이 그들의 고집스런 반항 때문에 순식간에 죽게 될 가능성을 말하면서 그들이 이미 보여준 슬픔과 회개의 표시로 장식품을 몸에 달지 않은 것을 보시면서 그들에게서 장식품들을 제할 것을 다시 강조하여 명령하신다. 그러한 치장은 죄 때문에 형벌을 받아야 할 사람에게 어울리지 않기 때문이다. 허식이 없이 하나님의 긍휼을 기다리는 모습으로 있도록 한 것이다. 카일과 데리취(Keil and Delitzsch)는 이 장식품을 이스라엘 백성이 시내광야까지 몸에 지니고 다녔던 것으로 생각한다.[965] 카쑤토(Cassuto)는 이스라엘 백성이 시내 산에서 하나님의 계시를 받으려 준비하면서 옷을 빨아 입고(출 19:10, 14) 치장했던 장식품들을 가리킨

963) 참고, 박윤선, *성경주석, 출애굽기*, p. 244.

964) Childs, *The Book of Exodus, A Critical Theological Commentary*, p. 589; Durham, *Exodus, Word Biblical Commentary*, vol. 3, p. 438.

965) Keil and Delitzsch, *Biblical Commentary on the Old Testament*, vol. 2, *the Pentateuch*, p. 233.

것으로 이해한다.[966] 그러나 본문에서는 이 둘 가운데 어느 것이 옳다고 단언적으로 말하기 어렵고, 어찌했던 이스라엘 백성이 시내광야에서 몸에 치장하고 있던 장식품들을 가리키고 있다.

여호와의 명령대로, 이스라엘 백성은 호렙산에서 그들의 단장품을 몸에서 제거하였다. 그렇다면 언제까지 몸을 치장하지 않았는가는 본문에 언급이 없으나 기스펜(Gispen)은 성막 완공 때까지였을 것으로 추측하고, 사아디아(Saadia)는 이스라엘 백성이 짧은 기간동안 몸에 그 치장 품들을 달지 않았다가 다시 달았을 것이라고 생각한다.[967] 그러나 본문 6절에서 "호렙산 에서부터"(מֵהַר חוֹרֵב)란 문구는 이스라엘 백성이 잠깐 동안만 몸에 치장품을 제한 것이 아니라, 호렙 산에서부터 시작하여 상당히 오랜 기간동안 뉘우침과 애통의 표시로 몸에 치장품을 제하였던 것으로 보인다.[968]

4. 설교 및 교훈 자료

5절: 단장품을 제하자

단장품은 이스라엘 백성이 금송아지 우상을 만드는 범죄에 사용된 도구였다. 이스라엘 백성은 자신들을 범죄 하게 한 단장품을 제하여 회개의 마음을 표시했다. 우리들도 하나님의 영광을 가리는 것이나 신앙생활에 방해가 되는 것이나 믿는 사람으로 덕이 되지 않는 것이 있으면 다 버리고 하나님을 순수하게 섬길 때, 하나님께서는 우리와

966) Cassuto, *A Commentary on the Book of Exodus*, p. 428.

967)참고, Childs, *The Book of Exodus, A Critical Theological Commentary*, p. 589.

968) 상게서

동행하시고 우리를 복주시며 지켜주실 것이다.

[7절–11절]

모세가 백성의 진밖에 회막을 세움

7. 모세가 항상 장막을 취하여 진 밖에 쳐서 진과 멀리 떠나게 하고 회막이라 이름하니 여호와를 앙모하는 자는 다 진 바깥 회막으로 나아가며, 8. 모세가 회막으로 나아갈 때에는 백성이 다 일어나 자기 장막문에 서서[1] 모세가 회막에 들어가기까지 바라보며, 9. 모세가 회막에 들어갈 때에 구름 기둥이 내려 회막문에 서며 여호와께서 모세와 말씀하시니, 10. 모든 백성이 회막문에 구름 기둥이 섰음을 보고 다 일어나 각기 장막문에 서서 경배하며, 11. 사람이 그 친구와 이야기함 같이 여호와께서는 모세와 대면하여 말씀하시며 모세는 진으로 돌아오나 그 수종자 눈의 아들 청년 여호수아는 회막을 떠나지 아니하니라.[2]

1. 본문의 원전 설명

8절: [1] "장막문에 서서." 이 문구가 헬라어 70인 역에서는, "장막문에서 지켜보고"로 되어있다.

11절: [2] "떠나지 아니하니라." 여기서 "떠나다"란 동사가 히브리어 맛소라 성경에는 사역동사 힛필(hiphil)형, יָמִישׁ인데, 사마리아 오경에서는 칼(qal)형, יָמוּשׁ이다. 이렇게 동사형태가 서로 다르나 그 어근은 같은 מוּשׁ 이며 의미에서 별 차이가 없다.

2. 본문 내용 개요

여호와께서 진(陣) 밖에 있는 회막에서 모세와 대면하며 말씀하심.

3. 주석

한글개역성경은 7절을 "모세가 항상 장막을 취하여"라고 번역했는데 원문에 보면 "항상"이란 단어는 없는 단어이며, 본문의 이해에 오히려 오해를 불러일으키는 단어이다.[969] 왜냐하면 출애굽기의 내용을 볼 때, 오히려 모세는 33:1-6의 사건 이후에 백성의 진(陣)밖에 장막을 친 것으로 보이기 때문이다. 그리고 여기에서 분명히 알아야 할 것은 7절에서 모세가 세운 회막이라 불리운 장막은 출26장1절부터 여호와께서 모세에게 장차 세우라고 명령하신 그 성막은 아니다. 7절에서 회막이라 불리운 장막은 모세가 일시적으로 사용하기 위하여 백성의 진(陣)밖에 세운 회막이다.

우리가 7절의 말씀을 이해하기 위해 물어볼 첫 질문은 "모세가 언제 장막을 진밖에 멀리 떨어져서 지었는가?"이다. 게세니우스-카우취(Gesenius-Kautzsch)는 모세가 이스라엘 백성이 진을 칠 때 마다 그의 장막을 진과 멀리 떨어져서 지었다고 이해한다.[970] 한편 카쑤토(Cassuto), 기스펜(Gispen), 그리고 차일드즈(Childs)는 모세가 33:1-6절의 사건 이후에 한 장막을 취해 진밖에 멀리 떨어져서 지었다고 이해한다.[971] 위의 두 견해 가운데 처음 견해가 옳다면 어려운 문제점이 생긴다. 우리가 처음으로 7절에서 모세가 친 장막을 "회막"이라 부른 것을 듣게 되기 때문이다. 만약 이스라엘이 장막을 칠 때마다 모세가

---

969) 박윤선, *성경주석, 출애굽기*, p. 245.

970) *Gesenius' Hebrew Grammar*, 2nd edition edited by A.E. Cowley, 112e.

971) Gispen, *Bible Student's Commentry, Exodus*, pp. 305f. Cassuto, *A Commentary on the Book of Exodus*, pp. 430f. Childs, *The Book of Exodus, A Critical Theological Commentary*, p. 592.

진밖에 쳤던 장막을 "회막 '이라 불렀다면 이미 여러 번 나왔어야할 개념이다. 그러나 "회막" 이란 말은 하나님이 모세에게 성막을 지으라고 지시하신 출 25장 이후에 계시된 단어이므로 모세가 진밖에 지을 장막도 시내 산에서 모세가 십계명을 받아 내려온 이후에 지은 것으로 보인다. 그리고 비어린(Beyerlin) 과 디보(de Vaux)는 진(陣)밖에 회막을 세운 것은 법궤를 보관키 위해서라고 하지만,[972] 이 법궤는 출 25:10-22에 어떻게 만들라고 지시만 내려졌지 아직 만들어지지 않았으므로 바른 이해라고 볼 수 없다. 오히려 모세는 백성이 금송아지 숭배로 인해 더러워져 그들의 진(陣)에 하나님께서 함께 거하시기를 싫어하시므로, 백성의 진으로부터 멀리 떨어져서 하나님을 만나고 명령을 받을 수 있는 장막을 세운 것이다. 그가 이 장막을 회막이라 부른 것은 장차 지을 성막 건립에 대한 지시를 하나님으로부터 받았을 때 성막이 그렇게 불려졌기 때문에 지금 그가 지은 성막을 앞으로 지어질 성막대신 잠정적으로 부른 것으로 생각된다(출 29:42, 30:36, 참고, 출 25:22).

또한 모세는 백성을 지도하며 다스리는 일과는 떨어져서 하나님께 간절한 중보의 기도를 드리기 위해서 세운 기도의 집이 회막 이었다. 또한 모세가 그의 장막을 진밖에 건립한 것은 하나님께서 금송아지 우상으로 범죄 한 이스라엘을 멀리하고 모세 자기하고만 교제했기 때문이며, 또한 하나님이 그와 만나고 교제하여 궁극적으로는 그를 통해 하나님이 이스라엘과 다시 깊은 친밀한 관계를 유지할 수 있도록 하려고 세운 것으로 이해된다.[973] 모세는 이 장막을 여호와께서 이

---

972) Beyerlin, *Sinaitic Traditions*, 112–26; de Vaux, *The Bible*, 136–51. 이 이 자료들은 Durham, *Exodus, Word Biblical Commentry*, vol. 3, p. 440에서 인용됨.

스라엘 백성을 벌하시려는 결심을 철회하시고 계속해서 이스라엘 백성을 사랑해주시기를 간구하기 위해서 세운 줄 안다. 이 기도의 장막을 세운 것은 중개자로 아주 적절하고 지혜로운 행동으로 간주된다. 카쑤토(Cassuto)는 이 회막은 하나님께서 모세에게 26장에서 지시하신 성막이 지어질 때까지 여호와를 만나기를 원했던 사람들이 찾아가고 특별히 모세가 여호와를 찾아가서 간구하며 말씀듣기를 원했을 때 찾아갔을 회막이라고 생각한다.[974]

8-10절에서 백성의 모습이 달라졌음을 볼 수 있다. 백성은 금송아지를 만들 때 가졌던 모세를 무시하고 경멸하는 듯한 태도와는 달리, 이제 백성은 모세가 회막에 갈 때에 일어서서 경의를 표하며 지켜보았다. 또한 모세가 회막에 들어갈 때 구름기둥이 내려 회막문에 서는 것을 보았다(9절). 여기에서 구름기둥이 모세의 회막 문에 서는 것은 아직 하나님이 백성을 완전히 떠나지 않으시고 그들 주위에 있으심을 보여준다. 또한 특히 7절에서 "여호와를 앙모하는 자는 다 진 바깥 회막으로 나아갔다"는 표현과 9절에서 "여호와께서 모세와 말씀하셨다"는 표현은 여호와께서 회개의 변화를 보여주는 이스라엘 백성과 온전한 것은 아니지만 교제를 계속하시고 있음을 나타낸다. 구름 기둥의 임재는 하나님의 보호를 나타낸다(출 13:21f, 출 14:19, 24). 또한 구름 기둥은 여호와의 임재를 상징하고 한편 여호와의 임재를 감추어주고 있다. 이 구름에서 여호와께서는 모세에게 말씀하실 것이고, 회막에 여호와께 탄원하려 나온 사람에게 아마 모세를 통해 말씀하셨을 것이다.

---

973) Gispen, *Bible Student's Commentary, Exodus*, p. 306.

974) Cassuto, *A Commentary on the Book Exodus*, p. 431.

11절에 의하면, 모세는 다른 어떤 선지자와는 달리 하나님과 깊고 가까운 교제를 했음을 나타낸다. 여호와는 사람이 친구와 이야기함 같이 모세와 대면하여 말씀하셨다고 한다. 하나님은 다른 선지자들과는 꿈이나 이상으로 이야기하셨으나, 모세와는 들을 수 있는 소리로 이야기하셨다. 민수기 12:8, "그와는 내가 대면하여 명백히 말하고 은밀한 말로 아니하며 그는 또 여호와의 형상을 보겠거늘 너희가 어찌하여 내 종 모세 비방하기를 두려워 아니하느냐?" 고 하셨다. 그리고 모세는 여호와의 말씀이 끝났을 때 진으로 돌아온 것으로 보인다. 그가 진에서 돌보아야 할 일들이 많이 있었기 때문일 것이다. 그러나 그가 회막을 떠나 진으로 돌아왔을 때 회막을 지키지 않고 그냥 놔두는 것이 아니라 그의 수종자 여호수아를 머무르게 하여 그곳에 누가 침범하여 거룩한 곳을 더럽히지 않게 했음을 보여준다.

4. 설교 및 교훈 자료

7-11절: 기도의 장막

모세는 백성의 진에서 떨어져 하나님께 간구할 기도의 장막을 세웠다. 백성의 일상적 일과는 떨어져 하나님의 은총을 간절히 구하며, 다시 하나님께서 이스라엘의 하나님이 되시어 이스라엘과 동행하시며 이스라엘을 인도해주시길 기도할 기도의 집을 마련한 것이다. 야고보 선생은 말하기를 "의인의 간구는 역사하는 힘이 많으니라."(약 5:16)고 하셨다. 모세의 기도는 결과적으로 이스라엘 백성이 하나님의 인도를 받게 했고 하나님께서 동행하시는 백성이 되게 했다. 기도는 하나님의 존재를 알지 못하고 확신하지 못하는 사람이 기도할 때 하나님의 살아계심을 알게 된다. 제2차 세계대전 때 독일이 노르웨이를 점령한 후, 저항문서를 발행하던 피터 모엔 이라는 사람이 비밀경찰에게 체포되어 1944년 오슬로 감옥에 투옥되었다. 감금된 그는 창문에서 철사 못 하나를 취하여 화장지에 구멍을 뚫어 글씨를 조각하여 일기를 쓰면서, 그 일기를 수용소 통풍기 뚜껑에 넣어 두었다. 그가 죽게 되자 그 사실을 수용소 한 죄수에게 말하여 나중에 책으로 출판되었다. 이 책이 바로 피터 모엔의 일기인데 그 일기를 보면 그는 하나님의 살아계심을 알기위해 몸부림친다. 모엔은 "나는 살고 싶다. 나에게 중요한 것은 하나님을 찾는 것이다. 하나님이 살아 계시다는 것은 내가 믿는 것 외에 달리 증명할 길이 있는가? 내가 지금 기도 외에 할 수 있는 것이 무엇인가? 나는 일기를 쓰다가 기도한다. 또 기도한다." 고 말한다. 이렇게 절규하며 하나님을 발견하기를 위해 기도했던 모엔은 결국 하나님을 발견하고 하나님의 살아 계심을 믿고 죽게 되었다.[975] 내가 하나님께 간구할 수 있는 기도의 장막은 처절하게 죽어가는 내 자신을 구원시킬 수 있는 엄청난 능력이 되며, 내 이웃과 내 나라를 살릴 수 있는 은총의 수단이 된다.

[12절-17절]

모세의 중보기도에 대한 여호와의 응답

12. 모세가 여호와께 고하되 보시옵소서 주께서 나더러 이 백성을 인도하여 올라가라 하시면서 나와 함께 보낼 자를 내게 지시하지 아니 하시나이다 주께서 전에 말씀하시기를 나는 이름으로도[1] 너를 알고 너도 내 앞에 은총을 입었다 하셨사온즉, 13. 내가 참으로 주의 목전에 은혜를 입었사오면 원컨데 주의 길을 내게 보이사 내게 주를 알리시고 나로 주의 목전에 은총을 입게 하시며 이 족속을 주의 백성으로 여기소서. 14. 여호와께서 가라사대 내가 친히 가리라 내가 너로 편케 하리라. 15. 모세가

975) 참고, 이용걸, *출애굽기 강해 (하)*, pp. 358f.

> 여호와께 고하되 주께서 친히 가지 아니하시려거든 우리를[2] 이곳에서 올려 보내지 마옵소서. 16. 나와 주의 백성이 주의 목전에 은총 입은 줄을 무엇으로 알리이까 주께서 우리와 함께 행하심으로 나와 주의 백성을 천하 만민 중에 구별하심이 아니니이까. 17. 여호와께서 모세에게 이르시되 너의 말하는 이 일도 내가 하리니 너는 내 목전에 은총을 입었고 내가 이름으로도 너를 앎이니라.

1. 본문의 원전 설명

12절: [1] "이름으로도." 이 단어 대신 헬라어 70인 역에서는 "무엇보다 더"(παρα πάντας)로 읽는다.

15절: [2] "우리를." 여기서 헬라어 70인 역은 "나를," 곧 일인칭 단수 목적격으로 읽는다.

2. 본문 내용 개요

모세가 여호와께 은총을 입었다면, 주의 길을 보이사 주를 알게 하시고 주의 백성 삼아주시기를 빌 때, 주께서 함께 가실 것을 말씀하시며 모세를 편케 하실 것을 약속함

3. 주석

12절에서 모세는 백성이 회개의 뜻으로 모든 단장품을 제하고 회막을 향해 경배하면서 존경을 표하는 것을 보면서 여호와께 또 중보의 기도를 세 가지 내용으로 드린다.[976)]

---

976) Cassuto, *A Commentary on the Book of Exodus*, p. 433.

1) 주께서 나더러 이 백성을 인도하여 올라가라고 하셨습니다.

2) 그런데 여호와께서는 나와 함께 주의 사자를 보내고 여호와께서는 함께 가시지 않겠다고 하셨습니다. 곧 하나님께서 직접 우리와 함께 거하시면서 우리를 도우고 인도하시지 않고, 멀리서 그저 우리를 돕겠다고 하신 것입니다. 그리고 우리를 돕도록 누구를 보낼 것인지도 아직 알려주시지 않았는데 이런 간접적인 도움은 우리를 만족시킬 수 없고 우리가 원하는 것은 여호와께서 우리 곁에 계셔서 우리 속에 거하시며 도우시는 것임을 말한다.

3) 모세가 담대히 여호와께 호소하여 다시 한번 그의 소원을 들어주시기를 간청한다. 여호와께서 말씀하시기를, "너도 내 앞에 은총을 입었다." 하셨습니다. 정말 하나님의 은혜에 의해 저를 사랑하시며 택하시고 저를 이름으로 알고 은총을 베풀어 주셨는데 그렇다면 저의 간청을 들어달라고 호소한다. 이런 뜻이 13절에 더욱 분명히 나타난다. 모세의 기도가 논리적이지 못하지만 친구에게 말하듯, 그의 속마음을 하나님께 털어 놓는다.

13절에서 모세는 자기가 하나님의 은총을 받았으면 여호와께서 죄인들을 벌하시고 용서하시는 기준을 보여 달라고 한다. 그 기준, 곧 하나님이 백성을 취급 하시는 길을 알게 될 때 그 기준에 근거하여 백성의 죄가 용서받도록 하나님께 다시 매달리려고 한다. 하나님의 백성을 다루는 길을 알면 자기가 하나님을 알게 될 것을 시사한다. 그리고 자기가 참으로 하나님의 은총을 입게 하시고 이스라엘 백성이 다시 주의 백성 되게 해달라고 한다. 달리말해 모세는 자기가 중보기도를 하고 있는 이스라엘 백성이 주님 당신의 백성이심을 다시 인정해 달라고 간청한다.

14절, "여호와께서 가라사대 내가 친히 가리라 내가 너로 편케 하리라." 여기에서 "내가 친히 가리라."는 말은 히브리 성경의 원문대로 직역하면, "내 얼굴이 가리라."이다. 이 말은 곧 여호와 자신이 함께 가신다는 의미이다. 그러나 히브리어 맛소라 성경에서는 하나님께서 누구와 함께 가시겠다고 하시는지 분명하지 않다. 헬라어 70인 역은 하나님께서 모세와 함께 가실 것을 말씀하신 것으로 표현한다. "여호와의 얼굴"은 여호와의 이름을 가지고 있는 천사와 동일시되기도 하고 이사야 63:9에서는 "그분의 얼굴의 천사"(מַלְאַךְ פָּנָיו)라 부른다.[977] 여호와께서는 그가 친히 모세와 함께 가실 뿐만 아니라, 모세에게 안식을 주실 것이라고 하신다. 이는 모세에게 평안을 주어 그의 마음을 편하게 하실 것을 가리킨다. 여기서 여호와께서는 모세가 13절에서 "주의 길을 내게 보여 주소서." 라고 요구하는 질문에 직접적인 답을 하시지 않으신다. 그러나 모세는 그가 그의 목적을 달성할 것이라는 확신을 갖게 되었고, 그가 이룩하려는 목적을 위해 어떤 방법을 알 필요가 없게 되었다.[978]

15-16절에서 모세는 하나님께서 함께 가시겠다는 말씀에도 불구하고 하나님으로부터 더 확실한 양보를 얻으려고 한다. 왜냐하면 아직도 14절까지 에서는 여호와께서 자기의 약속을 모세 개인에게 말씀하고 있지, 이스라엘 백성 전체에게 분명히 적용시켜 말씀하고 있지 않고 있기 때문이다. 15절에서 모세는 여호와께서 "친히 가시겠다."고 말씀하신 14절의 약속에 별로 큰 비중을 두지 않는다. 모세는 더 큰 충분한 요구를 여호와께 말씀드리기 위해 여호와의 부분적인 양

---

977) "그분의 얼굴의 천사"를 한글개역성경은 "자기 앞의 사자"로 번역한다. 참고, Keil and Delitzsch, *Biblical Commentary on the Old Testament*, vol. 2, *the Pentateuch*, p. 235.

978) 참고, Cassuto, *A Commentary on the Book of Exodus*, p. 434.

보에 기쁨이나 감사를 표하지 않는다. 오히려 모세는 여호와의 부분적인 양보를 거절하고, 여호와께서 "우리" 곧 "모세와 이스라엘 백성"을 포함한 "우리"와 함께 가지 않으시려거든 우리를 시내 광야에서 올려 보내지 마시라고 한다.[979] 모세는 16절에서 이스라엘 백성이 여호와께 은총을 받은 표시가 주께서 이스라엘 백성과 함께 하셔서 이스라엘 백성을 다른 천하 만민과 구별되게 하시는 것이라고 말한다. 여기서 모세는 여호와께서 모세 자신과 이스라엘 백성과 동행하시어 그들이 다른 모든 사람들과 구별되게 만들어 주시라고 요구하고 있다.

17절은 한동안 뒤따르는 문단에 속한 것으로 간주되었다. 그러나 17절의 문학적인 양식과 내용이 앞의 12-17절에 있는 여호와와 모세 사이의 대화의 결론으로 이해하는 것이 문맥에서 더 자연스럽다. 17절이 12-16절에 붙여 해석되지 않으면, 12-16절은 결론 없는 미결의 문단으로 남아있게 된다.[980] 17절의 시작에서 말하는 "너의 말하는 이 일"이란 16절에서 말한 '이스라엘 백성이 여호와의 은총을 받아 여호와께서 그들과 동행하시어 그들을 천하 만민과 구별되게 해주시라.'는 모세가 요구한 일이다. 여호와께서는 모세가 요구했던 이일을 이루어 주시겠다고 대답하신다. 그 이유는 모세 개인이 하나님으로 받은 은총 때문이고 모세를 이름으로 아시기 때문이라고 말씀하신다. 모세는 그의 간절한 중보 기도로 이스라엘 백성이 여호와로부터 완전히 은총을 회복하고 하나님께서 동행해주시는 백성이 되게 했다. 모세가 여기서 아주 중요하게 생각하며 이스라엘 백성을 다른 모

979) Childs, *The Book of Exodus, A Critical Theological Commentary*, p. 595.
980) 상게서, p. 593.

든 백성과 구별시키는 것은 '여호와께서 이스라엘 백성과 함께하신다는 것이다.' 여호와께서 그들과 함께 하실 때 그 어떤 것도 염려하고 두려워 할 것 없다. 이스라엘 백성이 부딪치는 어떤 어려움이나 적들도 여호와께서 해결해 주시며 그들의 필요를 채워주실 것이기 때문이다. 이방 적들이 깨닫게 된 것은 여호와께서 이스라엘과 함께 하시므로 이스라엘을 대적할 때, 결국 여호와께서 이스라엘의 적들과 대항하여 싸우시므로 다 멸망케 된다는 것이다. 그러므로 천하 만민에게 이스라엘은 여호와께서 함께 하시는 백성이라는 큰 차이점과 엄청난 복을 소유함을 알게 한다.

4. 설교 및 교훈 자료

14-16절: 하나님과 동행하는 삶

모세는 여호와께 생명을 걸고 자신과 이스라엘 백성과 함께 동행하여 주시기를 간청한다. 여호와께서 동행하시지 않으시려면 광야에서 올려 보내지 마시고 그냥 죽게 버려두시라고 말한다. 왜 모세는 그토록 하나님께 자신들과 동행해 주시길 간구하였는가? 하나님 없이 가는 길은,

1) 방황의 고통의 길이다. 사람은 갈 길을 정확히 알지 못하고 가기 때문에 헤매고 절벽과 낭떠러지에서 신음하며 고통스러워한다.

2) 두려움과 공포의 길이다. 하나님 없이 갈 때 어떤 맹수나 도적이나 적을 만나도 대항할 힘이나 지혜가 없으므로 두려움과 공포에 떨고 고통스러워 할 것이다.

3) 절망과 사망의 길이다. 사람이 하나님과 동행하지 않고 갈 때, 처음에는 잘 가는 것 같으나, 사막에서 물이 없고 먹을 것이 없으며

추위에서 떨다가 혹은 적들에게 잡혀, 가나안 땅 곧, 하나님과 영원히 교제할 수 있는 축복의 땅에 가지 못하고 절망 가운데 멸망하는 인생이 될 것이다. 그러므로 모세는 여호와께서 동행해 주시지 않으면 차라리 광야에서 죽게 해달라고 절규했다.

[18절-23절]

여호와의 영광을 보기를 간구하는 모세

18. 모세가 가로되 원컨대 주의 영광을[1] 내게 보이소서. 19. 여호와께서 가라사대 내가 나의 모든 선한 형상을[2] 네 앞으로 지나게 하고 여호와의 이름을 네 앞에 반포하리라 나는 은혜 줄 자에게 은혜를 주고 긍휼히 여길 자에게 긍휼을 베푸느니라. 20. 또 가라사대 네가 내 얼굴을 보지 못하리니 나를 보고 살 자가 없음이니라. 21. 여호와께서 가라사대 보라 내 곁에 한 곳이 있으니 너는 그 반석위에 섰으라. 22. 내 영광이 지날 때에 내가 너를 반석 틈에 두고 내가 지나도록 내 손으로 너를 덮었다가, 23. 손을 거두리니 네가 내 등을 볼 것이요 얼굴은 보지 못하리라.

1. 본문의 원전 설명

18절: 1 "주의 영광을." 이 문구대신, 헬라어 70인 역 에서는 "당신 자신을"(σεαυτόν)이라고 로 읽혀진다.

19절: 2 "나의 모든 선한 형상을." 여기서 히브리어 맛소라 성경과는 달리, 헬라어 70인 역은 "나의 영광을"(τῇ δόξῃ μου) 이라고 읽는다.

2. 본문 내용 개요

여호와의 영광을 보여 달라는 모세에게 여호와께서는 여호와의 얼굴을 보고 살 자가 없을 것이라 하시면서 은혜를 베풀어 여호와의 등만 보게 하심.

3. 주석

18절 "모세가 가로되 원컨대 주의 영광을 내게 보이소서." 모세는 자기의 백성을 위한 중보의 기도가 응답되자 용기를 내어 이제는 자기 자신의 신앙을 더욱 강하게 하기 위해 필요한 것으로 생각하여 여호와의 영광을 보여 달라고 감히 간구한다. 시편 63:2에서도 시인은 "내가 주의 권능과 영광을 보려하여 이와 같이 성소에서 주를 바라보았나이다."고 말한다. 18절에서 모세가 말한 주의 "영광"은,

1) 카일과 델리취(Keil and Delitzsch)에 의하면, 여태까지 모세에게 보여준 여호와의 영광의 모든 계시를 능가한 어떤 것, 그리고 여호와께서 모세와 얼굴과 얼굴을 맞대고 직접 이야기 하신 것 이상의 어떤 것을 뜻한다.[981] 하나님께서 모세와 얼굴과 얼굴을 맞대고 이야기하실 때, 모세가 여호와의 형상(תְּמוּנָה)을 봤으나 그것은 보이지 않으신 하나님이 사람의 눈에 보이게 나타났던 형상이다(민 12:8). 이것은, 카일과 델리취(Keil and Delitzsch)에 따르면, 어떤 형태의 하나님의 영광의 나타남이지만 여호와의 직접적이거나 본질적인 영광은 아니었다.[982]

2) 카쑤토(Cassuto)는 18절에서 모세가 말한 주의 "영광"은 '하나님의 현현(顯現)' 을 뜻한다고 말한다. 그리하여 모세가 18절에서 말

---

981) Keil and Delitzsch, *Biblical Commentary on the Old Testament*, vol. 2, *the Pentateuch*, p. 236.

982) 상게서

한, "주의 영광을 내게 보이소서."란 구절은 "주님께서 주님 자신을 내게 나타내시는 명예를 허락 하소서."를 의미한다고 한다.[983]

3) 기스펜(Gispen)은 주의 "영광"은 주님의 "찬란한 광채"(radiant splendor)로 이해해야 한다고 말한다. 이러한 주의 "찬란한 광채"는 에스겔 1장의 에스겔의 이상들과 요한계시록 4장에 있는 밧모 섬에서의 요한의 이상과 같은 것에서 볼 수 있음을 시사한다. 그런데 모세는 아마 "하나님 그분을 있으신 그대로를 보는 것"(a seeing of God Himself as He was), "주님의 얼굴을 보는 것"을 생각했을 수 있다고 말한다.[984] 그러나 하나님은 모세의 간청은 들어 줄 수 없었다. 그 이유는 여호와가 원하지 않기 때문이라기보다는 인간이 여호와의 영광의 완전한 광채를 보고 견뎌낼 수 없기 때문이다. 그리하여 여호와의 얼굴은 보여줄 수 없었고 여호와의 등만 보게 하셨다.

4) 차일드즈(B. S. Childs)는 모세가 "주의 영광을 내게 보이소서." 라고 말할 때, 하나님은 "너는 내 얼굴을 볼 수 없다."고 대답하셨고, 하나님의 영광이 지나갈 때 반석 틈에 감추어있는 모세는 하나님의 얼굴이 아니라 단지 등만 볼 수 있게 허락되었음을 지적한다. 이런 맥락에서 볼 때, 모세가 요구한 것은 하나님께서 아무런 중개나 매개체 없이 그 자신을 직접 계시해 주시라는 것 이였다고 차일드즈(Childs)는 생각한다.[985] 그런데 또한 19절의 이야기에서 강조점이 바꾸어지면서 모세가 요구했고 하나님께서 주셨던 하나님의 특별한 계시는 일차적으로 눈에 보이는 현상에 의해 이 이상 설명되지 않는다는 것이다. 19절에 보면, 하나님께서 그의 모든 선한 것(טוב)이 지나가게

983) Cassuto, *A Commentary on the Book of Exodus*, p. 435.

984) Gispen, *Bible Student's Commentary, Exodus*, p. 310.

985) Childs, *The Book of Exodus, A Critical Theological Commentary*, p. 595.

하신다고 하는데, 이 하나님의 "선한 것"을 22절에서는 하나님의 영광과 동일시한다. 여기서 하나님의 계시가 하나님께서 눈에 보이게 나타나심보다 하나님의 속성들(attributes)에 의해 이야기 되고 있다는 것이다. 보통 구약에서 하나님의 선한 것은 이스라엘이 체험한 하나님의 은총을 가리킨다.(호 3:5; 렘 31:12, 14; 시 27:13 등). 그러나 19절에서 사용된 "선한 것"(טוּב)은 독특하여 정확히 유사한 예를 찾을 수 없는데, 하나님의 계시를 하나님께서 이스라엘을 향해 행하신 선하고 자비스런 활동에 의해 정의하려 한다는 것이다.[986)]

5) 박윤선 박사는 18절에서 모세가, "주의 영광을 내게 보이소서." 라고 간구한 것은 '모세가 하나님을 직접 대면하기를 원하는 기도' 라고 말한다.[987)] 그렇지만 하나님께서는 하나님을 직접 대면키를 원하는 모세에게 하나님의 선(善)을 보여 주시기를 원했다는 것이다. 하나님의 선(善)은 하나님의 모양이 아니라, "하나님의 윤리적 속성이다." 고 하며, 우리 사람은 하나님의 형상을 직접 볼 수 없고 영적으로 하나님의 사랑, 의로우심, 거룩하심을 인식하는 것으로 족하다고 말한다.[988)]

지금까지 18절의 "주의 영광"이 무엇인가에 대한 다섯 학자들의 견해를 살펴보았다. 이들이 18절 이하에 대한 구체적인 해석에 있어서 차이들을 보이지만, 그러나 모세가 "주의 영광"을 보여 달라는 것은 하나님께서 하나님 자신을 직접 계시하셔서 보여 달라는 뜻으로 이들은 공통적으로 이해한다고 말할 수 있다. 그러나 기스펜(Gispen)은 모세가 "주의 영광"을 보여주시기를 간구할 때 모세가 "하나님 그

986) 상게서, p. 596.
987) 박윤선, *성경주석, 출애굽기*, p. 247.
988) 상게서

분을 있으신 그대로를 보는 것" 이나 "주님의 얼굴을 보는 것" 을 간구했다 할지라도, "주의 영광" 은 주님의 "찬란한 광채" 를 가리킨다고 말한다. 우리가 하나님은 영(靈)이시기 때문에 외관적인 형상을 가지지 않으셨다. 그렇지만 하나님은 모세의 "주의 영광" 을 보여 달라는 간청을, 인간이 볼 수 있고 보아도 죽지 않을 형태로 응답하신 것을 다음 구절들에서 볼 수 있다.

19절은 "주의 영광" 을 보고 싶어 하는 모세에게 여호와께서는 하나님의 모든 선한 것(טוב)을 모세 앞으로 지나가게 하실 것이라고 한다. 히브리어 맛소라 성경에는 다만 "선한 것" (טוב)이라 되어 있는데 한글개역성경은 "형상" 이란 단어를 첨가하여 "선한 형상" 이라고 번역한다. 만나티(Mannati)는, 한글개역성경처럼, "선한 것" (טוב)이 하나님의 아름다움을 의미하여 하나님의 현현(顯現)을 뜻하는 것으로 이해한다.[989] 그러나 대부분의 주석가들은 19절의 문맥에서 선(טוב)은 하나님의 외관적인 선한 형상을 이야기 하려는 것이 아니라 하나님께서 자신의 성품과 속성을 보여 주려한다고 해석한다.[990] 그러므로 18절에서 모세가 "주의 영광" 을 보여 달라고 요구하는 것에 대해, 이제 19절에서는 여호와께서 모세의 요구에 대한 직접적인 답변을 하기보다 먼저 무엇을 하시려고 하는 지를 말씀하신다. 곧, 여호와께

---

989) M. Mannati, "Tub-Y. en Ps XXVll 13: La Bonte de Y., ou Les Biens de Y.?" *VT* 19(1969):488-90.

990) 박윤선, *성경주석, 출애굽기*, p. 247; Keil and Delitzsch, *Biblical Commentary on the Old Testament*, vol. 2, *the Pentateuch*, p. 238; Cassuto, *A Commentary on the Book of Exodus*, pp. 435f.; Childs, *The Book of Exodus, A Critical Theological Commentary*, p. 596; Alan Cole, *Exodus, An Introduction and Commentary*, p. 225; Kaiser, Jr., *Exodus, The Expositor's Bible Commentary*, vol.2, p. 483.

서는 자기의 "선한 것"(טוּב)이 모세 앞을 지나가게 하실 것이라 한다. 이와 함께 여호와께서는 모세 앞에서 여호와 자기의 이름을 외칠 것이라 하신다. 그러면서 여호와께서는 자기의 "선한 것", 곧 자기가 은혜와 긍휼을 베푸시는 하나님이신 것을 설명하므로 밝혀준다.[991] 은혜는 하나님께서 우리의 공로나 대가를 요구하시지 않고 우리에게 거저 주시는 하나님의 호의이며, 긍휼을 베푸시는 것은 불쌍히 여기시고 한없는 사랑을 베풀어 주시는 것을 가리킨다. 또한 여기서 여호와께서는 그러한 은혜와 긍휼을 베푸시는 것은 절대적으로 여호와 자신의 뜻에 의해 결정됨을 강조하신다.

20절에서는 18절에서 모세가 요구했던 "주의 영광"을 보여주시지 않은 이유를 설명하신다. 여호와께서 원하시지 않았기 때문이 아니라, 인간이 여호와의 얼굴을 보고 살자가 없기 때문이라고 하신다. 그러나 자비의 하나님이신 여호와께서는 모세의 요구를 적어도 부분적으로라도 들어 줄 것을 생각하셨던 것으로 보인다. 그 결과가 21절에서 설명된다.[992] 그런데 여호와는 본질적으로 외형적 형체가 없으신 영적인 존재이신데(요 4:24), 여기서 여호와께서 말씀하신 여호와의 "얼굴을 무엇을 뜻하는가?

1) 기스펜(Gispen)에 의하면, 여호와께서 자기 자신을 나타내실 때에 그 나타내는 정도의 차이가 있음을 인간의 개념들로 표현하시면서 여호와께서 "얼굴" 과 "등"을 가지신 것처럼 말씀하셨다는 것이다. 그런데 여호와의 "얼굴"은 '산위에서 나타나신 여호와의 찬란한 광채 모습의 중심부분' (참조, 출 34:5) 이다.[993]

---

991) 참고, 박윤선, 상게서, p. 247; Childs, 상게서, p. 596.

992) 참고, Gispen, Bible Student's Commentary, Exodus, p. 310.

993) 상게서

2) 박윤선 박사에 의하면, 사람이 여호와의 얼굴을 본다는 것은 여호와의 "성결성 앞에 직면하게 됨을 말한다." 고 한다. 이 하나님의 성결성 앞에 직면하면 사람은 죄인인고로 죽을 수 밖에 없다고 한다.[994]

3) 칼빈은 여호와의 "얼굴"을 본다는 것은 '여호와께서 계신 그대로' 완전하게 보는 것을 가리키는 것으로 생각한다. 그런데 우리가 장차 하나님과 같이 될 때 까지는 하나님을 이렇게 볼 수 없음을 지적한다(요일 3:2).[995]

이러한 여호와의 "얼굴"에 대한 해석은 각기 그럴듯한 근거가 있으나, 출 33:20이하의 문맥에서 생각할 때 여호와의 "얼굴"은 여호와께서 인간이 볼 수 있는 어떤 모습으로 자기를 나타내시나, 그 나타내신 것 보다 완전한 '여호와께서 계신 그대로'를 가리키는 것이라고 말할 수 있다. 그러나 '여호와께서 계신 그대로'는 죄인인 유한한 사람이 그것을 볼 때는 죽게 되는 완전한 하나님의 모습이라 말 할 수 있다.

21절에서 여호와께서는 모세가 여호와 자신을 직접 계시해 보여주시라는 요구는 들어 주지 못하지만 적어도 여호와의 영광의 일부를 보여주시려고 하시며 모세에게 호렙 산의 한 바위위에 서라고 말씀하신다. 그러나 여호와께서는 모세가 여호와의 영광인 여호와 현현(顯現)의 중심모습을 볼 때 모세가 죽게 되므로 모세를 반석의 틈에 두고 손으로 가리워 주시고 나중에 손을 거두어서 여호와의 등, 곧 지

994) 박윤선, *성경주석, 출애굽기*, p. 247.

995) *Commentaries on the Four Last Books of Moses Arranged on the Form of a Harmony by John Calvin*, vol. 3(Grand Rapids: Eerdmans, n.d.), p. 381.

나가신 여호와 현현(顯現)의 뒷모습만 보게 하셨다. 다른 말로 표현해 모세가 여호와를 직접 보지 못하게 하셨음을 가르쳐 준다.

4. 설교 및 교훈 자료

1) 은혜 주실 자에게 은혜를 주고 긍휼히 여길 자에게 긍휼을 베푸시는 하나님

여호와께서는 모세에게 자기의 존재를 더욱 알게 하기위해 어떤 형상을 보여주는 대신, 먼저 말로 설명하시면서, "나는 은혜 줄자에게 은혜를 주고 긍휼히 여길 자에게 긍휼을 베푸느니라."고 하신다. 은혜는 하나님께서 우리의 공로나 대가를 요구하시지 않고 우리에게 거저 주시는 하나님의 호의이다. 우리가 아무것도 내세울 것 없는 죄인이며 멸망 받아야 할 존재이지만 여호와께서는 우리를 구원해 주시고 하나님의 자녀 삼아주시며 영원히 하나님의 자녀로 살 수 있는 특권을 주셨다. 여호와께서는 우리에게 긍휼을 베풀어 불쌍히 여기시고 한없는 사랑을 베풀어 주시며 때를 따라 우리의 필요를 도우신다. 이러한 은혜와 긍휼이 넘치시는 여호와께서 우리를 하나님의 자녀 삼아주시고(요 1:12) 우리와 함께하시며 도우신다. 그러므로 우리는 이 땅에서 어려운 일을 만나도 걱정하지 않고 담대하게 살아갈 수 있는 것이다.

2) 우리 인간의 한계 안에서 여호와께 간구하자.

우리는 모세처럼 우리가 보면 죽을 하나님의 영광, 곧 하나님께서 계신 그대로의 모습을 완전히 보기를 원하는 마음이 생길 수 있다. 그러나 그것은 우리가 죽기를 원하는 것과 같은 생각이다. 왜냐하면 우리 인간이 하나님께서 계신 그대로의 모습을 보고 살 자가 없기 때문이다(출 33:20). 사도 바울은 우리에게, "마땅히 생각할 그 이상의 생각을 품지 말고 오직 하나님께서 각 사람에게 나눠주신 믿음의 분량대로 지혜롭게 생각하라."고 말씀하신다(롬 12: 3). 우리는 인간으로서 하나님의 위치를 탐하고 하나님처럼 되려하며 하나님만이 보고 누릴 수 있는 것을 원할 때 자기 파멸을 가져오게 되는 것을 알아야 한다. 한편 우리 각자 하나님으로부터 받은 믿음의 분량과 은사가 있다. 그런데 그러한 자기 실존의 한계를 파악하지 못하고 그 이상의 것을 원하며 욕심을 낼 때 그는 한평생 불행하거나 파멸하고 말 것이다.

[출애굽기 34장]

[1절–4절]

모세가 두 돌판을 준비해 시내산으로 올라감

1. 여호와께서 모세에게 이르시되 너는 돌판 둘을 처음 것과 같이 깎아 만들라 네가 깨뜨린바 처음 판에 있던 말을 내가 그 판에 쓰리니, 2. 아침 전에 예비하고 아침에 시내산에 올라와 산꼭대기에서 내게 보이되, 3. 아무도 너와 함께 오르지 말며 온 산에 인적을 금하고 양과 소도 산 앞에서 먹지 못하게 하라. 4. 모세가[1] 돌판 둘을 처음 것과 같이 깎아 만들고[2] 아침에 일찌기 일어나[3] 그 두 돌판을 손에 들고 여호와의 명대로 시내산에 올라가니.

1. 본문의 원전 설명

4절: 1 "모세가." 히브리어 맛소라 성경은 4절 시작에 "모세" 이름이 없다. 그러나 문맥에서 주어가 모세인 것이 분명하므로 "그"가 라는 대명사 대신 "모세" 이름을 넣어서 한글 개역성경은 번역되었고, 또한 사마리아 오경에는 분명하게 "모세" 이름이 넣어 있다.

4절: 2 "…만들고." 이 단어 다음에 문장이 시작되면서 히브리어 맛소라 성경은 "모세" 이름을 분명하게 표현하는데, 사마리아 오경에는 없다.

4절: 3 "…일어나." 이 단어 다음 문장이 시작하면서 헬라어 70인역은 "모세" 이름을 분명히 표현하여 시작하지만 히브리어 맛소라 성경은 3인칭 동사로만 시작한다.

2. 본문 내용 개요

여호와께서 처음 돌판에 있던 말을 쓰시기 위해 모세에게 새로 돌판 둘을 깎아서 홀로 시내 산의 꼭대기에 올라오라 명령하시므로 모세가 두 돌판을 들고 올라감.

3. 주석

1절에서 모세의 중보기도로 이스라엘 백성이 다시 하나님의 계약 백성의 긴밀한 관계를 회복한 후, 여호와께서 모세에게 돌판 둘을 깎아서 만들라고 명령하셨다. 거기에 깨어졌던 처음 판에 기록되었던 말을 여호와께서 다시 쓰시겠다고 하신다. 여호와께서 처음 모세에게 주셨던 돌판 들은 여호와께서 친히 만드신 것들이요 거기에 친히 글도 쓰셨다(32:16). 여호와께서 첫 번째와는 달리 모세에게 두 돌판을 준비하게 한 것은 백성에 대한 벌로 그렇게 했다거나(Hengstenberg) 모세가 백성의 범죄를 보고 분노한 것을 하나님이 좋게 여기시지 않았음을 나타내는 사인(sign) 이라기보다는, 모세가 백성의 범죄로 인해 깨어진 언약의 회복을 위해 열심히 노력했음을 인정하면서 하나님이 모세에게 언약내용을 다시 기록할 돌을 준비하여 그 언약갱신을 완전하게 되게 하시려는 여호와의 배려였다고 생각한다.[996]

2-4절에서 여호와께서는 모세에게 아침이 되기 전에 두 돌판을 준비하여 아침에 시내 산꼭대기에 오르라고 지시하신다. 이렇게 아침

---

996) Keil and Delitzsch, *Biblical Commentary on the Old Testament*, vol. 2, *the Pentateuch*, p. 240.

에 오르라고 하신 것은 하나님과의 언약의 말씀을 다시 받는 것이 다른 무슨 일보다 중대하기 때문에 세상일로 인해 방해받지 않고 그 일에 오로지 전심하게 하려한 것이다. 또한 아무 사람도 모세와 같이 산에 오르지 못하게 하고 양과 소도 산 앞에서 먹지 못하게 한 것도 하나님과 모세와의 거룩한 대화가 세상 어떤 것에 의해 방해받지 않게 하기 위함이고 하나님의 영광이 나타날 때 어떤 재난이 그들에게 임하지 않게 하기 위해서였다.

이렇게 하나님과의 만나는 시간을 귀하게 여기며, 하나님과의 깊은 교제에 들어가기 위해서는 사람들의 방문이나 다른 방해요소들이 발생하지 않도록 각별한 노력이 필요하다. 성도들은 "하나님과의 대화를 최우선으로 생각하고 그 일이 방해받지 않도록 시간을 조종하며 가족 서로가 배려하는 지혜와 노력이 있어야 한다. 우리가 기도하다가 중단하면 하나님의 깊은 은혜와 사랑을 체험하기 어렵기 때문이다."[997]

4절을 보면, 모세는 여호와의 명령대로 돌판 둘을 처음 것과 같이 깎아 만들어 시내 산에 올라갔다. 여호와께서는 이렇게 모세에게 돌판을 만들게 하므로 하나님을 믿는 그의 신앙을 더욱 강하게 하고 하나님의 일을 하는 가운데 그 신앙에 더욱 활기를 얻게 해주신다.[998]

4. 설교 및 교훈 자료

3절: 우리는 하나님과 대화하며 교제하는 시간이 방해받지 않도록

---

997) 참고, 박윤선, *성경주석, 출애굽기*, p. 255.

998) 참고, 상게서, p. 251.

하자.

여호와께서는 모세에게 자신의 말씀을 받는 시간에 아무런 방해를 받거나 죄악된 것이 접근하지 못하도록 모세 이외에는 시내 산에 인적을 금하고 양과 소도 산 앞에서 먹이지 못하게 했다. 가정예배 드릴 때 전화 코드를 뽑는다든가, 심방 받아 예배드릴 때 가게 문을 닫고 "닫음(closed)" 이라고 표지판을 달아놓는다거나, 주일 예배 때에 정신을 집중하고 졸지 않기 위해 토요일 저녁에 일찍 잠자리 가는 태도들은 하나님과의 영적교제를 방해받지 않으려는 좋은 방법이다. 예배시간에 주위 사람과 이야기하거나 두리번거리며 다른 것에 신경쓰거나, 신문이나 무슨 팜플렛을 보며 하나님과의 대화를 무시하고 소홀히 하는 것은 하나님의 복을 거절할 뿐만 아니라 하나님의 진노를 초래할 수 있는 악한 일들이다.

[5절-10절]

여호와의 속성과 다시 세운 이스라엘과의 언약

5. 여호와께서 구름 가운데 강림하사 그와 함께 거기 서서 여호와의 이름
을 반포하실새, 6. 여호와께서 그의 앞으로 지나시며 반포하시되 여호와
로라 여호와로라[1] 자비롭고 은혜롭고 노하기를 더디 하고 인자와 진실이
많은 하나님이로라. 7. 인자를 천대까지 베풀며 악과 과실과 죄를 용서하
나 형벌 받을 자는 결단코 면죄하지 않고 아비의 악을 자여손 삼사 대까
지 보응하리라. 8. 모세가 급히 땅에 엎드리어 경배하며, 9. 가로되 주여
내가 주께 은총을 입었거든 원컨대 주는[2] 우리 중에서 행하옵소서 이는
목이 곧은 백성이니이다 우리의 악과 죄를 사하시고 우리로 주의 기업을
삼으소서. 10. 여호와께서[3] 가라사대 보라 내가[4] 언약을 세우나니 곧 내
가 아직 온 땅 아무 국민에게도 행치 아니한 이적을 너희 전체 백성 앞에
행할 것이라 너의 머무는 나라 백성이 다 여호와의 소위를 보리니 내가
너를 위하여 행할 일이 두려운 것임이니라.

1. 본문의 원전 설명

6절: [1] "여호와로라 여호와로라." 이 문구는 헬라어 70인역에서는 "주 하나님"(Κύριος ὁ Θεὸς)으로 표현되어 있다.

9절: [2] "주(Lord)." 이 단어는 헬라어 70인역에서 "내 주"(ὁ κύριος μου)로 표현되어 있다.

10절: [3] "여호와께서." 히브리어 맛소라 성경에는 "여호와"란 단어가 없고 3인칭 단수 동사로 표현되어 있다. 그러나 문맥에서 "여호와"가 3인칭 동사의 주어가 분명하므로 "여호와"를 넣어서 번역되었다. 한편 헬라어 70인역은 "여호와"를 뜻하는 단어 "Κύριος"가 주어로 분명히 표현되어 있다.

10절: [4] "내가." 헬라어 70인역에 따르면, "내가" 다음에 "너와 함께"(σοι)란 단어가 삽입되어 번역되어야 한다.

2. 본문 내용 개요

여호와께서는 모세에게 이스라엘 백성 앞에 다른 국민에게 행하지 않은 무서운 이적을 행할 것을 말씀함.

3. 주석

6-7절에서 하나님은 그의 이름 "여호와"를 두 번 선포하시며 그의 7가지 성품을 말씀하신다. 또한 "여호와"의 이름을 두 번 반포하여 하나님은 "여호와" 이름이 뜻하듯이 스스로 존재하시고 약속을 성취시키시며 구원의 하나님이심을 강조해 준다고 볼 수 있다. 여기에서

다음의 일곱 가지 성품들이 언급된다.[999)]

1) 자비롭고 은혜로운 하나님(6절)

여호와께서는 이미 모세의 중보의 기도를 들으사 백성의 금송아지 죄를 용서해주시면서 자비롭고 은혜로우심을 보여주었다. 여기서 "자비롭고"로 번역된 히브리어 "라훔"(רַחוּם)은 앞서 출 33:19절에서 "긍휼을 베풀다"로 번역된 "라함"(רָחַם) 동사의 명사형으로서 두 단어의 기본 뜻은 같다. 단지 한글개역성경이 같은 의미의 단어들을 조금씩 다르게 번역한 것이다. 그러므로 앞서 33:19에서 설명했듯이 "자비롭고"는 불쌍히 여기시고 한없는 사랑을 베풀어 주시는 것을 가리킨다. "은혜로운"은 하나님께서 우리의 공로나 대가를 요구하시지 않고 우리에게 거저 주시는 하나님의 호의를 의미한다.

2) 노하기를 더디 하시는 하나님(6절)

사람이 죄를 범했을 때 그에게 곧 형벌을 가하지 않고 회개할 수 있도록 기다리시는 하나님의 성품을 가리킨다. 33장의 금송아지 사건에서도 하나님께서 노하여 곧장 그들 모두를 멸하시지 않고 참고 그들이 회개하고 모세를 통해 새로운 언약의 관계가 회복되도록 하심.

3) 인자와 진실이 많은 하나님(6절)

인자와 진실은 한 속성으로 간주된다. 그리하여 단일 속성의 이중요소가 인자와 진실이라는 것이다. 진실의 인자 혹은 진실 되고 충성된 인자라 할 수 있다.[1000)] 여호와께서는 사랑과 자애함이 넘치고 거짓이 없으며 참되셔서 금송아지 사건에서도 인자와 진실이 넘치신 하나님이신 것을 보여주셨다.

---

999) 참고, Cassuto, *A Commentary on the Book of Exodus*, pp. 439f.

1000) 상게서, p. 439.

4) 인자를 천대까지 베푸시는 하나님(7절)

하나님은 그가 인자를 약속한 사람들의 먼 후손들에게까지, 곧 수천 대까지 그의 사랑과 자애하심을 보여주신다. 그리하여 이번에도 이스라엘 백성에게 여호와의 인자를 보여주신 것이다.

5) 악과 과실과 죄를 용서한 하나님(7절)

모세가 여호와께 이스라엘의 죄를 용서해 달라고 기도할 때 모세의 간구를 응답하신 하나님이시다. 여기에서 사용된 죄의 세 동의어의 뜻을 구분 짓기란 실제로 어렵다. 그러나 그들의 어원을 통해 구분해 보면 다음과 같다. "악"은 히브리 본문에 "아본"(עָוֹן)이다. "아바"(עָוָה)가 원형으로서 똑바른 코스에서 행동을 벗어나게 한 것을 뜻한다. "과실"은 히브리 원문에서 "페샤"(פֶּשַׁע)인데 본질적으로 "반란", "불복종"을 뜻한다. 그리고 "죄"는 히브리 원문에서 "하트타아"(חַטָּאָה)인데 어원적으로 '원하는 표적을 빗나간 행위'를 뜻한다.[1001]

6) 형벌 받을 자는 결단코 면죄하지 않으시는 하나님(7절)

앞서 첫 번째로 언급된 하나님의 속성인 "자비롭고 은혜로움"은 하나님의 약함의 표시이거나, 공의의 왜곡을 뜻한 것도 아니다. 그리고 사람이 죄를 짓을 때 그 죄가 자비에 의해 완전히 없어진 것이 아니다. 다만 형벌이 보류되었다. 그러나 사람이 다시 죄를 지면 하나님은 그의 지금 지은 죄와 이전에 지은 죄를 장차 벌하실 것이다. 그러나 우리 인간이 받을 형벌을 예수님이 다 받으시므로 누구든지 예수님을 구주로 영접하며 믿을 때 그의 죄가 용서되고 그는 형벌을 받지 않는다.

7) 아비의 악을 자여손 삼사 대까지 보응하신 하나님(7절)

1001) 상게서, p. 440.

아버지의 죄가 비록 삼사(三四) 대에 한한다 할지라도 자손들에게 보응된다는 것이다. 그러나 아버지의 선한행위는 수천 대까지 영향을 줄 것임을 말씀하여 하나님의 사랑의 풍성함을 보여 준다(출 20:6). 여기서 "자여손 삼사 대까지" 하나님께서 보응하신다고 하여 악을 행한 사람의 자손들은 삼사 대까지 모두 한 자손도 예외 없이 벌을 받는다고 기계적으로 해석해서는 안 된다. 어떤 자손은 벌을 받지 않고 하나님의 용서를 받는 자손도 있을 것이기 때문이다. 악한 사람의 자손도 그들이 회개하지 않을 경우에 한하여 그 조상의 악을 보응받을 것이라고 해석함이 옳은 성경적 이해이다.[1002]

8-9절은 모세가 하나님 앞에 재빨리 엎드려 경배함을 보여준다. 앞선 6-7절에서 보여 준대로 하나님께서 위대하고 장엄하심 가운데 "여호와" 인 자기의 이름을 선포하시고 지나가시면서 자애가 넘치신 자기의 품성들을 설명하신 것을 들은 모세는 하나님 여호와께 재빨리 엎드려 경배하며 백성을 위해 다시 간구하기를 시작 한다. 하나님이 이미 이스라엘 백성과 다시 함께 가실 것을 약속했으나, 백성은 목이 곧은 백성이라 또 주님의 뜻을 거역한다 할지라도 그 백성의 죄를 용서하시고 이스라엘 속에서 함께 동행 해 주시기를 간구한다.[1003] 백성의 지도자로서 모세는 자기 백성 이스라엘 민족의 약점과 악함을 알기 때문에 하나님의 긍휼과 자비에 다시금 호소한다. 그러면서 "우리를 주의 기업을 삼으소서."라고 기도한다. 곧 이스라엘 백성이 하나님을 소유하는 백성이 되도록 해달라는 것이다(참조, 신 4:20, 9:26).

1002) 참고, 박윤선, *성경주석, 출애굽기*, p. 251.

1003) 참고, Cassuto, *A Commentary on the Book of Exodus*, pp. 440f.; Keil and Delitzsch, *Biblical Commentary on the Old Testament*, vol. 2, *the Pentateuch*, pp. 241f.

10절은 하나님의 말씀으로써 "…보라 내가 언약을 세우나니 곧 내가 아직 온 땅 아무 국민에게도 행치 아니한 이적을 너희 전체 백성 앞에 행할 것이라. 너의 머무는 나라 백성이 다 여호와의 소위를 보리니 내가 너를 위하여 행할 일이 두려운 것임이니라." 금송아지 사건으로 깨어진 언약을 백성과 다시 세우고 여호와께서 이스라엘 백성 앞에서 다른 아무 백성에게도 행하지 않은 큰 이적을 행할 것을 말씀하셨다. 그것은 놀라운 일(נוֹרָא)일 것이라고 한다.

[11절–17절]

가나안 땅의 사람들과 언약을 맺는 것을 금함

11. 너는 내가 오늘 네게 명하는 것을 삼가 지키라 보라 내가 네 앞에서 아모리 사람과 가나안 사람과 헷 사람과 브리스 사람과 히위 사람과 여부스 사람[1]을 쫓아내리니, 12. 너는 스스로 삼가 네가 들어가는 땅의 거민과 언약을 세우지 말라 그들이 너희 중에 올무가 될까 하노라. 13. 너희는 도리어 그들의 단들을 헐고 그들의 주상을 깨뜨리고 그들의 아세라 상을 찍을지어다.[2] 14. 너는 다른 신에게[3] 절하지 말라 여호와는 질투라 이름하는 질투의 하나님임이니라. 15. 너는 삼가 그 땅의 거민과 언약을 세우지 말지니 이는 그들이 모든 신을 음란히 섬기며 그 신들에게 희생을 드리고 너를 청하면 네가 그 희생을 먹을까 함이며, 16. 또 네가 그들의 딸들로 네 아들들의 아내를 삼음으로[4] 그들의 딸들이 그 신들을 음란히 섬기며 네 아들로 그들의 신들을 음란히 섬기게 할까 함이니라. 17 너는 신상들을 부어 만들지 말지니라.

1. 본문의 원전 설명

11절: 1 "…여부스 사람을." 11절에 "여부스 사람"과 함께 여섯 족속의 사람들이 히브리어 맛소라 성경에서 언급되는데, 사마리아 오경과 헬라어 70인역은 한 족속, 곧 "기르가스"(the Girgashites) 사람을 더 언급하고 있다. 그리고 이 일곱 족속의 사람들의 순서들이 서로들 다르다.

13절: [2] "…아세라 상을 찍을 찌어다." 이 구절 다음에, 헬라어 70인역은 "그들의 새겨서 만든 신상들을 불로 태울 찌어다."(και τὰ γλυπτὰ τῶν θεῶν αὐτῶν κατακαύσετε ἐν πυρί)가 첨가되어 있다.

14절: [3] "다른 신에게…." 헬라어 70인역 에서는 "신"을 복수로 표현하여 "다른 신들에게…."로 되어 있다.

16절: [4] "…아내를 삼음으로…." 이 문구 다음에 헬라어 70인역은 "그리고 너희의 딸들을 그들의 아들들에게 줌으로"(και τῶν θυγατέρων σου δῷς τοῖς υἱοῖς αυτων)가 첨가되어 있다.

2. 본문 내용 개요

여호와는 이스라엘 백성에게 가나안 족속들을 쫓아 내고, 그들과 언약을 맺거나 서로 통혼하지 말고 그들의 우상의 상을 찍어 파괴하라고 하심.

3. 주석

11-12절에서 여호와께서는 이스라엘 백성이 가서 차지할 가나안 땅의 여섯 족속의 사람들을 쫓아내실 것을 다시 약속해 주신다. 이 약속은 이미 앞서 출애굽기 3:8과 33:2-3에서 말씀하셨던 내용이다. 그리고 11절에서 언급된 여섯 족속의 사람들에 대해서는 앞서 3:8의 주석에서 비교적 자세히 설명되었다. 하나님께서는 그의 언약 백성인 이

스라엘 백성이 하나님을 믿지 않고 거짓 우상들을 섬기는 그 가나안 땅의 백성들과 언약을 맺지 말라고 하신다. 그 이유는 그들과 언약을 맺을 때 그들과 깊은 유대관계를 가지며 교제하게 되어 그들이 섬기는 신들을 섬기도록 하는 함정이 될 것이기 때문이다. 그리하여 신약 고린도후서 6:14-16에서, "너희는 믿지 않는 자와 멍에를 같이 하지 말라. 의와 불법이 어찌 함께하며 빛과 어두움이 어찌 사귀며, 그리스도와 벨리알이 어찌 조화되며 믿는 자와 믿지 않는 자가 어찌 상관하며, 하나님의 성전과 우상이 어찌 일치가 되리요…."라고 말씀하셨다.

13-14절에서 여호와께서는 이스라엘 백성이 소극적으로 우상을 믿는 사람들과 사귀거나 언약 맺지 않는 정도로 만족하는 것이 아니라, 적극적으로 그들이 믿는 우상들을 없애기 위하여 노력하라는 말씀이다. 곧, 가나안 사람들이 우상에게 제물들을 바치는 제단들을 헐고, 기둥모양의 우상들을 깨뜨리며 아세라 상을 찍어 파괴하라고 하신다. 아세라 신은 가나안 사람들이 숭배했던 여신인데, 카쑤토(Cassuto)는 13절에서 "아쉐림"은 아세라 신이나 이 여신의 풍요를 나타내며 상징하는 나무로 만든 예배 대상들(cultic objects)이지, 많은 주석가들이 생각한 것같이, 아세라 여신의 상들(images)을 직접 나타낸 것은 아닌 것처럼 보인다고 말한다.[1004] 여호와께서 이스라엘 사람들을 가나안 사람들과 완전히 구별 시켜 그들과 언약을 맺거나 그들의 신에게 절하지 말라고 하신 것은 다른 신을 예배하는 것을 허락지 않으시고 질투하시는 하나님의 본성 때문인 것을 14절은 가르쳐 준다. 여호와께서는 자기의 이 본성을 강조하기 위해 여호와의 이름이 "질투"(칸나, קַנָּא)라고 말씀하신다. 한편 이 여호와의 이름은 사람이

1004) Cassuto, *A Commentary on the Book of Exodus*, p. 443.

다른 신을 섬기며 예배하는 것을 하나님께서 얼마나 싫어하시는 가를 아주 잘 나타내주고 있다.

15절에서는 12절에서처럼 가나안 사람들과 언약을 세우지 말라고 다시 경고하려는 것이 아니다. 오히려 언약을 맺은 후에 발생할 나쁜 일들이 이스라엘 백성에게 일어나지 않도록 하라고 권면하려는 것이다.[1005] 만약 이스라엘 백성이 가나안 사람들과 언약을 맺으면 발생할 악한 결과들이 한 쇠사슬의 고리들처럼 연속적인 단계로 설명되고 있다.

첫 단계에서는, 1) 가나안 사람들은 자기들의 신들을 음란하게 섬길 것이다. 2) 그들은 자기들의 신들에게 제사를 드릴 것이다. 3) 그들 가운데 어떤 사람이 이스라엘 사람을 초청하여 자기의 제사 드리는 음식의 고기를 같이 먹자고 할 것이다. 4) 이스라엘 사람은 그들의 제사 제물을 먹게 될 가능성이 있다는 것이다. 이렇게 같이 먹는 것은 아주 위험스러운 과정의 시작이 된다. 곧, 낯선 사람들과 자주 함께 먹게 될 때 그 결과는 서로들 친하게 되는 것이다. 또한 친하게 되면, 그 다음은 상호간에 통혼(通婚)하는 단계로 나아간다.

두 번째 단계는 서로 통혼하는 단계이다. 이 두 번째 단계는 16절이 설명한대로, 이스라엘 사람들과 가나안 사람들이 서로 결혼하고 교제하며 사는 것이다.

그 후 세 번째 단계로 진행되는데, 그것은 시집온 가나안 사람들의 딸들이 그들의 신들을 음란하게 섬기고 그들의 이스라엘 남편들도 그들의 신들을 음란하게 섬기게 된다는 것이다. 이상과 같이 삼단계로 언급된 가나안 사람들과 언약을 맺었을 때 발생하게 될 일련의 사

1005) 상게서, p. 444.

건들은 이스라엘 백성이 가나안 땅에 들어갔을 때 결코 그곳 거민들과 언약을 맺거나 친하게 지내지 않아야 함을 잘 설명해 주며 교훈을 준다.[1006] 15절과 16절에서 "신들을 음란히 섬긴다." 할 때, 동사 "음란히 섬긴다."는 히브리어 원문에서 "자나"(זָנָה)로서 그 뜻은 "간음하다."를 의미한다. "간음한다."는 것은 아내와 남편 사이에서 어느 한쪽이 자기 배우자 아닌 다른 사람과 성적관계를 가진 것을 가리킨다. 그러므로 여기 본문에서는 이스라엘과 하나님 사이의 관계를 아내와 남편 사이의 관계로 비유하여 말씀하시며, 남편 되는 하나님을 떠나 가나안 사람들의 신들인 우상을 섬기는 것을 음행, 곧 간음한 것이라고 말씀한다. 또한 "신들을 음란히 섬긴다."는 말은 가나안 사람들이 그들의 신들을 섬길 때 행했던 특징적인 성적인 의식들(sexual rites)을 넌지시 말해 주고 있다.[1007]

4. 설교 및 교훈 자료

16절: 하나님을 믿지 않는 자들과 결혼 하지 말라.

신 · 구약을 통해 하나님께서 믿는 자들에게 요구 하시는 것은 믿지 않는 자들과 결혼 하지 말라는 것이다. 노아 때 하나님께서 홍수로 인류를 멸망시키게 된 원인은 하나님을 믿는 사람들의 후손들이 하나님을 믿지 않는 사람들의 후손들과 결혼하여, 결국은 노아의 식구 외에는 다 타락하여 죄악이 세상에 관영하고 사람들의 생각의 계획이 항상 악하여 홍수로 사람과 육축과 기는 것과 공중의 새까지 쓸어

1006) 상게서
1007) 상게서

버리셨다(창 6:1-8). 느헤미야는 자기시대에 유다 사람들이 아스돗과 암몬과 모압 여인들을 아내로 취하여 여호와 하나님 섬기는 일을 그릇되게 하므로 그들 가운데 두어 사람을 때리고 그 머리털을 뽑으며 이방 여인들을 데려오지 않겠다고 하나님께 맹세하게 한다(느 13:23-25). 또한 느헤미야는 말하기를, 솔로몬 왕이 열국 중에 비길 왕이 없이 하나님의 사랑을 받은 왕이지만 이방 여인들을 아내로 맞이하는 죄를 범하므로 그들이 솔로몬 왕을 범죄하게 했다고 한다(느 13:26).

신약에서 사도 바울은 고린도 교우들에게, "너희는 믿지 않는 자와 멍에를 같이 하지 말라. 의와 불법이 어찌 함께하며, 빛과 어두움이 어찌 사귀며, 그리스도와 벨리알이 어찌 조화되며, 믿는 자와 믿지 않는 자가 어찌 상관하며, 하나님의 성전과 우상이 어찌 일치가 되리요. 우리는 살아 계신 하나님의 성전이라. …." 고 말씀하신다(고후 6:14-16). 여기서 사도 바울은 믿는 성도는 믿지 않는 자와 결혼은 말할 것도 없고, 서로 깊은 교제나 어떤 일을 함께 동업하는 것도 하지 않아야 함을 가르쳐 준다.

[18절-26절]

3대 명절과 안식일을 지킬 것

18. 너는 무교절을 지키되 내가 네게 명한대로 아빕 월 그 기한에 칠일
동안 무교병을 먹으라 이는 네가 아빕 월에 애굽에서 나왔음이니라. 19.
무릇 초 태생은 다 내 것이며 무릇 네 가축의 수컷 처음 난 우양도 다 그
러하며, 20. 나귀의 첫 새끼는 어린 양으로 대속할 것이요 그렇게 아니하
려면 그 목을 꺾을 것이며[1] 네 아들 중 장자는 다 대속할지며 빈손으로
내 얼굴을 보지 말지니라. 21. 너는 엿새 동안 일하고 제 칠일에는 쉴지
니 밭 갈 때에나[2] 거둘 때에도 쉴지며, 22. 칠칠절 곧 맥추의 초실 절을 지
키고 가을에는 수장절을 지키라. 23. 너희 모든 남자는 매년 세 번씩 주
여호와 이스라엘의 하나님 앞에 보일지라. 24. 내가 열방을[3] 네 앞에서
쫓아내고 네 지경을 넓히리니 네가 매년 세 번씩 여호와 너희 하나님께

> 보이러 올 때에 아무 사람도 네 땅을 탐내어 엿보지 못하리라. 25. 너는 내 희생의 피를 유교병과 함께 드리지 말며 유월절 희생을 아침까지 두지 말지며, 26. 너의 토지소산의 처음 익은 것을 가져다가 너의 하나님 여호와의 전에 드릴지며 너는 염소 새끼를 그 어미의 젖으로 삶지 말지니라.

1. 본문의 원전 설명

20절: [1] "그 목을 꺾을 것이며." 이 구절 대신에 헬라어 70인역에서는 "너는 그 값을 지불해야 할 것이다."로 되어 있다.

21절: [2] "밭 갈 때에나." 이 문구 대신에 헬라어 70인역에서는 "씨 뿌릴 때에"로 되어있다.

24절: [3] "열방을." 이 단어에 사마리아 오경은 "많은"(רבים)이란 수식어를 첨가하여 "많은 민족들을"로 쓰여 있다.

2. 본문 내용 개요

일년에 무교절, 칠칠절, 수장절을 지켜서 여호와 앞에 나오고 그리고 엿새 동안 일하며 제 칠일에 쉬고 여호와께 모든 처음 난 것을 바치라 하심.

3. 주석

18절의 무교절은 아빕월 15-22일까지 7일간 지킨다(레 23:5-6; 민 28:16). 아빕(Abib) 월은 오늘 우리의 양력 달력으로 3월 중순부터 4월 중순이다. 이스라엘 백성은 아빕(Abib) 월 14일 저녁에는 유월절을 지켰다. 이 무교절은 이스라엘 백성이 출애굽 때 급히 도망하면서 겪었던 어려움을 기념하기 위해 세워졌다. 무교절을 처음 지키라고 명령하신 출애굽기 12장과 무교절을 지킬 것을 강조해 주신 레위기 23장을 보면 무교절을 지키는 7일 동안 누룩 넣지 않은 빵을 먹고, 그 첫 날에는 성회로 모이며 아무 노동도 하지 말며, 7일 동안 여호와께 화제를 드리고, 제 7일에도 성회로 모이며 아무 노동도 하지 말라 하신다(레 23:4-8). 여기 18절에는 분명히 언급되지 않았으나 다른 관련 구절을 보면, 무교절 기간에 누룩 넣은 빵을 먹은 자는 이스라엘 백성에서 끊쳐지리라고 말씀 한다(출12:15). 위의 두 절기, 곧 무교절과 유월절은 두개로 분리해서 설명 하 수 있으나, 이스라엘 역사에서 후기 때에는 둘 다 동시 사건으로 연계된 동일한 절기로 언급되기도 한다(겔 45:21; 눅 22:1).

19-20절은 초태생의 규례를 말씀하신다. 즉 짐승 가운데 처음 난 것은 하나님의 것으로서 하나님께 바치라고 하신다. 그런데 나귀의 첫 새끼는 어린양으로 대속하라고 하신다. "대속하다"는 히브리어로 "파다"(פָּדָה)로서 '남에게 빚을 지거나 죄를 지은 사람의 빚을 갚아주거나 그 죄 값을 대신 치루어 그 사람을 자유의 사람이 되게 해 주는 것을 말한다. 20절에서 나귀는 부정한 동물이므로(참고, 레 11:1-8) 그 첫 새끼를 하나님께 바치지 말고 그 나귀 새끼 대신 양을 하나님께 바치라고 하신다. 만약 가난하여 대속할 양을 살 수 없거나 혹은 다른 이유로 그렇게 할 수 없을 때는 그 나귀의 목을 꺾으라 하신다. 곧, 죽이라는 것이다. 그리하여 이 부정한 것 대신에 어린 양을 바칠 것을 말씀한다(출 13:13). 앞서 출 13:13의 주석에서 지적한대로 나귀의 목을 꺾어 죽게 한 것은 나귀가 부정한 가축 중에 가장 흔한 동물이므로 이것을 하나님께 바치지 말라고 하신 것이다. 이렇게 대속되지 않은 부정한 동물인 나귀의 처음 난 것의 목을 꺾어 죽이라는 것은 부정한

자는 대속을 받지 않고는 죽임을 당한다는 것을 가르쳐 준다. 곧, 죄로 인해 죽을 수밖에 없는 우리가 예수 그리스도의 대속의 보혈공로 없이는 다 죽임 당할 수밖에 없는 것과 같다.

21-23절에서 하나님의 백성인 이스라엘은 엿새 동안 일하고 제 칠 일에는 쉬라고 명령하신다. 그런데 농사를 지으면서 밭을 갈고 씨를 심을 때나 그리고 나중에 추수 때가 되어 익은 곡식이나 열매를 거둘 때에도 제 칠일에는 안식일로 쉬라고 명령하신다. 이는 농사 일중에 밭을 갈고 수확하는 때가 가장 바쁘고 놓쳐서는 안 되는 아주 중요한 때 이지만, 이 때도 쉬라고 하신다. 이 말씀은 사업이나 장사하는 일에 있어서 일년에 한번 있을 수 있는 대목 같은 때도 안식일을 무시하거나 무효화해서는 안 되는 것임을 가르쳐 준다. 칠칠절은 무교절(Abib월 15일)로부터 49일째에 지키므로 칠칠절이라 하며, 유월절부터(Abib월 14일)는 50일째 지키는 절기이므로 오순절이라 부른다. 칠칠절은 추수한 곡식의 처음 열매를 하나님께 봉헌하면서 지킨 축제일이다(민 28:26-27). 한편 수장절(초막절)은 일곱째 달(Tishri, 양력 9월 중순-10월 중순)의 15-22일을 축제일로 지킨다. 이 수장절은 이스라엘 백성이 출애굽 때에 가나안에 들어오기 전 광야에서 유랑하던 것을 기념하고 모든 추수를 다 마침을 기뻐하기 위해 지키는 명절이다(레 23:34-36; 민 29:12ff.)

24절은 하나님의 절기를 잘 지킬 때 받을 축복을 약속하신다. 이스라엘 백성이 하나님께서 지시하신대로 안식일, 무교절, 칠칠절, 장막절을 잘 지키며 모든 남자가 일년에 3번씩 중대 절기 때에 하나님께 나아가 예배드리면, 하나님이 이스라엘을 보호해 주시는 능력과 권능이 주위 나라들에게 무서움과 공포의 대상이 되어 감히 이스라엘 땅을 탐내지 않을 것이다.

25-26절에서는 이스라엘 백성이 절기를 지키면서 주의해야 할 4가지 사항(事項)을 열거하고 있다.

1) 하나님께 바치는 제물의 피를 누룩 있는 빵과 함께 드리지 말라고 한다.

2) 유월절을 지키면서 잡은 제물의 고기를 아침까지 두지 말고 다 먹으라고 한다.

3) 농사를 지어 땅에서 수확한 것의 첫 것을 하나님께 드리라고 한다.

4) 염소의 새끼를 그 어미의 젖으로 삶지 말라고 한다. 염소의 젖은 그 새끼를 기르고 양육하는데 쓰는 것이 목적인데 오히려 그 젖으로 새끼를 삶아 죽이는 것은 비정한 것이며 하나님이 주신 자연의 질서에 어긋나기 때문이다.

4. 설교 및 교훈 자료

21절: 안식일을 지켜라

출애굽기에서 엿새 동안 일하고 제 칠일에 쉬며 거룩하게 보내는 안식일은, 이미 앞서 31:15에서 언급한대로, 히브리어 원문에서 "샤브바트 샤브바톤"(שַׁבַּת שַׁבָּתוֹן)으로서 31:15절 외에 출애굽기 35:2 과 레위기 23:3에 사용되며 그리고 비슷한 표현이 출애굽기 16:23에 사용된다. "샤브바트 샤브바톤"(שַׁבַּת שַׁבָּתוֹן) 문구는 직역하면 "휴식의 안식일"[1008] 혹은 "완전한 휴식의 안식일"이다. 이 히브리어 문구는 안식일인 제 칠일에 안식할 것을 강조해 주고 있으며, 출 35:3에서는

1008) *The New Brown, Driver, and Briggs Hebrew and English Lexicon of the Old Testament*, p. 992.

이스라엘 사람들에게 안식일에는 그들이 거하는 처소에서 불도 피우지 말라고 말씀하신다. 그러므로 제 칠일 안식일에 일한 사람은 반드시 죽일 것을 명령하시기도 한다.

이 안식일은 이스라엘 백성이 세상의 다른 백성과는 구별되게 하나님을 섬기도록 따로 선택된 백성인 것을 알게 하는 싸인(sign)이다(출 31:13). 하나님께서는 안식일을 지키지 않아 그 날을 더럽힌 자는 반드시 죽이라 하신다(출 31:14-15). 이렇게 안식일 지킬 것을 여호와 하나님께서 강조하여 또 말씀하시고 또 말씀하신 것은 이스라엘 백성이 안식일을 거룩히 지키라는 명령을 잘 지키지 않았기 때문일 가능성이 크다. 거기에 더해 안식일 명령은 이스라엘 백성이 꼭 지켜야 할 중요한 계명이기 때문에 다시 말씀하시고 또 말씀하신 것이라고 말할 수 있다. 왜 안식일을 거룩히 지켜야 하는가? 그 이유가 출애굽기 20:11절에서 밝혀진다. 이는 여호와께서 6일 동안 세상의 모든 것을 창조하시고 제 7일에는 쉬시며 안식일을 복되게 하여 그 날을 거룩하게 하셨기 때문이라고 한다. 하나님께서 "안식일을 복되게 하여 그 날을 거룩하게" 하셨다는 것은 사람이 그 날에 쉬고 복 받게 하셨음을 뜻하며, 안식일을 다른 날과 구별되게 하여 하나님께 바치도록 했음을 뜻한다(참고, 사 56:2, 4-5, 58:13-14). 안식일을 복되게 하셨다는 하나님의 말씀은 결코 의미 없는 공허한 말씀이 아니다. 무엇인가 창조의 질서에 영향을 준 복된 하나님의 섭리이다.

안식일 명령은 결코 이스라엘 백성에게만 주신 계명이 아니다. 하늘과 땅이 있는 한, 사람이 복 받기 위해 지켜야 할 계명이다. 불란서 혁명 후 혁명가들은 종교적인 모든 제도들을 폐기시키면서 안식일인 주일을 쉬게 하지 않고 계속해서 일을 하게 했다. 그러나 나중에 백성들이 건강이 좋지 않고 나빠져서 다시 주일을 정해 쉬어야 했다

(Barclay, *The Ten Commandments for Today*, p. 45). 또한 노동 문제를 연구하는 전문가들이 일의 능률을 조사해 볼 때, 노동자가 열심히 일하면 주말에 가서는 능률이 감소되어 주말에 쉬어야 일의 능률을 높일 수 있다는 것을 확증 했다(Barclay, 상게서). 그러므로 제 7일마다 안식의 날을 갖는 것은 창조섭리와 인체공학적 측면에서 꼭 지켜야 할 계명이다(정규남, *구약개론*, 재판, 3쇄, pp. 1203-124).

[27절-28절]

여호와께서 십계명을 두 돌판에 기록함.

27. 여호와께서 모세에게 이르시되 너는 이 말들을 기록하라 내가 이 말들의 뜻대로 너와 이스라엘과 언약을 세웠음이니라 하시니라. 28. 모세가[1] 여호와와[2] 함께 사십 일 사십 야를 거기 있으면서 떡도 먹지 아니하였고 물도 마시지 아니하였으며 여호와께서는 언약의 말씀 곧 십계를 그 판들에 기록하셨더라.

1. 본문의 원전 설명

28절: [1] "모세가." 실제로 히브리어 맛소라 사본에는 "모세"란 단어가 없고 그냥 3인칭 단수 동사가 있어 "그가"로 번역되어야 하지만 본문의 문맥에서 주어가 모세인 것이 분명하므로 독자의 이해를 돕기 위해 "모세"를 넣어 번역되었다. 헬라어 70인역에는 '모세' 이름이 있음.

28절: [2] "여호와와." 사마리아 오경은 "여호와" 단어 앞에 "…앞에"라는 전치사 "리프네"(לִפְנֵי)가 있어 "여호와 앞에"라고 되어 있다. 헬라어 70인역도 사마리아 오경같이 전치사 "리프네"(לִפְנֵי)를 읽고 있다.

2. 본문 내용 개요

모세는 사십 일 사십 야를 금식하며 주님과 함께 있고 여호와께서는 언약의 말씀인 십계를 그 판들에 기록하심.

3. 주석

27절은 언약을 다시 맺으면서 여호와께서 지시하신 말씀들을 모세에게 기록하게 하신다. 여기서 '여호와께서 지시하신 말씀들' 은 다음 28절에 언급된 언약의 내용인 십계명이 아니고, 이 언약을 맺는 조건의 말씀들을 모세에게 아마 어떤 특별한 두루마리에 기록하라는 여호와의 말씀이다. 이런 본문의 의미를 생각할 때 27절에서 한글개역성경의 "내가 이 말들의 뜻대로" 란 번역은 원문의 내용을 분명히 나타내는데 미급하다고 생각한다. 오히려 "내가 이 말들과 일치하여" (עַל־פִּי הַדְּבָרִים הָאֵלֶּה, 참고, 영어성경 RSV, NASB, NIV, 등)라고 번역함이 더 원문의 뜻을 살린다.

28절에서 모세는 첫 번째 십계명을 받을 때처럼(참고, 출 24:18) 40일 주야를 시내 산에 있으면서 먹지 아니하였고 물도 마시지 않았다. 철저한 금식을 하였다. 여호와로부터 십계명을 받는 일에 전 신경을 집중시키기 위해 음식을 먹고 마시는 일을 멈춘 것으로 보인다. 모세가 "여호와와 함께" 있었다고 특별히 말한 것은 모세가 여호와께 아주 가까이 다가가 있으면서 아주 독특한 놀라운 계시를 받고 있었기 때문이다. 모세는 그 자신의 개인적인 이익을 위해서나 억지로 한 것이 아니라 이스라엘의 지도자로서 하나님과 백성 사이에서 중개자로 일하면서 오로지 언약의 말씀 곧 십계명의 말씀을 받는 일에 전 신경을 집중토록 능력을 받아 일상생활의 상태를 초월한 경지에 있었다. 그리하여 모세는 40일을 먹지도 마시지도 않았고, 이 40일 금식 후에 산에서 내려와서도 곧 그의 직무를 수행하였다. 이러한 모세는 하나님으로부터 초인적인 힘을 받은 것이 틀림없다. 여호와께서는 앞서 34:1에서 말씀하신대로 모세에게 새로 만들어 가져오게 한 두 돌판 위에 친히 언약의 말씀들, 곧 십계명을 기록하셨다. 앞서 27절에서 언약을 맺는 조건의 말씀들은 모세에게 쓰라 하시고, 이제 그 언약자체의 내용인 십계명을 여호와께서 친히 쓰셨다는 것은 이 십계명의 중요성을 아주 강조해주고 있다.

[29절-35절]

십계명의 두 돌판을 들고 산에서 내려온 모세

29. 모세가 그 증거의 두 판을 자기[1] 손에 들고 시내 산에서 내려오니 그
산에서 내려올 때에 모세는 자기가 여호와와 말씀하였음을 인하여 얼굴
꺼풀에 광채가 나나 깨닫지 못하였더라. 30. 아론과 온 이스라엘 자손이[2]
모세를 볼 때에 모세의 얼굴 꺼풀에 광채 남을 보고 그에게 가까이 하기
를 두려워하더니, 31. 모세가 그들을 부르니 아론과 회중의 모든 어른이
모세에게로 오고 모세가 그들과 말하니, 32. 그 후에야 온 이스라엘 자손
이 가까이[3] 오는지라 모세가 여호와께서 시내 산에서 자기에게 이르신
말씀을 다 그들에게 명하고, 33. 그들에게 말하기를 마치고 수건으로 자
기 얼굴을 가리웠더라. 34. 그러나 모세가 여호와 앞에 들어가서 함께 말
씀할 때에는 나오기까지 수건을 벗고 있다가 나와서는 그 명하신 일을[4]
이스라엘 자손에게 고하며, 35. 이스라엘 자손이 모세의 얼굴의 광채를
보는 고로 모세가 여호와께 말씀하러 들어가기까지 다시 수건으로 자기
얼굴을 가리웠더라.

1. 본문의 원전 설명

29절: 1 "자기 손에." 여기서 히브리어 맛소라 사본은 "모세의 손에"로 읽는다..

30절: 2 "온 이스라엘 자손이." 여기서 헬라어 70인역은 "모든 장로들이"라 읽는다.

32절: 3 "온 이스라엘 자손이 가까이." 이 문구에, 사마리아 오경은 "그에게"를 삽입하여 "온 이스라엘 자손이 그에게 가까이"로 읽는다.

34절: 4 "그 명하신 일." 이 문구가, 사마리아 오경에 의하면, "그가 그에게 명하신 것을"로 읽고, 헬라어 70인역은 "여호와께서 그에게 명령하신 것을"로 읽는다.

2. 본문 내용 개요

모세가 이스라엘 백성을 불러 여호와께서 시내 산에서 자기에게 말씀하신 것을 다 설명하고 광채가 난 얼굴을 수건으로 자기 얼굴을 가렸다.

3. 주석

29절에서 모세는 두 번째로 돌판을 들고 내려온다. 모세가 첫 번째 증거의 두 돌 판을 들고 시내 산에서 내려올 때는 떠들고 소란하며 분노를 일으키는 정황이었는데(출 32:7-19), 이와는 대조되게, 두 번째로 모세가 십계명의 두 돌 판을 가지고 시내 산에서 내려올 때는 엄숙한 분위기이며 모세의 얼굴에는 광채가 났다. 그 이유는 여호와와 말씀했기 때문이라고 본문은 밝힌다. 모세가 하나님으로부터 십계명을 받으면서 하나님과 가진 아주 친밀한 교제의 결과로서 모세의 얼굴 피부가 빛나게 된 것은 하나님께서 모세에게 주신 선물로서 모세가 하나님과의 깊은 교제 가운데 이스라엘 백성이 지켜야 할 율법의 요점인 십계명을 받은 모세의 지도자로서의 권위를 나타내는 싸인이다.[1009]

한편 전도서 저자는 "사람의 지혜는 그 사람의 얼굴에 광채가 나게 하나니 그 얼굴의 사나운 것이 변하느니라." 고 말하며(전 8:1), 잠언 저자는 "마음의 즐거움은 얼굴을 빛나게 한다." 고 말한다(잠 15:13). 이와 같이 하나님과의 깊은 교제로 인해 모세가 갖게 된 하나님께 대한 깊은 지식과 지혜와 기쁨과 성령의 충만함이 그의 얼굴을 빛나게 했을 것이므로 정말 모세의 얼굴 피부에 광채가 넘쳤을 것이라고 말할 수 있다. 오늘날 우리도 하나님의 말씀을 많이 읽으며 기도 열심히 하여 하나님과 깊은 교제를 하므로 우리의 얼굴이 빛나기를 바란다. 주의 말씀은 우리에게 소망과 기쁨과 평강을 주기 때문에 그 말씀에 따라 살고 그 말씀의 힘을 받는 자는 그의 얼굴에 기쁨이 충만하여 빛이 날것이다.

모세는 자기 얼굴에 광채가 나지만 이를 알지 못했다. 모세는 자신도 모르게 빛나는 얼굴 모습을 가졌다. 박윤선 박사는 이렇게 자기도 모르게 가지는 덕(德)이 참된 덕(德)이라고 하며, 이 덕(德)은 "자신도 모르게 하나님이 공급하시는 것 이다." 고 말한다.[1010] 누구든지 자기

1009) 참고, Durham, *Exodus, Word Biblical Commentary*, vol. 3, p. 467.

가 어떤 덕을 가졌다고 생각하거나 또는 선하다고 생각할 때는 이미 그가 그 점에 있어서는 벌써 악에 물들기 시작했음을 의미하는 것이라고 한다.

30-32절에서 아론과 이스라엘 백성이 모세의 얼굴의 광채를 보고 나타낸 반응은 두려움 이었다. 그리하여 그들이 그에게 가까이 오기를 꺼려했다. 그러므로 모세가 그들을 부르니 아론과 회중의 대표들이 왔고, 나중에 온 이스라엘 자손이 모세에게 나왔다. 이때 모세는 그가 받은 특별한 영예 때문에 교만하지 않고, 오히려 겸손과 사랑으로 백성을 대한 것을 본다.[1011]

32절에 보면, 모세는 백성에게 여호와가 시내 산에서 지시하신 것을 다 말했다고 한다. 여기서 "다 말했다"고 할 때 그 의미는 모세가 하나님께서 그에게 말씀하셨던 것을 다 그들에게 한번에 당장 말했다는 뜻이 아니다. 이를 모세가 35장부터 하나님께서 안식일 준수와 성막건조에 관해 말씀하셨던 것들을 한번에 말한 것이 아니라 시간적 간격을 두고 조금씩 말한 것에서 알 수 있다.

33절에서 모세는 백성에게 여호와의 말씀을 선포한 후 자기 얼굴 꺼풀의 광채를 가리기 위해 수건을 썼다고 한다. 왜 모세가 자기의 얼굴 꺼풀의 광채를 가리려 했는지에 대한 이유를 본문은 말하지 않고 있다. 그리하여 1) 어떤 사람은 모세가 백성이 놀라는 것을 피하기위해서 그렇게 했다고 하며, 2) 또 어떤 사람은 모세가 여호와의 계시를 알려주는 자기의 "공식적"인 일을 마쳤음을 알려주기 위해서라고 추측한다.[1012] 아마, 모세는 여호와의 명령을 그들에게 말할 때는 그 여

1010) 박윤선, *성경주석, 출애굽기*, p. 257.

1011) 참고, Cassuto, *A Commentary on the Book of Exodus*, p. 449.

호와의 명령의 신적 권위를 더 강력히 체험할 수 있도록 자기의 얼굴 광채를 드러내 놓고, 모세가 그들에게 말하기를 마쳤을 때는 모세 자신의 어떤 출중한 표를 나타내기를 원치 않았으며 다른 사람들과 함께 스스럼없이 대화하며 교제하기 위해서였을 것이라고 생각된다. 모세는 33절에 말한 수건을 계속해 쓰고 있다가 회막에서 여호와 앞에 설 때는 수건을 벗고 있다가 나와서는 여전히 수건을 쓰지 않고 여호와의 명하신 일을 이스라엘 자손에게 말하였다. 모세는 말하기를 마쳤을 때 백성이 자기 얼굴의 광채를 보는 고로 여호와께 말씀하러 들어가기까지 다시 수건으로 자기 얼굴을 가렸다.

여기 모세의 얼굴에 있는 광채와 수건에 대해 바울은 고린도후서 3:7 이하에서,

1) 모세 얼굴의 영광의 광채는 출애굽기 34정에서 분명히 언급이 없지만 사라질 것임을 강조하고 있다(고후 3:7, 13).

2) 바울은 모세 얼굴의 영광의 광채를 율법의 영광보다 복음의 영광이 더 넘치고 큰 영광임을 대조시켜 말할 목적으로 언급하고 있다(고후 3:7-11).

3) 바울은 모세의 얼굴을 가렸던 수건을 구약에 계시된 진리의 뚜렷하지 않은 것을 상징으로 설명한다(고후 3:14-16).

사도 바울의 이 해석은 그러나 모세 얼굴의 영광의 광채의 의미를 다 설명한 것이 아니다. 모세 얼굴의 영광의 광채는 하나님과 백성 사이의 중개자인 모세가 하나님과 이야기하므로 받은 영광의 광채였다. 또한 모세 얼굴의 영광의 광채는 구약의 영광을 말해주고 있고, 여호와가 이스라엘 백성을 그의 소유의 백성이 되도록 불렀으며 결

1012) Durham, *Exodus, Word Biblical Commentary*, vol. 3, p. 468.

국 존귀케 될 그 영광의 전망이며 증표로서 모세와 백성에게 이해되었다.[1013)]

4. 설교 및 교훈 자료

29-35절: 하나님과의 교제

왜 첫 번째 40일주야로 하나님과 교제하면서 십계명을 받아올 때는 얼굴에 광채가 없었는데 두 번째에는 광채가 있는가? 그 이유는 아마도 첫 번째 십계명을 받고 그 돌판이 깨어진 후 모세는 많은 시련을 당하면서 보다 훌륭한, 보다 순수한, 보다 적합한 하나님과의 깊은 교제를 할 수 있는 자가 되었기 때문인 것 같다. 그는 이스라엘 백성의 하나님께 대한 반항을 막기 위해 열심히 헌신적인 노력을 다 경주하고 자기 자신을 하나님의 생명책에서 삭제할지라도 이스라엘 백성을 다시 하나님의 언약백성이 되도록 하려고, 심혈을 기울인 중개자였다. 또한 그는 하나님의 자비와 긍휼을 얻을 때까지 인내하면서 하나님께 중보의 기도를 했다. 우리도 하나님의 말씀의 능력을 받아 그 능력으로 인해 우리의 얼굴에 기쁨이 충만하고 생활이 변화되어야겠다. 아직도 그렇게 바꾸어지지 않았다면 내 자신이 능력을 받지 못했음을 알고 말씀이 내 생활 속에서 열매를 맺도록 기도하면서 모세의 얼굴의 광채를 우리에게도 일어날 수 있도록 기도해야 할 것이다. 은혜와 권능이 충만했던 스데반도 그 얼굴이 천사의 얼굴과 같더라고 한다(행 6:15).

1013) Keil and Delitzsch, *Biblical Commentary on the Old Testament*, vol. 2, *the Pentateuch*, p. 244.

[출애굽기 35:1-36:1]

[35:1-3]

안식일 준수 명령

1. 모세가 이스라엘의 온 회중을 모으고 그들에게 이르되 여호와께서 너희에게 명하사 행하게 하신 말씀이[1] 이러하니라. 2. 엿새 동안은 일하고 제 칠 일은 너희에게 성일이니 여호와께 특별한 안식일[2]이라 무릇 이 날에 일하는 자를 죽일지니, 3. 안식일에는 너희의 모든 처소에서 불도 피우지 말지니라

1. 본문의 원전 설명

1절: [1] "행하게 하신 말씀이." 이 문구가 히브리어 맛소라 사본에 의하면, "그것들"이라는 단어가 첨가되어, "그것들을 행하게 하신 말씀이"라고 되어 있다.

2절: [2] "특별한 안식일." 이 단어는 히브리어 맛소라 사본대로 직역하면, "휴식의 안식일"(שַׁבַּת שַׁבָּתוֹן)이다. 이 단어를 한글개역성경은 출 31:15에서는 "큰 안식일"로, 그리고 출 35:2에서는 "특별한 안식일"로 번역하고, 한편 한글개역개정성경은 출 31:15에서는 개역성경과 같이 번역하고, 출 35:2에서는 "엄숙한 안식일"로 번역하여 같은 문구에 대한 일관성 없는 번역을 우리말 성경들이 취하고 있다.

2. 본문 내용 개요

여호와께서 엿새 동안 일하고 제 칠일에 쉬는 안식일은 휴식의 안

식일로서 그 날에는 일하지 말고 처소에서 불도 피우지 말라 하신다.

3. 주석

1절은 바로 뒤따르는 2-3절의 안식일 명령뿐만 아니라, 4절 이하에서 언급되는 성막건립에 관한 명령들에 대한 서론적인 말씀이다. 모세가 "이스라엘의 온 회중"을 모아서 여호와의 명령을 선포하려고 하는데 그 핵심내용은 성막건축에 대한 말씀들이다. 여기서 "이스라엘의 온 회중"은, 카쑤토에 의하면, 이스라엘 전체 백성을 가리킨 것이 아니요, 이스라엘 전체 백성을 대표하는 각 지파의 지도자들 대다수를 가리킨다.[1014] 이러한 이해는 출애굽기 12:21에서 모세가 "이스라엘 모든 장로"를 불러서 이야기 하는 경우를 살필 때 가능한 설명이지만 확실한 것으로 말할 수는 없다.

2-3절에서는 안식일 명령을 말씀한다. 모세는 이미 앞서 출 31:12-17과 34:21에서 안식일 명령을 말씀했는데 여기서 다시 안식일 명령을 말씀한다. 그러므로 여기서의 안식일은 성막건조 명령 선포 전에 특별히 성막을 짓는 일과 관련시켜 여호와께서 주신 것으로 이해된 안식일 명령이다. 즉 거룩한 성막 짓는 일이 아주 중요하며 그 성막을 건축하고자 하는 열정 속에서도 안식일은 반드시 지켜져야 한다는 것이다. 곧 안식일에는 성막 짓는 일을 하지 말고 쉬라는 것이다.

2절에서 "특별한 안식일"이라 말한 문구는 히브리어 원문에서 "샤브바트 샤브바톤" (שַׁבַּת שַׁבָּתוֹן)으로서 2절 외에 출애굽기 31:15과 레위기 23:3에 언급되며 그리고 비슷한 표현이 출애굽기 16:23에 언급

1014) Cassuto, *A Commentary on the Book of Exodus*, p. 454.

된다. 이 문구를 한글개역성경은 여기 35:2에서는 "특별한 안식일", 출애굽기 31:15에서는 "큰 안식일," 레위기 23:3에서는 "쉴 안식일"로 번역하여 그 번역에 일관성이 없다. "샤브바트 샤브바톤"(שַׁבַּת שַׁבָּתוֹן) 문구는 직역하면 "휴식의 안식일"[1015) 혹은 "완전한 휴식의 안식일"이다. 이 히브리어 문구는 안식을 강조하는 문구로서 제 칠일에는 '완전한 혹은 철저한 안식'을 해야 함을 가르쳐 준다. 그러므로 제 칠일 안식일에 일한 사람은 반드시 죽이라고 다시 강조하여 말씀하신다.

3절의 "안식일에는 너희의 모든 처소에서 불도 피우지 말지니라."는 명령은 출 31:12-17에서는 언급이 안 된 것이다. 그런데 출 16:23에서 만나를 제 6일에 구울 것은 굽고 삶을 것은 삶으라고 하시며 제 7일에는 휴식의 날임을 강조한 것을 볼 때 랍비들이 이해한 것 같이 안식일에 불을 못 피우게 한 것은 요리하고 빵 굽고 하면서 불 피우는 것을 못하게 하시는 명령으로 이해된다. 그러나 유대인의 어떤 종파들은 이 3절을 안식일에 아무 불도 피우지 못하게 한 것으로 믿는다.[1016) 이렇게 안식일 성수를 강조하지만 안식일 성수에 있어서 예외적인 규정이 있다. 곧 안식일에 제사장들이 성전에서 예배의 일을 하는 것은 죄가 아니다(마 12:5;민 28:9,10). 곧 주일에 목사님들이 예배를 드리기 위해 일하는 것은 주일성수를 범하는 것이 아님을 가르쳐 준다.

1015) *The New Brown, Driver, and Briggs Hebrew and English Lexicon of the Old Testament*, p. 992.

1016) Gispen, *Bible Student's Commentary, Exodus*, p. 318.

[4절-9절]

성막 지을 재료를 백성에게 자원해서 바치게 함

4. 모세가 이스라엘 자손의 온 회중에게 고하여 가로되 여호와의 명하신
일이 이러하니라 이르시기를, 5. 너희의 소유 중에서 너희는 여호와께 드
릴 것을 취하되 무릇 마음에 원하는 자는 그것을[1] 가져다가 여호와께 드
릴지니 곧 금과 은과 놋과, 6. 청색 자색 홍색실과 가는 베실과 염소털과,
7. 붉은 물들인 숫양의 가죽과 해달의 가죽과 조각목과, 8. 등유와 및 관
유에 드는 향품과 분향할 향을 만드는 향품과, 9. 호마노며 에봇과 흉패
에 물릴 보석이니라.

1. 본문의 원전 설명

5절: [1] "그것을." 이 대명사는 히브리어 맛소라 사본에 보면 "가져오다" 동사에 붙은 3인칭 접미사이다. 그런데 사마리아 오경, 페쉬타, 그리고 옹켈로스 탈굼에는 없다.

2. 본문 내용 개요

여호와께서 모세를 통해 성막 짓는데 필요한 금, 은, 놋 같은 자료들을 이스라엘 백성에게 강제로 내게 하지 않고 마음에 원하는 자가 자원해서 내게 했다.

3. 주석

4절부터 모세는 이스라엘 온 회중을 모아서 말하려는 본론을 이야기 하려고 한다. 그러면서 모세는 자기가 지금 말하려 한 것이 결코

자기의 말이 아니라, 여호와께서 자기에게 명령하시어 말씀하게 하신 것임을 밝힌다. 곧, 자기가 말하려 한 것의 신적권위를 이스라엘 백성이 유념하고 그 말씀을 잘 지켜 행해야 함을 주지시키려 한다.

5절에서 성막을 짓기 위해 하나님께 드릴 예물에 대하여 말씀하는데 금, 은 , 놋을 먼저 언급한다. 여기에서 "예물"로 번역된 원문 히브리어 맛소라 사본의 단어는 "테루마"(תְּרוּמָה)이다. 이 단어는 히브리어 동사 "룸"(רוּם, 높다, 높게 되다, 존귀케 되다)에서 나온 명사로서 사람이 하나님께 바치기 위해 자기의 소유물에서 구별하여 드린 선물을 뜻한다. 이 예물을 모세는 이스라엘 백성이 마음에도 없는 것을 억지로 바치는 것이 아니라, 마음에 원하는 자가 그것을 여호와께 드리라고 한다. 하나님께 자원하는 자들이 드릴 예물로 처음 언급되는 것들은 음, 은, 놋이다.

6-9절에서 언급된 예물들은 여호와께서 모세에게 처음 성막을 어떻게 지으라고 말씀하셨던 출애굽기 25:3-7에 그대로 언급되어 있다. 거기에 각 자료의 의미나 내용에 대한 구체적인 논의가 있으므로 여기서는 반복하지 않는다. 그러나 여기서 예물들이 다시 언급되고 앞서 5절을 통해서 강조되는 것은 이스라엘 백성 자신들의 소유물 중에서 드리라는 것과 자신들이 원해서 드리는 예물이어야 한다는 것이다.

[10절-20절]

성막과 그 기구들과 부속된 것들을 만들라 하심

10. 무릇 너희 중 마음이 지혜로운 자는 와서 여호와의 명하신 것을 다 만들찌니, 11. 곧 성막과 그 막과 그 덮개와 그 갈고리와 그 널판과 그 띠와 그 기둥과 그 받침과, 12. 증거궤와 그 채와 속죄소와 그 가리는 장과, 13. 상과 그 채와 그 모든 기구와 진설병과,[1] 14. 불켜는 등대와 그 기구와[2]

그 등잔과[3] 등유와, 15. 분향단과 그 채와 관유와 분향할 향품과 성막문의 장과, 16. 번제단과 그 놋 그물과 그 채와 그 모든 기구와 물두멍과 그 받침과, 17. 뜰의 포장과 그 기둥과 그 받침과 뜰 문의 장과, 18. 장막 말뚝과 뜰의 포장 말뚝과 그 줄과, 19. 성소에서 섬기기 위하여 공교히 만든 옷 곧 제사 직분을 행할 때에 입는 제사장 아론의 거룩한 옷과 그 아들들의 옷이니라. 20. 이스라엘 자손의 온 회중이 모세 앞에서 물러갔더니,

1. 본문의 원전 설명

13절: [1] "진설병과." 이 단어가 헬라어 70인 역 에는 없다.

14절: [2] "그 기구와." 이 단어에 사마리아 오경과 헬라어 70인 역은 "모든"이란 단어를 첨가하고 있다. 곧, "그 모든 기구와"로 되어 있다.

14절: [3] "그 등잔과." 이 단어가 사마리아 오경과 헬라어 70인 역에는 없다.

2. 본문 내용 개요

지혜로운 장인(匠人)이 와서 성막과 그 기구들과 성막에 부속된 것들과 아론과 그의 아들들의 제사장 예복을 만들게 함.

3. 주석

10절에서 모세는 마음이 지혜로운 사람이 모두 와서 여호와께서 명령하신 것들을, 곧 11절 이하에서 열거된 성막과 그 기구들과 그 부속된 것들을 만들라 한다. 한글개역성경에서는 "모두"라는 단어가 없으나 히브리어 맛소라 사본에는 "…지혜로운 사람이 모두"라고 표현

하여 하나님께서 마음에 지혜의 영을 주어서 성막과 그 기구 등을 만들 기술이 있는 사람은 한 사람만이 아니라 그 이상도 와서 만들라는 것이다. 재능 있는 사람은 모두 모세 때에는 하나님의 성막을 위해 그리고 오늘날에는 하나님 나라 확장을 위해 자기의 재능을 사용해야 할 것을 말씀하신 것이다.

11절에서 언급된 성막, 막, 덮개, 갈고리, 널판, 띠, 기둥 그리고 받침을 어떻게 만들 것인가에 대해 출 26:1-30에서 자세히 설명되고 있다. 예로서, 성막은 가늘게 꼰 베실, 청색 실, 자색 실, 홍색 실로 그룹을 정교하게 수놓아 만들라 하시며(26:1), 성막을 덮는 덮개는 염소털로 만들고, 그 위에 붉게 물들인 수양의 가죽으로 덮개를 만들어 덮고, 또 그 위에 해달의 가죽으로 그 웃덮개를 만들라 하신다(26:7-14).

12-14절에서는 증거궤와 그 채, 속죄소, 그리고 가리는 장(帳)은 출 25:10-22절에서 만들 것을 명령하고 있어 거기에서 자세히 논하고 있다. 상과 그 상을 드는 채와 그 모든 기구와 진설병을 만들게 명령하신 것은 출 25:23-29에 있어 거기에서 자세히 논하고 있다. 불 켜는 등대와 그 기구와 그 등잔은 출 25:31-40에서 어떻게 만들라고 명령하고 있어 거기에서 자세히 논하고 있으나, 한편 등유는 출 27:20에서 올리브 열매를 찧어서 순결한 기름을 만들라고 명령하시고 있다.

15-16절의 분향 단과 그 분향 단을 드는 채를 어떻게 만들고 어디에 둘 것인가를 출 30:1-6에서 말씀하시고 자세히 논하고 있다. 관유는 출 30:23-33에서 어떻게 만들고 어떻게 사용할 것인가를 말씀하고 자세히 논한다. 분향할 향품을 어떻게 만들고 어떻게 사용할 것인가를 출 30:34-38에서 말씀하고 향품에 대한 다른 이야기를 자세히 논의하고 있다. 성막문의 장은 성막의 문에 조각목, 곧 쉬팀 나무(아카시아 나무의 일종)로 만들어 금으로 싼 기둥 다섯 위에 금으로 만든 갈

고리를 이용해 달 휘장이다. 출 26:36에서 청색 자색 홍색실과 가늘게 꼰 베실로 수놓아 짜서 만들라고 하신다. 번제단과 그 놋 그물과 그 채와 그 모든 기구에 대하여 출 27:1-8에서 그들을 어떻게 만들 것을 지시하고 있다. 물두멍과 그 받침은 출 30:18-21에서 놋으로 만들고 그것을 회막과 단 사이에 두고 그 속에 물을 담으라 하시며, 그것을 어떻게 아론과 그의 아들들이 이용할 것인가에 대해서도 설명하고 있다.

17절의 뜰의 포장과 그 기둥과 그 받침과 뜰 문의 장에 대해 출 27:9-17에서 그들을 무엇으로 만들고 그 포장들의 길이와 높이 그리고 20규빗(약 9m)의 뜰 문의 장을 무엇으로 만들 것인가 등을 비교적 자세히 논하고 있다.

18절의 장막 말뚝과 뜰의 포장 말뚝에 대해서는 출 27:19에서 놋으로 만들라고 말씀한다. 그 줄에 대해서는 27장에서는 설명이 없고 나중 39:40에서 언급된다. 모세가 출 35:5-19에서 이스라엘 자손에게 누구든지 자원하는 자는 성막을 짓고 그 속에 있는 모든 것을 만들며 제사장의 거룩한 옷을 만들기 위해 물품들을 가져오라고 말한 후, 이스라엘의 회중이 모세 앞을 떠나갔다.

[21절-29절]

자원해서 성막 지을 재료들을 가져온 사람들

21. 무릇 마음이 감동된 자와 무릇 자원하는 자가 와서 성막을 짓기 위하여, 그 속에서 쓸 모든 것을 위하여, 거룩한 옷을 위하여 예물을 가져 여호와께 드렸으니, 22. 곧 마음에 원하는 남녀가 와서 가슴 핀과 귀고리와 가락지와 목걸이와 여러 가지 금품을 가져 왔으되 사람마다[1] 여호와께 금 예물을[2] 드렸으며, 23 무릇 청색 자색 홍색실과 가는 베실과 염소 털과 붉은 물들인 수양의 가죽과 해 달의 가죽이 있는 자도 가져 왔으며, 24. 무릇[3] 은과 놋으로 예물을 삼는 자는 가져다가 여호와께 드렸으며 무

룻 섬기는 일에 소용되는 조각목이 있는 자는 가져 왔으며, 25. 마음이 슬기로운 모든 여인은 손수 실을 낳고 그 낳은 청색 자색 홍색실과 가는 베실을 가져 왔으며, 26. 마음에 감동을 받아 슬기로운 모든 여인은 염소 털로 실을 낳았으며, 27. 모든 족장은 호마노와 및 에봇과 흉패에 물릴 보석을 가져 왔으며, 28. 등불과 관유와 분향할 향에 소용되는 기름과 향품을 가져 왔으니, 29. 마음에[4] 원하는 이스라엘 자손의 남녀마다 여호와께서 모세의 손을 빙자하여 명하신 모든 것을 만들기 위하여 물품을 가져다가 여호와께 즐거이 드림이 이러하였더라.

1. 본문의 원전 설명

22절: [1] "사람마다." 사마리아오경에는 "사람"이란 단어가 없다.

22절: [2] "예물을." 이 단어가 히브리어 맛소라 사본에는 "테누파트"(תְּנוּפַת)인데, 카이로 게니자(Cairo Geniza) 사본에는 "테루마트"(תְּרוּמַת)로 기록되었다. "테루마트"(תְּרוּמַת)는 특별히 '들어올려서 바친 예물'을 뜻한다.

24절: [3] "무릇." 맛소라 히브리어 사본에는 24절 맨 앞에 "웨"(וְ, 그리고)가 없는데, 사마리아 오경에는 있으며, 헬라어 70인역에는 "웨"(וְ, 그리고)의 헬라어 상응 단어인 "카이" (καὶ)가 있다.

29절: [4] "마음에." 히브리어 맛소라 사본에는 29절 맨 앞에 "웨"(וְ, 그리고)가 없는데, 사마리아 오경에는 있으며, 헬라어 70인역에는 "웨"(וְ, 그리고)의 헬라어 상응 단어인 "카이"(καὶ)가 있다.

2. 본문 내용 개요

마음에 원하는 이스라엘 자손 남녀가 성막을 짓고, 그 속에서 쓸 모든 것을 만들며, 거룩한 옷을 만들기 위해 예물을 가져와 즐거이 여호와께 드림.

3. 주석

21절에서 이스라엘 사람들 중에 마음에 감동되어 억지로가 아니라 원하는 사람은 부자이든 가난한 자이든 많이 바치는 자이든 적게 바치는 자이든 성막을 짓을 자료들의 예물들을 바치기 원하는 사람은 그 예물을 가지고 와서 여호와께 바쳤다고 한다. 여기에서 "예물"은 히브리어 원문성경에서 "테루마"(תְּרוּמָה)이다. 이 단어는 한글개역성경에서 "거제"로 자주 번역된다(레 7:32; 신 12:17). 그 의미는 '하나님께 들어 올린 제물'을 뜻한다. 그러나 여기 21절에서는 그런 뜻이 아니라, 히브리어 "테루마"(תְּרוּמָה)가 동사 "룸"(רוּם, 높다, 높게 되다, 존귀케 되다)에서 나온 명사로서 그냥 "예물"을 뜻한다. 곧, 사람이 하나님께 바치기 위해 그의 소유물에서 구별하여 드린 선물을 뜻한다. 이스라엘 자손이 가져온 예물들을 크게 세 가지 종류로 구분하여 말씀 한다:

1) 회막을 만들기 위한 자료들.

2) 회막 속에서 쓸 모든 것을 만들기 위한 자료들. "회막 속에서 쓸 모든 것"이라 번역된 히브리어 원문성경의 표현(לְכָל־עֲבֹדָתוֹ)을 보면, 회막 속에서 쓸 기구들만을 만드는 자료들을 가리키는 것이 아니라, 회막 봉사를 위해 만들어야 할 회막 안의 기구들, 회막 밖의 제단과 물두멍과 뜰의 기둥들과 휘장 등 모든 것을 만들 자료들을 가리킨다.

3) 제사장이 입을 거룩한 옷을 만들 재료들. 마음에 원하는 남녀가 가지고 온 예물들은 가슴 핀, 곧 브로치(brooch)와 귀고리와 가락지와 목걸이 그리고 여러 가지의 금으로 된 물체들을 가져와서 여호와

께 바쳤다. 여기에서 바친 예물을 원문 히브리어 성경에서 "테누파" (תְּנוּפָה)라 부른다. 이 "테누파"(תְּנוּפָה)는 손을 펼쳐서 마치 그 예물을 흔드는 것처럼 하며 바치는 예물을 가리키는 것으로서 "테루마" (תְּרוּמָה)와 비슷한 단어이다.[1017]

23-24절에서 언급된 청색 자색 홍색실과 가는 베실과 염소 털과 붉은 물들인 수양의 가죽과 해 달의 가죽 그리고 은과 놋과 조각목의 예물이 어떤 예물들을 뜻하는지는 출 25:3-5에서 논하고 있다. 25절의 "마음이 슬기로운 모든 여인"은 출 28:3에서 설명해준 대로 마음에 사람의 지혜가 있어서 실을 잘 잣아 만들어 낼 수 있는 여인들이 아니라, 하나님께서 특별히 마음에 지혜의 영을 주어서 실을 잘 잣는 기술을 가진 여인들을 가리킨다. 이 여인들이 청색 자색 홍색실과 가는 베실을 자아서 가져 왔고 염소 털로 실을 자아서 가져왔다고 한다.

27-29절은 모든 족장들이 그들의 지위에 부합하게 예물들을 가져 왔는데, 그 예물들은 호마노, 곧 "줄마노"로서 겹겹으로 여러 빛깔의 줄이진 마노 보석을 가져왔고, 에봇과 흉패에 물릴 보석을 가져왔다. 에봇과 흉패에 물릴 보석들은 출 28:17-20에서 좀더 자세히 설명되고 있다. 또한 족장들이 등불, 관유(붓는 기름), 분향할 향에 필요한 기름과 향품을 가져왔다. 이 기름과 향품들에 대해 출 25:6; 27:20; 30:22-25에서 언급되며 어떻게 만들 것인가를 설명 한다.

29절은 이스라엘 자손이 가져온 예물에 대한 설명을 요약하여 말한다. "모세의 손을 빙자하여"란 말은 '모세를 통하여'란 의미이다. '빙자'란 남의 힘을 빌어서 의지함을 뜻한다.

1017) Cassuto, *A Commentary on the Book of Exodus*, pp. 457f.

[35:30-36:1]

성막 짓는 일에 부름 받은 브사렐과 오홀리압

30. 모세가 이스라엘 자손에게 이르되 볼찌어다 여호와께서 유다 지파 훌의 손자요 우리의 아들인 브살렐을 지명하여 부르시고, 31. 하나님의 신을 그에게 충만케 하여 지혜와 총명과[1] 지식으로 여러 가지 일을 하게 하시되, 32. 공교한 일을 연구하여 금과 은과 놋으로 일하게 하시며, 33. 보석을 깍아 물리며 나무를 새기는 여러 가지 공교한 일을 하게 하셨고, 34. 또 그와 단 지파 아히사막의 아들 오호리압을 감동시키사 가르치게 하시며, 35. 지혜로운 마음을 그들에게 충만하게 하사 여러 가지 일을 하게 하시되 조각하는 일과 공교로운 일과 청색 자색 홍색실과 [2] 가는 베실로 수 놓는 일과 짜는 일과 그 외에 여러 가지 일을 하게 하시고 공교로운 일을 연구하게 하셨나니, 36:1 브사렐과 오호리압과 및 마음이 지혜로운 사람 곧 여호와께서 지혜와 총명을 부으사 성소에 쓸 모든 일을 할줄 알게 하심을 입은 자들은 여호와의 무릇 명하신대로 할 것이니라.

1. 본문의 원전 설명

31절: [1] "총명과." 히브리어 원문 맛소라 성경을 보면, "총명" 단어 앞에 "와우"(ו) 곧 접속사 "그리고"가 없다. 그러나 사마리아 오경, 페쉬타, 탈굼, 벌게이트에는 있다. 한글개역성경은 접속사 "와우"(ו)가 생략된 것으로 이해하여 "총명과"로 번역하였다. 또한 31절을 히브리어 원문 성경에 따라 더 직역하면 다음과 같다: "그에게 하나님의 영을 충만케 하여, 지혜와 총명과 지식과 여러 가지 재능으로,…."

35절: [2] "홍색실과." 히브리어 원문 맛소라 성경에는 "홍색실과" 앞에 "와우"(ו) 곧 접속사가 없으나, 본문의 문맥으로 보아 접속사 "와우"(ו)가 생략된 것으로 이해하여 한글개역성경과 현대인 성경 등은 번역함.

2. 본문 내용 개요

하나님께서는 그의 신으로 충만케 한 브사렐을 금, 은, 놋으로 공교한 일을 하게하시고 지혜로 충만하게 한 오홀리압을 조각하는 일과 수 놓는 일과 짜는 일들을 하게 하심.

3. 주석

30-34절 말씀은 앞서 출 31:1-6의 말씀을 거의 다시 반복하여 기록한 말씀이다. 성막을 건립하는데 핵심 건축 책임자는 브살렐이다. 출애굽기 17장을 보면 브살렐의 할아버지인 훌은 아론과 함께 모세의 손을 붙들어 올려 하나님께 계속 기도드리게 하여 아말렉 과의 싸움에서 이스라엘 백성이 승리하게 했던 백성의 지도자인데 그의 손자가 이제 하나님의 성소를 짓는데 가장 중요한 건축 기술자이다. 오홀리압은 31:6을 보면 브사렐의 보조자였던 것으로 이해된다. 오홀리압의 이름의 의미는 "아버지의 텐트" 혹은 "(하나님) 아버지는 나의 텐트"이다. 그는 조각하는 기술과 수놓는 기술과 베를 짜는 기술들을 가졌다.

34절을 보면, 하나님께서 브사렐과 오홀리압에게 다른 사람들을 가르치는 능력을 주셔서 그들이 성막 건립 일을 하는데 도울 수 있는 보조자들을 가르치게 했다. 출 31:6을 보면 하나님께서 브사렐과 오홀리압 외에 다른 보조자들에게도 지혜를 주셔서 성막 건립 일에 동참하여 성막의 여러 기구들을 만들게 하셨다. 다른 보조자들에게 지혜를 주신 것이 다음 36절에서 언급되고 있다.

35절에서는 하나님께서 브사렐과 오홀리압에게 지혜로운 마음을 충만케 하셨다고 한다. 그리하여 그들의 가르침과 지휘감독 아래 조각하는 일과 공교로운 일과 여러 실로 수놓는 일 등을 잘 수행하게 했다.

36:1은 35:30부터 시작한 모세의 연설의 결론의 말씀이다. 이 연설에서 모세는 하나님께서 그의 성막 건립 일을 할 기술자들을 친히 세워 주셨고 또 그들에게 그 일을 감당할 수 있도록 성령 충만함과 지혜와 총명도 주셨음을 밝혀 준다. 그렇기 때문에 그들의 손으로 지어질 성막도 궁극적으로는 하나님께서 지으신 것이라 말할 수 있다. 36:1에서 모세는 그의 연설의 결론으로 브사렐과 오홀리압과 성막 짓는 일을 할 수 있도록 지혜와 총명을 받은 다른 보조자들이 여호와께서 명령하신 모든 것을 따라 성막 짓는 일을 잘 수행하라고 한다.

[출애굽기 36장]

[2절-7절]

물자를 넘치도록 자진해서 가져온 백성들

2. 모세가 브살렐과 오호리압 과 및 마음이 지혜로운 사람 곧 그 마음에
여호와께로 지혜를 얻고 와서 그 일을 하려고 마음에 원하는 모든 자를
부르매, 3. 그들이 이스라엘 자손의 성소의 모든 것을 만들기 위하여 가
져온 예물을 모세에게서 받으니라 그러나 백성이 아침마다 자원하는 예
물을 연하여 가져오는 고로, 4. 성소의 모든 일을 하는 지혜로운 자들이
각기 하는 일을 정지하고 와서, 5. 모세에게 고하여[1] 가로되 백성이 너무
많이 가져오므로 여호와의 명하신 일에 쓰기에 남음이 있나이다. 6. 모세
가 명을 내리매 그들이 진중에 공포하여 가로되 무론 남녀하고 성소에
드릴 예물을 다시 만들지 말라[2] 하매 백성이 가져오기를 정지하니, 7. 있
는 재료가 모든 일을 하기에 넉넉하여 남음이 있었더라.

1. 본문의 원전 설명

5절: [1] "고하여." 이 단어가 히브리어 맛소라 사본에서는 "바이요메루"(וַיֹּאמְרוּ)로 표현되었으나, 사마리아 오경은 맛소라 사본의 단어와 비슷한 뜻을 가진 단어 "바예다브베루"(וַיְדַבְּרוּ)로 표현한다.

6절: [2] "만들지 말라." 이 문구가 히브리어 맛소라 사본에서는 복수 부정명령형으로 표현되어 있는데, 사마리아 오경은 단수 부정명령형으로 표현한다.

2. 본문 내용 개요

모세가 브살렐과 오홀리압과 마음이 지혜로운 사람들을 모두 불러

성소의 모든 것을 만들려고 했는데, 너무 많은 재료들을 가져오므로 더 이상 가져오지 못하게 함.

3. 주석

2-3절에서 모세는 브살렐과 오홀리압 그리고 다른 지혜로운 사람들을 불러 그들에게 이스라엘 백성이 성전 짓기 위해 가져왔던 재료들을 주었다. 그러나 그들이 성전을 지을 예물들을 모세로부터 받은 후에도 계속해서 이스라엘 백성들이 자원하는 예물들을 그들에게 가져왔다. 브살렐과 오홀리압을 도와 성소의 기구들을 만들 조력자들이 성소의 기구들을 만들 지혜를 스스로 갖게 된 것이 아니고 하나님께서 주신 것임을 2절에서 다시 말하고 있다. 하나님께서 어떤 직분을 우리에게 주실 때, 그 직분만 우리에게 주시는 것이 아니라 그 직분을 감당할 수 있도록 지혜와 힘과 능력을 주시는 것을 보여준다. 또한 2절은 브살렐과 오홀리압을 도와서 성막 짓는 일에 함께 일할 지혜로운 사람들이 억지로 동원된 것이 아니고 스스로 자원하여 성소 일을 하려고 왔음을 밝혀주고 있다. 하나님께서는 자원하여 바친 예물을 기뻐 받으시는데, 성소도 이렇게 자원하는 사람들이 와서 지으니 그것이 완공되었을 때, 하나님은 정말 기뻐 받으시고, 그들에게 복 주실 것이다.

4-5절은 성소의 모든 일을 하던 사람들이 그들의 일을 멈추고 모세에게 와서 물자가 충분한데 계속해서 백성이 물건을 가져온다고 말했다. 여기에서 이렇게 백성이 물자를 가져옴을 이야기하는 것은 모세가 더 이상 가져오지 말라고 명령할 때까지(6절) 백성이 자진해서 성막건축을 위해 재료를 가져오려는 정신이 충만했음을 강조하기 위

해서였다.

6-7절에서 모세는 백성이 더 이상 성막 건립을 위한 예물을 가져오지 말도록 명령을 내렸음을 말한다. 그 임무를 맡은 사람들이 이스라엘 각 지파의 사람들에게 그대로 공포하여 성막 짓는 재료를 더 이상 가져오지 못하게 했다. 이스라엘 백성은 하나님께 더 많이 바치고 싶어 하는데 이를 만류하여 더 이상 가져오지 말게 한 것이다. 여기서 하나님께 대한 백성의 사랑이 크고 넘친 것을 볼 수 있다. 또한 성막 건립을 하는 기술자들도 재물에 욕심을 내지 않고, 어디까지나 성막 짓는데 필요한 분량의 물질만 원하였음을 볼 수 있다.

4. 설교 및 교훈 자료

3-7절: 차고 넘친 예물

우리가 건물을 짓다보면 짓는 도중에 재료값이 많이 오르고, 원래 계획했던 것보다 더 값비싼 자재를 쓰게 되며, 어떨 때는 사고가 나서 빚을 지게 되는 경우가 많다. 특히 목사님이 교회 건물을 짓다가 너무 경제적으로 고통 하다가는 말썽이 생겨서 그 교회 건물을 지은 후 목사님이 교회를 떠나는 경우가 많다. 그러나 본문은 정말 드문 예로 자재가 너무 많아 그만 가져오라고 명령하는 것을 보게 된다. 백성 가운데 인색하지 않은 후한 마음이 넘쳤음을 가리켜주는 것이다. 이 얼마나 아름답고 흐뭇한 모습인가. 우리는 내 자신에게 물어보자.

1) 우리가 하나님께 어떤 모습으로 바치고 있는가? 풍성하게 자원해서 드리고 있는가? 혹은 인색하게 마지못해 드리고 있는가? 우리 모두는 이스라엘 백성이 시내 광야에서 하나님께 넘치게 바쳐서 그만 가져오라고 공포할 수밖에 없었던 그들의 열성과 풍성한 헌금을 기

억하기 바란다.

2) 둘째로, 성막을 짓는 기술자 곧 건축자들의 깨끗한 마음이다. 물질을 탐하지 않고, 성막 짓는데 필요한 물자만 받으려는 청렴결백한 하나님의 일꾼들이다. 하나님 앞에서 일할 때 하나님의 것을 도적질하지 않고 깨끗하며 정직하게 봉사해야 한다. 그러한 사람들에게 하나님의 복이 넘칠 것이다.

옛날에 자기 명예를 위해 큰 교회 건물을 짓고 싶어 하는 왕이 있었다. 왕은 그 교회 건물을 짓는데 아무도 기증하지 못하게 하였다. 그래야 공적이 자기에게만 돌아 올 것이라고 생각하였다. 교회를 완공하고 건축자의 이름에 자기 이름을 새겨 넣었다. 그 날 밤 꿈을 꾸는데 천사가 나타나 자기 이름을 지우고 가난한 과부의 이름을 새겨 넣었다. 왕은 이 똑같은 꿈을 세 번이나 꾸었다. 꿈에서 깬 왕이 당장에 그 과부를 찾았다. 그리고 "이 교회당을 짓는데 네가 무엇을 하였냐?" 고 물었다. 과부가 대답하였다. "저도 이 영광스러운 건축에 참여하기를 소원하였지만 왕이 금하셨기 때문에 결국 제가 한 일은, 벽돌을 나르는 말에게 건초더미를 먹여주었을 뿐입니다." 왕은 신하에게 명하여 자신의 이름을 지우고 이 과부의 이름을 새겨 넣도록 하였다.[1018] 이 이야기에서 하나님께서는 교회 건물을 짓는데 있어서 그 짓는 사람들의 순수한 헌신적인 마음을 보시지, 짓는 사람의 세상적인 위치나 권세나 부귀를 보시지 않음을 가르쳐 준다. 하나님은 왕이 자기의 공적을 내세우려고 교회 건물을 혼자 지으려는 태도보다는 아무런 권세가 없으나 자기가 할 수 있는 최선을 다해 교회 건물을 짓는데 헌신하는 가난한 과부를 더 귀하게 보신 것이다.

1018) 이용걸, *출애굽기 강해(하)*, p. 410.

[8절-13절]

성막 위와 옆을 덮는 휘장을 만듬

8. 일하는 사람 중에 마음이 지혜로운 모든 사람이[1] 열 폭 앙장으로 성막을 지었으니 곧 가늘게 꼰 베실과 청색 자색 홍색실로 그룹들을 무늬 놓아 짜서 지은 것이라. 9. 매폭의 장은 이십팔 규빗, 광은 사 규빗으로 각 폭의 장단을 같게 하여, 10. 그 다섯 폭을 서로 연하며 또 그 다섯 폭을[2] 서로 연하고, 11. 연락할 말폭 가에 청색 고를 만들며 다른 연락할 말폭 가에도 고를 만들되, 12. 그 연락할 한 폭에 고 오십을 달고 다른 연락할 한 폭의 가에도 고 오십을 달아 그 고들이 서로 대하게 하고, 13. 금 갈고리 오십을 만들어 그 갈고리로 두 앙장을 연하여 한 막을 이루었더라.

1. 본문의 원전 설명

8절: [1] "지혜로운 모든 사람이." 여기서 히브리어 맛소라 사본에서는 단수 "콜-하캄"(כָּל־חֲכַם-)으로 표현되었으나, 사마리아오경과 페쉬타와 탈굼은 복수 "콜-하크메-"(-כָּל־חַכְמֵי)로 표현한다.

10절: [2] "그 다섯 폭을." 여기서 히브리어 맛소라 사본은 "다섯 폭"이 히브리어 정관사 "하"(הַ)가 없이 표현되었으나, 사마리아오경은 히브리어 정관사 "하"(הַ)를 붙여 표현한다.

2. 본문 내용 개요

지혜의 사람들이 성막의 내부 휘장을 열 폭으로 만드는데, 그 열 폭의 휘장은 다섯 폭씩 다섯 폭씩 만들어 그들을 갈고리로 연결하여 만들게 함.

3. 주석

8절 "일하는 사람 중에 마음이 지혜로운 모든 사람이 열 폭 앙장으로 성막을 지었으니 곧 가늘게 꼰 베실과 청색 자색 홍색실로 그룹들을 무늬 놓아 짜서 지은 것이라." 성막을 만들 줄 아는 지혜로운 사람들이 모두 성막의 내부 휘장을 만들었는데, 이 휘장은 10폭으로 만들어 졌고 그 폭들을 가늘게 꼰 한얀 베실과 청색, 자색, 홍색실로 만들었는데 이것들을 어떻게 만들었는가에 대한 것은 26:1의 명령을 참조할 것.

9-13절은 휘장의 규격을 말씀하신다. 그 휘장의 매 폭의 장, 곧 세로는 28 규빗(12.6m)이며 그 광, 곧 가로는 4 규빗(1.8m) 으로 만들었고, 그 휘장의 열 폭은 다섯 폭씩 다섯 폭씩 두 세트로 만들어 그들을 고리로 서로를 연결하여 만들어 진 것이다. 이 휘장의 두 세트를 어떻게 만들어 연결시켰는가에 대해서는 출 26:2-6을 참고할 것.

4. 설교 및 교훈 자료

8-13절: 성막을 통해 주시는 교훈

1) 하나님의 말씀대로 사는 삶

여기 36장부터 39장까지를 보면 하나님께서 모세에게 26장-31장에서 말씀하신 성막과 그 기구들과 제사장들의 성의를 짓는 일에 대한 명령을 한 구절 한 구절, 한 말씀 한 말씀을 주의 깊게, 꼼꼼하게 이행한 것을 보게 된다. 하나님의 명령은 대충 해치워도 되는 것이 아니다. 글자 하나하나 조심스럽게 뜻을 이해하면서 행해야할 말씀임을 모세가 보여준다. 모세 자신이 하나님의 말씀을 전달한 본인 이지만 자기가 전했다고 하여 자기 마음대로 그 지시하신 명령을 바꿀 수 있는 특권이 있는 것이 아님을 분명히 보여준다. 모세도 그 말씀을 철저히 지켜 준수해야 할 인간임을 가르쳐준다. 우리가 행위로 구원을 받는 것은 아니지만 하나님의 말씀대로 순종하여 바르게 살 때 하나님은 우리를 놀랍게 복 주심을 잊지 말아야한다. 하나님의 복을 받는 절대적 조건이 그의 말씀대로 사는 것이다. 예수님은 산상보훈 끝에서 그의 말씀을 듣고 행하는 자는 그 집을 반석 위에 지은 지혜로운 사람 같다고 하셨다(마 7:24ff).

사도 바울은 하나님의 말씀대로 부모를 순종하며 공경하는 자는 땅에서 잘되고 장수한다고 했다(엡 6:1-3). 출 39:43에 보면 만들어진 모든 일을 여호와의 명하신대로 되었는지 모세가 확인해 보고 그대로 된 것을 본 후 그들에게 축복했다. 장차 우리가 하나님 앞의 심판대에 설 때도 우리가 하나님의 말씀대로 살았는지 살펴본 후 그 뜻대로 충성스럽게 살았을 때 하나님의 상급이 클 것이다. 예수님께서 말씀하셨다. "인자가 아버지의 영광으로 그 천사들과 함께 오리니 그 때에 각 사람의 행한 대로 갚으리라" (마 16:27).

2) 교회 안의 참모습

성막의 구조를 성막 안에서 보면서 다음과 같은 교훈을 얻을 수 있다.

(1) 청색, 자색, 홍색실과 가늘게 꼰 베실들로 짠 휘장이며,

(2) 거기에 그룹들을 정교하게 수놓았고,

(3) 안에 구조물을 이룬 판자들은 전부 금으로 입혔으며,

(4) 휘장 폭들은 꿰매어 이은 세트들을 금 갈고리로 든든히 서로 연결시켜서 이 금 갈고리를 밑에서 볼 때, 별처럼 반짝이게 했다. 정말 아름답고, 찬란하며, 거룩하고, 신비스런 성막이다. 그러나 밖에서 볼

때는 해달의 가죽이나 붉은 물들인 수양의 가죽으로서(출 36:19) 별로 신통치 않은 검붉은 색의 천막일 뿐이다. 바로 이 성막은 신약의 교회와 같다. 교회는 교회 밖의 사람들이 볼 때는 인간들이 모여서 헌금이나 하고 생활에 절제나 강조하며 또한 가끔 싸우는 곳이라고 비방하고 멸시 받지만 교회 안에 있는 신실한 교인이 교회를 볼 때는 다음과 같은 모습 이어야한다:

① 그리스도의 피로 우리를 구원시켜 교회를 이루어 한 형제 되게 하시고,

② 서로 사랑하고 도우면서 살아가게 하며,

③ 교회를 통해서 그리스도의 평화와 기쁨과 능력을 받으면서 살게 하므로 교회의 아름다움, 거룩, 신비를 체험하게 된다.

가짜 교회, 거짓 교인들이 모인 교회 말고, 진짜 교회는 정말 위에서 말한 교회의 아름다움을 교인들이 실감나게 체험할 수 있다. 우리 모두 이 성막 내부의 아름다움처럼 그런 아름다움을 주고, 우리 자신이 그것을 느끼고, 또 남에게 체험하게 할 수 있는 성도가 되어야겠다. 또한 우리 성도도 외부 휘장, 겉모양의 치장보다, 속이 아름답고, 거룩하고, 순결한 사람이 되어야겠다. 외식 자들은 그들의 속이 부패한 회칠한 무덤 같으나 기독교인은 경건한 모양을 나타내어야 한다.

3) 하늘의 영원한 장막

지상에 모세가 세울 성막은 시내산에서 모세에게 보여준 성막의 모형이라는 것을 암시해준다. 그리하여 하나님은 모세에게 그가 본대로 성막과 거기에 딸린 기구들을 만들라고 하신다(출 25:9, 30; 26:30; 27:8; 민 8:4). 또한 사도요한은 계시록에서 "이에 하늘에 있는 하나님의 성전이 열리니 성전 안에 하나님의 언약궤가 보이며 또 번개와 음성들과 뇌성과 지진과 큰 우박이 있더라."(계 11:19)고 말한다.

또한 요한은 "또 이 일 후에 내가 보니 하늘에 증거 장막의 성전이 열리며" (계 15:5)라고 말한다. 그러므로 모세가 시내광야에서 만든 성막은 이스라엘 광야생활로 끝나버리지만, 그 성막의 원형은 모세가 시내산에서 보았고 또 장차 하늘 나라에서 볼 수 있을 성막의 그림자라 말할 수 있다.

[14절–19절]

성막 덮는 막과 그것의 덮개들을 만듬

14. 그 성막을 덮는 막 곧 앙장을 염소털로 만들되 십일 폭을 만들었으니, 15. 각 폭의 장은 삼십 규빗, 광은 사 규빗으로 십일 폭의 장단을 같게 하여, 16. 그 앙장 다섯 폭을 서로 연하며 또 여섯 폭을 서로 연하고, 17. 앙장을 연락할 말폭 가에 고 오십을 달며 다른 연락할 말폭 가에도 고 오십을 달고, 18. 놋 갈고리 오십을 만들어 그 앙장을 연합하여 한 막이 되게 하고, 19. 붉은 물들인 숫양의 가죽으로 막의 덮개를 만들고 해달의 가죽으로 그 웃덮개를 만들었더라.

1. 본문의 원전 설명

히브리어 맛소라 사본의 14절-19절의 본문은 다른 중요한 사본들과 비교해 별 차이가 없다.

2. 본문 내용 개요

성막을 덮는 휘장을 염소 털로 만들고 그 웃 덮개를 붉은 물들인 숫양의 가죽으로 만들고, 또 그 웃 덮개를 해달의 가죽으로 만듬.

3. 주석

14-18절은 성막을 덮는 휘장에 대해 말씀하신다. 성막을 덮는 휘장을 염소 털로 만들었는데, 그것을 어떻게 만들었는가는 출 26:7-13절의 명령에서 이미 미리 밝혀진다. 성막을 덮는 휘장을 만든 것을 간략히 설명하면,

1) 덮는 휘장은 염소 털로 만들되 11폭으로 만들었다(14절;출26:7).

2) 각 폭의 길이는 30규빗(13.5m)으로 만들어, 28규빗으로 만든(36:9) 내부휘장의 길이보다 2규빗 길다. 각 폭의 광, 곧 가로는 4규빗(1.8m)으로 내부 휘장의 광과 같다(15절;26:8).

3) 염소 털의 휘장 11폭 가운데 5폭을 서로 연결시켜 1세트 만들고, 나머지 6폭을 서로 연결시켜 다른 세트를 만들었다(15절; 출26:9).

4) 연결된 세트의 맨 끝에 있는 휘장 폭의 끝에 고리 50을 달고, 다른 연결된 세트 끝에 고리 50을 달아 각 세트의 고리를 서로 마주보게 하고 서로 마주보는 두 고리들을 놋 갈고리 50을 만들어 꿰어 결합시켜 한 막이 되게 했다(16-18절; 출26:9-11).

19절은 덮개를 무엇으로 만드는지를 말씀하신다. 염소 털의 휘장 위에 덮개를 붉게 물들인 숫양의 가죽으로 만들었다. 오늘 날도 베두인들이 이런 덮개를 그들의 천막위에 놓고 있다. 특별히 붉은 색으로 물들인 것은 거룩한 성막으로 구분시키기 위해서 인 것으로 이해된다. 좀 더 자세한 이해를 위해 앞의 출 26:14의 주석을 참고 하실 것. 숫양의 가죽의 덮개위에 또 웃덮개를 해달의 가죽으로 만들어 덮게 했다. 해달은 족제비 과의 바다짐승으로 알래스카 남방에 많다. 해달은 수달과 비슷하며 길이는 1m 정도이고 그 빛깔은 다갈색이며 뒷다리가 길고 모피는 최고급으로 인정받는다. 해달 가죽의 덮개에 대해

좀 더 자세한 이해를 위해 앞의 출 26:14의 주석을 보실 것.

[20절-34절]

성막의 널판들과 그 띠를 조각목 곧, 싯딤 나무로 만듬

20. 그가 또 조각목으로 성막에 세울 널판들을 만들었으니, 21. 각 판의[1] 장은 십 규빗, 광은 일 규빗 반이며, 22. 각 판에 두 촉이 있어 서로 연하게 하였으니 성막의 모든 판이 그러하며, 23. 성막을 위하여 널판을 만들었으되 남으로는 남편에 널판이 이십이라. 24. 그 이십 널판 밑에 은받침 사십을 만들었으되 곧 이 널판 밑에도 두 받침이 그 두 촉을 받게 하였고 저 널판 밑에도 두 받침이 그 두 촉을 받게 하였으며, 25. 성막 다른 편 곧 북편을 위하여도 널판 이십을 만들고, 26. 또 은받침 사십을 만들었으니 곧 이 판 밑에도 두 받침이요 저 판 밑에도 두 받침이며, 27. 장막 뒤 곧 서편을 위하여는 널판 여섯을 만들었고, 28. 장막 뒤 두 모퉁이 편을 위하여는 널판 둘을 만들되, 29. 아래서부터 위까지 각기 두 겹 두께로 하여 윗고리에 이르게 하고 두 모퉁이 편을 다 그리하며, 30. 그 널판은 여덟이요 그 받침은 은받침 열여섯이라 각 널판 밑에 둘씩이었더라. 31. 그가 또 조각목으로 띠를 만들었으니 곧 성막 이편 널판을 위하여 다섯이요, 32. 성막 저편 널판을 위하여 다섯이요 성막 뒤 곧 서편 널판을 위하여 다섯이며, 33. 그 중간 띠를 만들되 널판 중간 이 끝에서 저 끝에 미치게 하였으며, 34. 그 널판들을 금으로 싸고 그 널판에 띠를 꿸 금고리를 만들고 그 띠도 금으로 쌌더라.

1. 본문의 원전 설명

21절: 1 "각 판의." 여기에서 히브리어 맛소라 사본에는 "하나, 한, 혹은 각"이라 번역될 수 있는 히브리어 "하에하드"(הָאֶחָד)가 "판"을 수식하고 있지 않으나, 사마리아 오경에는 수식하고 있다.

2. 본문 내용 개요

조각나무 곧, 쉿팀 나무로 만든 널판들을 성막 남쪽과 북쪽에 각각 이십 개, 서쪽에 여덟 개를 만들었고, 각 널판 밑에 두 촉을 만들고 널판들에 띠를 만들어 든든히 서게 함.

3. 주석

20-34절에서 성막을 위해 만든 각 널판의 길이는 10 규빗(4.5m) 그리고 광(가로)은 1 규빗 반(약 68cm)이다. 이 널판들은 각 판자마다 두 촉이 있어 서로 연하게 했다. 촉은 판자 끝에 나온 뾰족한 것을 가리킨다. 이 널판을 성막 남쪽에 20개, 성막 북쪽에 20개, 성막 서쪽에 8개를 세우게 했다.

특별히 서쪽의 널판자들에 대해 27-30절에서 설명하는 데 널판자 6개와 그 양쪽 두 모퉁이를 위한 2개를 만들되 그 모퉁이 널판자들은 아래에서부터 위까지 각기 두 겹 두께로 만들었다고 한다. 성막의 양편과 뒤편의 판자들이 서로들 나누어지거나 흔들어지지 않고 단단하게 되도록 성막의 남쪽 판자들에 5개의 조각목 빗장 띠, 북쪽의 판자들에 5개의 조각목 곧, 쉿팀(아카시아 나무의 일종)나무 빗장 띠, 그리고 서쪽의 판자들에 5개의 쉿팀나무 빗장 띠를 만들었다. 그 빗장 띠들 가운데 널판들 가운데 있는 중간 띠는 이 끝에서 저 끝에 미치게 만들어 널판들을 든든히 서 있게 했다.

34절에 보면 널판들을 금으로 쌌고, 널판들의 빗장도 금으로 쌌으며, 그 빗장들을 꽉 붙들어 멜 고리도 금으로 만들었다. 여기 20-34절에서 설명되는 성막의 널판자들과 그 띠에 대한 보다 자세한 논의는 하나님께서 그것들을 어떻게 만들 것인가를 지시하시는 26:15-30을 참고하실 것.

[35절-38절]

지성소와 성소 사이의 장(커어텐)과 성소 입구의 문장(휘장 문)을 만듬
5. 그가 또 청색 자색 홍색실과 가늘게 꼰 베실로 장을 짜고 그 위에[1] 그룹들을 공교히 수놓고, 36. 조각목으로 네 기둥을 만들어 금으로 쌌으며 그 갈고리는 금이며 기둥의 네 받침은 은으로 부어 만들었으며, 37. 청색 자색 홍색실과 가늘게 꼰 베실로 수놓아 장막 문을 위하여 장을 만들고, 38. 문장의 기둥 다섯과 그 갈고리를 만들고 기둥머리와 그 가름대를 금으로 쌌으며 그 다섯 받침은 놋이었더라.

1. 본문의 원전 설명

36절: 1 "그 위에." 이 단어는 히브리어 "오타"(אֹתָהּ)를 번역한 것이다. 그런데 여기서 헬라어 70인역은 "오타"(אֹתָהּ)대신 "오타"(אֹתָהּ)의 복수형 자음들 "אתם"로 읽고 번역한 것으로 보인다.

2. 본문 내용 개요

지성소와 성소 사이의 장(커텐)과 그 장을 걸 네 기둥과 성소 입구의 문장(휘장 문)과 그 문장을 걸 다섯 기둥을 만듬.

3. 주석

35-38절에서 지성소와 성소 사이에 칠 장(커텐)은 청색, 자색, 홍색실과 가늘게 꼰 베실로 만들고 거기에 그룹들을 공교히 수놓아 짜서 만들었다. 이 장(커텐)을 걸 기둥 넷을 만들었는데 그 기둥들은 조각목 곧, 싯팀 나무(아카시아 나무의 일종)로 만들어 금으로 쌌다. 그 네

기둥들은 4개의 은받침으로 받혀졌다. 그 장(커텐)을 기둥 위에 드리울 갈고리도 만들었는데 금으로 만들었다. 성소의 입구의 문장(휘장문)을 청색 자색 홍색 실과 가늘게 꼰 베실로 만들었고, 그 휘장 문을 걸 기둥 5개를 조각목 곧, 쉿팀 나무(아카시아 나무의 일종)로 만들어서 금으로 쌌다. 그 기둥은 머리가 있었고 가름대를 갖고 있었는데 그것들을 금으로 쌌다. 그 문장(휘장 문)을 기둥에 드리울 갈고리를 금으로 만들었으나 그 기둥 다섯을 받치는 5 받침들은 놋으로 만들었다.

35-38절의 내용을 좀더 자세히 이해하기위해 지성소와 성소 사이의 장(커텐)과 거기에 따른 것들 그리고 성소의 입구의 문장(휘장 문)과 거기에 따른 것들을 어떻게 만들 것인가를 지시하시는 앞의 출 26:31-33과 36-37의 주석을 참고 하실 것.

[출애굽기 37장]

[1절-9절]

법궤를 만듦

1. 브살렐이 조각목으로 궤를 만들었으니 장이 이 규빗 반, 광이 일 규빗 반, 고가 일 규빗 반이며, 2. 정금으로 안팎을 싸고 윗가로 돌아가며 금테를 만들었으며, 3. 금고리 넷을 부어 만들어 네 발에 달았으니 곧 이편에 두 고리요 저편에 두 고리며, 4. 조각목으로 채를 만들어 금으로 싸고 그 채를 궤 양편 고리에 꿰어 궤를 메게 하였으며, 6. 정금으로 속죄소를 만들었으니 장이[1] 이 규빗 반, 광이[2] 일 규빗 반이며, 7. 금으로 그룹 둘을 속죄소 양편에 쳐서 만들었으되, 8. 한 그룹은 이편 끝에, 한 그룹은 저편 끝에 곧 속죄소와 한 덩이로 그 양편에 만들었으니, 9. 그룹들이 그 날개를 높이 펴서 그 날개로 속죄소를 덮으며 그 얼굴을 서로 대하여[3] 속죄소를 향하였더라.

1. 본문의 원전 설명

6절: [1] "장이." 여기서 "장"은 속죄소의 장, 곧 속죄소의 세로 길이를 가리키는데, 히브리어 맛소라 사본에는 속죄소를 대신하여 여성 대명사 접미어, "ה"가 "장"이란 단어에 붙어 "아르카"(אָרְכָּהּ)로 표현되었으나, 사마리아 오경은 남성 대명사 접미어, "ו"가 "장"이란 단어에 붙어 "아르코"(ארכו)로 표현되었다. 그러므로 맛소라 사본은 속죄소를 여성명사로, 사마리아 오경은 속죄소를 남성명사로 간주한 것으로 나타난다.

6절: [2] "광이." 여기서 "광"은 속죄소의 가로길이를 가리키는데, 히브리어 맛소라 사본에는 속죄소를 대신하여 여성 대명사 접미어, "ה"가 "광"이란 단어에 붙어 "רָחְבָּהּ"로 표현되었으나, 사마리아 오경은 남성 대명사 접미어, "ו"가 "광"이란 단어에 붙어 "רחבו"로 표현되었다.

9절: 3 "서로대하여." 이 구절의 히브리어 대응어가 히브리어 맛소라 사본에는 "אִישׁ אֶל־אָחִיו"로 표현 되었으나, 사마리아 오경은 "אֶחָד אֶל־אֶחָד"로 표현되었다.

2. 본문 내용 개요

법궤를 조각목 곧, 쉿팀 나무(아카시아 나무의 일종)로 만들어 금으로 안팎을 싸게 했으며, 속죄소를 금으로 만들고, 그 속죄소의 양편을 쳐서 두 그룹들을 만듬.

3. 주석

법궤를 조각목 곧, 쉬팀 나무(아카시아 나무의 일종)로 만들되 그 세로 길이는 2.5규빗(약 113㎝), 가로는1.5 규빗(약 68㎝), 높이는 1.5 규빗(약 68㎝)으로 만들었다. 그리고 그 법궤를 순금으로 안과 밖을 쌌으며, 그 위쪽을 돌아가며 금테를 만들었다. 또한 금고리 넷을 만들어 네 발에 달았다. 곧 이편 발 둘에 두 고리, 저편 발 둘에 두 고리를 달았다. 법궤를 들고 운반할 채 둘을 아카시아 나무로 만들어 금으로 쌌다. 우리 한글 개역성경에 의하면 채를 몇 개 만들었는지 분명치 않으나 원문 히브리 성경에 쌍수의 어미(בַּדֵּי)로 되어 있고 법궤 양 옆에 고리가 있었으므로 채 두개를 만들었음을 알 수 있다. 이 채를 만들어서 법궤 양편 고리에 꿰어 궤를 메게 하였다. 궤위에 놓을 속죄소

(הַכַּפֹּרֶת)를 금으로 만들었는데, 속죄소의 세로 길이는 2.5규빗(약 113 ㎝), 가로는 1.5규빗(약 68㎝)이었다. 이 속죄소와 한 덩이가 되게 금으로 두 그룹을 만들었는데 한 그룹은 속죄소 이편 끝에, 다른 한 그룹은 속죄소 저편 끝에 쳐서 그룹들이 속죄소와 한 덩이로 연하게 만들었다(출 25:19). 각 그룹은 두 날개(כְּנָפַיִם)를 가지고 있으며 그 날개를 높이 펴서 속죄소를 덮으며 그 그룹들은 얼굴을 서로 대하여 속죄소를 향하게 했다(7-9절). 여기 37장에는 설명이 없는데 출 25:21을 보면 속죄소를 법궤 위에 놓게 했고, 증거판을 법궤 속에 넣게 했다.

그리고 하나님은 말씀하시기를 속죄소 위, 곧 증거궤(법궤) 위에 있는 두 그룹 사이에서 이스라엘 자손을 위하여 명하실 모든 일을 모세에게 말씀하시겠다고 하신다(출 25:22). 이 법궤는 성막에 보관되다가 나중에 솔로몬이 지은 성전 안에 이관(移管)되었다(왕상 8:6-11). 그러나 바벨론 왕 느부갓네살의 침략 후에는 이것이 어떻게 되었는지 알려지지 않는다. 법궤와 거기에 따른 것들 그리고 속죄소와 두 그룹들을 만든 것에 대해 보다 자세한 이해를 위해 이들을 어떻게 만들 것인가를 지시하시는 출 25:10-22을 참조하실 것.

[10절-16절]

떡상과 그 위의 기구를 만듬

10. 그가 또 조각목으로 상을 만들었으니 장이 이 규빗, 광이 일 규빗, 고가 일 규빗 반이며, 11. 정금으로 싸고 윗가로 돌아가며 금테를 둘렀으며, 12. 그 사면에 손바닥 넓이만한 턱을 만들고 그 턱 주위에 금으로 테를 만들었고, 13. 상을 위하여[1] 금고리 넷을 부어 만들어 네 발 위 네 모퉁이에 달았으니, 14. 그 고리가 턱 곁에 있어서 상을 메는 채를 꿰게 하였으며, 15. 또 조각목으로 상 멜 채를 만들어 금으로 쌌으며, 16. 상 위의 기구[2] 곧 대접과 숟가락과 잔과 붓는 병을 정금으로 만들었더라.

1. 본문의 원전 설명

13절: 1 "상을 위하여." 이 구절은 히브리어 원문 성경의 "로"(וֹל)를 번역한 것인데. 이 단어가 사마리아 오경에는 없다.

16절: 2 "상 위의 기구." 이 구절이 사마리아 오경에는 없다.

2. 본문 내용 개요

성소에 놓을 떡 상과 그 채를 조각목 곧, 쉿팀 나무(아카시아 나무의 일종)로 만들어 그들을 순금으로 쌌고, 금 고리 넷을 만들어 네 발 위 네 모퉁이에 달았음.

3. 주석

떡 상을 조각목으로 만들었는데, 조각목은 히브리어 원문으로 "쉿팀 나무"로서 아카시아 나무의 일종이다. 쉬팀 나무는 팔레스틴에서 자주 볼 수 있는 나무로 물이 귀한 척박한 땅에 자라고 상당히 키가 크고 푸른 잎들을 가졌다. 그 잎들을 자세히 보면 그 모양이 한국의 아카시아 나무의 잎과 같으나 그 잎들이 아카시아 나무의 잎들 보다는 아주 작다. 떡 상의 길이는 2규빗(약 90㎝), 가로는 1규빗(약 45㎝), 높이는 1.5 규빗(약 68㎝)이었다. 그 떡 상을 정금으로 싸고, 그 윗가를 돌아가며 금테를 만들었다. 떡 상의 위 사면에 손바닥 넓이만한 "턱", 곧 "테두리"를 만들고 그 테두리 주위에 금으로 또 다른 테를 만들었다(출 25:25). 떡 상의 네 발위 네 모퉁이에 금 고리 넷을 만들어 달았는데, 그 금고리들은 턱, 곧 테두리 곁에 있었다. 15절에 보면, 떡 상을 멜 채(긴 나무)를 조각목 곧, 쉿팀 나무(아카시아 나무의 일종)로 만들어 금으로 쌌고, 채를 금 고리에 꿰게 했다. 또한 떡 상위에 놓는 대접, 숟가락, 잔, 붓는 병을 순금으로 만들었다. 떡 상과 거기에 달린 것들과 떡 상위에 놓는 기구들을 만든 것에 대해 좀 더 자세히 알기위해서는 출 25:23-29을 참고 하실 것.

[17절-24절]

등대와 그것의 기구를 만듬

17. 그가 또 정금으로 등대를 만들되 그것을 쳐서 만들었으니 그 밑판과[1] 줄기와[2] 잔과 꽃받침과 꽃이 그것과 한 덩이로 되었고, 18. 여섯 가지가 그 곁에서 나왔으니 곧 등대의 세 가지는 저편으로 나왔고 등대의 세 가지는 이편으로 나왔으며, 19. 이편 가지에 살구꽃 형상의 잔 셋과 꽃받침과 꽃이 있고 저편[3] 가지에 살구꽃 형상의 잔 셋과 꽃받침과 꽃이 있어 등대에서 나온 여섯 가지가 그러하며, 20. 등대 줄기에는 살구꽃 형상의 잔 넷과 꽃받침과 꽃이 있고, 21. 등대에서 나온 여섯 가지를 위하여는 꽃받침이 있게 하였으되 두 가지 아래 한 꽃받침이 있어 줄기와 연하였고 또 두 가지 아래 한 꽃받침이 있어 줄기와 연하였고 또 두 가지 아래 한 꽃받침이 있어 줄기와 연하게 하였으니, 22. 이 꽃받침과 가지들을 줄기와 연하여 전부를 정금으로 쳐서 만들었으며[4], 23. 등잔 일곱과 그 불집게와 불똥 그릇을 정금으로 만들었으니, 24. 등대와 그 모든 기구는 정금 한 달란트로 만들었더라.

1. 본문의 원전 설명

17절: [1] "그 밑판과." 이 단어가 히브리어 맛소라 사본에서는 단수로 되어 있는데, 사마리아 오경에서는 복수로 되어 있다.

17절: [2] "줄기와." 이 단어도 히브리어 맛소라 사본에서는 단수로 되어 있는데, 사마리아 오경에서는 복수로 되어 있다.

19절: 3 "저편." 이 단어의 히브리어 원문의 대응단어 "에하드" (אֶחָד)가 히브리어 맛소라 사본에서는 정관사 "ה"를 갖지 안했으나. 사마리아 오경에서는 정관사 "ה"를 가졌음.

22절: 4 "쳐서 만들었으며." 이 문구는 히브리어 맛소라 원문에 있는 "아하트" (אַחַת)없이 번역한 것이나, "아하트"(אַחַת)를 넣어서 번역하면, "쳐서 하나가 되게 만들었으며"이다. 여기서 사마리아 오경의 원문에는 여성 단어 "아하트"(אַחַת)대신 남성 단어 "에하드"(אֶחָד)로 읽는다.

2. 본문 내용 개요

등대를 순금으로 만들고 등대의 밑판과 줄기와 잔과 꽃받침과 꽃을 만들며 등대의 다른 기구들을 만듬.

3. 주석

등대를 순금으로 만들었다. 등대를 순금을 쳐서 등대의 밑판과 줄기(등대의 기둥)와 잔과 꽃받침과 꽃이 그 등대와 한 덩어리가 되게 만들었다. 곧, 그들을 따로 만들어 나중에 서로 연결시키는 식으로 만들지 안했다는 것이다. 등대의 줄기에서 여섯 가지가 나오게 했는데, 세 가지는 이편으로, 다른 세 가지는 저편으로 나오게 했다. 그리고 순금으로 등잔 일곱과, 불집게, 불똥 그릇을 만들었다. 등대와 거기에 따른 모든 기구를 순금 한 달란트로 만들었다. 순금 1 달란트는 금 약 34kg(약 75pounds)이다.[1019] 등대와 거기에 따른 기구들을 어떻게 만들었는가에 대한 보다 자세한 논의를 위해 이들을 만들도록 지시하신 앞의 출 25:31-40의 주석을 참고할 것.

4. 설교 및 교훈 자료

17-24절: 순금 등대

순금으로 등대를 만들어 저녁부터 아침까지 성소에 불을 켜게 하는(출 27:20-21) 직접적인 이유는 성소를 밝게 하려는 것이다. 또한 상징적인 뜻은 이스라엘 백성이 세상에 빛의 백성이 되도록 부르셨음을 나타낸다. 이와 같이 신약의 믿는 자들에게도 "너희는 세상의 빛이라. 산 위에 있는 동네가 숨기지 못할 것이요…이와 같이 너희 빛을 사람 앞에 비취게 하여 저희로 너희 착한 행실을 보고 하늘에 계신 너희 아버지께 영광을 돌리게 하라"(마 5:14, 16)고 말씀한다. 그리고 등대가 빛을 발하게 하는 것은 기름인 것처럼, 우리가 세상에서 빛을 발할 수 있는 것은 성령의 역사에 의해서이다. 우리는 약하고, 부족하며, 쉽게 넘어져 범죄 하므로 빛을 발할 수 없으니, 늘 성령 충만하여 빛을 발하며 살아야 한다.

[25절-29절]

분향할 단을 만듬

25. 그가 또 조각목으로 분향할 단을 만들었으니 장이 일 규빗이요 광이 일 규빗이라 네모 반듯하고 고는 이 규빗이며 그 뿔들이 단과 연하였으며, 26. 단 상면과 전후 좌우면과 그 뿔을 정금으로 싸고 주위에 금테를 둘렀고, 27. 그 테 아래 양편에 금고리 둘을 만들었으되 곧 그 양편에 만들어 단을 메는 채를 꿰게 하였으며, 28. 조각목으로 그 채를 만들어 금

1019) Gispen, *Bible Student's Commentary, Exodus*, p. 250; Kaiser, Jr., *Exodus, The Expositor's Bible Commentary*, vol.2, p. 458.

으로 쌌으며, 29. 거룩한 관유와 향품으로 정결한 향을 만들었으되 향을 만드는 법대로 하였더라.

1. 본문의 원전 설명

히브리어 본문과 다른 번역본들과의 사이에 별 차이가 없음

2. 본문 내용 개요

분향할 단을 조각목 곧, 쉿팀 나무(아카시아 나무의 일종)로 만들고 거기에 피울 향을 거룩한 관유와 향품으로 만듬

3. 주석

조각목 곧, 쉿팀 나무(아카시아 나무의 일종)로 분향할 단을 만들데, 가로 길이는 1규빗(약 45㎝), 세로 길이는 1규빗(약 45㎝), 높이는 2규빗(약 90㎝)되게 만들었다. 향단에 뿔을 만들되 단과 뿔들이 분리되게 만들지 않고 서로 한 몸체가 되게 만들었다. 향단의 상면과 전·후, 좌·우면을 그리고 뿔을 순금으로 쌌다. 향단 주위에는 금테를 둘렀다. 향단의 금테 아래 양편에 금고리 둘을 만들어, 그 고리에 쉬팀 나무로 만들어 금으로 싼 채(긴 나무)를 꿰게 했다. 향단에 태울 향을 거룩한 관유(붓는 기름)와 향품으로 만들었는데, 출애굽기 30:22-25에 보면 거룩한 관유는, 1) 액체 몰약(몰약 나무의 진으로 만든 것), 2) 육계(계피의 일종, 황갈색), 3) 창포(단 냄새가 나는 나물줄기로 만듬), 4) 계피(계수나무 껍질로 만듬), 5) 올리브기름으로 만들었다.

출애굽기 30:34-35에 보면 분향할 향은 1) 소합향(나무진에서 나온 분비물로 만듬), 2) 나감향(식물이나 연체동물의 껍질로 만든 향), 3) 풍자향(Ferula종의 나무의 진으로 만듬), 4) 유향(하얀 향으로 여러 나무의 진으로 만든 향)의 4가지 향들을 동일한 무게로 섞어 향을 만들었다. 향단과 거기위에 피울 향을 만든 것에 대하여 좀더 자세한 논의는 그들을 어떻게 만들 것인가를 지시하시는 앞의 출 30:1-5, 22-25, 34-35의 주석을 참고 할 것.

4. 설교 및 교훈 자료

25-29절: 향단의 의미

향단위에서 태워지는 향은 성도들의 기도를 나타낸다(계 5:8). 이 향단을 하나님의 보좌인 속죄소 가까이에 둔 것은 그만큼 성도의 기도는 하나님의 사랑을 받고 하나님께서 가까이서 듣고 계심을 나타낸다. 하나님께서 우리의 기도를 외면치 않으시고 귀를 기울이심을 보여준다. 계 5:8에서 사도요한은 어린 양되신 예수님 앞에 24장로들이 향이 가득한 금 대접을 가졌는데, 이 향을 성도들의 기도라 했다. 시편 141:2 "나의 기도가 주의 앞에 분향함과 같이 되며 나의 손드는 것이 저녁 제사같이 되게 하소서." 누가복음에 보면, 요한의 아버지 사가랴가 성소에 들어가서 분향할 때 모든 백성은 밖에서 기도했다(1:10). 이 말씀은 분향이 상징적으로 기도와 밀접히 관련이 있을 뿐만 아니라 이 분향이 기도와 같이 드려지기도 했음을 보여 준다.

[출애굽기 38장]

[1절-7절]

번제단을 만듬

1. 그가 또 조각목으로 번제단을 만들었으니 장이[1] 오 규빗이요 광이[2] 오 규빗이라 네모반듯하고[3] 고는 삼 규빗이며, 2. 그 네 모퉁이 위에 그 뿔을 만들되 그 뿔을 단과 연하게 하고 단을 놋으로 쌌으며, 3. 단의 모든 기구 곧 통과 부삽과 대야와 고기 갈고리와 불 옮기는 그릇을 다 놋으로 만들고, 4. 단을 위하여 놋 그물을 만들어 단 사면 가장자리 아래 두되 단 절반에 오르게 하고, 5. 그 놋 그물 네 모퉁이에 채를 꿸 고리 넷을 부어 만들었으며, 6. 채를 조각목으로 만들어 놋으로 싸고, 7. 단 양편 고리에 그 채를 꿰어 메게 하였으며 단은 널판으로 비게 만들었더라.

1. 본문의 원전 설명

1절: [1] "장이." 이 단어 "장"의 히브리어 대응어 "오레크"(אֹרֶךְ)가 히브리어 맛소라 사본에서는 번제단을 가리키는 3인칭 남성어미를 갖고 있으나, 사마리아 오경에서는 갖고 있지 않다.

1절: [2] "광이." "광"의 히브리어 대응어 "로하브"(רֹחַב)가 히브리어 맛소라 사본에서는 번제단을 가리키는 3인칭 남성어미를 갖고 있으나, 사마리아 오경에서는 갖고 있지 않다.

1절: [3] "네모반듯하고." 이 문구의 히브리어 대응어 "라부아"(רָבוּעַ)가 사마리아 오경에는 없다.

2. 본문 내용 개요

번제단을 조각목 곧, 쉿팀 나무(아카시아 나무의 일종)로 만들고, 그 네 모퉁이 위에 뿔과 번제단의 여러 기구들과 놋 그물과 채와 채를 꿸 고리들을 만들었음.

3. 주석

번제단을 조각목으로 만들었는데, 조각목은 히브리어 성경 원문에서 쉿팀 나무로서 아카시아 나무의 일종이다. 이 번제단의 가로는 오 규빗(약 2.25m), 세로도 오 규빗(약 2.25m)의 네모반듯한 정사각형이며, 높이는 3 규빗(약 1.35m)이다. 그리고 번제단의 위의 단이 널판으로 되었는데 그 가운데를 비어 있게 했다(7절). 그 빈 곳은 흙이나 돌로 채워져 있어 그 위에 불을 피워 제물을 태워 바쳤으며 나무로 된 철판이 열 때문에 상하지 않게 했다.[1020] 번제단의 기구들, 곧 통과 부삽과 대야와 고기 갈고리와 불 옮기는 그릇을 다 놋으로 만들었고, 제단의 옆들은 터져 있어서 그곳에 놋 그물을 만들어 절반쯤 오르게 하고 그 놋 그물 네 모퉁이에 고리 넷을 만들어 채를 꿰어 메게 했는데 그 채는 조각목 곧, 쉿팀나무(아카시아나무)로 만들어 놋으로 쌌다. 이 번제단과 그 기구들과 놋 그물과 그 고리들과 채를 만드는 것에 대해 좀도 자세한 논의를 위해 이들을 어떻게 만들 것인가를 지시하신 내용이 있는 앞의 출 27:1-8의 주석을 참조하실 것.

[8절]

1020) 참고, Cassuto, *A Commentary on the Book of Exodus*, p. 362.

물두멍을 만듬(출 30:17-21)

그가 놋으로 물두멍을 만들고 그 받침도 놋으로 하였으니 곧 회막문에서
수종드는 여인들의 거울로 만들었더라.

1. 본문의 원전 설명

맛소라 히브리어 원문과 다른 사본들 그리고 다른 번역본들과 특별한 차이가 없음.

2. 본문 내용 개요

물두멍 곧, 물대야와 그 받침을 회막 문에서 섬기는 여인들의 놋 거울로 만듬.

3. 주석

물두멍은 물대야를 말한다. 물두멍은 회막 문에서 수종드는 여인들이 여호와께 바친 놋 거울로 만들어 졌는데, 그것의 정확한 모양은 알려지지 않는다. 그런데 "회막에서 수종드는 여인들"이라는 구절에서 "수종든다"는 여성형 분사의 원형은 "צבא"이다. 이 뜻은 "수종 들다", "봉사 하다"라는 뜻 외에 "전쟁 하다" 또는 "군대로 몰려들다"로 해석하는 학자들도 있다. 그리하여 회막 문에 수종드는 여인이 아니

1021) H. Spence and Joseph S. Exell, eds., *The Pulpit Commentary. Exodus*, vol. 2, *Exposition and Homiletics* by George Rawlinson, p. 389.

라 모세가 하나님과 만나는 회막 문에 큰 무리로 모여든 여자들을 가리킨 것으로 이해한다.[1021] 그러나 대부분의 성경번역은 우리 한글개역성경처럼 "회막에서 수종드는 여인들"로 번역한다.

여기에 언급된 회막은 모세가 백성이 바친 헌물들로 앞으로 지을 회막이 아니라, 출 33:7-11에 언급한 모세가 잠정적으로 이스라엘 백성의 진 밖에 쳐놓은 회막을 가르친다. 앞으로 지을 회막 앞에 놓을 물두멍과 그 받침은 이스라엘 일반 백성이 바친 놋으로 만든 것이 아니다. 이것이 출38:29-31의 내용에서 뒷받침된다. 곧, 백성이 바친 놋은 70달란트와 2400세겔인데 이 놋으로 만든 기구들 가운데 물두멍과 그 받침은 언급되지 않기 때문이다. 그러므로 물두멍과 그 받침은 회막에서 봉사하는 여자들의 특별헌물로 만들어졌음을 본문이 가르친다. 이 여인들은 회막을 청소하고 수선하던 여인들 혹은 절기 때에 노래하고 춤추던 미리암 같은(출 15:20) 여인이었는지 분명치 않다. 한편 문에 대한 언급이 있는 것을 볼 때 그 여인들은 문지기나 문지기를 돕는 낮은 임무를 했을지도 모른다. 어떤 학자들은 사무엘상 2:22에 기록된 회막 문에서 일하던 여인과 엘리의 두 아들 홉니와 비느하스가 동침하였다는 이야기를 두고 이것을 가나안 식의 '성전 창녀'의 모방으로 이해한다. 그러나 이러한 이해는 사무엘상 2장의 문맥과는 어울리지 않는 잘못된 해석이다. 사무엘상에서는 회막 문에서 일하는 여인들을 마치 바알 신전의 창녀들 같이 취급하여 그들과 동침한 홉니와 비느하스를 엘리는 책망하며 그들이 행한 것이 하나님께 범죄 한 것이며 "악행"이라고 정죄하고 있기 때문이다(삼상 2:23-25). 그리고 회막에서 수종드는 여인들이 바알 신을 섬기는 가나안 종교의 예배 형태의 신전 창녀였다면, 엘리의 두 아들의 행동을 언급할 필요도 없었을 것이다. 그들을 특별히 언급한 것은 그들 죄의 중대성을 강조하기 위해서였다.[1022] 물두멍과 그 받침을 만들고 그 물두멍의 사용에 대한 좀더 자세한 논의를 위해서는 본 주석책의 출 30:17-21의 주석을 참고 하실 것.

4. 설교 및 교훈 자료

8절: 여인들이 바친 놋 거울

회막 문에서 봉사하던 여인들이 그들의 아름다움을 가꾸는데 절대적으로 필요하다고 생각되어 이집트에서 가지고 나왔을 거울을 바쳤다는 것은 칭송할 만한 헌신의 바침이다. 이집트에서 사용한 거울은 구리와 같은 금속으로 만들어 졌는데 아주 값비싼 것이었다. 출 35:22을 보면 이스라엘 여인들이 브로찌, 귀고리, 가락지, 목걸이와 여러가지 장식품을 하나님께 바쳤다. 예쁘게 할 수 있는 것을 거의 다 바치고 얼굴이라도 있는 그대로 잘 가꾸려면 절대적으로 필요한 거울을 하나님께 바쳤다는 것은 바친 여인들의 뜨거운 헌신적 열성을 가르쳐준다. 회막에서 수종드는 여인들은 베다니의 마리아가 예수님께 매우 값진 향유 옥합을 바친 것 같이(마 26:6-13), 당시 가장 값진 귀중품인 거울을 육신의 얼굴을 씻기 위한 거울보다는 마음의 얼굴을 씻기 위해 기꺼이 드린 것이다.[1023] 이 놋 거울이 은과 금에 비하면 값이 덜할지 모르지만 이 여인들의 정성은 그 어느 것보다 귀하고 기념할 만 하다. 이런 하나님을 사랑하는 헌신과 열정이 우리에게 있을 때 하나님은 우리를 더 크게 사랑하시고 복을 주실 것이다.

1022) Cole, *Exodus, An Introduction and Commentary*, p.236.
1023) 박요일, *강해설교, 출애굽기*(서울: 도서출판 강성, 1987; 삼판, 1991), p. 472.

[9절-20절]

성막 뜰을 만듬

9. 그가 또 뜰을 만들었으니 남으로 뜰의 남편에는 세마포 포장이 백 규
빗이라. 10. 그 기둥이 스물이며 그 받침이 스물이니 놋이요[1] 기둥의 갈
고리와 가름대는 은이며, 11. 그 북편에도 백 규빗이라 그 기둥이 스물이
며 그 받침이 스물이니 놋이요 기둥의 갈고리와 가름대는 은이며, 12. 서
편에 포장은 오십 규빗이라 그 기둥이 열이요 받침이 열이며 기둥의 갈
고리와 가름대는 은이며, 13. 동으로 동편에도 오십 규빗이라. 14. 문 이
편의 포장이 십오 규빗이요 그 기둥이 셋이요 받침이 셋이며, 15. 문 저
편도 그와 같으니 뜰문 이편, 저편의 포장이 십오 규빗씩이요 그 기둥이
셋씩, 받침이 셋씩이라. 16. 뜰 사면의 포장은 세마포요, 17. 기둥 받침은
놋이요 기둥의 갈고리와 가름대는[2] 은이요 기둥머리 싸개는 은이며 뜰의
모든 기둥에 은 가름대를 꿰었으며, 18. 뜰의 문장을 청색 자색 홍색실과
가늘게 꼰 베실로 수놓아 짰으니 장은 이십 규빗이요 광 곧 고는 뜰의 포
장과 같이 오 규빗이며, 19. 그 기둥은 넷인데 그 받침 넷은 놋이요 그 갈
고리는 은이요 그 머리 싸개와 가름대도 은이며, 20. 성막 말뚝과 뜰의
사면 포장 말뚝은 다 놋이더라.

1. 본문의 원전 설명

10절: [1] "놋이요." 여기 "놋"이란 단어가 사마리아 오경에는 없다.

17절: [2] "기둥의 갈고리와 가름대는." 이 문구가 사마리아 오경에서는 간략히 "그들의 갈고리들"로만 되어 있다.

2. 본문 내용 개요

성막의 뜰을 만들고 거기에 기둥들을 세워 세마포 포장을 치고 성막의 동편에는 뜰 문을 만들어 청색 자색 홍색실과 가늘게 꼰 베실로 수놓아 만든 장문을 달았음.

3. 주석

성막의 뜰을 만들어 세마포로 만든 포장, 곧 여러 폭의 베를 이어 만든 둘러치는 휘장을 쳤는데 그 포장의 남쪽과 북쪽의 길이는 각각 100규빗(약 45m)이었다. 그 포장을 기둥 20개를 세워서 쳤다. 이 기둥이 무엇으로 만들어졌는지 성경본문은 밝히지 않는데 카일과 델리취(Keil and Delitzsch)는 쉿팀 나무(아카시아 나무의 일종)로 만들어졌을 것으로 생각한다.[1024] 각 기둥은 놋으로 만들어진 받침 위에 세워졌고 기둥에는 은으로 만든 갈고리와 은으로 만든 가름대가 있었다. "갈고리"는 포장천막을 꿰어 기둥에 단단히 고정시키는 것이었고, "가름대"는 히브리어로 "하슈크"(חָשׁוּק)로서 "가는 조각, 띠, 혹은 고리"를 뜻한다. 한글 개역성경처럼 "하슈크"(חָשׁוּק)를 "가름대"로 번역하면 기둥들을 서로 연결하여 든든하게 해주는 가로로 길게 덧된 가는 은 막대라고 말할 수 있다.

그런데 카쑤토(Cassuto) 같은 학자는 "하슈크"(חָשׁוּק)를 기둥을 둘러싸는 "고리"를 뜻한다고 생각한다. 이 "고리"가 여러 개의 고리들(rings, 둥근 테)로서 기둥 위에 하나있고, 기둥 밑에 하나 있으며, 또 기둥 가운데 있거나 더 있어서 기둥을 장식하는 효과도 있으며 거기에 노끈으로 포장을 단단히 멜 수 있는 것이라고 카쑤토(Cassuto)는 이해한다.[1025] 성막 뜰의 서쪽 포장의 길이는 50 규빗(약 22.5m)이었다(출 38:12; 27:12). 거기에 기둥 10이 있고 기둥마다 놋으로 만든 받침이 있고 은으로 만든 갈고리와 은으로 만든 가름대(혹은 고리, 곧

1024) Keil and Delitzsch, *Biblical Commentary on the Old Testament*, vol. 2, *the Pentateuch*, p. 187.

1025) Cassuto, *A Commentary on the Book of Exodus*, p. 365.

둥근테)들이 있었다(출 38:12; 27:12).

성막의 동쪽, 곧 성막의 입구가 있는 곳의 길이는 50 규빗(약 22.5m)이었다(출38:13;27:13). 성막 뜰의 문 이편의 포장(휘장)이 15 규빗(약 6.75m)이요 그 포장들의 기둥이 셋, 그 기둥을 위한 받침이 셋이다(출 38:14; 27:14). 그리고 성막 뜰의 문 저편의 포장(휘장)도 15 규빗(약 6.75m)이요, 그 포장들의 기둥이 셋이며 그 기둥들을 위한 받침이 셋이었다(출 38:15;27:15). 성막 뜰의 각 기둥은 그 머리를 은으로 쌌으며(출38:17), 성막 뜰의 문은 휘장 문으로 청색, 자색, 홍색실과 가늘게 꼰 베실(아마 한얀 색)로 수놓아 짰다. 이 문의 길이는 20 규빗(약 9m)이며 그 높이는 뜰의 포장과 같이 5 규빗(약 2.25m)이다(출 38:18; 27:16,18). 성막 뜰의 휘장문은 4개의 기둥이 있었는데 그 기둥들이 각각 놋 받침 위에 세워졌고, 그 기둥들의 갈고리, 머리, 가름대는 은으로 만들어졌다(출 38:19; 27:16-17). 이 성막 뜰의 휘장문은 4기둥위에 드리워졌던 것으로 생각 된다.[1026] 또한 성막의 말뚝과 뜰의 사면 말뚝들은 다 놋으로 만들어 졌다(출 38:20; 27:19). 성막의 뜰과 거기에 관련된 포장들 과 그 기둥들과 받침들과 다른 것들을 만든 것에 대한 좀더 자세한 이해를 위해서는 본 주석 책의 출 27:9-19의 주석을 참고 하실 것.

4. 설교 및 교훈 자료

1) 9절-20절: 성막의 뜰

성막의 뜰은 성경에 보면 백성이 모여 기도하는 장소였다. 그리하

1026) 상게서, p. 367.

여 눅 1:9-10에 보면 사가랴가 성소에서 분향할 동안 "모든 백성은 그 분향하는 시간에 밖에서 기도"(10절)하였다고 한다. 여기에서 "밖에서"란 성전의 뜰 곧 성막의 뜰과 동일시되는 곳이다. 그러므로 성막의 뜰은 기도하는 장소, 곧 하나님께 간구하며, 하나님의 능력의 은총을 받을 수 있는 곳이기 때문에 시편 84편 기자는 "주의 궁정(宮庭)에서 한 날이 다른 곳에서 천 날보다 나은즉 악인의 장막에 거함보다 내 하나님 문지기로 있는 것이 좋사오니"(10절)라고 말한다. 히브리 원문성경에 보면 시 84편의 "주의 궁정(宮庭)"은 실제로는 "주의 성막 뜰"이다. 히브리어 원문을 보면 "하츠로트 예호바"(חַצְרוֹת יְהוָה, 시 84:3,11)로서 문자적으로 번역하면 "여호와의 뜰들"이다. 바로 여호와의 성전에 있는 앞 뜰, 뒷 뜰, 옆 뜰 들을 가리킨다.

우리가 믿는 여호와 하나님은 우리의 기도를 들으시기를 원하시는 하나님이심을 기억해야 한다. 하나님은 "전심으로 자기를 향한 자를 위해 능력을 베푸신다."(대하 16:9)고 하셨다. 우리는 성전 뜰을 사모하며 열심히 기도하여 하나님의 능력을 받을 수 있기를 바란다. 그러기 위해서 우리는 삶에서 내가 하나님께 기도할 수 있는 성막의 뜰을 만들어야겠다. "안나는 성전 뜰을 떠나지 않고 금식하며 기도하였고, 그레고리 나지안의 어미니 나나는 강대를 붙잡고 기도하던 모습으로 운명하였다. 리빙스톤은 꿇어앉아 기도하던 모습으로 운명하였기 때문에 그 아름다움을 후세 사람이 기억하고 있다. 성막의 뜰이 아름다운 이유는 거기 모인 성도들의 기도하는 모습 때문이다."[1027]

2) 9-16절: 성막 뜰에 둘러 친 포장

이 포장은 거룩한 것과 속된 것을 구별하여 속된 것과 죄지은 것이

1027) 박윤선, *성경주석, 출애굽기*, p. 202.

성전에 들어오지 못하도록 막기 위한 것이다. 에스겔은 성막 뜰의 포장 같은 성전의 담(성전의 벽)은 "거룩한 것과 속된 것을 구별하는 것이더라." 고 말한다(겔 42:20). 교회와 우리 개인은 세속화 되어서는 안되고 속된 것을 따르지 않도록 우리의 마음에 성막의 뜰의 포장을 든든히 쳐야 된다. 세속화된 것은 박윤선 박사에 의하면 다음과 같은 것이라고 지적한다.[1028]

1) 기독교 신자들이 편리주의로 행하는 것이다. 신자들이 하나님의 말씀을 지키되 편리할 때는 지키고, 불편하거나 자기에게 손해가 될 때에는 지키지 않는 것이 세속화된 것이다.

2) 쾌락 사랑하기를 하나님보다 더 사랑하는 것은 세속화된 것이다. 죄악이 아닌 쾌락은 기독교 신자들도 어느 정도 취할 수 있으나 언제나 경계하여 하나님보다 더 사랑하는 죄를 범치 않아야 한다. 취미생활이나 운동 등에서도 말이다.

3) 어떤 것을 신령한 은혜 생활보다 더 중요하게 생각하고 그것을 더 힘써 하는 것도 세속화의 죄악이다. 예를 들면, 우리가 기도하는 것보다, 사람을 만나는 일로 더 기울어지는 것과 같은 것이며, 진실한 교회보다 평안한 가정이나 나라를 더 사모함과 같은 것이다. 성경 공부하는 것보다 다른 일반 일에 더 매달리는 것도 세속화된 모습이다. 하나님은 죄 속함을 받지 않은 일반 속인이 성막으로 들어오는 것을 금하며, 들어올 때는 죽이라고 했다(민 1:51, 3:10). 내 마음에 속된 것을 죽여 없애고, 늘 신령한 생활을 살 수 있기 바란다.

[21절-23절]

1028) 1028) 상게서

성막 건립의 주요 일꾼들과 그들의 사역

21. 성막 곧 증거막을 위하여 레위 사람의 쓴 재료의 물목은 제사장 아론의 아들 이다말이 모세의 명대로 계산하였으며, 22. 유다 지파 훌의 손자요 우리의 아들인 브사렐은 여호와께서 모세에게 명하신 모든 것을 만들었고, 23. 단 지파 아히사막의 아들 오홀리압은 그와 함께 하였으니 오홀리압은 재능이 있어서 조각하며 또 청색 자색 홍색실과 가는 베실로 수놓은 자더라.

1. 본문의 원전 설명

히브리어 맛소라 원문과 다른 사본들이나 번역본들과 특별한 차이가 없음.

2. 본문 내용 개요

성막건립의 책임자로 가장 수고한 제사장 아론의 아들인 이다말, 우리의 아들인 브사렐, 아히사막의 아들인 오홀리압의 주요 업무가 간략히 설명됨.

3. 주석

모세는 레위 사람들을 시켜 성막 건립을 위해 사용된 모든 재료들을 기록하게하고 이 일들을 아론의 아들인 이다말이 감독케 하였던 것으로 보인다. 카쑤토(Cassuto) 같은 사람은 모세가 성막 건립을 위해 사용된 재료들뿐만이 아니라, 이스라엘 백성이 바친 모든 재료들의 헌납 물품과 실제 건립 때 사용된 재료들의 대차대조표 같은 것을 만들도록 했고 이 일들의 총 책임자로 이다말을 임명했다는 것이다.[1029] 성막을 "증거막"이라 부른 것은 "증거", 곧 "십계명"이 주께서 임재하시는 성막에 아주 중요한 의미를 부여함을 가르쳐준다(출 25:16, 21-22). 이 십계명은 하나님께서 성막에 임재 하셔서 백성을 다스리며 가르치는 핵심 내용이며 하나님께서 요구하시는 기본 원리들이기 때문이다.

모세는 유다지파 홀의 손자 브살렐이 여호와께서 모세에게 명령하신 모든 것을 만들었다고 말한다. 출 31:2-5을 보면, 브살렐은 성령을 충만히 받아 지혜와 총명과 지식과 여러 가지 재주를 갖게 되어 정교한 기술을 개발하였다. 그리하여 금, 은, 놋으로 성막 기구들을 만들고, 나무를 깎고 새겨서 성막을 아름답고 든든하게 세우는 다른 기구들을 만들었다(출 35:30-33).

단 지파 아히사막의 아들 오홀리압도 성령의 감동을 받아 지혜를 얻어 조각하고 청색 자색 홍색실과 가는 베실로 수놓아 옷과 휘장들을 만들었고(출:34), 다른 지혜로운 기술자들을 가르쳐서 성막 짓는 일을 같이 하도록 했다(출 35:34-35).

[24절-31절]

성막건립에 사용된 금, 은, 놋의 양을 계산함

24. 성소 건축 비용으로 드린 금은[1] 성소의 세겔대로 이십구 달란트와 칠백삼십 세겔이며, 25. 조사를 받은 회중의 드린 은은 성소의 세겔대로[2] 일백 달란트와 일천칠백칠십오 세겔이니, 26. 조사를 받은 자가 이십 세 이상으로 육십만 삼천오백오십 명인즉 성소의 세겔대로 매인에게 은 한 베가 곧 반 세겔씩이라. 27. 은 일백 달란트로 성소의 판장 받침과 문장 기둥 받침 합 일백을 부어 만들었으니 매 받침에 한 달란트씩 합 일백 달란트요. 28. 일천칠백칠십오 세겔로 기둥 갈고리를 만들고 기둥머리를 싸고 기둥 가름대를 만들었으며, 29. 드린 놋은 칠십 달란트와 이천사백

1029) Cassuto, *A Commentary on the Book of Exodus*, pp. 468f.

세겔이라. 30. 이것으로 회막문 기둥 받침과 놋 단과 놋 그물과 단의 모든 기구를 만들었으며, 31. 뜰 사면의 기둥 받침과 그 문장 기둥 받침이며 성막의 모든 말뚝과 뜰 사면의 모든 말뚝을 만들었더라.

1. 본문의 원전 설명

24절: [1] "금은." 이 "금"이란 히브리어 단어 "자하브"(זָהָב)가 히브리어 맛소라 사본에서는 정관사 "하"(הַ)를 가졌으나, 사마리아 오경에서는 갖지 않았다.

25절: [2] "성소의 세겔대로." 이 문구가 사마리아 오경에는 없다.

2. 본문 내용 개요

성막 건립을 위해 사용된 금, 은, 놋의 총계와 20세 이상의 사람이 603,550명인데 이들이 반 세겔씩 생명의 속전을 바쳐 성막 건립을 위해 사용했음(참고, 출 30:12).

3. 주석

성막 건축을 위해 사용된 금은 성소의 세겔대로 29달란트 730세겔이었다. 이 금은 히브리어성경에 보면 '성막 모든 건축 일을 위해' 사용된 금의 합계인 것을 보다 분명히 말한다. 그런데 1달란트는 3000세겔이므로 성소건축에 사용된 모든 금은 87,730세겔이다. 1세겔은 11.4g이다. 1달란트는 약 34kg이다.

이스라엘 자손 중에 조사받은 사람들이 생명의 속전을 위해 바친 은이(출 30:12) 100달란트 1,775세겔이었다(25절). 이 은은 세겔로는

301,775세겔이다. 이 은을 하나님은 성막을 짓는데 쓰라고 말씀하셨다. 이것이 여호와 앞에서 이스라엘 자손의 기념이 되어 이스라엘 백성의 생명을 속할 것이라고 하셨다(출 30: 16). 이스라엘 자손 중에 조사 받은 회중, 곧 20세 이상의 남자로서 싸울 수 있는 사람은 603,550명으로서 이들이 반 세겔씩 바친 것이다(참고, 민수기 1:2-3은 이스라엘 군대의 계수를 위해 조사된 사람들의 자격을 말하고, 민수기 1:45-46은 이스라엘 사람들 중에 계수 받은 이스라엘 군대의 총계가 기록되었고, 민수기 1:47이하에서는 이스라엘 군대의 계수에 레위인은 포함되지 않았음을 가르쳐준다. 그 이유는 그들이 전쟁 시 싸우지 않고 성소에서 하나님 섬기는 일에 전념할 것이기 때문이다.) 이 생명의 속전으로 받친 은은 성소의 판장 밑받침과 기둥 갈고리를 만들고 기둥의 머리를 싸고 기둥 가름대를 만들었다(38:28). 놋은 70달란트 2,400세겔이다. 이 놋은 세겔로는 212,400세겔이다. 이 놋으로 회막문 기둥받침, 놋 제단, 놋 그물, 단의 모든 기구, 뜰 사면의 기둥받침, 뜰 문의 기둥받침, 회막의 말뚝과 뜰 사면 모든 말뚝을 만들었다.

[출애굽기 39장]

[1절–7절]

거룩한 옷들과 에봇과 에봇의 견대와 기념보석들을 만듬

1. 그들이 여호와께서 모세에게 명하신 대로 청색 자색 홍색실로 성소에서 섬기기 위한 정교한 옷을 만들고 또 아론을 위한 거룩한 옷을 만들었더라. 2. 그가[1] 또 금실과 청색 자색 홍색실과 가늘게 꼰 베실로 에봇을 만들었으되, 3. 금을 얇게 쳐서 오려서[2] 실을 만들어 청색 자색 홍색실과 가는 베실에 섞어 공교히 짜고, 4. 에봇을 위하여 견대를 만들어 그 두 끝에 달아 서로 연하게 하고, 5. 에봇 위에 에봇을 매는 띠를 에봇과 같은 모양으로 금실과 청색 자색 홍색실과 가늘게 꼰 베실로 에봇에 붙여 짰으니 여호와께서 모세에게 명하신 대로 하였더라. 6. 그들이 또 호마노를 깎아 금테에 물려 인을 새김같이 이스라엘의 아들들의 이름을 그것에 새겨, 7. 에봇 견대에 달아[3] 이스라엘 자손의 기념 보석을 삼았으니 여호와께서 모세에게 명하신 대로 하였더라.

1. 본문의 원전 설명

2절: [1] "그가." 이 단수 주어가 히브리어 맛소라 사본의 3인칭 단수 동사에 따른 것인데, 사마리아 오경과 아람어 페쉬타 에서는 3인칭 복수 동사여서 "그들은" 이다.

3절: [2] "오려서." 이 동사가 히브리어 맛소라 사본에서는 3인칭 단수인데, 사마리아 오경과 아람어 페쉬타 에서는 3인칭 복수 동사이다.

7절: [3] "달아." 이 동사도 히브리어 맛소라 사본에서는 3인칭 단수인데, 사마리아 오경과 아람어 페쉬타 에서는 3인칭 복수 동사이다.

2. 본문 내용 개요

아론의 옷과 성소에서 섬길 때 입을 다른 옷들과 에봇과 에봇 견대와 에봇 견대위에 부칠 기념 보석들을 만든 것을 설명함.

3. 주석

아론과 그의 아들들이 성소에서 섬길 때 입을 거룩하고 정교한 옷들을 청색 자색 홍색실로 만들었다. 아론의 제사장 직책에 맞게 거룩한 옷을 지어 입히므로 그의 제사장의 직분이 영화롭게 되고 여호와께 드리는 예배를 아름답게 하기 위해서다. 아론이 입을 거룩한 제사장 예복의 일부인 에봇은 제사장의 어깨를 덮는 작은 옷으로, 금실, 청색실, 홍색실, 자색(검은 붉은색)실과 가늘게 꼰 베실(아마 흰색)로 만들었다(2절). 특별히 금실은 금을 얇게 치고 오려서 실을 만들어 청색실 자색실 홍색실과 가늘게 꼰 베실과 섞어서 짜게 했다. 이렇게 금실을 어떻게 만들 것인가에 대한 좀 더 자세한 설명은 에봇을 만들라고 지시하시는 출 28:6에서는 설명이 없는데, 여기 출 39:3에서는 설명되고 있다.

에봇을 위해 견대, 곧 어깨받이 둘을 만들어(출 28:7) 에봇에 부쳤다. 출 39:4에서는 견대들(어깨받이들)이라고 복수로만 표현되어있고, 정확히 둘이라고 표현되어 있지 않으나, 이 견대(어깨받이)를 만들라고 지시하시는 출 28:7에서는 정확히 둘이라고 말씀하고 있다. 카일과 델리취(Keil and Delitzsch)는 에봇 자체가 두 조각으로 되어있다고 생각한다. 이 견해는 유대랍비들의 생각과 같은 것으로서 한 조각은 가슴 위로 늘어지고, 다른 하나는 등 위로 늘어져 엉덩이 부근에 닿는다고 한다.[1030] 이 에봇은 소매가 없고 옆이 붙어 있지 않으며 두 에봇 조각이 띠에 의해 매여져서 양 어깨위에 걸쳐있고 그 양쪽 어깨의 띠 위에 어깨받이 두 개가 양 어깨에 하나씩 붙어 있는 것으로 이해된다.

1절과 5절의 끝에 아론의 옷, 에봇, 에봇을 위한 견대들을 "여호와께서 모세에게 명하신대로 하였다"는 문장이 언급된다. 이는 모든 것이 여호와의 명령에 일치하게 만들어 졌음을 강조하기위해서 말한 것이다. 이 구절과 이 구절에 비슷한 구절이 39장에서 아홉 번이나(vv. 1, 5, 7, 21, 26, 29, 31, 42, 43) 언급되며 성막과 거기에 딸린 부속물들이 여호와의 명령에 정확히 일치하여 만들어 졌음을 강조하고 있다.

6-7절에는 자세한 언급 없이 "호마노를 깎아 금테에 물려 인을 새김 같이 이스라엘 아들들의 이름을 그것에 새겨…"라고 되어 있으나 출애굽기 28:9-14에 보면 호마노(일종의 "줄마노"로서 겹겹으로 여러 빛깔의 줄이 있는 마노보석) 두 개를 취하여 그 위에 이스라엘 아들들의 이름을 새기되 그들의 나이 순서대로 여섯 이름을 한 보석에 나머지 여섯 이름을 다른 보석에 새겨 그 호마노들을 금테로 둘러싸 브로찌 모양처럼 하여 에봇의 두 견대(어깨받이)에 꽉 붙게 했다. 대제사장의 두 어깨에 열두지파의 이름이 호마노 보석에 새겨져 메어있는 것은 대제사장이 그 어깨 위에 메어 있는 이스라엘 12지파를 대표하고 그들을 기억하며 그들의 문제를 하나님께 간구할 것을 나타낸다. 이것은 우리를 구원키 위해 우리의 죄 짐을 하늘의 대 제사장 되시는 예수님께서 그의 어깨 위에 지실 것을 미리보여 준다.[1031]

1030) Keil and Delitzsch, *Biblical Commentary on the Old Testament*, vol. 2, *the Pentateuch*, p. 194.

1031) 박윤선, *성경주석, 출애굽기*, p. 205.

제사장의 거룩한 옷 가운데 에봇과 에봇의 견대(어깨받이)와 에봇의 띠를 만드는 것에 대한 좀 더 자세한 논의를 위해서는 본 주석 책의 출 28:6-14의 주석을 참고 하실 것.

4. 설교 및 교훈 자료

1-7절: 제사장의 옷을 영광스럽고 아름답게 하는 이유

제사장은 다섯 가지 색깔의 실, 곧 금실, 청색, 자색, 홍색, 가늘게 꼰 하얀 베실로 만들어진 에봇을 입고, 거기에 호마노 둘이 붙은 견대 둘을 달며, 12보석이 붙은 흉패를 가슴에 부치고, 거룩한 금패가 있는 머리관을 쓰는 아름답고 영광스런 옷을 아론이 입게 하는데 그 이유는 무엇인가?

1) 제사장이 맡은 직책이 영광스러운 직책이고, 거룩하며 아름다운 직책이기 때문이다.

2) 또 다른 이유는 제사장이 이 옷을 항상 입은 것은 아니지만 매일 몇 시간이라도 입어서 사람들이 그의 영광스러움과 아름다움을 계속 바라보면서 그런 영광스럽고 아름다운 인품을 갖도록 하기 위해서이다. 바로 이 제사장의 옷이 보여주는 영광스러움과 아름다움이 제사장뿐만 아니라, 신약에서는 믿는 자들을 왕 같은 제사장이라 부르면서(벧전 2:9), 믿는 자들의 성품과 삶 속에서 형성되기를 원하신다. 우리는 제사장의 아름답고 찬란함을 생각할 때 나의 인품과 삶이 그렇게 되기를 소원하시는 하나님의 뜻을 깊이 생각해야 한다.[1032]

1032) H. Spence and Joseph S. Exell, eds., *The Pulpit Commentary. Exodus*, vol. 2, *Exposition and Homiletics* by George Rawlinson, p. 282.

[8절-21절]

열 두 보석을 단 흉패를 만듬

8. 그가 또 흉패를 공교히 짜되 에봇과[1] 같은 모양으로 금실과 청색 자색
홍색실과 가늘게 꼰 베실로 하였으니, 9. 그것의 장이 한 뼘, 광이 한 뼘
으로[2] 네모반듯하고 두 겹이며,[3] 10. 그것에 네 줄 보석을 물렸으니 곧 홍
보석 황옥 녹주옥이 첫 줄이요. 11. 둘째 줄은 석류석 남보석 홍마노요.
12. 셋째 줄은 호박 백마노 자수정이요. 13. 넷째 줄은 녹보석 호마노 벽
옥이라 다 금테에 물렸으니, 14. 이 보석들은 이스라엘 아들들의 이름 곧
그들의 이름대로 열둘이라 인을 새김같이 그 열두 지파의 각 이름을 새
겼으며, 15. 그들이 또 정금으로 사슬을 노끈처럼 땋아 흉패에 붙이고,
16. 또 금테 둘과 금고리 둘을 만들어 그 두 고리를 흉패 두 끝에 달고,
17. 그 두 땋은 금사슬을[4] 흉패 끝 두 고리에 꿰어 매었으며, 18. 그 땋은
두 사슬의 다른 두 끝을 에봇 앞 두 견대의 금테에 매고, 19. 또 금고리 둘
을 만들어 흉패 두 끝에 달았으니 곧 그 에봇에 대한 안쪽 가에 달았으
며, 20. 또 금고리 둘을 만들어 에봇 앞 두 견대 아래 매는 자리 가까운 편
곧 공교히 짠 에봇 띠 윗편에 달고, 21. 청색 끈으로 흉패 고리와 에봇 고
리에 꿰어 흉패로 공교히 짠 에봇 띠 위에 붙여서 에봇을 떠나지 않게 하
였으니 여호와께서 모세에게 명하신 대로 하였더라.[5]

1. 본문의 원전 설명

8절: [1] "에봇과." 이 "에봇"의 히브리어 원문의 단어는 "에포드"(אֵפֹד)이다. 이 히브리어 단어가 히브리어 맛소라 사본에서는 정관사 "하"(הַ)를 갖지 않았으나. 사마리아 오경에서는 가졌다.

9절: [2] "…한 뼘으로." 여기서 히브리어 맛소라 사본에서는 동사문장이며 그 동사가 3인칭 복수 동사이다. 그런데 사마리아 오경에서는 3인칭 단수 동사이다.

9절: [3] "…두 겹이며." 9절 끝에 히브리어 맛소라 사본을 보면 "카풀"(כָּפוּל, qal 수동태, 단수, 분사)이란 단어가 있는데, 우리 한글개역

성경은 번역하지 않았으나, 번역하면 "두겹으로 접어지면" 이다. 9절 끝에 있는 "카풀"(כָּפוּל)이 사마리아 오경에는 없다.

17절: [4] "금사슬을." 이 단어에서 "사슬"이란 히브리어 단어 "아보토트"(עֲבֹתֹת)가 히브리어 맛소라 사본에서는 정관사 "하"(הָ)를 가졌으나. 사마리아 오경에서는 갖지 않았다.

21절: [5] "…하였더라." 우리 한글개역성경의 21절은 히브리어 맛소라 사본과 일치되게 번역되었다. 그런데 사마리아 오경은 21절 끝에 다음 구절을 더 첨가하고 있다: "또 그들은 우림과 둠밈을 만들었으니 여호와께서 모세에게 명하신 대로 하였다."

2. 본문 내용 개요

흉패(가슴패)를 만들고 그것에 네 줄로 부칠 12보석을 만들어 다 금테에 물리게 했으며, 금테들과 금고리들과 금사슬들을 만들어 흉패를 에봇에 잘 붙여 맸음.

3. 주석

흉패(가슴패)를 금실, 청색, 자색, 홍색실과 가늘게 꼰 베실로 짰다. 곧 에봇의 재료와 같다(8절; 출 28:15). 흉패의 가로와 세로는 똑같이 한 뼘이다(9절: 출 28:16). 한 뼘은 반 규빗(22.5㎝)으로서 네모반듯한 적은 주머니와 같은 모습이다. 흉패에 네 줄로 보석을 달았다(vv. 10-13). 각 줄마다 세 가지 보석을 달았는데 각 보석에 이스라엘 한 지파의 이름을 새겼다. 첫줄은 홍보석(붉은빛), 황옥(금빛), 녹주옥(밝은 녹색), 둘째 줄은 석류석(불빛), 남보석(푸른 하늘색), 홍마노(사람

손톱 색깔-연한 황색), 셋째 줄은 호박(노란색등 여러 색깔로 보이는 색들), 백마노(여러 가지 색깔로 얼룩거리는 옥), 자수정(보라 빛), 넷째 줄은 녹보석(연한 녹색), 호마노(겹겹으로 여러 빛깔의 줄이진 보석), 벽옥[푸른빛의 고운 옥을 뜻하나 히브리 원문의 "야쉐페" (יָשְׁפֵה)는 대부분 선명하지 않은 붉은 빛깔이 나고 가끔 노랗고 갈색의 혹은 다른 색이 나는 보석]이다.

이 12보석을 흉패에 4줄로 달았다. 그러므로 한 줄에 3개의 보석이 달리게 한 것이며, 매 보석에는 이스라엘 12지파의 한 이름씩 도장을 새기듯이 새겼다. 흉패에 달린 12 보석들 가운데 9 보석들은 에스겔서 28:13에에서 언급된 에덴동산, 곧 하나님의 동산에서 발견된 귀한 보석들이다.

15-21절에서는 흉패를 에봇 위에 붙여있게 만든 것을 설명한다. 곧, 흉패 위 두 끝에 금고리 둘을 만들어 달고 땋은 금사슬 둘로 그 흉패 끝의 두 금고리에 꿰어 맸고, 그 금사슬들의 다른 두 끝을 에봇 앞 두 견대의 금테에 맸으며(vv. 16-18), 아래는 흉패 아래 두 끝에 금고리 둘을 만들어 달고 다른 금고리 둘을 만들어 에봇 앞 두 견대 아래 에봇 띠 위편에 달아서 청색 끈으로 이 에봇 고리들과 흉패 고리들에 꿰어 매서 에봇을 떠나지 않게 했다(19-21절; 출 28:22-28). 흉패를 만드는 것과 이 흉패를 에봇에서 떨어지지 않게 다는 것에 대한 좀더 자세한 논의를 위해 출 28:15-28의 본 주석을 참고 하실 것.

4. 설교 및 교훈 자료

8절-21절: 호마노에 12지파의 이름을 새긴 의미

제사장이 입을 거룩한 예복의 흉패(가슴패)에 이스라엘의 12지파의 이름을 새긴 12보석을 달았고, 에봇의 어깨받이(견대)위에 있는 두 호마노에 이스라엘 12지파의 이름을 새겨서 하나님은 이스라엘을 보석같이 귀하게 여기심을 보여준다. 출 19:5에서도 하나님은 이스라엘 백성이 나의 "진귀한 보물"(סְגֻלָּה, valued property, peculiar treasure)이 될 것이라고 했다. 새 이스라엘인 우리 신약교회의 성도들도 "그의 소유된 백성"(벧전 2:9)임을 알자. 가끔 우리가 아무것도 아닌 것처럼 생각할 때가 많다. 그러나 하나님이 나를 "하나님의 소유", "하나님의 진귀한 보물"로 여기심을 알고, 하나님께 더욱 가까이 가고 그분에게 의지하며, 또한 그 신분에 맞는 고귀하고 훌륭한 삶을 살자.

[22절–26절]

에봇 받침옷을 만듬

22. 그가 에봇 받침 긴 옷을[1] 전부 청색으로 짜서 만들되, 23. 그 옷의 두 어깨 사이에 구멍을 내고 갑옷 깃 같이 그 구멍 주위에 깃을 짜서 찢어지지 않게 하고, 24. 청색 자색 홍색실과 가는 베실로 그 옷 가장자리에 석류를 수놓고, 25. 정금으로 방울을 만들어 그 옷 가장자리로 돌아가며 석류 사이사이에 달되, 26. 방울과[2] 석류를 서로 간격하여 공직하는 그 옷 가장자리로 돌아가며 달았으니 여호와께서 모세에게 명하신 대로 하였더라.

1. 본문의 원전 설명

22절: [1] "받침 긴 옷을." 이 단어가 히브리어 맛소라 사본에서는 "메일"(מְעִיל)이다. 이 "메일"(מְעִיל)이 히브리어 맛소라 원문 성경에서는 정관사 "하"(הַ)를 갖지 않았으나, 사마리아 오경에서는 정관사 "하"(הַ)를 가졌다.

26절: [2] "방울과." 이 단어가 사마리아 오경에서는 "금"이란 단어가 있어서 "금방울과"로 표현되어 있다.

2. 본문 내용 개요

에봇 받침 긴 옷을 전부 청색으로 만들고 그 옷의 밑 가장자리에 석류들을 수놓고 금 방울들을 석류 사이사이에 달았음.

3. 주석

에봇 받침 긴 옷은 히브리어로 "메일"(מְעִיל)이다. 이는 그냥 "긴 옷"이 아니라, 보다 정확히 말하자며, "긴 겉옷"이다(참고, 출 28:4의 주석). 이 "긴 겉옷"은 에봇 속에서 에봇을 받쳐주는 옷으로서 전부 청색으로 짰다. 이 에봇 받침 긴 겉옷의 두 어깨 사이에 머리 들어갈 구멍을 내고(출 28:32), 그 구멍 주위를 옷단을 대는 것보다 갑옷 가처럼 단단히 짜서 찢어지지 않게 했다. 에봇 받침 긴 겉옷의 밑 가에 석류들을 4가지 색깔의 실들 청색, 자색, 홍색실과 가는 베실(아마 흰 실)로 수놓아 만들고, 순금으로 방울들을 만들어 그 옷 가장자리로 돌아가며 수놓은 석류 사이사이에 달았다. 이렇게 금방울을 다는 것은 출애굽기 28:35에 보면 아론이 에봇 받침 긴 겉옷을 입고 여호와를 섬기려 성소에 들어갈 때와 성소에서 나올 때에 소리가 나게 했다. 그리하여 아론이 죽지 않게 했다. 이와 같이 소리를 나게 하는 것은, 인간 왕이 사는 왕궁에 들어갈 때도 사전에 승낙을 받고 들어가듯이, 아론이 하나님의 성소에 아무렇게나 되는대로 준비 없이 들어가지 않고 들어갈 때에 소리가 나므로 제사장이 자기가 준비해야 할 것을 철저히 생각하게 하고, 주위 사람들도 경건한 마음을 갖도록 하기 위해서이다.[1033] 에봇 받침 긴 겉옷을 만드는 것에 대한 보다 자세한 논의를 위해 출 28:31-35의 본 주석을 참고 하실 것.

[27절-31절]

제사장의 웃옷, 두건, 관, 고의, 띠, 거룩한 패를 만듬

27. 그들이 또 직조한 가는 베로 아론과 그 아들들을 위하여 속옷을 짓고, 28. 세마포로 두건을 짓고 세마포로 빛난 관을 만들고 가는 베실로 짜서 세마포 고의들을 만들고, 29. 가는 베실과 청색 자색 홍색실로 수놓아 띠를 만들었으니 여호와께서 모세에게 명하신 대로 하였더라. 30. 그들이 또 정금으로 거룩한 패를 만들고 인을 새김같이 그 위에 「여호와께 성결」이라 새기고, 31. 그 패를 청색 끈으로 관 전면에 달았으니 여호와께서 모세에게 명하신 대로 하였더라.

1. 본문의 원전 설명

히브리어 맛소라 사본의 본문이 다른 사본이나 번역본과 별로 차이가 없음

2. 본문 내용 개요

아론과 그의 아들들의 웃옷과 두건과 관(冠)과 고의와 띠를 만들고, 순금으로 「여호와께 성결」이라 새긴 패를 만들어 관(冠) 전면에 청색 끈으로 달았음

3. 주석

27절에서 "속옷"이라 번역된 히브리어는 "코트노트"(כָּתְנֹת)이다.

1033) Cassuto, *A Commentary on the Book of Exodus*, p. 383.

이 히브리어 단어는 영어성경에서 "coat"(RSV, ESV, the Holy Scriptures)나 "tunic"(NASB, NIV)으로 번역된다. "코트노트"(כְּתֹנֶת)는 우리말로 "속옷" 보다는 "웃옷"으로 번역하는 것이 그 단어의 의미나 문맥에서 더 적합하다고 생각한다. 27절에서 이 단어를 한글판 개역성경, 개역개정판 성경, 현대인의 성경, 표준새번역은 "속옷"이라 번역하지만, "속옷"은 일반적으로 '속에 껴입는 내복'을 뜻하여 출애굽기에서 의미하는 아론이 긴 겉옷 안에 입기도 하고, 아론의 아들들이 그냥 겉옷처럼 밖으로 입는 영어의 "coat" 나 "tunic"같은 옷과는 다르기 때문이다. 이러한 "코트노트"(כְּתֹנֶת)의 성격을 잘 나타내는 구절이 출 40:14이다. 그리하여 한글판 개역성경, 개역개정판 성경, 현대인의 성경, 표준새번역은 출 40:14에서는 "코트노트"(כְּתֹנֶת)를 "겉옷"으로 번역하고 있다. 그러므로 "코트노트"(כְּתֹנֶת)를 "속옷"으로 번역하는 것 보다는 "웃옷"으로 번역하는 것이 출애굽기에서 이 단어 "코트노트"(כְּתֹנֶת)가 쓰여 지고 있는 문맥에 잘 어울린다고 생각한다.

본문 28절에서 "두건"이라고 한글판 개역성경, 개역개정판 성경, 표준새번역 성경, 현대인의성경이 번역한 히브리어 원문의 단어는 "미츠네페트"(מִצְנֶפֶת)이다. 이 단어가 쓰여 지는 출애굽기의 그 외의 다른 모든 구절들(출 28:4, 37, 39; 29:6; 39:31)에서는 위의 한글 성경들에 의해 모두 "관(冠)"이라 번역되는데 여기 28절에서는 "두건"이라 번역되었고, 28절의 그 다음 단어 "파아레-함미그바오트"(פַּאֲרֵי־הַמִּגְבָּעֹת)가 "빛난 관(冠)"으로 번역되었다. "미츠네페트"(מִצְנֶפֶת)와 "파아레-함미그바오트" (פַּאֲרֵי־הַמִּגְבָּעֹת)가 서로 비슷한 의미로 번역될 수 있기 때문에, 갑자기 "미츠네페트"(מִצְנֶפֶת)가 "두건"이라 번역되는데 이렇게 번역되어야할 언어적이거나 문맥적인 이유가 없다. "미츠네페트"(מִצְנֶפֶת)가 쓰여지는 다른 5번의 구절에서 "관

(冠)" 이라 번역되었기 때문에, 여기서 다르게 번역되어야 할 분명한 이유가 없다면, "관(冠)" 으로 번역되는 것이 출애굽기 저자의 의도라 생각된다. 만약 다른 의미로 쓰여 졌다면 "네제르" (נֵזֶר) 같은 다른 단어로 썼을 것으로 사료된다. 그러므로 BDB Lexicon이 제안하듯이,[1034] "미츠네페트" (מִצְנֶפֶת)는 대제사장이 쓰는 "관(冠)" 을 가리키고, "파아레-함미그바오트" (פַּאֲרֵי־הַמִּגְבָּעֹת)는 일반 제사장들이 쓰는 "두건들" 을 가리킨 것으로 이해하는 것이 바른 이해라 생각된다. "파아레-함미그바오트" (פַּאֲרֵי־הַמִּגְבָּעֹת)는 분명히 히브리어 성경본문에 복수명사로 쓰여 있어 대제사장이 쓰는 "관(冠)" 을 가리키지 않고, 여러 개의 두건들로서 아론의 아들 제사장들이 쓰도록 만들었던 것으로 생각된다.

웃옷은 직조한 가는 베로 만들었다. 출 28:39의 웃옷을 만들 것을 지시하시는 내용을 보면, "샤바츠" (שָׁבַץ)란 단어를 말씀하고 있는데, 이 동사는 옷감을 '바둑판 모양으로 짜다' 를 뜻하므로 여기서 그냥 가는 베로 직조한 것이 아니라, 가는 베로 바둑판무늬 모양으로 짠 웃옷을 가리킨다고 말 할 수 있다. 관(冠)은 세마포, 곧 가는 베로 만들었고, 두건들도 가는 베로 만들었으며, 고의는 출애굽기 28:42에 보면 허리에서부터 넓적다리까지 차는 속바지로서 가는 베실로 짜서 만들었고, 띠는 가는 베실과 청색, 자색, 홍색실로 수놓아 만들었다. 거룩한 패는 순금으로 만들고 인을 새김같이 『여호와께 성결』이라 새기고 그 패를 청색 끈으로 관(冠) 전면에 달았다.

웃옷과 관(冠)과 두건들과 고의와 띠와 순금의 거룩한 패를 만든

1034) *The New Brown, Driver, and Briggs Hebrew and English Lexicon of the Old Testament*, pp. 149, 857.

것에 대한 보다 자세한 논의를 위해 출 28:36-40의 본 주석을 참고하실 것.

4. 설교 및 교훈 자료

27-31절: 하나님의 자녀의 성결의 중요성

1) 대제사장의 머리에 쓰는 관에 붙어 있는 금패에 쓴 「여호와께 성결」이란 문구는 대제사장이 여호와께 성결히 바친바 되었다는 뜻이며[1035] 또한 누구든지 거룩하지 않고는 하나님께 가까이 갈 수없음을 나타낸다고 말할 수 있다. 믿는 성도들인 우리가 예수님께서 우리를 구원하기 위해 십자가에서 못 박혀 죽으시므로 말미암아 하나님의 자녀가 되고 거룩하게 되었으며 하나님께 자유로이 나아갈 수 있는 특권을 얻었다.(참고, 히 10:10, 14).

2) 하나님께서는 아론에게 거룩한 옷을 지어 입히시므로 그의 부정함이 거룩한 옷으로 덮어지게 했다(출 28:2). 이것은 부정한 자가 거룩하신 주님 앞에 나아가기 위해서는 거룩한 옷을 입어야 됨을 상징해 준다고 말할 수 있다. 신약에서는 우리가 예수 그리스도를 믿음으로 거룩한 옷을 입게 된다. 마 22: 11-12을 보면, 임금이 자기 아들의 혼인 잔치에 온 손님들 중 예복입지 않은 사람을 예식장에서 쫓아냈다. 이 예복은 예수 그리스도를 믿고 의롭다함을 받고 거룩하게 됨을 가리키는 상징적인 표현이다.

[32절-43절]

1035) 박윤선, *성경주석, 출애굽기*, p. 207.

성막의 모든 것을 준공하여 모세에게 가져옴

32. 이스라엘 자손이 이와 같이 성막 곧 회막의 모든 역사를 준공하여 여
호와께서 모세에게 명하신 대로 다 행하고, 33. 그들이 성막을[1] 모세에게
로 가져왔으니 곧 막과 그 모든 기구와 그 갈고리들과 그 널판들과 그 띠
들과 그 기둥들과 그 받침들과, 34. 붉은 물들인 숫양의 가죽 덮개와 해
달의 가죽 덮개와 가리우는 장과, 35. 증거궤와 그 채들과 속죄소와, 36.
상과 그 모든 기구와 진설병과, 37. 정금 등대와 그 잔 곧 벌여 놓은 등잔
과 그 모든 기구와 등유와, 38. 단과 관유와 향기로운 향과 장막 문장과,
39. 놋단과 그 놋 그물과 그 채들과 그 모든 기구와 물두멍과 그 받침과,
40. 뜰의 포장들과 그 기둥들과 그 받침들과 뜰문의 장과 그 줄들과[2] 그
말뚝들과 회막의 소용 곧 성막의 모든 기구와, 41. 성소에서 섬기기 위한
정교한 옷 곧 제사 직분을 행할 때에 입는 제사장 아론의 거룩한 옷과 그
아들들의 옷이라. 42. 여호와께서 모세에게 명하신 대로 이스라엘 자손
이 모든 역사를 필하매, 43. 모세가 그 필한 모든 것을 본즉 여호와께서
명하신 대로 되었으므로 그들에게 축복하였더라.

1. 본문의 원전 설명

33절: [1] “성막을.” 이 단어대신 헬라어 70인역 에서는 “옷들”(τὰς στολάς)이란 단어가 쓰여 있으며, 33절의 그 다음 단어들도 어순이 다르다.

40절: [2] “그 줄들과.” 이 단어의 히브리어 상응어가 “메타르”(מֵיתָר) 이다. 이 히브리어가 맛소라 사본에서는 3인칭 남성 어미를 가져서 “메타라브”(מֵיתָרָיו)로 표현되었는데, 사마리아 오경에서는 3인칭 여성 어미를 가져서 “메타레하”(מֵיתָרֶיהָ)로 표현되었다. 그러나 이 인칭 어미들은 다 “뜰”의 히브리어 상응어인 “하체르”(חָצֵר)를 가리킨다. 이는 히브리어에서 “하체르”(חָצֵר)가 어떨 때는 남성으로 또 어떨 때는 여성으로 표현되기 때문인 줄 안다.

2. 본문 내용 개요

이스라엘 백성이 성막의 모든 역사를 준공한 후 막과 그 모든 기구와 갈고리들과 그 널판들과 그 띠들과 그 기둥들, 받침들, 증거궤, 속죄소, 진설병 등 모든 것을 가져왔다.

3. 주석

32-41절에서는 이스라엘 백성이 여호와께서 모세에게 명하신대로 성막의 모든 역사를 마친 후에 모세 앞에 가져온 그 물품들을 기록하고 있다. 회막과 그 모든 기구와 그 갈고리들과 그 널판들과 그 띠들과 그 기둥들과 그 받침들과(33절), 붉은 물들인 수양의 가죽 덮개와 해달의 가죽 덮개와 가리는 장(34절), 증거궤와 그 채들과 속죄소(35절), 그 상과 그 모든 기구와 진설병(36절), 순금 등대와 그 잔 곧 벌여놓은 등잔과 그 모든 기구와 등유(37절), 금단과 관유와 향기로운 향과 장막의 문 커텐(38절), 놋 단과 그 놋 그물과 그 채들과 그 모든 기구와 물두멍과 그 받침(39절), 뜰의 포장들과 그 기둥들과 그 받침들과 뜰 문의 커텐과 그 줄들과 그 말뚝들과 성막의 모든 기구(40절), 제사장 아론의 거룩한 옷과 그 아들들의 옷(41절) 이다.

42-43절은 하나님께서 보여주신 원형을 본 것은 모세뿐이기 때문에 백성이 만든 모든 것을 모세가 검사해 보았다. 그 결과 모든 것이 여호와께서 명하신대로 되었으므로 그들에게 축복했다고 한다. 이 구절들은 마치 하나님께서 그의 창조의 일을 마치신 후 그 만들어진 것이 좋은 것을 보시고 복 주셨다는 창 1:31-2:3의 기록들과 흡사한 점이 있다. 모세는 성막을 짓는데 필요한 물자와 보석들을 아낌없이 기

뻐으로 내놓은 백성의 관대한 선물과 열심들을 칭찬하며, 그들에게 하나님의 복이 넘치기를 축복한 것이다.

성막의 모든 것들이 만들어진 것은 약 6개월의 기간에 이루어졌다. 출 16:1을 보면, 이스라엘 백성이 시내 산에 도착하기 전에 신 광야에 출애굽 후 제 2월 15일에 도착했으며, 시내 산에는 제 3월에 도착했다(출 19:1). 그러므로 출애굽 후에 2개월이 지나고 3월에 들어서서 어는 날에 이스라엘 백성은 시내광야에 도착하였고 그 후 하나님을 만나기 위해 3일 동안 준비했고(19:11), 모세가 40일 기도 했으며(24:18), 40일 기도 후 백성이 금송아지를 만든 사건이 발생하여 그들을 벌하며 뒤처리 하는데 며칠을 보냈고, 모세는 다시 40일 기도하러 시내 산에 올라갔다(34:28). 모세가 두 번째 40일 기도하고 산에서 내려온 후에 하나님은 모세에게 성막을 짓도록 명령하셨다. 그리하여 이스라엘 백성이 여호와께서 모세에게 명령하신대로 성막의 모든 역사를 하였다(출 39:42-43). 이에 여호와께서 모세에게 말씀하시어 성막을 세우게 하니 그날이 출애굽 후 제 2년 1월 1일이었다(40:1, 17).

출 39장은 이스라엘 백성이 하나님께서 명령하신대로 정확히 이행했음을 강조한다. 39장에서 "여호와께서 모세에게 명하신대로 하였더라."와 그와 유사한 구절이 9번 언급된다(5, 7, 21, 26, 29, 31, 32, 42, 43절). 오늘날 우리도 이 땅에 살면서 하나님의 택한 족속으로서, 왕 같은 제사장으로서, 하나님의 소유된 백성으로서, 하나님 말씀대로, 하나님 명령대로 사는 자가 되어야 한다(벧전 1:9). 바로 그러한 우리의 삶을 하나님께서 넘치게 복을 주실 것을 모세는 우리에게 다음과 같이 말씀한다(신28:1-6):

1) 세계 모든 민족 위에 뛰어나게 하시며,

2) 성읍에서도 복을 받고,

3) 들에서도 복을 받고,

4) 몸의 소생과 토지의 소산과 짐승의 새끼와 우양의 새끼가 복을 받고,

5) 광주리와 떡 반죽 그릇이 복을 받고,

6) 네가 들어와도 복을 받고 네가 나가도 복을 받을 것이다.

4. 설교 및 교훈 자료

성막 완성과 이스라엘의 헌물을 내는 자세

출애굽기 35:20-29 과 36:3-7을 보면 이스라엘 백성이 헌물을 낸 태도는

1) 헌신적인 태도이다. 왜 성막을 지어야 하느냐? 등의 불신앙적인 질문 없이 하나님의 명령에 순종해 내었다.

2) 인색함이 없고 자발적으로 바친 헌물이었다. 마음이 감동되어 자원하여 드린 것이다.

3) 즉각적으로 바친 헌물이었다. 성막 지을 것들을 바치라는 명령을 받고 집에 가자 곧 헌물을 가져왔다. 머뭇거리거나 주저하지 않고 자기 역량대로 헌물을 바쳤다.

4) 이기적이거나 조건적이지 않은 헌물들을 드렸다. 물질을 바치면 어떤 대우를 해 줄 것인지 혹은 어떤 유익이 자기들에게 주어질 것인지를 묻지 않은 무조건적인 헌물들 이었다.

[출애굽기 40장]

[1절-11절]

여호와께서 모세에게 성막을 세우라고 명령함

1. 여호와께서 모세에게 일러 가라사대, 2. 너는 정월 초일일에 성막[1] 곧 회막을 세우고, 3. 또 증거궤를 들여 놓고 또 장으로[2] 그 궤를 가리우고, 4. 또 상을 들여 놓고 그 위에 물품을 진설하고 등대를 들여 놓고 불을 켜고, 5. 또 금향단을 증거궤 앞에 두고 성막문에 장을 달고, 6. 또 번제단을 회막의 성막문[3] 앞에 놓고, 7. 또 물두멍을 회막과 단 사이에 놓고 그 속에 물을 담고, 8. 또 뜰 주위에 포장을 치고 뜰문에 장을 달고, 9. 또 관유를 취하여 성막과 그 안에 있는 모든 것에 발라 그것과 그 모든 기구를 거룩하게 하라 그것이 거룩하리라. 10. 너는 또 번제단과 그 모든 기구에 발라 그 안을 거룩하게 하라 그 단이 지극히 거룩하리라. 11. 너는 또 물두멍과 그 받침에 발라 거룩하게 하고.

1. 본문의 원전 설명

2절: [1] "성막." 이 단어의 히브리어 대응어(מִשְׁכַּן)가 히브리어 맛소라 사본에서는 정관사 "하"(הַ)를 갖지 않았으나, 사마리아 오경에서는 갖고 있다. 헬라어 70인역과 카이로 게니자(Cairo Geniza) 사본에는 아예 "성막"(מִשְׁכַּן)이란 단어가 없다.

3절: [2] "장으로." 여기 단어 "장"은 커텐을 뜻한다. 히브리어 맛소라 사본에는 "장"(הַפָּרֹכֶת)이란 단어로 표현되었는데, 사마리아 오경에는 "속죄소"(הַכַּפֹּרֶת)로 표현되었다.

6절: [3] "성막문." 이 단어에서 "성막"이란 단어의 히브리어 대응어(מִשְׁכַּן)가 히브리어 맛소라 사본에서는 정관사 "하"(הַ)를 갖지 않았으나, 사마리아 오경에서는 갖고 있다.

2. 본문 내용 개요

출애굽 후 제2년 1월1일에 여호와께서 모세에게 성막을 세우라고 명령하여, 회막 안에 증거궤와 상과 등대와 금 향단을 놓고, 회막 밖에 번제단과 물두멍을 놓고 뜰 주위에 포장을 치며 뜰 문에 휘장 문 등을 달라하심.

3. 주석

1절의 "정월 초일일"은 출 40:17에 보면 출애굽한지 둘째해의 1월 1일이다. 이스라엘 사람들이 출애굽한지 만 두달이 넘은 3월에(출 19:1; 16:1) 시내광야에 도착했으므로 시내광야에 머무른 지 9개월이 좀 지나서 성막이 완성 되었음을 알 수 있다. 그러나 실제 성막건립의 시간은, 앞서 출 39:42-43의 주석에서 설명한 것처럼, 약 6개월 걸린 것으로 생각된다.

4절에서 상을 들여놓고 그 위에 물품을 진설하라 하시는데, 앞서 출 26:35절에 보면 상은 성소 안에서 북편에 놓고 상위에 떡을 차려 놓을 것을 말씀하신 것이다(출 40:23). 레위기 24:5-9에 보면, 1) 매 안식일에 떡을 떡 상에 진설하고(레24:8), 2) 고운 가루를 취하여 떡 열 둘을 굽되 매 덩이를 에바 십분 이(2/10)로 만들며(레 24:5), 3) 상 위에 두 줄로 한 줄에 떡 여섯씩 진설하고(레 24:6), 4) 매줄 위에 정결한 유향을 두어 기념물로 여호와께 태워 화제로 드리며(레 24:7), 5) 떡은 아론과 그 자손에게 주고 그들은 그것을 거룩한 곳에서 먹게 했다(레 24:9).

5-6절에서 성막 문은 회막에 들어가는 문을 가리킨다. 이 문에는 나무나 철로 만든 문이 아니라, 청색 자색 홍색실과 가늘게 꼰 베실로 수를 놓아서 짠 휘장의 커텐 문을 달라 하신 것이다(참고, 출 26:36-37). 8절에서 언급된 "뜰 문"은 밖에서 들어올 때 뜰 입구에 있는 문으로서 거기에도 청색 자색 홍색실과 가늘게 꼰 베실로 수를 놓아서 짠 20 규빗의 휘장의 커텐 문을 달라고 말씀하신다(참고, 출 27:16).

9절 이하에 보면, 회막의 모든 기구들에 기름을 발라 거룩하게 하라 했는데, 특별히 제단에 기름을 바른 후 제단이 "지극히 거룩하리라."고 보다 강조하여 말한 이유가 무엇인가? 카쑤토(Cassuto)는 제단이 회막 밖의 뜰에 있으나 회막 안에 있는 증거궤나 상처럼 거룩한 것임을 인식하도록 한 것이며, 회막 밖에 있다고 그것의 거룩성이 낮은 등급으로 소홀히 취급하지 않도록 하기위해서 말한 것이라 한다.[1036] 카일과 델리취(Keil and Delitzsch)는 번제단에 기름을 바른 후 "그 단이 지극히 거룩하리라."(10절)고 말씀한 것은 "번제단이 회막과 그 안에 있는 기구들보다 더 높은 단계의 거룩 성을 가진 것을 가리키는 것으로 이해하지 않아야 한다."고 말하며, 출 30:10을 볼 때 아론이 일년 1차씩 속죄제의 피로 회막 안에 있는 향단 뿔을 위해 속죄할 때 그 향단이 "여호와께 지극히 거룩하니라."고 말했는데, 단지 그런 의미에서 여기 10절에서도 번제 단에 기름을 바를 때 그 단이 "지극히 거룩하리라."고 말한 것이라고 한다.[1037]

1036) Cassuto, *A Commentary on the Book of Exodus*, p. 480.

1037) Keil and Delitzsch, *Biblical Commentary on the Old Testament*, vol. 2, *the Pentateuch*, p. 255.

4. 설교 및 교훈 자료

1-11절: 성막을 건립하라는 하나님의 명령

1) 출애굽한 후 1년이 지나고 2년째의 첫날인 1월 1일에 여호와 하나님은 완성된 성막을 세우라고 하신다. 이 1월 1일은 이스라엘 백성이 이집트로부터 해방된 것을 기념하는 달의 첫날이다(출 12:2 "이 달로 너희에게 달의 시작 곧 해의 첫 달이 되게 하고"). 이 구원을 기념하는 달에 하나님이 그들 가운데 임재하실 성막을 건립하라고 하신 것은 그 달을 더 깊은 의미와 기념할 만한 달로 만든 것이다. 신년의 기쁨이 주님께서 임재하실 성막의 건립으로 배가되며, 이스라엘 백성에게 감사가 넘치게 한 것이다. 이스라엘 백성은 새해 첫날 성막을 세움으로 하나님을 섬기는데 진일보하듯이 우리도 해마다 하나님 섬기는 일에 더욱 발전해야 한다.[1038] 역대하 29:16-17을 보면 히스기야 왕은 성전을 거룩케 하는 일을 1월 1일에 하였다. 곧 우상 섬기는 악한 기구들을 제거했다.

2) 질서 있고, 신중하게, 꼼꼼히 주의 일을 하자. 여기에서 볼 수 있는 성막 건립이 질서 있고 신중하며 꼼꼼히 하나님의 명령대로 세워진 것을 본다. 우리가 하나님의 일을 할 때 모세처럼 하나님의 명령대로(40:16, 19, 21, 23,) 꼼꼼하게 질서 있게 행해야 한다. 사도 바울은 고전 14:40에서 "모든 것을 적당하게 하고 질서대로 하라" 고 했다. 하나님의 일을 자기 마음 내키는 대로 아무렇게나 성의 없이 해서는 안된다.

3) 거룩한 자가 하나님을 섬길 수 있다. 40:9-15에 보면 사람이나 기구들이나 하나님 섬기는 일에 참여할 자격은 "거룩함" 이다.[1039] 히

1038) 참고, 박윤선, *성경주석, 출애굽기*, p. 275.

1039) 참고, 상게서, pp. 275-276.

12:14에서 "모든 사람으로 더불어 화평함과 거룩함을 좇으라. 이것이 없이는 아무도 주를 보지 못하리라"고 했다. 우리 모두 거룩한 삶을 살아야 한다. "거룩"이란 말은 "구별된다"는 뜻이다. 우리가 하나님을 섬길 때, 우리가 하나님 말씀대로 살아서 세상 사람과 구별될 때 "거룩함"을 나타낸다. 화를 낼 상황인데도 그것을 하나님의 말씀대로 참고 인내할 때 그것은 '거룩한" 태도이다. 세상 사람들이 퇴폐 문화에 젖어 있고 부정과 불의를 행하며 거짓과 악을 행하지만 그런 것으로부터 구별될 때 우리는 거룩한 것이다. 성경 본문에 기름을 발라 거룩하라고 한다. 기름부음은 성령 받음을 상징한다(사울의 경우, 삼상 10:1-10; 다윗의 경우, 삼상 16:13). 우리가 성령을 충만히 받아 거룩한 삶을 살기를 원한다. 사도 바울이 말한 것처럼, 하나님이 우리를 부르신 것은 부정케 하심이 아니요 거룩케 하심인 것을 기억하자(살전 4:7)

[12절-16절]

아론과 그의 아들들을 성결케 하여 제사장으로 섬기게 하도록 명령함

12. 너는 또 아론과 그 아들들을 회막문으로 데려다가 물로 씻기고, 13. 아론에게 거룩한 옷을 입히고 그에게 기름을 부어 거룩하게 하여 그로 내게 제사장의 직분을 행하게 하라. 14. 너는 또 그 아들들을 데려다가 그들에게 겉옷을 입히고, 15. 그 아비에게 기름을 부음같이 그들에게도 부어서 그들로 내게 제사장 직분을 행하게 하라 그들이 기름 부음을 받았은즉 대대로 영영히 제사장이 되리라 하시매, 16. 모세가 그같이 행하되 곧 여호와께서 자기에게 명하신 대로 다 행하였더라.

1. 본문의 원전 설명

히브리어 맛소라 사본이 다른 사본들과 다른 주요 번역본들 사이

에 별로 차이가 없음.

2. 본문 내용 개요

아론과 그의 아들들을 회막 문으로 데려다가 씻기고 거룩한 옷을 입히며 기름을 부어 거룩하게 하여 제사장으로 봉사케 하도록 명령함.

3. 주석

12-16절은 여호와께서 모세에게 아론과 그의 아들들을 물로 씻기고, 그들에게 제사장 옷을 입히며, 기름을 발라서 성별시켜 제사장들로 일하게 하라고 명령하신다. 이 성별시켜 헌신하게 하는 예식에 3단계가 언급된다.

첫 단계는 아론과 그의 아들들을 회막 문으로 데려와 그들을 물로 씻는다.

둘째 단계는 제사장의 옷을 입히는 단계인데 아론과 그의 아들들의 제사장의 옷이 다르다. 아론의 거룩한 제사장 옷은, 소위 대제사장의 옷으로서, 흉패와 에봇과 긴 겉옷과 바둑판무늬의 웃옷과 관과 띠와 고의와 성결의 금패 이며(참고, 출 28:4-39; 39:2-26의 주석), 한편 아론의 아들들의 제사장 옷은 바둑판무늬의 웃옷과 띠와 관과 고의를 입게 하라 하셨다(참고, 출 28:40-42, 39:27-29의 주석). 이 둘째 단계에서 14절에 나오는 "겉옷"(개역성경, 개역개정판성경, 현대인의 성경에서 "겉옷 '이라 번역함)을 본 저자는 "웃옷"이라 번역하는데 그 이유는 "겉옷"의 히브리어 대응어 "케토네트"(כְּתֹנֶת)가 아론의 아들

제사장들이 밖으로 입는 "겉옷" 으로 사용될 뿐만 아니라(출 40:14), 아론 제사장이 그의 긴 겉옷 안에 입는 "속옷" 으로도 사용되어 위의 한글번역 성경들은 자주 출애굽기에서 "케토네트"(כְּתֹנֶת)를 "속옷" 으로 번역하고 있기 때문이다(참고, 출 28:4, 39, 40, 39:27).[1040]

셋째 단계는 아론과 그의 아들들에게 기름을 붓는 단계이다. 아론은 대제사장으로서 그의 아들들과 구별되게 따로 그에게 기름을 부어 거룩하게 하여 제사장의 직분을 행하게 하고, 그 다음 아론의 아들들에게 기름을 부어 그들이 제사장의 직분을 행하게 하라고 하신다.

15절의 끝에서, 여호와께서는 "그들이 기름 부음을 받았은즉 대대로 영영히 제사장이 되리라." 고 말씀하신다. 여기서 여호와께서는 아론의 아들들에게 기름을 부어 거룩하게 하여 제사장 직분을 행하게 하는 의식에 의해 그들과 그들의 아들들과 그 후 자자손손 대대로 영영히 제사장의 직분을 갖게 되는 증거가 될 것이라 한다.

16절은 모세가 여호와께서 자기에게 명령하신대로 이행했음을 간략히 말하고 있다. 17절 이하에서 모세가 실행한 이야기를 보면, 제사장들에게 기름을 부어 거룩케 하는 성결의식은 성막건조와 같이 동시에 이행되지 않고 그 후에 되었음을 보여준다. 곧, 40:17이하에서 모세가 40:2-8의 명령을 시행했음을 보여주지만, 9-15절의 내용은 출애굽기 40장에서가 아니라, 나중 레 8:6이하에서 시행된 사실을 언급한다.

[17절-33절]

모세가 성막을 세움

17. 제2년[1] 정월 곧 그 달 초일일에 성막을 세우니라. 18. 모세가 성막을

1040) "케토네트"(כְּתֹנֶת)의 한글번역에 대한 좀더 자세한 논의를 위해서는 본 주석의 출 39:27의 설명을 참고 하실 것.

세우되 그 받침들을 놓고 그 널판들을 세우고 그 띠를 띠우고 그 기둥들을 세우고, 19. 또 성막 위에 막을 펴고 그 위에 덮개를 덮으니 여호와께서 모세에게 명하신 대로 되니라. 20. 그가 또 증거판을 궤 속에 넣고 채를 궤에 꿰고 속죄소를 궤 위에 두고, 21. 또 그 궤를 성막에 들여 놓고 장을 드리워서 그 증거 궤를 가리우니 여호와께서 모세에게 명하신 대로 되니라. 22. 그가 또 회막 안 곧 성막 북편으로 장 밖에 상을 놓고,[2] 23. 또 여호와 앞 그 상 위에 떡을 진설하니 여호와께서 모세에게 명하신 대로 되니라. 24. 그가 또 회막 안 곧 성막 남편에 등대를 놓아 상과 대하게 하고, 25. 또 여호와 앞에 등잔에 불을 켜니 여호와께서 모세에게 명하신 대로 되니라. 26. 그가 또 금 향단을 회막 안 장 앞에 두고, 27. 그 위에[3] 향기로운 향을 사르니 여호와께서 모세에게 명하신 대로 되니라. 28. 그가 또 성막문에 장을 달고, 29. 또 회막의 성막 문 앞에[4] 번제 단을 두고 번제와 소제를 그 위에 드리니 여호와께서 모세에게 명하신 대로 되니라. 30. 그가 또 물두멍을 회막과 단 사이에 두고 거기 씻을 물을 담고, 31. 자기와 아론과 그 아들들이 거기서 수족을 씻되,[5] 32. 그들이 회막에 들어갈 때와 단에 가까이 갈 때에 씻었으니 여호와께서 모세에게 명하신 대로 되니라. 33. 그가 또 성막과 단 사면 뜰에 포장을 치고 뜰문의 장을 다니라 모세가 이같이 역사를[6] 필하였더라.

1. 본문의 원전 설명

17절: [1] "제 이년." 이 문구를 사마리아 오경과 헬라어 70인역에서는 "그들이 이집트에서 나온 후"(לְצֵאתָם מִמִּצְרַיִם)라는 문구가 수식하고 있다.

22절: [2] "상을 놓고." 이 문구에서 "놓다"란 동사의 히브리어 대응어가 히브리어 맛소라 사본에서는 "나단"(נָתַן)동사이다. 그런데 사마리아 오경에서는 "나단"(נָתַן)동사와 비슷한 의미로 번역 할 수 있는 "숨"(שׂוּם)동사이다.

27절: [3] "그 위에." 이 문구를 사마리아 오경에서는 "여호와 앞에서"(לִפְנֵי יְהוָה)란 문구가 수식한다.

29절: [4] "성막 문 앞에." 이 문구에서 "앞에"라는 히브리어 단어(לִפְנֵי)가 히브리어 맛소라 사본에는 실제로 없다. 그러나 사마리아 오경에는 있다.

31절: [5] "수족을 씻되." 이 문구에서 "씻다"란 동사가 히브리어 맛소라 사본에서는 바우 계속법 완료형 "베라하추"(וְרָחֲצוּ)로 표현되었는데, 사마리아 오경에서는 바우 계속법 미완료형 "바이이르하츠"(וַיִּרְחַץ)로 표현되어 있다.

33절: [6] "역사를." 이 단어 앞에서 사마리아 오경, 헬라어 70인역, 그리고 벌게이트역은 "모든"이란 히브리어 단어 "콜"(כֹּל)이 수식하고 있다.

2. 본문 내용 개요

출애굽 후 제2년 1월 1일에 성막을 세우고 회막 밖에 번제단을 두고 물두멍을 두며 성막 뜰을 만들어 포장을 치고 뜰 문의 장을 달아서 성막의 모든 역사를 마쳤다.

3. 주석

17절에서 제2년 1월 1일이라 말한 것은 이스라엘 백성이 이집트를 떠난 지 만 1년이 지나고 2년째 들어서서 첫 달 첫 날이 된 날이란 것이다. 바로 이 내용을 사마리아 오경과 헬라어 70인역은 본문에서 분명히 언급하고 있다. 그러나 히브리어 맛소라 사본과 사마리아 오경이나 70인역의 본문 중에 어느 본문이 원래의 본문이었는지는 단언적으로 말할 수 없다.

18절에서 언급한 받침들은 회막의 남편과 북편에 각각 40개를 놓고 서편에 16개를 놓았다(출 26:18-25; 36:20-34). 널판들은 회막의 남편과 북편에 각각 20개를 세우고 서편에 8개를 세웠다(출 26:18-25; 36:20-30). 띠는 널판들이 서로 나누어지거나 흔들어지지 않게 단단하게 해주는 빗장으로서 남편과 북편과 서편에 각각 5개씩이었는데, 그 띠들 가운데 널판들 가운데 있는 중간띠는 이 끝에서 저 끝까지 미치게 만들었다(출 26:26-29; 36:31-34). 기둥들은 여러 종류의 기둥들이 있는데, 여기서는 회막 안에서 지성소와 성소를 구분하는 커텐 휘장을 걸기위한 조각목 곧, 쉿팀 나무(아카시아 나무의 일종)로 만든 4기둥들과(출 26:32), 회막 문의 휘장 문을 걸기위한 쉿팀 나무로 만든 5개의 기둥들을 말씀한 것으로 생각된다. 이 9개의 기둥들은 모두 금으로 쌌다(출 26:31-37, 36:35-38).

19절은 성막에 대해 말씀한다. 성막위에 막을 폈는데, 이 막은 가늘게 꼰 베실(아마, 하얀색)과 청색실과 자색실과 홍색실로 그룹들을 무늬 놓아 짜서 만들었고, 그 위에 염소 털로 덮는 막을 만들었다(출 26:1-13; 36:8-18). 그리고 이 막 위에 붉은 물들인 수양의 가죽으로 덮개를 만들었고, 또한 해달의 가죽으로 그 웃 덮개를 만들었다(출 26:14; 36:19).

20-28절에서는 회막 안에 기구들을 갖다놓은 것을 말씀한다. 증거(판)을 증거궤 속에 넣고, 그 궤위에 속죄소를 두었다(20절; 참고, 출 25:10-22, 37:1-9). 20절의 히브리어 본문을 보면 "증거판"이라 되어 있지 않고, 그냥 "증거"라 되어 있다. 이 "증거"는 문맥에서 십계명의 두 돌판을 가리킨 것이 분명하다. 모세는 이 증거궤를 성막에 들여 놓은 후에 커텐을 쳐서 그 궤를 가리게 하여 그 궤가 있는 곳이 지성소

가 되게 하고 커텐의 다른 쪽이 성소가 되게 하였다(21절). 회막 안의 성소 북편에 떡 상을 놓고 그 위에 떡 12을 두었으며(22-23절, 참고, 출 25:23-30, 37: 10-16; 레 24:5-9). 성소 남편에 순금을 쳐서 만든 등대를 놓아 상과 대하게 했고 등잔에 불을 켰다(24-25절, 참고, 출 25:31-39, 37:17-24). 성소의 커텐 앞에는 금 향단을 두고 그 위에 향기로운 향을 살랐다(26-27절, 참고, 출 30:1-10). 또한 회막의 문에 커텐 문을 달았는데, 이 커텐 문은 청색실과 자색실과 홍색실과 가늘게 꼰 베실로 수를 놓아 짠 것으로 조각나무 곧, 쉿팀나무(아카시아 나무 일종)로 만든 5개의 기둥위에 드리어 졌다(28절, 참고, 26:36-37).

29-33절에서는 번제단과 물두멍을 놓고 뜰의 포장과 뜰 문의 휘장을 단 것에 대해 말한다. 번제단을 회막문 앞에 두고 번제와 소제를 드렸다(29절, 참고, 출 27:1-8,38:1-7). 여기에서 언제 번제와 소제를 드렸는지 분명히 언급되지 않으나 아마 제단을 세우자마자 한 것이 아니고 성막건립이 끝난 후 번제와 소제를 드렸을 것으로 생각된다. 카일과 델리취(Keil and Delitzsch)는 번제단이 회막 입구에 가까이 놓여지지 않고, 회막 문과 일직선상에 있었다 할지라도 약간 떨어져 놓여졌을 것으로 생각한다.[1041] 모세는 또한 물두멍을 회막과 제단 사이에 놓았다(30절).

카일과 델리취(Keil and Delitzsch)는 물두멍이 그 두 사이에 위치되었을 때 좀 옆쪽으로 치우쳐 놓였을 것으로 생각한다. 왜냐하면 옆쪽으로 위치하므로 그 제사장들이 회막 이나 제단에 가기 전 씻기 위해 물두멍에 가려할 때 제단을 돌아서 가거나, 제단을 가까이 지나갈

1041) Keil and Delitzsch, *Biblical Commentary on the Old Testament*, vol. 2, *the Pentateuch*, p. 257.

필요가 없을 것이라고 한다.[1042]

모세는 성막과 번제단 사면 뜰에 포장을 치고 뜰 문의 장(커텐)을 달았다(33절, 참고, 출 27:9-19, 38:9-20). 성막 뜰의 남편에는 길이 100 규빗(45m)이며 높이는 5규빗(2.25m)의 가는 실로 짠 모시 휘장의 포장을 쳤고(참고, 출 27:9, 18, 38:9), 성막 뜰의 북편에 남편과 같은 길이와 높이의 가는 실로 짠 모시 휘장의 포장을 쳤으며(참고, 출 27:11, 38:11), 성막 뜰의 서편에는 길이 50규빗(22.5m)이며 높이는 5규빗(2.25m)의 가는 실로 짠 모시 휘장의 포장을 쳤다(참고, 출 27:12, 38:12). 성막 뜰의 동편의 길이는 서편처럼 50규빗(22.5m) 이지만 뜰의 문 이쪽 편을 위해 포장의 길이가 15규빗(6.75m)이고 문 저쪽 편을 위해서도 포장의 길이가 15규빗 이었다(참고, 출 27:13-15, 38:13-15). 뜰 문은 청색실과 자색실과 홍색실과 가늘게 꼰 모시실로 수 놓아 짠 20규빗(9m) 길이와 5규빗(2.25m)의 커텐 문을 만들어서 쳤다(참고, 출 27:16, 38:18).

위와 같은 성막을 세우는 기록을 볼 때 출 40:9-11에서 여호와가 명령한 기구들에 기름을 발라서 그들을 거룩하게 하는 일을 시행했다는 언급이 없다. 아마도 이 일은, 카일과 델리취(Keil and Delitzsch)가 말한 것처럼, 아론과 그의 아들들이 기름부음을 받을 때(레 8:10-13) 시행했을 것으로 생각된다.[1043]

4. 설교 및 교훈 자료

17-33절: 값진 보석과 귀한재료들로 아름답고 영광스런 성막을 완

1042) 상게서
1043) 상게서

성해 세움

사람이 하나님을 섬기는 일은 어느 장소나 어느 시간에서도 최선을 다해 섬겨야 한다. 이스라엘 백성이 잠시 있을 광야에서도 금 은 보석과 청색실, 자색실, 홍색실, 가는 모시 실, 염소 털, 수양의 가죽, 해달의 가죽 등으로 아름답고 영광스러운 성막을 세우라고 지시하신 여호와의 명령을 볼 때, 우리가 깨달을 수 있는 교훈은 사람이 하나님을 섬기는 일에 있어서는 어디서든지 최선을 다해야 된다는 것이다. 하나님을 최선을 다해 섬기는 일을 나중에 하겠다고 연기해서는 안 된다. 그때 이스라엘 사람들의 생활상태는 비록 초라하였으나 그들이 성막 시설만은 값진 물자들을 드려서 완전을 기했던 것이다.[1044]

이와는 대조되게 포로 후 귀환한 이스라엘 백성이 자기들의 집은 아름답게 꾸며 잘 살면서 여호와의 전은 아직 건축할 때가 아니라고 미루었다. 이때 하나님은 그들이 많이 뿌릴지라도 수입이 적게 했으며, 먹을지라도 배부르지 않게 했고, 마실지라도 흡족하지 않게 했으며, 입어도 따뜻하지 않게 했고, 일꾼이 삯을 받아도 그것을 구멍 뚫어진 전대에 넣는 것처럼 만드셨다. 즉 하나님의 백성이 하나님 섬기기를 소홀히 할 때 그들에게 벌하시는 것을 보여준다(학개 1:4-11). 우리는 어떤 상황에서나 하나님을 최선으로 섬기는 것을 배우자. 그렇게 할 때 "은도 내 것이요, 금도 내 것이라"고 말씀하신 만군의 여호와께서 넘치도록 복 주실 것이다(학개 2:8, 19).

[34절-38절]

여호와의 영광이 완성된 성막 위에 충만함

34. 그 후에 구름이 회막에 덮이고 여호와의 영광이 성막에 충만하매, 35.

1044) 박윤선, *성경주석, 출애굽기*, p. 275.

모세가 회막에 들어갈 수 없었으니 이는 구름이 회막 위에 덮이고 여호와의 영광이 성막에 충만함이었으며, 36. 구름이 성막 위에서 떠오를 때에는 이스라엘 자손이 그 모든 행하는 길에 앞으로 발행하였고, 37. 구름이 떠오르지 않을 때에는 떠오르는 날까지 발행하지 아니하였으며, 38. 낮에는 여호와의[1] 구름이 성막 위에 있고 밤에는 불이 그 구름 가운데 있음을 이스라엘의 온 족속이[2] 그 모든 행하는 길에서 친히 보았더라.

1. 본문의 원전 설명

38절: [1] "여호와의." 이 단어가 헬라어 70인역에는 없다.

38절: [2] "온 족속이." 이 문구의 히브리어 대응 문구는 "콜-베트"(כָּל-בֵּית)인데, 헬라어 70인역에는 단어 "베트"(בֵּית)가 없다.

2. 본문 내용 개요

성막이 세우진 후 구름이 회막을 덮고 여호와의 영광이 성막에 충만했으며, 이스라엘은 구름이 회막 위에 떠오를 때는 출발했고, 떠오르지 않을 때는 출발하지 않았음.

3. 주석

34절에서 성막이 건립된 후에 구름이 회막을 덮고 여호와의 영광이 성막에 충만했음을 지적한다. 바로 이 증표에 의해 여호와께서 건립된 성막을 좋으시다고 인정하셨음을 나타낸다.[1045] 그리고 이 증표에 의해 이스라엘 백성은 그들이 헛되이 성막을 세운 것이 아님을 분

1045) Alan Cole, *Exodus, An Introducton and Commentary*, p. 239.

명히 알게 되었고, 이 성막에 여호와 하나님이 거하시면서 그들을 인도하시고 지켜주실 것을 믿게 되었다. 구름이 회막을 덮고 여호와의 영광이 성막에 충만한 것은 특별한 현상인데, 더구나 낮에는 구름이 성막위에 있고 밤에는 불이 있는 현상이 한 번만 있는 것이 아니라 지속적으로 있는 것은(38절) 여호와 하나님의 특별한 사랑과 보호를 이스라엘 백성이 확신케 했다.

그런데 여기에서 구체적으로 여호와의 영광이 무엇을 가리키는지는 분명치 않다. 어떤 학자는 구름과 불이 성막위에 교대로 덮는 것을 '구름이 회막에 덮이고, 동시에 하나님의 영광이 회막에 충만하다.' 고 말한 것이 아닌가 추측한다.[1046] 그러나 출애굽기 24:17에 보면 "산위의 여호와의 영광이 이스라엘 자손의 눈에 맹렬한 불같이 보였고" 한다. 이 불같은 영광이 구름 가운데 산위에 있다. 에스겔 선지자는 비죤 가운데 생물을 보았는데 그 생물 사면으로 "광채"가 나왔으며 그 사면 광채"의 모양이 "비 오는 날 구름에 있는 무지개 같으니 이는 여호와의 영광의 형상이라"고 말한다(겔 1:28).

카일과 델리취(Keil and Delitzsch)는 출애굽기 40:34에 언급된 "여호와의 영광"은 "회막 위에 내려와 덮인 구름과는 분명히 구분된다." 고 말한다.[1047] "그러나 레위기 16:2과 왕상 8:10-11로부터 분명한 것은 성막 안에 하나님의 영광은 구름 가운데" 나타났음을 보여 준다고 한다.[1048] 고던 벤함(Gordon J. Wenham)도 레위기 9:23-24, "…여호

1046) 참고, *Commentaries on the Four Last Books of Moses Arranged on the Form of a Harmony by John Calvin*, vol. 3, p. 406.

1047) Keil and Delitzsch, *Biblical Commentary on the Old Testament*, vol. 2, *the Pentateuch*, p. 258.

1048) 상게서, pp. 258f.

와의 영광이 온 백성에게 나타나며 불이 여호와 앞에서 나와 단위의 번제물과 기름을 사른지라 ⋯." 를 주석하면서, 여기서 여호와 영광은 제단위에 내려와, 그 위에 연기를 내며있는 제물을 순식간에 다 태워버리는 불의 모습을 취하고 있음을 지적한다.[1049] 이와 같이 출 40:34에서 말하는 "여호와의 영광" 은 이스라엘이 광야를 여행할 때 밤이면 어김없이 그들을 동행했던 불기둥이 성막을 완성했을 때 성막 안에 충만하게 있었던 것으로 생각된다.

35절은 여호와의 임재를 가리키는 구름과 영광이 모세로 하여금 회막에 들어갈 수 없게 했음을 말한다. 하나님이 계신 거룩한 곳에는 아무도 하나님께서 부르거나 허락하시지 않고는 들어갈 수 없다. 출애굽기 24:12-18을 보면 시내 산에 여호와의 영광과 구름이 가득할 때 6일 동안 모세가 기다리고 있다가 7일째 여호와께서 모세를 부를 때 그가 구름 속으로 산위로 올라갔다. 시내 산에 있던 구름과 하나님의 영광이 이제는 세워진 성막 위와 그 안에 가득 차 그곳에 좌정하신 여호와의 임재를 백성들에게 가리켜준다.

36-38절은 구름이 이스라엘에게 가나안 땅에 들어갈 때까지 길을 인도하는 길잡이였음을 가리켜준다. 여호와 하나님께서 낮에는 구름으로 이스라엘 백성을 인도하여 구름이 머문 곳에 진을 치고 구름이 가면 진을 풀어서 출발하게 했고 밤에는 구름 속에 불이 있어서 그들을 인도하게 했다. 이렇게 출애굽기 마지막에서 이스라엘의 광야 여행이 하나님의 인도 가운데서 진행될 것을 말씀하고 있는 것은 이스라엘의 미래는 하나님이 책임져 주시며 종국에는 기필코 가나안 땅을 정복할 것이라는 희망의 메시지를 주기 위해서다.

1049) Gordon J. Wenham, *The Book of Leviticus*, p. 150.

출애굽기 40장에 비슷한 문구의 구절들 8번이나 언급되고 있다. 곧 "여호와께서 모세에게 명하신대로 되니라" 이다. 이 구절은 16, 19, 21, 23, 25, 27, 29, 32절에 언급되면서 모세가 하나님의 명령을 어기지 않고 정확히 순종하여 성막을 건조함을 나타낸다. 여기서 모세는 이스라엘 백성들이 하나님의 거룩한 백성으로 하나님을 잘 섬기도록 만들기 위해 충성스럽게 봉사했음을 증거하고 있다.

4. 설교 및 교훈 자료

34-38절: 하나님의 임재

출애굽기의 마지막에 성막이 세워졌을 때 거기에 구름과 하나님의 영광이 가득하며 하나님께서 거기에 임재 하셨음을 보여준다. 하나님의 임재는 복중에 복이다. 하나님이 함께 하실 때 그는 우리의 모든 필요를 채워주시고 우리에게 가장 좋은 것으로 인도하실 것이기 때문이다. 그러므로 모세는 하나님께서 그들과 같이 가시지 않겠다고 하실 때 "주께서 친히 가지 아니하시려거든 우리를 이곳에서 올려 보내지 마옵소서"(출 33:15)라고 말했다. 왜냐하면 하나님이 임재하시지 않고 자기들만 광야로 행진할 때는 실패와 좌절과 멸망이 있기 때문이다. 신약시대에 사는 우리는 날마다 주께서 성령으로 우리 가운데 임재 하셔서 우리와 동행하는 삶을 살아가게 되기를 바란다.

약어표

ANET	*Ancient Near Eastern Texts Relating to the Old Testament*
CBQ	*Catholic Biblical Quarterly*
ESV	*English Standard Version*
JAOS	*Journal of the American Oriental Society*
JBL	*Journal of Biblical Literature*
JNSL	*Journal of Northwest Semitic Languages*
JSOT	*Journal for the Study of the Old Testament*
KJV	*King James Version*
NASB	*New American Standard Bible*
NEB	*New English Bible*
NICOT	*The New International Commentary on the Old Testament*
NIV	*New International Version*
PEQ	*Palestine Exploration QuarterlyRSV Revised Standard Version*
SBT	*Studies in Biblical Theology*
VT	*Vetus Testamentum*
WTJ	*Westminster Theological Journal*
ZAW	*Zeitschrift fuer die alttestamentlche Wissenschaft*

참고문헌

1. 단행본

Adams, W. J. Phythian. *The Call of Israel: An Introduction to the Study of Divine Election,* quoted in Hay, Lewis S. "What Really Happened at the Sea of Reeds?" *JBL.* LXX(1964).

Albright, William Foxwell. Trans. "The Amarna Letters." in *Ancient New Eastern Texts Relating to the Old Testament.* Edited by James B. Pritchard. Princeton, New Jersey: Princeton University Press, 1969.

_____ . Trans,. "The Moabite Stone." *Ancient Near Eastern Texts Relating to the Old Testament.* Edited by James Pritchard. Princeton: Princeton University, 1969.

____ . *From the Stone Age to Christianity.* Garden City, New York: Doubleday & Co., Inc., second edition, 1957.

Allis, Oswald T. *The Five Books of Moses.* Nutley, New Jersey: Presbyterian and Reformed Publishing Co., 1977.

Archer, Gleason L. Jr. *A Survey of Old Testament Introduction.* Revised edition. Chicago: Moody Press, 1964; 10th printing, 1975.

Auerbach, E. *Moses.* Detroit: Wayne State University Press, 1975.

Barclay, William. *The Ten Commandments for Today.* Grand Rapids: Wm. B. Eerdmans Publishing Co., 1973; 4th Printing, 1979.

Bear, G. *Exodus.* HAT. Tuebingen: Verlag J. C. B. Mohr, 1939.

Beyerlin, Walter. *Origins and History of the Oldest Sinaitic Tradition.* Trans. by S. Rudmann. Oxford, 1965.

Bolman, J. *De edelsteenen uit den Bijbel gezien in het licht der hedendaagsche edelsteenkunde.* Amsterdam, 1938.

Breasted, James Henry, ed. *Ancient Records of Egypt. Historical Documents.* 5 vols. Chicago: The University of Chicago Press, 1906-1907.

Bright, John. *A History of Israel.* Philadelphia: the Westminster Press, 1972.

Bruce, F. F. *Commentary on the Book of Acts.* Grand Rapids: Wm. B. Eerdmans, 1977.

Buttrick, G. A. Edited. *The Interpreter's Dictionary of the Bible.* Nashville: Abingdon, 1962.

Calvin, J. *Commentaries on the Four Last Books of Moses Arranged in the Form of a Harmony.* Vols. 1-3. Trans. by Charles W. Bingham. Grand Rapids: Baker Book House, reprinted 1979.

Cassuto, U. *A Commentary on the Book of Exodus*, Trans. by Israel Abrahams. Jerusalem: the Magnes Press, the Hebrew University, 1967; reprinted 1987.

Childs, Brevard S. *The Book of Exodus. A Critical Theological*

Commentary. Philadelphia: The Westminster Press, 1974.

Cole, R. Alan. *Exodus. An Introduction and Commentary.* Leicester, England: Inter-Varsity Press, 1973.

Cook, F. C. *The Holy Bible: An Explanatory and Critical Commentary: Genesis-Exodus.* Vol. 1. New York: Charles Scribner' s Sons, 1899.

Cowley, A. E. *Gesenius' Hebrew Grammar.* Oxford: Clarendon Press, 1970.

Craigie, P. C. *The Book of Deuteronomy, NIC on the OT.* Grand Rapids: Eerdmans, 1976.

Cross, F. L. *The Oxford Dictionary of the Christian Church.* Oxford: Oxford University Press, 1958; reprinted 1978.

Cross, Frank Moore Jr. "Song of the Sea and Canaanite Myth." *Canaanite Myth and Hebrew Epic.* Cambridge: Harvard University Press, 1973.

Dillmann, A. *Exodus and Leviticus.* Leipzig: Hirzel, 1880.

Driver, S. R. *An Introduction to the Literature of the Old Testament.* Edinburgh: T. & T. Clark, 1891; 9th edition and revised, 1913.

Durham, John. *Exodus. Word Biblical Commentary.* Vol. 3. Waco, Texas: Word Books, Publisher, 1987.

Eissfeldt, Otto. *The Old Testament, An Introduction.* Trans. by Peter R. Ackroyd. New York: Harper and Row, Publishers, 1965, Reprinted 1972.

Fretheim, Terence E. *Exodus Interpretation. A Bible Commentary for Teaching and Preaching.* Louisville, Kentucky: John Knox Press, 1991.

Ginsberg, H. L. "Letters of the Jews in Elephantine." *Ancient Near Eastern Texts Relating to the Old Testament.* Edited by James Pritchard. Princeton: Princeton University, 1969.

Gispen, W. H. *Exodus. Bible Student' s Commentary.* Trans. by Ed van der Maas. Grand Rapids: Zondervan Publishing House, 1982.

Glueck, Nelson. *The Other Side of Jordan.* New Haven: American Schools of Oriental Research, 1940.

Harrison, R. K. *Introduction to the Old Testament.* Grand Rapids: Eerdmans Publishing Co., 1969; reprinted 1977.

Herrmann, J. " Das zehnte Gebot." *Beitraege zur Religionsgeschichte und Archaeologie Palsestinas.* Leipzig: Deichert, 1927.

Hyatt, J. Philip. *Exodus. New Century Bible Commentary.* Grand Rapids: Eerdmans, reprinted, 1983.

Josephus, Flavius. *The Antiquities of the Jews in Josephus Complete Works.* Trans. by William Whiston. Grand Rapids: Kregel Publications, 1960, reprinted, 1983.

Kaiser, Walter C. Jr. *The Expositor' s Bible Commentary with the New International Version of the Holy Bible.* Vol. 2. *Genesis-Numbers* Grand Rapids: Zondervan Publishing House, 1990.

Keil, C. F. and Delitzsch, F. *Biblical Commentary on the Old*

Testament. Vols. 1-2. *the Pentateuch..* Grand Rapids: Wm. B. Eerdmans Publishing Co., nd.

Kenyon, K. *Digging up Jericho.* London: Ernest Benn, 1957.

__________. *The Bible in Recent Archaeology.* Atlanta: John Knox, 1978.

Kitchen, K. A. *The Bible in Its World.* Downers Grove, Illinois: Inter-Varsity Press, 1977.

Klopfenstein, M. A. *Die Luege nach dem Alten Testament.* Zuerich: Gotthelf-Verlag, 1964.

Ladd, George Eldon. *Crucial Questions About the Kingdom of God.* Grand Rapids: Wm. B. Eerdmans Publishing Co., 1952; 7th printing 1977.

Maher, Michael. Trans. *Targum Pseudo-Jonathan: Exodus.* Edinburg: T & T Clark LTD, 1994.

Mannati, M. "Tub-Y. en Ps XXVll 13: La Bonte de Y., ou Les Biens de Y.?" *VT.* 19. 1969.

Matthew Henry's Commentary on the Whole Bible. Vol. 1. *Genesis to Deuteronomy.* New edition. Hendrickson Publishers, Inc. 1991; 3rd printing, 1994.

Nielsen, E. *The Ten Commandments in New Perspective.* SBT 2nd ser. 7. London: SCM Press, 1968.

Noordtzij, A. *Leviticus. Bible Student's Commentary.* Trans. by Raymond Togtman. Grand Rapids: Zondervan Publishing House, 1982.

Noth, Martin. *Exodus, A Commentary.* Trans. by J. S. Bowden.

Philadelphia: Westminster Press, 1962.

____ . *The History of Israel*. Trans. by Stanley Goodman. London: Adam & Charles Black, 1958.

Pfeiffer, Robert H. *Introduction to the Old Testament*. New York: Harper & Brothers Publishers, 1941.

Plastaras, James. *The God of Exodus: The Theology of Exodus Narratives*. Milwaukee: Eruce Publishing Co., 1966.

Popper, J. *Der Biblische Bericht ueber die Stiftshuette*. Leipzig, 1862.

von Rad, G. *Genesis*. London: SCM Press LTD, 1961; revised edition, 6th impression, 1981.

Robertson, O. P. *The Christ of the Covenants*. Phillisburg, New Jersey: Presbyterian and Reformed Publishing Co., fourth printing, 1984.

Sailhamer, John H. *The Pentateuch as Narrative*. Grand Rapids: Zondervan Publishing House, 1992.

Skinner, John. *A Critical and Exegetical Commentary on Genesis. The International Critical Commentary*. Edinburgh: T. & T. Clark, 1910; 2nd edition, latest impression, 1980.

Spence, H. and Exell, Joseph S. Edited. *Exodus. The Pulpit Commentary*. Vol. 2. Exposition and Homiletics by George Rawlinson. Grand Rapids: Eerdmans, reprinted 1980.

Stalker, D. M. G. "Exodus." *Peake's Commentary on the Bible*. Edited by Matthew Black and H. H. Rowley. Nashville: Thomas Nelson Publishers, 1962; 15th printing, 1986.

Stoebe, H. J. "Das achte Gebot(Ex 20:16)." *Wort und Dienst* 3. Bethel: Verlagshandlung der Anstalt Bethel, 1952.

Terrien, Samuel *The Elusive Presence Toward a New Biblical Theology*. New York: Harper & Row, Publishers, 1978.

The New Brown, Driver, and Briggs. *Hebrew and English Lexicon of the Old Testament*. Lafayette, Indiana: Associated Publishers and Authors, Inc., 1981.

Unger, Merrill F. *Archaeology and the Old Testament*. Grand Rapids: Zondervan Publishing House, 1954; 16th printing 1974.

Vaux, de. *Ancient Israel*. Vol. 1. New York: McGraw-Hill Book Co., 1965; first McGraw-Hill paperback edition.

Vermes, Geza. *The Dead Sea Scrolls*. London: SCM Press LTD, 2nd edition, 1982.

Vos, G. *Biblical Theology, Old and New Testaments*. Grand Rapids: Eerdmans, 1948.

Weiser, Artur. *The Psalms, A Commentary*. London: SCM Press Ltd, 1962; 6th impression, 1982.

Wellhausen, Julius. *Prolegomena to the History of Israel*. Reprint of the edition of 1885. Atlanta, Georgia: Scholars Press, 1994.

Wenham, Gordon J. *The Book of Leviticus*. Grand Rapids: Eerdmans Publishing Co., 1979.

Wilmington, Bernard Grossfeld. Trans. *The Targum Onkelos to Exodus*. Delaware: Michael Glazier, Inc., 1948.

Wilson, J. *The Culture of Ancient Egypt*. Chicago: The University of

Chicago Press, 1951; 12th Impression 1971.
Wolf, Herbert *An Introduction to the Old Testament Pentateuch.* Chicago: Moody Press, 1991.
Woudstra, Marten H. *The Book of Joshua.* Grand Rapids: Wm. Eerdmans Publishing Co., 1981.
Young, Edward J. *An Introduction to the Old Testament.* Grand Rapids: Wm. B. Eerdmans Publishing Co., 1949; revised edition, 1960; 8th printing, 1977.

2. 논 문

Abba, Raymond "The Divine Name Yahweh." *JBL.* LXXX .1961.
Albright, William Foxwell. "Contribution to Biblical Archaeology and Philology." *JBL.* 43. 1924.
____ . "The Name Yahweh." *JBL.* 43. 1924.
Allen, R. B. "The 'Bloody Bridegroom' in Exodus 4:24-26." *Bibliotheca Sacra.* 153. 1996.
Andrew, M. E. "Falsehood and Truth." *Interpretation.* Vol. xvii. 1963.
Coats, George W. "The Tradition-Historical Character of the Reed Sea Motif." *Vetus Testamentum.* xvii. 1967.
Cross, Frank Moore Jr. "Yahweh and the God of the Patriarchs." *Harvard Theological Review.* 55. 1962.
Eichrodt, Walther. "The Law and the Gospel." Trans. by McRae,

Charles F. *Interpretation* 11. 1957.

Freedman, David Noel. "The Name of the God of Moses." *JBL*. 79. 1960.

Handel, Ronald S. "Sacrifice as a Cultural System: The Ritual Symbolism of Exodus 24:3-8." *ZAW*. 101. 1989.

Hay, Lewis S. "What Really Happened at the Sea of Reeds?" *JBL*. LXXIII. 1964.

Houtman, C. "Exodus 4:24-26 and Its Interpretation." *Journal of Northwest Semitic Languages*. 11. 1983.

Hulse, E. V. "The Nature of Biblical 'Leprosy' and the Use of Alternative Medical Terms in Modern Translations of the Bible," *Palestine Exploration Quarterly*. Vol. 107(1975), quoted in Durham, J. I. *Exodus, Word Biblical Commentary*. Vol. 3. Waco, Texas: Word Books, Publisher, 1987.

Hurowitz, Victor(Avigdor). "The Priestly Account of Building the Tabernacle." *Journal of the American Oriental Society*. 105. 1985.

Isser, Stanley. "Two Traditions: The Law of Exodus 21:22-23 Revised." *CBQ*. 52. 1990.

Kunin, S. D. "The Bridegroom of Blood; A Structuralist Analysis." *JSOT*. 70. 1996.

Lilley, J. P. U. "Perizzites." *The New Bible Dictionary*. Edited. by J. D. Douglas. Grand Rapids: Eerdmans Publishing Co., 1962, reprinted 1978.

McCarthy, Denis J. D. S. J. "Plagues and Sea of Reeds: Exodus 5-14." *JBL.* Vol. 85. 1966.

Manley, G. T. "God, Names of," in *the New Bible Dictionary.* Edited. by J. D. Douglas. Grand Rapids: Eerdmans, 1962, reprinted 1978.

Mann, Thomas "The Pillar of Cloud in the Reed Sea Narrative." *JBL.* Vol. xc.1971.

Montgomery, James A. "Notes from the Samaritan." *JBL.* 25. 1906.

Moran, W. L. "The Conclusion of the Decalogue (Ex 20:17 = Dt 5:21)." *CBQ..* 29. 1967.

Motyer, J. A. "Circumcision." *The New Bible Dictionary.* Edited. by J. D. Douglas. Grand Rapids: Eerdmans, 1962, reprinted 1978.

Noetscher, F. "Zum emphatischen Lamed." *Vetus Testamentum.* 3. 1953.

Propp, William H. "That Bloody Bridegroom. Exodus IV 24-6." *Vetus Testamentum.* XLIII. 1993.

Reis, P. T. "The Bridegroom of Blood: A New Reading." *Judaism.* 40. 1991.

Rodriguez, Angel Manuel. "Sanctuary Theology in the Book of Exodus." *Andrews University Seminary Studies.* 24. Summer 1986.

Rozelaar, Marc. "The Song of the Sea(Exodus XV, 16-18)." *Vetus Testamentum.* 11. 1952.

Rylaarsdam, J. Coert. "The Book of Exodus, Introduction and

Exegesis." *The Interpreter's Bible.* Vol. 1. New York: Abingdon Press, 1952.

Waltke, Bruce K. "The Date of the Conquest," *Westminster Theological Journal.* 52. 1990.

White, W. Jr. "Perizzite per' ?zit." *The Zondervan Pictorial Encyclopedia of the Bible.* Vol. 4.

Wiseman, D. J. and Weaton, D. H. "Weights and Measures." *The New Bible Dictionary.* Edited. J. D. Douglas. Grand Rapids: Eerdmans, 1962; reprinted, 1978.

Wolters, Al. "Not Rescue but Destruction: Rereading Exodus 15:8." *CBQ.* 52. 1990.

Wyatt, N. "The Development of the Tradition in Exodus 3." *ZAW.* 91. 1979.

3. 국내서적 및 번역서

그륜델, 요하네스. *십계명, 어제와 오늘.* 김윤주 편역. 왜관: 분도출판사, 1978; 5판, 1989.

김영재. *한국 교회사.* 서울: 개혁주의신행협회, 1992.

김홍전. *십계명 강해.* 서울: 성약출판사, 1996; 3쇄, 2000.

말텐스, 엘머 에이. *새로운 구약신학, 하나님의 구원계획.* 김의원 역. 서울: 아가페문화사, 1992.

문희석 편저. *사회학적 구약성서 해석.* 서울: 양서각, 1984.

___. *구약 성서 배경사(Ⅰ).* 서울: 대한 기독교서회, 1975.

___. *구약 성서 배경사*(II). 서울: 대한 기독교서회, 1975.

박요일. *강해설교, 출애굽기*. 서울: 도서출판 강성, 1987; 3판, 1991.

박윤선. *창세기. 성경주석*. 서울: 영음사, 1980.

___. *출애굽기. 성경주석*. 서울: 영음사, 1980.

박준서.「십계명 새로보기」. 서울: 한들출판사, 2001.

이용걸. *출애굽기 강해*(상). 서울: 성광문화사, 1993; 2판, 1996.

___. *출애굽기 강해*(하). 서울: 성광문화사, 1994.

이희승 감수. *민중 포켓국어사전*. 서울: 민중서관, 1964; 15판, 1968.

정규남. *구약개론*. 서울: 개혁주의신행협회, 1985; 14판, 2001.

______. *구약신학의 맥*. 서울: 도서출판 두란노, 1996; 6쇄발행, 2001.

______. *고린도후서강해*. 서울: 도서출판 엠마오, 1994.

해리스, R. 레어드. "성호의 발음에 관한 연구," *구약신학 논문집*(7). 윤영탁 역. 수원: 합동신학교 출판부, 1994.

한국 천주교 예비신자 교리서. 서울: 한국천주교중앙협의회, 1999; 5쇄, 2000.

주제 및 인물 색인

출애굽기(한국성경주석총서)

2006년 5월 15일 초판 발행

지은이 • 정 규 남
발행인 • 이 형 자
발행처 • 도서출판 횃불
등록일 • 1992년 6월 10일 제21-355호
등록주소 • 서울시 서초구 양재동 55번지
횃불선교센타

전화 : 02)570-7030
팩스 : 02)570-7011

ISBN 89-5546-051-1 03230

 값 32,000원